盐城年鉴

2017

YANCHENG NIANJIAN

盐城市人民政府 主办
盐城市地方志办公室 编纂

方志出版社
Publishing House of Local Records

图书在版编目（CIP）数据

盐城年鉴. 2017 / 盐城市人民政府办公室，盐城市地方志办公室编. —北京：方志出版社，2017. 9
ISBN 978-7-5144-2572-7

Ⅰ. ①盐… Ⅱ. ①盐… ②盐… Ⅲ. ①盐城—2017—年鉴
Ⅳ. ①Z525.33

中国版本图书馆CIP数据核字（2017）第247287号

盐城年鉴（2017）

编　　者：盐城市人民政府办公室　盐城市地方志办公室
责任编辑：张　颢

出 版 人：冀祥德
出 版 者：方 志 出 版 社
地址　北京市朝阳区潘家园东里9号（国家方志馆4层）
邮编　100021
网址　http://www.fzph.org
发　　行：方志出版社发行中心
电话（010）67110500
经　　销：各地新华书店
印　　刷：南京顺和印刷有限责任公司

开　　本：889×1194　　1/16
印　　张：29.5
字　　数：1210千字
版　　次：2017年10月第1版　　2017年10月第1次印刷
印　　数：0001～1500册

ISBN　978-7-5144-2572-7　　定价：320.00元

盐城年鉴（2017）编辑委员会

编 辑 部	地　址	盐城市行政中心大楼2325室
	邮　编	224005
	电　话	0515-86662325 / 88192325
	传　真	0515-86662323
	电　邮	ycnj2325@126.com

盐城年鉴　　　　大美湿地 水韵盐城

盐城年鉴（2017）审稿人员

（按姓氏笔画为序）

丁俊根	于广华	马志虎	王东升	王加林	王光文	王旭东
王甫同	王连春	王国佐	王绪林	王琦	王辉	王斌
韦凯昌	毛忠泉	方仕德	方先权	石峰	石磊	史学健
冯一飞	达明山	朱文明	朱礼荣	朱志和	朱国兵	朱胜东
乔静	任连璋	华林泰	刘井良	刘古佐	刘永轩	刘青
刘海荣	刘毓航	刘耀庭	羊维元	汤中文	许世刚	许刚
孙乃涛	孙大明	孙羊生	孙红青	孙秀丽	芮晓峰	苏延法
李一平	李正林	李爱进	李新昌	杨君明	吴夕艳	吴本辉
吴刚	吴志兵	吴启飞	吴泉芳	吴彦	吴海龙	何道友
沈志强	宋勇	张永辉	张加成	张亚钊	张宏春	张国瑞
张建军	张琍琍	张强	陆景春	陈中才	陈玉林	陈汝进
陈苏宁	陈顺全	陈爱民	陈浩	陈新宏	茆贵鸣	范建江
季卫军	季放	季德荣	岳岭	周俊	单永红	单玉梅
单坤刚	单锦宏	单衡明	赵寿华	赵明	俞文全	俞全新
姜加强	姜朋明	姜菊萍	胥江华	胥晨霞	姚刚	姚盛锋
骆海豹	袁志亚	夏仲书	夏思军	夏斌	顾克中	顾强生
钱勇	徐宁	徐华明	徐恒俊	徐翠华	殷学农	高定
高清华	高曙红	唐敬	黄益成	黄海	曹有成	崔文军
彭松志	彭凌	葛世伦	葛龙	葛汉勤	董清平	潘劲松
薛为民	薛松	薛杰堂	薛盛堂	戴为洋	戴同彬	戴红光
戴健	戴斌荣	鞠烨平				

盐城年鉴（2017）撰稿人员

（按姓氏笔画为序）

丁　峰	丁祺晋	丁德富	万　凯	王　义	王　岚	王春明	王　俊
王俊勇	王　勇	王　莹	王　健	王海洋	王常江	王　敏	王　淼
王道洲	王誉名	王　瑶	王　慧	王　蕙	王　磊	王　鑫	韦丽萍
邓君亭	邓洪卫	邓　晔	石　惠	卢云岭	吉　鸿	吕景林	吕　霏
朱　政	朱栋才	华　娟	刘必升	刘宇译	刘春琳	刘彧辰	刘海峰
刘　菊	刘　嘉	祁　勇	祁瑶震	许　欣	许菁菁	孙小勇	孙成刚
孙庆勇	孙宏军	孙明明	孙　波	花　露	严国英	杜进进	杜　彦
李建忠	李　玲	李　俊	杨　芳	杨林森	杨金辉	杨　柳	束东升
肖太高	肖立春	吴少春	吴玉珊	吴　昊	吴晶晶	余　佳	邹湘彬
沈　可	沈亚军	沈　琦	宋扣勤	宋孝锋	张亚君	张　伟	张　弛
陆立新	陆　勇	陆　舰	陆　益	陆　颖	陈广春	陈卫中	陈玉龙
徐开伟	陈　可	陈永军	陈亚富	陈　伟	陈旭东	陈　军	陈远亚
陈远远	陈李金	陈金荣	陈法金	陈　怡	陈富裕	陈潇潇	陈　鑫
郁怀峰	罗发富	季荣蓉	季　鹏	金　鑫	周本东	周立菲	周庆干
周　峰	周鸿铭	郑乾坤	郑智勇	沈　平	单泽南	房金龙	赵少杰
赵树海	荣海勇	胡中耕	胡孝凯	柏瑜华	咸国庆	侯立冰	姜　枫
姜　望	祝春燕	袁万龙	袁　悦	耿　忠	夏斯馨	夏景涛	夏燕萍
顾其军	倪同永	徐佳珠	徐晶晶	徐　静	殷开丰	高旭芹	郭人杰
郭　红	唐修祥	陶振华	黄传标	曹志康	曹征雷	曹　溪	崔立祥
崔　伟	章春杰	葛富有	董　准	智通海	嵇　港	程国瑛	程晓丽
程　鑫	傅　刚	储云伟	曾洪林	蔡中源	蔡志芳	蔡锦源	臧滨城
熊　玮	滕建平	潘允和	薛文星	戴鼎霖	戴舒婷		

一千里湿地风光　两千年海盐古韵

中国海盐历史文化名城

中国　盐城

ZHONGGUO YANCHENG

城市坐标

城市位置：江苏沿海中部　长江三角洲北翼

城市性质：中国沿海新兴临港工商业城市　长三角产业北拓承接基地　西太平洋国际湿地旅游城市

城市文化：海盐文化　铁军文化　湿地文化　海洋文化　淮剧杂技文化

城市历史：2136年建置史　1606年建城史

铁军精神：听党指挥　服务人民　维护团结　执纪严明　艰苦奋斗　不怕牺牲

市树市花：女贞和银杏　紫薇和牡丹

行政区划：东台市　建湖县　射阳县　阜宁县　滨海县
响水县　大丰区　盐都区　亭湖区

一类口岸：盐城港大丰港区　盐城南洋机场

城市特色

国家级基地：

国家级盐城经济技术开发区
盐城市新技术产业开发区
国家级滩涂综合开发试验区
国家级江苏盐城农业科技园区
国家级江苏盐城郝荣台湾农民创业园
节能电光源国家地方联合工程研究中心
国家级海上风电技术设备研发中心
国家级风电设备质量检验检测中心
国家级区域性汽车物流中心
国家级大型农产品物流交易中心
国家环保装备高新特色产业基地
国家级风电及风电设备制造基地
国家级石油机械高新技术产业化基地

国家级绿色新能源特色产业基地
国家级农产品（水产品）加工示范基地
国家科技兴海产业示范基地
国家火炬响水盐化工特色产业基地
国家火炬滨海新医药特色产业基地
国家火炬阜宁环保滤料特色产业基地
国家火炬大丰金属处理装备特色产业基地
国家火炬东台特种金属材料及制品特色产业基地
国家级种子生产基地
国家绿色能源示范县（东台）
国家级一级渔港（东台弶港）
国家级水生动物检测重点实验室

城市数字（2016）

土地面积：16972平方公里（全省第一）
区域人口：830.5万人（全省第二）
海 岸 线：582公里
（占全省海岸线总长度的56%）
海涂面积：4553平方公里
（占全省海涂总面积的70%）
海域面积：18897平方公里

地区生产总值：4576.1亿元
人均GDP：9526美元
全社会固定资产投资额：3882.8亿元
一般公共预算收入：415.2亿元
社会消费品零售总额：1630.9亿元
城市居民人均可支配收入：30496元
农民人均纯收入：17172元

城市荣誉

中国优秀旅游城市
中国最佳管理城市
中国特色魅力城市
中国十佳和谐发展城市
中国投资环境百佳城市
全国双拥模范城
全国综合实力百强城市
全国科教兴市先进市
全国粮食生产先进市
全国无偿献血模范城
全国绿化模范城市
国家园林城市
国家卫生城市
国家创新型城市
国家智慧城市试点城市
国家知识产权试点城市
国家可持续发展试验区
国家生态文明先行示范区
国家新能源示范城市
国家新能源汽车推广应用城市
中国十佳绿色生态旅游城市

城市风物

国家级景区： 新四军纪念馆
江苏盐城国家级珍禽自然保护区
江苏大丰麋鹿国家级自然保护区
通榆河枢纽工程国家水利风景区
海盐历史文化风景区
大纵湖旅游景区

全国重点文物保护单位： 新四军重建军部旧址（泰山庙）
东台海春轩塔

国家级非物质文化遗产： “董永与七仙女传说”
盐城淮剧　建湖杂技

2016年6月23日14时30分左右，盐城市阜宁县和射阳县部分地区遭遇强雷电、短时强降雨、冰雹等强对流天气，形成龙卷风冰雹特别重大灾害。风带长约30千米、宽约1.7千米，风力等级超过17级，最高风速每秒73米。飓风所到之处大量民房、厂房、学校教室倒塌，部分道路交通受阻……工农业生产、旅游景区均遭受重大损失。

特大风雹　袭击重创

人民日報

RENMIN RIBAO

人民网网址：http: // www. people. com. cn

2016年6月
24
星期五
丙申年五月二十
人民日报社出版
国内统一连续出版物号
CN 11-0065
代号 1-1
第 24821 期
今日 24 版

习近平对江苏盐城龙卷风冰雹特别重大灾害作出重要指示

要求全力组织抢救受伤人员 最大限度减少人员伤亡

李克强就抢险救灾和灾害防范工作作出批示

新华社北京6月23日电　6月23日14时许，江苏盐城市阜宁县、射阳县部分地区突发龙卷风冰雹严重灾害，多个乡镇受灾，造成大量民房、厂房、学校教室倒塌，部分道路交通受阻。截至23日21时30分，已造成78人死亡、约500人受伤。

灾害发生后，党中央、国务院高度重视。正在乌兹别克斯坦访问并出席上海合作组织峰会的中共中央总书记、国家主席、中央军委主席习近平立即作出重要指示，要求国务院派工作组前往指导抢险救灾，代表党中央、国务院慰问受灾群众。要求全力组织抢救受伤人员，最大限度减少人员伤亡，并做好遇难人员善后和受灾群众安置工作。要求有关地方和部门强化气象监测预报和地质灾害评估等工作，做好重特大自然灾害防范和处置工作，切实保障人民群众生命财产安全。

中共中央政治局常委、国务院总理李克强作出批示，要求全力做好人员搜寻和伤员救治，抓紧核实受灾情况，尽快帮助受灾群众恢复正常生产生活。民政部要牵头成立国务院工作组，立即赶赴现场指导救灾。有关方面要针对主汛期各类自然灾害多发情况，指导和督促地方切实做好极端天气等灾害防范应对工作，最大程度减少因灾损失。

根据习近平指示和李克强要求，民政部等部门已组织工作组赶赴现场指导救灾。灾害发生后，江苏省委和省政府主要负责同志紧急赶赴现场组织开展救灾工作。盐城市已启动自然灾害救助应急Ⅰ级响应机制和抢险救灾预案。目前，各项抢险救灾工作正在紧张有序进行。

灾害发生后，党中央、国务院高度重视，中共中央总书记、国家主席、中央军委主席习近平立即作出重要指示，要求全力组织抢救受伤人员，最大限度减少人员伤亡。中共中央政治局常委、国务院总理李克强作出批示，要求全力做好人员搜寻和伤员救治，抓紧核实受灾情况，尽快帮助受灾群众恢复正常生产生活。　　吴朝斌/摄

2016年6月24日，中共中央书记处书记、国务委员兼国务院秘书长杨晶代表党中央、国务院，率国务院有关部门紧急赶赴阜宁县灾区，指导“6·23”盐城龙卷风冰雹特别重大灾害应急救援和善后处置工作，看望受灾群众和受伤人员，慰问在一线抢险救援的工作人员。 盐城抗击特大龙卷风纪念馆/供

2016年7月2日，江苏省委书记李强到任后，第一时间赶赴灾区，检查指导抗灾救灾工作，慰问灾区群众。

盐阜大众报社/供

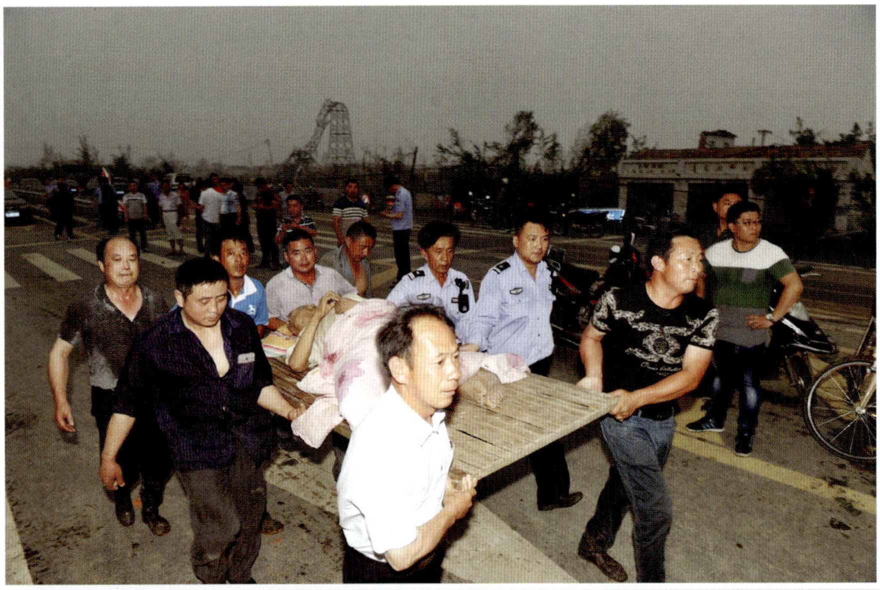

6月23日

14时20分至15时20分

市委、市政府主要领导立即赶赴灾区，现场指挥抢险救援工作。阜宁、射阳县委、县政府组织县镇村干部、民兵预备役、社会力量紧急投入应急救援工作，对受灾地区进行第一次人员抢救和搜救。

72小时生命大救援

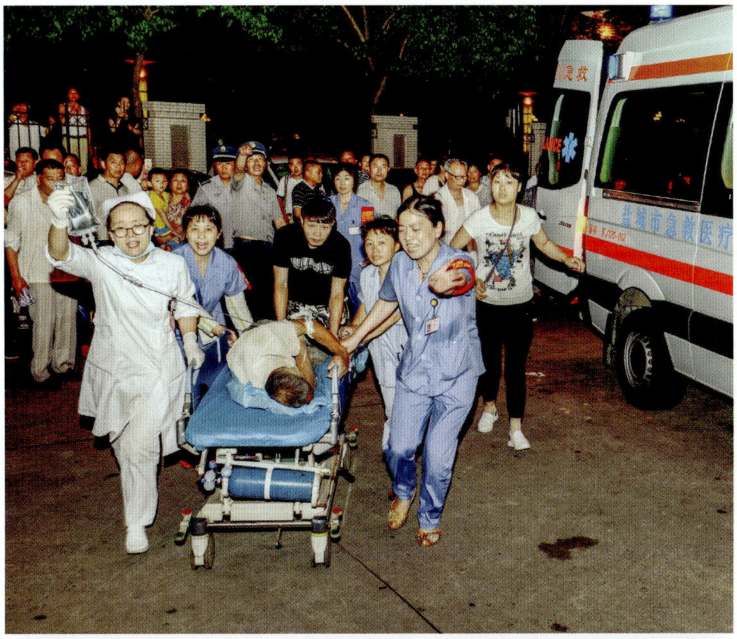

盐城市卫生系统立即组织县市联动，积极抢救伤员，将危重伤员迅速转至市级医院进行救治。公安、交通运输、电力、通信、水利等部门紧急赶赴受灾现场，强力打通抢救生命的“绿色通道”。

15时30分

20时

风灾过境6小时：自然灾害应急响应从盐城市Ⅰ级、江苏省Ⅰ级到国家Ⅲ级，灾害的严重程度不断被重新评估，各方救援力量火速赶赴灾区。省民政厅紧急协调国家减灾委向盐城灾区调拨1000顶帐篷，2000张折叠床，10套场地照明灯等中央救灾储备物资，帮助做好受灾群众临时安置工作。

6月24日

0时

风灾过境10小时：最早抵达的救援部队在受灾最严重的7个镇区，连夜展开三轮“拉网式”搜索，从废墟中救出被困人员67人。受灾群众全部进入临时安置点，人员搜救工作顺利完成。

10时

阜宁县112个临时安置点进入正常运转，全部受灾群众均有屋住、有饭吃、有水喝、有衣穿。

6月26日

16时　　14时50分

6月25日

“一方有难、八方支援”，阜宁、射阳汇聚着人间大爱，灾区废墟中的孩子露出希望的笑脸。

江苏省共接受救助捐赠款6181万元。南京、扬州等省内兄弟市纷纷伸出援助之手，为灾区捐款捐物。截至16时，所有县乡道路全部恢复通行，阜宁县和射阳县受灾的9个镇区、29个村居全部恢复供水。13.5万户停电用户恢复供电8.63万户；电信、移动、联通等通信公司退服的743个基站恢复685个。

盐城抗击特大龙卷风纪念馆、盐阜大众报社、盐城市摄影家协会/供

2016年7月28日，盐城市举行“6·23”龙卷风冰雹特别重大灾害灾后重建集中安置点建设开工活动。

盐阜大众报社/供

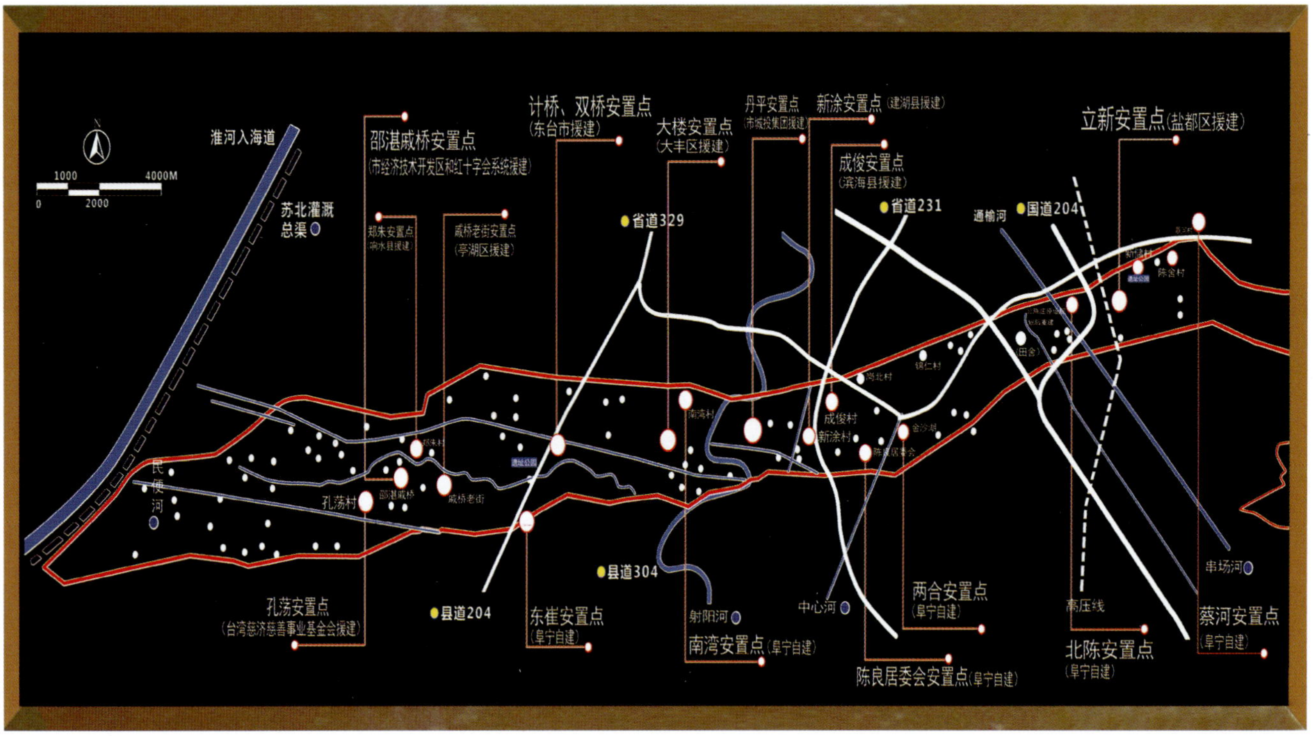

阜宁灾后重建规划布局图。

盐城抗击特大龙卷风纪念馆/供

科学决策　快速重建

截至2017年6月23日，盐城市20个安置点全部交付受灾群众。图为孔荡村安置点和陈洋安置区。

曹　霑　王亚洲/摄

2016年9月26—28日，中国共产党盐城市第七次代表大会在市行政中心人民大会堂召开。市委书记王荣平代表中国共产党盐城市第六届委员会向大会作题为《产业强市、生态立市、富民兴市，为全面建成小康社会而努力奋斗》的报告。

盐阜大众报社/供

2016年9月29日，中共盐城市第七届委员会第一次全体会议产生新一届市委常委。左起：杨军、王荣、潘道津、张礼祥、戴元湖、王荣平、戴源、庄兆林、陈红红、尹卫东、王小红。　盐阜大众报社/供

2016年9月30日，新一届市委常委参观新四军纪念馆。 市委办/供

聚焦产业强市
坚持生态立市
着力富民兴市

坚持创新和创业双创并重，培植产业发展新优势。

坚持对内与对外双向开放，打造沿海崛起新引擎。

坚持城市与农村统筹发展，构建城乡融合新格局。

坚持发展与生态互动双赢，彰显绿色宜居新形象。

坚持经济与社会互促并进，共享和谐幸福新生活。

2016年10月24日，市委书记王荣平在市供电公司调研。 盐阜大众报社/供

2016年10月29日，市委副书记、代市长戴源在城南新区调研经济运行工作。　市政府办/供

2016年5月27日，第14次中韩经济部长会议在韩国首尔举行，国家发改委主任徐绍史和韩国副总理兼企划财政部部长柳一镐出席会议。盐城作为中国中韩产业园地方合作城市唯一代表参会，王荣平在会上介绍中韩盐城产业园区发展情况。

市委办/供

2016年7月12—14日，由商务部、日本经济产业省九州经济产业局、九州经济联合会、韩国产业通商资源部共同主办，江苏省商务厅和盐城市政府承办的第15次泛黄海中日韩经济技术交流会议在盐城举行。图为第五届中韩跨国公司领袖圆桌会议现场。

盐阜大众报社/供

2016年10月20日，市委、市政府在北京举办2016盐城（北京）跨国公司投资合作说明会。

盐阜大众报社/供

2016年10月28日，由江苏省环保厅、盐城市政府主办的第五届中国盐城·国际环保产业博览会开幕。

盐阜大众报社/供

第400万辆汽车下线
2016.02.23 中国 盐城
KIA
东风悦达·起亚
革新经营
驱动
OK-30

1 2016年2月23日，东风悦达起亚汽车有限公司第400万辆汽车下线。 盐阜大众报社/供

2 加快发展智能终端产业。 王亚洲/摄

3 东风悦达起亚汽车有限公司生产车间。 盐阜大众报社/供

2016年5月，上海电气风电设备东台有限公司首批2台自主设计、拥有自主知识产权的3.6兆瓦大功率海上风机成功下线并运往浙江岱山港。

盐阜大众报社/供

2016年全市新能源发电68.85亿千瓦时，同比增长48.8%

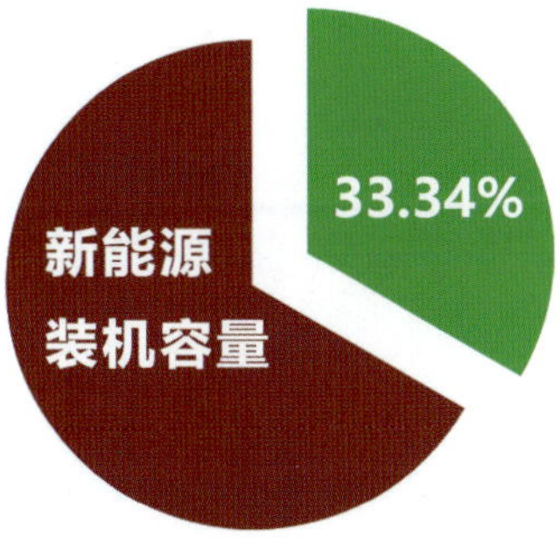

盐城新能源装机容量 **411** 万千瓦

占全省 **33.34%**

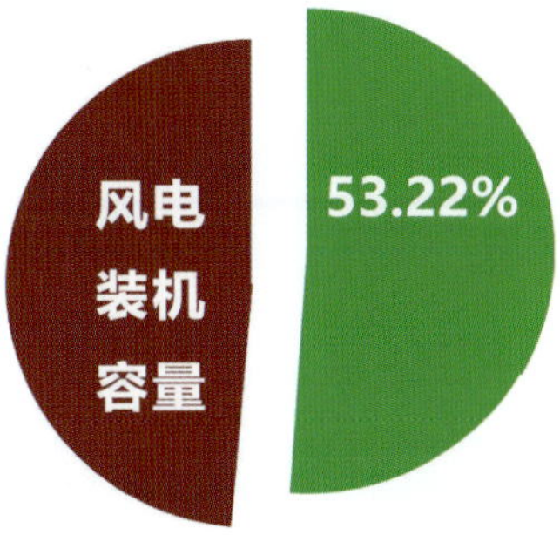

盐城风电装机容量 **299** 万千瓦

占全省 **53.22%**

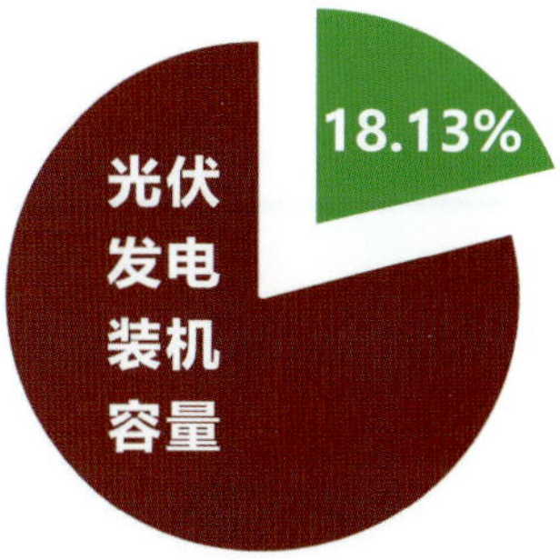

盐城光伏发电装机容量 **99** 万千瓦

占全省 **18.13%**

位于东台市沿海经济开发区的国内首创、全球单体规模最大的“风光渔”一体化电站。 盐阜大众报社/供

2016年6月19日，在滨海国家电投储配煤中心项目建设现场，两个直径120米、高80米的球形仓初见雏形。滨海国家电投储配煤中心是国家长三角地区重要的能源战略储备基地。 王亚洲/摄

2016年，盐城市与常州市签署2016年度挂钩合作计划，继续加快共建园区步伐，推进产业转移，发展农业经济，增进旅游合作，加强社会事业交流，开展县乡层面结对挂钩等工作。图为常州高新区大丰工业园。

发改委/供

2016 年，盐城港大丰港区完成货物吞吐量 4796 万吨，集装箱 19.65 万标箱。大丰港区港城配套功能不断完善，中韩盐城产业园大丰港主体区启动建设，大丰港公共租赁房一期工程、大丰港实验小学主体工程竣工。

发改委、盐阜大众报社 / 供

2016年，盐城市新增高效设施农业面积1.09万公顷，总规模突破14万公顷。图为盐都区张庄街道发展的以葡萄为主的高效设施农业。

市农委/供

2016年，盐城市新办规模农业龙头企业（项目）68个，总数1661个，其中国家级农业龙头企业5家、省级农业龙头企业69家。图为中粮肉食（江苏）有限公司生猪屠宰加工生产线、江苏申牛木业有限公司海丰奶牛场挤奶厅。

市农委/供

2016年，盐城市全面启动粮食生产全程机械化示范县、镇创建工作，新增大中型拖拉机、粮食烘干机等各类农机1.2万台，全市农业机械化率81.3%。

市农委/供

2016年，盐城市推进"一镇一园区"建设，建成现代农业园区170个。图为东台市梁垛镇现代园艺产业园。

张　捷/摄

2016年3月，盐城市获评全国绿化模范城市。图为盐城市盐渎公园。　　盐阜大众报社/供

响水林场
滨海林场
射阳林场
大丰新林场
东台新林场
响水县
滨海县
阜宁县
射阳县
建湖县
亭湖区
盐都区
大丰区
东台市
图 例
海岸生态防护林带
道路生态防护景观林带
河堤生态防护林带
废黄河故道经济林果产业带
沿海新林场

2016年，盐城市加快实施沿海百万亩生态防护林工程。图为盐城市百万亩生态防护林建设工程发展格局图、江苏黄海海滨国家森林公园、大丰沿海林场成片林。

市农委/供

人与生态共和谐。盐城市集海洋、森林、湿地三大绿色基因于一身，全市海岸线总长582千米，占全省海岸线总长度的56%，滩涂面积45.53万公顷，占全省滩涂湿地面积的70%。　　王亚洲　孙华金/摄自2015年开始，市委、市政府启动实施内环高架快速路网工程，全长57千米，总投资92亿元。其中，一期工程范公路北段当年9月建成，主跨216米的新洋大桥为盐城新的地标性建筑；二期工程全长46千米，2016年12月30日实现通车。　盐阜大众报社/供

2016年，盐城市铁路总里程157.2千米，有火车站8个。全年完成铁路客运量222.22万次，客运周转量2.01亿人公里；货运量122万吨，货运周转量3.12亿吨公里。年内，连盐铁路盐城段、徐宿淮盐铁路盐城段建设

施工之中；盐宁高铁联络线纳入徐宿淮盐铁路建设范围，将与徐宿淮盐铁路同步建成；盐城至南通铁路可研报告报送国家发改委待批；盐泰锡常宜城际铁路盐城至泰州段规划研究通过评审。图为连盐铁路建设施工现场。

王亚洲　杨光池/摄

1 2016年，市委、市政府继续实施饮用水安全保障工程，提高盐城水环境质量。图为城东水厂深度处理工程臭氧发生间。 王亚洲/摄

2 2016年11月29日，盐城市首家产品标准化、服务规范化、管理超市化、销售网络化农贸市场——解放路农贸市场开业。 李思远/摄

3 2016年，全市新开工建设各类保障性住房1.53万套，基本建成1.71万套。全年全市新增保障家庭3.41万户，累计保障家庭32.57万户。图为保障房小区“中江嘉城”。 市房产局/供

4 2016年，盐城市新水源地及跨区域引水工程被列为市委、市政府头号为民办实事项目，又被省政府列入2016年重大民生保障项目。至年底，新水源地及跨区域引水工程建湖先导段管道主体工程全部完成。 孙海鹏/摄

上

2016年11月26日，盐城市举行对外合作办学签约暨引进名师工作室授牌仪式，新引进8家合作办学单位和9名教师领军人才。 市教育局/供

2016年，全市开工新建、改扩建幼儿园90所，义务教育学校52所，校园校舍开工面积39.4万平方米，竣工面积21万平方米。图为新建成的盐城市第一小学教育集团串场河校区。 市教育局/供

2016年，盐城市继续实施基层医疗卫生机构基础设施标准化建设。至年底，完成投资额8.78亿元，实施标准化建设项目1729个，其中乡镇卫生院（社区服务中心）123个，村卫生室（社区卫生服务站）1606个。

市卫生计生委/供

2016年10月31日，盐城市大型现代淮剧《小镇》在第十一届中国艺术节上，获第十五届中国文化艺术政府奖“文华大奖”，成为华东地区唯一获得全国专业舞台艺术政府最高奖的剧目，也是淮剧剧种首次获得该奖项国家级最高奖。

市文广新局/供

第十一届 中国艺术节
THE 11TH CHINA ART FESTIVAL
主办：中华人民共和国文化部 陕西省人民政府

"江苏射阳农商银行"杯
2016中国盐城沿海湿地国际公路自行车赛
"JiangSu SheYang Rural Commercial Bank" Tour of YanCheng Coastal Wetlands 2016
盐城东方集团
Yancheng Oriental Group
盐城大纵湖旅游度假区
Yancheng Dazong Lake Tourist Resort
UCI
终 点
Finish
盐城大纵湖旅游度假区
Yancheng Dazong Lake Tourist Resort
SHIMANO

1	2
	3
4	

1 2016年11月2日，中国盐城沿海湿地国际公路自行车赛在盐城举行。

盐阜大众报社/供

2 2016年7月22—24日，全国大学生机器人大赛盐城邀请赛在盐都举行。

孙海鹏/摄

3 2016年12月30日，市第27届迎新年万人长跑暨盐城环城高架半程马拉松活动在市区内环高架举行。

盐阜大众报社/供

4 2016年10月2日，中国龙舟公开赛在阜宁县金沙湖旅游度假区举行。

王金成/摄

凡例

一、《盐城年鉴》是由盐城市人民政府主办、盐城市地方志办公室组织编纂的地市级地方综合年鉴。1998年创刊，本卷为第20卷。

二、《盐城年鉴》全面系统地记述盐城市上年度自然、政治、经济、文化和社会等方面的情况，客观真实地反映全市各行各业所取得的新成就、新经验以及需要解决的新矛盾和新问题，旨在为社会各界了解盐城、研究盐城提供资料信息，为各级领导科学决策提供参考依据，为编修地方史志积累地情史料，注重资料性、思想性和科学性的统一。

三、本卷年鉴以章节体辅以条目体的体例形式架构编目。章节为宏观结构，条目是微观形式，由此构建资料体系。框架设置总体上按照国民经济行业分类标准，结合地方实际，要求门类完备、不缺要项，分类合理、归属得当；层次的构架，着力体现年度特征、地方特色和专业特点，结构严谨，层次分明，逻辑严密，遵循规律性，体现科学性。节和节下层次，原则上以职能工作为记述实体，以增强年度资料的著述性和年度工作的延续性；辅助性条目为单一性特色记事条目。

四、本卷年鉴以图版、特载开卷，附录殿后，全书由卷首、卷末和主体内容三大版块构成。卷首图版以图说盐城为栏目，设城市名片、特别报道和年度要闻三个类别，并以"6·23"纪实、党代会、开放交流、产业强市、生态立市、富民兴市为主题，直观展示城市风貌、城市特色、城市品位及年度重大活动、重点工程；特载以《"6·23"特大龙卷风冰雹盐城抢险救援及灾后重建纪实》《"红色气质"的震撼彰显》《内环高架快速路网建设纪实》为专题，弘扬抗灾精神，展示盐城内环高架建设的成果。卷末附录设文献选编、文件目录 、出版书目、媒体报道、荣誉榜、综合考评六个部分，附录年度综合资料。年鉴主体内容，以编章节三个基本层次，设盐城概况、沿海战略、城市功能、生态环境、产业结构、政治生活、文化强市、社会民生、区域发展、人物共10编50章235节505目和609个条目（条目名称编入主题索引），章下设综述，宏观介绍各行业年度情况，不同章节下的相近或相同内容，以条目参见法处理。人物编，主要收录2016年新任和职务变动的市领导、省部级以上荣誉获得者、年度新闻和年度综合先进人物。条目标题，以同号黑体字并空一字距方式接排正文。全书设计各类示意图11幅、表格95份。

五、本卷年鉴文稿，主体部分由市直相关单位和各县（市、区）政府办公室，按盐办发电〔2017〕42号文件要求指定专人撰写，并经单位主要负责人审定签章；编辑部另组织力量采编或补写部分特色专题和相关稿件。入鉴数据以市统计局公布的统计数字为准，力求全书统一，一次文献中的数据和计量单位保持原貌。入鉴图照，由编辑部向各专业部门和摄影家协会专题征集；随文插图除部分署名外，均由相关单位提供。

六、本卷年鉴卷首设总目、目录和图表目录，卷末附主题索引和地图。全书统一页眉，读者可依据上述检索系统迅速查阅相关内容资料。2008年起，《盐城年鉴》随赠数据光盘。2013年起，入载盐城史志网。2017年起，通过二维码形式链接全文。

总　目

目　录

第 10 章　能　　源

第 11 章　交通运输

第 12 章　信 息 化

生态环境　编

第 13 章　绿色生态

第 14 章　环境治理

产业结构　编

第 15 章　工业经济

第 16 章　农业及新农村建设

第 17 章　建筑和房地产业

第 18 章　现代服务业

第 19 章　金 融 业

第20章 经济事务管理

政治生态 编

第21章 中共盐城市委员会

第 22 章　盐城市人大常委会

第 23 章　盐城市人民政府

第 24 章　政协盐城市委员会

第 25 章　纪检监察

第 26 章　民主党派　工商联

第 27 章　人民团体

第 28 章　法治盐城

第 29 章　军　事

文化强市　编

第 30 章　科学技术

第 31 章　教育事业

第 32 章　文化事业

第 33 章　新闻出版

第34章　档案史志

社会民生　编

第35章　医疗卫生

第36章　体育事业

第37章　社会保障

第38章　社会事务

第46章 大丰区

第47章 盐都区

第48章 亭湖区

人物编

第49章 人物简介

第50章 人物名录

附 录

索 引

地 图

图表目录

特　　载

□ “6·23”特大龙卷风冰雹盐城抢险救援及灾后重建纪实

□ “红色气质”的震撼彰显

□ 内环高架快速路网建设纪实

特　　载

责任编辑　赵　丽

“6·23”特大龙卷风冰雹盐城抢险救援及灾后重建纪实

突发灾情

2016年6月23日下午2:30左右，盐城市阜宁县和射阳县部分镇区突然遭遇强雷电、短时强降雨、冰雹等强对流天气，形成龙卷风冰雹特别重大灾害，造成重大人员伤亡和财产损失。阜宁、射阳两县，受灾涉及17个镇（街道）122个村（阜宁115个村，射阳7个村），共造成99人遇难，收治伤员846人，受灾群众紧急转移安置30309人，需过渡性生活救助20076人。因灾倒塌损坏农房14531户54654间（倒塌农房4385户17353间，严重损坏农房2846户11340间，一般损坏农房7300户25691间），其中阜宁县倒塌损坏农房12889户51151间（倒塌农房4199户16794间，严重损坏农房2768户11070间，一般损坏农房5922户23287间），射阳县倒塌损坏农房1642户3503间（倒塌农房186户559间，严重损坏农房78户270间，一般损坏农房1378户2674间）。基础设施损毁严重，供电、供水、通讯、道路中断，阜宁县城东水厂因供电设备毁坏中断供水，743座各类通信基站退服，倒伏2800根，部分地区通信中断，1570根有线信号杆线损坏，损坏路灯162杆，40条高压供电线路受损，影响3万负荷供电；射阳县电力、通讯杆线受损严重，4条10千伏线路涉及龙卷风经过区域用户全停。此次灾害共造成直接损失约49.83亿元，其中农业经济损失12.76亿元，工矿企业损失15.27亿元，基础设施损失3.51亿元，公益设施损失0.92亿元，家庭财产经济损失17.37亿元。

领导关怀

灾害发生后，党中央、国务院高度重视。正在乌兹别克斯坦访问并出席上海合作组织峰会的习近平总书记立即作出重要指示，要求国务院派工作组前往指导抢险救灾，代表党中央、国务院慰问受灾群众。要求全力组织抢救受伤人员，最大限度减少人员伤亡，并做好遇难人员善后和受灾群众安置工作。国务院总理李克强作出批示，要求全力做好人员搜寻和伤员救治，抓紧核实受灾情况，尽快帮助受灾群众恢复正常生产生活。受习近平总书记、李克强总理委派，6月24日，中共中央书记处书记、国务委员兼国务院秘书长杨晶代表党中央、国务院，率国务院有关部门紧急赶赴盐城，指导“6·23”盐城龙卷风冰雹特别重大灾害应急救援和善后处置工作，看望受灾群众和受伤人员，慰问在一线抢险救援的工作人员。针对灾害对受灾群众生产生活造成的严重影响，国家减灾委、民政部紧急启动国家Ⅲ级救灾应急响应，国务院工作组连夜赶赴灾区指导和帮助地方开展抢险救灾工作，并向江苏省调拨1000顶帐篷、2000张折叠床、10套场地照明灯等中央救灾储备物资，帮助做好受灾群众临时安置工

车从天降。　　丁亚平摄

作。省委、省政府非常关心盐城受灾情况，省长石泰峰多次召开抢险救灾工作，对救灾工作作出部署。7月2日，刚到江苏工作的省委书记李强首次调研就赶赴阜宁检查指导抢险救灾工作，慰问灾区群众，看望奋战在救灾一线的广大基层干部和志愿者。6月24—27日，省抢险救灾工作组在盐城指导救灾工作，工作组实地查看灾情，询问救灾工作面临的困难、救助措施落实等情况，并对建立健全指挥系统、医院救治受伤群众、安置受灾群众等工作进行指导帮助。

6月26日，武警盐城支队在灾区开展救援工作。

抢险救援

灾害发生后，阜宁、射阳县委、县政府成立抢险救灾临时指挥部，启动Ⅰ级预案，第一时间组织党员干部、群众和公安、武警、消防官兵展开救援，抽调多名医护人员深入一线搜救受灾人员，昼夜轮班参与救治。6月24日0时，风灾过境10小时，救援部队在受灾最严重的7个镇区，连夜进行三轮“拉网式”搜索。受灾群众全部进入临时安置点，人员搜救工作顺利完成。

灾害发生后，市卫计委立即组织全市所有二级以上的综合医院和中医院做好救治准备，落实人员、车辆和物资；畅通伤员转运救治的绿色通道，做好转院、接诊和救治的无缝衔接。在接诊伤员最多、救治任务最重的阜宁县人民医院，从下午3时至24日凌晨1点多，顺利完成140多台清创缝合手术。同时，省、市卫计委紧急调派专家赴阜宁、射阳开展救治工作。市卫计委将医疗专家分为多个救治组，与当地医生一起对各医疗机构收治的伤员进行伤情分类，确定危重伤员。明确盐城市三级医院为危重症患者的定点收治医院，滨海、响水、建湖、大丰、东台等地人民医院为一般伤员的定点收治医院。至6月26日，全市共收治伤员867人，其中阜宁498人、射阳107人、市一院101人、市城南医院10人、市三院74人、市中医院50人、滨海县6人、建湖县19人、响水县2人，共有危重伤员10人、重症伤员152人。

6月23日15时30分，阜宁、射阳两地公安、交通运输等部门，调集12台重型起吊机、3台应急照明车，沿着204国道、329省道、231省道等受灾路线，进行道路清障，打通救援通道。24日上午，受灾区域内5条国道、省道，以及县乡道路全部恢复通行。24日下午，射阳灾区供水恢复正常。25日下午，阜宁、射阳受灾的9个镇区、29个村居全部恢复供水。供电系统累计投入万余人开展应急抢修，灾区所有供电线路在5天内恢复正常供电。电信、移动、联通、铁塔四公司共派2300余人抢修损毁的通信设施，灾区很快恢复通信，743个退服基站在一周内全部修复，通信能力恢复到灾前水平。因灾受损的19个排涝站、27个灌溉站、1座节制闸全部及时修复。

群众安置

灾害发生后，市民政局当即启动Ⅱ级救灾应急响应，6月23日晚8时，盐城从Ⅱ级应急响应升级至Ⅰ级，全市启动自然灾害救助Ⅰ级响应机制和抢险救灾预案。根据应急救灾工作需要，紧急调拨市、县两级救灾储备物资，连夜冒雨将200顶帐篷、100盏应急灯运抵灾区。中国红十字会总会连夜调拨500顶单帐篷，100个家庭包，3000件夹克衫；24日又拨紧急备用金30万元，用于救灾工作。24日上午，盐城市民政局、财政局联合下拨自然灾害生活救助资金1300万元，用于受灾人员应急救助、转移安置及遇难人员家属抚慰等。

为妥善安置好受灾群众，市民政局坚持“分散安置为主、集中安置为辅”和“集中安置有管理、分散安置有服务”两大原则，在阜宁县设置13个安置点，安置1513人；射阳县设置1个安置点，安置78人。集中安置点每个房间（帐篷）物资配备均达到“七有”标准，即：有床铺、被褥、枕头、凉席、应急照明灯、饮用水和方便食品。受灾群众一日三餐能吃上热饭、热菜，生病能得到及时医治，并安排专业人员和志愿者，做好遇难者家属的心理安慰工作。对分散安置的受灾群众建立登记制度，掌握分散安置对象的户数、人数、去向、联系方式及相关情况，及时发放分散安置救助卡；落实党员、干部联系包干制度，采用党员干部“一对一”的方式，对口定人定时走访分散安置受灾群众，帮助受灾群众解决吃、穿、住、医等方面存在的实际困难和问题，及时了解安置对象的困难和需求，并帮助解决。同时，开展受灾人员心理干预，提供专业化的心理干预服务。

灾后重建

“6·23”灾情发生后，盐城市在科学论证的基础上，及时修订完善灾后重建规划，确定4个规模较大的集中安置

全新家园——阜宁县陈良镇大王庄村民周荣贵家。
王拥军摄

点按照美丽乡村标准建设,其余16个安置点按照康居村庄标准建设。邀请江苏省城镇与乡村规划设计院编制概念性规划,确定上海、江苏、浙江等地4家省级甲级设计单位开展20个集中安置点修建性详规编制工作。对房屋倒塌损毁、严重损坏的7231户,采取新建集中安置房、原址重建、进城入镇购房或购置空关农房等方式进行安置。下发《盐城市"6·23"龙卷风冰雹特别重大灾害灾后重建总体方案》,明确以集中安置为主的重建任务和形式,确定灾后重建工作的总体思路。制定下发《阜宁县灾后重建9个集中安置点援建工作方案》,明确重点援建和对口援建两种援建方式,组织援建单位与阜宁县签订代建协议,保证援建工作的有序推进。协调推动9个援建单位按照责任状的既定目标,组织专门力量,全力支持灾区灾后重建。协调东台市、大丰区、市开发区和市城投集团等援建单位筹集援建资金,9000万元的援建资金全部汇缴至阜宁县财政局指定的账户,保证阜宁县重建工作的顺利推进。

2016年8月,阜宁、射阳两县农业设施修复及田间整理主体修复工程、畜禽圈舍修复、改建工作全部结束。8月1日,阜宁县金沙湖景区恢复对外接待旅客。12月28日,受损最严重的阿特斯公司正式复产,至此,阜宁县受损的30家工业企业和射阳县受损的9家工业企业全部恢复生产。

2017年6月17日上午,盐城"6·23"灾后重建最后一个集中安置点——阜宁县板湖镇孔荡村安置点进行公开摇号选房,在特大龙卷风冰雹灾害中失去家园近1年的282户受灾群众,搬入新家。至此,全市灾后重建20个集中安置点5164套灾民新居全部建成交付。阜宁县29个公共建筑主体全部竣工。新涂、丹平、立新、计桥4个安置点完成农贸市场(轻钢结构)、陈良居委会安置点完成公共服务中心(木结构)建设,其余装配式混凝土结构村民服务中心和幼儿园基本完成。射阳县4个集中安置点公共建筑全部完成。阜宁县在农房建设的同时,同步推进基础配套建设,完善安置点供电、供水、网络、有线电视等配套设施建设方案,根据各安置点住房建设进度组织进场施工。至2017年6月23日,陈良、东崔、两合、蔡河、南湾、北陈、郑朱、成俊、立新9个集中安置点完成配套建设,其他安置点正在加快推进。射阳县集中安置点水、电、路、绿化、亮化、给排水等基础设施全部到位。9月8日,海峡两岸慈善组织相聚阜宁,为孔荡村举行落成典礼,弘扬中华传统文化,共建幸福美好家园。

"红色气质"的震撼彰显

——"铁军精神"在盐城"6·23"抢险救灾中的传承、展示和发展

2016年6月23日14:30时许,国家气象中心判定等级为EF4级、风力超过17级的一场历史罕见的龙卷风冰雹特大自然灾害,突袭盐城市阜宁、射阳2个县9个镇(街道)29个村(居),造成严重人员伤亡和财产损失。在党中央、国务院高度重视和亲切关怀下,在省委、省政府坚强领导下,市县两级党委政府迅即行动、科学应对,全市上下协力同心、众志成城,社会各界紧急驰援、倾力相助,灾区干群奋起自救、顽强拼搏。抗灾救援工作很快阶段性胜利,灾后重建有序开展。"6·23"抢险救灾的伟大实践,谱写了一曲曲大爱无疆、感天动地的英雄凯歌,铸就了"以人为本、人民至上,忠诚担当、冲锋在前,依靠群众、自强不息,迎难而上、众志成城,尊重规律、科学应对,厚德大爱、无私奉献"的盐城抗灾精神。这种精神,是根植于盐阜大地、渗透进老区人民血液中红色气质和英雄气概的集中体现,是铁军精神在新的历史背景和重大突发情况下的新传承、新展示和新发展。

历史的传承:根植于铁军精神的为民情怀和使命担当

精神凝聚力量,信念铸就坚强。抗击"6·23"龙卷风冰雹特大灾害所凝结成的盐城抗灾精神,是在生与死的考验中铸就的一座铁军精神的丰碑,是铁军精神在盐阜大地传承、生根的时代体现和精神展示。"弘扬铁军精神,把党旗插在受灾最严重的地方",这既是省市委的号召,也是盐城抢险救灾的现实场景。精神凝聚,力量集结。受灾群众在危难时刻看到了高扬的党旗,也就看到了夺取抗灾胜利的希望。以人为本的"为民情怀"与不忘初心的"使命担当",在此次抢险救灾中得到了全面传承和充分彰显。

1. 以人为本、人民至上,传承了铁军精神的为民情怀

不忘初心，执政为民，这是中国共产党的政治本色。军爱民，民拥军，军民鱼水一家亲，这是人民军队的优良传统。抗日战争时期，新四军与盐阜区人民生死与共、相濡以沫所结下的鱼水情深，正是中国共产党和军队为民情怀的真实写照。”盐城沿海，历史上经常发生海啸灾难。民国时期的一次海啸，阜宁县死亡1万多人。国民党江苏省政府在群众一再呼吁下虽勉强修建了一座小堤，但很快被冲垮。新四军在开辟盐阜根据地并建立抗日民主政权后，将修筑捍海大堤作为民生工程列入重要日程。刘少奇特别强调：修筑海堤之事，要从政治角度考量，经济问题次之。海堤工程开工后，三师师长黄克诚将新购进的12万元军粮全部送达工地以保证施工。大堤的建成有效地起到了捍海作用，保护了一方平安。“宋公堤”见证了抗日民主政府和新四军实施的伟大民生工程，竖起了一座人民利益至上的巍巍丰碑。执政为民的理念从此在盐城大地生根传扬。从“宋公堤”的修筑到“6·23”抢险救灾，虽然时空相隔，但一以贯之的是中国共产党矢志不渝地秉持“以人为本、人民至上”执政理念。市委市政府带领灾区广大干群与时间赛跑、同死神抗争。全市各级党组织奋战在灾区最前沿，组织救援、协调调度、舆情引导、有序推进，最大限度减少人员伤亡，最快速度安置受灾群众。灾害发生不到10个小时，现场救援基本完成，连夜从废墟中救出1000多人，846名伤员全部入院及时救治，112名重伤人员连夜被转至市级医院实施精准救护，2.6万名灾民被紧急转移安置。救灾现场，响彻灾区每一个角落的最强音就是：“人民至上”。这与铁军精神“听党指挥，服务人民”的内涵一脉相承。

2. 忠诚担当、冲锋在前，传承了铁军精神的使命担当

当年，新四军之所以能战胜前进道路上的艰难险阻并不断发展壮大，最终夺取抗战胜利，其根本的原因就是听党指挥、对党忠诚，牢记使命、勇于担当。1941年1月，新四军军部在盐城重建，新四军自此成为中共独立领导的抗日武装，成为坚持华中敌后抗战并最终夺取胜利的中流砥柱。源于对党的绝对忠诚，源于自身的使命担当，这支敢打硬仗、能打胜仗的铁军雄师，以英勇顽强的牺牲精神保卫祖国、呵护人民。面对强敌，他们英勇无畏视死如归，涌现出“刘老庄八十二烈士”“大胡庄八十二烈士”以及“人民军队中第一个舍身堵枪眼”的徐佳标等英雄群体和战斗英雄。那视死如归的无限忠诚、冲锋在前的使命担当，悲壮淋漓，震撼彰显。

回望历史，观照现实，撼人心魄的是：面对特大灾害，各级基层党组织和灾区广大党员，广大部队官兵、武警官兵、消防官兵、公安干警、医护人员以及社会各界人士，迅速集结、紧急驰援、不畏艰险、不怕牺牲，成为战胜天灾的战斗堡垒。灾情发生的当天，近万名党员在党组织的统一协调下奔赴现场抢险救援。灾区成立党员救灾突击队，救灾现场党员佩戴党徽、亮出身份，受灾群众真切地感受到了共产党员在与他们同呼吸、共患难。解放军东部战区和北部战区、江苏省军区及武警总队和消防总队、驻盐部队和公安系统，紧急出动兵力警力1.4万余人。抢险救灾现场随处可见的是飘扬的党旗和闪烁的党徽，各界党员同志不讲条件、不顾安危、不怕牺牲，义无反顾地冲锋在解救受灾群众、医疗救护、公路运输、电力抢修、恢复生产一线，承担了最紧急、最艰难、最危险的任务，始终战斗在急难险重前线；1.3万名医疗卫生人员与各级医院通力配合救死扶伤，不分昼夜抢救伤员，有的甚至连续工作40多小时；供水、供电、电信、移动、联通等系统，不讲条件、不惜代价地日夜抢修，水、电、路、通讯等基础设施最短时间内恢复到灾前水平。这样一份对党对人民和对职业使命的忠诚担当，与新四军“听党指挥、对党忠诚，敢打硬仗、能打胜仗”的精神内涵完全一致。

现实的展示：蕴含于铁军精神的顽强拼搏和众志成城

人民是历史的创造者，群众是真正的英雄。总书记号召不忘初心、执政为民，就是要告诉我们：党的根基在人民，血脉在人民，力量在人民。“6·23”特大灾害发生后，灾区群众紧密团结在党和政府周围，直面灾难、自救互助，展示出自立自强的顽强意志和拼搏精神。这种意志和精神，是“坚忍不拔、百折不挠”铁军精神在老区人民身上的精神传承和气质展示，也彰显了老区人民“顽强拼搏、众志成城”的英雄气概。

1. 依靠群众、自强不息，展示了铁军精神的顽强拼搏

铁军精神穿越时空，成为战胜一切艰难险阻的强大精神武器。面对家园毁损、亲人生离死别的巨大痛苦，许多群众从废墟爬出后，顾不得擦去血迹就自发组织起来展开救人。阜宁县立新村的陈红明拉起一支由左邻右舍村民组成

“铁军精神”在延续。　　陈　鹏摄

的救援队伍,以最快速度救起20多人。射阳县1200多名群众在专业救援队未到之前,从废墟扒出34名受灾群众。灾害发生的当天下午,灾区3.6万群众被动员组织起来,形成以党员干部为核心的自救力量。受灾严重的7个镇(街道)和22个村(居),全部自发成立自救"突击队"。灾后不久,灾区村民不等不靠,请来亲朋好友,运来砖石瓦块,用自己的双手垒起了新的家园。受灾群众用他们坚定的意志和自强的行动,展示了灾区人民不屈不挠、战胜灾害的信心和勇气。由抢险救灾转向灾后重建后,市委市政府广泛听取受灾群众意见,充分尊重人民群众主体地位,这是盐城地方党委政府忠实践行党的群众路线,传承和弘扬铁军精神"党群同心、携手奋进,顽强拼搏、共克时艰"的最新展示。

一切为了群众是中国共产党的为民宗旨,一切依靠群众是党的执政根基和力量源泉。当年,刘少奇、陈毅等老一辈无产阶级革命家以群众工作为突破口,开启根据地各项建设事业赢得民心,建立并巩固起威震敌胆的盐阜抗日根据地,创造出引领华中、影响全国的"新的盐城"的群众工作经验和模式,新四军因此被毛泽东誉为"华中人民的长城"。因为有着"迎难而上、自强不息"的"铁的作风"和"令行禁止、执纪严明"的"铁的纪律",新四军在盐阜区民众中享有崇高威望,深得人民群众爱戴。

2. 厚德大爱、无私奉献,展示了铁军精神的众志成城

一方有难,八方支援。党群同心,其利断金。"6·23"特大灾害发生后,全国各地都在为灾区祈祷祈福,"盐城加油""阜宁挺住"不断温暖慰藉着灾区。各种救灾物资紧急运抵灾区,各种救灾力量源源不断奔赴现场。在盐城,从城市到乡村、从机关到企业、从社区到学校,全市上下紧急行动,共同应对灾情,合力抢险救灾。机关,捐款捐物的人群络绎不绝;医院,义务献血的人们排起长队;灾区现场,2万多名"红马夹""蓝丝带"志愿者竞献爱心。灾后不到半小时,阜宁县城180辆出租车、200名驾驶员停止营运,自发投入抢险救灾一线,很多司机连续20多小时不休息,全力抢救伤员。面对灾难,全社会风雨同舟。这种厚德大爱、无私奉献的精神,鼓舞着灾区人民在磨难中砥砺前行,在感恩中坚强奋进;这种自强不息、顽强拼搏的精神,展现的是盐城人民在特大灾害面前自觉集结在党和政府周围并团结奋进、共御灾害的精神品质。

团结就是力量,团结就是胜利。当年,新四军在华中高举抗日大旗,团结一切可以团结的力量,调动一切可以调动的积极因素,建立各党各派各界各军的抗日民族统一战线,形成了人心所向的铜墙铁壁。新四军的真诚和真心像磁铁般吸引着亿万民众,大批爱国青年和知识分子冒死参加新四军、大批各阶层爱国人士临险支持新四军,许多爱国华侨漂洋渡海投奔新四军、不少左右摇摆的中间派转而倾向新四军,所有抗日力量汇成了一道抗日洪流,人民群众成了新四军坚持敌后抗战最坚强的后盾。堪称楷模的团结铸就了铁军精神"铁的团结"精神内核。

时代的发展:升华于铁军精神的运筹理念和全局思想

明镜所以照形,古事所以知今。皖南事变危局,事关新四军生死存亡;"6·23"特大灾害,危及3万多名群众生命和财产安全。灾难突袭那一刻,应急系统和指挥体系迅捷响应并高效运转,抢险救灾即刻科学有序展开。全市各级党委政府不仅经受住了严峻考验,在应对和处置特大灾情过程中还创造性地形成了抢险救灾的"盐城模式"。

1. 尊重规律、科学应对,发展了铁军精神的运筹理念

尊重规律、讲求科学,实事求是、果断决策,这是任何情况下做好任何工作的前提和保证。皖南事变后,蒋介石宣布新四军为"叛军"并撤销其番号,命令数十万大军进攻新四军各部。党中央采纳刘少奇"政治上取全面攻势,军事上取守势"斗争策略,命令在盐城重建新四军军部。历史证明,党中央处理皖南事变危局的斗争策略以及由此构成的完整而缜密的战略体系是正确的。它在赢得社会各界及国际舆论深切同情与广泛支持的同时,孤立了国民党顽固派,提高了中共威望;更重要的是让深陷绝境的新四军得以浴火重生并不断发展壮大,进而成为夺取抗战胜利的铁军雄师。历史与现实是共通的。"6·23"特大灾难发生的第一时间,正在外事访问的习近平总书记随即作出指示,国务院总理李克强专门听取汇报并作出重要批示,国务委员杨晶代表党中央、国务院亲赴灾区慰问,国务院工作组很快赶至灾区指导抢险救灾。在省委、省政府统一部署下,省18个部门组成工作组第一时间赶赴一线。在错综复杂的灾情面前,在庞大的施救体系亟待科学调度的情势下,市委、市政府临危不乱、指挥若定、处置裕如,上下联动的救灾应急指挥体系快速反应:第一时间启动应急Ⅰ级响应机制和抢险救灾预案,第一时间赶赴灾区现场,第一时间研判灾情,第一时间成立现场指挥部。市委先后在抢险救灾一线三次召开常委会,受灾各村均由一名县四套班子成员任总指挥。铁军作风为抢险救灾赢得了生死时速,科学的指挥印证了铁军的临战作风。

2. 把握大局、协调推进,发展了铁军精神的全局思想

胸有全局,路有格局。孕育于北伐战争、形成于抗战时期的铁军精神,既有相忍为国、顾全大局的可贵品格,更有总揽全局、通盘运筹的智慧要义。当年的新四军,之所以能长期坚持敌后,一次次粉碎日伪军疯狂进攻,关键在于是一支党领导下的政治素质强、军事素养高、组织严密、纪律严明、作风顽强、战斗英勇的正规化军队。军部领导人以高度的政治智慧和敏锐洞察,建设正规化军队并迅速付诸行动,政治制度、组织建设、军事训练、后勤保障如同盘中棋子,布局合理各得其所。全面建设后的新四军部队在血与火的洗礼下,锻造成了一支所向披靡、无往不胜的铁军,留下了传承至今的铁军精神。穿越时空,当"6·23"特大灾难突袭而来,第一时间出现的依然是不畏艰险、冲在最前沿的最可爱的人——人民子弟兵及消防武警官兵和公安干警。这支新的"铁军"承担了最艰险的任务:地毯式生命探测、转移伤员、疏散群众、抢通道路、清理危房,他们以临危不惧、奋不顾身的姿态日夜奋战在抢险救灾最前沿,最大程度地保护了人民群众的生命财产安全。尤为典型的是处置阜宁阿特斯协鑫公司危化品事件,因舆情准确、决策果断、应对及时、措施得力,公安、消防、安监、环保等部门立即封锁现场,不仅成功疏散300余人

并救出7名受困者，而且迅速安全地转运厂内所有危化品，防止了因危化品泄漏造成的次生灾害，成功避免了一次重大安全事故。

未雨绸缪，预则立。全局思想不仅需要全局一盘棋的顶层设计，更需要局部的协调推进。打赢"6·23"抢险救灾这场整体战役，很重要的一条就是科学有序、统筹协调，从伤员救治到遇难者善后、从物资调度到设施修复完善、从废墟治理到灾后重建，环环相扣。中央和省市县四级宣传部门协同动作，联合把握舆情，强化正面引导，抗灾指挥部及各新闻媒体始终坚持正面舆论导向，注重营造良好舆论氛围：第一时间启动新闻应急预案，第一时间发布权威信息。全国46家媒体、310多名记者深入灾区一线现场，及时发出权威的现场报道，有效回应社会关切的问题，最大程度满足公众知情权。与此同时，深入报道典型感人事迹，为抢险救援鼓劲加油，凝聚正能量，为抢险救灾以及后续重建提供精神支撑。针对社会关注的救灾物资及资金流向，各级纪检监察机关尽职履职，加强救灾资金管理、社会捐赠款物分配使用，强化监督检查。财政部和民政部门出台相应文件，规范财政性救灾资金、捐赠资金物资接收使用、受伤人员医疗救治费用等管理，确保资金和物资阳光运作。这种风清气朗的政治生态，赢得了全社会广泛支持，进而形成强大的凝聚力、战斗力，这是夺取这次抗灾胜利的基础和保证。

"6·23"抢险救灾的伟大实践表明：铁军精神是战胜一切艰难困苦的思想法宝和力量源泉，传承于铁军精神并赋予时代内涵的盐城抗灾精神，是取得"6·23"抗灾胜利的宝贵的精神财富。回顾和重温产生并发展于抗日烽火岁月的铁军精神，发掘和弘扬孕育于"6·23"抢险救灾伟大实践中的盐城抗灾精神，是为了总结历史经验、把握历史规律，增强开拓进取的勇气和力量。新的历史条件下，我们将继续传承铁军精神，弘扬抗灾精神，遵循历史的昭示，增强"四个自信"，不断凝聚精神力量，激励盐城人民在"建设新盐城，发展上台阶"的伟大实践中不断创造新业绩、创出新辉煌，在推进实现"两个一百年"的宏伟目标的伟大征程中，奋力谱写好中国梦的盐城华彩篇章。

（茆贵鸣　王海燕　吴建新　丁益萍等）

内环高架快速路网建设纪实

2016年12月30日，一个注定载入盐城城市发展史册的日子！下午2点18分，备受市民关注的市区内环高架快速路网二期工程全线通车。至此，已通车的内环高架快速路共57千米，形成"一环五射"的路网系统，为大市区交通绘制出一幅新版图，盐城正式迈入"立体交通"时代。仅仅20个月——600天，市区内环高架二期工程从无到有，2万名参建大军科学组织，高效施工；相关部门、单位团结协作，同心合力；广大干部群众胸怀大局，理解支持，成就了路桥建设的"盐城速度"。

齐心协力共筑高架梦

道路承载着城市的历史与梦想，承载着老百姓的期盼和希冀。近年来，盐城市抢抓"一带一路"、江苏沿海开发、长三角一体化等重大国家战略机遇，沿海中心城市建设步伐进一步加快，百姓出行提前迈入"汽车时代"，但出行难问题也随之接踵而至。市委、市政府从民生需求出发，抢抓机遇，科学决策，果断上马建设内环高架快速路网工程。

市区内环高架快速路网工程是市委、市政府重大民生实事项目，也是盐城城市提升"十大工程"之一。已经建成通车总里程57千米，与大市区周围的沈海、盐徐、宁靖盐高速连接。其中，一期工程范公路北段于2015年9月建成通车。二期工程全程高架长达46千米，呈"一环四射"形式，2015年5月全面开工，2016年12月底实现通车，建有4个大型枢纽、25对上下匝道、6个主辅出入口。

内环高架工程在大市区施工，涉及单位多，地表、地下情况极其复杂，可谓困难重重，任务艰巨。市委、市政府坚定信心，动员各方面力量，凝心聚力办大事，涉及部门、单位既各负其责，又紧密配合。根据不同时期的工作重点，分别主攻突破，同时坚持以人为本，在执行政策，不违反规范程序的前提下，努力照顾方方面面的合理利益诉求，为群众做实事，以心换心，确保"双征"（房屋征收，土地征用）、杆管线迁移工作快速有序推进。

工程建设得到广大市民的支持。他们不仅舍小家顾大家，在房屋征收、土地征用方面积极配合，还放眼长远，努力克服施工对生活和出行带来的种种不便，对远道而来的外乡施工企业给予极大的理解和包容。"眼下受点小罪，将来子孙后代就享福了"，沿线许多居民这样告慰自己，也这样说服周围偶有异议的邻居。

市区内环高架二期工程凝聚着全市百姓关注的目光，也是展示建设者拼搏奋斗、争当先锋的大舞台。特别是在"党工联建"活动中，党员先锋队、青年突击队、工人先锋号42面旗帜飘扬高架工地，激励和带动一大批普通施工人员特别是青年职工，夜以继日奋战在一线，展现高架上的"最美风景"。

在20个月、600天中，通过高架工程建设者以及各级党委政府、市民的共同努力，市区内环高架快速路网二期工程全线通车。高架双向六车道，全线无红绿灯，盐城市区绝大多数居民，出行至环城高速公路出入口的行车时间不超过15分钟，真正体现出入市区快进快出的"盐城速度"。

科技创新书写新篇章

工程建设之初，市委、市政府就下达军令状：创省优、争国优，冲刺鲁班奖。创优靠的是科技创新，内环高架工程大力推广运用新技术、新材料、新工艺和新设备，不仅提升工作效率，降低材料和能源消耗，更提高工程质量。高架从头到脚、从桩基到桥面到附属设施，隐藏着多达23项新技术、4项新工艺、1项新材料。建设过程中，广泛开展QC小组活动，12项获得全国或母体公司所在省区（直辖市）二等以上奖项。"

“住建部建筑业10项新技术”和“江苏省建筑业10项新技术”在高架建设中的运用几乎无处不在：

——桩基、墩柱、承台、梁体钢筋加工，全面运用部新“建筑用成型钢筋制品加工与配送技术”；

——钻桩施工，运用了“旋挖钻孔灌注桩施工技术”、“砼固体废弃物资源化利用技术”，既降低了建设成本，又减少了项目碳排放；

——主墩承台施工运用了地下水控制技术、模板支撑技术、钢板桩支护技术、混凝土裂缝控制技术等；

——梁体结构钢筋运用高强钢筋应用技术，保证了结构安全，提升高架主体结构美感；

——伸缩缝运用纤维混凝土技术，以增强结构强度，提高使用耐久性；

——桥面运用钢筋焊接网应用技术”和“原浆机械抹光技术；

……

各施工标段还结合现场情况，积极组织技术攻关，进行工艺创新：

济南城建Q2标项目部在潘黄枢纽施工中，为解决空间逼仄、回旋场地不够问题，在盐城地区首次应用高30多米、长近200米的大型现浇梁移动模架；中交一公局N标自行研制全自动液压行走箱梁钢模进行梁体预制，提高生产速度，有效改进箱体外观工艺水平；全线路基桥涵标全部采用预应力智能张拉与压浆技术。同时，在高架匝道桥头填筑时，首次采用EPS和泡沫混凝土等新型填筑技术，以节省施工时间，降低未来桥上沉降，提高行车舒适性，并避免传统的石灰土施工扬尘问题，有效保护生态环境。

创优，同样离不开严格的项目管理。为了建设一流工程，实现创优目标，市高架项目管理办立足“六个零”（安全生产零事故、工程质量零缺陷、时序进度零延误、项目投资零浪费、生态环境零影响、廉政建设零腐败），招标时就将合同价的1%专列为创优经费，完成创优目标才予支付。施工单位进场后严字当头，建立严密质控体系，从原材料到成品质量控制和各个环节进行严格管理。

在追赶进度的同时，市高架项目管理办全面执行“首件工程认证制”，由监理把好开工关、隐蔽工程检验批验关、计量支付关等重要关口。质量管理如果出现问题，首先对监理单位问责。此外，专门设置检测标和监控标，加强对工程的试验检测和质量监控，对工作中发现的质量问题，有通报、有整改、有复查，每月形成月度质量分析报告。

靠着科学严格的管理，内环高架施工安全佳绩不凡。尽管面临着交通组织难、高支架施工安全隐患多、特种设备作业普遍等安全管理难题，但工程全线却始终保持着安全可控的良好态势，未发生一起一般以上安全生产事故，保证了施工和谐推进。

科学施工劲炫绿色风

适应特殊情况，打破传统常规，对现场施工进行科学决策，是又快又好建成内环高架的又一个重要因素。2016年11月初，项目管理办根据天气预报和往年气候情况分析，针对高架桥上风速大、气温下降快的特点，组织原本负责地面沥青施工的LM2、LM3标上高架突击抢工，使高架桥面沥青赶在寒流来临之前摊铺到位，保证后续伸缩缝施工和其他附属设施安装按计划推进。

高架项目管理把绿色施工放在与质量同等重要的位置来抓。在编制招标文件时，就明确投标控制总价的1%为绿色施工专项费用，在工程建设过程中单独计量支付，极大地调动了各项目经理部加大人员、设备投入的积极性。除范公路南段个别路段外，全线施工区域按照统一规格要求，设置高标准施工围挡，不仅具有一定的防尘、防风、防噪音、防泥浆外漏效果，而且在外侧张贴精美画面，还成为城市形象宣传的新窗口，成为大市区的一道风景线。

从细节入手抓落实。围绕“道口不乱、地面不脏、裸土覆盖、标识统一、围挡一致、净车出场、冲洗干净、地损即补、奖罚分明”36字方针，各标段组建绿色施工队，一方面负责围挡维护，确保完整、清洁、美观，一方面做好环境保洁，全线共配置洒水车、清扫车24辆，专职保洁人员360多名。各标段车辆进出口设置洗车台，没有冲洗的渣土车不得进出施工现场，且所有渣土车在挡风玻璃前都贴有统一编号的专用标识，方便市民监督。为防止扬尘扰民，在洒水压尘的同时，围挡内外3天以下用不到的裸露土方都必须用绿网覆盖。为保证市民夜间休息，全线各标段普遍使用低噪音砼搅拌棒。2015年中高考期间，恰逢施工开始全面大干，为了确保两不误，在科学安排现场施工的同时，项目管理办领导分头带队，进行夜间巡查，对一中等重点敏感地区实行24小时值班看护，确保无噪音干扰考生。

市区内环高架施工主要在原道路中间进行，施工中不得不将原非机动车道临时改作机动车道，以保证市民出行，而非机动车道建设标准达不到机动车道要求，且还有大量超重车辆行驶，因此道路破损情况较为严重。为了保障市民出行需要，各路基桥涵标都成立道路修补队，专门负责临时车道的修补维护，对一时来不及修补的破损路段或其他有特殊需求路段，则铺设临时钢板以保证交通。

在高架建设过程中，项目管理部门“双管齐下”监督绿色施工。通过各类媒体公示绿色施工举报电话，在围挡上公示环境保护监理工程师手机号码（设AB岗），让市民发现问题时，前后步行不超过100米就能找到投诉电话，并确保打通。同时，从各县（市、区）抽调20名具有丰富路域环境整治经验的路政执法人员，成立内环高架绿色施工稽查执法大队，对全线绿色施工进行巡回稽查，严格奖惩到位，以确保绿色施工管理措施的贯彻落实。

20个月来，绿色施工保证了盐城优良生活环境不打折。尽管高架工程在市区大面积施工，“盐城好空气”依然在全省独占鳌头，多次进入全国前十佳，2016年被《人民日报》评为全国18个“洗肺城市”之一。与此同时，盐城在创建全国文明城市、国家环保模范城市、省优秀管理城市等活动中取得佳绩，内环高架绿色施工还被省建设厅列为城市管理典型案例。　　　（摘编自《盐阜大众报》）

盐城概况

- □ 市情概览
- □ 年度综述
- □ 组织机构

第 01 章　市情概览

责任编辑　赵　丽

综　　述

盐城位于江苏沿海中部，地处北纬 32°34′～34°28′，东经 119°27′～120°54′之间。东临黄海，南与南通市、泰州市接壤，西与淮安市、扬州市毗邻，北隔灌河与连云港市相望。盐城有着得天独厚的土地、海洋、滩涂资源，是江苏省土地面积最大、海岸线最长的地级市。全市土地总面积 1.7 万平方公里，其中沿海滩涂面积 45.53 万公顷，占全省沿海滩涂面积的 70%；海岸线长 582 千米，占全省海岸线总长度的 56%。射阳河口以南沿海地段还以每年 10 多平方公里的速度向大海延伸，被称之为“黄金海岸”，是江苏最大、最具潜力的土地后备资源。盐城海陆空交通便捷，基本形成高速公路、铁路、航空、海运、内河航运五位一体的立体化交通运输网络。城市快速公交（BRT）运行，盐城成为全省第二个、江北首个拥有快速公交系统的城市。盐城南洋机场和盐城大丰港区成为国家一类开放口岸，盐城市成为同时拥有空港、海港两个一类开放口岸的地级市，盐城空港开通国际、国内航线 22 条。新长铁路盐城站开通全国客货运。盐靖、盐通、盐连、徐淮盐高速公路四通八达，实现“县县通高速”目标。

盐城是沪、宁、徐三大区域中心城市 300 千米辐射半径的交会点，是江苏沿海中心城市，长三角新兴的工商业城市，湿地生态旅游城市，是江苏省委、省政府确定的“重点发展沿江、大力发展沿海、发展东陇海线”的三沿战略及“海上苏东”发展战略实施的核心地区，是“京沪东线”的重要节点，是国家沿海发展和长三角一体化两大战略的交汇点，盐城在区域经济格局中具有独特的区域优势。

2016 年，全市土地总面积 1.7 万平方公里，年末户籍总人口 830.5 万人，常住人口 723.5 万人（城镇化率 61.6%），是江苏面积第一、人口第二的大市。全市地区生产总值达到 4576.1 亿元，固定资产投资达到 3882.8 亿元，全年地方一般预算收入 415.2 亿元。盐城先后被评为中国优秀旅游城市、全国科教兴市先进市、全国双拥模范城、全国综合实力百强城市、中国投资环境百佳城市、中国十佳和谐发展城市、全国粮食生产先进市、国家园林城市、国家卫生城市、全国绿化模范城市、全国新一轮社会管理综合治理优秀市、中国十佳绿色生态旅游城市等，盐城对外来投资的吸引力进一步增强，经济社会实现又好又快发展。　（严志鉴）

第一节　政区环境

一、建置区划

建置沿革　西周前为“淮夷”地。汉武帝元狩四年（前 119 年）始建盐渎县。东晋安帝义熙七年（411 年），因“环城皆盐场”更名盐城。南北朝先设射阳郡，后改盐城郡。隋大业末年（618 年），韦彻据盐城称王立射州，分射阳、新安、安乐 3 县。唐武德七年（624 年），废射州复盐城县，属楚州；乾元元年（758 年），置盐城监以管楚州盐务。南唐升元元年（937 年），划属泰州并设海陵监驻东台场，以监管南北盐场，东台名始见史书。宋代属楚州。元代隶扬州路、淮安路（后改扬州府、淮安府）。明清时分属扬州、淮安 2 府。其间，阜宁于清雍正九年（1731 年）建县，东台于乾隆三十三年（1768 年）建县。民国年间先属淮扬道，后废道隶省，先后设江苏省行政第十督察区、盐城行政督察区、第六行政督察区，治所均设盐城。1941 年 9 月，盐阜区行政公署成立，盐城分为盐城、盐东、建阳 3 县，阜宁分为阜宁、阜东 2 县，盐阜行政区辖盐城、盐东、建阳、阜宁、阜东、淮安、涟水 7 县和涟灌阜边区办事处；东台县属苏中二分区。次年 4 月，析射阳河以南、串场河以东、黄沙港以北建射阳县，同时将涟灌阜边区改为潮南县（后改滨海县）；5 月，析东台北部建台北县，均属苏中二分区；11 月，东台、泰东 2 县并为东台县。1944 年 10 月，台北县并入东台县，因二分区撤销改隶苏中四分区。1945 年 10 月，盐阜行政区改为盐阜分区；11 月，东台县析出小海、滨海和堤东区，与此前（9 月）成立的大中集垦区特区合并为台北县；12 月，盐阜分区改为苏皖边区五分区，辖盐城、盐东、建阳、阜宁、阜东、射阳、滨海、淮安、涟东 9 县；原苏中三、四分区合并为苏皖边区一分区，东台、台北二县均隶一分区。1947 年 2 月，以通榆公路为界改五分区为新的五分区和十一分区，路西的盐城、建阳、阜宁、涟东、淮安 5 县为五分区，路东的盐东、射阳、阜东、滨海 4 县为十一分区；9 月，五分区和十一分区又合为五分区，仍辖 9

县。1949年5月，苏皖边区一、五分区改为泰州行政区和盐城行政区，盐城行政区辖盐城、盐东、建阳、阜宁、阜东、射阳、滨海、淮安、涟东9县，东台、台北属泰州行政区；11月，盐东、阜东分别并入射阳、滨海。1950年1月起，东台、台北划属盐城行政区；6月，涟东县划属淮阴行政区。1951年7月，台北县更名大丰县，建阳县更名建湖县。1953年1月，江苏省人民政府成立，盐城专区辖盐城、东台、大丰、建湖、射阳、阜宁、滨海和淮安8县。1954年10月，淮安县划归淮阴专区。1966年3月，析滨海县中山河以北建响水县。1968年3月，盐城专区革命委员会成立，各县相继成立县革委会。1971年5月，盐城专区改称盐城地区，仍辖8县。1978年10月，撤销盐城地区革命委员会，成立盐城地区行政公署。1983年3月，实行市管县新体制，撤销盐城地区和盐城县，建省辖市盐城市，同时将原盐城县盐城镇范围设置为市城区，原盐城县农村范围设置为市郊区，全市辖东台、大丰、建湖、射阳、阜宁、滨海、响水7个县和城区、郊区2个区。1987年12月，东台撤县改市。1996年7月，市郊区改设盐都县；8月，大丰撤县改市。2003年，市城区更名亭湖区，同时撤盐都县改盐都区。2015年8月，经国务院批准，撤销县级大丰市，设立盐城市大丰区。

行政区划 2016年，盐城市下辖东台1个县级市和建湖、射阳、阜宁、滨海、响水5个县，以及盐都、亭湖、大丰3个区。共有26个街道、96个镇，2433个村(居、社区)。

（严志鉴）

二、环境资源

成陆演变 盐城是沿海成陆较早的地区之一。市境海陆几经变迁，经历了桑田沧海、沧海桑田的演变过程。距今2万年左右，现市境均为陆地。距今7000年左右，气候普遍转暖，一次大规模海浸，今盐城辖境均为大海，成为浅海湾的一部分。距今7000年至5000年的新石器时期，海面基本稳定。长江、淮河搬运入海的大量泥沙在浅海湾底部逐步堆积，形成了呈西北—东南走向的岸外沙堤，海岸线长期稳定在阜宁、盐城一线，即被称之为西冈的今羊寨、龙冈、大冈、安丰一线。秦汉前，距今约3900年至3300年，西冈以东开始形成新的内堤，即被称之为东冈的今施庄、上冈、盐城、草埝、东台一线。南宋建炎二年(1128年)黄河夺淮，历700余年，带来巨量泥沙入海与长江口入海北移的泥沙会合，使盐城海岸线迅速向东淤长，海涂渐成陆地。

地貌特征 盐城市全境为平原地貌，西北部和东南部高，中部和东北部低洼，大部分地区海拔不足5米，最大相对高度不足8米。全境分为3个平原区：黄淮平原区、里下河平原区和滨海平原区。黄淮平原区位于苏北灌溉总渠以北，其地势大致以废黄河为中轴，向东北、东南逐步低落。废黄河海拔最高处达8.5米，东南侧的射阳河沿岸最低处仅1米左右。里下河平原区位于苏北灌溉总渠以南，串场河以西，属里下河平原的一部分，总面积4000多平方公里，该平原区四周高、中间低，海拔最低处仅0.7米。滨海平原区位于灌溉总渠以南，串场河以东，总面积为7000多平方公里，约占全市总面积的一半，该平原区大致从东南向西北缓缓倾斜。东台境内地势较高，一般海拔为4米~5米间，向北逐渐低落，到射阳河处为1米~1.5米。

气候特征 盐城地处北亚热带向暖温带气候过渡地带，一般以苏北灌溉总渠为界，渠南属北亚热带气候，渠北属南暖温带气候，具有过渡性特征。气候受海洋影响较大，与同纬度的江苏省西部地区相比，春季气温低且回升迟；秋季气温下降缓慢且高于春温；年降水量也比本省西部明显偏多。季风气候明显，冬季受欧亚大陆冷气团影响，盛行偏北风且多寒冷天气；夏季受太平洋副热带高压影响，盛行偏南风且多炎热天气，空气温暖而湿润，雨水丰沛。

2016年全年平均气温正常偏高，降水量总体偏多，空间分布呈现南多北少，日照时数正常略偏少。冬季(2015年12月至2016年2月)平均气温正常略高，降水量偏少，日照时数基本正常；春季(3—5月)平均气温正常偏高，降水量偏多，日照时数正常略偏少；夏季(6—8月)平均气温正常偏高，降水量分布不均，南部地区偏多，北部地区偏少，日照时数正常；秋季(9—11月)平均气温正常略偏高，降水量偏多，日照时数偏少。全市年极端最高气温38.5℃，7月24日出现在大丰；极端最低气温-14.2℃，1月24日出现在响水。

2016年入梅正常、出梅偏晚，梅期偏长。全市6月18—19日自南向北入梅，较常年相比正常(常年6月18日)；7月20日出梅，出梅偏晚(常年7月10—12日)。梅长32天，梅期偏长(常年23~24天)。降水总量大。年内灾害性天气频发，雾和霾、暴雨、大风、台风、龙卷、冰雹、连阴雨、寒潮等对人民生产生活有较为严重的影响。

气温　全市年平均气温为14.9(响水)~15.9(东台)℃，与常年相比，建湖、盐都和大丰偏高1.1℃，其余各站正常略高0.7~-1.0℃。冬季(2015年12月至2016年2月)平均气温为2.6~4.0℃，与常年相比，各站均正常略偏高0.3~0.8℃；春季(3—5月)平均气温为13.7~15.1℃，响水和射阳分别比常年同期正常略偏高1.0℃和0.6℃，其他地区均比常年偏高1.1~1.4℃；夏季(6—8月)平均气温为26.0~26.8℃，盐都比常年同期偏高1.1℃，其他各站均比常年正常略偏高0.6~1.0℃；秋季(9—11月)平均气温16.5~17.6℃，与常年同期相比除大丰偏高1.1℃外，其余各站均正常略偏高0.5~0.9℃。其中，4月平均气温比常年同期异常偏高2.0℃，8月、12月平均气温比常年同期显著偏高1.6℃，3月、9月平均气温比常年偏高1.1℃~1.4℃，其余月份平均气温与常年相比正常。全市极端最高气温38.5℃，7月24日出现在大丰；极端最低气温-14.2℃，1月24日出现在响水。

降水量　全市年降水总量为898.4(响水)毫米~1829.7(东台)毫米，时空分布明显不均，其中空间分布上呈现南多北少。响水、滨海和阜宁比常年同期相比正常略偏少，射阳、建湖和盐都比常年偏多二成至四成，大丰和东台比常年显著偏多五成至八成。冬季(2015年12月至2016年2月)降水量为26.5毫米~75.7毫米，响水、盐都、大丰和东台比常年偏少二至五成，其他地区均比常年显著偏少五至七成；春季(3—5月)总降水量为184.2毫米~311.6毫米，与常年相比，滨海和射阳比常年正常略偏多，响水和大丰比常年显著偏多五成多，其他地区均比常年偏多二成至五成；夏季(6—8月)总降水量为307.1毫米~760.1毫米，东台比常年显著偏多四成多，响水比常年显著偏少五成多，滨海、阜宁和建湖均比常年同期偏少二成多，其他各站降水量均属于正常范围；秋季(9—11月)总降水量为296.4毫米~692.1毫米，其中滨海与常年同期相比偏多近五成，响水、阜宁显著偏多七至八成，其余各站异常偏多1~2倍。其中，10月降水异常偏多4倍多，12月异常偏多1倍多，4月和5月降水显著偏多五至七成，6月和9月降水偏多二至五成，1月和3月降水偏少四成多，2月和8月降水显著偏少近七成，其余月份降水量总体正常，全年总雨日99~128天。

日照 全市年总日照时数为11635.5(响水)~2227.8(射阳)小时，与常年相比，响水偏少二成多，射阳正常略多，其余各站均比正常略少。冬季日照时数381.7~491.5小时，阜宁和常年同期持平，建湖和射阳比常年同期正常略偏多，响水比常年偏少二成多，其他地区均正常略偏少；春季(3—5月)总日照时数为515.8~594.1小时，全市各站与常年相比均正常略偏少；夏季(6—8月)总日照时数为487.3~701.8小时，与常年相比，除射阳比常年偏多二成外，其他各站均属于正常范畴；秋季(9—11月)总日照时数为283.3~423.6小时，与常年同期相比，各站均偏少二至五成。其中，10月平均日照时数比常年同期显著偏低六成多，5月和8月比常年偏多二成多，6月和11月平均日照时数比常年同期偏少二成多，其余月份日照时数均在正常范围内。

自然资源 盐城市自然资源十分丰富，拥有海洋和滩涂资源、岸线港口资源、石油天然气资源、生态旅游资源等。

土地资源 盐城市国土面积16931.3平方公里，其中农用地109.61万公顷、建设用地27.74万公顷、未利用地31.96万公顷，分别占全市国土面积的64.74%、16.38%、18.88%。全市海岸线长582千米，占全省海岸线总长度的56%；盐城拥有丰富的滩涂海洋资源，滩涂总面积45.53万公顷，其中潮上带1677平方公里，潮间带1610平方公里，分别占全省的70%、64.6%、60.8%。隶属于东台、大丰、射阳、滨海、响水等县(市)的沿海滩涂，可供开发利用的面积达1300平方公里。

海洋和滩涂资源 盐城拥有丰富的滩涂海洋资源，滩涂总面积45.53万公顷，其中潮上带1677平方公里，潮间带1610平方公里，分别占全省的70%、64.6%、60.8%。隶属于东台、大丰、射阳、滨海、响水等县(市)的沿海滩涂，可供开发利用的面积达1300平方公里。

岸线港口资源 盐城市海域位于江苏沿海中部，海岸线总长582千米，占江苏省的56%，深水岸线70千米。海域面积1.89万平方公里，其中内水面积1.21万平方公里，领海面积6753平方公里，沿海海域是中国唯一无赤潮的内海水域。沿海陈家港距连云港港27海里，距日照港59海里，集、疏、运条件比较优越，为二级航道，国家二类开放口岸。拥有一港四区，大丰港北距青岛港210海里、距连云港港120海里，东距日本长崎港460海里、距韩国釜山港465海里，南距台湾基隆港620海里、距上海港280海里，是国家对外开放一类口岸。滨海港地处江苏沿海中部、连云港与长江口之内，与日本、韩国隔海相望，-10米等深线离岸最近处为1.22海里，深水直通大海，可建5万吨至10万吨级码头泊位，是江苏沿海水深条件最好的岸段之一。射阳港拥有千吨级码头5座，开通了集装箱内河支线，港口年吞吐能力可达530万吨。

矿产资源 盐城市属贫矿地区，主要矿种有黏土矿、地热、矿泉水及部分石油天然气，其中高硅黏土储量281.5万吨。探明石油天然气蕴藏量达800亿立方米，预计总储量达2000亿立方米，为中国东部沿海地区陆上最大的油气田。沿海和近海有约10万平方公里的黄海储油沉积盆地，居全国海洋油气沉积盆地第二位，有着广阔的勘探开发前景。

生态旅游资源 市域东部拥有太平洋西海岸、亚洲大陆边缘最大的海岸型湿地，被列入世界重点湿地保护区，湿地保护区内建有世界上第一个野生麋鹿保护区和国家级珍禽自然保护区，为联合国人与自然生物圈成员。市域西部地处里下河地区腹地，大纵湖、九龙口、马家荡等湖泊水域面积近百平方公里，为典型的泻湖型湖荡湿地，原始生态环境保存较好，被誉为“金滩银荡”。2016年，全市有景点89个，其中国家级自然保护区2个，国家AAAAA级旅游景区1个，国家AAAA级旅游景区(点)11个。 (严志鉴)

第二节 城市文脉

一、人文历史

历史述略 盐城历史悠久，是中国东部沿海开发利用较早的地区之一。20世纪70年代以后，阜宁县施庄镇东园遗址、东台市溱东镇开庄遗址、阜宁县板湖乡陆庄遗址等发现的为数众多的古人类活动遗存证明，在五六千年前的新石器时代，黄海之滨，淮河两岸，射阳湖畔，已有盐阜人民的先民在这块狭长的土地上劳动、生息、繁衍，孕育了盐城的远古文明。战国时期，先民们利用近海之利“煮海为盐”。秦汉时代，境内“煮海兴利、穿渠通运”，盐铁业相当发达，当时这里人口较多，使用铁制农具和牛耕技术比较普遍。汉武帝元狩四年(前119年)，朝廷将古射阳县东部靠黄海的一部分划出来单独设县，因这里遍地皆为煮盐亭场，到处是运盐的盐河，故称盐渎县。其时有县无治，由射阳丞(今宝应县)代管。东汉时，富春人(今浙江富阳市)孙坚，因讨平许昌、许韶父子农民起义军有功，出任盐渎丞，他是见之于史书的最早的盐渎县丞。他的次子孙权，后来当了吴王。三国时，曹操令江淮民西迁，废盐渎县。300多年后，西晋复县。东晋安帝义熙七年(411年)，盐渎因“环城皆盐场”而更名为盐城，盐城成为名副其实的产盐之城。盐城因“盐”置县，因“盐”兴城，在之后漫长的时间里，盐城的海盐生产无论是技术，还是产量、质量，在海盐生产历史上都独领风骚。盐城以海盐文化著称于世，海盐文化是这座城市文明的根基和灵魂。北齐时于盐城设射阳郡，陈时改为盐城郡。隋大业末年（618 年），江淮农民起义军领袖韦彻据盐城称王立射州，分为新安、安乐 2 县。唐初，废射州（直至清末，境内未设过州、郡），复置盐城县。唐朝时期，盐城曾是长安与海外交往的要津之一。日本僧人粟田真人、日本遣唐使阿倍仲麻吕（即晁衡）、新罗国太子金士信等，均由射阳河口登陆，西去长安。宋代，盐城属楚州，岳飞和韩世忠、梁红玉夫妇在盐城一带抗金。六朝属河南省。元末张士诚率盐民起义，建立大周政权，前后坚持了 14 年，是震撼和瓦解元朝腐朽统治的一支重要力量，最后在平江（今苏州）称吴王。明初，盐城属应天府，朱元璋“洪武赶散”（古称“红巾赶散”），苏州、松江、嘉兴、湖州、杭州等地 4000 余名无田农户迁往江北，一部分落户盐城。清初，先属江南省，后划归江苏省。南通人张謇废灶兴垦，又迁来一部分启海棉农。清雍正九年（1731 年）建阜宁县。乾隆三十三年（1768 年）建东台县。民国期间（1912—1949 年），境内先后设江苏省盐城第十行政督察区、盐城行政督察区、第六行政督察区。盐城区辖盐城、东台、阜宁、兴化 4 县。1940 年 10 月，东进北上的新四军与南下的八路军在白驹狮子口会师，成立了华中总指挥部。皖南事变后，新四军在盐城重建军部，陈毅为代军长，刘少奇为政治委员。从此，盐城成为苏北抗日根据地的心脏。华中党校、抗大五分校、鲁艺华中分院，在盐城为党培养了大批抗日干部和艺术人才。刘少奇、陈毅等老一辈革命家在此留下了战斗足迹。1941 年 9 月，成立盐阜区行政公署。辖盐城、盐东、建阳、阜宁、阜东、淮安、涟水 7 县和涟灌阜边区办事处。次年，涟灌阜边区改建为射阳、滨海 2 县。1947 年 10 月底，盐城获得解放。1948 年上半年，全盐阜区回到了人民怀抱，成为解放战争的大后方，为淮海战役、渡江战役的胜利，为解放全中国做出了贡献。

文化名人 盐城文化底蕴丰厚，历代人文荟萃。汉末“建安七子”之一的陈琳文雄海内，蜚声华夏。宋代晏殊、吕夷简、范仲淹先后在西溪任盐官，后相继入朝为相，人称“西溪三杰”，被传为千古佳话。晏殊的《浣溪沙》：“无可奈何花落去，似曾相识燕归来”、吕夷简《咏牡丹》：“异香浓艳压群葩，何事栽培近海涯？开向东风应有恨，凭谁移入王侯家”、范仲淹《至西溪感赋》：“谁道西溪小，西溪出大才。参知两丞相，曾向此间来”都写在西溪任上。“先天下之忧而忧，后天下之乐而乐”的范仲淹，在任西溪盐仓监时倡修的捍海堰，屏蔽盐灶，泽被后世，世人传颂为“范公堤”。南宋左丞相陆秀夫以身殉国，成为流芳百世的抗元民族英雄。元末盐民张士诚揭竿起义，建立大周政权，在平江（今苏州）自称吴王。元末明初，文学巨匠施耐庵与弟子罗贯中曾隐居白驹场，撰写中国古典小说《水浒传》《三国演义》。明代哲学家王艮创立的“泰州学派”名闻全国。书法家宋曹的作品漂洋过海，饮誉扶桑。明末清初著名评话艺术大师柳敬亭，以其精湛的技艺名闻天下。清初布衣诗人吴嘉纪，在中国文学史上与历代群贤共放异彩，被称为“清初三大家”之一。孔尚任、李汝珍用盐城的水墨润就了不朽名篇《桃花扇》《镜花缘》。晚清武状元徐开业镇守潼关，以身殉国。水利专家冯道立治水有方，著就《淮扬治水论》《测海蠡言》等名篇 40 余部。爱国志士臧在新、伏龙等追随孙中山先生反帝反封建，为国捐躯，被国民政府追授为中将衔。“五卅”反帝爱国先驱顾正红，新闻史研究的开拓者戈公振，左联作家孙石灵，爱国科学家喻兆琦等著名人物，在中国近现代史上尽显风采。1941 年“皖南事变”后，新四军在盐城重建军部，这里一度成为华中抗日根据地的指挥中心。在刘少奇、陈毅、黄克诚、粟裕等老一辈无产阶级革命家的领导下，盐城人民前仆后继，浴血奋战，涌现出许多可歌可泣的英雄人物和革命烈士。当代更是人才辈出。佛教居士高鹤年，书法家高二适，教育家陈中凡，杰出外交家乔冠华，马克思理论家、被誉为中共“党内一支笔”的胡乔木等等，难以一一列举。为了纪念历代名人，缅怀他们的业绩，1986 年建成新四军纪念馆，2000 年在迎宾公园内兴建了盐城历史文化名人长廊，各县（市、区）修复了一批名人故居，以供后人瞻仰、凭吊。（严志鉴）

民族宗教 盐城市境内原为汉民族聚居区。大约在元末明初，陕西、河南一带回民因饥荒陆续迁居境内，至此，境内始有少数民族居住。后因饥荒或战乱，其他如满族、苗族、蒙古族等人口亦相继迁居境内。1949 年中华人民共和国成立后，因工作调动、婚姻嫁娶等原因，境内少数民族逐渐增多，特别是在 1978 年实行改革开放政策以后，西部的少数民族妇女大量婚进境内，最多的年份有数百人之多。盐城市境内民众信仰的宗教主要有佛教、道教、伊斯兰教、天主教和基督教。

民族　境内 1953 年第一次全国人口普查有 8 个少数民族 952 人；1964 年第二次全国人口普查有 14 个少数民族 1559 人；1982 年第三次全国人口普查有 20 个少数民族 2537 人；1990 年第四次全国人口普查有 28 个少数民族 3447 人；2000 年第五次全国人口普查有 47 个少数民族 13609 人，占全市当时近 800 万人口的 0.17%。2016 年，盐城市有 47 个少数民族族别、5 个民族村、2.5 万少数民族常住人口和 5000 多流动人口。有 4 所民族小学、1 所新疆内地高中班承办学校（共 8 个班级）在校少数民族学生 1200 多人。全市有 12 家清真食品基本供应点。

宗教　境内佛教、道教传入最早，起于汉唐，盛于明清，其影响甚广。清末，东台县有大小寺庙、宫观 800 余座，出家僧尼 3000 多人，古台城有“九寺十三庙七十二庵”之说；盐城县有寺刹 400 多座，城内永宁寺为诸寺之首。清末民初，美国牧师白秀生夫妇和法国司铎晁德礼、蓬士禄等人先后带领传教士在境内建堂、办学、布道，遂将基督教和天主教传入境内。境内宗教的分布具有一定的区域性：佛教、道教主要分布在南半部的东台、大丰、盐城、建湖；伊斯兰教主要分布在回民聚居的盐城市区和响水、滨海；天主教主要分布在东台、大丰；基督教主要分布在响水、滨海、阜宁、射阳。

2016年,全市有佛教、道教、伊斯兰教、天主教、基督教五大宗教,有宗教活动场所784处,认定备案的宗教教职人员1200多人,信教群众60多万人。

民情风俗 盐城地僻海边,先民们一直以渔、盐、耕种等业为主。落后的经济文化、艰辛的渔耕生活,养成勤俭、简朴的美俗,民风古朴、淳厚,旧志云"士淳礼让之风,民乐鱼盐之利",表现出明显的沿海地域特征和水乡自身特色。随着时代变迁,境内民俗风貌纷繁复杂。主要体现在岁时节庆、礼仪习俗、生活习俗、生产习俗、娱乐习俗,也存在杂俗陋习。

盐城方言 盐城方言的历史可以追溯到秦汉时期。汉初,这里已"煮海利兴,穿渠通运",有不少居民居住于此,操吴扬江淮语。三国魏晋之际,战乱频繁,中原居民南迁,有一部分留居于此,当地语言与中原语言融合。经过漫长的时期,形成了盐城方言的基本面貌。从秦汉到南宋,盐城方言的范围还只限于今通榆河以西地区,在宋高宗建炎二年(1128年)黄河夺淮入海以前,盐城县城距海仅500米,海岸线长期维持在今上冈、盐城、草堰、东台一线。由于黄河夺淮入海,大量泥沙不断沉积,海岸线不断东移,至清咸丰年间(1851—1861年),大体形成了今盐城市的地理格局,盐城方言也随之东扩。盐城方言属于江淮官话区,具有江淮官话的典型特征,如有入声等,同时还具备一些自身混合性的语言特征。盐城方言可以粗略地分为东南片、中片、西北片三片。东南片以步凤为代表,中片以市区为代表,西北片以龙冈为代表。西北片基本保留了江淮官话洪巢片的特点,中片开始对混合性的语言特征有所反映,如部分古全浊声母仄声字今读塞音、塞擦音声母时送气,而东南片表现尤为明显。（严志鉴）

二、城市文明

城市性质 1985年9月,江苏省人民政府批准盐城市的城市性质为:新四军抗日革命根据地,以发展食品、轻纺、机械工业为主的工商城市,市域中心。1990年12月,经江苏省人民政府批准,盐城市的城市性质调整为:苏北沿海中心城市之一,以发展轻纺、食品、机电工业为主的工商城市,新四军抗日革命根据地。1995年11月,《盐城市城市总体规划修编纲要》通过专家论证,明确盐城市的城市性质为:江苏沿海中心城市,滩涂、海洋工程开发基地,新四军抗日革命胜利纪念地。2003年9月,《盐城市总体规划纲要(2003—2020)》通过专家论证,明确盐城市城市性质为:江苏沿海中心城市,新兴工业城市,海洋经济服务基地。2006年8月,市委第五次党代会明确盐城市城市性质为:江苏沿海中心城市,长江三角洲新兴的工商业城市,湿地生态旅游城市。2009年,国务院通过《江苏沿海地区发展规划》,根据省委、省政府关于贯彻落实《江苏沿海地区发展规划》实施意见的精神,将盐城定位为:中国沿海新兴临港工商业城市、长三角产业北拓承接基地、西太平洋国际湿地旅游城市、200万人口特大中心城市。2011年,将城市特色定位为:水清绕瓢城,绿溢鹿鹤鸣;盐渎传千载,城拓沐海风。2012年,《江苏城镇体系规划(2012—2030)》中盐城被定位为:东北亚特色物流转运基地、长三角新兴工商业城市、沿海湿地生态旅游城市。（王　盛）

铁军精神 听党指挥、服务人民、维护团结、执纪严明、艰苦奋斗、不怕牺牲。

市树市花 2005年7月,经市人大常委会批准,决定将市树由"合欢、水杉"调整为"女贞、银杏",市花由"紫薇、石榴"调整为"紫薇、牡丹"。（严志鉴）

第三节　风物揽胜

一、风景名胜

2016年,全市有景区(点)89家。其中国家级自然保护区2个,国家AAAAA级旅游景区1个,国家AAAA级旅游景区11个,国家AAA级旅游景区16个、国家AA级旅游景区22个,全国农业旅游示范点5个,国家水利风景区2个,全国重点文物保护单位2个,省五星级乡村旅游区3个,省四星级乡村旅游区17个,省三星级乡村旅游区12个,省二星级乡村旅游区8个,省级重点文物保护单位15个,省级风景名胜区1个,省级旅游度假区5个,省级工业旅游示范点6个。

江苏大丰麋鹿国家级自然保护区 国家级自然保护区,其中华麋鹿园景区为国家AAAAA级旅游景区。保护区创办于1985年10月,1997年12月晋升为国家级自然保护区,2002年被联合国列入国际重要湿地名录,并作为永久性保护地。保护区核心区面积0.27万公顷,是迄今世界上第一个也是最大的重返大自然野生麋鹿自然保护区。2016年,麋鹿种群增加到3223头,其野生种群总量325头,繁殖率和存活率均居世界首位。这里同时生存着1800多种野生动植物,构成了一个原始古朴、奇异斑斓的湿地景观。在保护区中华麋鹿园内,不但可以看到百鹿奔腾的壮观场面,还能观赏到丹顶鹤、天鹅、大雁、白尾海雕、大白鹭等30多种国家一、二级保护动物的英姿。踏上通海大道,成群结队的珍禽飞鸟,碧波万顷的芦苇荡,一片连着一片的红果盐蒿和错落有致的沼泽湿地尽现眼前,组成了一幅令人陶醉的生态风景画。保护区先后被中国科学院、南京大学等十多所高校和科研院所定为科研、教学、实验基地。2008年,被国际休闲产业协会、国际生态安全合作组织、中国管理科学研究名牌与市场专家委员会联合推荐为"中国十佳湿地旅游目的地"。2009年,该区中华麋鹿园新建"世界麋鹿分布图""麋鹿奔腾"群雕等项目,创建成为江苏自驾游基地试点单位。2010年,保护区获评国家环保科普教育基地、全国湿地科普教育示范区、全国科普教育基地、长江湿地保护与管理先进集体和中国低碳旅游示范区,并成功建立博士后科研工作站。2011年,景区完成麋鹿文化园二期工程建设,鹿神亭、鹿神铭、神鹿雕塑、麋鹿岩画、麋鹿还家纪念碑等一批景点对外开放，获“江苏最美的地方”（五星）、“中国生物多样性保护与绿色发展示范基地”称号。2012 年 5 月 17 日，保护区启动中华麋鹿园创建国家 AAAAA 级旅游景区工作，以实现科研保护与旅游开发、经济效益与社会效益的双促双赢。2015 年 10 月 8 日，中华麋鹿园获批为国家 AAAAA 级旅游景区。2016 年，值麋鹿回归三十周年之际，保护区举办大型庆典活动，其中 30 头麋鹿野放南黄海湿地，央视、《新华日报》等百家媒体争相报道，国家林业局称其为野生动物保护成功的典范。亚行项目积极有效推进实施，总面积 2000 平方米的麋鹿博物馆开工建设，建成后将成为麋鹿与湿地科普宣传的旗帜博物馆。

江苏盐城国家级珍禽自然保护区 保护区成立于 1983 年，1992 年经国务院批准晋升为国家级自然保护区，并先后加入联合国教科文组织人与生物圈保护区网络、东亚—澳大利西亚迁徙涉禽保护区网络、国际重要湿地 3 个国际公约组织，是中国最大的滨海湿地类型保护区，是全球最大的野生丹顶鹤种群保护地，是国际重要生物多样性富集的热点地区，享有东部沿海“国家重要湿地基因库”之称，其主要保护对象为珍稀野生动物及其赖以生存的北亚热带边缘的典型淤泥质海涂湿地生态系统。这里栖息着中国品种最多的珍稀鸟类。区内共记录到鸟类 405 种，其中国家一级重点保护鸟类 11 种、国家二级重点保护鸟类 69 种。在列入《中国濒危物种红皮书》的鸟类中，保护区内有稀有种 15 种，濒危种 7 种，易危种 11 种，不确定种 3 种。盐城丹顶鹤湿地生态旅游区，位于江苏盐城国家级珍禽自然保护区的中实验区内，位于盐城市区正东方向，距离市区 50 千米。占地面积约为 442.7 公顷。丹顶鹤旅游区自然风光秀美，人文景观丰富，鹤文化历史源远流长，享有“湿地之都、仙鹤家园”“生态廊道、黄海之珠”等美誉。先后创建成为盐城市科普教育基地、江苏省科普教育基地、省级生态旅游示范区、省级价格诚信单位、国家 AAAA 级旅游景区。

新四军纪念馆 国家 AAAA 级旅游景区，全国 100 个红色旅游经典景区和 30 条红色旅游经典线路之一。位于盐城市区建军东路 159 号，是国内全面系统地反映新四军抗日斗争史的综合性纪念馆。全馆由主馆区、建军广场（铜马广场）、新四军重建军部旧址 3 个部分组成，占地超 8 公顷。主馆区有东进雕塑、新四军重建军部纪念碑、新四军军史陈列馆和新四军人物馆、碑林、抗日纪念苑、兵器苑、游客服务中心等设施；建军广场在市中心，以新四军骑兵铜像为主体的新四军重建军部纪念塔，是盐城的地标性建筑；新四军重建军部旧址——泰山庙位于盐城市建军西路 118 号，有刘少奇、陈毅等领导人的旧居，陈列着文物、史料、图片等，为国家级重点文物单位。纪念馆主馆区广场正中立有一座 11.75 米高的“国民革命军新编第四军重建军部纪念碑”，碑的正面为李先念的题字，背面刻有黄克诚写的《盐城会师记》碑文。展览大厅分为 4 个部分，展出了新四军在华中坚持敌后抗战八年的近千余幅照片、大批文物史料及发绣、铁画、木雕、油画等艺术作品。2009 年增设的人物馆，展示了刘少奇、陈毅、李先念等近千名新四军代表人物的光辉人生和叶挺、项英、彭雪枫等先烈的英雄业绩。1986 年开馆以来，新四军纪念馆共接待海内游客 2500 多万人次。胡耀邦、江泽民、胡锦涛、朱镕基等 80 多位党和国家领导人亲临视察。2014 年抗战胜利 69 周年之际，纪念馆被列入国务院公布的 80 处国家级抗战纪念设施、遗址名录。

盐城海盐历史文化风景区 国家 AAAA 级旅游景区，由中国海盐博物馆、盐镇水街、盐渎公园、串场河景观带以及东进路文化休闲美食一条街 5 个部分组成，总占地面积约 106 公顷，总投资 13 亿元，是国家公益性 AAAA 级旅游景区。中国海盐博物馆是经国务院批准的全国唯一一座全面反映中国海盐历史文明的专题博物馆，全面展现中国古代海盐生产与盐民生活的多层次文化场景，系统地反映了海盐发展史。盐镇水街是海盐历史文化风貌区的重要组成部分，是展示传统民俗风情的大型临水建筑群。景区内建有水城门、烟雨桥、水云阁、漂舟戏苑、翰墨阁、八卦盐田、永兴寺等特色景点，充分展现了盐城的水乡风情和海盐历史文化风貌。同时作为城市新兴功能区，盐镇水街又是市民每年元宵灯会的集中活动场所。盐渎公园是市区内第二大综合性水绿湿地生态公园，园区内以大面积湖泊、绿地、树林为主体，是大型的水文化主题公园。串场河是贯穿盐城市区的母亲河。最初的串场河是为了运盐而修凿，而今天的串场河，是一条流动的历史文脉和水绿交汇、生态宜人的城市景观轴。2016 年串场河水上游线开通。

大纵湖旅游景区 国家 AAAA 级旅游景区、省级旅游度假区，位于盐城市区西南端，面积达 30 平方公里，是苏北里下河地区最大最深的湖泊。湖水清冽甘甜、水草丰茂、野鸟翔集、水产品极为丰富，“大纵湖清水大闸蟹”闻名四海，“盐城八大碗”“纵湖十鲜湖鲜宴”誉满江淮，八方食客慕名而来。湖区内各种植物多达 120 种，野生动物 50 余种。2009 年，景区被评为国家 AAAA 级旅游景区，同时还获“国家水利风景区”“江苏省自驾游基地”“江苏省房车露营地”称号。这里不仅物华天宝，更具人杰地灵，“建安七子”之陈琳、明末清初的大书法家宋曹、“扬州八怪”之一郑板桥均在此留下墨宝。这里有“二十四孝”之“王祥卧冰求鲤”“宗保救母”的美丽传说、近 400 年历史的水上古刹——龙兴寺、高达 25 米的苏北水乡第一佛——湖中观音、吉尼斯世界之最——芦荡迷宫等。景区初步形成以“赏美景、游迷宫、品湖鲜、找野趣”为主打的旅游产品。景区东侧新建的“东晋古城”，占地 65 公顷，由入口综合服务区、历史人文主镇区、旅游商品餐饮购物区、特色会所集中区、酒店休闲娱乐区等组成，整个项目计划 2016 年建成并开放。环湖景观大道围绕在景区的东侧，沿路有亲水平台、水晶花苑、滨湖公园，建成后成为大纵湖又一道靓丽的风景。景区西侧的“悦达大纵湖影视城”，占地6.67公顷，一期工程已建成并对游客开放，电视剧《我的绝密生涯》在此拍摄，电视剧《热血》完成前期拍摄工作。2015年6月，获省政府批复为省级旅游度假区。

阜宁金沙湖旅游景区 国家AAAA级旅游景区、省级旅游度假区、省生态旅游示范区，位于阜宁县城南端，总面积为22.61平方公里，其中核心区8.09平方公里。2010年年初开发建设，2011年11月，在海南举行的2011年中国体育旅游博览会暨第九届中国（海口）国际旅游商品交易会上，该景区被组委会评为中国体育旅游精品推荐项目。2012年，景区创建成为省级旅游度假区；2013年，创建成为国家AAAA级旅游景区；2014年，被评为江苏十大旅游避暑胜地；2015年，被评为江苏省生态旅游示范景区。

射阳息心寺 国家AAAA级旅游景区。位于射阳县风光旖旎的射阳岛上，占地约6.67公顷。原名镇龙庙、息心庵，始建于明万历年间（1573—1620年），明清时期位列盐阜三阁九庙四观七十二庵；民国18年（1929年），民国四大法师之一、净土宗13代祖师——印光法师住持寺院，盛极一时，后毁于战火。1993年复建，礼请时任中国佛教协会副会长的茗山长老为住持，现任方丈了尘法师为江苏省佛教协会副会长、盐城市佛教协会会长。经过20多年发展，已建成大雄宝殿、五百罗汉堂、万佛塔、钟楼、息心素斋馆等设施，寺院建筑恢宏，僧侣有序，银杏苍翠，百鸟翔集，已成为一个集旅游观光、礼佛修心、文化交流于一体的佛教文化圣地，在盐城称一流、江苏居前列、全国有名气、海外有影响，享有“黄海福地”“江淮第一佛寺”“国家和谐寺院”诸多美誉，2010年被国家宗教局评为首届全国创建和谐寺观教堂“先进集体”。寺院每年的新春祈福法会、正月初五财神法会、万佛文化艺术节、观音圣诞庙会等佛教活动，都会吸引苏、沪、浙、鲁、豫、港、澳、台地区和新加坡等国家的香客居士、政商人员、观光游客参佛体验。

大丰上海知青纪念馆 国家AAAA级旅游景区。2008年，由大丰市人民政府和上海市海丰农场联合建设，占地5.87公顷，建成上海知青馆、海丰少年馆、知青文史院、北上海历史展陈馆、中国知青主题馆5个特色展馆。馆藏当年知青生活、生产实物及资料4万余件。建成知青影视创作院，知青礼堂（可容纳1000人），建成知青宿舍（床位485张）。初步形成独具特色的“知青文化”。2010年，景区开始建设大丰知青影视拍摄基地并开拍知青题材电视剧《北上海1950》三部曲，2014年完成电视剧《两个女人的战争》的拍摄。2014年，景区创建成为国家AAAA级旅游景区。

东台西溪旅游文化景区 国家AAAA级旅游景区，位于东台市区西郊古运盐河畔，是东台历史文化的发祥地，两淮海盐文化的起源地，国家级非物质文化遗产“董永传说”的源头地，素有“东台之根”的雅称。景区主要景点包括董永七仙女文化园、西溪古城、海春塔苑、犁木街等，并与北面的西溪乐园、西溪植物园形成互动串联。其中，董永七仙女文化园是以生态景观风貌为基地，以孝贤文化和爱情传说为特色的休闲文化主题公园；西溪古城和犁木街是以宋朝三宰相、海盐文化、民俗展示、市井体验等为主体的古镇文化商业集聚城；海春塔苑是以唐塔宋寺为核心，以传统礼佛、素食养生、佛学展示为主体的佛教文化体验园。西溪乐园以活泼、欢乐、探险、奇幻为主题，建有摩天轮、海盗船、丛林飞鼠、激战鲨鱼岛、海啸冲浪等近30种娱乐项目；西溪植物园以40公顷人工湖为中心，集农业生产、科研培训、试验示范、展示展销和生态旅游等功能于一体，是东台的“绿色之肺”“天然氧吧”。景区文化底蕴深厚、主题特色鲜明，是一个集文化休闲、古镇游览、佛学体验于一体的综合性文化旅游景区。2014年景区创建成为国家AAAA级旅游景区，2015年被评为盐城市首批风景名胜区。

大丰港海洋世界 国家AAAA级景区，是集科普、体验、互动、探秘、观光于一体，以海洋为主题的情景剧式互动体验馆，景区占地面积53.33公顷，由海洋科技馆、热带植物馆、海洋乐园、海洋剧场、海洋时尚美食坊、海洋风情街、海滨市集等组成。其中，海洋科技馆共分为三层：一层为海洋迪士尼与海洋好莱坞；二层为五大产业展示区、咖啡厅及商务会议中心；负一层为海洋科普厅、海洋水族馆等。景区于2012年10月1日对外营业，先后被评为全国休闲农业与乡村旅游四星级示范企业、国家级科普教育基地、江苏省科普场馆协会水族馆专业委员会主任委员单位、盐城市首批对外文化交流示范基地、盐城市旅游工作先进集体等。全景区通过集知识性、趣味性、实用性于一体的现代科技演示和海洋实物展示等表现形式，向人们展示了海洋的无穷魅力。2015年1月，成功创建成为国家AAAA级旅游景区。

大丰荷兰花海 国家AAAA级旅游景区、省级四星级乡村旅游点。1919年，张謇聘请世界上围海造田经验最丰富、技术最先进的荷兰水利专家到新丰规划农田水利工程，建立了区、匡、排、条四级排灌水系，新丰因此获得了“中华民国村镇规划第一镇”的美誉。荷兰花海项目，就是深度挖掘中华民国村镇规划第一镇的历史底蕴，依据原有地形，在不变动原有地貌的基础上加以修整，以“田园、河网、木质建筑、风车、花海”为设计元素，以荷兰名花郁金香为特色，打造集观光、娱乐、餐饮、种植于一体的颇具荷兰风情的花海，成为新丰文化旅游的一张靓丽名片。2013年荷兰花海创建成为省级四星级乡村旅游点，2015年10月创建成为国家AAAA级旅游景区。

盐城市科技馆 国家AAA级旅游景区，是国内地级市科技馆中独具特色的综合性科技馆之一。科技馆坐落于市行政中心东南侧，于2009年5月18日建成开放，占地面积约5公顷，建筑面积近2.8万平方米。整体建筑地上四层，分为6个功能区域，分别为常设展区、临时展区、培训区、备用展区、青少年活动中心和特种影视区。其中，常设展区8210平方米，位于主体楼二、三层，是科技展品集中展示区，也是科技馆基本功能区。由“科学与发现”“技术与创新”和“科技与社会”3个主题展区及“儿童科技乐园”“湿地与海洋”2个特色专题展区构成，概括了盐城地方区域特色和科普特点，是盐城市爱国主义教育基地、江苏省科普教育基地、全国科普教育基地。

盐城市护国永宁禅寺 国家AAA级旅游景区，始建于唐武德六年(623年)，古有“淮东首刹，江北名蓝”之称，为当时三十六名刹之一，1938年毁于战乱，1993年恢复建设。永宁禅寺历史上高僧辈出，雪松法师、茗山法师和盐城佛教奠基人乘愿法师都曾任寺院住持，现任住持为仁风法师。景区有山门、天王殿、钟鼓楼、大雄宝殿、念佛堂、藏经阁等设施。2011年，景区创建成为国家AAA级旅游景区。

江苏黄海海滨国家森林公园 原东台黄海森林公园，国家AAAA级旅游景区，是华东平原最大的生态林园，总面积2800公顷，森林覆盖率86%，是人与自然和谐共处的“天然氧吧”。园内各类植物600多种，鸟类等动物近百种。广袤的人工成片林为建设森林公园提供了森林景观，林相整齐，空气清新，环境宜人，景观优美。走进森林，恰似走进硕大氧吧，置身于绿色海洋，给人一种清新幽雅之享受。2014年景区创建成为国家AAA级旅游景区，2015年12月31日经国家林业局批准，东台黄海森林公园升格为国家级森林公园，正式更名为江苏黄海海滨国家森林公园。2016年创建为国家AAAA级旅游景区。

东台永丰林农业生态园 国家AAA级旅游景区、全国农业旅游示范点和省四星级乡村旅游区。核心区占地面积400余公顷，首期投资1.5亿元，经过近8年时间的开发建设，成为一个以生态农业为基础，集旅游观光、商务会议、拓展培训、休闲度假、科普及环境教育于一体的苏北最大的生态旅游度假区。区内建有7个无公害种养基地，生态循环经济初具雏形，是观赏、体验、休闲度假有机集合的生态农业示范区。内部设有婚纱摄影基地、水上高尔夫球场、网球场、垂钓中心、生态科普馆、生态酒坊、豆腐坊、中华鲟观赏区、跑马场、烧烤区、风车水车群、渔村人家农具展览馆等30多个项目及由长堤木屋村、水上茶吧、会务度假中心别墅、宾馆组成的商务会议区。三星级酒店永丰林会务度假中心可同时容纳500人开会、食宿。园区同时开发出生态草鸡蛋、灰天鹅蛋、生态美酒、蜂蜜、水飞蓟油、醉蟹以及螺旋藻、淮山药、灵芝、百合、何首乌系列营养保健品等特色旅游商品。园区先后获得“全国农业旅游示范点”“国家AAA级旅游景区”“全国乡村旅游行业百强”“江苏省科普教育基地”“江苏省环境教育基地”“江苏省首批农业观光园”等称号。2010年，生态园建成拓展训练基地、近千亩的生态果林区和百鸟园等，新增儿童游乐设施，创建成为江苏精品乡村旅游景区(点)和省四星级乡村旅游点。

东台甘港旅游景区 国家AAA级旅游景区，位于五烈镇甘港村境内，以中国第一座村史馆、百坊园、百草园、百果园“一馆三园”为核心，体现自然生态特色，洋溢浓厚水乡风情。村史馆以农村改革发展历程为主线，全方位、广角度展示了各个历史时期农村变迁和基层组织发展的情况。百坊园汇聚了戏坊、豆腐坊、酒坊、手工坊、老街坊等民间作坊，百草园里悠闲小憩，百果园里体验农耕文化。2015年景区创建成为国家AAA级旅游景区。

东台安丰古街 国家AAA级旅游景区，位于苏北首家中国历史文化名镇安丰镇。历史上安丰七里长街拥有九坝十三巷七十二庙堂千家店铺，安丰古街是“七里长街”南段保留较为完好的一部分，全长约500米。2012年起，安丰镇突出保护性修缮，遵从“修旧如旧”的原则，整治改造古街区周边环境，使古街表现出特有的历史沧桑感。重修了大悲庵寺庙、古戏台及广场，再现了显卿古井等景点，有鲍氏大院、吴氏家祠、戈湘岚故居、盐课司等4个政府公益展馆，以及中华壶文化博物馆、稠州钱庄、观珍古瓷馆、毛泽东像章珍藏馆和华夏烟标馆、刘用明麦秸画展示馆、吉宝轩等7个私家珍藏馆，有安丰特产、老字号何氏理发店、海产品专卖、特色鱼汤面、虎头鞋手工坊等40多家店铺商户在景区经营。

建湖九龙口风景区 省级旅游度假区、省级风景名胜区、国家AAA级旅游景区。因有9条河呈辐射状汇聚一小岛——龙珠岛，故称“九龙口”。九龙口资源丰富，有64种野生动物，75种野生植物，62种树木，36种水产品，2500公顷荡滩，被誉为天然的“聚宝盆”“金滩银荡”“里下河明珠”。阳春三月，芦芽出水，柳垂倒影，紫燕掠天；炎炎烈日，露珠滴翠，绿叶摇曳，荷花映日，为避暑之佳地；金秋季节，风吹荻草声瑟瑟，多见芦花少见人；严冬季节，渔村临水风来阔，海国无山落日迟。“龙楼倒影”“晨雾轻纱”“荷港观鱼”“绿波泛舟”等11处自然景观更令人心旷神怡。龙珠岛上的五谷树因其结的果实形似五谷杂粮而得名。中央电视台、江苏教育电视台先后将“九龙口”美景拍摄成专题片分别在《九州神韵》《经济万象》栏目中播放。2010年景区创建成为国家AAA级旅游景区，2015年5月获省政府批复为省级旅游度假区。

建湖西塘河景区 国家AAA级旅游景区，位于建湖县城南新区，总投资3.8亿元，紧依建湖的母亲河——西塘河，全长9.3千米，绿地总面积100公顷。景区按照打造城市慢生活的理念，布设彩色沥青自行车道，铺装人行道，与新区慢行系统相连接，园林、绿化、铺装、亮化、驳岸等项目精心设计，龙舟码头、樱花水池、雾森景观、曲水流觞、西塘彩虹、城市初阳台、松香咖啡屋等重要景点精彩纷呈。西塘河景区是展示建湖形象的一张名片，对提升建湖知名度、展示建湖魅力、延续当地文化将起到极其重要的作用。2015年，成功创建为国家AAA级旅游景区。

龙冈桃花园。 王仰林摄

大丰中华水浒园 国家AAA级旅游景区，位于大丰区白驹镇北街花家垛。清流环抱，渔舟缓唱，一派水乡风光，有着浓郁的水浒气息。施耐庵纪念馆占地1.87公顷，主要场馆有施氏宗祠、施耐庵书院、施耐庵碑林。施氏宗祠最早为乾隆年间(1736—1795年)施耐庵的后裔第十二世孙与第十三世孙发起建祠堂，由施耐庵古宅改建而成，以供奉始祖施公耐庵先生，1938年被日本侵略军烧毁，1981年修复，内部陈设着《水浒传》研究和施耐庵家谱、出土文物等重要资料。施耐庵书院建筑面积980平方米，主要介绍书院与施耐庵，两者之间相互渗透融合，书院以讲学、藏书、会友、祭祀，突出"投师罗贯中、会友刘伯温、兵起张士诚"等方面的内容。每个环境都渗透思想、故事、历史元素，更加注重彰显古典文化。施耐庵碑林占地面积为0.67公顷，由108米碑廊和远观榭、长啸亭、莲池组成，游览性强，成为全市主要文化旅游景点。2015年12月，创建成为国家AAA级旅游景区。

盐城世纪公园 国家AAA级旅游景区，位于盐都新区，占地18.67公顷，由中心活动区、民族风情区、科技文化区、儿童活动区、密林烧烤区五大功能区组成，设有下沉月亮广场、旱喷太阳广场、瀑布、水中森林、沙滩、绿岛、湿地、日晷雕塑、浮雕景墙、科普长廊、竹篱茅舍、亭台楼阁等20多个景点，集科普、休闲娱乐、健身、集会、购物、旅游于一体，为苏北最大、全国一流的多功能绿色生态园林式市民广场。

大丰东方湿地公园·东方1号创意产业园 国家AAA级旅游景区、省旅游商品研发基地。总投资1.2亿元，占地面积1.5万平方米。产业园背枕东方湿地公园，前临新村路，采用"大色块、大板块、大写意"的表现手法，精心构筑"现代时尚、特色鲜明、创意无限、国内一流"的产业园区，展品是当今国内乃至世界工业领域和生活领域新、奇、特的高端产品前沿，产业园内布局以时尚展览和现代办公为主。一楼为展馆，包括蓝馆(工业创意设计展品)、红馆(生活创意设计展品)和综合馆；二楼为国内外知名设计公司办公区和多功能会议厅；三楼为产学研交流中心、创意设计院服务中心和大丰创意产业办公区。2011年3月，创意产业园创建成为国家AAA级旅游景区。

大丰丹顶鹤珍禽园 国家AAA级旅游景区，大丰丹顶鹤珍禽园是江苏唯一一家鸟类生态旅游景区，占地约7万平方米。珍禽园依美丽的日月湖西岸滨水而建，设有标本展示、放飞平台、丹顶鹤舍等10个景点。园内还汇集了国内及世界各地的珍稀鸟类60多个品种，其中世界珍稀鸟类20多种，国家珍稀鸟类30多种，是国内鸟类品种最全、数量最多、鸟艺表演最丰富的珍禽园之一。大丰区大力实施"旅游兴市"战略，大丰丹顶鹤珍禽园的顺利开园，成为发展"蓝色旅游"的新亮点。2013年，景区创建成为国家AAA级旅游景区。

阜宁县铁军纪念馆 国家AAA级旅游景区，2008年10月1日，阜宁将原1995年5月建成的阜宁人民革命史陈列馆拆、移，在烈士陵园东南方位新建铁军纪念馆。铁军纪念馆为四合院式的古典园林型建筑，建筑面积1000平方米，布馆面积603平方米，总投资450万元。内设红色丰碑、铁军风采、英烈永生、精彩阜宁5个展厅，声、光、电并用，雕塑、图片、实物、绘画兼备，全方位、多角度地展示了阜宁人民革命斗争史。2014年，景区创建成为国家AAA级旅游景区。

射阳后羿文化园 国家AAA级景区，位于合德镇锦阳桥西北侧，占地近40公顷，总投资5000多万元。2004年初公园动工建设，2005年5月10日开园接纳游客，2014年被评为国家AAA级旅游景区。公园根据"射阳"县名的来历及"后羿射日"的文化传说而设立，包括"后羿射日"的文化景观以及垂钓中心、水上游船、游览车、儿童广场、清雅茶室、文化岛等休闲娱乐项目。

盐都郝氏故里旅游景区 国家AAA旅游景区，省四星级乡村旅游区，地处里下河合陇圩的郝荣村，距离盐城市区20千米，为台湾前"行政院长"郝柏村先生的故里。主要包括里下河水乡——郝荣村、郑板桥读书处——净土庵、台胞会所、钓鱼岛、郝柏村先生故居、郝氏宗祠、郝墓及根系两岸第一树——百年银杏等景点。2011年，被省旅游局评定为江苏省四星级乡村旅游区。2016年被评为国家AAA旅游景区。

盐都龙冈桃花园　原华都森林公园，省四星级乡村旅游区、江苏省自驾游基地、全国农业旅游示范点，桃花园景区正瞄准三年创建国家 AAAA 级旅游景区的目标，围绕“一园、八区、两节”加快推进一期改造工程建设，倾心将龙冈桃花园打造成以观花、采摘为主要特色活动，集健身、休闲、娱乐、度假为一体的郊野公园。核心区已建有南北入口广场、桃红柳绿线、健身赏景线、寿星广场、宗教文化区、民俗动态展示区、林地烧烤区、空中栈道、赏花阁、青少年军事教育基地等。

东台仙湖现代农业示范园　省四星级乡村旅游区，位于新 204 国道旁，台城西入口北海西路南侧。园区核心区总面积 133.33 公顷，以 40 公顷人工湖“仙湖”为中心，分为现代农业展示区、高效园艺示范区和农业观光旅游区三大功能区。园区中央 40 公顷仙湖碧波荡漾、鹭飞鱼跃，镶嵌以曾任过东台盐官的宋代宰相晏殊、吕夷简、范仲淹命名的三座宝岛。整洁的环湖大道绵长蜿蜒，两侧高大的银杏和香樟青翠欲滴。全园绿化覆盖率达 75%，花团锦簇四季飘香，6336 平方米智能温室在国内堪称一流，13.33 公顷连栋和钢架大棚整齐壮观。

大丰丰收大地现代农业示范区　省四星级乡村旅游区，是江苏省政府首批认定的江苏省现代农业产业园区，也是江苏省科技厅唯一以盐土农业认定的第二批江苏省现代农业科技园。总体规划 3.33 万公顷，总投资 9.6 亿元，其中核心区 1333.33 公顷，包括现代农业展示区、农产品加工集中区、现代农业物流园区等。

大丰希望的田野现代农业示范园　省四星级乡村旅游区，地处大丰区草庙镇，总规划面积 666.67 公顷，主要以生态旅游、观光农业为卖点，以麋鹿文化、采摘体验、垂钓休闲为特色，集众多的农业旅游、休闲、娱乐项目为一园。园区面积宽广，旅游产品丰富多彩，可分为观赏性、互动性、科教性三大类，观赏性旅游产品，主要以园区各植物园为特色，以红叶石楠园为代表，园内花果树木四季盛开，同时配有集生产与展览花卉为一体的温室大棚；互动性旅游产品，以采摘体验区、垂钓中心、QQ 农场、庄稼乐园等为主，包括采摘观光、垂钓休闲、农事体验等诸多互动式项目；科教性旅游产品，以珍禽养殖园等为主，可向游客科普孔雀、牙獐等动物的外形特征、生活习性等知识。园区内旅游要素齐全，设施高档，游客可参与、观赏，游玩内容形式多样，内涵丰富。2014 年 12 月，创建成为省四星级乡村旅游区。

大丰东方桃花洲　省四星级乡村旅游区，地处大丰区大桥镇新镇区东侧，规划面积 666.67 公顷，核心区 200 公顷，启动区 133.33 公顷。景区坚持规划引领、多元发展、科技创新，围绕农业观光旅游、果品采摘、文化旅游商品品牌运营等三大功能定位，将现代农业发展和农业休闲观光结合打造。2015 年 12 月，被省旅游局评定为省四星级乡村旅游区。

盐都区仰徐乡村乐园　省四星级乡村旅游区，江苏省乡村旅游创客基地。位于盐城西郊，盐徐高速和盐靖高速交汇处，全村总面积 10 平方公里，2010 年获“全国文明村”称号。村内设有游客接待中心、千米景观长廊、节庆广场、乡村少年宫、秀城生态园、洪圣休闲山庄、污水生态处理参观、农博园——膜立方以及社会主义新农村建设成果展示厅等景点。2011 年，被省旅游局评定为省四星级乡村旅游区。

江苏杨侍农业生态园　省四星级乡村旅游区，位于盐城市区西部，市区快速公交 K6 直达，中国最美休闲乡村，总投资 1.5 亿元，占地 10 公顷，主要由商务服务区、体验互动区、休闲娱乐区、旅游观光区、科技示范区 5 个部分组成。2012 年 10 月 1 日景区对外开放；2012 年被省旅游局评定为江苏省四星级乡村旅游区。

盐城市台湾农民创业园　省四星级乡村旅游区，位于盐城市盐都区西南侧，涵盖三湾、郝荣等 12 个村居，面积 50 平方公里。作为盐城推进与台湾农业交流合作的国家级平台，盐都台湾农民创业园开启了盐台农业合作的先河。园区现已形成“一个中心，五大功能区”的布局结构，即台创园研发孵化服务中心、台资农产品加工区、花卉苗木产业区、设施果蔬生产区、循环农业示范区、郝氏故里农业休旅区。

盐都三官农庄　省五星级乡村旅游区，三官农庄突出生态、休闲、民生、文化主题，占地 32.07 公顷、8.5 万平方米的明清古村落风貌建筑群，集休闲娱乐、农家美食、民居下榻、婚庆文化于一体。三官农庄分为入口服务、农家乐园、生活配套、村民居住、景观游览、果蔬采摘、特色游乐等功能区。以婚庆文化展示馆、民俗婚宴中心、婚庆特色街、灵麝阁、爱情岛、喜船游湖等系列项目，主打里下河民俗水乡文化；以龙文化展示馆、龙舞、荡湖船、担花篮等表演展示中国龙舞之乡特色；以鱼鹰捕鱼、扳罾、果蔬采摘、农家生活等参与性项目演绎里下河渔耕文化底蕴；以真人 CS、骑马、滑草、射箭、自驾游等猎奇项目增加游乐情趣；以乡村大米、五谷杂粮、鱼虾螃蟹、家畜良禽、水果蔬菜等美食显示生态养生之道。

大丰恒北村梨园风光　省四星级乡村旅游区，位于大丰区大中镇恒北村，建设形成了“两轴一心三片区”的功能布局。两轴为：恒北北中心路和恒泰中心路景观轴线；一心为：以村部、宾馆餐饮为主的休闲娱乐中心；三片区为：东部生态观光区、中间生活聚居区、西部休闲娱乐区。

射阳友爱生态农业观光园　省四星级乡村旅游区、省级农业示范园，位于射阳县合德镇友爱村境内。园内核心区占地 200 公顷，是一处集园区服务、生态农业、休闲娱乐、果蔬采摘、扳罾垂钓、花卉观赏和农业科技展示为一体的综合性旅游景区。建有休闲木屋群、生态餐饮农庄、果蔬采摘园、花卉游览园、马术俱乐部、葡萄长廊、水上乐园、景观鱼池、鲜切花基地、开心农场等众多休闲游乐设施，初步形成了尝农家果、吃农家饭、住农家屋、干农家活、享农家乐的特色乡村旅游局面。游客在感受苏北乡村自然风光的同时，可亲手体验采摘水果蔬菜，体验扳罾、捕鱼和骑马的乡村生活乐趣。

盐都泾口湿地风情园 省四星级乡村旅游区。位于盐城市最美乡村——秦南镇泾口村东部。风情园占地30余公顷，总投资7000万元，内设游览景观及游乐设施50余项，集湿地观光、滨水休闲、民俗体验、农家美食、亲子游乐、采摘垂钓、企业文化展示、狮舞为一体，再现了里下河地区湖荡湿地生态特色，显现出乡村休闲度假旅游的独有风格。

建湖登达生态园 省四星级乡村旅游区。位于建湖县芦沟镇芦北村，紧邻231省道，距建湖县城10千米。规划面积133.33公顷，总投资2.5亿元，2013年2月开工新建。园区坚持“生态立园、景观造园、休闲养园、科技兴园、产业富园”的发展理念，构建返璞归真、风格各异的建筑群，打造加州长廊、农耕体验区、度假木屋、生态农庄、垂钓文化长廊、湖景休闲区、荷塘月色、高效农业区、芦沟禅寺、生态猪场、樱花岛、桃花岛、桂花岛、自驾游基地等生态景观。登达生态园“登高达远，共赢未来”，鼎力实施城乡统筹战略，建设香飘盐阜水乡，溢彩锦绣苏北的乡村旅游，并反哺农业，辐射周边，带动农民增收致富。

建湖现代农业示范园 2007年投资兴建，总占地面积666.67公顷。是以花卉苗木、果蔬、优质粮新品种展示、无公害水产品养殖为主，以农耕文化、科普教学、生态休闲和旅游观光为辅的综合型园区。景区已建成植物博览园、果蔬采摘园、花卉盆景园、特种水产品和保健蔬菜生态混合种养区、生态餐饮服务区等多个功能区和60多个景点及游览、体验项目。

盐都朱升文化生态园 省三星级乡村旅游区，位于盐都区北龙港街道，朱升文化园是为纪念元末明初政治家、文学家朱升而设立，占地12万平方米，建筑面积3000平方米，拥有朱升墓、正德庵、东岳禅寺、五谷神树、桃花岛等景点，2010年10月5日经改造对外开放。2013年，被省旅游局评定为省三星级乡村旅游区。

大丰七彩花田 省三星级乡村旅游区，位于盐城市大丰区草堰镇三元村。规划面积666.67公顷，核心区66.67公顷，以玫瑰为主题，打造核心观光旅游花卉主题公园、玫瑰种植园、科普研发区、生态加工区、专业市场区“一园四区”的总体布局分期实施。至2015年底已建成接待中心、玫瑰剧场、儿童乐园、萌宠园、农具展示馆、月季园、玫瑰园、梦田花园、花田里、垂钓中心、采摘园、红枫林等。2015年12月份，被省旅游局评定为省三星级乡村旅游区（点）。2016年计划实施重点打造观光旅游花卉为主题，围绕赏景、体验做文章，以“田园、河流、木屋、鲜花”为元素，以英国国花玫瑰为特色打造颇具浪漫风情的七彩花田，让游客徜徉绚丽花韵，融入自然生态，体验乡村慢生活。

射阳黄沙港生态园 省三星级乡村旅游区，位于黄沙港镇海星路，总体规划面积18.67公顷，其中核心区面积10公顷。园区东临临海高等级公路(228国道)进出口及黄沙港国家中心渔港，距射阳县城16千米，地理位置佳，交通十分便捷，可进入度高。园区以农业旅游休闲观光及体验为主，各景点将现代旅游业与现代农业融为一体，富有参与性，是集休闲、娱乐、疗养、健身、垂钓、采摘观光、家禽养殖园、饮食服务为一体的生态农庄，农庄内旅游要素齐全。现建有垂钓中心、生态农场、果品采摘园、观光游步道、篮球场、健身房、家禽散养基地等项目。充分体现了乡村文化气息，适宜城乡居民观光、休闲、度假和健身。

阜宁羊寨黄河故道乡村游 位于阜宁县羊寨镇329省道南侧，景区规划面积333.33公顷，地势高亢，田园秀美，春有花，夏有荫，秋有果，冬有景，是游客踏青采摘、野趣美食、乡野观光、乡村度假、乡俗体验的梦中乐园。现建有苹果自摘园、紫金葡萄庄园、木子美桃园等核心采摘区，游客服务中心、生态停车场等设施配套完善。

阜宁晓光村乡村旅游景区 省三星级乡村旅游区，位于阜宁县罗桥镇境内，占地面积100公顷，建有竹海听涛、东塘观月、农事展览、垂钓中心等景点，农家院落错落有致，田园风光恬静秀美，充满乡野乡趣。

阜宁花木大世界 省三星级乡村旅游区，位于阜宁县204国道沟墩段条岗村，项目占地面积40公顷。是集农业旅游观光、花卉苗木生产、盆景苗木交易为一体综合景区。园内设有花卉观赏交易区、花器工艺品交易区、鱼鸟观赏交易区、绿化布置样板区、苗木生产区、儿童游乐区、水果采摘区、旅游接待区、露天烧烤区、垂钓区等。2015年12月，获批省三星级乡村旅游区。

东台富安茧丝绸旅游景区 全国农业旅游示范点，景区以蚕家乐、茧丝绸历史文化为特色，现有茧丝绸文化馆、采桑问茶园、染整园、茧都花园、丝腺园、丝绸园、科技园、富安大厦8个景点。其中，茧丝绸文化馆于2006年建成并对外开放，建筑面积2300平方米，是一个系统介绍茧丝绸历史、文化知识和富安茧丝绸产业化发展历程，展示古、今丝绸实物、制品的大观园。采桑问茶园建有简易蚕房，游客可以看到蚕宝宝4个龄期不同的发育生长以及上蔟结茧的全过程，真正领悟“春蚕到死丝方尽”的内涵。染整园有世界最先进的丝绸织造染整生产工艺设备。茧都花园展示茧都新农村、新文化、新生活的新民居文化。丝腺园内游客可以亲身体验缫丝工艺。丝绸园展示茧丝绸从半成品到成品的过程。科技园内集中展示了先进的育蚕技术和独特的“富安模式”。

射阳“十里菊香”景区 全国农业旅游示范点，位于“中国药材之乡”射阳县洋马镇境内。该镇中药材种植历史悠久，药材种植面积达6666.67公顷，其中菊花种植面积2666.67公顷，是华东地区最大的中药材种植基地。每年11月菊花盛开时节，绵延数十里的菊花竞相开放，黄白相间，景色蔚为壮观。每当此时，射阳都会举办“菊花节”，以花为媒，以花会友，广邀国内外游客前来赏菊、品菊，尽享大自然的风光。

宋曹故居 位于市区儒学街。宋曹（1620—1701年），字臣，号射陵，明朝崇祯时官至中书，后辞官隐居。宋曹居山林隐逸，博学鸿词，屡招不就；性好游，善书法，工诗文，有真草书石刻、书法约言、会秋堂诗集等作于世，是古盐城唯见史册的著名书法家。宋曹故居庭院奇石抱水拥竹，屋宇亭廊古朴典雅，更有书碑墨迹之古今大观，是别具明清风貌的人文景观。

陆公祠 省级文物保护单位。位于市区儒学街陆公祠巷内，是为纪念南宋末丞相、爱国民族英雄陆秀夫而设的祠堂，建于明代嘉靖十年（1531年）。陆公祠占地1500平方米，建筑面积554平方米，为“三进两厢”式，整个建筑和面饰充分体现了明、清古建筑的风格和特点，庄严素雅，古朴大方。一进为门厅，正中保留了原“宋丞相陆公祠”碑刻；二进为仰止堂；三进为浩然堂。浩然堂内主匾“海嶽忠贞”系原国务委员兼国防部部长张爱萍题写。祠内还有许多古今碑刻、历代古井陈列、名人楹联和有关陆秀夫的史料、研究资料等。陆公祠总占地面积约6750平方米，修复、扩建面积共2680平方米，其中祠堂等占地3375平方米，文化街区占地2250平方米，总投资3000多万元。2009年11月24日，经过修扩建后的陆公祠在陆秀夫诞辰771周年纪念日开馆。

2016年全市主要旅游景区（点）

表01－01

景区（点）名称	景区（点）级别	地　址
大丰麋鹿国家级自然保护区（中华麋鹿园）	国家级自然保护区（国家AAAAA级旅游景区）、省自驾游基地、省级生态旅游示范区	大丰区草庙镇
盐城国家级珍禽自然保护区（盐城市丹顶鹤湿地生态旅游区）	国家级自然保护区（国家AAAA级旅游景区）、省级生态旅游示范区	亭湖区黄尖镇
盐城海盐历史文化风景区	国家AAAA级旅游景区	市区东进中路9号
盐城大纵湖旅游景区	国家AAAA级旅游景区、国家水利风景区、省自驾游基地、省级旅游度假区	盐都区大纵湖镇
新四军纪念馆	国家AAAA级旅游景区	市区建军东路159号
阜宁金沙湖旅游度假区	国家AAAA级旅游景区、省级旅游度假区、省级生态旅游示范区	阜宁城南新区
东台市西溪旅游文化景区	国家AAAA级旅游景区	东台市西溪景区
大丰荷兰花海	国家AAAA级旅游景区、省四星级乡村旅游区	大丰区新丰镇健康路1号
大丰上海知青纪念馆	国家AAAA级旅游景区	大丰区海丰农场
大丰港海洋世界	国家AAAA级旅游景区	大丰盐土大地海洋生物产业科技园内
射阳息心寺	国家AAAA级旅游景区	射阳县海通镇射阳岛
江苏黄海海滨国家森林公园	国家AAAA级旅游景区	东台市弶港镇新曹社区
新四军重建军部旧址——泰山庙	全国重点文物保护单位	市区建军西路118号
东台永丰林农业生态园	国家AAA级旅游景区、全国农业旅游示范点、省四星级乡村旅游区	东台市新曹镇
东台甘港旅游景区	国家AAA级旅游景区、省五星级乡村旅游区	东台市五烈镇甘港村
盐都世纪公园	国家AAA级旅游景区	盐都新区
盐城科技馆	国家AAA级旅游景区	市城南新区
建湖九龙口风景名胜区	国家AAA级旅游景区、省级旅游度假区	建湖县九龙口镇
建湖西塘河景区	国家AAA级旅游景区	建湖县城南新区
大丰中华水浒园	国家AAA级旅游景区	大丰区白驹镇
大丰东方湿地公园	国家AAA级旅游景区	大丰区新丰路

续表 01－01

景区(点)名称	景区(点)级别	地　　址
盐城市护国永宁禅寺	国家 AAA 级旅游景区	市永宁路 11 号
大丰丹顶鹤珍禽园	国家 AAA 级旅游景区	大丰港经济区青岛港路 6 号
阜宁庙湾古城景区	国家 AAA 级旅游景区	阜宁县射河外滩
阜宁县铁军纪念馆	国家 AAA 级旅游景区	阜宁县城河路 47 号
东台安丰古街	国家 AAA 级旅游景区	东台市安丰镇
射阳后羿公园	国家 AAA 级旅游景区	射阳县城新客运站对面
盐都郝氏故里旅游景区	国家 AAA 级旅游景区、省四星级乡村旅游区	盐都区葛武社区党群服务中心
亭湖千鹤湾温泉风情小镇	国家 AAA 级旅游景区	亭湖区盐东镇
东台黄逸峰故居	国家 AA 级旅游景区	东台市区
东台新街九莲寺	国家 AA 级旅游景区	东台市新街镇
东台市龙王古寺	国家 AA 级旅游景区	东台市弶港镇
东台市通海湖公园	国家 AA 级旅游景区	东台市弶港镇通海大道
东台市弶港文化展示馆	国家 AA 级旅游景区	东台市弶港镇港龙广场
大丰刘庄净土院	国家 AA 级旅游景区	大丰区刘庄镇
盐都大云山寺	国家 AA 级旅游景区	大冈镇新冈南路
阜宁马家荡旅游湿地景区	国家 AA 级旅游景区	阜宁县马家荡居委会
便仓枯枝牡丹园	国家 AA 级旅游景区	亭湖区便仓镇
建湖陆秀夫纪念馆	国家 AA 级旅游景区	建湖县建阳镇
建湖县延寿寺	国家 AA 级旅游景区	建湖县颜单镇兴颜路西首
射阳农建四师纪念馆	国家 AA 级旅游景区	射阳县淮海农场
滨海南湖公园	国家 AA 级旅游景区	滨海县人民南路 191 号
大丰区姜尚公园	国家 AA 级旅游景区	大丰区草庙镇
大丰区施耐庵公园	国家 AA 级旅游景区	大丰区幸福东大街 21 号
大丰区银杏湖公园	国家 AA 级旅游景区	大丰区常新路和益民路交汇处
大丰区斗龙庄园	国家 AA 级旅游景区、全国农业旅游示范点	大丰区三龙镇斗龙港南侧
射阳华中工委纪念馆	国家 AA 级旅游景区	射阳县后羿公园西侧
阜宁县桃花源生态农庄	国家 AA 级旅游景区	阜宁县羊寨镇黄河堆堤
阜宁县盘龙古寺	国家 AA 级旅游景区	阜宁县合利社区大街北首
盐城市通榆河水利枢纽风景区	国家 AA 级旅游景区、国家水利风景区	滨海现代农业产业园套坟路北侧
盐都区鞍湖三胡陈列馆	国家 AA 级旅游景区	盐都区鞍湖街道
盐都三官村	省五星级乡村旅游区	盐都区大纵湖镇三官农家乐
大丰恒北村	省五星级乡村旅游区	大丰区恒北村
盐都华都森林公园	省四星级乡村旅游区、省级生态旅游示范区、全国农业旅游示范点、省级森林公园、省自驾游基地	盐都区龙冈镇
盐都泾口村	省四星级乡村旅游区	盐都区泾口村
盐都区潘黄街道仰徐村	省四星级乡村旅游区	盐都区潘黄街道仰徐村
大丰丰收大地现代农业示范区	省四星级乡村旅游区	大丰区通港大道
大丰区希望的田野现代农业示范园	省四星级乡村旅游区	大丰区草苗镇

续表 01－01

景区(点)名称	景区(点)级别	地　　址
射阳友爱生态农业观光园	省四星级乡村旅游区	射阳县合德镇友爱村境内
江苏杨侍农业生态园	省四星级乡村旅游区	盐都区郭猛镇杨侍村
盐城市现代农业示范园	省四星级乡村旅游区	盐都区农村经济开发区
东台仙湖农业生态园	省四星级乡村旅游区	东台市西环路与东五公路交界西北侧
建湖登达生态园	省四星级乡村旅游区	建湖县芦沟镇芦北村
大丰东方桃花洲	省四星级乡村旅游区	大丰区大桥镇
大丰草堰七彩花田	省四星级乡村旅游区	大丰区草堰镇
滨海县随耕生态园	省四星级乡村旅游区	滨海县 327 省道
东台市生态苗木示范园	省四星级乡村旅游区	东台市新街镇方东村
阜宁黄河故道乡村旅游景区	省三星级乡村旅游区	阜宁县羊寨镇果园村
阜宁县晓光村	省三星级乡村旅游区	阜宁县晓光村
建湖九龙园	省三星级乡村旅游区	建湖县九龙口镇梅苏村金梅路 1 号
盐都朱升文化园	省三星级乡村旅游区	盐都区北龙港街道
射阳黄沙港生态园	省三星级乡村旅游区	射阳黄沙港镇
阜宁花木大世界	省三星级乡村旅游区	阜宁县沟墩镇
大丰九州田园	省三星级乡村旅游区	大丰区大中镇
盐都番茄公园	省三星级乡村旅游区	盐都区尚庄镇
亭湖黄尖牡丹园	省三星级乡村旅游区	亭湖区黄尖镇
响水泓益生态园	省三星级乡村旅游区	响水县 326 省道
东台三仓现代农业生态园	省三星级乡村旅游区	东台市三仓镇
亭湖鹿苑生态园	省三星级乡村旅游区	亭湖区新兴镇
亭湖曙阳生态园	省二星级乡村旅游区	亭湖区盐东镇曙阳村二组
亭湖鹤鸣轩生态园	省二星级乡村旅游区	亭湖区盐东镇(亭湖高效农业示范园区)
射阳浦港渔村	省二星级乡村旅游区	射阳县合德镇浦港村境内(射阳河边)
射阳特庸万寿墩景区	省二星级乡村旅游区	射阳县特庸镇大码头村
射阳县景隆生态园	省二星级乡村旅游区	射阳县盘湾镇
建湖绿岛生态园	省二星级乡村旅游区	建湖县芦沟镇淳化村
滨海黄河故道生态大观园	省二星级乡村旅游区	滨海现代农业产业园
响水东林生态园	省二星级乡村旅游区	响水县响城路 18 号路碑
射阳洋马菊香园	全国农业旅游示范点	射阳县洋马镇境内
东台富安蚕丝绸园区	全国农业旅游示范点	东台市富安镇南街 105 号
盐城陆公祠	省级文物保护单位	市区儒学街
盐城环保产业园	省级工业旅游示范点	盐城市区东部，新洋港以南，紧邻沿海高速公路
重庆啤酒集团盐城有限责任公司	省级工业旅游示范点	盐都新区盐渎大道 80 号
东风悦达起亚汽车有限公司	省级工业旅游示范点	希望大道东风悦达起亚汽车三厂
丰海新能源淡化海水发展有限公司	省级工业旅游示范点	盐城大丰港区
大丰区和顺电子有限公司	省级工业旅游示范点	盐城大丰港区
辉山乳业发展(江苏)有限公司	省级工业旅游示范点	射阳县射阳港经济区

二、花木禽兽

盐城是“东方湿地之都”，生态独特，生物多样性特征显著，有着众多的奇花名木和珍禽异兽。湿地保护区内有动植物2500多种，其中鸟类394种(约占全国鸟类总数的三分之一)、有浮游生物89种、腔肠动物8种、环节动物63种、甲壳动物83种、棘皮动物10种、昆虫508种、鱼类284种、爬行类26种、两栖类8种、兽类31种、种子植物539种、固着性海藻83种、浮游植物190种等。其中，属于国家重点保护的一类野生动物有12种，二类国家重点保护野生动物有67种。

奇特的枯枝牡丹　在盐城市区正南12千米处，坐落着一座千年古镇——便仓，这里的枯枝牡丹以奇、特、怪、灵而饮誉古今，驰名天下，与琼花、并蒂莲一道被誉为江苏三绝、花中奇葩。其一枝枯而不朽。每逢花盛时节，便仓牡丹园中的鲜花恰似胭脂凝成，美艳润泽，芬芳馥郁；繁密厚实的叶片，也青翠欲滴。其枝梗，却如摇曳在寒风中的枯枝，憔悴欲朽，若折取一枝，放入火内，如干柴一般，顿时即可燃着。其实，枯枝牡丹枝梗，只是貌似枯朽而实非枯朽，它的枝梗内不仅有营养丰富的水分，而且含有特殊的因子，它能不断地输送养料给花苞和叶片，又易于燃烧。其二是闰月花为单瓣。正常年份，每朵花通常为12个花瓣，而到了农历闰年，花瓣就会奇妙地增加到13个花瓣。其三是放花时节性较强。每年都是谷雨前后三日开始放花，花信儿准确无误。然而这花似乎能感应世事时势，颇有灵性，有时还会在深秋和初冬时节两度开放，枝干无叶却有花，蔚为奇观。尤其神奇的是：中华人民共和国成立的那一年，枯枝牡丹盛开在举行开国大典之日；国庆10周年时，枯枝牡丹曾两度开花；1972年，联合国恢复中国的合法席位时，枯枝牡丹又在隆冬时开放；1987年，中共十三大之后，园内和园外散植的单瓣红白牡丹，再次开放若干无叶之花。对此，报纸和电视都有过报道。这虽然是自然界生态变化与政治事件的偶然巧合，但却给枯枝牡丹染上了更加迷人的色彩。人们借此以抒怀，赞其为“神花”。殊不知，枯枝牡丹偶尔于秋冬开花的这一现象，与便仓一带的自然环境有着密切关系，这里正好有着北亚热带向南暖温带过渡的温和湿润、四季分明、冷暖适度的气候条件，以及排水性能良好的酸性土壤，再加上护爱管理得当，枯枝牡丹便能一年两度开花。至年底，园中牡丹有400多株，70多个品种，每年谷雨前后，这里繁花似锦，游人如织。2006年，被评定为国家AA级旅游景点。

神奇的五谷树　盐城有300年以上一级古树名木10株，其中建湖县九龙口镇谭赵村就有一株。它苍劲古老，树高7米左右，有合抱之粗，春天开花，夏天结果，无核，所结果实年年形状各异，有时像小麦，有时像水稻，有时像高粱，有时像谷子，有时像荞麦，由此人们称其为“五谷树”。所结果实只可观赏不能食用，每年长什么，没有定律，结稻谷的年份最多，有些年份结出的果实，还有像鱼虾的。更为奇特的是，五谷树还有预报当地收成丰欠的功能，当年果实形似水稻，则水作物丰收，形似高粱，则旱作物丰收，1991年结的果实似小鱼，夏季就遭了水灾。人们认为五谷树能预测来年的五谷丰收，将其视为神树。五谷树，结五谷，预天灾，兆丰年，令人叫绝。五谷树来自何处？传说不一。据九龙口镇老人介绍，相传此树乃明代郑和下西洋携回的“海外来客”，共两株，这是其中的一株，原种在南京古庙内，后被收成庄渔民移植在此。这棵奇树虽已有了几百年，但依然枝繁叶茂，树干的侧枝由于岁月的消磨都赤条条地伸向半空，显得古老而苍劲，新生的枝叶葱葱郁郁。当地人民十分爱惜这棵树，建湖县将其列为县级保护文物，砌了围栏，吸引了海内外众多人士前来观赏。五谷树，在盐阜大地上其实还不止一株。近年来，学者研究发现，在建湖县近湖镇蔡徐村、盐都区北龙港镇正德庵院墙东、东台市安丰镇大港村也均发现有五谷树。有学者通过资料研究得知，“五谷树”的学名原来叫“雪柳”。《辞海》中对“雪柳”给出的注释中，注明“雪柳”亦称“五谷树”，另外还有一个名字叫“过街柳”。五谷树究竟原产哪个国家？它的功用有哪些？专家们还未作出定论，仍有许多未解之谜。

“湿地之神”丹顶鹤　丹顶鹤，属于国家一级保护动物。它身披洁白羽毛，喉、颊和颈为暗褐色，长而弯曲的黑色飞羽呈弓状，覆盖在白色尾羽上。特别是裸露的朱红色头顶，好像一顶小红帽，因此得名丹顶鹤。丹顶鹤素以喙、颈、腿“三长”著称，直立时可达一米多高，它丰姿秀逸，性情幽娴，矜持华贵。在中国、朝鲜和日本，人们常把高雅洒脱的鹤和挺拔苍劲的松画在一起，在中国古代神话和民间传说中被誉为“仙鹤”，成为高雅、长寿的象征，在诗词和中国画中，常被文学家、艺术家作为主题而称颂。丹顶鹤多栖息于开阔的芦苇丛或多草的沼泽地带，主要以鱼、虾、贝类和植物根茎为食，常被人冠以“湿地之神”的美称。是典型的候鸟，每年随季节气候的变化，有规律地南来北往迁徙。盐城东部沿海具有较高自然性和完整性滩涂湿地生态系统，属于典型的亚热带向北温带过渡的海岸带湿地，既是丹顶鹤的典型越冬栖息地，也是大量水禽迁飞栖息点。1983年，经江苏省人民政府批准，建立江苏盐城国家级珍禽自然保护区；1992年10月，经国务院批准为“国家级自然保护区”，成为联合国教科文组织盐城生物圈保护区，并被纳入世界生物圈保护区网络；1996年，被纳入东北亚鹤类保护区网络；2002年，被列入国际重要湿地名录。保护区是丹顶鹤的主要越冬地，每年到这里越冬的丹顶鹤占世界野生种群的60%以上。

“四不像”动物麋鹿　麋鹿是中国特有的珍稀动物，可与国宝大熊猫相媲美，相传是姜太公的坐骑，因其“角似鹿，脸似马，尾似驴，蹄似牛”，俗称“四不像”(亦有人称其“角似鹿，颈似驼，蹄似牛，尾似驴”)。麋鹿是一种非常特殊的大型鹿类，它体长约2米，肩高可达1.3米。雄鹿较大，体重可达250千克，雌鹿较小，雌鹿无角，雄鹿有角。麋鹿的尾巴比其他鹿类长得多，可达 65 厘米，是鹿科动物中最长的，末端生有丛毛。麋鹿作为世界珍稀动物，曾经仅产于中国。早在五六千年前，盐城沿海湿地就成了麋鹿的生活栖息地。1865 年，法国博物学家兼传教士大卫在北京南郊进行动植物考察，无意中在南海子皇家猎苑中发现了这种奇特的动物，这是世人第一次从学术角度知道麋鹿。此后的几十年间，西方驻清朝公使及教会人士通过明索暗购等手段，从北京南海子猎苑弄走几十头麋鹿，饲养在各国动物园中。1900 年，八国联军攻入北京，南海子麋鹿被西方列强洗劫一空。至此，麋鹿在中国故土绝迹，长期漂泊海外。20 世纪 80 年代，经专家考证，中国确定并划出土地近 300 公顷，建立了大丰麋鹿自然保护区。1986 年 8 月 14 日，39 头漂泊异乡的麋鹿，从远隔重洋的英国返回故土，重新回到了它的野生祖先最后栖息的沿海滩涂。为了拯救濒危物种，恢复其野生种群，1998 年开始进行野生放养实验，当年挑选了 8 头放归大自然。2002 年又挑选 6 头放归大自然。它们分别于 1999 年、2000 年、2001 年、2003 年在野外顺利地各产下一仔，开创了 1000 多年以来世界上没有野生麋鹿的历史先河。2003 年开始实施大规模野生放养实验，又一次将 18 头麋鹿放归大自然，次年又产下 5 头幼仔。2006 年又有 21 头麋鹿奔向大自然。经过 20 多年的保护，2016 年麋鹿种群已增殖到 3223 头。盐城麋鹿在总量、繁殖率和存活率方面均居世界首位，中国麋鹿已走出《国际濒危动物名录——红皮书》，盐城为人类拯救濒危野生动物物种做出了杰出的贡献。（严志鉴）

三、名特风味

四鳃鲈鱼 产于响水县灌河中下游，嘴大、鳞细、体侧扁，鱼身呈青灰色，两侧和背鳍上有黑色斑点，因鳃盖上有一条较深的折皱，外观好像是四个鳃而得名。常见每条 1.5 千克～2.5 千克左右，大者可达数十斤。每年“芒种”前后，为鲈鱼最肥美季节。四鳃鲈鱼肉质洁白肥嫩，烹调后肉似蒜瓣，汤汁呈乳白色，色、香、味俱佳，可与“松江鲈鱼”媲美。

何首乌 药食两用的滋补品。何首乌、灵芝、人参、冬虫夏草历来被称为祖国中草药中的四大仙草。据李时珍《本草纲目》记载：首乌止心痛、益血气、乌须发、悦颜色，久服令人长筋骨、益精髓、延年益寿。相传清咸丰年间滨海就有种植。滨海沿海地区古为黄河故道，由黄河夹带的黄土高原沙土冲积而成，海岸又为侵蚀性地域，海洋性气候昼夜温差很大，生长首乌得天独厚。滨海县形成 1300 多公顷何首乌种植基地，年产量为 2 万吨左右，占全国产量 90% 以上。是全国著名的何首乌生产大县，被誉为中国的首乌之乡。首乌片、首乌粉等系列产品畅销国内外。

建湖藕粉圆子 已有百年历史。以上等藕粉为原料，用白糖、枣泥、芝麻粉拌以荤素油脂及桂花为馅丸，在开水中多次余制而成。形如弹丸，呈淡紫色，娇嫩肥泽，柔软丰满，甜而不腻，桂香满口，享誉中外。

大纵湖醉蟹 大纵湖蟹个大黄多。洗净后，配以盐城曲酒、米酒、淮盐、花椒等原料醉制。该品具有外观似活、肉质细嫩、味醇浓郁、醉气惹人、佐酒品鲜、营养丰富、不需烹调、携带方便八大特色，为宴席、旅游、馈赠的佳品。

生炝条虾 条虾是盐城沿海地区的特产。制法独特：将生虾先加盐、曲酒杀菌去腥后，再加入腐乳汁、白酱油、白糖等辅料，即可食用。此菜尤以清明前食用最佳。

白炖鲻鱼 鲻鱼是盐城名特海产，肉肥味美，配以猪油丁、火腿片、香菇片、笋片等，上笼以旺火蒸熟。炖熟的鲻鱼肉呈蒜瓣状，汤清味浓，色泽美观，鲜嫩可口。

伍佑糖麻花 又名油绳，相传已有 2000 多年历史，被载入《中国风味特产指南》。特点是：香、甜、酥、脆，油而不腻，美味可口。

杨五香肠 生产历史悠久，最早为东台台城杨五熏烧店制作经营，故名。杨五香肠色泽鲜艳，味道鲜美，被列入《中国名食指南》。

阜宁大糕 已有 2000 多年历史，糕片白如雪，柔如云，上口香甜、滋润。以糯米粉为主要原料精制而成。

伍佑醉螺 又名糖泥螺，始于清乾隆年间（1736—1795 年），其特点是：香、甜、脆、嫩，为助餐佐酒的佳肴。

龙冈荏梨 产于盐都区龙冈镇北的沙岗地带，该梨形似纺锤，味似嫩菱，平均单果重 0.2 千克，最大达 0.8 千克，果肉厚，含糖量在 15% 以上，在省有关评比会上曾三次夺魁。

葛武嫩姜片 盐都区葛武酱制品厂生产，特点是鲜甜脆嫩、形如薄纸、美味可口。制法是精选寒露前三天采收的鲜嫩生姜，经过 13 道工序制作而成。（严志鉴）

四、旅游节庆

中国盐城丹顶鹤国际湿地生态旅游节暨海盐文化节 始于 2007 年，每年 5 月 18 日举办，成为展示盐城城市形象、旅游风采的城市名片。2016 中国盐城丹顶鹤国际湿地生态旅游节暨海盐文化节凸显盐韩旅游互动。此届旅游节旅游系列活动包括“畅游盐城，打开心扉”韩国驻华机构代表看盐城、中韩旅行商盐城生态旅游精品线路采风行和“5·19”中国旅游日旅游惠民活动，内容丰富，亮点纷呈。其中韩国驻沪总领馆、韩国各道（省）驻沪代表处、华东地区韩商会等 10 多名韩国驻华机构代表和韩国第二大旅游集团——模德旅游集团、韩国 AMTOUR、京城、大韩等负责人参观考察中华麋鹿园、国家级珍禽自然保护区、东台黄海国家森林公园、荷兰花海、水浒博物馆、盐城博物馆等重点旅游景区和中韩产业园规划展示馆、韩资工业园邻里中心、东风悦达汽车三工厂及聚龙湖公园等城市要素，展示盐城旅游魅力和盐城作为中韩产业合作城市发展优势。5月19日下午，“爱旅游 爱生活”盐城旅游暨“为美丽盐城加分”文明旅游广场宣传活动，在海华商业广场及各县（市）城市广场举行。5月18—19日，中华麋鹿园、盐城国家级珍禽自然保护区、大丰港海洋世界、大丰知青农场景区、纵湖旅游景区、金沙湖旅游度假区推出五折优惠。

春季乡村旅游节 始于2010年，每年3月为繁荣全市春季乡村旅游市场而举办。2016年，市旅游局联手9个县（市、区）旅游局及重点景区策划“畅游美好江苏感受生态盐城”2016盐城春季乡村旅游系列活动，主要包括2016中国盐城丹顶鹤国际湿地生态旅游节暨中国海盐文化节、盐城大洋湾樱花节、东台董永七仙女文化节、大丰麋鹿文化旅游季、建湖登达欢乐乡村旅游节、阜宁金沙湖踏春节、黄尖牡丹节等，并在4月9日联合市文明办和亭湖区人民政府举办2016年盐城春季乡村旅游季活动。

龙冈“春之美”桃花节 始于2013年，龙冈桃花园以都市旅游休闲目的地为定位，以第四届“桃花文化旅游节”“金秋采摘节”“梦幻灯光节”三节活动为载体让游客情醉龙冈。2016年，桃花节活动期间近30万游客到桃花园踏青赏景、自由采摘。

仰徐草莓采摘节 始于2012年，2016年仰徐第五届草莓采摘节为期一个月，5.2万名游客从四面八方纷至沓来，在饱览仰徐美景的同时，尽情采摘、购买仰徐的新鲜草莓等。

亭湖枯枝牡丹节 始于1998年，每年谷雨（4月20日前后）在亭湖区便仓镇举行，连续举办18届，形成集旅游观光、节庆活动和经贸洽谈相结合的大型旅游经济文化宣传活动。2016年4月15日至5月5日举办中国亭湖第20届枯枝牡丹节，吸引了大批游客赏花、农家乐游，使亭湖牡丹文化深入人心。

中国·东台董永七仙女文化旅游节 始于2009年，董永七仙女是江苏最具影响力的七大传说之一，作为传说发源地，东台市以节为媒、旅游搭台。2016年5月“缤纷五月·畅游东台”旅游季系列活动包括“童心童趣、畅游西溪、儿童动漫展、台湾美食节、西溪车展、书画展、民俗婚礼秀、中国好声音东台赛区海选、环湖自行车赛、草莓采摘、首届森林休闲节等活动，共接待游客60.4万人，接待自驾游约15万车次，游客约45万人次，提升东台旅游的知名度和美誉度。

中国·大丰麋鹿生态旅游季 始于2010年，每年4—6月在大丰举办，成为展示大丰社会经济对外开放和发展业绩，丰富旅游资源的节庆品牌活动。2016年中国大丰麋鹿文化旅游季主要活动包括：2016年中国大丰麋鹿文化旅游季暨荷兰花海郁金香文化月开幕式、华东旅游商品交易会开幕、荷兰花海“特莱克”雕塑揭幕仪式、2016中国“互联网+旅游”旅游峰会暨经贸洽谈会、中华水浒园开园仪式、恒北农耕文化园入园仪式、中汽试验场工业旅游项目启动仪式、“洋眼看大丰”启动仪式、麋鹿摄影大赛、鹿王争霸赛、第四届中国恒北国际梨花季、千亩蓝莓观赏活动等活动。开幕式上，荷兰驻华大使凯罗为荷兰花海“中国荷兰村”揭牌，与会领导和嘉宾代表还共同为荷兰花海“国家AAAA级景区”“省引进国外智力示范单位”，中华麋鹿园“国家AAAAA级景区”，以及大丰区“全国休闲农业与乡村旅游示范区”揭牌。整个旅游季共接待游客146万人次。

阜宁金沙湖音乐节 2016年，金沙湖举行第一届金沙湖音乐节，内容包含流行音乐、原创民谣演唱及沙雕艺术展、浪漫灯光秀、沙滩宝贝秀、创意产品市集等，打造具有阜宁地方特色的旅游产品，全面展示阜宁旅游新形象。

江苏·九龙口螃蟹旅游文化周 始于2015年，2016年10月1—7日，第二届江苏·九龙口螃蟹旅游文化周系列活动包括：品九龙口大闸蟹、飞机空中看九龙、芦荡迷宫探九龙、水乡淮剧唱九龙、鱼鹰捕鱼闹九龙、快艇冲浪越九龙、体验九龙口渔村生活等。活动期间共接待游客3.5万人次。

射阳洋马菊花节 始于1995年，每年金秋十月举办。射阳县洋马镇是中国菊花和药材之乡。借助菊花节机会展示药乡风采，凸现药材资源，打造“药乡名镇”品牌资源。2016年第21届洋马菊花节包括专场文艺演出、菊文化主题书画展、菊花盆栽展览活动、菊文化专题讲座、参观十里菊香景区等子活动，领略药乡菊海之韵、中药文化内涵。吸引了近40万人参加，菊花节期间，洋马镇开展商贸活动，签订项目合作意向书16份，签订5000万元以上投资入园项目4个，签订菊花等药材干品销售协议18份，总成交额达3.6亿元，促进射阳旅游业的发展。

射阳丹顶鹤文化艺术节 始于2007年，每年11月初举办，以鹤为媒、以节招商。2016年第十届丹顶鹤文化艺术节包括重大项目集中签约、奠基开工，专场表彰评选、文艺演出、摄影展、民间画展、亲子自驾游等活动。丹顶鹤文化艺术节成为射阳集文化活动、经贸洽谈于一体的综合性节日，是射阳展示对外开放形象的一张文化名片。

响水黄圩风筝节 黄圩镇是江苏风筝制作放飞的故乡，1992年江苏省政府命名“风筝之乡”。2016年4月12日下午，黄圩镇云梯关成功举办第23届风筝文化艺术节，吸引了全县上千余名市民参加。风筝文化艺术节期间，黄圩镇还邀请了县淮海剧团为游客们准备了许多精彩纷呈的文艺会演，为打造古云梯关黄河故道生态旅游区鼓劲增色。

（王常江）

第 02 章　年度综述

责任编辑　赵　丽

综　　述

2016 年，盐城实现地区生产总值 4576.1 亿元，其中第一产业实现增加值 533.9 亿元，比上年增长 0.9%；第二产业实现增加值 2050.0 亿元，比上年增长 9.2%；第三产业实现增加值 1992.2 亿元，比上年增长 10.8%。产业结构持续优化。三次产业增加值比例调整为 11.7∶44.8∶43.5，二、三产业比重比上年提高 0.6 个百分点，人均地区生产总值 63277 元(按 2016 年年平均汇率折算约 9526 美元)，比上年增长 8.8%。2016 年，市区居民消费价格总指数(CPI)同比上涨 2.1%。八大类商品价格“四升一降三平”：食品烟酒类上涨 4.5%，居住类上涨 1.5%，医疗保健类上涨 6.1%，其他用品和服务类上涨 2.8%，生活用品及服务类下降 0.4%，衣着类、交通和通信类、教育文化和娱乐类与上年持平。全市工业生产者出厂价格指数(PPI)同比上涨 0.3%，工业生产者购进价格指数(IPI)同比下降 0.3%。

第一节　经济社会发展

一、经济建设

固定资产投资　*投资结构更加优化*　2016 年，全市完成固定资产投资 3882.8 亿元，比上年增长 15.2%，其中工业投资 2292 亿元，比上年增长 14.4%。投资结构进一步优化，全市第一产业完成投资 47.3 亿元，比上年增长 15.3%；第二产业完成投资 2301.5 亿元，比上年增长 14.8%；第三产业完成投资 1534 亿元，比上年增长 15.7%。民间投资 2868.6 亿元，比上年增长 6.2%，低于投资增速 9 个百分点。

重点领域投资较快　2016 年，全市民生行业投资保持较快增长。全市卫生和社会工作业实现投资 29.8 亿元，比上年增长 9.3%；水利、环境和公共设施管理业实现投资 335.9 亿元，比上年增长 26.2%；教育实现投资 36.5 亿元，比上年增长 11.9%；居民服务、修理和其他服务业实现投资 12.6 亿元，比上年增长 18%。全市基础设施投资 732.5 亿元，比上年增长 30.1%，比全市固定资产投资增速高 14.9 个百分点，占全市固定资产投资的比重为 18.9%，比上年提高 2.2 个百分点，拉动全部投资增长 5 个百分点，对全部投资增长的贡献率达 33.1%。

新开工项目稳定增长　2016 年，全市新开工项目 4782 个，比上年增加 490 个；新开工项目计划总投资 2882 亿元，比上年增长 1.1%。亿元及以上新开工项目 367 个，其中 5 亿元以上项目 51 个、10 亿元以上项目 36 个。新开工项目多数集中在制造业行业，其中通用设备制造业、纺织业、专用设备制造业等行业新开工项目数均在 200 个以上。

房地产库存周期缩短　2016 年，全市房地产开发投资 358.6 亿元，比上年下降 2.5%，增速同比回升 0.7 个百分点，其中住宅投资完成 273 亿元，比上年下降 0.5%，增速同比回升 0.3 个百分点。商品房销售增势明显。2016 年，全市实现商品房销售面积 824.6 万平方米，比上年增长 17.6%，其中住宅 751.3 万平方米，比上年增长 21.3%；商品房销售额 433.7 亿元，比上年增长 27%，其中住宅销售额 356 亿元，比上年增长 25.2%。全市商品房库存去化周期 9.1 个月，比上年缩短 10 个月。

工业和建筑业　*工业生产总体平稳*　2016 年，全市规模以上工业企业实现总产值 9205.8 亿元，比上年增长 8.3%，实现增加值 2173.9 亿元，比上年增长 9.7%。其中轻、重工业分别比上年增长 6.9% 和 11.1%。民营工业持续向好。2016 年，全市民营企业实现增加值 1547.4 亿元，比上年增长 10.4%，占规模以上工业比重 71.2%。全市规模以上工业企业实现利润总额 458.4 亿元，比上年下降 3%。全市工业用电量 201.4 亿千瓦时，比上年下降 2.4%。

支柱产业稳定发展　2016 年，全市工业企业实现全口径开票销售 4631.5 亿元，比上年增长 14.3%，其中汽车、机械、纺织、化工四大传统支柱产业实现工业开票销售 3221.3 亿元，增长 10.2%，占工业总量的 69.6%。其中汽车产业实现开票 1170.7 亿元，比上年增长 12.7%，东风悦达起亚汽车公司销售汽车 65 万辆，比上年增长 5.5%。

高新技术产业加快发展　2016 年，全市高新技术产业企业 817 家，实现产值 3044.2 亿元，占全市规模以上工业产值的比重为 33.1%，比上年提高 4.4 个百分点。2016

年,高新技术产业产值对全市规模以上工业增长贡献率达48.3%,比上年提高7.9个百分点。

建筑业稳步增长　2016年,全市完成建筑业总产值1422.7亿元,比上年增长5.9%,实现增加值280.8亿元,比上年增长5.1%。2016年,全市建筑企业房屋施工总面积12729.7万平方米,比上年增长16.8%;房屋建筑竣工面积4954.3万平方米,比上年增长15.2%,其中住宅竣工面积3411.2万平方米,比上年增长13%。

农林牧渔业　农业生产稳中趋缓　2016年,全市实现农林牧渔业总产值1104.9亿元,可比价增长1.9%。粮食总产量13年来首次出现下跌。全市粮食总产量达687.3万吨,比上年减少20.8万吨,下降2.9%;粮食播种面积98.2万公顷。粮食亩产466.8千克,比上年减少14.4千克。棉花播种面积9333.33公顷,总产1.1万吨。全市油料作物播种面积8万公顷,油料总产量24.3万吨。

农业机械化规模扩大　2016年,全市农机总动力678.4万千瓦。大中型拖拉机、联合收割机、水稻插秧机保有量分别达到27608台、25727台和23960台。全市联耕联种面积34.93万公顷,完成还田面积61.27万公顷,还田率77.2%,较上年增加5个百分点。2016年农机化作业收入58亿元。

农业现代化进程加快　2016年,全市累计新增设施农业1.09万公顷,总规模14.3万公顷,占全省设施农业总面积17%。全市拥有无公害农产品、绿色食品、有机农产品2360个,年内新增677个。全市拥有农业产业化龙头企业1661个,农民专业合作组织1万个。全市拥有家庭农场3801家,年内新增918家。农村劳动力109.9万人,新增培训人数7.8万人。

交通运输和邮电业　运输能力逐步增强　至年底,全市共有公路总里程1.96万千米,其中国道994千米、省道990千米;拥有等级公路1.93万千米,其中高速公路396千米、一级公路1393千米、二级公路2531千米、三级公路1517千米、四级公路1.35万千米,等外公路265千米。高速铁路网建设加快推进,盐徐高铁、盐宁高铁、连盐快铁进展顺利,协调推进盐通高铁提速。2016年,全市客运量8415万人,客运周转量82亿人千米;全市货运量1.6亿吨,比上年下降2.7%,货运周转量412.9亿吨千米,比上年增长0.1%。全年保障航班1.24万架次,年旅客吞吐量120.9万人次,分别比上年增长40.3%、41.9%,货邮吞吐量5119.9吨,比上年增长70.3%。沿海港口货物吞吐量7964万吨,比上年增长5.1%,其中外贸2032.2万吨,比上年增长18.3%。

邮电业务平稳发展　2016年,全市完成邮电业务总量70.7亿元,比上年增长12.9%。邮政业务收入15.2亿元,比上年增长22.6%,其中规模以上快递服务企业完成业务量8560.5万件,比上年增长65.7%,实现业务收入7.3亿元,比上年增长42.5%。电信业务收入48.0亿元,比上年增长2%。

国内贸易　消费市场保持平稳　2016年,全市社会消费品零售总额完成1630.9亿元,比上年增长11.1%。分城乡看,乡村消费增速领先城镇,全年城乡分别实现社会消费品零售总额1545.3亿元和85.6亿元,比上年增长11.0%和11.5%。分行业看,消费市场平稳增长。批发、零售、住宿、餐饮业分别实现零售额198.9亿元、1266.4亿元、17亿元和148.7亿元,比上年分别增长10.7%、11.0%、11.6%和11.8%。分规模看,限额以上零售额618.5亿元,比上年增长9.9%;限额以下零售额578.1亿元,比上年增长12.1%。

生活消费平稳增长　在限额以上批发和零售业主要经营类别中,文化办公用品类商品销售有所提高,电子出版物及音像制品类0.6亿元,比上年增长27.7%;吃穿类消费平稳增长,粮油、食品类消费72亿元,比上年增长13.4%,饮料类9.5亿元,比上年增长15%;住行类消费增速趋缓,建材家具类和家用电器类分别实现销售额44.9亿元和68.3亿元,比上年增长6.7%和16%。汽车销售市场普遍进入整合期。汽车类商品实现限上零售额192.6亿元,比上年增长12.4%,较上年回落3.1个百分点。

对外经济和旅游业　对外贸易稳中有进　2016年,全市实现进出口总额79.5亿美元,比上年下降2.1%,其中出口47.4亿美元,比上年下降7.5%,进口32.1亿美元,比上年增长7.2%。新批利用外资项目150个,比上年增长2.7%,其中3000万美元以上项目48个,比上年增长26.3%。注册外资实际到账7.1亿美元,比上年下降11.1%。外资结构逐步优化。全市新批高新技术产业协议外资1.6亿美元、到账1.1亿美元,分别比上年增长26.5%和91%。

旅游业蓬勃发展　2016年,全市共接待海内外游客2580万人次,比上年增长13.1%,实现旅游外汇收入6418.9万美元,比上年增长9.4%。景区建设进一步加快。盐城生态湿地旅游建设内容列入国务院公布的《国家"十三五"旅游发展规划》。东台市安丰镇获中国首批特色小镇。丹顶鹤湿地生态旅游区和江苏黄海海滨国家森林公园成功创建为国家AAAA级旅游景区。旅游市场日渐活跃。生态湿地游、民俗文化游和乡村旅游成为新的旅游热点。成功举办2016中国盐城丹顶鹤国际湿地生态旅游节暨第九届海盐文化节旅游活动。

财政、金融和保险　财政收支有所下降　2016年,全市实现一般公共预算收入415.2亿元,比上年同比下降2.7%,其中税收收入324.7亿元,比上年下降2.3%,税收占一般公共预算收入的比重为78.2%。主体税种保持稳定,实现营业税109.7亿元、增值税69.4亿元、企业所得税25.4亿元、个人所得税14亿元。财政惠民力度不断加大,2016年全市一般公共预算支出730.3亿元,比上年下降1.8%,其中用于民生保障552.4亿元,占一般公共预算支出的75.4%。

信贷规模持续扩大　2016年,全市共有银行业金融机构43家,年内净增3家,其中新韩银行为苏北首家外资银行。金融机构年末本外币存款余额5471亿元,比上年末增长23.9%，其中住户存款2693.1亿元，比上年末增长12.0%。金融机构年末本外币贷款余额3718.4亿元，比上年末增长20.8%，其中中长期贷款1785.9亿元，比上年末增长2.2%。

保险业健康发展　2016年，全市拥有保险市场主体71家，其中市级产险公司21家，寿险公司36家，保险专业中介一级法人机构14家。保险分支机构及营销网点701个，保险从业人员4万人。全市实现保费收入137.9亿元，比上年增长30.8%，其中财产险35.8亿元，比上年增长9.9%；人身险102.1亿元，比上年增长39.1%。全市各项赔偿和给付48.9亿元，比上年增长55%。

二、社会发展

科学技术和教育事业　创新能力不断增强　2016年，全市科技研发投入占地区生产总值的比重为1.9%，科技进步贡献率53.8%。全市拥有高新技术企业532家，新增148家。新认定省级以上研发机构37家，新获批国家、省级众创空间各7家。全年申请专利2.85万件，其中发明专利5624件；授权专利8076件，其中发明专利842件；有效发明专利拥有量2520件，比上年增长50.8%。

教育事业协调发展　2016年，全市共有普通高校6所，招生1.8万人，在校生7万人，毕业生1.7万人；普通中专5所，在校生2.1万人；职业高中10所，在校生2.5万人；普通中学277所，在校生27万人；小学329所，在校生45.0万人。全市初中毕业生升学率97%，在校生年巩固率99.6%；小学毕业生升学率94.4%，在校生年巩固率99.8%。学龄儿童入学率100%。幼儿园在园幼儿22.8万人，学前三年幼儿入园率为98.4%。全市共有教职工数8.7万人，其中专任教师7.3万人。

文化、卫生和体育事业　文化建设成果丰硕　文化惠民工程扎实推进。深入开展文化“三送”工程，年内完成送戏1200余场，送书17万册，送电影23000多场。文化场馆建设彰显历史文化底蕴，形成地域独特的文化标识。年内完成了新四军纪念馆、市博物馆、水浒文化博物馆、市文化馆内部设施的改造提升。文化惠民系列活动被省委宣传部、省文化厅评为省首批“百千万”工程优秀文化品牌项目。现代淮剧《小镇》获中国舞台艺术政府最高奖（文华大奖）、《烽烟桃花飞》获第三届江苏文化艺术节优秀剧目奖。东方1号文化创意产业园获省重点示范园区称号，2人获省双创人才。

卫生体系更加健全　2016年，全市拥有卫生计生机构3233个，其中医院151个，基层医疗卫生机构2931个，卫生监督机构10个，妇幼卫生机构10个。各类卫生机构拥有床位3.9万张，在岗职工5万人，其中执业（助理）医师1.8万人，注册护士1.5万人。

体育事业健康发展　2016年，盐城成功举（承）办沿海湿地国际公路自行车赛等6项国际赛事，4项全国赛事和10项全省青少年赛事。开展全民健身活动和群众体育活动，在全省率先实现公共体育服务体系示范区全覆盖。“10分钟体育健身圈”不断完善，至年底，全市建成各类健身步道674.2千米。继续加大社会体育指导员培训力度，2016年拥有社会体育指导员26027人。青少年校园足球活动蓬勃开展，全市共有国家青少年足球特色学校46所。

社会保障和人民生活　人口总量保持稳定　2016年末，全市户籍人口830.5万人，比上年末增加2.5万人，其中城镇人口484.4万人，乡村人口346.1万人。全年人口出生率为11.03‰，死亡率为6.03‰，自然增长率为5‰。年末常住人口723.5万人，城镇化率61.6%，比上年提高1.5个百分点。

生活水平不断提高　2016年，全体居民人均可支配收入24463元，比上年增长9.1%。城镇常住居民人均可支配收入30496元，比上年增长8.1%；人均消费支出17546元，比上年增长6.1%。农村常住居民人均可支配收入17172元，比上年增长9.0%；人均生活消费支出13145元，比上年增长11.2%。

城镇就业基本稳定　2016年末，全市从业人员446万人，比上年增加0.3万人，其中第一产业从业人员110.2万人，第二产业从业人员159.8万人，第三产业从业人员176万人。新增城镇就业人员11.1万人。城镇登记失业率保持1.85%的较低水平。

社会保障日臻完善　2016年，全市城乡居民大病保险实现全覆盖，建立困难群众保障援助和市区困难群众托底救助制度，全年累计发放特困人员救助供养金2.2亿元。托底救助总支出5800余万元，10.7万低收入人口完成脱贫。年内新开工各类保障性住房15271套，基本建成17074套。全市建有公办养老机构156家，民办养老机构97家，城乡标准化社区居家养老服务中心280个。每千名老人拥有养老床位数37.5张。大市区城乡社区居家养老信息化平台实现全覆盖，农村敬老院改造全部达到省定标准。

城市建设和环境保护　城乡建设成效显著　2016年，市区“一环五射”内环高架快速路网54.6千米全面建成通车，年度完成投资34.3亿元。市区新辟公交线路19条，新增公交车200辆，优化调整15条公交线路。新农村公共服务体系逐步健全，全市新增22个乡镇开通镇村公交，全市村通公路实现全覆盖。区域供水镇95个，解决343万人安全饮水问题。建成城镇污水处理厂92座，城市（县城）污水处理率超80%，建制镇污水处理设施覆盖率95%。城乡垃圾无害化处理率达70.9%。

生态环境持续改善　绿色发展继续成为盐城鲜明特色。2016年，全市实施大面积国土绿化行动，全面启动森林城市、森林小镇和森林村庄规划建设，推进沿海百万亩生态防护林工程建设，规划新建成片生态防护林2.67万公顷，提升改造现有成片防护林4万公顷。积极推动绿色盐城建设，新增绿化造林5866.7公顷，林木覆盖率达26.3%。整治城乡环境，开展城乡河道综合整治行动，实施通榆河沿线环境专项整治。2016年，全市空气质量持续保持全省第一、全国前列，优良率达77.9%，PM2.5平均浓度每立方米43微克，被誉为全国18座“洗肺城市”之一。　（孙明明）

2016 年全市行政区划、人口及土地面积

表 02－02

指标名称	计量单位	全市	亭湖区	盐都区	大丰区	响水县	滨海县	阜宁县	射阳县	建湖县	东台市
镇	个	96	5	8	12	8	11	13	13	11	14
办事处	个	26	7	4	–	–	3	4	–	3	–
村民委员会	个	1821	91	170	208	100	261	247	151	199	363
居民委员会	个	612	84	80	54	52	35	94	84	47	42
行政区域土地面积	平方公里	16931	800	1015	3008	1474	1950	1439	2606	1157	3176
年末总户数	万户	271. 20	23. 95	23. 93	27. 25	16. 86	34. 14	35. 77	31. 47	29. 45	39. 11
年末总人口	万人	830. 53	70. 66	71. 49	71. 65	62. 49	123	112. 95	96. 23	80. 06	112. 46
#男	万人	428. 50	35. 99	37. 40	35. 80	32. 94	64. 72	59. 15	49. 37	41. 34	56. 72
#女	万人	402. 03	34. 67	34. 09	35. 85	29. 55	58. 28	53. 80	46. 86	38. 72	55. 74
#农业人口	万人	346. 11	15	23. 69	26. 06	30. 07	58. 09	60. 67	50. 09	33. 76	43. 83
#非农业人口	万人	484. 42	55. 66	47. 80	45. 59	32. 42	64. 91	52. 28	46. 14	46. 30	68. 63
年末常住人口	万人	723. 50	69. 97	63. 75	70. 21	50. 10	93. 45	83. 17	88. 45	73. 07	98. 04
#城镇人口	万人	445. 39	63. 15	39. 60	41. 87	27. 10	50. 04	45. 57	50. 34	42. 19	58. 46
当年出生人口	万人	91500	6877	7813	6493	7451	16920	15450	9554	7485	8723
出生率	‰	11. 03	9. 72	10. 93	9. 06	11. 93	13. 79	13. 72	9. 92	9. 35	7. 75
当年死亡人口	人	50039	3193	5364	5430	4037	8604	4241	5646	4789	7289
死亡率	‰	6. 03	4. 51	7. 51	7. 58	6. 47	7. 01	3. 77	5. 86	5. 98	6. 48
自然增长人数	人	41461	3684	2449	1063	3414	8316	11209	3908	2696	1434
自然增长率	‰	5	5. 21	3. 43	1. 48	5. 47	6. 78	9. 95	4. 06	3. 37	1. 27
迁入人数	人	39421	4894	3234	1718	3391	3387	3810	2184	3761	8230
迁出人数	人	62389	4094	3472	3417	5575	9033	9153	7003	7695	11600

注：盐城市经济技术开发区、城南新区非行政区划未列出，镇、办事处、土地面积、人口数据在统计之中。

2016 年全市国民经济主要指标

表 02－03

指 标 名 称	计量单位	全市	亭湖区	盐都区	大丰区	响水县	滨海县	阜宁县	射阳县	建湖县	东台市
一、地区生产总值（当年价格）	亿元	4576. 08	392. 71	443. 62	579. 07	270. 64	391. 61	394. 40	441. 65	466. 13	727. 01
第一产业	亿元	533. 91	33. 24	43. 65	77. 69	41. 42	57. 99	54. 60	81. 01	46. 73	91. 47
第二产业	亿元	2050. 02	141. 40	214. 13	223. 77	126. 77	156. 72	169. 15	155. 78	197. 59	292. 03
第三产业	亿元	1992. 15	218. 07	185. 84	277. 61	102. 45	176. 90	170. 65	204. 86	221. 81	343. 51
二、规模以上工业主要指标											
工业增加值	亿元	2173. 90	170. 70	227. 10	220. 90	208	173. 70	184. 80	181. 60	205. 10	279. 60
工业总产值（当年价）	亿元	9180. 36	746. 10	1001. 83	944. 76	924. 82	705. 15	804. 18	751. 19	876. 09	1186. 59
主营业务收入	亿元	8869. 94	724. 88	985. 65	920. 18	922. 06	685. 29	757. 17	731. 74	836. 04	1145. 78
利润总额	亿元	458. 36	58. 67	51. 58	56. 24	53. 93	35. 01	31. 82	32. 58	54. 23	65. 96

续表 02－03

指标名称	计量单位	全市	亭湖区	盐都区	大丰区	响水县	滨海县	阜宁县	射阳县	建湖县	东台市
三、农业总产值及主要产品产量											
农林牧渔业总产值(当年价)	亿元	1104.93	58.36	91.29	171.02	75.13	110.69	110.41	181.07	92.99	203.11
粮食产量	万吨	687.31	21.29	60.36	77.20	53.51	95.62	91.50	111.90	72.86	97.28
棉花产量	万吨	1.13	0.06	0.20	0.51	0.00	0.03	0.01	0.22	0.01	0.06
油料产量	万吨	24.30	1.07	1.47	5.11	2.06	3.14	1.71	1.33	1.88	6.12
四、固定资产投资完成额	亿元	3882.83	392.50	354.81	453.80	287.25	377.87	320.52	300.16	357.70	581.03
五、社会消费品零售总额	亿元	1630.88	251.14	208.79	172.77	66.52	110.46	130.29	167.90	171.98	253.53
六、出口总额	亿美元	47.38	5.11	3.32	8.74	4.70	3.08	2.22	1.95	2.92	7.07
七、实际到账外资(商务部口径)	亿美元	7.07	0.34	0.68	1.45	0.29	0.53	0.12	0.45	0.55	0.62
八、一般公共预算收入	亿元	415.18	38.32	33.79	59.26	29.60	34.07	36.24	21.58	35.01	60.26
一般公共预算支出	亿元	730.33	41.22	57.93	89.38	50.13	70.89	76.55	64.60	73.22	95.58
九、年末金融机构各项存款余额(本外币)	亿元	5471.02	–	–	620.16	179	310.30	395.05	415.62	413.35	720.99
#居民储蓄存款(本外币)	亿元	2695.80	–	–	357.86	93.83	176.98	267.55	279.13	285.25	512.12
年末金融机构各项贷款余额(本外币)	亿元	3718.40	–	–	396.81	140.25	249.73	244.66	265.54	301.57	394.89
十、人民生活											
城镇常住居民人均可支配收入	元	30496	36031	32796	31104	25564	26543	25543	26509	29637	32686
农村常住居民人均可支配收入	元	17172	19420	18827	19480	14299	14931	15439	16536	17083	19727

注：盐城市经济技术开发区、城南新区非行政区划未列出，基础数据在统计之中。

2016年江苏各市国民经济主要指标

表 02－04

指标	南京市	无锡市	徐州市	常州市	苏州市	南通市	连云港市	淮安市	盐城市	扬州市	镇江市	泰州市	宿迁市
年末总人口(万人)	662.79	486.20	1041.39	374.90	678.20	766.66	533.99	567.56	830.53	461.67	271.98	508.21	591.60
国内生产总值(当年价格)(亿元)	10503.02	9210.02	5808.52	5773.86	15475.09	6768.20	2376.48	3048	4576.08	4449.38	3833.84	4101.78	2351.12
第一产业增加值(亿元)	252.51	135.19	542.89	152.67	221.81	366.08	301.56	324.61	533.91	251.49	137.78	240	275.23
第二产业增加值(亿元)	4117.20	4346.78	2513.85	2682.29	7277.46	3170.30	1049.90	1268.15	2050.02	2197.63	1870.40	1933.89	1140.37
第三产业增加值(亿元)	6133.31	4728.05	2751.78	2938.90	7975.82	3231.82	1025.02	1455.24	1992.15	2000.26	1825.66	1927.89	935.52
规模以上工业主营业务收入(亿元)	12421.68	14643.13	13866.05	12441.42	30222.50	14683.61	6051.58	7304.49	8809.61	9603.07	8831.11	12190.18	4077.11
规模以上工业利润总额(亿元)	941.81	977.92	1106.16	730.65	1761.11	1109.95	465.17	401.53	458.36	602.98	584.24	936.76	403.28
工业用电量(亿千瓦小时)	310.81	493.73	250.22	334.78	1116.30	265.65	110	106.70	201.37	156.60	173.77	176.20	115.81
固定资产投资(亿元)	5533.56	4795.25	4797.33	3605.08	5648.49	4811.95	2385.16	2535.19	3882.83	3288.68	2873.43	3164.12	2059.58
社会消费品零售总额(亿元)	5088.20	3119.56	2659.39	2202.83	4936.79	2632.87	933.31	1083.83	1630.88	1358.80	1236.78	1118.34	705.54
进出口总额(亿美元)	502.12	698.05	62.48	275.81	2737.58	308.59	70.40	35.04	79.50	95.39	103.17	103.77	24.22
#出口总额(亿美元)	295.92	429.10	52.54	208.51	1639.41	230.11	36.84	26.98	47.38	71.73	69.52	66.69	18.71
注册外资实际到账(亿美元)	34.79	34.13	15.06	21	48.49	23.87	5.50	11.61	7.07	12.04	13.51	13.44	5
公共财政预算收入(亿元)	1142.60	875.00	516.06	480.29	1730.04	590.18	211.47	315.51	415.18	345.30	293.01	321.18	238.08

续表 02－04

指　　标	南京市	无锡市	徐州市	常州市	苏州市	南通市	连云港市	淮安市	盐城市	扬州市	镇江市	泰州市	宿迁市
金融机构存款余款(亿元)	27633. 55	14101. 40	5495. 31	8540. 82	25864. 26	11097. 74	2501. 84	3066	5253. 95	5361. 55	4705. 99	5275. 62	2207. 43
#住户存款(亿元)	5894. 47	4867. 43	3090. 21	3366. 85	7913. 85	5554. 89	1168. 71	1360. 51	2682. 46	2560. 98	1879. 10	2474. 71	1086. 33
金融机构贷款余额(亿元)	21681. 28	10382. 93	3620. 21	6043. 15	21924. 44	6835. 46	2046. 93	2304. 22	3699. 32	3508. 13	3444. 36	3656. 79	1960. 37
城镇居民人均可支配收入(元)	49997	48628	28421	46058	54341	39247	27853	30335	30496	35659	41794	36828	24086
农村居民人均可支配收入(元)	21156	26158	15274	23780	27691	18741	13932	14319	17172	18057	20922	17861	13929

第二节　年度大事

1 月

1 日　市区 88 路公交线开通运营，是全市第一条纯电动车公交线路。

4 日　东台发绣《郎世宁百骏图》获第 11 届文博会冬季工艺美术精品展“中国工艺美术百花奖”金奖。

5 日　东台市新街镇、大丰区三龙镇等 5 个镇入选省商务厅公布的《首批江苏省农村电子商务示范镇名单》。

△　盐城海关驻东台办事处正式开关运行。

7 日　东台被国家海洋局正式批准为国家级海洋生态文明建设示范区，成为全省首批获批国家级海洋生态文明建设示范区的县(区)级单位。

8 日　中韩盐城产业园核心区集中开工一批合作项目。31 个项目总投资 56. 5 亿元。

△　盐城籍青年科学家封东来领衔完成的“铁基超导体电子结构的光电子能谱研究”在国家科学技术奖励大会上，获得 2015 年度国家自然科学奖二等奖。

△　国家林业局批准东台市设立江苏黄海海滨国家森林公园。

11 日　九龙口湿地公园被国家林业局批准为 2015 年国家湿地公园试点，是全市唯一获批的国家湿地公园试点。

12 日　位于东台、兴化两市交界的蒋庄良渚文化遗址入选中国社会科学院公布的 2015 年“中国六大考古新发现”。

15 日　盐城市获得地方立法权后，制定出台的首部地方性法规《盐城市绿化条例》，经省十二届人大常委会第二十次会议批准后施行。

21 日　2015 年度盐城市创业之星颁奖活动在市文化艺术中心大剧院举行。

23 日　东台市人民法院被最高人民法院和人力资源社会保障部授予“全国模范法院”称号。

29 日　大丰瓷刻作为传统美术类项目入选第四批省级非物质文化遗产代表性项目名录。

2 月

1 日　盐城市陈二霞、徐平、杨建国 3 人在国务院召开的全国优秀农民工和农民工工作先进集体表彰大会上被评为全国优秀农民工。

2 日　亭湖区陈清花当选 1 月“中国好人榜·孝亲敬老”好人。

3 日　市政府召开新闻发布会，通报 2015 年盐城市产业创新“十大工程”实施情况和“十大”亮点工作。

5 日　盐城博物馆、水浒文化博物馆、盐都民俗博物馆在市区盐渎明城正式开馆。

13 日　2016 盐城新春返乡创业暨引才用工大型招聘会在市体育馆举行。

17 日　盐城市盐渎公园项目、盐龙湖饮用水源保护项目、城南新区节能和绿色建筑示范区建设项目、住房保障体系建设工程项目获 2015 年“江苏人居环境范例奖”。

△　艾雷奥特(江苏)飞机工业有限公司与广州麦私凯航空有限公司在新加坡樟宜展览中心举行飞机销售签约仪式。双方签订 30 架 AT3 飞机的销售订单，并合资成立通航运营公司。

18 日　盐城市级机关公车改革取消车辆首次拍卖会在市图书馆举行。

19 日　盐城卫生职业技术学院生物医学技术研究院有限公司、江苏金风科技有限公司(大丰)、江苏森威精锻有限公司(大丰)等 5 家企业(单位)获准设立江苏省博士后创新实践基地。

24 日　盐城市政府与韩国新万金开发厅签署合作备忘录，加快中韩盐城产业园和新万金中韩经济合作园区建设。市长王荣平、韩国新万金开发厅厅长李秉国分别讲话并代表双方签约。

24—25 日　商务部副部长高燕率调研组在盐城调研中韩盐城产业园区建设工作。市委书记、市人大常委会主任朱克江，省商务厅厅长马明龙，市长王荣平等陪同。

25 日　东台好媳妇崔卫香在由中宣部、全国妇联主办的“最美家庭讲好家训”巡讲工作经验交流会上，作为江苏“最美家庭”代表作交流发言。

26 日　盐城市 7 个项目在南京举行的 2015 年度全省科学技术奖励大会上分别获得一等奖 1 个、二等奖 1 个和三等奖 5 个。

27 日 由盐城市委党校、盐城新四军干部学院、市文联联合主办的“弘扬铁军文化书法展”在盐城市委党校开展。

29 日 射阳县杂技团选送的节目《扇舞丹青・头顶技巧》在第五届西班牙菲格拉斯国际杂技艺术节上，获本届艺术节最高奖——金象奖。

△ 省政府办公厅下发通知，授予盐城市、东台市 2 个城市“江苏省优秀管理城市”称号。亭湖区先锋街道、盐东镇东南村分别被命名为江苏省科普示范街道、江苏省科普示范村。

3 月

1 日 盐城高新技术产业开发区内的江苏汉印机电科技股份公司“刚性基板喷印成形机床精度检验与技术条件”两项行业标准，获工信部批准，正式实施。

2 日 盐城市市民王剑和蔡必沛分别被评为 2 月“中国好人榜・助人为乐”好人、“中国好人榜・诚实守信”好人。

3 日 大丰麋鹿国家级自然保护区被中国科协命名为 2015—2019 年度全国科普教育基地。

5—16 日 市委书记、市人大常委会主任朱克江等盐城市 9 位全国人大代表参加在北京召开的十二届全国人大四次会议。

5 日 盐城市仇爱清被省委宣传部授予江苏省“岗位学雷锋标兵”称号。

9 日 全市组织部长会议在盐城召开。

10 日 盐城市举行千兆光网城市发布会。

△ 盐城市获得 2015 年度全省农产品质量安全绩效评价一等奖。建湖县、大丰区、射阳县获全省县（市、区）评价一等奖；建湖县和大丰区分别创成国家级、省级农产品质量安全示范县。

12 日 盐城代表队在南通市举行的省首届冬泳锦标赛中，获团体总分第三名。

15 日 盐城市全国人大代表、市耕地质量保护站站长、党支部书记秦光蔚获得全国“三八红旗手”称号。

16 日 盐城好人馆正式开馆。

△ 盐城市大丰荷兰花海基地被省人社厅列入 2015 年省引智成果示范推广基地名单。

18 日 盐城环保科技城（北京）投资说明会在京举行。

23 日 盐城市在全国绿化委员会公布的《关于表彰全国绿化模范单位和颁发全国绿化奖章的决定》中，获得“全国绿化模范城市”称号。

24 日 经省政府台湾事务办公室批准，江苏大丰麋鹿国家级自然保护区正式成为江苏省对台交流基地。

△ 盐城市举办首届“最美新盐城人”颁奖活动。

27 日 盐城南洋机场开通太原、福州、杭州 3 条航线。

△ 市农业行政执法支队被农业部授予“全国农业综合执法示范窗口”牌匾，并承担“十三五”期间全国农业综合执法体制改革试验示范任务。

28 日 盐城对口援疆项目全面开工。2016 年实施 12 个项目，累计投入援疆资金 7936 万元。

28—29 日 由市委组织部选送、建湖县委组织部和建湖县公安局联合摄制的微视频《我的爸爸是警察》在全省党员教育微视频创作大赛观摩评比活动中，获得一等奖。

31 日 省高级人民法院和市委在盐城联合召开东台市人民法院获“全国模范法院”表彰大会。省高院党组书记、院长许前飞，市委书记、市人大常委会主任朱克江出席会议并讲话。最高人民法院政治部副主任董文濮宣读表彰决定。

△ 企业家孙环江当选 3 月“中国好人榜・孝老爱亲”好人。

4 月

1 日 盐城市市政建设集团有限公司承建的盐城市亭湖区东绕城公路（含新洋港大桥）BT 工程、江苏华实市政建设集团有限公司承建的盐城市新滩产业区启动区二期基础设施黄海大道跨北疏港航道桥梁工程入选 2015 年度“全国市政金杯示范工程”。

4 日 市委党史办编纂出版的《新四军在盐城》丛书，获得全国党史部门党史优秀成果奖著作类二等奖。

△ 盐城籍儿童文学作家曹文轩在第 53 届意大利博洛尼亚儿童书展上，获得 2016 年度国际安徒生奖，是中国作家第一次获得该奖项。

5 日 在中宣部召开的全国舆情信息工作会议上，东台被评为 2015 年度舆情信息工作先进单位。

11—15 日 省委书记罗志军在盐城市建湖县驻点调研，并先后主持召开“实施精准扶贫、建设全面小康”座谈会和“两学一做”学习教育座谈会，听取盐城市推进新一轮扶贫开发、加强基层党建等工作情况汇报。

13 日 盐城市见义勇为基金会召开四届六次理事会，授予 20 位市民“盐城平安好人”称号。

15 日 盐城市滨海县、大丰区大中镇、阜宁县益林镇、射阳县临海镇一县三镇成为国家新型城镇化试点县镇。

△ 江苏省新闻出版广电局批准东台西溪旅游文化景区为江苏省影视基地。

16 日 中央电视台《新闻联播》“发力供给侧”系列报道中，报道盐城市大丰区荷兰花海的“赏花经济”。

16—17 日 由工信部、省政府指导，中国电子信息产业发展研究院、省经济和信息化委员会、盐城市人民政府联合举办的’2016 中国大数据企业大会在盐城召开。

17—24 日 市委副书记戴元湖率盐城市农业代表团，在台湾参访相关领域企业和机构，对接洽谈合作项目，并举办两岸（盐城）现代农渔业合作恳谈会。

18 日 盐城市大丰区恒南冬瓜生产专业合作社、滨海县条河小花生专业合作社、东台市龙厨瓜果蔬菜专业合作社被农业部认定为 2015 年全国农民合作社加工示范单位。

21 日 “盐渎风”盐城市第四届读书节启动仪式在市

图书馆举行。

△ “铁军颂”大型阅读朗诵会在盐城新四军干部学院举行。

22 日 市委、市政府召开全市加快推进供给侧结构性改革工作会议。

23 日 由国家司法文明协同创新中心、中国政法大学诉讼法学研究院主办，盐城中级人民法院承办的“庭前会议制度实证研究项目结项研讨会”在盐城召开。

24～28 日 盐城市代表队在无锡举行的第三届江苏技能状元大赛上，获得一等奖 1 名、二等奖 5 名、三等奖 15 名。

25 日 韩国报刊《蔚山广域每日》以《“打开心扉的地方”盐城见闻》为题，整版报道盐城市发展成就和人文特色。

28 日 第二军医大学上海长征医院组织专家在盐城市开展“军医惠民送健康”大型义诊活动。

△ 市不动产登记中心正式揭牌。盐城市区（不含大丰区）实施不动产统一登记。

29 日 盐城市社会救助中心正式启用，设立 32 个救助业务受理窗口和一个慈善爱心超市。

△ 加拿大巴拉德公司与盐城市兴邦能源有限公司在盐签订氢燃料电池技术转让和生产许可协议，盐城获准生产世界先进的氢燃料电池模组。

△ 盐城市盐都村民乐绍琪和滨海企业家韩正海入选 4 月“中国好人榜·助人为乐”好人。

△ 以城南新区为主体申报的互联网国际业务专用通道建设方案通过工信部专家评审。

5 月

3 日 盐城市青年鲁曼、王亚在第 11 届“江苏青年五四奖章”评选活动中，被团省委、省青联授予“江苏青年五四奖章”。

6 日 全省首本海域不动产权证在射阳行政服务中心颁发，标志着江苏省将海域使用权确定为不动产权利纳入统一登记范畴。

6—10 日 市委书记、市人大常委会主任朱克江率盐城市团队参加江苏省经济友好代表团赴韩国的访问活动，与韩国地方政要和企业界人士，在经贸、科技、文化等领域开展一系列交流活动。

9 日 盐城籍抗日名将马玉仁被省政府追认为烈士。

10 日 盐城新水源地及跨区域引水工程拆迁清障工作动员会议在扬州市宝应县召开，标志新水源地及跨区域引水工程拆迁清障工作全面启动。

11 日 东台市被中国丝绸协会授予“中国优质茧丝生产基地”称号。

12 日 盐城移动射阳分公司区域主任徐菊芬当选第十三届“省十佳文明职工”，并被授予江苏省五一劳动奖章。

△ 勇救落水女子的阜宁县造漆厂驾驶员曹征吉当选第四届“江苏十大见义勇为好司机”。

13 日 青年路高架通榆河大桥主体贯通。

13—15 日 第八届全球华人羽毛球团体锦标赛在盐城举行。

15 日 盐城至南京的特快旅客列车 T7775 次正式开通。

16 日 盐城市与韩国仁川广域市桂阳区在盐城签署友好交流意向书，双方正式缔结友好关系。市长王荣平出席友好交流意向书签字仪式并会见桂阳区区厅长朴亨宇一行。

△ 盐城市大洋湾生态风景区、响水云梯关旅游景区、江苏黄海海滨国家森林公园和阜宁黄河故道桃花源生态旅游区 4 个建设项目被国家旅游局列入全国优选旅游项目名录。

△ 江苏兴化、东台蒋庄良渚文化遗址入选由中国文物报社和中国考古学会公布的 2015 年度“全国十大考古新发现”。

△ 盐城市代表王子纯在北京召开的中国发明协会第七次全国会员代表大会上，当选为中国发明协会副理事长。

17 日 “盐城新水源地及跨区域引水工程”开工建设。

△ 大丰海港港口公司开辟大丰港至上海港集装箱直达航线正式通航。

18 日 中国盐城丹顶鹤国际湿地生态旅游节暨第九届海盐文化节在盐城开幕。近 500 名国内外知名企业、高校院所的嘉宾和客商参会，现场签约一批合作项目。

△ 2016 盐城产业创新“十大工程”推介会在盐举行。

19 日 盐城籍学子倪昊斌在泰国举行的 2016ACM（国际计算机学会）国际大学生程序设计竞赛（ICPC）全球总决赛中，获得金牌。

20 日 盐城市召开禁毒工作推进会，动员全市上下集中开展禁毒百日整治“雷霆行动”，推进禁毒重点整治工作。

△ 市委、市政府决定授予“十大杰出青年双创英才”王维等 10 人第七届“盐城青年五四奖章”。

22 日 江苏省大丰麋鹿国家级自然保护区被环境保护部等国家七部委联合表彰为全国自然保护区先进集体。

22—25 日 两岸企业家峰会信息家电产业合作推进小组对接会在盐召开。

23 日 盐城籍企业家朱共山在“SNEC 第十届（2016）国际太阳能产业及光伏工程（上海）展览会暨论坛”上，获得“光伏产业卓越贡献奖”。

△ 盐城市农业科学院科协成立大会暨第一次代表大会在盐城召开。

24 日 两岸（盐城）电子信息产业合作推介会在盐城举行。

△ 盐都区大纵湖镇涂装设备产业基地获批“国家火炬盐都涂装设备特色产业基地”。

25 日 全市夏季秸秆综合利用和禁烧工作会议在盐城召开。

△ 盐城市苏力机械股份有限公司、盐电阀门有限公司两家企业入选2016年度省“科技小巨人企业”。

△ 全市所有县(市、区)和市本级全面实施不动产统一登记发证工作,成为全省第二家在辖区内实现全面颁证的地级市。

25—27日 全市范围开展禁毒百日整治“雷霆行动”首次集中清查。

27日 盐城作为中国中韩产业园地方合作城市唯一代表参加在韩国首尔举行的第十四次中韩经济部长会议。

29日 省政府发文批复,同意亭湖区在环保科技城筹建盐城环保高新技术产业开发区。

30—31日 市七届人大常委会第三十次会议在盐召开。会议决定任命王巧全为盐城市人民政府副市长、市公安局局长。

31日 东台市通过国家标准化管理委员会组织的验收,获批国家农业综合标准化示范市。

△ 市民崔卫香入选5月“中国好人榜·孝老爱亲”好人。

6月

1日 市长王荣平分别会见在盐城考察访问的韩国产业通商资源部投资政策局局长李相珍一行和韩国蔚山广域市南区区长徐东旭率队的政府代表团一行,就进一步深化盐韩全方位合作,加快推进中韩盐城产业园区建设,与韩国客人进行交流。

△ 盐城市在全市道德典型座谈会上向大市区15位道德典型代表颁发首批道德典型奖励资金。

△ 盐城市演艺集团参加在苏里南首都帕拉马里博举行的中苏建交40周年庆典演出。

6—8日 2016年高考开考。全市共32779人报名参加考试。

8—9日 大型现代淮剧《小镇》在北京梅兰芳大剧院上演。

13日 市长王荣平会见在盐城访问的韩国南原市政府代表团一行,并与南原市市长李桓朱、议会议长张钟汉等进行交流。

14日 位于东台的江苏黄海海滨国家森林公园正式揭牌成立。

16日 2016年中考开考。全市共有55402人报名参加考试。

18日 2016首届中韩(盐城)体育文化系列赛事在盐城国际会展中心开幕。

23日 14时许,盐城市阜宁县、射阳县部分地区突发龙卷风冰雹严重灾害,多个乡镇受灾,造成大量民房、厂房、学校教室倒塌,部分道路交通受阻。

△ 中共中央总书记、国家主席、中央军委主席习近平对江苏盐城龙卷风冰雹特别重大灾害作出重要指示,要求全力组织抢救受伤人员,最大限度减少人员伤亡。中共中央政治局常委、国务院总理李克强就抢险救灾和灾害防范工作作出批示。

△ 20时,国家减灾委、民政部就江苏盐城龙卷风冰雹严重灾害紧急启动国家Ⅲ级救灾应急响应。

△ 省委书记罗志军、省长石泰峰到阜宁县陈良镇、东沟镇受灾现场,查看龙卷风冰雹灾情,看望受伤群众,组织指挥抢险救灾,并在阜宁县政府主持召开紧急会议,听取盐城市和阜宁县关于救灾情况的汇报,对下一步救灾工作作出部署。

24日 截至8时,“6·23”江苏盐城龙卷风冰雹特别重大灾害共造成98人遇难、医院收治伤员846人。阜宁县倒塌损坏房屋8004户28104间,2所小学房屋受损,损毁厂房8幢,毁坏大棚面积3200公顷;射阳县经济开发区陈洋办事处和海河镇共7个村受灾,受灾人口11821人。

△ 中共中央书记处书记、国务委员兼国务院秘书长杨晶代表党中央、国务院,率国务院有关部门在盐城指导“6·23”江苏盐城龙卷风冰雹特别重大灾害应急救援和善后处置工作,看望受灾群众和受伤人员,慰问在一线抢险救援的工作人员。

26日 省委常委、副省长、省抢险救灾工作领导小组副组长徐鸣在盐城查看指导“6·23”龙卷风冰雹特别重大灾害救灾工作,代表省委、省政府看望受灾群众,慰问一线抢险救灾人员。

27日 省委常委、副省长、省抢险救灾工作领导小组副组长徐鸣,在盐主持召开座谈会,听取盐城市“6·23”龙卷风冰雹特别重大灾害抢险救灾工作情况汇报,并对下一步工作提出要求。

△ 市长王荣平到市第一人民医院、市中医院、市第三人民医院南院和城南医院,看望因灾受伤住院群众。

28日 第二届全国石油装备制造业基地联席会在建湖县召开。

29日 阜宁县举行集中悼念活动,缅怀在“6·23”龙卷风冰雹特别重大灾害中不幸遇难的同胞。

30日 市委在盐城举行庆祝中国共产党成立95周年大会,表彰一批先进基层党组织、优秀共产党员、优秀党务工作者。

7月

2日 省委书记李强到阜宁县检查指导抗灾救灾工作,慰问灾区群众,看望奋战在救灾一线的广大基层干部和志愿者。

4日 市长王荣平主持召开“6·23”龙卷风冰雹特大灾害灾后重建指挥部第一次工作会议。

12日 全市农村土地承包经营权确权登记颁证工作推进会在盐城召开。

△ 《盐城市水污染防治工作方案》正式发布实施。

12—13日 由商务部、日本经济产业省九州经济产业局、九州经济联合会、韩国产业通商资源部共同主办,省商务厅和盐城市承办的第15次泛黄海中日韩经济技术交流会议在盐举行。

15—17日 2016年第三届盐城市科技创业大赛行业

总决赛开幕。

20日 江苏黄海海滨国家森林公园入选首批全国森林体验基地试点建设单位名单。

28日 “6·23”龙卷风冰雹特别重大灾害灾后重建工作动员大会暨集中安置点建设开工活动在阜宁举行。

△ “中共中央华中局历史陈列展”在泰山庙正式开展。

△ 射阳籍新华社高级记者李锦被评为全国“十大读书人物”。

29日 盐城市在北京召开的全国双拥模范城(县)命名暨双拥模范单位和个人表彰大会上,被命名为“全国双拥模范城”,连续五次获此荣誉。

△ 盐城市郭夕祥入选7月“中国好人榜·诚实守信”好人。

30日 东台市入选工信部发布的“县域经济100强”名单,为苏北唯一。

8月

3日 盐城市侨专委副主任、德国盐城籍侨胞、德国朗普技术董事长王荣虎当选首届德国江苏总会会长兼理事会会长。

8日 江苏海警支队四大队在盐城市射阳县举行进驻仪式,全面担负起盐城582千米海岸线、1.89万平方公里海域面积的维权、执法、服务职能。

15日 盐城市城西南现代物流园区在湖南省长沙市召开的2016全国物流园区工作年会上,被评为“2016年度全国优秀物流园区”。

△ 盐城市第一中学,新四军纪念馆和上海知青纪念馆入选首批52家省级研学旅游示范基地。

16日 盐都区仰徐乡村旅游创客基地入选国家旅游局公布的第二批“中国乡村旅游创客示范基地”名单。

17日 盐城市10个项目晋级第四届江苏省科技创业大赛总决赛,占全省总决赛项目数的23.8%,位居全省第一。

22日 贵阳—盐城—烟台航线首航仪式在盐城南洋机场举行。

27日 工信部、省经信委和盐城市在南京签署合作备忘录,部、省、市合作共建国家级盐城大数据产业基地。

29日 农业部副部长于康震带领参加全国渔业转方式调结构工作现场会的各省(区、市)相关部门负责人在盐城调研现代渔业发展情况。

31日 市民陈红明、高成奎、李玉红当选8月“中国好人榜·见义勇为”好人。

△ 东台市五烈镇甘港村、大丰区大中镇恒北村在第八届中国生态文化高峰论坛上,被授予“全国生态文化村”称号。

9月

2日 建湖通用机场建设工程项目获省发改委核准审批。

△ 盐城市在第四届江苏科技创业大赛暨第五届中国创新创业大赛(江苏赛区)总决赛上,1个团队和4个企业获得二等奖,5个项目获得三等奖。

4日 江苏悦达集团有限公司在南京举办的第三届“江苏慈善奖”颁奖仪式上,被评为“最具爱心慈善捐款企业”,东台市疾病预防控制中心医生郑小祥被评为“最具爱心的行为楷模”,市慈善总会的“大爱盐城·情暖人间”慈善救助行动获得“最具影响力慈善项目”称号。

10日 盐城市残疾人运动员汤红霞在巴西里约残奥会F11级女子铁饼决赛中获得银牌。

△ 盐城市3人入选省经信委公布的“第六届省工艺美术大师”名单。

11日 盐城市黄沙港镇通过国家卫生镇考核验收。

12日 亭湖区黄尖镇黄尖居委会被农业部评为2016中国美丽休闲乡村之特色民居村。

19日 2016“盐城东方集团杯”中韩围棋团体名人锦标赛在盐城国际会展中心开赛。

21日 中共盐城市委召开全市领导干部会议。受省委书记李强委托,省委常委、组织部部长王炯到会并讲话。省委组织部常务副部长胡金波宣布省委决定:王荣平任盐城市委书记,朱克江不再担任盐城市委书记、常委、委员职务;戴源任盐城市委委员、常委、副书记。

22日 盐城经济技术开发区被环保部、商务部和科技部三部委联合批准为国家生态工业示范园区。

22—23日 市七届人大常委会召开第三十二次会议。会议决定接受王荣平辞去盐城市人民政府市长职务的请求,并报市人民代表大会备案,决定任命戴源为盐城市人民政府副市长、代理市长职务。

26—28日 中国共产党盐城市第七次代表大会在市行政中心人民大会堂召开。市委书记王荣平代表中国共产党盐城市第六届委员会向大会作《产业强市、生态立市、富民兴市,为全面建成小康社会而努力奋斗》的报告。

28日 中国共产党盐城市第七次代表大会选举产生的中共盐城市第七届纪律检查委员会第一次全体会议在盐城举行。

29日 中共盐城市第七届委员会举行第一次全体会议,王荣平受中共盐城市第七次代表大会主席团委托主持会议。

△ 中国电信江苏公司大数据智观创新基地合作签约暨项目启动仪式在城南新区举行。

30日 市民孙志秀当选9月“中国好人榜·见义勇为”好人。

10月

1日 盐城市第三部地方性法规《盐城市农作物秸秆综合利用条例》正式施行。

△ 盐城市全面实施企业登记“五证合一”。

7日 新一届市委常委会召开第一次会议。会议讨论通过《中共盐城市委常委会议事决策规则》和《中共盐城市委中心组学习制度》。

△ “十一”黄金周，全市主要旅游景点接待游客415.93万人次，同比增长24.6%，门票收入3952.45万元，各项旅游主要指标均创历史新高。

9—11日 中国国际工程咨询公司受国家发改委委托，在南通召开新建盐城至南通铁路可行性研究报告评估会。专家组一致通过可行性研究报告。

10—11日 省委书记李强在盐城调研，并考察阜宁、射阳“6·23”龙卷风冰雹特别重大灾害灾后重建情况。

11日 东台市安丰镇列入住建部公布的第一批中国特色小镇名单，成为江苏首批7家特色小镇之一。

14日 2016世界粮食日和爱粮节粮宣传周活动暨“建湖大米”获中国驰名商标授牌仪式在建湖县举行。

16日 滨海县扶贫办公室被人社部和国务院扶贫开发领导小组办公室联合授予“全国脱贫攻坚先进集体”称号。

17日 由新疆察布查尔县委、县政府主办的“感恩盐城 携手前行 盐城对口支援暨扶贫成果展”在盐都区群众文化艺术馆举行。

18日 盐城万泰保安服务有限公司蔡云生被评为全国先进保安员。

△ 亚洲光伏产业协会主席、协鑫集团董事长朱共山在北京召开的全球太阳能理事会全体理事会议上，当选第二届全球太阳能理事会主席。

21日 盐城市中港建设集团有限公司在非洲莫桑比克彭巴市投资的德尔加督水泥厂一期工程正式投产运营。莫桑比克共和国总统菲利佩·雅辛托·纽西到场为项目开业剪彩。

26日 盐城第一条港城高速公路建成通车。

△ 江苏黄海海滨国家森林公园正式获评国家AAAA级旅游景区。

28—30日 第五届中国盐城·国际环保产业博览会在环保科技城会展交易中心举行。

31日 盐城市大型现代淮剧《小镇》获得第十五届中国文化艺术政府奖——文华大奖，是本届华东地区唯一获得该奖项的剧目。

11月

1—3日 市委书记王荣平率市经贸代表团在美国加利福尼亚州，考察世界高新技术企业，与美国惠普公司、苹果公司等知名企业高层会见会谈。

2日 ’2016中国盐城沿海湿地国际公路自行车赛举行。

4日 盐城市摄影家杨国美获得第十一届中国摄影金像奖。

6—7日 市委书记王荣平率盐城市代表团赴日本开展经贸人才合作交流活动。

7日 射阳县淮剧团创作演出的小淮剧《世界名犬》在“中华颂”第七届全国小戏小品曲艺大展决赛中，获得“优秀剧目金奖、优秀组织奖、优秀编剧奖、优秀导演奖、优秀作曲奖、优秀演员奖”。

9日 东台发绣微绣作品《一百零八将》在第十七届中国工艺美术大师作品暨手工艺术精品博览会上，获得2016“百花杯”中国工艺美术精品奖金奖。

11日 盐城市民企江苏九龙通用航空有限公司获苏北首张通航经营许可证。

13日 大丰区安监局获得“全国安全生产监管监察系统先进集体”称号。

14日 浙江省杭州市见义勇为基金会追授在钱塘江救人而牺牲的射阳籍男船员刘卫丰为“杭州市见义勇为勇士”。

16日 市委书记王荣平主持召开专题交办会，传达学习中央第三环境保护督察组督察江苏情况反馈会议精神和省委书记李强、省长石泰峰的部署要求，研究反馈问题的整改落实工作。

△ 建湖的江苏九五面业有限公司和东台的江苏省新曹农场获得第十七届中国绿色食品博览会金奖。

18—22日 盐城市54名省党代表在南京出席中共江苏省第十三次代表大会。市委书记王荣平为代表团团长，市委副书记、代市长戴源为代表团副团长。

18日 2016年度全国半导体设备和材料标准化技术委员会材料分技术委员会年会在盐召开。

△ 盐都区加兵农机专业合作社被农业部评为全国农机合作社示范社。

20日 北京盐城籍医学专家工作室在市中医院成立。

21日 东方1号创意产业园被省文化厅命名为2016年度江苏省重点文化产业示范园区。

△ 东台鱼汤面在首届“中国金牌旅游小吃”评选活动中获得金牌。

23日 盐城市选送的大型原创舞剧《烽烟桃花飞》在第三届江苏文化艺术节上获得优秀剧目奖；现代淮剧《菜籽花开》获特别奖。

26日 2016年全国基层人才工作创新案例座谈交流会在盐城召开。

30日 射阳县长荡镇敬老院院长周守伟入选11月“中国好人榜·孝老爱亲”好人。

12月

1日 省长石泰峰在盐城主持召开苏中苏北片经济工作座谈会，他强调要突出“两聚一高”主题，走出创新富民新路。

△ 东台市颁出全省首张“两证合一”（个体工商户填写一张表、向一个窗口提交一套材料即可办理个体工商户工商及税务登记）个体户营业执照。

2日 盐城设分会场组织收听收看省委召开的全省领导干部警示教育电视电话大会。市委书记王荣平，市委副书记、代市长戴源等在市分会场出席。

△ 市委、市政府召开深入推进法治盐城建设会议。

3日 中共盐城市委七届二次全会在盐城举行。

△ 江苏省人民政府决定为《小镇》剧组记集体一等功。

4日 市暨亭湖区国家宪法日宣誓活动在新四军纪念馆烈士纪念碑广场举行。

△ "射阳大米"在"首届中国大米品牌大会"上，被授予"2016中国十大大米区域公用品牌"称号。

5—7日 阿里云团队在盐城大数据产业园调研。

6日 东台市梁垛镇安洋村崔卫香家庭当选第一届全国文明家庭。

8日 市委、市政府召开专题会议，研究部署进一步做好打击"地条钢"和查处违法违规钢铁产能工作。

△ 盐城市与中国银行江苏省分行在盐城签订战略合作协议。

△ 盐城技师学院教师陈德领在人力资源和社会保障部召开的第十三届高技能人才表彰大会上，获得"全国技术能手"称号。

9日 市设分会场组织收听收看省委、省政府召开的"两减六治三提升"专项行动动员视频会。

△ 市儿童福利院被授予全国"青少年维权岗"称号。

△ 由市文联、市美协联合主办的"翰墨丹青、水韵盐城——2016中国画名家作品邀请展"在盐都博物馆开展。

9—10日 市委、市政府组织全市第二次产业园区项目载体建设现场推进会。

10日 江苏省淮剧团建团60周年纪念活动座谈会在盐城举行。

13日 市委书记王荣平到通榆河饮用水源保护区，检查中央环保督察组反馈的水环境问题整改落实情况。

△ 盐城市与江苏交通控股有限公司在南京进行工作会商，双方就加快推进盐宁高速、滨海港疏港高速等重大交通基础设施建设，完善盐城高速公路网络达成共识。

△ 盐城市在新四军纪念馆举行国家公祭日悼念活动。

13—15日 第五届中韩跨国公司领袖圆桌会议在盐城举行。

15日 盐城市县、乡两级人大代表换届选举投票。

△ 中国农工民主党盐城市第七次代表大会在盐城召开。孙长春当选为主任委员。

16日 "江苏省·中央企业合作恳谈会"在北京举行。市委书记王荣平，市委常委、常务副市长庄兆林参加。

△ 中国民主建国会盐城市第五次代表大会在盐召开。穆向明当选为主任委员。

△ 阜宁县入选全国百强县榜单，位列第99位。

19日 中国民主同盟盐城市第八次代表大会在盐召开。唐伯平当选为主任委员。

△ "大丰大米"获国家地理标志证明商标。

△ 大丰区知识产权局局长陈苏萍被表彰为全国专利工作先进工作者。

20日 九三学社盐城市第七次代表大会在盐召开。孙大明当选为主任委员。

△ 2016年盐城"创业之星"大赛决赛在盐城人力资源产业园举行。

21日 中国民主促进会盐城市第五次代表大会在盐召开。朱雪梅当选为主任委员。

△ 盐城电商快递产业园被省经信委认定为"江苏省互联网产业园"。

26日 市委书记王荣平与各民主党派盐城市委新老主委集体谈话。

△ 在国务院公布的《"十三五"旅游业发展规划》中，"江苏盐城湿地"入选特色旅游目的地之湿地旅游目的地。

△ 由盐城和扬州两市总工会、文联等单位主办的中国盐城·扬州"盐文化"书画作品联展在盐镇水街举行。

△ "阜宁黑猪"获国家地理标志证明商标。

27日 市委、市政府召开全市生态文明建设暨"两减六治三提升"专项行动动员会议。

△ 市委、市政府召开沿海百万亩生态防护林工程建设暨创建国家森林城市、森林小镇、森林村庄动员会议。

28日 全市经济工作会议在盐城召开。

△ 台湾慈济慈善事业基金会援建阜宁县孔荡大爱村工程开工。

30日 第27届迎新年万人长跑暨半程马拉松活动在市内环高架举行。

△ 市区内环高架快速路网二期工程全线通车。

△ 市大型现代原创淮剧《小镇》选段《救赎》在北京国家大剧院参加新年戏曲晚会演出。

（滕建平　王　静）

第 03 章　组织机构

责任编辑　赵　丽

第一节　市级机构及负责人

中共盐城市委

书　记　王荣平(2016.09—)
　　　　朱克江(—2016.09)
副书记　王荣平(—2016.09)
　　　　戴　源(2016.09—)
　　　　戴元湖
常　委　刘德民(—2016.09)
　　　　宋修明(—2016.09)
　　　　庄兆林
　　　　张礼祥
　　　　陈红红(女)
　　　　潘道津
　　　　倪　峰(—2016.09)
　　　　尹卫东
　　　　王　荣
　　　　王小红(女)(2016.09—)
　　　　杨　军(2016.09—)
秘书长　潘道津(—2016.12)
副秘书长　肖　力(2016.11—)
　　　　　徐国均
　　　　　卫永标
　　　　　戴红光
　　　　　蒋国良
　　　　　刘向阳(—2016.11)
　　　　　戴为洋
　　　　　黄　冬(2016.11—)

盐城市人民代表大会常务委员会

主　任　朱克江(—2016.09)
书　记　周德祥(2016.11—)
　　　　朱克江(—2016.09)
副书记　丁　宇(2016.01—)
　　　　倪　峰(2016.09—)
　　　　周德祥(—2016.11)
副主任　周德祥
　　　　丁　宇
　　　　曹友琥
　　　　谷家栋
　　　　肖紫英(女)
秘书长　倪崇彦
副秘书长　曹为民
　　　　　刘连才

盐城市人民政府

代市长　戴　源(2016.09—)
市　长　王荣平(—2016.09)
副市长　庄兆林
　　　　夏存喜(—2016.05)
　　　　蒋　巍(2016.12—)
　　　　周绍泉(—2016.12)
　　　　吴晓丹(女)
　　　　崔　浩
　　　　张京麒(—2016.05)
　　　　葛启发
　　　　李逸浩
　　　　邹毅实
　　　　王巧全(2016.05—)
秘书长　徐龙波
副秘书长　姚学龙
　　　　　陈　锋
　　　　　王政权
　　　　　陈　斌(—2016.11)
　　　　　朱金明(—2016.11)
　　　　　蒋红萍(女)
　　　　　张步胜
　　　　　仇鼎文
　　　　　顾亚军(2016.11—)

中国人民政治协商会议盐城市委员会

主席、书记　李　驰

副主席　马成志
吕拔生
蒋婉求(女)
孙长春
李纯涛(—2016.11)
王锦胜
尹金来
沈洪清
秘书长　张洪达
副秘书长　洪承志
赵　勃
李大林
李巧云(女)
童　骋(兼)
彭光飙(兼)
唐伯平(兼)
王东升(兼)
王永和(兼)
孙秀丽(女)(兼)

中共盐城市纪律检查委员会

书　记　王小红(女)(2016.09—)
刘德民(—2016.09)
副书记　肖　力(—2016.09)
刘正秀(女)
刘向阳(2016.09—)
孙红亮(2016.09—)
常　委　孙红亮(—2016.09)
王加林(—2016.09)
张鹏程
张炜东
方仕德
路竞竞(女)(2016.09—)
张国锋(2016.09—)

盐城军分区

司令员　杨　军
政治委员　宋修明(—2016.05)
副司令员　陈中华
参谋长　张建中
政治部主任　王　文
后勤部长　徐启磊

盐城市人民法院

院长、书记　王世华
副书记、副院长　吴海龙
副院长　马生安
胡　勇
许建兵
纪检组组长　李士俊
政治部主任　李　悦(女)
审判委员会专职委员　宋长琴(女)
潘华锋

盐城市人民检察院

代检察长、书记　孙光永(2016.12—)
检察长、书记　戴　飞(女)(—2016.12)
副书记、副检察长　岳　岭
副检察长　陈国华
刘必宁
姚　图
纪检组组长　刘　杰
政治部主任　童加舟
反贪局局长　张永娣(女)
反渎职侵权局局长　徐　定
大中地区人民检察院检察长　征汉年
检察委员会专职委员　马　筠(女)
潘跃林

市委工作机构

市委办

主　任　戴红光
副主任　黄　实(—2016.03)
周　卫
钱　勇
刘必利(—2016.12)

组织部

部　长　尹卫东
副部长　姜友新(女)
刘　海
华林泰
部　委　成　辉(—2016.03)

宣传部

部　长　陈红红(女)
副部长　姜友新(女)(—2016.01)
史学健(2016.01—)
叶茂楼
薛万昌
周柏青(2016.12—)

统战部

部　长　尹卫东(2016.09—)
倪　峰(2016.05—2016.09)
尹金来(—2016.05)
副部长　季　放
黄　斌(2016.01—)

农村工作办公室

主　任　徐国均
副主任　周广展

金骏培
赵寿华
栾　峰

政法委员会

书　记　张礼祥(2016.01—)
丁　宇(—2016.01)
副书记　顾亚军(—2016.11)
高维华
政治部主任　蔡晓钧

机关工委

书　记　朱传洲
副书记　刘古佐
陈铁军
纪工委书记　韦　明
工委主任　夏新瑞

台湾工作办公室(台湾事务办公室)

主　任　董小平
副主任　刘开俊
黄益成
张　健(2016.03—)

机构编制委员会办公室

主　任　张玉春
副主任　胥晨霞(女)
姜国华
刘　毅(2016.01—)

市委部门管理机构

老干部局

局　长　唐　宏
副局长　陈　勇
赵光华

信访局

局　长　崔恒华(2016.12—)
顾亚军(—2016.03)
副局长　戴　道(—2016.12)
俞文全
徐汉林
信访督查专员　陈海峰
唐海峰

保密委员会办公室

主　任　王　琦

机要局

局　长　陈　良

市委直属事业机构

党　校

校　长　戴元湖
书记、副校长　蒋东仁
副书记、副校长　郭　云(女)(2016.05—)
副校长　李德新
纪委书记　刘汝华
教育长　李建兵
社会主义学院副院长　黄　斌(—2016.01)

盐阜大众报报业集团

社长、书记　朱志和
总编、副书记　宋滨东(—2016.12)
纪委书记　祁国良
副社长　崔宇宙
颜廷亮
副总编　周　劲
季学根
孙凤志
陆应铸(2016.03—)
陈志燕(女)(2016.11—)

盐城广播电视台

台长、书记　史学健
副台长　陈晓光
胥爱华
王　康
唐卫华
纪委书记　葛明翔

档案馆(局)

馆(局)长　王加林(2016.12—)
副馆(局)长　赵弘迈(女)
王明友
房　标

党史工作办公室
地方志办公室

主　任　茆贵鸣
副主任　王海燕(女)
吴建新
张守中(2016.12—)

市委其他挂牌、合署机构

研究室

主　任　卫永标
副主任　张素东

全面深化改革领导小组办公室

副主任　齐　华

督查室

主　任　赵国锋

优化办

副主任　王加林

巡视工作联络办公室

主　任　孙红亮
专职副主任　刘怀瑞

组织员办

主　任　刘　海

企业工委

书　记　华林泰

非公有制企业和社会组织工作委员会

书　记　刘　海
副书记　沈卫民
　　　　黄　斌（兼）
　　　　鞠烨平（兼）
　　　　陈　政（兼）
　　　　许宝贵（兼）

市人才工作办公室

主　任　成　辉（2016.03—）

外宣办

主　任　叶茂楼
副主任　高爱军

文明办

主　任　周柏青（2016.12—）
　　　　姜友新（女）（—2016.01）
副主任　陈中才

综治办

主　任　顾亚军（—2016.11）
副主任　姚世健
　　　　封　潮
　　　　顾海文

事业单位登记管理局

局　长　张玉春
副局长　姜国华

市人大机关

办公室

主　任　曹为民
副主任　如　滨（女）
　　　　姚　刚（2016.05—）

研究室

主　任　刘连才
副主任　曹子洪

内务司法委员会

主　任　王克林
副主任　韩干荣

财经委员会

主　任　王　琼
副主任　李　梅（女）

农村工作委员会

主　任　张永春
副主任　陈向前

教科文卫委员会

主　任　蔡浩然
副主任　陈益林

环境资源城乡建设委员会

主　任　杨　柳
副主任　蒋　春

人事代表联络委员会

主　任　杨　刚
副主任　金祖亚

民族宗教侨务外事委员会

副主任　冯　佐

法制工作委员会

主　任　吴　敦
副主任　姚长俊

市政府工作机构

政府办

主任、副书记　姚学龙
书　记　徐龙波
副主任　李晓奇
　　　　张　波
　　　　王　岭
　　　　徐金珠
　　　　黄　冬（—2016.11）
　　　　胡柏林

发展和改革委员会

主任、书记　苏　冬（2016.05—）
　　　　　　杨雪峰（—2016.05）

副主任　陈守年
于广华
张子生
朱如万
顾光明
左文亮
杨劲松
高晨光
纪检组组长　姜雄基

经济和信息化委员会

主任、书记　陈　斌(2016.11—)
苏　冬(—2016.05)
副书记、副主任　汪寿明
副主任　袁志亚
陆达成
陆晓钢(—2016.03)
颜开建
沈影帆(2016.05—)
薛友祥
纪检组组长　张腾瑶

教育局

局长、书记　殷　勇
副书记、副局长　郑英舜
副局长　江　楫
丁才林(2016.05—)
教育工委副书记　邹必俊
纪检组组长　顾文明
督导室主任　刘广平
工委主任　张　斌

科学技术局

局　长　崔文军(2016.05—)
邹毅实(—2016.01)
书　记　周晓棣
副局长　周　捷
倪晓峰
丁桂林
缪志伟
纪检组组长　郭九地

公安局

局长、书记　王巧全(2016.05—)
夏存喜(—2016.05)
副书记、副局长　姜学儒
吴柏林
副局长　张满昌
崔恒华(—2016.12)
朱晓明
纪委书记　王玉海

政治部主任　孙玉东

监察局

局　长　刘正秀(女)(2016.03—)
副局长　张炜东
路竞竞(女)

民政局

局长、书记　谷红彬
副局长　姜冠军
鞠烨平
彭　涛
戴云峰(2016.11—)
纪检组组长　杨从农
双拥办专职副主任　戴云峰

司法局

局长、书记　李从洋
副书记、副局长　孙　亚
副局长　郭乃军
董清平
王永忠(2016.01—)
朱维明(2016.12—)
纪检组组长　王本成

财政局

局长、副书记　肖汝宏
书　记　吴翠娥(女)
副书记、副局长　王乃凤
副局长　虞　水
张乃文
吴启飞
纪检组组长　陈铁流

人力资源和社会保障局

局长、书记　王　娟(女)
副书记、副局长　吴　刚
副局长　汤习成
顾正钧
顾红榜
孙　伟
纪检组组长　王道远

国土资源局

局长、书记　徐增产
副局长　樊　荣
张中俊
铁小军(2016.07—)
冯一飞(2016.07—)
纪检组组长　王明华

规划局

局长、书记　孔逸忻
副局长　张亚钊
　　　　吴立新(—2016.07)
　　　　杨义宽
纪检组组长　潘卫东
总规划师　宋迎春

城乡建设局

局长、书记　吴中良
副书记、副局长　顾慧春(女)
副局长　李爱进
　　　　花　青
　　　　叶小强
纪检组组长　曹　阳
工委主任　朱端倪
总工程师　魏　炜

城市管理局

局长、书记　陈　锋(—2016.03)
副书记、副局长　王玉新
副局长　樊　玮
　　　　王建安
　　　　刘文明
纪检组组长　许学荣

住房保障和房产管理局

局长、书记　羊维元
副书记、副局长　张亚仿
　　　　　　　　刘　朗
副局长　曹晓祥
纪检组组长　刘玉才

交通运输局

局长、书记　管亚光
副局长　周　忠
　　　　薛　华
　　　　裴义婷(女)
　　　　崔　花(女)
　　　　陈日晓
纪检组组长　赵　明
总工程师　陈惠民

港口管理局

局长、书记　戚太龙
副局长　赵　飞
　　　　高曙红(2016.12—)
纪检组组长　王世法

水利局

局长、副书记　嵇红梅(女)
书　记　陆道如
副书记、副局长　单玉梅(女)
副局长　何玉良
　　　　王国佐
　　　　刘智华
纪检组组长　皋古庆
工委主任　张建华
总工程师　仲　跃

农业委员会

主任、书记　乐　超
副主任　王旭东
　　　　计　宏
　　　　孙新建
　　　　王甫同
　　　　滕友仁
总农艺师　张玉林
纪检组组长　许岩峰

海洋与渔业局

局长、书记　糜　海
副局长　陈培岭
　　　　朱其平
　　　　杨　满
　　　　王　辉(2016.01—)
纪检组组长　马志军

商务局

局长、书记　王　亚
副书记、副局长　贾子农
　　　　　　　　严　中
副局长　夏丁华
　　　　朱　晔
工委主任　陈国亮
纪检组组长　陈友根

文化广电新闻出版局

局　长　季德荣
书　记　季德荣(2016.01—)
　　　　史学健(—2016.01)
副书记　季德荣(—2016.01)
副书记、副局长　顾云峰
副局长　王永和
　　　　孙国栋
　　　　吴春杏
　　　　王胜利
纪检组组长　程霖霞(女)

卫生和计划生育委员会

主任、书记　徐　杰
副书记、副主任　高　定

副主任　张桂芹(女)
房安银
孙长春
纪检组组长　葛永良(—2016.12)
工委主任　陈旭东

审计局

局长、书记　吴先国
副局长　陈献东
孙红青(女)
刘秋凤(女)
纪检组组长　郑　琳(女)
总审计师　李树峰

环境保护局

局长、书记　周　俊
副书记、副局长　吴剑波(—2016.03)
副局长　孔令逸
王　海
纪检组组长　孙　霖
总工程师　曹江林

旅游局

局长、书记　童　健
副局长　吴志宾
陈锦还
纪检组组长　刘亚东

体育局

局长、书记　杨玉成
副局长　杨君明
周继明
杜明东
纪检组组长　曹干方

统计局

局长、书记　秦　军
副书记、副局长　单坤刚
副局长　胥传广
魏文华
纪检组组长　何成效
总统计师　朱　杰

安全生产监督局

局长、书记　洪家宁
副书记、副局长　李新昌
副局长　仲汉鹏
陈爱宏
朱国华
许立设
总工程师　薛家玉

纪检组组长　周为勇

工商行政管理局

局长、书记　刘永前
副书记、副局长　季鹏飞
副局长　刘连荣
葛　龙
陈德美
陈　政
纪检组组长　吴进中

质量技术监督局

局长、书记　尹贵尧
副局长　王海南
孟令永
王东升
杨　樾
王德祥
纪检组组长　胡　铭

食品药品监督管理局

局长、副书记　赵　宁
书　记　赵满生
副书记、副局长　张慧娟(女)
副局长　钱钦晖
李国光
曹　伟
纪检组组长　谭鑫春

物价局

局长、书记　范建江
副局长　严文龙
姜桂阳
卞长春
纪检组组长　裴磊滨

粮食局

局长、书记　崔成富
副局长　吴　超
朱胜东
万　宏
纪检组组长　李　虎
工委主任　刘　兵

市级机关事务管理局

局长、书记　蔡群华
副书记、副局长　陈宝龙
副局长　夏仲书
纪检组组长　张芬萍(女)
工会主席　侍晓红(女)

民族宗教事务局

局　长　季　放
副局长　马登军
　　　　王启东
　　　　王尤东
　　　　吴风俊(2016.12—)

民防局

局长、书记　刘新国
副书记、副局长　黄　实(2016.03—)
副局长　张永祥
　　　　滕春青
纪检组长　苗春荣(2016.03—)
　　　　　王　琴(女)(—2016.03)

法制办公室

主任、书记　戴红春
副主任　骆海豹
　　　　雍庆丰

外事办公室

主任、书记　刘光球
副主任　许世刚
　　　　陆　帅
纪检组组长　周晓晴(女)

国资委

主任、书记　顾汝华
副主任　张成中
　　　　王　健
　　　　何　忠
　　　　丁万林
纪委书记　余进成

第一市属企业监事会

主　席　余进成

第二市属企业监事会

主　席　张晓政

第三市属企业监事会

主　席　张晓鸣

第四市属企业监事会

主　席　蒋　斌(2016.03—)

市委市政府派出机构

政务服务管理办公室

主任、书记　王绍前
副主任　薛杰堂
　　　　邢晓峰
　　　　张锡良
纪检组组长　孙仁宏

驻沪联络处

主　任　顾向阳
副主任　陈新峰

驻宁办

主　任　韩　健(女)

驻京联络处

主　任　顾明东

驻深圳办

主　任　吴志鸿

苏州盐城沿海合作开发园区

书　记　蒋国良
主任、副书记　陈　豪(2016.12—)
　　　　　　　蒋林明(—2016.12)
副书记、纪工委书记　范品才
副主任　韦向东
　　　　褚国栋
　　　　王　平

江苏盐城环保科技城

书　记　张利华
副主任　陆文忠
　　　　阳平坚
　　　　朱杰成(2016.12—)
　　　　张伟中(—2016.12)

沪苏大丰产业联动集聚区

书　记　宋　勇
副书记、主任　袁冬青
副主任　张四福
　　　　李实业(2016.03—)

市政府直属事业机构

接待办公室

主任、书记　刘向阳(—2016.11)
副主任　韩植林
　　　　张玉辉
纪检组组长　臧海波(2016.01—)

公积金管理中心

主任、书记　李正林
副主任　徐克新
　　　　唐仕洪
　　　　魏彧晖

纪检组组长　陈　刚

地震局

局长、书记　唐耀华
副局长　韦凯昌

供销合作总社

主任、书记　施建霞（女）
副主任　周　鸣
　　　　李海宁
　　　　葛广东
纪委书记　赵金华
工委主任　石　峰

城南科教城管委会

书　记　周键云（女）
主任、副书记　郭庆生
副主任　施志彬
　　　　丁金海（2016.01—）
　　　　谢　纬（2016.01—）

大数据产业办公室

主　任　陆晓钢（2016.03—）
副主任　刘必利（2016.12—）

黄海经济区建设指挥部办公室

主　任　顾亚军（2016.11—）
副主任　杨亚成

农业科学研究院

院长、书记　葛汉勤
副院长　孙明法
纪委书记　王乃顶
副院长　葛兆建
　　　　吴　春
　　　　黄如鑫

江苏盐城国家级珍禽自然保护区管理处

主　任　邹毅实（2016.11—）
主任、书记　黄金文（—2016.11）
副主任　朱照伟（兼）
　　　　陈　浩

江苏省大丰麋鹿国家级自然保护区管理处

主　任　孙大明
书　记　宋　勇（兼）
副主任　沈　华

仲裁委秘书处

秘书长　戴红春（兼）

市政府其他挂牌、合署机构及部门下属单位

研究室

主　任　姚学龙
副主任　武正华

市委、市政府总值班室（应急管理办公室）

主　任　徐金珠

督查室

主　任　王　胜

口岸办

主　任　朱　杰

电子政务中心

主　任　邓　伟

金融办

主　任　朱金明（2016.11—）
　　　　陈　斌（—2016.11）
副主任　俞全新
　　　　吴　江

沿海办

副主任　韦向东

中小企业局

局　长　汪寿明

知识产权局

局　长　崔文军（2016.05—）
　　　　邹毅实（兼）（—2016.01）

维稳办

主　任　王巧全（兼）（2016.05—）
　　　　夏存喜（兼）（—2016.05）
副主任　陈玉龙

专门办

副主任　邱文广
　　　　杨连君

苏北农村人才市场管委会办公室

副主任　陈吕生
　　　　还少丹（2016.03—）

城市管理行政执法局

局　长　陈　锋（—2016.03）

数字化城市管理监督指挥中心

主　任　陈　锋（兼）

副主任　王玉新
　　　　吴　松

铁路建设办公室

主　任　管亚光
副主任　陈建斌(2016.01—)
　　　　商　颖
　　　　杨　华

盐城港港口局

局　长　戚太龙

林业局

局长、书记　符文华
副局长　俞全胜
　　　　汤中文

农业资源开发局

局长、书记　许德智
副局长　宋成荣
　　　　董庆余
　　　　刘井良

招商局

局　长　王　亚

贸促会

副会长　王　卉(女)(2016.01—)
　　　　贾祥波(—2016.01)

文物局、版权局

局　长　季德荣

政府侨务办公室、政府港澳事务办公室

主　任　刘光球

人民防空办公室

主　任　刘新国

公安局指挥中心(办公室)

主　任　王　健

公安局国保支队

支队长　刘安民
政　委　梅继军(2016.12—)

公安局治安支队

支队长　曹志祥
政　委　徐成文(2016.12—)

公安局交通警察支队

支队长　王　炜
政　委　陈卫平

公安局刑警支队

支队长　熊新民
政　委　王晓静

公安局经侦支队

支队长　孙志平
政　委　秦正龙

公安局巡特警支队

支队长　朱一洲
政　委　崔开蕴

公安局技侦支队

政　委　朱长征

公安局监所管理支队

政　委　葛玉龙

国库集中支付中心

主　任　唐　康

劳动监察支队

支队长　张益明

国土资源监察支队

支队长　李荣祥

规划管理监察支队

支队长　唐孝岗

园林管理局

局　长　许国兴

城市管理行政执法支队

支队长　潘建华

房产交易登记中心

主　任　季　峰

渔政监督支队

支队长　陆为平
政　委　宋建联

文化行政综合执法支队

支队长　高庆云

环境监察局(环境监察支队)

局长(支队长)　王瑞涛

水源保护区环境监察支队

支队长　王　彬

安全生产监察支队

支队长　陈恒洪

国际交流中心

主　任　申　森

新四军纪念馆

馆　长　孙为祥
副馆长　铁春燕（女）

海盐博物馆

馆　长　颜世勋

公共资源交易中心

主　任　刘益彬

房屋征收办公室

主　任　阮绍荣

对外建筑管理处

主　任　倪圣江
书　记　严东鸣

公路管理处

主　任　杨　春

航道管理处

主　任　陈建斌（—2016. 01）
书　记　周　忠

地方海事局

局　长　陈正华
书　记　单永平

交通运输管理处

主　任　薛　锋

水利工程管理处

主　任　潘明华

通榆河枢纽工程管理处

主　任　朱榛国（2016. 01—）

市区防洪工程管理处

主　任　张　勇

新洋农业试验站

站长、书记　王乃顶

一　院

院长、书记　李大林
副书记、副院长　查文章
副院长　柏宏坚
　　　　嵇友林
　　　　李明祥
　　　　朱向军
　　　　闻国华
纪委书记　卞学梅（女）

一院城南医院

院长、书记　李大林（兼）
副书记　朱向军（兼）
副院长　邓义军
　　　　李　浒
纪委书记　李奇志（女）

卫生监督所

所长、书记　严东明

疾病预防控制中心

主　任　沈进进

妇幼保健院

院长、书记　宋文亚

中医院

院长、书记　崔国静（女）

三　院

院　长　单际平

劳动就业中心

主　任　丁保华

社会劳动保险中心

主　任　陈竹山

东台沿海湿地旅游度假经济区

主　任　高　翔（2016. 11—）
　　　　吴晓东（—2016. 11）

盐城大纵湖湿地旅游度假经济区

主　任　唐小荣

市政协机关

办公室

主　任　赵　勃
副主任　徐翠华（女）
　　　　潘迎华

研究室

主　任　洪承志
副主任　商中兵

教文卫体委员会

主　任　徐晓明
副主任　孙福军

经济科技委员会

主　任　姚建平

港澳台侨委员会

副主任　程　宁

提案委员会

主　任　吴玉楷
副主任　陆体兵

学习文史委员会

主　任　徐于斌(女)

委员联络委员会

主　任　戴晓春
副主任　孙良成

人口资源环境委员会

主　任　吴雨晴
副主任　祁玉华

社会法制和民族宗教委员会

副主任　李立公

民主党派

民主同盟盐城市委员会

主　委　唐伯平(2016.12—)
　　　　蒋婉求(女)(—2016.12)
副主委　唐伯平(兼)(—2016.12)
　　　　姜菊萍(女)
　　　　薛和平(女)(兼)
　　　　郭列平(兼)(2016.12—)

民主建国会盐城市委员会

主　委　穆向明(2016.12—)
　　　　肖紫英(女)(—2016.12)
副主委　陈　军(兼)
　　　　孙秀丽(女)
　　　　穆向明(兼)(—2016.12)
　　　　吴海燕(兼)(2016.12—)

民主促进会盐城市委员会

主　委　朱雪梅(女)(2016.12—)
　　　　马成志(—2016.12)
副主委　童　骋(兼)(—2016.12)
　　　　张永辉
　　　　张学军(兼)

农工民主党盐城市委员会

主　委　孙长春
副主委　李巧云(女)(—2016.12)
　　　　左其龙(兼)(—2016.12)
　　　　陈守年(兼)
　　　　胥江华(2016.12—)
　　　　邓义军(兼)(2016.12—)

九三学社盐城市委员会

主　委　孙大明(2016.12—)
　　　　陈还堂(—2016.12)
副主委　王启满(—2016.12)
　　　　刘秋凤(女)(兼)
　　　　王东升(兼)
　　　　陈苏宁(女)(2016.12—)

群团机构

总工会

主席、书记　沈洪清
副主席　周新民
　　　　许宝贵
　　　　周彩枫
纪检组组长　花鲁宁

团市委

书　记　吴冈玉(女)
副书记　许　刚
　　　　夏　威
　　　　郝瑞耀

妇　联

主席、书记　盛　艳(女)(2016.12—)
　　　　　　陈湘珍(女)(—2016.12)
副主席　徐　丹(女)
　　　　董玲玲(女)
　　　　高清华(女)(2016.01—)
妇儿工委办专职主任　胡忠秀(女)

科　协

主席、书记　徐瀚文
副主席　张琍琍(女)
　　　　高福华

侨　联

主　席　季卫军
副主席　李永红(女)

文　联

主　席　嵇绍乾
副主席　蒋婉求(女)(兼)
　　　　张曙光

社科联

主　席　薛万昌(2016.03—)
副主席　陈玉林

残　联

理事长、书记　刘桂湘(女)(2016.05—)
副理事长　黄文玉
　　　　　陈汝进
　　　　　朱友余

工商联

主　席　吕拔生
书　记　黄金文(2016.11—)
副主席　赵德生
　　　　李建松

红十字会

专职副会长　乔　静(女)

双重及垂直领导单位

盐城国税局

局长、书记　顾一兵
副局长　吴　刚
　　　　黄斌斌
　　　　孟宪春
　　　　张　军(2016.04—)
纪检组组长　何国栋
总经济师　余　群
总会计师　吴泉芳(2016.04—)
　　　　　张　军(—2016.04)

盐城地税局

局长、书记　苏延法
副局长　刘　进
　　　　嵇海林
　　　　陈洪军
纪检组组长　王云龙
总经济师　严汝青
总会计师　胥　峰

盐城气象局

局长、书记　吴一鸣(2016.03—)
　　　　　　陈建华(—2016.03)
副局长　徐良谋
　　　　张志刚
纪检组组长　刘　青

盐城出入境检验检疫局

局长、书记　赵　建
副局长　申于盐
　　　　曹　中
纪检组组长　刘　进

盐城海关

关长、书记　顾克中
副关长、缉私分局局长(兼)　王伟民
副关长　孙兆定
　　　　史国庆
纪检监察特派员　贺步强

盐城海事局

局长、书记　彭　凌(2016.04—)
　　　　　　金同跃(—2016.04)
副局长　周海东(2016.12—)
　　　　史德华(2016.12—)
　　　　严进军(—2016.12)
　　　　马荣飞(—2016.12)
　　　　丁　波(—2016.12)

省统计局盐城调查局

局　长　侯海连
副局长　陈乃钧
　　　　卞永来

国家统计局盐城调查队

队长、书记　陈锦龙(2016.09—)
　　　　　　陆景春(—2016.09)
副队长　郭宗林
　　　　陈锦龙(—2016.09)
纪检组组长　徐正洪

盐城邮政管理局

局　长　芮晓峰
副局长　周　军

盐城邮政分公司

总经理、书记　朱明华
副总经理、工会主席　刘艳梅(女)
副总经理、纪委书记　黄　海
副总经理　沈晓建

盐城电信分公司

总经理、书记　石　磊
副总经理、纪委书记　徐乐华
副总经理、工会主席　钱　进
副总经理　刘世伟
　　　　　吴信和

盐城移动分公司

总经理、书记　徐　宁(女)
副总经理　叶　松
　　　　　王　俊(女)
　　　　　杭晓明

盐城联通分公司

总经理、书记　吴夕艳(女)
纪委书记　杨　帆
副总经理　宋文豪
　　　　　夷淑华
　　　　　徐德徕(女)

盐城铁塔分公司

总经理　沈　文
副总经理　梁茂华

盐城供电公司

总经理、副书记　张　强(2016.05—)
　　　　　　　　刘华伟(—2016.05)
书记、副总经理　蔡　钧(2016.05—)
　　　　　　　　徐　磊(—2016.05)
副总经理　施　展
　　　　　赵　阳
　　　　　王国平
　　　　　李勇健(—2016.02)
　　　　　周　宇(2016.02—)
纪委书记　崔洪斌
总会计师　马洪端(—2016.02)

盐城发电有限公司

总经理、副书记　陈顺全
书　记　单锦宏
副总经理　刘忠德
　　　　　王爱军
纪委书记、工会主席　沈　军

射阳港发电有限责任公司

总经理、副书记　陈顺全
书　记　刘晓龙
纪委书记、工会主席　肖文强
副总经理、总工程师　薛巨勇
副总经理　黄迎华(2016.05—)

盐城烟草专卖局(公司)

局长、经理、书记　张加成
副经理　薛抗抗
副局长　丁　伟
纪检组组长　袁　炜

省盐业集团苏盐连锁有限公司盐城分公司(盐务局)

局长、总经理、副书记　王绪林
书记、副局长、副总经理　钱海涛
副局长、副总经理、纪委书记、工会主席　尚元富
副总经理　李兆生(2016.12—)

中石化江苏盐城石油分公司

经理、副书记　毛忠泉
书记、副经理、纪委书记、工会主席　徐立东
副书记、副经理　曾正西
副经理　张　弘

中石油江苏盐城销售分公司

经理、副书记　姚长海
书记、副经理　陆　敏
副经理　彭　伟
　　　　于勤来
财务总监　周　军

省广播电视信息网络股份有限公司盐城分公司

总经理、书记　曹有成
副总经理　李庆龙
　　　　　祝　星
　　　　　郭　政
纪委书记　宦广华

金融、保险机构

人民银行盐城市中心支行

行长、书记　姚盛敏
副行长　荀　嵩
　　　　从　斌
　　　　吴从法
纪委书记　高　瞻
工会主席　王远华

盐城银监局

局长、书记　葛步明(2016.06—)
副局长　葛步明(—2016.06)
　　　　陆安庆
　　　　彭松志
　　　　韩树荣(女)

工商银行盐城市分行

行长、书记　陈爱民

副行长　曾　理（女）（2016.07—）
范立兵
王启华（—2016.06）
戴小峰（—2016.06）
纪委书记　徐　晓（2016.10—）
曾　理（女）（—2016.07）

农业银行盐城市分行

行长、书记　孙羊生
副行长　钱月军
副行长、纪委书记　朱余明
副行长　陈　铁（2016.04—）
陈必森（2016.09—）
行长助理　陈必森（—2016.09）

中国银行盐城分行

行长、书记　陈新宏
纪委书记　陈　俊（2016.11—）
仲崇启（—2016.11）
副行长　张　宏
周一青（女）
薛　峰
黄　健

建设银行盐城分行

行长、书记　潘劲松
副行长　王锡权
朱洪娣（女）
纪委书记　秦　岭

交通银行盐城分行

行长、书记　杨玉琴（女）（2016.10—）
王晓松（—2016.10）
副行长　杨玉琴（女）（—2016.10）
赵　军
邓伟民（女）（—2016.01）
王　军（2016.07—）
行长助理　王　军（—2016.07）

农业发展银行盐城市分行

行长、书记　姜加强
副行长、纪委书记　陈中华
副行长、工委主任　肖葆华
副行长　刘从万（2016.04—）

江苏银行盐城分行

行长、书记　张建军
纪委书记　陈　锋
副行长　吴建生
吴殿波
行长助理　杨清春

中国邮政储蓄银行盐城市分行

行长、书记　何道友
副行长　薛　冰
张中权
何　敏
唐　静（女）（2016.04—）

中信银行盐城分行

行长、书记　曹亚明
副行长　钱　俊
王　军
储向梅（女）（2016.04—）

华夏银行盐城分行

行　长　徐桂林
副行长　张正龙
丁俊根
王　斌
行长助理　王　俊
孙　强

浦发银行盐城分行

行长、书记　严向春
副行长、纪委书记　陈　煜
副行长　方正超
孙　军（2016.12—）

招商银行盐城分行

行　长　王　凯
副行长　孙文峰（—2016.07）
曹洪义（2016.07—）

江苏盐城农村商业银行股份有限公司

书记、董事长　李一平（2016.11—）
丁学工（—2016.11）
行长、副书记　杭　辉

人民财产保险公司盐城市分公司

总经理、书记　朱礼荣
副总经理　刘宏进
匡加桂
宋建新

人寿保险公司盐城市分公司

总经理、书记　姚盛锋
副总经理　刘成林（—2016.10）
柏根榕
刘金扬
总经理助理　周云飞

人寿财产保险公司盐城中心支公司

总经理、书记　高永君(—2016.12)

太平洋财产保险公司盐城中心支公司

总经理、书记　孙学理
副总经理　王华生
　　　　　崔晓刚(2016.02—)

太平洋人寿保险公司盐城中心支公司

总经理、书记　刘文军
副总经理　王正华
总经理助理　王洪宾

江苏省信用再担保公司盐城分公司

副总经理　吴居海

紫金财产保险股份有限公司盐城分公司

总经理、书记　马吉良
副总经理　张秀成
　　　　　杨海峰
　　　　　杨　娟(女)

中储棉盐城直属库

主　任　王　洪
副主任　龚旭升
　　　　钱中亚

各类学校

盐城工学院

书　记　葛世伦(2016.01—)
　　　　姚冠新(—2016.01)
院长、副书记　葛世伦(—2016.01)
院　长　叶美兰(2016.01—)
副书记、副院长　张建祥
副书记　胡凤娥(女)
副院长　方海林(女)
　　　　董跃进
　　　　薛　浩
　　　　邵　荣

盐城师范学院

书　记　芮鸿岩
院长、副书记　戴荣斌(2016.01—)
　　　　　　　薛家宝(—2016.01)
副书记、副院长　黄志纯
副书记、纪委书记　刘必清
副院长　曹　健
　　　　陈昌远
　　　　戴斌荣(—2016.01)
　　　　崔　刚
　　　　陈爱蓓(女)
　　　　张桂华(2016.05—)

盐城市广播电视大学

校　长　杨怀祥
副书记　吕　祥
副校长　陈海军
　　　　周学高

盐城工业职业技术学院

书　记　姜朋明(2016.09—)
　　　　张荣华(女)(—2016.09)
院长、副书记　李仁和(2016.09—)
　　　　　　　姜朋明(—2016.09)
副书记、纪委书记　董顺锋
副院长　张林龙
　　　　翟才新
　　　　孙卫芳(女)
　　　　刘必千

盐城卫生职业技术学院

书　记　王光文
院长、副书记　乔学斌
副书记、纪委书记　李玉华
副院长　陈国忠
　　　　王　辉
　　　　高璀乡(女)
　　　　侍杏华

江苏省盐城技师学院

书　记　顾强生
院长、副书记　吕成鹰(女)
副院长　王东生
　　　　李成飞

盐城生物工程高等职业技术学校

校长、书记　陈乃军
副校长　成敦杰
　　　　朱余清
　　　　童朝亮
　　　　王　会
纪委书记　谷远钧

盐城中学

校长、书记　张瑞卿
副校长　朱　俊(女)
　　　　谢兆贵
　　　　陈俊江
　　　　李　生
纪委书记　树如同

盐城高等师范学校（2016 年 4 月机构撤销）

校　长　张体松（—2016. 05）
副校长　蒋婉求（女）（兼）（—2016. 05）
　　　　朱成良（—2016. 05）
　　　　杨桂春（—2016. 05）
　　　　戴永湖（—2016. 05）
纪委书记　徐伯静（—2016. 05）

阜宁高等师范学校（2016 年 4 月机构撤销）

书　记　刘毓航（女）（—2016. 05）
副校长　陈长飞（—2016. 05）
　　　　孙永龙（—2016. 05）
　　　　崔　霞（女）（—2016. 05）
纪委书记　马　力（—2016. 05）
工会主席　孙永龙（—2016. 05）

盐城幼儿师范高等专科学校（2016 年 4 月新成立）

书　记　刘毓航（女）（2016. 05—）
校　长　姜统华（2016. 05—）

盐城机电高等职业技术学校

校长、书记　马　松

盐城市经济管理学校

校长、书记　季万新

盐城市高级实验中学

校　长　李　生（兼）

盐城市初级中学

校　长　朱　斌

盐城市第一小学教育集团

校长、书记　瞿汉荣

第二节　县级机构及负责人

响 水 县

中共响水县委员会

书　记　崔爱国
副书记　单永红
　　　　邵礼青
　　　　吴红才
常　委　郭　云（女）（—2016. 05）
　　　　李运连
　　　　刘中连
　　　　孙庆树
　　　　王洪亮（—2016. 06）
　　　　徐　莉（女）
　　　　杨荣生
　　　　谢　伟
　　　　夏红霞（女）（2016. 05—）
　　　　顾建明（2016. 06—）

响水县人大常委会

主　任　杨毅坚
副主任　李　刚
　　　　张孝将

响水县人民政府

县　长　单永红
副县长　李运连
　　　　戴翠芳（女）（—2016. 12）
　　　　张善荣
　　　　桑良举
　　　　张　瀚
　　　　曹　亚（—2016. 12）
　　　　许丽萍（女）（2016. 12—）

政协响水县委员会

主　席　裴彦贵
副主席　陈　骧
　　　　陈苏红（女）（—2016. 12）
　　　　陆从华
　　　　于　娟（女）
　　　　武　瑾（女）（—2016. 01）
　　　　周汝琴（女）（2016. 12—）

中共响水县纪律检查委员会

书　记　谢　伟（兼）

响水县人民法院

院　长　谭　斌

响水县人民检察院

检察长　陈宏成

滨 海 县

中共滨海县委员会

书　记　钱武华（2016. 05—）
　　　　李逸浩（—2016. 05）
副书记　钱武华
　　　　刘永轩
　　　　张孝荣（2016. 05—）
常　委　周　岚（女）
　　　　张孝荣
　　　　沈卫东
　　　　李　杰

姚兆春(女)(—2016.12)
王海荣
施正祥(—2016.06)
徐　亚
李　军(2016.05—)
许晓云(2016.06—)
高明荣(2016.12—)

滨海县人大常委会

主　任　宋滨东(2016.12—)
钱武华(2016.05—2016.12)
李逸浩(兼)(—2016.05)
副主任　于峰岭(—2016.12)
李运亮
朱乃亮
薛正红(女)

滨海县人民政府

县　长　刘永轩(2016.05—)
钱武华(—2016.05)
副县长　周　岚(女)
韩　鸿(—2016.03)
高明荣
李　军(—2016.05)
王成松
程　熙(女)
沈乃峰(2016.05—)

政协滨海县委员会

主　席　许松柏(—2016.12)
副主席　王达军(—2016.12)
韩立扩
赵远新
郑成铨
姜浩然(2016.12—)
侯德志(2016.12—)

中共滨海县纪律检查委员会

书　记　李　杰(兼)

滨海县人民法院

院　长　丁　煌(2016.05—)
詹荣安(—2016.05)

滨海县人民检察院

检察长　王志道(2016.05—)
樊　杉(—2016.03)

阜宁县

中共阜宁县委员会

书　记　顾云岭
副书记　徐华明
林　进(2016.05—)
王　强(—2016.05)
常　委　林　进
吴晓飞(—2016.12)
王铁根(—2016.05)
吴启标
李　强
丁政万
朱　玲(女)
卜宪沛
倪一华(2016.05—)
罗时荣(2016.05—)
王　宁(2016.12—)

阜宁县人大常委会

主　任　王　强
副主任　张桂军
计　俊
戴卫东
高曙红(—2016.12)

阜宁县人民政府

县　长　徐华明
副县长　吴晓飞
王　飞
陈志国
张哲峰(—2016.05)
王　宁
吴正年
沈恩山(2016.05—)
郭碧玉(女)(2016.05—)

政协阜宁县委员会

主　席　仇学善
副主席　朱加国
蔡如航
路宝亚
李德平
嵇　田

中共阜宁县纪律检查委员会

书　记　倪一华(兼)(2016.05—)
王铁根(兼)(—2016.05)

阜宁县人民法院

院　长　黄旭东

阜宁县人民检察院

检察长　李　响

射阳县

中共射阳县委员会

书　记　戴荣江
副书记　唐　敬
　　　　季晓春(—2016. 05)
　　　　盛　艳(女)(2016. 05—2016. 12)
　　　　吴冈玉(女)(2016. 12—)
常　委　盛　艳(女)(—2016. 12)
　　　　陈允春(—2016. 05)
　　　　邱德兵(—2016. 12)
　　　　周天石
　　　　吴昌标(—2016. 05)
　　　　徐年舫
　　　　董光威
　　　　田国举
　　　　徐　曼(女)(2016. 05—)
　　　　张哲峰(2016. 05—)
　　　　胡国良(2016. 05—)
　　　　戴　勇(2016. 12—)

射阳县人大常委会

主　任　季晓春(2016. 05—)
　　　　戴荣江(兼)(—2016. 05)
副主任　王占芬(女)
　　　　王家宁(—2016. 05)
　　　　刘向东(—2016. 05)

射阳县人民政府

县　长　唐　敬
副县长　田国举
　　　　季　凤(—2016. 12)
　　　　尤道俊(—2016. 05)
　　　　徐　曼(女)(—2016. 05)
　　　　顾宝凤(—2016. 05)
　　　　戴　勇
　　　　戴翠芳(2016. 12—)
　　　　崔晓荣(2016. 12—)
　　　　戴　翔(2016. 12—)

政协射阳县委员会

主　席　王　勇
副主席　刘守明
　　　　陈以奎
　　　　刘锦和
　　　　刘　慧(女)
　　　　周明荣

中共射阳县纪律检查委员会

书　记　胡国良(兼)(2016. 05—)
　　　　陈允春(兼)(—2016. 05)

射阳县人民法院

院　长　王如平

射阳县人民检察院

检察长　许正胜

建湖县

中共建湖县委员会

书　记　陈　平
副书记　薛盛堂
　　　　吴　云(2016. 05—)
　　　　张连国(—2016. 05)
常　委　吴　云
　　　　须卫琴(女)
　　　　徐宁建
　　　　倪世勇
　　　　邓小锋
　　　　施　伟
　　　　孙海山
　　　　陈巍亮(2016. 03—)
　　　　顾加广(2016. 05—)

建湖县人大常委会

主　任　陈　平(兼)
副主任　李容鉴(—2016. 06)
　　　　徐为祥
　　　　沈玉兰(女)(—2016. 12)
　　　　俞进虎

建湖县人民政府

县　长　薛盛堂
副县长　徐宁建(2016. 05—)
　　　　吴　云(—2016. 05)
　　　　阮宜春(—2016. 12)
　　　　陈巍亮(—2016. 03)
　　　　汤冬青(2016. 12—)
　　　　何春明
　　　　金　明
　　　　刘兆云
　　　　申建春(女)(2016. 05—)
　　　　臧　冲(2016. 05—)

政协建湖县委员会

主　席　张连国
副主席　唐张新(—2016. 12)
　　　　葛正光
　　　　陈秀花(女)
　　　　杨海滨
　　　　曹征松

中共建湖县纪律检查委员会

书　记　须卫琴（女）（兼）

建湖县人民法院

院　长　杨越华（女）

建湖县人民检察院

检察长　胡立东

东 台 市

中共东台市委员会

书　记　陈卫红（女）（2016.02—）
　　　　张礼祥（—2016.02）
副书记　陈卫红（女）（—2016.02）
　　　　崔文军（—2016.05）
　　　　王旭东（2016.05—）
　　　　许　峰（2016.05—）
常　委　李志军（—2016.05）
　　　　陆汉超
　　　　许　峰
　　　　夏思军
　　　　陈晓俊
　　　　邱海涛
　　　　陈玉龙
　　　　周爱东
　　　　金学宏（2016.05—）
　　　　吴　琼（2016.05—）

东台市人大常委会

主　任　崔　康
副主任　刘树斌
　　　　赵良钢
　　　　沈　浓（—2016.12）
　　　　孟令生（—2016.12）
　　　　黄淑华（女）
　　　　李春桃

东台市人民政府

市　长　王旭东（2016.05—）
　　　　陈卫红（女）（—2016.05）
副市长　陈晓俊（2016.05—）
　　　　李志军（—2016.05）
　　　　汤冬青（—2016.12）
　　　　金学宏（—2016.05）
　　　　徐　越
　　　　徐成文（—2016.12）
　　　　吴　琼（—2016.05）
　　　　吴晓东（2016.05—）
　　　　马正华（2016.05—）
　　　　孙燕春（2016.12—）
　　　　杨云峰（2016.12—）
　　　　孙高明（2016.12—）

政协东台市委员会

主　席　鲍　宇
副主席　郑静波
　　　　陈志文
　　　　吴善宽
　　　　冯　晨（女）
　　　　焦小平

中共东台市纪律检查委员会

书　记　夏思军（兼）

东台市人民法院

院　长　周　宏

东台市人民检察院

检察长　张扣华

大 丰 区

中共大丰区委员会

书　记　王　荣（2016.05—）
　　　　倪　峰（—2016.05）
副书记　宋　勇
　　　　陈湘珍（女）（2016.12—）
　　　　范大玉（—2016.12）
常　委　袁国萍（女）（—2016.12）
　　　　陈允春（2016.05—）
　　　　郭　超
　　　　蔡保生
　　　　蒋林明（—2016.12）
　　　　石根美
　　　　罗　强
　　　　董　坤
　　　　张守中（—2016.06）
　　　　周小进（2016.06—）
　　　　韦应生（2016.12—）
　　　　陈　豪（2016.12—）

大丰区人大常委会

主　任　吴家祥
副主任　江志坚
　　　　王周斌（—2016.12）
　　　　江　波（女）
　　　　赵晓庆

大丰区人民政府

区　长　宋　勇
副区长　范大玉（—2016.05）
　　　　黄正桂（—2016.12）

顾富昌(—2016. 12)
赵玉霞(女)
邓既明
董 毅
陈万华
韦应生
朱国新
沈 阳(2016. 12—)

政协大丰区委员会

主 席 韦 新
副主席 汤小山
陈仕祥(—2016. 12)
韦 国
韦稳元
李志阳(2016. 12—)

中共大丰区纪律检查委员会

书 记 陈允春(兼)(2016. 05—)
郭 超(兼)(—2016. 05)

大丰区人民法院

院 长 朱 亮

大丰区人民检察院

检察长 张春山

盐 都 区

中共盐都区委员会

书 记 羊维达
副书记 吴本辉
冯明印(2016. 05—)
顾其斌(—2016. 05)
常 委 冯明印
朱金南
张建洋(—2016. 05)
陈志会
王铁根(2016. 05—)
葛建华
商建明
陈育群
沈潜辉
张云云(女)(2016. 05—)

盐都区人大常委会

主 任 穆 芹(女)
副主任 谭庚山
丁兴俊(—2016. 12)
征书和(—2016. 12)
徐学坤
张建洋(2016. 05—)
葛永良(2016. 12—)

盐都区人民政府

区 长 吴本辉
副区长 陈志会
张建洋(—2016. 05)
张云云(女)(—2016. 05)
肖乐农
刘 源
彭向洪(2016. 05—)
陈 霞(女)(2016. 05—)

政协盐都区委员会

主 席 顾其斌
副主席 徐守清
单际平
段学标
张荣銮(女)
刘旺军(—2016. 12)
季 风(2016. 12—)
阮宜春(2016. 12—)

中共盐都区纪律检查委员会

书 记 朱金南(兼)

盐都区人民法院

院 长 韩 标

盐都区人民检察院

检察长 钱亚祥

亭 湖 区

中共亭湖区委员会

书 记 李东成
副书记 张宏春
张利华(2016. 12—)
孙红艳(女)(—2016. 12)
常 委 颜 彦
祁新桐
张利华
沈 政
徐海宁
顾 硕
徐维林
连 倩(女)
周晓东(2016. 12—)

亭湖区人大常委会

主 任 李东成(兼)
副主任 王正方(—2016. 12)
马汝英(女)(—2016. 12)

于正亚
吕志平

亭湖区人民政府

区　长　张宏春
副区长　祁新桐
周晓东
尹同阳
周质恂
李建荣
孙　红(女)
王　健(2016.12—)

政协亭湖区委员会

主　席　吕　锦
副主席　王达军(2016.12—)
张春秀(女)
朱淑萍(女)
徐加宁(女)
陆建民(—2016.12)
李洁莲(女)

中共亭湖区纪律检查委员会

书　记　连　倩(女)(兼)

亭湖区人民法院

院　长　詹荣安(2016.05—)
龚春光(—2016.05)

亭湖区人民检察院

检察长　樊　杉(2016.03—)

盐城经济技术开发区

中共江苏省盐城经济技术开发区工作委员会

书　记　马俊健
副书记　郭玉生
祁从峰
黄丽亚(女)
陈庆林

江苏省盐城经济技术开发区管理委员会

主　任　郭玉生
副主任　祁从峰
陈庆林
施　枫(—2016.11)
郑荣文
黄郁华
孟　晶
林　彬
李东前(—2016.01)
陈　鹏
胡立辉
李兴国(—2016.08)
邓既明
郑朝兵(—2016.06)
尹红炎(2016.06—)
纪工委书记　李新华
工会工委主任　周　翔

盐城经济技术开发区法院

院　长　刘海玉

盐城经济技术开发区检察院

院　长　李　勤(女)

城南新区

中共盐城市城南新区工作委员会

书　记　周键云(女)
副书记　杨雪峰(2016.05—)
王旭东(—2016.05)
郭庆生
纪工委书记　崔成江(2016.11—)
刘桂湘(女)(—2016.03)

盐城市城南新区管理委员会

主　任　杨雪峰(2016.05—)
王旭东(—2016.05)
副主任　周柏青(—2016.12)
朱鸿根(—2016.11)
沈影帆(—2016.05)
朱国成
唐高明

沿海战略

□ 沿海开发

□ 园区建设

□ 开放搞活

□ 民营经济

第04章 沿海开发

责任编辑 王义云

综 述

2016年，全市沿海75个重点项目完成投资560亿元，列入省沿海68个重点项目完成投资627亿元。盐城港“一港四区”（盐城港辖大丰、射阳、滨海、响水4个港区）累计建成21个万吨级以上码头泊位，完成投资60.5亿元。大丰港区和滨海港区10万吨级深水航道建成通航，射阳港区3.5万吨级进港航道通航，响水港区灌河5万吨级航道基本建成。沿海港口货物吞吐量7964万吨，集装箱吞吐量19.4万标箱。沿海6个经济区实现开票销售1010亿元、税收78亿元。全年签约21个央企项目，投融资总额610亿元。江苏黄海海滨国家森林公园建成。大丰蓝色旅游度假区海洋世界对外开放，荷兰花海风情街营业，蓝色旅游吸引境内外游客100多万人次。射阳公共体育中心、文化艺术中心等项目投入使用。滨海月亮湾新外滩按照国家AAAAA级标准建设。响水港城中学竣工验收、港城医院加快施工。市开发区获批国家生态工业示范园区。与苏南、上海、深圳合作共建的17个园区健康发展，沪苏产业联动集聚区启动建设。推进露水增绿工程，市区绿化覆盖率41.5%。完成市区54条骨干河道整治，建制镇污水处理设施覆盖率95%，成为首批国家生态文明先行示范区。建湖九龙口国家湿地公园正式挂牌。 （杨林森 王 鑫）

第一节 港口建设

盐城市沿海岸线582千米，约占全省海岸线总长的56%，已规划港口岸线128.2千米，其中深水岸线64.9千米，预留岸线25.1千米，已利用22.5千米（深水岸线11.8千米）。至年底，盐城建成一类开放口岸1个，临时开放口岸1个，生产性码头泊位87个，其中万吨级以上泊位19个，泊位总长8924米，综合通过能力6159万吨；开通航线28条，其中近洋线3条、外贸内支线6条、内贸线19条。

盐城港全年实际完成投资24.6亿元，占年度计划的110.8%，新增货物通过能力141万吨。1月，新修订《盐城港总体规划》获省政府批复，并付印出版。《盐城港“十三五”发展规划》编制工作快速推进，6月形成送审稿并通过专家审查。大丰港区10万吨级深水航道一期工程投资11.5亿元，完成工程施工全部内容，15万吨级散货码头改扩建工程完成水工结构；射阳港区3.5万吨级进港航道整治工程完成投资4.7亿元，全部完工，通用码头三期主体工程基本建成；滨海港区国家电投煤炭码头和北区通用码头二期工程主体工程完工，南区5万吨级液体散货码头一期工程完成投资2亿元，水工结构完成70%；响水港区灌河5万吨级航道整治工程完成投资2亿元，开始后期导堤施工，小蟒牛作业区二期公用码头工程开工建设。射阳港区5万吨级航道、码头项目进入防洪、海域论证、环评及抛泥区选划等各方面专题报告编制和手续报批阶段；响水港区双港作业区二期码头项目取得岸线批复，并办理其他相关手续。大丰港区与中兴通信合作共建“智慧港口”，港口智能调度中心基本建成，电子口岸上线运行。港口能耗监测平台高效运行，高低压变频岸电技术在集装箱码头全面推广应用，港口节能照明覆盖率达80%，码头粉尘防治率78%。

全年盐城港完成货物吞吐量7964万吨，集装箱19.4万标箱，其中外贸吞吐量完成2032.2万吨。新开通至大连港的内贸滚装航线，实现汽车整车海上运输，开通至上海港的集装箱直达航线，每周3班。向豫南、皖北等中原地区的揽货力度不断加大，悦达起亚汽车从零部件到整车经港口进出，集装箱、风电大件设备持续大幅增长，全年单项风电叶片出口达1000件，货源货种多元化发展趋势日益明显。4月，盐城港引航站获准组建；9月28日，获交通运输部引航资质许可批复；11月8日，在响水港区首次开展引航作业。全年盐城港“一港四区”安全引航各类船舶1367艘次，其中外籍船舶1236艘次，180米以上大型船舶493艘次，实现引航费收入904万元。

推进港口安全标准化建设，连续第四年成功创建省级“平安工地”，大丰港区普货码头通过二级达标考评。开展超期试运行专项整治行动，9个项目在停止试运行后，完成竣工验收。推进法治港口建设，加强法治宣传教育，开设市级港口政务服务窗口，推进行政审批制度改革，完善市级港口行政权力和责任清单及部门责任清单二级清单，梳理市级12项行政审批服务事项；结合“港口安全管理年”活动，组织开展港口危险货物安全生产大检查、危化品整治、安全环保执法等专项行动,引入第三方安全监督检查服务机制,全年查出安全问题和隐患 475 项,整改率 100%,投入整改资金 50 多万元。编制完成《盐城港突发事件应急预案》《盐城港应急物资储备库建设方案》,为各港区港口一线检查人员购置 16 套安全执法检查装备,全系统安全生产形势平稳可控。 (王涌江　王　鑫)

一、大丰港区

盐城港大丰港区是国家一类口岸。开通至韩国仁川港、釜山港等十余条集装箱班轮航线,被 11 家国际干线船舶公司纳入其全球集装箱运输网络,货物可经上海港、宁波港中转至欧美各国,承担盐城市 65% 以上的进出口业务。至年底,建成生产性码头泊位 35 个,其中 5 万吨级以上 8 个,码头总延长 4712 米,综合通过能力 3162 万吨。年内,总投资 11.9 亿元的深水航道一期工程疏浚完工;滚装码头建成投产;二期杂货码头扩建泊位建成;国家级木材熏蒸除害处理堆场建成运营;保税物流中心(B 型)通过海关总署预验收。15 万吨级散货码头、粮食仓储二期 8 座筒仓、国际集装箱物流中心等重点项目稳步推进。全年完成货物吞吐量 4796 万吨,集装箱 19.4 万标箱。新开辟至上海港集装箱直达航线,开通至大连港内贸滚装航班。成为国家沿海第二个进口粮食海进江减载口岸,物流服务业标准化试点通过验收,多式联运项目成为全省首批 15 个示范工程之一。10 万吨级深水航道一期工程成功创建省级"平安工地"示范工程,加强危化品码头和石化仓储企业安全监管,定期组织应急救援演练,港口安全形势持续稳定。

(卞俊成　吴　荣)

二、射阳港区

盐城港射阳港区是国家二类口岸。2016 年,完成港口建设投资 6 亿元,建成 3.5 万吨级进港航道、3.5 万吨级通用码头、5 万吨级码头后方堆场和联检查验区等重点工程,5 万吨级航道码头工程完成工可报告编制并纳入省级规划。至年底,建成生产性泊位 23 个,码头总延长 1194 米,综合通过能力 436 万吨。全年完成货物吞吐量 1210 万吨。年内,开展安全生产大检查 52 次,查出安全隐患 56 起,整改率 100%。加强港政执法队伍建设,一线执法人员持证率 100%。 (许　莹)

三、滨海港区

盐城港滨海港区是国家二类口岸。2016 年,基础设施投资约 12 亿元。国电投煤炭码头一期工程码头主体工程全部完工,卸船机安装调试完毕,后方堆场、球形仓和输煤系统全面建设完工。5 万吨级航道及港池疏浚完成,并通过交工验收。南区液体散货码头一期工程码头主体工程(水工结构部分)锚碇墙、地连墙、灌注桩等地下结构全部完成,开展锚碇墙导梁施工。1 号锚地工程完成水深核定测量及声纳扫测等工作,锚标布设完成。物流园基础设施工程海上围堰堤芯石抛填全部结束,开展混凝土挡浪墙浇筑和扭王字块安装施工。30 万吨级航道项目前期研究报告通过专家评审,并开展后续研究工作。至年底,建成千吨级、万吨级生产性码头泊位各 1 个,码头总延长 464 米,综合通过能力 491 万吨。 (刘维鑫)

四、响水港区

盐城港响水港区是国家一类临时开放口岸。至年底,建成生产性码头泊位 27 个,其中 2 万吨级以上泊位 6 个,码头总延长 2554 米,综合通过能力 2070 万吨。全年基础设施投资 5.02 亿元。灌河口 5 万吨级航道整治工程完成初步设计批复,项目资金补助申请上报交通运输部。新建大桥作业区 4×1000 吨级公用码头工程,完成沉桩以及部分下梁浇筑工程。新建小蟒牛作业区二期 2×5 万吨级公用码头工程,获交通运输部岸线批复,通过施工图设计审查,完成大部分引桥结构,完成部分沉桩,后方堆场地基处理。双港作业区物流码头项目工程可行性报告编制完成,开展航道影响、通航安全论证。全年货物吞吐量完成 2137.8 万吨,其中外贸吞吐量 902.2 万吨,主要货种为红土镍矿、煤炭、矿建材料、化工产品、粮食、海盐、石油、钢铁等。全年核发港口经营许可证 3 件,码头现场管理和作业人员持证上岗率 100%,港区安全生产无事故。 (孟薇薇)

第二节　综合开发

2016 年,盐城组织实施《江苏沿海地区发展规划》,将国家级沿海开发战略向纵深推进,加大沿海滩涂垦区配套开发力度。组织实施东台梁北垦区、大丰王港垦区、射阳海通垦区等 7 个沿海滩涂垦区配套项目,开发总面积 3400 公顷,总投资 6678.67 万元,省级财政投资 5100 万元,修筑硬质路 63.87 千米,砂石路 5 千米,输电线路 26.5 千米,衬砌渠道 11.77 千米,建设灌排站 21 座,埋设管道 8.69 千米,修建各类渠系建筑物 451 座,种植防护林 4700 株。建成方南垦区、东川垦区新川农场、滨海港镇 3 个种植配套项目,大喇叭垦区、新滩盐场、东阳沿海滩涂、东源沿海滩涂 4 个海淡水养殖基地和黄海垦区 333.33 公顷林场配套项目,形成一批连片规模大、项目形象好、经济效益高的垦区特色产业基地。 (陆　益)

至年底,东台市"百万亩滩涂匡围综合开发试验区"的条子泥工程一期工程结束。大丰区海王Ⅰ号拟实施建设用海,面积 987 公顷,工程可行性报告报告编制完成,海洋环评、用海规划、海域使用论证根据国家海洋局新规进行调整,经省海洋局初审后上报国家海洋局。海王Ⅱ号面积为 1573.33 公顷,以匡围养殖用海获省发改委立项批复,借助王港闸下移工程,形成海堤 2830 米,完成围垦 1033.33 公顷,南侧的 540 公顷并入新王竹围垦同步推进。射阳县七中沟以南、经一路以东、海堤公路以西 667 公顷,主要实施双导堤建设、航道疏浚、万吨码头建设、码头后方货场建设四大工程;射阳河口北、海堤路东,吹填 333 公顷作为射阳港口发展及物流园区建设用地,先后建成南导堤 7.8 千米、北导堤 7.9

千米；疏浚航道12千米，航道水深达到－8米；3.5万吨航道通航，5万吨级进港航道开展前期工作。滨海县潮上带开发利用1.12万公顷；潮间带开发养殖紫菜133公顷，贝类护养667公顷。响水县小东港口——新滩港口围区，规划围垦1333公顷，其中667公顷获批环评、用地等手续。

（杨林森）

第三节　海洋渔业

2016年，全市共有2348艘渔船参加捕捞生产，其中拖网渔船34艘，围网渔船49艘，刺网渔船593艘，张网渔船1552艘，其他120艘。作业区域主要在黄海海域，捕捞产量9.68万吨，其中各种鱼类4.88万吨，虾蟹类1.88万吨，其他2.92万吨。5月1日至6月15日，盐城市辖海域伏季休渔。全市2013条海洋渔船全部进港伏休，其中1914条渔船在盐城港口伏休，97条渔船在外地港口就地伏休。市县渔政机构组织海洋“护渔”执法行动200次，参巡渔政船203艘次，参巡人数2923人次，登临检查各类渔船2191艘（对），处理各类违规案件584起，执法金额1845万元。6月，江苏省海洋渔业指挥部利用农业部、省财政渔业资源增资放流资金130余万元，先后6次在盐城市射阳、大丰海域放流海蜇苗种1.44亿只。6—7月，市海洋与渔业局组织开展市区渔业资源增殖放流活动。在市区串场河、蟒蛇河、冈沟河、通榆河、新洋港等6个河段，放流草鱼、鲢鱼、鳙鱼、鳊鱼、鲫鱼等鱼种鱼苗800余万尾。全市组织开展春秋两季电力捕鱼专项行动，出动执法人员4079人次，出动执法车辆978次，出动执法艇25艘次，查获电力捕鱼案件454起，收缴电捕工具643台，处罚金额56万元。12宗案件申请法院强制执行。全年全市清理取缔涉渔“三无”（无船检证书、无船舶登记证书、无船舶捕捞证书）船舶和泡沫筏100余艘（只），“绝户网”300多件（具），查扣海洋涉渔“三无”船舶29艘。加大渔业安全执法检查力度，组织各类渔业安全生产检查组115个，查出各类安全风险隐患223起，查处渔业安全生产违法违规行为71起。加强渔业从业人员安全技能培训，全年组织各类渔业安全培训班24期，培训人员3583人次；强化渔业安全应急管理。全市组织渔业安全生产应急演练8次，修订完善《盐城市渔业海上安全突发事件应急预案》；开展平安渔业示范县创建。滨海、响水获评江苏省平安渔业示范县。

（陈卫中）

海洋捕捞。

第四节　海洋管理

2016年，盐城市、县海洋管理部门推进海洋经济创新发展、海洋生态文明建设、海域管理机制创新。全市获得项目用海批复10个，批准用海面积1733.33公顷。推进海域使用权抵押工作，全年新增海域使用权抵押10宗，抵押面积2066.67公顷，抵押融资2900万元。推进海域使用权市场化配置，组织开展东沙到期海域市场化出让工作，完成大丰区3100公顷的海域招标出让工作。全年全市海洋生产总值1015亿元，主要海洋产业稳步增长，海洋生物、海水淡化、海洋新能源、海工装备等海洋新兴产业增长势头强劲。加强海洋经济协同创新和产业孵化集聚创新，盐城新能源淡化海水产业示范园、东台海洋工程特种装备产业园获批江苏省首批海洋经济创新示范园区。年内，《盐城市海洋经济发展“十三五”规划》编制完成，明确“海洋生物医药、海洋工程装备、海洋新能源、海水淡化”等海洋新兴产业方向；11月，盐城市政府第38次常务会审议通过《盐城市海洋生态文明建设行动方案（2016—2020年）》，方案对“十三五”期间盐城海洋生态文明建设作出总体安排，提出10个方面29项建设任务和4类15项重大项目工程，从源头严防、过程严管、责任严究、支撑保障4个方面，体现海洋生态文明建设的全过程、全方位综合管理要求。年内，盐城市组织东台市弶东、梁北集中养殖区6宗270公顷养殖用海项目、滨海沿海工业园每天2万吨尾水排放用海工程签订海洋生态补偿协议，共汇集补偿资金617.58万元。加强海洋环境监管，市海洋渔业局编制完成《2016年盐城市海洋环境监测工作方案》《2016年盐城市海洋环境监测质控方案》，完成海洋生态环境现状监测、海洋功能区环境监测、江河入海污染物总量监测、陆源入海排污口及其邻近海域监测、海洋垃圾监测、赤（绿）潮监视及应急监测、海水入侵与盐渍化监测等，设立169个监测站位、194个监测项目，完成6000多个监测数据。4月，盐城市2015年度海洋环境质量公报发布。公报表明，盐城近海、远海海域环境状况总体优良，近岸海域符合一类、二类海水水质占比为50.8%，主要污染物为无机氮，陆源污染物排海是造成盐城近岸海域污染的主要原因。全年全市海监机构开展海域执法巡查579次，检查各类用海项目228个，发现涉嫌违法用海行为为22起。盐城市海域动态监管中心通过国家海洋局检查组考核检查，被评为优秀单位。盐城市海域动态监管中心被评为全省海洋与渔业系统厅局级“青年文明号”。（王光年　赵树海）

第五节　海事管理

2016年，交通运输部对长江水监体制进行一体化改革，长江江苏段的海事监管由长江海事局统一管理，江苏海事局调整为长江海事局分支机构。连云港海事局和盐城海事局从江苏海事局分离，盐城海事局调整为连云港海事局分支机构，连云港海事局恢复为交通运输部直属机构，由交通运输部海事局代为管理，统一管理江苏沿海（连云港、盐城）海事工作。全年盐城海事局组织处置各类险情36起，17艘船舶遇险、9艘获救；212名人员遇险、185名获救；协调、组织搜救船舶128艘次、飞机6架次，搜救成功率87.2%。成功处置发生“灌云渔60210”与“宝隆706”轮碰撞致7人死亡失踪、“浙宁渔11002”自沉致6人失踪、“赣榆渔15089”自沉致4人失踪等涉渔事故。年内，在滨海港区配置80米趸船一艘、40米级海巡艇一艘、20米级海巡艇一艘，滨海搜救应急待命点投入使用；盐城海上搜救中心办公室（即盐城海事局指挥中心）获评2016年度江苏水上搜救先进集体。加强海事执法，开展各类水上巡航执法活动272次，巡航时间532小时，巡航里程6078海里，出动执法力量864人次。其中，海区巡航6次、巡航里程392海里，港区巡航266次、巡航里程5686海里。全年办理船舶抵押权登记11艘次、融资租赁船舶登记4艘次，帮助企业融资和担保债权数额约4亿元。全年完成港口国监督检查55艘次、滞留1艘，滞留率1.82%。其中，应检船舶24艘、可检船舶28艘、其他类船舶3艘。全年实施中国籍海船安全检查93艘，单船数86艘。全年完成7艘新建船舶吨位丈量抽查工作。对到港船舶和供油单位开展燃油质量抽样检测，完成燃油抽样20艘次，未发现燃油硫含量超标情况。组织各类施工安全协调会8次，解决各类施工困难10余项，开展施工人员安全培训3次，累计接受各类项目建设咨询120余次，保障大丰港区深水航道一期工程、滨海港区10万吨级航道工程及射阳港区5万吨级航道工程、响水海上风电场、滨海海上风电场等大型工程建设。支持滨海、射阳一类口岸开放和开发区步凤港二类口岸开放，盐城港（滨海港区）实现一类口岸独立开放。（吴　昊）

盐城地方海事　年内，全市地方海事系统检查各类船舶6.98万艘次，查处和纠正违章船舶2.82万艘次，排除航道堵塞12次，全市水域未发生较大以上水上交通事故，未发生因管理不到位而造成的航道堵塞事故，未发生船舶污染水体事件。开展船舶污染防治、“安全环保执法”、船舶配员、水上交通安全生产大检查深化隐患大整治、内河船舶非法从事海上运输等专项检查活动。全年组织各类督查30多次，督促整改各类隐患236项。市地方海事局推进客渡船专项安全检查，射阳、阜宁、滨海等地方海事处落实渡运监管月度检查制度。开展涉水旅游船舶船员持证检查，大丰等地方海事处督促新兴水上旅游景点管理主体依法申办船舶、船员证件。做好危化品运输船舶源头监管检查，全年排查和消除安全隐患55项。落实危险化学品船舶管控制度，东台、响水、阜宁、盐都、建湖地方海事处在各自辖区管控点，实施危化品船舶申报管理1210艘次。发布连申线盐城段、泰东线东台段危化品船舶夜间禁航通告。加强全市水上交通安全及船舶防污染应急搜救和处置的统一协调和指挥，充实应急器材储备库。修订完善《盐城市地方海事系统内河交通事故应急预案》，组织船舶防污染和船舶火灾事故等应急搜救演习。全年全系统救助遇险船员38人次，救助运输船舶21艘次。做好水工作业的行政许可批复工作。射阳、亭湖、盐都等地方海事处加强施工水域现场的秩序维护和安全监管，督促施工单位严格落实相关安全保障措施。对全市辖区涉水工程施工通航安全，实施专项督查，发现并督促整改安全隐患34处。船舶法定检验质量管理体系有效运行，全年全市实施建造检验280艘，营运检验1.27万艘次，船用产品检验746台套，图纸审查受理204套，完成吨位丈量复核1451艘，未发生因船检质量问题而引发的船舶安全责任事故，新建船舶未出现大船小证现象。从新建船舶送审图纸开始，源头上杜绝非标准化船型的生产。参与绿色船舶行动，新建船舶生活污水处理装置应装不漏。强化转入籍管理，严格把关，杜绝低质量、高风险船舶流入盐城市。严把船用产品检验质量源头关，东台、建湖、响水等地方海事处协助市局推进船用产品生产企业品牌建设。加强船厂适检条件评估，辖区内共有58家船厂获得适检条件评估证书，两家船厂从四类提升到三类。严格按照老旧船舶、小吨位船舶、单壳化学品船舶拆解程序，实施拆解现场监督工作。初步建成现有船舶照片数据库，防止验船师错检船舶，避免船证不符。（赵树海）

第05章 园区建设

责任编辑 冯 刚

综 述

2016年，全市重点开发园区完成进出口总额64.7亿美元，占全市比重的81.4%；注册外资实际到账6.5亿美元，占全市比重的92%；工业固定资产投资1720.6亿元，占全市比重的75.1%；一般公共预算收入收入177.3亿元，占全市比重的42.7%；规上工业开票销售收入2771.5亿元，占全市比重的75.8%。开展“项目载体提升年”活动，载体建设取得显著成效。至年底，全市有国家级开发区1家、国家级高新区1家、省级开发区9家、省级开发区(筹)1家、省级高新区(筹)3家，省级开发区数量排全省第一位。中韩盐城产业园作为江苏自贸区盐城片区纳入江苏省申报自贸区总体方案，市开发区成功创建国家生态工业示范园区；盐城高新区获批国家级知识产权试点；射阳港经济开发区、盐城环保科技城成功晋级省级开发区、高新区。全市重点开发园区获特色产业基地、科技企业孵化器、工业设计中心、检测中心等国家级载体品牌20项，获省级开发区、高新区、特色产业园区、电商示范物流园区、知识产权试点示范园区等省级载体品牌52项。年内，全市开发园区开展招商推介会137场，新签约总投资超亿元且注册资本2000万元以上重点工业项目274个，计划总投资1134.5亿元，计划注册资本178.1亿元。在建(含续建)重点工业项目480个，总投资1555.4亿元，注册资本327.6亿元，其中注册资本1亿元以上项目110个。在建(含续建)重点外资项目86个，项目数占比17.7%。高端装备、智能终端等新特产业建设速度加快，在建(含续建)项目160个，总投资518.5亿元，注册资本111.7亿元，项目数、总投资、注册资本分别占全市重点开发园区在建项目的33%、33.3%、34.1%。实施“515”人才引进行动计划。全年全市重点开发园区新引进专门人才2582人，其中硕士生482人、博士生49人；引进领军人才185人，其中创业类69人、创新类116人。出台《盐城市专业化招商队伍建设三年行动计划》，将开发园区作为专业化招商队伍建设的重点，全市重点开发园区有专业招商人员540多名，其中掌握一门外语的100多名，英语类50多名，韩语类30多名。在全省省级以上开发区综合考核中，盐城市10家省级以上开发区平均综合排名65.5位；大丰经济开发区、东台经济开发区、建湖经济开发区在83家省级开发区中分别列第八名、第十四名和第二十二名；盐城经济技术开发区、大丰经济开发区、东台经济开发区、建湖经济开发区在40家苏北省级以上开发区中分别列第四名、第六名、第七名和第十一名；韩资工业园连续三年在全省148家省级特色园区考核中列第一名；常州高新区大丰工业园连续七年在全省43家南北共建园区中考核中列前三名。

(孙小勇)

2016年全市开发区主要经济指标完成情况

表05－05

开发园区	一般公共预算收入(亿元)		工业固定资产投资(亿元)		规上工业开票销售收入(亿元)		注册外资实际到账(万美元)		进出口总额(万美元)	
	实绩	同比	实绩	同比	实绩	同比	实绩	同比	实绩	同比
盐城经济技术开发区	30.11	4.10%	150	6.80%	1101.20	12%	14552	14.20%	250253	－17%
盐城高新技术产业开发区	14	－7.30%	91.80	15.70%	118.90	4.10%	6124	－28.50%	48920	24.20%
江苏东台经济开发区	14.67	－14.10%	148.40	16.30%	168.20	3.50%	3923	－26%	38989	2.90%
江苏大丰经济开发区	12.40	－13.10%	119.90	15.60%	172.30	13.40%	5508	－39.60%	45268	17.50%

续表 05－05

开发园区	一般公共预算收入（亿元）		工业固定资产投资（亿元）		规上工业开票销售收入（亿元）		注册外资实际到账（万美元）		进出口总额（万美元）	
	实绩	同比	实绩	同比	实绩	同比	实绩	同比	实绩	同比
江苏大丰港经济开发区	16.91	－12.90%	133.50	17.90%	266.60	13.90%	6938	45.40%	89851	26.50%
江苏射阳经济开发区	5.68	－5.40%	76.90	17.30%	85.70	6.80%	2315	116.30%	13755	7.90%
江苏建湖经济开发区	9.36	－30.50%	125.60	17.40%	108.70	－1.30%	3211	68.40%	15884	15.80%
江苏阜宁经济开发区	10.13	1.90%	126.30	15.90%	79.80	－5.80%	873	－67.80%	20481	45.90%
江苏滨海经济开发区	6.50	－17.80%	96.70	16%	44.10	1.50%	1625	29%	6398	－24.90%
江苏响水经济开发区	4.08	－16%	51.80	17.80%	40.80	0.20%	1442	－27.90%	4030	94.80%
江苏盐南高新技术产业开发区	4.31	－14.20%	37.20	15.40%	23.30	2.70%	5902	2.90%	7600	－10%
江苏建湖高新技术产业开发区	2.52	－29.20%	31.90	18.20%	28.50	－2.40%	1880	－35.20%	4100	54.30%
盐城环保科技城	4.37	3.90%	45.20	18%	41.40	3.20%	906	64.10%	2850	33.30%
射阳港经济开发区	2	28.30%	35.10	18.90%	35.70	2.60%	1285	－14.40%	4176	34.70%
响水工业经济区	10.26	－15.20%	148.60	15.10%	200	36.30%	1230	－38.90%	40351	0.70%
滨海沿海工业园	12.71	－17.50%	138.80	15.70%	144.10	0.80%	2558	129.70%	30028	4.40%
东台沿海经济区	4.18	－14.80%	68	17.60%	29.70	5.30%	1986	145.20%	8595	68.20%
阜宁澳洋工业园	2.80	－16.30%	61.30	16.50%	36.40	－8.40%	280	－69.20%	4414	19.20%

第一节　盐城经济技术开发区

2016 年，盐城经济技术开发区实现地区生产总值 365 亿元，规上工业开票销售 1100 亿元，一般公共预算收入 30.1 亿元，注册外资实际到账 1.5 亿美元、进出口额 25 亿美元；规上工业企业销售增长面 75%，位列全市第一。年内，获评国家生态工业示范园区、江苏省先进开发区，首次跻身全国百强产业园区，韩资工业园在全省 148 家特色园区考核中夺得“三连冠”。

一、园区经济

2016 年，盐城经济技术开发区新签约亿元以上产业项目 77 个，其中新上产业项目 56 个，3 亿美元的德佑智能芯片、2.5 亿美元的 GMT 柔性触摸传感器、1 亿美元的硕禾电子、7000 万美元的天合光能 500 兆瓦电池片、6000 万美元的摩比斯电池等一批重大外资项目成功落户。新兴产业加速发展，光电光伏、新能源汽车、电子信息等三大新兴产业开票销售增长 26%；协鑫集团投资 50 亿元的 5 吉瓦太阳能电池项目落户；米优光电签下 57 亿元的国内 LED 行业最大订单。现代服务业投资增速快于工业投资增速 5 个百分点，增长 12%。加快人才引进，全年引进“千人计划”专家 5 名，省“双创人才”“双创博士”等高层次人才 54 名。全年新增高新技术企业 16 家；万人有效发明专利拥有量 14 件，位列全市第一；获批苏科贷、苏北专项各类科技计划 116 个，科技扶持资金超亿元。年内，东风悦达起亚汽车有限公司线上销售持续扩大，全年产、销 65 万台；工业厂房利用率比上年提高 5 个百分点，达 78.1%；商品住宅库存去化周期从上年的 26 个月降至 12 个月。调整园区经济结构，对“僵尸企业”实行强制退出，清理闲置土地 10 宗。国有平台新增融资 90 亿元，成功发行 3 亿美元境外债，综合融资成本 4.6%，为全市最低；外资企业审批备案制、并联审批制度全面启动，全区 19 个涉批部门 188 个审批服务事项全部入驻政务服务中心，权力事项和办事指南全部标准化入库、公示上网，办事时限缩短 50%；落实援企稳岗补贴政策和社保调整政策，帮助企业节约成本近 6000 万元。未来科技城、步凤港物流园区、东风悦达起亚汽车铁路装车基地及专用线工程开工建设，旌逸东方财富广场启动规划设计，一批补城市功能“短板”的项目加快推进。

二、社会民生

2016 年，开发区 14 类 16 项民生实事工程完成投资近 10 亿元，为历年最高；拆除农村 D 级危房 152 户，人员全部过渡性安置到位；签订房屋征收补偿协议 939 份，拆除 769 户，交付安置房 1400 多套；大市区第Ⅵ防洪区形成完整封闭。步凤全民创业园落户创业项目 32 个，新城街道新成立的就业创业协会吸纳会员单位 76 家，全区个体工商户和私营企业总数增长15%，农村、城镇常住居民人均可支配收入达19400元、34000元，分别增长8.7%、8.0%。推进教育布局调整，涵盖幼儿园、小学、初中和高中，北师大盐城附属学校正式签约，启动开发区实验小学规划建设。盐城外国语学校二期、盐城市第三小学二期、步凤镇中心幼儿园新校区投入使用，顺利通过国家义务教育均衡发展督导评估，以全市最高分通过省政府年度教育督导考核。完成4个村卫生室标准化建设，2个卫生室通过省示范村卫生室验收。组织开展20多场"送戏下乡"活动，送电影210多场，丰富群众的精神文化生活。创文工作走在大市区前列，实现不失分、得高分的目标。社会保障体系更加健全，在全市率先完成全民参保登记工作任务，超额完成全年扩面征缴目标任务。低收入农户建档立卡实现全覆盖，实现托底救助全覆盖。农村公路提档升级、农村康居工程、脱贫攻坚工程等民生项目全面实施。全区困难群众基本生活有稳定来源、社会保障无后顾之忧。推进绿色开发区、平安开发区建设，完成污水处理厂一级A标提标改造工程，较好地完成中央和省、市环保督察交办整改任务，安全生产挂牌督办隐患单位全部按期完成整改并验收销号，120家工业定报企业安全生产、环保验收率100%，连续两年被评为市平安创建先进县（市、区）。区法院全面收案，成功获批一审涉外商事案件管辖权；区检察院"科技强检"工作走在全市前列，为全区经济社会发展提供司法保障。

第二节 城南新区

2016年，城南新区完成地区生产总值103亿元，其中完成固定资产投资176亿元，新兴产业投资88.5亿元，规模以上工业增加值13亿元，服务业增加值69亿元。全年实现社会消费品零售总额61亿元，注册外资实际到账6018万美元，城镇居民人均可支配收入36000元，新增"三新"（新产品、新技术、新工艺）企业652家。年内，城南新区加快发展大数据、美容健康、电子商务等新兴产业，完善园区配套建设，大数据产业园二期基本交付使用，软通华东大数据运营中心成功入驻，银江科技大数据平台正式运营，中国电信互联网数据中心项目传输中心机房率先建成，国信优易、北斗智能等大数据应用企业成功落户，国家级科技孵化器、国家制造业大数据高新技术产业化基地、国家可信嵌入式软件工程技术研究中心、南邮国家级技术转移中心、中国电信大数据智观创新基地等国家级创新平台先后落户。

盐城大数据产业园 盐城大数据产业园规划面积30平方公里，空间布局为"一核三园"（核心区和智能装备制造园、数字生态应用园、高等职业教育园），是江苏省唯一的部、省、市合作共建国家级大数据产业基地，被纳入江苏省互联网经济、云计算和大数据产业发展总体规划，先后获批国家制造业大数据高新技术产业化基地、国家级科技企业孵化器、国家大数据应用标准创新基地、江苏省大数据产业园、江苏省软件和信息服务产业园、江苏省科技服务（大数据服务）特色基地、江苏省众创集聚区、江苏省大众创业万众创新示范基地、江苏省创业示范基地。园区主攻数据存储、云计算、数据应用、数据交易等产业方向。至年底，园区实现投资超100亿元、建成和在建载体100万平方米，招引落户华为、微软、阿里云、360、软通动力、东方国信、银江股份、国信优易等企业200多家，其中世界五百强、国内一百强、行业前十强企业26家，南京邮电大学国家级技术转移中心、甲骨文（盐城）技术人才创新中心、微软技术实践中心盐城大数据产业孵化中心、国家可信嵌入式软件工程技术研究中心、中关村大数据产业联盟等20多个平台机构相继落户，与阿里巴巴合作打造江苏特色"数梦小镇"，开展数据创新应用，华东首个大数据交易中心成功上线，集聚"两院"院士、国家"千人计划"专家23人。园区建成盐城政府信息资源中心和五大数据库，开通直连上海的互联网国际通信专用通道，成为苏北首家跨上"家门口的国际专用信息高速公路"的园区。（孙庆勇）

第三节 盐城综合保税区

2016年，盐城综合保税区新开工工业项目5个、服务业项目16个，协议利用外资约2亿美元，注册外资实际到账2172万美元，一般公共预算收入5700万元，全口径工业开票销售20.2亿元，新增定报企业3家，实现一线进出口额9亿美元、海关关税2.4亿元，重点指标增幅位列全省第一。至年底，保税区累计注册企业119家，其中封关区内投产工业企业10家、物流仓储企业15家，在建工业项目3个。入住耀崴光电、晶美光电、盈信通芯片、进口商品直销中心、晤曜跨境电商、北方青鸟电商孵化园等工业制造业、新业态新平台企业42家，国投自贸园一期24万平方米建成并投入使用，跨境电商平台投入试运行，汽车零部件进口交易中心正在快速推进，高端装备制造、国际储运分拨和现代保税服务等三大产业基地初步形成。年内，一期封关区建成道路、绿化、卡口、监管仓库、验货场地、巡逻匝道、高标准厂房库房60万平方米，1.07平方公里二期封关区完成规划设计并启动建设，为园区重大项目落户提供了更加优质的载体平台。年内，保税区发挥海关特殊监管区域国际贸易便利化优势，苏北地区最大的跨境电商孵化园成功落户，跨境贸易电子商务产业园获得省商务厅批准试点，汽车零部件进口交易中心即将建设使用，国投自贸园二期等新兴业态载体加快建设，园区业态日趋丰富，转型升级步伐不断加快。

第四节 盐城高新技术产业开发区

2016年，盐城高新技术产业开发区入选全国首批、苏北唯一国家级产城融合示范区，获批盐城首家国家知识产权试点园区。高新区总规划面积116平方公里，包括45平方公里高新产业区、46平方公里融合发展区、25平方公里生态涵养区。高新产业区重点发展智能终端、高端装备、新能源三大新兴产业。其中，智能终端产业是盐城市委、市政府重点打造的战略性新兴产业，智创园规划总面积6平方公里，重点建设总部研发区、生产制造区、企业孵化区、综合服务区和生活配套区“一园五区”，产品涵盖智能手机、智能穿戴、智能视听、智能安防、智能家居等多个领域，有10个企业成为华为、中兴、小米等一线品牌供应商，初步构建起从核心部件到品牌整机、从硬件生产到软件研发的全产业链。融合发展区重点发展现代物流、商务商贸、汽车消费、电商快递等现代服务业，成功招引悦达摩比斯、麦德龙、苏宁云商、顺丰速运、万达广场等龙头项目，挂牌运营南京大学盐城电子商务研究院，创成全省首批示范物流园区、电子商务示范基地和现代服务业集聚区。“生态涵养区”主要依托盐龙湖的良好生态资源条件，适度发展旅游度假、休闲养老等产业。2016年，盐城高新区实现地区生产总值259亿元、一般公共预算收入24.9亿元、规模以上工业产值630亿元、注册外资实际到账1亿美元、进出口总额6.3亿美元、增幅均在10%以上。2016年度在全市重点开发园区考核中位列第二。

第五节　省级经济开发区

一、江苏东台经济开发区

2016年，江苏东台经济开发区完成规上工业开票销售168.2亿元、外贸进出口总额3.89亿美元，综合实力列全省省级开发区第十四位，土地集约利用评价排名苏北开发区第一位。年内，新开工亿元以上项目9个，总投资50亿元的3C智造产业园、5.8亿元的恒旭核电合金、5亿元的哈龙工业风机等一批重大产业项目成功落户。台博电子胶带、沃特高性能功能材料、佳成特种玻璃等项目竣工投产。创成国家高新技术企业8家，新创省级工程中心、企业技术中心和研究生工作站等创新平台2家，获批省高新技术产品、新产品等32个。全年实施重点技改项目18个、竣工13个，4家企业完成合作重组。培育销售超亿元企业21家，其中超10亿元企业4家，领胜科技被评为盐城市四星级企业。引进培育省“双创计划”“外专百人计划”“长江学者”等高层次创新人才10人，累计为企业招工4000多人，帮助企业融通资金10多亿元。推进28万平方米安居工程建设，完成富新安置区一期回迁安置，新建农村水泥道路6.2千米、桥梁13座，疏浚河道20千米，挂钩帮扶121户低收入农户增收脱贫。

二、江苏大丰经济开发区

2016年，江苏大丰经济开发区完成一般公共预算收入12.40亿元，新开工亿元以上项目13个，竣工亿元以上项目7个。在省级开发区中排名第八位，在苏北同类开发区中排名第一位。重点建设风电产业园、电子信息产业园、汽配及高端装备制造产业园、韩资集聚区、金属表面处理产业园等特色园区和南城中央商务区、北城中央生活区等现代服务业中心。组织参加境内外专题招商活动10多次，全年累计接待客商220批次，洽谈项目60余个，新签约红星美凯龙、金风科技实验中心、万向森威10万吨锻造等亿元以上项目20多个。大丰经济开发区被认定为江苏省高端装备制造业特色产业基地、省级知识产权示范园区，在第九届长三角投资发展论坛上被评选为长三角最强中国制造产业集聚区，省级生态工业园区通过考核验收。风电产业园获批科技部火炬中心海上风电装备特色产业基地。科技创业园成为盐城唯一列入A类的国家级孵化器。全年共完成专利申请500件，20家重点企业建立专利墙。全年培植创一汽车零部件、盛安汽配、中沃印染、特思克阀门等9家规上企业，纳税超千万元企业12家，其中江苏金风、江苏中车、正大丰海纳税超亿元。

三、江苏大丰港经济开发区

2016年，江苏大丰港经济开发区海晶创投中心匀升、匀耀、匀艺、匀金等投资基金企业运营顺利，加快推进集团公司上市进程。新能源淡化海水产业园成功创建江苏省海洋经济创新示范园区，马尔代夫、海南三沙项目取得突破，苏丹项目持续推进。海洋产业研究院成功创建江苏省滩涂植物与秸秆工业化利用工程中心，揭牌运行浙江万里学院大丰技术转移中心。日月湖南岸湖滨绿化景观工程建成投入使用，中港大道、青岛港路、迪拜港路等道路绿化、亮化加快推进。港城幼儿园建成投入使用，大丰港公共租赁房一期工程和大丰港城实验小学主体工程竣工交付，盐淮高速大丰港段建成通车，日月湖旅游度假区总体规划通过专家评审，中汽盐城试验场的汽车工业旅游项目正式启动，日月湖东岸旅游项目、海洋世界三期、动物园三期建成开放。年内，开发区利用外资到账6220万美元；外贸进出口总额9.1亿美元，其中出口3.58亿美元，进口5.52亿美元。

港口码头　深水航道一期工程竣工，滚装码头建成投入运营；二期杂货码头改扩建工程建成投产，15万吨级散货码头完成水工结构，启动集装箱码头南侧新增10万吨级泊位的前期工作。开通至大连港的内贸滚装航班，实现汽车整车海上运输；开通大丰港—上海港每周3班的集装箱直达航线，融入上海国际航运中心；与韩国群山港签订集装箱航线开辟协议。大丰港成为全国沿海第二个进口粮食海进江减载口岸，进口木材检疫处理区投入运行，B型保税物流中心通过国家预验收，汽车整车进口口岸、中韩陆海联运口岸正在积极申报中。

临港产业　盐土大地海洋生物产业科技园建成江苏首家国家级科技兴海产业示范基地和国家级农业科技园区；新能源淡化海水产业园建成国家973计划大规模非并网风电产业化示范基地；亚洲最大、世界一流的中汽中心汽车试验场建成运营。2016年，新开工英茂糖业、星泉发电、金壳医药、辉丰石化仓储、金圆等亿元以上项目20个，竣工达伯埃、联鑫钢铁年产180万吨炼钢、广发木业、大丰港工业水厂等亿元以上项目10个。

四、江苏建湖经济开发区

江苏建湖经济开发区区域面积92平方公里,规划面积47.3平方公里。2016年,园区有工业企业400多家,形成电子信息、高端装备、新能源、现代物流等产业集群,与高等院校、科研院所共建产学研联合体20多个、研发机构12个,拥有院士工作站2家、企业博士后科研工作站4家、中国驰名商标8个、国家级高新技术企业19家、国家级企业技术(工程)中心2家。区内上海嘉定(建湖)科技工业园为全省首家苏沪共建园区,连续三年获得省南北园区共建先进单位,相继建成全省首家苏沪共建园区、省级劳动关系和谐园区、省级生态工业园区、省级知识产权示范区、省级服务业集聚区、省级文明单位、省级节能电光源科技产业园、省级节能电光源产品出口基地、市级循环经济园区,在全省省级开发区中综合排名列第十七位。

五、江苏建湖高新技术产业开发区

江苏建湖高新技术产业开发区位于县城南部片区,2015年11月获批省级高新技术产业开发区,2016年8月,经报市委、市政府批准,县城南新区撤并入高新区,将塘河街道与高新区实行"区、街合一"办公。合并后,高新区(塘河街道)的区划面积由原来约30平方公里扩大到43平方公里,下辖胜利、严桥、长沟、李夏、七里、走马、乔庄、双湖社区等7个村1个社区。至2016年,一期开发建设面积约23平方公里,总人口3.2万人。2016年,园区进驻企业(项目)120家,全年实现财政总收入8.58亿元、一般公共预算收入4.53亿元,规上工业企业开票销售26.8亿元、规上工业企业应税销售25.5亿元、工业固定资产投资30.45亿元,注册外资实际到账1880万美元,被认定为江苏省高端装备制造业基地和江苏省"两化"融合试验区。高新区重点发展通航产业、智慧产业、智能及高端装备制造产业、韩(台)资产业。通航产业被江苏省列为重点发展的新特产业,获评省级小型飞机先进制造业基地,通用机场获省政府批准并开工建设,预计2017年12月建成使用。智慧产业园被评为省级科技企业孵化器,被认定为省级电子商务示范基地,苏北最大的云计算中心建成运行。石油装备产业从陆地石油开采成套装置到海上油气复合开采设备,拥有规模高端制造企业20多家,国家级石油机械产品质量检验检测中心建成使用。全区80%以上企业与高等院所建立紧密合作关系,拥有省级以上高新技术企业29家,省级高新技术产品25个,申请各类专利500多个。2016年下半年,与韩国九老区合作,启动建设韩(台)资产业园,规划面积5.33公顷,建设标准化厂房16万平方米,重点发展智能制造、信息技术、母婴用品等产业。

六、江苏射阳经济开发区

2016年,江苏射阳经济开发区辖区面积138平方公里、规划面积60平方公里,下辖街道办事处1个、村居22个,同时设有正科级国有企业2个、正科级园区管理机构3个,总人口10万人,整体通过ISO 9001质量体系和ISO 14001环境体系认证,获评中国最佳投资环境开发区、长三角园区共建联盟示范园区、江苏自主知识产权试点园区、江苏区域创新十强产业园区。园区道路、水、电、汽、供热、治污、通讯、绿化、亮化等实施到位,投运热电厂2座、污水处理厂2座。开发区有规模以上工业企业62家,其中销售超亿元企业11家、纳税超500万元企业9家,2016年完成公共财政预算收入5.68亿元、实际利用外资2315万美元、外贸进出口1.38亿元、规上工业开票销售85.7亿元、工业固定资产投资76.9亿元。

七、江苏射阳港经济开发区

2016年,江苏射阳港经济开发区获批省级经济开发区,辖区面积300平方公里,海岸线80千米,常住人口7600人,流动人口2.1万人。全年实现公共财政一般预算收入1.3亿元,规模以上工业开票销售42.5亿元、入库税收4.1亿元、工业增加值16.02亿元,实现工业固定资产投资33.85亿元,实际利用外资2458万美元,港口货物吞吐量1210万吨。开工建设3.5万吨级航道导堤延伸、航道疏浚和码头、堆场建设等工程,3.5万吨级航道已经通航,5万吨、10万吨级航道正在规划论证,10万吨级航道项目被纳入盐城市"十三五"发展规划。全年签约各类项目42个,建成总投资105亿元的辉山乳业全产业链项目,开工建设总投资10亿元的钱江石材项目、总投资10亿元华宝香精香料项目等项目15个。

八、江苏阜宁经济开发区

2016年,江苏阜宁经济开发区完成财政总收入9.2亿元,其中公共财政预算收入6.1亿元;规模工业主营业务收入187.0亿元,固定资产投资71.3亿元;实际到账注册外资873万美元,进出口总额2.05亿美元,其中出口额1.55亿美元。年内,园区强化驻点招商,新增台湾驻点办事处,全力主攻台资企业。探索"互联网+"招商、资产招商、品牌招商等新型招商模式,全年聘请招商代理9名,招商中介机构2家,拓展招商渠道。举办上海长三角经济文化项目对接交流会、台湾招商活动、阜宁(苏州)台商联谊会、汽车后市场(阜宁)产业园经贸洽谈会、2016年中国阜宁(波士顿)经贸合作说明会。全年新签约千万元以上项目10个,新开工千万元以上项目14个,竣工千万元以上项目18个,在建千万元以上项目16个。年内,园区技改规模企业25家,完成全口径技改项目投入量。年内,园区完成黄河路、开发区大道、串场河北路污水管道和经一路等道路污水支管网工程。在建国家级孵化器1.5万平方米,有13家企业成功入驻。利用众创空间平台组织科技创新活动,中材科技、中科天工、菲斯特滤料、富旺滤料、天域阀业、经纬阀业五家企业获批省民营科技型企业。阿特斯、菲斯特滤料、富旺滤料获批市级高新技术企业。京冶、富旺滤料、金诚家纺获批市级工程技术研究中心。阿特斯、中成紧固件、中科天工、中一汽保部分产品,获批省高新技术产品。

九、江苏滨海经济开发区

2006年4月,江苏滨海经济开发区被批准为省级开发区,辖工业园、沿海工业园两个园区。江苏滨海经济开发区工业园创建于2001年8月,位于滨海县城南北两翼,园区规划建设面积23平方公里,由城中区、城南区和城北区组成,园区面积6.6平方公里;先后被评为中国·滨海流体装备产业基地、国家火炬滨海流体装备特色产业基地。2016年,工业园有入园企业160多家,形成流体装备、纺织服装两大主导产业。流体装备产业园先后被评为江苏滨海流体装备产业园、江苏省中小企业产业集聚示范区。江苏滨海经济开发区沿海工业园创建于2002年,是国家火炬滨海高分子新材料、新医药特色产业基地,江苏省"两化"融合示范区。园区北濒黄海,紧邻滨海港,规划面积20平方公里。2016年,园区下辖1个社区,常住人口2.2万人,有规上工业企业113家,美国陶氏、美国杜邦、瑞士奇华顿等一批全球知名企业相继落户合作,其中上市公司19家、国家高新技术企业37家。全年实现规上工业开票销售155.4亿元、规上工业入库税收9.86亿元,其中销售超亿元企业50家,税收超千万元企业26家,有12家企业被认定为全市三星级以上企业,其中吉华为五星企业,森达热电、清泉为四星企业,八巨药业等9家企业为三星企业;公共财政预算收入5.3亿元,进出口总额3亿美元,注册外资实际到账3000万美元。

十、江苏响水经济开发区

2016年,江苏响水经济开发区完成工业固定资产投资51亿元,规模以上工业开票销售40.8亿元,规模以上工业增加值12.9亿元,进出口额完成4030万美元,注册外资实际到账1442万美元,一般公共预算收入4.1亿元。重点打造"创客城",规划占地面积约253.33公顷,总规划面积建筑约420万平方米,总投资约100亿元,包括产业孵化园区、互联网全球订单交易中心、金融中心、创客星球、工业产业园区、生活配套服务区六大功能板块。制定出台招商引资考核办法,组建北京、上海2个投资促进服务中心和苏南专业招商组,先后引进新米兰纺织、上海岛瀛服饰、浙江中祥新型材料等亿元以上项目21个。年内,金天马纱业获评国家级高新技术企业、江苏省著名商标、江苏省民营科技企业;荣生电子、金天马纱业、方正易斯高3家企业获得江苏省高新技术产品证书;金鼎建材获得省名牌产品证书;亚邦爱普生获得盐城市培育科技型中小企业称号、盐城市科技进步奖二等奖;港城玻璃、德邦机械、融升空调3家企业获得市级高新技术企业认证;灌河建材、佳讯电子、方正易斯高获批市级技术中心。全年新增国家实用新型、发明专利和外观设计专利近80项,其中国家实用新型专利5项,发明专利证书1项。完成响港安置楼三期工程、环南安置楼、黄河安置楼、现代农民集中居住区6幢安置楼建设,约4万平方米。黄河、东风和环南党群服务中心完成主体建设。统一规划设计银海路、建安路、秋实路、东进路及开源工业园绿化,提升园区整体形象。完成响陈路与北海路改造工程,并实施响陈路慢车道、排水管道工程。完成自来水二、三级管网改制,保障全区10个居委会,7739户居民安全用水。2016年,全区2000公顷小麦秸秆、900公顷水稻秸秆全部实现全量还田;整治黑臭河流10.7千米,健全农村环境整治长效机制,对69名公益性岗位人员进行调整,其中31名保洁人员来自低收入户群体;新一轮扶贫开发工作实现良好开局,186户低收入农户、684人实现脱贫,东风居委会集体经营性收入达到18万元。

第六节　特色园区

一、盐城环保科技城

2016年,盐城环保科技城完成一般公共财政预算收入3.2亿元,占计划102%;完成固定资产投资52.8亿元;全年企业增长面达65%,规模以上工业企业开票销售完成34.9亿元;新增六方新材料、齐力涂装、华和新材料、东江汽配、清新环境5家规上工业企业。42家规模以上工业企业的工业增加值、主营业务收入、利税、利润和工业投资5项指标均超额完成年度目标任务。全年共签约各类项目30个,其中签约孜精磨具、日本东丽等1亿元~5亿元项目16个,中海华核电、浦华环保等5亿元~10亿元项目9个,绩优环保、中科京投、宁波海天等10亿元以上项目5个。全年完成新开工项目17个,新竣工项目15个。西尔玛新材料、同和涂装设备制造、中创环保设备等项目已投产达效。成功举办第五届盐城国际环博会,共签订合作项目14个,涵盖产业、研发、平台、国际合作等多个领域,协议总投资额达41.6亿元。2016年,全面启动国内首家综合环境治理诊疗中心建设,建成烟气多污染物控制技术与装备国家工程实验室和高浓度难降解有机废水处理国家工程实验室2个国家级实验室。推进中科院地环所—明尼苏达大学盐城先进过滤研发中心、中科院汞污染防治技术研发中心、中建材国家重点实验室节能减排技术中心等研发平台建设。南大研究院环境污染治理第三方"技术代运行"模式成为全国标杆。2016年,完成汇金路、生态大道、污水处理厂西侧约3千米道路建设;凤洋、新港、绍林、新民4个村卫生室已全部竣工;建成10千米村庄出行道路和环宝瓶湖健身步道;全面完成环保大道、生态大道等重要节点、重点路段的景观提升工程,生态环境正在全面彰显。5幢单体建筑组成的众创中心建成并投入使用。环保技术职业学校已有千名新生入校学习。2016年,获批环保高新技术产业开发区,先后获得国家环保产业集聚区、国家雾霾治理研发与产业化基地、国家环保装备高新技术特色产业基地、国家新型工业产业化示范基地等28项省级以上荣誉。

二、江苏亭湖光电产业园

江苏亭湖光电产业园位于亭湖新区境内,规划面积4平方公里,东至青墩接线、西至东绕城公路、南至新光路、北至迎宾大道,系全市重点打造的24个特色产业园区之一。

2010年2月园区启动建设，主要分产业发展区和配套服务区两个功能区；2011年11月被命名为省级特色产业园区，成为全市知名的光电产业集聚区、亭湖区重要的新兴产业发展区和经济增长极。2016年，园区重点发展与光电产业相关的新光源、新元件、新材料。紫光薄膜太阳能电池、博德维节能气膜材料等一批知名企业投资项目相继入驻。江苏万马传动科技有限公司、江苏智海电子技术有限公司等一批项目落户清控科创（盐城）产业创新基地。高新科技孵化区一期、二期全面建成，建成清控科创（盐城）产业创新基地、亭湖留学人员创业园、久久创客空间等重点项目。园区境内及周边设有医院、学校、商业开发小区，能满足园区发展及入驻企业项目的多元化需求。

三、盐城市现代物流园区

2016年，盐城市现代物流园区实现地区生产总值40.08亿元，一般公共预算收入5.78亿元，固定资产投资45.4亿元，社会消费品零售总额18.37亿元，实现工业增加值19.48亿元，服务业增加值19.08亿元。新增“四上”企业13家，其中新增规上工业企业4家，新增规上服务业、贸易业企业9家，企业增长面达54.8%。园区有中运物流、国药控股盐城公司、苏石石油运输、德邦物流、佳吉物流、中盐物流、瑞思达物流、超越物流、华健物流、新时空物流十大物流企业和义乌国际商贸城、江苏白马商城、明珠世贸商城、金鼎装饰城、五金机电市场、沿海国际灯饰城、广东商城、奥华国际家居城、奥特莱斯商业广场、博联天街广场十大市场。年内，与中鹰集团成功签约投资25亿元的中鹰国际装配式建筑科技产业园项目。完善基础设施配套建设，聘请东南大学编制物流园区规划，完成城北片区控规的调整、西北片区科创园城市设计。启动新洋科创园基础设施、科技孵化区建设，完成荣城路南延、绿城路南延、新学路等道路建设，启动兴城路B标改造、纬二路、纬三路、纬四路和经六路、经七路建设，加快推进新圩路、鹤城路建设。完成科技孵化区、中运精品物流园、闽航物流、百帝实业、荣城路南延等40多个项目的杆线迁移、用电建设、用水工程。完成新学路、公路港、北环路等绿化工程，新增绿化5万多平方米。实施农村道路改造升级工程，疏浚河道6条，新建农桥4座，建成三英农庄路11千米。启动纬二路、纬三路、纬四路和经六路、经七路建设，科技孵化区、百帝实业、通盛数控、三陆科汽车部件等项目加快建设，签约入驻天鑫新材料、亿恒科技、荣泰实验器材、协进汽配等10多个项目。以电商大厦为载体，建成万众电商平台，引入百花电商、汇儒供应链等项目，万众电商被评为市级众创空间。出台电商产业发展扶持办法，设立1000万元专项基金。与江苏广和合作，建立“盐阜易佰”——www.yanfu100.com电商平台，入驻商户1000多户。园区被省发改委评定为江苏省省级示范物流园区和省级生产性服务业集聚示范区。

四、东台市城东新区

2016年，东台市城东新区完成工业开票销售87.4亿元，全社会固定资产投资90.6亿元，服务业主营业务收入52亿元，外贸进出口总额7000万美元。新区先后建成省级现代服务业集聚区、国家级科技企业孵化器、省级高端装备制造业特色产业基地、省级“两化”融合试验区和盐城市高新技术产业开发区，申报省级高新区工作有序开展。围绕新能源、纺织机械、电子信息等产业，累计招引5000万元及以上项目66个，新增规模以上工业企业19家，西门子、上海电气、中国华信、捷士通科技等一批央企和行业领军企业先后入驻新区。拥有服务业企业近300家，服务业规上、限上企业达30家，产业园集中入驻一批研发孵化、仓储物流、信息技术、金融服务等生产性服务业项目。

五、富安镇印刷包装机械产业园

富安镇印刷包装机械产业园始建于2001年1月，园区地处东台市最南端的富安镇，位于沈海高速出口处，规划总面积9平方公里，核心区4平方公里。2016年，园区完成全口径开票销售超10亿元。区内建有“三纵三横”道路框架，拥有变电所2座、污水处理厂1座、环状供水管网5千米，实现供电、供水、排水、通讯、道路、网络、有线电视“七通一平”。有入园企业22家，其中印刷包装机械企业12家。拥有国家高新技术企业3家、“新三板”上市企业2家、省“两化”融合企业2家，创成省级研发平台1个、盐城市级研发平台24个，建有各类产学研合作平台14个，承担国家“火炬计划”项目2个。累计申请各类国家专利500余项，创成中国驰名商标1件。园区企业印后一体化生产流程达50%，先后引进国内外8名领军人才入驻企业。宏景机械公司建成全国最大的糊箱机、糊盒机企业，产品占全国销量的三分之一；东科公司生产的覆膜机占全国销量的40%；世恒公司生产的模切机占全国销量的20%。园区所生产的糊盒机、覆膜机、模切机等印刷包装机械，成功进入欧美高端包装市场。

六、大丰风电产业园

2016年，大丰风电产业园完成财政总收入3.54亿元，新培植规上工业企业2家，新开工亿元以上项目3个，竣工亿元以上项目2个。风电产业园被科技部认定为国家火炬海上风电装备特色产业基地。江苏金风承建的大型直驱永磁海上风电机组检测技术国家地方联合工程实验室获国家发改委批复，省博士后创新实践基地挂牌；江苏中车申报的企业技术中心获省经信委批复，国家高新技术企业复审通过，获评国家企业知识产权管理标准化示范企业、江苏省管理创新示范企业。年内，申请国家高新技术企业2家、建成省科技型中小企业6家、获省高新技术产品7个，实现规上企业研发投入3.1亿元。加大知识产权投入力度，完成专利申请96件，其中发明专利申请33件；获得授权专利69件，其中发明专利授权18件。

七、盐城市纺织染整服装工业区

盐城市现代高端纺织产业区地处射阳县临海镇境内，前身是盐城市纺织染整产业园，是全市重点特色产业园，先后被评为江苏纺织服装特色名镇建设示范单位、中国绿色染整研发生产基地、江苏纺织服装跨江发展产业基地、江苏省纺织染整特色产业园、中国纺织服装行业十大活力集群、江苏省特色产业集群等。区内设定高端染整产业园、高档织造产业园、品牌服装家纺产业园三大产业园，规划科技研发区、仓储物流区、配套服务区三大功能区。园区总体规划面积23.3平方公里，开发利用面积4.3平方公里，入驻企业40多家。2016年，园区实现全口径销售30亿元，固定资产投资30亿元，公共财政预算收入1.54亿元。

八、金沙湖旅游度假区

金沙湖旅游度假区位于阜宁县城南，景区规划面积22.61平方公里，其中核心区域8.09平方公里，现有水域面积5.8平方公里，省道329与省道231纵横全境。2008年7月，金沙湖纳入县城总体规划。沿海开发上升为国家战略后，市委、市政府将金沙湖旅游度假区列入《贯彻落实江苏沿海地区发展规划实施计划》。2010年1月，成立金沙湖开发管理委员会、金沙湖开发工作委员会。2011年，金沙湖旅游度假区分别被列入省“十二五”服务业、旅游业和体育发展3个规划，2016年金沙湖旅游度假区列入省“十三五”旅游业发展规划，至年底，建成中国最大的淡水沙滩浴场、沙雕艺术园、沙画中心、欢乐滑沙场、宝岛风情园、喻口古镇等旅游景点，成为江苏省级旅游度假区、国家AAAA级旅游景区，国家水利风景区、江苏省生态旅游示范区。

九、阜宁现代农业产业园区

阜宁现代农业产业园区位于金沙湖旅游度假区的农业观光区，区域面积为3.03平方公里。2014年11月27日，成立阜宁县现代农业产业园区管委会，以“农旅共兴，科技示范”为发展定位，打造现代农业观光园、博览园、科技园。园区主要有爱恋桃缘、十里荷塘、芝樱花海、农田彩画、水晶花宫、童趣牧场、紫薇花堤、农耕聚落、牛耕广场和开心农场“十景”。区内所生产的稻米、番茄、草莓、辣椒、黄瓜、茄子、西兰花已获得有机认证，“阜宁大米”获中国驰名商标，园区相继获评全国休闲农业和乡村旅游三星级示范园区、中国农业公园创建单位、全国青少年农业科普示范基地和盐城市最具魅力休闲农业景点。

十、滨海医药产业园

2014年4月，经盐城市人民政府批准成立。2015年启动建设，设立在江苏滨海经济开发区内，位于滨海县城北部，一期启动区4.56平方公里，远期控制区10平方公里。境内有清水河、张弓河和沙浦河，是一个淡水资源丰富、生态环境优美、产业基础良好的新兴医药产业基地。发展目标为“着力打造具有全球影响力的医药健康产业园区”，规划建设生物制药、化学制药、现代中药、医疗器械及健康保健五大项目区。产业园设有高科技企业加速器。按照“绿色、高端、精致”的建设理念，全力打造“绿色产业链，美丽医药园”的园区品牌，具有高端医药产业集聚发展的基础和独特的优势。经济开发区沿海工业园有医药原料药及中间体企业40余家，其中18家企业具有向医药产业终端转型延伸的能力、条件和计划。18家企业中，中国远大、海南海药、永太科技、雅本化学和富祥药业5家上市公司已将成品医药项目作为公司的重要发展战略。滨海医药产业园交通便捷，沿海高铁滨海北站坐落在园区，与园区物流中心相邻，物流十分便利。园区委托复旦大学进行高端规划，配套采用国际标准一体化的理念进行配置，一期启动区已按照“十通一平”的要求完成基础设施配套，具备承载高端医药产业的条件。2016年12月，园区内滨海美康药业有限公司总投资10亿元的全球高端医药国际化项目已正式签约，项目全部投产后年销售超50亿元，为实现园区医药产业的迅速集聚夯实坚实的基础。

十一、响水工业经济区

响水工业经济区前身为2006年成立的陈家港沿海经济开发区，2010年更名为江苏响水沿海经济开发区，2016年更名为盐城市响水工业经济区，规划区域面积220平方公里，一期启动区58平方公里，重点发展能源建材、造船修船、船舶配套、钢铁造纸、合金冶炼、机械电子、港口物流等产业。2016年，园区实现规上工业开票销售276亿元，规上工业增加值38亿元，全社会固定资产投资123亿元，完成公共财政预算收入2.3亿元。年内，新开工亿元以上项目12个，中船重工新能源装备制造项目达成合作协议。成立合金新材料(含石化产业)、再生资源(含存量企业重组)和上海组3个专职招商组，先后在上海、丽水、太仓举办举办专题招商推介会4次。实施各类特色产业项目35个，计划总投资275亿元，其中续建金穗新材料等项目23个，新开工德丰棒材等亿元以上项目12个，新竣工海工装备等项目6个。巨合金属、德力新材料等6个项目开工建设，全年销售突破230亿元。新投入1000万元，与北京科技大学、山东大学、东北大学合作共建，成立江苏东创合金新材料研究院，航空钛合金、特种船舶用钢等高端金属产品的研究研发，引领合金新材料产业向高端发展。京环隆亨纸业、富星纸业顺利复工投产，三峡集团投资建设的20兆瓦海上风电项目年内并网发电。工业经济区管理机构顺利获批，基本完成“三港联动”概念性规划、控制性详规和合金新材料产业发展规划，登记注册合金新材料研究院；启动实施工业经济区响水港中心港区5万吨级码头群建设；完成园区道路、排水、绿化等基础设施建设规划设计和228国道与326省道节点绿化工程，基本完成安全防护区内256户居民拆迁。置换交接灌东盐场、银宝公司部分土地，园区落户重大项目的条件更趋完善。

第 06 章　开放搞活

责任编辑　王义云

综　　述

2016 年,全市实现进出口总额 79.5 亿美元,其中出口 47.4 亿美元,进口 32.1 亿美元。全年新批外商投资项目 150 个,协议注册外资 17.73 亿美元;注册外资实际到账 7.07 亿美元;新批总投资 3000 万美元以上外资项目 48 个。新批境外投资企业 26 家,中方协议投资额 5.6 亿美元。全市服务外包实现主营业务收入 13.3 亿元。全年 19 个重点开发园区实现注册外资实际到账 6.5 亿美元;完成进出口 64.7 亿美元;规上工业开票销售收入 2771.5 亿元;一般公共预算收入 177.3 亿元;工业固定资产投资 1720.6 亿元。

第一节　招商引资

2016 年,全市组织境内外招商活动 260 余场,成功签约外资项目 68 个,总投资 56.8 亿美元。年内,市委、市政府加大招商引资力度,出台《全市招商队伍建设三年行动计划》,编印《招商简报》,组织招商活动。5 月 6—10 日,市委、市政府组织参加江苏省经济友好代表团赴韩国访问活动;5 月 18 日,举行中国盐城丹顶鹤国际湿地生态旅游节暨第九届海盐文化节;7 月 12—14 日,承办第 15 届泛黄海中日韩经济技术交流会;10 月 20 日,在北京举办 2016 盐城(北京)跨国公司投资说明会;11 月 3 日,举办 2016 江苏·盐城(洛杉矶)沿海发展产业投资说明会;11 月 8 日,举办 2016 中国盐城资本项目投资峰会。

2016 盐城(北京)跨国公司投资说明会　10 月 20 日,市委、市政府在北京举办 2016 盐城(北京)跨国公司投资合作说明会,130 家知名跨国公司和机构代表参会。韩国现代汽车集团顾问薛荣兴,埃塞俄比亚驻华大使馆公使参赞尼古斯·科布德,意大利驻华大使馆参赞菲德利克等出席。在北京期间,市委书记王荣平、代市长戴源分别拜访 LG 电子(中国)有限公司、韩华(中国)有限公司、ABB(中国)有限公司、微软(中国)有限公司、东芝三菱电机工业系统(中国)有限公司等跨国公司驻京总部,宣传推介盐城,邀请更多跨国公司到盐城投资兴业,说明会现场签约项目 12 个,总投资 5.46 亿美元。

2016 中国盐城丹顶鹤国际湿地生态旅游节暨第九届海盐文化节　(参见第 233 页相关条目)

参加江苏经济友好代表团访韩活动　5 月 6—10 日,省长石泰峰率领江苏省经济友好代表团赴韩国进行友好访问。在江苏·韩国经贸合作交流会上,盐城市邀请现代汽车、现代摩比斯、LS 集团、韩亚银行、利富高、韩国保健产业振兴院、韩国大邱庆北经济自由厅等 117 家韩国企业和政府机构高管参会。盐城市代表团在开展的自主招商活动中,有中小企业孵化器、工业机器人、健康美容、大数据等 40 个项目达

11 月 3 日,2016 江苏·盐城(洛杉矶)沿海发展产业投资说明会举行。

成合作协议，总投资 23.27 亿美元，协议注册韩资 7.45 亿美元，现代摩比斯株式、韩国保健产业振兴院与盐城合作的 2 个项目在江苏 · 韩国经贸合作交流会上正式签约。

承办第 15 届泛黄海中日韩经济技术交流会 7 月 12—14 日，由商务部、日本经济产业省九州经济产业局、韩国产业通商资源部共同主办，省商务厅和盐城市承办的第 15 次泛黄海中日韩经济技术交流会议在盐城举行。会议期间，中日韩三国政界、经济界和学界 400 多名代表参加会议，其中中国 216 人、日本 56 人、韩国 89 人。会议围绕“绿色创新与开放融合”主题，举办泛黄海会议全体会议、泛黄海商务论坛、产业园区 · 特区合作论坛、商务洽谈会、产学官大学校长论坛等系列会议，探讨三国共同实现绿色经济与创新发展的新合作模式，密切三国地方间经贸合作关系，全面推进泛黄海区域经济融合发展。在中韩商务洽谈会上，盐城韩资工业园、国际美容健康园、盐城综合保税区、大数据产业园、新能源汽车产业园、悦达集团、银宝集团等 63 家园区（企业）与韩国 30 多家企业（研究院）围绕大数据、新材料、智能制造、节能环保、新能源汽车、健康美容以及跨境电商等产业进行“一对一”洽谈。会议期间，达成合作意向项目 46 个，投资或技术合作意愿项目 24 个，贸易往来项目 22 个。韩国 MTIG 株式会社、世韩株式会社等 6 家企业分别赴中韩盐城产业园区、悦达集团等企业（园区）就合资建厂事宜进行实地考察。会后，韩国 ASTRONIX 株式会社、BISTRA 株式会社等一批韩资企业负责人带领有投资意向的企业在盐城考察投资环境，争取项目合作。会议期间，有 20 多家省级以上媒体在盐城报道，其中境外媒体 1 家、国家级媒体十多家。 （孙小勇）

12 月 5—6 日，盐城（上海）产业园区合作恳谈会在上海举办。

第二节　接轨上海

2016 年，盐城依靠上海盐城促进会、上海盐城商会的力量，加强与上海有关部门、单位的沟通联系，建立正常的联络机制。年初，在上海成功举办 2016 年上海盐城经济社会发展促进会工作年会，介绍盐城经济社会发展情况，播放盐城最新宣传片；市金融办、市人行组织到上海普陀并购金融集聚区考察，借鉴上海建设特色金融服务功能区的经验做法；市工业条线组团参观在上海举办的第十八届国际工业博览会；市粮食局在上海举办“生态大粮仓、盐城好大米”专题推介会，增强盐城市优质大米在上海市民中的认可度；邀请上海金桥开发区企业协会组织企业家代表团到市开发区和沪苏（大丰）产业联动集聚区考察洽谈。深化与上海园区合作共建，组织各种形式的宣传推介活动。沪苏大丰产业联动集聚区正式启动建设，集聚区概念性规划、总体规划及相关专项规划相继编制完成，并组织实施。全年沪苏大丰产业联动集聚区累计完成基础设施投入 2 亿元，2 平方公里启动区发展框架成型。新开工建设亿元以上项目 2 个，竣工投产亿元以上项目 1 个，分别是上电清能Ⅱ期畜禽类粪污无害化处理及沼气综合利用项目、英茂糖业年产 100 万吨精炼糖项目和大丰鼎旺饲料有限公司饲料加工Ⅱ期项目。

举办盐城（上海）产业园区合作恳谈会 12 月 5—6 日，盐城（上海）产业园区合作恳谈会在上海举办，重点推介沪盐合作园区以及发展基础较好、与上海合作空间广阔的汽车、机械装备、新能源汽车、节能环保、智能终端、港口物流、旅游和大数据等产业。恳谈会现场集中签约 15 个项目，涉及电子商务、环保设备、物流、新材料等多个领域，总投资额 94.8 亿元。

第三节　南北挂钩

2016 年，盐城与常州签署 2016 年度挂钩合作计划，明确在加快共建园区建设、推进产业转移、发展农业经济、增进旅游合作等方面加强合作。年内，10 家省批共建园区投入基础设施建设资金 20.9 亿元，落户项目 67 个，总投资 89.5 亿元，实现开票销售 500 亿元，公共财政预算收入 18.95 亿元。其中，常州高新区大丰工业园、武进高新区阜宁工业园和武进经济开发区射阳工业园新落户项目 31 个，总投资 26.6 亿元，实现开票销售收入 172.3 亿元、公共财政预算收入 4.1 亿元。至年底，常州市向盐城市产业转移 500 万元以上项目 9 个，实际引资额 8 亿元。其中，滨海县承接来自常州方面的产业转移项目 6 个，总投资 5.6 亿元。市组织农业企业负责人 50 余人次、农业专业技术人员十多人次赴常州考察学习；

邀请常州农业专家十多人次在盐城开展培训工作，受训人数累计600多人次。常州市卫生部门指导阜宁县人民医院改进急诊流程，对阜宁县人民医院干细胞移植提供技术帮扶。溧阳市帮扶滨海县资金60万元，常州装饰材料行业协会向滨海港经济区大尧村捐赠10万元；新北区工商联组织企业在滨海县东坎镇吕滩村开展村企对接活动，资助资金20万元，并帮助搭建农产品电商平台；常州大学在滨海县大尧村举办常州大学赴大尧村访贫问苦送温暖活动；武进区投入200万元，帮助东沟、陈集、三灶、吴滩等镇村新建7条水泥路、2座桥梁和2所村党群综合服务中心。全年全市10家省批共建园区获"以奖代补"和奖励资金2800万元。

第四节　利用外资及港澳台资

2016年，全市新批外商投资项目150个，其中新批（增资）总投资3000万美元以上项目48个；协议注册外资17.73亿美元；注册外资实际到账7.07亿美元。全市在建外资项目101个，其中当年新开工项目43个。全市在建外资项目有28个项目竣工投产或运营，22个项目开始试生产或试运行，20个项目正在进行设备安装调试，31个项目正常建设。列入市重点外资项目计划的66个项目，60个项目开工建设，开工率为91%，其中14个项目竣工投产或运营。全年完成投资10.05亿美元，注册外资实际到账2.75亿美元。

外商投资企业生产经营　年内，全市外商投资企业缴纳涉外税收91.04亿元，列全省第七位，苏北第一位，占苏北总量的39.39%。外商投资企业进口额居苏北首位，出口额居苏北第二位，进出口总额占比约为苏北总额的三分之一，增幅列全省第一位。全年新批韩资企业30个，注册韩资实际到账7880万美元。悦达摩比斯新能源电池、侑昵机电、韩龙新型材料等一批总投资超3000万美元的大项目落户市韩资工业园。年内，全市新批中外合资企业42家，协议注册外资3.72亿美元，注册外资实际到账1.29亿美元；中外合作企业1家，协议注册外资103万美元，注册外资实际到账80万美元；新批外商独资企业107家，协议注册外资13.97亿美元，注册外资实际到账5.7亿美元。5—8月，市商务局会同市财政局、国税局、地税局、统计局等部门实行网上联合年报，参加年检的外商投资企业有1214家，审核通过的企业有1214家，通过率100%。

2016年全市各县（市、区）外商及港澳台商直接投资情况

表06－06　　单位：万美元、个

地区	注册外资及港澳台资实际到账		协议注册外资及港澳台资		新批外商及港澳台商投资企业数			
	当年累计	同比（±%）	当年累计	同比（±%）	当年累计	同比（±%）	新批及净增资总投资3000万美元以上项目	
							当年累计	上年同期
东台市	6161	－12.60	29326	148.40	21	10.53	6	6
建湖县	5486	－12.28	5712	－46.29	7	－22.22	3	3
射阳县	4452	73.09	17605	145.98	21	162.50	3	2
阜宁县	1244	－68.54	2677	－75.20	5	－44.44	–	3
滨海县	5263	－17.25	8429	98.47	11	83.33	3	2
响水县	2914	－48.31	6901	27.65	6	20	2	4
大丰区	14456	－22.78	47376	95.37	27	42.11	15	7
盐都区	6835	－21.06	15494	25.84	11	–	4	3
亭湖区	3404	40.66	9106	226.38	8	33.33	3	1
开发区	14552	19.66	29288	19.98	23	－50	9	7
城南新区	5902	2.93	5432	–	10	25	1	1

2016年全市外商及港澳台商直接投资情况

表06－07　　单位：万美元、个

国别（地区）	总计	韩国	中国香港	中国台湾	日本	美国	英国	德国	法国	巴基斯坦	新加坡	中国澳门
项目数	150	30	67	19	4	3	2	1	1	1	2	1
合同外资	177346	11067	134404	11856	520	296	350	15	107	300	1856	－588
实际外资	70669	7880	41427	4908	1459	879	44	–	–	–	1536	–

续表 06－07

国别(地区)	澳大利亚	老挝	毛里求斯	塞舌尔	印度	瑞典	加拿大	巴西	萨摩亚	西班牙	波兰	墨西哥
项目数	2	1	1	2	1	1	1	1	2	－	－	1
合同外资	1192	3000	2000	1215	9	12	－82	910	3100	5	－	17
实际外资	1077	－	990	1087	－	12	289	－	734	－	200	－
国别(地区)	瑞士	拉脱维亚	文莱	开曼群岛	英属维尔京群岛	也门	百慕大	大洋洲其他国家(地区)	投资性公司投资	－	－	－
项目数	－	－	－	－	－	－	－	－	6	－	－	－
合同外资	－	240	－15	－1500	1924	－	900	300	3936	－	－	－
实际外资	84	－	－	1288	3199	60	720	300	2496	－	－	－

（孙小勇）

第五节　对外及港澳台经济技术合作

2016年，全市新批对外及港澳台经济技术合作投资企业26家，中方协议投资额5.6亿美元。其中，响水德龙镍业在印尼投资的镍合金冶炼项目完成投资3亿多美元。12月，加勒比和太平洋岛国多国使节代表团一行到盐城考察丰海海水淡化设备项目，丰海公司的万吨新能源淡化海水项目可有效解决海岛用水问题，引起各国使节的兴趣，现场达成一批合作意向。全市外经企业新签合同额305万美元，新派劳务人员192人，完成营业额261万美元。外派劳务国别主要以新加坡、日本和阿尔及利亚为主，其中输往日本的护士成为输出日本劳务的主力军，输出50多人次，护士外派均为大学毕业且取得中国护士资格证的技术人员，外派前均接受1年的语言培训，盐城市在盐城卫生学校定点培训的护士输出日本。

2016年全市对外及港澳台经济技术合作投资企业情况

表06－08　　单位：万美元

序号	地　区	境内主体企业名称	境外企业名称	总投资	中方协议投资额	国别或地区	行业类别
1	响　水	江苏德龙镍业有限公司	德龙镍业有限公司	10000	10000	印度尼西亚	有色金属冶炼及压延加工业
2	响　水	响水县金钥匙商贸有限公司	泛亚国际有限公司	50	50	美国	批发业
3	响　水	江苏德龙镍业有限公司	德龙镍业有限公司	10000	10000	印度尼西亚	有色金属冶炼及压延加工业
4	响　水	江苏德龙镍业有限公司	德龙镍业有限公司	10000	10000	印度尼西亚	有色金属冶炼及压延加工业
5	滨　海	江苏中凯化工装备有限公司	JM中凯化工设备	15	5.85	印度	化工设备的制造
6	阜　宁	江苏昆仑能源有限公司	新中国际有限公司	2000	600	新加坡	租赁业
7	阜　宁	江苏昆仑能源有限公司	新中国际有限公司	2000	100	新加坡	租赁业
8	射　阳	江苏桃园家饰有限公司	K－P文化贸易交流中心	300	240	俄罗斯	批发业
9	建　湖	建湖君悦设备租赁有限公司	南方蕾丝房地产有限责任公司	81.25	65	美国	租赁业

续表 06－08

序号	地 区	境内主体企业名称	境外企业名称	总投资	中方协议投资额	国别或地区	行业类别
10	建 湖	盐城市琪航石油机械有限公司	德胜油气私人有限公司	500	350	新加坡	制造业
11	建 湖	江苏曼杰克有限公司	神力(香港)集团有限公司	500	500	中国香港	批发业
12	建 湖	建湖君悦设备租赁有限公司	南方蕾丝房地产有限责任公司	300	240	美国	租赁业
13	东 台	江苏华源医疗科技股份有限公司	华源国际控股有限公司	1.28	1.28	中国香港	批发业
14	东 台	江苏金丽达家纺有限公司	詹姆斯·奥尼尔美国有限责任公司	80	80	美国	批发业
15	盐 都	江苏中恒宠物用品有限公司	力泽投资有限公司	2600	2600	中国香港	纺织服装、鞋、帽制造业
16	盐 都	江苏驰翔精密齿轮股份有限公司	A－cap 资源公司	5357.65	2157.78	澳大利亚	矿石能源勘探、开采
17	盐 都	江苏盐城龙湖文化产业发展有限公司	东麟国际有限公司	9500	9500	中国香港	建筑业
18	亭 湖	江苏圣业阀门有限公司	库珀合金有限责任公司	1250	387.50	美国	制造业
19	亭 湖	江苏舒适照明有限公司	路明科技有限公司	350	297.50	美国	制造业(照明)
20	大 丰	江苏大丰海港控股集团有限公司	大丰港(印尼)和顺镍业有限公司	6000	5088	印度尼西亚	有色金属冶炼
21	大 丰	盐城罗格朗贸易有限公司	曙光压缩机株式会社	10	10	韩国	批发业
22	大 丰	江苏容泽奇投资管理有限公司	新西兰丰景房地产开发有限公司	5368.50	1073.70	新西兰	房地产
23	开发区	江苏新鑫伟实业集团有限公司	加拿大 AYO 智能房屋有限公司	151.62	137.84	加拿大	其他建筑业
24	开发区	江苏米优光电科技有限公司	米优科技(马来西亚)有限公司	2000	2000	马来西亚	服务业
25	市 直	江苏悦达纺织集团有限公司	中纺联悦达津巴布韦有限公司	60	60	津巴布韦	制造业(纺织服装)
26	市 直	江苏悦达纺织集团有限公司	悦达纺织(津巴布韦)有限公司	500	500	津巴布韦	制造业(纺织服装)

(孙小勇)

第六节 对外及港澳台贸易

2016 年,全市完成进出口总额 79.5 亿美元,其中出口 47.4 亿美元,进口 32.1 亿美元,进口增幅列全省第一位,进出口总额继续保持苏北第一。全市一般贸易进出口 65.48 亿美元,占全市进出口额的 82.4%,其中出口 38.73 亿美元,进口 26.75 亿美元。加工贸易进出口 11.08 亿美元,其中出口 8.01 亿美元、进口 3.07 亿美元,加工贸易增幅分别高于全省平均水平 4.3 个百分点、3 个百分点和 7.9 个百分点。

全市主要出口商品有有机化学品、服装、塑料制品、柴油机、车辆零配件、家纺、玩具、玻璃制品、肠衣、水海产品和橡胶制品等。其中,高新技术产品出口 8.18 亿美元,机电产品出口 19.53 亿美元,农产品出口 1.99 亿美元,化工、纺织服装分别出口 9.4 亿美元、7.65 亿美元。

全市出口商品销往169个国家和地区。全市对欧洲出口9.84亿美元,对亚洲出口20.45亿美元,对北美洲出口11.52亿美元。对欧盟、东盟分别出口8.32亿美元和6.14亿美元。全市输出贸易超亿美元的国家和地区有12个,其中对美国、韩国和日本3个国家分别出口10.87亿美元、2.58亿美元和2.19亿美元。

全市进出口、出口和进口有实绩的企业分别为1491家、1313家和562家,其中进出口、进口超千万美元企业分别较上年增加9家和6家。全市142家进出口超千万美元企业合计进出口61.16亿美元,占全市总额的76.9%。

2016年全市进出口贸易完成情况

表06-09　　单位:万美元

地　区	进出口贸易		出口贸易		进口贸易	
	实　绩	同比(±%)	实　绩	同比(±%)	实　绩	同比(±%)
东　台	73681	3.50	70711	3.90	2970	-4.60
建　湖	30299	-4	29160	-3.40	1139	-16.50
射　阳	28373	-7.50	19492	16.80	8881	-36.50
阜　宁	27681	29.20	22204	34	5477	12.70
滨　海	37732	-1.60	30764	1.20	6969	-12.50
响　水	48637	11.30	46973	21.20	1664	-66.30
大　丰	162148	7.20	87432	-2.30	74715	20.80
盐　都	62858	23.90	33175	23.40	29684	24.50
亭　湖	55984	8.90	51061	5.50	4923	61.70
市开发区	250253	-17	69795	-47.10	180458	6.50
城南新区	17402	-14.20	13071	-14.50	4331	-13.40

2016年全市出口贸易国际市场分布

表06-10　　单位:万美元

地　区	出口额	比重%	同比(±%)	地　区	出口额	比重%	同比(±%)
合　计	473848	100	-7.50	北美洲	115187	24.31	-9.30
亚　洲	204512	43.16	-2.80	大洋洲	9575	2.02	-6.80
非　洲	13927	2.94	-47.40	其中:东盟	61373	12.95	14.20
欧　洲	98356	20.76	4.80	欧盟	83167	17.55	2.70
拉丁美洲	32281	6.81	-27.60				

注:2016年,全市出口商品销往169个国家和地区。

2016年全市输出贸易主要国家(地区)

表06-11　　单位:万美元

国家(地区)	金额	占比重%	同比(±%)	国家(地区)	金额	占比重%	同比(±%)
美　国	108657	22.93	-9.20	英　国	10976	2.32	0.20
中国香港	40452	8.54	156.20	中国台湾	10427	2.20	-7.10
印度尼西亚	27139	5.73	45.80	越　南	9333	1.97	-4.30
韩　国	25820	5.45	-35.70	西班牙	9288	1.96	46.80
日　本	21930	4.63	-15.90	澳大利亚	8947	1.89	-4.10

续表 06－11

国家(地区)	金额	占比重%	同比(±%)	国家(地区别)	金额	占比重%	同比(±%)
德　国	20350	4.29	1.50	荷　兰	8378	1.77	－15.10
印　度	16787	3.54	－3.60	泰　国	8210	1.73	39.60
意大利	11641	2.46	－2	加拿大	6530	1.38	－11.80
俄罗斯	11213	2.37	21.40	墨西哥	6168	1.30	－28.20
巴　西	11028	2.33	－14.20	新加坡	5569	1.18	－11

2016 年全市进口贸易国际市场分布

表 06－12　　单位:万美元

地　区	进口额	比重%	同比(±%)	地　区	进口额	比重%	同比(±%)
合　计	321210	100	7.30	北美洲	24562	7.65	62.40
亚　洲	244079	75.99	7.40	大洋洲	15641	4.87	－24.90
非　洲	412	0.13	67.30	其中:东盟	7406	2.31	34
欧　洲	20318	6.33	－5.90	欧盟	17757	5.53	－10.70
拉丁美洲	16198	5.04	12.70				

注:2016 年,全市进口商品来自 68 个国家和地区。

2016 年全市输入贸易主要国家(地区)

表 06－13　　单位:万美元

位次	国家(地区)	进口额	同比(±%)	位次	国家(地区)	进口额	同比(±%)
1	韩　国	195637	1.10	11	泰　国	2206	－4.60
2	中国台湾	25229	161.80	12	俄罗斯	2169	79.20
3	美　国	20221	36.70	13	印度尼西亚	1885	329.90
4	巴　西	15927	14.70	14	意大利	1468	4.50
5	澳大利亚	15425	－24.20	15	法　国	1388	－73.60
6	日　本	7859	－22.80	16	马来西亚	1352	79.60
7	德　国	7602	－3.60	17	越　南	1100	21.70
8	加拿大	4341	1204.50	18	丹　麦	992	44.90
9	芬　兰	3846	35.20	19	朝　鲜	648	1019.90
10	印　度	3171	－22.60				

2016 年全市出口贸易千万美元以上企业情况

表 06－14　　单位:万美元

位次	企业名称	出口额	属地	位次	企业名称	出口额	属地
1	江苏联化科技有限公司	16714	响水县	51	盐城市大丰业高实业有限公司	1998.90	大丰区
2	江苏辉丰农化股份有限公司	11471.60	大丰区	52	江苏宝龙集团有限公司	1998.40	大丰区
3	响水康阳贸易有限公司	10985.20	响水县	53	盐城天地国际贸易有限公司	1956.50	亭湖区
4	迪皮埃风电叶片大丰有限公司	9922.50	大丰区	54	大丰海聆梦家纺有限公司	1907.10	大丰区

续表 06－14

位次	企业名称	出口额	属地	位次	企业名称	出口额	属地
5	江苏江动集团进出口有限公司	9300.90	市开发区	55	布雷维尼(盐城)行星减速机有限公司	1899	市开发区
6	江苏荣威塑胶工业有限公司	8516.70	阜宁县	56	滨海永太医化有限公司	1870.30	滨海县
7	江苏瀚隆家纺有限公司	8092.20	东台市	57	盐城联合伟业化工有限公司	1850.10	滨海县
8	盐城福汇纺织有限公司	7963.10	市开发区	58	亚曼缝纫线(盐城)有限公司	1798.60	市开发区
9	江苏中恒宠物用品股份有限公司	7386.70	盐都区	59	阜宁金诚家纺有限公司	1748.50	阜宁县
10	江苏斗天汽车配件有限公司	7381.10	市开发区	60	东台松冈贸易有限公司	1712.40	东台市
11	江苏德龙镍业有限公司	7159.30	响水县	61	江苏万恒铸业有限公司	1661	滨海县
12	盐城金风电子科技有限公司	6930.90	亭湖区	62	江苏大丰和顺电子有限公司	1645.50	大丰区
13	佛吉亚(盐城)汽车部件系统有限公司	5975.20	市开发区	63	江苏哈维尔喜万年照明有限公司	1631.30	建湖县
14	盐城市对外贸易有限公司	5952	亭湖区	64	江苏万力生物科技有限公司	1540.30	东台市
15	盐城盈信通科技有限公司	5470.60	市开发区	65	滨海伟新时装有限公司	1532.40	滨海县
16	盐城经纬纺织有限公司	5326.50	亭湖区	66	江苏华威机械制造有限公司	1527.70	建湖县
17	江苏摩比斯汽车零部件有限公司	5220.70	市开发区	67	江苏中正生化有限公司	1467.30	滨海县
18	盐城天合光能科技有限公司	5006.40	市开发区	68	江苏南纬悦达服装有限公司	1466.80	盐都区
19	江苏剑牌农药化工有限公司	4987.80	建湖县	69	亚曼捻线(盐城)有限公司	1448.90	市开发区
20	江苏鹏涛供应链管理有限公司	4778.30	东台市	70	盐城宝鼎电动工具有限公司	1437.80	盐都区
21	东台夫天进出口贸易有限公司	4624.40	东台市	71	江苏绿叶农化有限公司	1374.60	阜宁县
22	东台市宝德电子科技有限公司	4596.50	东台市	72	滨海永福利进出口贸易有限公司	1367.50	滨海县
23	盐城市大丰富旭实业有限公司	4584.10	大丰区	73	江苏捷士通射频系统有限公司	1358.60	东台市
24	晨泰物流大丰有限公司	4317.90	大丰区	74	阜宁协鑫光伏科技有限公司	1324.30	阜宁县
25	盐城泰康供应链有限公司	4235.20	盐都区	75	射阳县志翔针织制衣厂	1319.70	射阳县
26	耀崴光电(盐城)有限公司	3884.50	市开发区	76	江苏大华化学工业有限公司	1307.70	滨海县
27	江苏兄弟维生素有限公司	3724.50	大丰区	77	盐城世嘉恒业进出口有限公司	1296.30	亭湖区
28	江苏生辉进出口有限公司	3719.30	东台市	78	大丰恒卫针织品有限公司	1281.20	大丰区
29	江苏海力化工有限公司	3705	大丰区	79	江苏盛泰克纺织印染有限公司	1275.30	射阳县
30	百通达科技(东台)有限公司	3504.70	东台市	80	联化科技(盐城)有限公司	1265.30	响水县
31	江苏华源手套有限公司	3188.80	东台市	81	江苏央科科技有限公司	1255.50	盐都区
32	盐城联益肠衣制品有限公司	3182.50	盐都区	82	盐城市春竹香料有限公司	1238.60	射阳县
33	盐城国际妇女时装有限公司	3166.50	城南新区	83	盐城市恒欣对外贸易有限公司	1233.40	亭湖区
34	大丰市舒润床上用品有限公司	2972.90	大丰区	84	江苏金丽达家纺有限公司	1215	东台市
35	盐城捷康三氯蔗糖制造有限公司	2787.90	射阳县	85	滨海金海立医药化工有限公司	1202.80	滨海县
36	江苏丰山集团股份有限公司	2763.20	大丰区	86	江苏隆基铝业有限公司	1176.70	市开发区
37	盐城市江动汽油机制造有限公司	2680.10	市开发区	87	江苏舒适照明有限公司	1130.50	亭湖区
38	智美达(江苏)数字技术有限公司	2545.60	市开发区	88	江苏焕鑫高新材料科技有限公司	1128.40	大丰区
39	江苏厚睦莱照明科技有限公司	2498.60	建湖县	89	盐城富德制衣有限公司	1100.10	阜宁县
40	江苏宇翔化工有限公司	2362.10	滨海县	90	盐城盛大肠衣食品有限公司	1097.40	城南新区
41	盐城恒盛国际贸易有限公司	2333.30	亭湖区	91	江苏邦迪斯顿服装织造有限公司	1090.70	响水县

续表 06－14

位次	企业名称	出口额	属地	位次	企业名称	出口额	属地
42	建湖县汉杰商贸有限公司	2328.90	建湖县	92	江苏峰峰钨钼制品股份有限公司	1080.70	东台市
43	盐城市圣泰阀门有限公司	2276.30	亭湖区	93	大丰市创意工艺品有限公司	1069.10	大丰区
44	江苏盐电阀门有限公司	2274.70	盐都区	94	纽曼(盐城)阀门制造有限公司	1067.40	城南新区
45	江苏里斯特通用机械制造有限公司	2238.20	亭湖区	95	江苏博汇纸业有限公司	1057	大丰区
46	江苏馨瑞香料有限公司	2168.90	滨海县	96	阜宁澳洋科技有限责任公司	1051.10	阜宁县
47	江苏沙印集团盐城纺织品进出口有限公司	2166	射阳县	97	江苏瑞克医药科技有限公司	1048.20	大丰区
48	江苏爱利思达清泉化学有限公司	2070.10	滨海县	98	东台中玻特种玻璃有限公司	1045.70	东台市
49	盐城市怡美食品有限公司	2026.70	射阳县	99	盐城威迪进出口有限公司	1023.60	亭湖区
50	阜宁稀土新特材料有限公司	2004.70	阜宁县	100	东台市溱标不锈钢有限公司	1012.70	东台市

2016 年全市进口贸易千万美元以上企业情况

表 06－15 单位:万美元

位次	企业名称	进口额	属地	位次	企业名称	进口额	属地
1	江苏摩比斯汽车零部件有限公司	40145.70	市开发区	28	盐城东国汽车配件有限公司	2208.90	市开发区
2	东风悦达起亚汽车有限公司	31047.80	市开发区	29	江苏辉丰农化股份有限公司	2207.80	大丰区
3	大丰海融国际贸易有限公司	21274.30	大丰区	30	大丰新韩汽车配件有限公司	2186.60	大丰区
4	江苏京信电子有限公司	14986.10	市开发区	31	利富高(盐城)精密树脂制品有限公司	1932.50	市开发区
5	江苏斗天汽车配件有限公司	11867.90	市开发区	32	益海(盐城)粮油工业有限公司	1920.90	射阳县
6	依恩爱汽车部件(盐城)有限公司	11718	盐都区	33	佛吉亚(盐城)汽车部件系统有限公司	1906.30	市开发区
7	晨泰物流大丰有限公司	10132.20	大丰区	34	盐城世钟汽车配件有限公司	1861.70	盐都区
8	伟巴斯特东熙汽车配件(盐城)有限公司	10053	市开发区	35	耀崴光电(盐城)有限公司	1856.10	市开发区
9	江苏博汇纸业有限公司	9137.10	大丰区	36	江苏斗源汽车空调有限公司	1827	市开发区
10	盐城盈信通科技有限公司	8192.90	市开发区	37	盐城联益肠衣制品有限公司	1576.60	盐都区
11	大丰市明进机械有限责任公司	7554.60	大丰区	38	星宇科技汽车部件(盐城)有限公司	1553.90	盐都区
12	盐城大圆汽车配件有限公司	7168.90	盐都区	39	盐城福汇纺织有限公司	1538.90	市开发区
13	江苏捷通保税储运有限公司	6715.10	市开发区	40	平和精工汽车配件(盐城)有限公司	1530.70	市开发区
14	盐城硕禾电子材料有限公司	6419.20	市开发区	41	江苏恩伟驰复合材料有限公司	1479	市开发区
15	大丰华盛皮业有限公司	4720	大丰区	42	江苏东西发动机配件有限公司	1469.50	市开发区
16	盐城耀崴科技有限公司	4492.90	市开发区	43	江苏大同海瑞克斯车门系统有限公司	1449.70	市开发区
17	江苏东熙汽车配件有限公司	4282.40	市开发区	44	盐城阿特斯协鑫阳光电力科技有限公司	1408	阜宁县
18	江苏海力化工有限公司	4099.80	大丰区	45	江苏大圆亚细亚汽车弹簧有限公司	1378.10	市开发区
19	迪皮埃风电叶片大丰有限公司	3672.60	大丰区	46	盐城市苏普尔化学科技有限公司	1377.80	滨海县
20	江苏韩一模塑有限公司	3429.80	市开发区	47	江苏亚进汽车配件有限公司	1369	市开发区
21	江苏省农垦麦芽有限公司	2997.70	射阳县	48	江苏龙山汽车配件有限公司	1323.70	市开发区
22	盐城市物资集团有限公司	2943.10	亭湖区	49	盐城世明电子器件有限公司	1250.60	城南新区

续表 06－15

位次	企业名称	进口额	属地	位次	企业名称	进口额	属地
23	江苏海兴化工有限公司	2737.30	大丰区	50	现代(大丰)工程塑料有限公司	1186.50	大丰区
24	江苏荣威塑胶工业有限公司	2651.20	阜宁县	51	江苏日兴汽车配件有限公司	1143.50	市开发区
25	江苏科利新材料有限公司	2636.10	滨海县	52	盐城华元供应链实业发展有限公司	1123.50	市开发区
26	盐城海越麦芽有限公司	2553.60	射阳县	53	亚曼捻线(盐城)有限公司	1105.40	市开发区
27	盐城国际妇女时装有限公司	2487.40	城南新区				

展销洽谈会 年内,盐城先后组织企业参加广交会、华交会及境外各类出口展会160多个,接待客商1.27万人次,洽谈成交12.8亿美元。4月15日至5月5日,在第119届中国进出口商品交易会上,盐城市交易分团共有展位217个,其中品牌展位22个、特装展位115个;参展企业90户,新参展企业2户,参展正式代表650余人。展会期间接洽客商7300多人次,签订出口合同及达成贸易意向2300多笔,洽谈成交3.03亿美元。10月15日至11月4日,在第120届中国进出口商品交易会上,盐城市交易分团共有展位222个,其中品牌展位22个、特装展位120个;参展企业94户,其中新参展企业7户,参展正式代表660余人。展会期间,接洽客商7200多人次,签订出口合同及达成贸易意向2300多笔,洽谈成交3.08亿美元。(孙小勇)

第七节　出入境检验检疫

2016年,盐城出入境检验检疫局共受理出入境法检商品报检2.3万批次、货值18.87万美元;共检疫出入境人员9.22人次;共检疫出入境交通运输工具1919艘(架)次;共检疫查验出入境集装箱3.5万标箱。全年获省"科学技术奖"三等奖1项。在第三届江苏技能状元大赛上,有1人获"食品检验工"三等奖。先后完成9家企业和3个重点产业的技术性贸易措施调研工作。年内,盐城检验检疫局东台检验检疫工作点正式揭牌成立,为东台进出口企业提供贸易便利化服务。

检疫执法 年内,盐城出入境检验检疫局发现检疫性有害生物23种、417种次;截获违禁携带物366批次;在全国首次截获葬甲科昆虫;在南洋机场口岸首次截获有机栽培介质;在进口大豆中发现磷化铝熏蒸剂严重超标,发布警示通报。对江苏某油脂企业违规分流进口大豆的违法行为进行约谈调查和行政处罚,净化市场环境。加强"数字动植检"平台建设,完善口岸风险研判机制,3月通过口岸联检单位的共同协作,成功处置韩国"海洋之龙"号疫情。

检疫服务 年内,盐城出入境检验检疫局加快推进区域一体化,负面清单以外的企业全部实行出口直通,6家企业实行进口直放。全面推进无纸化报检通关,全部93家自行申报企业和11家代理报检企业实行无纸化申报,共受理无纸化报检1.86万批,货值4.66亿美元;有效利用原产地证书,签发中韩自贸区原产地证书2311份,为企业减免关税900万元,主动为2家企业补发中韩产地证91份,直接为其挽回关税200万元。国家级大丰港进口木材检疫除害项目通过质检总局组织的联合验收。帮助大丰港获江苏省首家进境大宗粮谷减载许可证;与泰州检验检疫局签订进口粮食检验检疫监管合作协议,完成江苏省内港口首次开展的进口粮食减载作业。提供检测服务,为市食品药品监督管理局、市经济开发区市场监督管理局等8个单位提供食品抽检服务,面向大型商超、大型餐饮业,主要抽检乳制品、熟肉制品、饮料及食用油等五大类。加强对出口肠衣企业技术指导和政策培训,确保产品从原料验收到出口全过

7月12日,盐城机场边防检查站为第15次泛黄海中日韩经济技术交流会韩国代表团提供通关便利。　　李　俊摄

程均符合。5月，中国检验认证集团盐城分公司在朝鲜组建的煤炭实验室投入运行。（王　义）

盐城机场边防检查　年内，盐城机场边防检查站检查出入境航班1100余架次，旅客员工12万余人次，查获各类违法违规案件4起9人次，在控对象9起9人次。服务驻地经济社会发展，完成中国海盐文化节、海峡两岸企业家峰会等重大勤务保障任务，为第15次泛黄海中日韩（盐城）经济技术交流会韩国代表团、盐城市政府经贸访问团等提供优质便捷的通关服务。策应市政府防汛抢险，分三批共派出警力50余人次参与“6·23”特大龙卷风冰雹灾害救灾维稳工作，相关做法被中央人民广播电台“国防新干线”和法制网报道。（胡孝凯　李　俊）

第八节　海关监管

2016年，盐城海关审结报关单2.31万份，征收税款37.23亿元；减免税款3469万元。1月，盐城海关驻东台办事处开关，机构级别为副处级，办事处内设2个科室，主要业务为企业管理、加工贸易和保税仓库。年内，盐城海关成为南京海关加工贸易监管一体化改革第二批试点地区。6月16日，正式启动盐城地区加工贸易监管一体化改革试点，并实现关区首本手册电子数据辅助核销。推动汇总征税模式扩容增效，有2家企业实施推广汇总征税模式，全年汇总征税2054票，汇总征税金额4.5亿元。全年开展一次查验281票，一次查验率100%；完成船舶进境确报434票，离境确报379票。推进“一个窗口”工作，统一受理行政审批事项，简化行政审批流程，提供“一个窗口受理、一个窗口告知、一个窗口反馈”的一站式服务，全年累计审批“一个窗口”业务36起。鼓励企业参与海关AEO（经认证经营者）认证，帮助盐城国际妇女时装有限公司通过高级认证企业重新认证。针对保税展示交易、仓储货物按状态分类监管等新兴业务需求，组织开展调研论证等前期准备工作。

口岸监管　全年盐城海关监管进出口货运量1224万吨；监管进出口货物总值33.4亿美元；监管进出口集装箱5.34万箱次；监管进出境船舶1197艘次，监管进出境航班1055架次，监管进出境人员14.02万人次。其中，大丰港口岸监管进出境船舶1015航次；监管进出境货物931.85万吨；入库税款16.05亿元。

打击走私　年内，盐城海关构建打击走私综合治理工作机制，牵头召开盐城市2016年打击走私综合治理会议，并配合南京海关开展“国门利剑2016”联合专项行动，通过加强情报经营研判，部署多起打击棉花等重点涉税商品以及机场旅检渠道非法代购行为专项行动，严打成品油走私。全年立案侦办走私犯罪案件4起、案值2.88亿元，涉税5707.5万元；立案调查行政案件76起、案值8180.15万元、涉税1231.74万元。

海关服务　年内，盐城海关牵头组织盐城外贸发展状况、中韩盐城产业园建设、跨境电商贸易等分析研究，并向地方政府报送中韩自贸协定实施影响、口岸经济运行情况分析等工作专报20余篇次，被市领导批示7篇次。帮助支持滨海港、响水港、射阳港一类口岸开放申报项目工作；指导盐城综合保税区（二期）封关验收准备工作；复制推广上海自贸区智能化卡口验放、批次进出集中申报等7项创新制度；指导大丰港保税物流中心（B型）建设。11月，大丰港保税物流中心（B型）通过财政部江苏省专员办、江苏省国家税务局、江苏省外汇管理局、南京海关组成的省联合验收组预验收。服务企业，联合检疫检验部门开展服务外贸活动，举办“12360”通关伴你行韩资企业专场宣讲活动，赴综保区、阜宁等县区开展企业信用管理、减免税等政策宣讲活动，为企业送政策上门。

海关通关一体化　年内，盐城海关加强海关通关一体化工作。盐城地区首票全国通关一体化企业自报自缴报关单、泛珠四省海关区域联通报关单先后申报成功。11月2日，江苏斗天汽车配件有限公司通过预录入端选择“自报自缴”方式，向盐城海关自报空运进口一批货物，自缴税款1095.4元，货物通关放行。11月17日，盐城创捷供应链有限公司以“跨关区一体化”方式向盐城海关申报从皇岗海关出口一批货物，盐城海关采用属地申报属地放行模式，次日该单结关。（李　玲）

第 07 章　民营经济

责任编辑　王义云

综　　述

2016 年，盐城市规模以上工业民营经济完成工业总产值 7107.3 亿元。全市规模以上工业民营经济资产总额 3011.65 亿元。盐城市民营工业增加值 1466.8 亿元，全市规模以上民营工业对规上工业产值增长的贡献率为 84.5%。全市规模以上工业民营经济主营业务收入 5860.26 亿元，实现利润总额 364.4 亿元，百元主营业务利润比上年增长 19.8%。全市规模以上工业民营经济涉及 34 个工业行业大类，主要分布在纺织业、化学原料及化学制品制造业、通用设备制造业、专业设备制造业、非金属矿物制品业、电器机械和器材制造业。年内，市工商局加大扶持民营经济发展力度，制定出台《关于降低实体经济企业成本的意见》，组织 12 个宣讲团进园区、企业开展政策宣传，赠送政策汇编 2 万余册，涵盖全市近 2 万户一般纳税人企业，全年压降涉企成本 60 亿元；下达市级财政专项资金 1 亿元，争取省级专项资金 5932 万元和“6·23”阜宁、射阳特大龙卷风冰雹灾害灾后重建基金 1050 万元，帮扶受灾企业。

2016 年全市私营企业情况

表 07－16

项　目	新发展户数（户）	新增注册资本（万元）	按组成形式分类（户）					注册资本（万元）
			独资企业	合伙企业	有限责任公司	股份有限公司	合计	
合计	33226	12421052.98	48953	992	75184	357	125486	41445783.67
农、林、牧、渔业	1932	311541.52	3470	28	1423	2	4923	909310.82
采矿业	1	50	5	–	3	–	8	2332
制造业	10319	2586579.60	22718	572	16474	64	39828	13214806.85
电力、热力、燃气及水生产和供应业	45	30087.69	80	13	172	–	265	191603.24
建筑业	1601	1218739.10	368	8	7599	7	7982	6184745.78
批发和零售业	11563	4763230.07	17371	119	25181	43	42714	7392373.08
交通运输、仓储和邮政业	705	201101	527	19	3016	1	3563	854526.63
住宿和餐饮业	157	50446	206	15	540	3	764	220781.20
信息传输、软件和信息技术服务业	408	171676.16	510	14	914	2	1440	312235.33
金融业	57	234718	2	19	298	177	496	1228189.78
房地产业	356	184242.45	23	1	3033	5	3062	2958118.48
租赁和商务服务业	1910	864814.86	1193	123	8112	9	9437	2937681.27

续表 07－16

项　　目	新发展户数（户）	新增注册资本（万元）	按组成形式分类（户）					注册资本（万元）
			独资企业	合伙企业	有限责任公司	股份有限公司	合计	
科学研究和技术服务业	1864	1473166.97	104	14	5821	42	5981	4285474.40
水利、环境和公共设施管理业	22	6784	17	1	184	–	202	127386.69
居民服务、修理和其他服务业	2004	227114.52	1987	27	1927	2	3943	419729.81
教育	38	6727	45	5	110	–	160	14166.60
卫生和社会工作	14	39130.01	6	1	23	–	30	41471.89
文化、体育和娱乐业	228	50844.03	319	13	354	–	686	150789.82
其他	2	60	2	–	–	–	2	60

2016 年全市个体工商户情况

表 07－17

项　　目	新发展数（户）	新增资金数额（万元）	户数（户）	资金数额（万元）
合计	77858	1216596.22	358435	3129804.77
农、林、牧、渔业	4071	148093.55	8626	279801.36
采矿业	–	–	6	73
制造业	2743	63814.68	19494	205037.57
电力、热力、燃气及水生产和供应业	–	–	43	614.90
建筑业	53	908.30	595	6864.28
批发和零售业	59676	856132.05	261537	2097001.20
交通运输、仓储和邮政业	213	2535.50	1951	23524.94
住宿和餐饮业	4903	72397.33	23628	235274.18
信息传输、软件和信息技术服务业	171	1414.90	725	5292.30
金融业	–	–	5	35.80
房地产业	19	344	134	853.40
租赁和商务服务业	1223	14480.60	6526	59883.73
科学研究和技术服务业	121	1650	1321	7935.44
水利、环境和公共设施管理业	4	44	25	237.50
居民服务、修理和其他服务业	4045	43136.21	30703	173747.98
教育	114	1529.80	306	3126
卫生和社会工作	5	42	134	391.98
文化、体育和娱乐业	491	9918.30	2664	29920.01
其他	6	155	12	189.20

2016年全市私营个体经济情况

表07－18

单位	私营企业户数(户)		个体工商户户数(户)		注册资本(万元)	
	总数	当年新增	总数	当年新增	总数	当年新增
合计	125486	33226	358435	77858	44575588.44	13637649.20
市直	4595	862	－	－	4189220.72	1026435.83
城南	5352	584	10695	668	1936528.03	231837.02
开发区	1600	381	3024	320	1060533.57	251424.79
亭湖	16832	3160	47495	5873	4858617.98	1246337.53
盐都	9170	3011	33258	7070	3982104.45	1265024.49
响水	7345	1916	21754	3005	2527774.58	537848.54
滨海	8878	2891	37080	10451	3180566.35	730693.81
阜宁	17954	3485	44697	10922	5790206.94	853210.55
射阳	9890	3857	40770	9073	2710997.01	801736.05
建湖	11486	4588	37653	11388	4505028.03	3904167.51
大丰	13898	3556	39519	9769	5156694.02	1197391.65
东台	18486	4935	42490	9319	4677316.76	1591541.43

第一节　中小企业园

2016年，全市中小企业园共实现全口径开票销售1001亿元；中小企业园全口径开票销售收入占全市工业的比重由上年底的17.8%上升到19%；中小企业园新建标准厂房285万平方米，累计建成标准厂房1535万平方米，入园企业9600家。年内，市政府出台《关于促进镇村工业园加快发展的意见》，下发《全市乡镇中小企业园发展规划》《全市镇村工业园分类考核评价办法》。推进各地重新修订完善园区发展规划，坚持高起点、高标准完善园区发展方向。按照规划、建设、标识、色彩、绿化、管理等统一要求，推进园区供电、供水、通信等基础设施和标准厂房建设，强化集聚节约发展理念，突出多层，控制单层。探索园区多元化投资和多方式融资建设新途径，吸纳社会各方面资金参与园区建设。推进园区企业入驻，引导各地举办项目推介会、恳谈会等形式，开展“以企招商”“产业招商”活动。加强骨干企业培育力度，支持镇村成长型中小企业做精做优。开展省市级科技小巨人企业和专精特新产品培育认定工作，下发《盐城市“十三五”专精特新产品和科技小巨人企业培育发展规划》，邀请省专家团队赴企业开展咨询诊断工作，组织开展镇村专精特新产品和科技小巨人企业宣传活动，在《盐阜大众报》对10家企业进行集中宣传推广。落实“互联网＋中小微企业创新创业”行动计划，以园区为载体加快打造东台电商产业园、大冈双创园等一批互联网众创园区、智慧小企业创业基地，鼓励科技创新企业入驻众创园区，打造具有产业创新创业特色的众创空间。开展江苏省小企业创业基地、特色产业集群、高标准厂房建设等示范认定工作。盐都张庄齿轮产业园区获“江苏省特色产业集群”称号；盐都区获评全省高标准厂房建设与使用先进地区，获省土地利用节约集约示范区评比第一名。至年底，全市有1个国家小型微型企业创业创新示范基地，22个省级小企业创业示范基地，8个省级特色产业集群，5个省级中小企业产业集聚示范区。

第二节　中小企业

2016年，全市中小工业企业5.19万户，其中中型企业285户。全市私营企业14.2万户，个体工商户40.6万户，分别列全省第六位和第四位，实现年初市委、市政府提出的目标。至年底，盐城市共有一般纳税人工业企业2万余户，当年新增工业一般纳税人企业1533户。全市规模以上中小工业企业3043户，规模以上中小工业实现总产值7237.3亿元；实现主营业务收入6938.3亿元。实现利润总额380.5亿元，出品产品交货值231.5亿元。全市共创建省级企业技术中心124家，省级企业技术中心总量列苏北第一位，市级以上研发机构覆盖率提升3.5个百分点。全市3000多家规模以上工业企业，有1800多家建有企业研发机构，建有率62%。依托各类园区，建设55家公共研发及技术服务平台，其中省级科技公共服务平台15家。出台《推进互联网＋中小微企业创新创业行动计划》，推进中小企

9月22日，市经信委在滨海举行盐城市金融超市"镇村行"、服务联盟"园区行"暨银企签约仪式。

业互联网深度应用，联合中国电信组织开展2016年万家小微企业商务智能软件包免费送现场推荐活动，引导小微企业向智慧型企业转型，提升企业信息化水平，年内组织认定盐城市四星级数字企业、三星级数字企业14家。调整专精特新产品、科技小巨人企业"双百"工程培育项目，下发《盐城市"十三五"专精特新产品和科技小巨人企业培育发展规划》，排出重点培育企业，实施重点推进、分类指导。邀请省专家团队赴企业开展咨询诊断工作，帮助企业加快转型发展，提升自主创新能力。新培育认定26家市级科技小巨人企业，41个市级专精特新产品。

第三节　企业服务体系

2016年，盐城市在全省地级市中率先成立中小微企业服务联盟，汇集138个中小企业园区，精选257家规模服务机构和100名专家，涉及14个服务领域，围绕"服务中小微企业"定位，为中小微企业提供"找得着、用得起、有保障"的服务。年内先后4次组织"金融超市镇村行""服务联盟园区行"活动，联盟14家专业委员会与4个县（市、区）工业园区的400多家企业进行现场互动，现场举行的金融授信签约金额50多亿元。联盟各专业委员会分别单独走进县区、工业园召开企业培训班180多场次，培训总人数近万人，面对面解读政策，点对点诊断辅导。引导全市中小微企业应对国内外经济形势新变化，顺应"互联网+"发展趋势，推进盐城市中小企业公共服务网络平台项目建设。线上平台年内开通企业大讲堂12场次，培训人数超过1万人，促成供需对接服务额超过300万元。组织中小企业经营管理人员赴山东、浙江、陕西等国内知名企业开展体验式培训。组织各县（市、区）中小企业局局长、服务中心主任和行业领军人才赴清华大学、浙江大学、华东理工大学等知名高校参加高端产业研修培训。开展中小企业竞争力大讲堂培训，举办中小企业主管理研修班、职业经理人培训班和各类专题讲座，提升中小微企业自主创新能力。推行"创业者选单、培训机构列单、政府买单"的培训模式，市县共建一批特色培训基地和"创客训练营"，打造50个重点创业辅导基地，组织创业辅导师在创业辅导基地和全民创业园区开展辅导活动，开展管理咨询、项目认证、法律援助、财务代理等创业辅导，全年开展创业辅导服务5万人次以上。

融资担保服务　年内，市经信委和人民银行盐城市中心支行联合市各大金融机构、相关担保公司，组织开展金融超市镇村行活动，组织金融机构赴东台、阜宁、滨海等地进行送服务上门活动，实现授信超50亿元，实际发放贷款24.56亿元。盐城市实现县区融资担保公司全覆盖，有4家担保公司被省经信委评为省融资性担保公司合规经营三十佳。成立全省首家担保服务联盟，组织市、县担保公司联保。全年全市28家担保机构共为1529家企业提供128.5亿元的担保服务，实现利润4590万元，发生代偿4.5亿元，代偿比为3.5%，远低于省制定的风险控制标准。发挥财政性资金的杠杆作用，做好"成长贷""创业贷""苏微贷"等财政金融产品的入库和放贷工作，加大财政扶持政策宣传，开展盐城市财政支持企业发展融资政策推介会十多场次。完善"成长贷""创业贷"企业库，督促相关金融机构做好贷款发放工作。全年为54户中小企业发放"成长贷"7348万元，"苏微贷"产品5月成立以来为67户中小企业授信4亿元，为59户实际发放贷款2.98亿元。组织盐城市11家企业在江苏省股权交易中心"专精特新"板挂牌，挂牌数列全省第四位。

（季　鹏）

城市功能

- □ 城市建设
- □ 水利建设
- □ 能　　源
- □ 交通运输
- □ 信 息 化

第08章　城市建设

责任编辑　高兰会

第一节　城乡规划

一、规划编制

2016年，市规划局做好大洋湾风景区概念规划、盐东黄尖旅游概念规划和盐城高新技术产业开发区发展战略概念规划研究。启动小新河以南新型复合功能组团、范公堤高铁综合交通枢纽组团、大洋湾生态组团、先锋岛组团、斗龙港生态组团“五大组团”规划编制前期研究工作，开展“五大组团”航拍三维建模工作；做好城市用地边界、组团发展和高层布局的专题研究，谋划城市南延东扩等课题。开展盐城市城市发展战略规划研究，做好城市综合交通枢纽规划、新饮用水源地选址项目、大市区文化集聚区规划编研方案征集的国际招投标工作。打造城市重点功能区，组织编制盐城高新技术产业开发区、亭湖新区、盐城环保科技城、城西片区、聚龙湖组团控制性详细规划，开展大数据产业园、盐城高新技术产业开发区青年路沿线以及城南新区串场河以东地段城市设计。营造现代城市特色，做好市区城市色彩、城市功能提升及近期建设规划、体育设施、城市路网整合、地下空间利用专题研究、地下综合管线和综合管廊、慢行交通、绿地系统等专业专项规划；完成城市综合交通规划、停车设施规划、快速路网两侧景观整治规划。

《盐城市“6·23”龙卷风冰雹特别重大灾害灾后重建总体规划》　年内，市规划局组织编制《盐城市“6·23”龙卷风冰雹特别重大灾害灾后重建总体规划》。规划范围包括阜宁的开发区、板湖镇、硕集社区、新沟镇、陈良镇、金沙湖管委会、花园街道、吴滩街道、阜城街道，射阳的海河镇、陈洋办事处，共11个镇（街道、管委会、社区）、54个行政村，总面积269平方公里；规划建设吴滩街道立新安置点、陈良镇丹平安置点、新沟镇大楼安置点、东沟镇计桥双桥安置点（计桥村和双桥村合并安置）4个规模较大、异地重建的美丽村庄；规划建设陈良镇成俊安置点、陈良镇新涂安置点、硕集社区东崔安置点、板湖镇戚桥安置点、板湖镇郑朱安置点、板湖镇孔荡安置点、花园街道北陈安置点、金沙湖管委会两合安置点、陈良镇陈良安置点、板湖镇邵湛安置点、新沟镇南湾村、吴滩街道蔡河安置点、陈洋社区陈洋居安置点、陈洋社区伍份安置点、陈洋社区新宏安置点、海河镇烈士村旭日安置点共16个一般规模、异地重建的美丽村庄；规划开发区锦仁村、开发区新储居委会2个是修缮提升村庄，规划板湖镇赵黄村、板湖镇侉周村、板湖镇河北村、陈集镇瓦许村、新沟镇新南村、新沟镇中心村、东沟镇硕集居委会、金沙湖街道营港村、金沙湖街道岗北村、金沙湖街道桃园村、金沙湖街道向阳村、开发区必余村、开发区安乐村、开发区路庄村、开发区骥超村、开发区邓灶居委会、开发区董陈村、阜城街道和平居委会、吴滩街道戴沟村、吴滩

璀璨串场河。　　王亚洲摄

街道陈戴村、吴滩街道吴滩居委会、吴滩街道邓舍村、吴滩街道仁范村、海河镇陡港村、海河镇塘洼村、海河镇复兴村、海河镇革新村、陈洋社区南北村、陈洋社区新利村、陈洋社区桃园村、陈洋社区富洋居委会31个恢复整治村庄。

二、规划审批

2016年，市规划局运用盐城市"多图联审"管理系统，抽调业务骨干入驻，实行行政审批涉企收费集中办理，对基础设施配套费等8项费用开具一张收费单，实施报建材料"共享"。全年受理各类规划审批项目3141件次，核发选址意见书107件次，选址面积702万平方米，核发建设用地规划许可证239件次，用地面积695万平方米，核发总平面方案及单体方案批复214件次，核发建设工程规划许可证1334件次，建筑面积852万平方米，规划竣工核实项目253件次，核实面积772万平方米，所有行政许可项目全部按照内部流程及时进行审批，所有项目均在规定时间内办结。

三、规划监察

2016年，市规划局对418个新项目、18个遗留项目进行行政审批批后管理，公示牌跟踪682张，灰线验线174起，基础验收163起，单体竣工核实243起，全面核实10起，现场跟踪督查203次，督促整改37起。立案查处各类违建38起，发出行政处罚告知书27份、决定书22份、限期拆除决定书12份、公告12份、催告7份、强制拆除决定书3份，违建罚款945万元。开展市区违法建设专项整治"百日行动"，排查8类严重影响城市规划、群众生活安全的存量违建679起4.3万平方米。通过动员自拆、组织帮拆等方式，清理各类存量违建430起3.2万平方米，拆除各类新增违建603起2.7万平方米。开展东台、大丰、建湖、射阳、阜宁、滨海、响水7个县(市、区)的违法建设排查清理工作，拆除新增违建1万平方米，清理存量违建1.9万平方米。

(陆　勇)

第二节　城市工程建设与改造

一、城建重点项目

2016年，市区组织实施饮用水安全、城市交通、城市环境、城市基础设施、公共配套、商业服务设施配套、保障性住房及棚户区改造、城市防洪、城市管理、规划编制及管理十大类150项城建重点工程，合计165个分项。其中，立项157项、开工建设132项、竣工77项，未竣工的大多为结转下年实施的项目。项目计划总投资1256亿元，累计完成投资615.8亿元；年度计划投资444.96亿元，实际完成投资394.23亿元。年内，内环高架快速路网二期工程全部建成通车，步湖路、南港路、经八路、海洋路串场河桥、聚亨路串场河桥等道路桥梁工程建成，黄海东路整治改造(范公路—文港路)建成通车；市区供水管网工程、城南新区自来水管网工程、大数据产业园、电子商务产业园、凤凰汇商业综合体、凤凰文化广场、解放路实验学校东校区、景山中学东校区、新洋第二实验学校等一批城市基础设施和公共配套项目完工，5560户棚户区(危旧房、城中村)总面积110万平方米改造完成。

(王道洲　王　健)

2016年市区城建重点项目

表08-19　　单位：万元

序号	类别		项目名称	累计完成投资	2016年完成投资	项目进展情况
一	饮用水安全		小计	327100	276200	
		1	新水源地及跨区域引水工程建设	202000	200000	完成PPP单位资格预审，通航条件影响评价完成专家评审并报审待批，第一次招投标初步结束，组织开展临时用电施工招标，继续开展工程清障工作
		2	盐龙湖水厂一期工程	70000	30000	完成主体结构施工，进行厂外管道施工和设备安装
		3	通榆河取水口原水预处理净化工程	26000	21000	蓄水池桩基完成80%，预处理桩基完成95%
		4	通榆河至城东水厂原水互通工程	2500	500	经市政府会办同意取消此项目
		5	盐龙湖水库调试优化	3600	2700	完成实施方案，完成部分调试优化
		6	市区二次供水设施改造提升	8000	7000	完成部分小区二次供水设施改造提升任务，分批组织施工招标工作
		7	市区供水管网建设工程	9000	9000	竣工
		8	城南新区自来水管网工程	6000	6000	竣工

续表 08－19

序号	类别	项目名称		累计完成投资	2016年完成投资	项目进展情况
二	城市交通	小计		2295734	1204234	
		9	内环高架快速路网	865534	339834	全线竣工,12月30日建成通车
		10	徐宿淮盐铁路盐城段	312800	307800	完成桥梁灌注桩1.71万根、承台1491个、墩台身1294个
		11	盐城至南通铁路	－	－	初步设计通过铁路总公司审查,工可报告上报国家发改委审批
		12	连盐铁路盐城段	730000	250000	完成正线铺轨107.6千米、站线铺轨6.8千米
		13	T2航站楼建设	66000	61000	完成航站楼桩基施工,完成地下室及一层二层混凝土浇筑及钢管柱吊装、主桁架等主体工程施工
		14	市区综合客运枢纽	1000	1000	项目建议书获批,地块内开展便道施工,继续开展房屋征收工作
		15	世纪大道东延	45000	35000	跨沈海高速大桥主体建成,基本完成路基处理和桥梁工程施工,开始路面基层施工
		16	东进路东延	3300	3300	完成施工、监理招标,完成地下综合管廊建设设计招标文件编制
		17	腾飞路建设	4000	4000	西环路至油坊沟段开工建设
		18	黄海东路整治改造	5000	1000	竣工
		19	市区道路桥梁大修	2500	2500	竣工
		20	后街巷道改造	2000	2000	竣工
		21	东进路西延	32000	16000	竣工
		22	开创路北延(经八路)	42600	30700	竣工
		23	河东新城路网建设	33150	21750	竣工
		24	南环路接线	6800	6800	摊铺沥青施工
		25	中韩盐城产业园核心区启动区道路	5350	5350	新生河路除矛盾段外其余竣工,松花江路开始施工图设计,湘江路完善工程竣工,高速道口道路改造工程灰土施工
		26	新都路改造	50	50	完成图纸设计,待审批后实施
		27	盐渎路改造	50	50	完成初步方案设计报审,拟暂缓实施
		28	新材料产业园道路	29500	21500	无矛盾段桥梁及箱涵施工全部完成,灰土施工完成30%
		29	步湖路建设	8400	8400	竣工
		30	南港路建设	5000	5000	竣工
		31	城南新区规划支路建设	15200	15200	竣工
		32	城南新区道路及市政建设维修	5000	5000	完成步湖路、新月路、新盐道、聚亨路、府西路等市政道路维修
		33	天辰路大桥	6100	100	完成施工图设计,办理规划用地许可证及招投标手续
		34	世纪大道串场河桥拓宽改造	－	－	初步设计
		35	盐渎路跨宁靖盐大桥	14500	14500	施工

续表 08 - 19

序号	类别		项目名称	累计完成投资	2016 年完成投资	项目进展情况
二	城市交通	36	袁坎大桥	2250	1750	施工
		37	海洋路串场河桥	18000	12000	竣工
		38	聚亨路串场河桥	12000	12000	竣工
		39	市中心公交回车场	4000	4000	完成场地施工
		40	市公交调度中心停车场二期	3000	2000	建成 4.81 公顷并通过竣工验收,其余部分办理土地手续
		41	市区出租车服务中心	1600	600	完成桩基施工
		42	新增更新公交车	14000	14000	竣工(大市区新增 200 辆公交车)
		43	新增公共自行车	–	–	根据内环高架工期安排,该项目调整至 2017 年实施
		44	市区智能交通系统建设	50	50	编写技术方案
			小计	502430	312630	
三	城市环境	45	市区园林绿化建设	205300	85300	市区园林绿化重点工程 118 项,基本完成 104 项,施工 5 项,完成施工招标 1 项,完成设计 4 项,设计 2 项,设计招标 1 项,前期准备 1 项,建设开工率 92%,完成率 88%。栽植乔木约 16 万株,灌木约 17.3 万株,植被约 341.6 万平方米
		46	大洋湾生态风景区建设	84700	24700	完成设计、施工等招标工作;河道清淤准备进场施工;东环路东土方整形、新洋港两侧防护林土方整形、新洋港清理垃圾杂物河坡整形施工;景区一级游路施工队伍进场准备
		47	串场河景观带提升	4000	4000	增购游船,正常运营;河道清淤初步完成
		48	大马沟生态公园绿化改造提升	1000	1000	竣工
		49	三河公园二期	980	280	开展拆迁,部分地段开工建设
		50	四季花海	12500	12000	竣工
		51	小马沟体育公园	20000	20000	设计单位设计方案,土地征用手续报批
		52	市本级河道整治	10400	8800	越河河道疏浚完成,蟒蛇河、串场河整治基本结束
		53	亭湖区河道整治	22000	20000	竣工
		54	盐都区河道整治	29000	29000	竣工
		55	城南新区河道整治	27000	22000	竣工
		56	市开发区河道整治	3800	3800	竣工
		57	内环高架快速路网沿线市容环境综合整治	–	–	完成景观带绿化设计方案;完成南环路沿线高立杆广告改造提升规划设计方案初稿,并配合市开发区和悦达集团进行整治;配合中标单位对内环高架沿线 550 幢建筑进行现场勘查、拍照,继续开展亮化编制工作
		58	世纪大道沿线提升	7500	7500	完成方案成果
		59	解放路沿线提升	7500	7500	完成方案成果
		60	主要道路街景综合整治改造	5000	5000	竣工

续表 08－19

序号	类别		项目名称	累计完成投资	2016 年完成投资	项目进展情况
三	城市环境	61	城市雕塑	–	–	完成设计方案招标
		62	市区景观亮化建设	3000	3000	竣工
		63	城南新区路灯照明提升	5000	5000	竣工
		64	开发区路灯节能改造工程	2000	2000	竣工
		65	高新区水环境提升工程	3000	3000	竣工
		66	大气环境质量提升工程	48750	48750	验收下达各地和企业的控制高能耗产业准入以及能源、煤炭消费任务完成情况；完成整治10蒸吨及以下燃煤小锅炉1558台；有77家企业通过中期审核；完成秸秆利用151万吨，完成注册登记秸秆利用组织21家，全年实现零火点；全面启动黄标车淘汰和新能源汽车推广工作，全市淘汰黄标车1.02万辆，推广新能源汽车2200辆；54家单位完成挥发性有机物治理工作任务；建筑工地控制扬尘组织4次全市性综合大检查，检查工地103个，发出整改通知书31份
四	城市基础设施		小计	765932	554932	
		67	高新区地下综合管廊	9000	9000	纬三路地下管廊建设施工单位进场，华锐路地下管廊建设完成施工图设计
		68	市区公共停车场建设	10000	10000	市城投集团、市交投集团以及4个区负责实施的7个立体公共停车场以及追加建设的3个公共停车场开展房屋征收、规划方案编制、施工图设计等前期准备工作，部分停车场开工建设
		69	市区污水管网建设	15000	15000	竣工
		70	亭湖区污水管网建设	10000	10000	完成25千米污水管网建设，年度任务完成
		71	盐渎路污水管网改造工程	1000	1000	竣工
		72	市区南片区污水处理厂及配套管网建设	1000	1000	进行选址认证
		73	城东污水处理厂污泥焚烧系统	400	400	完成土建施工
		74	市区雨污分流改造	5000	5000	完成雨水管道建设10千米，污水主管道建设2千米
		75	环城高压管线	3240	3240	完成测绘、地勘设计，实施地下物探
		76	西环路L－CNG加气站	3000	3000	开展土地评审、围墙施工和设备采购
		77	城南大数据产业园（华为一期）泛能微网项目	220	220	能源站选址及项目合作协议未确定
		78	开发区储配站扩建项目	310	310	土地摘牌，设备订购，厂家组织生产
		79	盐连铁路盐城北电力牵引站供电线路	–	–	项目进入省公司施工招标阶段
		80	电动汽车城市快速充电站	2150	1750	竣工
		81	城南新区电力杆线入地改造	15000	15000	竣工
		82	城南新区紫薇变电缆桥梁通道	420	420	施工单位进场施工

续表 08－19

序号	类别	项目名称		累计完成投资	2016 年完成投资	项目进展情况
四	城市基础设施	83	热电厂 130 吨锅炉建设	950	950	招标完成，烟囱部位打桩完成，进行锅炉房部位打桩
		84	步凤港物流园区	33620	3620	南侧部分房屋征收接近尾声，临时用电、场地平整等工作完成；北侧部分竣工
		85	低洼易淹易涝片区整治	1500	1500	竣工
		86	城南新区智慧管理工程	20000	18000	基本竣工
		87	大数据产业园	200000	200000	竣工
		88	电子商务产业园	133000	77400	竣工
		89	中科院汞污染防治技术研发中心	10000	7000	竣工
		90	“宽带盐城、光网城市”	82888	64888	电信宽带网络覆盖 35 万户；移动完成 208 千米通信管道、444 千米通信杆路、46.4 万户宽带用户和 541 条集团专线接入；联通完成青年路高架下环网管道建设
		91	移动通信网	208234	106234	电信完成通信基站建设 1551 个；移动完成通信基站建设 937 座；联通 3G、4G 基站新增 3780 个
五	公共配套	小计		246400	154100	
		92	串场河文化集聚区建设	45000	25000	拆迁扫尾，设计单位招标
		93	海盐历史文化风貌区提升	4000	4000	水街滨河路餐饮和串场河游船等进入常态化运营
		94	瓢城记忆	–	–	征收拆迁工作尚未启动
		95	盐城市规划展览馆	–	–	选址方案初步确定
		96	市旅游集散中心	3000	3000	编制环评、可研报告；拆除单位进场施工
		97	市防震减灾中心	2500	1700	完成征地任务，准备招投标
		98	地震避难场所工程	1500	1500	竣工
		99	市美术馆	30000	–	与国家图书馆达成合作运营意向，拟制合作协议
		100	文峰街道社区卫生服务中心	2000	1500	主体工程竣工
		101	城南新区消防站	3500	2500	竣工
		102	解放路实验学校东校区	12000	12000	竣工
		103	景山中学东校区	8000	8000	竣工
		104	新洋第二实验学校	12000	12000	竣工
		105	高新区高级中学	46000	36000	施工
		106	城南规划小学（亨威地块）	6200	6200	完成施工图设计
		107	城南五星高中	200	200	进行 PPP 项目相关准备工作，并与客商洽谈，暂缓实施
		108	盐中集团康居路分校扩建	3000	3000	竣工
		109	一小集团串场河小学	19000	19000	施工
		110	国际学校	–	–	办理前期相关手续，暂缓实施
		111	东方友谊医院	30000	–	与普仁合作终止，市妇幼保健院将整体搬迁过来

续表 08－19

序号	类别	项目名称		累计完成投资	2016 年完成投资	项目进展情况
五	公共配套	112	城南新区人民医院暨盐城卫生职业技术学院直属附属医院	–	–	办理前期相关手续，暂缓实施
		113	龙桥农贸市场	3000	3000	竣工
		114	楠沁花园农贸市场	500	500	竣工
		115	休闲体育健身设施	13000	13000	完成年度建设任务
		116	亭湖区公共文化体育设施提升	2000	2000	竣工
六	商业服务设施配套	小计		804860	435360	
		117	聚龙湖核心区提升	15000	12000	竣工
		118	万达城市广场	353500	253500	内、外装饰施工
		119	先锋国际广场二期、三期	59000	35000	二期台山寺完成桩基施工；三期主体结构封顶，二次结构施工完成
		120	翔宇商业综合体	62200	27200	主体 15 层施工
		121	高教公寓商业综合体	1400	400	招商
		122	凤凰汇商业综合体	75000	10000	竣工
		123	凤凰文化广场	75000	10000	竣工
		124	聚龙城（原东湖商贸区）	65500	15500	办理施工报建手续，暂缓实施
		125	航空大厦	20500	7000	主体 15 层封顶
		126	韩国社区	29000	16000	竣工
		127	高新区智创园邻里中心	13800	13800	施工
		128	沿海高端绿色食品电子商务基地	34000	34000	4 幢多层、18 幢独栋楼全部建成，特色馆、品牌店进驻运营
		129	未来科技城	960	960	一期工程打桩；二期工程启动设计单位招标工作
七	保障性住房及棚户区改造	小计		990700	815700	
		130	市区棚户区（危旧房、城中村）改造	720000	720000	启动实施市区棚户区（危旧房、城中村）改造 5560 户，改造面积 110 万平方米
		131	老旧小区整治	2700	2700	亭湖区部分小区整治任务完成，部分小区整治中；盐都区和城南新区年度整治任务完成
		132	德惠尚书房	68000	33000	10 幢主体封顶，8 幢主体施工
		133	鹏润花园	80000	30000	基本竣工
		134	国园壹城	85000	15000	一、二期竣工交付，三期完成前期手续报批工作
		135	新河家园	35000	15000	竣工
八	城市防洪	小计		17620	17400	
		136	市本级防洪工程	4000	4000	串场河北闸站工程、串场河南闸站工程、冈中河泵站工程水下工程施工
		137	亭湖区防洪工程	1160	940	竣工
		138	盐都区防洪工程	1960	1960	竣工

续表 08－19

序号	类别	项目名称			累计完成投资	2016 年完成投资	项目进展情况
八	城市防洪	139	开发区防洪工程		7000	7000	竣工
		140	城南新区防洪工程		3500	3500	15 座 4 米宽电动门圩口闸工程施工队伍进场施工，其中 3 座协调各闸站建设矛盾，2 座等待方案确定；1 座建成，9 座施工
九	城市管理	小计			203600	168600	
		141	静脉产业园		43000	8000	前期相关工作准备
		142	城市环境综合整治		150000	150000	实施“九整治”项目 206 个、“三规范”项目 893 个以及其他深化提升整治项目 790 个，基本完成
		143	城市管理功能完善工程		1300	1300	竣工
		144	公厕新建与改造	市直 6 座	240	240	年度计划任务 5 座完成，根据市财政部门要求，因经费问题，剩余 1 座列入下年财政拨款实施计划
				盐都 5 座	240	240	竣工
				亭湖 8 座	380	380	新建 3 座公厕和改造 7 座公厕任务全部完成
				市城南新区 8 座	380	380	竣工
				市开发区 7 座	340	340	竣工
		145	环卫基础设施		2520	2520	竣工（年度建设任务完成）
		146	环卫作业装备		4200	4200	竣工
		147	市区生活垃圾处理征收便民服务中心		–	–	项目立项，建设经费落实，项目设计方案确定，国土部门开展土地收回工作
		148	市区停车管理信息化系统建设		–	–	纳入市城投集团牵头的市区公共停车场建设项目，不再作为年度城建重点项目考核
		149	环卫科研信息中心		1000	1000	完成项目设计
十	规划编制及管理信息系统建设	小计			3465	3154	
		150	市区范围城市地下管廊综合规划		200	200	完成
			市区范围海绵城市专项建设规划及实施方案		300	300	完成
			盐城市区既有建筑节能改造规划、“十三五”期间盐城市市区城镇住房发展规划、“十三五”期间盐城市建筑业发展规划等		160	160	完成
			徐宿淮盐铁路沿线盐城段环境整治规划		300	300	完成
			市区“十三五”燃气发展规划、市区“十三五”供热供暖规划		150	150	编制之中
			东环路东、世纪大道南、普陀山路西、盐渎路北，面积约 13.7 平方公里的开发区新城组团城市设计		600	600	中韩盐城产业园区规划和新城城市设计规划经专家评审；现代服务业集聚区规划方案审定

续表 08－19

序号	类别		项目名称	累计完成投资	2016 年完成投资	项目进展情况
十	规划编制及管理信息系统建设	150	盐城市城市发展战略规划及城市总体规划局部调整	300	300	完成方案成果
			盐城市城市综合防灾专项规划	200	200	完成方案成果
			城西片区控制性详细规划修编和城市设计	230	230	完成方案成果
			大市区桥梁概念规划设计、市区内环高架快速路网两侧环境整治规划、城市体育设施专项规划、解放路沿线城市设计、世纪大道沿线城市设计	265	224	大市区桥梁概念规划经市政府同意、暂缓实施，其他规划全部完成方案成果
			实施城市规划区 230 平方公里三维数据建模，完成规划管理三维辅助决策系统建设	470	200	完成招投标，与中标单位签订合同
			盐城汽车博物馆策划及建筑方案设计	290	290	完成项目策划
合　计				6157841	3942310	

新水源地及跨区域引水工程　盐城新水源地及跨区域引水工程供水范围包括盐城市中心城区、大丰区、建湖县、射阳县。总受益面积 8936 平方公里，总受益人口 417 万人。总引水规模为每天 115 万立方米，其中盐城市中心城区饮水规模为每天 60 万立方米、大丰区饮水规模为每天 25 万立方米、建湖县饮水规模为每天 15 万立方米、射阳县饮水规模为每天 15 万立方米。工程总投资估算为 62.04 亿元。项目建设内容包括京杭运河取水口及自流管、取水泵站、原水管线（含主线、建湖支线、射阳支线、大丰支线）、主线中途增压泵站、盐龙湖增压泵站、射阳增压泵站、大丰调节水库等，工程主、支线合计 213 千米，建设工期 18 个月，将于 2018 年 6 月竣工。新水源地及跨区域引水工程建成后，长江之水经江都水利枢纽提水至京杭运河，通过宝应金氾水段取水头部将原水引入取水泵站，原水在取水泵站内经过预沉、充氧活水等水质保障措施后加压，通过两根直径 2.4 米的大口径管道输送 46 千米，进入建湖县恒济增压泵站，在泵站内进行二次调节、复氧后，通过两根直径 2.2 米的大口径管道输送 37 千米，进入新水源输配枢纽盐城市区盐龙湖增压泵站，分别向盐城中心城区城东水厂、盐龙湖水厂和大丰区、射阳县输送优质原水。3 月 3 日，盐城驻宝应工作组进驻，宝应县境内工程沿线房屋搬迁工作全面铺开；5 月 10 日，拆迁清障工作在扬州市宝应县正式启动；5 月 17 日，建湖先导段开工仪式在建湖沿河镇马沿村举行，先导段管道沿新 331 省道北侧，采用 DN2200 的双排钢管平行敷设，其中埋设管道长度 1640 米，倒虹管 2 处 392 米，中间设有排水阀门井 3 座、排气阀门井 6 座，累计开挖土方 13 万立方米，敷设 DN2200 钢管 2000 米；6 月 14 日，盐城境内房屋搬迁工作启动。至年底，建湖先导段管道主体全部完成，新水源地及跨区域引水工程各项前期工作基本就绪，工程全线房屋搬迁工作全部完成，项目 PPP 完成资格预审，主线和大丰支线的工程建设招投标完成，完成投资 20 亿元。

资料链接：市委、市政府始终将保证饮用水安全作为重大民生工程，持续推进区域供水一体化。2014 年 10 月，出台《全市城乡饮用水安全保障工作方案》，确定市区饮用水安全十大重点工程，相继实施盐龙湖水厂一期每日 30 万吨工程、城东水厂深度处理工程、盐龙湖至城东水厂原水互通工程、通榆河取水口设施改造工程、通榆河取水口原水预处理净化工程、通榆河至城东水厂原水互通工程、盐龙湖水库调试优化工程、污水处理设施建设工程、二次供水设施改造提升工程、市区饮用水安全全覆盖工程。2015 年 5 月 14 日，全线总长 15.8 千米的盐龙湖至城东水厂原水互通管道工程全线贯通，城东水厂 30 万吨深度处理工程正式并网供水。但由于盐城原水质不稳定，持续发展下去，不适宜作为饮用水源地，加之盐城地势、水系特征和周边区域经济结构的特点，决定水环境治理任务十分艰巨，短期内难以彻底改善水源地水质状况。自 2014 年 12 月起，按照市委、市政府要求，市城乡建设局联合相关专业机构，就盐城新水源地方案进行深入调研比选，形成建设方案。2015 年 1—5 月，市委、市政府多次召开会议，邀请省内外专家进行新水源地的比选论证。2015 年 5 月 25 日，《盐城市新水源地比选论证报告》评审会在南京召开，专家组综合考虑水质、水量、水价、投资规模、受益人口、施工难度和运营维护等因素，建议在京杭运河宝应氾水段建设新水源地，将南水北调长江之水引入盐城市区及相关县区。市人大、市政协先后讨论通过京杭运河新水源地建设方案。2015 年 7 月，《盐城市新水源地比选论证报告》经市政府常务会议和市委常委会研究通过。市委、市政府最终决定，在京杭运河宝应氾水段建设新水源地，通过大口径管道向盐城引入优质原水，从根本上解决老百姓饮用水安全问题。2016 年初，盐城新水源地及跨区域引水工程被列为市委、市政府头号为民办实事项目，又被省政府列入 2016 年重大民生保障项目。

饮用水安全保障重点工程 年内，盐城继续实施饮用水安全保障重点工程（除新水源地及跨区域引水工程，共 7 项）。其中，盐龙湖水厂一期工程建设，完成结构主体施工，进行厂外管道施工和设备安装，完成投资 3 亿元；通榆河原水预处理净化工程完成预处理桩基 95%，蓄水池桩基 80%，完成投资 2.1 亿元；盐龙湖水库优化项目科研单位完成实施方案和部分调试优化，完成投资 2700 万元；市区二次供水改造提升完成部分小区改造任务，分批进行施工招标，完成投资 7000 万元；市区供水管网建设完成经八路、范公路及周边供水管道改造，完成投资 9000 万元；城南新区自来水管网工程竣工，完成投资 6000 万元；通榆河至城东水厂原水互通工程项目因考虑新水源地及跨区域引水工程启动，工程建成后，完全可以替换该项目功能，11 月，市政府取消通榆河至城东水厂原水互通工程建设项目。

黄海东路整治改造（范公路—文港路）建成通车 年内，市城乡建设局继续实施黄海东路道路整治改造工程，项目从范公路至文港路，长约 600 米、宽 40 米，总投资 5000 万元，于 2015 年启动实施。至年底，完成年度投资 1000 万元，并建成通车。

市区海绵城市专项建设 年内，市城乡建设局试点推广海绵城市技术应用，完成《盐城市市区海绵城市专项规划及实施方案》编制工作。规划以农田为基，以城市水体和绿地空间为底图，布局公共海绵空间及设施，构建蓝绿交织、绿灰结合的海绵公共海绵体，全面提升城市水安全、水环境、水资源和水生态。规划明确盐城市将通过海绵城市建设，将 70% 的降雨就地消纳和利用，全面构建海绵城市建设指标体系。到 2020 年，城市建成区 20% 以上的面积达到目标要求；到 2030 年，城市建成区 80% 以上面积达到目标要求。年内，大星南路道路改造中运用植草沟、雨水收集等海绵城市建设理念，完成投资 200 万元，北环路快速路工程（人民路至范公路高架接线段）获评 2016 年江苏省海绵示范项目，腾飞路建设计划推广运用透水砖。

《市区城市地下管廊综合规划》通过评审 11 月 18 日，《市区城市地下管廊综合规划》通过省住建厅评审。规划总面积 433 平方公里（规划建设用地总面积 186 平方公里），规划期限 2016—2030 年，规划目标是建成一批水平先进的地下综合管廊并投入运营，遏制“马路拉链”现象，提升管线安全水平和防灾抗灾能力，到 2020 年市区综合管廊建设规模为 30.6 千米，2030 年建设规模为 81.9 千米。12 月，盐城高新区纬三路地下综合管廊开工建设，管廊全长 1.3 千米，宽 6.6 米，2 舱预制拼装，入廊管线为电力、通信、供水、污水管道，计划投资 1.2 亿元。

市区后街巷道及低洼易涝片区改造整治 年内，市城乡建设局完成大洋加油站北侧巷等 81 条后街巷道改造，改造道路面积 4.62 万平方米，其中新增排水管道 1.36 万米。完成人民路、新都路雨水管道改造等 22 个低洼易淹易涝片区整治项目，新建雨水管道 3008 米，改造管道 1758 米，新建雨水排涝泵站 2 座，改造泵站 1 座。（王　健）

二、房屋征收

2016 年，市城乡建设局推进房屋征收公开工作，公开全市年度房屋征收计划，出台《盐城市国有土地上房屋征收政务公开工作意见》，规范信息公开工作。推进房屋征收货币化安置，出台《关于供给侧结构性改革去库存的实施意见》，促进房地产去库存。全年市区累计完成房屋征收搬迁 95.9 万平方米，涉及住宅 4920 户、非住宅 364 个。其中，国有土地征收项目实施 38 个，完成 15.62 万平方米，涉及住宅 1359 户，选择货币补偿占比 77.9%。结转拆迁完成 462 平方米。协商搬迁完成 80.23 万平方米。新作出征收决定 9 个（其中市本级 1 个、亭湖区 6 个、盐都区 1 个、大丰区 1 个）。（王　健）

80 间棚户区二期房屋征收 80 间棚户区改造地块房屋征收从 2012 年 7 月启动，分二期实施。一期征收涉及 435 户居民，至 2015 年底完成。2016 年 7 月，实施第二期房屋征收，涉及居民 230 户。至年底，完成 224 户居民的征收任务，剩 6 户居民没有签订征收协议。

剧场路三期房屋征收 剧场路棚户区改造涉及 2939 户居民和近百个单位。2009 年启动征收拆迁，实施第一、第二期房屋征收，完成 1740 户居民和绝大部分单位的征收任务。2016 年 10 月，启动第三期房屋征收，涉及居民 242 户。至年底，完成 212 户居民的征收任务，剩 30 户居民没有签订征收协议。

盐城工学院老校区二期房屋征收 盐城工学院老校区房屋征收涉及居民 443 户，2013 年启动，一期房屋征收涉及居民 113 户，至 2015 年底基本完成。2016 年 12 月，启动第二期房屋征收工作，涉及居民 330 户。至年底，全面完成 330 户居民的签约、让房工作任务。（王道洲）

第三节 市政公用设施建设

一、道路桥梁养护

2016年，市城乡建设局对解放路、建军路等市区主次干道进行维修，共维修沥青路面2.71万平方米、砼路面3360平方米、人行道1.37万平方米、路牙沿5480米，维修、油漆车止石853座。完成黄海大桥纵向拼接缝及伸缩缝维修工程、海纯桥拆除重建等项目。完成工农路、凌桥路、建军西路、海纯桥接线等15条主次干道大修。完成曹家巷、浠沧商业街、解放路鸿基大酒店等6个道路红线外侧场地铺装改造项目，整治面积5100平方米。逐步完善市区桥梁信息管理系统建设，提升桥梁养护管理水平。新增、改造各种灯饰共7612盏，更换变压器12台，新增箱式变压器9台、开关箱8台、“三遥”（遥控、遥测、遥信）终端8台及电缆1.85万米。维修保养各种灯饰8.7万盏次，更换各类光源6.8万只、镇流器9180只，市区主干道路灯亮灯率始终保持98%以上。

二、供　水

至2016年底，全市有地面水厂17座，供水能力每日153万吨，其中深度处理能力每日122.5万吨。市区有城西、城东2座地面水厂，总制水能力每日41.5万吨。其中，城西水厂制水能力每日11.5万吨，为常规处理工艺，日均供水量9.4万吨；城东水厂制水能力每日30万吨，采用深度处理工艺，日均供水量26万吨。全年日均供水量35万吨。在供水总量中，居民生活用水约占60%，供水总户数37.2万户，服务人口130万人。盐城市区建有蟒蛇河和通榆河2处水源地，每地取水能力每日30万吨。全年供水量近1.3亿立方米，售水量超过8500万立方米。全市区域供水累计通达乡镇144个，通达率100%，受益人口610.72万人。

三、污水处理

至2016年底，全市建设提升泵站20座，铺设各类污水主、支管道480千米，完成世纪大道、人民路等110条主次干道及后街巷道排水管网疏通430千米。市区建有城东、城南、开发区、城北4座污水处理厂，实际处理能力每日24.4万吨。其中，城东污水处理厂处理能力每日10万吨，全年处理污水2749万吨，日均处理污水7.5万吨；城南污水处理厂采取BOT方式（即建设—经营—转让，是私营企业参与基础设施建设，向社会提供公共服务的一种方式），处理能力每日10万吨，全年处理污水1609万吨，日均处理污水4.4万吨；开发区污水处理厂由市经济开发区采取BOT方式建设、运行，设计规模处理能力每日8万吨，已建成一期工程，处理能力每日2万吨，全年处理污水509万吨，日均处理污水1.4万吨；城北污水处理厂由亭湖区采取BOT方式建设，总规模处理能力每日5万吨，一期工程建成，处理能力每日2.4万吨。市区城市污水处理厂服务范围内小区超过280个，采用雨污分流制的小区124个。另有在建环保产业园污水处理厂，预计每日污水处理1万吨。至年底，全市（包括各县、区）建成城镇污水处理厂94座，总设计处理能力每日100.6万吨，投运规模处理能力每日83万吨，总投资约19.8亿元。其中，城市污水处理厂17座，总设计处理能力每日61.15万吨，已全部投入使用，铺设各类污水主、支管道1460千米；建制镇污水处理厂77座，总设计处理能力为每日27.7万吨，部分新建的污水厂试运营或逐步投入运营，铺设各类污水主、支管道880千米。城市（县城）污水处理率超过80%，建制镇污水处理设施覆盖率超过95%。

（王　健）

第四节 城南新区建设

2016年，城南新区实施重点城建项目103个，竣工87个，完成政府投资63.8亿元。公共配套工程方面，实施串场河小学新建、康居路初中扩建、学海路初中改造等工程，市城南体育中心全面竣工，“汉花缘”景区国庆黄金周开园，中南城商业综合体建成全市首座同层停车场、全市首个青年创意街区，新都街道卫生服务中心竣工交付，南港、益丰、耿伙、珠溪等6个社区卫生服务站投入使用，新都街道解放路农贸市场建成全市唯一一家“四化”（产品标准化、服务规范化、管理超市化、销售网络化）农贸市场。至年底，宝龙城市广场、金鹰聚龙湖店、缤纷亚洲、钱江财富广场、中南世纪城购物中心、紫薇国际广场、棕榈泉广场七大城市综合体实现营业收入25.6亿元。全年实施为民办实事工程29项，完成投资26亿元。年内，黄海街道建成全市首家社区便民呼叫中心，农村康居工程D级危房改造任务完成，社区服务小区重点工程竣工，实施农村路桥改造工程34个，完成城市河道整治40余条，建成3座公共卫生间和文港路垃圾中转站，完成南港路、新河路等道路污水改造，推进人民路、南环路、范公路等自来水管网改造及瓢城新街停车场建设，建成聚龙湖、园林大道、小新河、北港河等6条共16千米慢行步道。全年栽植各类乔木3.8万株，灌木4万株，新增地被140公顷，完成投资6.5亿元。加强基层社区服务中心建设，创成“平安小区”74个，伍佑街道龙园社区成为省、市两级政法综治观摩会的现场点。全年开展聚龙湖、欧风街等惠民演出活动120场次，参与群众30万人次。全年销售普通商品房208.31万平方米，实现销售金额136.36亿元。加快智慧城南建设。启动智慧管网三维立体监管平台项目二期建设，完成戴庄路146个传感设备的安装调试工作；启动智慧健康信息平台建设，实现14.5万份健康档案的采集和录入；启动“云端新城”建设，政务服务云、社区邻里云、平安城市云、医疗健康云、现代教育云、城市管理云“六朵云”投入使用；新都社区邻里中心建成全市首个智慧城市邻里中心；成功开通互联网国际通信专用通道，完成公共场所免费Wi-Fi全覆盖。

"微城市"试点建设通过验收 2014年5月，城南新区与住建部、中国城市科学研究会正式签约，启动国内首个"微城市"试点建设。"微城市"建设范围：解放路以东、世纪大道以南、串场河以西、盐渎路以北，覆盖面积4平方公里。同年6月，城南新区启动"微城市"规划编制，12月，方案通过住建部验收。"微城市"具体建设包括"微网络""微交通""微社区""微生态""微产业"五大项目，实现对范围内居住、就业、交通、文化、游憩、商业等复合功能进行整合，体验工作、生活、娱乐、消费等一站式服务，形成人流、物流、信息流、交通流、资金流等城市功能微循环。至2016年底，"微城市"范围内小区全部实现光纤和下一代广播电视网络到户，公共场所累计开放50多处免费Wi－Fi热点，实现聚龙湖周边免费Wi－Fi实现全覆盖、4G信号全覆盖；建成"微城市"停车引导系统，通过三级引导大屏实时显示空位和引导信息，实现统一平台的停车引导；建成区、街道、社区三级社会治理信息系统，实现全区社会管理一网通，社区网格化管理覆盖率100%；建成"微城市"生态监测系统，实现对"微城市"区域的温度、噪音及空气质量等指标的实时动态监测和显示。2016年11月14日，城南新区被住建部推荐代表中国参加西班牙全球智慧城市博览会，并作经验交流；11月24—25日，承办江苏省智慧城市现场会；11月26日，城南新区"微城市"试点建设通过住建部验收。

聚龙湖健身步道。　李思远摄

城南体育馆竣工 城南体育中心地处市区解放南路与海洋路交会处，是集赛事、健身、会展、演艺、美食、旅游、休闲于一身的城市综合体。2010年9月开工建设，总建筑面积约21.8万平方米，项目总投资超30亿元，中心包含一场三馆一园：体育场、体育馆、游泳馆、综合训练馆和体育公园。2016年4月30日，体育场全面竣工，正式投入运营。体育场建筑面积5.7万平方米，总座席数3.57万个。比赛场地由足球场及田径场组成，可承办省级综合比赛和国家单项比赛，还可以举办大型演唱会和会议会展、车展等。10月23日晚，城南体育中心体育场成功举办首场巨星演唱会。

首家"四化"农贸市场开业 11月29日，位于中庚海德公园小区的解放路农贸市场开业。解放路农贸市场注册资金1000万元，建筑面积3600平方米，入驻无锡鲜果农场、老周食品、富康冷冻海鲜、好得睐方便菜等商户近百家，实行产品标准化、服务规范化、管理超市化、销售网络化，属于全市首家"四化"农贸市场。同时，该市场还设有食品检测室、监控室、消控室、管理办公室、保洁室等，整体配置中央空调、自动扶梯、电动货梯、高清监控、LED显示屏等设施，并同时开通线上线下销售渠道，线上购买的菜品，在菜场周边3千米之内可免费运送。

（孙庆勇）

第五节　镇村建设

一、小城镇（重点镇）建设

2016年，为切实巩固"清洁乡村"行动和农村环境综合整治成果，市委、市政府印发《全市镇区环境整治提升三年行动方案》，按集镇道路黑色化、城镇绿化增量提质、镇区秩序井然有序、镇容环境清爽整洁、公共设施服务到位、单位庭院管理精细、长效管理机制健全7个方面标准要求，组织各地开展镇区环境整治提升工作。18个国家重点镇、省级重点镇和省级临海培育城镇率先达到环境整治提升标准要求。13个省级重点中心镇和2个临海培育城镇建设工程项目通过省级考核验收。东台安丰镇被列入住建部公布的第一批中国特色小镇名单。盐都区学富镇被省住建厅列入2016年重点及特色镇保护与发展项目建设引导资金项目名单。

二、村庄建设

2016年，按照《全市农村环境改善提升行动计划》要求，从设施配套和环境卫生入手，加强村庄内部基础设施和公共服务建设，提升规划布点村庄人居环境水平，开展19个美丽乡村、11个康居村庄和2个传统村落建设和保护工作。典型示范效应显著，村庄环境面貌实现持续改善，农村垃圾收运、生活污水治理等设施更加健全，环境卫生管理逐步走上制度化、规范化、长效化轨道。实施农村康居工程建设。8月，市委、市政府出台《全市农村康居工程建设三年行动方案》，组织全市各地开展农村危房改造工作，计划利用3年时间改造完成农村危旧房屋10万户左右，全面消除农房安全隐患，确保农村家庭住房成套比例达到80%以上的小康标准，同步建成一批美丽宜居乡村，切实改善农村生产、生活、居住条件。至年底，全市1.92万户D级危房全部拆除完成，竣工完成1.67万户，暂未竣工的进行妥善过渡安置。全年全市完成省级危房改造任务2832户，其中翻建新建1472户、修缮加固1360户。

（王 健）

2016年全市入选江苏省美丽乡村建设示范项目名单

表08－20

申报名称	县(市、区)	镇 别	试点村庄名称	试点实施范围			示范类型	核定省财政奖补资金（万元）
				现状整治（户）	新建(户)	验收户数（户）		
江苏省美丽乡村建设示范项目	响水	双港镇	洪南村(洪南居民点)	353	40	393	面上示范村	550
		运河镇	运西村(运西村冲西居民点)	290	–	290	面上示范村	
	滨海	东坎镇	长法村(长法村一组)	218	8	226	面上示范村	430
		八滩镇	粮东村(粮东村三、四、五组)	310	–	310	面上示范村	
	阜宁	罗桥镇	沿边村(晓光村)	150	–	150	面上示范村	410
		新沟镇	西沙湖村(西沙湖)	156	165	321	面上示范村	
	射阳	临海镇	金海村(金海)	220	96	316	面上示范村	480
		四明镇	文明村(文明中心村)	256	5	261	面上示范村	
	建湖	高作镇	长北村(后庄)	272	–	272	面上示范村	570
		宝塔镇	宝塔村(宝塔小街)	280	300	580	面上示范村	
	大丰	小海镇	杨树村(杨树村重点村)	520	8	528	面上示范村	680
		大中镇	海防村(海防村)	421	3	424	面上示范村	
	东台	新街镇	街北村(街北村集中居住点)	150	–	150	面上示范村	680
		唐洋镇	安建村(安建村集中居住点)	305	6	311	面上示范村	
	亭湖	黄尖镇	兴农村(兴家村居民点)	385	–	385	面上示范村	370
		便仓镇	西团村(西团村居民点)	340	30	370	面上示范村	
		新兴镇	新场村(新场村居民点)	250	35	285	面上示范村	
	盐都	大冈镇	佳富村(朱杨)	362	15	377	面上示范村	540
		秦南镇	千秋村(千秋村武刘居民点)	292	–	292	面上示范村	
合 计		19个		5530	711	6241		4870

第六节 园林绿化

2016年，全市城镇园林绿化实施重点工程项目645项，新增或完善城镇绿地1580公顷，完成投资17亿元，栽植乔木152万株、灌木1100万株、地被800万平方米，植草2300万平方米。推动市区园林绿化提档升级，实施市区园林绿化建设任务数118项，完成112项、转下年5项、取消1项，完成新增绿地面积466.74公顷；围绕"彩色化、珍贵化、效益化"要求，实施30条道路绿化"增绿添彩"改造工程。组织实施迎宾公园等3座公园绿地的完善提升工程。应对极寒天气造成的冻害影响，对2.5万株香樟和3.6万株夹竹桃进行复壮，更新香樟约3000株。开展"植柳植桃"工程，植柳969株，植桃868株。启动《盐城市绿道规划建设导则》编制工作，指导督促绿道建设，全市建成绿道400多千米。编制印发《盐城市区园林种植土壤应用技术导则(试行)》。组织"江苏省人居环境范例奖"和"扬子杯"项目申报工作，"绿色交通体系建设"获江苏省人居环境范例奖，"盐城市党风廉政教育中心项目景观工程""东台市勘探设计大厦广场及屋顶花园景观工程"和"阜宁外滩风光带改造提升工程(一标段)"获得"扬子杯"优质工程奖。年内，东台、大丰获评国家园林城市，建湖、阜宁申报开展国家园林城市创建工作；大洋湾创成国家城市湿地公园。

（王 健）

2016 年市区园林绿化重点项目

表 08－21

类别	项目名称		地点及建设内容	2016 年完成新增面积（公顷）	2016 年完成投资（万元）	建设时间	项目进展情况
公园绿地		小 计		168	67424		
	（一）	综合公园	栽植胸径 10 厘米～15 厘米的乔木 6300 株	8. 50	1806. 50		
	★1	申办省第十届园艺博览会	申办省第十届园艺博览会，选址建设面积约 200 公顷的综合性公园。做好申报、选址、立项、规划、拆迁、规划设计等前期工作。土地权属地区负责征收	–	–	2016—2018	未申报成功，项目取消
	★2	大洋湾生态风景区建设	按照国家 AAAAA 级景区标准，建设环境优美、功能齐全、设施便利的旅游景区，当年建设不少于 100 公顷，栽植胸径 10 厘米～15 厘米的乔木 5000 株	–	800	2015—2019	部分完成
	3	大马沟生态公园改造提升	实施大马沟生态公园绿化改造提升。栽植胸径 10 厘米～15 厘米的乔木 300 株	8. 50	1000	2016	完成施工
	4	迎宾公园、盐渎公园等公园改造提升	迎宾公园按照地震防灾避难场所规范要求进行完善提升；盐渎公园河道清淤，景点和健身等设施改造完善，按照地震防灾避难场所规范要求进行完善提升。栽植胸径 10 厘米～15 厘米的乔木 1000 株	–	6. 50	2016—2017	前期准备
	（二）	专类公园	栽植胸径 10 厘米～15 厘米的乔木 1. 05 万株	46	40407		
	★5	野生动物园	启动野生动物园建设。结合亭湖区野生动物园建设，搬迁人民公园内动物园。亭湖区完成新建动物园的选址等前期工作，市城建局结合动物园搬迁对人民公园建筑、盆景园、亭廊、假山、道路系统、排水系统、绿化、景观设施分期进行维修、改造、提升完善，栽植胸径 10 厘米～15 厘米的乔木 1000 株	–	7	2016—2018	重新选址
	★6	小马沟体育公园	小马沟两侧，世纪大道以北，按规划建设集体育健身场地和生态园林为一体的主题公园，盐都区政府负责征地拆迁建设，各投资平台筹资	6	30000	2016—2017	完成
	7	桃花园续建	改造建设 333. 33 公顷桃花园二期，完善地被花卉及游憩休闲等配套设施，栽植胸径 10 厘米～15 厘米的乔木 8000 株	10	400	2016. 3	完成施工
	★8	四季花海	建设 30 公顷集观赏、休闲、旅游、科普教育于一体的城市专类主题花园，栽植胸径 10 厘米～15 厘米的乔木 1500 株	30	10000	2015—2016	完成施工
	★（三）	带状公园（含河道绿化）	栽植胸径 10 厘米～15 厘米的乔木 9900 株	96. 98	19510		
	9	先锋岛周边绿地改造提升	先锋岛，临串场河、蟒蛇河、越河沿河绿化改造提升，栽植胸径 10 厘米～15 厘米的乔木 1000 株	–	1000	2016	完成施工
	10	大星河景观带	建设大星河两侧滨河景观带，栽植胸径 10 厘米～15 厘米的乔木 500 株	1. 50	500	2016. 2—4	完成施工
	11	丰收河景观带	丰收河东侧、大寨河至 331 省段绿化景观建设，栽植胸径 10 厘米～15 厘米的乔木 500 株	3. 50	450	2016. 6—9	完成施工

续表 08－21

类别	项目名称		地点及建设内容	2016 年完成新增面积（公顷）	2016 年完成投资（万元）	建设时间	项目进展情况
公园绿地	12	小洋河绿化	小洋河东支、北段河道两侧绿化景观建设，栽植胸径 10 厘米～15 厘米的乔木 500 株	5.07	500	2015—2016	完成施工
	13	冈沟河景观带	冈沟河（青年路至世纪大道）河道两侧绿化景观建设，栽植胸径 10 厘米～15 厘米的乔木 1000 株	9	1100	2016.3	完成施工
	14	第一沟景观带	第一沟两侧绿化景观建设	9	1000	2016.3	完成施工
	15	高速出口景观带	健仁段绿化景观建设	1	140	2016.3	完成施工
	16	西干渠景观带	西干渠（世纪大道至何桥社区）河道两侧绿化景观建设	2.50	380	2016.2	完成施工
	17	中心河景观带	中心河（小马沟至 204 国道）河道两侧绿化景观建设	2.70	390	2016.2	完成施工
	18	利民河景观带	利民河（西干渠至 204 国道）河道两侧绿化景观建设	1.71	400	2016.2	完成施工
	19	郝庄河绿带	郝庄河（小马沟至 204 国道）河道两侧绿化景观建设	2.40	400	2016.2	完成施工
	20	渠丰河绿带	渠丰河（204 国道至西环路）河道两侧绿化景观建设	3.20	600	2016.5	完成施工
	21	盐塘河绿带	盐塘河（大马沟至西环路）河道两侧绿化景观建设	4	800	2016.5	完成施工
	22	小马沟滨河公园	小马沟（盐渎路至蓝海路）滨水公园，建设生态湿地、景观平台、广场游园等，栽植胸径 10 厘米～15 厘米的乔木 4800 株	35	8000	2016.8	完成施工
	23	定向河景观带	定向河河道两侧绿化景观建设，栽植胸径 10 厘米～15 厘米的乔木 200 株	3	600	2016.3—6	完成施工
	24	八总沟景观带	八总沟河道两侧绿化景观建设，栽植胸径 10 厘米～15 厘米的乔木 150 株	2	800	2016.8—10	完成施工
	25	西伏河景观带	西伏河河道两侧绿化景观建设，栽植胸径 10 厘米～15 厘米的乔木 200 株	6	1200	2016.3—6	完成施工
	26	盐塘河景观带	盐塘河河道两侧绿化景观建设，栽植胸径 10 厘米～15 厘米的乔木 100 株	2	400	2016.3—6	完成施工
	27	东干渠西侧景观带	盐渎路至聚亨路河西侧绿化景观建设，栽植胸径 10 厘米～15 厘米的乔木 150 株	2	400	2016.3—5	完成施工
	28	串场河景观带提升	串场河世纪大道至南环路绿化景观建设。2016 年完成串场河河西世纪大道至盐渎路绿化景观建设，栽植胸径 10 厘米～15 厘米的乔木 600 株	–	350	2016.1—2018.12	完成年度目标
	29		实施串场河景观带桥梁装饰、驳岸柔化、绿化提升、亮化改造	–	–	2016—2017	完成年度目标
	30	三河公园二期	实施胜利河、团结河河道清淤、生态驳岸、绿化、公园园路、亮化等绿化景观建设，全长约 2200 米	–	–	2016—2017	未完成
	31	前进河景观带	世纪大道南侧，前进河西侧的公园绿地建设，栽植胸径 10 厘米～15 厘米的乔木 200 株	1	100	2015—2016	完成施工

续表 08 - 21

类别		项目名称	地点及建设内容	2016 年完成新增面积（公顷）	2016 年完成投资（万元）	建设时间	项目进展情况
公园绿地	（四）	街旁绿地	栽植胸径 10 厘米～15 厘米的乔木 1800 株	16. 60	5700		
	32	街旁绿地	奥华城市广场（北环路与开放大道交叉口东侧）、富康健身广场、234 省道节点（234 省道与开放大道交叉口）、光荣游园（迎宾大道北侧）、盐城大桥景观（盐城大桥北侧）、高速东出入口节点（东出入口节点改造提升）、锐轩财富广场游园（建设亭湖大道北侧锐轩财富广场绿化景观建设）、力拓悦城游园等 8 块街旁绿地建设，栽植胸径 10 厘米～15 厘米的乔木 500 株	6. 60	1700	2016. 1—6	完成施工
	33		物流公园（新区物流园区内绿化景观建设）1 处街旁绿地建设，栽植 10 厘米～15 厘米的乔木 500 株	5	1000	2016. 5	完成施工
	34		建成区范围新增 5000 平方米以上街头绿地 15 个，新增胸径 10 厘米～15 厘米的乔木 800 株	5	3000	2016. 3—12	完成施工
生产绿地		小　计		4. 30	1046		
	35	亭湖新区卫生服务中心西侧苗圃	金光路北侧卫生服务中心西侧，建设生产绿地	4. 30	246	2016. 3	完成施工
	36	天山路苗圃	天山路西侧，通榆河东侧，迎宾馆北侧，建设生产绿地	–	800	2015—2016	完成施工
防护绿地		小　计		17. 22	416		
	37	跃东生产沟防护绿地	毓龙路至双大桥段防护绿地建设	1. 30	220	2016. 1—6	完成施工
	38	朝阳河防护绿地	通榆河至开放大道段防护绿地建设	0. 92	120	2016. 1—6	完成施工
	39	通榆河饮用水保护区绿化	通榆河饮用水保护区（友谊村），防护绿地建设	15	76	2016. 1—6	完成施工
附属绿地		小　计	栽植胸径 10 厘米～15 厘米的乔木 2. 14 万株	178. 64	47180		
	（一）	道路绿地（含提档改造道路）	栽植胸径 10 厘米～15 厘米的乔木 1. 47 万株	71. 57	16138		
	⋆40	市区主次干道及重要节点绿化改造提升	因地制宜做好道路及节点景观提升，合理配植桂花、樱花、腊梅、碧桃、玉兰等观花、芳香植物以及槭枫类等彩叶树种，打造特色景观。道路两侧有空间的增加一排行道树，栽植胸径 10 厘米～15 厘米乔木 800 株。分车带顶端，每年不少于 6 次时令花卉栽植	–	4110	2016	完成施工
	⋆41	内环高架景观带	市区内环高架两侧红线外景观带，市城建局牵头统一设计，分区建设用 2 年时间，打造高架沿线景观廊道。市区内环高架道路红线内以及枢纽区绿化，市交通运输局牵头建设	–	300	2016—2017	完成设计
	42	飞驰大道	道路两侧，青墩连接线至天山路道路绿化提升	–	200	2016. 3	完成施工
	43	小新河路	东环路至东亭路段绿化建设	0. 80	130	2016. 6	完成施工

续表 08－21

类别	项目名称		地点及建设内容	2016 年完成新增面积（公顷）	2016 年完成投资（万元）	建设时间	项目进展情况
附属绿地	44	开放大道	开放大道（盐城大桥至 234 省道段）沿线绿化提升	–	500	2016. 4	完成施工
	45	新达路	北环路至 204 国道段绿化建设	0. 90	200	2016. 3	完成施工
	46	富城路	234 省道至新达路段绿化建设	1. 10	300	2016. 3	完成施工
	47	宁靖盐高速两侧绿化提升工程	宁靖盐高速两侧绿化提升	3	100	2016. 3	完成施工
	48	东环路	东环路新河路至世纪大道段两侧绿化建设	1. 50	150	2016. 1—12	完成施工
	49	河东新城道路	新建道路延线绿化建设	1	130	2016. 1—12	完成施工
	50	234 省道接线工程	234 省道接线绿化建设	0. 80	120	2016. 1—6	完成施工
	51	东仓路	东仓路 800 米绿化建设	0. 75	105	2016. 3—6	完成施工
	52	鹿鸣路	经四路至马中河段道路绿化建设	6	320	2016. 3	完成施工
	53	手机产业园规划支路	马中河至冈沟河段道路绿化建设，栽植胸径 10 厘米～15 厘米的乔木 460 株	1. 50	240	2016. 5	完成施工
	54	经四路	青年路至纬二路段道路绿化建设，栽植胸径 10 厘米～15 厘米的乔木 350 株	3	206	2016. 3	完成施工
	55	华锐路	薛家港至盐渎路道路绿化建设，栽植胸径 10 厘米～15 厘米的乔木 1800 株	1. 30	360	2016. 3	完成施工
	56	韩资工业园	横一、纵一、纵二园区道路绿化建设，栽植胸径 10 厘米～15 厘米的乔木 900 株	0. 80	550	2016. 3	完成施工
	57	钱龙路	钱庄至西徐段道路绿化建设，栽植胸径 10 厘米～15 厘米的乔木 150 株	5. 07	255	2016. 4	完成施工
	58	政通路	王庄至成庄段道路绿化建设，栽植胸径 10 厘米～15 厘米的乔木 150 株	4. 70	250	2016. 4	完成施工
	59	秦川路南延	纬八路至盐渎路道路绿化，栽植胸径 10 厘米～15 厘米的乔木 1800 株	0. 45	300	2016. 6	完成施工
	60	东进路	西环路至 204 国道道路绿化建设，栽植胸径 10 厘米～15 厘米的乔木 3000 株 700	3. 70	712	2016. 4	完成施工
	61	新建道路	康乐道、科城外环西路、步湖路等新建道路绿化建设，栽植胸径 10 厘米～15 厘米的乔木 800 株	6	1500	2016. 3—12	完成施工
	62	普陀山路	盐渎路至南环路段道路两侧绿化建设，栽植胸径 10 厘米～15 厘米乔木 1000 株	13	2000	2016. 1—6	完成施工
	63	企业围墙外绿化栽植工程	完善赣江路、珠江路、湘江路、漓江路等已有企业入驻的围墙外道路绿化，栽植胸径 10 厘米～15 厘米的乔木 1000 株	5	1000	2016. 1—12	完成施工
	64	岷江路	从崂山路至普陀山路，建设道路绿化，栽植胸径 10 厘米～15 厘米的乔木 1000 株	2. 50	500	2016. 1—6	完成施工
	65	农示园内道路	伍佑农业示范园区内外环道路绿化项目占地约 26. 67 公顷，为农业示范园区内外环道路两侧各 30 米范围内的绿化带提升工程，栽植胸径 10 厘米～15 厘米的乔木 1500 株	8. 70	1600	2015—2016	完成施工

续表 08－21

类别	项目名称		地点及建设内容	2016 年完成新增面积（公顷）	2016 年完成投资（万元）	建设时间	项目进展情况
附属绿地	（二）	居住绿地	栽植胸径 10 厘米～15 厘米的乔木 5170 株	76.25	24301		
	66	在水一方二期	迎宾大道北天山路东，按规划完成居住区庭院绿化建设，栽植胸径 10 厘米～15 厘米的乔木 100 株	4.30	300	2016.1—6	完成施工
	67	绿地书香园一期	东环路西侧，按规划完成居住区庭院绿化建设，栽植胸径 10 厘米～15 厘米的乔木 100 株	2.90	270	2016.5—12	完成施工
	68	德惠一期	丰收河西、大寨南，按规划完成居住区庭院绿化建设	3.10	190	2016.1—8	完成施工
	69	虹亚翰庭雅苑二期	亭湖医院北侧，按规划完成居住区庭院绿化建设	2.75	231	2016.1—6	完成施工
	70	紫御府小区	沿河西路 21 号，按规划完成居住区庭院绿化建设	1.12	40	2016.1	完成施工
	71	银豪小区	沿河东路 14 号，按规划完成居住区庭院绿化建设	4	160	2016.11	完成施工
	72	港湾明珠	新洋港大道北侧，新洋港大桥西侧，按规划完成居住区庭院绿化建设	1.79	370	2016.1—10	完成施工
	73	美岸华庭	美岸华庭小区（二期），按规划完成居住区庭院绿化建设	1	50	2016.1—11	完成施工
	74	万泰时代城	万泰时代城跃进河两侧，按规划完成居住区庭院绿化建设	0.90	75	2016.2	完成施工
	75	水岸名都	盐马路 169 号，按规划完成居住区庭院绿化建设	2	80	2014.7—2016.12	完成施工
	76	豪德置业	跃进路 58 号，按规划完成居住区庭院绿化建设	1	35	2016.1—12	完成施工
	77	宝华花园	204 国道东，鹿鸣路北居住区内景观绿化建设，栽植胸径 10 厘米～15 厘米的乔木 150 株	1.70	400	2016.1	完成施工
	78	如意花园	204 国道东，大庆路北，西环路西居住区内景观绿化建设，栽植胸径 10 厘米～15 厘米的乔木 300 株	1.65	400	2016.1	完成施工
	79	青年华都	204 国道东，青年路北，西环路西居住区内景观绿化建设，新增胸径 10 厘米～15 厘米的乔木 300 株	1.40	400	2016.1	完成施工
	80	盐塘家园	吴抬路以东、开创路以南居住区内景观绿化建设，栽植胸径 10 厘米～15 厘米的乔木 290 株	1.20	800	2016.3	完成施工
	81	向阳秀水佳苑	纬十四路与文汇路交叉口居住区内景观绿化建设，栽植胸径 10 厘米～15 厘米的乔木 290 株	1.46	850	2016.6	完成施工
	82	香槟公馆	西环路西，新都路南居住区内景观绿化建设，栽植胸径 10 厘米～15 厘米的乔木 270 株	0.18	410	2016.1	完成施工

续表 08－21

类别		项目名称	地点及建设内容	2016年完成新增面积（公顷）	2016年完成投资（万元）	建设时间	项目进展情况
附属绿地	83	濠景半岛	青年西路南，大庆路北居住区内景观绿化建设，栽植胸径10厘米～15厘米的乔木200株	1.50	400	2016.1	完成施工
	84	香城美地	西环路东，开元路北居住区内景观绿化建设，栽植胸径10厘米～15厘米的乔木170株	1.60	420	2016.1	完成施工
	85	世纪嘉园	西环路东，开元路北居住区内景观绿化建设，栽植胸径10厘米～15厘米的乔木100株	1.50	420	2016.1	完成施工
	86	中南3B	海洋路南、阅海路北、胜利路西、民富路东侧居住区内景观绿化建设，栽植胸径10厘米～15厘米的乔木400株	5	2000	2016.1—6	完成施工
	87	中南5B	海洋路南、阅海路北、胜利路东、人民路西侧居住区内景观绿化建设，栽植胸径10厘米～15厘米的乔木400株	5	2500	2016.5—12	完成施工
	88	中海地块二期	日月路东，福裕路北，一沟南，东干渠西侧居住区内景观绿化建设，栽植胸径10厘米～15厘米的乔木300株	4.50	2000	2016.5—12	完成施工
	89	中海凯旋门	开放大道东、大新河南侧居住区内景观绿化建设，栽植胸径10厘米～15厘米的乔木300株	4	1800	2016.5—12	完成施工
	90	日月新城一期	日月路东，福裕路南，盐渎路北，日月路小学西侧居住区内景观绿化建设，栽植胸径10厘米～15厘米的乔木200株	3	1500	2016.5—12	完成施工
	91	香苑东园一期	人民路东，盐塘河南，海阔路北，戴庄路西侧居住区内景观绿化建设，栽植胸径10厘米～15厘米的乔木150株	2	1000	2016.5—12	完成施工
	92	金融城	世纪大道南、人民路东、戴庄路西侧居住区内景观绿化建设，栽植胸径10厘米～15厘米的乔木150株	3	2000	2016.5—12	完成施工
	93	凤鸣缇香三期	南港路南、解放路东侧地块内景观绿化建设，栽植胸径10厘米～15厘米的乔木100株	2	1200	2016.5—12	完成施工
	94	凤凰汇B2	南港路北、聚亨路南、解放路东侧地块内景观绿化建设，栽植胸径10厘米～15厘米的乔木100株	2	800	2016.5—12	完成施工
	95	凤凰汇熙园	南港路北、盐城路东侧地块内景观绿化建设，栽植胸径10厘米～15厘米的乔木100株	2	800	2016.5—12	完成施工
	96	锦城丽景	盐渎路南、日月路东、景观大道西侧居住区内景观绿化建设，栽植胸径10厘米～15厘米的乔木200株	3	1000	2016.5—12	完成施工
	97	新河家园	新园路西、世纪大道南侧居住区内景观绿化建设，栽植胸径10厘米～15厘米的乔木100株	1	400	2016.10—2016.12	完成施工

续表 08－21

类别	项目名称		地点及建设内容	2016 年完成新增面积（公顷）	2016 年完成投资（万元）	建设时间	项目进展情况
附属绿地	98	鹏润花园	新盐道南、珠溪路西，占地 7.87 公顷，居住区内景观绿化建设，栽植胸径 10 厘米～15 厘米的乔木 200 株	3	1000	2016. 10—2016. 12	完成施工
	99	天山水岸花园	天山路西侧，按规划完成居住区庭院绿化建设，栽植胸径 10 厘米～15 厘米的乔木 200 株	–	–	2016. 1—12	房屋施工，绿化延续到 2017
	（三）	单位绿地	栽植胸径 10 厘米～15 厘米的乔木 1500 株	30. 83	6741		
	100	孵化园区二期	孵化园区内，按规划实施单位庭院绿化建设，栽植胸径 10 厘米～15 厘米的乔木 300 株	3	230	2016. 7	完成施工
	101	耀强电子	光电产业园，按规划实施单位庭院绿化建设	1. 20	89	2016. 2	完成施工
	102	博德维环境技术	亭湖新区博德维厂区绿化建设	0. 96	120	2016. 7	完成施工
	103	市政大厦	光谷大道东金光路南，按规划实施单位庭院绿化建设	0. 80	80	2016. 8	完成施工
	104	新洋经济区庭院绿化	新洋经济区，单位内庭院绿化建设	0. 40	30	2016. 2	完成施工
	105	瓢城记忆周边景观绿化工程	位于串场河与新洋港交汇处，园林景观建设，栽植胸径 10 厘米～15 厘米的乔木 200 株	2	250	2015. 10—2016. 3	完成施工
	106	敬老院	张庄敬老院绿化景观建设	0. 97	97	2016. 5	完成施工
	107	研创大厦绿化	世纪大道高速出口以西、振兴路以北，按规划实施单位庭院绿化建设	1	200	2016. 3	完成施工
	108	手机产业园绿化	纬八路南，华锐路东，按规划实施单位庭院绿化建设	2	250	2016. 3	完成施工
	109	大数据产业园区	大数据产业园区内部及周边绿化配套建设，栽植胸径 10 厘米～15 厘米的乔木 600 株	10	4000	2016. 3—12	完成施工
	110	环卫处	嵩山路与漓江路交界处西北角，按规划实施单位庭院绿化建设	0. 10	25	2016. 1—12	完成施工
	111	韩国社区	韩国社区 A、B、C 及餐饮综合楼周边绿化建设，栽植胸径 10 厘米～15 厘米的乔木 200 株	3	630	2016. 1—12	完成施工
	112	九州电器	厂区配套绿化景观建设	2	600	2016. 1—12	完成施工
	113	污水处理厂	东环路与漓江路交界处东北角，按规划实施单位庭院绿化建设	0. 40	60	2016. 1—12	完成施工
	114	韩资工业园东方电子厂房	九华山路与岷江路交界处东北角，东南角，1～6 号厂房配套绿化建设，栽植胸径 10 厘米～15 厘米的乔木 200 株	2	300	2016. 1—12	完成施工
	115	安东湖西侧绿化工程	韩资园邻里中心安东湖西侧，配套绿化建设	1	80	2016. 1—12	完成施工

续表 08－21

类别	项目名称		地点及建设内容	2016 年完成新增面积（公顷）	2016 年完成投资（万元）	建设时间	项目进展情况
其他绿地		小　计	胸径 10 厘米～15 厘米的乔木 1000 株	98.50	4622.50		
	（一）	立体绿化		–	670		
	116	立体绿化	沿路、沿河、沿围墙、沿桥梁等全面实施立体绿化，四个区各投资 300 万元，市城乡建设局（园林局）投资 200 万元	–	670	2016	完成施工
	★（二）	绿地行动		98.50	2952.50		
	117	绿化改造完善、裸土覆盖	按照 3 年行动计划，2016 年消除市区东环路、南环路、新 204 国道、北环路围合范围内裸土，栽植胸径 10 厘米～15 厘米的乔木 1000 株	98.50	2952.50	2016.5—8	完成施工
	（三）	绿道建设		–	1000		
	★118	绿道建设	市区建设不少于 50 千米的绿道。重点结合河道整治，打造“亲水绿道”，设置指示牌、驿站等配套设施。市园林局负责制订建设标准，市本级和各区各建设不少于 10 千米绿道	–	1000	2016	完成施工
	合　计		栽植胸径 10 厘米～15 厘米的乔木不少于 5 万株	467	120688		

说明：带★为十大重点项目。

第七节　城市管理

一、市容秩序管理

2016 年，盐城加强城市市容秩序管理。全年全市安排“九整治”项目（整治城郊接合部、整治城中村、整治棚户区、整治老旧小区、整治背街小巷、整治城市河道环境、整治低洼易涝片区、整治建设工地、整治农贸市场）206 个，“三规范”（规范占道经营、规范车辆停放、规范户外广告设置）项目 893 个，其他深化提升整治项目 788 个，其中市区安排整治项目 91 个、规范项目 232 个。持续开展户外广告专项整治行动，组织拆除高立柱广告、楼顶广告等大型广告牌 132 块，清理店招标牌 85 块。提升道路容貌环境，实施市区主要道路沿街景观综合整治改造工程，出新建筑立面 70 幢，改建围墙长约 10 千米，拆违拆旧拆破 300 多处，拆除主干道非交通指示牌 88 块。组织建筑装潢垃圾集中清理行动，清理占道堆放物品物料 500 余处 2600 多吨。通过整治改造，开放大道（新洋港至 234 省道）北段申报创建 2017 年度省级城市管理示范路。启动内环高架沿线部分路段容貌秩序整治工作，组织实施内环高架沿线户外广告店招整治改造，拆除南环路、西环路两侧部分户外广告设施，其中南环路沿线拆除高炮广告 12 座、落地广告 5 块；对西环路金大洋周边楼顶和楼面店招标牌组织集中帮拆行动，拆除楼顶招牌 13 处、在建楼面条幅 5 处、楼面招牌 6 处，改造破损招牌 3 处、工地出入口指示牌 2 处。修编《盐城市市区户外广告专项规划》，编制《盐城市市区店招标牌设置技术规范》，通过省住建厅评审。提档升级市区重点地点容貌，以内环高架和串场河水上游览线为重点，提升高架及河道沿线户外广告、店招标牌和夜景亮化设置管理水平，统一集中管理市区景观亮化设施。营造城市管理氛围，开展以城市管理工作进社区、进校园、进企业为内容的“三走进”活动，组织城管志愿活动，“10·26”城管开放日活动，引导市民群众参与支持城市管理工作。注重媒体宣传，全年在市级以上媒体刊登宣传城管稿件 184 篇次。

二、城市景观建设与管理

2016 年，按照市委、市政府关于提升城市现代化、国际化水平的重大决策和打造城市“品质之光、特色之光、科技之光、生态之光”的部署，市城乡建设局组织开展市区内环高架和串场河沿线建（构）筑物亮化方案的国际征集工作，完成亮化概念方案和设计方案编制工作，征集方案 10 个，确定东京光景照明设计有限会社、上海复旦规划建筑设计院、浙江城建园林设计院 3 家设计单位进行亮化概念方案设计，年内，分别完成市区内环快速路（一环五射）沿线两侧楼宇亮化方案、串场河沿线建（构）筑亮化等设计方案的国际征集工作。

三、环境卫生管理

2016年，市城管局组织采购大型洗扫一体车2台、护栏清洗车4台、大型高压冲洗车1台、垃圾压块车2台、新能源垃圾转运车2台、多功能冲洗养护车6台，设立环卫工人专用休息室30个，提升道路机械化清扫率和环卫工人工作环境。加强主干道的日常保洁和管理，针对夜市排档集中、渣土泼洒严重及商业集中区等不同路段的实际情况，推行“一路一策”保洁模式，采取人工清扫、机械冲洗、上门收集等不同作业模式，实行定人、定点、定设备、定责任。修订完善《环卫保洁质量及业务管理考核办法》，制定《保洁市场化作业督查考核办法》，挑选一线保洁人员，充实考核队伍，对辖区范围内的保洁工作考核，突出抓好中、晚班及重点路段的考核工作，打造保洁精品路段。对市直管200余座各类公厕进行摸排，全年新改建公共卫生间3座、改造出新卫生间3座、维修改造各类公厕25座。新购大型洗扫车5辆、8吨高压冲洗车1辆、小型清洗车2辆，至年底，有各类大型机械化作业车辆30多辆。根据全省村镇建设管理工作会议要求，进一步推进全市范围内完善“组保洁、村收集、镇转运、县(市)集中处理”的城乡统筹生活垃圾收运处理体系，全市城乡生活垃圾无害化处理水平得到明显提升。启动生活垃圾分类试点工作，12月，市政府办下发《市区生活垃圾分类试点工作方案》，确定垃圾分类模式和推进步骤，试点范围涵盖市区两级党政群团机关，车站、机场、酒店、银行网点及中小学校等近100个窗口单位16个小区1.5万户居民。加强城市环境综合整治工作，城市环境综合整治领导小组办公室对照《城市环境综合整治技术指南》全年组织暗访活动10次，印发问题整改函10份、工作建议函6份，印发督查工作通报4期，督查反馈问题124个。餐厨垃圾资源化利用和无害化处理项目开工建设，同步做好市区餐厨垃圾产生单位、门店详细资料调查、登记工作；生活垃圾焚烧发电项目完成土地征用批复，并编制可研报告、环评报告；建筑垃圾填埋场项目完成项目国土勘界报告，组织编制可研报告、环评报告；建筑垃圾资源化利用和污水处理项目被市政府列为2016年重点推介的PPP项目，完成勘界报告，开展实施方案编制及财政承受能力论证、物有所值评价等资料收集工作。

12月9日，市城管局在建军路开展户外广告专项整治行动。

四、市区城市道路综合巡查

2016年，盐城市市区城市道路综合巡查总队制定出台《盐城市市区城市道路综合巡查总队目标考核实施办法》，对总队工作人员出勤情况、履行工作职责情况、执行工作纪律情况等进行考核。实行全天候巡查工作制与专项巡查相结合工作机制。白天巡查从7:00至20:00，夜间巡查一般安排在20:00至24:00或3:00至6:00。对于巡查发现的问题，一般性问题由总队信息平台每天16:00集中派遣发送至各区和市各相关责任部门、单位，要求各责任主体限时结案，并将处置问题的结果及时反馈至总队进行核查，总队核查无误后给予销号备案；对于影响道路交通安全、大面积路面污染等紧急重要的问题，要求发现问题的大队、中队第一时间通过总队信息平台将问题及时派遣发送到相关责任主体进行处置落实。全年巡查发现问题2.17万条，督办处置问题2.06万条，结案率95%。建立领导带班督查工作机制，每周日下午由总队领导带队、所有大队长和中队长参加，一起上路巡查，重点是督查各中队发现问题是否全面、深入，交办问题是否准确、及时，现场指出存在问题，加强对巡查工作的指导。建立交办问题现场督查工作机制，以一个星期为单位，对交办后不能按时处置结案的问题逐一列出清单，每周五由总队领导带队、相关责任主体负责人参加，对照问题清单上路一个问题一个问题进行督办，现场提出处置要求，落实处置责任，明确处置时限。建立情况通报督查工作机制，对所有发现问题、交办问题、处置问题的情况，定期进行汇总，每月在《盐阜大众报》上公示一次，向各区政府和市直相关部门、单位通报一次，并呈报市委、市政府有关领导，督促各责任主体加大处置问题的力度，提高结案率。

工程作业车辆违法运输专项巡查 年内，巡查总队加大对工程作业车辆违法违规运输行为的巡查和处置力度，明确凡发现工程作业车辆有跑冒滴漏现象及不按规定时间、路线营运等行为的，一律交由城管、交警部门处罚。如发现大面积污染路面的，除对驾驶员进行教育和处罚外，责令肇事车辆挂靠企业对污染路面进行清洗修复，如自身无力清洗修复需借助社会力量的，清洗修复的费用全部由车辆挂靠企业承担。全年经巡查总队发现并交由相关职能部门处罚的工程作业车辆300台次。

违法经营乱象专项巡查 年内，巡查总队将流动摊点、马路市场、出店经营等问题列入道路巡查范围，重点加大10条市直管道路及其两侧的巡查整治，兼顾对市区其他道路及其两侧的巡查整治。通过专项巡查，市区主干道违法经营现象明显好转。

户外广告专项巡查 年内，巡查总队开展户外广告专项巡查工作。对乱扯乱挂的横幅、标语，一经巡查发现，当即现场清除；对野广告及影响市容市貌、存在安全隐患的各类广告设施，全部交由城管部门限时清除；对气模、道旗、落地灯箱等可移动广告，凡是没有经过审批或审批已过期限的，一律交由城管部门拆除；对经批准设立的广告牌，内容没有按照规定要求制作的，责令广告公司重新制作，并督促相关部门加强管理。

内环高架绿色施工管理专项巡查 年内，对照“道口不乱、地面不脏、裸土覆盖、标识统一、围挡一致、净车出场、冲洗干净、地损即补、奖罚分明”的绿色施工标准，对内环高架施工管理情况进行专项巡查，并将内环高架绿色施工管理情况在每月的通报和媒体公示中单独列出。定期组织内环高架各个施工单位负责人进行现场巡查督查，集中督办逾期没有整改或整改不到位的问题，确保内环高架施工绿色、文明、安全。

县（市、区）城乡环境专项巡查 2015年12月至2016年7月，巡查总队对全市各县（市、区）城乡环境建设工作进行专项巡查2次，并形成专项巡查报告，提出整改建议和要求，促进各县（市、区）城区和镇区环境建设。

（王道洲）

五、优秀管理城市创建

2016年，盐城继续开展优秀管理城市创建工作。市城管局开展示范路和示范社区创建工作，向省推荐城市管理示范路和示范社区各10个，最终阜宁县射河北路、新盛街，滨海县港城路3条路，阜宁新盛社区、城南新区南苑社区、建湖县神台社区3个社区通过省级城市管理示范路和示范社区现场考核验收，被公示命名。

六、城管执法

2016年，市城管局出台《2016年城管执法工作目标责任绩效考核办法》《关于进一步规范简易程序案件办理工作的通知》《关于做好当前文书使用和案卷归档工作的通知》，建立内部督查和外部监督相结合的督查考核制度，明确案件办理、文书使用和卷宗管理的具体要求，规范执法人员行为。对重大行政处罚或强制决定，严格遵守重大事项讨论规定，组织案件通案会审。全年办结行政处罚案件1727起，罚没款金额27.04万元。其中，一般程序案件529起、简易程序案件1198起；向市法制办报备重大行政处罚决定1起；申请人民法院强制执行行政强制案件1起。梳理市城管局权力责任清单，理清确定市城管局承担的行政权力事项130项（行政许可9项、行政奖励5项、行政征收2项、行政确认1项、行政处罚104项、行政强制9项），并逐项编制权力清单和办事指南。年内，市城管局组织开展行政执法案卷评查活动，评选出优秀案卷4份。公开公示城市管理权力清单和办事指南，开设公示专栏，及时公开行政处罚和行政许可信息。推进信息公开，梳理《城市管理信息资源目录和共享交换目录》，编制《信息资源梳理报告》，出台《盐城市城市管理局信用体系建设实施方案》《盐城市城市管理局行政许可和行政处罚等信用信息公示工作实施方案》，全年报送行政征收信息4.1万条，行政处罚信息846条，行政许可信息1460条。简化城管许可事项审批流程，将5个事项的办理时限分别由5个工作日压减到4个或3个工作日，共压减8个工作日，总体承诺时限为13个工作日，为全省最少；对所有承诺件实行容缺预审制度，容缺预审办件量逐步上升。全年办理各类许可事项1487件，其中即办件1458件，提速办理各类行政许可承诺件368件。通过直接免征、及时退费等方式，全年减免市低保户、特困家庭等居民户生活垃圾处理费119.15万元。优化城管服务，全年接受处理市民群众各类咨询、投诉9324件，均在“第一时间受理、第一时间交办、第一时间反馈”。12月，城市建筑垃圾运输处置综合治理工作在省依法治省领导小组办公室开展的全省第二批“法治优秀实践案例”征集评选中获提名奖，是全省住建系统的唯一获奖单位。

完成数字城管信息系统拓展工程建设 年内，市城管局做好市本级地理数据普查更新工程建设，针对数字城管系统所用数据库中的基础地理空间数据还是2007年的版本，部件数量少，覆盖范围小，不能完全满足日益提升的城市建设管理工作要求的问题，对涉及盐城市区东至东环路，南至南环路，西至新204国道，北至349省道范围内约160平方公里范围内已有的城市管理部件小类更新维护、新增部件小类全面普查，完善盐城市数字化城市管理部件数据库及相应软硬件配套，通过系统拓展升级，扩大市区数字化城管覆盖范围，提升城市精细化管理水平。加快推进各县（市、区）数字化城管信息系统建设。其中，亭湖区建成环卫信息科研中心，盐都区完成系统提升工程建设。

完成市区渣土运输车辆智能化管理系统建设 年内，市城管局完成市区渣土运输车辆智能化管理系统建设。该系统可以对市区8个渣土公司的300辆渣土车实现24小时在线视频监控与GPS行驶路线监控，完成主干道工地出入口视频接入，实现五小工程公司运输车辆GPS路线查询，市级与区级相关行政审批实现全程在线办理。

（单泽南）

第 09 章　水利建设

责任编辑　高兰会

综　　述

2016 年，盐城完成水利建设投资 51.56 亿元，其中 12 项省水利重点工程完成投资 11.43 亿元。完成农村水利投资 19.43 亿元，主要实施小农水重点县工程、大中型灌区节水改造、盐都区规模化节水示范、千亿斤粮食等项目。完成市区河道整治投资 8.62 亿元，整治市区 19 条(段)75.8 千米河道；完成农村河道整治投资 6.27 亿元，整治大沟 92 条、中沟 621 条、小沟 1.39 万条，疏浚土方 6080 万立方米。做好防汛抗旱工作，完成防洪工程建设投资 2.1 亿元，完善防汛抗旱指挥体系，市、县两级修订完善各类防汛应急预案 90 个；市、县、乡三级储备块石 8.28 万吨、编织袋 647.65 万只、木材 1596.7 立方米、土工布 13.89 万平方米；建立防汛抢险抗旱服务队伍约 13.34 万人；全年调引境外来水 88.73 亿立方米，其中江水 52.15 亿立方米、淮水 36.58 亿立方米；成功抵御 3 次台风影响。加强水政执法，全年开展执法巡查 2012 次，出动巡查人员 4426 人次，现场制止各类水事违法行为 296 起，查办各类水事违法案件 247 余件。

“6・23”阜宁、射阳特大龙卷风冰雹灾害发生后，市水利局第一时间组织基建处、规计处等部门专家组成工作组，赴阜宁、射阳受灾一线，调查水利工程损毁情况，加强巡查观测，落实堤防、闸站等水利工程的防范措施，特别是对易发生险情的险工段加强安全监管。6 月 24 日 11:00 时，调度市机械排灌处北坍翻水站以每秒 50 立方米的流量开机排涝，缓解阜宁县排涝压力。针对阜宁城东水厂受损情况，阜宁县水务局启动应急预案，开启备用深井，调度阜宁老水厂向部分区域低压供水，同时成立 9 个工作组，抢修保供水。6 月 28 日，组织 4 名技术干部、10 名技工，调运 2 台变压器、4 个配电盘，帮助灾区抢修水利设施。6 月 27 日，省防汛防旱指挥部、省财政厅联合下达盐城市龙卷风水毁设施应急修复补助资金 250 万元。灾后，市水利局按 50 年一遇防洪、10 年一遇排涝、80% 灌溉保证率的标准，组织编制《“6・23”特大风灾水利设施灾后恢复重建实施方案》，采取维修加固损坏建筑物、拆建老化建筑物、清理疏浚河道等工程措施，对损坏建筑物按原规模在原址进行维修和拆建，同时根据发展实际适当提高和改善地区的防洪排涝灌溉标准，提高灾区的抗灾能力。水利设施灾后恢复重建工程主要包括维修加固泵站 55 座、拆建老化建筑物 37 座等项目，工程估算总投资 3415 万元，其中阜宁县投资 2915 万元，射阳县投资 500 万元。至年底，阜宁县完成投资 1750 万元，射阳县完成投资 200 万元。　　（臧滨城　蔡志芳）

第一节　水利规划

2016 年，市水利局修改完善《盐城市“十三五”水利发展规划》《盐城市城市防洪规划(2015—2030)》并上报市政府。编制完成《盐城市城市防洪工程近期实施方案(2016—2020)》初稿。完成渠北地区水利治理规划调研及规划大纲编制工作，以及盐城市渠北地区水文水力计算和分片规划的编制工作。配合省水利厅编制完成全省治涝规划的降水产流下垫面调查统计、治涝设计暴雨分析、沿江沿海治涝设计潮位分析、水文分析等专题规划，完成盐城市治涝规划文本初稿。编制完成《盐城市“6・23”灾后水利薄弱环节建设实施方案》上报省水利厅。继续配合省水利厅开展里下河地区、沂南地区水利规划编制。配合省水利厅完成主海堤堤线调整研究报告。

《盐城市“十三五”水利发展规划》　2014 年，启动全市“十三五”水利发展规划编制工作，完成《“十二五”水利发展规划评估报告》和《“十三五”水利发展规划思路报告》。2015 年，编制完成“十三五”水利发展所涉及的水利基础设施建设、水资源管理与保护、农村水利等 14 个专题规划、规划意见，编制完成《盐城市“十三五”水利发展规划》(讨论稿)。2015 年 12 月 29 日，《盐城市“十三五”水利发展规划》通过市政府组织的专家审查。“十三五”期间，盐城市水利发展的总体目标是，紧紧围绕经济社会发展的总目标、总定位，适应并适度超前经济社会发展，探索现代水利治理和管理模式，加快防洪治涝、水资源保障、水生态保护、农村水利、水利管理与服务、水利发展支撑等水利“六大体系”建设进程，以流域、区域骨干水利工程建设为龙头，带动面上水利基础设施建设，强化水利改革创新，进一步提升水安全、水资源、水环境和水管理能力，为全市经济、政治、文化、社会、生态文明建设提供水利保障。全市“十三五”水利发展计划总投资295.5亿元。其中，防洪治涝工程139.1亿元，水资源保障工程投资29.1亿元，水生态保护工程投资9.8亿元，农村水利工程投资93.5亿元，水利管理服务投资19.7亿元，水利发展支撑投资4.3亿元。

《盐城市城市防洪规划(2015—2030)》 2014年10月，省政府印发《关于盐城市城市总体规划的批复》，盐城市主城区范围扩大至433平方公里，上一轮城市防洪规划已不能适应城市发展要求，市水利局组织开展《盐城市城市防洪规划》编制工作。2015年6月，形成《盐城市城市防洪规划》初稿并进行内部技术审查；10月，报请省水利厅进行初审；11月，通过省水利厅组织的技术审查。2016年1月，省水利厅下发《关于印发〈盐城市城市防洪规划(2015—2030)〉审查意见的通知》。《规划》修改完善并经专家组长复审通过后正式报批稿。《规划》确定城市防洪规划总面积816.7平方公里，明确10个防洪区的近、远期规划目标和建设标准，具体包括防洪工程、治涝工程、生态治理工程、防汛决策指挥系统、防汛预案等建设任务；明确市本级负责20立方米每秒及以上规模的泵站、净宽20米及以上规模的防洪闸建设任务，各区负责辖区内其他城市防洪工程建设任务；规划总投资(不含征地拆迁)48.54亿元，近期总投资24.74亿元。

第二节 水利工程

2016年，盐城争取到12个省水利重点工程项目投资10.5亿元。全年全市水利系统完成建设投资51.56亿元。里下河洼地治理川东港拓浚工程、省银宝盐业有限公司射阳盐场上老湖闸拆建工程、斗龙港闸除险加固工程、大丰区三里闸拆建工程、响水县民生河闸拆建工程、射阳河治理工程、盐城市仁智河整治工程、黄河故道干河治理工程完工；滨海县翻身河北圆头水毁修复工程北圆头裹头修复完成；响水县灌河堤防防汛道路工程石灰稳定土基层完成；灌河治理工程2016年度工程征迁基本完成，所有建筑物均开工；新洋港整治工程的新洋港蟒蛇河中段征迁和弃土区围堰完成。

2016年全市省重点水利建设项目

表09－22 单位：万元

序号	项目名称	总投资	至2015年底完成投资	2016年完成投资
I	省重点水利建设项目	498758	321099	114321
一	流域性治理项目	247727	194179	52672
(一)	淮河治理	233118	185839	47279
1	里下河洼地治理川东港拓浚工程	233118	185839	47279
(1)	东台市境内工程	117661	93339	24322
(2)	大丰区境内工程	115457	92500	22957
(二)	沿海水利建设五年推进项目	14609	8340	5393
1	省银宝盐业有限公司射阳盐场上老湖闸拆建	1605	1400	205
2	斗龙港闸除险加固工程	3722	2400	1322
3	大丰区三里闸拆建工程	3143	2200	943
4	响水县民生河闸拆建	3683	2340	1343
5	滨海县翻身河北圆头水毁修复工程	1194	–	860
6	响水县灌河堤防防汛道路工程	1262	–	720
二	区域性治理项目	251031	126920	61649
(一)	中央补助项目	198704	85420	50822
1	江河支流治理	198704	85420	50822
(1)	射阳河治理	92242	75420	16822
①	建湖县境内工程	64746	51320	13426
②	阜宁县境内工程	18148	16260	1888
③	射阳县境内工程	9348	7840	1508

续表 09－22

序号	项　目　名　称	总投资	至2015年底完成投资	2016年完成投资
(2)	灌河治理	30528	10000	15000
(3)	新洋港治理	75934	–	19000
2	重点区域治理	–	–	–
(二)	省补重点项目	52327	41500	10827
1	重点区域治理	3728	1600	2128
(1)	盐城市仁智河整治工程	3728	1600	2128
(2)	响水县海堤河东阳河以下段整治工程	–	–	–
2	黄河故道干河治理工程	48599	39900	8699
(1)	市通榆河枢纽处工程	1392	1340	52
(2)	阜宁县境内工程	5492	4340	1152
(3)	滨海县境内工程	20138	16710	3428
(4)	响水县境内工程	21577	17510	4067

第三节　河道整治

2016年，继续实施盐城市区河道整治工程，按照《盐城市市区河道整治三年行动实施方案（2014—2016）》要求，当年完成19条（段）75.8千米河道整治任务，完成投资8.62亿元。开展通榆河河道水面漂浮物专项清除行动，清除通榆河上游及其主要支河流域各类漂浮物155.85万立方米。实施农村河道整治工程，按照《盐城市农村河道整治三年行动实施方案（2015—2017）》要求，当年完成投资6.27亿元，整治大沟92条、中沟621条、小沟1.39万条，疏浚河道土方6080万立方米。开展农村河道长效管护，完成投资1.21亿元，落实管护人员9032名、管护船只2404条。年内，建湖县九龙口镇和东台市时堰镇新嵇村、建湖县恒济镇建河村、射阳县合德镇友爱村等18个镇、村分别被省水利厅评为江苏省水美乡镇、江苏省水美村庄。

完成市区核心区骨干河道整治任务　年内，盐城全面完成《盐城市市区河道整治三年行动实施方案（2014—2016）》要求，当年完成19条（段）75.8千米河道整治任务，完成投资8.6亿元。至年底，盐城共整治骨干河道54条长225千米，完成投资25.6亿元。涉及拆迁拆违2283户24万平方米；河道清淤457万立方米，建设生态护坡195千米，实施截污管道111千米，绿化面积121万平方米，游路72千米，栈桥10千米。其中，市本级实施串场河、蟒蛇河等3条河道，总长11.38千米，完成投资0.98亿元；亭湖区实施海纯河等5条河道，总长10.69千米，完成投资2.19亿元；盐都区实施小马沟等6条河道，总长33.18千米，完成投资2.95亿元；城南新区实施定向河等5条河道，总长20.55千米，完成投资2.5亿元。

串场河河道整治现场。　　孙海鹏摄

第四节　农村水利

2016年,全市农村水利完成投资29.43亿元(含社会投资10亿元),主要实施小农水重点县工程、大中型灌区节水改造、盐都区规模化节水示范、千亿斤粮食等项目。全年新建灌溉站888座、排涝站47座、排灌站27座、闸站139座、圩口闸180座、机耕桥1428座、防渗渠1380千米、配套小沟级建筑物1.51万座。启动农业水价综合改革工作。计划用5年左右时间,建立健全合理反映供水成本、有利于节水的农业水价形成机制;农业用水价格总体达到运行维护成本水平,农业用水总量控制和定额管理普遍实行,可持续的精准补贴和节水奖励机制基本建立,先进适用的农业节水技术措施普遍应用,农业种植结构实现优化调整,促进农业用水方式由粗放式向集约化转变。6月,成立市水利局推进农业水价综合改革工作领导小组。7月,组织各县(市、区)开始编制农业水价综合改革实施方案,明确改革时间表和分步实施计划,细化年度改革目标任务,并要求在推进水价综合改革过程中,结合实际情况,选择1个乡镇或1个灌区开展试点,在试点成功基础上推广。8月,组织召开市级农业水价综合改革推进会。12月,盐城市人民政府办公室出台《关于推进农业水价综合改革的实施意见》,成立以分管副市长为召集人的联席会议。至年底,全市新增有效灌溉面积1333.33公顷、旱涝保收农田1.31万公顷、节水灌溉面积4.14万公顷,农业灌溉水利用系数提高到0.629,全市农田水利现代化水平85.69%。全市共有高效节水灌溉面积3346.67公顷,节水灌溉工程面积占耕地面积的47.3%,农民用水者协会管理灌溉面积占全市有效灌溉面积的22.3%。

第五节　防汛抗旱

2016年,盐城城市防洪工程完成投资2.1亿元。9月28日,市本级串场河伍佑闸站、串场河伍佑闸和冈中河闸站等3项城市防洪工程施工、监理开标,年内完成站身底部结构施工,中部结构施工之中。盐都区、亭湖区、城南新区、市开发区城市防洪工程年度建设任务全部完成,完成投资1.6亿元。加快推进防汛防旱信息化建设,市、县两级全部建成高清视频会商系统,东台、大丰、亭湖、盐都等地建成县乡防汛视频会商系统;市本级投入250万元对防汛防旱决策支持系统进行改造,升级"防汛掌上通"移动查询系统,建设市防汛指挥中心高清大屏幕显示系统;新建重要河道视频监控系统37处,增设市区水文自动测报站点18个。全年市、县两级修订完善各类防汛应急预案90个,市、县、乡三级储备块石8.28万吨、编织袋647.65万条、木材1596.7立方米、土工布13.89万平方米。建成专业防汛抗旱服务队8支共计13.34万人,市级防汛应急会商专家库入库专家34人。全年调引境外来水88.73亿立方米,其中江水52.15亿立方米、淮水36.58亿立方米。

2016年市区城市防洪工程建设项目

表09-23　　单位:万元

序号	实施主体	所在防洪区	建设内容及规模	总投资	2016年完成投资
合计		Ⅱ、Ⅲ、Ⅳ、Ⅵ、Ⅶ、Ⅸ、Ⅹ	新建、拆建、改建闸站工程72,防洪闸1座,整治河道3条、长21.3千米	27800	16930
1	市本级	Ⅸ、Ⅹ	新建城南新区串场河北闸站工程、串场河南闸工程;盐都区冈中河泵站工程	14000	5000
2	盐都区	Ⅱ、Ⅲ、Ⅶ、Ⅸ、Ⅹ	新建、改建三河子闸站、蔡中河闸等闸站20座	3400	3400
3	亭湖区	Ⅳ	整治新丰河河道2.5千米,新建、改建风东河闸站等闸站工程7座	800	640
4	开发区	Ⅵ	实施仁智河整治、步凤河疏浚工程。疏浚河道18.8千米、土方70万立方米,新建、改建闸站工程3座、涵闸23座	4300	2590
5	城南新区	Ⅸ	新建、改建闸站工程2座、闸15座	5300	5300

一、防汛调度

1月11日,市防汛防旱指挥部向全市发出开展水利工程汛前大检查的通知。各地、各单位组织成立汛前检查工作组,明确各类工程汛前检查行政责任人和技术责任人,对河湖堤防、涵闸、泵站、蓄滞洪区、城市防洪工程、涉水工程、在建工程、防汛防旱非工程设施等开展拉网式检查。3月7—10日,派出4个督查组,督查指导各地备汛工作。4月26日,在《盐阜大众报》、盐城水利网、盐城防汛防旱网等有关媒介上公布盐城里下河、沿海、通榆河(泰东河)、废黄河、通榆河枢纽工程、总渠及入海水道、市属沿海控制工程和盐城市区等八片区流域性工程防汛责任人、技术负责人名单。5 月 13 日,向全市防汛行政责任人发出告知信,介绍责任区域水情、工情、险情等相关情况,告之应承担的防汛责任、明确度汛工作要求。5 月 16—25 日,开展为期 10 天的民兵抗洪抢险骨干演练。5 月 18 日,专题会商落实市区 235 个易淹小区防汛责任。6 月中旬,“四大港”闸(射阳河闸、新洋港闸、黄沙港闸、斗龙港闸)一天两潮预降河道水位。6 月 21 日,盐城发生首次强降雨,市防汛防旱指挥部调度沿海射阳河闸、新洋港闸、黄沙港闸、斗龙港闸为里下河排涝。6 月 24 日 11:00,市防汛防旱指挥部调度大套一站、北坍站开机排涝。6 月 30 日夜间,盐城市出现持续性强降雨天气。7 月 1 日 14:00,市防汛防旱指挥部调度大套二站开机排涝。7 月 3 日 20:00 至 7 月 4 日 15:00,全市中南部地区出现大到暴雨局部大暴雨;7 月 7 日 8:00,里下河地区水位全部超警戒;7 月 7 日 10:00,市防汛防旱指挥部发布全市里下河地区防洪涝Ⅲ级预警。截至 7 月 15 日 15:00,沿海射阳河闸、新洋港闸、黄沙港闸、斗龙港闸、市区城市防洪泵站、大套一站、大套二站、北坍站等工程累计抽排涝水 21.14 亿立方米。10 月,盐城市总雨日为 21 天,平均降水量 258.7 毫米,比常年同期多了近 5 倍,比上年同期多 8 倍,市防指调度“四大港”闸等沿海所有涵闸一天两潮,全力排水;10 月 21 日,调度大套一站、北坍翻水站为里下河地区开机排涝;与省防指协调,10 月 24 日,开启江都站、高港站,同时,调度市区城市防洪工程第Ⅲ、Ⅳ防洪区串场河闸站、小洋河东支闸站、南洋中心河泵站等,及时封闭口门、开机排水,市区内河水位控制在 1.1 米左右。至年底,“四大港”闸开闸 1376 潮次,累计排水 129.86 亿立方米。

田间排水。　　孙海鹏摄

防御台风　年内,市防汛防旱指挥部先后抵御第 1 号台风“尼伯特”、第 14 号台风“莫兰蒂”、第 17 号台风“鲇鱼”对盐城市造成的风雨影响。9 月 15—17 日,盐城受第 14 号台风“莫兰蒂”影响,累计雨量 60 毫米 ~ 150 毫米、局部 180 毫米 ~ 220 毫米,降雨过程雨量大、局地降雨集中。市防汛防旱指挥部向各县(市、区)防指及市防指成员单位发出做好防御台风各项工作的通知,并及时调度沿海涵闸开闸抢排,城市防洪工程及时关闭口门、做好降水工作。

二、抗旱保水

7 月 20 日出梅以来,盐城市平均气温异常偏高 2.3℃,降水量偏少,分别达到 1971 年以来同期第二高和最少,温高雨少导致全市大部分地区出现中度、重度气象干旱,在田作物也出现较重旱情。废黄河、苏北灌溉总渠水位较常年偏低,其中废黄河中山河闸水位一度降至 2.27 米。市防汛防旱指挥部与省防汛防旱指挥部沟通协调,加大境外水源调引力度,从江都东闸和高港节制闸等引江、引淮,累计引水量约 22.67 亿立方米。同时,对全市沿海涵闸实行调度控制,加强管水保水。8 月 19 日,启用大套一站向废黄河地区增供抗旱水源;8 月 23 日,启用北坍翻水站向苏北灌溉总渠补充抗旱水源;9 月 3 日,启用大套二站抬高通榆河北段水位。三站累计补水 1.55 亿立方米。

保水活水运行　年内,市防汛防旱指挥部办公室组织对市区核心区河道实施 18 轮 103 天保水活水调度运行,累计补水 5560 万立方米,排水 8110 万立方米,改善市区河道水质。

第六节　水政执法

2016 年,市水利局出台《盐城市通榆河管理与保护办法》,开展《盐城市城市河道管理办法》立法后评估,推进《盐城市河道管理条例》立法筹备工作。推行法律顾问制度,出台《盐城市水利局法律顾问工作制度(试行)》《盐城市水利局合同合法性审查办法(试行)》。印发《2016 年盐城市水利系统依法行政工作要点》《盐城市水利局 2016 年依法行政工作任务分解落实方案》和《通榆河和“四大港”执法巡查制度》。组织全市水利系统参加省水政监察总队培训 2 次,开展市级水行政执法业务培训班 3 期,全市 300 名水政监察员参加培训。全年受理行政许可事项 27 件,均按期办结。开展“项目联审”“多评合一”审批制度改革,全面梳理“盐城市水利局行政权力清单”。完善盐城双随机抽查机制实施方案、事中事后监管责任清单等配套文件。开展水土保持督查,推进大市区范围内重点建设项目水土保持方案审批工作。至年底,全市水利系统开展执法巡查2012次，出动巡查人员4426人次，现场制止各类水事违法行为296起，查办各类水事违法案件247起。其中，恒大水保案是全省首次在实施处罚前召开专家咨询会的案件和全省罚款金额最高的水事案件。年内，盐城市水政监察支队代表队在省水利厅、省总工会、省人社厅联合举办的2016年全省水行政执法技能竞赛决赛中获团体二等奖。

水土保持监督 年内，市水利局加强对江苏省电力公司500千伏大丰升压站输变电工程、盐城市联鑫钢铁余热余能综合利用项目、国华东台三期（弶南）110兆瓦风电场等省级审批水保项目的监督管理。6月1—2日，市水土保持办公室联合市水政监察支队、水土保持生态环境监测站对联鑫钢铁公司、龙源大丰风力公司等项目水保工作开展督查，并对未按时交纳水土保持补偿费、水土保持监测工作开展不及时、临时堆土存放不合理、植物措施落实不及时等问题分别下发整改通报。10月，对全市境内房地产建设项目的水土保持工作开展情况进行专项检查，针对检查情况召开专门会议对有关负责人进行相关政策宣讲和技术指导，同时对2家已违法企业下发停止违法行为通知书，责令限期整改，确保水土流失得到有效防治。全年全市受理水保审批事项43件。

恒大水保案 恒大地产集团盐城城南置业有限公司在未办理水土保持方案行政许可手续的情况下，于3月起在省级水土流失易发区内的新河街道开工建设聚亨景园房地产项目一期工程和售楼处（含绿化及临时停车场），动土面积为2.78公顷。恒大地产集团盐城城南置业有限公司的行为，违反《中华人民共和国水土保持法》第二十五条第一款、第二十六条和《江苏省水土保持条例》第十七条的规定。4月18日，市水利局向恒大地产集团盐城城南置业有限公司送达《盐城市水利局责令停止违法行为通知书》和《盐城市水利局限期补办行政许可手续通知书》，要求恒大地产集团盐城城南置业有限公司立即停止违法施工行为，在5日内到市水利局行政许可处申请补办水土保持行政许可手续并将受理回执提供给市水政监察支队。恒大地产集团盐城城南置业有限公司签收后，既没有停止违法施工行为，也没有在规定的期限内到市水利局行政许可处申请补办水土保持方案行政许可手续。7月，市水利局2次对聚亨景园房地产项目一期工程进行执法检查时发现，恒大地产集团盐城城南置业有限公司仍在继续违法施工且仍未补办许可手续。9月9日，恒大地产集团盐城城南置业有限公司与中介机构签订委托编制聚亨景园项目水土保持方案的合同。9月30日，恒大地产集团盐城城南置业有限公司向市水利局提交对水土保持方案组织评审的报告和《盐城恒大聚亨景园房地产项目水土保持方案报告书（送审稿）》。其间，恒大地产集团盐城城南置业有限公司没有按照法律法规规定和市水利局要求停止违法施工行为。市水利局根据《中华人民共和国水土保持法》第五十三条第一项的规定，结合《江苏省水行政处罚自由裁量权参照执行标准》，12月5日，对恒大地产集团盐城城南置业有限公司予以罚款40万元的行政处罚。

第七节 水利管理

一、水资源管理

2016年，市水利局完成2015年度实行最严格水资源管理制度省技术核查和综合考核，考核结果位列全省13个地级市中第四位。全市年度用水总量55.2亿立方米，报省水利厅办理取水许可8个，许可水量3.21亿立方米。完成封井323眼，开采地下水5900万立方米，较计划压缩400万立方米，地下水水位平均回升1.09米。全年申报省级节水型载体18个，省级节水型学校7所，创建各类省、市、县级节水型载体117个。发展高效节水灌溉工程，投资1亿元，实施大中型灌区节水改造、规模化节水等节水灌溉工程。制定实施《盐城市集中式饮用水源地达标建设整改工作方案》保障城乡饮用水安全，并启动滨海县淤黄河、滨海县苏北灌溉总渠、响水县海堤河、建湖县通榆河4个乡镇区域供水水源地达标建设。发布《盐城市水功能区达标提升行动方案》《盐城市水功能区纳污能力和限制排污总量的意见》，委托盐城水文局启动实施12条重点河道第二轮健康评估工作。推进全国水生态文明城市建设试点和东台、建湖、阜宁3个省级试点建设。年内，建湖县被命名为江苏省节水型社会示范区；阜宁县、射阳县通过江苏省节水型社会示范区初步审查；东台市被命名为江苏省节水型城市，东台市中小学素质教育实践基地被命名为江苏省第二批节水教育基地。至年底，全市建立农民用水合作组织107个，其中已注册的57个。107个农民用水合作组织管理灌溉面积15.02万公顷，占全市有效灌溉面积的22.3%。东台市东里圩农民排灌协会被评为国家级农民用水合作示范组织。

二、水利建设管理

2016年，市水利局推进工程建设监、管分离为主要内容的建管体制改革，将市级城市防洪工程建设处与基建处、财审处职能分离、人员分开，在不断健全质监、安监机构的基础上，形成项目法人、主管部门（领导小组）和质监、安监机构之间“三权分立”、各负其责的工程建设管理新格局。年内，市本级及射阳、滨海、阜宁、亭湖等县（区）改革到位。继续推广工程建设“代建制”，在运东套闸成功推行建设实施代建的基础上，仁智河整治工程实行以监理代行部分建设管理具体工作的部分代建；新洋港整治蟒蛇河段工程实行以建设处工务科工作外包形式的建设实施代建。盐城是全省首家对小农水项目全部进行集中设计与集中监理招标地级市。启动河湖和水利工程管理范围划定工作，全市12个实施单元的实施方案全部获得政府批复、并开工实施。印发《盐城市2016年度水利工程管理考核创建（复核）计划》，射阳县大喇叭垦区堤闸管理所、阜宁县北沙抽水站获评省级水利工程管理单位,市响水船闸管理所、市大套第二抽水站管理所、市废黄河引水调度闸管理所,大丰区大丰闸、滨海县丁字港船闸、东台市安丰抽水站、滨海县翻身河闸和城南新区通榆河河道堤防管理所通过省级水管单位复核验收。编制印发《水利工程管理工作手册》。配合省水利厅开展通榆河、泰东河、苏北灌溉总渠、淮河入海水道、废黄河及里下河湖泊等骨干河湖管理范围遥感监测核查,全面落实河道巡查、保洁等日常管护措施,重点开展水域岸线保护和综合执法,推动河道管护提质增效。东台市加快推进国家级河湖管理体制机制创新试点,成功创建省级水利工程管理单位8家,创建生态河道29条和闸站堤水利工程管理示范点18个。市水利局联合市财政局印发《盐城市市本级水利工程维修养护和防汛防旱工程项目管理办法》。4月,通榆河水面漂浮物打捞方案经市政府专题会议审查通过并批准实施;市区段及其上游地区漂浮物打捞市场化试点运行效果明显,有效改善通榆河市区段河道的水体环境。继续推进小型水利工程管理体制改革工作,至年底,全市颁发小型水利工程产权证的建筑物3.52万座,其中盐都区、阜宁县、东台市已经完成产权证书颁发,落实管护经费1.95亿元。

《盐城市水利工程建设管理工作导则》发布 9月,市水利局编制印发《盐城市水利工程建设管理工作导则》。《盐城市水利工程建设管理工作导则》将水利工程建设管理文件有关规定和工作要求以条目化形式,编列成法人管理、程序管理、招标管理、合同管理、质量管理、安全管理、进度管理、资金管理、档案管理、验收管理、征迁管理、综合管理12个方面材料。11月,市水利局在省水利厅举办的全省水利工程基本建设管理工作培训班上讲授推广《盐城市水利工程建设管理工作导则》。

中华水浒园创成省级水利风景区 12月20—21日,省水利厅景区办对大丰区中华水浒园进行现场考察评价。经专家组评定,大丰区中华水浒园符合省级水利风景区申报条件。12月28日,由省水利厅公布,大丰区中华水浒园成功创建省级水利风景区。大丰区中华水浒园依托深厚的水浒文化,结合串场河、三十里河、牛湾河周边丰富的水文、生物资源,建成施耐庵纪念馆、水浒馆、水泊桥、聚义桥、五孔闸遗址景点。大丰区中华水浒园水质达到III类标准,林草覆盖率达92%,水土流失治理率达95%。

三、水利科技管理

2016年,市水利系统开展课题研究11个,组织13项课题申报2017年省水利科技项目,其中"新型硫铁矿人工湿地同步脱氮除磷技术研究与示范"列入省水利科技研究项目。年内,市水利规划办公室编制的"平原河网地区河道型水源地原水生态净化与水质保障关键技术研究"项目获2016年度大禹水利科学技术奖;市水利勘测设计研究院设计的淮安市古黄河水利枢纽工程、川东港闸下移工程分获2015—2016年度中国水利工程优质(大禹)奖、全国优秀水利水电勘测设计奖铜奖;市市区防洪工程管理处编制的"东伏河闸站自流孔闸门机械化改造"项目获省"五小"(小革新、小发明、小改造、小设计、小建议)水利创新成果三等奖。

1个项目获大禹水利科学技术奖 10月,市水利规划办公室实施的"平原河网地区河道型水源地原水生态净化与水质保障关键技术研究"项目获2016年度大禹水利科学技术奖。项目依托盐龙湖工程中试基地及工程实体,针对平原河网地区河道型水源地普遍存在的水质复杂多变、水量时空分布不均、抗突发风险能力弱等问题开展研究。项目构建国内外原水生态净化规模最大,兼具常规供水与应急备用功能的饮用水原水生态净化工程;创新提出将原水由河道直取转换为"湿地净化、湖库调蓄"的旁路处置模式,"降浊活化、脱氮除磷、调蓄备用"处理流程和"前置预处理、中端复合高效表流功能湿地及后置生态调蓄库"净化工艺组成的模块化技术体系,解决平原河网地区河道型水源地供水水质安全技术难题;创新提出具有"串并结合、羽状布水、生境多样、立体群落"特点的立体复合表流功能性湿地技术体系,克服大水力负荷条件下传统表流湿地功能不足的问题;集成"多点布水、水平推流、垂向紊动、表层溢流、底部出水"的水力调控与"生境构建、群落配置、生物操纵、监控反馈"生物维护技术,研发全过程的湿地与原水调蓄库联合调度运行及生态管护技术,解决长换水周期调蓄库原水水质维持难题,形成了系统联合调度和管护技术指南。项目研究形成的关键技术在盐龙湖工程建设与运行中得到成功应用,并推广应用到省内外多个大型饮用水源项目中。项目研究成果填补国内外空白,推动中国平原河网地区河道型水源地原水生态净化与水质保障技术水平的提升,可为中国南方平原河网地区8个省、市约3亿人口解决清洁原水提供技术支撑。

第10章 能 源

责任编辑 高兰会

第一节 电 力

一、电力生产

2016年，全市电力装机容量742万千瓦，比上年增加117.22万千瓦，全年发电232.52亿千瓦时。其中，火电装机容量331万千瓦、发电163.67亿千瓦时，风电装机容量299万千瓦、发电48.12亿千瓦时，光伏发电装机容量99万千瓦、发电10.97亿千瓦时，生物质发电装机容量为13万千瓦、发电9.76亿千瓦时。至年底，全市建成风电场35个（陆上风电场32个，海上风电场3个），光伏电站项目51个，生物质发电项目8个，新能源装机容量411万千瓦、发电68.85亿千瓦时。 （杨林森）

江苏盐城发电有限公司 年内，江苏盐城发电有限公司完成发电量18.88亿千瓦时，实现营业收入5.89亿元，全年综合被替代电价比全省平均成交价格低每千瓦时0.0168元。落实安全生产责任制，深化安全生产标准化建设，加强机组设备巡查和维护检修管理，完成10号、11号机组小修、迎峰度夏、G20峰会保电和迎峰度冬工作任务。全年未发生人身伤害事故、重大设备损坏事故和火灾事故，未发生非计划停运事件，未发生环境污染事件。至年底，实现连续安全生产4537天。促进企业转型发展。根据国家节能环保要求，同时为满足盐城市区供热需求，在省国信集团支持下，拟在盐城高新技术产业开发区投资建设燃气热电联产机组，项目初可研报告通过审查。10月，公司与中石油西气东输销售分公司签订天然气供应意向书，落实天然气资源。启动实施2台100万千瓦火电示范工程项目，联合设计院、主机厂等单位，开展630摄氏度二次再热机组高效节能、高度灵活性、超净环保等方面技术研究。11月，示范项目初可研报告和主要技术方案分别通过审查。

（程国瑛）

江苏射阳港发电有限责任公司 年内，江苏射阳港发电有限责任公司完成电量70.89亿千瓦时，实现营业收入21.08亿元，上缴税收3.9亿元。全年过驳煤炭230万吨，累计突破800万吨。全年组织电煤入库270万吨。开展经济性煤种掺烧比例，累计掺烧经济性煤种95万吨。加强供热营销管理，累计对外供热7万多吨。开拓对外检修市场，为国信生物质发电公司、国华射阳风电和临海风电场提供设备检修等服务，为国信射阳光伏电站提供运行维护服务。做好节能减排，完成5号机组超低排放改造项目，并通过省环保厅验收，获得环保电价补贴；强化脱硫、脱硝、电除尘、废水等环保设施的运行管理。实施技改项目，完成50号高

海涂风电光伏项目。 孙华金摄

厂变更换等40余项技改项目，提升设备可靠性和经济指标水平。落实安全主体责任，抓好5号、6号机组安全生产、超低排放改造安全管理、1～4号机组安全拆除、海上过驳安全作业，开展反事故演习和应急预案演练，保证机组安全稳定运行。至年底，公司连续安全生产6030天。

（余　佳）

二、电力供应

2016年，盐城市全社会累计用电289.29亿千瓦时，其中工业累计用电201.37亿千瓦时。年内，全市最高负荷508万千瓦，全市最高日供电量为1.05亿千瓦时。县（市、区）用电：1—12月，各县（市、区）全社会用电量增速最快的为东台，响水、阜宁为负增长。工业用电量增速前两位是东台、大丰。产业用电：第一产业用电9.34亿千瓦时，第二产业用电204.18亿千瓦时，第三产业用电29.37亿千瓦时。行业用电：全年全市轻工业用电48.28亿千瓦时，重工业用电153.09亿千瓦时，化工业用电37.45亿千瓦时，黑色金属冶炼及压延加工业用电46.08亿千瓦时，金属制品用电12.39亿千瓦时，纺织业用电20.83亿千瓦时。

全年完成110千伏及以上各类基建工程投运31项，其中220千伏重点基建工程投产13项。至年底，全市有500千伏变电所4座，变电容量926.4万千伏安，线路长度938.86千米；220千伏变电所35座，变电容量1068万千伏安，线路长度2927.37千米；110千伏变电所125座，变电容量1204.85万千伏安，线路长度3211.33千米；35千伏变电所103座，变电容量221.14万千伏安，线路长度2320.95千米。形成以500千伏盐都变、潘荡变、双草变、丰汇变为支撑，以盐城电厂、射阳港电厂和区域联络线为主力电源的220千伏的环形网架基本形成，110千伏及35千伏大多能实现N－1方式（手拉手供电方式），大部分装有备用电源自投装置。年内，盐城继续加快充电设施建设。至年底，全市已建成充电站11个，换电站、充换电站各1个，建成充电桩1614个。

2016年全市各县（市、区）用电情况

表10－24

地区	全社会用电量（亿千瓦时）	同比增长（%）	工业用电量（亿千瓦时）	同比增长（%）
全市	289.29	3.10	201.37	－2.38
响水	42.08	－12.53	36.08	－16.54
滨海	26.26	6.49	17.22	0.92
阜宁	29.06	－7.34	20.65	－14.74
射阳	21.64	9.12	12.42	1.70
建湖	22.13	7.24	14.32	2.99
大丰	53.99	8.05	43.65	5.72
东台	41.10	12.21	30.12	10.85
大市区	53.03	7.37	26.91	－1.01

电网“十三五”规划　2015年12月31日，盐城市“十三五”电力专项规划通过政府评审，2016年5月20日，电力专项规划被纳入地方控制性详规。“十三五”期间，盐城电网规划项目总投资约295亿元，比“十二五”增长61%。规划新建变电站共计110座，规划新建线路3223千米。期间，盐城电网将适时分区运行，逐步形成北、中、南三片电网的目标网架，规划总容量达2000万千瓦以上，满足全市未来较长时期的用电需求，同时也为大容量电源接入系统创造条件，将盐城打造成长三角北翼综合性的能源基地、长三角地区最大的电力供应基地和可再生能源发展基地。

锡盟—泰州±800千伏特高压直流工程　年内，盐城继续实施锡盟—泰州±800千伏特高压直流工程。该工程直流线路1619.7千米，总投资192.47亿元，于2015年12月31日开工建设。其中，盐城境内全长85千米，途径阜宁县、建湖县、盐都区，建设铁塔179基，建设接地极1个（位于建湖县沿河镇境内），需要拆迁房屋163户，砍伐树木约3.65万棵。年内，房屋拆迁和沿线树木砍伐全部完成。

500千伏大丰输变电工程投运　4月28日，位于江苏盐城市大丰港经济开发区的500千伏大丰输变电工程成功投运。大丰500千伏输变电工程由原大丰220千伏开关站基础上进行升压而成，工程安装100万千伏安主变2台，500千伏出线4回。

220千伏恒久变扩建工程投运　6月3日，220千伏恒久变扩建工程竣工投运。该工程为2016年迎峰度夏工程，于2015年10月开工建设，总投资1838万元，主要扩建180兆伏安主变压器（3号主变）1台，220千伏侧分段扩建III端母线，接线形式完善为双母线单分段接线。

220千伏丹桂输变电工程投运　12月16日，220千伏丹桂输变电工程投运。该工程为2016年迎峰度夏工程，于2015年9月开工建设，总投资1.69亿元，新建240兆伏安主变压器1台，220千伏出线2回，110千伏出线8回，20千伏出线12回。

盐城供电公司　年内，盐城供电公司完成电网建设投入56亿元，完成供电量283亿千瓦时、售电量272.7亿千瓦时，最高负荷508万千瓦，线损率3.7%，全网供电能力达到520万千瓦。全年实现电能替代8.5亿千瓦时，二氧化碳减排771万吨，碳粉尘210万吨。提供供电服务。年内，完成4.1万户水电气“多表合一”工作。服务74户大用户完成直购交易电量28.65亿千瓦时，节约用户电费支出7108万元。服务客户降本增效，推广改造电锅炉345台。建设内河港口岸电系统65套，实现岸电系统全覆盖和省际互联。累计建成城市快充站16座、高速服务区充电站14座，有334台充电桩接入车联网平台。加快“互联网＋”线上互动服务渠道建设，覆盖102万户客户。（姜　望）

“6·23”电力抢修 6月23日14:30左右，阜宁、射阳发生特大龙卷风冰雹自然灾害，造成阜宁、射阳11个乡镇电网受损，出现大面积倒塔(杆)断线，电网受损严重，倒杆4000余基，停电台区1911个，停电用户13.5万户，损失负荷7.35万千瓦。其中，500千伏田都线、徐盐线跳闸，倒塔1基、受损3基；4条220千伏线路跳闸，倒塔5基、受损4基；8条110千伏线路跳闸，倒塔或受损24基；14条35千伏线路跳闸，倒塔或受损45基；46条10千伏线路跳闸，倒杆1267基；低压400伏倒杆或受损2841基。灾害发生后第一时间，市经信委成立应对“阜宁龙卷风灾害”应急领导小组，启动应急救援预案，实施24小时值班制度，并立即赶赴灾区。供电部门紧急开展电力抢修工作。6月23日15:30，盐城供电公司紧急调整供电运行方式，3条220千伏联络线合环运行，初步提高灾后电网供电可靠性；6月24日凌晨，28辆发电车和5台发电机投入电力保障工作，8个灾民安置点、3个应急指挥中心、3个县医院及4个卫生所、水厂和取水口、排水站以及电视台等生命线工程重要场所用电第一时间得到恢复；6月24日22:00，田湾核电并网第二通道500千伏徐盐线打通；6月25日19:00，射阳地区全面恢复供电；6月27日24:00，所有1911个台区，13.5万停电用户全部恢复送电；6月28日24:00，2条500千伏线路，8条110千伏线路，14条35千伏线路，46条10千伏线路，4座全所失电变电站全部恢复，电网进入正常运行状态。救灾期间，全市供电系统共有3600余名抗灾保电人员，356辆应急车辆参与此次抢险救灾工作。全省累计投入6100余人次、421辆抢修车辆、28台发电车、200多台套照明设备。灾后，盐城供电公司向省供电公司争取抗灾抢修及灾后电网重建资金1.68亿元，其中抢修资金7813万元、集中安置点10千伏中压和400伏低压电力配套5790万元以及外围电网补强部分3200万元，加强受灾地区电网结构。2017年6月23日，盐城供电公司被江苏省委、省政府记“6·23”特大龙卷风冰雹灾害抢险救灾集体一等功。

三、行业管理

2016年年初，市电力保护领导小组召开专题联席会议，研究部署2016年盐城平安电力建设工作。4月，市经信委与9个部门与单位联合印发《2016年度全市平安电力建设工作检查考核方案》(盐经信电力〔2016〕36号)，细化全市平安电力建设工作。考核方案首次提出加强施工队伍“诚信体系”建设管理，建立“黑名单”制度，对施工队伍不服从管理，造成电力设施破坏的，建设部门将其纳入“黑名单”，三年内不得参与施工建设。加大宣传。利用电视、广播、报纸、手机短信等方式进行安全用电、节约用电等宣传活动，提高全民参与电力设施保护意识，并开展施工隐患专题宣传、树线矛盾专题宣传等专题宣传活动，确保电力设施安全稳定。

有序用电管理 年初，市经信委会同盐城供电公司，对全市工业经济发展情况、2016年新增负荷情况进行摸排，编制《2016年盐城市有序用电方案》，并将商场、宾馆、居民等非工业空调负荷纳入有序用电方案之中。同时，市经信委对全市列入有序用电的企业进行走访，协助企业熟知避峰程序和操作步骤，帮助企业细化调整应急预案；召开有序用电工作会议、有序用电大客户座谈会等会议，宣传电力供需形势，明确有序用电工作要求；明确高耗能企业等快速响应负荷清单，召开全市用电高耗能企业座谈会，明确在电网紧张时企业能按要求快速响应；开展有序用电演练，提高错峰限电的可操作性和应变能力。

电力需求侧管理 年内，市经信委加强电力需求侧管理，全年为企业节约用电成本2.8亿元。其中，涉及一般工商业及其他用电类别价格下降的一般工商业用户近40万户，减少支出电费1.66亿元。全年有59家企业参加电力直接交易，完成直接交易电量28.65亿千瓦时，节约用电成本1.09亿元；有45户工业企业和部分工商业用户在用电高峰时段主动错峰、避峰，实施需求响应，获得省需求响应补贴资金481万元。

电力行业监管 7月、12月，市经信委2次召开全市地方调度机组电网信息披露会，及时公布调度执行、电网运行和考核等相关情况，加强调度与电厂的信息沟通，提高电力调度透明度。加强可能危及电力设施安全事前防范工作，清除电力设施保护区危险源。市、县两级政府在行政审批工作中推行电力设施保护范围内建设项目规划和施工许可管理，至年底，响水、滨海、阜宁、射阳、建湖、大丰、东台7个县(市、区)完成市、县一级政府的可能危及电力设施安全的建设项目规划和施工作业行政审批许可制度，建立会审流程和相关制度。针对危及电力设施的建设项目和施工作业许可工作时间长、部门多等问题和矛盾，市电力保护领导小组组织市行政审批中心、规划局、城建局、供电公司等窗口单位对大市区范围内10千瓦以上线路实行现场联合勘察制度，从接受勘察申请到许可批复不超过3天，缩短用户申请流程时间。

第二节 天然气

2016年，全市消费天然气3.7亿立方米，应用涵盖民用、商用、工业用、车用和分布式能源等领域，大市区新增住宅全部用上管输天然气。盐城民用天然气实施阶梯价格，年消费300立方米以下为每立方米2.4元、年消费300立方米~600立方米为每立方米2.88元、年消费600立方米以上为每立方米3.6元，价格全省最低。至年底，除大市区和大丰区、东台市外，响水、滨海、阜宁、建湖、射阳5个县还没有用上管输气(东台市的管输气气源为西气东输泰州姜堰—戴南—东台时堰管线)。

盐城辖区内有运行天然气长输高压管道2条，管道总长度148.3千米，途径盐都区、城南新区、市开发区、大丰区和东台市。江苏大通天然气管输有限公司经营的“宝丰线”(宝应—盐城—大丰港支线)于2011年10月建成投运，建有4座场站、8座阀室，全长136千米，输气规模为每年3.5亿立方米，其中在盐城境内管线121千米，途经盐都区、城南新区、市开发区至大丰区大丰港，全年输送天然气2.5亿立方米(盐城市区1.34亿立方米、大丰区0.18亿标立方米、大丰港区0.98亿立方米)。东台中石油昆仑燃气有限公司天然气长输高压管线(泰州姜堰—戴南—东台时堰管线)由东台时堰镇到东台开发区,于2014年1月建成投运,全线长27.3千米,全年输送天然气1300万立方米。

全市有城市天然气经营企业22家(包含仅经营天然气加气站企业)。盐城大市区由盐城新奥燃气有限公司和盐城中油紫源燃气有限公司经营,天然气环网面积约574平方公里,通气居民用户约28万户,工商业用户1545户,天然气出租汽车、公交车和LNG客货车2900多辆,天然气冬季最高日需求量77万立方米以上,夏季日最低用气25万立方米。盐城新奥燃气有限公司,由新奥中国投资有限公司与盐城联孚石化有限公司共同出资于2002年成立的中外合资经营企业。公司特许经营权地域范围为:盐城市规划主城区被高速公路围合的区域,东至沿海高速公路、南至徐淮盐高速公路、西及北至宁靖盐高速公路,以及亭湖环保产业园、盐都区12个乡镇。公司拥有LNG(CNG)[液化天然气(压缩天然气)]储配站1座,建有LNG储罐4台,具备储气能力30万立方米。公司在市区铺设燃气管道约1400千米,城市燃气高压管网28千米,建有9座高中压调压站与"宝丰线"对接,接收西气能力为每小时4万立方米,全年销售天然气1.31亿立方米。盐城中油紫源燃气有限公司成立于2009年10月。特许经营权地域范围为:盐都区盐靖高速以西、盐城高新技术产业开发区(含龙冈镇、郭猛镇、张庄街道办事处)。公司建有CNG/LNG加气站1座,铺设中压管网40千米全年销售天然气280万立方米。

江苏油田天然气管线报废　江苏油田天然气管道于2003年建成投产,全场19.7千米,起始于亭湖盐东镇盐城气田集气站,途径亭湖开发区,终于亭湖大星村七组盐城天然气门站。因管道建成初期沿线都是村庄、农田,随着盐城经济发展和城市化进程加快,输气管道大部分已分布在城市中心,出现许多占压和安全距离不足的安全隐患。自2015年开始,为保证安全供应,逐步降低管道压力,减少天然气供应量,并于11月停止供气。2016年1月8日,市政府组织并邀请省能源、省安监局和相关部门在盐城召开《江苏油田天然气门站、市调度中心、压缩气站前称及新建联络管线、处置旧管线方案》论证会。方案同意将原长输管线采取安全措施后报弃,将天然气门站、市调度中心、压缩气站前移到江苏油田集气站附近。会后,江苏油田按照专家论证会意见对报废旧管线采取安全措施,消除安全隐患。从5月开始,江苏油田采用CNG槽车向市区管网常年供气,日供气能力为7万立方米,全年供应天然气398万立方米。11月15日,江苏油田到亭湖区安监局办理旧管线销号报备手续。

第三节　煤　　炭

盐城市煤炭生产企业主要是新光集团。2016年,新光集团生产原煤84.02万吨。加强安全管理。推进顶板管理、机电运输等专项整治行动,开展安全检查和安全评估,强化安全薄弱环节,补齐安全管理短板;开展"学规程、抓规范、保安全"活动和"百日安全会战"活动,严防特殊时段安全事故;分阶段明确各矿安全工作重点和重大隐患整控目标,做好季度安全质量标准化检查评级验收,现场查处隐患,现场定级,现场奖罚。全年投入安全费用880万元,下矿检查50次,安全奖励15万元。至年底,累计安全生产1755天。注重成本和经营管控,全年筹措资金1.3亿元,实现产销基本平衡和资金100%回笼,精煤收入占比达到45.6%。调整管控模式,实行一矿一策,厘清集团和矿井的决策权限、管理职责,规范决策程序。抓住计划管理和资金管理,落实资金风险防范措施,保持资金稳健运行。推进转型发展,金石矿业和昭阳煤矿分别列入当地政府煤炭去产能计划,其中金石矿业已经进入回收回撤阶段。持续开展培训和帮扶。全年职工培训累计3.38万人次,向困难职工和大病职工发放救助款23万元,全体党员向阜宁龙卷风灾区捐款13.5万元。　(张亚君)

第四节　石　　油

2016年,全市消费成品油114.2万吨,主要通过中石化(市场份额占73%)、中石油(21%)以及从市外地炼流入(6%)。全市有在营油库成品油库4个,存储规模8.3万立方米。其中,中石化所属3座,分别是新兴油库、灌河油库、周家舍油库,存储规模2.8万立方米;中石油1座,存储规模5.5万立方米,全市油库存储规模相当于全市25天左右消费量。至年底,全市有加油站695座,分布在市县区的国道、省道、高速路,乡镇及农村市场。　(杨林森)

中国石化盐城分公司　2016年,中国石化盐城分公司实现成品油销售65.94万吨,实现天然气销售1046万立方米,实现销售收入37.93亿元(含非油品),上缴税收5214.5万元,其中上缴增值税4406.1万元。年内,新增加油站4座;完成油气改造13座,累计完成97座;新增轻资产站10座,支撑销量2.47万吨。至年底,公司在营加油站138座,在营油库3座。加强企业经营,推行小站委托管理,26座3000吨以下小站实施委托管理全部到位;利用"互联网+",开设微店1043个,实现线上销售686万元;提升二次物流配送能力,协调承运商增加3台车,单趟运力增加110吨;持续推行农机"双优"卡,开辟农机、特殊车辆专用通道,开展"送油下乡""送油到田头"活动等;开拓非油新业务,区内设自助洗车点31个;与中国太平保险合作,实现平台交易额2000万元。6月23日,阜宁、射阳发生特大龙卷风冰雹灾害。灾害发生后,中国石化盐城分公司第一时间与阜宁县石油公司联系,并启动防台风防汛应急预案,落实灾后救助工作。当晚,中国石化盐城分公司紧急向阜宁地区调配92组分汽油(Ⅴ)和95号车用汽油(Ⅴ)2000吨,保障灾区成品油供应。灾区所有油站开设救灾车辆绿色通道,实行24小时营业。　(许菁菁　严国英)

第 11 章　交通运输

责任编辑　高兰会

综　　述

2016 年，全市累计完成交通基础设施建设投资 145 亿元。公路建设方面：盐丰高速公路全线通车；331 省道盐城西段、233 省道建湖县城至 204 国道段、351 省道大丰东段、建湖九龙大道、滨海海港大道建成通车；125 省道市区段、盐连铁路阜宁东站连接线路面结构层施工；331 省道盐城东段路基桥梁施工；610 省道东台段二期、233 省道建湖 204 国道以东段启动建设。铁路建设方面：盐徐高铁完成桥梁桩基 70% 以上；盐连铁路完成架梁和 55% 以上的铺轨施工，站房建设启动；盐通铁路前期工作推进之中。机场建设方面：机场航站区改扩建工程初步设计获省发改委和民航华东地区管理局批准，T2 航站楼混凝土结构全部完成，高架桥桩基工程完成，机场快速干线工程拆迁工程完成；城市候机楼于 7 月启用。航道建设方面：滨海港区疏港航道船闸工程通过交工验收，阜宁船闸及小中河航道整治工程交工通航；建成盐邵线护岸 21 千米；市区港区楼王作业区启动建设。城市交通方面：市区综合客运枢纽铁路站场启动建设；高架二期建成交付使用，与一期形成 57 千米“一环五射”（范公路南段、南环路西段、西环路南段、青年路段组成的“一环”；范公路北段、南环路东段、西环路南延、青年路西延、西环路北延组成的“五射”）市区内环高架快速路网；新辟城市公交线路 19 条，优化调整城市公交线路 15 条，新购城市公交车 398 辆，盐城市区开通夜 1 线、88 路纯电动以及城市观光旅游公交线路，城市公共交通出行分担率达 23.2%；新增 22 个乡镇开通镇村公交，全市镇村公交开通率 61.2%。至年底，盐城市境内公路总里程 1.96 万千米，公路密度为每平方公里 115.57 千米，其中高速公路 395.5 千米、一级公路 1393 千米、二级公路 2531 千米、三级公路 1517 千米、四级公路 1.35 万千米、等外公路 265 千米；有一级客运站 7 个、二级客运站 5 个；航道总里程 4490.69 千米，其中二级航道 25.08 千米、三级航道 283.05 千米、四级航道 208.97 千米、五级航道 297.07 千米、六级航道 287.65 千米、七级航道 556.55 千米、等外航道 2832.32 千米；交通管辖的通航船闸 2 座；铁路里程 157.2 千米，车站 8 个；机场 1 个，新开通福州、杭州、太原、贵阳、烟台航线，共营运国内、国际（地区）航线 22 条，每周航班量 280 班次。全年全市累计完成公路客运量 8400 万人次，旅客周转量 82.04 亿人千米；道路水路货运量 1.55 亿吨，货物周转量 412.89 亿吨千米；铁路客运量 222.22 万人次，旅客周转量 2.01 亿人千米，货运量 122 万吨，货物周转量 3.12 亿吨千米；民航旅客吞吐量 120.9 万人次，货邮吞吐量 5120 吨。6 月 23 日，阜宁、射阳发生特大龙卷风冰雹灾害，造成阜宁和射阳境内部分路段中断交通。灾害发生后，市公路部门启动抢险应急处置预案，组织应急抢险人员和相关抢险设备、车辆火速赶赴现场，紧急投入抢险。6 月 23 日下午 204 国道抢通，当晚阜宁境内 231 省道、328 省道、329 省道和射阳境内的 329 省道部分路段中断交通恢复畅通；6 月 24 日上午，所有农村公路恢复通行。灾后，按照灾后重建计划安排，市交通运输局推进灾后交通设施重建工作。至 2017 年 5 月底，阜宁、射阳两地灾后交通设施重建工作全部完成，其中永久性安置点配套道路 48.7 千米，桥梁 25 座，共完成投资 1.7 亿元。

2016 年全市重点交通工程建设项目

表 11－25　　　　单位：万元

序号	项目名称	建设规模	建设年限	2016 年完成投资	累计完成投资	项　目　进　度
	合计			1450585	3360036	
一	城市快速干道			339834	865534	

续表 11－25

序号	项目名称	建设规模	建设年限	2016 年完成投资	累计完成投资	项目进度
1	内环高架快速路网	建设“一环五射”内环高架快速路网 54.6 千米	2011—2016	339834	865534	建成主体工程，于 12 月 30 日建成通车
二	铁路项目			480618	989618	
2	连盐铁路盐城段	新建 105 千米双线电气化铁路	2013—2017	164718	668718	完成桥梁下部结构 100%，架梁 6936 片，正线铺轨 107.6 千米、站线铺轨 6.8 千米
3	徐宿淮盐铁路盐城段	盐城境内约 72 千米	2015—2019	307800	312800	完成拆迁 99.7%、征地 87.4%，完成桥梁灌注桩 1.71 万根，占 97.5%；承台 1491 个，占 71.9%；墩台身 1294 个，占 61.8%
4	盐城至南通铁路	盐城境内 94 千米	2016—2019	–	–	工可研报告已上报国家发改委待批，通过国家发改委委托的咨询单位评估，初步设计通过铁路总公司审查；铁路总公司开展速度目标值的论证研究工作
5	盐泰锡常宜城际铁路	盐城境内 22 千米	2017—2021	–	–	开展预可研编制工作
6	东风悦达起亚伍佑商品车装车基地	占地面积约 6.67 公顷	2016	8100	8100	完成伍东村境内 2.6 万平方米存车场路基填筑和信号楼封顶；基本完成 2 号、3 号、4 号铺轨施工
三	公路项目			502106	1284657	
(一)	高速公路及通道项目			59000	187300	
7	盐淮高速公路盐城至大丰港段	新建 36.6 千米双向四车道高速公路	2013—2016	59000	187300	建成通车
8	盐城至南京高速公路	全长 200 千米，其中盐城段 20 千米	2017—2020	–	–	完成项目预可研报告工作大纲评审，全面开展预可研报告编制
(二)	国省干线公路			149008	692008	
9	125 省道盐城段	新建 45.6 千米一级公路	2012—2017	10909	101609	盐都 229 省道至大纵湖风景区段 26 千米建成通车，229 省道至 204 国道段完成路面基层 60%、面层 14%、桥梁工程 98%；城南新区段基本完成桥涵施工，完成路基填筑 25%
10	331 省道盐城西段	新建 49.3 千米一级公路	2013—2016	6825	161825	建成通车
11	331 省道盐城东段	新建 27 千米一级公路	2013—2017	29350	41650	跨沈海高速大桥建成主体工程，其余路段基本完成征地拆迁；亭湖段完成路基填筑 33%、涵洞 100%、桥梁工程 58%；大丰段完成路基填筑 62%、涵洞 97%、桥梁工程 76%
12	233 省道射阳至建湖公路	新建 69.4 千米一级公路	2013—2017	52929	144929	建湖 204 国道至建宝路段 19.6 千米建成通车，234 省道至 331 省道段完成路面基层 57%、面层 49%、桥梁工程 96%，204 国道以东段完成路基处理 15%；射阳段完成路面底基层 39%、基层 33%

续表 11－25

序号	项目名称	建设规模	建设年限	2016 年完成投资	累计完成投资	项目进度
13	610 省道东台段	新建 40 千米一级公路	2013—2017	10000	105000	204 国道至 229 省道段 25.96 千米建成通车,204 国道至老 204 国道段施工单位已进场,开展征地拆迁和便道便桥施工;老 204 国道以东段完成招投标,组建施工项目部
14	351 省道大丰段	新改建 44 千米一级公路	2015—2017	33150	53150	一期工程 228 国道至草庙镇段基本建成;二期工程草庙镇至沈海高速段完成土方开挖 70%、路基填筑 40%
15	344 国道东台段建设工程	新改建 69.4 千米一级公路	2012—2018	5845	83845	东台绕城段 12.64 千米、高兴东段 9.3 千米和机械产业园段 0.9 千米建成通车,串场河大桥及引道完成路基填筑 60%、桥梁工程 43%,北绕城至机械产业园段路面改造工程完成基层 62%、面层 62%
(三)	路网连接公路			45850	156050	
16	滨海海港大道	新建 32 千米一级公路	2014—2016	8000	48000	建成通车
17	阜建高速建湖西互通连接线	新建 6.63 千米一级公路	2014—2016	1550	20550	建成通车
18	建湖九龙大道改扩建工程	改扩建 15.7 千米一级公路	2014—2017	3000	28000	建成通车
19	四明至长荡公路四明段	新建 14.9 千米二级公路	2014—2017	5300	8500	北段建成通车,南段完成路面基层
20	阜宁火车站连接线	新建 12.5 千米一级公路	2014—2017	20000	35000	建成通榆河大桥、射阳河大桥和先导段 3.1 千米,全线完成路面底基层 97%、基层 63%、面层 34%、桥梁工程 96%
21	盐丰高速大丰港区连接线	新建 5 千米一级公路	2015—2016	8000	16000	建成通车
22	盐城南洋机场连接线	新建 3 千米一级公路	2016—2017	–	–	施工图设计通过审查,组织招标工作
(四)	农村公路			248248	249299	
23	农村公路提档升级及桥梁改造工程	实施农村公路 800 千米,改造桥梁 300 座	2016	245848	245848	开工建设农村公路 1882 千米,建成 1691 千米;开工农村公路桥梁 1056 座,建成 923 座
24	撤渡建桥	市开发区通榆河袁坎大桥、射阳射盐线黄沙港大桥、滨海正红杨渡人行桥、滨海通榆化肥厂人行桥、滨海港勾股人行桥、亭湖西城渡桥、亭湖新建东渡桥	2013—2017	2400	3451	开发区袁坎大桥完成下部结构 92%;射阳黄沙港大桥完成下部结构和梁板预制;亭湖西城桥、新建东桥建成主体工程;滨海 3 座人行桥开展桩基施工
四	航道船闸项目			48527	119227	
25	滨海港疏港航道	开挖 63 千米四级航道,新建船闸 2 座	2014—2017	19307	84307	滨海船闸、运盐河船闸建成并具备交工验收条件;桥梁工程 204 国道公路桥、新滩盐场桥、大有桥、黄海路桥建成通车;航道工程基本建成运盐河航道

续表 11－25

序号	项目名称	建设规模	建设年限	2016 年完成投资	累计完成投资	项　目　进　度
26	小中河及船闸工程	新建 17.35 千米四级航道，改建船闸 1 座，同步实施桥梁改造工程	2015—2017	23220	28920	阜宁船闸改造、航道护岸和码头工程建成并通过交工验收，桥梁工程新沟大桥、西营大桥建成主体工程，曹洼、兴隆、大陈大桥完成灌注桩 100%，其余桥梁开展桩基施工
27	盐邵线航道改善工程	完成盐邵线护岸 20 千米	2016	6000	6000	完成盐邵线航道龙冈至古殿堡段五期护岸工程全部建设任务
五	客运枢纽			51900	56900	
28	T2 航站楼建设	新建 T2 航站楼及配套建设停机坪和站前广场等设施	2015—2017	51000	56000	完成航站楼桩基工程，地下室及一层、二层混凝土浇筑 100%，钢管柱吊装 100%、主桁架 80%；完成地下车库桩基工程、基坑开挖、底板和侧墙混凝土浇筑 100%、顶板 40%；完成高架桥下部结构 60%
29	盐城市区综合客运枢纽	公铁综合客运枢纽	2016—2018	–	–	市政府成立建设指挥部；枢纽项目建议书获批，完成枢纽地块城市规划及枢纽设计方案第二次国际征集工作，对接铁路总公司经规院进行铁路站房方案征集工作，跟踪铁五院上报火车站南移 I 类变更方案；继续开展地块内房屋征收工作
30	滨海公铁综合枢纽	占地面积约 3.33 公顷	2016—2017	300	300	连盐铁路滨海北站开工建设，站前广场及集疏运体系完成工可报告编制
31	响水公铁综合枢纽	占地面积约 5.33 公顷	2016—2017	200	200	取得立项批复和规划选址、用地预审意见，完成工可报告编制，火车站房已开工建设
32	射阳公铁综合枢纽	占地面积约 3.33 公顷	2016—2017	200	200	取得立项批复和规划选址、用地预审意见，完成工可报告编制，火车站房已开工建设
33	阜宁东公铁综合枢纽	占地面积约 3.33 公顷	2016—2018	200	200	完成施工图设计，火车站房已开工建设
六	运输服务			27600	44100	
34	公交车调度中心停保场二期工程	用地面积 6.67 公顷，总建筑面积 4000 平方米，停车场面积 5 万平方米	2015—2016	1500	6000	建成 4.81 公顷并通过竣工验收，其余部分正在办理土地手续
35	干线公路服务区建设	新建临海高等级公路大丰、射阳、响水服务区，331 省道盐东服务区、204 国道响水收费站服务区	2014—2016	5400	17400	临海高等级公路大丰、响水服务区、331 省道盐东服务区建成投入使用；204 国道响水收费站服务区完成招投标
36	盐城市内河搜救基地	占地面积 6597 平方米，总建筑面积 3284 平方米	2016—2017	1800	1800	房建主体结构封顶，基本完成外装和驳岸施工，开展内装及室外附属设施施工

续表 11－25

序号	项目名称	建设规模	建设年限	2016 年完成投资	累计完成投资	项　目　进　度
37	城乡公交一体化	新增 10 个乡镇开通镇村公交，新增更新公交车 200 辆（其中新能源公交车 80 辆），新增 100 个借还点、3000 辆公共自行车、3600 个锁车桩，建成出租车电召服务中心。	2016	16500	16500	新增 14 个乡镇开通镇村公交；新增公交车首批 10 辆旅游观光双层巴士已投入营运，其余 190 辆完成采购程序；新增公共自行车正在开展前期研究工作，相关请示取得市政府同意，与财政部门协商纳入 2017 年预算，计划 2017 年一季度实施到位；出租车电召服务中心完成桩基施工
38	盐城市综合交通指挥中心	新建指挥中心大厅、交通应急指挥系统、综合决策分析系统、公众出行服务系统，初步完成交通系统数据和应用系统整合工作。	2016—2017	2000	2000	完成指挥中心装修工程、硬件安装、系统集成，基本完成各软件系统开发
39	市县公交一卡通工程	实现大市区和所有县市公交卡互联互通。	2016	400	400	完成建设任务

第一节　空港运输

2016 年，盐城南洋机场安全保障航班 1.24 万架次，完成旅客吞吐量 120.9 万人次，货邮吞吐量 5120 吨。10 月 24 日，南洋机场旅客吞吐量首次突破 100 万人次，正式迈入“百万级”中型机场行列。年内，南洋机场航站区改扩建工程初步设计获省发改委和民航华东地区管理局批准；推进 T2 航站楼及配套工程建设，至年底 T2 航站楼混凝土结构全部完成，高架桥桩基工程完成，机场快速干线工程拆迁工程完成；推进南洋机场城市候机楼建设，7 月启用五星城市候机楼。年内，新开通福州、杭州、太原、贵阳、烟台航线。至年底，营运国内国际（地区）航线 22 条，每周航班量达 280 班次，其中北京、上海、广州、深圳、西安、成都、重庆、大连、昆明、长沙、武汉、沈阳等航班达到每天一班以上。

第二节　公路运输

2016 年，全市干线公路完成投资 16.46 亿元，建成通车里程 17.05 千米，331 省道建湖段建成通车。全年完成绿化补植 260 万元，植草 104 万元，新建及改善提升的 755 千米干线公路绿色通道，完成投资 3.2 亿元。实施普通国省干线公路养护大中修工程项目 7 个，其中大修工程 1 个、中修工程 6 个，实施里程 47.23 千米；危桥改造工程项目 2 个；桥梁专项工程 2 个，其中桥梁支座专项维修 16 座，桥梁伸缩缝专项维修 17 座。全市社会公路总里程 1.96 万千米，基中四级以上等级公路 1.93 万千米。全市建成以市级养护应急处置中心 1 个，县级养护应急处置基地 8 个。整合市级路网监测点规划，提升公路网“可视、可测、可控”的能力和水平，完成 228 国道、229 省道、331 省道、333 省道、盐城东段 62 个路网监测点监控视频、40 个车辆检测器调度安装，228 国道、352 省道沿线 6 个交调观测站点，228 国道大丰、响水服务区可变情报版、气象观测站建成使用。完成盐城市公路管理处数据分中心升级改造，结合省公路局布置的大屏展示技术研究课题，编制盐城市公路管理处路网指挥中心升级改造方案，试点完成射阳路网分中心建设；完成《江苏省干线公路可变情报板通信协议》《地方标准编制合作协议》《移动办公终端使用规范》编制工作。

331 省道建湖段建成通车　5 月 1 日，331 省道建湖段建成通车。该段起于建湖、盐都交界处的盐河（盐宝线），进入建湖县沿河镇，然后折向西跨越西塘河（建口线），继续向西进入建湖县颜单镇，向西跨越粮棉河、恒东河后，进入建湖县恒济镇，从恒济镇南侧绕越后折向南，跨越沿河后，路线终于建湖县与宝应县处。路线全长 17.05 千米，工程采用双向四车道一级公路标准，一般路段设计速度每小时 100 千米，路基顶宽 26 米，于 2013 年 7 月开工建设。

第三节　铁路运输

2016 年，盐城铁路里程 157.2 千米，有火车车站 8 个。全年完成铁路客运量 222.22 万次，旅客周转量 2.01 亿人千米；货运量 122 万吨，货物周转量 3.12 亿吨千米。连盐铁路盐城段完成路基处理和桥梁桩基工程，进行架梁和铺轨施工。徐宿淮盐铁路盐城段完成征地拆迁主要工作量，盐宁高铁联络线纳入徐宿淮盐铁路建设范围，将与徐宿淮盐铁路同步建成。盐城至南通铁路可研上报文报送国家发改委待批。盐泰锡常宜城际铁

5 月 31 日，国内第二大跨度钢桁梁柔性拱桥——连盐铁路灌河特大桥主桥钢桁梁合龙。

路盐城至泰州段规划研究通过评审，全线预可研全面展开。实施大丰港、滨海港、射阳港和陈家港等沿海港口铁路支线线位方案研究工作。

连盐铁路盐城段建设施工　至年底，连盐铁路盐城段提供全部红线用地 349.59 公顷，临时用地 350.07 公顷，拆迁和安置工作全面完成；完成路基处理和桥梁桩基工程，开展架梁和铺轨施工之中；完成架梁 6726 片，占设计数的 91.96%；正线铺轨累计完成 81.52 千米；站线铺轨累计完成 5.46 千米。施工单位当年完成投资 12.29 亿元，占年度计划投资额的 95.24%；市铁路办当年下拨资金 4918 万元；项目开工累计完成投资 63.17 亿元。

徐宿淮盐铁路盐城段建设施工　至年底，徐宿淮盐铁路盐城段完成征地拆迁主要工作量，共拆迁 1173 户民房，占总数 99.7%；交付红线用地 156.59 公顷，占总数的 87.4%；交付临时用地 71.27 公顷，占总数的 94.3%；完成桥梁桩基 1.61 万根，占设计数的 91.8%；完成承台 1342 个，占设计数的 64.7%；完成墩台身 1183 个，占设计数的 56.6%。施工单位当年完成投资 20.77 亿元，占年度计划的 97.32%；市铁路办当年下拨征拆资金 8.97 亿元；项目开工累计完成投资 30.23 亿元。

第四节　航道运输

2016 年，全市航道及内河港口建设完成投资 3.72 亿元。滨海港区疏港航道船闸工程通过交工验收，阜宁船闸及小中河航道整治工程交工通航，建成盐邵线护岸 21 千米；市区港区楼王作业区启动建设。新开通步凤港—泰州—太仓港，步凤港—海安、如皋—太仓港，步凤港—连云港 3 条内河集装箱航线，全市内河港口完成货物吞吐量 5249 万吨、集装箱吞吐量 5850 标箱。至年底，全市航道总里程 4490.69 千米，其中二级航道 25.08 千米、三级航道 283.05 千米、四级航道 208.97 千米、五级航道 297.07 千米、六级航道 287.65 千米、七级航道 556.55 千米、等外航道 2832.32 千米。

阜宁船闸改建及小中河航道整治工程　阜宁船闸改建及中小河航道整治工程于 2015 年 6 月启动，总投资 3.3 亿元。建设内容：对阜宁船闸进行改造扩建，改造后的设计标准为 180 米 ×23 米 ×4 米（闸室长 × 口门宽 × 槛上水深），同时对 328 省道跨闸桥进行改造，并修建配电房、机修间、上下闸首机房等建筑面积 570 平方米；对小中河航道进行综合整治，共计 17.35 千米，采用复合式断面（上部为直立式挡墙，下部为斜坡式），左右岸均为半直立式结构，设计底高程为 -2.28 米，设计顶高程为原地面，航道的款不小于 40 米，口宽不小于 60 米。2016 年，完成投资 1.81 亿元。11 月，工程建成并通航。

盐城港滨海港区疏港航道船闸工程交工　盐城港滨海港区疏港航道船闸工程于 2014 年启动，总投资约 3.3 亿元。建设内容：盐城港滨海港区疏港航道以连申线通榆河废黄河地涵为起点，向东经中山河、运盐河、新滩北河接滨海港内河港池，全长约 62.2 千米，全线按四级航道标准建设，设计最大船舶吨位为 500 吨；航道底宽不小于 40 米，最小设计水深 2.5 米，航宽不小于 55 米，最小弯曲半径 320 米；新建滨海船闸和运盐河船闸均按Ⅳ级水工建筑物通航要求设计。2016 年，完成投资 8766 万元。12 月 27 日，工程通过省交通厅航道局和市交通管理局组织的交工验收。

养护改善工程　年内，养护改善工程主体采用“以养代建”的方式，新建盐邵线航道龙冈至古殿堡段五期 21 千米护岸，疏浚盐宝线航道护岸墙前土 60 万立方米，共完成投资 6000 万元。其中，疏浚盐宝线航道护岸墙前土工程被省航道管理局验收评定为优良工程。

市区港区楼王作业区启动　3 月，市区港区楼王作业区建设项目启动。该项目位于盐城市盐都区楼王镇江庄村境内楼大线公路西侧盐宝线航道南侧，初步设计建设规模为新建 2 个 500 吨级散货泊位和 2 个 500 吨级杂货泊位，设计年吞吐量为 95 万吨，并配套建设后方陆域货物堆场及生产辅助建筑物,用地总面积4.32万平方米。至年底,完成征地拆迁、岸线批复、项目立项、初步设计、施工图批复等前期工作,配套的桥梁工程、水工工程完成招投标,施工单位进场施工,完成土方2万立方米,完成投资3500万元。

第五节　城市公交

2016年,全市新辟城市公交线路19条,优化调整城市公交线路15条,新购城市公交车398辆。盐城市区开通夜1线、88路纯电动以及城市观光旅游公交线路,城市公共交通出行分担率23.2%。黄海通市民卡推出异地卡刷卡消费可享受本地卡优惠政策的服务,实现与南通、泰州两地的互联互通和优惠共享。完成黄海通市民卡与各县(市、区)公交、城市公共自行车的互联互通。全市新增22个乡镇开通镇村公交,全市镇村公交开通率61.2%。新增农村客运候车亭180个,新设招呼牌574个。全市投入1.28亿元,更新道路客运车辆254辆。新增新能源公交车辆371辆,占新购城市公交车的93.2%。公交调度中心停保场(二期)基本建成;新建高新区公交枢纽站、火车站公交回车场、义丰红星公交枢纽站、楼王莘野公交枢纽站,并全部投入使用;完成北龙港公交枢纽站选址;建设市中心公交首末站和高架路范围内公交站台58座;完成BRT站台出新改造工程设计方案征集工作。

第六节　行业管理

2016年,市交通管理局开展交通运输市场秩序监管专项整治20余次,全年累计实施行政处罚(处理)案件3.43万件。强化行政执法监督,组织明察暗访20批次;市直交通各执法单位和各县(市、区)局开展各类执法监督检查80余次。推动出租汽车行业改革。市政府成立市深化出租汽车行业改革领导小组,市交通管理局起草《关于深化盐城市出租车行业改革的实施意见》《盐城市网络预约出租汽车经营服务管理暂行实施细则》报市政府审批。7月1日,盐城市区出租车经营权实行无偿使用。打造“一站式审批、一条龙服务”政务服务新平台,加强事中事后监管,编制完善权力清单,交通窗口全年受理交通行政许可和便民服务事项8万多件。机关公车服务平台全年完成各类保障用车1.71万次行车路程400万千米,安全无事故。年内,盐城公交“刘飞温馨服务示范线”、大中水上服务区创建成全国交通运输行业文明示范窗口;“沙惠林服务班”“盐城公交8路诚信示范线”申报全国、全省“学雷锋活动示范点”;市交通运输局获评江苏省文明单位标兵;全行业创建省级文明单位37个、市级文明单位56个,省交通运输行业文明单位3个、省文明示范窗口3个。

一、路政管理

2016年,全市路政案件立案3220件,其中处罚2651件、处理569件;依法办理路政管理许可90件,超限许可350件(省域15件、市域335件),收取路产赔补偿费1850万元,罚款350万元;投入标志标线日常维护经费2100多万元;完成建设全市普通国省干线公路校车停靠点、公交站台安全生命防护工程以及228国道、125省道、352省道安全生命防护工程327.6千米;投入安保经费约2000万元;清除障碍物830立方米、非标悬挂物580余块,取缔马路摊点73处,清除堆放电杆786根,拔除违法埋设电杆605根。全年全市出动治超执法人员1.69万人次,检查车辆1.37万辆,处罚车辆2638辆,卸载1.14万吨,公路平均超限率控制在1.8%。全年全市征收通行费9064.83万元,绿色通道免费放行车辆11.23万辆,重大节假日免费放行小型客车44.89万辆。

二、航道管理

2016年,全市航道管理部门巡航10.85万千米,完成航道扫床里程3083千米,航标正常率、船闸优良闸次率100%。开展干线航道环境整治和绿化完善专项行动,完成全市417.58千米的省干线航道拉网式排查。开展内河航道“卡脖子”段摸底调查工作,调查航道23条,航道里程1137.06千米。启动全市内河港口岸线普查工作,举办培训班分解普查任务。组织航道通航条件影响评价3件,办理临跨过河建筑物许可63件、处罚(理)案件16件,发放举报奖金800元,纠正违章违建11处,增设桥涵标50座、标牌7块,全年收取航道赔补偿费797万元。全年开放闸次2658次,船舶通过量1856.6万吨、货物通过量982万吨,刘庄船闸征收过闸费934万元,阜宁船闸征收过闸费51万元。建成市区城西、城东执法基地,大丰执法基地,开发区执法艇基本建造完毕。实施内河船型标准化建设,核准实施船舶拆解323艘,拆解完工132艘,完工数占全省35%。

三、运输管理

2016年春运期间(1月24日至3月3日),全市完成旅客发运量767万人次。其中,公路旅客发运量734.4万人次,日均投放客车3411辆次,日均投放客位11.7万座,日均发班9200班次;民航旅客发运量7.3万人次;铁路旅客发运量为25.3万人次;市区出租车行业完成旅客发运量286万人次;城市公交完成发运量1290万人次。加强运输安全管理,全市22家道路客运企业、31家危化品运输企业通过安全生产标准化考评。全年各级运政稽查部门查处各类道路运输违法违章案件2433件。年内,交通运输局会同市安监、公安部门,对全市67家“两客一危”(道路客运和旅游客运,一危指危险品道路运输)运输企业集中进行安全约谈,全年全行业安全生产形势稳定。加强驾培管理,全年完成初培驾驶员报班审核19.08万人,完成从业资格培训1.29万人次。　（王　莹）

第12章 信息化

责任编辑 高兰会

综 述

2016年，盐城城区宽带实现全覆盖，农村行政村、自然村实现“村村通宽带”；城市化地区实现光纤到商务楼宇、光纤进住宅小区、光纤入户，在城乡集镇和重点行政村的实现光纤覆盖。城市家庭基本实现1000Mbps(兆位/秒)及以上宽带接入能力，农村家庭基本实现100Mbps及以上宽带接入能力。盐城成为苏北首家“千兆城市”。“两化”融合程度提升，以信息技术为支撑的高新技术产业占全市制造业40%以上，科技进步对经济增长的贡献率在35%以上，信息化对示范企业效益增长的贡献率在30%以上，规模以上工业企业中50%实现管理信息化，30%实现产品设计研发和流程控制信息化。民生信息化应用多元，实现农业信息化、卫生信息化、教育信息化多种应用发展。发展智慧产业，在全省率先布局发展大数据，部、省、市共建国家级大数据产业基地协议成功签订；启动智慧盐城规划建设，出台《智慧盐城建设实施意见》《智慧盐城建设三年行动计划》，城南新区获批国家首批信息消费试点城市、国家智慧城市试点；实施“互联网+”行动，云计算、物联网、移动互联网、大数据、人工智能等新一代信息技术在各行业领域应用深化。

第一节 基础设施

2016年，盐城建成光缆总长度285万纤芯公里，网络出口总带宽2T，建成盐城通上海国际网络专用通道，建成光端口398.9万个、宽带端口497.69万个，有光纤到户用户327万户。城市家庭50兆及以上宽带覆盖率41.4%，农村家庭12兆及以上宽带覆盖率84.1%。建成3G、4G、WLAN(无线局域网络)互为补充的无线网络，移动基站数3.4万个，其中4G逻辑基站1.54万个，实现城市市区4G信号全覆盖；WLAN(无线局域网络)热点区域接近1万个，无线访问接入点(AP)超过15万个，基本覆盖全市大型商圈、交通枢纽、医疗机构、政府机关、金融机构、星级酒店、星级景区、文化场馆和体育中心等九类公共区域。至年底，全市有固定电话用户数155.85万户，互联网固定宽带用户数173.77万户；全市移动电话用户711万户，其中3G/LTE用户390.61万户，移动互联网用户379.5万户；有线电视用户126万户，其中江苏有线盐城分公司本部累计发展数字电视用户21.5万户，高清互动用户7.9万户，宽带用户2.8万户，有线电视网络覆盖全市所有城乡家庭。年内，东台、大丰、建湖、城南新区等地启动公共区域免费Wi-Fi(采用无线局域网络协议中的无线保真技术)建设工程，其中东台公共区域免费Wi-Fi项目被列入省经信委信息基础设施示范试点工程。

智慧盐城建设 年内，市政府出台《智慧盐城建设实施意见》《智慧盐城建设三年行动计划》，完成智慧盐城建设总体布局。同时，制定出台《盐城市政府信息资源管理办法》《盐城市政务信息化(智慧盐城)建设项目管理办法》，对全市信息资源整合和信息化项目建设进行统一扎口管理，共搜集整理市直80多个部门(单位)的约5.4万项信息资源数据项，编制共享交换目录，完善人口、法人、宏观经济、自然资源和地理空间信息、地名地址等各类基础信息数据库。至年底，市政府信息资源中心和智慧盐城运营中心基本建成，初步形成跨部门政务信息资源共享交换能力。

盐城迈入千兆光网新时代 3月10日，盐城市千兆光网城市发布会举行，标志着盐城在沿海地区率先迈入千兆光网新时代。千兆光网城市开启“千兆引领、百兆主流”的光网新时代，该项目累计投资26亿元，建成高速、稳定、便捷、覆盖城乡的有线、无线网络，形成“百兆、千兆到户到桌面、万兆到楼、T级出口”的端到端全新光网络能力。

第二节 信息技术应用

一、“两化”融合

2016年，盐城市有省级“两化”(工业化和信息化)融合试验区7家，“两化”融合示范区3家，省“两化”融合示范企业29家，省制造业与互联网融合创新示范工程3个，2家企业通过“两化”融合管理体系贯标评定，有8家企业启动“两化”融合管理体系贯标工作。至年底，盐城市规模以上企业互联网应用覆盖率41%，资源计划（ERP）、制造执行系统（MES）、供应链管理（SCM）、产品数据管理（PDM）、客户关系管理（CRM）等关键管控软件应用普及率37%，重点管控系统集成覆盖率13%。全市百户大企业（集团）互联网应用覆盖率、关键管控软件应用普及率超过70%，重点管控系统集成覆盖率35%。其中，重点化工企业MES、DCS等关键管控软件实现全覆盖；汽车及零部件制造企业基本普及ERP、SCM等管控软件；丰东热处理、长虹智能装备、圣泰阀门等企业初步建成基于互联网的全业务全流程集成管控系统。新建立悦达家纺个性化定制、辉丰农一网、克胜蜻蜓农服等一批O2O营销新模式网络平台。加快互联网化服务平台建设，盐城市重点企业运行监测平台实现在线监测企业运行动态，盐城名特新产品推广平台、盐城工业企业云平台、盐城中小企业云平台、盐城市知识产权公共服务平台等平台实施启动，惠普区域创新中心、中润普达“互联网+”应用示范基地、城南大数据创新应用中心、百度智慧产业园、中国制造网区域中心等应用服务平台加快建设。

二、民生信息化

2016年，盐城民生信息化应用水平稳步提升。农业信息化服务方面，连续三年举办“农民用网推广活动”，继续完善连通省、市、县三级的农村综合信息服务平台。在卫生信息化方面，电子健康档案入库率超过80%，获批“卫生监督综合管理信息系统应用达标示范”单位，全市二级以上综合医院电子病历系统全部投入使用。在教育信息化方面，9个县（市、区）全面完成县级教育城域网建设工作，100%的学校校园网实现和市、县（市、区）教育城域网互联互通，“宽带网络校校通”覆盖率达100%，“优质资源班班通”覆盖率82.38%，“网络学习空间人人通”覆盖率48.14%，省级教育资源服务平台覆盖率80%。在对外传播信息化方面，报业、广电等传统媒体发挥资源优势，移动电视、“智慧盐城”APP手机客户端、城南电视发射塔、中波台等成为媒体融合新平台。在公共资源服务方面，纪念馆、博物馆、文化馆、图书馆、戏剧舞台、杂技剧场等公共服务场所综合运用新媒体技术手段传播展示盐城人文历史和特色文化内涵。

第三节　无线电管理

一、台站管理

2016年，盐城市有1.17万个无线台站，其中业余台站有501个。盐城市无线电管理处加强设台资格审查，实施无线电台站电磁环境测试和台站验收制度，强化监督检查。创新基站建设和管理模式，探索运用第三方对基站实施统一建设、管理和维护，解决移动通信站址资源缺乏、基站设置与城市景观相背、市民对电磁辐射担忧等问题，实现基站建设达到“室内集约化、室外景观化、覆盖无缝化”的标准。继续加大对非法用频、非法设台的打击力度，全年先后出动监测车40余车（次），出动监测执法人员120余人（次），查处市区宝龙小区“黑广播”案件1起、飞驰国际商务楼发广告“伪基站”案件1起。强化台站执法巡查，全年外出执法和检查23次，检查设台单位32家，纠正非法使用频点8个，查封非法设备26台。规范业余无线电台管理，举办业余无线电台操作技术能力A类考试2次、B类考试1次，开展全市旧版业余无线电操作证书换发工作，共发证60多张。搭建业余无线电爱好者交流平台，及时发布业务无线电管理政策规定、无线电通信技术及活动，成功组织盐城市业余无线电“五五节”野外通联暨应急通信演练活动。

二、信号监测

2016年，盐城市无线电管理处每月按时上报频谱监测统计报告，对监测中发现的不明信号做好分析识别、排查工作，全年发现不明信号6个，查明6个。全年固定监测累计4710小时，移动监测345小时；受理干扰申诉6起，查结2起，干扰现象自行消失4起。落实重大节日和重要活动期间的无线电监测值班工作，做好各重要频段的监测和监听，保障本地区重要无线电通信和广播电视业务正常运行。加强重要考试安全保障，全年完成各类考试保障25次，查获研究生、建造师、造价师、执业药师等考试中作弊使用的7套无线电发射设备，对11个用于作弊的无线电信号进行干扰压制。做好预指配频率电磁环境测试工作，按时完成7起预指配频率电磁环境测试工作。

盐城区域监测网建设　年内，市无线电管理处继续开展盐城区域监测网建设调研工作。向省无线电管理局、地市无线电监测站专家咨询小型站建设要点，调研有建设小型站经验的监测站，征求小型站设备选型建议，组织召开盐城区域监测网项目建设方案讨论会，并同徐州市无线电监测站在小型站项目建设上建立合作关系，共同开展设备选型调研和技术测试工作。协调成都瀚德、南京中原德生公司架设测试三类小型站，向南京市监测站借用一台EB500接收机，验证测向可靠性和误差、系统稳定性，现场比对接收机监测效果。市无线电管理处组织参观考察成都中星世通、深圳海格嵘兴、成都瀚德、成都点阵、北京波尔通信、南京中原德生、南京达智等小型站集成商，同研发人员探讨小型站监测设备的可靠性、软硬件及监测管理一体化系统技术、实施过程中遇到的问题，对比各集成商产品、技术及服务的优劣。

完成无线电频谱使用评估专项工作　年内，市无线电管理处开展无线电频谱使用评估专项工作，完成辖区内各建成区的频谱采集，测试频段从800兆赫～2700兆赫扩大到30兆赫～3000兆赫，测试里程2231千米，比道路规划里程1842千米多389千米，根据测量数据分析出中国联通公司私自将部分GSM频段用于FDD－LTE技术、局部地区私自使用未分配的频段等频率乱用现象，责令停止使用。

（季　鹏）

生态环境

□ 绿色生态

□ 环境治理

第 13 章　绿色生态

责任编辑　潘其锐

综　　述

2016 年，市委、市政府将绿色盐城建设列为生态市建设的重要内容，突出绿美乡村、绿色城镇、绿色通道和国家森林公园、国家湿地公园等重点工程建设。全年全市投入造林绿化资金 18 亿元，实施绿化重点工程 64 项，完成成片造林面积 5866 公顷，新建和完善农田林网 3.3 万公顷，新建和提升绿色通道 775 千米，新增和提升城镇绿地面积 1323 公顷，栽植树木 550 万株，实施森林抚育 6667 公顷，自然湿地保护率达 42.8%。全市林木覆盖率达 26.4%。3 月 1 日，盐城获得地方立法权后制定的首部地方性法规——《盐城市绿化条例》全面实施，盐城市正式将绿化造林纳入法治化轨道。6 月，江苏黄海海滨国家森林公园揭牌。年内，盐城市林业局获“全国绿化先进集体”称号；东台甘港村、大丰恒北村分获“全国生态文化村”“中国慢生活休闲体验村”称号。开展湿地保护宣传，2 月 2 日，市林业局在珍禽保护区开展“世界湿地日”户外宣教；11 月 16—17 日，市林业局举办全市湿地保护管理培训班。推进湿地公园建设，6 月 7 日，建湖县举行九龙口国家湿地公园（试点）规划专家咨询会，对湿地公园规划重新调整。继续实施湿地保护小区的建设工程，完善已建立湿地保护小区基础设施建设，全市新建湿地保护小区 16 个，恢复湿地面积 333 公顷。至年底，盐城市有自然湿地面积 56 万公顷。培育具有盐城地域特色的绿化精品。年内，全市建成绿色村庄 90 个，其中省级绿化示范村 40 个、省级森林生态示范村 11 个。12 月 27 日，盐城召开绿化造林会议，全面部署沿海百万亩生态防护林建设工程和创建国家森林城市、森林小镇、森林村庄任务，计划到 2020 年全市建成高标准生态防护林 6.67 万公顷，其中新造成片林 2.67 万公顷、改造提升现有成片林 4 万公顷，建成森林小镇 30 个、森林村庄 300 个，争创国家森林城市。

（徐晶晶　刘彧辰）

第一节　生态市建设

2016 年，盐城市国家环保模范城市创建工作通过国家技术评估，盐都区、东台市、大丰区、建湖县建成国家级生态市（区），市经济技术经济技术开发区建成国家生态工业示范园区，亭湖区、阜宁县、射阳县建成省级生态县（区），滨海县通过省级生态县技术评估。创成国家级绿色学校 5 所，省级绿色学校 75 所，市级绿色学校 185 所。群众对生态环境质量满意率达 89.8%，在全省通过考核验收的城市中位列第一。根据省绿色发展评估报告显示，盐城绿色发展综合指数位列苏北第一，生态效益贡献指数 84.1，位列全省第一。

加强生态文明建设制度建设，成立由市委、市政府主要领导任组长和第一组长的盐城市生态文明建设工作领导小组，在全省率先出台《关于

12 月 28 日，市公安局组织开展野生动物保护专项行动。　李思远摄

加强生态文明制度建设的实施意见》和《关于加快推进生态文明建设的实施意见》,确立生态文明体制改革的路线图和时间表,明确8类31项生态文明改革目标任务。制定印发《盐城市生态文明建设环境保护重点任务行动方案(2016—2017年)》,启动《盐城市生态文明建设规划》修编工作。开展环境保护管理体制改革试点工作,落实网格化环境监管体系,完善环境司法联动机制,打击环境犯罪分子。推进环保失信企业联合惩戒机制建设,加大环境问题公开曝光力度,引导社会公众关注环境污染犯罪、举报环境违法行为。

推进地方法治建设,研究出台《盐城市党政领导干部生态环境损害责任追究实施细则》,明确党员领导干部生态环境损害责任追究的若干问题。在全省率先开展绿色发展评估工作,从资源利用效率、环境污染代价和生态产品贡献3个方面,对全市经济社会发展进行绿色评估。委托南京大学在全省率先开展绿色发展考核评价体系研究。推行领导干部自然资源资产离任审计,突出对节能减排、循环经济、资源节约、生态环保等方面的考核,对地方党政领导干部实绩进行科学评判。开展镇以上人民政府向同级人大报告生态环境质量制度试点工作。年内,大丰区、亭湖区开展区政府向区人大报告生态环境质量活动,响水县开展镇政府向镇人大报告生态环境质量活动。 (杨 柳)

生态防护林 年内,盐城继续实施海堤、国省道以及大中河堤基干林带建设工程,重点突出盐丰高速、阜建高速等绿色景观通道建设工程和沿海新林场生态基地建设工程,从点线片面完善域内沿海生态防护林体系。盐丰高速景观通道工程,全长37千米,涉及大丰区和市经济技术开发区,投资5800万元,按照两行常绿乔木,多行落叶乔木的标准进行栽植,建成两侧绿化带各50米。阜建高速景观通道工程,全长35.5千米,涉及阜宁县和建湖县,投资5600万元,在高速隔离网外两侧各50米范围内,按照三季有花、四季有绿,栽植高大乔木和林苗复合模式建成绿化林带。市级景观通道重点工程包括331省道盐城西段、233省道建湖县高作至冈西段和610省道东台新204国道以西26千米、231省道阜宁段、滨海县海港大道界牌镇华林村至滨淮镇陆塘村段、滨海县北疏港公路。全市水利系统实施海堤及通榆河、入海水道等清水廊道建设,绿化造林面积641.3公顷,其中补植造林208公顷,新植造林433.3公顷,种植草皮8.6万平方米。12月13日,《盐城市百万亩生态防护林建设工程规划(2017—2020年)》通过中国工程院、国家发改委、国家林业局、北京林业大学、南京林业大学等专家组成的专家组评审。

(徐晶晶 刘彧辰)

第二节 湿地保护

一、江苏盐城国家级珍禽自然保护区

2016年,江苏盐城国家级珍禽自然保护区全面启动创建国家级示范保护区工作。推进生态旅游,建成4D影院,建立隐蔽摄影棚,增设标识标牌,完成停车场扩建、游步道绿化、职工宿舍局部改造、游客服务中心周边环境整治等工程。推行社区共管,在《盐阜大众报》上公布生态环境违法监督举报电话,24小时接受群众举报,先后处理电话接访170起。对新洋港、东港、新农村、中路港、斗龙港等地区进行走访,宣传核心区禁捕渔的相关法律知识。开展有机水稻种植项目的探索实践,通过有机检测,获得有机水稻证书,在国家工商总局成功以"鹤之梦"注册保护区内的农副产品。举办中秋、国庆等5次重大节日主题旅游营销活动,策划和合作实施"你好,地球""丹顶鹤公益众筹"等主题活动。全年接待科普旅游团体30余批5000余人次,旅游收入520万元,接待游客近11万人。

珍禽管护 年内,珍禽保护区全面清理核心区资源利用,落实退还协管补偿资金,清退所有人员,清除所有生产生活设施;强化保护区核心区管理,在核心区周边设置物理屏障,疏浚开挖河道22.5千米,增设隔离网20千米,沿核心区西沿修筑砂石巡护路25千米;完善核心区周边管护网络,增设2个管护站、5个管护点和5座瞭望塔,申报核心区88个视频监控,确保核心区监控全覆盖。对缓冲区、实验区违规开发的问题,通过自查自纠排出17个违规违法项目,根据环保部提供的信息排查出19项违规建设项目和53项历史遗留的居民传统种植养殖及基础生活设施项目。逐一明确具体整治措施、责任单位和责任人,共发函74份至相关责任单位,要求限期整改。加大政策宣传力度,妥善处理保护区周边渔民安置和生活补助事宜。加强野生动物保护,制定繁殖孵化育雏工作方案和技术流程,育成丹顶鹤6只、疣鼻天鹅2只,救护丹顶鹤1只、灰鹤2只、东方白鹳6只、天鹅1只、其他珍禽712只。年内,珍禽保护区与公安、边防部门联合开展非法猎捕野生珍禽执法行动11次,收缴网具若干、媒鸭400余只,捣毁窝点50余处。

科研协作 至年底,珍禽自然保护区与上海复旦大学、南京大学、南京师范大学等多所高校,北京动物园,环境保护部南京环境科学研究所、中国科学院东北地理与农业生态研究所等共计13所高校和科研机构开展项目合作研究。在合作项目中,主持项目研究的院士1人、教授12人、副教授33人;合作研究项目共有53个,其中国家级项目21个、省部级项目14个、其他项目18个;参与项目研究的博士17人、硕士29人;撰写科技论文43篇,获取专利2个。

科普宣传 年内,珍禽保护区编制印发《丹顶鹤》内刊,文字总量15万字,区内外赠阅2000份;举办丹顶鹤文化研究会主题年会,探讨、发掘和弘扬鹤文化;完成"世界湿地日""生物多样性日""世界环境日""爱鸟周"等纪念日的科普宣传活动;保护区网站全年更新200余篇新闻稿;完成人民网等媒体宣传报道30余篇;成功组织《带着微博看环保:丹顶鹤盐城越冬季》直播、儿童探险节目《鸟中侠客丹顶鹤》等节目录制。珍禽保护区管理处、市公安局、市海洋渔业局、市环保局等六部门联合发布《关于加强核心区

管理的通告》,并通过宣传车、社区喇叭、发放宣传单的形式向周边社区居民宣传核心区禁入政策。 (杜进进)

二、江苏大丰麋鹿国家级自然保护区

2016 年,江苏大丰麋鹿国家级自然保护区接待游客 30 万人次,旅游综合收入 1000 万元。至年底,麋鹿种群发展到 3223 头,占世界麋鹿总数二分之一,其中野生麋鹿数量 325 头。年内,大丰麋鹿保护区被中国科协命名为"2015—2019 年度全国科普教育基地";被环保部、国土资源部、水利部、农业部、国家林业局、中国科学院、国家海洋局联合表彰为全国自然保护区管理先进集体,成为江苏唯一获得该奖的自然保护区;被国家林业局评为保护森林和野生动植物资源先进集体。6 月 20 日,中央电视台新闻频道在《绿色中国》系列报道"湿地 · 览夏篇"着重报道大丰南黄海湿地,向观众展示保护区麋鹿栖息地的自然环境及保护区内的生物多样性。

16 头大丰麋鹿野放洞庭湖 3 月 3 日,由国家林业局、世界自然基金会、中国绿化基金会牵头组织推动,江苏省大丰麋鹿国家级自然保护区、湖南东洞庭湖国家级自然保护区等多方共同实施的首次麋鹿野放宣传活动在湖南东洞庭湖国家级自然保护区举办。野放的 16 头麋鹿(雄鹿 5 头、雌鹿 11 头)均携带卫星追踪系统,科学家们可根据传回的信息,追踪、研究麋鹿的野化足迹。

《大丰麋鹿》亮相伦敦国际书展 4 月 12 日,世界第二大国际图书版权交易会——英国伦敦国际书展开幕。《大丰麋鹿》作为江苏推出的具有城市文化遗产特色的"符号江苏"口袋书系列丛书之一参展,成为盐城首个参加伦敦书展的口袋书。该书由大丰区首届麋鹿文化奖章获得者杨国美、马连义分别负责图片和文稿的筛选和编撰,选取 132 幅不同年代、不同季节的麋鹿照片,结合若干翔实的数据和资料,向读者介绍麋鹿的繁衍历史和当下的生存状态。

麋鹿宣教中心开工 6 月 16 日,亚行贷款盐城湿地保护项目——保护区宣教中心建设工程在中华麋鹿园景区举行开工仪式。宣教中心工程建筑总面积 2000 平方米,两层结构,总投资约 2000 万元,宣教中心建成之后,将通过生物标本、缩微景观、展板等传统手段和声光电多媒体、4D 影院、人机互动等高科技手段宣传麋鹿、湿地保护知识,集中展示保护区自然生态系统、动植物资源以及盐城人文历史。

麋鹿回归 30 周年纪念活动 10 月 16 日,大丰麋鹿回归 30 周年暨野生放养仪式在麋鹿野生放养区举行。国家林业局、江苏省林业局领导以及相关方面研究专家等出席大会,江苏电视台新闻频道、中央电视台新闻频道、新华社等媒体进行跟踪报道。仪式上,野外放生 30 头麋鹿(雄鹿 14 头,雌鹿 16 头)。下午,保护区召开大丰麋鹿回归 30 周年保护管理工作座谈会,与会领导观看麋鹿回归 30 周年成果汇报宣传片,与会专家教授等从野生动物的保护利用和疾病预防等方面提出意见。

刘晓峰在保护区调研 11 月 8 日,全国政协副主席、农工党中央常务副主席刘晓峰在保护区调研生态文明建设情况。刘晓峰详细了解麋鹿种群繁育、湿地生态修复工程等实施情况,对保护区生态保护工作给予肯定。要求保护区坚持走生态优先、绿色发展之路,将生态文明建设和绿色发展理念融入经济、政治、文化、社会建设各方面,提高生态文明意识,打造良好生态环境,将生态优势转变为发展优势,使广大人民群众共享生态文明建设成果。

(侯立冰)

第三节 资源节约

一、循环经济

2016 年,市发改委组织编制《盐城市"十三五"循环经济发展规划》并印发实施,会同相关部门编制《盐城市"十三五"农作物秸秆综合利用规划》《水资源保护规划》;推进园区循环化改造,盐城市经济技术开发区和东台经济开发区省级园区循环化改造试点通过省发改委考核验收,建湖经济技术开发区等 4 家市级园区循环化改造试点自评工作全面开展;推进循环经济公共平台建设及与省平台接入工作,市经济技术开发区循环经济平台建成运行;推进盐城市静脉产业园建设,盐城市区餐厨废弃物资源化利用和无害化处理项目正式开工。 (杨林森)

二、低碳经济

2016 年,全市近 70 家重点企业分 12 批次参加全省碳交易能力培训;全市 50 家重点单位完成 2013—2015 年碳排放数据填报工作。全市完成第一批 34 家重点单位碳排放数据核查工作。经省经信委、发改委批准,盐城在苏北率先开展节能量交易试点工作,盐城市技术服务中心入选项目节能量交易第三方审核机构。市发改委联合上海环境能源交易所举办 2016 第五届盐城环博会 · 碳交易市场专题研讨会,推动上海环境能源交易所盐城分所开展碳配额和 CCER(碳排放权交易市场的一种基础产品,是通过实施项目削减温室气体而获得的减排凭证)交易,并成为上海环交所碳市场能力培训中心基地之一。盐城环保产业园是全国唯一的雾霾治理研发与产业化基地和环保类产学研合作示范区,大气治理产业主导产品占全国市场 35% 以上。年内,全市非化石能源占一次能源比例为 16.2%,单位地区生产总值二氧化碳排放强度下降率完成省定目标任务。

(杨林森)

三、节能降耗

2016 年,盐城加快调整产业结构,加大节能降耗工作推进力度,全市经济绿色发展取得成效。全市范围内各县

（市、区）均建立节能监察机构。全市万元地区生产总值能耗同比下降约6%，完成省下达节能目标任务。全年实施30项节能技改工程，节能量约15万吨标准煤。推进节能环保产业发展，市经信委组织重点节能环保企业参加全省节能环保领域海外引才工作，推动尖端人才引进。市经信委组织全市节能监察人员和全市年综合耗能万吨以上企业能源管理岗位人员70余人赴苏州节能管理学院集中培训；组织市节能监测站全体节能监察人员参加工信部重大工业节能监察业务培训。开展万家企业节能低碳行动，鼓励支持企业推广应用节能减排先进技术和节能减排惠民产品，推进工业耗能设备更新换代。各地加强重点耗能企业能源消耗统计、填报和监测，完成省级能效监测和统计分析系统企业填报，上报率和通过率均为100%。组织申报国家低碳工业园区试点工作，市经信委组织盐城经济技术开发区相关人员赴苏州工业园区、宜兴环保产业园学习首批试点低碳工业园区运营理念和试点实践经验，市经济技术开发区与苏州北建节能技术有限公司签署绿色低碳工业园区共建合同。加大绿色产品和绿色工厂创建和推进力度，全年组织实施50项绿色制造重点项目（含30项节能重点工程），推进工厂、企业、园区绿色化转型。推进《盐城市配电变压器能效提升计划（2015—2017年）实施方案》落实；根据江苏省工业领域能效领跑行动实施方案，组织符合条件企业进行申报；开展2016年度节能机电设备（产品）推荐及“能效之星”产品评价工作。加强节能监察执法。市经信委印发全年节能监察计划，对199家用能单位及节能服务机构开展日常节能监督检查，制定《盐城市2016年节能专项执法行动工作方案》，对全市164家重点耗能行业、直购电企业、部分非公单位、固定资产投资项目开展专项执法监察，对违法用能单位开具责令改正通知书43份，督促用能单位整改不合理用能行为并淘汰落后机电设备。加强督查，对全市14户重点耗能企业进行现场监察；督查9户列入省惩罚性电价企业进行整改。加强节能宣传培训，市经信委组织开展地球一小时全球性节能公益活动和全国节能宣传周活动，向重点用能单位和社会市民发放节能法律法规知识宣传资料1000多份，营造全市节能降耗、绿色发展氛围。

（季　鹏）

四、节水管理

2016年，全市实施自来水用户用水计划管理，向年用水量6000立方米以上自来水用水户下达年度用水计划。全年全市用水总量55.2亿立方米，万元地区生产总值用水量下降6.25%，万元工业增加值用水量下降6%，农业灌溉水利用系数0.629，省、市水功能区达标率为77.9%。创建节水型社会示范区2个、节水型载体113个。完成封井323眼，地下水水位平均回升1.09米。征收水资源费4780.1万元，占任务数119.5%。

（杨林森）

沿海林场。

第 14 章　环境治理

责任编辑　潘其锐

第一节　环境质量

一、空气环境质量

2016 年，盐城市环境空气质量继续保持全省第一、全国前列。其中，8 月位居全国第三；10 月，优良天数比例达 100%，位居全国第七。人民网等媒体将盐城再次列为全国 18 座“洗肺城市”之一。市区及各县（市、区）二氧化硫和二氧化氮平均浓度均符合国家二级标准，PM10（空气动力学当量直径小于等于 10 微米的颗粒物）和 PM2.5（空气动力学当量直径小于等于 2.5 微米的颗粒物）有不同程度超标。

盐城市区　年内，盐城市区环境空气中二氧化硫平均浓度为每立方米 16 微克，二氧化氮平均浓度为每立方米 26 微克，均符合国家二级标准要求；PM10 平均浓度为每立方米 76 微克，PM2.5 平均浓度为每立方米 43 微克，分别超出国家二级标准 0.5 倍和 0.86 倍；一氧化碳 24 小时平均浓度在每立方米 0.3 毫克至 2.2 毫克之间，无超标现象；臭氧日最大 8 小时滑动平均浓度在每立方米 18 毫克至 210 毫克之间，超标率为 6.6%。

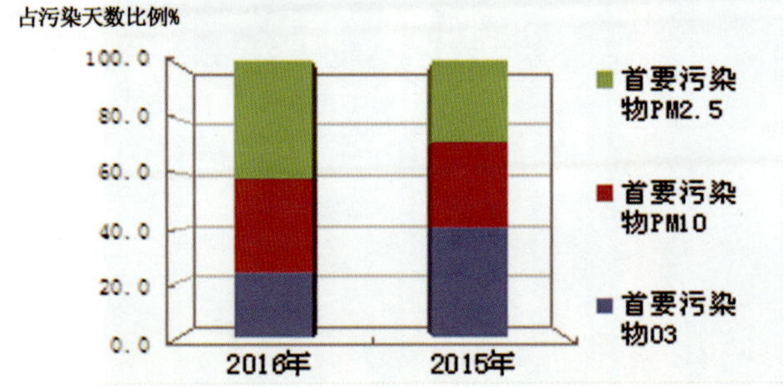

图 14－01　2016/2015 年市区污染天气构成对比

盐城市区环境空气质量综合指数为 4.53。全年优良天数比例为 77.9%，轻度污染天数比例为 17.5%，中度污染天数比例为 4.1%，重度污染天数比例为 0.5%，无严重污染天气。污染天气中，以 PM2.5 为首要污染物的天数占 42.2%，以臭氧为首要污染物的天数占 23.6%，以 PM10 为首要污染物的天数占 34.2%。

与上年数据相比，二氧化氮平均浓度上升 13%，二氧化硫、PM10、PM2.5 平均浓度分别下降 15.8%、10.6% 和 12.2%。市区环境空气质量综合指数下降 0.71，优良天数比例上升 5.6%，重度污染天数比例下降 2.8%，中度污染天数比例下降 0.3%，轻度污染天数比例下降 2.5%。

年内，盐城市区优良天数比例达 77.9%，高于“比 2015 年上升 0.5 个百分点”的省考核要求；PM2.5 年均浓度每立方米 43 微克，完成“比 2015 年下降 2.5%”的省考核要求；重度污染天数 2 天，完成“比 2015 年下降 1 天”的省考核要求。

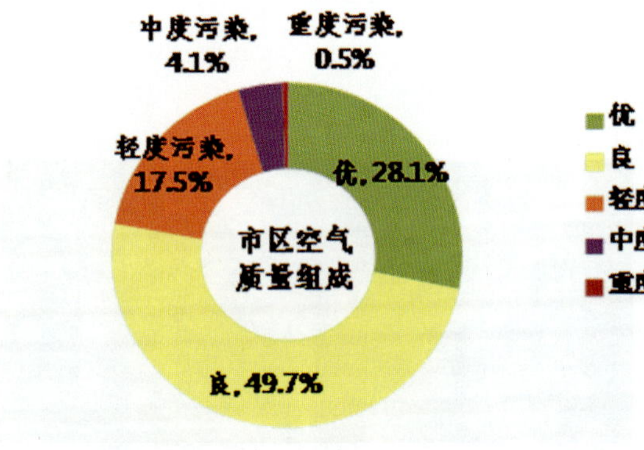

图 14－02　2016 年市区空气质量级别分布

全年市区环境空气质量按月呈现先上升后下降的波动趋势，空气质量较差的时段主要集中在年初和年末。1—3 月，受春节烟花爆竹燃放及雾霾天气等因素的共同影响，空气质量有所下降，市区出现全年唯一的 2 天重度污染天气；3—9 月，主要受海洋季风气候的影响，空气流动性好，空气污染物的扩散效果明显，空气质量明显好转；10—12 月，北方进入燃煤供暖时节，空气污染物随冷空气南下，加上秸秆焚烧及不利气候条件造成污染物聚集，空气质量再度下降。

各县（市、区）　年内，各县（市、区）环境空气中二氧化硫平均浓度介于每立方米 16 微克至 25 微克之间，平均值为每立方米 20 微克，均符合国家二级标准。与上年数据相比，二氧化硫平均浓度下降 9.8%。

年内，各县（市、区）环境空气中二氧化氮平均浓度介于每立方米 16 微克至 29 微克之间，平均值为每立方米 23

微克，均符合国家二级标准。与上年数据相比，二氧化氮平均浓度上升 2.6%。

年内，各县(市、区)环境空气中 PM10 平均浓度介于每立方米 70 微克至 91 微克之间，平均值为每立方米 82 微克，除滨海外其他地区均超出国家二级标准，其中建湖县平均浓度最高，超出国家二级标准 0.3 倍。与上年数据相比，PM10 平均浓度下降 14.9%。

年内，各县(市、区)环境空中 PM2.5 平均浓度介于每立方米 0 微克至 49 微克之间，平均值为每立方米 45 微克，均超出国家二级标准，其中建湖县平均浓度最高，超出二级标准 0.41 倍。与上年数据相比，PM2.5 平均浓度下降 10.3%。一氧化碳日均值无超标现象，臭氧日最大 8 小时

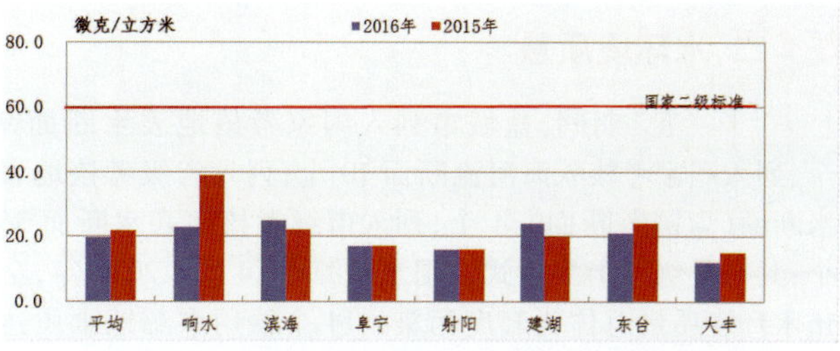

图 14－03　2016/2015 年全市二氧化硫监测结果统计

均值超标率在 0.5% 至 6.2% 之间。

年内，各县(市、区)环境空气质量优良天数比例在 67.8% 至 77.3% 之间，建湖县最低，阜宁县最高。

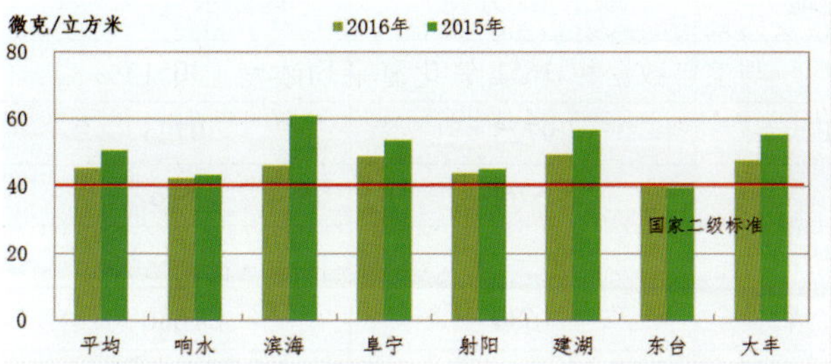

图 14－04　2016/2015 年全市二氧化氮监测结果统计

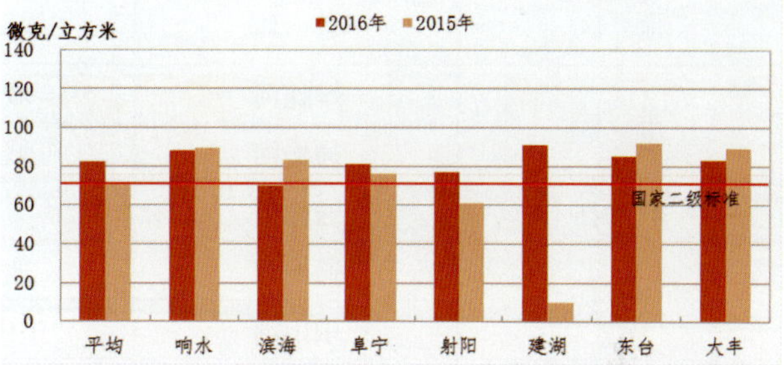

图 14－05　2016/2015 年全市 PM10 监测结果统计

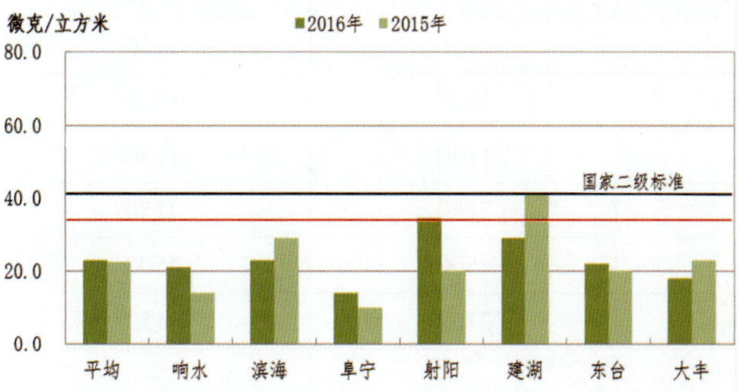

图 14－06　2016/2015 年全市 PM2.5 监测结果统计

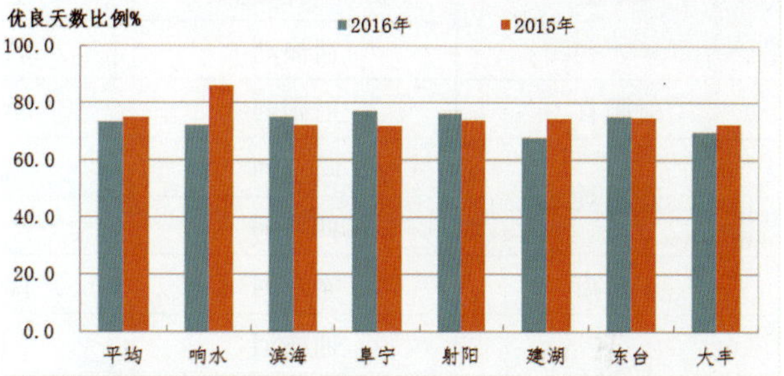

图 14－07　2016/2015 年全市环境空气优良天数统计

2016 年全市环境空气主要污染物浓度

表 14－26

地　区	二氧化硫（微克/立方米）	二氧化氮（微克/立方米）	PM2.5（微克/立方米）	PM10（微克/立方米）	优良天数比例
市　区	16	26	76	43	77.90%
响水县	23	21	42.3	88	72.40%
滨海县	25	23	46	70	75.10%
阜宁县	17	14	48.7	81	77.30%
射阳县	16	34	43.8	77	76.20%
建湖县	24	29	49.4	91	67.80%
东台市	21	22	39.7	85	75.10%
大丰区	12	18	47.6	83	69.70%

二、水环境质量

“十三五”期间，盐城市列入国家考核地表水断面9个、列入国家考核入海河流断面10个；列入省级考核地表水断面（含国考断面）34个、列入市级考核地表水断面36个；共有县级以上集中式饮用水水源地14个。2016年，全市水环境质量总体为轻度污染。14个饮用水源地水质达标水量比例为100%，9个国考地表水断面中达到或优于Ⅲ类水比例为77.8%，34个省考地表水断面中达到或优于Ⅲ类水比例为73.5%，36个市考地表水断面中达到或优于Ⅲ类水比例为55.6%，10个入海河流国家考核断面无劣Ⅴ类水断面。5个主要跨市河流总体水质为轻度污染。

主要饮用水　年内，全市14个主要饮用水源地取水总量为29831万立方米，达标水量为29831万立方米，达标率为100%。按《地表水环境质量标准》（GB3838－2002）Ⅲ类水质标准以pH值（氢离子浓度指数）、溶解氧、高锰酸盐指数等26项指标评价，各主要饮用水源地水质无超标现象。与上年数据相比，全市饮用水源水质维持稳定。

2016年全市集中式饮用水源地水质状况

表14－27

地　区	水　体	饮用水源地	取水量（万吨）	达标水量（万吨）
市　区	蟒蛇河	城西水厂	3651	3651
	通榆河	城东水厂	9725	9725
响水县	通榆河	洪圩	576	576
滨海县	通榆河	通榆大桥	－	－
	中山河	中山河水站	1680	1680
阜宁县	射阳河	杨洼子	－	－
	苏北灌溉总渠	老管大桥	1782	1782
	通榆河	城东水厂	1156	1156
射阳县	射阳河	学尖渡口	1328	1328
建湖县	嘎粮河	新阳村	1130	1130
	西塘河	塘桥	2150	2150
东台市	泰东河	南苑水厂	4500	4500
大丰区	通榆河	七灶闸	2152	2152
	新团河	新胜桥	－	－
合　计			29831	29831

年内，各县（市、区）对辖区内饮用水源地水质中特定项目进行监测，监测指标为《地表水环境质量标准》（GB3838－2002）中特定项目，共33项。监测结果显示，各县（市、区）均有部分项目检出，总体检出率为7.4%，检出浓度远低于标准限值。与上年数据相比，特定项目总体检出率下降1.3%。其中，有机项目检出率连续三年下降，从2014年的2.5%下降至2015年的1.6%、2016年的0.5%，影响全市饮用水源安全的有机污染得到初步控制。

2016年全市集中式饮用水源地特定项目检出情况

表14－28

地区	水体	饮用水源地	检出率（%）		检出项目	
			2016年	2015年	2016年	2015年
市区	蟒蛇河	城西水厂	14.40	14.60	钼、钴、硼、锑、钡、钒	三氯甲烷、钼、钴、硼、锑、钡、钒
	通榆河	城东水厂	14.60	14.60		
响水县	通榆河	洪圩	6.10	7.60	硼、锑、钡	甲醛、硼、锑、钡、钒

续表 14－28

地区	水体	饮用水源地	检出率(%)		检出项目	
			2016 年	2015 年	2016 年	2015 年
滨海	通榆河	通榆大桥	3	5.80	通榆河	通榆大桥
	中山河	中山河水站	3	5.30		
阜宁县	射阳河	杨洼子	5.30	8.10	硼、锑、钡	甲醛、甲苯、邻苯二甲酸二丁酯、邻苯二甲酸二(2－乙基己基)酯、钴、硼、锑、镍、钡
	苏北灌溉总渠	老管大桥	5.30	8.10		
	通榆河	城东水厂	6.40	－		－
射阳县	射阳河	学尖渡口	2.80	3	钡	钡
建湖	西塘河	塘桥	6.10	8.80	钴、硼、锑、钡	甲醛、三氯苯、硝基氯苯、钴、硼、锑、钡甲醛、三氯苯、硝基氯苯、甲醛、邻苯二甲酸二丁酯、邻苯二甲酸二(2－乙基己基)酯、钼、硼、锑、钡
	嘎粮河	新阳村	5.80	9.10		
东台市	泰东河	南苑水厂	9.60	14.60	硼、锑、镍、钡	三氯甲烷、四氯化碳、三氯乙烯、钼、硼、锑、镍、钡
大丰区	通榆河	七灶闸	10.60	9.10	甲醛、钼、硼、锑、镍、钡	甲醛、钴、硼、锑、镍、钡
	新团河	新胜桥	10.90	9.10		
全市			7.40	9.10	－	－

流域地表水　年内，按照《地表水环境质量评价方法(试行)》，以《地表水环境质量标准》(GB3838－2002)21 项基本项目(不包括水温、总氮、粪大肠菌群)对国考、省考、市考断面以及市界断面和入海河流进行评价，全市 70 个市考以上断面总体水质状况为轻度污染，达到或优于Ⅲ类水断面比例为 65.7%，年内，Ⅳ类水断面比例为 31.4%，Ⅴ类水断面比例为 2.9%。

全市纳入国考 9 个地表水断面中，7 个断面为Ⅲ类水断面，2 个断面为Ⅳ类水断面，达到或优于Ⅲ类水的比例达到国家 2016 年 77.8% 的考核目标要求。

全市纳入省考 34 个地表水断面中，Ⅲ类水断面有 25 个，占 73.5%，Ⅳ类水断面有 9 个，占 26.5%，达到或优于Ⅲ类水比例达到 2016 年全市考核目标要求。

全市纳入市考 36 个地表水断面中，达到或优于Ⅲ类水的断面有 20 个，占 55.6%，Ⅳ类断面有 14 个，占 38.9%，Ⅴ类水断面 2 个，占 5.5%。

2016 年全市纳入国家考核体系地表水断面监测结果

表 14－29

序号	断面名称	所在水体	责任地区	2020 年目标	监测单位	达标年限	2016 年水质	是否达标
1	灌河大桥	灌河	响水县	Ⅳ	连云港	2018	Ⅳ	是
2	大庆路桥	串场河	亭湖区	Ⅳ	中心站	2016	Ⅳ	是
3	龙冈凤凰桥	蟒蛇河	盐都区	Ⅲ	盐都站	2016	Ⅲ	是
4	富民桥	东台河	东台市	Ⅲ	东台站	2016	Ⅲ	是
5	草堰大桥	通榆河	大丰区	Ⅲ	大丰站	2016	Ⅲ	是
6	大团侨	斗龙港	大丰区	Ⅲ	大丰站	2016	Ⅲ	是
7	新洋港闸	新洋港	射阳县	Ⅲ	射阳站	2016	Ⅲ	是
8	城北大桥	通榆河	阜宁县	Ⅲ	阜宁站	2016	Ⅲ	是
9	六垛闸	灌溉总渠	滨海县	Ⅲ	滨海站	2016	Ⅲ	是

2016年全市纳入省级考核体系地表水断面监测结果

表14－30

序号	断面名称	所在河流	属　性	所在地	水质类别	水质目标	达标年限	是否达标
1	大庆路桥	串场河	省考、国考	亭湖区	Ⅳ	Ⅳ	2016	是
2	黄海大桥	串场河	省考	亭湖区	Ⅳ	Ⅳ	2016	是
3	蟒南窑渡口	蟒蛇河	省考	盐都区	Ⅲ	Ⅲ	2016	是
4	盐城大桥	新洋港	省考	亭湖区	Ⅳ	Ⅳ	2016	是
5	城东水厂	通榆河	省考	亭湖区、开发区、城南新区	Ⅲ	Ⅲ	2016	是
6	大纵湖出口	蟒蛇河	省考	盐都区	Ⅲ	Ⅲ	2016	是
7	陈港	灌河	省考	响水县	Ⅳ	Ⅲ	2018	是
8	堆根	通榆河	省考	响水县	Ⅲ	Ⅲ	2016	是
9	通榆大桥	通榆河	省考	滨海县	Ⅲ	Ⅲ	2016	是
10	灌河大桥	灌河	省考、国考	响水县	Ⅳ	Ⅲ	2018	是
11	长茂泵站	通榆河	省考	响水县	Ⅳ	Ⅲ	2016	否
12	陈涛地龙（灌渠）	苏北灌溉总渠	省考	滨海县	Ⅲ	Ⅲ	2016	是
13	六垛闸	灌溉总渠	省考、国考	滨海县	Ⅲ	Ⅲ	2016	是
14	城北大桥	通榆河	省考、国考	阜宁县	Ⅲ	Ⅲ	2016	是
15	严庄	射阳河	省考	阜宁县	Ⅲ	Ⅲ	2016	是
16	新阜宁大桥	射阳河	省考	阜宁县	Ⅲ	Ⅲ	2016	是
17	射阳闸	射阳河	省考	射阳县	Ⅲ	Ⅲ	2016	是
18	新洋港闸	新洋港	省考、国考	射阳县	Ⅲ	Ⅲ	2016	是
19	黄沙港闸	黄沙港	省考	射阳县	Ⅲ	Ⅲ	2016	是
20	陈堡	西塘河	省考	建湖县	Ⅲ	Ⅲ	2016	是
21	新阳村	戛粮河	省考	建湖县	Ⅲ	Ⅲ	2016	是
22	谭洋	通榆河	省考	建湖县	Ⅲ	Ⅲ	2016	是
23	龙冈凤凰桥	蟒蛇河	省考、国考	盐都区	Ⅲ	Ⅲ	2016	是
24	大纵湖湖心	大纵湖	省考	盐都区	Ⅲ	Ⅲ	2016	是
25	海堤桥	梁垛河	省考	东台市	Ⅳ	Ⅳ	2019	是
26	富民桥	东台河	省考、国考	东台市	Ⅲ	Ⅲ	2016	是
27	化肥厂南	通榆河	省考	东台市	Ⅲ	Ⅲ	2016	是
28	北海桥	通榆河	省考	东台市	Ⅲ	Ⅲ	2016	是
29	蟒河渡口	通榆河	省考	东台市	Ⅲ	Ⅲ	2016	是
30	大团桥	斗龙港	省考、国考	大丰区	Ⅲ	Ⅲ	2016	是
31	斗龙港闸	斗龙港	省考	大丰区	Ⅳ	Ⅳ	2016	是
32	川东闸	川东港	省考	大丰区	Ⅳ	Ⅳ	2019	是
33	草堰大桥	通榆河	省考、国考	大丰区	Ⅲ	Ⅲ	2016	是
34	民主村	兴盐界河	省考	盐都区、大丰区	Ⅲ	Ⅳ	2016	是

2016年全市纳入市级考核体系地表水断面监测结果

表14－31

序号	断面名称	所在河流	属性	所在地	水质类别	水质目标	达标年限	是否达标
1	新兴公路桥	串场河	市考	亭湖区	Ⅲ	Ⅲ	2019	是
2	海纯桥	小洋河	市考	亭湖区	Ⅴ	Ⅳ	2019	是
3	盐渎公园	公园内河	市考	城南新区	Ⅲ	Ⅲ	2016	是
4	李舍	串场河	市考	城南新区	Ⅲ	Ⅳ	2016	是
5	西城湾	灌河	市考	响水县	Ⅳ	Ⅲ	2019	是
6	大堰	灌河	市考	响水县	Ⅳ	Ⅲ	2019	是
7	二作区	灌河	市考	响水县	Ⅳ	Ⅲ	2019	是
8	陈涛地龙（排渠）	入海水道	市考	滨海县	Ⅲ	Ⅲ	2016	是
9	果林桥	中山河	市考	滨海县	Ⅲ	Ⅲ	2016	是
10	通榆桥	苏北灌溉总渠	市考	滨海县	Ⅲ	Ⅲ	2016	是
11	大有桥	中山河	市考	滨海县	Ⅲ	Ⅲ	2016	是
12	西坎闸	北八滩渠	市考	滨海县	Ⅲ	Ⅲ	2016	是
13	夹河桥	响坎河	市考	滨海县	Ⅲ	Ⅲ	2016	是
14	陈涛桥	张家河	市考	滨海县	Ⅳ	Ⅲ	2019	是
15	头罾闸	中山河	市考	滨海县	Ⅲ	Ⅳ	2019	是
16	阜阳大桥	通榆河	市考	阜宁县	Ⅲ	Ⅲ	2016	是
17	羊蒲致富大桥	苏北灌溉总渠	市考	阜宁县	Ⅲ	Ⅲ	2016	是
18	沟墩大桥	串场河	市考	阜宁县	Ⅳ	Ⅳ	2016	是
19	啤酒厂	串场河	市考	阜宁县	Ⅳ	Ⅳ	2016	是
20	刘咀桥	海陵河	市考	阜宁县	Ⅲ	Ⅲ	2016	是
21	五讯渡口	射阳河	市考	射阳县	Ⅲ	Ⅲ	2016	是
22	中心粮店	小洋河	市考	射阳县	Ⅳ	Ⅳ	2016	是
23	东朝阳桥	小洋河	市考	射阳县	Ⅳ	Ⅳ	2016	是
24	林家渡口	黄沙港	市考	射阳县	Ⅲ	Ⅲ	2016	是
25	董家桥	串场河	市考	建湖县	Ⅲ	Ⅲ	2016	是
26	洪桥	皮岔河	市考	盐都区	Ⅲ	Ⅲ	2016	是
27	利民桥	利民河	市考	城南新区	Ⅲ	Ⅲ	2016	是
28	富安梁一大桥	通榆河	市考	东台市	Ⅴ	Ⅳ	2019	是
29	廉贻大桥	串场河	市考	东台市	Ⅲ	Ⅲ	2016	是
30	新农大桥	三仓河	市考	东台市	Ⅳ	Ⅳ	2016	是
31	川水港闸	东台河	市考	东台市	Ⅳ	Ⅳ	2016	是
32	丰裕渡	二卯西河	市考	大丰区	Ⅳ	Ⅲ	2019	是
33	新胜桥	新团河	市考	大丰区	Ⅲ	Ⅲ	2016	是
34	化工桥	二卯西河	市考	大丰区	Ⅳ	Ⅲ	2019	是
35	王港闸	王港河	市考	大丰区	Ⅳ	Ⅲ	2019	是
36	白驹镇北	串场河	市考	大丰区	Ⅳ	Ⅳ	2016	是

市界断面水质　年内，全市5个主要跨市河流总体水质为轻度污染，超标断面主要超标项目为总磷、氨氮和化学需氧量。淮安市流入盐城的入海水道排渠断面水质为劣Ⅴ类，超标项目为氨氮和化学需氧量，分别超出Ⅳ类水目标1.29倍和0.08倍。扬州市流入盐城的黄土沟断面、淮安市流入盐城的灌渠断面和泰州市流入的泰东大桥断面水质满足Ⅲ类水质标准。南通市流入盐城的通榆运河古贲大桥断面水质满足Ⅴ类水质标准。与上年数据相比，市界断面水质有所好转，古贲大桥、黄土沟和泰东大桥断面水质类别均提升一级，总磷平均浓度大幅下降。

主要入海河流水质　"十三五"期间，全市有10条入海河流纳入国家考核。年内，入海河流水质符合地表水Ⅲ类标准和Ⅳ类标准的断面各占50%，无Ⅴ类和劣Ⅴ类水断面。与上年数据相比，各断面水质未发生变化。

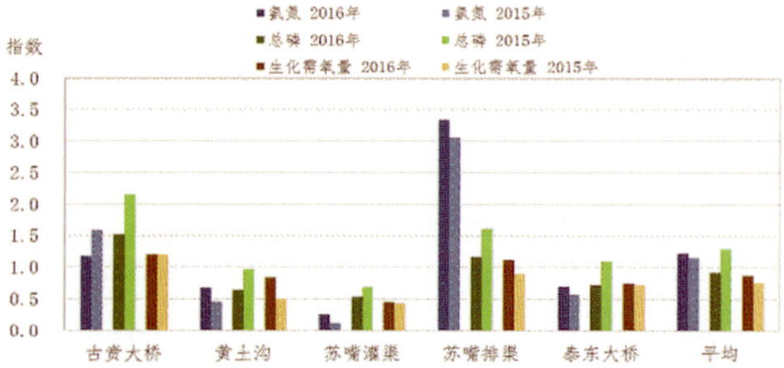

图14－08　2016/2015年市界断面主要污染指标变化对比

近岸海域水质　年内，全市近岸海域水质状况较好，监测10个点位中水质达第一类、第二类水质的有9个，占90%；第四类水质占10%。

2016年全市主要跨市河流水质监测结果

表14－32

序号	断面名称	所在河流	属性	责任地区	水质类别	水质目标	达标年限	是否达标
1	古贲大桥	通榆河	市界	南通市海安县	Ⅴ	Ⅴ	2020	是
2	黄土沟	西塘河	市界	扬州市宝应县	Ⅲ	Ⅲ	2016	是
3	苏嘴灌渠	灌溉总渠	市界	淮安市淮安区	Ⅲ	Ⅲ	2016	是
4	苏嘴排渠	排水渠	市界	淮安市淮安区	劣Ⅴ	Ⅳ	2016	是
5	泰东大桥	泰东河	市界	泰州市姜堰区	Ⅲ	Ⅲ	2016	是

三、声环境质量

2016年，全市声环境质量较好。区域环境噪声达到声环境质量国家二级标准，稳定在较好等级；道路交通环境噪声强度为一级，声环境质量为好，部分监测路段监测噪声超过70分贝标准。

区域环境　年内，全市共布设929个噪声网格监测点。全年开展昼间监测1次。全市昼间平均等效声级为52.9分贝，总体水平为二级，区域声环境质量较好。全市城市昼间平均等效声级分布在50.9分贝～57.5分贝之间。盐城市区总体水平为三级，区域声环境质量状况为轻度污染；其余各县（市、区）均属二级，声环境质量状况较好。与上年数据相比，全市昼间区域环境噪声污染状况总体有所下降。其中，盐城市区和建湖、东台区域环境质量有所下降，其余县（市、区）区域声环境质量有所好转。

2016年全市区域环境噪声监测结果

表14－33　　单位：分贝

噪声类别	地区	市区	响水县	滨海县	阜宁县	射阳县	建湖县	东台市	大丰区	全市均值
昼间	2016年	57.50	50.90	53.40	51.90	51.90	51.60	54.20	51.90	52.90
	2015年	54.40	53.40	53.80	53.60	52.30	51.30	46.30	53.50	52.30
	增(＋)减(－)	3.10	－2.50	－0.40	－1.70	－0.40	0.30	7.90	－1.60	0.60

影响城市声环境质量的主要声源仍是社会生活噪声，比例为67.7%；其余依次是交通噪声、工业噪声、其他噪声和施工噪声，所占比例分别为20.5%、7.9%、2.5%和1.5%。与上年数据相比，全市区域声环境质量的声源结构和声源强度均无明显变化。

道路交通噪声　年内，全市开展道路交通噪声监测评价工作，开展昼间监测1次。全市设置监测城市道路交通噪声昼间点位208个，实际监测总路长317千米，平均等效声级为67.4分贝，处于强度等级昼间一级，声环境质量状况评价为好。全市平均等效声级范围为61.2分贝～69.4

分贝，其中，射阳总体水平为二级，区域声环境质量状况为较好，其余各县(市、区)均属一级，声环境质量状况好。监测路段中超过70分贝的路段长度为40.1千米，占监测道路总长的14.2%。

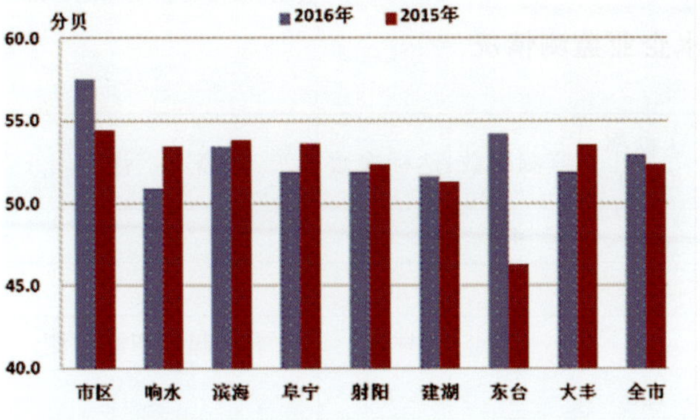

图 14－09　2016/2015 年全市区域环境噪声对比

与上年数据相比，全市道路交通声环境质量保持稳定，超标路段比例上升9.9%。其中，市区、滨海和射阳三地道路交通噪声环境质量有所下降，东台和大丰两地有所好转，其余基本维持稳定。

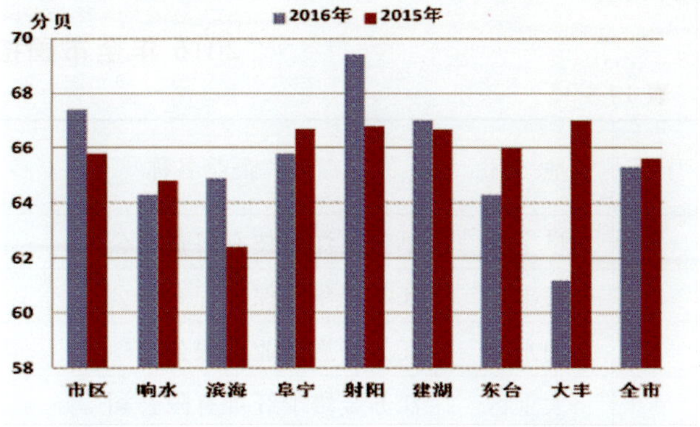

图 14－10　2016/2015 年全市交通环境噪声对比

2016 年全市道路交通噪声监测结果

表 14－34　　　　单位：分贝

项目	地区	市区	响水县	滨海县	阜宁县	射阳县	建湖县	东台市	大丰区	全市均值
平均等效声级	2016 年	67.40	64.30	64.90	65.80	69.40	67	64.30	61.20	65.30
	2015 年	65.80	64.80	62.40	66.70	66.80	66.70	66	67	65.60
	增(＋)减(－)	1.60	－0.50	2.50	－0.90	2.60	0.30	－1.70	－5.80	－0.30

第二节　环境管理

2016年，市环保局先后组织开展环保"亮剑斩污""利剑斩污"等专项督查行动，集中开展为期3个月的安全环保执法专项行动和为期5个月的环境保护专项整治行动，加强环境管理。9—11月，盐城参加由环保部组织的为期3个月环境执法大练兵(大比武)活动，盐城作为全省第二名、江北唯一的地级市，被省环保厅推选至环保部参加评比，在全国89个参评地级市中取得第六名，被环保部评为全国先进集体。6月23日，阜宁、射阳特大龙卷风冰雹灾害发生后，市、县环保部门主要负责人和环境应急、监测人员第一时间赶到现场开展监测，第一时间锁定污染源种类数量并上报情况、发布信息。11月4日，全市突发环境事件应急救援综合演练在响水县举行，提高应急处置能力。落实环境监督管理职责，推进化工园区环保整治工作，加强污水处理、印染、造纸等重点行业的环境管理和隐患治理。开展环境监管网格化管理体系建设，全市建立一级网格1个、二级网格11个、三级网格137个、四级网格2456个、特殊网格45个。进行环保违法违规建设项目的清理整治，共清理3274个违法违规项目。加快推进"一企一档"建设，完成数据审核5612家。做好环境信访工作，开展为期7个月的及时就地化解环境信访突出问题专项行动。市环保局每天安排领导班子成员接访，每月组织一次集中下访，每月局务会会办研究。对重点信访案件交办各县(市、区)政府，落实属地责任，对环境行政处罚、行政命令等具体行政行为执行情况进行监督检查。全市环境信访形势总体有数可控，未发生突发性事件和群体性事件。组织省级以上生态工业园区创建工作，东台经济开发区通过省级生态工业园区建设协调领导小组核查，阜宁、大丰经济开发区通过省级生态工业园区建设协调领导小组验收，射阳经济开发区申请省级生态工业园区建设协调领导小组核查；全市共组织申报省级环保科研课题6个，市环保局牵头组织相关人员参加第五届中国盐城环保科技博览会和江苏环保新技术交流会；根据省下达ODS(淘汰臭氧层物质)工作任务，组织开展ODS项目培训工作。

第三节　环境监测

一、国控重点污染源

2016年，市环保局根据环保部下发的国家重点监控企业名单，对全市44家国控重点污染源(9家废水企业、7家废气企业、22家污水处理厂、5家危废企业)按规定频次开展监测，其中危废企业全年监测1次，其余企业每季度监测1次。经检测，全市废水、废气、污水处理厂和危废企业综合排放达标率为96.9%、100%、97.9%和75%。

废水　年内，全市9家国控废水企业综合排放达标率为96.9%。

废气　年内，全市7家国控废气企业综合排放达标率为100%。

污水处理厂　年内，全市22家国控污水处理厂综合排放达标率为97.6%。

2016年全市国控废水企业监测情况

表14－35

序号	地　区	企业名称	达标率（%）	监测次数	达标次数	备　注
1	阜宁县	阜宁澳洋科技有限责任公司	100	4	4	
2	大丰区	江苏海华环保工程有限公司	100	4	4	
3	响水县	江苏华懋纸业有限公司	100	1	1	二季度起停产未监测
4	大丰区	江苏金维卡纤维有限公司	100	4	4	
5	东台市	江苏久兴纸业有限公司	100	1	1	二季度起废水不外排
6	开发区	江苏南纬悦达纤维科技有限公司	75	4	3	三季度苯胺类超标
7	射阳县	胜达集团江苏双灯纸业有限公司	100	4	4	
8	盐都区	重庆啤酒集团盐城有限责任公司	100	3	3	四季度起停产未检测
9	建湖县	盐城金龙马特种纺织有限公司	－	－	－	全年停产

2016年全市国控废气企业排污情况

表14－36

序号	地　区	企业名称	达标率（%）	监测次数	达标次数
1	滨海县	江苏森达沿海热电有限公司	100	4	4
2	东台市	江苏磊达股份有限公司	100	4	4
3	东台市	东台中玻特种玻璃有限公司	100	4	4
4	东台市	江苏安和焦化有限公司	100	4	4
5	亭湖区	盐城发电有限公司	100	4	4
6	响水县	江苏国华陈家港发电有限公司	100	4	4
7	射阳县	江苏射阳港发电有限责任公司	100	4	4

2016年全市污水处理厂排污情况

表14－37

序号	地　区	企业名称	达标率（%）	监测次数	达标次数	备注
1	亭湖区	江苏国泰盐城污水处理有限公司	75	4	3	三季度粪大肠菌群超标
2	亭湖区	盐城市城东污水处理厂	75	4	3	三季度粪大肠菌群超标
3	盐都区	盐城建宜环境水务有限公司	100	4	4	
4	开发区	盐城建工环境水务有限公司	100	4	4	
5	响水县	响水县城市污水处理厂	100	4	4	

续表 14－37

序号	地　区	企业名称	达标率(%)	监测次数	达标次数	备注
6	响水县	响水县陈家港水处理有限公司	100	4	4	
7	滨海县	滨海县港城城市污水处理有限公司	100	4	4	
8	滨海县	滨海艾思伊环保有限公司	100	4	4	
9	阜宁县	阜宁县水处理发展有限公司	100	4	4	
10	射阳县	射阳县新港污水处理厂	–	–	–	未开始运行
11	射阳县	射阳县污水处理有限责任公司	100	4	4	
12	射阳县	射阳县中大污水处理有限公司	100	4	4	
13	建湖县	建湖县城东污水处理厂	100	4	4	
14	建湖县	建湖县污水处理有限公司	100	4	4	
15	东台市	东台沿海污水处理有限公司	100	4	4	
16	东台市	东台城东污水处理有限公司	100	4	4	
17	东台市	东台市城市污水处理厂	100	4	4	
18	东台市	东台市清源污水处理厂	100	4	4	
19	大丰区	江苏联丰环保产业发展有限公司	100	4	4	
20	大丰区	大丰区城市污水处理有限公司	100	4	4	
21	大丰区	大丰区城市污水处理有限公司(开发区)	100	4	4	
22	大丰区	联合环境水处理(大丰)有限公司	100	4	4	

危废企业　年内,全市5家国控危废企业废水综合排放达标率为100%,废气综合排放达标率为75%。其中,江苏联化科技有限公司废水达标排放,南厂排气筒二噁英类超标,浓度日均值为每立方米1.05纳克毒性当量,超标1.1倍(排放标准限值为每立方米0.5纳克毒性当量);盐城市沿海固体废料处置有限公司废水和废气达标排放;江苏朗地环境工程科技有限公司废水达标排放,厂区烟囱氯化氢、砷、镍及其化合物和二噁英类超标,浓度日均值分别为每立方米291毫克、每立方米1.6毫克和每立方米8纳克毒性当量,分别超标3.2倍、0.6倍和15倍(排放标准限值为每立方米70毫克、每立方米1毫克和每立方米0.5纳克毒性当量);盐城新宇辉丰环保科技有限公司废水达标排放,厂区烟囱二噁英类超标,浓度日均值为每立方米7.2纳克毒性当量,超标13.4倍(排放标准限值为每立方米0.5纳克毒性当量);江苏裕廊化工有限公司停产。

2016年全市国控危废企业监测情况

表 14－38

序号	地　区	企业名称	达标情况		备　注
			废水	废气	
1	响水县	江苏裕廊化工有限公司	–	–	停产
2	响水县	江苏联化科技有限公司	达标	超标	二噁英类(超标1.1倍)
3	滨海县	盐城市沿海固体废料处置有限公司	达标	达标	
4	阜宁县	江苏朗地环境工程科技有限公司	达标	超标	氯化氢(超标3.2倍)、砷、镍及其化合物(超标0.6倍)、二噁英类(超标15倍)
5	大丰区	盐城新宇辉丰环保科技有限公司	达标	超标	二噁英类(超标13.4倍)

二、省控重点污染源

2016年第三季度起，根据省环保厅下发的省级重点监控企业名单，对全市9家省控重点污染源(2家废水企业、7家废气企业)按季度开展监督性监测，全年监测2次。经检测，全市废水和废气省控企业综合排放达标率分别为100%和85.7%。

废水　年内，全市2家省控废水企业综合排放达标率为100%。

废气　2016年，全市7家省控废气企业综合排放达标率为85.7%。

2016年全市省控废水企业监测情况

表14－39

序号	地　区	企业名称	达标率(%)	监测次数	达标次数
1	响水县	江苏题桥纺织制衣有限公司	100	2	2
2	东台市	东台市东华印染有限公司	100	2	2

2016年全市省控废气企业排污情况

表14－40

序号	地　区	企业名称	达标率(%)	监测次数	达标次数	备注
1	盐都区	江苏大吉发电有限公司	50	2	1	颗粒物(超标0.56倍)，锑砷铅铬钴铜锰镍及其化合物(超标0.3倍)
2	东台市	东台苏中环保热电有限公司	100	2	2	
3	响水县	江苏森达陈家港热电有限公司	100	2	2	
4	大丰区	盐城市联鑫钢铁有限公司	100	2	2	
5	大丰区	大丰区凌云海热电有限公司	50	2	1	烟尘(超标0.3倍)
6	阜宁县	阜宁协鑫环保热电有限公司	100	2	2	
7	射阳县	统一能源(射阳)热电有限公司	100	2	2	

注：括号内为超标倍数。

第四节　污染防治

2016年，盐城加强大气污染防治、水污染防治和土壤、危废等污染防治工作。盐城空气质量持续保持全省第一、全国前列。全市地表水水质指标均达到国家、省考核要求，全市未发生突发性水质异常事件。全市危废处置能力倍增，年内消减积存2万吨，积存量逐年增加态势得到抑制。

加强大气污染防治，市委市政府将“空气质量稳定提升工程”列入民生实事工程，全市实施完成大气治理项目2515个。盐城在全省率先开展挥发性有机物专项治理行动，成为全省唯一臭氧排放量下降的城市。秸秆禁烧工作长效管理机制逐步形成，连续三年六季度实现考核“零火点”。

加强水污染防治，市政府出台《盐城市水污染防治工作方案》，与各地及市有关部门签订“十三五”水污染防治责任状，明确全市9个国考断面分别由8名市委、市政府领导担任市级断面长，由断面所在地县级政府主要负责人担任县级断面长。市环保部门开展以“查排放、查设施、查违建”为重点的“护水猎狐”行动，对水源敏感区域内的工业企业开展集中排查整治。至年底，盐城市区蟒蛇河饮用水源一级保护区内亚华玻璃等4家企业全部关闭，通榆河饮用水源二级保护区内的鸿运机麻、古朱漆业、华雨食品3家企业、3家畜禽养殖户全部拆除。

开展土壤污染防治，市环保局组织编制《盐城市土壤污染防治工作方案》和《盐城市重金属污染综合防治“十三五”规划》，制定《盐城市工业企业污染场地环境风险评估和修复工作流程》，推动实施污染土壤修复治理工作。市环保部门组织开展危废规范化整治专项行动，向公安机关移交5件涉嫌危险废物刑事犯罪案件。推进危废处置基础设施建设，新增5万吨集中焚烧能力和88万立方米填埋能力。　　(杨　柳)

产业结构

- □ 工业经济
- □ 农业及新农村建设
- □ 建筑和房地产业
- □ 现代服务业
- □ 金 融 业
- □ 经济事务管理

第 15 章　工业经济

责任编辑　高兰会

第一节　工业综述

一、经济运行

2016 年，全市实现全口径工业开票销售 4631.5 亿元，其中应税销售 3830.4 亿元，全口径及应税开票销售总量保持全省第六位、苏北第一位，增速列全省第二位。完成规模以上工业增加值 2173.9 亿元，增速列全省第六位。建立健全重点行业、重点地区和新增长点监控分析机制，对 100 户大企业（集团）36 项主要运行指标进行重点跟踪监测。年内，100 户大企业（集团）开票销售占全市全口径总量的一半，对全市增长贡献率超 60%，其中汽车产业的东风悦达起亚汽车有限公司、江苏摩比斯汽车零部件有限公司和江苏德龙镍业有限公司开票销售超百亿元。企业重组取得成效。重抓 100 项工业经济重点新增长点，全年新增开票销售 306 亿元，拉动全市全口径工业开票销售增长 7.47 个百分点。

马恒达悦达（盐城）拖拉机有限公司生产车间。　王亚洲摄

工业结构调整　年内，机械装备、纺织行业开票销售分别同比增长 18.4% 和 8.6%，化工行业开票销售同比下降 7.2%。战略性新兴产业主营业务收入同比增长 20.7%。汽车、机械装备、纺织、化工、食品、轻工、建材、冶金、能源九大行业中，汽车、机械、食品、轻工、能源、冶金 6 个行业保持两位数增长，化工、建材 2 个行业开票销售负增长；全市五大支柱行业（汽车、机械装备、纺织、化工、农产品加工）累计实现开票销售 3766.6 亿元，占全市总量的 81.4%。支持战略性新兴产业发展。举办盐城市产业创新发展研讨会，选聘中国工程院院士贺克斌等 6 位专家为市政府首批产业发展经济顾问，委托省社科院编制盐城市战略性新兴产业创新发展路线图；市政府与省经信委签订节能环保和新能源汽车 2 个产业省市联动推进优势特色产业发展战略合作协议；承办全省新能源汽车推广应用推进会，出台新能源汽车"十三五"规划及产业发展实施意见，盐城市动力电源系统质量监督检测中心完成前期筹备工作，江苏奥新新能源汽车有限公司申报纯电动乘用车生产资质，全年全市推广新能源汽车折合标准车 4597 辆，新建成充电桩 535 个、充电站 22 个。至年底，新能源、节能环保、智能终端等战略性新兴产业主营业务收入增幅 20% 以上，产值突破 2600 亿元。

发展镇村经济　组织召开全市镇村经济发展推进会议，出台《关于促进镇村工业园加快发展的意见》。至年底，全市乡镇中小企业园实现全口径开票销售 1001 亿元，同比增长 15%，占全市全口径工业开票销售 21.6%。全年完成基础设施投入 42.8 亿元，新建标准厂房 265 万平方米，其中多层厂房 69 万平方米，新增入园企业 895 户。实施镇村技术改造"315 工程"（3 年内镇村实施 1000 项投资超 500 万元技改项目），全年实施 500 万元以上技改项目 415 项，完成投资 120 亿元。加快镇村骨干企业培植力度，发布《盐城市"十三五"专精特新产品和科技小巨人企业培育发展规划》;累计培育省科技小巨人企业8家,省专精特新产品18个,居苏北首位;11家企业在省股权交易中心"专精特新"板挂牌,列全省第四位。

二、工业投资

2016年,全市完成工业投资2292亿元,同比增长14.4%,总量居全省第三位,较上年度进2个位次,增速居全省第五位。其中,工业技术改造投资1383.8亿元,占工业投资比重60.4%。固定资产抵扣税增长较快,全年全市累计完成固定资产抵扣税23.7亿元,总量居全省第六位、苏北第一位,增幅列全省第三位、苏北第二位。全市在建亿元以上工业项目446项,计划总投资1250.2亿元,完成投资698.6亿元;新开工亿元以上重点工业项目205项,超年度计划5项,计划总投资521.8亿元,完成投资345.3亿元,其中5亿元以上重大制造业项目12项。竣工亿元以上项目200项,累计完成投资495.8亿元,其中5亿元以上重大制造业项目12项。全年实施投资千万元以上技改升级项目510项,计划总投资560.1亿元,其中上年结转149项。年内,新开工千万元以上技改项目361项、竣工432项,完成投资323.7亿元。至年底,510个千万元以上技改升级项目全部实施。

三、项目建设

2016年,市委、市政府持续推进重点项目建设,年初下达全市"三百工程"和智能制造重点项目实施计划。市经信委按季度对全市重点工业项目进行推进,组织全市产业园区项目载体建设现场推进会,先后2次对东台、大丰、盐都、亭湖、开发区、城南新区的29个重点项目现场进行集中观摩;组织企业申报市工业和信息化转型升级专项资金,通过和财政局联合审核确定2015年大市区符合奖励条件项目80个,奖励资金7607万元;组织企业申报省大中型企业制造装备升级和示范智能车间等专项资金项目,经审核,省大中型企业制造装备升级奖补项目13个,奖励资金2460万元,其中江苏博敏电子有限公司、中粮肉食(江苏)有限公司、江苏荃航阀门有限公司3个智能生产车间项目获得2015年度省优秀示范智能车间奖励230万元,江苏大洋精锻有限公司、江苏华稼食品科技有限公司、上海延峰江森座椅有限公司盐城分公司获得2016年度第一批省优秀示范智能车间奖励150万元;联合人民银行盐城市中心支行下发《关于开展全市"走基层 送服务"银企对接服务活动的通知》,有54户企业与15家金融机构形成合作或初步合作意向,完成授信金额24.15亿元;组织开展全市重点工业项目银企对接活动,有112个项目与21家金融机构达成56.7亿元的授信协议,15家企业代表与金融机构集中签约,签约金额23.3亿元。

年内,以风电、光伏为首的新能源产业发展迅速,江苏广恒新能源有限公司东台分公司、国家电投集团滨海风力发电有限公司等重特大风电项目陆续开工建设,阜宁协鑫光伏科技有限公司光伏太阳能切割片和电池组件项目、阜宁阿特斯协鑫阳光电力有限公司太阳能电池片项目等项目竣工投产;江苏博敏电子有限公司、盐城华星光电技术有限公司等电子信息项目竣工投产,盐城盈信通科技有限公司等电子信息项目签约落户、开工建设。传统行业稳中有进,东风悦达起亚汽车有限公司、辉山乳业发展(江苏)有限公司、达伯埃(江苏)纸业有限公司等项目竣工投产;上海题桥江苏纺织科技有限公司年产2.06万吨高档功能性面料、2750吨医用纱布、6000吨散纤维及1.76万吨筒纱染色项目,江苏枡健生命科技发展有限公司年产果蔬发酵液600万瓶、酵素100万瓶、酵素粉100吨、食源性生物活性肽产品2000吨、特殊膳食400万盒项目,东台纳盛特生物科技有限公司年产1万吨健康糖源项目等项目开工建设。年内,"5·18"盐城产业创新十大工程推介会、2016盐城(深圳)新兴产业投资说明会2次活动集中签约亿元以上项目23项,协议投资128.48亿元。至年底,"5·18"推介会上签约的15个重大项目,备案9项,其中3项开工建设、6项完善手续;尚未备案6项,其中5项前期科研立项。

智能制造项目 年内,全市52项智能制造项目计划总投资93亿元,其中在建项目50个,完成投资60.2亿元,竣工31项。江苏剑桥涂装工程股份有限公司、江苏大洋精锻有限公司、江苏丰海新能源淡化海水发展有限公司、江苏华稼食品科技有限公司、上海延峰江森座椅有限公司盐城分公司5个企业智能车间项目获评2016年度第一批省示范智能车间,江苏亚进汽车配件有限公司、实联长宜(盐城)科技有限公司、东风李尔汽车座椅有限公司、江苏生辉光电科技有限公司、辉山乳业集团(盐城)有限公司、江苏馨瑞香料有限公司6个企业智能车间项目通过省经信委组织的专家现场审查,符合省示范智能车间要求。

2016年全市亿元以上工业项目

表15-41

地区	亿元以上新开工项目			亿元以上竣工项目		
	项目数(个)	计划总投资(亿元)	当年完成投资(亿元)	项目数(个)	当年完成投资(亿元)	累计完成投资(亿元)
开发区	22	56.56	44.95	21	37.58	67.03
亭湖	19	31.40	24.97	19	20.77	29.30
盐都	19	35.76	34.76	19	26.25	36.50

续表 15－41

地区	亿元以上新开工项目			亿元以上竣工项目		
	项目数(个)	计划总投资(亿元)	当年完成投资(亿元)	项目数	当年完成投资	累计完成投资
响　水	20	40.20	34.30	19	39.94	72.10
滨　海	19	37.80	20	19	26.30	41.70
阜　宁	20	48.30	35.80	19	35.05	55.60
射　阳	19	63	44.70	19	27	37.90
建　湖	23	40.60	25.90	21	21.85	37.30
东　台	21	102	51.40	22	44.90	58.60
大　丰	23	66.13	28.48	22	30.73	59.77

四、科技创新

2016年，全市新增江苏辉丰农化股份有限公司、江苏江淮动力股份有限公司2家国家企业技术中心，累计6家；新增省级企业技术中心19家，累计124家。全市规模以上企业市级研发机构覆盖率26.3%。累计获省认定首台(套)重大装备及关键部件73个。其中，丰海新能源智能微电网海水淡化技术、江苏金风6兆瓦直驱永磁海上风机、科行环保工业烟气多种污染物协同控制技术装备、汉印PCB数字化高速喷印机等达到国际领先水平。推广新技术新产品。市政府先后出台《关于进一步加强新技术新产品推广应用促进企业技术改造的实施意见》《关于加快分布式光伏发电应用促进产业健康发展的实施意见》《新产品开发与推广三年行动计划(2016—2018)》等文件，实施新产品(技术)推广“十百千”工程(每年示范应用十项重大成套装备、推广百个拥有自主品牌、自主知识产权的重点新产品，新产品销售达到千亿元以上)。全年全市有48个新产品(技术)列入省“双新”(新技术、新产品)推广目录；4个产品评为省重大示范应用项目。加快产业公共研发平台建设。市经信委帮助长三角新能源汽车研究院、东风悦达起亚汽车研究中心、南纬悦达纺织研究院、中建材环保研究院等通过省级研发机构认定。至年底，全市产业研发创新平台超过50家，重点产业研发平台实现全覆盖。启动制造业创新中心试点建设，江苏丰东热技术股份有限公司参与省制造业创新中心首批试点，公司被列为省智能装备创新中心协作单位；启动市制造业创新中心试点，完成前期调研对接工作。推广国家(省)重大装备综合保险，新增(续保)国家、省重大装备首台(套)综合保险8笔，累计有12家企业14个新产品参保，带动新产品销售近亿元。企业研发互联网化。至年底，全市规模以上企业的数字化研发设计工具普及率60%以上；百户大企业(集团)中，建立三维数字化模型或开展加工(装配)过程动态仿真的企业约占70%。推动建立互联网“双创”(创新创业)平台，东风悦达起亚汽车有限公司初步建成汽车产业链协同创新平台系统软件，实现公司技术中心、零配件商、4S店、售后服务商等在线协同研发；江苏辉丰农化股份有限公司通过自建的“农一网”，实现新产品在线跟踪反馈，精准指导产品持续完善升级。年内，新增高新技术企业148家，实现高新技术产业产值3044.2亿元，占规模以上工业比重33.1%。全年专利申请量2.85万件、授权专利8076件。

发布《盐城市“十三五”企业技术进步规划》 10月14日，《盐城市“十三五”企业技术进步规划》发布实施。规划在2016—2020年期间，新增国家级企业研发机构10家，省级企业研发机构100家，市级企业研发机构1000家；规模以上工业企业研发机构实现全覆盖，其中市级研发机构覆盖率达40%；建设市级制造业创新中心8家，省级制造业创新中心2家；新增10个国家级公共技术服务平台，新建国内一流的产业服务机构和研发机构10个；累计开发省级以上高新技术产品4000个，实现新产品销售贡献率达到50%，研制并应用省级以上首台(套)重大装备50个。

第二节　传统产业

一、汽车产业

2016年，盐城汽车产业有整车企业4家，规模以上零部件企业138家，汽车服务业企业3000多家，形成较为完整的整车制造、零部件生产和服务保障体系，整车累计销售突破455万辆。全年全市汽车产业实现开票销售1170.73亿元；有三星级以上企业22家，完成入库税收65亿元。全年全市销售整车65.1万辆，其中东风悦达起亚汽车有限公司销售整车65万辆。全市汽车零部件实现开票销售562.7亿元。其中，江苏摩比斯汽车零部件有限公司、大丰明进机械有限责任公司、江苏瑞延理化汽车饰件有限公司、江苏京信电子有限公司、江苏现代制铁钢材有限公司5家重点零部件企业分别完成开票销售193.7亿元、28亿元、27.8亿元、24.5亿元、20.4亿元，另有7户企业开票销售突破10亿元。全市汽车服务业企业中，占比超过65%的营销企业发展好于上年，库存及资金压力有所缓解，占比近30%的汽车维修、装饰美容企业，发展状况有所改变，但总体仍处于保本或微亏运行状态。年内，盐城汽车试验场发展较好，江苏摩比斯汽车零部件有限公司分拨中心等项目建成投运，盐都二手车交易市场、汽车博物馆等项目建设加快，江苏悦达集团有限公司与阿里云合作建设车联网。

新能源汽车 全年全市新能源整车生产企业生产各类新能源汽车752辆，销售752辆。其中，江苏奥新新能源汽车有限公司实际销售专用车707台，实现销售收入7802.99万元；江苏登达汽车有限公司销售纯电动客车40辆，实现开票销售4000万元。全年全市在建新能源汽车重点项目11项，总投资77.4亿元，年度完成投资50亿元。其中，东风悦达起亚汽车有限公司完成纯电动乘用车生产并线改造，建成混合动力车生产线；江苏奥新新能源汽车有限公司二工厂三电车间、验证测试中心完成设备安装、联合厂房和跑道施工建设；江苏摩比斯汽车零部件有限公司动力电池厂房施工；江苏正昀新能源投资有限公司电池二厂实施基础设施建设；盐城市惠众新能源科技有限公司充电桩竣工投产。至年底，新能源汽车产业园落户各类项目56个，计划总投资126.6亿元，初步形成整车、动力电池、电机、电控、三电总成全产业链发展格局。加快研发平台建设。长三角新能源汽车研究院启动智能网联汽车研发检测中心、整车造型中心项目建设。东风悦达起亚汽车有限公司“华骐”三代定型，江苏奥新新能源汽车有限公司建成省级企业技术中心，启动8款3T～4.5T(涡轮增压)纯电动和燃料电池车试制，江苏登达汽车有限公司启动5款纯电动通勤车和物流车试制，江苏兴邦能源科技有限公司与巴拉德动力系统公司签订氢燃料电池技术转让和生产许可协议。至年底，全市新能源汽车产业企业和单位新申请专利26项。全年全市推广新能源汽车标准车4597辆。

二、纺织工业

2016年，全市纺织工业拥有规模以上企业642家，实现开票销售495.1亿元。其中，棉纺织行业实现开票销售326.29亿元，纺织服装行业实现开票销售102.54亿元，化纤行业实现开票销售66.26亿元。全市纺织(茧丝绸)工业主要产品产量：纱95.19万吨，布9.16亿米，蚕丝5007.08吨，毛绒1464吨，服装2.47亿件，化学纤维60.49万吨。全年全市纺织工业完成规模以上工业投资242.28亿元。年内，江苏益坤达纺织有限公司年生产高级涤纶布1000万米项目，江苏题桥纺织制衣有限公司建设厂房30万平方米、新上染纱厂、染布厂、织造厂、后整理厂、汽车装饰面料等项目，盐城金科亚麻纺织公司新上年产5500吨高支纱亚麻纤维干湿纺生产线项目等投资超亿元项目开工建设。江苏茂腾针织有限公司年产成衣600万件(套)、织布1.8万吨、染整布匹2.4万吨项目，江苏金宋纺织染整有限公司建设600台高档喷水织机、3条印染生产线、25台染缸和6条涂层生产线及家纺生产线项目，盐城市洋鑫纺织有限公司新增建筑面积1万平方米、建设年产8000吨高档羊绒生产线项目等项目竣工。年内，阜宁澳洋科技有限责任公司实现开票销售20.97亿元，江苏宏泰纤维科技有限公司实现开票销售18.99亿元，江苏瀚隆家纺有限公司实现开票销售10.95亿元，江苏德赛化纤有限公司实现开票销售10.22亿元，江苏双山集团股份有限公司实现开票销售8.43亿元，大丰海聆梦家纺有限公司实现开票销售8.34亿元、税收3945万元，盐城福汇纺织有限公司实现开票销售8.13亿元，江苏日升纺织有限公司实现开票销售5.39亿元。江苏雪尔纺织有限公司、江苏振阳集团有限公司淘汰面料产能400万米、纱线产能3500吨。

参展江苏国际服装节 9月9—11日，由省政府主办，中国纺织工业联合会协办，工信部支持，省经信委和省纺织工业协会共同承办的第十八届江苏国际服装节暨博览会在南京国际博览中心开幕。全市有31家企业参展，有展位数94个、展位面积843平方米。其中，东风悦达起亚汽车有限公司连续第三年冠名江苏时尚创意周开幕式，跨界展示东风悦达起亚汽车。

三、机械装备制造业

2016年，全市机械装备制造业实现开票销售1057.22亿元。其中，金属制品业实现开票销售245.19亿元，通用设备制造业实现开票销售213.24亿元，专用设备制造业实现开票销售172.21亿元，铁路、船舶、航空航天和其他运输设备制造业实现开票销售11.5亿元，电气机械和器材制造业实现开票销售222亿元，计算机、通信和其他电子设备制造业实现开票销售43.83亿元，仪器仪表制造业实现开票销售2.64亿元，其他制造业实现开票销售116.77亿元，废弃资源综合利用业实现开票销售28.61亿元，金属制品、机械和设备修理业实现开票销售1.24亿元。全市装备制造工业主要产品产量：工业锅炉5516蒸发吨，金属切削机床2182台，泵8.46万台，交流电动机18.84万千瓦，变压器326.2万千伏安，中型拖拉机6900台。年内，全市有28个装备产品被认定为江苏省首台(套)重大装备和关键部件；盐城环保科技城、射阳县高新科技创业园探伤机械集聚区、建湖高新技术产业开发区、建湖县建阳石油装备产业园、东台市城东新区管理委员会、江苏大丰经济开发区管理委员会创成省级高端装备制造业特色产业基地。

2016年全市获评省首台(套)重大装备和关键部件产品名单

表15－42

序号	企业名称	装备和关键部件名称
1	江苏吉能达环境能源科技有限公司	TSS－5000型智能双驱粉体精密分级装备
2	盐城东方天成机械有限公司	DF330喷漆室废气环保处理设备
3	江苏维尔思环境工程有限公司	WDW164－2X4高温静电除尘器

续表 15 - 42

序号	企业名称	装备和关键部件名称
4	盐城华盛变压器制造有限公司	PYBW - 4000/10.5（6.3）海上移动式变电站
5	江苏东九重工股份有限公司	Q75(75)/350(350) - 13.6 - 1.8/300 型轧钢加热炉余热锅炉
6	盐城市圣泰阀门有限公司	高温高压平行滑动阀
7	江苏金色工业炉制造有限公司	RQ - 1000 × 8000 - JS 型细长杆状工件悬挂井式可控气氛渗碳炉
8	盐城金龙达机械制造有限公司	KL130/78 - 70 Y 型异径双通道高压酸化压裂井口装置
9	江苏大道机电科技有限公司	DDSJ350X6 型连续共挤吹塑中空成型机
10	江苏恒力组合机床有限公司	HLZJ2680 型 C919 大型客机垂直安定面精加工平台
11	射阳县杰力纺织机械有限公司	GE568 智能型氨纶整经机
12	江苏海特尔机械有限公司	HTL - TYM88A 型燕麦巧克力成型机
13	盐城宏景机械科技股份有限公司	BC - 1050S 型高效全自动平压平模切机
14	盐城市华森机械有限公司	HSXD - 2500 型柔性循环组合刀模成型生产线
15	盐城市荣意来纺机有限公司	ASGA236 智能型分条经浆联合机
16	建湖恒华机电有限公司	DJXS - 8 型洗衣机盖板自动打胶线
17	江苏安必信环保设备有限公司	AZH - 32120 型低破碎率兰炭烘干机
18	江苏安达环保科技有限公司	HZG 回转式水冷却机
19	盐城迈克瑞机械有限公司	5HN - 300t/d 型连续式粮食烘干机
20	江苏坤泰机械有限公司	KTPS - 1800 环保型热熔胶喷湿定型热压贴合机
21	盐城市兰丰环境工程科技有限公司	LTLS5423 型石灰石石膏法烟气脱硫装备
22	东台市食品机械厂有限公司	滚筒法银杏全粉生产线
23	江苏华阳重工股份有限公司	可调距螺旋桨
24	江苏新技机械有限公司	EXQ65 - 35 高速智能化电线挤出生产线

续表 15 - 42

序号	企业名称	装备和关键部件名称
25	江苏莱纳多智能装备有限公司	LR88 绒毯织机
26	建湖恒华机电有限公司	RFXS - 550 型洗衣机平衡环熔敷自动生产线
27	江苏荃航阀门有限公司	微扭矩金属密封水下固定球阀
28	江苏瑞赛克环保设备科技股份有限公司	RSK1.5t/h 废旧轮胎破碎回收生产线

四、化工产业

2016 年，全市化工产业实现开票销售 498.21 亿元。其中，石油加工、炼焦和核燃料加工业实现开票销售 9.94 亿元，化学原料和化学制品行业实现开票销售 359.21 亿元，医药制造行业实现开票销售 76.4 亿元。全年生产盐酸 1.7 万吨，烧碱 190.55 万吨，合成氨 18.42 万吨，化肥 12.38 万吨，化学农药 10.89 万吨，化学药品原药 6.32 万吨，橡胶轮胎外胎 4.71 万条，塑料制品 9.89 万吨。重点园区方面，响水生态化工园区有化工企业 62 家，实现开票销售 71.27 亿元、税收 2.81 亿元，其中开票销售 1 亿元以上企业 17 家、税收 1000 万元以上企业 5 家；滨海沿海化工园区有化工企业 136 家，实现开票销售 155.26 亿元、税收 9.86 亿元，其中开票销售 1 亿元以上企业 49 家、税收 1000 万元以上企业 25 家，园区有上市公司 19 家、国家高新技术企业 37 家；阜宁高新技术产业园有化工企业 44 家，实现开票销售 22.47 亿元、税收 6602 万元，其中开票销售 1 亿元以上企业 9 家；大丰港石化新材料产业园有化工企业 26 家，实现开票销售 114.4 亿元、税收 2.35 亿元，其中开票销售 1 亿元以上企业 15 家，税收 1000 万元以上企业 8 家。全年全市化工产业在建项目 34 个。重点项目包括盐城技源医药有限公司的年产 150 吨银杏叶提取剂、200 吨异黄酮项目；盐城信立颜料有限公司的年产 3.7 万吨颜料技改项目；江苏新天源化工有限公司的年产 5 万吨三氯化磷、8 万吨三氯氧磷生产线项目；江苏联化科技有限公司的农药技改项目；盐城海宏化工有限公司的染料技改项目；响水恒利达科技化工有限公司（二期）的建设年产 5 万吨高档染料项目；江苏丽王科技有限公司的建设年产偶氮颜料原料配套项目，年产 1 万吨涂料色浆商品化、1 万吨硫酸铵综合利用、3.8 万吨聚铝聚铁絮凝剂综合利用项目；江苏辉丰农化股份有限公司的年产 5000 吨草铵膦原药生产线项目，年产 1000 吨抗倒酯、100 吨氟丙菊酯原药生产线技改项目；江苏劲力化肥有限责任公司的年产 60 万吨高效环保生态肥项目；盐城凯利药业有限公司的年产 2000 吨西咪替丁原料药等产品项目；滨海康益医药化工有限公司的高纯度酞菁铜技改项目；滨海恒冠医药化工有限公司的年产 10 万吨D - 对甲砜基苯丝氨酸乙酯医药项目;盐城市晶华化工有限公司的年产15万吨三磷酸酯、二溴新戊二醇、依法伟伦等项目。

化工产业智能化绿色化 年内,盐城推进化工产业智能化绿色化发展。市政府办下发《全市化工产业智能化绿色化发展实施意见》,市经信委出台《盐城市化工企业自动化升级改造工程验收办法》《盐城市化工企业智能化建设实施方案编制指南》、组织编制《盐城市化工智能工厂(车间)三年滚动实施计划》,明晰全市化工产业智能化发展的目标、标准、要求和途径,全面推进全市化工产业智能制造项目建设。其中,《全市化工产业智能化绿色化实施意见》明确提出要全面压减化工产业低端低效产能,到2020年关停淘汰重组100户左右小化工生产企业;要进一步严格项目准入管理,坚决执行"四个一律"要求,即化工园区外新建及改扩建项目一律不批,安全、环保基础设施不完善的化工园区项目一律不批,自动化升级改造不达标的企业项目一律不批,用地3.33公顷以下新增品种和产能的项目一律不批。5月,市经信委对全市化工园区进行专题调研,并与21家重点化工企业主要负责人座谈交流;6月,组织市环保局、市安监局,阜宁县、大丰区、滨海县和响水县4个县(区)的经信委和化工园区负责人考察学习南京化学工业园、郎坤智慧科技股份有限公司、浙江中控技术股份有限公司以及大江东智慧园区应急平台。11月,市政府下发《盐城市化工企业分档管理实施办法的通知》,由市经信委牵头,会同市环保局、安监局等部门,从税收、安全环保、装备工艺等方面,把全市化工企业分为三档,对被认定为三档的企业除提升环保安全水平的项目外,一律不再新批任何涉及新增品种和产能的项目,对连续两年被认定为三档企业的,列入关停计划,并依法实施关停。同月,市经信委组织召开全市化工产业智能化绿色化发展现场推进会,对全市化工产业智能化发展工作进行动员部署,与会人员参观吉华化工H酸、德纳化工成膜助剂智能车间和滨海园区智慧平台建设现场。

五、船舶产业

2016年,全市拥有船舶修造企业(厂)64家,其中东台35家、盐城市辖区11家、大丰7家、阜宁3家、射阳2家、建湖2家、响水4家。盐城船舶修造企业(厂)主要是建造30米以上80米以下的一般干货船,少数建造沿海工程船。全年盐城船舶修造企业(厂)造船280艘,实现造船完工量15.66万总吨,其中制造海船40艘,实现造船完工量9万总吨。至年底,全市有船舶配套企业30余家,其中规模船舶配套企业24家,配套产品主要有船用轴承系列、舵机、阀门、救生设备、液压件、绳网等。其中,东台远洋船用配件有限公司、盐城神力制绳有限公司等企业年销售超亿元。

六、建材行业

2016年,全市建材行业全口径完成开票销售105.48亿元。全市水泥产量1943.34万吨,人造板产量19.42万立方米。全市建材行业亿元以上在建项目26个,完成规模以上投资166.5亿元。年内,盐城大力神新型建材科技有限公司的年产800万延米的水泥混凝土电杆和预应力混凝土管桩等产品项目,江苏西尔玛道路环保材料有限公司的沥青路项目,惠亚科技(东台)有限公司的年产300万片各类铝合金板材项目,江苏天洋幕墙材料有限公司的新上年产10万平方米外墙铝板生产线项目,江苏康达夫新材料科技有限公司的新上短纤维切丝生产线项目,盐城鼎力新材料有限公司年产80万吨~100万吨超微粉项目,盐城市天龙玻璃科技有限公司的玻璃加工项目,江苏恒峰石业有限公司的恒峰石材项目,江苏高德石业有限公司的高德石材项目,江苏佳成特种玻璃制造有限公司的特种玻璃制品开发与制造项目,惠亚科技(东台)有限公司的高强高韧铝合金板材研发与生产项目,江苏蓝科减震科技有限公司的建筑减震产品项目,汉通耐火材料滨海有限公司的年产1.5万吨耐火纤维制品项目竣工投产。江苏万华生态板业有限公司的年产20万立方米秸秆生态板项目,江苏钱塘江石材市场有限公司的年加工35万平方米石材项目建设之中。

七、轻工(食品)工业

2016年,全市轻工(食品)工业拥有规模以上企业518家,实现开票销售766.34亿元。其中,轻工行业实现开票销售154.91亿元,食品行业实现开票销售611.43亿元。全市轻工(食品)工业主要产品产量:机制纸及纸板146.25万吨,白酒3701.84千升,啤酒9.17万千升,皮鞋2292.01万双,原盐8.68万吨。全年全市轻工(食品)工业完成500万元以上技术改造投资199.08亿元。实施亿元以上项目44项,竣工35项。其中,达伯埃(江苏)纸业有限公司年产3万吨高档生活用纸项目,江苏源源山富数码喷绘科技有限公司年产3.8亿平方米广告喷绘材料,江苏华稼食品科技有限公司年产1.3万吨液体麦精、5500吨固体麦精、5000吨浓缩麦芽汁、6000吨大麦膳食纤维项目等项目竣工。推进轻工(食品)工业淘汰落后产能工作,年内,胜达集团江苏双灯纸业有限公司淘汰造纸产能1.5万吨,江苏超威电源有限公司淘汰铅蓄电池产能120万千伏安时。全年全市轻工(食品)工业重点企业生产经营平稳,江苏博汇纸业有限公司实现开票销售32.8亿元,江苏超威电源有限公司实现开票销售11.17亿元、实现税收3663万元,江苏北大荒油脂有限公司实现开票销售44.93亿元,中粮肉食(江苏)有限公司实现开票销售33.84亿元,江苏汇源集团饮料有限公司实现开票销售5.02亿元、实现税收4405万元。年内,"建湖大米"获批中国驰名商标;江苏君梦美床垫有限公司获评国家高新技术企业,江苏金马油脂科技发展有限公司获省企业技术中心认定,江苏华阜服饰玩具有限公司、江苏曼杰克索具有限公司等7家获市企业技术中心认定;江苏赐百年生物工程有限公司获批省级院士工作站,江苏神龙药业股份有限公司获批省级博士后实践基地,中粮肉食(江苏)有限公司获批省示范智能车间。

第三节　战略性新兴产业

一、节能环保产业

2016年，全市有节能环保企业400家左右，主要涉及大气治理、绿色照明、环保滤料和新能源汽车四大领域。全年全市节能环保产业实现主营业务收入1150亿元，同比增长13.5%。其中，环保装备制造业有企业80家，主要生产除尘、脱硫脱硝成套设备和水处理成套设备，全年生产30万千瓦以下除尘设备3000套，30万千瓦以上除尘设备80套，产销中小型除尘设备2000余套，产销30万千瓦以上大型脱硫除尘设备100套；绿色照明制造业有企业50家，主要生产螺旋管节能灯和LED产品；环保滤料制造业有企业45家，主要生产无纺针刺布、玻纤布、除尘滤袋等六大系列上百个品种，年产无纺滤布10亿平方米，机织滤布12亿平方米，在国内同类产品市场中占有率20%左右，是华东地区规模最大的工业用布生产基地；新能源汽车及节能汽车制造业有企业20家，拥有新能源乘用车、商用车和专用车的全系列生产能力的新能源汽车生产研发基地，东风悦达起亚汽车有限公司、江苏奥新新能源汽车有限公司2家整车企业获得新能源汽车生产资质，59款产品进入工信部汽车公告目录。至年底，盐城初步形成以烟气除尘、脱硫、脱硝、水污染治理设备、节能电光源、环保滤料、新能源汽车研发制造为主的产业格局，形成盐城环保科技城、建湖县节能电光源产业园、阜宁县环保滤料产业园、开发区新能源汽车产业园4个主要集聚区。其中，盐城环保科技城集聚中科院、中环院、中建材、清华大学等科研院所25家，建成国内最有代表性的低碳示范社区、碳排放交易市场，建成国家级企业技术中心11家、省级高新技术企业32家，先后引进“两院”院士、国家“千人计划”专家12名，科技创新型高层次人才团队12个、产业领军人才48名、博士338名，承担着燃煤污染物减排、工业炉窑烟气脱硝等17项国家级研究课题。盐城环保科技城也是国内唯一的雾霾治理研发与产业化基地，烟气治理主导产品占全国市场份额35%以上。全年盐城环保科技城完成一般公共预算收入3.2亿元，完成固定资产投资52.8亿元，实现开票销售50.5亿元。

二、电子信息产业

2016年，全市电子信息产业实现主营业务收入341.09亿元。其中，电子信息制造业实现主营收入261.2亿元，软件和信息服务业实现主营业务收入79.89亿元。

全年全市电子信息制造业实现工业总产值234.4亿元，主营业务收入261.2亿元，完成信息化总投入438万元，完成技改项目投资4575万元，获得信息技术专利数151个。至年底，全市有规模以上电子信息制造企业95家，从业人员1.86万人，全年完成研发资金投入总额超4亿元。其中，电子专用设备企业13家、实现主营业务收入94.27亿元，电子元件企业23家、实现主营业务收入43.30亿元，电子信息机电产品企业15家、实现主营业务收入25.92亿元，电子测量仪器企业3家、实现主营业务收入22.84亿元，通信设备企业10家、实现主营业务收入21.73亿元，家电制造企业8家、实现主营业务收入16.83亿元，电子器件企业9家、实现主营业务收入15.7亿元，广播电视设备企业3家、实现主营业务收入7.19亿元，电子信息产品专用材料企业7家、实现主营业务收入6.98亿元，智能硬件设备企业3家、实现主营业务收入6.26亿元，雷达设备制造企业1家、实现主营业务收入0.19亿元。规模以上电子信息制造业企业中，有高新技术企业45家；有工业总产值超亿元企业41家，其中超10亿元企业4家、超5亿元企业11家；有出口企业20家，全年完成出口交货值15.76亿元。电子信息制造业主要产品产量：手机及零部件100万部、电视机零部件38.4万台（套）、显示器10亿台、集成电路2.09亿块、半导体分立器件55.95万只、半导体发光二极管（LED）131.74亿只。至年底，盐城初步形成以东台智能设备零部件、大丰集成电路与印制线路板、盐都智能终端整机制造、开发区光电产业、建湖电子元器件为主的电子信息产业发展体系。

全年全市软件和信息服务业实现主营业务收入79.89亿元。其中，大数据产业实现收入50亿元，嵌入式系统软件实现收入2.9亿元，信息服务业实现收入6.7亿元。至年底，全市有“双软认定”（软件企业的认定和软件产品的认定）企业45家，其中年主营收入超亿元企业1家、超5000万元企业3家、超1000万元企业17家，形成以软通动力信息技术（集团）有限公司、江苏华生恒业科技股份有限公司等为代表的一批行业内骨干优势企业，软件产业从业人员近1万人；有省市共建互联网产业园2个、省级软件园2个，园区建筑面积超100万平方米。县（区）电子信息制造业发展水平不断提升，大丰、建湖等县（区）均引进落户一批特色明显的电子信息制造业企业。

智慧产业　至年底，“载体—平台—应用”大数据产业体系初步形成，引进产业项目100多个，总投资超百亿元，智能终端产业形成以盐城高新技术产业开发区、江苏东台经济开发区为主的智能终端产业发展集聚区。其中，盐城高新技术产业开发区签约落户各类智能终端项目20多个；江苏东台经济开发区从项目引进到实现产业集聚，从配套引进到终端研发制造企业落户，实现“产业高端、科技尖端”的发展态势。

中国大数据企业大会在盐城召开　4月16日，以“网联万物，数知天下”为主题的2016中国大数据企业大会在盐城举行，江苏大数据联盟在会上正式揭牌成立，大会从政策法规、技术实践和产业应用等角度深入探讨大数据产业发展面临的机遇与挑战，邀请到华为、微软、IBM等数百家企业，近千人参会。大会同期组织2016中国大数据企业大会高峰论坛，并就“聚焦政府信息开放与共享”“大数据治理与平台经济”“大数据驱动行业创新发展”“云计算时代的大数据应用”“大数据与创新创业”等主题组织多场平行分论坛。政府领导、行业专家、企业高管从不同层面、多重维度诠释大数据经济,共同探讨怎样以大数据应用创新为引擎,推动经济社会发展和产业转型升级。

合作共建国家级大数据产业基地 8月27日,工信部、省经信委和盐城市政府在南京签署部、省、市共同打造国家级大数据产业基地三方战略合作备忘录,以“盐城大数据产业园”为载体,深化合作,集中互联网、大数据、云计算融合创新各类发展要素,共同推动盐城国家级大数据产业基地建设。10月22日,共建国家级盐城大数据产业基地推进会在北京举行。北京、上海等地近300名客商参会。现场签约大数据项目22个。

10月22日,共建国家级盐城大数据产业基地推进会在北京举行。

三、高端装备产业

2016年,全市高端装备产业实现开票销售329亿元。盐城高新技术产业开发区智能终端产业园有55家企业落户,24家企业投产运营。江苏丰东热技术股份有限公司作为国内热处理行业龙头领军企业、行业内唯一的上市公司,起草及参与起草热处理“国家标准”14项、“行业标准”7项。江苏象王集团高架吊港口起重机、江苏汉印科技股份有限公司高速喷印机具有国际先进水平。其中,江苏长虹智能装备集团乘用车环保柔性涂装生产线拥有发明专利5项、技术标准10项;江苏汉印科技股份有限公司PCB板高速喷印机拥有专利技术21项。新能源装备产业初步形成风电产业链条和光伏企业集群,盐都、大丰、东台、阜宁、射阳、市开发区等新能源装备产业园集中全市风电、光伏产业90%以上的规模企业。全年全市16家重点新能源装备制造企业实现开票销售162.4亿元,其中江苏金风科技有限公司、江苏中车电机有限公司、上海电气风电设备东台有限公司是实现开票销售32.4亿元、37.9亿元和27.5亿元。重点光伏企业,盐城天合光能科技有限公司、阜宁阿特斯协鑫阳光电力科技有限公司实现开票销售13.4亿元和4.36亿元。全市风电、光电龙头企业研发经费占销售收入比重超过10%,国内首台(套)3兆瓦、5兆瓦、6兆瓦风机在盐城下线,国内首个海上风电项目东海大桥海上风电项目全部采用盐城产3兆瓦风机。

四、航空装备产业

盐城航空装备产业主要在建湖县。至年底,建湖航空产业园有规模以上企业6家,分别为江苏天一机场专用设备有限公司、艾雷奥特(江苏)飞机工业有限公司、江苏源达线缆科技有限公司、江苏海鑫电气设备有限公司、阿尔卑斯航空精密刀具公司、江苏星华机场设施有限公司,主要产品为机场特种车辆、通用飞机、航空线缆、机场电器设备、航空刀具、机场导航隔离变压器。全年实现开票销售1.6亿元,入库税金500万元。艾雷奥特(江苏)飞机工业有限公司开发的AT3型飞机已交付客户使用,是江苏省首架飞机整机产品。

江苏建湖通用机场项目 江苏建湖通用机场项目选址于建湖高新技术产业开发区航空路以南、经四路以西、太绪沟以东、翔宇路以北,飞行区规划用地32.4公顷,总体按预留1600米跑道规划,一期按照B等级机场规划,设计跑道长为800米,宽为30米,飞行空域半径10千米,配套有升降带、滑行道、停机坪、飞机库、控制塔台、通讯导航、燃料供应、气象等附属设施,工程总预算约4.5亿元,是全省首家县级通用机场。该机场建成后作为建湖航空产业园重要配套工程,主要应用于轻型飞机试飞、抢险救护、城市环保、气象探测、科学实验、飞行培训等通用航空飞行。年内,项目省级立项前的军方审批、可研报告编制、土地预审意见、规划编制、飞行程序设计、环评、能评、民航华东局行业意见等手续完成,9月1日,获得省发改委立项批文。至年底,出具地质勘探结束报告,完成800米跑道施工草图设计,完成清障、场地平整,完成积土30万立方米,机场围栏、传达室、特种车库建设之中,机库完成主体建设。

五、新材料产业

2016年,全市新材料产业实现开票销售391亿元;完成技改投资168.6亿元;实施重大工业项目54项,主要有总投资50亿元为苹果、华为等品牌移动通信产品配套的领胜城科技(江苏)有限公司的移动互联产业城项目,总投资4056万美元的惠亚科技(东台)有限公司的铝合金板材项目,总投资10亿元的东台科森科技有限公司的PVD生产线及电子材料生产线项目。至年底,全市有重点园区3个,新材料企业352家,其中规模以上企业100多家,主要产品集中在特种金属材料、新型纤维、节能环保材料、化工新材料、高分子新材料等领域；有各类公共服务平台21个，其中国家级1个、省级7个、市级13个；全市新材料重点企业累计申请专利283项。年内，江苏宏泰纤维科技有限公司实现开票销售18.99亿元，领胜集团实现开票销售12亿元，江苏吉华化工有限公司实现开票销售10.65亿元，江苏德赛化纤有限公司实现开票销售10.22亿元；江苏中色锐毕利实业有限公司研发的高强度ZR6001材料，填补国内空白，成为国内高强度铝合金材料关键核心部件的唯一锻造供应商；江苏神鹤科技发展有限公司生产的超高分子量聚乙烯纤维材料，打破国外在该领域的垄断和技术封锁，填补国内空白。

第四节 规模企业

2016年，全市100户工业大企业(集团)累计实现开票销售2177.3亿元。全年全市开票销售超百亿企业(集团)4户，开票销售合计1145.6亿元。江苏悦达集团有限公司全口径营业收入1100亿元，连续四年跻身全省营业收入超千亿企业行列，为苏北地区唯一入围企业(集团)。其中，工业部分开票销售620.2亿元，东风悦达起亚汽车有限公司实现开票销售605.1亿元。江苏德龙镍业有限公司实现开票销售244.7亿元；江苏摩比斯汽车零部件有限公司实现开票销售193.8亿元；江苏博汇集团实现开票销售102亿元。全市开票销售50亿元～100亿元企业1户，30亿元～50亿元企业4户，10亿元～30亿元企业27户。

全年全市100户工业大企业(集团)累计实施亿元以上项目27项，计划总投资125亿元，当年完成投资73.5亿元，其中新兴产业项目11项，计划总投资52.3亿元，当年完成投资36.2亿元。东风悦达起亚汽车有限公司15万辆乘用车、辉山乳业集团(盐城)有限公司年产36万吨乳制品、江苏奥新新能源汽车有限公司零部件研发及产业化等新兴产业项目有序推进。

全年全市100户工业大企业(集团)新增国家企业技术中心2家，分别为江苏农华智慧农业科技股份有限公司、江苏辉丰农化股份有限公司；新增省级企业技术中心2家，分别为东风悦达起亚汽车有限公司、江苏金海新能源科技有限公司；东风悦达起亚汽车有限公司是全市重点汽车制造企业中，首家通过省级企业技术中心认定的企业。至年底，全市100户工业大企业(集团)累计建有市级以上企业技术中心50家，其中省企业技术中心36家、国家企业技术中心4家。

2016年全市纳税前50强工业企业

表15－43 单位：万元

排名	纳税人名称	纳税金额	排名	纳税人名称	纳税金额
1	东风悦达起亚汽车有限公司	490043	26	江苏汇源食品饮料有限公司	4405
2	江苏摩比斯汽车零部件有限公司	58101	27	盐城东国汽车配件有限公司	4237
3	江苏射阳港发电有限责任公司	37693	28	中材科技(阜宁)风电叶片有限公司	4144
4	江苏国华陈家港发电有限公司	26840	29	响水恒利达科技化工有限公司	3942
5	江苏瑞延理化汽车饰件有限公司	20259	30	领胜城科技(江苏)有限公司	3925
6	江苏金风科技有限公司	12991	31	江苏瑞延盈泰克汽车饰件有限公司	3848
7	江苏正大丰海制药有限公司	11936	32	江苏荣威娱乐用品有限公司	3843
8	江苏联化科技有限公司	11793	33	江苏超威电源有限公司	3663
9	江苏吉华化工有限公司	10959	34	盐城国际妇女时装有限公司	3659
10	江苏中车电机有限公司	10901	35	江苏东西发动机配件有限公司	3538
11	佛吉亚(盐城)汽车部件系统有限公司	10618	36	瑞孚信江苏药业股份有限公司	3508
12	江苏新森达鞋业有限公司	9655	37	大丰明进机械有限责任公司	3456
13	盐城发电有限公司	9329	38	江苏悦达延锋江森汽车座椅有限公司	3331
14	星宇科技汽车部件(盐城)有限公司	8820	39	江苏辉丰农化股份有限公司	3327
15	盐城大圆汽车配件有限公司	6959	40	江苏森威精锻有限公司	3325
16	上海电气风电设备东台有限公司	6069	41	领镒(江苏)精密电子制造有限公司	3313
17	江苏京信电子有限公司	6057	42	盐城市瓯华化学工业有限公司	3307

续表 15－43

排名	纳税人名称	纳税金额	排名	纳税人名称	纳税金额
18	江苏森达沿海热电有限公司	6030	43	江苏悦达棉纺有限公司	3295
19	江苏清泉化学股份有限公司	5735	44	江苏瀚隆家纺有限公司	3277
20	阜宁澳洋科技有限责任公司	5545	45	江苏东九重工股份有限公司	3232
21	江苏万恒铸业有限公司	5132	46	江苏沙印集团射阳印染有限公司	3165
22	江苏现代制铁钢材有限公司	4956	47	江苏三菱磨料磨具有限公司	3146
23	江苏斗天汽车配件有限公司	4666	48	盐城世钟汽车配件有限公司	3138
24	江苏恩伟驰复合材料有限公司	4653	49	利富高（盐城）精密树脂制品有限公司	3114
25	江苏八巨药业有限公司	4485	50	大丰海聆梦家纺有限公司	3077

注：该数据由市财政局、市国税局、市地税局联合统计。

江苏悦达集团有限公司 年内，悦达集团实现营业收入1100亿元，利税101亿元，全年营业收入继续保持江苏四强的位次。全年产销汽车超65万辆，12月终端上牌销量首次突破10万辆。KX5、新K3、新KX3、新K2等新车型成功上市。第400万辆汽车成功下线。与全球第六大汽车零部件供应商——韩国摩比斯成功合作，股比50∶50的悦达摩比斯新能源汽车电池项目实现当年签约、当年建成、当年投产。台玻悦达汽车玻璃公司、悦达延锋江森汽车座椅公司等效益良好。汽车公铁水联运体系运营良好。中汽中心盐城汽车试验场项目成功签约。汽车金融全年业务量超1.8万辆，投放金额12.27亿元。新能源汽车研发、生产成绩显著，K5混合动力汽车、二代华骐纯电动汽车等成功上市。

项目建设　悦达资本股份有限公司成功托管20亿元中韩产业园投资基金，悦达融资租赁有限公司成功进入人民银行征信系统。江苏悦达集团财务有限公司正式运营，成为全市首家、苏北第二家集团财务公司，全年为集团节约资金成本1亿元。黄陵二号煤矿实现管理效益双丰收，军山煤矿整合工作等取得新进展。咖世家特许加盟协议成功签订。射阳岛生态体育公园通过国家发改委等11部委审批。与韩国现代建设、北京现代汽车有限公司签订合作意向书。北京、上海、深圳投资发展中心成功运营。成功参与北方车辆、西安民生资产重组，完成悦达矿业定向增发工作，先后与中国银行等多家金融机构开展密切合作。年内，悦达资本股份有限公司同比增盈6300万元。

技术创新　全年申报专利103项，其中发明专利51项，国际发明专利11项。集团"两化"融合贯标试点企业顺利推进，获省自主工业品牌前三强。悦达包装储运获批国家高新技术企业。智能园艺拖拉机项目成功列入国家重大科技项目。江苏悦达纺织集团有限公司成为省互联网与工业化融合试点企业。江苏悦达家纺有限公司获批工信部品牌培育试点企业。

转型升级　编制完成集团"互联网＋"发展规划；做大汽车、纺织等现有电商销售平台；家乐福网上商城成功运营；介入互联网金融，与上海欣亨携手打造全民财富融资平台。与台湾永丰余合作协商电商项目；和阿里巴巴、腾云天下等知名互联网企业合作，促进云计算、大数据等与现代制造业、传统产业以及新兴产业的有机融合。9月21日，集团在北京举行"走进非洲"研讨会；11月1—11日，考察莫桑比克、津巴布韦、南非。年内，集团成立悦达发展研究院（悦达汽车产业发展研究院），分析、研究各产业发展规律、竞争状况和未来趋势。（周本东）

东风悦达起亚汽车有限公司 年内，东风悦达起亚汽车有限公司实现产销汽车超65万辆，位于行业第十一位，销售满意度（SSI）和售后满意度（CSI）分别取得行业第七名和第四名。年内，公司相继推出KX5、新K3、K5混动版、2016款智跑、2017款K4、新KX3、新一代K2等新车型，在满足中国消费者多元化购车需求的同时，完善企业的商品矩阵。6月，K5混动版上市，开启公司品牌的环保低碳时代。年内，在2016年J. D. Power中国新车质量研究SM（IQS）中获评主流车市场第四名。加大信息化投入，研发生产、品质管理、管理和产品服务等领域的信息化系统。生产领域启用MES系统（制造执行系统），为企业提供包括制造数据管理、计划管理、生产调度管理等，序列供货实现整车企业的零库存。品质管理领域，通过质量检查问题点的收集，改进生产工艺制造流程，切实把好质量关卡，达到完美质量的目标，最终提高品牌的美誉度和用户的满意度。管理领域主要采用ERP（企业资源计划），为企业决策层及员工提供决策运行手段的管理平台。产品销售服务领域投入DMS（销售管理）系统、CRM（客户关系管理）系统、WMS（仓储管理）系统、RFID（射频识别系统）、商品车运输系统等。年内，东风悦达起亚汽车有限公司被评为国家高新技术企业、江苏省质量标杆十强企业。

（华　娟）

江苏摩比斯汽车零部件有限公司 公司是由韩国现代摩比斯（株）投资设立的外商独资企业。于2002年5

江苏摩比斯汽车零部件有限公司电装车间。 孙海鹏摄

总投资500亿元,分期建设造纸、石化、热电项目及配套水处理厂、码头等基础设施,下设江苏博汇纸业有限公司、江苏海兴化工有限公司、江苏海力化工有限公司、江苏丰源热电有限公司、江苏海华环保工程有限公司、江苏黄海港务有限公司。公司以高档包装纸板的生产与销售为主,主导产品高档涂布白卡纸,是一种高档包装材料,广泛应用于烟草、医药、化妆品及服装等行业。集团一期项目总投资160亿元,全部投产达效。江苏海兴化工有限公司、江苏海力化工有限公司具有年产30万吨烧碱、13万吨环氧氯丙烷、30万吨己二酸、20万吨己内酰胺、30万吨硫酸铵等产品的生产能力,其主导产品己二酸、己内酰胺、环氧氯丙烷、烧碱等,在国内市场竞争优势大。江苏丰源热电有限公司建成2×280吨/小时、4×520吨/小时、节能锅炉及配套2×25兆瓦、4×50兆瓦背压机组,主要承担集团公司下属单位及港区关联企业生产、生活的热力供给。江苏海华环保工程有限公司主要为造纸、化工项目建设配套水处理项目,公司一期项目投资2.1亿元,占地10公顷,日处理污水4.9万吨,建成投产。2016年,集团实现销售收入102亿元。

月22日成立,注册资本6000万美元,员工2100多名,有工厂3个,主要产品包括底盘模块、驾驶舱模块、前围模块、仪表台发泡及骨架模块、水晶车灯模块等系列产品,公司为东风悦达起亚汽车有限公司提供配套服务,是现代、克莱斯勒、众泰汽车、通用、宝马、标致等众多知名企业的车灯供应商。公司先后通过ISO/TS 16949国际标准化管理系统、ISO 14001环境体系认证、OHSAS 18001职业健康体系认证、安全标准化三级认证、CCC认证和欧洲评价认证等国际质量体系认证。2016年,公司实现开票销售193.8亿元,入库税收5.8亿元。年内,公司分拨中心承担东风悦达起亚汽车有限公司进口部件配送和零部件出口国外市场分拨业务,全年实现进出口额9.53亿美元。年内,公司实施新能源"三电"项目。该项目总投资7500万美元,注册资本2500万美元,项目征地12.93公顷。项目建成后年产电池、电机、电控系统5.5万台套、汽车音响88万台套、电子系统模块55万台套,预计新增年销售额100亿元、新增利税2亿元以上。

江苏博汇集团 集团位于江苏省盐城大丰区大丰港经济区,2010年10月由山东博汇集团有限公司投资成立,

江苏德龙镍业有限公司 公司位于江苏盐城响水工业经济区内,注册资本2亿元,占地面积约466.67公顷,主要从事不锈钢的生产与销售,总资产规模232亿元,产值可达300亿元,可解决当地劳动力就业8000人左右。公司利用进口红土镍矿,采用国家产业政策鼓励的回转窑加矿热炉工艺技术,2012年投资建成年产16万吨镍铁合金项目,2015年建成投运年产30万吨镍铁合金项目;有5万吨级自备码头1座。2015年7月,在印度尼西亚东南苏拉威西省肯达里市投资兴建镍铁合金冶炼项目开工,一期项目计划投资9.29亿美元,实现年产60万吨镍铁合金项目,至2016年底,完成投资3.5亿美元。2016年,公司实现开票销售240亿元。 (季 鹏)

第 16 章　农业及新农村建设

责任编辑　高兰会

第一节　农业综述

2016 年，全市现代农业发展水平连续两年保持苏北第一位；高效设施农业新增面积、农产品质量安全建设、“互联网 +”现代农业发展、畜牧业生态健康养殖基地创建等 14 项工作列全省第一位；新创全国农业行政综合执法示范窗口、全国休闲农业与乡村旅游示范区、全国农产品质量安全示范县等国家、省级品牌 16 个。全市实现农林牧渔业总产值 1104.9 亿元，农业增加值 533.9 亿元；全市农村常住居民人均可支配收入 17172 元。建成各类现代农业园区 170 个，新创建部级、省级蔬菜标准园 4 个、20 个，建成特色镇 47 个、专业村 193 个。新增种植业“三品”（无公害农产品、绿色食品、有机农产品）677 个，总数 2360 个。全市创建农业部畜禽标准化示范场 3 家、省级生态健康养殖示范场 36 家，生猪大中型规模养殖比重达 71%。“射阳大米”入选中国农产品区域公共品牌百强榜，阜宁县获评“中国西瓜之乡”，建湖县成为全国首批国家农产品质量安全县。全年全市农产品出口贸易实现 1.99 亿美元，增幅列全省第三位。开展粮食绿色增产行动和耕地质量保护与提升行动，联耕联种总面积 34.87 万公顷，创建粮食绿色高产高效示范片 141 个。启动粮食生产全程机械化示范县、镇创建工作，新增大中型拖拉机、粮食烘干机、高效植保机、秸秆还田机等农机 1.2 万台，农业综合机械化水平 81.3%。加快“互联网 +”农业步伐，建成各类智能农业示范点 95 个。培训新型职业农民 7.75 万人次。新办规模农业龙头企业（项目）68 个，总数 1661 个。培育农产品年销售 200 万元以上的电商企业（主体）122 个，东台市被商务部确定为国家电子商务进农村综合示范县（市），全市有 9 个镇、19 个村被确定为省级电子商务示范镇、村，全年全市网上农产品销售突破 80 亿元。年内，大丰、盐都创成全国休闲农业与乡村旅游示范区；新创全国最美休闲乡村、示范企业、示范点 5 个，全国首批美丽乡村 4 个，国家级休闲渔业基地 2 个；农业休闲景点总数 482 个，全年全市休闲农业综合收入突破 60 亿元。改善农村面貌。完成农村河道三年整治行动，农田水利现代化水平突破 85%。高标准农田面积 43.93 万公顷；农作物秸秆还田面积和还田比例居全省第一位；新建粮食仓容 48 万吨；农业综合机械化水平 81.3%；新增绿化造林面积 5866.67 公顷，江苏黄海海滨国家森林公园、建湖九龙口国家湿地公园正式挂牌，盐城创成全国绿化模范市。

6 月 23 日，阜宁、射阳遭遇特大龙卷风冰雹灾害，导致农业经济损失 9.97 亿元，其中阜宁 9.87 亿元、射阳 0.1 亿元；受损设施园艺大棚 3200 万公顷，农作物受灾 6.58 万公顷、成灾 1.15 万公顷、绝收 333.33 公顷，倒塌畜禽圈舍 20.7 万平方米，死亡生猪 1.6 万头、家禽 31.9 万羽、羊 600 只。灾害发生后，市农业部门立即启动农业灾害应急预案，抽调市直和阜宁县、射阳县 352 名畜牧兽医人员紧急支援灾区，开展死亡畜禽无害化处理，当晚即摸清重灾区灾情资料。6 月 24 日，组织召开专题会议，制定抗灾救灾工作方案，并下发做好农业防灾减灾工作的紧急通知，成立阜宁、射阳 2 个农业救灾减灾专家指导组，奔赴受灾一线指导抗灾救灾、帮助恢复生产。救灾期间，以死亡畜禽无害化处理为重点抓好疫病防控，以迅速抢排积水为重点抓好灾后田间管理；帮助阜宁、射阳协调秧苗、插秧机和人力，帮助灾区抢栽水稻；组织解放军、志愿者、周边村民、机关工作人员，帮助受灾群众清理受损设施大棚、畜禽圈舍，加快清理田园、清理家园，为农业恢复生产做足准备。市农委共争取部省农业救灾资金 4000 万元，其中中央救灾资金 3000 万元、省级救灾资金 1000 万元，主要用于农业灾后恢复生产补助，重点向受损严重的规模经营主体倾斜；争取 300 万元专项资金，用于阜宁病死动物无害化处理体系建设；协调 250 吨救灾肥、1000 套防护服等物资，无偿发放灾区，帮助恢复生产；对受灾区域在农业科技推广、农林渔病害防治及处理、耕地质量建设、农业服务体系等常规农业项目方面专项倾斜。抢险救灾结束后，市农委统筹协调帮助灾区规划重建，对需要改补种田块，以及一时难以恢复的高效设施农业基地，协调提供种苗，发展以叶菜类为主的伏缺蔬菜和“四青”（青蚕豆、青毛豆、青豌豆、青玉米）作物；以灾后重建为契机，推进农业结构调整，指导灾区制定农业产业发展规划，组织专家参与规划论证，坚持高起点规划、高标准建设现代农业园区，招引各类投资主体，扶持原有农业大户，以新规划建设“一镇一园区”（每个乡镇建设一个现代农业园区）为抓手，推动高效设施农业与休闲观光农业融合发展，把受灾严重地区建成高标准的现代农业示范基地;加快推进灾区高标准农田建设,实施土壤改良,打造耕地质量提升综合示范区,建设现代农业产业基地;帮助培育农业新型经营主体,发展社会化专业服务,提升粮食生产、高效设施农业、畜禽养殖等规模化经营水平。

一、农业结构调整

2016年,盐城加快转变农业发展方式,发展生态农业、休闲农业、绿色农业、"互联网+"农业、农村电子商务等新业态。全年全市调减大麦、玉米低产低效粮食4.03万公顷,新发展蔬菜园艺等经济作物4.67万公顷,新增高效设施农业面积1.09万公顷,总规模突破14万公顷。新增稻田综合种养4466.67公顷,盐都、建湖2个稻田综合种养示范基地入选省级综合种养十大示范基地。

开放型农业　至年底,全市实现农产品出口贸易1.99亿美元,增幅列全省第三位。全年农业利用外资实际到账8763万美元,其中江苏杰龙科技集团有限公司在坦桑尼亚投资建设的3000万美元的棉籽油加工项目启动建设。

生态循环农业　年内,盐城开展畜禽养殖污染专项整治行动,关闭禁养区规模养殖场278家、不合格屠宰场点223家,响水、东台、阜宁、建湖、射阳5个县(市)建成病死动物无害化处理体系。推进化肥农药减量行动,高效低毒低残留农药使用面积占比77%。全面启动生态循环农业示范镇村和示范园区创建,培植生态循环农业发展模式49个,农作物秸秆综合利用率91%。东台市成功入选全国秸秆综合利用试点县。论文《盐城市生态循环农业发展的"五化同步"路径研究》获2016年度江苏省农业政策调研暨农业软科学课题研究成果一等奖。

休闲观光农业　年内,盐城实施建设一批市级以上休闲农业景点,集成推介一批精品休闲农业与乡村旅游线路相结合的"亮点连线行动"项目,全市休闲观光农业呈现倍增发展态势,盐都区获评全国休闲农业与乡村旅游示范县,亭湖区黄尖镇黄尖村获评中国美丽休闲乡村,东台市仙湖现代农业示范园有限公司、江苏丰收大地投资发展有限公司获评全国休闲农业与乡村旅游五星级示范企业(园区),大丰区华丰旅游实业发展有限公司(大丰西郊梅园)、盐城大丰东方桃花洲旅游发展有限公司获评全国休闲农业与乡村旅游四星级示范企业(园区),东台市五烈镇甘港村、建湖县九龙口镇九龙口村、大丰区新丰镇全心村、盐都区大纵湖镇三官村4个村获评江苏休闲观光农业示范村。全年全市农业系统策划推荐乡村旅游精品线路30多条,其中"泡温泉、看民俗、品美食之旅"线路获评全省休闲农业与乡村旅游十佳精品线路。年内,全市新增休闲农业景点32个,总数482个,直接收入20.4亿元,综合收入突破60亿元。

农村电子商务　京东、苏宁易购、淘宝特色农产品"盐城馆"均上线运营,新创省级农村电子商务示范村5家,全市农业电商销售额86.24亿元,同比增加37.8亿元。

二、资源开发

2016年,全市争取2016年度农业综合开发项目91个,开发总面积3.31万公顷,总投资7.33亿元,其中省级以上财政投资6.6亿元。年内,市农业资源开发局提升农业资源综合开发科技水平,创新建设管理模式,开发应用"一体化智能泵站技术""农情测报管理系统"和"低压管道灌溉技术",完善农业资源开发项目建设管理平台,对项目开展实时监管,发展"互联网+农开"信息管理技术,提升工程建设质量和项目管理水平。

国家农业综合开发土地治理项目　年内,盐城实施国家农业综合开发土地治理项目50个,总面积2.65万公顷,总投资5.94亿元,其中省级以上财政投资5.36亿元。项目共修筑农村道路707.44千米、输水管道45.05千米、衬砌渠道250.69千米、农桥1184座、涵洞4300个,建设电灌站580座、农田林网1006.67公顷,项目区年新增大宗农产品生产能力粮食3847.69万千克、油料43.9万千克、蔬菜1505.4万千克、其他农产品133.4万千克,新增种植业总产值1.25亿元,帮助项目区农民增收1.12亿元。

国家农业综合开发产业化发展财政补助项目　年内,盐城实施国家农业综合开发产业化发展财政补助项目8个,总投资2137万元,其中财政补助资金1020万元;国家农业综合开发产业化发展财政贴息项目16个,争取中央财政贴息资金1294万元。项目共扶持农业龙头企业21个、家庭农场3个,撬动社会资金和银行贷款16亿元,建设厂房13.7万平方米、禽舍10.05万平方米、温室6.5万平方米、农产品原料生产基地5333.33公顷、冷库7座,购置设备4501台(套),收购农产品总量53万吨,新增产值35亿元,直接受益农民人数28.6万人,带动农民增收3.2亿元。

黄河故道农业综合开发项目　年内,盐城实施黄河故道农业综合开发项目10个,总面积3200公顷,总投资5060万元,其中省级财政投资5000万元。项目共修筑硬质路59.17千米,输电线路6.63千米,开挖疏浚排水河道22.36千米,衬砌渠道80.07千米,建设灌排站42座,埋设管道33.61千米,修建各类渠系建筑物3160座,种植防护林3.22万株。

沿海滩涂垦区配套项目　年内,盐城实施沿海滩涂垦区配套项目7个,总面积3400公顷,总投资6679万元,其中省级财政投资5100万元。项目共修筑硬质路63.87千米,砂石路5千米,输电线路26.5千米,衬砌渠道11.77千米,建设灌排站21座,埋设管道8.69千米,修建各类渠系建筑物451座,种植防护林4700株。

建湖县高标准农田整县推进试点项目　2015年,建湖县成为全省三个高标准农田整县推进试点之一,计划2015—2017年建设高标准农田2.73万公顷,实现县域内高标准农田全覆盖。2016年,建湖县实施高标准农田建设项目8700公顷,逐步形成路相通、桥相连、闸站配套、田平整、树成行、林成网的农田新面貌。　（陆　益）

三、基地建设

杂交水稻种子生产基地 2013年，盐城市、大丰区、建湖县、阜宁县被农业部认定为国家级杂交水稻种子生产基地，规模1.5万公顷。年内，全市加大杂交水稻种子生产基地建设，完善杂交水稻制种保险制度，集成推广杂交水稻制种母本机插秧节本增效技术，提高杂交水稻制种机械化率。其中，大丰区完成中央财政投资1000万元，添置烘干机6台、拖拉机4台、插秧机9台、收割机2台，建设仓库2幢等。全市制种面积9000公顷。

"菜篮子"工程蔬菜基地 2013年，盐城规划建设"菜篮子"工程永久性蔬菜生产基地16个，规划建设面积1.35万公顷。至2016年底，16个"菜篮子"工程永久性蔬菜基地新增面积733.33公顷、总面积1.42万公顷，基地亩均纯效益7000元以上。基地内沟、渠、路、闸、涵等基础设施配套到位，设施比重70%，高效农业机械普及率70%以上，建立种苗中心18个，基本实现集中供苗全覆盖。

稻田综合种养基地 年内，盐城加大推进种养结合、农牧循环、立体套种等立体复合经营力度，探索稻田综合种养新模式下实现水稻与衍生产品（鱼、龙虾、鸭等）产量效益双丰收的集成技术，示范提升稻田复合经营水平，全年新增稻田综合种养4466.67公顷，亩均效益较常规稻增长2000元。至年底，盐城有稻鱼、稻鸭、稻虾等共作的稻田综合种养示范点6个，具体为建湖县亿乐粮食种植家庭农场稻鱼共作、建湖县上冈松源谷物家庭农场稻鱼共作、建湖县九龙口镇李生权粮食种植家庭农场稻虾共作、建湖县三虹有机稻米专业合作社稻鸭共作、盐城市盐都区葛武畜禽生态养殖专业合作社稻田套养小龙虾、江苏绿悦生态农业发展有限公司稻鸭共作生产有机稻米。

农产品出口示范基地 年内，盐城推进农产品出口基地建设，培植发展特色出口产业，重点加强20个省级出口农产品示范基地建设。全市有9家企业申报2016年江苏省出口农产品示范基地（区）并通过初评和现场考核，其中5个基地是新申报示范基地，4个基地是续展示范基地。

农产品质量可追溯示范基地 年内，市政府将农产品质量可追溯示范建设列入为民办实事工程，在全省率先建成100个农产品质量追溯示范基地，总投资700万元。5月，市农产品质量追溯信息平台上线运行，首批100家规模农产品生产企业加入平台。至年底，全市有300多个农产品实现自带产地证明和质量追溯二维码上市销售，消费者可以通过扫描产品二维码或者输入产品追溯码获得包括产品生产者、生产标准、农药使用情况、最后一次用药及安全间隔期、采收时间、检测结果、产品去向及投诉电话等基地生产具体信息。年内，省级例行监测蔬菜、畜禽和生鲜乳合格率分别为99.2%、99.8%、100%，建湖县创成国家农产品质量安全县、大丰区创成省级农产品质量安全县。

百点智能农业示范基地 年内，盐城推进百点智能农业示范基地建设，促进智能农业技术与农业生产、管理、服务、流通融合发展。在全市各类现代农业园区、龙头企业和规模种养基地等新建智能农业示范点134个，其中畜禽养殖65个、设施园艺36个、水产养殖24个、大田作物9个，市级以上现代农业园区智能农业示范点实现全覆盖。

农业科技综合示范基地 年内，盐城组织开展现代农业科技综合示范基地建设，与南京农业大学、扬州大学、江苏省农科院、江苏农林职业技术学院、江苏农牧职业技术学院等大专院校和科研院所联合开展技术研究、难题攻关、人员培训、实训指导等工作。全年全市共争取省级项目资金5620万元，专门用于示范基地建设。至年底，全市建成各类农业科技综合示范基地42个，其中市粮油站、响水县蔬菜站建设的稻麦和蔬菜2个基地，均被列为首批省级综合示范基地。

现代农业园区 年内，全市农业部门推进"一镇一园区"建设（每个乡镇建设一个现代农业园区）。园区内各类公共服务平台日趋完善，省级农业园区和重点市级农业园区基本都已打造成为智能农业示范点，建立电子商务中心，成立相应电子商务运营公司。至年底，全市建成各类现代农业园区170个。全年农业园区内新入园项目245个，累计投资17.4亿元，示范推广新品种688个、实用技术427项，培训农民10.84万人次。

东台仙湖农业园区内的粒粒丰种苗中心。

四、农业产业化经营

2016年，全市农产品加工业实现产值2351亿元。培育农业龙头企业，新增省级龙头企业6家，累计1661家，其中国家级农业龙头企业5家、省级69家、市级313家。继江苏富安股份有限公司的茧丝绸之后，新培育江苏宝龙集团有限公司的宝龙龙虾、江苏华大水产实业有限公司的华大鳗鱼、江苏乾宝牧业有限公司的乾宝湖羊等全产业链农业龙头企业。培育农民合作社，新增农民专业合作组织829个，总数1.04万个。加大农业招商引资。4月，市委、市政府在台北举行两岸（盐城）现代农渔业合作恳谈会，成功签约项目15个，总投资19.6亿元；10月，市委、市政府在杭州举办江苏盐城（杭州）现代农业合作推介会，各县（市、区）洽谈落实农业项目11个，协议投资11亿元。

（周庆千）

五、农业机械化

2016年，盐城加快发展农业机械化。7月13日，市政府办出台《关于大力推进粮食生产全程机械化的实施意见》，明确提出到2020年全市基本实现粮食生产全程机械化目标。创建以水稻机械化育插秧、小麦精量播种、高效植保和粮食烘干等为着力点，以镇为区域实行整体推进，同步加强与农业园区和设施农业生产基地对接的机械化发展方向，加强机械配套，突破全面机械化。年内，东台市、盐都区、亭湖区、射阳县、阜宁县、滨海县、响水县、大丰区8个县（市、区）出台相关政策文件，亭湖区入围全省首批粮食生产全程机械化示范创建县。全年全市农机总投入8.1亿元，新增大中型拖拉机2572台，秸秆粉碎还田机3907台，联合收割机3083台，粮食烘干机659台，高效植保机501台，乘坐式插秧机562台，育秧盘播种成套设备50台。全市粮食产地烘干水平18%，三麦、水稻机收水平分别达99.8%、98%，新增完成秸秆还田集成机插秧面积25.67万公顷。

农机跨区作业 全年全市免费发放跨区作业证7002份，1.77万台次联合收割机、插秧机参加跨区作业，实现跨区作业收入8.2亿元。全市998个农机合作社、10.5万户农机户推行订单作业，夏秋两季投入作业的联合收割机4.15万台次以上、插秧机2.26万台次以上、大中拖拉机4.47万台次。参加跨区作业的机手都加入“平安农机通”信息服务网，并获得免费发放的“双优加油卡”，享受加油4%的优惠。

农机合作社建设 全年全市新增农机合作社95个、总数998个，创成农业部农机示范合作社1个，省级农机示范合作社15个，全市有合作社社员8.9万人，农机户入社比例54.6%，合作社作业面积占比55%。组织实施省、市农机服务体系建设项目26个，争取扶持资金260万元。全年民生银行盐城分行、邮政储蓄银行盐城分行落实合作社贷款4120万元。

秸秆机械化还田及综合利用 全年全市争取省级农作物秸秆综合利用和机械化还田补助资金1.8亿元，各县（市、区）用于农作物秸秆综合利用和机械化还田的补助资金1.1亿元。全市夏秋两季进行还田作业大中型拖拉机及配套的还田机5.3万台（套），全年完成秸秆机械化还田61.27万公顷，还田率77.2%。

农机安全监管 全年全市农机道路外人身伤害事故27起，死亡5人、伤22人，没有发生重特大恶性事故。在全省率先开展农机综合保险试点工作，全年累计投保农用大中型拖拉机、联合收割机综合险1.37万台，投保率87%。开展农机安全专项整治和大检查工作，共出动农机安全监理执法人员1453人次，累计检验危及人身财产安全机具1.32万台次，排除安全隐患1831起。

农机扶持政策实施 全年全市落实各类农机强农惠农资金4.19亿元，市、县财政安排农机化专项财政奖补资金1.1亿元。全年补贴插秧机、大中型拖拉机等各类农机具1.38万台（套），受益农户8109户。

六、农产品市场流通

2016年，全市农产品进上海总销售额600亿元以上。盐城农产品在沪宁高速沿线大中城市设立的直销窗口（配送中心）突破800个，实现盐城农产品销售收入300亿元。年内，江苏银宝控股集团有限公司在南京禄口国际机场设立的盐城农产品直销窗口正式营业。全年累计在上海、南京、昆明、连云港、南通等地参加或举办各类农业会展9场次，累计参展企业450多家次，现场销售农产品1323万元，签订贸易合作项目60个，贸易总额6.6亿元。首次以农业产业化项目形式，争取省级补助资金160万元。

农产品质量建设 年内，全市深化农产品质量安全市、县、镇、村“四级网格化”监管，建立农产品质量可追溯示范基地100个，落实乡镇监管定对象、定人员、定任务、年终考核的“三定一考核”和村级协管“季评年奖补”的绩效考评制度，实现家庭农场、农业合作社、农业企业等重点监管对象全覆盖。在全省首创“千万+”（精准监管3000个生产企业，抽样调查1万户农户，“互联网+”质量监管）农产品质量安全监管模式，农产品质量安全综合绩效考核连续四年获得省一等奖。推行农业标准化生产，加快创建无公害农产品、绿色食品、有机农产品，省级例行监测蔬菜、畜禽和生鲜乳合格率分别为99.2%、99.8%、100%。新增“三品”677个，有效“三品”总数2360个。年内，建湖县创成全国农产品质量安全县、大丰区创成省级农产品质量安全县。

农产品品牌建设 年内，盐城继续实施品牌强农工程，整合资源优势，重点打造区域农产品公共品牌，全年市财政落实农产品品牌创建奖补资金135万元。“射阳大米”入选中国农产品区域公共品牌百强榜，品牌带动力列全国百强第二位；“东台西瓜”在全国西瓜节擂台大赛中获西瓜中型果、小型果冠军，1个甜瓜品种获得亚军。

供销平台 年内，全市供销社系统新建专业合作社87个，培育综合性合作经济组织40个，培训农产品营销经纪人3107人次。全年完成农村综合服务社提档升级100个（其中经济薄弱村25个）。至年底，全系统有五星级农村综合服务社20个、四星级农村综合服务社66个、三星级农村综合服务社293个。东台、射阳、阜宁3家县级社被表彰为全国百强县级社；滨海蔡桥等3家基层社被表彰为全国基层社标杆社，累计20个；滨海河东秸秆等4家合作社被表彰为国家级农民合作社示范社，累计19个。推进现代流通服务网络建设，全年全系统争取财政性扶持资金6250万元，开工建设射阳10万吨粮库物流园等项目。推进"供销社+互联网"工程，发展农村电商和农产品电商，市县两级上线运行电商公司18家，射阳、大丰、阜宁、滨海4家县（区）社承担全县（区）发展农村电商和农产品电商任务，26家企业在淘宝、天猫、京东、一号店上线，43家企业在供销e家、地平线展示展销。对为农服务社进行电商化改造，建成"网上双代店""电商投递站""供销网城"服务点近200家。全年供销社系统实现农副产品市场交易额160亿元，实施订单种植1.33万公顷，年秸秆收购加工量156万吨。加强供销服务。探索开展合作式、订单式、托管式社会化服务，实现托管农田5.33万公顷，流转土地6666.67公顷，涵盖农民近20万户，助农增收7亿元，新增就业5000多人。全年全系统建办20家3000平方米以上的大卖场和60家1000平方米以上的镇村超市。全年新建（提升）秸秆综合利用组织82家，年秸秆收购加工量156万吨。创办涉农金融服务企业7家，年投放互助金2亿元以上。加快供销综合改革。与市委农办联合举办深化农村改革暨供销合作社改革培训班，为各镇（街道）党委或政府分管负责人、农经中心负责人等进行深化农村及供销社综合改革、"三农"政策等方面辅导授课。成立全省首家县级社监事会机构，全年建设农业综合性服务示范镇22个，创办为农服务合作社30家。年内，为深化综合改革提供组织保障，9个县（市、区）供销社机关获批成为参照公务员管理事业单位。

（肖太高　荣海勇）

七、科技农业

2016年，全市示范推广稻麦周年高产高效模式与栽培技术等重大农业技术35项，建成省级科技综合示范基地5个，建成村级规范化农技服务示范站157个。全市农业良种覆盖率91.5%，主推技术应用率95.5%，农业科技贡献率65%。加快农业信息化发展。亭湖、大丰、阜宁创成国家级农业信息进村入户试点县，滨海创成省级农业信息进村入户试点县。至年底，全市累计建成"益农信息社"468家，全市农业信息化覆盖率63%。加大农业科技教育与推广力度，组织实施"6+1"农业职业技能竞赛（6项为粮油种植技能竞赛、设施园艺技能竞赛、动物防疫技能竞赛、动物检疫技能竞赛、农产品检测技能竞赛和农机技能竞赛，1项为农业技能竞赛）、青年农技推广标兵和青年新型职业农民"双十佳"评选、农民培训教学名师评选等活动。全年举办基层农技人员培训班31期，培育新型职业农民7.75万人，新认定生产经营型新型职业农民6351人。

盐城市农科院　年内，市农科院组织申报各级各类科研项目156项，其中省部级以上项目申报92项。有90个项目获准立项，其中部级项目立项4项，省级项目立项50项。全院在研项目164个，在研项目合同经费3224.11万元，到账经费1117.87万元，其中新上项目合同经费1735.36万元，新上项目到账经费909.46万元。加强科研合作。参与中国科学院先导专项1项、中国农科院创新工程1项、国家自然科学基金青年科学基金项目1项、现代农业产业技术体系1项、中棉所创新工程1项；参与江苏省重点研发计划项目1项、江苏省农业自主创新项目7项、承担横向委托协作项目21项等。通过产学研合作，参加江苏省农业三新工程3项、江苏省苏北专项9项。5月，与南通大学联合申报的江苏省研究生工作站在市农科院挂牌，标志着市农科院第五个省部级科研平台正式启动。年内，盐城市农业生态安全工程技术研究中心获市科技局批准成立。至年底，全市建有盐城市级研发平台6个。全年市农科院有10项成果获奖，其中主持申报6项、参加4项。其中，盐土农业研究室参加的"滨海盐碱地加速治理培育与农业高效利用"获2015年度江苏省科学技术进步二等奖（第三完成单位）；水稻研究室主持申报的"优质中粳稻新品种盐稻11号选育与应用"获2015年度盐城市科技进步特等奖（第一完成单位）；水稻研究室主持申报的"优质高产抗病广适两系杂交水稻盐两优888选育与推广"获江苏农业科技奖二等奖；油料作物研究室主持申报的"国审高产高含油零芥酸油菜新品种盐油杂3号的选育与应用"获江苏农业科技奖三等奖、淮海科学技术奖科技创新奖二等奖；经济作物研究室参加申报的"棉花SSR分子标记技术体系研究与集成应用"获2015年度湖南省常德市科技进步一等奖（第二完成单位）。开展科技服务，遴选15位专家组建专家服务团队蹲点驻村，打造"不走的科技服务队伍"；实施万名专家服务基层行动计划、省自主创新资金、省挂县强农富民工程、万名专家兴农富民工程、苏北富民强县和省市扶贫攻坚等服务项目；推广应用"农技耘APP"云平台项目，帮办家庭农场7个，创建完善村级农技站5个。全年通过共建村、科技型企业、科技示范基地、农民合作经济组织召开现场会、推介会、培训会累计200多场次，培训1.1万人次，推广科技创新成果30多项，发放科技资料、科技书刊杂志1.5万份（册），科技示范户占对接村农户总数超过20%，农业"三新"（新品种、新技术、新模式）工程到位率98%以上。

农业司法鉴定　市农科院农业司法鉴定所是省高级人民法院指定的进入鉴定人名册的全市唯一一家农业类别的鉴定机构，坚持"为农民服务、农业生产服务、为农村稳定服务"理念，依法承接各类农作物假种子、假肥料、假农药、林木受损、农业事故灾害、农业环境等方面鉴定案件，受案地域从江苏省扩展到山东、安徽、河南等省。全年司法鉴定所承接司法鉴定咨询、委托案件60起，完成业务62.5万元，创造效益23万元。

农技推广"三点"工作法提升年活动　年内，在全市农业系统组织开展农技推广首席专家指点、农技人员挂（蹲）

点、业务团队建点的“三点”工作法提升年活动，畅通农技推广“最后一公里”。遴选首席专家102名，牵头负责农技推广，全年制作并上网投放首席专家技术视频50期；组织全市3090名农技人员，直接挂点指导6523个种养大户、家庭农场、专业合作组织等新型农业经营主体；组建42个专业团队建成142个示范点，试验示范和展示推广农业主导品种和主推技术。“三点”工作法被全国农业技术推广服务中心认定为全国领先的农技推广“盐城模式”。

“耐盐水稻新品种栽培技术”成功 年内，江苏银宝控股集团有限公司负责研发的省重点研发项目“耐盐水稻新品种栽培技术”成功。该技术是针对沿海滩涂缺乏高产优质耐盐水稻、缺少适宜大面积推广的耐盐水稻品种及栽培技术的现状，开展耐盐种质筛选、新品种选育和配套栽培技术的创新研究，创造产量和效益新纪录4项，申报国家专利3项，制定技术规程3项。

八、农业行政执法

2016年，全市农业系统启动农业“七五”普法活动，组织举办各类法治宣传集中行动54场次，发放宣传资料5万多份，现场咨询解答3000多人次。全面推进法律顾问制度，实现全市农业系统全覆盖。加强农业信用体系建设，建立红黑名单制度，评选农产品质量安全诚信企业100家。

农业行政许可服务 实行“一线通”服务模式，将受理环节和现场勘察环节合并，简化审批流程，缩短审批时间。推进简政放权，清理确认行政权力事项255项，较上年减少21项，清理率7.6%。及时承接省级下放行政审批事项4项，因法律修订和职能调整新增行政审批事项1项。规范政务信息公开，全年公开各类农业法治和农业政策信息1337条，受理各类信息公开申请3件，办理市长信箱15件、主任信箱6件，“12345”政务热线工单22件，按时办结率、办理满意率100%。

农资打假 开展春季百日行、夏季百日行、农产品质量执法、种子“双打”（打击假冒伪劣农资、打击侵犯知识产权）等农资打假专项行动。全年立案查处各类农资违法违规案件152起，货值金额146.31万元，其中市本级立案查处16起，移送公安机关追究刑事责任大要案4起；查获违法农资产品27.63万千克。全年抽检农药样品544个，肥料253个，经法定机构检测，农药合格率92.46%，肥料合格率90.5%。农业、公安、工商、安监、供销5个部门联合推进高毒农药定点经营实名购买制度，确定高毒农药定点经营门市129家，盐城是全省首家开展此项工作的地级市。

执法监督管理 加强农业执法监督管理，继续创建严查“三个”关联环节，即上一级进货环节、本级经营环节、下一级销售环节，上溯源头，下查去向，确保不能违法；采取“三种”处理方式，即预警提示、警告整改、立案查处，以人为本，刚柔并济，确保不想违法；追究“三种”违法责任，即依法追究行政责任、民事责任、刑事责任，过罚相当，案结事了，确保不敢违法的农业行政执法“333”工作制执法服务品牌。年内，盐城市农业行政执法支队被农业部命名为2016年度全国农业综合执法示范窗口。1份农业执法卷宗被评为“全国优秀案卷”、5份农业执法卷宗被评为“省级优秀案卷”。

《盐城市农作物秸秆综合利用条例》出台 10月1日，《盐城市农作物秸秆综合利用条例》正式施行。这是盐城市获得地方立法权之后制定的第三部条例，也是全省首家就秸秆综合利用工作出台的条例，标志着盐城市农作物秸秆综合利用工作迈入法治化轨道。条例分为总则、综合利用、禁止露天焚烧秸秆和禁止弃置秸秆污染水体、激励措施、法律责任、附则，共6章33条。

第二节 种植业

2016年，全市粮食面积98.16万公顷，粮食总产量68.7亿千克。至年底，建成粮食绿色高产高效创建展示片141个。全年全市争取省现代种业发展项目资金219万元。加强农作物新品种引进试验和安全性测试，加强南粳9108、扬辐麦4号、苏玉29号、苏玉30号等主推品种示范推介，调优品种结构，主推品种覆盖率达到90%以上。全年生产种子面积4.65万公顷，产种3.1万千克，经营总额23亿元。实施耕地保护。组织推进各县（市、区）建设1个耕地质量提升综合示范区，建设应用示范提高耕地质量的新技术与新肥料，包括商品有机肥料应用，秸秆快速腐熟菌剂应用，有机无机复混肥、配方肥料应用，水肥一体化技术应用，绿肥种植与轮作休耕技术应用。通过政府采购，财政补贴资金900万元，推广商品有机肥、有机无机复混肥料、配方肥、水溶肥料1.8万吨，秸秆腐熟剂451吨，土壤调理剂56.1吨，水肥一体化设备7套。全年建设示范面积6066.67公顷。组织申报2017年度耕地质量提升综合示范区项目12个，获得财政补贴资金730万元。防治病虫害。全年全市农作物病虫害的发生，总体上中等偏重。年内，小麦赤霉病、小麦白粉病等病害造成大面积减产危害；水稻干尖线虫病、细菌性基腐病、小麦全蚀病等偶发性的病虫加重发生；水稻穗期稻瘟病显症期迟于常年，显症时间长。全年农作物病虫害发生面积8399.78万亩次，防治1.26亿亩次。其中，全市小麦赤霉病防控1401.4万亩次，平均亩防治2.17次；水稻穗期病虫害防治1176.4万亩次，平均亩防治2.03次。挽回粮食损失282.07万吨，蔬菜37.48万吨，油料5.28万吨。

第三节 林　业

2016年，盐城加快高效林业产业建设。蚕桑养殖方面，全年发种51万张，生产蚕茧40万担，鲜茧收购价格平均每千克47元，蚕茧产值9.4亿元，全市桑园亩产值超5000元，其中东台市富安镇部分桑园亩产值达到1万元。经济林果方面，新拓和更新果园面积866.67公顷，新植果树150万株（含散生果树90万株）。至年底，全市有成片果园3.2万公顷，果品总产量10万吨，其中优质果95%，实现果品产值10亿元左右；有果树生产企业61家，从业果农10万人，果品批发市场12个，果品经济人500多人。新建高效林业专业村9个，总数27个，新增林业面积333.33公顷。

一、林业体制改革

2016年，盐城深入推进林业体制改革。加快推进林地流转，以大户承包、集体统一经营等模式对较为分散的集体林地进行流转，至年底，全市规模经营林地面积4.67万公顷，占全部集体林地的一半左右。深化国有林场改革工作。东台、大丰、亭湖、射阳、建湖国有林场改革实施方案编制工作在全省率先完成，并经省国有林场改革工作领导小组审核批复，同意实施。其中，盐城林场（原射阳林场）、射阳县林场（原射阳县黄沙港林场）在2003年射阳县进行的全县农林场圃事业单位转为企业单位改革行动中改为企业，在此次改革中，亭湖区、射阳县分别重新将盐城林场和射阳县林场两个林场的性质定为公益二类、差额拨款的事业单位，并明确盐城林场事业编制26个，射阳县林场事业编制9个。组织开展全市林权抵押贷款调研工作，经调查，全市林权抵押贷款额1200多万元，为部分林农解决资金筹措难问题，但在抵押贷款过程中也存在一些问题。市林业局根据调查结果，组织研究制定《盐城市林权抵押贷款登记备案管理办法》。

二、科技兴林

2016年，盐城市加快发展林业科技，推动行业生产力水平提高。蚕桑、蚕种生产方面，进行小蚕工厂化饲养模式、桑园机械化管理、省力化上蔟方法创新，智能化设施蚕室建设创新，桑叶喷水解毒试验创新，选蛹机研制和推广应用创新，并进行不同生产规模养蚕技术体系探索。年内，东台、射阳等地通过"国家蚕桑产业技术体系建设"平台，对菁松·皓月、春蕾·锡方、钟晔·苏豪、苏超二号、苏秀·春丰、野三元、苏菊·明虎等蚕品种进行试验，筛选出适应当地的蚕品种。果品生产方面，以"品种改良、品质改进、品牌创建"为重点实行标准化管理，以标准化促进果树产业化经营，创建省级水果标准园22个，面积533.33公顷，推广应用遮阳网、防虫网，微生物农药、植物杀虫（菌）剂、生草覆盖、水果套袋、沾虫板等配套技术。棚架梨、大棚油桃、避雨葡萄等设施栽培的面积、产量、质量和经济效益都有较大提升。至年底，全市有果品类注册商标50多个，获水果类地理标志产品3个，获得知名品牌4个。果品类"三品一标"（无公害农产品、绿色食品、有机农产品和农产品地理标志）认证产品60多个，获省级以上优质水果奖80多个。盐城市亭湖区真龙农业科技发展有限公司的青墩脆柿获第八届全国柿生产和科研进展研讨会"受欢迎产品"。

三、林业防害

2016年，全市林业有害生物发生面积2.48万公顷，其中美国白蛾发生面积2.07万公顷，蛀干害虫发生危害面积241公顷，其他食叶害虫发生面积3461公顷，病害发生面积382公顷。全市没有出现大面积成灾现象，但美国白蛾发生区扩散到全市所有县（市、区），涉及91个乡镇1297个村。组织开展林业有害生物防控工作，市林业局先后与各县（市、区）签订2015—2017年杨树食叶害虫、美国白蛾等重大林业有害生物防控目标责任书400多份，到户发放宣传手册15万份。加强林业有害生物监测体系建设，全市设立固定监测样地165个、临时样地205个，专兼职监测调查人员171名，发布病虫情报74期4.55万份，调查监测面积51万公顷次，林业有害生物监测覆盖率96.44%。组织高效扑杀，滨海、响水、阜宁、射阳、建湖、盐都、亭湖7个县（区）全年投入高射程喷雾机、弥雾机、烟雾机、喷雾喷粉机、高枝剪、捕虫网、杀虫灯等应急防治药械188台（套），购买康宽、甲维盐、阿维菌素、高效氯氰菊脂等农药40.8吨，组织6870名防治人员，成立464个专业防治队伍突击防治。6月中旬，阜宁、滨海、响水、射阳4个县组织实施飞机施药防治，飞防面积2.1万公顷。

四、林业执法

2016年，市林业局加强行政执法工作，制定并印发《盐城市2016年林业系统依法行政及普法工作要点》，清理规范所涉及的林业行政权力，编制行政权力清单和办事指南，下放"商品林和公益林采伐"行政许可事项，规范现有行政许可12项，行政征收1项，行政奖励9项，行政确认1项，其他事项1项，并分门别类进行梳理，逐项列出名称、实施依据、行使主体等，形成权力清单。做到清单之外不得履行任何行政权力，确保"法无授权不可为"。10月，组织对全市县级林业执法部门2015年制作的林业行政处罚卷宗进行评查，并邀请市法制办专家进行讲解点评。全年全市查处各类林业行政案件71件，有85人受到林业行政处罚。全年组织执法专项行动3次，分别是以打击破坏野生动物违法犯罪为主要内容的"2016利剑行动"，以打击猎捕、经营利用和运输青蛙违法犯罪为主要内容的"护蛙2016"专项行动和打击非法占用林地等涉林违法犯罪专项行动，出动执法人员691人次，检查鸟类活动区域132处，清理整治各类市场64个，走访宾馆饭店38家，收缴鸟类等野生动物213只、青蛙2万多只。

五、野生动植物保护

2016年，市林业局加强野生动植物保护宣传教育工作，在"爱鸟周""野生动物保护宣传月"期间，通过电视、报纸、户外屏幕等媒体以多种形式宣传野生动物保护知识。全年发放《江苏省野生动物保护管理文件汇编》2000本、《野生动物保护法律法规文件选编》3000本、《盐城滨海湿地常见鸟类》5000份、保护鸟类倡议书和野生动物保护倡议书各3000份，悬挂宣传标语横幅30多条，利用电子视频播放宣传短片100多次。加强野生动物疫源疫病监测和防控，强化对野生动物驯养繁殖场所的防控措施，做好卫生防疫工作。12月8—9日，市林业局举办2016年全市野生动物保护暨疫源疫病监测防控培训班。全年全市没有发生禽流感等野生动物疫病疫情。开展野生动物救护工作，以盐城市野生动物救护中心为平台，开展野生动物救护工作，对发现病危、受伤、迷途或群众救送的野生动物，救护中心全力救护，对恢复正常的动物，选择合适的生存环境进行放生。年内，救护中心拯救受伤或病危的野生动物17个品种150多只，其中国家一级保护野生动物鳄鱼1只，国家二级保护野生动物猕猴1只，省重点及“三有”（有益、有重要经济、有科学研究价值）保护野生动物蓝孔雀、绿头鸭、小白鹭、池鹭、苍鹭、雀鹰等野生动物100多只。

10月30日，盐城市林业局、盐城师范学院文学院等单位联合开展2016年野生动物保护宣传月活动。 田 伟摄

第四节 蔬菜园艺业

2016年，全市蔬菜园艺业新增播种41.7万亩次、累计播种507.3万亩次，新增产量17.1万吨、总产量1359.6万吨，新增产值46.1亿元、总产值253.9亿元。新拓果园533.33公顷，新植果树110万株（含散生果树80万株），改造低产果园400公顷。至年底，有成片果园2.78万公顷，全年果品总产量53.78万吨，产值18亿元，其中名优特新水果产销率95%以上。全市梨果产量约占全省的40%，面积、总产量居全省第二位；柿子面积、产量位居全省之首，占全省的80%。全年全市新增花卉苗木生产基地866.67公顷，花卉苗木保存面积1.53万公顷，全年销售花卉、苗木15亿株，实现产值25亿元。至年底，全市有花卉生产企业126家，从业花（药）农6.5万人，花卉批发市场47个，花卉经纪人1100多人。

蔬菜标准园创建 年内，全市组织实施蔬菜园艺标准园“百园创建”行动，通过创建带动全市蔬菜基地健全农药管理制度、生产档案记录制度、产品检测与准出制度，执行无公害生产技术规程，应用生态栽培技术。年内，新创建农业部蔬菜标准园4个、省级蔬菜标准园20个，共有部、省蔬菜标准园87个。

2016盐城优势农产品擂台赛开赛 年内，市农委举办2016盐城优势农产品擂台赛——精品西瓜争霸赛。全市42个品种西瓜参赛，73个品种西甜瓜参加现场展示，最终评出“瓜王”1名、金奖3名、银奖6名、优胜奖10名。

第五节 畜 牧 业

2016年，全市生猪存栏471万头，出栏857.44万头；家禽存栏1.04亿只，出栏1.74亿只。肉、蛋总产量分别为97.6万吨和100.7万吨。生猪大中型规模养殖比重71%。防控重大动物疫病。实施动物防疫春季集中防控、夏季高温大消毒和补防、秋季防控“三大行动”，市、县两级对畜禽免疫效果开展飞行检测（随机指定检查人员、检查镇村和检查场户），建设有独立建制机构、有固定工作场所、有基本服务手段、有定编专业队伍、有稳定财政保障的“五有”乡镇畜牧兽医站。响水县、建湖县和大丰区的22个无自有固定服务场所乡镇畜牧兽医站通过省级“五有”标准乡镇畜牧兽医站建设项目验收，58个乡镇畜牧兽医站列入当年“五有”站建设范围。全年使用牲畜口蹄疫苗2291万毫升，致病性禽流感疫苗1.4亿毫升，未发生重大动物疫情事件。强化畜产品质量安全监测，保持“瘦肉精”监管高压态势，强化兽药行业管理，开展部、省饲料质量安全管理规模示范企业创建工作。全年开展市级以上畜产品质量安全监测23次，抽检畜产品1414批，合格率99.9%；检测“瘦肉精”样品15.3万份，其中屠宰环节7.5万份，养殖环节7.8万份，合格率100%；抽检兽药产品66批，不合格产品查处率100%。年内，创成《饲料质量安全管理规范》部级示范企业2家，总数3家。

畜禽养殖污染专项整治 8月27日，市委办、市政府办出台《关于印发〈盐城市畜禽养殖污染专项整治行动实施方案〉的通知》，推进畜禽粪污治理、生猪屠宰行业清理整顿、病死畜禽无害化处理体系建设“三治同步”。市委、市政府专门成立畜禽养殖污染专项整治行动领导小组，领导小组在市农委下设办公室，负责牵头畜禽养殖污染专项整治工作。市农委成立综合协调、宣传和督查3个组，负责日常整治行动工作，市政府成立9个督查组开展全面督查，层层落实各级政府和相关部门对畜禽养殖污染整治工作责任。至年底，全市禁养区关闭搬迁养殖场278个，规模养殖场粪便处理配套设施改造率91.2%。市通榆河流域一级保护区内39个畜禽养殖场，关闭搬迁38个，剩余1家整治到位。全市223家不合格生猪屠宰企业全部关闭，完成改造生猪定点屠宰企业2家，规划新建生猪定点屠宰企业7家。响水、阜宁、建湖、射阳、东台5个县(市)建成病死动物无害化处理体系，响水、阜宁2个县病死动物无害化处理体系建设通过省农委验收。

生态健康养殖示范创建 年内，全市农业系统把生态健康养殖示范创建活动与畜牧兽医科技服务结合起来，实行市、县、乡上下联动，每个示范创建场落实1名乡镇技术人员负责服务，落实1名县级专家指导，每个县(市、区)明确1名市级专家进行督查指导。至年底，新创建农业部标准化示范场3个，省级生态健康养殖示范场36个。

第六节 渔 业

2016年，盐城市水产养殖面积12.88万公顷(其中淡水养殖7.66万公顷、海水养殖5.22万公顷)，实现水产品总产量119.4万吨、渔业总产值446.1亿元。全年新增高效设施渔业面积2700公顷，累计建成设施渔业面积3.84万公顷。新建东台市时堰镇现代渔业示范区、大丰区大中镇光明现代渔业园区、盐都区尚庄现代渔业园区、射阳县第二淡水养殖场现代渔业产业园、响水县灌东现代渔业园区5个市级现代渔业园区。至年底，全市有省级现代渔业园区(基地)14个、市级现代渔业示范园区35个。

一、水产养殖

2016年，盐城市208家水产苗种繁育场(其中省级良种繁育场14家，省级原良种场2家，国家级良种场1家)，繁育鱼苗21.9亿尾、各类虾苗108亿尾、河蟹大眼幼体57.3万千克、贝类苗种5.2亿粒、紫菜苗种2.8亿贝壳。推广生态养殖模式，新增生态综合养殖面积6800公顷，建成全省最大的50公顷东台条子泥人工湿地池塘生态循环养殖基地。年内，新增农业部健康养殖示范场6个，建湖、盐都2个县(区)被列为省级稻渔综合种养示范县。加快发展设施智能渔业，全年新增设施渔业面积2700公顷，累计建成设施渔业面积3.84万公顷。新增微孔增氧面积286.7公顷、钢架大棚养殖446.7公顷。加强水生动物疫病监控，市水生动物疫病预防控制中心组织开展鲤春病毒血症、白斑综合征、传染性皮下和造血器官坏死病、鲫鱼造血器官坏死病等水生动物重大疫病专项监测。

沿海百万亩现代渔业产业带建设 年内，盐城继续推进沿海百万亩现代渔业产业带建设，以养殖园区(基地)、加工集中区、水产物流基地和休闲渔业等为重点建设内容，打造规模全国领先的现代渔业产业示范区。2016年度沿海百万亩现代渔业产业带建设被列为全市“三重”工作(重点工程、重大项目、重要事项)，该项目全年完成投资11.36亿元，新建和改造标准化池塘7133.3公顷，其中新建标准化池塘4000公顷。年内，江苏银宝控股集团有限公司创成国家级龙头企业；射阳县获评中国蟹苗之乡；东台华大产业园新建水产品检测中心2000平方米；东台赐百年生物工程有限公司新建海洋生物加工厂房2万平方米，建成全国第一条藻蓝蛋白工业化流水生产线；东台条子泥科技园新建鳗鱼标准化养殖基地226.7公顷。

池塘工业化生态养殖推广 年内，盐城继续组织实施“池塘工业化生态养殖系统研究与示范”项目(指在养殖池塘中建设养殖水槽，在水槽中进行工业化高密度养殖，水槽以外的池塘主要用于水净化)。全市新建水槽230条，水槽总面积2.9万平方米。至年底，全市建成池塘工业化养殖基地15家，养殖面积220公顷，水槽数332条，水槽总面积4.8万平方米。

二、水产品加工流通

2016年，盐城市新建、扩建水产品精深加工企业6个。至年底，全市有水产品加工企业219家，其中规模以上加工企业78家。全年完成水产品加工量64.5万吨，加工产值88.9亿元。全市有各类水产品批发市场59个，其中专营水产品批发市场18个；在全国设立水产销售专区、专柜72个，建成水产电子商务销售商家28家，渔业经济人1.39万人，年交易量44.4万吨；交易额51.6万元；建成水产电子商务销售商家28家，销售额2.2亿元。

三、标准化和品牌渔业

2016年，盐城市新建和改造标准化池塘7133.3公顷，建设物联网应用基地16个。至年底，标准化鱼池面积共有9.03万公顷，物联网应用基地20个。全年备案企业标准6项，累计制定省、市级地方标准6项，备案企业标准54项。创建省级以上标准化示范基地2个、总数6个，创建农业部水产健康养殖示范场6个、总数47个。加快品牌渔业建设，至年底，盐城水产品有中国地理标志保护商标6个，绿色食品标志10个，农业部有机认证产品1个。全市23家水产品加工企业通过ISO 9000系列质量标准认证，17家水产品加工企业施行HACCP(危害分析和关键控制点)管理模式，新创建省级水产品出口示范基地5个、总数12个。

四、水产品质量安全

2016年，盐城市海洋渔业局组织开展水产品质量安全专项整治行动，出动执法检查人员1101人次，检查生产企业及养殖户414个，发现隐患问题44个，下发整治通知书44份，立案5起，结案5起。组织无公害水产品换证153个，新申报无公害基地面积1.21万公顷，复查换证无公害基地5.07万公顷，至年底，全市无公害基地面积保持在12万公顷，占比93%。开展水产品质量检测。市水产品质量检测中心完成375个水产品监测抽样任务(其中指定监督抽检样品287个、产地样品71个、市场样品10个、池塘工业化专项7个)。开展省级水产品质量安全追溯生产企业认定申报工作，全市6家生产企业通过认定。

第七节　新农村建设

一、农村改革

2016年,盐城继续推进农村土地承包经营权确权登记颁证、农村产权交易市场建设和农村金融服务等方面改革。

农村土地承包经营权确权登记　至年底,全市完成权属调查村(居)1981个,完成发证村(居)1779个,合同完善入库农户130万户,全面进入颁发权证和检查验收阶段,基本完成省定确权登记颁证目标任务。

农村集体产权制度改革　年内,全市新增农村社区股份合作社60家,总数260家。农村产权交易市场建设基本达到县级全覆盖。至年底,全市有农村产权交易市场9个。盐都区成功获批江苏省新一轮农村改革试验区,承担农村产权抵押融资试点、村级集体经济长效发展机制创新试点和农民合作社联合社(综合社)创新试点任务。

农村金融服务机制　发展政策性农业保险,主要种植业保险覆盖率80%以上,高效农业保险保费占农业保险总保费的50%。全市有农民资金互助合作社163家,累计向农户投放互助金320多亿元。

新型经营主体示范创建　年内,新发展家庭农场918家,累计3801家,其中省级家庭农场79家,市级示范家庭农场205家,家庭农场(含专业大户)适度规模经营比重33%以上。至年底,农民专业合作组织突破1万个;农业龙头企业1661家,其中国家级农业龙头企业5家、省级69家、市级313家。

二、富民强村

2016年,全市农村常住居民人均可支配收入17172元。推进村级集体经济发展,市委农办举办发展村级集体经济政策业务培训班,编印《村级集体经济发展典型案例100篇》,印发《农村集体经济发展专辑》,推广村级集体经济发展先进做法。继续实施市领导挂钩帮扶经济薄弱村行动计划,每位领导挂钩帮扶1个经济薄弱村,实行项目化扶持。年内,31位市领导先后挂钩帮扶36个经济薄弱村,市财政安排奖补资金2000万元,实施33个产业帮扶项目扶持发展集体经济。各县(市、区)参照市里模式落实158名县(市、区)领导挂村帮扶经济薄弱村。全年全市实现村级集体经营性收入11.85亿元,全市农村村级集体经济平均数为53.2万元,集体经营性收入18万元以上的村有1355个。全年化解村级债务2亿元以上,总债务下降5%。

三、脱贫攻坚

2016年,全市有省定经济薄弱村105个,农村建档立卡低收入人口41.85万人。实施分类帮扶。对低收入农户实行项目帮扶、政策兜底、“牵手致富”等精准帮扶措施;对经济薄弱村实行“三位一体”(第一书记驻点、单位挂钩帮扶、企业结对共建)帮扶行动。市直安排201个部门9529名的党员干部与7978户结成对子,捐赠帮扶资金957.4万元,户均1200元以上;市直选派105名第一书记、安排225个后方单位、落实265个规模企业结对帮扶105个省定经济薄弱村;对重点片区及黄河故道高亢地区推进片区整体开发,重点打造阜宁桃花源生态经济区、响水云梯关旅游经济区、滨海古黄河现代农业经济区,带动重点片区面貌改善。市委15支帮扶工作队全年筹集帮扶资金近亿元,实施到位106个强村富民项目。探索扶贫开发资产收益新途径。运用市场化手段,探索建立资产收益机制,整合各方扶贫资金,通过入股国有投资企业及小额贷款公司参与分红、合作建立农机合作社、配置物业资产出租等途径,实现经济薄弱村和低收入农户长期受益。强化贫困劳动力培训。市委农办联合市内职业院校对贫困农户开展特种技能岗位培训3564人次,工种包括电工、电焊工、育婴师、厨师等,经过培训实现全部就业,平均每个贫困劳动力增加收入4万元左右。至年底,全市投入各类帮扶资金3.32亿元,启动实施到村到户帮扶项目1.47万个,辐射带动低收入农户12.96万户。全市建档立卡低收入人口实现脱贫4.58万户10.43万人,脱贫率24.92%;26个省定经济薄弱村集体经营性收入18万元以上,达标率24.76%;省定渠北片区规划确定的88个年度项目全部启动实施,重点片区整体面貌发生显著改善。滨海县扶贫办被人社部、国扶办联合表彰为全国扶贫系统先进集体。年内,市委农办组织行业、金融部门和社会组织帮扶。市民政局牵头做好18.6万名农村低保人口和1734名孤儿的人文关怀工作;市卫计委做好4913名失独人口的关爱工作;市残联做好4.23万名农村贫困残疾人的就业和生活保障工作。

四、城乡统筹

2016年,盐城继续巩固市级试点镇、村建设工作。打造亭湖331省道、盐都双新大道、大丰区通港大道3个统筹城乡示范带建设,改善基础设施条件,加快发展现代农业,带动沿线镇村经济发展。双新大道示范带总投资23.5亿元,全年完成投资12.1亿元;331省道示范带总投资20亿元,全年完成投资6.8亿元;盐丰通港大道总投资16.7亿元,全年完成投资10.3亿元。推动“一镇一示范社区”创建。在全市98个乡镇中选择200个新型农村社区开展示范创建活动,编排建设项目837个,年度投资54亿元。推进农村公共服务均等化。全市基本建成防洪、排涝、灌溉、降渍等较为完整的农村水利工程体系和农村饮水安全工程。全市村通公路实现全覆盖,大市区镇通公交基本完成,区域供水镇95个,解决343万人安全饮水问题,城乡垃圾无害化处理率70.86%,县级城市污水处理率75%,建制镇污水处理设施覆盖率80%。全年完成1.45万个村庄环境整治任务,创成三星级“康居乡村”50个、二星级“康居乡村”186个、一星级“康居乡村”1593个、“环境整洁村”1.27万个,建成美丽乡村42个。　　(周庆千)

第 17 章　建筑和房地产业

责任编辑　高兰会

综　　述

2016 年，全市建筑业完成总产值 1680 亿元，出市施工产值 984 亿元。全市有总承包企业 767 家，专业承包施工企业 614 家，其中特级资质 3 家、一级资质 213 家。全市房地产累计投资 358.6 亿元，其中市区（含盐都区、亭湖区、市开发区、城南新区）完成房地产开发投资 209.4 亿元。全年全市成品住房竣工交付面积 60 万平方米以上。全年市区主城区商品房（含保障房）上市 438.8 万平方米，商品房销售 606.3 万平方米。至年底，全市有房地产开发企业 625 家。

2016 年全市纳税前 30 强建筑房地产企业

表 17－44　　单位：万元

排名	纳税人名单	纳税金额	排名	纳税人名单	纳税金额
1	盐城中南世纪城房地产投资有限公司	9255	16	江苏盐城二建集团有限公司	4354
2	中海宏洋地产（盐城）有限公司	8569	17	中科建工集团有限公司	4323
3	盐城金融城建设发展有限公司	7777	18	江苏国强置业有限公司	4244
4	江苏金贸建设集团有限公司	6983	19	盐城新国房地产开发有限公司	4132
5	恒大地产集团盐城城南置业有限公司	6369	20	东台市碧桂园房地产开发有限公司	4095
6	绿地地产集团盐城东部置业有限公司	6016	21	江苏中南建筑产业集团有限责任公司	3878
7	盐城市乾盛房地产开发有限责任公司	5956	22	江苏华庆置业有限公司	3867
8	盐城碧桂园房地产开发有限公司	5450	23	盐城悦达置业发展有限公司	3669
9	盐城瑞尔房地产开发有限公司	5359	24	滨海侨宏置业有限公司	3469
10	中海宏洋置地（盐城）有限公司	4902	25	盐城嘉诚置业有限公司	3440
11	盐城沃华置业有限公司	4785	26	江苏宏远建设集团有限公司	3438
12	盐城国民置业有限公司	4777	27	盐城华建置业有限公司	3360
13	盐城港龙房地产开发有限公司	4530	28	大丰银鼎房地产开发有限公司	3301
14	中交地产大丰有限公司	4447	29	江苏德惠建设集团有限公司	3241
15	万泰房地产盐城有限公司	4397	30	盐城创元顺龙房地产开发有限公司	3201

注：该数据由市财政局、市国税局、市地税局联合统计。

第一节　建 筑 业

2016 年，全市建筑业完成总产值 1680 亿元，出市施工产值 984 亿元。至年底，全市有总承包企业 767 家，专业承包施工企业 614 家，其中特级资质 3 家、一级资质 213 家。全年全市建筑行业创国优工程 2 项、国家 AAA 级标化工地 2 个，省“扬子杯”优质工程 12 项、省级标化工地 59 个，市级标化工地 101 个、市优工程 91 项。大市区创建市级安全标化工地 12 项，创建省级标化工地 11 项，全年未发生建筑施工安全事故。加快建筑行业发展。根据《省政府关于加快推进建筑产业现代化促进建筑产业转型升级的意见》，盐城开展以"标准化设计、工厂化生产、装配化施工、成品化装修、信息化管理"为特征的建筑产业现代化试点示范工作。年内，江苏金贸建设集团有限公司被评审为省级部品类示范基地，其装配式地下管廊研究项目被列入省科技支撑项目；盐城建筑设计研究院有限公司成功申报设计研发类示范基地；阜宁县被认定为省级建筑产业现代化示范城市，争取省级节能减排（建筑产业现代化）专项引导资金2500万元。加强政策扶持和引导资金管理使用，市城乡建设局与市财政局联合制定《建筑业发展专项扶持资金使用管理办法》，设立800万元建筑业发展专项资金和建筑产业现代化引导资金，全年发放专项扶持资金530万元。拓展外埠建筑市场，建立以京津冀、长三角、中西部、东北三省以及海外为重点的板块式、集约型市场布局。中科建工集团有限公司在上海首次突破2项大型PC（预制混凝土构件）总承包项目，装配率最高达70%，成为全市第一家实施PC构件总承包企业。江苏盐城二建集团有限公司总承包建设的南京岱山C片保障房项目入选2016—2017年度第一批中国建设工程鲁班奖。"一带一路"沿线建筑市场开拓取得成效，8家建筑企业在蒙古、俄罗斯等国家和地区承揽工程10多项，境外施工人数1470人。年内，江苏金贸集团有限公司和盐城建筑设计研究院有限公司分别被认定为省级建筑产业现代化生产类基础和研发类基地。

一、绿色建筑

2016年，全市新建民用建筑全面执行节能65%的设计标准。全市累计完成新建筑节能建筑面积926万平方米，总节能量11.9万吨标煤。启动既有建筑节能改造工作，完成既有居住建筑节能改造面积12万平方米，既有公共建筑改造建筑面积16万平方米。推广可再生能源应用，新增太阳能等可再生能源建筑应用面积383万平方米，浅层地能应用建筑面积15.5万平方米。新增能效测评项目12项，年度能耗统计项目50项，累计能源审计项目35项，累计年末分项计量项目47项，申报省级示范项目2项。全市新建建筑全部按绿色建筑标准建设，全年全市新增省、部级绿色建筑标识项目24项，面积233.56万平方米，二星级以上面积203万平方米。年内，《盐城市绿色建筑发展规划》编制完成并经市政府批准实施；市区绿色建筑示范区基本建成，大丰港和阜宁县城南新区绿色建筑示范区分别通过省住建厅验收；盐城国际金融服务中心、中共盐城市委党校新校区、凤鸣缇香小区分别获得江苏省绿色建筑创新奖。推广绿色节能新技术，全市推广应用新墙材比例95%以上，推广散装水泥1169万吨，散装率84%，推广应用墙面、楼地面、门窗等节能保温新技术90项。

二、勘察设计

2016年，全市有勘察设计企业108家（包括勘察、建筑、市政、公路、环境、电力、水利、农林行业及建筑装饰、智能化、幕墙、风景园林、消防设施、环境工程、照明工程专项设计资质），其中具有甲级资质的企业15家，设计施工一体化企业33家。全市勘察设计从业人员3713人，中、高级技术职称人员1195人，注册执业人员730人。加强勘察设计企业管理。年内，市城乡建设局以"悦读·空间"为主题，组织开展"盐城市首届文化创意设计大赛·建筑及环境设计大赛"，评出"评委会"大奖1项、金奖1项、银奖2项、铜奖3项、优秀奖2项；组织2016年度全市城乡建设系统优秀勘察设计评选活动，评出市优秀设计一等奖8项，二等奖12项，三等奖24项；组织勘察设计企业参加全省优秀勘察设计评选活动，获得省城乡建设系统优秀勘察设计"建筑设计类三等奖"2项、"市政公用类表扬奖"1项、"城镇住宅和住宅小区类三等奖"1项、"城镇住宅和住宅小区类表扬奖"1项、"工程勘察类二等奖"1项、"工程勘察类三等奖"1项；在江苏省2016第三届紫金奖·建筑及环境设计大赛中，1家勘察设计单位获得职业组二等奖。组织勘察设计技术人员培训和继续教育工作，进行技术研讨和适用课题研究，全年全市获得国家和省部级奖项11项。至年底，全市勘察设计企业新签勘察设计合同总额4.6亿元，完成勘察设计合同总额3.9亿元，其中新签勘察设计合同额比上年增长4.5%，完成勘察设计合同额与上年基本持平。

三、行业监管

2016年，市城乡建设局实行电子招投标项目全过程无纸化，调整优化招标文件范本，推行投标保证金网上缴纳和退还制度，规范异议和投诉处理程序，全市建设工程完成招标1416个，总计117.46亿元。市区完成招标363项，总计45.98亿元。出台《盐城市预拌混凝土企业信用考核管理办法》，将检测行业、预拌混凝土企业纳入信用考核体系，拓展信用考核领域。开展预拌混凝土生产企业专项检查，检查预拌混凝土生产企业11家，提高企业生产质量意识。出台《盐城市住宅工程渗漏质量通病控制技术规定》《盐城市住宅工程混凝土现浇板、墙板裂缝控制技术规定》，规范建筑工程常见质量通病预防和控制工作，提高全市建筑工程质量水平。加强市区建筑工地扬尘防治管理，提请出台《盐城市扬尘污染防治管理条例（草案）》，将扬尘污染防治纳入法制化轨道。制定下发《关于推进我市建筑工地视频监控工作的实施意见》，大市区新开工房建项目全部实施视频监控。下发《关于进一步做好建筑施工拖欠农民工工资治理工作的通知》，采用脸谱识别、指纹考勤等措施进行实名制管理，建立农民工进出场登记和劳动考勤计量等台账，作为农民工工资支付依据，杜绝推诿扯皮，切实保障农民工的合法权益。修订完善《盐城市外进盐勘察企业管理办法》《盐城市外进盐设计企业管理办法》，全面落实勘察设计合同备案管理制度。全年全市备案项目2295项，总建筑面积3669.96万平方米，总投资1473.35亿元，勘察设计收费7.85亿元。严格执行施工图审查制度，审查工程项目2686项，建筑面积1644.75万平方米，审查发现并纠正违反国家强制性条文1956条。强化重点城建项目全程造价服务和计价行为监管，审查招标控制价项目603个，调处、解释计价问题争议68次。加强审批服务方式方法创新，率先在全省建设行业实现市级数据库与省级互联互通，对建造师、三类人员、市外企业进盐备案3类事项实施精准服务，全年办结建筑业企业资质、园林绿化企业资质、房地产开发企业资质等审批事项1505件，道路挖掘、绿化移植等187件，建造师、三类人员、市外建筑业企业进盐施工等审批事项3.92万件。推进简政放权，将东台市作为试点县（市）推进房地产开发企业三级及以下资质审批下放工作。推行建设工程竣工验收并联审查，实行道路挖掘、绿化移植联合审批，审查时限压缩70%以上。全年办理行政许可事项1412件，人员注册变更、企业备案等服务事项3.95万件。启动“多图联审”，逐步实现涵盖各县（市、区）的“一窗式受理、无纸化申报、联动式审查、数字化交付”施工图审查新模式，应用云存储、电子签章等技术，减少重复提交材料7项，简化重复流程5个，审查周期由40多个工作日压缩为7个工作日。开展安全生产检查活动，邀请省、市专家对建筑施工、燃气行业安全生产进行暗访检查，全年检查工程560余项次，燃气经营单位80多家，下发隐患整改通知130多份，停工整改项目12个，提出执法建议项目22个，对通报批评的2个项目的施工企业分别扣减信用分0.6分。

（王　健）

第二节　房地产市场

一、房产开发

2016年，全市房地产累计投资358.6亿元，全年全市累计办理商品房竣工验收面积近800万平方米，商品住宅竣工交付面积超过600万平方米。其中，市区（含盐都区、亭湖区、市开发区、城南新区）完成房地产开发投资209.4亿元，商品房新开工面积426万平方米，施工面积1517万平方米，竣工面积174万平方米，市区人均住房面积上升至37.8平方米。全市成品住房竣工交付面积达到60万平方米以上。

二、房产销售

2016年，市区主城区商品房（含保障房）上市438.8万平方米，商品住房上市312.7万平方米。商品房销售606.3万平方米。商品住房销售515.1万平方米。年内，盐城市区举办房地产博览会2次。5月20—22日，举办2016中国·盐城春季房地产博览会；9月23—25日，举办2016中国·盐城秋季房地产博览会。展会均由市房管局、盐阜大众报报业集团、市广播电视台主办。展会共成交房屋144套，面积1.53万平方米，金额9938万元。　（夏玉凤）

三、房地产开发企业

至2016年底，全市有房地产开发企业625家。年内，盐城房地产行业引进碧桂园、万达、中海、恒大、保利等房产开发企业13家，注册资金合计28.36亿元，年开发能力100万平方米以上。年内，悦达地产集团有限公司、江苏德惠建设集团有限公司、盐城欧堡利亚城市投资股份有限公司3家集团企业连续四年被评为江苏省房地产开发行业综合实力50强。全年全市办理商品房新开工982万平方米，其中市区480万平方米。

四、市场管理

4月，市房管局印发《加强市区房屋面积管理的通知》《市区房屋交易和产权管理工作规则（试行）》，规范市区房屋交易和产权管理相关工作事项。联合市城乡建设局对全市房地产开发企业的开发经营行为进行检查，规范房地产开发经营秩序。开展市区商品房预售资金监管专项检查，组织各区（不含大丰区）房产主管部门对辖区商品房项目开发企业和监管银行的预售资金监管情况开展专项检查，在城南新区试行开发企业、按揭银行的按揭款入账承诺制，规范市区商品房预售资金入账和使用管理。加大房地产市场监管力度，对退房率高、价格异常以及消费者投诉集中的项目，进行重点核查。对存在违法违规行为的责令限期整改，发放限改通知，情节严重的立案查处。年内，检查房地产开发企业、物管企业30多家，处理违规销售、违规物业管理、违规房屋装修等信访投诉43件。全年处理物业矛盾36次，答复各类电话投诉咨询数百次，出现场300多次。经回访，投诉处理满意率达95%以上。　（祁文静）

第三节　房产管理

一、商品房销预售管理

2016年，盐城市区办理商品房预售许可202件，批准预售总面积473.64万平方米，其中住宅364.68万平方米；办理商品房现售备案15件，现售备案总面积38.45万平方米。4月，根据市委、市政府《关于进一步深化行政审批制度改革的实施意见》、市审改办《关于进一步扩大“两区两城”行政审批权限的实施意见（试行）》等文件要求，市房管局与盐都区政府、亭湖区政府、开发区管委会、城南新区管委会签订《行政审批管理事项委托协议书》，自5月1日起将商品房预售许可等事项全部下放至盐都区政府、亭湖区政府、开发区管委会、城南新区管委会实施审批管理。

二、房产管理改革

2016年，市房管局完成不动产统一登记职责整合有关工作，房产登记职责划转国土部门，市房产交易登记中心整体划入市不动产登记中心，同时完成资产划转工作。4月28日，市不动产登记中心、市房产交易中心挂牌。健全完善部门行政权力清单，推进权责清单信息化、规范化、透明化管理。市房管局分类梳理行政许可2项、行政处罚109项、行政征收1项、行政给付1项、行政奖励1项、其他权力9项，权力清单和服务指南全部上网入库。建立健全市级部门权力事项责任清单二级清单体系，坚持职责法定、问题导向、公开透明的原则，充实完善事中事后监管清单、基本公共服务（便民）事项清单、行政许可中介服务事项清单、政府向社会转移职能事项清单。推进“双随机一公开”抽查监管工作，建立“双随机一公开”抽查监管工作实施细则，分类建立随机抽查对象库、执法检查人员名录库，梳理随机抽查事项清单、监管责任清单各 6 项，“两单两库”经审核后向社会公布。

三、房屋专项维修资金管理

2016 年，市房管局完善房屋应急维修工作流程，建立市、区统一的应急维修服务平台，并公布服务平台电话，实行以区为主、市区联动机制，市级部门开辟应急处置绿色通道，在非法定工作日落实专人值班。提高市区维修资金使用额度，建立市区房屋专项维修资金使用专业队伍备选名录，并建设备选名录随机抽取系统平台。延伸维修资金服务，在市政务服务中心，市开发区、城南新区、亭湖区行政服务中心相应增设维修资金归集服务窗口。全年全市归集维修资金 2.76 亿元，归集户数 3.19 万户，归集面积 317.35 万平方米。

四、房产服务

2016 年，市房产政务服务中心受理各类办件 50 万件，按时办结率 100%，社会评价满意率达 99% 以上。对 8431 个房产服务热线“81610000”群众来电，705 件“12345”政府公共服务平台、省市局长信箱等各类来信，按照规范程序进行受理、答复、回访，及时进行督促催办，受理率、反馈率、按期办结率 100%，回访满意率 100%。推进房产服务信息化建设。建立完善房产交易信息管理系统，完成 2016 年为民办实事房产交易平台建设任务，建成以房屋交易信息为基础的数据中心，楼盘表、预售方案、预售许可、合同备案、资金监管等商品房全程系统运作。建立房地产市场市辖区分析子系统，实现按区域自动分析成交、库存、均价等市场监测工作。

白蚁防治 全年市白蚁防治所完成新建房屋白蚁预防工程 213 幢，计 122.14 万平方米，签订白蚁预防合同 168 份，开展工程竣工验收 461 栋，发放白蚁防治验收合格证 461 份。对大丰、滨海、建湖等县（区）IPM（害虫综合防治）示范项目 5000 多套地下型饵剂系统进行检查维护，更换霉变饵料，对丢失和损坏的饵站补充安装，确保防治白蚁效果。对满 5 年的 197 个新建房屋白蚁预防工程项目（686 幢楼），约 465 万平方米白蚁预防工程开展回访复查工作，未发现白蚁危害。对市区军分区干休所、大庆新村、老药厂宿舍区、城西片区等白蚁危害区域进行白蚁灭治处理，有效控制白蚁危害蔓延。

房屋安全鉴定 全年市房屋安全鉴定中心累计完成各类房屋安全鉴定 484 起，其中危房鉴定 314 起，日常鉴定 66 起，司法鉴定 104 起。参加“6·23”阜宁射阳特大龙卷风冰雹灾害房屋应急排查工作，排查鉴定房屋 680 户，面积 8.69 万平方米。完成阜宁县阿特斯厂房灾后安全性评估鉴定，面积 3.78 万平方米。开展大丰区、市经济技术开发区农村危房鉴定计 5621 户。为滨海 16 所民办养老院提供房屋安全鉴定服务，为和泰嘉园 21 号楼以及鞍湖粮库、阜宁陈舍粮库等房屋质量问题提供司法鉴定。

第四节 物业管理

2016 年，市房管局完善物业管理政策体系，研究制定物业服务合同示范文本，调整完善盐城市物业管理招投标专家库。开展物业管理基础调查，摸清全市物业管理项目底数。至年底，全市有物业管理企业 648 个，实施物业管理项目 1036 个。出台《关于进一步明确物业服务企业资质申报业绩等认定条件的通知》，明确物业管理企业资质业绩认定标准。加强物业服务企业考核评优，委托盐城电信公司作为第三方，通过业主微信公众号、APP、手机短信等方式，征求业主满意度和意见建议，并将考评结果与企业资质升级、项目评先评优、项目招投标直接挂钩，对申报省优市优、资质升级延续的物业管理项目，采取市、区、街道联动检查，倒逼企业提升服务质量。

老旧小区整治改造 年内，市区有 8 个老旧小区纳入整治范围，其中亭湖区负责实施通榆新村四期、梅园新村、洋东新村东区、开元小区、小海新村三期、纺配组团，盐都区负责实施第二煤炭公司宿舍楼，城南新区负责实施宏都花园，整治面积共 31 万平方米，受益人口约 1.2 万人，投入资金约 3000 万元。至年底，改造全面完成。

房产物业巡回法庭 年内，市房管局打造房产物业巡回法庭平台，构建物业矛盾纠纷调解诉讼“绿色通道”。全年巡回法庭调解案件 446 件，开庭审理 14 起；接受电话咨询 610 起，接待群众来访 370 余人次。组织送法进小区现场巡回咨询活动 13 次，发放物业管理知识宣传手册和涉房政策材料近万份，接受群众咨询近千人次。

市物业管理行业协会 年内，市物业管理行业协会组织开展“3·15”市区物业企业“诚信服务”承诺倡议活动；分 3 期组织街道社区负责人、物业企业负责人、项目经理等从业人员近 1500 人参加物业设施设备管理、消防设备的安全管理、物业服务项目经理职业道德教育培训；组织盐都、亭湖、城南、开发区住建部门、属地街道社区及物业企业防汛责任人近 400 人参加防汛业务培训和防汛应急演练；组织会员单位负责人参加中国首届物业管理产业博览会暨第二届中国物业管理创新发展论坛；承办中物协维修资金研究专委会全国中小城市维修资金监管工作经验交流会，全国 26 个中小城市的维修资金管理部门负责人参加会议，盐城在会上作《创新思路，完善制度，强化监管，实现维修资金使用管理高效便民》的经验交流。（沈 斌 王 俊）

第18章 现代服务业

责任编辑 高兰会

综 述

2016年,全市完成服务业增加值1992.2亿元,同比增长10.8%,高于同期地区生产总值增速1.9个百分点,占地区生产总值比重43.5%,比上年提高1.5个百分点;完成服务业投资1542.5亿元,同比增长16.1%,分别高于工业投资增速和固定资产投资1.7个百分点和0.9个百分点;实现全社会消费品零售总额1630.9亿元,同比增长11.1%;实现服务业税收收入287.7亿元,生产性服务税收99.2亿元,同比增长3.4%,服务业税收对全部税收贡献过半。继续加大31个市级以上服务业集聚区建设推进力度,全年完成投资225.55亿元,完成营业收入625.06亿元,实现税收29.79亿元。8个省级服务业集聚区完成投资93.5亿元,实现营业收入460.3亿元,税收21.3亿元。全市100个亿元以上服务业重点项目完成投资356.3亿元。列入省服务业"十百千"重点项目中的12个项目,计划年度投资84.5亿元,实际完成投资89.6亿元。大数据、科技服务、电子商务等新兴服务业发展迅速。大数据产业园是全省第一个拥有数据存储和云计算、分析应用、数据交易、端产品制造等完整产业链的园区。科技服务业方面,东台城东科技创业园、大丰大中科技创业中心、盐城环保高新区五星科技企业创业园3个园区获批国家科技企业孵化器;新获批国家级众创空间7家、省级众创空间11家;新认定市级众创空间30家。电子商务发展加快,大丰区被认定为省级农村电子商务示范县(区),4个镇被认定为省级农村电子商务示范镇,5个村被认定为省级电子商务示范村,6个园区和10个企业分别被认定为省级电子商务示范基地(园区)、电子商务示范企业,新获批全省电子商务十强县、镇各1个,电子商务十强村2个。

2016年全市纳税前20强服务业企业

表18－45　　单位:万元

排名	纳税人名称	纳税金额	排名	纳税人名称	纳税金额
1	江苏悦达摩比斯贸易有限公司	16733	11	盐城商业大厦股份有限公司	1851
2	金鹰国际购物中心有限公司	7329	12	江苏悦达乘用车物流有限公司	1813
3	悦达融资租赁有限公司	5867	13	上海恒大集团(江苏)投资有限公司	1629
4	远景影视江苏股份有限公司	3648	14	东台市东梁运输有限公司	1586
5	盐城德涵休闲用品有限公司	3048	15	江苏悦达物流有限公司	1408
6	东台市泽源纺织品有限公司	3011	16	江苏盐阜人民商场有限公司	1402
7	江苏权健科技发展有限公司	2449	17	北京红牛饮料销售有限公司苏北分公司	1383
8	国药控股盐城有限公司	2296	18	悦达资本股份有限公司	1249
9	盐城之星汽车有限公司	1989	19	盐城安顺物流有限公司	1111
10	江苏华晓医药物流有限公司	1879	20	盐城金鹰聚龙湖购物中心有限公司	1106

注:该数据由市财政局、市国税局、市地税局联合统计。

第一节 旅 游

2016年，全市有AAAAA级景区1家，AAAA级景区11家，AAA级景区16家，省级旅游度假区5家；有全国农业旅游示范点5家，省五星级乡村旅游点3家，省四星级乡村旅游点17家，省三星级乡村旅游点12家，省乡村旅游创新发展示范区1家；有旅游星级饭店35家，其中五星级3家、四星级8家；有旅行社137家，其中具有出境组团资质社5家、台湾出游组团资质社1家、省四星级旅行社3家、省三星级旅行社18家，持证导游近5000人。全年全市接待游客2580万人次，实现旅游收入268亿元，主要经济指标增幅列全省第一位。年内，大丰半岛温泉酒店、东苑书香酒店被评为江苏精品休闲度假饭店；盐城城市形象宣传片登录央视《新闻30分》《朝闻天下》《走遍中国》等主流媒体以及北京高铁站、沪宁高速服务区、上海公交地铁等黄金区域；盐城首次进入江苏游客满意城市行列。

2016年全市星级旅行社

表18－46

序号	旅行社名称	许可证号	星 级	备 注
1	江苏悦达国际旅行社有限公司	L－JS－CJ00055	四星级	具备出境组团资质
2	东台市环球国际旅行社有限公司	L－JS09023	四星级	
3	盐城海外国际旅游有限公司	L－JS－CJ00143	四星级	具备出境组团资质
4	盐城康辉国际旅行社有限公司	L－JS－CJ00063	三星级	具备出境组团资质、具备台湾出游组团资质
5	盐城市望海旅行社有限公司	L－JS09006	三星级	
6	盐城中国青年旅行社有限公司	L－JS09019	三星级	具备出境组团资质
7	盐城市神龙旅行社有限公司	L－JS09037	三星级	
8	盐城市航空假日旅行社有限公司	L－JS09043	三星级	
9	盐城市神州旅行社有限公司	L－JS09050	三星级	
10	盐城四季之旅旅行社有限公司	L－JS09057	三星级	
11	盐城市凯越体育旅行社有限公司	L－JS09080	三星级	
12	江苏绿叶国际旅行社有限公司	L－JS－CJ00065	三星级	具备出境组团资质
13	东台四季旅行社有限公司	L－JS09031	三星级	
14	盐城市春晖旅行社有限公司	L－JS09096	三星级	
15	盐城市风光国际旅行社有限公司	L－JS09036	三星级	
16	盐城新都旅行社有限公司	L－JS09074	三星级	
17	江苏捷程国际旅行社有限公司	L－JS09108	三星级	
18	盐城市中恒国际旅行社有限公司	L－JS09060	三星级	
19	大丰环球旅行社有限公司	L－JS09088	三星级	
20	大丰华夏旅行社有限公司	L－JS09125	三星级	
21	盐城市光大国际旅行社有限公司	L－JS09085	三星级	

2016年全市旅游星级饭店

表18－47

序号	饭店名称	星级	邮政编码	地 址
1	江苏驿都国际酒店有限公司驿都金陵大酒店	五星	224005	盐城市盐都新区世纪大道603号
2	盐城大丰半岛温泉酒店有限公司	五星	224145	大丰区大丰港区沿湖大道9号
3	江苏欧堡利亚实业有限公司滨海大酒店	五星	224500	滨海县欧堡利亚路1号
4	盐城港汇国际酒店有限公司	四星	224000	盐城市新都东路10号

续表 18－47

序号	饭店名称	星级	邮政编码	地址
5	江苏悦达国际大酒店有限公司	四星	224002	盐城市开放大道 80 号
6	盐城市瀛洲宾馆有限公司	四星	224002	盐城市开放大道 76 号
7	东台市国贸国际大酒店有限公司	四星	224200	东台市金海中路 2 号
8	大丰新词大酒店有限公司	四星	224100	大丰区健康西路 31 号
9	江苏永林国际酒店有限公司	四星	224700	建湖县湖中北路 66 号
10	富建林海国际饭店有限公司	四星	224400	阜宁县阜城大街 116 号
11	盐城天海元国际大酒店有限公司	四星	224500	滨海县迎宾大道 8 号
12	江苏大纵湖国际大酒店有限公司	三星	224022	盐都区大纵湖镇振兴路 188 号
13	盐城市人民政府第一招待所温泉宾馆	三星	224001	盐城市东进中路 88 号
14	盐城市城南新区棕榈泉假日酒店	三星	224000	盐城市解放南路 275 号
15	盐城市亭湖区盐海之家酒店	三星	224002	盐城市建军东路 33 号
16	东台磊达宾馆有限公司	三星	224200	东台市红兰路 86 号
17	东台众达国际大酒店股份有限公司	三星	224200	东台市望海东路 16 号
18	永丰林会务度假中心	三星	224242	东台市新曹镇
19	东台苏中大厦股份有限公司	三星	224200	东台市望海东路 69 号
20	东台弶港国际大酒店有限公司	三星	224237	东台市弶港镇工业园区 1 号
21	江苏川渝大酒店	三星	224200	东台市迎宾大道 66 号伟嘉装饰城 A1 幢
22	东台市东台镇美庐商务宾馆	三星	224200	东台市北海东路 15 号
23	江苏银都集团银都大酒店有限公司	三星	224100	大丰区人民南路 21 号
24	建湖宾馆有限公司	三星	224700	建湖县向阳西路 88 号
25	建湖县皇廷国际酒店有限公司	三星	224712	建湖县建宝路 88 号
26	建湖县登达大酒店	三星	224700	建湖县城汇文路 296 号
27	射阳嘉丰贸易有限公司	三星	224300	射阳县红旗路 55 号
28	江苏兴谷集团有限公司	三星	224400	阜宁县阜城大街 96 号
29	阜宁县阜宁宾馆有限公司	三星	224400	阜宁县阜城大街 149 号
30	滨海县人民政府招待所(滨海县滨海宾馆)	三星	224500	滨海县新建中路 88 号
31	滨海县财苑宾馆	三星	224500	滨海县城人民南路 129 号
32	滨海瑞荣国际大酒店	三星	224500	滨海县八滩镇沿河路西侧阳光金城中心广场
33	响水县帝豪大酒店	三星	224601	响水县 204 国道西侧(供电局对面)
34	东台金鹰国际大酒店股份有限公司	二星	224200	东台市望海东路 26 号
35	江苏河海运输股份有限公司射阳金羊宾馆	二星	224300	射阳县交通路 18 号

一、旅游城市建设

2016 年,盐城加强旅游城市建设。11 月 26 日,盐城市被中国旅游媒体联盟、中国休闲旅游文化中心和国际休闲经济促进会联合评为中国最美休闲度假旅游城市;12 月 18 日,盐城市被中国互联网新闻中心评为中国特色乡村旅游目的地;12 月 28 日,盐城市被半月谈杂志社和中国名牌杂志社联合评为 2016 中国十佳绿色生态旅游城市。县区方面,2 月 1 日,大丰区被国家旅游局列为首批“国家全域旅游示范区”创建单位;11 月 1 日,东台市、盐都区被国家旅游局列为第二批“国家全域旅游示范区”创建单位;12 月 26 日,大丰区被国家旅游局评为全国旅游标准化示范城市。乡村旅游发展迅速。5 月 11 日,大丰区大中镇恒北村、盐都区三官农庄、东台市甘港村获评省五星级乡村旅游区创建单位;8 月 16 日,盐都区仰徐乡村旅游创客基地被国家旅游局评为中国乡村旅游创客示范基地。

游客在江苏黄海海滨国家森林公园享受"森"呼吸。 王亚洲摄

安丰镇获评中国首批特色小镇 安丰镇始建于唐开元元年(713年),地处东台南端,沈海高速、新长铁路、204国道、352省道途经安丰,串场河、通榆河、三仓河、安时河等航道在此交会,是苏北苏中重要的水陆交通枢纽。镇区总面积71.2平方公里,人口5.4万人,古以商贾云集而闻名,今以经济腾飞而获誉。10月14日,住建部公布首批127个中国特色小镇名单,盐城东台市安丰镇入选。

《鹤舞盐城》获得最美旅游视频奖 11月11日,盐城市旅游微电影《鹤舞盐城》被全球旅游视频大赛组委会评为"最美旅游视频"。《鹤舞盐城》在展示美妙绝伦的盐城生态美景的同时,更表现了盐城人对大自然的关爱,演绎了和谐欢乐的"盐城美"和爱生活、爱自然、爱社会的"大爱"主旋律,赢得了专家评委和广大网民的好评。

二、景区建设

2016年,盐城加强景区建设。12月26日,盐城生态湿地特色旅游目的地建设列入国务院公布的《国家"十三五"旅游发展规划》。丹顶鹤湿地生态旅游区和江苏黄海海滨国家森林公园成功创建为国家AAAA级旅游景区。东台西溪景区入选2015年江苏十大新景区。大丰荷兰花海获评四季赏花地;盐城仰徐乡村乐园等3家景区获评省"最美百果园"。盐城大洋湾生态风景区、响水云梯关旅游景区、江苏黄海海滨国家森林公园、阜宁黄河故道桃花源生态旅游区4个建设项目入选2016全国优选旅游项目。至年底,全市有景区(点)89家。其中,国家级自然保护区2个,国家AAAAA级旅游景区1个,国家AAAA级旅游景区11个,国家AAA级旅游景区16个,国家AA级旅游景区22个,全国农业旅游示范点5个,国家水利风景区2个,全国重点文物保护单位2个,省五星级乡村旅游区3家,省四星级乡村旅游区17个,省三星级乡村旅游区12个,省二星级乡村旅游区8个,省级重点文物保护单位15个,省级风景名胜区1个,省级旅游度假区5个,省级工业旅游示范点6个。

丹顶鹤湿地生态旅游区创成AAAA级旅游景区 1月8日,丹顶鹤湿地生态旅游区被国家旅游局批准为国家AAAA级旅游景区。盐城丹顶鹤湿地生态旅游区总面积24.73万公顷,其中核心区为2.26万公顷。主要保护丹顶等珍稀野生动物及其赖以生存的滩涂湿地生态系统。世界仅有的2000多只野生丹顶鹤有一半以上每年都在这里越冬,保护区监测到的鸟类有401种,其中列入国家一级保护野生动物14种,二级保护野生动物84种,素有"鸟类的王国、物种的基因库"之称。

江苏黄海海滨国家森林公园创成AAAA级旅游景区 10月26日,江苏黄海海滨国家森林公园被国家旅游局批准为国家AAAA级旅游景区。江苏黄海海滨国家森林公园原为东台黄海森林公园,是华东平原地区规模最大的人工森林,所有林地均为国家沿海防护林建设基地;2004年6月,被省林业局批准为省级森林公园;2014年,景区创建成为国家AAA级旅游景区;2015年12月29日,经国家林业局批准,东台黄海森林公园升格为国家级森林公园,正式更名为江苏黄海海滨国家森林公园。至年底,公园有各类植物652种、鸟类342种、兽类30种,负氧离子平均达到每立方厘米3500个,林地面积2770公顷、活立木蓄积量31万立方米。

三、旅游推介活动

2016年,盐城举办2016中国盐城丹顶鹤国际湿地生态旅游节暨第九届海盐文化节、盐城春季乡村旅游季暨黄尖牡丹节、大丰麋鹿文化旅游季、恒北梨花节、盐都杨侍草莓节等节庆活动。组团参加中国国际旅游交易会,开展"生态盐城,走进贵阳"旅游推介会,在香港、澳门开展盐城旅游宣传推介,新设盐城旅游(上海)推广中心,与南京旅游集散中心、上海龙游在线等合作拓展客源。组织开展全市旅游饭店首届特色招牌菜评选、盐城市首届乡村美食大赛、盐城市首届十大名厨名菜大赛等活动,"运河一锅鲜"获省乡村美食大赛金奖第一名,"十大名厨名菜"成为盐城旅游对外宣传的新名片。 (王常江)

第二节 通信服务业

一、邮政服务

2016年,中国邮政集团公司盐城市分公司实现业务收入7.96亿元,实现利润7576万元。金融总资产净增87.6

亿元,余额规模突破300亿元。快递收入规模突破7000万元,国内快递包裹业务量突破600万件。推进农村电商平台布局,全年建成县级电商运营中心7个,挂牌乡镇电商服务站187个,建成“邮乐购”加盟店2406个,村邮站1827个,会员总数12万人,发生交易金额6.7亿元。全年开展市县联动大型活动13场次,小型活动300余场次,参与人数2.4万人。丰富苏邮商务会员平台功能,开展主题特色团购会、产说会90场次,代办车险业务量1.54万辆,业务收入685万元。启动“书香校园行”、书报刊阅读节、“政务类市场专项开发”“宝贝大咖秀”等活动,开展全区联动的“乐享集藏”品鉴会活动,开展《玄奘》《中国工农红军长征胜利八十周年》等系列邮票首发活动。至年底,全市邮政普遍服务营业网点227个,其中大市区37个、东台35个、大丰33个、建湖20个、射阳27个、滨海31个、阜宁25个、响水19个。全年投入1565万元完成网点改造33个;投入167万元建成市公司警邮合作大厅;投入650万元用于网点终端、UPS(不间断电源)等设备采购,新增自助设备36台,移动展业终端204台,智慧大堂138台。优化区内邮运网,90%以上省内件实现当日投递。为全区农村投递道段配备智能手机520台,提高农村信息化处理效率。完成金融业务过程类指标查询系统、员工积分系统、报障APP系统、运保检查APP系统、客户预约管理系统等项目开发。

(刘　嘉)

邮政市场管理　2015年12月,市政府办出台《转发关于明确全市邮政行业安全属地管理职责意见的通知》,明确各县(市、区)交通运输部门切实承担本地区邮政行业安全属地管理职责。2016年,市政府与各县(市、区)政府签订邮政行业安全监管工作责任书,市邮政管理局与响水、滨海、阜宁、射阳、建湖、大丰6个县(市、区)交通运输局签订邮政行业管理委托书。7月,市政府在大丰区召开全市县域邮政安全监管工作推进会,会议要求各县(市、区)切实履行邮政行业安全监管职责,市政府督办室牵头组织督查各县(市、区)明确部门、人员和落实当前邮政行业安全属地管理具体工作的情况。6月16日,东台邮政管理局成立揭牌,成为全省第七家、盐城首家县级邮政管理机构。8月,阜宁县机构编制委员会办公室下发《关于县交通运输管理处成立邮政行业管理科的批复》,同意在县交通运输管理处成立邮政行业管理科。全年市邮政管理局组织系统性理论集中培训1次,专项业务活动集中培训5次,结合专项检查组织实践执法培训7批次,成功推动东台邮政管理局、大丰区和射阳县交通运输局为79名执法人员办理邮政行政执法证。年内,市邮政管理局累计出动检查136次,下发书面通报5期,约谈企业7家,查处违法行为6处,下发责令改正通知书25份;办理许可委托核查65项;核发快递企业分支机构名录48家,办理分支机构备案21家。全年处理有效申诉661件,其中快递业务611件,处理申诉准时率100%,处理申诉正确率100%,消费者对企业处理申诉满意率为97.5%,对政府处理申诉满意率为98.98%。

二、电信服务

2016年,中国电信股份有限公司盐城分公司拓展通信市场,推进通信基础设施建设,加快网络优化升级。突显4G引领优势,天翼占移动市场份额持续增长,推进百兆宽带和电信电视普及,拓展流量后向经营,丰富流量产品,提升客户感知和流量价值。推进光网建设,打造精品光网,宽带网络品质持续提升,核心网承载能力不断加强,城域网出口带宽新增200G;接入网络持续优化,铜缆端口不断缩减。盐城成为沿海首家千兆光网城市,并以光改退铜为驱动做好农村补盲和延伸,完成全光网格1326个,完成率181.5%。开展4G建设,打造4G标杆网络,打造“4G+”品牌。开展3G拆闲补忙,保持2G、3G质量稳定。Wi-Fi运营支撑及高价值热点持续整治优化。强化网站备案、IP地址报备、网络安全防护、垃圾短信治理、实名制等工作,网站备案率100%,IP地址报备准确率100%。推进通信基础设施建设,开展网络升级改造,接应落实“宽带中国”和工业化与信息化“两化”融合战略,实施网络提速降费,提升信息化服务水平。6月23日,阜宁、射阳发生特大龙卷风冰雹灾害,造成1.7万户电信固网用户和2.7万户移动用户业务中断,直接损失达3000万元。盐城电信公司第一时间调度应急通信车、应急人员,东台、大丰、建湖、滨海、响水县电信分公司以及盐都、亭湖、城南、开发区电信区局组织抢修队伍和工程器械开赴灾区,累计出动1720人次、230车次,调用无线应急通信车7

6月16日,东台邮政管理局成立揭牌仪式举行。

3月10日，盐城市千兆光网城市发布会召开。

辆，海事卫星电话4部，油机63台，累计发电200台次。安徽、浙江省电信公司和连云港、徐州、南京、南通、淮安、宿迁、常州、镇江、苏州、无锡等电信分公司调集光缆120皮长公里、杆路1200根、油机30台、应急通信车5辆和施工队伍150人参与救援；铁塔公司、网盈公司等单位安排110人、21辆工程车协助盐城电信公司快速恢复通信。救灾指挥部、戚桥（板湖）、陈良、吴滩重灾区的应急保障通信立即开通；6月23日22:00，重灾区手机通信基本恢复；6月24日，16部红色免费电话和8条到北京的2兆视频电路开通，3辆卫星通信指挥车为计桥（硕集）一线指挥部提供现场保障；6月25日，移动通信业务恢复；6月28日，陈良丹平和硕集计桥2座铁塔修复，移动网络质量全面恢复到灾前水平；6月29日，阜宁吴滩、开发区、新沟固网网络恢复；6月30日，阜宁陈良等剩余乡镇固网网络恢复，至此，灾区移动通信网络和固网通信网络全部恢复。救灾期间，公司对所有欠费手机和固话一律复机，为抢救队伍提供免费电话、Wi－Fi热点和充电宝；重灾区共设立公益服务点12个，向受灾群众免费提供亲情电话及Wi－Fi热点服务；“爱有天翼”志愿者车队在灾区帮助接送伤员、发放救灾物资。电信公司共投入抢险及灾后重建资金3000万元，重建接入网机房2处，更换及新立电杆4700根，架设钢绞线300条公里，铺设光缆700皮长公里，更换光交100座、分纤箱300只；移动通信方面更换天线12副、RRU（远端射频模块）12套、BBU（室内基带处理单元）6套，修复铁塔2座。

建成互联网国际通信专用通道 年初，市政府在城南新区规划建设互联网国际专用通道。3月，正式向工信部提出申请；6月12日，工信部正式批复同意，中国电信盐城分公司负责具体承建，首期建设40G专用通道。2017年1月15日，江苏盐城互联网国际通信专用通道正式开通，标志着盐城成为苏北首家建成国际专用信息高速公路的城市。开通仪式上，江苏电信与盐城市政府在全省首家签订“互联网＋”战略协议，将在“十三五”期间向盐城投入80亿元用于“互联网＋”基础设施建设，带动信息消费300亿元。同时双方将以培育互联网新技术、新产品、新服务和新生态为重点，发展“互联网＋”产业融合新模式，在先进制造、现代农业、政务服务、惠民服务、绿色生态等方面广泛应用，提升盐城信息化总体水平。

（邹湘彬）

三、移动服务

2016年，中国移动通信集团江苏有限公司盐城分公司有客户450万户，全年运营收入26.5亿元，企业固定资产40亿元；4G客户250万户，手机上网用户270万户，宽带用户75万户，Volte用户50万户，掌厅客户端用户150万户。有自有营业厅30家，合作营业厅1288家，各级服务网点遍及城区、乡镇、村（社区），覆盖率100%；有“4G＋”高速上网、Volte高清语音通话、WLAN宽带上网、飞信、掌上营业厅、咪咕视频、咪咕影院、咪咕阅读、咪咕游戏、咪咕音乐、和地图、和目、和包、和留言、车友助理、移动商城、139邮箱、短彩信、信息点播、呼叫等待、呼叫转移、话费清单自助打印等移动数据和服务业务。全年新增4G宏站2830个，室分和小站2200多个，累计完成LTE网络5000多个，站点累计1.3万个。新建驻地网小区3800多个，共计覆盖用户80万户。新建管道工程400条，合计500沟公里，累计1万沟公里。新建各类光缆2万千米，累计10万千米。加快光纤到户改造，FTTH（光纤直接到户）占比96%，100兆以上接入能力小区占比98%。网络质量持续改善，网格综合覆盖率99.8%以上；机场、景区等重点场景覆盖率99.8%。持续构建客户NPS（净推荐值）闭环监测体系，做好问题的闭环跟踪与推进，推进结构化问题提炼等闭环管理工作。全年调查覆盖客户78万户，客户回复量15万户；设立服务专席，强化在线服务能力，客户年度满意度92.3%；聚焦客户焦难点问题解决，建立投诉预警与响应机制，整治4G网络、弱覆盖区域投诉等焦难点问题；开展“总经理接待日”“客户体验日”系列服务宣传活动，树立“移动优服务”口碑，全年参与用户7.39万人次，收集客户问题2641个，用户问题解决率96.1%。年内，移动公司继续投入盐城智慧城市项目建设，参与国土卫士、蓝天卫士、数字城管、智慧校园、园区企企通、村村通、检务通、智慧防汛、智慧旅游、4G手机执法等各行各业信息化建设。实现国土卫士、蓝天卫士平台全市覆盖，同时延伸服务林业行业建设慧眼守林平台、水利行业建设河道卫士平台、旅游行业建设丹顶鹤保护区珍禽守护平台；组织开展金融、教育等行业信息化推进会，推进金融、教育、卫生行业信息化发展，助力江苏银行、建设银行、农村商业银行等金融信息化建设，助力人民医院、妇幼保健院等远程医疗项目，助力建设智慧校园40余所。打造智慧民生入口，开发建设无线盐城本地生活门户APP，便捷查询交通、水电气等民生业务，客户端注册用户25万余户。6月23日，阜宁、射阳遭受特大龙卷风冰雹灾害，导致企业80多个物理基站中断，光缆大范围中断，直接影响移动用户约3万户。省、市、县公司快速响应协同，第一时间提供人力、物资、设备资源，共计出动400余人次赶赴现场进行通信抢险，历时10个小时实现受灾区域基本恢复通信。灾情发生后，盐城移动申请专项拨款6000余万元用于抢险救灾及灾后重建，累计完成250千米管道、600千米杆路、2000皮长公里光缆和100座光交的重建工作，完成灾区160个小区、约7万户家庭宽带重建工作。（朱栋才）

四、联通服务

2016年，中国联合网络通信有限公司盐城市分公司完成主营业务收入4.28亿元。至年底，发展移网用户38.4万户，其中2G用户24.6万户，3G标准用户0.5万户，2G、3G融合用户0.1万户，上网卡用户0.4万户，4G标准用户13.2万户；固网宽带用户2.8万户，智慧沃家用户0.8万户。至年底，有自营渠道25家、社会主营渠道450家、零售渠道480家。发展互联网用户4万户。启动“百万用户大提速”活动，在全区对产品速率在50兆以下且小区最高具备50兆以上接入能力的用户进行批量提速，分10多批次，总计提速3.2万户。对519个小区约10万户覆盖区域进行提速改造，主要采取FTTH方式进行改造，改造完成后全部具备100兆的接入能力，在全市乡镇普遍部署OLT（光线路终端），具备千兆接入能力。优化LTE网络，提升各县城下载速率，城区重点场所开启“4G+”，峰值下载速率可达300兆。推进市区、县城深度覆盖以及农村广覆盖工作，提升用户满意度。完成10余万户的光纤化改造及新建小区覆盖。推进对人口密集的乡镇农村的网络深度覆盖，完成19个乡镇4.1万户的光纤化改造。围绕沃4G精品网络建设、加速家庭信息化、企业信息化、城市信息化的推进步伐，参与智慧盐城、平安盐城、智慧教育、智慧医疗、智慧执法和数字城管等项目建设，组织实施盐都公安局、东台教育局、大丰权健自然医学集团等百万元以上项目10多个。举办“智慧盐城”专家论坛，率先推进“走进园区，走进企业”互联网“企企通”试点示范工程建设。推出云总机、云桌面、物联网、大数据等创新型业务，服务全市企事业单位。6月23日，阜宁、射阳发生特大龙卷风冰雹灾害，造成退服基站139个，损坏光缆220皮长公里，倒杆60余千米，约计1241根，受影响2.5G以上线路4段，接入网OLT中断7台，动力线路受损1500米，天馈线损失4套，影响固网语音用户200户、移动网用户1.5万户。灾害发生后，盐城联通紧急出动线路抢修组7个，基站抢修组6个，抢修车辆20辆，人员近100人，发电车和油机15辆，全力做好现场应急抢修；6月24日12:00，联通在灾区的2G、3G、4G基站基本恢复，中断的接入网OLT全部恢复。盐城联通累计出动抢修人员667人次，抢修车辆129台次，发电车辆66台次，应急通信设备16台次。抢险期间，江苏联通紧急调度南通分公司应急发电车2辆、卫星电话1部，淮安分公司应急通信车1辆、卫星电话1部，连夜支援盐城分公司抢险；盐城联通在灾区设置抢修物资保障点3个，保障抢修物资供给。

（杨　芳）

五、广电服务

2016年，江苏省广电有线信息网络股份有限公司盐城分公司实现经营收入5.39亿元，利润5736.34万元，累计发展用户126万户。其中，市公司实现经营收入1.69亿元、利润3619万元，累计发展数字电视用户21.5万户、高清互动用户7.9万户、宽带用户2.8万户。发展智能化业务市场，当年签订项目合同超亿元。完成盐都“村村通”视频监控工程等建设；启动亭湖区公安“村村通”视频监控工程、滨海化工园“智慧园区”等项目建设；东台分公司与颐高集团有限公司合作完成“电视同城购”项目建设。启动智慧项目建设，完成“智慧建湖”投资建设；推进亭湖“智慧盐东”“宽带便仓”、射阳“智慧海河”、大丰“宽带村”、城南新区“香苑西园”“香苑东园”等智慧乡镇和智慧社区项目。推进技术平台和网络建设。协助滨海、建湖等5家县级公司完成IP城域网项目的招投标，完成射阳、滨海三级平台建设。强化城域网、接入网运行质量分析，优化数据设备配置，提高网络稳定性。加大网络升级改造，其中市公司完成新小区建设和老小区网改用户6.2万户，新建道路、小区管道67千米。组织各县级公司就IT本地化业务规则、培训方案、团队建设、信息安全建设、网格数据管理等进行工作探索与实践。利用电视、报刊、微信、微博、“96296”网站等渠道，加大高清互动、宽带以及“好视乐”“超级娱乐家”等产品宣传，提高企业在市场上的影响力。实行“每人每日一单”工作考核，尝试利用“前店后厂”的形式，把服务站变为营业厅，把宣传车变为“流动营业厅”，把网格工程师变为“个体营业点”，通过降低新用户报装门槛、建立新楼盘扫楼行动机制，开展“用户保卫战”“用户回归”等活动，减少用户流失。加强电子渠道营销建设，形成支付宝、淘宝店、微信公众服务号、yc96296网上营业厅、掌上营业厅、电视营业厅、自助缴费机、银行代扣等电子营销渠道。

（李建忠　胡中耕）

第三节　商贸流通

2016年，全市实现社会消费品零售总额1630.9亿元，同比增长11.1%。其中，批发业、零售业、住宿业、餐饮业分别实现198.9亿元、1266.4亿元、17亿元、148.7亿元，同比分别增长10.7%、11%、11.6%、11.8%。

2016 年全市社会消费品零售总额

表 18－48　　　　单位:亿元

指标及分类	实　绩	比上年同期±%	指标及分类	实　绩	比上年同期±%
全　　市	1630.90	11.10	#城南新区	60.50	11.30
1.东台市	253.50	11.10	2. 城镇的零售额	1545.30	11
建湖县	172	10.70	#城区	802.10	13.20
射阳县	167.90	11.10	乡村的零售额	85.60	11.50
阜宁县	130.30	11.40	3. 批发业	198.90	10.70
滨海县	110.50	11.10	#限额以上企业	102.30	4.50
响水县	66.50	11.10	零售业	1266.40	11
市　区	730.20	11.10	#限额以上企业	618.50	9.90
#大丰区	172.80	11.10	住宿业	16.90	11.60
#盐都区	208.80	11.20	#限额以上企业	5.30	3.90
#亭湖区	251.10	11.10	餐饮业	148.70	11.80
#开发区	37	10.90	#限额以上企业	67.40	7.80

2016 年全市限额以上批发和零售业企业情况

表 18－49

指标名称	法人企业数(个)	营业面积(平方米)	年末从业人员数(人)	主营业务收入(万元)	利润总额(万元)
总　计	1436	1240499	42454	12427087	740777
批发业	649	125213	15640	7229719	415251
#国有控股	44	12960	2734	1546314	90874
按国民经济行业分组					
农、林、牧产品批发	98	12604	2333	847436	40799
食品、饮料及烟草制品批发	84	13555	3328	927845	95894
纺织、服装及家庭用品批发	56	10416	1425	542199	35043
文化、体育用品及器材批发	11	1400	230	47243	1499
医药及医疗器材批发	25	13337	1533	590204	10650
矿产品、建材及化工产品批发	241	51508	4511	3248240	147317
机械设备、五金产品及电子产品批发	69	11715	1155	548892	47301
贸易经纪与代理	6	1250	99	69760	19961
其他批发	59	9428	1026	407900	16789
零售业	787	1115286	26814	5197367	325526
#国有控股	23	60857	2716	730802	19196
按国民经济行业分组					
综合零售	75	420147	7923	856551	56730
食品、饮料及烟草制品专门零售	85	46944	1456	261896	27830
纺织、服装及日用品专门零售	80	45608	1323	143426	14374

续表 18－49

指标名称	法人企业数（个）	营业面积（平方米）	年末从业人员数（人）	主营业务收入（万元）	利润总额（万元）
总　计	1436	1240499	42454	12427087	740777
文化、体育用品及器材专门零售	56	58754	1219	172677	12727
医药及医疗器材专门零售	40	26372	2048	295409	12229
汽车、摩托车、燃料及零配件专门零售	220	350439	7910	2544332	122495
家用电器及电子产品专门零售	101	55460	2162	561515	37528
五金、家具及室内装修材料专门零售	70	65073	1579	224782	23783
货摊、无店铺及其他零售业	60	46489	1194	136779	17830
按经营方式分组					
独立门店	693	858446	18433	3431817	241432
连锁总店（总部）	5	103356	1794	207997	178
连锁门店	17	70716	3245	573238	19366
其他	72	82768	3342	984316	64550
按零售业态分组					
食杂店	9	5730	89	24362	1794
便利店	2	2600	11	745	59
折扣店	1	2000	44	14622	1
超市	40	43177	1212	106021	8046
大型超市	13	168876	3720	371210	6118
仓储会员店	3	25150	54	20717	3830
百货店	49	217186	3424	430944	49538
专业店	466	414919	12510	2744584	161019
专卖店	140	178008	3989	1032995	62204
家具建材商店	24	37476	755	91863	8165
购物中心	3	3630	89	32725	2228
厂家直销中心	9	10840	349	254325	14441
无店铺零售	28	5694	568	72256	8083

注：统计数据来源于市统计局，表中部分数据因四舍五入问题存在尾差。

2016 年全市限额以上住宿和餐饮业企业情况

表 18－50

指标名称	法人企业数（个）	年末餐饮营业面积（平方米）	年末全部从业人员数（人）	营业额（万元）				
					客房收入（万元）	餐费收入（万元）	商品销售收入（万元）	其他收入（万元）
合　计	315	475685	16787	358270	70066	262431	19152	6622
住宿业	58	103089	5046	80804	32228	43822	2559	2195
#国有控股	5	18860	1158	15620	3800	9952	614	1255

续表 18－50

指标名称	法人企业数(个)	年末餐饮营业面积(平方米)	年末全部从业人员数(人)	营业额(万元)	客房收入(万元)	餐费收入(万元)	商品销售收入(万元)	其他收入(万元)
按国民经济行业分组								
旅游饭店	24	75760	3639	50839	14719	32120	1917	2083
一般旅馆	31	23929	1340	24879	13822	10751	194	112
其他住宿服务	3	3400	67	5086	3686	951	449	–
餐饮业	257	372596	11741	277466	37838	218608	16593	4427
#国有控股	5	16563	903	7008	2437	4217	91	263
按国民经济行业分组								
正餐服务	244	359016	11130	262720	36593	207243	15207	3677
快餐服务	6	3220	291	6543	–	6035	507	–
饮料及冷饮服务	2	890	27	1554	–	1553	–	–
其他餐饮业	5	9470	293	6651	1246	3777	879	750

注:统计数据来源于市统计局,表中部分数据因四舍五入问题存在尾差。

一、市场建设

2016 年,全市有服务业集聚区 31 家,当年完成投资 225.55 亿元,实现营业收入 625.06 亿元,税收 29.79 亿元。年内,宝龙城市广场、金鹰聚龙湖店、缤纷亚洲、钱江财富广场、中南世纪城购物中心、紫薇国际广场、棕榈泉广场七大城市综合体实现营业收入 25.6 亿元。

全年大市区新建张庄、龙桥、黄尖、吴杨、楠沁 5 个农贸市场,项目总投入 5020 万元,建筑面积 1.3 万平方米,当年建成运营,解决城乡 25 万居民买菜难问题,安排就业 2000 人。城南新区建成全市首家产品标准化、服务现代化、管理智能化、销售网络化农贸市场——解放路农贸市场,年销售额 1.65 亿元。至年底,全市有农贸市场 299 个。其中,响水 16 个、滨海 33 个、阜宁 34 个、射阳 24 个、建湖 32 个、东台 34 个、盐都 26 个、亭湖 44 个、大丰 41 个、市开发区 4 个、城南新区 11 个。

全年全市实现电子商务交易额 1524 亿元,网络零售额 219 亿元。加大宣传推动发展。全年市商务局编辑发布微信公众号 100 多期,突出宣传电商政策、电商动态、优秀电商示范园区和企业,全方面宣传盐城电子商务发展情况,扩大盐城电子商务产业知名度。加快建设电子商务产业园区,建成电商园区 14 个。强化与阿里巴巴、京东、苏宁等知名电商企业合作,加快打造完善农村电子商务生态链,成功创建省级电子商务示范县 1 个、农村电商示范镇 4 个、农村电商示范村 5 个、电子商务示范基地(园区)6 个、电子商务示范企业 10 家。年内,东台市、大丰区三龙镇、建湖县建河村和东台市新街村分别被评为省电商十强县、镇、村。培养电子商务人才,以南京大学盐城电子商务研究院为平台,举办盐城市电子商务中高级人才研修班 3 期,对全市 700 多名农产品电子商务企业负责人及各县(市、区)商务部门电子商务工作相关人员进行业务知识培训;联合市电子商务协会召开盐城市电子商务业务知识暨政策宣讲会,邀请南京大学教授,对 80 多家电子商务企业负责人进行电商知识培训和政策解读;推动各县(市、区)举行电商培训,全年全市电子商务培训突破 1.5 万人次。

2016 年全市市级以上服务业集聚区情况

表 18－51　　单位:亿元

序号	集聚区名称	完成投资	营业收入	税收	序号	集聚区名称	完成投资	营业收入	税收
1	城南金融城	5.50	1.16	0.18	17	东台西溪文化产业集聚区	3.95	0.66	0.07
2	盐城聚龙湖商务服务业集聚区(省级)	12.26	43	3.60	18	东台钢材市场集聚区	5.90	3.30	0.10
3	盐城智慧科技城	14.30	4.50	0.26	19	大丰港现代物流集聚区(省级)	5.90	67.70	1.81
4	盐城高新技术创业服务中心	6.70	2.40	0.12	20	东方 1 号创意产业园	4	0.91	0.02
5	聚龙湖文化产业集聚区	3.90	3.39	0.23	21	大丰商品市场集聚区	5.23	7.82	0.65

续表 18－51

序号	集聚区名称	完成投资	营业收入	税收	序号	集聚区名称	完成投资	营业收入	税收
6	盐城国际软件和服务外包产业集聚区（省级）	2	43.50	1.60	22	江苏里下河物流集聚区（省级）	2.50	66.60	0.94
7	盐城汽车及零部件生产服务业集聚区（省级）	19.10	54	3.15	23	建湖城南文化产业集聚区	3	2.85	0.17
8	国际汽车试验服务中心	0.10	0.65	0.04	24	建湖县建冈现代物流集聚区	3.21	4.43	0.21
9	盐城城西南现代物流集聚区（省级）	12	68	4.50	25	射阳县黄沙港海产品交易中心	4.60	8	0.48
10	东方汽车广场	5	60	3.90	26	射阳商品市场集聚区	3	5.20	0.60
11	盐城大纵湖湿地旅游度假区	6.50	3	0.30	27	阜宁港物流园区	7	2.20	0.18
12	盐城中小文化企业集聚区	1	0.50	0.05	28	阜宁县金沙湖旅游经济区	7.40	3.50	0.20
13	盐城市现代物流集聚区（省级）	30	142.60	5.30	29	滨海泵阀产业配套服务区	8.30	8	0.07
14	盐城环保科技城智慧谷	15	0.62	0.04	30	响水沿海产业发展服务业集聚区	9.10	0.10	0.01
15	盐城农副产品物流园区	1.20	0.57	0.03	31	盐城市海盐历史文化风貌区	0.40	4.00	0.40
16	东台科技服务业集聚区（省级）	17.50	11.90	0.60					

2016 年全市十大农贸市场销售情况

表 18－52　　单位：亿元

单　　位	所在区域	实现销售	单　　位	所在区域	实现销售
解放路农贸市场	城南	1.65	杨坝农贸市场	盐都	1.27
人民路农贸市场	亭湖	1.47	幸福农贸市场	大丰	1.18
鹿鸣路农贸市场	城南	1.35	城中农贸市场	大丰	1.15
新富农贸市场	亭湖	1.31	阳光世纪园农贸市场	开发区	1.09
兆泉农贸市场	盐都	1.30	盐南农贸市场	城南	1.03

鲜活农产品直供社区　年内，盐城推进鲜活农产品直销社区示范工程建设。市区投入 500 万元，建成省级鲜活农产品直供社区店 9 个；投入 610 万元，建成市级鲜活农产品直供社区店 19 个。全年全市新增鲜活农产品直供店 52 个，直投点 45 个，运用网上的配送品种达 2000 多个，生鲜农产品的价格比农贸市场便宜 10% 左右，惠及城乡 100 多万人。

2016 盐城市名特优产品展销会　5 月 17—19 日，市政府主办、市商务局承办的 2016 盐城市名特优产品展销会召开。参展企业 88 家，展位 100 个，其中江苏老字号企业 4 家，盐城老字号企业 9 家，电商业务企业 15 家，展销产品 300 多种，吸引 5 万多名市民参与选购。

盐城市餐饮协会　10 月，盐城市餐饮商会举办盐城、泰州、淮安三地商会交流活动，近 60 家餐饮企业参与活动。活动期间，三地商会就加强地域沟通与交流达成共识。11 月，盐城市餐饮商会、盐城市黄海美食烹饪协会举办第五届中国盐城黄海国际美食文化节暨中国好味道全国烹饪大赛，近 500 名选手参加比赛，比赛共有 600 多道菜品。

二、市场管理

2016 年，市商务局推进商务领域诚信体系建设。9—10 月，组织开展"诚信兴商宣传月"活动，联合工商、质监等部门组织开展"诚信兴商"宣传活动 35 场（次），出动宣传车辆 80 余辆，制作宣传展板 300 余块，悬挂宣传布标 50 余幅，发放诚信宣传资料 4 万余份，接受咨询 2000 余人次。推动商务行政执法工作。推进执法体制改革，系统梳理应依法承担的监管执法职责，调整重组执法支队内部机构，与市编办联合下发盐城市商务行政执法体制改革方案并组织实施。拓展执法领域，新增再生资源回收、特许经营等执法领域，先后组织开展多次专项检查行动，累计出动执法检查人员 680 余次，检查经营企业（网点）850 多家，下达限期改正通知书320份。组织开展“消费促进月”活动，倡导商家诚信经营，做大网络消费、推进品牌消费、繁荣服务消费，举办各类促销活动300余场次。加强农贸市场管理。市商务局对列入市政府为民办实事工程的张庄、龙桥、黄尖、吴杨、楠沁5个农贸市场进行督查，协调解决建设改造过程中遇到的问题。按照《盐城市农贸市场建设改造专项资金使用管理办法（试行）》和《盐城市区标准化菜市场考核验收细则及评分标准（试行）》规定，会同市财政局、市城管局和盐城工商局等部门，对大市区农贸市场标准化建设工作进行考核评比，确定标准化优秀菜市场1个、标准化示范菜市场1个和标准化菜市场7个。做好单用途商业预付卡管理，在全市范围开展单用途商业预付卡专项检查行动2次，出动检查人员790余人次，检查车辆300余车次，检查发（售）卡企业130个（次），下达责令改正通知书14份。组织开展互联网打击侵权假冒、农村和城乡接合部市场整治、车用燃油整治、中国制造海外形象维护“清风”行动等专项行动，出动执法人员2万余人次，检查各类经营门店近2万个（次），立案900余起，案值1.2亿元。（周卫鹏）

“6·23”灾区受灾农民余粮紧急收购现场。

三、粮油商业

2016年，全市收购粮食315万吨，其中以最低收购价收购粮食70万吨[小麦（三等）最低收购价每50千克118元，粳稻（三等）最低收购价每50千克155元]，促进农民增收3亿元。推进粮食产销合作，先后在福州、杭州、上海举办盐城粮食产销合作推介会，累计签订粮食产销协议100万吨。推进粮食去库存，落实市委、市政府《关于推进供给侧结构性改革的意见》，抓住省对托市粮销售进行奖励补贴的机遇，督促各地出台配套奖补政策，争取地方财政支持1500万元，通过促销减库、加快地方储备轮出等措施，推动粮食出库20万吨，中储粮盐城直属库通过开展跨省移库腾并仓容5万吨。培育区域产业化龙头企业，盐城禾丰粮油储备有限公司、江苏盐粮控股集团有限公司获评“中国百佳粮油企业”。全年全市粮油工业实现销售300亿元，利税8.5亿元。加强粮油品牌建设，“建湖大米”被认定为中国驰名商标；“射阳大米”品牌价值51.53亿元，列中国农产品区域公用品牌价值百强榜第12位；“阜宁大米”“建湖大米”获中国国际粮油产品展览会金奖。至年底，全市拥有粮油产品中国驰名商标5件，省著名商标、名牌产品22件。继续推进地方国有粮食企业产权制度改革，加大基层库所兼并重组力度。建湖、盐都、阜宁等地建立粮食集团，形成集团总公司或购销总公司+分公司（子公司）发展模式。通过补交土地出让金、资产评估增值等方式，逐步将企业划拨土地置换为出让土地，提高企业融集资金、掌控粮源和抵御市场风险能力。加快粮食仓储设施建设，获批粮食仓储及烘干机项目29个，建设仓容76万吨，投入资金6.2亿元，争取上级财政补助2.3亿元。争取军粮供应站点仓库维修改造仓容9.42万吨，建设资金4656万元。其中，市直（大丰港）新建10万吨粮食仓储物流项目启动，滨海通榆河粮食仓储物流中心7万吨仓储、阜宁地方粮食储备库5万吨仓储等项目建成使用。至年底，全市粮食总有效仓容396万吨。

“6·23”粮食应急保障 6月23日，阜宁、射阳特大龙卷风冰雹灾害发生后，市粮食局全力做好军粮应急保障工作，为救灾部队提供2.1万人次6.3万份主食和副食保障。会同阜宁、射阳两县粮食部门，赶赴受灾严重的乡镇，协调指导受灾农户小麦收购工作。参照国家小麦托市收购价格，放宽质量标准，突击收购受灾农民余粮1.2万吨，帮助近万户群众增收1000多万元。新华社以《盐城：对受灾粮采取特别收购》为题专门报道。

粮油监管 全年市县粮食部门检查各类粮食收购主体522个（次），查处违法违规案件109起，确保市场秩序稳定。阜宁县粮食局获评全国粮食流通监督检查示范单位。加强原粮卫生质量调查和粮油品质测报工作，2016年全国区域性稻谷质量会检在盐城举行，市粮油质量监测中心牵头承担苏皖两省460份稻谷样品有关质量指标的检测和分析工作，得到国家粮食局肯定。联合市食药监、工商等部门，推进市政府“放心粮油”为民办实事工程项目，新建“放心粮油”网点123家，累计400家。盐城“放心粮油”工作在全国放心粮油供应网络建设经验交流会上作交流。完善粮食应急保供网络，明确应急供应点177个、应急配送中心10个、应急加工企业29家。建立市级粮食综合监管平台，实现对政策性粮食收储库点的实时可视化监管。年内，对相关县(市、区)17个库点实施智能化升级，提高粮食收购、存储、出入库信息化水平。（宋孝锋　傅　刚）

四、烟草专卖

江苏省盐城市烟草专卖局(江苏省烟草公司盐城市公司)下辖响水、滨海、阜宁、射阳、建湖、大丰、东台7个县(市、区)局(分公司)，设职能部门13个，依据《中华人民共和国烟草专卖法》及《中华人民共和国烟草专卖法实施条例》，代表国家行使卷烟批发经营和市场管理2项重要职能，至2016年底有员工1050人。全年全市销售卷烟22.49万箱，实现税利18.3亿元，列江苏省烟草系统第六位，其中实现入库税收12.61亿元。至年底，全市有持证卷烟零售户3.8万户。开展市场监管，打击非法经营网络案件；加强与公检法、工商、邮政(交通)、商务局、海关等部门沟通协作，加大跨部门联合执法力度。全年查处各类违法违规经营卷烟案件2245起，总案值1711.16万元；上报符合国标网络案件12起，完成公安部督办案件1起。年内，盐城烟草获江苏省烟草专卖局和江苏省公安厅联合表彰的全省卷烟打假工作特殊贡献奖。（吴晶晶）

五、盐业专卖

盐城市盐务管理局与江苏省盐业集团盐城盐业分公司合署办公，为“两块牌子、一套班子”。公司最早组建于1983年7月，2000年11月改制为江苏省盐业集团盐城有限公司；2008年4月江苏省盐业集团成立子公司江苏省苏盐连锁有限公司，盐城市食盐批发企业经合并组建成江苏省苏盐连锁有限公司盐城分公司，为江苏省盐业集团所属的国有企业，重点组织开展各类盐产品批发供应销售和流通贸易。盐城市盐务管理局依法承担着盐城市盐业行政执法职能，负责盐城市食盐安全保障工作。全年全公司实现营业总收入1.88亿元，实现经营性利润708.5万元；全年销售小包装食盐2.46万吨。年内，公司推动推广“O2O+会员制+直销”的现代商业模式的苏盐生活家门店建设。5月20日，位于盐城市区环湖二路城南印象花园北门的江苏省苏盐生活家股份有限公司盐城店开业，门店全年实现销售收入44.48万元。

盐政管理　年内，市盐务管理局持续履行食盐安全管理工作，严格落实监管责任。成立全市食盐安全管理领导小组，强化食盐安全管理组织领导，打击涉盐违法犯罪。加强食盐质量安全管理，定期组织食盐质量检查，确保食盐产品符合质量安全标准。组织开展联合执法，与市公安、卫计委、食药监、工商等部门联合开展制贩假盐专项治理联合执法行动50次，检查食品加工企业496个，卤菜加工作坊587户，饭(酒)店、食堂2838个，小吃部、大排档1506个，超市、零售店数3725家，访问居民户1.45万户，检查农贸市场218个，查处违法案件137件，移送案件2件，立案2件，涉案人数5人，逮捕1人，判刑2人，查处违法盐产品60.83吨，没收非法盐产品22.82吨，罚没款15.11万元，捣毁非法生产加工和经营食盐的地下窝点1个，规范食盐零售网点679家。强化盐业法规规章宣传，与教育部门联合开展学校食堂食盐安全宣传工作；与市公安、食药监、卫生部门联合印制“非正规渠道购进销售使用外省食盐风险巨大”的宣传彩页，强化消费者食盐安全风险防范意识。组织重大节假日市场专项行动，加大对市际边界、市内盐产区源头、碘盐“三率”(碘盐覆盖率、碘盐合格率、碘盐合格食用率)水平较低、城郊接合部等重点地区及农副产品加工集散地、餐饮行业、各类食堂等消费终端专项整治力度，完善食盐安全监管长效机制。全年查处各类涉盐违法案件765件，成功破获被公安部、省公安厅、省盐务局挂牌督办的“1·23”假冒小包装食盐大案。

“1·23”假冒小包装食盐大案　1月3日，市盐务管理局发现假冒小包装食盐线索；1月23日，市公安局亭湖分局对参与包装生产和销售小包装食盐的犯罪嫌疑人张某某等6人实施刑事拘留。案件涉及策划、制作模板、纸箱印制、小包装袋印制、封口胶带印制、自动包装机等制假环节，造假地点涉及上海，山东青岛、郯城、高密，江苏苏州、南通，浙江温州等地，案中用于生产假冒的食盐是张某某从响水县购买的40吨精致工业盐。涉案主犯张某某被一审判处有期徒刑3年6个月，并处罚金40万元，其余5人均被判处相应刑罚。（丁德富）

第四节　物　流

2016年，全市物流总额1.31万元，物流增加值324亿元。至年底，全市有6个省重点物流基地、14家省重点物流企业。全年全市快递业务量累计完成8560.49万件。全市快递业务收入累计完成7.32亿元。全年全市快递企业网点新增50个，累计438个；快递末端网点335个；新增快递企业建筑面积3.2万平方米、累计8.1万平方米；新建快递分拨中心1处，改建分拨中心2处，新增分拣场地面积3万平方米、累计7.9万平方米；新增快递行业干、支线运输线10条、累计109条；新增快递业务车辆234辆、总数1100辆，其中推广使用新能源汽车40辆，合计运能120吨；从业人员过万人，其中客服人员360人；新增服务创新、科技化、信息化应用20个。新增快递法人企业17家、合计100家；新增快递分支机构48家、合计129家。全年新建具有为农综合服务功能的村邮站1627个，叠加村邮站功能的益农社200个；新建高校和社区快递服务中心10个；新建智能快件箱100组，包裹格口800个。有盐城电商快递产业园、盐城跨境电商产业园、响水快捷士物流园3个快递企业集聚区。其中，盐城电商快递产业园于2014年3月正式启动建设，规划总面积82公顷，累计完成投入3.3亿元，建成分拨中心面积12万平方米。至年底，有EMS、顺丰、汇通、韵达、速尔、苏宁速递等8家快递企业入驻，企业日订单处理量 14 万件。

加强市场管理。年内，市邮政管理局组织 195 人次参加 4 次快递业务员职业技能鉴定考试，全市快递从业人员持证比例超 50%。配合公安部门推广使用盐城市寄递行业治安信息管理系统，监管营业网点和揽投一线人员做好开箱验视和实名收寄工作。至年底，全市系统安装网点 400 多个，注册业务员 2700 多名。部署和推进邮件快件安检机配置工作，在 100% 过机安检监管上，要求各企业处理场所按照标准配置 X 光机；对较大和出省处理中心，集中约谈盐城 EMS、盐城顺丰速运有限公司、申通快递有限公司盐城转运中心、杭州百世网络技术有限公司盐城营业部等企业，督导全市寄递企业配置 21 台安检机。推广建设智能信包箱，对传统住宅信报箱功能推行智能化改造，增加邮政小包、快件等投递功能。3 月，市邮政管理局组织、推动研发的既能收信件、报纸又能接收包裹的智能信包箱在盐城市区"在水一方"住宅小区安装，标志着国内首批智能信包箱安装到位。至年底，全市有 19 个新建住宅小区智能信包箱安装完毕，并通过验收。

（邓君亭）

一、载体建设

2016 年，盐城汽车物流、医药物流、农产品物流、商贸物流、港口物流、城市配送物流加速发展，圆通快递、邮政快递等快递物流企业集聚发展。物流园区在产业发展上围绕仓储、配送、运输实现一体化发展，盐城现代物流园区、大丰港物流园区、里下河物流园区、城西南物流园区等省重点物流园区的基础设施和公共平台建设取得新进展。其中，盐城市城西南现代物流园重点发展以悦达摩比斯、悦达包装储运等为代表的汽车及汽车配件物流，以苏宁云商、松鑫、格力等为代表的家用电器物流，以华晓医药、万佳医药等为代表的医药物流，以神龙公路港、天地汇亚邦公路港等为代表的公路港专线、零担物流，以 EMS、顺丰、韵达等为代表的快递物流"五大"产业集群。物流企业也从单一的运输、仓储服务向多层次、全方位的多样化服务转变，增强产业功能，提高服务水平。年内，大丰海港港口有限公司、国药控股盐城有限公司被省经信委批准为省重点物流企业；盐城市城西南现代物流园区获评 2016 年度全国优秀物流园区。

二、智慧物流

2016 年，以"互联网 +"高效物流为标志的"智慧物流"加速起步。货运市场方面形成以"互联网 +"车货匹配、"互联网 +"货运经纪、"互联网 +"甩挂运输、"互联网 +"合同物流等创新模式，形成以天地汇亚邦公路港等"互联网 +"代表性物流企业。一批关注末端配送的平台型企业，开展共同配送、集中配送、智能配送等配送模式。美团、百度推出即时配送模式，共享经济模式在物流业试水。货物跟踪定位、无线射频识别、电子数据交换、可视化技术、移动信息服务和位置服务等新兴技术在物流行业推广应用。

第五节　中介服务

一、典当行业

2016 年，全市有典当企业 38 家，有典当分支机构 1 家，有拍卖企业 32 家。年内，市商务局加强典当行业监管，开展典当行业年度审计检查，对 32 家拍卖企业进行年度经营情况摸底统计，规范市场运营秩序，及时转发非法集资风险专项排查活动的通知，明确风险排查的重点内容，并与市金融办、公安部门、人民银行盐城分行经常沟通联系，共同防范金融风险。

二、人力资源市场

2016 年，市公共人力资源市场围绕招才引智、高校毕业生就业、创业带动就业和就业援助展开公共人力资源服务，举办各类招聘及推介活动 800 多场次。其中，江苏盐城人力资源服务产业园入园机构全年走访重点园区 19 家，重点企业 400 家，举办市场化高端引才研讨暨人力资源服务供需对接会，近 130 家市内外知名人力资源服务机构和 70 家重点园区和企业参会。年内，盐城人才网成为全省第二家、苏北行业首家在"新三板"上市企业。市和源人力资源服务有限公司和盐城经济开发区新城人力资源有限公司被评为江苏省人力资源服务行业骨干企业。

劳动保障事务代理　年内，市人社局建立健全劳动代理工作基础台账，扩大劳动代理范围，为下岗失业人员提供各项劳动保障事务代理服务，免收代理服务费。至年底，累计代保管各类人员档案 4.99 万份，为 5.37 万人次的劳动代理人员代缴社会保险金 1821 万元，为 9136 名劳动代理人员代办退休手续。为改制企业搞好服务，做好失业登记建档和录入处理工作，为企业改制分流职工办理失业登记手续，核发失业保险待遇，提供档案代管、社会保险关系续接等服务。

就业服务　拓展公共就业服务功能和创新公共就业服务模式，开展服务企业引才用工专项行动，开设常态化的劳务集市，促进就业和服务企业用工。发挥人力资源市场作用，搭建助企引才用工服务平台，实现天天有招聘信息、周周有劳务集市、月月有专场招聘，季季有大型招聘会。全年举办各类招聘会 434 场（次），进场招聘企业 7811 家，提供招聘岗位 17.55 万个，进场求职人次数近 31.56 万人（次），达成就业意向 9.29 万人。2 月 2 日，举办新春返乡创业暨引才用工大型招聘会，累计有 515 家用人单位进场招聘，提供就业岗位 1.28 万个，吸引 1.5 万人进场求职，达成就业意向性协议 5978 份，现场推荐优秀创业项目 100 个，接受创业咨询 605 人。4 月 23 日，在盐城师范学院新长校区举办"515"引才计划高校毕业生大型专场招聘会，230 多家用人单位提供 3800 多个就业岗位，进场求职应聘超 1 万人次，达成就业意向性协议 1300 多份。5 月 21—27 日，举办全国民营企业招聘周活动，组织各类招聘洽谈会 20 多场，有 2 万多人次进场求职，有 5040 人与用人单位签订就业意向，其中高校毕业生 2547 人，进城务工农民 383 人，就业困难群体 92 人，签订职业技能培训意向人数 1538 人，维权及法律援助 517 人次，印发就业宣传材料 5 万多份。5 月 22 日，在武汉大学举办中国盐城“515”招才引智武汉地区专场招聘洽谈会，全市 100 多家企事业单位提供 400 多个就业岗位和 500 多个实习岗位。12 月 4 日，在长沙举办中国盐城“515”引才专项系列活动，在湖南大学招聘现场，盐城市国有资产投资集团有限公司等企业提供 1300 多个就业岗位。

2 月 2 日，2016 年新春返乡创业暨引才用工大型招聘会在市体育馆举行。
金胜春摄

清理整顿人力资源市场秩序专项行动 3 月 1—20 日，市人社局在全市范围内组织开展清理整顿人力资源市场秩序专项行动。行动以人力资源服务机构、劳务派遣单位、从事职业中介的组织和个人、各类招工用人单位为重点检查对象，以城市工商企业密集区、流动人口聚居地、职业中介机构聚集地和自发形成的人力资源交易场所为重点检查区域，共检查职业中介机构 198 家、用人单位 156 家。市人社局依法取缔未经许可和登记擅自从事职业中介活动的机构 1 家，对提供虚假就业、招聘信息的职业中介机构和用人单位下发限期整改指令书，同时对未明示营业执照和职业介绍许可证、未公示监督举报电话及未建立职业中介台账单位下发劳动保障监察建议书，进行指导规范，责令职业中介退赔劳动者中介服务费、押金或其他费用 3.5 万元。年内，盐城市整顿人力资源市场秩序专项行动被人社部、国家工商总局通报表彰。

三、律师事务所

2016 年，全市有律师事务所 107 家，执业律师 811 人，其中党员律师 307 人；在执业律师中，大学以上学历的占 92%，其中硕士、博士 46 人。全市律师有 55 人担任县级以上党代表、人大代表、政协委员，其中全国人大代表 1 人，市级党代表 3 人，市级人大代表 6 人，市级政协委员 13 人，县级党代表、人大代表、政协委员 32 人。全年全市律师办理各类案件 2.15 万件，其中刑事案件 2253 件、民事案件 1.16 万件、行政案件 244 件、非诉讼法律事务 1003 件、解答法律咨询 2.37 万人次，担任 2363 家企事业单位法律顾问，实现业务收入 1.29 亿元。

四、会计师事务所

2016 年，全市有 8.41 万人持有会计从业资格证书，其中初级职称 1.42 万人、中级职称 8181 人、高级职称 765 人。全市有会计师事务所 20 家，其中 AAAAA 级分所 1 家、AAA 级 1 家；从业人员 349 人，其中执业注册会计师 123 人（部分人员有多种执业资格），中国注册会计师协会资深会员 3 人，高级职称 37 人，各级人大代表、政协委员和党代表 8 人；有共产党员 69 名、设党支部 13 个。全市有非执业会员近 400 人。业务范围包括财务报表审计、注册资本验证、高新技术企业认定、绩效考核评价、涉税鉴证、工程预决算审核、经济案件司法鉴定、企业清算（破产管理人）、管理咨询、政府和企业投融资服务、会计审计咨询和培训等。全年全市会计师事务所服务 6771 户单位，实现业务收入 5468 万元，缴纳税费 516 万元。

盐城市注册会计师协会 盐城市注册会计师协会（管理服务中心）是盐城市域内成立的、由会计师事务所和注册会计师等组成的行业组织。年内，市注册会计师协会组织实施注册会计师全国统一考试，有 2796 人报名参加注册会计师全国统一专业阶段考试，20 人取得专业阶段合格证、15 人取得全科合格证。加强注册会计师管理。有 123 人通过年度任职资格检查，6 人获得注册会计师执业资格，3 人被注销资格；有 371 人通过非执业会员年检，30 人获得非执业会员资格，14 人被注销资格。对 6 家会计师事务所进行行业综合大检查，对 10 名注册会计师进行谈话提醒、2 名训诫。全年通过网络培训会员 450 人次，组织面授培训班 6 期培训 202 人次。

2016 年全市会计师事务所

表 18－53

名　　称	主任会计师	通讯地址	注册会计师人数	综合评价等级
江苏苏亚金诚会计师事务所盐城分所	饶景丽	盐城市青年西路 8 号	24	AAAAA
江苏中信仁华会计师事务所	刘正华	东台市八达城 C－405	6	AAA
盐城天翔丰华会计师事务所	李　凯	大丰区人民北路纺织大楼 3F	13	AA
盐城信盛会计师事务所	宋兰芬	射阳县朝阳街医药公司 3F	6	A
盐城正源会计师事务所	王　庚	建湖县兴建东路 22 号	6	AA
盐城友信会计师事务所	徐　镇	滨海县新建南路 237 号	7	A
盐城正信联合会计师事务所	王中林	盐城市康乐路 1 号	4	AA
盐城正中联合会计师事务所	阚兆贵	盐城市迎宾南路 29 号 5F	2	A
盐城金穗联合会计师事务所	沙中林	盐城市建军东路 86－1 号景福大厦 805 室	2	A
盐城中博华联合会计师事务所	滕大勇	盐城市解放南路 157 号 4F	6	A
盐城兴阳会计师事务所	赵其军	射阳县合德镇双拥路 163 号	6	AA
建湖苏盛联合会计师事务所	张利平	建湖县冠华路盈佳经典花苑 1 号楼 303 室	4	AA
盐城天则会计师事务所	樊克俭	阜宁县上海路 35 号 19 楼 201 室	3	AA
盐城万园联合会计师事务所	陈当兵	阜宁县阜城大街 171 号	2	A
盐城天方会计师事务所	陈德祥	盐城市人民中路 188 号飞驰国际 918 室	6	A
盐城方天园会计师事务所	李　杰	建湖县东方御花园 D6－111 室	3	A
盐城山川会计师事务所	卞志山	盐城市人民南路华邦国际东 A503 室	7	AA
盐城立信如良会计师事务所	殷如良	东台市海陵北路 7 号唯诚七号公馆 7 幢 12－01 室	5	A
盐城安顺会计师事务所	刘　宏	盐城市紫薇曼哈顿 A 区 1 幢 616－619 室	3	A
盐城国和会计师事务所	吴曙光	盐城市毓龙西路 21 号	3	A

注：①上表按执业证书编号排序；②另有 5 名注册会计师办理转所之中。

第19章 金融业

责任编辑 高兰会

综述

2016年，全市新设立新韩银行盐城分行、浙商银行盐城分行、上海银行盐城分行3家银行机构，全市银行机构38家；新成立中银三星人寿保险有限公司盐城中心支公司、国华人寿保险股份有限公司盐城中心支公司、国联人寿保险股份有限公司盐城分公司、前海人寿保险股份有限公司盐城分公司4家保险机构，全市保险机构57家；新开业安信证券盐城营业部、国盛证券盐城营业部、东北证券盐城营业部3家证券机构，全市证券期货机构20家；全市担保机构28家（含4家分支机构），其中纯民营担保机构1家、国有全资14家、国有控股10家、国有参股2家、外资1家。悦达财务公司揭牌开业，全年实现贷款20.45亿元。全年全市金融机构各项存款余额5471.02亿元，各项贷款余额3718.4亿元。全年发行各类直接融资421.41亿元。全年全市保险行业实现保费收入137.9亿元，承担各类风险责任1.5万亿元，赔款与给付48.91亿元。全市担保机构为1529家企业提供128.5亿元担保服务，实现利润4590万元。（王　慧）

第一节 银　行

2016年，新设立新韩银行盐城分行、浙商银行盐城分行、上海银行盐城分行3家银行机构，增设南京银行滨海支行、滨海兴福村镇银行八滩支行、大丰江南村镇银行健康西路支行、华夏银行盐城亭湖新区社区支行、兴业银行盐城锦绣苑社区支行、民生银行盐城大丰支行、民生银行盐城钱江方洲社区支行、华夏银行盐城开发区支行、射阳农商行海湾分理处9家分支机构。至年底，全市银行机构38家。

全年全市金融机构本外币各项存款余额5471.02亿元，总量列全省第七位、苏北第二位，比年初增加1056.18亿元，其中非金融企业存款新增552.1亿元，住户存款新增288.33亿元。全市金融机构本外币各项贷款余额3718.4亿元，总量列全省第七位、苏北第一位，比年初增加640.92亿元，列全省第二位。全市表外融资余额1070.01亿元，比年初增加274.64亿元。全年发行各类直接融资421.41亿元，是上年同期的1.77倍。

2016年全市金融机构存贷款年末余额

表19－54　　单位：万元

指　　标	2016年
一、各项存款	54710243
（一）境内存款	54683195
1. 住户存款	26931396
2. 非金融企业存款	18464595
3. 广义政府存款	8788115
（1）财政性存款	382024
（2）机关团体存款	8406091
4. 非银行业金融机构存款	499089
（二）境外存款	27048
二、各项贷款	37183998
（一）境内贷款	37174261
1. 住户贷款	11477981
（1）短期贷款	3035631
（2）中长期贷款	8442350
2. 非金融企业及机关团体贷款	25696280
（1）短期贷款	11684977
（2）中长期贷款	9416283
（3）票据融资	4575642
（4）各项垫款	19379
（二）境外贷款	9737

全市大小额支付系统处理往来业务1695.66万笔，金额10.8万亿元。其中，大额支付发起313.46万笔，金额5.22万亿元，大额支付接收346.96万笔，金额5.4万亿元；小额支付发起394.78万笔，金额818.21亿元，小额支付接

收640.46万笔，金额1057.26亿元。同城清算系统办理业务39.06万笔，清算资金6373.72亿元。全国支票影像交换系统提出业务0.31万笔，金额1.02亿元；提入业务0.14万笔，金额0.63亿元。全市新设人民币银行结算账户2.82万户，其中基本存款账户2.62万户，专用账户1633户，临时存款账户352户。全市个人征信查询15.61万人次。

全年全市跨境收支总额106.66亿美元。其中，跨境资金流入59.82亿美元，跨境资金流出46.84亿美元。跨境资金净流入12.97亿美元。全市银行结售汇总额70.61亿美元。其中，结汇额40.6亿美元，售汇额30.01亿美元。全市实现净结汇10.59亿美元。全市跨境人民币结算总量188.79亿元。其中，跨境人民币流入额74.49亿元，跨境人民币流出额114.3亿元。（王俊勇）

一、中国人民银行盐城市中心支行

2016年，中国人民银行盐城市中心支行稳步实施地方法人金融机构宏观审慎评估，出台《关于促进直接融资加快发展的意见》，扩大直接债务融资发行规模。至年底，全市本外币各项贷款余额3718.4亿元，比全省平均增速快6.3个百分点，列全省第二位。开展重点工业项目"走基层、送服务"对接服务，组织金融机构加入盐城市中小微企业服务联盟，改进对小微企业的金融服务。全年全市工业贷款比年初增加34.64亿元，小微企业贷款比年初增加162.79亿元，涉农贷款比年初增加277.31亿元。继续推进土地承包经营权抵押贷款试点，发放农村土地承包经营权抵押贷款1.23亿元，列全省第三位，年末余额7941.7万元。建立并完善市、县两级利率定价自律机制，指导金融机构提高自主合理定价能力。运用货币政策工具引导金融机构有序降低融资成本，支持实体经济发展。累计发放扶贫再贷款9.5亿元，列全省第一位，办理再贴现20.2亿元。全年全市各项贷款（不含房贷）加权平均利率为5.94%。

金融稳定　加强金融风险监测与评估。关注农民资金互助合作社、小额贷款公司、融资性担保公司等具有融资功能的非金融机构风险动向，加强对化工等重点行业、互联网金融等新型金融业态的监测。了解金融机构真实风险状况，加强对不良贷款、潜在不良贷款以及逾期欠息贷款的日常监测。推进存款保险各项工作。完成辖内15家投保机构存款保险评级打分工作。督促投保机构按时完成存款保险费缴纳工作。对盐城农商行等6家地方法人金融机构开展存款保险现场核查，提高金融机构执行存款保险制度的规范性。组织金融生态县创建工作，推动县域党政领导高度重视金融生态环境综合评估工作，并指导采取有效措施切实改善区域金融生态环境。全市9个县（市、区）在全省县域金融生态环境综合评估排名平均上升5.4位。

金融服务　推动综合服务站提档升级，推广"服务站+淘宝店"模式，探索开通服务站跨行支付业务。推动开发粮食收购管理平台，构建形成非现金结算"一体化"流程，全市粮食收购库点全部实现非现金结算，优化支付结算环境取得成效。金融IC卡在市区公共自行车等领域实现应用。联合海关加强督导，"银关通"税款缴库时效性提升。推进硬币自循环试点，形成以硬币鉴定、清分、调剂为依托的循环流通模式。加强部门合作，建立人民银行、公安机关、商业银行共同参与的"三位一体"的反假货币工作网络。推广应收账款融资服务平台应用，全年累计成交319笔244.33亿元；实现4个核心企业、4条供应链线上融资，累计成交11笔3.2亿元。6月23日，阜宁、射阳发生特大龙卷风冰雹灾害。灾害发生后，中国人民银行盐城市中心支行通过微信群发出倡议，1小时内募集爱心捐款7635元，青年党员志愿者在第一时间采购救灾物资送往灾区。全行党员共捐款28.21万元，向灾区群众无偿献血2460毫升。组织全市金融机构参与灾后重建。开展阜宁灾区重建调研，组织全市金融机构对阜宁信贷客户受灾情况进行全面摸排，对银行信贷客户相关信用业务借款人发生还款困难、抵押资产毁损、灭失等情形，进行一户一议，共同协商、提出解决方法。加大货币政策工具支持力度。向阜宁、射阳3家法人金融机构发放4.5亿元扶贫再贷款，用于金融机构支持灾区涉农贷款的发放，要求金融机构发放的贷款利率不得高于同档次基准利率，7月底，完成扶贫再贷款资金的发放。支持灾区中小微企业开展自救，先后为阜宁、射阳3家法人金融机构办理再贴现1.2亿元，相关票据的贴现利率均不超过3.9%。

外汇管理　宣传解读外汇管理政策和监管意图，推动全口径宏观审慎跨境融资新政落地。加强大额购、付汇情况监测、预警，加大对相关银行和企业负责人的约见谈话力度。建立盐城地区外汇银行自律机制，将19家银行纳入会员单位管

4月9日，中国银行盐城分行举行"内控护航 合规发展"主题知识竞赛决赛。

理，引导外汇银行不断增强执行外汇管理规定的自觉性。加强外汇管理与服务，支持全市涉外经济发展。加大为企服务力度，继续深化跨国公司外汇资金运营管理改革试点，新增备案盐城钢铁集团开办外汇资金集中运营业务。指导盐城东方投资开发集团有限公司成功在境外发行盐城首笔城投海外债券3亿美元。拓展贸易项下跨境资产转让业务新模式，推动实体企业、制造业供应链的全口径跨境人民币融资。推进人民币跨境结算业务，全年银行为689户进出口企业办理跨境人民币结算业务，同比增加141户。

（王俊勇）

二、中国农业发展银行盐城市分行

2016年，中国农业发展银行盐城分行累计发放各项贷款88.29亿元，比上年增加14.05亿元，年末各项贷款余额174.9亿元，比年初增加38.48亿元。服务粮食收储。全年投放夏收贷款18.58亿元，支持企业收购小麦6.76亿千克。支持中长期项目建设。支持整体城镇化、棚户区改造、农村路网、水利建设等中长期项目19个，累计发放贷款46.1亿元，比上年增加22.87亿元。全年获批支农项目15个，金额119.89亿元。支持重点建设基金。坚持投贷联动、银政联动、同业联动，累计获批基金项目15个，金额20亿元。年末各项存款余额66.19亿元，较年初增加14.14亿元；日均存款余额59.88亿元。开展增收节支。在利差空间不断收窄的情况下，加大收息工作力度，完善利率定价机制，压减公共费用支出，实现账面利润2.48亿元，同比增加1.2亿元。开展扶贫救灾工作。主动对接省定帮扶县和盐淮灌溉总渠以北集中连片贫困区的扶贫任务，对重点扶贫项目开展摸底调查，探索政策性金融扶贫新路，准入扶贫项目2个，金额19亿元；在阜宁、射阳遭受特大龙卷风冰雹灾害后，启动突发事件应急预案，主动对接当地灾后重建，在地方金融机构中率先投放应急贷款11亿元，用于倒损住房恢复重建、受灾镇村集中安置房建设等。对受灾群众的夏粮包括受灾粮食采取“特别收购”举措，以信用方式投放3000万元市场化收购贷款，按最低收购价格每千克2.36元的价格收购受灾小麦1250万千克，受益群众1.3万户。

（戚国庆）

三、中国工商银行盐城分行

2016年，中国工商银行盐城分行累计办理表内外融资业务比上年净增加94.68亿元，其中累计办理各项贷款余额较年初增加24.93亿元，公司贷款余额较年初新增20.84亿元；各项存款较年初增加24.77亿元。全年项目贷款投放59.83亿元，已批待放项目贷款30个，未提项目贷款82.13亿元；已过预审会项目31个，累计金额114.33亿元。与工银租赁合作已批项目贷款4亿元，已过预审会项目2亿元。在手营销项目10个，金额合计38.41亿元。10月，邀请中国工商银行江苏分行项目专家组在盐城现场会办项目审批工作，通过省行审查项目（含银团）19户，合计金额49.95亿元。其中，政府类11户，金额24.45亿元；环保、制造业类3户，金额4.2亿元；电力类5户，金额24.8亿元。全年累计办理国际贸易业务32.68亿元，办理国际业务结算量23.65亿元。“小微创业贷”向155户小微企业发放贷款4.4亿元，户均贷款382万元，平均执行利率5.71%，受惠企业累计新增销售收入2.5亿元，新增就业岗位1600个，新增纳税额0.8亿元。重点推广“网贷通”、小微商户逸贷公司卡等创新型产品。全年共向全市240户小微企业发放贷款791笔，累计贷款金额50.31亿元，户均贷款累计约2000万元，直贴余额2.9亿元。针对全市小微企业在去库存、去产能过程中不良率有所攀升的状况，累计为12户困难企业办理展期贷款29笔、金额1.13亿元。对小微企业实施让利减费措施，小微企业贷款平均年利率4.65%。全年在线运行智能银行37家，网点占比66%，累计投产智能设备114台。扩大普惠金融受惠面，新增缴费项目26个，全年实现缴费金额14.55亿元。在阜宁、射阳发生特大龙卷风冰雹灾害发生后，第一时间赴阜宁灾区，组织阜宁、射阳支行员工减灾救灾，开通信贷审批绿色通道，主动给受灾企业制定后续抢险救灾方案，对2户受灾严重的信贷企业办理贷款展期，展期金额2028万元。持续开展系列金融知识宣传，全年开展金融消费者权益宣传116场次，成功堵截诈骗62件，金额312万元。

（王誉名）

四、中国农业银行盐城分行

2016年，中国农业银行盐城分行本外币各项存款余额669.5亿元，比年初增加70.17亿元；本外币各项贷款余额361.62亿元，比年初增加37.87亿元。

支持“三农” 年内，辖属响水、滨海2个省定贫困县支行贷款同比增速32.84%。支持新型农业经营主体，综合服务辖内197家市级以上龙头企业；支持专业大户、家庭农场、合作社社员973户，贷款总额31.89亿元，比年初分别增加452户9197万元。加快建设农村服务渠道，全年发放惠农卡73.3万张，比年初增加14.6万张；“金穗惠农通”工程服务点2311个，服务点合计金融交易60.96万笔，总额22.3亿元。围绕新型农业经营主体，发展“金农贷”、富渔贷、农机购置贷、土地经营权抵押贷等产品。全年发放“金农贷”899户，余额2.3亿元，净增603户1.37亿元；发放富渔贷、农机购置贷、土地承包经营权抵押贷1384万元。将金融扶贫贷款列入全行综合绩效考核，开发“扶贫贷”“创业贷”等产品。

业务发展 成功拓展响水县水务投资有限责任公司14亿元企业债、江苏恒源建投有限公司10亿元公司债券资金监管业务。推广“行长+中心+网点”营销模式，强化资源配置，优化业务流程，提高办理效率，做大一手房、二手房、公转商、农民安家贷、非购房个人贷款、各类分期业务规模。至年底，个人贷款（不含“三农”、卡透支）余额157.14亿元，比年初净增19.73亿元；二手房贷款余额6.18亿元，比年初净增2.72亿元；非购房个人贷款余额2.2亿元，比年初净增0.55亿元。全年信用卡分期交易额5.1亿元。加大机构业务拓展力度，至年底，实现代理保费16.4亿元，实现手续费收入0.38亿元。成功办理同业融出21笔102.75亿元;新拓展企业年金客户1户,新增托管资金0.4亿元;法院案件管理、乡镇财政国库集中支付等系统成功上线。全年跨境人民币结算量29.1亿元。全年发放中长期项目贷款28个,金额48.43亿元。加快公司业务投行化进程,牵头组建外部银团10笔,实现中收7648万元;在全省第一家成功分销地方债;成功中标盐城师范学院"校园一卡通"项目。同业合作和托管业务涵盖棚改、水利、水投、政府购买服务等多个领域。"苏微贷"贷款余额3.23亿元。

风险管控　抓好不良贷款清降,对存量不良实行名单制管理,综合运用资产重组、依法处置、核销等方式进行处置;开展"不良资产清收处置攻坚年"活动,挖掘自营不良、委托资产、已核销、已批量转让贷款清收潜力。抓好信用风险防控化解,开展信用风险专项治理活动,逐户制定信用余额压降计划和风险化解方案;对已落实风险化解方案的客户提高检查频次,实施动态管理。至年底,不良贷款余额4.33亿元,较年初下降1.49亿元,不良占比1.2%,较年初下降0.6个百分点。累计处置不良贷款6.44亿元,清收不良贷款本息9021万元,均超额完成省分行目标,委托资产全部清零。（肖立春）

五、中国银行盐城分行

2016年,中国银行盐城分行本外币存款余额456.59亿元,比年初新增66.11亿元,本外币各项贷款余额433.79亿元,比年初新增69.76亿元,成为盐城首家存、贷款双超400亿元的商业银行。实现中间业务收入5.76亿元。国际结算量37.3亿美元,市场份额46.92%。支持中国盐城环保科技城、中韩盐城产业园区建设,表内外合计授信金额21.65亿元;6月,为江苏悦达集团有限公司发行20亿元、期限270天的超短期融资券;9月,与中韩盐城产业园区合作成立10亿元中韩产业基金;11月,助力盐城东方投资开发集团有限公司成功发行3亿美元海外债券,为盐城地区首笔;为东风悦达起亚品牌特许经销商提供"一对多"封闭式三方融资业务,服务东风悦达起亚汽车有限公司下游三方融资合作经销商65家,授信余额6.87亿元;沿海开发实现贷款投放20.8亿元,为滨海中电投牵头组建盐城体量最大的32.27亿元银团贷款。推进福费廷二级市场买入业务的叙做,累计叙做福费廷买入业务23.4亿元。跨境人民币业务方面,分别办理首笔A股减持项下跨境人民币业务3564万元,外债项下跨境人民币业务1.03亿元,服务贸易项下大额技术转让费1.07亿元,外资股权转让项下业务9500万元。保函业务方面,为东风悦达起亚汽车有限公司办理省辖最大金额及全市首笔企业信用认证保函3167万元。国内信用证方面,全年累计为江苏海力化工有限公司开立国内信用证2.2亿元。表外融资方面,成功为江苏丰山集团股份有限公司叙做人民币协议融资产品891万元。组合类融资方面,累计办理金额2.64亿美元,并首次办理利率掉期业务金额8695.9万美元。加强风险管控,制定《关于加强对授信业务重要环节风险管控实施意见(2016年版)》,对贷前把控、贷中管理、贷后跟踪3个方面提出要求。建立清收机制,强化组织管理。开发监控系统,加强效期管理。对同一控制人名下多笔授信即使出现欠息等问题难以有效识别的问题开发效期管理信息系统,通过系统的效期管理监控和现金流监控2个模块,提前摸排潜在不良,提升风险预警能力。成立不良资产清收化解领导小组和清收化解分中心,全年化解不良资产9.76亿元。（陈　可）

六、中国建设银行盐城分行

2016年,中国建设银行盐城分行全量资金495亿元,日均新增107亿元。一般性存款393亿元,新增58亿元,其中对公存款日均余额206亿元,新增41.38亿元,储蓄存款日均余额187亿元,新增17.11亿元。各项贷款307亿元,新增29亿元,其中公司贷款余额193亿元,比年初新增15.24亿元;个人贷款余额114亿元,新增14.21亿元。人民币非贴现贷款余额170.18亿元,比年初新增12.79亿元,贴现余额22.67亿元,比年初新增2.44亿元。非存款类金融资产日均新增59亿元。中间业务净收入4.36亿元,同比多收5084万元,其中个人中间业务收入8552万元,资产相关收入占比较年初下降4.85个百分点。全行考核口径不良贷款额3.56亿元,比年初净下降1.61亿元。实现拨备前利润11.56亿元,同比增加2.07亿元。实现净利息收入11.42亿元。

业务发展　支持现代农业、水务、港口、先进制造业发展,投放流动资金贷款7亿元、固定资产贷款15亿元,东风悦达起亚汽车有限公司"汽贸融"业务获总行审批。全年入池融资理财产品11.8亿元。成功促成50亿元盐城高新技术产业开发区新型城镇化建设产业基金项目,获批项目资金9亿元,投放2亿元;市城投集团有限公司50亿元产业基金成立。支持小微企业发展,全年"助保贷"累计发放贷款5270万元,比年初新增1120万元。全年"韩园贷"余额2910万元。开展"税易贷"线上获客活动和小微企业大数据产品营销服务竞赛活动,与市国税局和地税局签订业务合作协议,开展"税易贷"营销。加大个人资产的配置力度,投放"公转商"贷款8.82亿元;成立二手房贷款经营中心,二手房贷款成功投放3.29亿元。启动快贷业务,年末个人快贷有余额客户净新增3003户,快贷余额6756万元。信用卡贷款余额19.5亿元,贷记卡消费额97.8亿元。成功销售非保本理财产品40亿元;保本理财日均新增3.4亿元,营销市人民医院养颐无忧产品1.2亿元。个人外币储蓄存款余额8034万元。全年代发工资个人账户月均资金沉淀22.15亿元。机构一般性存款日均余额100.07亿元。对8家国土招拍挂项目实现全覆盖;新上线银医通项目3个,开立农民工保证金账户4个、民工代发工资专户3个。对公一户通活跃客户净增284户,规模以下无贷户有效客户增速24.14%,完成现金管理综合服务方案6户。新增现金池客户3户、票据池客户11户。全年实现分期交易额12.6亿元。其中,专项分期交易额7.9亿元,一般分期交易额4.7亿元。全年分期通交易额2.92亿元,实现账单分期4.16亿元。开展"云闪付”促销，借记卡新增3.42万户。全年公积金龙卡新增5.06万张。

渠道建设　全年压缩高柜74个，增加低柜64个，减少交易核算岗116名，提高营销服务人员占比至60%以上；投放标准版智慧柜员机140台，点均2.5台。建成智慧转型网点7个，轻型网点2个，调整1个市区网点到县域；新建离行式自助银行15个。全年安装视频银行设备12台，其中助农服务点6台。全年新增E动终端24台。运用助农服务点，拓展农村市场，当年建成30家“乡邻小站”。选择营业部牙河桥自助银行、步凤镇自助银行进行试点，推进社区银行建设。

风险防控　实行风险和业务条线“双线”控制、“双线”考核，按月对公司、小企业、房金业务条线及各支行计划执行情况的监测、通报，及时采取措施化解风险。对全辖营业机构开展年度柜面基础等级复查验收工作，新申报盐都支行、龙冈支行2个一级单位。年内，成功上报重点可疑交易15份，涉及金额32亿元，其中有4份交由公安部门立案并告破。成功堵截电信诈骗23起，假港币1起，假存单1起，对私冒名开户12起，对公冒名开户9起。

七、江苏银行盐城分行

2016年，江苏银行盐城分行各项存款余额400.54亿元，较年初增加67.81亿元；各项贷款余额272.54亿元，较年初增加40.36亿元。服务盐城经济建设。对接先进制造业、智能制造业、传统产业技术改造和转型升级企业，服务全市制造业转型升级，年末制造业贷款余额48.36亿元，其中先进制造业实贷余额11.72亿元，战略新兴产业融资余额19.05亿元。加大对节能领域、光伏发电等绿色信贷拓展力度，绿色信贷余额18.02亿元，较年初新增9.96亿元。服务地方企业“走出去”，发展内保外债、内保外贷等国际业务，为地方重点企业提供国际贸易融资授信，全年实现国际结算量4.7亿美元。服务小微企业。小微企业贷款年末余额139.2亿元，较年初增加27.38亿元。加快落地“税e融”“商e融”“创e融”等“e融”系列网贷业务，全年小微网贷业务审批通过227笔6826万元。支持农业及服务业小微企业发展，“新农贷”办理20户7690万元，“服务之星”办理3户400万元。科技金融继续保持同业领先，“苏科贷”年末贷款余额6.21亿元。扩大“人才贷”客户覆盖范围，年内发放13户1900万元。试点投贷联动业务，实现首笔业务500万元落地。推进业务转型。加快基金业务落地，投放城市发展基金、棚改基金等公司类基金34.82亿元，加大中韩产业园项目对接，成功营销中韩产业基金20亿元落户。传统优势业务结构化融资持续发力，全年投放金额48亿元。与地方重点企业合作开展新型业务，发行分行首单理财直融工具8亿元，落地分行首单债权融资计划3亿元，投放新能源产业基金2.86亿元，分行境外发债投资业务5000万美元首单落地。参与总行发起的“融元1号”全国首单商票收益权项目，实现企业资产证券化业务零的突破。做好银团贷款组建，牵头银团11个，投放4.62亿元。主动与异地城商行、本地农商行、信托公司沟通对接，围绕托管、保管、监管业务，以新增项目为手段、以余额提升为目标，三管余额较上年增长107亿元。

（陈李金）

八、中国邮政储蓄银行盐城市分行

2016年，中国邮政储蓄银行盐城市分行信贷余额238亿元（其中表内余额153亿元），新增投放贷款101亿元（其中表内新增63亿元）。个人储蓄余额387亿元，公司存款余额61.7亿元，全年各项贷款净增101亿元，其中零售信贷增长36.56亿元。信贷类资产不良额7532.92万元，不良率0.73%。全年办理票据贴现103.47亿元，签发银票39.88亿元。表外融资新增38亿元。累计设立小微信贷服务点32个，实现“三农”和“小微”新增投放4.3亿元，达成18.5亿元。支持地方经济建设，对江苏悦达集团有限公司等项目授信额度57亿元；当年累计投放项目贷款12.3亿元。加大购房信贷支持，年末住房贷款余额62.9亿元。至年底，分行共有网点237个，其中195个分布在县域。

（张　伟）

九、盐城农商银行

2016年，盐城农商银行各项存款余额204.19亿元，各项存款比年初增加26.41亿元。各项贷款余额149.07亿元，比年初增加19.57亿元。实现非信贷业务收入7.04亿元，比上年同期增加5.34亿元。发行个人和机构专属理财产品180期，累计发行金额32.13亿元；发行同业理财31期，累计发行金额32.6亿元。办理国际业务结算538笔，结算金额7360.39万美元，贸易融资全年发生44笔，金额181.7万美元。全年实现各项收入13.55亿元，拨备前利润为4.87亿元，利润总额2.28亿元、净利润1.39亿元。金融增加值为7.02亿元，比年初增加1.04亿元。启动消费金融。至年底，“农务通”发卡4.67万张，用信1.75亿元。加强银企合作。至年底，公司贷款总额61.5亿元，比年初增加5.3亿元；公司贷款客户数860户，比年初增加11户。加强风险管控，按照五级分类不良贷款余额3.41亿元，比年初增加4545.75万元和下降0.03个百分点；隐性类贷款余额为零，较年初减少2.03亿元；不良贷款风险拨备金7.02亿元。全年成功拦截3起通信网络诈骗案件，累计为客户挽回17.3万元经济损失。

（曹　溪）

十、华夏银行盐城分行

2016年，华夏银行盐城分行一般性存款余额77.39亿元，较年初新增16.63亿元，各项贷款余额78.26亿元，较年初新增31.19亿元。实现营业收入4亿元，较上年增加1.15亿元，拨备前利润2.97亿元，较上年增加1.08亿元，中间业务收入6213万元，较上年增加415万元。拓宽融资渠道，全年发行超短期融资债券10亿元，办理银行承兑汇票47.19亿元、理财融资业务8.8亿元、信托贷款2.1亿元、委托贷款6.06亿元、融资租赁0.5亿元，年末表外业务余额38.84亿元。提升资金运用效率，新增存贷比187.58%，较上年提高63.98个百分点，余额存贷比

101.13%,较上年提高23.66个百分点。优化贷款投向,涉农贷款余额40.32亿元,较年初增长17.91亿元,小微企业贷款余额11.37亿元,较年初增长6.69亿元。强化产品创新,在华夏银行总行系统率先推出小微企业创业贷,成功办理华夏银行南京分行系统首笔"银税通"和"苏科贷"业务。9月,被江苏省文明委评为江苏省文明单位。

(季荣容　陈旭东)

第二节　保　　险

2016年,全市有各类保险企业71家,其中市级产险公司21家、寿险公司36家、保险专业中介一级法人机构14家;有分支机构701家,服务网点遍布城乡。全年全市实现保费收入137.91亿元。其中,财产险保费收入35.82亿元,人身险保费收入102.09亿元。全年全市保险行业承担各类风险责任1.5万亿元,赔款与结付48.91亿元。其中,产险公司支付赔款21.19亿元,寿险公司赔偿结付27.72亿元。缴纳税费2.82亿元,代收缴车船税费1.79亿元。提供就业岗位4.05万个。在"6·23"阜宁、射阳特大龙卷风冰雹灾害救灾中,保险行业集中调配派出查勘人员1256人次,理赔查勘车辆497台次,成立各类专项工作组106个,处理接报案1686起,支付赔款3.7亿元。

至年底,全市大病保险实现城乡居民全覆盖,当年承保人数818.87万人,保费收入2.04亿元,累计赔付5.96万人次,支出赔款1.31亿元。针对居民社会基本医疗保障以外的疾病、护理、失能收入损失的保障需求,提供相应商业保险服务,同时通过拓展健康保险,促进病有所医。当年健康险保费收入10.96亿元,赔付支出3.54亿元,通过分担养老服务风险,推进老有所养。为181家养老服务机构、2018个居家养老服务站,提供综合责任保险保障。提供企业年金服务,盐城平安养老公司受托企业年金客户31家,员工总数6896人,规模1.53亿元;通过政府推动、市场运作,助力特殊群体,实现弱有所济。

全年全市成功开办农险品种26个,保险覆盖面90%左右,保费规模5.32亿元,年提供风险保障50多亿元。农险总体赔付率保持在60%左右。拓展新农合大病保险、农村小额人身意外伤害保险、银龄安康保险等,为全市569.71万名农民提供新农合大病保险服务;为141.1万名农民提供小额人身意外伤害保险服务;为48万名50岁以上的老人提供银龄安康保险服务。其中,农村小额人身保险已扩面提质,居民自然灾害综合保险成功推出实施,惠及800多万人。年内,中国人寿创新开发适合农民需求的农村小额人身保险产品为90.04万名农民提供风险保障;人保财险以小产品参与大服务,推出农村房屋保险、农民家庭财产保险护农惠农。

全年引进各类保险资金50多亿元,服务支持重点工程建设。通过企业财产保险,为全市投保企业承担风险总额3341.9亿元。通过出口信用保证保险,支持全市50家企业获得融资5.8亿元。破解小微企业融资难题,通过国内贸易信用保险为小微企业提供约3485.97万元信用风险保障,为39家外贸企业提供5300万美元出口信用保险保障。年内,紫金产险盐城科技支公司落户市经济技术开发区,是全省第二家、盐城唯一的科技保险公司,为8家技术创新企业提供1.07亿元的创新风险转嫁服务。

2016年全市保险业务情况

表19-55　　单位:万元

指　　标	2016年
一、承保额　财产险	150474016
企业财产	20324340
家庭财产	2165375
二、保费收入	1379066
财产险	358204
企业财产	12377
家庭财产	1765
人身险	1020862
人身意外伤害险	23238
三、赔偿支出	489104
财产险	211886
企业财产	5667
家庭财产	843
人身险	277218

一、盐城市保险行业协会

盐城市保险行业协会成立于2001年12月20日,是盐城市民政局批准的保险业自律性社团组织,主管单位为中国保险监督管理委员会江苏监管局,有会员单位71家。

保险服务　创新消保维权服务,设立全市保险消费者权益保护服务中心。与市、县工商、消协和市政府公共服务热线"12345",建立消保维权常态化沟通协调机制,畅通行业"网、电、信、访"四位一体"直达车。全年累计调解案件1005件,成功调解996件,涉及金额6884.73万元。年内,市保险行业协会被评为全省保险业唯一一家"放心消费创建示范行业";紫金财险、中华联合财险、新华保险、合众人寿等14家公司获评省、市放心消费创建先进单位。创新道交事故快处快赔盐城模式,警保合作在全市建立10个交通事故保险快速理赔中心,全年快处快赔道交事故15万起。推出人伤绿色通道定点救治医院和直赔定点汽修企业服务,提高道交事故受害人救治和事故车修复及时率。发挥道路交通事故救助基金作用,年均受理垫付申请300余件,垫付抢救费近1000万元。至年底,累计为全市2357起交通事故垫付抢救费金额4840万元,受益人数近2500人。年内,盐城被纳入全省道交事故快处快赔试点城市。

风险管理　与卫计、安监、环保、民政等部门协同，成立医疗责任、企业安全生产和环境污染责任以及居民综合险共保体，为394家医疗卫生机构，837家高风险、重污染企业，全市800多万人提供300多亿元的责任风险保障。道路运输承运人责任险实现100%覆盖全市所有客运企业。与公安、司法、法院、仲裁等部门协作，成立保险合同纠纷调处中心，在人民大调解机制下，构建"行业自主调解、交警快处中心前置调解、法院庭前调解和仲裁调解"相结合的"四方联调"机制。年内，涉及产、寿险的案件，通过采取与公司电话沟通或发调查处理函或由协会主持当面调解等方式，大多数案件得到妥善处理。9月，人伤直赔工作启动，全年受理申请70起，调解达成赔偿协议6起，合计金额86.71万元。反保险欺诈取得进展，公安部门侦破案件1起，直接挽回和减少损失162万元。开展2016年满期给付风险防范工作，汇总分析满期给付风险点，督导各公司应急处置方案。通过工作会议完善组织、明确人员、重要节日风险防范预警，制定满期给付工作联络人制度，及时对接处置满付客户纠纷，全年未发生一起风险事件，满付工作平稳运行。防范业外风险蔓延，针对非法集资、互联网保险等风险，通过寿险高峰会、网站、微信、邮件及时向社会、业内发布相关提示，开展互联网保险问卷调查等活动，全行业8300多人参与调查。

商业车险改革　年内，市保险行业协会推进全市商业车险改革。定期举行商车改革领导小组督导工作例会，传达落实商车改革各项工作要求。制定实施盐城商车改革工作方案，规范流程、验收标准。至年底，完成全市21家财险公司的商车改革落地验收。推进商业车险、人身险费率及"营改增"等改革，全市商业车险降价保单占比71%。做好商车改革风险防范，向市委、市政府专题汇报，排查摸清风险隐患，督促各公司结合实际制定重点客户风险化解预案，跟踪督导，强化自律。针对团体、个人重点客户，做到逐级落实责任，逐单专人追踪，层层实行责任追溯。利用手续费结算大数据，对各机构商车改革经营风险实施现场检查与重点监测，确保商车改革平稳健康进行。

"6·23"救灾理赔　6月23日，阜宁、射阳发生特大龙卷风冰雹灾害。灾害发生后，江苏保监局、市保险行业协会迅速成立"6·23"突发灾害保险业处置工作指挥部，组织展开抗灾救灾理赔各项工作。各保险公司快速响应，当晚有28家保险公司赶赴灾区组织救灾理赔行动。各保险公司承保、理赔、IT和客服部门通力合作，全员上岗，通过设立救助点和紧急报案点，增加应急报案电话，通过24小时客服热线、公布当地机构理赔咨询电话以及微信受理等方式，确保接报案畅通。理赔采取快速理赔特事特办原则。对于责任明确、损失基本确定的案件，第一时间主动预付赔款，支持受灾企业和群众及时恢复生产生活。全行业累计调派查勘定损人员1256人次，配备查勘车辆497台次，各类专项工作组106个，处理报案1686起，办理结案1684件，支付赔款3.7亿元，结案率99.66%，其中车险结案率99.66%，非车险结案率99.9%。9月8日，全市保险业发展工作会议在盐城召开，会议围绕在抗击"6·23"特大龙卷风冰雹灾害中保险发挥的重要作用，对保险的重要性和必要性有新的认识。通过反思，加强对人财物防灾减损险种的宣传教育，推动社会公众更全面认识保险、用好保险，主动防范风险。（蔡中源）

二、中国人民财产保险股份有限公司盐城市分公司

2016年，中国人民财产保险股份有限公司盐城市分公司实现保费收入16.4亿元，其中车险实现保费收入11.05亿元；非车非农通过政府及行业统保业务扩面、嫁接工程，拓宽发展路径，实现保费收入3.65亿元；农险实现保费收入1.7亿元；完成产代寿保费2296万元，产代健保费2214.5万元。全年缴纳营业税、企业所得税等8357万元，代收代缴车船税6656万元。全年处理赔案超过18万件，支付赔款超10亿元。其中，1月20日，北京金风科创风电设备有限公司发电机受损，经核实，支付机器损坏保险赔款103.28万元；5月13日，江苏天目建设集团有限公司雇员在工作时重伤身故，经核实，支付雇主责任险赔款108万元；6月23日，因龙卷风灾害，江苏海鑫新能源发展有限公司受损严重，经核实，支付财产一切险赔款584.39万元；7月2日，国家电网江苏省电力公司因暴雨电力设施受损，经核实，支付财产一切险赔款204.58万元。至年底，公司报表利润亏损2008万元，赔付率73.36%，直接赔款10.55亿

7月1日，中国人民财产保险股份有限公司大丰支公司开具全省第一单城乡居民住宅地震巨灾保险。

元。其中,大灾赔款支出8408万元,农业保险赔款支出1.21亿元。6月23日,阜宁、射阳发生特大龙卷风冰雹灾害,公司先后接到车险、非车险、农险报案889件;6月24日,完成第一笔赔款支付工作;6月28日,农险案件全部处理完毕,支付赔款208万元,包括受灾投保的41位农业生产者、719名农村居民;6月29日,向国家电网江苏省电力公司预付赔款800万元。公司共计支付赔款2400余万元,协调省分公司推进阿特斯理赔工作,总预付赔款3.2亿元。

参与社会保障　连续四轮首席承保全市大学、中学、小学及幼儿园学生的校(园)方责任保险,受保障大学、中学、小学及幼儿园979所、学生104万人。连续两轮首席承保全市养老机构责任险,为151个乡镇、2052个居家养老中心站点、9279名养老机构在册老人提供115亿元的风险保障,向28人次支付赔款34万元。为全市各类医疗机构301家提供医疗责任保险保障,其中公办医院35家、乡镇卫生院(含村医务室)183家、社区卫生服务中心27家、医疗服务一体化办公室7家、民办医院39家、其他医疗组织10家。承担风险保额1.4亿元。全年支付赔款730万元,成功化解189起医患纠纷。参与城乡居民大病保险项目,为231万名城镇职工和城镇居民、238万名农村居民提供大病保险,有6.81万人次受益,给付9111万元赔款。

提供风险保障　支持盐城重点投资项目建设,为城市快速路网建设、农村公路危桥改造提档升级、灌河治理、沿海风电安装等53项重大工程提供148亿元的风险保障。为2298家企业提供1022亿元的企业财产风险保障,为22万辆汽车提供2132亿元的车辆保险保障,全险种的风险保障总额达到8613亿元。在推动安全生产责任险、环境污染责任险、医疗责任保险、各类民生保险的同时,首席承保全市"电梯责任保险"项目,全年有5000部电梯参加保险。

保险业务发展　先后推出科技保险、文化保险、国内贸易信用险、出口贸易信用险、首台套保险等适应产业转型升级的新型保险产品。为大丰丰泰流体机械科技有限公司等8家本土企业产品提供"首台套"保险,保费收入463万元;提供5.4亿元的产品责任和产品质量风险保障以及5.6亿元的小微企业出口信用风险保障。继续做好"联办共保"的"江苏模式"农业保险,开办"池塘淡水养鱼保险""农作物火灾"保险,全年为151.1万户农业经营者提供风险保障,支付赔款1.8亿元,82.5万人次受益。推广农村小额人身险、农村小额家财险,全年赔款支出932万元。

(陈远远)

三、中国人寿保险股份有限公司盐城市分公司

2016年,中国人寿保险股份有限公司盐城市分公司实现总保费29.26亿元,寿险首年10.34亿元,首年期交6.4亿元,10年期交4.1亿元,短险保费1.7亿元,长险标保2.9亿元,续收保费17.2亿元。其中,寿险首年、首年期交、10年期交、长险标保增幅分别为25.15%、71.67%、81.34%、53.63%。公司年度经营指标排名全省第二位,成功跻身AAA公司行列。全年个险渠道持证人力1.43万人,银保渠道保险规划师新增人力1404人,客户经理队伍年度举绩人力193人。团险渠道全年累计新增人力207人。全年合计理赔案件3.39万起,理赔给付金额合计1.43亿元。其中,1月14日,被保险人陶某在家里游泳池不慎溺水身故,经核实,给付身故保险金16.72万元;5月21日,被保险人姜某在东台溱东镇人民路鑫奇门业前路段步行时被客车相撞,经医院抢救无效当日身故,经核实,赔付意外身故保险金69.02万元;10月19日,被保险人季某在吉林省长春市道路划线作业时被客车相撞时当场身故,经核实,赔付意外身故保险金60万元。

(吴少春)

第三节　证　券

2016年,新开业安信证券盐城营业部、国盛证券盐城营业部、东北证券盐城营业部3家证券机构,证券期货机构总数20家。年内,东台市国有资产经营有限公司15亿元、阜宁县城市投资发展有限责任公司(二期)10亿元和建湖县城市建设投资有限公司(三期)10亿元,共3只债券通过国家发改委核准,累计规模35亿元。

2016年全市证券(期货)机构

表19-56

序号	证券(期货)机构名称
1	华泰证券
2	国联证券
3	海通证券
4	东吴证券
5	东海证券
6	宏源证券(南)
7	宏源证券(北)
8	国元证券
9	光大证券
10	南京证券
11	国信证券
12	同信证券
13	中信证券
14	银河证券
15	国泰君安
16	国盛证券
17	安信证券
18	弘业期货
19	国联期货
20	文峰期货

(王　慧)

第四节 融资担保

2016年，全市有担保机构28家(含4家分支机构)，其中纯民营担保机构1家、国有全资14家、国有控股10家、国有参股2家、外资1家。总注册资本46.07亿元，其中国有资本41.3亿元。全年全市28家担保机构为1529家企业提供128.5亿元的担保服务，实现利润4590万元，发生代偿4.5亿元，代偿比3.5%。发挥财政性资金的杠杆作用，开展盐城市财政支持企业发展融资政策推介会10多场次。完善“成长贷”“创业贷”企业库，全年为54户中小企业发放“成长贷”7348万元；5月，“苏微贷”产品成立，全年为67户中小企业授信4亿元，为59户中小企业实际发放贷款2.98亿元。全年全市有11家企业在江苏省股权交易中心“专精特新”板挂牌。 (季 鹏)

第五节 企业上市

2016年，全市有上市企业10家，上市企业累计融资169.01亿元。新增“新三板”挂牌企业19家，总数38家。“新三板”挂牌企业中，10家企业通过定向增发在资本市场融资5.98亿元。 (王 慧)

2016年全市上市企业上市和再融资情况

表19－57

序号	地区	企业名称	融资总额(亿元)	融资明细	上市时间	代码	行业	上市地
1	市直	江苏悦达投资股份有限公司	11.37	1994.1上市1.12亿元 1994.12配股0.99亿元 1996.9配股1.49亿元 1998.2配股2.49亿元 2000.3增发5.28亿元	1994.1.3	600805	投资	上海
2		悦达矿业控股有限公司	10.34	2010.1增发3.91亿元 2010.4配股4.34亿元 2011.12增发1.14亿元 2016.11配股0.95亿元	2001.11.29	00629	采矿	香港
3	盐都	江苏雅百特科技股份有限公司	33.30	2009.12上市6.3亿元 2015.8定增27亿元	2009.12.18	002323	制造	深圳
4		中国疏浚环保控股有限公司	9.60	2011.6上市6.38亿元 2014.12配股2.36亿元 2016.11代价发行0.86亿元	2011.6.20	00871	航道疏浚	香港
5	开发区	中大国际控股有限公司	3.58	2001.11上市0.5亿元 2009.11配股0.74亿元 2009.5配股1.55亿元 2010.3配股0.15亿元 2010.11配股0.64亿元	2001.11.1	00909	制造	香港
6		江苏农华智慧农业科技股份有限公司	32.86	1997.8上市4.69亿元 2000.4配股2.85亿元 2011.2配股6.75亿元 2014.5增发15.57亿元 2015.8其他债券3亿元	1997.8.18	000816	制造	深圳
7	大丰	江苏辉丰农化股份有限公司	30.52	2010.11上市12.17亿元 2015.3配股9.9亿元 2016.4可转债8.45亿元	2010.11.9	002496	农药	深圳
8		江苏丰东热技术股份有限公司	34.08	2010.12上市4.08亿元 2016.10配股18亿元 2016.11定增12亿元	2010.12.31	002530	制造	深圳
9		大丰港和顺科技股份有限公司	0.96	2016.8配股0.96亿元	2015.6.17	8310	制造	香港
10	响水	昇立化工控股有限公司	2.40	2007.2上市2.4亿元	2007.2.5	A7S	化工	新加坡
	合计		169.01					

2016 年全市“新三板”挂牌企业

表 19－58

序号	代码	挂牌时间	企 业 名 称	地区	经营范围	融资额(万元)
1	830900	2014.8	江苏维福特科技发展股份有限公司	东台	光电科技生产研发	－
2	831143	2014.9	江苏焕鑫新材料股份有限公司	大丰	异佛尔酮等化学品制造	14400
3	831787	2015.1	江苏高和智能装备股份有限公司	亭湖	高端线材装备生产	3200
4	831824	2015.1	江苏东方滤袋股份有限公司	阜宁	无纺布织造	－
5	831720	2015.1	盐城诚赢国际木业股份有限公司	建湖	照明电器产品生产销售	－
6	831860	2015.1	江苏盛安资源股份有限公司	盐都	齿轮配件	21985
7	832165	2015.3	江苏康生医疗股份有限公司	响水	轴承设备制造	4500
8	832194	2015.3	江苏蔚联机械股份有限公司	盐都	水工机械、农用机械等制造	－
9	832322	2015.4	东台市凯润精密机械股份有限公司	东台	精密机械生产销售	24.70
10	832510	2015.5	江苏星月测绘科技股份有限公司	开发区	测绘地理技术及设备研发生产	－
11	832815	2015.7	江苏金瀚科技股份有限公司	东台	电子新材料研发制造	3120
12	833190	2015.8	江苏华生基因数据科技股份有限公司	开发区	基因测序业务	7440
13	833411	2015.8	盐城宏景机械科技股份有限公司	东台	全自动印刷包装机械制造	－
14	833639	2015.10	盐城市亭湖区顺泰农村小额贷款股份有限公司	亭湖	面向“三农”发放小额贷款、提供融资性担保等	－
15	833882	2015.10	江苏汉印机电科技股份有限公司	盐都	数字喷印设备制造	－
16	834168	2015.11	江苏蔚金模塑股份有限公司	城南	汽车及零配件经销	－
17	833988	2015.11	江苏中成紧固技术发展股份有限公司	阜宁	紧固件	1013.10
18	834619	2015.12	江苏日明消防设备股份有限公司	滨海	化学试剂	－
19	834977	2015.12	盐城市新亚自控设备股份有限公司	亭湖	配电制造	－
20	835133	2016.1	双龙集团上海防爆电机盐城股份有限公司	开发区	防爆电机	－
21	836190	2016.4	江苏托球农化股份有限公司	滨海	农药制造	2791.20
22	836832	2016.4	江苏清泉化学股份有限公司	滨海	化学品生产	－
23	837302	2016.4	江苏东九重工股份有限公司	盐都	压力容器制造	－
24	837443	2016.4	江苏蓝天环保集团股份有限公司	阜宁	环保设备制造	1373.82
25	837441	2016.4	盐城中德精锻股份有限公司	大丰	汽车精锻制造	－
26	837367	2016.5	江苏科菲特生化技术股份有限公司	大丰	化学工业和化学制品制造业	－
27	837703	2016.6	江苏易电通智慧能源股份有限公司	射阳	能源技术开发	－
28	838019	2016.7	江苏金戈炜业环保科技股份有限公司	射阳	环保家居用品开发、销售	－
29	838622	2016.7	江苏几百粒食品股份有限公司	建湖	食品制造加工	－
30	838721	2016.7	江苏凯嘉橡胶科技股份有限公司	大丰	橡胶制品生产销售	－
31	838138	2016.8	江苏华源医疗科技股份有限公司	东台	一类医疗器械生产销售	－
32	838817	2016.8	江苏苏力机械股份有限公司	盐都	机电设备安装销售	－

续表 19－58

序号	代码	挂牌时间	企 业 名 称	地区	经营范围	融资额(万元)
33	838958	2016.8	江苏闳业机械股份有限公司	盐都	服装机械制造	－
34	838088	2016.8	盐城鹤鸣亭传媒股份有限公司	城南	互联网信息服务	－
35	839020	2016.8	江苏剑桥涂装工程股份有限公司	盐都	涂装设备制造	－
36	838669	2016.8	江苏金色工业炉股份有限公司	大丰	工业锅炉制造	－
37	839249	2016.8	江苏康杰机械股份有限公司	盐都	涂装设备制造	－
38	838560	2016.10	盐城市昶桦户外用品股份有限公司	盐都	文教、工美、体育和娱乐用品制造	－
合 计						59847.82

第六节　金融管理

2016年，盐城加强金融行业管理。市金融办加强银政对接，服务市政府与中国银行江苏省分行、交通银行江苏省分行、浙商银行南京分行签订战略合作协议。全年全市争取政策性信贷资金，国开行在盐城新增贷款36.41亿元，累计贷款余额159.3亿元；进出口银行在盐城新增贷款4.41亿元，累计贷款余额14.15亿元；农发行在盐城新增贷款38.48亿元，累计贷款余额174.90亿元。支持实体经济。市政府出台《关于金融支持制造业发展的若干意见》，至年底，全市重点工程贷款余额454.05亿元，交通、水利、电力等基础设施行业贷款余额521.68亿元，战略性新兴产业贷款余额61.99亿元。市金融办、盐城银监局、人民银行盐城中心支行组织银行机构进园区、企业、项目，送金融知识、融资方案、金融产品，对接资金需求、产品需求、服务需求，引导银行机构调整信贷投向，创新金融产品，排出制造业企业融资项目171个，资金需求29.11亿元。创新抵押担保方式，开展农村土地承包经营权抵押贷款提升农村金融服务水平，东台市入选国家首批试点农村土地承包经营权抵押贷款县（市、区）名单，至年底，全市累计发放农村土地承包经营权抵押贷款364笔1.23亿元。运用应急过桥资金降低企业转贷过桥成本，全年全市提供10支总规模为18.38亿元的过桥应急资金。丰富金融业态。全市农村中小法人金融机构开展资本工具创新和增资扩股。其中，大丰农商行、射阳农商行分别发行5亿元二级资本债券，4家农村中小法人机构通过利润转增、定向募股等方式增资扩股，注册资本合计增加1.47亿元。大丰农商行率先启动A股上市进程，其互联网平台在全省农商行战略转型推进会上被表扬。打击非法集资。全年公安机关立案查处非法集资案件87起，涉案金额8.27亿元，涉及人数5306人。开展互联网金融风险专项整治工作，对全市各类互联网金融平台开展全面排查，分类整改，全市互联网金融风险总体基本可控。

（王　慧　徐佳珠　王俊勇）

一、银行业监管

2016年，全市有银行机构38家。盐城加强对银行业的监督管理。

执法检查　年内，人民银行盐城市中心支行对2015年度综合评价等级为"C类"的工商银行盐城分行、农业银行盐城分行、昆山农商行盐都支行3家金融机构开展综合执法检查；推进反洗钱可疑交易甄别专项活动，配合市禁毒委打击涉羟犯罪，联合市国税局打击骗取出口退税和虚开增值税专用发票行为，联合公安部门严厉防范打击电信网络新型违法犯罪；组织开展支付结算、人民币收付、征信、移动金融和金融IC卡受理环境、反洗钱、外汇业务等执法检查；对35家金融机构执行重大事项报告制度情况进行现场核查。对辖区内8家农商行开展2016年度合格审慎评估及年检工作，按季对辖区内8家农商行和6家村镇银行开展定价行为评估工作。推动射阳农商行等8家金融机构开展同业存单和大额存单发行备案工作。指导阜宁农商行成功加入全国银行间同业拆借市场。对金融市场岗位人员和从业人员启动实施名单制管理。全年人民银行盐城市中心支行实施行政处罚232.5万元。

风险管理　盐城银监分局分类稳妥处置大额客户授信风险，发挥91家银行业债权人委员会平台作用，推进大额授信风险联合管理，妥善做好困难企业帮扶、银行债权维护等工作。加速不良贷款处置，组织法人银行机构摸排隐性不良贷款，分步推进5亿元隐性不良贷款入账。引导银行拓宽不良资产处置手段，通过打包转让、核销处置、内部重组等方式清收处置不良贷款48.42亿元，同比增加21.89亿元。强化外部金融风险整治，配合市政府出台《盐城市P2P网络借贷风险专项整治工作实施方案》及摸底排查操作方案，协同公安部门合力开展打击治理电信网络新型违法犯罪专项活动，推进涉案账户资金网络查控平台建设应用，组建市反电信网络诈骗中心。

金融服务管理　年内，盐城银监局持续推进转续贷政策落地，实施小微融资成本定期监测机制，在全省率先搭建国税、地税、银监三方"银税合作"框架，推进市、县两级联动，组织市区17家机构、8家农商行与税务部门签订"一对一"合作协议。提高"三农"及县域金融需求满足度，协同人民银行盐城市中心支行、市金融办联合制定落实《关于强化农村金融"三基"服务三年行动计划》，实施农村中小法人机构精准扶贫工程，组织农商行开展"阳光信贷"乡镇行活动，对村镇银行农村金融服务进行多维考评。

消费者权益保护　年内，市银监局建成使用银行业消费者权益保护区，设立盐城银行业人民调解委员会，举办首届"金融文化节"，开展金融知识宣传，召开银行业服务改进情况报告发布会，推动全辖银行机构实现风险产品销售过程同步录音录像。人民银行盐城中心支行推进金融消费者教育，组织开展"3・15"金融消费维权、"金融知识普及月"等系列宣传活动；组织19家金融机构开展金融消保工作评估，对招商银行盐城分行金融消保工作进行现场检查，增强金融机构保护金融消费合法权益的自觉性和主动性。

（徐佳珠　王俊勇）

二、保险行业监管

2016年，盐城加强保险行业监管。年初，市保险行业协会会同市金融办，就推进"盐九条"多次实地走访常务理事单位及会员公司，全面了解企业发展动向和会员诉求。4月，向市人大专题汇报行业发展情况。6月，市人大财经委形成专题报告向市委、市政府汇报保险行业工作。宣传普及保险知识。全年报纸、电视、电台及专场活动累计宣传50余次，通过金融城户外大屏、保险机构电子屏幕累计宣传数百次，宣传面向更广领域辐射。其中，"3・15"保险"进社区"对点宣传活动覆盖大市区59个街道、社区；"7・8"保险公众宣传日，走访百家市级重点企业、千名保险从业人员走访万名普通群众，普及保险基本知识；编印刊发《"6・23"保险理赔案例汇编》2500册。开展专项整治互联网保险、非法集资等风险防控工作。至年底，全市满期结付件数10.52万件，金额18.95亿元，年末给付完成率近90%，未发生群访群诉事件。

（蔡中源）

三、融资担保管理

2016年，市经信委加强融资担保日常监管。召开全市融资担保工作会议，下发《关于进一步加强融资性担保机构监管工作的通知》，与各县（市、区）经信委、担保机构签订监管责任状，明确监管责任。市经信委联合人民银行盐城市中心支行对全市融资性担保机构进行信用评级，14家机构获得A级以上评价；对全市融资性担保公司进行换证，24家法人机构全部换证完成；对全市14家担保机构进行现场抽查。加强担保机构培训交流，举办担保机构服务中小微企业论坛，邀请省、市专家围绕创新发展、风险防范、不良资产处置、转型发展等主题进行经验交流；邀请省专家对全市担保机构报表申报人员进行业务辅导，对各担保机构进行年检要点培训；组织联盟成员单位负责人赴苏州、安徽等地学习农业担保业务、银政担风险分摊模式；组织担保机构负责人赴美国知名高校参加业务培训。

市担保服务联盟　市担保服务联盟成立于2015年10月，形成以省再担保公司盐城分公司、市中小担保、各县级担保机构为主体的省、市、县三级担保机构联动机制，以服务全市星级企业和产业园区为重点，先后在滨海、东台、阜宁等地组织开展金融服务"进园区"活动，市县联动为江苏宏泰纤维等20家重点企业提供融资近10亿元。联盟还引进省再担保公司集团内融资租赁公司、科技小贷公司和创投公司等融资机构服务本地中小企业；争取银保合作话语权，推动银保双方对担保贷款按比例分担，推动银行降低准入条件、放宽信贷标准、降低贷款利率和减少或免收保证金等。9月，市担保服务联盟代表江苏省参加国中小企业服务联盟2016年度业务交流会，并作典型经验交流发言。

（季　鹏）

第20章 经济事务管理

责任编辑 高兰会

综 述

2016年，全市实现地区生产总值4576.1亿元，经济运行总体处于合理区间。投资支撑平稳有力。完成固定资产投资3882.8亿元。其中，工业投资增长14.4%，服务业投资增长16.1%。开展各类境内外招商活动260余场次，新开工、竣工、签约和洽谈亿元以上产业项目2028个。“三重”项目完成投资840.2亿元。消费拉动持续增强。实现社会消费品零售总额1630.9亿元，商品房销售面积1369.6万平方米，接待游客2580万人次，实现旅游收入268亿元。全年实现外贸进出口总额79.5亿美元；新批境外投资项目26个，中方协议额5.6亿美元。财政金融运行平稳，实现一般公共预算收入415.18亿元，金融机构存款余额5471亿元、贷款余额3718.4亿元；新增存款1056.2亿元、新增贷款641亿元，新增量均居苏北第一位。

转型升级步伐加快。全市二、三产业增加值占地区生产总值88.3%。工业经济平稳运行。实现规模以上工业增加值2173.9亿元，全口径工业开票销售4631.5亿元。汽车产业开票销售1171亿元，其中东风悦达起亚汽车有限公司销售汽车65万辆。服务业加快发展。实现服务业增加值1992.2亿元，服务业增加值占地区生产总值43.5%。盐城机场旅客吞吐量120.9万人次，货邮吞吐量5120吨。31个市级以上服务业集聚区完成营业收入625.06亿元，实现税收29.79亿元。农业结构明显优化。全年粮食播种面积94.08万公顷，较上年调减低产低效粮田4.03万公顷。新增高效设施农业面积1.09万公顷，总面积14.22万公顷。创新能力逐步增强。新增高新技术企业148家，实现高新技术产业产值3044.2亿元，占规模以上工业比重33.1%。全年专利申请量2.85万件、授权专利8076件。

区域发展协调推进。城市功能品质不断提升。城市交通更加便捷，高速铁路网建设加快推进，盐徐高铁、盐宁高铁、连盐快铁进展顺利，协调推动盐通高铁提速。57千米“一环五射”快速路网全面竣工通车。南洋机场T2航站楼完成主体施工，新增5条航线，每周出港航班量280班次。城市短板加快补齐，启动实施市区棚户区（危旧房、城中村）改造5560户，改造总面积约110万平方米。城市环境不断改善，新增绿地面积2600多公顷，市区建成区绿地率38.5%。开展美丽乡村建设示范，基本完成19个美丽乡村、11个康居村庄、2个传统村落项目建设。持续推进“清洁乡村”行动，疏浚整治农村大小河道1.46万条，完成村庄环境整治1.45万个。沿海开发活力增强。全市沿海开发75个重点项目完成投资550亿元。沿海港口全年货物吞吐量7964万吨，集装箱吞吐量19.4万标箱。

重点改革扎实推进。建立政府“权力清单”和市场准入“负面清单”，率先实行投资项目“多图联审”“多评合一”和涉企收费“一票制”。44个部门432个事项全部纳入市政务服务中心和分中心办理。化解过剩产能。打击非法产能，彻底整治“地条钢”。全年化解40万吨水泥、202万载重吨船舶等过剩产能。房地产去化周期明显缩短。全市商品住房库存面积下降34.1%，其中市区主城区商品住房库存150万平方米。全市和市区主城区商品住房去化周期分别为9.1个月和4个月，完成省、市去库存年度目标。杠杆水平逐步下降。全年发行46个直接融资项目，新增直接融资规模是上年的1.77倍。发行3只企业债券，累计规模35亿元。企业成本不断降低。开展降本增效“暖企行动”，累计帮助实体经济企业降低成本约60亿元。发展短板加快补齐。建成城镇污水处理厂94座，城市（县城）污水处理率超过80%，社会养老床位占比50%。国企改革深入推进。市属重点企业围绕主业定位和发展方向，发展新能源汽车、清洁能源、跨境电商等新产业新业态。（杨林森）

第一节 财政税务

一、财 政

2016年，全市实现一般公共预算收入415.18亿元，一般公共预算支出730.33亿元。全年全市争取地方政府债券341.8亿元。其中，置换债券270.3亿元，存量债务置换率达83.1%，进度居全省第三位，每年可为财政节约成本10亿元；新增债券71.5亿元，

资金支持 年内，市财政局安排2亿元支持东风悦达

起亚汽车有限公司扩大销售，拨付1.3亿元化解部分行业过剩产能，落实6200万元支持大市区房地产企业去库存。开展财政奖补政策进园区进企业活动，全年帮助企业向上争取各类资金7.13亿元。全面落实“营改增”等结构性减税降费政策，开展降本增效“暖企行动”，减轻企业负担近60亿元。设立专项引导资金2.1亿元，支持新能源、高新技术、大数据、环保科技等新产业新业态发展壮大，战略性新兴产业销售年增长20%以上。

民生财政　全年全市民生财政支出552.4亿元。保障社会公共事业支出，投入7.15亿元用于高速铁路网、市区内环高架快速路网、新水源地等重大项目建设，安排专项资金2.7亿元加快推进健康盐城和教育现代化建设。加大精准扶贫力度，安排各类扶贫资金1.7亿元，争取支持镇村经济发展资金4.39亿元。保障支持“6·23”自然灾害救助和重建工作，累计筹集、争取各类财政资金3亿元，同时加强资金监管，确保救灾资金及时下拨、专款专用，实现拨付无差错、使用零投诉目标。

管控政府性债务　全年向上争取地方政府置换债券270亿元，平均年利率2.9%，每年可为市县财政节约融资成本10亿元以上。推动融资平台置换高息、短期存量债务，市级融资平台债务平均成本下降至6%以下，期限拉长至5年左右。借助新增债券重点支持民生契机，争取新增债券71.5亿元，支持市委、市政府重点工程项目建设。推进市级城市资产资源登记、融资平台信用等级提升和重点工程风险资金池建立等工作。加强与金融、保险、基金等机构合作，成功实施多单票据、资产证券化、债权融资计划等业务，全年市级融资平台直接融资比例为46%。开发运用债务管理平台，严格划清政府性债务和企业债务边界，在全省首家实现“融资计划、举借审批、放款备案、回购安排、风险预警”全过程动态化管理。

“财政+金融”服务　年内，投资4.66亿元入股大丰农商行、盐城农商行、阜宁农商行，市财政局成为大丰、阜宁农商行第一大股东；入股紫金保险7720万元。设立盐城国泰健康养老产业发展基金，总规模15亿元，重点支持市级公立医院新建、扩建工程和健康、养老基础设施建设。“一拨变双改”（拨改投，拨改贷）累计投放项目61个14.06亿元。支持各类园区优化融资结构，累计向大市区、各类园区企业提供周转资金60.15亿元。提升市国泰公司、市创投公司信用等级和发展能力，年内分别获评AA、A+信用等级，市国泰公司实现利润首超1亿元，市创投公司实现利润首超3000万元。与省财政局共同出资设立规模2.1亿元小微创业贷、“苏微贷”融资支持基金。年内，全市各类资金池规模5.03亿元，累计引导信贷投放415户企业11.38亿元。发挥担保过桥作用，全年全市财政担保公司为2214户企业提供担保资金127.59亿元、过桥资金122.48亿元。优选项目申报部省PPP（政府和社会资本合作）项目库，新增入省库项目6个，总投资77亿元。至年底，市级入库项目有73个，总投资787亿元，其中入省库项目26个，总投资250.6亿元。

财政管理　盘活存量资金，收回专项资金4.55亿元，超规模结转政府性基金2.1亿元，全部纳入市级预算稳定调节基金管理。按月通报专款支出进度，出台往来款管理办法，支出进度、库款管理考核排名全省前列。市级国库集中支付电子化成功运行，全年完成集中支付业务19.5万笔159.5亿元。严把集中支付关口，严控“三公”经费以及一般性支出，切实降低行政运行成本。支持公车改革，在全省率先出台执法执勤用车管理办法，强化执法执勤用车监管。全面清理市直预算单位银行账户，首次开展人大审计财政联合推进“同级审”问题整改工作，年内对市级61个部门、16个专项资金开展财政财务综合检查，发现问题资金2.4亿元，逐一督促整改到位。运用大数据重构市级综合治税信息平台，挖掘有效涉税信息，推动税务部门强化征管工作，建立市区联动机制，查补入库税收3.18亿元。密切关注“营改增”对收入和财力的影响，提出清收欠税保目标、用好过渡政策保财力、理性组织收入等政策建议，基本完成省财政厅下达的“保收入基数”目标。

2016年全市财政收入情况

表20－59　　单位：万元

指　　标	2016年
财政收入	9486377
一、公共财政收入	4151808
国内增值税	487488
改征增值税	206072
营业税	1096678
企业所得税	229558
个人所得税	139959
资源税	1201
城市维护建设税	198384
房产税	155124
印花税	48535
城镇土地使用税	117835
土地增值税	251630
车船税	20158
耕地占用税	23758
契税	270288
专项收入	228856
行政性收费收入	171300
罚没收入	72035
国有资本经营收入	－
国有资源（资产）有偿使用收入	404882
其中：土地和海域有偿使用收入	2197
其他收入	28067

续表 20－59

指　　标	2016 年
二、基金收入	3514007
政府性基金收入	1424955
社保基金收入	2089052
三、上划中央收入	1820562
国内消费税	359281
国内增值税	907004
企业所得税	344336
个人所得税	209941

2016 年全市财政支出情况

表 20－60　　单位：万元

指　　标	2016 年
一、公共财政支出	7303287
一般公共服务	772739
外交	－
国防	10132
公共安全	330918
教育	1297579
科学技术	323589
文化体育与传媒	125049
社会保障和就业	768288
医疗卫生	697592
节能环保	137681
城乡社区事务	712277
农林水事务	972794
交通运输	198567
资源勘探电力信息等事务	458249
商业服务业等事务	46037
金融监管等事务支出	3822
援助其他地区支出	7159
国土资源气象等事务	52120
住房保障支出	137421
粮油物资储备管理事务	34723
国债还本付息支出	95059
其他支出	121492
二、政府性基金支出	1780279
三、社会保险基金支出	1874862

预算管理改革　年内，市财政局将全市 354 家市级行政事业单位全部纳入部门预算编制范围，推动经营性事业单位、机关事业单位所属国有企业编制综合财务收支计划。实施四本预算（一般公共预算、政府性基金预算、国有资本经营预算和全国社会保险基金预算）资金全统筹，取消专项收入专款专用政策，加大预算体系之间资金统筹使用力度。实施政府和部门预算全公开，在全省率先建成市级预决算信息公开平台，首创预算公开提醒服务，2016 年市级政府财政透明度排名全省第一位。

政府采购改革　年内，市财政局推行第三方绩效评价，评价面达到单位自评价的 30%；探索实施 100 万元以下小额工程定点采购改革，公开招标确定 26 家定点企业。全年市直单位定点采购项目 141 项，涉及财政资金 2.6 亿元。

投融资体制创新　年内，市财政局提请市政府研究出台《盐城市市级政府投资基金暂行管理办法》及《盐城市市级政府投资基金暂行管理办法实施细则》，初步形成政府投资基金管理体系。全年累计设立各类政府投资基金 11 支，实现股权投资项目 20 个 11.73 亿元，其中规模 20 亿元的中韩盐城产业园区发展基金，直接投放项目 8 个 4.65 亿元，总投资 16.7 亿元。成功举办 2016 中国盐城资本项目投资峰会，132 家国内外知名风投机构参会，促成基金、投资机构对 10 户企业直接投资 5.72 亿元。支持平台通过债券、票据、基金等渠道向资本市场直接融资，全年实现直接融资 273 亿元。

新水源地项目 PPP 方案　新水源地项目立项总投资 67.76 亿元，概算审查后总投资 62.04 亿元，建设内容包括京杭运河取水口及自流管、取水泵站、原水管线、增压泵站、大丰调节水库等，设计水量为每日 115 万立方米，受益人口约 417 万人，供水范围包括市区、大丰、建湖、射阳，由市城乡建设局作为项目实施机构。项目采用 TOT 模式实施，建设期 2 年，运营期 25 年。工程招标同时进行 PPP 项目运营方招标，中标社会资本在工程建设时就介入，结合运营对工程建设加强监督管理。政府与中标社会资本共同组建项目公司，项目资本金占总投资 30%，项目公司负责筹措支付工程款，项目建成后项目公司负责运营维护。年内，市财政局牵头制定新水源地项目 PPP 方案，并申报入选财政部示范项目，争取省补资金 20 亿元，年内，到位财力补助 2 亿元、债券资金 5 亿元。

承办 2016 中国盐城 PPP 项目推介会　9 月 17 日，由市政府、中国财经报社主办，市财政局承办的 2016 中国盐城 PPP 项目推介会在盐城召开。推进会重点推介 50 个 PPP 项目，总投资 683 亿元，600 多名客商参会，其中 60% 以上来自央企。年内，先后有 270 多人次客商在盐城考察，市财政局做好对接联络，督促做好项目前期准备工作。至年底，7 个推介项目签约落地，总投资 102.5 亿元。

11月8日,2016中国盐城资本项目投资峰会在盐城举办。 孙海鹏摄

承办2016中国盐城资本项目投资峰会 11月8日,由市政府主办,市财政局、市金融办承办,中国财经报社、清科集团合作举办的2016中国盐城资本项目投资峰会在盐城举办。峰会吸引国内知名基金、券商、创投机构100多家参加。峰会上,江苏中韩盐城产业园投资公司、江苏悦达金泰基金管理公司与浦发银行盐城分行、南京银行盐城分行、招商银行盐城分行等9家金融机构签订配资协议,总额491亿元;江苏中韩盐城产业园投资公司、苏州国发股权投资基金管理公司、南京平衡资本管理中心等与盐城市企业签订股权投资战略合作协议;城南新区开发建设投资公司与盐城清华浩博新兴产业并购基金、健康生活产业基金、上海华赐基金、乾银投资等签订基金e家入驻意向协议;盐城国发投资管理公司、江苏悦达金泰基金管理公司等7家基金管理公司团队,获盐城市政策兑现奖励40多万元;盐城市24家企业优质项目进行路演。

盐城"苏微贷"运作经验全省推广 盐城"苏微贷"采取"财政建池,部门建库,银行独立审贷,风险共担"模式,通过省、市、县(市、区)财政三级联手,共建资金池;通过财政、经信、科技三部门联动,共建企业库;通过政府、银行、企业三方联合,共创优质服务。全年市财政局审批"苏微贷"56户、授信总额3.3亿元,发放贷款53户、金额2.75亿元。至年底,盐城"苏微贷"资金池规模7000万元,可为盐城地区中小微企业提供7亿元的融资支持。盐城"苏微贷"运作经验获得省财政局肯定,并在全省推广。

(曹志康 房金龙)

二、国家税务

2016年,全市国税系统完成税收收入249.61亿元。其中,入库增值税157.37亿元,入库消费税35.93亿元,入库企业所得税43.91亿元。全年国税系统完成地方一般公共收入83.55亿元。年内,市国税局被省委、省政府评为江苏制造突出贡献奖先进单位,获江苏省国税系统绩效管理先进单位,获全省国税系统绩效管理考核第一名。

税收征管 年内,市国税局制定全市国税系统征改工作方案,明确具体工作任务99项,初步建立以风险管理为导向、以信息化为支撑的现代税收管理体系。建设税收风险防控体系,以推进实名办税、涉税违法联合惩戒为重点,建设"实名办税+风险管理+信用管理"三位一体的税收风险防控体系。强化风险分析工作,推行应用增值税发票管理系统(升级版),完成存量4.63万户和"营改增"8506户的新系统推行工作。至年底,增值税发票管理新系统覆盖所有增值税纳税人。年内,市国税局加强税法宣传工作,编制发放各类宣传手册10万册,全年培训纳税人6.7万人次,通过短信平台发送涉税通知、涉税公告和涉税风险信息提醒350万条。开展国地税合作,建立联席会议常态机制,健全局领导、成员单位、项目组三级联席会议制度,全年完成合作事项36个、在建事项12个;合作共建办税服务厅2个,共驻政务中心12个,互设办税窗口37个;共同开展信用评价6.8万户,联合制定税收激励与惩戒措施;共建实体纳税人学堂,联合培训83场次;联合制作发放税收风险提醒函,对48家国税总局、省国税局千户集团成员查补税收2400多万元;相互委托征收税款,累计代征个人所得税、城建税和教育费附加2830万元。落实税收优惠。落实支持金融资本市场、促进外贸出口增长、鼓励高新技术及小微企业发展等各项优惠政策,推动企业转型升级、提质增效,全年落实高新技术企业所得税优惠2.97亿元、研发费用加计扣除优惠4.26亿元、小微企业税收减免2.87亿元、资源综合利用及民政福利企业增值税优惠3.5亿元、"营改增"减税3.07亿元。落实增值税优惠政策,有7.03万户(含零申报户)小规模纳税人享受小微增值税政策优惠,减免增值税2.13亿元;有251户享受增值税即征即退,全年退税3.5亿元;有1606户享受增值税免税申报优惠,申报免税销售额638.21亿元。

依法治税 年内,全市国税系统推行税收职责清单,全面取消非行政许可审批事项,仅保留5个行政许可项目,并以市国税局公告形式对外公布,取消49项事先实地核查事项,行政审批提速超过30%。做好税收规范性文件管理,以公告形式公布《盐城市国家税务局全文有效的税收规范性文件目录》《盐城市国家税务局部分条款失效或废止的税收规范性文件目录》《盐城市国家税务局全文失效或废止的税收规范性文件目录》。年内,对12份涉税规范性文件,提出合法性审查修改意见和建议。加强公众参与行政程序建设,采用座谈会、论证会、开放式听取意见等形式,广泛听取意见,与利害关系人进行沟通,注重听取人大代表、政协委员、人民团体、基层组织、社会组织的意见,年内,被江苏省全面推进依法行政工作领导小组表彰为“公众参与行政程序建设示范单位”。开展依法行政示范项目建设活动，召开依法行政示范点创建工作汇报交流会，在市国税局内部网建立名为“税草法治园”的法治专栏，该专栏被评为全市十大优秀依法行政示范项目。开展综合治税，依托市政府综合治税机制，研究加强和创新组织收入、税源管控、推动发展等工作举措；围绕加强建筑业税源管理、加强个体零散税收管理、加强跨境税源管理等环节，发挥社会各部门力量，推进税收协同共治，提高征管合力，实现应收尽收；完善综合治税组织体系，发挥街道社区在管理、信息、人员等方面优势，建立区综治办、街道社区、国税部门三方协作的税源管控网络，加强对新兴税源、建筑工程、零散税收的监管服务。

纳税服务　年内，市国税局开展便民办税春风行动。简政放权，行使权力清单制，落实优惠政策，简化政策办理手续，确保各项税收优惠落实效。以支柱产业为轴，带动产业链条发展。建立汽车行业整体链条产业模型，实现企业发展过程中的数据跟踪服务；在支持新能源项目发展上，落实税收优惠政策。开展专业团队服务，推动企业转型升级。改进服务措施，与各县（市、区）政府共建办税厅延伸点10个，方便纳税人就近选择办税服务场所办理涉税事项；建成“24小时”自助办税区8个，纳税人在非工作时间企业也可办理相关涉税事宜。“金税三期”工程上线后开展全员培训，提升工作人员操作技能，并展开全面宣传，覆盖所有纳税人，确保系统切换期间纳税人顺利办税。加强“互联网＋税务”建设，自助办税日均业务处理1万笔，线上办税占全部业务总量的80%。

2016年全市国税系统税收收入情况

表20－61　　单位：万元

县（市、区）别	合计	响水	滨海	阜宁	射阳	建湖	大丰	东台	盐都	市区			
										市直	亭湖区	开发区	城南
增值税	1164880.26	69382.85	98517.88	91166.70	72317.62	86413.73	130966.59	148871.14	93601.14	168901.52	74096.91	111662.74	18981.45
改征增值税	408808.73	13220.32	22310.64	16554.14	19134.81	19019.03	76246.36	63536.92	32651.38	22862.48	67525.23	14578.36	41169.51
消费税	359278.51	4950.10	11460.74	8226.72	7496.92	7769.68	7603.60	9042.88	18829.26	283532.70	72.77	21.97	271.18
企业所得税	439098.04	31386.47	33114.02	11386.35	32936.95	19775.41	57780.39	37265.53	59670.78	30680	18546.04	92742.29	13813.82
车辆购置税	123984.41	3797.04	6850.73	5203.17	6484.33	4778.86	9643.76	12617.28	41233.25	33375.98	－	－	－

纳税信用建设　年内，市国税局加强纳税信用体系建设，2016年度评定A级纳税人2779户、B级纳税人2.69万户、C级纳税人2087户、D级纳税人2982户。加强纳税信用社会化运用，与工商、地税等19个部门建立联合惩戒制度，推出企业信用“红黑”榜和“双公示”等信用产品；与江苏银行、建设银行合作，为A、B级纳税人推出“税易融”等信贷产品，全年投放贷款金额4.48亿元。

“营改增”工作　年内，“营改增”新增窗口58个，新增人员64人，新增辅导区24个，新增设备137台，共设立“营改增”办税专区10个。至年底，“营改增”扩大试点有4.72万户“营改增”试点纳税人经确认后纳入国税征管，其中属于地税移交户4.35万户，占92%；属于新办户0.37万户，占8%。全年全市入库“营改增”收入40.88亿元，其中新纳入试点的四大行业（建筑、房地产、银行、生活服务）入库税收20.17亿元。新纳“营改增”试点行业与应缴纳营业税相比，减税3.07亿元，税负下降13.7%，四大行业减税面100%。（杜　彦）

三、地方税务

2016年，全市地税系统入库各项收入433.7亿元，其中组织税收收入291.7亿元。按财政口径统计，入库收入中一般公共预算收入241.2亿元，非税收入141.9亿元，其中社保费124.1亿元。

税收征管　全面推进“营改增”，向国税传递建筑、房地产、银行、生活服务四大行业纳税人信息，组织营业税专项清理，清理入库税收20多亿元。制定深化改革意见，建立国地税联席会议常态机制，实施国地税合作事项48个，合作共建办税服务厅2个，国地税共驻政务中心12个，协同采取税收保全等执行措施，国地税联合检查企业20户。组织“金税三期”信息系统上线，组织数据迁移、人员联训和压力测试，做好信息化安全防护，在省辖市局率先构建信息安全管理新体系，新旧系统成功切换上线。制定保险公司代缴机动车车船税缴纳规则，开发收入归集分配系统，开创“税险同步、税费同管”的跨部门税收征管模式，“小税精管”得到省地税局推广。提请政府召开全市综合治税会议，首次将协税护税工作列入全市绩效目标考核，全年综合治税增加税收约3.78亿元。完善风险联动机制，对21项日常管理、16项行业管理事项进行识别分析，引导纳税人低等风险预警自查，严格中高风险推送、应对和质量复审，实现应对绩效17亿元，税收贡献率为6.06%。

依法治税　编制权力事项和监管责任清单，推进随机抽取执法对象和执法人员，对执法事项和抽查结果向社会公开的“双随机一公开”工作。策应基层现实需求，建立实施《中等风险应对证据规范》。加强规范性文件管理，清理不适应稳增长、调结构、促发展的税收政策文件70余件。健全集约化执法督查，开展6项重点督查、8项专项督查，加大执法责任制考核。完善行政争议合理化解机制，对行政争议等涉及的政策问题，及时进行确定性研究界定。推进跨区域检查、国地税联合检查，全年稽查查补税款3.86亿元，查处千万元以上案件12件，稽查案例在省地税局评选中获得省辖市局第一名。

纳税服务　开展"服务企业百日行动""精准服务零距离"活动，举办税收政策宣讲，落实支持高新技术企业发展、扶持小微企业发展等优惠政策，组织落实情况专项督查，服务经济发展转型升级。全年减免税14.28亿元，其中征前减免13.95亿元，退库减免3238万元，累计减征基金费1.6亿元。推广"三证合一"（营业执照、组织机构代码证、税务登记证）、"证照合一"（营业执照、组织机构代码证、税务登记证、社会保险登记证、统计登记证）的登记模式，完善办税厅工作日中午、周末不间断服务，推行五星级礼仪服务。升级纳税人辅导培训管理系统，被省地税局"互联网+税务学堂"信息平台采用。与盐城11家银行签订税银合作协议，通过税银合作向A类纳税人投放贷款677笔4.48亿元。帮助"6·23"受灾企业。组建"党员专家服务团队"，对相关税收优惠政策进行梳理，并以《致全县纳税人一封信》的形式，宣传支持企业灾后重建税收政策。设立受灾企业办税绿色通道，对受灾严重的企业实行"一户一策"分类管理，帮助企业办理延期申报、停歇业登记，为受灾企业免征房产税162.6万元、城镇土地使用税361万元、资源税1.25万元，以及车船税、企业所得税等地方税收。

实施"大数据治税"工程　年内，市地税局注重发挥基础管理与税收风险双轮驱动作用，推广数据应用公共服务平台，欠税清缴成效显著，企业注销流程持续优化。企业所得税汇算清缴率100%，高收入者个税自主申报占省地税局任务的149%。反避税案例通过国家税务总局立案，组织追缴入库575.8万元。　　（沈　琦）

2016年全市地税系统税收收入情况

表20－62　　单位：万元

项目名称	2016年
合　计	4336970
一、税收收入	2917481
1. 营业税	1262909
2. 企业所得税	208371
3. 个人所得税	349899
4. 资源税	1200
5. 城市维护建设税	198386

续表20－62

项目名称	2016年
6. 房产税	155125
7. 印花税	48535
8. 城镇土地使用税	117835
9. 土地增值税	251631
10. 车船税	20157
11. 耕地占用税	23758
12. 契税	270288
13. 增值税	9387
其中：一般公共预算收入	2411686
二、非税收入	1419489
1. 社会保险费	1240863
2. 教育费附加	94990
3. 其他基金（费）	83636

第二节　审　计

2016年，全市审计机关完成审计项目275个，查出主要问题金额570.36亿元，其中违规金额22.75亿元，管理不规范金额547.61亿元；审计处理处罚金额66.05亿元，其中应上缴财政2.79亿元，应减少财政拨款2.71亿元，应归还原渠道14.44亿元，应调账处理36.44亿元；累计向纪检、检察、公安等部门移送案件线索33件；提出审计建议697条，超过90%被采纳；提交审计报告和审计调查报告315篇，提交审计信息材料420篇。在"6·23"阜宁、射阳特大龙卷风冰雹灾害审计中，市审计局联合阜宁、射阳两地审计机关，坚持"救灾款物运用到哪里，审计就跟踪到哪里"的原则，对各级财政和社会各界的救灾款物，以及灾后重建工程建设管理进行全面审计。累计审计各级财政拨款5.28亿元和社会捐赠5.58亿元，审计救灾物资价值9810万元，全过程监督10个过渡性安置点和20个永久性安置点建设，实行"一点一专人、一周一汇报、一旬一督查、一事一签证、一月一结算"的"五个一"审计模式。针对发现的部分资金未及时划转、部分承诺捐赠资金未及时到位、部分物资未及时处置等问题，提出改进完善建议并督促整改到位，保障救灾款物的合理高效利用和灾后重建项目的规范高效实施。市审计局投入产出比为1:373，即审计每花1元财政资金，可为财政带来经济效益373元。市审计局深化"约谈"工作机制，直接对话相关部门负责人，并就"同级审"开展集中辅导，实现"发现一个问题、促进整改一片"的综合效应。开展审计数字化建设，优化完善政府投资项目审计管理，在全市审计机关推广运用。至年底，全市累计有

6400多个政府投资项目审计纳入平台实施，市本级平均每年核减工程造价节约财政资金超10亿元。开发“部门预算执行审计系统”，并正式上线运行，实现对市本级430多家一、二级预算单位的“全覆盖”监管。

一、政策措施执行跟踪审计

2016年，市审计局整合全市审计资源，先后选取重大项目推进、降成本和“放管服”措施落实、存量资金盘活等专题，开展政策措施落实情况审计。在“降成本”政策跟踪审计中，实地调查300多户企业，全面了解“营改增”及涉企收费减免政策落实情况，推动相关地区及时清退防洪保安资金等各项税费，缓解小微企业融资难、融资贵等问题；在市本级财政存量资金审计中，促进盘活闲置和分散资金4.7亿元；在政府性债务置换审计中，加快促进相关单位对个人集资款的置换到位。参加医保资金市级层面交叉审计，组织全市扶贫资金、拆迁资金审计，推动300多万元被挪用扶贫资金归还原渠道，向有关部门移送案件线索2件，提出优化资金分配管理建议4条。

二、预算执行审计

2016年，市审计局以政府“全口径”预算的全覆盖监督为主线，强化对重点领域、重点部门、重点资金和重点事项的审计。在对市本级财政和税收管理、预算执行等内容开展监督的基础上，对市民政局等10个部门单位进行预算执行和财务收支管理行为检查，查找面上共性问题和突出典型问题。将“三公经费”和“八项规定”执行情况作为每个项目必审内容，与纪检、监察、财政等部门建立完善联合监督的常态化机制，实行共同检查、信息共享，促进市级机关“三公经费”使用规范化和节约化。此外，从政府治理职能履行、宏观经济运行、民生改善和保障等视角，确定存量资金盘活、国有资本经营、住房公积金筹集使用、重点工程建设管理、罚没收入和物资管理处置等专题，推动相关领域的问题整改和制度完善。存量资金盘活情况审计中，促进地税部门全面开展土地增值税清缴工作，当年清缴入库税收2亿多元；对15个执法部门罚没款物收缴率不高的问题，指出强制执行手段缺失、执收单位追缴不力，以及客观原因造成无法执行等原因。

三、经济责任审计

2016年，市审计局组织召开全市领导干部经济责任审计联席会议，优化完善与纪检、组织部门之间的工作协调机制，纪检部门定期与市审计部门对接，将审计发现的问题作为查处案件的重要信息；组织部门将审计结果列入干部个人档案永久保存，提升经济责任审计综合效应。全年实施市级经济责任审计项目27个，涵盖党政机关、企业、学校、医院等领域，并首次对9名兼职科级岗位的县处级领导开展审计。市审计局根据审计结果，及时上报地方党政主要领导及纪检监察部门，多名人员受到党、政纪处分，相关单位及时清退“八项规定”出台以来违规发放的奖金、福利上百万元。在对市规划局审计中，指出建设规费、违章建筑处罚等方面存在的漏洞和问题，促进清缴入库相关资金5亿多元。

四、固定资产投资审计

2016年，全市审计机关开展政府投资工程项目决算监督，对重大民生工程开展重要节点跟踪审计，当年审结项目投资总额302.57亿元，核减工程造价32.16亿元，人均节约财政资金2897万元，促进修订或出台投资审计规章制度13项，向纪检、司法等部门移送工程领域案件线索4件6人，对以前年度投资审计发现主要问题的分析建议，市委、市政府出台《盐城市政府投资重点工程项目廉政建设问责办法》。其中，对总投资近100亿元的市区内环高架快速路网工程，自2012年底一期工程开工建设以来，市审计局抽调近60人组建审计组，突出服务职能，注重与建设单位互动，重抓项目招标最高限价审核、设计变更及隐蔽工程监控等环节，突出监督职能，重抓造价审核、资金使用管理、项目建设绩效等内容；对涉及大市区百万人口饮水安全的新水源地建设工程，从前期征地拆迁便启动跟踪审计，及时堵塞违法乱纪漏洞。

五、国有企业审计

2016年，市审计局对纳入市国资委监管的江苏悦达集团有限公司等12户国有控参股企业2015年度财务决算和经营目标任务完成情况，以及国有资本经营收益上缴使用情况进行审计，揭示部分企业未能实现国有资产保值增值目标、部分企业未能按照规定上缴国有资本收益、国有资本

12月29日，市审计局跟踪审计新水源地及跨区域引水工程建设项目。

经营预算支出安排不够科学、薪酬与业绩挂钩原则体现不明显等问题，对江苏悦达集团有限公司、江苏银宝控股集团有限公司、盐城市国有资产投资集团有限公司3家企业的初步考核结果进行审计调整。市政府采纳审计建议，修订完善市属企业负责人薪酬考核办法，要求相关部门加强对市属企业的日常监管，促进国有企业经营管理规范化、薪酬落实科学化。

六、自然资源资产审计

2016年，市审计局完成审计署自然资源资产审计课题研究，承担《江苏省自然资源资产离任审计指南——国土篇》撰写任务。提请市委、市政府联合出台《关于开展地方党政主要领导干部自然资源资产离任审计工作的实施意见》，建立自然资源资产离任审计工作联席会议制度，相关工作进入法治化、规范化轨道，做法在省委、省政府信息内刊、市委《改革工作动态》等刊发。选择盐田资源，从国家沿海发展战略的高度，提出有利于体制完善、资源整合和产业优化的意见和建议，获得市委、市政府主要领导批示肯定。（郭　红　陶振华）

第三节　工商行政管理

2016年，全市新增各类市场主体13.46万户，注册资本总额1.04万亿元。新申请商标注册4696件，注册商标总数3万件。全年查办各类经济违法案件971件，案值9250万元；评定守合同重信用企业362家，其中国家级24家；受理消费者各类咨询、投诉、举报2.43万件，为消费者挽回经济损失708万元。帮助企业缓解融资难题，通过信用担保、动产抵押、股权质押等措施助企融资164亿元。年内，市个私协会被国家工商总局、中国个体劳动者协会表彰为先进集体。

一、工商登记注册

2016年，市工商局按照商事制度改革总体部署，全面推行注册资本认缴制，实施"先照后证"（先申领营业执照再办理相关许可证）改革，推行企业营业执照、组织机构代码证、税务登记证、社保登记证、统计证等"多证合一""一照一码"和个体户营业执照、税务登记证"两证整合"改革。全年发放"多证合一"营业执照8.7万份，"两证整合"营业执照2.7万份。在全国率先探索未开业、无债权债务企业和个体工商户2项简易注销登记改革，全市各级工商、市场监管登记机关办理各类市场主体简易注销登记2.61万户。在全省率先实行外商投资企业登记备案和"一表式"并联审批改革，实现一次性提交申请资料、一次性办结企业设立涉及到的工商营业执照、外商投资企业批准证书、组织机构代码证、国税登记证、地税登记证审批事项，申请人办理审批登记周期从以前至少15个工作日缩短到3个工作日。提请市政府出台《关于进一步放宽企业住所（经营场所）登记条件的实施意见》。全年办理"住改商"登记1109户，企业网上登记1.8万户，简易注销市场主体2.6万户。与银行合作开展"工商企业通"服务，建立创业服务中心、创业服务热线、创业指导员队伍，开通"红盾服务创业直通车"，全年为1349户企业（项目）提供登记指导服务，为236家企业提供精准普法服务。至年底，全市新增各类市场主体13.46万户，注册资本总额1.04万亿元。新增私营企业3.96万户，内资企业2680户，外资企业179户。新增个体工商户9.13万户，农民专业合作社829户。

简易注销登记改革　年内，市工商局作为国家工商总局确定的首批试点单位，在全国率先探索未开业、无债权债务企业和个体工商户2项简易注销登记改革，简化登记流程，缩短注销时间，促进市场主体二次创业。至年底，全市各级工商、市场监管登记机关办理各类市场主体简易注销登记2.61万户，其中企业0.71万户，个体工商户1.9万户。

《关于进一步放宽企业住所（经营场所）登记条件的实施意见》出台　6月，市政府出台《关于进一步放宽企业住所（经营场所）登记条件的实施意见》，将住宅作为企业住所登记的范围在省政府确定的电子商务、无实体商铺的网络交易服务、咨询策划、工业设计、股权投资、商务秘书和咨询策划7个行业基础上新增文化创意、数据处理、计算机系统服务3个行业，简化住所登记手续，降低住所准入门槛。至年底，先后支持1109户市场主体办理"住改商"登记。

二、市场监督管理

8月，市政府出台《关于推进"先照后证"改革后加强事中事后监管的意见》，建成启用市场监管信息平台，全面落实企业信息公示、经营异常名录与"黑名单""双随机、一公开"监管、联合监管等制度，推动部门间信息共享和联合惩戒，构建以信用监管为核心的新型监管体系。全年认定守合同重信用企业362家，其中国家级24家。2015年度市场主体年报率83.2%，同比上升6.9个百分点，3.3万户市场主体被列入经营异常名录，其中有1.5万户企业经过整改后移出经营异常名录。做好农贸市场创建全国文明城市、全国卫生城市工作，市工商局在市区农贸市场组织开展"环境秩序集中整治突击月"活动，实施市场规范管理提升、场外环境整治提升和市场设施配套完善提升3项行动，改善农贸市场"脏、乱、差"面貌。制定市场管理以奖代补办法，推动农贸市场创建工作责任化、标准化、常态化、长效化。"6·23"阜宁、射阳特大龙卷风冰雹灾害发生后，市工商局发挥市场监管职能维护灾区市场稳定，安排执法人员对受灾地区医疗机构、病员集中、灾民集中安置点等重点区域食品全面开展安全检查，要求经营户将浸水食品清点、包装、登记造册就地封存，防止霉变、受污染食品流入市场，督促建材、食品、药品和餐饮等重点行业经营户诚信经营，严厉打击哄抬物价、价格欺诈、以次充好等违法违规行为，确保灾区市场秩序稳定有序。

三、商标管理

2016年，市工商局开展商标品牌培育“走百镇访千企”等活动，运用商标服务“找、查、理、问、促”五步工作法，制定“商标战略与品牌建设帮扶方案”，对产业领军企业实施商标品牌精准服务。推广“射阳大米”原料、标准、质量、标识、管理“五统一”商标管理模式，带动农民增收致富。举办全市首届服务业优秀商标评选活动，评出盐城市服务业优秀商标品牌30个。年内，盐城新创成中国驰名商标3件、总数51件。新认定省著名商标44件、总数230件。新认定市知名商标68件、总数608件。新认定中国地理标志商标2件、总数28件。新申报马德里国际商标注册8件。

2016年全市新增中国驰名商标、中国地理标志商标

表20－63

序号	中国驰名商标名称	注册人/所有人	商品/服务
1	建湖大米	建湖县粮食行业协会	米
2	江　佳	江苏江佳机械有限公司	木工机械
3	华　扬	江苏华东砂轮有限公司	砂　轮
序号	中国地理标志商标名称	注册人/所有人	商品/服务
1	大丰大米	大丰区稻米协会	米
2	阜宁黑猪	江苏省农业科学院阜宁生态猪研发中心	猪(活动物)

四、广告管理

2016年，市工商局贯彻落实《中华人民共和国广告法》，开展广告法规培训23场次，各类媒体、广告经营单位受训面91%，受训人员3000人次。定期加强广告监测，全年监测媒体广告发布213.39万条次。组织开展涉及审批类、互联网金融和户外广告等专项整治行动，立案查处违法广告案件84件，全市大众传媒广告平均违法率从年初的1.03%降至0.26%。举办盐城广告创意园项目招引对接会，指导盐城广告创意产业园争创江苏省级广告产业园。

五、经济合同管理

2016年，市工商局推进企业信用体系建设，组织开展“守合同重信用”企业公示活动，全年公示企业362家。其中，有24家企业被国家工商总局公示为2014—2015年度“守合同重信用”企业。运用动产抵押登记职能帮助企业盘活存量资产，全年办理动产抵押登记546件，担保主债权91.36亿元。做好拍卖备案和日常监管工作，对158场拍卖会进行拍卖前后备案，拍卖成交金额2.23亿元。

六、经济监督检查

2016年，市工商局开展打击“假冒伪劣商品”“虚假违法广告”“强制交易行为”3项集中执法行动，查结各类经济违法案件971件，罚没入库1825.97万元。其中，查处罚没10万元以上案件42件。加大反不正当竞争执法力度，在全市范围内组织开展公用企业限制竞争和垄断行为突出问题专项执法行动，查结经济违法案件10件，促进供水、交通运输和殡葬等重点行业规范化经营。开展创建网络传销专项整治行动，全年联合公安等部门出动执法人员500余人次，清查传销窝点10处，查办传销案件11件。

七、消费维权

2016年，市工商局以“让消费维权走入寻常百姓家”为目标，开展成品油、汽车维修、基础教育装备等行业专项治理和旅游、供水、供电、供气、网络交易、物业服务等行业“霸王合同”整治，启动保险、金融、快递等行业放心消费创建工作，抽检商品35类1385个批次，规范不公平格式条款15条，查处案件12件。加强“12315”投诉举报中心人员力量，畅通投诉举报热线，全年受理调处消费咨询投诉举报2.43万件，消费者回访满意率95.4%，为消费者挽回经济损失708万元。

八、网络商品交易监管

2016年，市工商局组建网络监测中心，制定《盐城市工商局网上监测工作规范》，组织开展日常监测、专项监测和定向监测，全年集中监测平台网店1440个、商品5000余种，发现涉嫌“虚假宣传”“虚标价格”等问题商品260个，责令整改31家。开展“红盾网剑”专项执法行动，探索施行“检转案”“诉转案”“监转案”，改进电子证据取证、确证方法和程序，查处网络商品交易案件39件。加强网络经营主体信用信息公示制度建设，推动全市18家网络交易平台、852个网站、2117家网店亮照亮标。实施服务“六个一”项目（服务一家电商园区、扶持一个特色产业、壮大一个商品市场、提升一个电商平台、升级一个潜力网店、兴旺一条网购街区），发展电商诚信联盟成员单位100家，引领推动盐城招商场争创“店加网”孵化基地。

（周鸿铭）

第四节　价格管理

一、价格调控

2016年，盐城居民消费价格总水平（CPI）同比上涨2.1%，比年度价格调控目标低0.9个百分点，价格总水平保持平稳。年内，市物价局提请市政府办公室下发《盐城市2016年价格调控目标责任制实施意见》，每月编制发布各县（市、区）居民消费价格指数，每季度召开价格形势分析会研判价格运行状况。开展价格监测预警，重点开展夏粮、秋粮价格专项监测，建立药品价格监测监控预警机制，提升市场价格异动快速反应能力。10月、11月，2次启动社会救助和保障标准与物价上涨挂钩联动机制，对享受国家抚恤补助的优抚对象、城乡低保对象等困难群体59万人发放价格临时补贴2400多万元。

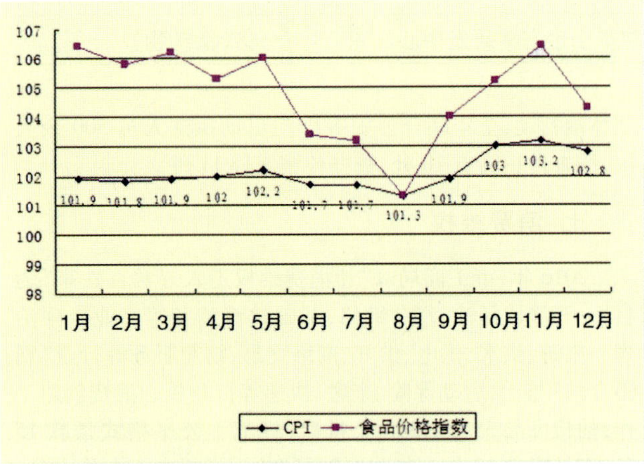

图20－11　2016年全市居民消费价格月度指数（同比）

平价商店　至年底，全市有平价商店81家，共销售农副产品4498万千克，惠及2378万人次，让利2224万元，帮助农民增收455万元。

天然气价格调整　年内，市区调整民用管道天然气价格。市区民用气第一阶梯价格由每立方米2.1元调整为每立方米2.4元，特困户的免费用气量由每年72立方米提高到84立方米。市区非居民管道天然气中准价由每立方米3.71元下降到每立方米3.26元。

阶梯式水价　年内，大丰、阜宁、建湖实施阶梯水价，响水、滨海、射阳、东台就实施阶梯水价召开价格听证会报政府待批。市区、盐都、亭湖、大丰、阜宁、建湖先后调整城市污水处理费标准和开征建制镇污水处理费，响水、滨海、射阳、东台报政府待批。市区污水处理费由每吨0.95元调整为省定低限标准每吨1.20元，民用自来水第一阶梯价格由每吨2.80元调整为每吨3.05元。年内，市物价局会同市财政局、市环保局明确化学需氧量、氨氮主要污染物的有偿使用收费标准及交易基准价格，推进排污权制度建设。

价格改革　年内，市物价局完成公立医院医药价格综合改革实施情况评估，印发盐城市公立医疗机构病房床位分类及指导价格表，明确公立医疗机构病房床位的价格。出台《盐城市养老服务机构收费管理实施细则》，规范全市养老机构服务收费行为，促进养老事业健康发展。调整学生公交IC卡包月优惠政策，改为按次计费优惠。明确小区地下机械式立体车位汽车停放费和服务费标准，制定出租车价格调整计划。

2016年全市排污权有偿使用收费标准

表20－64

污染物类别	收费标准
二氧化硫	电力、钢铁、水泥、石化、玻璃行业二氧化硫排放指标有偿使用收费标准为2240元/年·吨
氮氧化物	有偿使用收费标准为2240元/年·吨
化学需氧量	污水处理单位化学需氧量排放指标有偿使用收费标准为2600元/年·吨；直接向环境排放水污染物的纺织染整、化工、造纸、钢铁、电镀、食品（味精和啤酒）6个主要行业排放指标有偿使用收费标准为4500元/年·吨
氨　　氮	纺织印染、化学工业、造纸、食品、电镀、电子行业氨氮排放指标有偿使用收费标准为1.1万元/年·吨，污水处理行业及农业重点污染源排污单位为6000元/年·吨

二、收费管理

2016年，市物价局动态调整行政事业性收费、政府定价管理的经营服务性收费、涉房收费、涉企收费、涉农收费5类收费目录清单，并通过网站、报纸、公示栏等形式向社会公布。组织开展市级涉企行政审批收费项目调研并提出清理建议，经市政府常务会议和市委深化改革领导小组会议研究通过，市政府办印发《市级涉企行政审批中介服务项目及收费项目清单》，行政审批中介服务项目由47项减少为33项，取消、降低地震安全性评价费等收费标准3项。7月1日起，取消全市出租车有偿使用服务费，年减轻企业负担1200多万元。督查清费降本减负政策落实情况。组织3个督查组走访全市50家企业、20个社区和50个收费单位，对清费降本减负政策落实情况进行专项督查，梳理2009年以来的各项清费降本减负金额，全市年均减负5.76亿元。

三、价格监管

2016年，市物价局加强价格监管工作。开展集中执法行动，共组织32个检查组、240多人次、检查1391个经营者，下发行政执法提醒函57份。其中，4月，组织开展规范旅游景区价格行为“春季行动”，9月，组织开展规范市场价格秩序“秋季行动”。开展摄影行业价格、餐饮客房价格、商品房明码标价、物业服务收费、网络购物价格等专项监管行动，采取政策解读、提醒告诫、责令整改、制定行为规则等形式，规范市场主体的价格行为，营造放心消费的市场环境。推进价格诚信建设，有22家单位被命名为江苏省价格诚信单位。开展涉企收费、电信价格、医药价格、环保电价、银行业收费5个专项检查，查处违法案件30件，涉案违法金额3200多万元，全年办理各类价格举报投诉咨询2879件。监管网络交易，组织召开网购价格举报专题座谈会，其中城南物价分局、亭湖区物价局根据辖区内电商较多的情况，组织召开网络交易价格行为政策培训会，开展电商价格行为检查，对网页上标示的“低价促销，最后一天”等不规范标价行为提醒告诫。年内，开发区物价分局建立区、街道和社区三级网格化监管格局，及时为企业和群众做好价格监管和服务工作。

四、价格服务

2016年，市物价局开展价格应急工作。“6·23”阜宁、射阳特大龙卷风冰雹灾害发生后，市物价局和阜宁县物价局、射阳县物价局第一时间启动价格应急工作预案，加大市场价格监测监管力度和频度，每半日向市、县政府报告市场生活用品和救灾物资价格情况，通过市场巡查、上门指导等方式提醒告诫经营者守法经营，保持灾区市场价格秩序稳定。其中，阜宁县物价局做好粮食、帐篷、药品、医疗器械等1500多万元救灾物资的价格认定，处理涉及救灾物资涨价问题4起，灾后重建期间，及时向全县建材经营单位发放价格提醒告诫函，督促经营者守法经营。市县联动价格监管全力应对特大灾情的做法被评为全省价格系统创新创优成果奖。拓展价格认定领域。围绕涉案、涉税和服务政府事项，做好城市建设、公车改革、招商引资、国有资产管理等方面的价格认定工作，全年全市办理各类价格认定2517件，价格认定金额为17.7亿元，办理价格争议调解案件17件。发挥成本监审规制作用，制定《盐城市成本调查信息平台管理办法》，建立成本监审人才库，提高成本监审工作质量。年内，先后开展民用管道天然气、公办养老机构自费代养服务收费、市区出租车运价、医疗废物处置收费等成本监审，提高定调价工作水平。（陈金荣　陈　军）

第五节　统　计

一、统计管理

2016年，市统计局做好统计服务工作。服务实体经济，开展企业调研活动，重点对企业的订单、用工、资金等问题进行调查研究，为市政府出台减轻企业负担政策提供参考依据。提供统计数据服务，开通“数据盐城”查询系统，加大向市政府网站和“12345”服务平台提供数据的频率。开展农业普查工作，市、县、乡三级普查机构人员、办公场所和经费全部到位；市、县两级农普办创新宣传载体手段，开展农业普查宣传工作；召开农业普查试点培训会议，全面部署落实普查工作。开展“三新”（新产业、新业态、新商业）统计调查工作制定统计调查工作计划，召开县（市、区）动员培训会，邀请省统计局专家专题辅导，并分专业业务培训；召开部门协调会，明确各部门责任；建立考核和督查制度，编印《三新统计解读手册》《三新统计工作手册》供统计人员学习使用。实施全面小康建设、民生幸福、农业现代化等统计监测工作，完成1%人口抽样调查后续工作，调查摸清全市规模以下文化产业情况。推进地区生产总值统一核算工作，强化核算基础数据质量，完善县级核算办法和地区生产总值评估机制。（孙明明）

二、统计调查

2016年，国家统计局盐城调查队撰写调查分析107篇，信息517篇。其中，《基于发挥统计考核在政府诚信建设中作用的思考》获省哲学社会科学界第十届学术大会优秀论文二等奖，《我国政府统计部门新型智库建设路径探索研究》获省统计协会“统计新型智库建设”论文评选三等奖。

民意调查　开展文明城市创建满意度、国家劳动力、党风廉政建设等民意调查工作，全面完成省级对盐城考核调查工作任务。围绕经济和社会重点、热点问题，先后组织开展食品行业用工情况调研、楼市新政影响调研、企业产能及用工情况调研、农村春耕备耕情况调研、医养结合养老情况调研、小微工业企业转型升级调研、“互联网＋政务服务”调研、盐城高校应届毕业生创业情况调研等专题调研活动。

农村调查　开展全市农村调查基层基础大检查工作，组织9个县（市、区）业务人员开展基层基础数据质量互查工作，重点对种植业抽样调查、农产品生产者价格调查、中间消耗调查3个专业台账登记、数据填写、机表一致等情况进行检查，共检查14个乡镇14个村居，数据资料100多笔，台账资料20多本，走访调查样本70多个。在夏秋两季，组织县、乡两级业务培训班主要在种植业抽样调查和农产品生产者价格调查上加强辅助调查员的培训工作，共计培训工作人员260人次。

住户调查　以国家统计局数据质量大检查活动为契机，开展“调查样本家家到”活动，对所有样本进行巡查遍访，提高住户调查基础工作质量，检查网点运行情况，确保源头调查数据质量。继续加强省级住户调查基础工作示范点创建工作，修订下发8项住户专业管理制度，举办4期业务培训，建立各类规范化管理台账52份。在《盐城广播电视报》开辟专栏，定期发布住户调查数据。接受中国盐城网专题采访，在线发布住户调查数据并与民众进行互动交流。

价格调查　创新价格调查数据发布方式，以《今周刊》为平台，开辟数据发布专栏，定期发布价格调查数据，分析比较受市民关注的消费品或重要行业价格变动情况，并配上图表和说明，及时向市民传递盐城最新价格变动信息和趋势。全年发布45期。“6·23”阜宁、射阳特大龙卷风冰雹灾害发生后，启动快速反应机制，深入灾区开展物价情况快速调查，编发相关信息。全年召开4期价格形势分析座谈会，定期向新闻媒体发布价格指数信息。

企业监测　开展春节前后盐城企业招工情况、“营改增”对盐城建筑企业的影响、“互联网＋政务服务”情况、江苏降成本政策实施情况、“众创空间”发展情况、盐城建筑行业经营情况、盐城光伏产业经营状况等调查。通过调查掌握全市建筑行业、光伏产业等行业的最新运营情况以及遇到的问题，并提出相关建议。对规模以下服务业、限额以下贸易、小微建筑业样本开展数据质量大检查，对小微样本企业开展统计执法检查，深入基层开展检查和指导，确保企业监测数据质量。

9月19日，国家统计局盐城调查队举行第七届“中国统计开放日”活动。

第三次全国农业普查遥感测量调查　年内，国家统计局盐城调查队组织开展第三次全国农业普查遥感测量工作，成立遥感工作领导小组，谋划遥感测量工作实施方案，落实全市遥感测量工作经费100万元，统一招标采购台式图形工作站、移动图形工作站、高清摄像机、照相机等设备，举办第七届“中国统计开放日”活动暨“三农”普遥感测量宣传工作。组织培训，3—4月，组织人员到南京参加全省业务培训工作，学习无人飞机驾驶技术；5月上旬，对县乡调查骨干开展培训，并到建湖县上冈镇沙墩村实地演练；9月上旬，针对春夏播野外调查的新要求和秋冬播调查存在的实际问题组织业务培训。开展检查互查，全程参与县区实地调查工作，5月中旬至6月上旬对各县(市、区)调查工作展开抽查，到点指挥现场调查；9月中下旬实地开展调查数据质量互查活动，对各县(市、区)数据质量进行回看检验；10月底组织召集各县(市、区)业务人员集中会审，采取大循环模式进行数据逐村过堂审核，确保春夏播实地调查数据质量无技术性差错。至年底，全面完成秋冬播种作物面积遥感测量工作。　(丁祺晋)

第六节　质量技术监督

2016年，盐城市全面启动“全国质量强市示范城市”创建工作，市政府办公室发布《盐城市贯彻实施质量发展纲要2016年行动计划》，完成《盐城市2015年度质量工作考核自评报告》，经过申报、推荐、初审，通过国家质检总局申述论证答辩，并正式获批创建。实施名牌战略，全年全市新增江苏名牌产品21个，全市江苏名牌产品总数209个。推进低碳产品认证和能源体系认证工作，全市8家耗能企业通过能源体系评价；新增有机产品生产基地11个，强制性认证证书1071张，管理体系认证证书1705张。提升检测服务能力，全系统6个科技项目获省质监局立项批准和经费支持，2个科技项目推荐报国家质检总局立项；环保过滤材料质检中心获省质监局批准筹建，智能终端产品质检中心获省质监局立项，新能源汽车动力系统电源设备检定与测试实验室经市经信委立项并组织实施，市质检中心“10兆瓦风电叶片试验场”启动建设。年内，国家石油机械质检中心通过国家认监委和认可委评审，国家风电质检中心通过国家计量认证和实验室认可现场考评。

一、名牌创建

2016年，盐城市修订《盐城市市长质量奖管理办法》，由市财政对获得市长质量奖的企业直接给予50万元奖励；制定2016年江苏省质量奖和盐城市市长质量奖以及江苏名牌培育计划，确定2个省质量奖、18个市长质量奖培育目标以及125个江苏名牌重点培育单位；制定2016年质量信用企业培育计划，确定131个A级、44个AA级和7个AAA级重点培育企业名单。年内，市质监局组织2家企业分别申报中国质量奖和江苏省质量奖，3家企业获得2015年度盐城市市长质量奖；组织131家企业申报江苏名牌产品，35家企业申报质量信用AA级、AAA级考核。至年底，全市新增江苏名牌产品21个，全市江苏名牌产品总数209个。

2016 年全市新增江苏名牌产品

表 20－65

序号	产　　品	企 业 名 称
1	“金元宝”牌大米	益海(盐城)粮油工业有限公司
2	“发阳”牌鱼用配合饲料	江苏银宝生物科技有限公司
3	“盐阜银宝”牌梭鱼、鲻鱼、异育银鲫鱼	江苏银宝控股集团有限公司
4	“海丰”牌优质大米	上海海丰米业有限公司
5	“星佳”牌大米	江苏省农垦米业集团黄海有限公司
6	“申利达”牌钻修井动力钳	江苏申利达机械制造有限公司
7	“百圣”牌齿轮	盐城百圣机械有限公司
8	“Feng Dong”牌可控气氛热处理设备(BBH/UBE/UM)	江苏丰东热技术股份有限公司
9	“TTCOM”牌移动通信系统基站天线	江苏捷士通射频系统有限公司
10	“HJ”牌高速全自动糊盒机	盐城宏景机械科技股份有限公司
11	“明源”牌功能性高档色纺家纺系列面料	江苏明源纺织有限公司
12	“苏力”牌 SL－1 型涂装设备	江苏苏力机械股份有限公司
13	“海悦”牌轨道交通用无卤低烟耐火阻燃电缆	盐城利维线缆有限公司
14	“新永佳”牌螺杆钻具	盐城市新永佳石油机械制造有限公司
15	“康乐佳”牌 2－甲基咪唑	江苏康乐新材料科技有限公司
16	“鑫惠丰”牌全棉色纺纱	江苏惠丰纺织有限公司
17	“苏盐”牌井口装置和采油树	江苏苏盐阀门机械有限公司
18	“宁新宝”牌盾叶冠心宁片	江苏黄河药业股份有限公司
19	休闲旅游	东台市西溪旅游文化景区投资发展有限公司
20	生活垃圾恶臭和苍蝇综合治理	江苏生久环境科技有限公司
21	餐饮管理服务	盐城市北京人家餐厅管理有限公司

二、标准化管理

2016 年，市质监局完成企业标准备案 626 件，新增采标产品 14 个，获批立项标准化项目 6 个，申报国家标准 2 个。年内，东台国家级农业综合标准化示范市项目和大丰丰收大地国家级农业综合标准化试点通过国家标准委验收，东台市行政服务中心获批国家政务服务标准化示范单位；国际粮农组织正式发布咪鲜胺原药、咪鲜胺水乳剂农药标准，实现盐城主导制定国际标准零的突破。

三、计量管理

2016 年，全市质监系统联动开展计量进校园、计量进企业、计量进基层等“5·20”世界计量日系列宣传和便民检测活动。开展“两免费”检定活动，全市 221 家集贸市场和 1367 家农村医疗机构计量器具受检，数据建档率 100%，初检合格率 94%，受检率 100%，复检合格率 100%。组织实施春耕和夏粮收购期间的农用物资计量专项检查。做好诚信计量示范单位培育工作，上报 60 家省级诚信计量示范单位和 2 家省级能源计量示范培育单位。

四、质量监管

2016 年，市质监局严格生产许可证管理，对获证企业开展证后监管，完成对全市 6 家钢铁、12 家水泥获证企业的证后监管工作，部署全市 450 家工业产品许可证获证企业按照规定年度自查。开展钢筋、建筑防水卷材产品、危险化学品、危险化学品包装物和容器生产许可证获证企业专项监督检查以及事中事后监管工作。

专项整治　开展打击取缔“地条钢建筑用材”专项整治行动，排查钢铁生产企业 49 家，大型钢材销售市场 4 家，钢材经营户 278 户，在建建筑工程 140 多个。对发现的疑似“地条钢”企业，按照彻底断电断水、彻底捣毁生产设备、彻底清理厂房、彻底没收生产原材料、彻底没收不合格产品的“五个彻底”要求全面整治到位。开展消费品质量提升专项行动，选择 11 类 1030 批次产品开展市级风险监督抽查，做好消费品质量安全风险信息监测、收集、上报和处置工作。开展化肥农药、管桩钢筋、电缆建材、认证认可、学生服装、塑胶跑道等专项执法检查。全年全市“12365”举报中心受理举报投诉及咨询 787 起，其中举报投诉 126 起，质量申诉 31 起，咨询 630 起，办结率 100%；行政案件立案数 55 起、大要案 20 起、移送公安 15 起、申请法院强制执行 18 起，2 起案件被评为全省优秀典型案件。

认证认可工作　推进低碳产品认证和能源体系认证工作，全市 8 家耗能企业通过能源体系评价；新增有机产品生产基地 11 个，强制性认证证书 1071 张，管理体系认证证书 1705 张。根据国家认监委统一布置，抽查管理体系获证组织 76 家，能源管理体系获证组织 17 家。组织开展全市“检测实验室开放日”活动，重点选择食品、环境、农资、日用消费品等检验检测机构向社会开放，采取参观实验室、展板展示、免费咨询和检测等形式，邀请人大代表、政协委员和消费者、企业、新闻单位的代表观看实验室检测工作。

五、特种设备安全监察

2016 年，全市新增特种设备 9231 台，使用单位 385 家。市质监局落实安全责任告知 2114 家，出动现场安全监察 1370 人次，下达安全监察指令书 142 份。开展专项检查，对医院、商场、宾馆等公众聚集场所使用的特种设备以及气瓶充装单位进行重点检查。全年未发生安全监管责任事故，特种设备万台事故率和万台死亡率控制在省质监局、市政府下达的控制指标内。完成电梯应急处置平台建设，实现以电梯使用单位和签约维保单位为救援主体、就近应急救援点为支持、消防专业救援队伍为保障的三级救援响应机制在大市区和 7 个县(市、区)全覆盖。

“6·23”灾区特种设备安全保障　6 月 23 日，阜宁、射阳发生特大龙卷风冰雹灾害。灾后，市质监局成立灾区特种设备隐患排查领导小组，根据日常安全监察的情况，全面评估此次灾害对受灾地区特种设备安全状态的影响；及时提醒使用单位开展安全隐患排查，确保特种设备安全；调特种安全监察员、检验员组成特种设备安全队伍，对灾区范围内的特种设备进行拉网式排查，保障灾区特种设备安全。共排查在用特种设备单位 151 家、特种设备 342 台(件)，为灾区免费检测特种设备 267 台(件)、民用“三表”(水表、电能表、天然气表)841 台(件)、建筑用材料 128 批次，为灾区免去检测费 10 余万元。　（耿　忠　沈　可）

第七节　食品药品管理

2016 年，全市有持证食品生产企业 886 家，食品加工小作坊 4329 家，食品流通经营主体 3.6 万户，持证监管餐饮服务单位 1.35 万家，保健食品化妆品生产经营单位 2336 家。全市有药品生产企业 36 家，药品包装材料企业 9 家，药品批发企业 18 家，药品零售连锁企业 23 家，零售药店 2138 家，各类医疗机构 3082 家，医疗器械生产企业 62 家，医疗器械经营企业 1500 家。年内，江苏华晓医药物流有限公司、江苏百科医药有限公司、盐城市九鼎药业有限公司 3 家企业被省食药监局确认第三方医药物流企业。全市药品生产企业工业产值 35 亿元、药品经营企业销售额 90 亿元。全年市药监局加强日常监测和专项整治力度，共检查涉食涉药单位 2517 家次，立案查处违法案件 520 件，涉案总值 967.59 万元。处理投诉举报 688 件，向公安机关移送案件 7 件。在创建全国文明城市工作中，组织志愿者队伍巡查药品经营单位 160 家次、食品流通单位 209 家次、餐饮服务单位 330 家次。开展安全知识宣传。开通“盐城食药监”微信公众号，发布各类食品药品安全信息 600 余条。开展“食药安全、创新发展”全国食品药品安全科技周、“守护健康、呵护美丽”等主题宣传活动，设立宣传咨询点 53 个，设置宣传展板 322 块，接受咨询群众 2.16 万余人，发放科普宣传单和知识手册 5 万余份，发布公益广告 86 条。召开食品药品安全新闻发布会 2 次，解读全市 2016 年食品药品安全监管工作计划、食品药品抽样检测计划，并结合群众反映强烈的问题，向媒体通报全市食品药品安全“春雷行动”开展情况。年内，市食药监局推行“双随机”(随机抽取被检查对象、随机选派检查人员)抽查、规范食品药品安全事中事后监管，被评为 2016 年度市政府依法行政示范项目；市食药监局说理式执法工作在全系统推广；大丰区、阜宁县、射阳县“政府推动、部门联动、借力助动”的“明厨亮灶”工作在全省推介；市食药监局推行“12345”工作法，打造食药监管“盐城品牌”做法，被《中国食品报》报道推广。

一、食品安全监管

2016 年，市食药监局规范行政许可。与市法制办联合召开《盐城市食品小作坊登记管理办法(草案)》听证会，牵头制定《食品药品安全事中事后监管办法》《推行“双随机”抽查规范事中事后监管工作实施方案》《食品药品行政许可工作规范》，在食品药品监管领域推广“双随机”抽查工作模式，提升事中、事后监管效能。全年发放食品生产许可证 186 张。

日常监管　年内，市食药监局在食品生产环节实施分级、分等、分类“三分监管”模式，全年出动执法人员 3983 人次，检查食品生产主体 886 家，发现违规违法问题 626 个。在保健食品生产企业全面推行质量受权人制度，实施“四专四化”(专用区域、专用标识、专用警示语、专用台账四专和资质合法化、产品合格化、制度规范化、记录统一化四化)管理，综合评定 A 级企业 2 家、B 级企业 1 家。食品流通环节强化对重点时段、重点区域、重点食品“三重治理”，督促农贸市场执行进场查验、索证索票、产品抽检制度，全年组织食用农产品专项抽检 1200 批次和餐饮食品抽检 600 批次，开展快速检测 3.6 万批次；食品餐饮环节监管坚持大单位与小餐饮并重、线下与线上并重，制定出台《盐城市农村集体聚餐食品安全风险防控指导手册》，对全市 113 家学校食堂开展春秋季食品安全专项检查，对面积在 150 平方米以下的1.15万家小餐饮摸底抽查。强化对网络第三方订餐平台和网络餐饮服务的监管，先后约谈百度、美团、饿了么3家网络订餐平台，抽查核实入网餐饮单位35家。持续推进食品生产电子追溯体系建设，在21家生产企业开展食品生产电子追溯系统试点工作，建立食品来源可追溯、去向可查证、责任可追究的安全责任链。至年底，食品生产电子追溯体系乳制品生产企业覆盖率100%，白酒、食品添加剂生产企业覆盖率70%，肉制品、儿童食品生产企业覆盖率30%。

8月2日，市食药监局在超市检查。

检验监测　加强抽检频次和力度，对全市4家乳制品生产企业生产的1024批次原料生鲜乳和成品乳进行抽检，合格率100%。开展粮食及其制品中脱氧雪腐镰刀菌烯醇专项检查及监督抽检工作，组织专项抽检27个批次，现场整改索证索票不全等问题21个。全年对食用农产品抽检1200批次，快检3.6万批次，完成保健食品抽检110批。

开展食品药品安全“春雷行动”　1—4月，市政府部署开展食品药品安全“春雷行动”，累计出动食品药品执法人员2.64万人次，检查涉食涉药企业和单位2.06万家次，责令整改1700余家，立案272件，移交司法机关4件。

开展农村食品安全“扫雷”专项治理　4—11月，市食药监局集中整治无证生产经营，使用过期、劣质食品原料，“两超一非”（超范围、超限量使用食品添加剂和在食品中违法添加非食用物质）、过期及篡改保质期食品等问题，净化全市农村食品市场。其中，盐都区食药监局印制6500份《致全区广大食品生产经营单位的一封信》，组织食品生产经营单位开展自查自纠；城南食药监分局借助搜狐网、光明网等渠道曝光典型案例，提高监管威慑力。全市共检查食品生产经营主体3196户次，食品小作坊、小摊贩386个次，查处不符合食品安全标准案件52件，不合格食品246.6千克。

市食品药品监督检验中心建设　市食品药品监督检验中心是2015年政府为民办实事项目，总投资5300万元，新建可以承担食品、药品、化妆品、保健食品检验检测、科研、培训为一体的检验检测中心。2016年2月，中心获批准成立，至年底，完成楼体加固、供电增容、污水处理、内部装潢和实验室建设等工作。同步加强县级检验资源整合。3月，东台、大丰、射阳、建湖、阜宁、滨海、响水7个县（市、区）食品检验中心项目，获得国家发改委和食药监总局批准，被列为全国第二批县级食品安全检验资源整合试点。盐城成为全省唯一实现县级试点全覆盖的地级市，中央财政对每个试点县补助检验设备购置资金400万元。至年底，响水县、滨海县建成县综合检验检测中心。

市食用农产品检验检测平台建设　市食用农产品检验检测平台是2016年政府为民办实事项目，总投资1500万元。该平台项目建设面积约1155平方米，其中检验室200平方米、信息中心100平方米，全市57个农贸市场快检室均不少于15平方米以及与盐城工学院签订合作协议建立的200平方米检测实验室，完成设备投入1200万元。平台建成后，可对农贸市场销售的食用农产品农药残留、兽药残留快速检测，年检能力5万批次，为及时处置不合格食用农产品提供技术支持。12月，项目完成建设投入使用。市食药监局利用这一平台在大市区设立快检服务流动工作站，分解落实1万批检测任务。12月，开展为期3个月的“快检惠民生”活动，检测大市区31个农贸市场和12个商场超市食用农产品1.01万批次。

市食品安全事故（Ⅳ级）应急演练　11月10日，市食品安全事故（Ⅳ级）应急演练在射阳县全民健身中心举办。演练活动分为事故调查、医疗救治、案件查办、综合保障、新闻报道、善后处理6个应急处置组，共出动监管部门执法人员、医护人员、公安干警等180余人，车辆20余辆。演练按照事故发生、发展的不同阶段，分别对事故报告、指挥协调、应急处置、善后处理4个部分进行实战模拟。演练采用现场表演和视频播放相结合的方式，提高政府和食品安全监管部门应对食品安全突发事件能力，提高公众的食品安全防范意识。

二、药品和医疗器械监管

2016年，市食药监局完成办理执业药师注册494件，办理医疗器械出口备案4件、一类医疗器械产品备案16件和生产备案11件。

日常监管　强化药品生产环节监管，对2家出口欧盟原料药生产企业、4家无菌药品生产企业进行飞行检查，对世贸天阶制药（江苏）有限责任公司等11家企业增加生产范围、关键生产设备变更、新增仓库及委托检验等项目进行实地检查，对江苏海阔生物医药有限公司，江苏黄河药业股份有限公司等6家药品生产企业缺陷整改情况进行跟踪检查，对4家药品生产企业开展日常监督检查。巩固《药品经营质量管理规范》监督实施成果，组织人员对18家药品批发企业、12家零售连锁企业、93家药店进行监督检查，其中行政约谈4家，责令限期整改56家，依法收回13家企业的GSP证书，立案查处19家。开展"4S星级文明药店"创建活动，与市文明办联合通报表彰2015年度23家五星级、65家四星级、85家三星级"4S文明药店"。加强信用管理机制建设，制定《盐城市食品生产企业信用评定办法（试行）》，完成对全市18家批发企业、23家零售连锁企业上年度药品安全信用等级评定工作并公示。

检验监测　根据省食药监局抽样计划，全年完成药品监督抽验任务1203批、化妆品国抽和省抽任务67批、医疗器械20批。完成检品1032批和快检药品1000批次。其中，检出不合格药品9批、不合格医疗器械3批。组织开展10家企业洁净区（室）性能检测工作，完成39批医院制剂标准提高核查检验工作。

开展疫苗接种使用环节质量专项检查　3月，市食药监局开展疫苗接种使用环节质量专项检查行动，组织山东问题疫苗应急排查，逐一核查全市近200个疫苗接种点，现场检查唯一具有疫苗经营范围的江苏华晓医药物流公司，实地查看冷库及疫苗存储管理情况，均未发现非法经营疫苗情况。

检查美容机构　4月，市食药监局与公安部门开展联合行动，对可能存在非法使用注射用A型肉毒毒素和玻尿酸等药械的有关美容机构进行排查。检查捣毁售假窝点4个，抓获犯罪嫌疑人6名，涉案货值1400多万元。

（陈永军　崔　伟）

第八节　国有资产管理

一、国企改革

2016年，市国资委在加强市属企业改革方面，推进江苏悦达集团有限公司"8＋2"产业布局体系（构建悦达投资、悦达能源、悦达商贸、悦达矿业、悦达地产、悦达资本、悦达汽车发展、悦达健康8个产业平台和综合管理、新兴产业2个事业部）产业布局和内部"五制"改革（推进身份档案制、竞争上岗制、全员聘用制、绩效工资制、末位淘汰制）、江苏银宝控股集团产业提升、新光集团有限公司"去产能"改革和转型发展、平台公司整合、市体育产业集团组建、市公共交通总公司公司化改革，以深化改革促进转型发展，全面释放改革动力和效应。在推进市国资委直接管理的14家企业改革方面，原"五办"（轻纺办、物资办、商贸办、化建办、机电办）划入市国资委管理的9户企业，其中5户企业完成工商注销登记，向市档案部门移交财务和行政档案5872册，市食品总公司、市五交化总公司清算注销工作有序推进；尚未完成改革的2户企业中，江苏省盐城肉联厂在完成安全隐患整治和冷冻市场关停后，依法破产工作规范进行，盐城联孚石化有限公司搬迁重组的前期准备工作有序展开。在审批事项改革方面，选择少数有代表性的企业进行投资项目和股权转让审批改革探索。

二、国资监管

2016年，市国资委加强监管制度建设，会同市相关部门研究出台《市属企业负责人履职待遇业务支出管理暂行办法》《市属国有企业经营投资失误和资产损失责任追究暂行办法》《深化市管企业负责人薪酬制度改革意见》等制度。突出重大事项监督，全年审批（备案）各类项目24个，出资金额60.27亿元（其中市属企业出资39.9亿元），审核办理企业融资抵押担保17笔，涉及金额66.3亿元，服务企业融资324亿元（含发债）。规范国有资产交易，审查评估报告23宗，其中启动专家审核程序9宗，提出审核意见63条，对涉及企业改制、资产重组、产权转让等经济行为的16个企业国有资产评估项目进行备案，评估增值2.84亿元，增值率7.2%。发挥监事会监督作用。制定配套制度7项，统一监督检查记录和报告格式，参加派驻企业会议230多次，提出建设性建议若干条，应邀参加各类活动60多场次，开展企业基本情况和"双清"工作（房产土地和应收款项清理）专项调查，发挥"事前监督和靠前服务"作用。

三、国有企业

2016年，纳入全市企业国有资产统计报表汇编范围的国有企业（第一级次）计205户，其中市本级企业21户（包括由国资委监管的14户市属监管企业和由相关主管部门监管的7户企业），县（市、区）企业184户。全市国有及国有控股企业资产总额约6601.4亿元，净资产2468.1亿元，实现营业收入1304.2亿元。市属监管企业资产总额2145.9亿元，同比增长9.16%；净资产720.9亿元，同比增长5.45%；实现营业收入1182.9亿元。

2016 年市本级国有企业名单

表 20－66

序号	单位名称	地　址
1	盐城联孚石化有限公司	盐城市人民北路 239 号
2	盐城市城市资产经营有限公司	盐城市世纪大道 19 号
3	盐城市交通控股集团有限公司	盐城市瑞安路 7 号
4	盐城市公共交通总公司	盐城市人民中路 102 号
5	盐城南洋机场有限责任公司	盐城市亭湖区南洋镇民航村
6	盐城市产业投资集团有限公司	盐城市青年中路 14 号国飞尚城 A 区 13 幢 611、612 室
7	盐城市灌东经济开发投资有限公司	盐城市世纪大道中远世纪广场 D 栋 9 层
8	盐城市新滩经济开发投资有限公司(盐城市海兴投资有限公司)	盐城市世纪大道中远世纪广场
9	盐城市自来水有限公司	盐城市城南新区兴业路 33 号
10	盐城市市政公用投资有限公司	盐城市解放南路 150 号 1102－1104 室
11	盐城市国有资产投资集团有限公司	盐城市世纪大道 669 号
12	江苏银宝控股集团有限公司	盐城市人民南路 1 号华邦国际东厦 17 楼
13	江苏悦达集团有限公司	江苏省盐城市世纪大道东路 2 号
14	新光集团有限公司	安徽省淮北市相山南路 303 号帝景大厦 16 楼 A 座
15	盐城文化艺术发展有限公司	盐城市城南新区聚亨路 8 号
16	盐城国泰投资有限公司	盐城市青年中路 28 号
17	盐城市中小企业贷款担保有限公司	盐城市青年中路 28 号
18	盐城市创新创业投资有限公司	盐城市青年中路 28 号
19	盐城市蓝盾生活服务总公司通安公司	盐城市希望大道 99 号悦达东方 4S 店附 2 楼
20	盐城市森宝林木科技试验场	盐城市文港北路 5 号
21	盐城市市级机关服务中心	盐城市世纪大道 21 号 1 楼

市交通控股集团　2001 年 12 月，为转换企业经营机制、推进交通系统国有企业改革改制工作，盐城市交通控股集团有限公司注册成立。2006 年 3 月，盐城市交通投资有限公司正式成立。2015 年 8 月，市政府将市直交通系统所属的盐城市交通投资有限公司以及其他国有(控股、参股)企业、部分自收自支事业单位等划转至盐城市交通控股集团有限公司，同年 10 月 13 日予以工商变更登记，11 月 24 日正式挂牌，标志着重组后的集团正式开启实体化运作之路。集团注册资金 30 亿元，总资产近 300 亿元；下辖全资子公司 27 个、控股公司 5 个、参股公司 4 个以及盐城市交通设计院等 3 个自收自支事业单位。主要经营范围是政府授权的国有资产和国有股权的投资、经营、管理及资本运作；交通基础设施、房屋建筑业的投资建设和运营管理；对制造业、广告业、餐饮酒店业、旅游业、汽车产业和新能源的投资运营等。2016 年 2 月 10 日，由市交通控股集团投资建设的大丰服务区正式开门开业，是临海高等级公路(228 国道)盐城境内的第一座服务区。5 月 4 日，市交通控股集团通过联合资信评估公司的评审，成为盐城市第三家通过大公国际资信评估有限公司、中诚信国际信用评级有限公司、联合资信评估有限公司、鹏元资信评估有限公司四大评级机构评估后拥有“AA＋”主体长期信用评级的单位。

(祁瑶震)

国投集团　2016 年，市国有资产投资集团有限公司总资产 270 亿元，净资产 92 亿元；全年实现全口径收入 68 亿元，利税 3 亿元；累计新增授信 92.6 亿元，实际新增到账 69.3 亿元。直接融资方面，融资余额 96.5 亿元，新增获批 74 亿元直接融资产品，实际募集到账 58 亿元。其中，20 亿元私募公司债发行价格，为当天同类 AA 级评级企业中最低的一笔；20 亿元私募永续债成为集团第一单长期限含权类融资产品；与国开发展基金公司合作奥新新能源专项产业基金，对方以股权形式投入 1 亿元，期限 8 年，年回报率仅为 1.2%。间接融资方面，融资余额 45.6 亿元，新增获批 18.6 亿元间接融资产品。其中，单笔 1 亿元以上贷款 35 亿元,3年期以上贷款36亿元。股权投资方面,持有江苏银行5700万股,历史成本1.65亿元。8月2日,江苏银行挂牌上市,年底收盘价每股9.63元,股票市值5.3亿元,浮动盈亏3.6亿元。

高新科技板块　江苏奥新新能源汽车有限公司以纯电动乘用车资质申报为中心,加大产品研发、新厂区建设、产品质量提升和市场开拓力度。1月8日,新能源乘用车样车通过碰撞试验,实现碳纤维新能源汽车中国第一碰;建立燃料电池系统和燃料电池车辆开发平台;累计43款车型列入工信部公告目录,当年新增8款,有3款燃料电池专用车还在全国首批进入推荐目录;23款车型获得3C证书,纯电动二类底盘及皮卡车获得由卢森堡签发的N1类小批量欧盟认证证书;与德国设计团队共同研发新的商用车平台,在产品结构、电池安全性以及整车轻量化方面,都有突破性创新技术应用。作为高新科技板块的重要组成部分,综保区国投自贸园项目全年租金收入2862万元,签约入驻率68%。大丰电子信息产业园项目正式签约,完成公司注册、前期规划等事宜,项目总投资10亿元。

地产置业板块　根据城建重点任务和自营项目的安排,承建重点项目16项,投资总额100亿元,实现销售收入4.7亿元。在承担公建项目的同时,国投集团主攻商业地产和住宅地产,拓展工业地产和科技地产,储备文化旅游健康地产。先锋国际广场二、三期项目总投资20亿元,年内投资4.5亿元,完成超高层酒店地下室施工,主楼二层结构施工,三栋住宅主体完成验收。国投·幸福嘉园项目总投资15亿元,年内完成投资6.5亿元,住宅竣工验收,室外工程全面开建,年底开盘销售。恒力机床地块改造项目总投资7.5亿元,完成土地市场前期调研工作,已列入亭湖区政府2017年征收计划。兆泉城中村改造项目总投资8亿元,征收工作基本完成。民生实事工程方面,迎宾馆苗圃公园一标、二标完成工程建设;东进路西延工程竣工验收;小洋河综合整治一期工程完成;科技馆智能化改造竣工并交付使用;市未成年人指导中心竣工验收;检察院代建项目办案中心结构封顶,监视居住楼完成主体四层。年内,集团收购开发区中大地块、盐阜报业集团资产、市委党校南校区地块。至年底,集团有资产44宗,持有土地206.67公顷,持有房产156.7万平方米,其中商业类67万平方米、工业类46万平方米、住宅类34万平方米、办公类9.7万平方米。

商贸流通板块　优化先锋岛业态布局,打造主城区核心商圈,拓展物资国际贸易业务。商业运营方面,先锋国际广场出租率98%,直接签约商户61户,分租、联营商户近200户,广场日均人流4.2万人次,实现营业收入12亿元。对商贸板块实行战略调整,对广场商业综合体和盐城商业大厦进行资源整合,研究制定新世界百货盐城店业改方案。物资经营方面,市物资集团全年实现销售收入43亿元,缴纳税金5917万元,实现利润4257万元。其中,煤炭销售359万吨,实现收入23亿元;有色金属销售3.4万吨,实现收入13亿元;钢材销售24万吨,实现收入7亿元;建材(混凝土)、机电设备、新能源汽车销售等3051万元。收购天津地博煤业公司,依托天津港独特资源优势,加强与国内多家大型钢铁企业、国外焦炭采购商的业务联系,建立山西洗煤基地、长江港口配煤基地。开启国际贸易,与俄罗斯米歇尔能源集团达成战略合作关系,分别从俄罗斯、印度尼西亚采购22船进口煤,累计67.5万吨,约4000万美元。盐城国投新材料公司成立盐城最大的电解铜加工企业。

金融服务板块　全年实现营业收入1.3亿元。市投资公司全年累计投放资金1.4亿元,“零风险”做好专业银行、房投公司委贷业务和房地产网签资金业务。国投担保公司与7家银行签订融资性担保战略合作协议,担保授信额度7.5亿元。国投商务公司申报省互联网平台经济“百千万工程重点企业”项目并获批,11月,全省唯一一家互联网金融企业获得省级现代服务业专项引导资金100万元。国鑫融资租赁公司制定奥新纯电动物流车融资租赁方案,在大连、上海、青岛、广东等地和盐城市内批量化运营。上市工作方面,申万宏源公司已对集团进行专项分析,初步明确符合条件的公司,并对上市途径进行深入探讨。

文化旅游板块　盐城迎宾馆实现营业收入7915万元,营业毛利720万元。宾馆全年接待境内(外)宾客6.7万人次,出租客房数累计5.4万间,接待生日喜宴272档、5640桌,用餐总人数超30万人次。4月,根据市政府专题会议精神,市一招资产、人员、经营等全部划转集团,划转工作已完成。12月8日,集团举行大丰麋鹿风情小镇、盐城万豪国际酒店、盐城惠民健康服务中心、大丰电子信息产业园等重大项目集中签约;与万豪国际集团正式签约,成功落户盐城第一高楼,将建成全市首家国际品牌五星级酒店,填补盐城市国际高档酒店的空白;依托国家级健康产业服务平台——中国健康云,建设中国健康云(盐城)惠民服务中心项目,总投资20亿元,发展“互联网+大数据+健康”医疗产业。

清洁能源板块　项目运营方面,建湖沿河一期30兆瓦光伏电站投资约2.5亿元,租用鱼塘约80公顷,于2015年11月并网发电,2016年累计发电3500万千瓦时。二期20兆瓦光伏电站开工建设,总投资约1.45亿元,占地面积43.33公顷。启动综保区国投自贸园2.3兆瓦屋顶光伏项目。成立建湖产业基金公司,共同出资2亿元。风电投资方面,与省国信集团合作的大中10万千瓦风电项目,10月建成并网发电。与大唐电力合作的大丰三龙10万千瓦风电项目、与银宝集团合作的射阳盐场10万千瓦风电项目开工建设。投资国电投响水县大有镇15万千瓦风电场、中电国际响水县大有镇5万千瓦风电场、国信响水黄海农场风电场三期、国信灌东风电场、国信射阳新洋农场风电场、阜宁县3万千瓦分散式风电、盐都楼王镇10万千瓦风电、华润新能源亭湖二期4.8万千瓦风电、大唐大丰三龙二期5万千瓦风电9个风电项目,并全部列入全市2017年度风电项目计划。光伏制造方面,国能公司与常州天合光能公司合作,共同投资盐城光伏组件及光伏电池项目,总投资13亿元,国能占股49%。项目建成后,年销售额预计40亿元,净利润1.5亿元。　　(柏瑜华)

城投集团 2016年，盐城市城市建设投资集团有限公司总资产323亿元，净资产114亿元，负债率64.7%。全年协议融资215亿元，到账资金46.68亿元，完成项目投资15.3亿元。

基础设施板块 全年实施重点项目7个。至年底，海盐历史文化风貌区提升项目完成投资0.2亿元，完成海盐博物馆一期改造、二期室外提升方案设计，水街永兴寺改造，海盐历史文化风貌区消防提升等工程；市本级河道整治项目串场河、蟒蛇河段清淤工程完成投资0.3亿元，清淤河道10.7千米；建设鹤翔公园灯光球场等休闲体育健身设施项目，完成投资200万元；市美术馆项目完成部分整改，与市文广新局等单位初步完成方案对接；瓢城记忆项目完成征地拆迁，接入水源及消防工程；水浒馆和博物馆项目完成整改提升；棚户改造项目全年投资5亿元。

地产置业板块 全年实施地产项目6个。至年底，凤凰汇·紫园项目完成投资0.3亿元，完成总平方案调整、监理、施工单位招标、基础施工等工作；城投中庚·香城世家项目完成投资0.6亿元，完成前期手续办理、临时围墙、售楼部建设、试桩等工作；高教公寓项目去库存成效显著，全年销售345套，实现销售2亿元，高教公寓商业街完成施工图设计、图审、监理招标等工作；解放南路地块酒店项目完成投资1.8亿元，完成土地摘牌，并与洲际酒店签署合作协议，启动城投华邑酒店项目设计任务书拟定工作；水岸人家项目完成销售清盘工作，销售207套；东河嘉园项目二期工程完成三幢高层建筑的扫尾施工工作，办理一期、二期消防等验收手续，完成智能化工程招标并进场施工，实现销售1661.7万元。

文化旅游板块 实施大洋湾生态旅游景区建设，加快推进大洋湾景区一期工程项目建设，完成投资3亿元。4月，举办大洋湾樱花节，共有40万名游客游园赏花；8月，开通新洋港及大洋湾游船，成功打造盐城水上游览线；年内，该项目列入江苏省十三五重点旅游项目。串场河景观带提升项目完成投资990万元，完成码头、驳岸柔化及亮化一期工程建设，开通串场河水上游船，二期方案国际征集中；实施串场河文化集聚区建设，全面开展提升方案国际征集工作，搭建项目顾问团队，开展运营商谈判和项目建设前期准备工作，年内完成投资2.8亿元。游客集散中心项目完成投资0.3亿元，完成征地、方案设计，与市规划局沟通方案，跟踪市国土局土地挂牌等事宜。

城市服务板块 市保安服务总公司实现营收8896万元，利润886万元。市城投海盐旅游发展股份有限公司水城酒店全年实现营收4231万元，GOP（营业毛利）601万元。市城投物业管理有限公司被市物业协会选聘为市物业协会常务理事单位。年内，市城投集团与市科协签订战略合作协议，取得科协45座电子屏广告经营权。市靓城园林建设工程有限公司完成第二届大洋湾樱花节樱花园改造工作，对接国内顶级园林专家北京林业大学教授张启翔，筹划建设盐城大洋湾国家樱花研究基地，并完成市区园林绿化项目投资0.1亿元。股权投资方面，江苏上电八菱集团有限公司持有的城南热电厂40%股权划转市城投集团。

城市环保板块 静脉产业园年内完成投资0.8亿元。8月，园区建设总体规划获市规委会批准，对园区剩余5个单位进行搬迁，回收66.67公顷特种种植、养殖土地，开展园区迁坟工作。规范办理园区基础设施项目建议书、规划选址、社会稳定评估、环境安全评估、可研报告等，完成园区道路、桥梁、地下管网、防护林、生态湖等项目的设计单位招标和方案及施工图设计工作。推进园区招商工作，在省环科院技术支持下，拟定详细技术指标和招商招标条件，与市城管局对接，推进园区垃圾焚烧发电、餐厨垃圾处理等项目建设。

8月10日，串场河水上游船开通。 王仰林摄

智慧城市板块 年内，智能化停车场项目完成投资183万元，完成可研、立项、网络线路招标及系统集成招标，建成指挥监控大厅、市政府周边路内停车车位改造和数据接入、城投商务楼B座停车场改造接入和道闸安装；水街、欧风街立体停车楼完成规划及设计方案，其中水街停车楼方案报市规划局，方案修改完善之中；欧风街停车楼因土地被摘牌，方案未报市规委会。智能交通管理系统完成方案设计招标工作。智慧城市一卡通项目，成立一卡通公司，完成项目可研报告，获得项目特许经营权，合作运营单位招标。

（王　勇　郁怀峰）

银宝集团 江苏银宝控股集团有限公司下辖直属成员企业36个，有土地面积1.37万公顷，其中射阳县境内1.07万公顷，响水县境内0.3万公顷；辖区1.5万人口，其中职工6866人，离退休职工3499人。2016年，实现营业收入全口径33.83亿元，利税2.06亿元，资产总额83.73亿元，在岗职工人均收入5.26万元。集团先后被评为农业产业化国家重点龙头企业、中国轻工业成长能力百强企业、中国制盐行业十强企业，获批中国经济导报调研发展基地、省环境科学学会科技服务站；“盐阜银宝”牌梭鱼、鲻鱼、异育银鲫鱼，“发阳”牌鱼用配合饲料获评江苏省名牌产品；“盐田稻”牌稻谷和米通过美国农业部有机农产品认证；“盐阜银宝”牌淡水鱼通过ISO 9001质量管理体系认证。

海盐生产 投资近7000万元打造矿卤日晒重建工程，建成高标准盐池120块26公顷，产盐7.5万吨。海精盐厂实施扩能改造，研发的果蔬餐具洗涤盐、热敷盐等盐产品，在“盐坨子”“云调味”等线上推广销售。新注册商标品牌“盐阜海立方”，年内有17类28个盐产品包装上市，全年累计销售盐产品28.5万吨，其中腌制盐3.49万吨、小工业盐4.8万吨、两碱工业盐3.78万吨、日晒盐6.56万吨。

生态养殖 集团拥有海淡水养殖面积8700公顷，其中高效设施渔业面积6000公顷；有市级现代渔业园区2个、千亩连片高效渔业基地1个；新增农业部水产健康养殖示范场1个、省农业标准化试点示范基地1个；所有养殖基地均获无公害水产品产地认定，10类水产品获农业部无公害农产品认证。全年投放南美白对虾苗1.57亿尾、海淡水鱼苗1.3亿尾，海淡水产品总产量12.5万吨，实现渔业产值15亿元。实施年出栏30万头生猪养殖项目，利用种养循环、沼液还田模式，强化饲养繁育、质量监督、安全把控、疫病监测、销售配送等全程管理，销售生猪8.01万头，实现营业收入1.43亿元，创利4850万元。

农产品生产 至年底，集团有国家级农业产业化重点龙头企业1个、省级农业产业化重点龙头企业1个、市级农业产业化重点龙头企业4个。全年盐碱地水稻种植实现总产541.2万千克，平均亩产553.5千克，最高单产722千克，其中有机稻占比17.24%。新建日处理量185吨级粮食烘干线、大米加工线、真空包装生产线稻米加工厂。投产虾蟹料生产线2条，全年生产销售粉质、颗粒料124个规格产品4万吨，在省内建成3个分部、12个片区、148名经销商的经销体系，产品远销山东东营、上海崇明岛等地。

项目建设 年内，集团实施“风光渔”互补清洁能源基地项目，总投资40亿元，其中与中国电建、通威集团合作推进600兆瓦渔光一体项目，与天合光能公司合作推进国家前沿技术光伏基地项目。实施上海海台和东台2个农贸市场收购合作项目，拟收购上海海台农贸市场51%股份，同步认购江苏沿海国际农产品交易市场51%股份，签订合作协议，进入尽职调查和资产评估阶段。实施大宗农产品交易中心项目，拟收购江淮农副产品交易中心35%股份，已签订框架合作协议。完成银宝明都精品酒店项目建设，酒店于10月1日投入试运营，全年实现营业收入151.39万元。推进盐城保税区跨境电商“优舶荟”项目，自1月16日营业以来，采用线上线下结合的O2O销售模式，销售商品SKU数超4000个，全年累计销售收入1619.93万元。实施坦桑尼亚金矿勘探项目，对环维多利亚湖金矿带8个矿权区进行预查，累计进场钻机6台，成立基地4个。全年以公开、非公开企业债、私募债等形式，在资本市场公开发行31亿元债券。（沈永龙）

第九节 国土资源管理

全市国土面积16931.3平方公里，其中农用地109.48万公顷、建设用地27.97万公顷、未利用地31.87万公顷，分别占全市国土面积的64.66%、16.52%、18.82%。全市海岸线长582千米，占全省海岸线总长度的56%；滩涂总面积45.53万公顷，占全省滩涂面积的70%。矿产资源情况方面，主要矿种有黏土矿、地热、矿泉水及部分石油天然气，其中已探明石油天然气储量800亿立方米，高硅黏土储量281.5万吨。

一、土地保护和利用

2016年，市国土局推进土地利用结构优化，争取省核减全市基本农田保护任务4.2万公顷，增加建设用地规模1.08万公顷，安排规划流量指标0.85万公顷。推进土地综合整治，实施占补平衡补充耕地项目345个、城乡建设用地增减挂钩项目89个，分别新增耕地0.21万公顷、0.03万公顷，通过省级平台交易指标0.11万公顷，成交金额39.8亿元；全市新获批省以上投资土地整治项目13个，建设总规模0.84万公顷，新增耕地0.02万公顷。投入资金12.86亿元，建设高标准基本农田项目71个4.83万公顷。开展永久基本农田划定，新划入市区中心城区周边永久基本农田0.67万公顷，新划定县级城市周边永久基本农田0.34万公顷，全域性永久基本农田划定方案通过省论证审核。阜宁、东台、射阳、滨海4个县市以及新兴、大冈等10个镇耕地保护工作被省国土资源厅通报表扬。出台《关于国土部门支持全市镇村经济发展的意见》，在规划指标安排、规划空间布局优化等方面形成10条措施，支持全市镇村经济发展；联合交通部门出台《关于支持全市农村公路提档升级三年行动计划的意见》，每年为各地安排13.33公顷计划，专项保障列入城镇村建设项目范围内的农村公路。挖掘农村存量建设用地，争取阜宁县作为全省农村宅基地有偿退出试点，全年退出宅基地退出1万户，复垦后净增耕地378.26公顷；争取阜宁、亭湖、盐都为全省第二批同一乡镇范围内村庄建设用地布局调整试点，拆旧规模131.59公顷，新增耕地126.07公顷。实施工矿废弃地复垦项目39个，新增耕地面积266.67公顷，启动用地指标286.67公顷。

二、土地征收与供应

全市报农用地转用163个批次（项目）计0.34万公顷，获批90个批次（项目）计0.23万公顷，供应建设用地0.27万公顷。其中，出让供应商服用地和住宅用地0.09万公顷，出让金总额122.74亿元；出让供应工业用地

0.10 万公顷;供应交通和水利等基础设施用地 0.08 万公顷。处置市区 36 宗闲置经营性用地,完成全市工业用地利用现状调查。开展砖瓦窑企业专项整治工作,全市范围内 196 家砖瓦窑企业全部停产整治,74 家完成设备捣毁、厂房清理。加强高标准厂房建设和使用,盐都区被省评定为 2015 年度高标准厂房建设与使用先进地区。加强节约集约利用模范县创建,盐都区、建湖县、射阳县成功创建国土资源节约集约利用模范县,滨海县获得国土资源节约集约利用进步奖。

7 月 14 日,全市首批农村土地承包经营权证书颁发。　　孙海鹏摄

三、地籍管理

2016 年,全市开展年度土地变更调查,上报数据一次性通过省、部级检查。加快不动产统一登记改革。5 月 6 日,射阳颁发全省第一本海域证;5 月 26 日,全市所有的县(市、区)和市本级全部颁发不动产登记证,成为全省第二家全部实现不动产登记发证工作的地级市。全市受理各类不动产登记业务 15.8 万件,依法颁发各类不动产权证 8.3 万本、不动产登记证明 7 万份。以不动产登记交易一体化为核心,创树"统一管理系统化、登记交易一体化、集中规范科学化、'四全'服务常态化"的"盐城模式"。实施"慧眼守土"工程建设,全市共布设视频监控点位 1765 个,在全省率先实现"慧眼守土"工程市县全覆盖。

2016 年全市土地利用现状情况

表 20－67

一级地类	面积(公顷)	占全市面积比重	二级地类	面积(公顷)
农用地	1094757.40	64.66%	耕　地	837038.02
			园　地	15680.79
			林　地	12329.02
			草　地	0.86
			其他农用地	229708.71
建设用地	279705.38	16.52%	居民点及独立工矿用地	225119.28
			交通运输用地	22754.18
			水利设施用地	31831.92
未利用地	318666.23	18.82%	未利用土地	58325.69
			其他土地	260340.54
合　计	1693129.01	100%	合　计	1693129.01

注:2016 年调查数据截止时间为 2015 年 12 月 31 日。

四、土地市场

2016 年,市国土局启动对热电公司、水建公司、纺机厂、肉联厂、化学厂等企业土地收储工作,全年新增储备土地 33.33 公顷。加大土地推介,参加"5·19"中国(江苏)城市土地展和"8·23"中国(深圳)城市土地展,吸引万达、万科、恒大等客商到盐城实地考察。组织土地上市工作,全年大市区组织出让经营性用地 129 公顷,成交金额 50.05

亿元，成交额同比增加43%，实现溢价17.56亿元。实施《盐城市区个人和企业购买新建商品房补贴发放细则》，审核通过申请5万份，受理房补发放业务2000余件，金额600余万元。

五、土地行政执法

2016年，市国土局健全风险防控体系，完善工作机制，规范执法行为。约谈土地管理秩序混乱和信访问题较多的地区，下达责令县(市、区)政府及市直有关部门限期纠正违法用地行为整改通知书3份。全年立案查处违法用地49宗，面积84.4公顷(其中耕地面积32.87公顷)。其中，未报即用16宗，面积4.2公顷；边报边用21宗，面积62.27公顷；未供即用12宗，面积17.93公顷。发现率、立案率和查处率100%，结案率90%以上。全年办理行政争议案件34件，其中行政复议维持率、行政诉讼胜诉率分别达到86%、89%。年内，大丰区接受国家土地督察南京局例行督察，督察结果较好。（吕景林）

第十节　安全生产监督

2016年，全市发生生产安全事故737起，死亡366人，同口径相比分别下降23.23%、23.59%。其中，工矿商贸事故61起，死亡60人，同口径相比分别下降14.08%、15.49%；道路运输事故648起，死亡301人，同口径相比分别下降23.58%、24.75%；农业机械事故28起，死亡5人，同口径相比分别下降31.71%、37.5%，实现事故总量和死亡人数“双下降”。至年底，全市有5904家企业通过安全生产标准化评审，其中一级企业3家、二级企业379家、三级企业3431家、小微企业2091家。年内，全市安全生产工作经省政府考核确定为优秀格次，市安监局安全生产行政执法、危化品和工贸领域监管工作受省安监局表彰，标准化创建和隐患治理体系建设工作列全省各设区市第一。

一、安全生产责任制

2016年，市委、市政府定期召开常委会、政府常务会和专题工作会议，研究部署安全生产工作。市委、市政府主要领导带头履行安全责任，研究部署省级安全生产专家暗访抽查、安全生产执法专项行动等工作。市委、市政府各位领导按照“常委包片、市长包线”的原则，带头履职，在重点时段、重要时期带队对挂钩县(市、区)和分工条线内的安全生产工作进行督查检查。市政府主要领导与各位副市长、分管市长代表市政府与11个县(市、区)、35个市各有关部门(单位)签订2016年度安全生产目标责任书，明确年度工作目标任务。市、县两级安委会主任均由政府主要领导担任，市政府每季度召开全市安全生产工作会议，部署推进全年和重点时段工作任务。年内，市安监局按照“党政同责、一岗双责、失职追责”要求，结合《江苏省安全生产条例》的实施，起草《市政府有关部门和单位安全生产工作职责规定》提请市政府常务会议审定，解决部门之间监管边界不清、职能交叉重叠等问题。市政府办出台《关于开展第三方力量参与安全监督和管理工作的指导意见》，市安委会制定《盐城市安全生产委员会专家委员会专家管理办法》，为安全生产工作提供技术支撑，加快建立“市场主导、企业自主、政府推动、社会参与”的安全生产社会共治体系。市安监局、市财政局联合下发《盐城市安全生产举报奖励办法》，加强安全生产领域的社会监督，推动群众积极举报安全生产事故隐患。市安监局组织起草《关于加强安全监管执法工作的实施意见》。市政府出台《关于进一步深化行政审批制度改革加强事中事后监管的意见(试行)》《盐城市推行“双随机一公开”抽查监管工作机制实施方案》，明确目标任务、工作内容、工作机制、实施流程、实施步骤和保障措施，切实加强事中事后监管。落实安全生产目标管理。市委、市政府将安全生产列入全市年度目标任务综合考核，作为加减分项目和“一票否决”事项，市安委会完善《关于印发2016年度安全生产工作考核细则的通知》，分类制定县(市、区)负有安全监管职能的部门、行业主管部门和企事业单位4类考核细则和安全标准化、隐患排查治理体系建设、安监基层能力建设、安全培训、行政执法等工作考核细则，严格考核奖惩，健全行政正职安全年度履职报告等制度，严格安全生产“一票否决”，对全市692个单位、780名个人评先表彰、授予荣誉称号资格等进行前置审核，无“一票否决”事项。

二、安全培训宣传

2016年，市安监局规范安全培训考试考核，严格教考分离，开展培训专项检查，加大因培训不到位引发事故的责任追究力度。全年培训企业“三项岗位”人员(生产经营单位主要负责人、安全生产管理人员、特种作业人员)5.53万人，其他从业人员28.79万人。组织开展安全培训专项检查，检查危化品、烟花爆竹、冶金、非煤矿山等行业高危企业3508家，一般工贸企业5281家，排查整改问题2006个。开展“安全生产月”宣传活动，全市6738个单位、12.32万人参与活动，出动宣传车船3189辆(艘)，设立宣传咨询点896个，发放宣传资料45.32万份，悬挂和张贴横幅、标语、宣传画、墙报、板报等7.32万个，开展知识竞赛209次、演讲比赛166场、文艺演出143场、安全展览617场，征文2404篇、组织稿件4260份，电视报道526次。组织《江苏省安全生产条例》专题宣讲会，召开新闻发布会，举行有奖答题、送法上门等系列活动。5月下旬，全国“安全生产月万里行”活动组在大丰、建湖、盐都等地现场采访座谈。全年全市有18家单位申报创建省、市安全文化(诚信)建设示范企业，其中5家通过省级验收，13家通过市级验收。

三、安全隐患防控

2016年，盐城加强隐患治理体系建设。将体系建设与标准化创建、日常监管和执法检查相结合，推动企业按照“三全两规范一及时”（全员、全方位、全过程、规范化的开展事故隐患排查整治，规范统计预警分析，并及时将排查出的隐患录入系统）的要求，进行事故隐患自查自报自改。全市1.23万家企业、151个镇（街道、园区）和246个部门自查自报隐患15.96万条，整改15.81万条，整改率99%。分2批对盐都区汇都商务中心重大事故隐患、大丰区丰氧气体制造有限公司重大事故隐患等33个重大事故隐患实施市级挂牌督办，逐一落实整改、属地管理和行业监管部门三级责任人，落实整改责任、措施、资金、时限和应急预案，年内完成整改重大事故隐患32处，1处申请延期整改。加强安全源头管理。推进化工集中区安全管理一体化建设和封闭化管理，全市193家危化品生产企业，已入园167家，入园率86.5%。组织省、市安全生产专家对大丰区华丰工业园、滨海经济开发区沿海工业园、阜宁澳洋工业园和响水生态化工园4个化工园区进行专项检查，累计排查整改各类问题和隐患624条。对全市加油站进行合法合规性排查，排查加油站473家，责令无证经营、超许可期限经营、非法建设的14家企业停止经营和建设，并依法进行处置。加强“两重点一重大”（重点监管的危险化工工艺、重点监管的危险化学品和重大危险源）危化品企业的自动化改造，全市177家重点监管企业的16种危险工艺和重大危险源、343个工艺装置完成自动化改造。强化烟花爆竹隐患整治，排查各类烟花爆竹经营单位3712家，排查整改一般安全隐患3643项。落实市级安全生产专项资金700万元，重点用于基层安监能力建设、重点工作推进等方面，健全安全生产社会化风险防范机制，降低和分担企业事故风险，提高事故协同赔偿能力。在化工生产、危化品生产及经营（带储存）、烟花爆竹批发、船舶修造与拆解、冶金铸造、涉爆粉尘、涉氨制冷以及职业危害严重等行业全面推行安全生产责任保险。扩大安全生产责任保险覆盖面，全市参保企业投保额1000万元，可提供风险保障80亿元。市安委办出台《盐城市生产经营单位安全生产失信黑名单管理办法（试行）》，对119家失信企业在贷款、融资、用地等方面实施联合惩戒，倒逼企业落实安全生产主体责任。

四、安监执法

2016年，市安监局加强安监执法力度。6—9月，开展安全生产执法专项行动，联合城建、工商、质监等13个部门，累计检查企业2.72万家，责令限期整改1.72万家，立案查处739件，行政处罚2584万元，行政拘留79人，关闭企业55家，实施停电强制措施46家。全年安监系统立案查处安全生产违法案件628起，其中事前立案506起；累计实施行政处罚2136.97万元，其中事前处罚975.74万元。市安监局简化行政审批环节，缩短审批周期，项目审批均做到承诺时限内办结率100%、办件准确率100%、服务对象满意率100%，全年累计办结危化品建设项目33件、经营许可证270件、易制毒品备案44件、建设项目联合会审10件。

安全生产大检查　5月，市政府聘请8名省级安全专家带队，配备11名市级安全专家和记者，组成6个专家检查组，对全市化工、冶金铸造和涉氨制冷3个重点行业的24家企业进行暗访抽查，排查整治隐患和问题873条，暗访过程制成暗访录像片，进行集中曝光和巡回播放。汲取江西丰城发电厂“11·24”冷却塔施工平台坍塌特别重大事故教训，从11月起，组织开展全市安全生产大检查、深化隐患大整治专项整治行动，各级政府主要领导带队的安全检查139次，检查企业5653家，排查安全隐患1.82万处，整改1.74万处，整改率96%。

安全生产专项整治　开展危化品安全整治专项行动，共检查危化品企业（单位）3675家，排查整改隐患和问题2010条，督促2家红表企业转产，44家企业黄表企业和318家蓝表企业整改。推进落实企业主体责任专项行动，全市985家规模以上企业配备安全总监。开展工贸高危领域治理专项行动，聘请省、市专家对全市112家冶金铸造企业、213家粉尘防爆企业、165家涉氨制冷企业、205家有限空间作业企业进行检查，整改较大以上安全隐患及问题1256条。打击烟花爆竹非法违法行为，累计开展联合执法检查759次，查获各类烟花爆竹“四私”（私产、私销、私储、私运）行为921起，收缴各类烟花爆竹制品1.72万件，关闭属于“两关闭”（关闭存在“下店上宅”“前店后宅”等形式与居民居住场所设置在同一建筑物内的零售点；关闭与人员密集场所和重点建筑物安全距离不符合条件、集中连片经营、在超市内销售、未按规定专店或专柜）销售的零售点烟花爆竹零售点680家。发挥市安委办协调指导作用，市公安、经信、城建、交通、海洋渔业等部门分别对道路交通、建筑施工、电力、海洋渔业等重点行业进行联合检查督查；加强内环高架、徐宿淮盐铁路等安全督查，为全市重大工程实施提供安全保障。组织开展对水街庙会、大数据企业大会、城南体育场演唱会、迎新年万人长跑等活动安全督查，督促相关部门及时消除安全隐患，保证活动开展。

职业健康监督管理　年内，大丰区、盐都区被省安监局抽选为国家安全生产监督管理总局工业企业粉尘和化学毒物危害状况抽样调查地区，通过市、县、镇及技术服务机构的协作，全面摸清掌握大丰区和盐都区工业企业粉尘和化学毒物危害现有状况。采取政府购买服务、专家核实等方式，组织实施对940家工业企业粉尘和化学毒物危害状况抽样调查工作。开展职业卫生基础建设和创建尘毒危害治理示范企业活动，创建市级示范单位54家。对涉及高危粉尘、高毒物品的14个重点行业领域508家企业，开展职业病危害专项整治，组织开展异地交叉检查，全年新增职业病危害项目申报787家，申报职业危害并备案企业累计6768家。

基层安监能力建设　年内，市、县、镇三级安监机构逐步建立健全，9个县级安监局和市经济开发区安监局、

10个省级以上经济开发区、79个镇(街道)安监机构能力建设项目通过省级验收。全市各镇(街道)、开发区、重点经济园区安监机构核定编制410个,落实专兼职人员590人,其中专职人员426人。县级监察大队全部是参照公务员管理事业单位,为副科级建制,市安监支队和大丰区安监大队通过省规范化建设验收。投入近100万元为大市区安监局和22个镇(街道)配发安全监管执法装备,推行智慧安监智能化执法操作系统,配备便携式移动执法终端。投入80万元对市考试中心实操考场改造提升,开通市、县(市、区)两级安监部门视频会议系统。先后举办全市镇(街道、园区)安全生产领导干部专题研究班、浙江大学盐城危化品安全监管业务培训班等活动,培训市、县、镇三级安监人员2000多人次。

9月23日,盐城市危险化学品应急救援综合演练在响水生态化工园区举行。

五、应急救援与事故处理

2016年,市安监局加强安全生产应急管理工作。组织开展应急管理专项检查,推动各地开展灭火疏散、防汛防台风等应急演练活动。9月23日,市政府在响水生态化工园区举办盐城市危险化学品应急救援综合演练。演练吸取省内外危险化学品企业尤其危化品罐区发生的生产安全事故教训,模拟江苏天容集团在甲苯、甲醇、三氯化磷储罐区,由于甲醇出料管法兰垫片老化崩开导致甲醇泄漏而采取的政企应急处置过程。演练先后启动企业、化工园区和县政府三级应急预案,检验企业先期处置能力、政府组织领导能力和消防、公安、安监、环保、卫计、供电、气象等部门的联合作战能力,共300多人参加。建设专业化应急救援基地,在全市4个化工集中区和建湖开发区建立专门消防站,在响水生态化工园建设江苏沿海(响水)危险化学品应急救基地。加强应急储备,至年底,全市有应急装备物资691件(台、套、辆),泡沫、烧碱等应急物资1660吨。完善事故直报制度,建立24小时在岗值班制度,及时报告故情况。加强事事故统计分析,定期汇总通报事故案例,分析事故原因,提出防范措施。严格事故调查处理,全年调查生产安全事故58起,移送司法机关追究刑事责任17人,追究政府部门及有关企业责任人67人,对事故责任企业及责任人进行处罚,罚款914.44万元。"6·23"阜宁射阳特大龙卷风冰雹灾害发生后,市安监局立即组织监管人员和专家赴阜宁、射阳实地了解企业受损情况,全程参与受损企业抢险救援工作,现场指导科学施救,排查险情,落实专人驻点指导转移盐城阿特斯公司受灾厂房内的危险品,防止次生事故发生。同时,对在产化工企业防灾救灾情况进行全面摸排,能停产的实施停产,一时不能停产的落实防控措施,切实做好防风加固、防雷、防汛、防泄漏工作。阜宁县安监局抗击"6·23"龙卷风冰雹特大自然灾害的工作事迹受到国家、省级媒体专题报道。

(孙成刚)

政治生态

□ 中共盐城市委员会
□ 盐城市人大常委会
□ 盐城市人民政府
□ 政协盐城市委员会
□ 纪检监察
□ 民主党派　工商联
□ 人民团体
□ 法治盐城
□ 军　　事

第 21 章 中共盐城市委员会

责任编辑 王义云

综 述

2016 年，盐城市委深入贯彻中共十八大和十八届三中、四中、五中、六中全会精神，坚持以习近平总书记系列重要讲话精神为指导，围绕"五位一体"（经济建设、政治建设、文化建设、社会建设、生态文明建设）总体布局和"四个全面"（全面建成小康社会、全面深化改革、全面依法治国、全面从严治党）战略布局，在省委正确领导下，团结带领全市人民，紧紧围绕"两聚一高"（聚力创新，聚焦富民，高水平全面建成小康社会）主题，大力推进"产业强市、生态立市、富民兴市"战略部署和"五个一"（一张网、一桶水、一部车、一片林、一座城）战略工程，高水平推进全面小康社会建设，实现"十三五"良好开局。

全年地区生产总值 4576.1 亿元，规上工业增加值 2173.9 亿元，城乡居民收入分别增长 8.1%、9.0%。一般公共预算收入 415.2 亿元，11 项主要经济指标中有 8 项增速高于全省平均水平，3 项位居全省前列。支柱产业、骨干企业支撑有力，汽车、机械、纺织等保持良好发展势头；9 月，东风悦达起亚扭转负增长态势，全年产销汽车均突破 65 万台。注重发挥投资"压舱石"作用，建立"单月会办、双月督查"常态化重大项目推进机制，10 月、12 月先后两次组织现场观摩活动，强化各层各级重抓产业项目的意识，全市固定资产投资增长 15.2%，其中工业投资 2292 亿元。推动"三去一降一补"（去产能、去库存、去杠杆、降成本、补短板）政策措施落地见效，重点做好省委、省政府化解过剩产能和打击"地条钢"部署要求的落实，对 13 家重点涉钢企业采取措施，对相关责任人严肃问责处理。全市商品住宅库存去化周期缩短为 9.1 个月。落实去杠杆、补短板措施，有力促进经济持续健康发展。

发展战略性新兴产业，新能源、节能环保、大数据、智能终端、高端装备与新材料等战略性新兴产业增幅在 20% 以上。加快发展现代农业，大力调整农业结构，高效设施农业总面积突破 14 万公顷。深入实施农业"接二连三"（连接第二产业和第三产业）工程，新办规模农业龙头企业 68 个，农产品加工业产值达 2350 亿元，网上农产品销售突破 80 亿元。加快发展现代服务业，服务业投资增速比固定资产投资、工业投资分别高 2.4 个百分点、3.9 个百分点，服务业增加值增长 10.8%，比地区生产总值增速高近两个百分点。加快发展乡村旅游、生态旅游，依托已有的 1 家 AAAAA 级景区和 10 家 AAAA 级景区，以生态旅游为重点、全域旅游为方向，荷兰花海、金沙湖等风情小镇建设初具成效，重点景区接待量大幅增长，生态湿地品牌影响力不断提升。深入实施创新驱动战略，加快高新技术企业发展，新增高新技术企业 148 家，总数达到 532 家，发明专利授权量同比增长 1.5 倍，新认定省级以上企业研发机构 40 家，加快引领产业结构迈向中高端。

坚持把改革开放作为推动发展的动力源泉，充分释放体制机制活力，增创对外开放新优势。推动重点领域和关键环节改革，"放管服"改革扎实推进，"互联网 + 政务服务"体系不断完善，初步实现一层级全链条审批。农业农村改革稳步推进，联耕联种创新举措被写进 2016 年中央 1 号文件，农村宅基地有偿退出试点工作进展顺利，土地承包经营权确权登记颁证工作有序推进，农村产权交易市场基本达到县级全覆盖。推广 PPP 模式，举办盐城政府和社会资本合作项目推介会，推出总投资 683 亿元的 50 个 PPP 项目。做好沿海开放开发，抢抓沿海发展和中韩自贸协定机遇，全面推进中韩盐城产业园、滨海新区等重大平台载体建设，推动国家经济技术开发区、国家高新区等重点园区从形态开发向功能开发转变，更好地承载长江经济带先进制造业等重大项目落地，盐城成为苏北唯一入选长三角城市群的城市。

把"引水铺路架桥"摆上重要位置，打基础、利长远，补短板、惠民生。以高速铁路为重点的现代综合交通网加快构筑，通往北京、上海、南京、杭州、西安、青岛方向的"5 + 1"高速铁路网建设快速推进。城市内环高架加快建设，全长 57 千米的一、二期市区全封闭高架路网，20 个月建成通车，实施 33.2 千米长的三期工程 5 个项目，完善城市高架路网。市区高铁综合枢纽设计方案完成第二次国际征集。组织实施农村公路提档升级工程，计划三年提档升级农路 5696 千米、新改建桥梁 3550 座，努力打通农村交通"毛细血管"。新水源地及跨区域引水工程扎实推进，投资 60 亿元，从 80 千米外京杭大运河开辟新水源地，将优质的长江源水引入盐城，该工程是盐城历史上最大的跨区域引水工程、最大的饮用水提档升级和安全保障工程。

坚持保护和发展并重，以良好生态拓宽发展空间。绿色制造行动深入推进，凡排放不达标一律不引、环评未通过一律不建、影响和破坏生态一律不要，生产方式实现绿色化转型。认真抓好中央环保督察反馈问题整改，组织开展工业污染、畜禽养殖污染专项整治行动，确保“整改不到位不收兵，落实不到位不销号”。实施“263”专项行动，查处违法企业893家，关闭禁养区规模养殖场244个。实施大面积国土绿化行动，全面启动森林城市、森林小镇和森林村庄规划建设，推进沿海百万亩生态防护林工程，规划新建成片生态防护林2.67万公顷，提升改造成片生态防护林4万公顷。全市空气质量持续保持全省第一、全国前列，优良率达77.9%，PM2.5平均浓度每立方米43微克，被人民网等媒体再次列为全国18座“洗肺城市”之一，绿色发展成为盐城鲜明特征。

加大民生投入，全市用于民生保障经费552.4亿元，占一般公共预算支出的75.4%。完善基本公共服务体系，投入11.5亿元加强基层医疗卫生机构标准化建设，引进44个名院名医工作室，与北京师范大学、南京师范大学等名校进行合作办学，在全省率先出台政策，大幅提高高层次教育人才和医疗重点专科带头人待遇。促进文化繁荣发展，淮剧《小镇》获第十五届中国文化艺术政府最高奖——文华大奖。健全社会保障体系，持续扩大社会保险覆盖面。深入实施脱贫致富奔小康工程，按照省定新标准实施精准扶贫、精准脱贫，重点推进渠北片区扶贫帮困工作，10.43万名低收入人口实现脱贫，26个省定经济薄弱村成功达标。按照智慧、人文、生态、宜居的方向，重点打造小新河以南新型复合功能组团等“五大组团”，进一步优化功能布局、提升品质内涵，加快建设现代化、国际化、绿色化的沿海开放城市。法治盐城、平安盐城建设深入推进，矛盾风险逐步化解，社会大局保持和谐稳定。

“6·23”阜宁、射阳特大龙卷风冰雹灾害发生后，市委按照中央指示精神和省委、省政府要求，充分发挥党组织在抢险关键时刻的领导核心作用，组织基层党组织和党员干部冲锋在前、坚守一线，以最快速度抢救生命、安置群众、稳定秩序、恢复生产。845名伤员全部得到救治康复出院，30家受损工业企业6个月内全部复产，整个抗灾救灾过程没有发生一起次生灾害、没有发生一起医疗事故、没有发生一起重大负面舆情。紧张有序地推进灾后恢复重建，20个灾后重建集中19个安置点主体封顶，200多户受灾群众拿到房屋钥匙，受灾群众安全过冬措施逐一落实到位。认真总结抗灾救灾经验教训，启动实施农村“康居工程”三年行动计划，对农村危房进行全面摸底，全市共排查农村危房18.44万户，按危旧程度划分为D级、C级、B级，在上年消除D级基础上，2016年消除C级危房，三年完成农村危旧房改造10万户，确保灾后重建取得实效。

2016年是市、县、镇三级党委集中换届之年，市委严肃换届纪律，贯彻相关纪律规定，省委提名常委人选全部满票当选，整个换届过程风清气正。市第七次党代会后，把加强新一届常委会自身建设作为重大政治任务，市委常委会履职后的第一次集体活动参观新四军纪念馆，第一次常委会学习党委会的工作方法和地方委员会工作条例、廉洁自律准则，并建立市委中心组学习微信群，促进学习经常化、制度化。新一届市委常委会向社会公布，接受群众监督。在抓好常委会自身建设的同时，严格落实全面从严治党各项任务。加强思想理论建设，开展“两学一做”学习教育，及时传达宣讲中共十八届六中全会、省党代会和省委全会精神，引导全市党员干部增强“四个意识”（政治意识、大局意识、核心意识、看齐意识）。把好选人用人导向，加大优秀年轻干部的培养选拔。健全正向激励机制，探索干部容错纠错机制，持续营造倡导改革、鼓励创新、宽容失误的良好干事创业环境。强化作风建设，坚持求真务实，不提不切实际的口号，不提超越阶段的目标，不搞虚假政绩、数字攀比，以实干树形象、聚民心。落实“两个责任”（党委负主体责任、纪委负监督责任），推进党风廉政建设和反腐败斗争，开展“作风建设提升年”活动，持续整治群众身边不正之风。2016年各级纪检监察机关共立案查处党政纪案件2369件，比上年上升23.3%，总量列全省第三位，以严惩腐败的高压态势，推动全面从严治党向纵深发展。

第一节　重要会议

一、市第七次党代会

9月26—28日，市第七次党代会在盐城召开。会议总结市第六次党代会以来的工作，确定“十三五”经济社会发展和党的建设目标任务，动员全市各级党组织、全体共产党员和广大干部群众，聚焦产业强市，坚持生态立市，着力富民兴市，为全面建成小康社会而努力奋斗。市委书记王荣平代表中国共产党盐城市第六届委员会向大会作题为《产业强市、生态立市、富民兴市，为全面建成小康社会而努力奋斗》的报告，市委常委、纪委书记王小红代表中国共产党盐城市纪律检查委员会向大会作题为《尊崇党章党规、聚焦主业主责，为全面建成小康社会提供坚强纪律保证》的工作报告。大会选举产生新一届中国共产党盐城市委员会和市纪律检查委员会，通过关于六届市委报告的决议、关于市纪委工作报告的决议，会议肯定了中国共产党盐城市第六届委员会的工作。会议认为，六届市委围绕“建设新盐城、发展上台阶”目标，团结带领全市党员和干部群众励精图治、锐意进取，经济综合实力明显增强，改革开放取得重大进展，城乡面貌发生显著变化，民生福祉实现持续提升，党的建设得到全面加强，圆满完成市第六次党代表大会确定的任务，为全面建成小康社会奠定坚实基础。会议指出，“十三五”是盐城全面建成小康社会的决胜期，是新型工业化城镇化的加速期，是沿海开放开发的战略机遇期。会议明确，“十三五”期间工作的指导思想是：高举中国特色社会主义伟大旗帜，以邓小平理论、“三个代表”重要思想、科学发展观为指导，深入贯彻习近平总书记系列重要讲话精神，全面落实省委决策部署，紧紧围绕“四个全面”战略布局,始终坚持以经济建设为中心,大力践行创新、协调、绿色、开放、共享的新发展理念,积极适应和引领经济发展新常态,聚焦产业强市,坚持生态立市,着力富民兴市,统筹推进经济、政治、文化、社会、生态文明和党的建设,确保如期全面建成小康社会,努力建设经济强、百姓富、环境美、社会文明程度高的新盐城。会议强调,要始终把发展作为第一要务,坚持创新和创业双创并重,培植产业发展新优势;坚持对内与对外双向开放,打造沿海崛起新引擎;坚持城市与农村统筹发展,构建城乡融合新格局;坚持发展与生态互动双赢,彰显绿色宜居新形象;坚持经济与社会互促并进,共享和谐幸福新生活,确保如期全面建成小康社会。会议强调,要认真落实中央和省委关于全面深化改革和法治建设的各项部署,坚持改革与法治双轮驱动、相互促进、协调发展,围绕发展挖掘改革深度,坚持为民体现改革温度,紧扣重点难点突出改革精度,重抓落实加大改革力度,加强民主政治建设,打造法治政府,推动公正司法,创新社会治理,不断增强群众满意度和幸福感。要坚持党要管党和全面从严治党,坚持党的思想、组织、作风、反腐倡廉和制度建设"五位一体"协同推进,充分发挥党委(党组)领导核心作用,持续深化思想作风建设,大力建设高素质干部人才队伍,切实推动基层组织全面进步全面过硬,深入推进反腐倡廉建设,讲政治,顺民意,抓大事,办实事,正风气,推动党员干部更好承担起全面建成小康社会的历史重任,不断把党的建设新的伟大工程推向前进。会议号召,全市各级党组织、广大共产党员要紧密团结在以习近平为总书记的党中央周围,在省委的坚强领导下,团结带领全市人民,不忘初心、砥砺奋进,攻坚克难、开拓创新,奋力夺取全面建成小康社会的决定性胜利,以过硬的业绩谱写好"中国梦"的盐城篇章!

二、市委六届九次全会

7月26日,市委六届九次全会在盐城召开。全会学习贯彻中共十八大和十八届三中、四中、五中全会和习近平总书记系列重要讲话特别是视察江苏重要讲话精神,按照省委十二届十二次全会部署和省委书记李强在盐城考察调研指示要求,总结上半年工作,明确下半年任务,研究部署市委换届工作,对做好全市城市工作和新型城镇化建设作出部署,动员全市上下再接再厉、奋发作为,确保决胜全面小康社会建设顺利开局,为"十三五"发展奠定坚实基础。全会由市委常委会主持,市委书记朱克江代表市委常委会作工作报告和讲话,市委副书记、市长王荣平对经济工作进行总结部署,并就《关于进一步加强城市工作和新型城镇化建设的意见(征求意见稿)》和《全市农村康居工程建设三年行动方案(征求意见稿)》作说明。全会审议并通过《中国共产党盐城市第六届委员会第九次全体会议关于召开中国共产党盐城市第七次代表大会的决议》,决定中国共产党盐城市第七次代表大会于2016年9月在盐城召开。全会审议并通过《中国共产党盐城市第七届委员会、纪律检查委员会组成原则》和全会《决议》。全会认为,全市上下在省委、省政府正确领导下,积极践行新发展理念,以绿色发展为方向,以改革创新为动力,以作风建设为保障,认真落实"十三五"发展规划确定的目标任务,各项事业开拓新局面,在"建设新盐城、发展上台阶"实践中迈出新的坚实步伐。全会指出,实现"十三五"发展良好开局,做好下半年工作极为关键。要把稳的基础打得更牢、进的步子迈得更大,确保完成全年目标任务。工作中要坚定信心决心,坚持问题导向,稳定增长,加快转型,推进环境治理,深化改革,改善民生,恢复重建,抓好党建,巩固提升团结干事、风清气正的政治生态和社会环境。全会要求,全力以赴支持实体经济发展,促进经济稳定增长。以供给侧结构性改革促转型,大力实施创新驱动战略。坚持招商引资和招才引智并举,不断扩大有效投入。推进改革深化和开放合作,提升沿海开发水平。严肃认真办理中央环保督察组交办信访件,扎实推进生态环境保护和治理。努力拉长补齐发展短板,不断加大保障改善民生力度。全会指出,要充分认识市委换届工作的重大意义,不断增强思想自觉和行动自觉,高标准、高质量地完成市党代会各项任务,严格遵守换届纪律,确保市委换届工作圆满成功。全会深刻分析城市发展面临的新形势新要求,明确全市城市工作和新型城镇化建设的总体要求和重点任务。总体要求是坚持以"人的城镇化"为中心,把握向内作提升推动城市内涵发展、向下作延伸促进城乡互动发展"两大方向",强化城市产业、开放、功能"三大支撑",改变城市特色、城镇环境、城乡交通、农村居住"四大面貌",加快建设富有活力和特色的现代沿海宜居城市。

三、市委六届十次全会

9月22日,市委六届十次全会在盐城召开。全会由市委常委会主持,市委书记王荣平讲话。全会圈选确定全市出席省第十三次党代会代表候选人预备人选,决定按照程序报省委批复同意后,提请市第七次党代会酝酿选举。全会听取市委常委、组织部部长尹卫东对盐城市出席省第十三次党代会代表候选人预备人选建议名单产生情况所作的说明。全会指出,市第七次党代会筹备工作进入关键阶段,大会筹备工作机构要加强组织领导,明确职责分工,细化日程安排,有力、有序、有效推进各项工作,为顺利实现"十三五"发展目标任务、奋力推动全市经济社会发展迈上新台阶提供坚强保证。会议强调,换届是全市人民政治生活中的一件大事。要坚决贯彻中央和省委要求,严明政治纪律和政治规矩,突出教育在先、警示在先、预防在先,加强换届政策和纪律的学习宣传,不折不扣落实好"九个严禁、九个一律"要求。要充分发挥组织监督、巡视监督、群众监督的作用,建立健全干部选拔任用和换届风气问责制度,对风气不正、监督查处不力、造成恶劣影响的,以零容忍态度执纪问责,确保党委换届风清气正。要以换届为契机,更好地总结过去、谋划未来,更加自觉地抓好班子、带好队伍,创造更优良的发展环境,营造干事创业的浓厚氛围,换出"建设新盐城、发展上台阶"的新风貌。

四、市委六届十一次全会

9月24日,市委六届十一次全会在盐城召开。全会由市委常委会主持,市委书记王荣平讲话。全会讨论并通过六届市委向市第七次党代表大会的报告，讨论并通过市纪律检查委员会向市第七次党代表大会的工作报告，决定将两份文件提请市第七次党代表大会审议。全会讨论并通过市“两委”委员候选人初步人选建议方案和市第七次党代表大会领导机构组成人员，决定提交市第七次党代表大会主席团审定。市委常委、组织部部长尹卫东就有关情况向全会作了说明。全会强调，市第七次代表大会是在全市迈入全面建成小康社会决胜阶段关键时期召开的一次重要会议，是全市人民政治生活中的一件大事。第七次党代会将认真总结市第六次党代会以来的主要工作和基本经验，进一步动员全市上下以邓小平理论、“三个代表”重要思想、科学发展观为指导，深入贯彻习近平总书记系列重要讲话精神，紧紧围绕“四个全面”战略布局，大力践行“五大发展理念”，全面落实省委决策部署，聚焦产业强市、坚持生态立市、着力富民兴市，统筹推进经济、政治、文化、社会、生态文明和党的建设，确保如期全面建成小康社会，努力建设经济强、百姓富、环境美、社会文明程度高的新盐城。

五、市委七届一次全会

9月29日，市委七届一次全会在盐城召开。王荣平受中共盐城市第七次代表大会主席团委托，主持会议。新当选的56名市委委员和10名候补委员出席会议。市纪委委员列席会议。会议通过《中国共产党盐城市第七届委员会第一次全体会议选举办法》和监票人名单。以无记名投票的方式，差额选举产生11名中国共产党盐城市第七届委员会常务委员会委员：王荣平、戴源、戴元湖、庄兆林、张礼祥、陈红红、潘道津、尹卫东、王荣、王小红、杨军。会议选举王荣平为中共盐城市委书记，选举戴源、戴元湖为中共盐城市委副书记。会议通过中共盐城市第七届纪律检查委员会第一次全体会议关于市纪委常务委员会委员和书记、副书记选举结果的报告。选举结束后，王荣平代表新选出的市委常委会作讲话。王荣平指出，要顺民意，加快全面小康建设步伐。要时刻把人民群众的安危冷暖挂在心上，努力让人民群众有更多获得感，确保全面小康路上“一个不少、一户不落”。王荣平指出，要坚定不移以经济建设为中心，夯实产业强市根基，在加快新型工业化上迈出坚实步伐。要加快建设沿海产业带、城镇带、风光带，打造黄金海岸经济带，在做大战略平台上谋求更大作为。要加快推进“高铁高架高速”和新水源地建设及跨区域引水工程，打通农村交通“毛细血管”，在改善交通和民生上实现新的突破。要加强生态保护与建设，扎实推进城市“五大组团”开发，在打造绿色美丽家园上取得显著成绩。王荣平指出，要正风气，营造山清水秀的政治生态。切实履行好管党治党的政治责任，坚持不懈抓班子、带队伍、强基础。带头执行党纪党规和廉洁自律各项规定，严格要求自己，严格要求家人及身边工作人员，永葆共产党人清廉本色，合力营造山清水秀的政治生态。

六、市委七届二次全会

12月3日，市委七届二次全会在盐城召开。全会由市委常委会主持，市委书记王荣平讲话。全会听取和讨论王荣平受市委常委会委托所作的工作报告，审议讨论《中共盐城市委关于学习贯彻党的十八届六中全会精神深入推进全面从严治党的意见》，审议通过全会决议。全会充分肯定2016年市委常委会的工作。一致认为，市委常委会以习近平总书记系列重要讲话精神为指导，在省委正确领导下，坚持稳中求进工作总基调，大力推进产业强市、生态立市、富民兴市，奋力推动全面小康社会建设取得新成效。全会指出，全市各级党组织和广大党员干部要把学习宣传贯彻落实十八届六中全会和省第十三次党代会精神，作为重大政治任务，围绕市第七次党代会确定的目标任务，聚焦产业，立足生态，着力富民，坚定不移地推进全面从严治党，努力做好忠诚于党、造福人民、引领创新“三份答卷”。

七、市委常委会会议

2016年，市委常委会召开会议23次。

1月4日，六届市委常委会召开第95次会议。市委书记朱克江主持会议。会议研究讨论《政府工作报告（讨论稿）》《盐城市国民经济和社会发展第十三个五年规划纲要（讨论稿）》和有关纪委书记、副书记提名考察办法，听取2016年财政预算草案编制和为民办实事项目编排情况汇报，研究其他事项。

1月21日，六届市委常委会召开第96次会议。市委书记朱克江主持会议。会议听取中央、全省农村工作会议主要精神和盐城市贯彻落实打算的汇报，研究讨论《关于开展“项目载体提升年”活动的实施方案（讨论稿）》《关于命名2014年度市级“民主法治村（社区）”的决定（讨论稿）》《关于表彰2015年度盐城创业之星的决定（讨论稿）》，研究其他事项。

2月4日，六届市委常委会召开第97次会议。市委书记朱克江主持会议。会议听取中央纪委、省纪委全会主要精神及盐城市贯彻落实建议的汇报，研究讨论《关于开展“作风建设提升年”活动的实施意见（讨论稿）》，传达省十二届人大四次会议、省政协十一届四次会议主要精神，听取中央、全省政法工作会议和全省组织部长会议、宣传部长会议主要精神及盐城市贯彻落实建议的汇报，研究讨论全市农村工作会议有关文件，研究2015年度全市“十佳勤政标兵”“十佳服务明星”和全市实施学前教育“十二五”规划先进集体、先进个人表彰事宜。

2月29日，六届市委常委会召开第98次会议。市委书记朱克江主持会议。会议分析全市经济运行走势，研究部署经济社会发展重点工作，听取全省、市、县、乡领导班子换届工作会议主要精神及盐城市贯彻落实打算的汇报，研究讨论全市2015年度目标任务综合考核工作。

3月30日，六届市委常委会召开第99次会议。市委书记朱克江主持会议。会议研究讨论《市委常委会2016年工作要点（讨论稿）》《关于开展中央巡视组巡视江苏反馈意见整改落实情况“回头看”工作的实施方案（讨论稿）》，听取重大工程建设项目廉政情况的汇报，听取全国、全省统战部长会议主要精神及盐城市贯彻落实打算的汇报，听取2016年省、市劳模推荐评选情况的汇报，研究其他事项。

4月15日，六届市委常委会召开第100次会议。市委书记朱克江主持会议。会议传达学习省委书记罗志军在盐城调研讲话精神；分析全市一季度经济形势，部署下一步经济工作；传达学习全省推进供给侧结构性改革工作会议主要精神，研究讨论《关于推进供给侧结构性改革的意见（讨论稿）》和去产能、去库存、去杠杆、降成本、补短板5个实施意见等文件；研究讨论《全市脱贫致富奔小康工程考核办法（讨论稿）》和《关于表彰2015年度全市扶贫开发工作先进集体、记功人员和先进个人的决定（讨论稿）》；听取市关工委2015年工作情况和2016年工作要点的汇报。

5月16日，六届市委常委会召开第101次会议。市委书记朱克江主持会议。会议听取全市"两学一做"学习教育进展情况汇报，研究讨论《市委常委会关于开展"两学一做"学习教育的工作方案（讨论稿）》；传达学习全省加快苏北发展推进全面建成小康社会工作会议精神；听取全市禁毒工作情况汇报，研究讨论《关于进一步加强禁毒工作的意见（讨论稿）》和《禁毒专项整治工作行动方案（讨论稿）》；研究授予第七届"盐城青年五四奖章"事项；听取高考招生计划调整集访问题应对处置工作情况汇报。

5月30日，六届市委常委会召开第102次会议。市委书记朱克江主持会议。会议传达学习全省加快推进沿海地区发展工作会议精神；听取全市园区经济发展会议筹备情况汇报，研究讨论《关于加快发展园区经济大力培植新增长点的意见（讨论稿）》；听取全市农村公路提档升级工作情况汇报，研究讨论《盐城市农村公路提档升级三年行动计划实施方案（讨论稿）》；研究有关机构编制事项和其他事项。

6月25日，六届市委常委会召开第103次会议。市委书记朱克江主持会议。会议认真学习贯彻习近平总书记和李克强总理关于"6·23"阜宁、射阳特大龙卷风冰雹灾害重要指示批示精神，按照省委、省政府关于抢险救灾工作部署要求，进一步深入研究部署抢险救灾工作。

6月30日，六届市委常委会召开第104次会议。市委书记朱克江主持会议。会议研究"6·23"阜宁、射阳特大龙卷风冰雹灾害灾后恢复重建工作方案，研究讨论《中共盐城市委关于召开中国共产党盐城市第七次代表大会的请示（沟通稿）》，研究全市先进基层党组织、优秀共产党员、优秀党务工作者和给予发展镇、村经济实绩突出的乡镇党委书记记二等功表彰事项，研究其他事项。

7月2日，六届市委常委会召开第105次会议。市委书记朱克江主持会议。会议传达学习省委书记李强在盐城考察调研指示精神，研究部署贯彻落实相关工作。

7月14日，六届市委常委会召开第106次会议。市委书记朱克江主持会议。会议深入分析上半年全市经济形势，研究部署下一阶段经济工作，听取县（市、区）委换届和深化人民监督员制度改革工作情况汇报，研究讨论《关于加快推进教育现代化建设努力办好人民满意教育的实施意见（讨论稿）》，研究第十二届关心支持国防建设"十佳领导""十佳专武干部""十佳公民""十佳营连"表彰事项，研究其他事项。

7月25日，六届市委常委会召开第107次会议。市委书记朱克江主持会议。会议传达学习省委十二届十二次全会精神，研究讨论市委六届九次全会方案及有关文件；研究讨论《中国共产党盐城市第六届委员会第九次全体会议关于召开中国共产党盐城市第七次代表大会的决议（草案讨论稿）》和《中国共产党盐城市第七届委员会、纪律检查委员会组成原则（讨论稿）》；听取关于配合做好中央环保督察工作有关情况的汇报；研究其他事项。

8月11日，六届市委常委会召开第108次会议。市委书记朱克江主持会议。会议研究讨论盐城市出席省第十三次党代会代表和市第七次党代会代表推荐选举工作，听取全市公安工作、信访工作情况汇报，研究其他事项。

9月1日，六届市委常委会召开第109次会议。市委书记朱克江主持会议。会议研究讨论全市城镇居民增收工作，听取关于协助市各民主党派做好换届工作的汇报，研究其他事项。

9月21日，六届市委常委会召开第110次会议。市委书记王荣平主持会议。会议听取市第七次党代会筹备工作情况汇报，研究讨论市委工作报告（讨论稿）、市纪委工作报告（讨论稿），研究审定市第七次党代会有关事项；听取关于贯彻落实全省、市、县、乡三级人大换届选举工作会议主要精神的汇报；研究其他事项。

10月7日，七届市委常委会召开第1次会议。市委书记王荣平主持会议。会议组织学习毛泽东《党委会的工作方法》和《中国共产党地方委员会工作条例》《中国共产党廉洁自律准则》，研究讨论《市委常委会议事决策规则（讨论稿）》和《市委中心组学习制度（讨论稿）》，进一步明确市委常委工作分工，研究讨论市第七次党代会重点工作任务细化分解方案。

10月24日，七届市委常委会召开第2次会议。市委书记王荣平主持会议。会议分析全市经济形势，研究部署下一阶段经济工作；传达学习全省推动长江经济带发展工作座谈会主要精神；听取推进法治江苏建设暨政法队伍建设工作会议、全省宗教工作会议、全省党委秘书长会议主要精神及盐城市贯彻落实建议的汇报；听取市中级人民法院关于执行工作情况的汇报，讨论研究《关于支持人民法院落实"用两到三年时间基本解决执行难问题"的意见（讨论稿）》；研究其他事项。

11月11日，七届市委常委会召开第3次会议。市委书记王荣平主持会议。会议传达学习省委十二届十三次全会精神，研究讨论《市委巡察工作办法（试行）（讨论稿）》《盐城市创建全国文明城市工作问责办法（讨论稿）》《关于全市目标任务综合考核的意见（讨论稿）》，研究其他事项。

11月24日，七届市委常委会召开第4次会议。市委书记王荣平主持会议。会议听取市委七届二次全会筹备工作情况汇报，研究讨论市委全会报告（讨论稿）、《关于学习贯彻党的十八届六中全会精神深入推进全面从严治党的实施意见（讨论稿）》；研究讨论《关于加强和改进新形势下党校工作的实施意见（讨论稿）》《关于深入推进法治盐城建设的意见（讨论稿）》《关于在全市公民中开展法治宣传教育的第七个五年规划（2016—2020年）（讨论稿）》《关于开展企业"争星创优"活动的意见（讨论稿）》；听取政协盐城市第八届委员会人事安排和市工商联换届工作情况汇报；研究其他事项。

12月12日，七届市委常委会召开第5次会议。市委书记王荣平主持会议。会议听取关于中央第三环保督察组反馈盐城市问题的整改落实情况汇报，听取关于打击“地条钢”和查处违法违规钢铁产能情况的汇报，研究讨论《盐城市专业化招商队伍建设三年行动计划（讨论稿）》，听取关于组建市体育产业集团情况的汇报，研究其他事项。

12月25日，七届市委常委会召开第6次会议。市委书记王荣平主持会议。会议研究其他事项。

12月26日，七届市委常委会召开第7次会议。市委书记王荣平主持会议。会议传达学习全省经济工作会议精神，听取全市经济工作会议筹备和有关文件起草情况的汇报；听取2017年全市重大项目、重点工程投资计划和为民办实事项目编排情况的汇报；研究讨论《关于推进沿海百万亩生态防护林建设工程的实施意见（讨论稿）》《盐城市生态环境保护工作责任规定（试行）（讨论稿）》《关于组织万名党员干部进村入户助贫“三清三实三帮”大走访活动的方案（讨论稿）》；听取关于全省部署中共十九大代表候选人酝酿推荐工作会议主要精神及盐城市贯彻落实打算的汇报；研究其他事项。

第二节　重要活动

中国盐城丹顶鹤国际湿地生态旅游节暨第九届海盐文化节　5月18日，中国盐城丹顶鹤国际湿地生态旅游节暨第九届海盐文化节开幕，近500名国内外知名企业、高校院所的嘉宾和客商参会。市委书记、市人大常委会主任朱克江致辞，市长王荣平作推介。韩国驻上海总领事馆副总领事朴钟硕、国家电力投资集团副总经理夏忠、韩国新万金开发厅投资战略局局长金采奎、市政协主席李驰等出席。在18日上午举行的签约仪式上，有16个重大项目现场集中签约。其中，外资项目11个，总投资5.4亿美元；内资项目5个，总投资41亿元。活动期间举行专项推介会3场。其中，在盐城沿海开发央企专场推介会上有12个项目集中签约，协议投资170亿元；在盐城市现代服务业专场推介会上有签约15个项目，协议投资50亿元；在盐城产业创新十大工程专场推介会上有15个项目现场签约，协议投资95.3亿元。

“6·23”特大龙卷风冰雹灾害灾后重建工作动员大会暨集中安置点建设开工活动　7月28日，“6·23”特大龙卷风冰雹灾害灾后重建工作动员大会暨集中安置点建设开工活动在阜宁举行。市委书记、市人大常委会主任朱克江，市长、市灾后重建指挥部指挥长王荣平出席会议并讲话。市政协主席李驰等参加。在阜宁县硕集社区的计桥双桥集中安置点建设现场，朱克江、王荣平等看望慰问工程建设者，要求各级各有关部门、各参建单位切实增强责任意识，坚持“质量为本、安全第一”，扎实推进集中安置点建设，高效率做好各方面工作，确保如期建成一批布局合理、设施完善、特色鲜明、环境优美的农村新社区。当天，举行过渡安置点板房交接仪式，市国投集团向阜宁县移交临时过渡安置点板房钥匙，10个过渡安置点板房陆续交付使用。

产业园区项目载体建设现场推进会　10月17—18日和12月9—10日，市委、市政府召开全市第一次、第二次产业园区项目载体建设现场推进会，对东台市、大丰区和盐都区、亭湖区、盐城经济技术开发区、城南新区进行现场观摩，并研究部署下一阶段工作。市委书记王荣平出席并讲话。他强调，产业园区和项目建设是盐城发展全局的重中之重。全市上下要紧紧围绕“两聚一高”要求，积极践行新发展理念，按照市委、市政府统一部署，坚持以经济建设为中心，聚焦产业项目，聚焦园区载体，聚焦创新发展，迅速行动起来，全力以赴抓项目，一心一意促发展，为全面建成小康社会、加快建设“强富美高”新盐城筑牢实体经济发展坚实根基。

第三节　重大决策

一、“产业强市、生态立市、富民兴市”战略部署

市第七次党代会明确提出“产业强市、生态立市、富民兴市”战略部署。会议指出，全面小康的根基在于产业，产业强则盐城强，必须把产业发展作为重中之重，把创新作为

5月18日，中国盐城丹顶鹤国际湿地生态旅游节暨第九届海盐文化节开幕。

引领发展的第一动力，摆在发展全局的核心位置，坚定不移走新型工业化道路。全面小康的关键在于生态，生态优则盐城美，必须深入贯彻绿色发展理念，把良好生态作为立市之本、发展之道、惠民之要，加快建设富有盐城特色、彰显生态绿色的全面小康。全面小康的核心在于富民，百姓富则盐城兴，必须坚持把人民对美好生活的向往作为工作追求，政府有形之手、市场无形之手、群众勤劳之手同向发力，千方百计加快富民步伐，创造幸福美好生活。会议强调，聚焦产业、立足生态、着力富民，是今后五年的发展取向、工作导向、奋斗指向，全市上下要集中力量、集中资源，在这些方面求大突破、见大成效，确保如期全面建成小康社会，努力建设经济强、百姓富、环境美、社会文明程度高的新盐城。

二、"五个一"战略工程

市委、市政府立足打牢发展基础，着眼补齐民生短板，致力构筑长远优势，提出今后几年重点实施"一张网、一桶水、一部车、一片林、一座城"的"五个一"战略工程：构筑"一张网"，就是以高速铁路为重点的现代综合交通网；引进"一桶水"，就是加快推进新水源地及跨区域引水工程建设；壮大"一部车"，就是全力做大做强汽车产业；培育"一片林"，就是建设沿海百万亩生态防护林工程；建美"一座城"，就是加快建设"五大组团"，加快打造现代化、国际化、绿色化的江苏沿海中心城市。"五个一"战略工程是贯彻"两聚一高"要求的"盐城路径"，是推进"产业强市、生态立市、富民兴市"的强劲抓手，是构筑长远竞争优势的"战略支点"，是刷新区域经济版图的"决定一招"。

第四节　组织建设

2016年，全市根据全面从严治党和换届后领导班子、领导干部队伍建设等新要求，编排一批党建课题，整合力量，集中攻关，市、县两级组织部门全年形成《以科学理念思路推进组织工作》《干部思想和工作状态的调查与思考》等30余篇调研成果，多篇被《中国组织人事报》《现代领导》《党的生活》等省级以上党报党刊采用。坚持内宣、外宣并举，牵头做好"两学一做"宣传，具体做好人才峰会宣传，及时做好抗灾救灾宣传，配合做好换届工作宣传。在中央《"两学一做"学习教育情况通报》《人民日报》《光明日报》等省级以上重点宣传信息平台用稿70余篇，在市内主流媒体用稿200余篇。中共十八届六中全会召开后，《中国组织人事报》推出"严肃党内政治生活"专栏，首篇采用盐城市报送的《从党内政治生活严起来》一文。及时将调研成果汇编成《组工之思》调研文集，共包括24篇文稿14万字，供全市党务干部学习借鉴。参与各类评优评先，选送的《严格党内政治生活、营造良好从政环境》《浅谈社区党组织在推进社区治理现代化中的作用》《关于党代表常任制试点工作的实践与思考》调研成果，从全省126篇参评作品中脱颖而出，获全省优秀党建调研成果一等奖1个、三等奖2个。总结推送的"实施党代表任期制推动履职行权常态化长效化"入选全省组织工作创新创优案例，"'每月之星'唱响党员好声音""搭建'微'平台、做'好'大文章""党员行不行、群众说了算"等6项工作案例成为全省"两学一做"优秀示范案例，在江苏先锋网集中展示。

一、基层组织建设

市县镇村集中换届　年内，全市坚持全局"一盘棋"，整体谋划、集中安排，统分结合、压茬推进，做到换届时间、人事安排、上下级班子换届衔接"三统筹"，完成市委、9个县(市、区)委、96个镇党委和2131个村党组织换届工作，实现组织意图零偏差、政策落实零折扣、程序规范零缺陷、换届风气零违纪。在换届工作中，突出研判重点对象和内容，动态开展面上研判、专项研判、重点研判，将干部一贯表现与分析研判情况相互印证，对领导班子及成员作出准确评价，把握换届优化方向。着重考察领导班子和领导干部抓党建的成效，做到干部述职必述党建、民主测评必评党建、个别访谈必谈党建、考察材料必写党建，实现选优配强领导班子与抓严抓实基层党建互促并进。从严把好用人导向、职数配备、党政正职调整、优秀基层干部选配、功能提升等"五关"，建立换届风险排查防控机制及换届进展情况日报制度，有序有效保障换届工作顺利进行。市委换届，市委常委候选人、市纪委常委候选人当选市委委员、市纪委委员，市"两委"委员组成原则中明确的有关人员全部顺利当选。9个县(市、区)委换届，146名党政班子成员全部配齐，其中有乡镇党政正职经历的89名，选配7名80后年轻干部、10名女干部、7名党外干部进入县(市、区)领导班子，换岗交流64人，县级班子结构进一步优化，整体功能进一步提升。乡镇换届，注重选配乡镇事业编制人员、优秀村干部和大学生村官进入镇领导班子，基层队伍力量得到进一步强化。村党组织集中换届后，新一届村书记平均年龄48.4岁，大专及以上学历1010人，其中致富带富能手1314人、专业合作组织负责人160人，分别占61.9%、7.5%，实现基层党组织带头人的选优配强。

换届风气监督　年内，市委组织部研究制定加强换届风气监督的实施方案，提出21条具体措施，做到换届风气监督与换届工作同研究、同部署、同推进。换届期间，组织播放警示教育片《镜鉴》《警钟》310场次，签订严肃换届纪律承诺书2.8万份，开展专题培训1.33万人次，开展谈心谈话7296人次，引导各级干部筑牢思想防线。强化督查督导，市本级对9个县(市、区)先后开展6轮"家家到"换届风气巡回督查，向下延伸检查53个镇、32个村，及时指出存在问题并督促抓好整改。通过电视、党建网站等媒体公布"12380"举报电话，全天候受理违反换届纪律问题的举报，对反映的问题，坚持快查快办、直接查核、果断处置，努力把问题解决在萌芽状态，以"零容忍""零懈怠"确保"零差错"。

非公有制企业"五好"出资人队伍建设　年内，市委组织部组织评选表彰14名市级"五好"(科学发展好、诚信守法好、劳资关系好、支持党建好、社会形象好)出资人，全市累计评选表彰85名市级“五好”出资人。在复旦大学举办“五好”出资人培训班,帮助出资人提升思维层次,理清发展思路。建立全市新生代“五好”出资人“双创”论坛、党建沙龙等平台,组织开展创业交流,培养一支能够顺利接班、具有开拓创新精神、重视支持党建的新生代企业家队伍。利用市、县集中换届契机,优先推荐121名“五好”出资人当选市、县党代表。

产业集群党建 年内,市委组织部探索资源集聚、管理集中、服务集约的“三集路径”,采取围绕产业基地建、依靠龙头企业建、挂靠专业市场建、依托合作组织建等方法,新组建产业集群党委13个,推动集群内企业党组织组织共建、资源共享、党员共管、活动共办、事务共商,形成集群内企业合作共赢、抱团发展的良好势头。在集群党组织内探索推行微型化组织设置、积分制考核管理、分类型岗位创评的“微积分”园区党建模式,实现党组织在片区企业的全覆盖、党的工作在企业的常态化。

党建制度改革 年内,根据省委2016年党建制度改革要点和市委党建制度改革实施方案,按照“既全面贯彻上级精神又彰显盐城地方特色”的要求,结合盐城实际,明确全年党建制度改革具体任务。通过每季度提醒督促、每半年回头小结、年底总结评估,有效保证自主实施的改革工作全部达到时序进度要求,与省配套实施的改革项目及时跟进到位,全年新制定出台《关于进一步加强全市农村基层党建工作的实施意见》等8项重要改革举措文件,促进选人用人、引才聚才、基层基础等各项工作提档升级、提质增效。《人民日报》、新华社、中央电视台、《中国组织人事报》等省级以上主流媒体多次专题推介盐城市党建制度改革工作。市委组织部连续两年在全市目标任务绩效考核中获“深化改革先进集体”称号。

“日周月年服务网民”活动 年内,全市精心挑选具有党团员身份、网络知名度较高、热心公益服务的青年网络达人、新媒体工作者等,组建成“日周月年服务网民”骨干队伍,带动2400多个基层党团组织中的6万余名青年党团员参与活动。通过每日动态了解网民心声,每周梳理汇总网民热议,每月互动回应网民关切,每年评优总结宣传先进典型,发动全市党团员在践行“四讲四有”的过程中走好网上群众路线,发挥先锋模范作用。全年累计打捞网上民意2.47万条,线上对网民关切回复率80%,线下帮助群众解决大小难题9500余个;开展电商创业培训3000余人次,直接服务1000多名青年进入电商创业新业态;探索在互联网时代思想引领的宣传新路径,利用微信动画平台、微视频、原创帖等形式,在广大网民中凝聚起“产业强市、生态立市、富民兴市”的思想共识。青年党团员“日周月年服务网民”活动通过第四届全国基层党建创新案例初评。

抓党建促脱贫攻坚工程 年内,市委组织部制定出台《关于开展创业型基层党组织建设的实施意见》《关于进一步加强全市农村基层党建工作的实施意见》,组织开展“双基双强行动”,强化基层党组织的政治属性和服务功能。依托远程教育平台,加快发展农村电子商务,促进支部和远教深度融合,打造脱贫致富新路径。对贫困村因地制宜实施精准帮扶,开展领导挂钩、部门结对、强村带弱村、“五好”出资人企业帮扶等活动,健全长效帮扶机制,实现组织增活力、集体增积累、群众增收入。选优配强农村党组织带头人,对脱贫任务重的镇村干部,坚持一个目标干到底,任务不完成不调整,保持镇村干部队伍相对稳定。构建多元化关心关爱机制,鼓励符合条件的村书记按照有关规定,通过选拔、考录进入乡镇领导班子、公务员队伍或事业单位,实现以县为单位每五年平均每个镇不少于2名;建立村干部报酬待遇正常增长机制,探索实施村(社区)党组织书记年功性保险补贴制度、荣誉金制度,逐步推进村(社区)党组织书记队伍走向职业化,形成“岗位有目标、工作有待遇、干好有前途、退职有保障”的长效机制,引导村党组织书记长期扎根基层、干事创业。

二、干部队伍建设

“两学一做”学习教育 年内,根据中央和省委统一部署,4月起,全市全面启动“学党章党规、学系列讲话,做合格党员”学习教育,全市2.6万个基层党组织和48万名党员参加。制定印发《盐城市“两学一做”学习教育实施方案》和机关、农村和社区、窗口服务单位、非公有制企业和社会组织、学校、流动党员等分类指导方案,指导各基层党支部根据自身领域、行业、单位特点,把握支部党员实际情况,因地制宜、因人施教,体现差别、彰显特色。推动党员领导干部“三个回归”,引导党员领导干部带头落实双重组织生活制度,以普通党员身份,回归支部带头参加组织活动,回归“三会一课”带头过好组织生活,回归党员日常管理带头接受组织教育。以“亮身份、强服务、树形象”为主题,在村(社区)、国有企业和“两新”组织、窗口单位和服务行业、机关事业单位、学校教师及全体党员中分类开展“六大实践行动”,推动全市党员立足岗位做贡献、创先争优促发展。“6·23”龙卷风冰雹特别重大灾害发生后,第一时间发动全市各级党组织和广大党员干部迅速开展救灾行动、自觉开展捐助行动、积极开展重建行动,帮助广大群众勇战灾情。编印《党旗在抗灾一线飘扬》《党旗下的脊梁》辅导教材,发放到每个支部;举办18场先进事迹报告会,教育引导全市党员干部以抗灾救灾精神为动力,投身灾后重建等各项工作,以干事创业、为民服务的实际成效检验学习教育成果。

青年干部培养 年内,贯彻落实省委推进“789”青年干部培养计划的部署安排,按照“教育培养、实践锻炼、储备入库、选拔使用”的思路,立足盐城实际、着眼长远发展、坚持好中选优,全市搭建青年干部干事创业的实践舞台,力推青年干部成长成才。年内,抓住集中换届契机,调整补充年轻干部进入县、镇领导班子,先后提拔5名“80后”担任县处级干部,85名“80后”担任科级干部,全市9个县(市、区)领导班子成员平均年龄下降1.79岁,96个镇领导班子成员平均年龄下降1.1岁。至年底,全市“80后”县处级干部总数达12名,在全省位居前列。

干部教育培训 年内，在盐城新四军干部学院挂牌的基础上，着眼提升干部学院培训质效和品牌影响力，设计"铁军诞生""东进北上""重建军部"等模块，近10个现场教学点串联，形成一条各有侧重、有机衔接的新四军党性教育现场教学精品线路；建成党性修养主题教室、政德展馆和铁军精神道德讲堂，打造一批主题鲜明的党性教育载体；制作《铁的新四军》《新四军1941》2部党性教育专题片，打造党性教育精品课件。年内，先后组织全市县处级干部、乡镇（街道）党政正职参加中共十八届五中全会、六中全会精神集中轮训；做好科级、村（社区）干部轮训，共举办轮训班32期，轮训1.1万人，实现县、镇、村三级干部全覆盖。同时，有1.6万名外地党员干部到盐城接受党性教育。

公务员平时考核 年内，市委组织部与市人社局联合制定出台《关于加强公务员平时考核工作的实施办法》，对平时考核的范围对象、内容指标、程序方法等作出规定，通过确定考核指标、个人工作实绩、设定考核周期、确定考核结果、反馈考核结果、结果公示汇总等程序，对市、县（市、区）直党政群机关和参照公务员法管理事业单位中非领导成员，在德、能、勤、绩、廉等方面的日常表现进行考核。将平时考核结果作为确定年度考核结果的重要依据，在年度考核中所占权重原则上不低于60%，激励鞭策公务员更好地履职尽责。

三、党代会常任制工作

2016年，市委组织部与市人社局联合制定出台《盐城市2016年落实和完善党代表任期制工作计划》，任务细化分解到月，责任落实到人。下发《关于组织召开镇党代会年会的通知》，指导全市乡镇开好党代会年会。征求全体市党代表对2017年盐城市民生实事的意见和建议，每月20日安排市、县、镇三级党代表深入联系点，开展扶贫帮困、志愿服务等活动，为群众提供贴心服务。建立完善市第七次党代会代表微信群，发挥党代表微信群功能，及时发布基层党建信息，落实党代表知情权。免费为党代表订阅《党建研究内参》《盐阜大众报》等党报党刊，提升党代表履职尽责的能力和水平。推进党代表履职阵地建设，全市建成2420个党代表工作室，实现所有村、社区全覆盖。（刘宇译）

第五节 宣传工作

一、思想政治教育

2016年，全市宣传思想文化系统开展理论学习。市委中心组组织17次集中学习和交流活动；围绕"两学一做"学习教育，市委常委带头为党员干部上党课，推动2.6万名党组织书记上讲台讲党课。市级机关"周一大讲堂"累计开讲95期，受众4.5万人次。举办中共十八届五中、六中全会精神专题轮训班，实现全市1200多名在职县处级干部和镇（街道）党政正职干部培训全覆盖。组织开展理论政策和法律法规应知应会知识抽查考试。推进基层党员干部冬训，市委主要领导亲自审定冬训工作意见，各级党（工）委实行冬训"一把手工程"，先后轮训基层党员干部40多万人。盐城获全省冬训工作组织奖，"搭建四大特色课堂，助推基层党员冬训""千名书记上讲台，激活冬训正能量"两个项目获全省基层党员冬训创新项目奖。开展理论宣传。组建市委、县委宣讲团，健全"市、县、镇、村"四级宣讲网络，市委主要领导亲自作宣讲报告，发挥510名市、县下访干部驻村优势，激发草根宣讲员工作热情，全市宣讲中共十八届五中、六中全会和省、市党代会精神3000多场次。获省"我与新发展理念"百姓名嘴风采展示大赛一等奖和组织奖。搭建全市网上理论宣传教育平台，开通"基层党员干部冬训"专题网站和"黄海微课堂"微信公众号。加强理论学习教育培训基地建设，新建立党性教育培训基地9个。打造戏曲、榜样、实践"三个课堂"，通过文艺助学、典型带学、基地促学方式，推动中共最新理论创新成果走进基层一线。东台市委讲师团获省理论宣传工作先进集体。开展理论研究。整合全市社科理论资源，成立盐城市智库咨政协会。举办建党95周年理论研讨、党史专题展览会等系列纪念活动。围绕"深入学习党中央治国理政新理念、新思想、新战略"专题在全市县处级以上领导干部中开展读书调研活动，6篇文章被评为优秀调研成果，数量列全省第二位。组织开展市第十一届哲学社会科学优秀成果评奖活动，组织"江苏地方文化史研究"盐城篇编撰工作。申报社科研究课题立项，20项课题获省社科应用研究"精品工程"项目，居苏北前列，10项成果获2015年度省社科应用研究"精品工程奖"。2个项目被省市社科合作基金正式立项。加强意识形态管理。将意识形态责任制工作纳入全市宣传思想文化工作百分制考核内容，细化考核要求。加大对全市范围内研究机构、高校课堂、报告会、研讨会、讲座、论坛的管理，做到不给错误思想提供任何阵地。开展"扫黄打非"斗争，先后组织开展"清源""净网""秋风""护苗"等专项执法行动，立案查处203件，查缴各类非法及盗版出版物10万余件，取缔非法出版物销售网点6个。

二、新闻宣传报道

2016年，全市宣传系统宣传解读中共十八届五中、六中全会、全国、全省、全市两会精神，组织开展以习近平为核心的党中央治国理政新理念新思想新战略重大主题宣传，聚合力量创新方式，做好省第十三次党代会和市第七次党代会宣传。做好中国共产党成立95周年、红军长征胜利80周年等纪念活动宣传，做好第十五次泛黄海中日韩经济技术交流会、中华环保世纪行等重大活动宣传。围绕"两学一做"学习教育、创建全国文明城市、供给侧结构性改革、"项目载体提升年"、新水源地、高铁、高架等，加大正面宣传力度。全年《人民日报》用稿31篇，《新闻联播》用稿40篇，《新华日报》头版用稿55篇，《江苏新时空》用稿325条。健全完善"日常工作有选题、沟通联络有素材、媒体采访有典型、新闻报道有汇总、考核评价有制度"新闻外宣模式。主动协调中央、省和市县各级媒体资源，做好"6·23"特大龙卷风冰雹灾害的舆论引导。先后有60多家境内外媒体

300多名记者赴灾区采访报道，共发布原创报道3000多篇（条），为开展抢险救灾工作创造良好的舆论环境，得到省委主要负责人和中宣部有关领导的肯定，12月29日在中宣部专题会议上作典型发言。"'6·23'特大龙卷风冰雹灾害中建立新闻应急新机制"获2016年全省宣传思想文化工作创新奖。盐城广播电视台《今日民声》栏目获全国2016年民生影响力十佳品牌栏目，民生服务频道获全国2016年民生影响力电视十强媒体。对外宣传有声有色。继续在央视、韩国《中央日报》等国内外媒体以及首都机场、高速公路等投放城市广告。加大对外文化交流力度，筹备"2016感知江苏·盐城文化韩国行"活动，开展"韩国百名青年精英代表团走进盐城"交流访问活动，成功承办第八届全球华人羽毛球团体锦标赛。协助省委宣传部办好"洋眼看江苏——走进大丰美丽乡村、邂逅荷兰音乐花海"和"洋眼看江苏·水乡建湖行"活动。组织参加"同乐江苏"活动，获省2016年"同乐江苏"外国人汉语大赛优秀组织奖。盐城市艺术团分赴苏里南、古巴参加庆典活动；中韩友城结好20周年纪念文艺会演分别在盐城和南原两座城市上演。加强媒体国际交流与合作，在韩国《蔚山广域每日》和加拿大《加中时报》分别开设专版，中国盐城门户网站英语、韩语版改版上线。大丰作为唯一的县级城市代表受邀参加省政府新闻办主办的"江苏城市形象英伦展"。健全网络管理"集中座谈、单独约谈"的"两谈"机制。有效阻止"6·23"特大龙卷风冰雹灾害、高考减招等舆情处置中的谣言滋生。全年省通报数继续大幅下降，位居全省前列。在各类网络平台推送涉盐城正能量稿件205篇438次。打造网络宣传精品，《新四军廉政建设》《揭秘盐城好空气》分别在国信办举办的全国微党课创评活动和省网络好新闻评选中获三等奖及二等奖。组织开展"卯酉创客邦"系列创业网络文化活动，获省第四届网络文化季人气活动奖。创新网络宣传形式，成功运用微视频等形式创新开展市第七次党代会精神网上宣传。承办国信办组织的"凝心聚力十三五·网络名人走近风电"活动。定期召开属地互联网内容生产企业负责人、微信公众号负责人座谈会，加大对存在违规行为网站负责人的约谈力度。

三、文化建设

2016年，市文广新局编制《盐城市"十三五"文化改革与发展规划》，通过专家评审。盐城博物馆、水浒文化博物馆和盐都民俗博物馆建成开馆，串场河文化集聚区建设稳步推进。9个文化馆在第四次全国文化馆评估定级中被评为国家一级馆。盐城市图书馆法人治理结构改革取得阶段成果，召开理事会成立大会。精心组织文化惠民活动，举办第七届江苏省淮剧艺术展演月活动，开展省暨盐城市2016年"三下乡"活动，市淮剧团等2个单位获全国双服务先进集体表彰，大丰区图书馆等5个单位获全省双服务先进集体表彰。2个活动品牌、7支群文团队、20名文艺骨干入选全省群众文化"百千万"工程。建湖县创成省公共文化服务示范区。推进"书香盐城"建设，成立全民阅读促进会，并在全省率先实现县（市、区）全民阅读促进会全覆盖。"天天悦读1+X"阅读模式在全省推广。盐城市全民阅读指数居苏北首位，入围首批全省书香城市候选城市，在省检查组实地考核中，总成绩列苏北第一位。组织开展"盐阜文化箭乡行"文化交流展示活动，举办苏北五市文艺联盟启动仪式暨五市音乐舞蹈曲艺展演活动。"九龙口传说"等11个非遗项目入选第四批省级非物质文化遗产名录，实现省级非遗名录项目县区全覆盖。做好对国家级传承人张云良的艺术技艺及省级项目"施耐庵与《水浒》传说"的重点抢救性记录、建档和数字化保存。举办中国水浒文化高层论坛。现代淮剧《小镇》在第11届中国艺术节上夺得国家政府专业舞台艺术领域最高奖——文华大奖。摄影家杨国美摘得第11届中国摄影金像奖，填补盐城文学艺术界摄影艺术门类未取得国家最高奖项的空白。大型舞剧《烽烟桃花飞》和淮剧《菜籽花开》分获第三届江苏文化艺术节优秀剧目奖、特别奖，分别被列为省舞台艺术精品工程重点资助剧目和资助剧目。历史文献纪录片《新四军1941》被国家新闻出版广电总局评为优秀国产纪录片，《永恒旋律》在"人文中国第五季——红色记忆"全国电视纪录片、专题片推选活动中获得一等奖。小淮剧《世界名犬》和小戏《善伪之间》分获第七届全国小戏小品曲艺大赛小戏类金奖、作品创作类金奖。杂技音乐剧《新鹊桥会》在北京世纪剧院成功首演。诗词歌赋杂技剧场《小桥 流水人家》亮相第18届上海国际艺术节。盐都大型现代戏曲《歌声不再遥远》获第30届中国田汉戏剧奖剧本一等奖。射阳杂技《扇舞丹青·头顶技巧》获俄罗斯年度国际马戏艺术节最佳编导奖。亭湖配乐诗朗诵《血染的浪花》获全国教育部中小学文艺展演二等奖。9件作品入选省优秀文化成果，入选作品数量列苏北第一位。文化产业发展加快。建成全省唯一省市合作共建的国家级大数据产业基地，集聚各类文化企业80余家。东方1号创意产业园被认定为省重点文化产业示范园区，聚龙湖文化产业集聚区创成省文化科技园区。做好文化企业入库统计，入库文化单位数量7000多家，较上年增加近2000家。成功举办市首届文化创意设计大赛，组织参加省第三届文化创意设计大赛，获"组织促进奖"。推进"文化+制造业"，形成国家级工业设计中心1家，省区共建工业设计园区1家，省级工业设计中心6家。工业设计作品《垂直打印机》获2016年红点设计概念佳作奖。编制印发《文化产业重点企业名录》，整理编制《文化经济政策汇编》。继续实施专项资金项目申报工作，1家企业获批国家文化双出口重点企业，13个项目获批国家、省产业项目。原创动漫《宝贝咿家》和智慧博物馆体系建设项目入选文化部《2016中国文化产业重点项目手册》。扶持小微文化企业发展，大丰创意工艺品公司获评"江苏民营文化企业30强"。盐城国际软件园实现销售额约40亿元，园区3家企业入选第二批省文化科技企业。（陈　伟）

第六节　精神文明

2016年，盐城市文明办制定《盐城市建设道德风尚高地行动方案（2016—2020年）》，明确实施7个行动28项重点工作,到2020年将盐城打造成为沿海道德风尚高地。全市有13人当选"中国好人",位居全省第一;深化全国文明城市创建,完成迎接中央、省城市文明指数年度测评工作;推进志愿服务工作,全市志愿服务注册人口总数130万人,位居全省第一;加强平台建设,完成好人馆二期改造提升,打造主题公园,做法在中宣部培训会议上作交流发言;开展网络文明传播,完成盐城文明网主页改版升级工作,"文明盐城"微信、微博年内正式上线运营。盐城市被文化部表彰为未成年人社会文化环境净化工程"三达标"(执法数量、人员编制、执法效果)先进单位。

一、文明创建

2016年,市文明办提请市委、市政府将创建全国文明城市作为推动工作的"龙头工程",坚持创建靠民、创建育民、创建惠民,将盐城建设成为崇德向善、文化厚重、和谐宜居的城市。3000多名机关干部挂钩社区开展创建,5000多名文明劝导员日常巡查,10万名志愿者投身公益。按照《盐城市创建全国文明城市三年行动计划(2015—2017年)》"2015年夯实基础、2016年巩固提升、2017年全力冲刺"的部署要求,协调做好创建全国文明城市各项工作。市委、市政府下发《关于成立创建全国文明城市领导小组和指挥部的通知》《关于成立创建全国文明城市专项工作组的通知》,根据职责分工,由各职能单位牵头,成立16个专项工作组。围绕集贸市场整治、公益宣传、台账资料等创建重点、难点问题,指挥部召集相关单位主要负责人、分管负责人召开专题会办会议20多次,形成会办纪要。在市级新闻媒体和各区媒体平台上设立"红黑榜",定期曝光不文明行为现象。在市政府"12345"热线平台开设创建专用热线,接受市民投诉举报,建立快速有效的记录、核查、交办、处理、反馈机制。印发《关于继续实行市领导联系街道、市各有关部门(单位)挂钩社区(村)开展创建全国文明城市工作的通知》,16个市领导分别联系城区16个街道,146个市直部门分别挂钩到社区(村),协助基层街道、社区开展创建全国文明城市工作。在全年宣传思想文化工作考核办法中,加大文明城市创建考核分值,树立"进位争先"的工作导向,推动市县协同提高社会文明程度。与市教育局联合下发《关于深入开展文明校园创建活动的通知》,以学生为主体,把培育和践行社会主义核心价值观贯穿于创建活动全过程,全市共有22家被授予"江苏省级文明校园"称号。与妇联等部门联合开展"文明家庭讲好家训"巡讲、"最美家庭"推荐会、征集好家风好家训等活动,东台崔卫香家庭获"全国首届文明家庭"称号。联合开展第八届"盐城市文明职工""五一文明示范岗"暨第五届"盐城市十佳文明职工"评选活动,以评促创,共表彰100名"盐城市文明职工",60个"盐城市五一文明示范岗(班组)"。

二、培育选树道德典型

2016年,全市完善市、县(市、区)、镇(街道)、村(社区)四级推荐评选机制,加大道德典型线索推荐申报力度。开展"我推荐、我评议身边好人"活动。4月开始,每月有1000多条好人推荐线索上报,充实丰富道德典型库。全市有13人当选"中国好人",4人入选"好人365"封面人物。落实《盐城市关爱道德典型实施办法》,召开道德典型座谈会,15名道德典型现场领取关爱金,首批发放盐城市道德典型关爱金13万元。组织书法家开展助力"中国好人"关爱活动,为"中国好人"书写春联、送粮油等慰问品,在全社会造浓"崇德向善"的社会氛围。9月20日"公民道德日",选出20个重点活动项目在《盐阜大众报》等媒体上刊载公示。借助重大节庆活动宣传典型。道德典型徐兆学在五一广场文艺活动为"盐城好人"颁奖,宣传典型事迹。走进各类道德讲堂专项宣讲。组织仇爱清、崔卫香等平民典型走进社区小区宣讲,组织孙长忠、王立明、李永光等敬业奉献典型走进机关学校宣讲,扩大典型的辐射作用。组建好人志愿服务组织。以"中国好人"和道德模范为主要成员,建立以道德典型命名的好人志愿服务队30多支,通过道德典型带领志愿者言传身教,让市民感受典型风采。

三、"厚德盐城"建设

2016年,盐城市综合信用指数在全国排第三位。开展"医德之星"评选,培树行业新风。打造诚信示范典型,开展"诚信之星"评选活动。全市有9人获第三届江苏省"百名诚信之星"称号,梁泽泉获第三届江苏省"十大诚信标兵"称号。推进"文明交通随手拍、文明餐桌我承诺、文明秩序我带头、文明礼让我引导、文明环境我维护、文明邻里我帮你"为主要内容的"文明市民六大行为"提升行动。开展"文明盐城 幸福相伴"随手拍活动,举办"美丽盐城人"摄影大赛,收到参赛作品400多幅。下发《关于广泛开展2016年度"我们的节日"主题活动的通知》,以元旦、春节、五一等重大节日为节点,开展广场文艺展演、志愿服务引导、道德规范承诺签名等活动,弘扬文明新风。制定下发盐城市《关于加强文明旅游创建工作的实施意见》,健全文明旅游工作体制机制。4月中旬,举办"为美丽盐城加分"文明旅游系列活动启动仪式,开展文明旅游公益宣传、文明旅游专题培训、组织文明旅游志愿服务、文明旅游"随手拍"、开展文明旅游诚信实践、中小学生"八礼四仪"体验实践、文明旅游先进集体评选等系列活动。开展文明规范游宣传及劝导活动,严把护照关、组团关、出境关、交通关、落地关、行程关"六关"和签约组团环节、办证通关环节、交通运输环节、旅途行程环节"四个关键环节",将文明旅游教育覆盖到每位出境游客。

四、德育平台建设

2016年,盐城根据好人馆实际运营和游客反映,实施好人馆二期改造提升工程。对馆内人物事迹展陈进行调整充实,新添大型电子显示屏、计数器等,重新设定"好人赋"样式。通过近一个月改造,增强好人馆的凝聚力和影响力。全年吸引新疆察布查尔、内蒙古乌海、山东淄博、浙江义乌等地参观者超10万人次。放大好人馆的带动效应,将培育和践行社会主义核心价值观的要求覆盖整个盐渎公园。新增公益宣传牌38块,分别以"爱敬诚善"和"仁义诚敬孝"

为主题，增添2组9块文化石。与江苏省雕塑家协会达成协议，邀请全国知名雕塑家为12个“中国好人”免费创作场景雕塑。突出主题公园阵地作用，举办公民道德文艺演出10多场次、“文明伴我行”“我们的节日”等道德实践活动27场次。完善盐城文明网主页栏目设置，加入“中国文明网联盟”，开通“文明盐城”微信、微博打造“互联网+”好人平台，开设“道德模范网上大看台”专栏，集中展示全市各类道德典型先进事迹和中央、省等主流媒体新闻报道内容。各县(市)文明网设立道德典型展示专题，市县联动展示各级道德典型风采。全市兴建主题公园30多个、县级好人馆分馆3个、道德典型一条街20多条，道德展示长廊10多个。

五、志愿服务

2016年，市文明办开展市、县、镇、村四级志愿江苏平台专场培训300余场次，在志愿江苏平台注册登记的志愿者130万人。以“传播正能量，引领新风尚”为主题，排定敬老爱幼、助残帮困、公共场所文明引导等十大志愿服务重点活动。5月起，全市启动志愿服务时长竞赛活动，历时8个月。竞赛活动以志愿江苏(盐城)平台网站、手机APP、微信客户端为依托，每月初，按照上个月全市范围内志愿者个人的月度服务时长等指标由高到低进行排序，并向社会公示。通过志愿服务组织带动志愿服务工作开展，全年全市新注册好人馆志愿服务队等市级单位志愿服务组织300余支。通过宣传发动、活动推进、考核保障等措施，征集志愿服务“好故事”。召开志愿服务故事分享会，邀请市内外优秀志愿者分享志愿服务感悟，提升全市志愿服务感染力。9月3—4日，首届江苏省志愿服务展示交流会在南京举行，盐城展区以“厚德盐城、志愿永恒”为主题，集中展示盐城近几年的志愿服务工作情况，慈善捐助、关爱帮扶、文明引导、义工服务等38个志愿服务项目同台展示交流，盐城获优秀组织奖。全市推荐的响水助力微梦公益协会志愿者吉旺、东台市义工联合会、盐都区盐渎街道福才社区，分别候选全国最美志愿者、最佳志愿服务组织和最美志愿服务社区。

六、未成年人思想道德建设

2016年，全市加大中小学社会主义核心价值观的教育力度，向学生和家长发放市民手册等宣传资料80万份。发挥好人馆、新四军纪念馆等爱国主义教育基地、公益性文化设施和校外活动场所的作用，传播社会主义核心价值体系。深化“我的中国梦”主题教育实践活动，开展向国旗敬礼、网上祭英烈、纪念长征胜利80周年、“红领巾相约中国梦”“红领巾寻访新四军老战士”等主题活动，全市未成年人参与活动率98%以上。全市开展联合执法行动，每个季度开展一次取缔“黑网吧”、规范网吧经营行动，坚决杜绝未成年人进网吧现象。加强书报刊物市场特别是校园周边的书店和文教用品店等的监督管理，整治影响未成年人身心健康的问题读物和违法出版物。盐城广播电视台和《盐阜大众报》实施净化荧屏声频、整治不良广告等措施，加强广告管理，增加未成年人公益广告投放。盐城市被文化部表彰为未成年人社会文化环境净化工程“三达标”(执法数量、人员编制、执法效果)先进单位。建有社区家长学校126所、家庭教育指导中心86个、各类家庭教育咨询站辅导站31个，全市各城市社区基本建立家长学校(家庭教育指导中心)，覆盖率96%。 (郑智勇)

第七节　统战工作

2016年，市委统战部引导各民主党派开展坚持和发展中国特色社会主义学习实践活动，各民主党派履行参政议政、民主监督职能，提升社会服务能力，有效增强各党派团体的社会影响力。协助市各民主党派做好换届工作，完成换届各项任务，顺利实现组织交替、人事调整和政治交接。市委统战部协助市委出台《关于加强政党协商的实施办法》，进一步明确政党协商的内容、形式和程序，完善知情明政、考察调研、工作联系、沟通反馈等工作机制，构建程序合理、环节完整的政党协商工作体系。协助市委先后召开党外人士座谈会、情况通报会、民主党派新老主委见面会等协商活动6次，就市第七次党代会报告、重要会议情况、重大人事调整等内容，广泛听取市各民主党派、工商联负责人和无党派人士的意见。协助市各民主党派市委举办各类报告会、培训班等4次；邀请民主党派先进会员作事迹报告，宣讲参与政党协商的经验和体会，激发民主党派广大成员参政议政的热情，提高他们参与政党协商的能力和水平。对各党派精干力量进行整合，围绕特定选题，组织党派成员开展联合调研。借助对口联系单位实践经验与资源丰富的优势，联合双方共同走访考察，形成9篇高质量的调研报告。各民主党派和无党派人士履行参政议政职能，全年共提出集体提案16件，个人提案120余件，报送社情民意信息1300多条，为党委政府科学决策提供参考依据。市知识分子联谊会调研报告《长三角地区制造业转型升级呼唤工匠精神回归》在沪、苏、皖、浙四省、市知识分子联谊会论坛上作大会交流。根据盐城市《关于进一步加强政府有关部门与各党派团体对口联系工作的通知》要求，帮助全市15个部门、单位与市各党派团体建立对口联系制度，全年市各党派团体与对口联系单位共开展对口联系活动9次。建立健全特约人员工作制度，对各民主党派成员担任各级特约人员情况进行摸底统计，发挥党外人士参与民主监督作用。组织市各党派团体在社会服务基地开展送温暖、送文化、送科技、送教育等社会服务活动10次，为贫困家庭和学生共捐助款物2.1万元，累计发放农业科技、环保宣传、法律知识等内容的宣传资料2000份。为增强社会服务的实效，组织部分党派团体与社会服务基地有关单位开展结对共建活动，市知识分子联谊会与步凤镇文化站结对，帮建电子阅览室，并捐赠电脑8台；市致公党与步凤镇园区两家企业结对，安排2名致公党员担任企业技术总监；民盟、民建与步凤中小学结对，为当地师生示范课堂教学6场，开展教育理念交流2次，实现教学资源共享，市各党派团体社会服务的层次、水平和实效得到提升。

一、民主党派工作

2016年，市委常委会专门听取市各民主党派换届工作情况汇报，市委主要负责人对换届工作提出明确要求，市委办公室转发《市委统战部关于协助各民主党派市委做好换届工作的意见》，市委分管负责人主持召开各民主党派负责人座谈会，与各民主党派主要负责人交流协商，听取意见，达成共识，形成《各民主党派市委关于做好换届工作座谈会纪要》。市委统战部加强与市各民主党派负责人沟通，传达学习省、市委有关换届文件精神，开展谈心谈话活动，加强沟通。市各民主党派及时组织广大党派成员学习省、市委有关换届文件精神，统一思想，提高认识。根据中央和省委统战部有关严肃换届纪律文件精神，转发《中央统战部关于在民主党派、工商联各级组织换届中严肃换届纪律营造风清气正环境的意见》，召开各民主党派换届全体人员会议强化换届纪律教育。在市各民主党派代表大会预备会上，播放《警钟——辽宁拉票贿选案警示录》，严肃换届纪律，筑牢思想防线；印发换届纪律手册，组织签订严守换届纪律承诺书，确保民主党派换届风清气正。协助各民主党派开展述职和民主评议、民主推荐、沟通协商等工作，与市委组织部一起征求各方意见，形成各民主党派新一届市委人事安排初步方案。协助省委统战部考察组对新提名的民主党派市委主委人选进行考察。各民主党派新一届市委领导班子人事方案经市委常委会专题研究通过后，市委统战部联合市委办公室、市委宣传部等部门成立换届大会工作协调小组，协助各民党派召开换届大会。12月14—21日，盐城民盟、民建、民进、农工民主党、九三学社5个民主党派分别召开代表大会，均顺利完成换届工作。

二、党外干部和知识分子工作

2016年，市委统战部与市委组织部联合印发《关于加强全市党外后备干部队伍建设的意见》，对党外后备干部队伍建设的总体要求、目标任务提出明确要求，要求全市后备干部队伍中党外干部要逐步达到10%，市一级着重培养选拔100名县处级党外后备干部，县一级着重培养选拔200名党外科级后备干部，举办全市党外领导干部暨民主党派骨干多党合作制度建设研讨班，邀请省委统战部领导和省委党校教授作专题辅导，综合运用集中讲学、实地观摩、座谈研讨等教学方法，开展从政履职经验交流、大市区产业转型实地考察等活动，共培训党外干部和民主党派骨干成员120多人。举办第16期党外干部培训班，协助各民主党派市委、市无党派知识分子联谊会举办报告会、培训班等5次，培训党外干部、民主党派新成员、骨干成员、无党派知识分子共300多人次，通过系列教育培训，加强党外代表人士思想政治建设，提升参政议政能力。贯彻市委《关于加强新时期统战工作的实施意见》有关规定，利用市、县两级人大、政协换届契机，做好党外代表人士队伍建设，着力建设一支数量充足、结构合理、素质优良、作用突出的党外代表人士队伍，党外人大代表及政协委员的安排比例均达到《实施意见》规定。年内，共提拔党外干部9人，交流党外干部11人，其中市直机关单位有5名党外中层干部被提拔到县(市、区)处级领导岗位。在编制完成《处级以上党外领导干部卷》《市直单位党外科级干部卷》和《县(市、区)党外科级干部卷》的基础上，按照部门行业、年龄结构、学历层次等内容，将驻盐城高(职)院校党外干部信息分类归档，编制成《驻盐城高(职)院校党外领导干部卷》，全市党外干部人才库进一步完善。与市人才办、市科技局、市致公党总支联合承办省致公党"引凤工程"盐城活动，共邀请英国格林威治大学、德国不莱梅大学、日本京都大学等海外博士共74人在城市考察，召开海外留学人员项目盐城对接会，举行引才引智洽谈活动3场，现场有11名留学人员与用人单位达成进一步洽谈合作意向。

三、非公有制经济人士工作

2016年，市委统战部召开工商联工作会议、主席会议，组织各县(市、区)工商联主席、兼职副主席、总商会副会长、企业家会员代表120多人，学习习近平总书记在看望出席全国政协十二届四次会议的民建、工商联界委员时的重要讲话精神。按照中央和省委统战部统一部署，制定下发《关于以"守法诚信、坚定信心"为重点深入开展理想信念教育实践活动的通知》，采取部署会、培训会、座谈会、典型报告会等方式，组织非公经济人士学习中共方针政策、法律法规和企业管理知识，提高思想政治素质和经营管理能力。按照"亲""清"要求，构建新型政商关系。向全国光彩事业促进会推荐申报"全国光彩事业重点项目和光彩事业扶持贷款资金"。盐城市射阳县江苏九阳生物制药有限公司申报的"生物制药技术改造及新药技术工程中心"项目，被确定为全国光彩事业重点项目，并获扶持贷款6382万元，有效破解非公企业融资难题。通过组织非公经济人士开展扶贫助学活动，引导其致富思源、回报社会。组织市文化产业商会会长单位开展结对慰问活动，向步凤镇中心小学捐赠现金、文化用品共计3万元。市工商联下属的泉州商会结对帮扶8名贫困大学生，资助现金1.6万元；浙江商会会长个人资助贫困大学生2万元。根据省换届文件精神，协助市委制定《市委统战部关于工商联(总商会)换届工作的意见》，召开全市工商联换届工作会议，在换届时间要求、领导班子职数、常执委人选条件、提名推荐和产生程序等方面做出规定。根据中央统战部最新评价指标和软件，按照凡进必评原则，对拟安排为市、县工商联常执委以上的150名非公经济代表人士进行综合评价，实行重大问题一票否认。协助市委组织部对盐城市第四批14名非公经济组织"五好"出资人在政治身份、政治荣誉和公益事业方面进行综合评价，使综合评价成为促进非公经济人士健康成长的重要抓手，发挥综合评价的科学推荐和把关作用。市委统战部主要领导带队前往香港，访问香港"中华总商会"、江苏旅港同乡联合会和中联办九龙工作部，与香港盐城商会、盐城旅港同乡会主要负责人和盐城香港政协委员见面座谈，传达中央和省委指示精神，加强与香港盐城社团的沟通联系。接待台湾慈济慈善事业基金会林碧玉等带队的台湾访问团，发挥统一战线的优势，协助推动台湾慈济慈善事业基金援建阜宁孔荡大爱村工程，帮助该村受灾群众重建二层楼房81栋，可安置总户数282户。

第八节 机关党建

一、机关党组织建设

2016年，市级机关转入党员625人，转出组织关系309人，死亡33人，出党5人。至年底，市级机关党员总数9796人，其中在职党员7132人、离退休党员2664人；直属机关党委41个，直属机关党总支30个，直属机关党支部14个，基层党支部502个。市委市级机关工委抓住“两学一做”学习教育的契机，开展“支部建设提升年”活动。落实全面从严治党主体责任，督促党员领导干部特别是部门党组（党委）书记履行“一岗双责”，与机关党组织书记分层签订机关党建工作目标责任书，落实机关党建工作三方责任清单。开展纪念中国共产党成立95周年系列活动，印发《市级机关基层党支部“三会一课”流程》，重新核定党费标准，按要求完成补缴党费任务，实行机关党组织换届提醒制度，开展基层党组织“统一活动日”实例评比、党建信息化典型案例征集评选，举办县（市、区）机关党建工作现场推进会。落实民主生活会、组织生活会、领导干部双重组织生活等党内政治生活制度，抽查基层党组织“三会一课”开展情况。按照市委部署要求，完成市级机关党代表会议各项任务，市党代会机关代表团的组织工作受到市委主要领导的肯定。

二、党建活动

市级机关“两学一做”学习教育 年内，市机关工委成立市级机关“两学一做”协调领导小组和4个学习教育督导小组，做好市级机关学习教育的指导协调。开展机关党组织设置情况调研，理顺市级机关6个党组织设置及其隶属关系，调整11名机关党组织负责人，推动20个党组织按期换届。召开市级机关“两学一做”学习教育工作座谈会，将市级机关各级党组织开展学习教育情况列入“2016年度党建目标责任制考评”。在机关党员干部中开展抄党章活动、向先进看齐活动、党员干部全员上党课活动，9月对市级机关85个直属党组织学习教育情况进行督查。

“周一大讲堂”入选江苏优秀讲坛 9月，“周一大讲堂”被省委宣传部表彰为江苏优秀讲坛，成为市级机关学习教育的主打品牌。市级机关“周一大讲堂”2014年11月开办，至2016年12月底举办96期，参与听课近5万人次，拥有专家库人才500人。主讲嘉宾层次高、内容涵盖范围广、机关党员参与多，是“周一大讲堂”的主要特色。

“读书月”活动 4月15日，市机关工委举行第七个“读书月”活动启动仪式。活动以“阅读，点亮梦想之路”为主题。市级机关工委印发《关于在市级机关开展第七个“读书月”活动的实施意见》，向市级机关广大党员推荐阅读书目45种，并向机关基层党组织及党员代表赠送《“两学一做”党员干部学习读本》《图解基层党务工作一本通》《党员干部廉洁与党纪必修课》《新常态 新理念》等书籍2万余册。活动贯穿全年，旨在推进学习型机关建设，提升机关党员干部的综合素质和服务效能，营造崇尚学习、爱岗敬业、争创一流的良好氛围。

“保持敬畏之心，强化责任担当”专题培训 9月25—30日，市级机关工委组织全市90名机关党务干部，举办“保持敬畏之心，强化责任担当”主题培训班，旨在落实全面从严治党要求，加强机关党务干部队伍建设，提高机关党务干部的党性修养和业务能力。该培训班采取专题讲座与现场教学相结合的方式，内容丰富，形式新颖。在历时一周的培训过程中，国防大学教授黄祖海、中央党校教授李晓兵、中央国家机关工委研究室张晓明、国家卫计委原宣教司司长兼支部书记张建、中组部党建研究所赵湘江，先后围绕“保持敬畏之心，强化责任担当”这一主题，分别从不同角度给学员做专题讲座。学员们还赴中央国家机关廉政教育基地、抗日战争纪念馆、国家博物馆“复兴之路”展览等地参观。学习结束后举行交流座谈会，团市委副书记许刚等学员代表发言。

“6·23”抗灾救灾专项行动 6月23日，阜宁、射阳发生龙卷风冰雹特大灾害。市级机关工委迅速行动，6月24日，在市行政中心举行为阜宁、射阳灾区集中募捐行动，市委书记朱克江等四套班子领导、市行政中心党员干部等1000余人参加，至8月底，累计为阜宁、射阳灾区捐款437万元。6月27日，市级机关工委发出《关于认真贯彻落实市委组织部〈关于在全市基层党组织和共产党员中开展支援阜宁射阳抢险救灾“三大行动”的紧急通知〉的通知》，要求市级机关党组织和党员干部充分发挥战斗堡垒和先锋模范作用，适时、有序组织党员领导干部、广大党员、职工，到阜宁、射阳，特别是受灾严重的阜宁县新沟镇等乡镇、村居，与受灾地党组织联合开展党日活动，开展“三访三问”，即：访受灾户、贫困户，问衣食冷暖；访小康户、企业户，问重建思路；访老党员、老干部，问兴村良策。党员干部做到“三提三知”：提户知人、提人知事、提事知情。7月28日和8月3日，市级机关工委举办两场抗灾救灾先进事迹报告会，宣传市级机关涌现的感人事迹。

为“产业强市、生态立市、富民兴市”建言献策活动 年内，按照市第七次党代会要求，市级机关工委在全市机关党员干部中开展为“产业强市、生态立市、富民兴市”建言献策活动。活动结合全市实际，树立鲜明的发展导向、创新导向、民生导向，以“产业强市生态立市富民兴市”为主题，围绕全面建成小康社会的奋斗目标，聚焦创新创业和引资引智、新型城镇化和新农村建设、低碳循环发展和建设美丽家园等重点，从不同角度、不同层次、不同领域向市委、市政府提出前意见和建议，为上级领导和有关部门提高决策的科学化、民主化水平提供参考和借鉴。活动从2016年10月10日开始至11月30日，收到各类建议200余条。经专家评审，《在传统行业大力推进“机器换人”》等10条建议入选“十佳奖”，《实施盐城市区“百河净水”工程》等16条建议入选“优秀奖”。

机关作风建设 年内，全市机关学习贯彻《中国共产党廉洁自律准则》《中国共产党纪律处分条例》《中国共产党问责条例》《中国共产党党内监督条例》，强化纪律规矩，改进机关作风。4月，邀请省级机关纪工委、市纪委领导对机关党组织的纪检干部开展业务培训。5月，开展“510”警示教育，推进“五廉文化进机关”，向市级机关党组织赠送《尺度》400余册。7月，开展“领导干部立家规，共产党员正家风”活动，以家风促政风。11月，与市纪委等单位联合组织市级机关“明高线、知底线、守责任”党规党纪知识竞赛。年底，组织市级机关满意度测评工作，引入第三方评价机制，对129个市级部门（单位）、省属驻盐单位工作满意度进行综合评议。分季度对市级机关“三公”违规行为以及市级机关窗口单位服务情况进行明察暗访，加大监督执纪力度，年内查处市级机关违纪党员4人。

市直机关单身青年联谊会 11月12日，市级机关工委联合团市委、市妇联在盐都区三官村联合举办“美丽青春·让爱成真”市直机关单身青年联谊会，吸引市直机关70多家单位的近200名单身青年参加。联谊活动包括热身活动、互动游戏、户外素质拓展等团队项目，以及三分钟约会、才艺展示、抛绣球等个人项目。现场共有12对男女牵手成功。市级机关工委连续四年举办“市直机关单身青年联谊会”，为单身青年提供一个展示自我、交流情感、缔结友谊、寻觅知音的平台和桥梁。

11月12日，市直机关单身青年联谊会举行。

市区机关足球文化节 4月29日，在阜宁高等师范学校举行2016年盐城市区机关足球文化节暨关爱留守儿童系列公益活动启动仪式并举办足球嘉年华。活动由市级机关工委、团市委、市妇联共同主办，江苏中体机会体育娱乐科技有限公司承办，盐城市区各机关组成15支代表队400余人参加，计32场规定赛程。活动秉承“绿色·运动健康”的理念，传递社会正能量，丰富机关干部、职工的文体生活。足球文化节包括第二届“有球必赢”盐城市区机关足球赛、校园公益行、校园足球推广等一系列围绕足球运动普及以及社会公益活动。主办方将关爱留守儿童健康成长贯穿活动始终，安排足球校园行、资助留守儿童等多项关爱儿童系列公益活动。先后赴盐都区神州路小学、日月路小学与留守儿童展开户外足球互动，讲授足球技巧；赴阜宁县杨寨镇果林村、响水县七套乡梅湾村为留守儿童捐赠足球、运动服，发放助学慰问金，与孩子们面对面交流互动。经过一个多月的比赛，亭湖区霆虎队获冠军，市公安局前卫队获亚军，市级机关队获季军。6月5日，足球文化节闭幕。

三、党建制度

党员组织关系集中排查 自2015年10月起，根据市委组织部《关于开展党员组织关系排查工作的通知》要求，市级机关工委制定《市级机关党员组织关系排查工作方案》，召开市级机关党员组织关系排查工作动员部署会，对党员组织关系排查工作进行动员部署和专题培训，市级机关各单位在规定时间内完成在职党员基本情况登记表的填报工作。对离退休党员，各单位基层党组织负责人均逐一上门送表登记；对居住在市外的党员电话联系，通过电子邮件方式逐一登记；对长期不参加组织活动的党员，通过老同事、亲戚、朋友，摸清联系方式，逐一联系到位，确保无一遗漏。根据排查情况，对在职和离退休党员合计9479名党员进行登记，其中预备党员40人，离退休党员2407人。组织关系在人才中心的党员670人，外出流动党员390人。各单位形成党员名册和党员登记表汇总，并分支部装订成册。对失联党员，进行寻访，不无故漏排任何一个党员。对于实在无法取得联系的党员，按照相关程序进行组织处置或纪律处分。

党代会代表和党员违纪违法未给予相应处理情况排查 5月起，按照市委组织部《关于转发中共江苏省委组织部〈关于对党代会代表和党员违纪违法未给予相应处理情况进行排查清理的通知〉的通知》要求，市级机关工委配合市纪委、市委组织部核实相关党员受党纪处分、组织处理情况，对清理前未按规定处分处理的，按照干部管理权限及时给予相应处分处理。排查出受到刑事责任追究的党员11人，不存在清理前未按规定给予党纪处分和组织处理情况；排查出受到行政处罚的党员1人，不存在清理前未按规定给予党纪处分和组织处理情况。

基层党组织按期换届情况专项检查 7月，根据市委组织部《关于转发〈中共中央组织部关于在"两学一做"学习教育中对基层党组织按期换届情况进行专项检查的通知〉的通知》要求，市级机关工委以书面发函的形式，对已期满的14家和即将期满的6家机关党组织进行换届提醒，要求各单位按照《中国共产党党章》《中国共产党和国家机关基层组织工作条例》规定和中组部通知要求，开展机关党委换届选举，对不严格执行规定、不按期换届的，视情节轻重严肃追究有关党组织及其负责人责任。市级机关工委与未按期换届的13个基层党组织负责人进行电话沟通，要求其高度重视换届工作，13个基层党组织全部实施整改，在年底前全部完成换届。

市级机关党代表会议 9月19日，市级机关党员代表会议召开，选举产生64名市级机关出席市第七次党代会代表。市委常委、秘书长潘道津出席并讲话。市级机关按照市委要求，经过自下而上、上下结合，各机关基层党组织推荐出市级机关出席市第七次党代会代表候选人初步人选。市委组织部对代表候选人初步人选进行考察并征求市纪委、市检察院等机关单位的意见，在此基础上，市级机关工委根据市委文件要求和代表的条件及类型结构，经与市委组织部共同研究，提出代表候选人预备人选名单，报请市委审查并原则同意，提出代表候选人建议人选78名（按不少于20%的差额要求）。此次会议在充分发扬民主、严格规定程序的基础上选出64名市级机关出席市第七次党代会的代表。

（王　森）

第九节　侨务工作

2016年，全市累计组织（或参与组织）海内外华侨华人，归侨侨眷举办（或协办）各类联络联谊活动46次，参与活动的人数达900余人次，接待（或参与）接待华侨华人千余人次。年内走访慰问贫困归侨侨眷48人次，发放慰问资金2万多元。

一、引智引资

2016年，市侨办初步建立全市海外人才资源库，掌握境外人脉资源1500多个，遍及20多个国家和地区。建立盐城海外人才联谊会、欧洲盐城同乡会、盐城中学海外校友会、休斯顿盐城同乡会4个微信群，入群人数近500人。推动华侨社团与盐城市有关部门签订有关合作协议3个，分别是加拿大时光财富投资有限公司与城南新区管委会签订合作框架协议；德国江苏总会、全日本中国人博士协会分别与市人才办签订人才合作协议书，人才协议被纳入到省市侨办共建"百家海外人才合作机构"项目。

二、为侨服务

"侨爱工程"落到实处。年内，制定未来五年盐城侨务精准扶贫工作方案。组织开展一年一度"暖侨敬老"系列活动，包括归侨侨眷"看盐城"、免费体检、参与社区活动等，受到归侨侨眷的赞扬。年内，共接待华人华侨来信3件、来访4件、来电5件，涉及经济纠纷4件、房屋拆迁问题1件，其他问题7件，全部办理完毕。年内接受"三侨生"（归侨青年、归侨子女、华侨在国内的子女）身份认定咨询7次，完成3名"三侨生"身份认定审批工作。侨务示范单位建设取得突破。东台镇东坝社区被评为"全国侨务工作示范社区"。城南新区黄海街道宝龙社区、阜宁县阜城街道兴阜社区、盐都区潘黄街道宝才社区3个社区被评为"江苏省示范社区"。

三、侨务捐赠

在"6·23"阜宁、射阳特大龙卷风冰雹灾害中，市侨办成功对接40个海外侨团（海外机构）820余名华人华侨的爱心捐款，累计接收海外款物总额2200多万元，做到每询必答复，笔笔均开票，人人有证书，受到捐款人的好评。

（顾其军）

第十节　台湾事务

2016年，全市组织团组164批次383人次赴台湾参访考察，其中公务团组和人次列全省第二位，达成近30个项目协议；全市新批台资项目14个，协议利用台资0.95亿美元，实际利用台资0.44亿美元。

一、经贸合作

4月17—24日，市委副书记戴元湖、副市长吴晓丹率市农业代表团，在台湾参访相关领域企业和机构，对接洽谈合作项目，并成功举办两岸（盐城）现代农渔业合作恳谈会，92名台湾客商和嘉宾出席，并成功签约盐城射阳海峡两岸渔业合作示范区建设和食品精深加工等一批重点项目。10月10—15日，副市长邹毅实率市科技局、市科协、盐城高新区及部分企业负责人赴台湾考察交流。代表团一行拜会台湾机械工业同业公会、新竹工研技术研究院、芝柏集团、南纬集团、纺织产业研究所，考察旭阳国际精机股份有限公司、吉辅企业有限公司、前镇加工区、瑞仪光电股份有限公司、恒基股份有限公司等，参观新竹科学园区、台中自然科学博物馆、台湾科学教育馆等。4月9日，台湾工商协进会理事长林伯丰、台湾中小企业总会理事长林慧英及工商企业联合会一行40人率团在盐城参加盐台经贸合作恳谈会，与盐城市相关部门和企业座谈。会上，市政府与台湾中小企业总会签订战略合作框架协议。5月22—25日，两岸企业家峰会信息家电产业合作推进小组对接会在盐城召开，60多位两岸嘉宾汇聚盐城，共商发展大计。其间，盐城市成功举办盐台电子信息产业合作推介会，与台湾嘉宾就盐城智慧城市建设进行专题交流。

二、服务交流

2016年，全市开展“走访台企全覆盖，服务台商全方位”活动。采取市县联动的方式，由市县分管领导带队，在5月和8月集中走访在盐城的所有台资企业，发放“台商服务联系卡”，实现台企走访“家家到”。全年共协助在盐城台商办理居留签注32人（次），协调帮助8名台商定点就医、2名台商子女就学，联系市驾考中心为24名台商换考驾照，连续7年组织台商健康检查。6月23日，盐城阜宁、射阳发生特大龙卷风冰雹自然灾害后，市台协会第一时间组织在盐城的台商台企抗灾救灾。在盐城台商台企积极伸出援助之手，共捐赠各类款物折合人民币220多万元，其中现金近50万元，药品、食品、饮料等物资折合人民币170多万元。台湾慈济慈善基金会在阜宁县孔荡村捐款近亿元，新建282套住宅、2所幼儿园以及1个服务中心的大爱村，省政协副主席许津荣、省台办主任杨峰出席开工奠基仪式。在赴台湾新北市四区调研的基础上，盐城市举办“请到麋鹿故乡来——东方湿地之旅”和“魅力东台、邀您‘森’呼吸”——两岸基层乡里长对口交流研讨会活动，共邀请新北市三峡区、新店区、树林区共40位里长参加。新北市四区的里长们与盐城市基层社区人员进行友好交流。新北市三峡区里长联谊会与盐都区宝才社区签署交流合作协议，国校里和东台市望海社区签署交流合作协议。组织盐城师范学院55名交换生赴台湾科技大学和弘光科技大学交流学习，交换生孙璐在2016年亚洲国际钢琴暨声乐公开赛中获大赛一等奖。10月11—16日，盐城师范学院校党委副书记、副校长黄志纯率团赴台湾参加彰化师范大学校庆暨第五届两岸四地师范大学校长论坛。盐城卫生职业技术学院与台湾长庚大学合作共建“长庚班”，邀请台湾长庚大学的教师专门到盐城给学生授课，秋学期首届长庚班40名师生赴台湾长庚大学交流学习。2016年，共为14名盐城学生办理赴台就读手续，包括学士4名、硕士8名、博士2人，覆盖台湾多所高校，并举办赴台湾大陆学生、家长交流座谈会。

（丁　峰）

4月9日，盐台经贸合作恳谈会在盐城举行。

第十一节　老干部工作

2016年，全市共有离休干部2351人（不包括部、省属单位），平均年龄为88.7岁。其中，机关729人、事业单位627人、企业单位995人。按级别和待遇分，副省（部）级医疗待遇3人、地（厅）级1人、副地（厅）级46人、县（处）级待遇938人、其他1363人。按参加革命时间分，第一、第二次国内革命战争时期1人，抗日战争前期108人，抗日战争后期410人，解放战争时期1832人。全市党员离休干部1895人，占离休人数的80.6%，共有717个离退休干部党支部。中共盐都区委老干部局局长蒋跃东被表彰为全国老干部工作先进个人。

一、学习教育

2016年，全市广大离退休干部深入学习贯彻中共十八大和十八届五中、六中全会和习近平总书记等中央领导关于老干部工作重要讲话精神，开展“两学一做”学习教育。举办第八期全市离退休干部党支部书记骨干培训班，在全市离退休干部中开展“夕阳生金辉、厚德耀盐城、增添正能量”系列活动。结合纪念中国共产党成立95周年、长征胜利80周年举办“忆往昔、看今朝、谈发展”主题征文，编撰下发《老干部昔谈——盐城市离退休干部“忆往昔、看今朝、谈发展”征文集》，供全市老干部支部学习；开展离退休干部“正能量之星”评选推荐活动，网上投票数累计超过120万张；组织“我看从严治党新气象”专题研讨，引导离退休干部积极发声，正确发声；开展“立家规，正家风”主题活动，引导广大离退休干部党员把合格党员要求融入到家庭建设中去，带头立家规、正家风、严家教。市老年大学通过举办校庆30周年系列活动，扩大社会影响力，增强教学吸引力。经过30年的发展，市老年大学从成立初的3个专业班，80多位学员，发展到拥有41个专业、152个班级、3800多名学员、年入学达7600人次。

二、待遇落实

2016年，在元旦、春节、中秋、国庆等节日共投入180多万元，对市直离休干部进行两次全覆盖慰问；市直离休干部医疗统筹标准从4.3万元提高到4.7万元，落实全市离休干部的护理费上调工作，抗战时期参加工作的离休干部的护理费由1300元调整至1800元，解放战争时期参加工作的离休干部的护理费由1200元调整至1700元;对全市600多名生活中遇到特殊问题和困难的离退休干部进行重点帮扶,发放特困企业离休干部专项经费18.5万元,购房补贴255万元。召开四套班子老领导座谈会,征求政府工作报告意见。向全市老干部传达市委六届七次全会精神,通报全市经济社会发展情况,组织老干部就近参观考察重点项目建设和新农村建设。加强活动阵地建设,协调扩建改造市老年大学和活动中心场地,缓解老干部入学难、活动难的问题。

三、服务管理

2016年,全市老干部工作部门以《关于进一步加强和改进离退休干部工作的意见》为遵循,贯彻落实《关于进一步加强和改进离退休干部工作的实施意见》。运用老干部工作门户网站、微信公众号等新兴媒体,宣传文件精神,深入领会精神实质。召开座谈会,组织专门班子,对照目标要求,逐条逐项细化任务,研究制定贯彻落实的具体措施。提请市委重新调整市委老干部工作领导小组。探索"一方隶属,多重管理"的社区离退休干部党员服务管理新模式,在全市遴选9个离退休干部党建工作试点示范社区,引导社区离退休干部党员参与社区建设,为他们继续发挥余热、服务社会提供平台。滨海县在全市率先成立离退休干部工作委员会,把老干部党支部建设工作纳入全县党建工作考核,贯彻落实《关于进一步加强和改进离退休干部工作的意见》精神,加强和改进离退休干部基层党组织建设。在"6·23"特大龙卷风冰雹灾害救灾工作中,全市离退休干部自发组织捐款捐物献爱心活动。灾区一线的阜宁县、射阳县的老干部工作者亮旗帜、亮身份、亮形象,主动结对帮扶受灾群众,鼓励村民坚定信心,战胜灾害,重建家园。

(万　凯)

第十二节　信访工作

2016年,盐城市调整变更市信访工作联席会议,撤并信访工作领导小组,补充增加成员单位,调整完善工作职能,使信访联席会议运转更加高效、协调更加便捷。两次组织召开全市信访工作联席会议,市联席会议全体成员参加,分析信访工作形势,围绕各阶段工作重点进行专门部署,形成齐抓共管良好局面。组织开展领导干部定期接访下访活动,市委、市政府主要领导带头参加,协调解决群众反映的信访问题。年内,市领导参加信访接待9人次,接待信访群众20批67人次,化解矛盾20件。4月,组织开展领导干部下访"金桥行动",市领导下访36人次,接待群众52人次,会办化解矛盾28件,科级以上领导下访3151人次,接待群众3628批5993人次,解决问题2122件。加大督查指导力度,围绕化解信访突出问题、保障重点敏感时期稳定,采取联合督查、专项督查、实地督查等形式,联合市委政法委等部门,开展督查13次,下发督查通报5期,督促指导基层改进工作。以责任追究推动工作落实,代表市委、市政府对重点地区重点部门相关领导进行约谈,3个县(市、区)被挂牌督办,4个镇(街道)被黄牌警告,4个镇被重点管理,全市有42名干部被约谈、诫勉和追究责任。按照中央、省关于依法处置涉访违法行为相关规定,对集访挑头人、恶意进京非访、到省缠访闹访及时固定证据,坚决依法处置,先后依法处理涉访违法行为为508人次,其中刑事拘留18人、行政拘留135人次、训诫谈话355人次。

信访信息化　全面推行权益保障卡制度,加强宣传引导,做到应发尽发,全年共发卡3108本,初步实现"初次走访领卡、逐级走访凭卡、处理结果记卡、保障权益用卡"。全面推进依法分类处理信访诉求工作,市直和各地292个职能部门制定形成法定途径清单和工作流程,汇编成册并全面公开,有效引导群众在法治框架内反映投诉请求、解决矛盾纠纷。全面实行信访信息化,开通微信、手机短信等信访平台,所有信访事项全部通过"阳光信访"系统流转办理,建成视频电视电话会议终端,实现与省互联互通。

信访积案化解　2016年,市领导研究会办26件涉众型信访矛盾,逐一明确责任主体,推动矛盾化解。市政府制定实施市直改革改制企业遗留信访问题"一企一策"化解方案,定主体、定措施、定时限、定责任,加快化解进程。市委、市政府组建专门工作班子入驻五洲国际,经多次组织开发商与业主谈判,成功化解五洲国际存在的一些突出矛盾。市相关部门加大对房地产开发、劳资关系、融资集资等领域监管力度,切实减少行业性矛盾发生。结合国家信访局"化解信访积案集中攻坚"等活动,市信访联席办先后组织开展进京到省重复访专项治理活动、信访突出问题集中化解行动、信访案件化解专项行动,深入排查梳理全市存在的突出矛盾隐患,并对影响社会稳定的信访积案进行攻坚化解。全年化解突出问题599件,省以上交办件的结案率和化解率处于全省前列,盐城市被省表彰为信访积案化解先进单位。组织开展"百县千案"活动,明确领导真包案、包难案,市主要领导每人每半年化解1件,县(市、区)党政主要领导每人每季度包案化解1件,全年共化解84件。

(沈亚军)

第22章　盐城市人大常委会

责任编辑　王义云

综　　述

2016年，盐城市第七届人民代表大会召开全体会议1次，市七届人大常委会共召开常委会会议6次，主任会议13次，制定地方性法规3部，听取和审议市“一府两院”专项工作报告20项，作出决议决定7项，对两部法律法规实施情况进行检查，对4件规范性文件进行备案审查，依法任免国家机关工作人员109人次，听取和讨论工作汇报28项，开展代表视察30多次，组织专题调研20多项。

完善立法体制机制，推进科学民主立法　年内，市人大常委会注重制定城乡建设与管理、环境保护等方面的地方性法规，通过立法加强对新发展理念的整体把握和推进。更加注重在规范立法行为、提高立法质量上下功夫，制定地方性法规案起草工作规则、法规案审查审议工作规则、地方立法技术规范、民主立法联系点工作办法、立法咨询专家工作办法、法制委员会议事规则等工作规定十多个，逐步形成规范的立法工作机制，立法工作有序推进。通过《盐阜大众报》等媒体，向社会各界公开征集立法建议，从中筛选部分符合立法权限、体现盐城特色、具有较强针对性和可操作性的立法项目。《盐城市绿化条例》《盐城市制定地方性法规条例》《盐城市农作物秸秆综合利用条例》颁布施行。《盐城市扬尘污染防治条例》计划报省人大常委会批准后公布施行。

创新监督方式方法，提高监督实效　年内，市人大常委会听取和审议预算编制情况、上半年国民经济计划和财政预算执行情况、沿海开放开发情况、新型农业经营主体发展情况、服务业发展情况的汇报，组织常委会组成人员专题调研大市区园区建设情况，推动全市沿海开放开发和新产业经济加快发展。围绕依法治市开展监督。着力推进法治盐城建设，听取和审议市政府关于“六五”普法工作情况的报告、全市检察机关民事行政检察工作情况报告、全市公安机关查处非法集资与电信诈骗案件工作情况汇报、市“两院”司法体制改革工作情况汇报，市县联动对全市贯彻实施《中华人民共和国促进科技成果转化法》和《江苏省促进科技成果转化条例》情况开展执法检查，推进依法行政，促进公正司法。做好常委会、人代会上宪法宣誓工作，增强人大任命干部的宪法意识和公仆意识。围绕民生改善开展监督。回应社会关切，办理关于推进清洁乡村行动的议案（第1号），及时提出议案处理意见，并通过代表现场考察等方式加以督促推进；专题询问市政府关于全市基层医疗卫生体系建设情况，组织代表考察新水源地及跨区域引水工程建设及城乡联网供水工作情况，听取和审议宗教事务管理工作情况的报告，对扬尘污染防治管理、生态休闲旅游、体育产业发展进行考察调研，推进相关工作开展，让人民群众有更多获得感。

突出代表主体地位，发挥代表作用　健全常委会联系代表、代表联系群众制度，组成人员每人联系3名基层人大代表；坚持主任接待代表日制度，常委会主任赴基层接待代表48人；邀请178人次代表列席常委会、参加考察调研、执法检查等活动，多渠道听取代表意见。以报告履职情况为手段，促进代表勤勉履职。坚持代表回原选举单位报告履职情况制度，在全省率先组织省人大代表向市人大常委会报告履职情况基础上，加强和规范对代表的履职监督，促进代表勤勉履职。以提高建议办成率为重点，激发代表履职热情。坚持主任会议、常委会领导和工作机构督办重点建议，常委会会议专题听取多个部门关于重点督办的代表建议办理情况的汇报，常委会领导每人牵头督办至少1件重点建议，各工作委员会重点督办1件代表建议，有关工作机构联合政府有关部门进行督办，提高建议办成率和代表满意率。

加强自身建设，提升履职能力　加强业务能力建设。坚持专题讲座、集体学习交流等制度，强化理论学习和业务培训，提升常委会组成人员依法履职水平。召开人大改革和创新座谈会，组织参加地方立法工作培训会、人大通讯员培训班等活动，增强全市人大机关工作人员的履职能力。加强县、乡人大建设。把加强县、乡人大工作和建设作为重要任务，推动中央和省、市委有关文件精神的贯彻落实。按照市、县、乡三级人大换届选举工作会议要求，履行宪法法律赋予的职责，有序组织好换届选举工作。健全基层人大工作联系点制度，注重加强对乡镇人大工作规范化建设的指导，召开专题会议部署，多次深入乡镇（街道）调研指导，县、乡人大工作规范化建设取得成效，全市人大工作整体水平提升。

第一节　重要会议

一、盐城市第七届人民代表大会第六次会议

1月13—16日，盐城市第七届人民代表大会第六次会议在盐城召开。大会应到代表550人，出席代表529人，符合法定人数。会议听取并审议市长王荣平所作的政府工作报告，市人大常委会副主任周德祥所作的市人大常委会工作报告，市中级人民法院代院长王世华所作的市中级人民法院工作报告，市人民检察院检察长戴飞所作的市人民检察院工作报告，审议《盐城市国民经济和社会发展第十三个五年规划纲要（草案）》《关于盐城市2015年国民经济社会发展计划执行情况和2016年国民经济社会发展计划草案的报告》《关于盐城市2015年财政预算执行情况和2016年财政预算草案的报告》。会议表决通过关于政府工作报告的决议、关于盐城市国民经济和社会发展第十三个五年规划纲要的决议、关于盐城市2015年国民经济和社会发展计划执行情况与2016年国民经济和社会发展计划的决议、关于盐城市2015年财政预算执行情况和2016年财政预算的决议、关于盐城市人大常委会工作报告的决议、关于盐城市中级人民法院工作报告的决议、关于盐城市人民检察院工作报告的决议，通过《盐城市制定地方性法规条例》。大会通过丁宇为市七届人大法制委员会主任委员。大会以无记名投票的方式，选举丁宇为市七届人大常委会副主任，补选杨刚、杨柳、吴敦、陈益林、姚长俊为市七届人大常委会委员，选举王世华为市中级人民法院院长。徐军辞去盐城市中级人民法院院长、审判委员会委员、审判员职务，徐龙波、曹士长、吴爱然、周强宁、崔潮5位委员辞去盐城市第七届人民代表大会常务委员会委员职务的辞职报告报人代会备案。大会主席团成员，市政府、市政协负责人，市中级人民法院、市人民检察院主要负责人，曾任地市正职和市人大常委会副主任的老干部在主席台就座。列席大会的有：出席市政协七届五次会议的全体委员；不是市七届人大代表的市政府组成人员，市委副秘书长及市委各部门、群众团体主要负责人，市政府副秘书长、市政府有关直属单位主要负责人，县（市、区）人民政府、盐城经济技术开发区管委会、城南新区管委会主要负责人，市中级人民法院副院长、市人民检察院副检察长，市区大中专院校、省属驻盐城单位、市政府驻外联络处主要负责人，县（市、区）人民法院院长、人民检察院检察长，盐城经济技术开发区人民法院院长、人民检察院检察长，市区部分重点企业主要负责人。

二、盐城市第七届人大常委会会议

2016年，市七届人大常委会召开常委会会议6次，听取和审议市“一府两院”专项工作报告20项，作出决议决定7项，依法任免国家机关工作人员109人次。

1月8日，市七届人大常委会召开第二十八次会议。市委书记、市人大常委会主任朱克江主持会议并讲话。会议审议市七届人大六次会议建议议程（草案），市七届人大六次会议主席团和秘书长建议名单（草案），并决定将上述事项提交市七届人大六次会议预备会议讨论通过；表决通过市七届人大常委会代表资格审查委员会关于代表资格的审查报告、市七届人大六次会议列席人员范围；听取市七届人大六次会议筹备工作情况的报告，审议并原则通过市人大常委会工作报告（提请审议稿）；审议通过有关人事任免事项，被任命人员进行宪法宣誓。

3月30日，市七届人大常委会召开第二十九次会议。会议审议并表决通过市七届人大常委会代表资格审查委员会主任委员、副主任委员名单；听取和审议市人大常委会环资委关于推进“清洁乡村”行动的议案（第1号）处理意见的报告、市政府关于全市宗教事务管理工作情况的报告；听取盐城市部分省人大代表履职情况报告，并对履职情况进行评议；审议市政府关于提请审议《盐城市农作物秸秆综合利用条例（草案）》的议案；审议通过有关人事任免事项。

5月30—31日，市七届人大常委会召开第三十次会议。市委书记、市人大常委会主任朱克江，市人大常委会副主任周德祥分别主持会议。会议听取和审议市检察院关于全市检察机关民事行政检察工作情况的报告、市人大常委会执法检查组关于检查全市贯彻实施《中华人民共和国促进科技成果转化法》和《江苏省促进科技成果转化条例》情况的报告、市政府关于全市推进沿海开放开发情况的报告；审议并表决通过《盐城市农作物秸秆综合利用条例》，报请省人大常委会批准后公布施行；审议通过有关人事任免事项。

7月27—28日，市七届人大常委会召开第三十一次会议。市委书记、市人大常委会主任朱克江，市人大常委会副主任周德祥分别主持会议。会议听取和审议市政府关于全市上半年国民经济计划和财政预算执行情况的报告、关于2015年度市本级财政决算草案的报告、关于2015年度市本级预算执行和其他财政收支情况的审计工作报告，审议并表决通过《盐城市人大常委会关于批准2015年市本级财政决算的决议》，听取和审议市中级人民法院关于全市法院知识产权审判工作情况的报告、市政府关于中韩盐城产业园区建设情况的报告，审议市政府关于提请审议《盐城市扬尘污染防治管理条例（草案）》的议案，审议通过有关人事任免事项。

9月22—23日，市七届人大常委会召开第三十二次会议。会议听取市委书记、市长王荣平做的关于提请任命戴源职务的说明，根据省委决定，提名戴源为副市长、代理市长人选。会议决定接受王荣平辞去盐城市人民政府市长职务的请求，并报市人民代表大会备案，决定任命戴源为盐城市人民政府副市长、代理市长职务。会议专题询问市政府关于全市基层医疗卫生体系建设情况；听取部分省人大代表履职情况报告；听取和审议市政府关于“六五”普法工作情况的报告、市政府关于提请作出《关于开展第七个五年法治宣传教育的决议》的议案、市人大常委会执法检查组关于检查全市贯彻实施《江苏省水资源管理条例》情况的报告、市政府关于全市服务业发展情况的报告、关于市七届

人大六次会议代表建议批评和意见办理情况的报告；审议通过《盐城市人大常委会关于开展第七个五年法治宣传教育的决议》《盐城市人大常委会关于全市市县乡三级人民代表大会换届选举时间的决定》《盐城市人大常委会关于盐城市第八届人民代表大会代表名额分配的决定》；会议通过《盐城市扬尘污染防治条例》，报省人大常委会批准后公布施行。

11月29日，市七届人大常委会召开第三十三次会议。会议审议并通过有关人事任免事项，听取和审议市政府关于2015年市本级预算执行和其他财政收支审计查出问题整改情况的报告、《盐城市人民政府关于提请审议2016年盐城市本级财政预算调整方案（草案）》的议案，市政府关于推进"清洁乡村"行动的议案（第1号）办理情况的报告，审议并表决通过《盐城市人大常委会关于批准2016年盐城市本级财政预算调整方案的决议》。

三、盐城市第七届人大常委会主任会议

2016年，市七届人大常委会共召开13次主任会议，讨论研究并具体处理市人大常委会的重要日常工作，听取市政府、法院、检察院及有关部门工作汇报，以及市人大常委会各工作机构关于调查工作情况的汇报，讨论有关人事任免事项。

会议先后听取和讨论市政府关于2016年市本级预算编制情况和市人民代表大会财政经济委员会关于预算初审情况的汇报、关于全市新型农业经营主体发展情况的汇报、关于全市现代农业园区平台载体提档升级建设情况的汇报、关于新水源地及跨区域引水工程和城乡联网供水工作情况的汇报、市公安局关于全市公安机关查处非法集资与电信诈骗案件工作情况的汇报、关于全市法院检察院司法体制改革工作情况的汇报。讨论市政府关于提请审议《盐城市农作物秸秆综合利用条例（草案）》的议案、市政府关于提请审议《盐城市扬尘污染防治管理条例（草案）》的议案、市政府关于提请作出《关于开展第七个五年法治宣传教育的决议》的议案、《盐城市人民政府关于提请审议2016年盐城市本级财政预算调整方案（草案）》的议案。

会议听取和讨论市七届人大六次会议有关事项、补选省人大代表事项、2016年市人大常委会重点督办建议、《盐城市人大常委会关于批准2015年市本级财政决算的决议（草案）》《盐城市人大常委会关于开展第七个五年法治宣传教育的决议（草案）》《盐城市人大常委会关于全市市县乡三级人民代表大会换届选举时间的决定（草案）》《盐城市人大常委会关于盐城市第八届人民代表大会代表名额分配的决定（草案）》《盐城市人民代表大会法制委员会议事规则》等六项制度、《盐城市人大常委会关于批准2016年盐城市本级财政预算调整方案的决议（草案）》、关于检查全市贯彻实施《中华人民共和国促进科技成果转化法》和《江苏省促进科技成果转化条例》情况的汇报、关于检查全市贯彻实施《江苏省水资源管理条例》情况的汇报、关于推进"清洁乡村"行动的议案（第1号）处理意见的汇报、市人大法制委关于《盐城市扬尘污染防治管理条例（草案）》准备情况的汇报、关于全市法院知识产权审判工作情况的调查汇报、关于主任会议重点督办市七届人大六次会议代表建议批评和意见办理情况的汇报、关于全市宗教事务管理工作情况的调查汇报、关于全市检察机关民事行政检察工作情况的调查汇报、关于全市推进沿海开放开发情况的调查汇报、关于上半年国民经济计划和财政预算执行情况的调查汇报、关于市本级2015年财政决算审查情况汇报、关于中韩盐城产业园区建设情况的调查汇报、市人大代表活动有关情况的汇报、关于"六五"普法工作情况的调查汇报、关于全市服务业发展情况的调查汇报、关于市七届人大六次会议代表建议批评和意见办理情况的汇报、市七届人大常委会上半年部分审议意见办理情况的汇报、市人大常委会组成人员联系市人大代表情况的汇报、关于2015年市本级预算执行和其他财政收支审计查出问题整改情况的调查汇报、关于交通重点工程建设情况的汇报。会议还讨论常委会会议相关事项、人事任免及其他有关事项。

四、出席省、全国人民代表大会

1月23—28日，江苏省第十二届人民代表大会第四次会议在南京召开。市委书记、市人大常委会主任朱克江，市委副书记、市长王荣平，市人大常委会副主任周德祥，市委常委、常务副市长庄兆林，市委常委、组织部长尹卫东等盐城市省人大代表出席会议。全国人大财经委副主任委员李学勇，省人大常委会副主任史和平、赵鹏参加盐城市代表团审议。会议期间，盐城市代表团向大会共提交58件议案和建议。

3月5—16日，第十二届全国人民代表大会第四次会议在北京召开。市委书记、市人大常委会主任朱克江，市政协副主席、民盟盐城市委主委蒋婉求，悦达集团董事局原主席陈云华，阜宁县委书记顾云岭，市疾病预防控制中心主任沈进进，市耕地质量保护站站长、党支部书记秦光蔚，亭湖区五星街道雅和社区党委书记、居委会主任苏珍，盐都区潘黄街道仰徐村党委书记徐荣春，江苏瑞信律师事务所主任刘玲等9位盐城市十二届全国人大代表出席会议。在大会规定时间内，盐城市全国人大代表共向大会提交议案7件、建议41条。

第二节　重要活动

一、执法检查

2016年，市人大常委会分别对《中华人民共和国促进科技成果转化法》《江苏省促进科技成果转化条例》《江苏省水资源管理条例》等法律法规的实施情况进行专项检查。

4月，市人大常委会副主任肖紫英带领市人大常委会执法检查组，就全市贯彻实施《中华人民共和国促进科技成果转化法》和《江苏省促进科技成果转化条例》情况进行执法检查。5月，市七届人大常委会第三十次会议听取和

审议执法检查报告。会议要求,引导企业围绕产业转型升级和产品结构调整,设立研发机构,加大研发投入。加快实施创新型企业培育计划,建设一批创新基地和产业创新集群。加强服务平台建设,完善相关政策,加强技术市场建设,释放全社会创新潜力。推进科技成果转化,强化科技人才队伍建设,打造高层次科技创新人才高地,把科技成果转化为经济和社会效益。

8月,市人大常委会副主任周德祥、谷家栋带领市人大常委会执法检查组,就全市贯彻实施《江苏省水资源管理条例》情况进行执法检查。9月,市七届人大常委会第三十二次会议听取和审议执法检查报告。会议要求要高度重视水环境保护和水污染治理工作,抓好水资源规划、开发、利用、管理、保护工作,规范水资源开发利用和节约保护。要进一步落实水环境保护责任,加大《江苏省水资源管理条例》的贯彻力度,实行最严格的水资源管理制度,做到有法必依,违法必究。

二、专题询问

9月23日,市七届人大常委会第三十二次会议对全市基层医疗卫生体系建设情况开展专题询问。询问会首先听取市人民政府副市长葛启发所做的关于全市基层医疗卫生体系建设工作情况的报告。6名市人大常委会委员和2名市人大代表分别就基层医疗机构人才队伍建设、三医联动、医德医风和医保支付方式等人民群众普遍关心的问题对市发改委、卫计委、财政局、人社局、物价局5个政府部门提出询问。市政府相关部门负责人逐一作出回应,同时表示将进一步加大推进基层医疗卫生体系建设的工作力度,对询问中指出的问题,将研究会商,限时整改到位。

第三节　议案及建议

2016年,市七届人大六次会议上共收到代表建议、批评和意见(以下简称"建议")151件,其中交由政府系统办理的134件,占办理总数的88.7%。其中,涉及发展规划、综合经济方面11件,农业、农村、水利方面6件,工业、交通、能源方面20件,财政、税收、金融方面5件,流通、旅游、服务方面9件,城乡建设、资源环境方面13件,科、教、文、卫、体方面24件,社会及公共事务方面26件,行政法制、廉政建设方面9件,其他方面11件。市政府系统63个部门和单位承担办理任务,所有建议都已答复代表并提交上网,办复率100%。其中,所提问题已经解决或基本解决的24件(A类),占18%;所提问题正在解决或列入计划逐步解决的104件(B类),占78.2%;所提问题因条件限制或因其他原因难以解决的、以及所提问题需要向上级反映或留作参考的5件(C类),占3.8%。从网上反馈的情况来看,代表对办理结果满意或基本满意率为99.3%。

第1号议案　市七届人大六次会议上,大丰代表团吴稼祥等11位代表提出《关于推进"清洁乡村"行动的议案》,大会主席团决定列为第1号议案,闭会后交由市人大常委会研究处理。市七届人大常委会第二十九次会议听取和审议市人大常委会农村委《关于推进"清洁乡村"行动的议案》(第1号)处理意见的报告,决定交市政府研究办理。市委、市政府高度重视,多次召集专题会议进行工作部署,各县(市、区)、市各有关部门抓好落实,各项工作有力有序推进,城乡环境面貌得到显著改善。市人大常委会采取市、县联动方式,通过专题调研、集中考察、代表活动等形式,不断加大议案督办力度。2月下旬,市人大常委会副主任谷家栋率队赴滨海县、大丰区,就第1号议案办理情况进行专题调研。市七届人大常委会第三十三次会议听取和审议市政府关于市七届人大六次会议第1号议案办理情况的报告。会议充分肯定1号议案办理工作对推进"清洁乡村"行动所起的积极作用。会议要求,要严格落实责任,统筹协调推进,以镇区环境整治提升三年行动为抓手,建立健全政策与投入支撑体系,突出工作重点,整合各类资源,推动各项目标任务按规定时限、规定要求及时全面完成。要坚持问题导向,确保整治效果,切实解决影响镇容镇貌、村容村貌的突出问题,全力推进农村人居环境持续改善。要创新生态理念、拓宽发展路径,推动资源要素和公共服务向镇村一线配置。坚持富民与美村同步,生产发展和环境改善同步,转变农村经济发展方式,努力实现农村经济社会和生态文明协调发展。　（袁　悦　姜　枫）

第 23 章 盐城市人民政府

责任编辑 王义云

综 述

2016 年，盐城市全面贯彻中共十八大和十八届三中、四中、五中、六中全会以及习近平总书记系列重要讲话精神，按照省委、省政府部署要求，以新发展理念为引领，以推进供给侧结构性改革为主线，统筹做好稳增长、促改革、调结构、惠民生、防风险等各项工作，全市经济社会发展稳中有进、稳中向好，较好完成年度目标任务，实现“十三五”发展良好开局。

经济运行保持总体平稳 全市实现地区生产总值 4576.1 亿元；一般公共预算收入 415.2 亿元，完成市人大常委会批准调整方案确定的目标；固定资产投资 3882.8 亿元；规模以上工业增加值 2173.9 亿元；社会消费品零售总额 1630.9 亿元。固定资产投资、服务业增加值、全口径工业开票销售收入等指标增幅位居全省前列。落实促进工业经济稳增长十条措施、金融支持实体经济发展六条意见，全市重点行业和企业运行平稳，汽车、机械、纺织、化工四大传统支柱产业实现工业开票销售 3221.3 亿元。实施大企业（集团）培育、中小企业成长和百项新增长点培育工程，百户重点骨干企业对工业经济增长贡献率达 65%。东风悦达起亚汽车公司销售汽车 65 万辆。深化项目载体突破年活动，加大重点项目推进力度，全年新开工项目 4782 个，比上年增加 490 个，其中亿元以上新开工项目 367 个。培育消费新热点、新模式，壮大信息消费、养老健康消费，促进旅游消费、文化消费，消费对经济增长的贡献率达 50.6%。

产业转型升级步伐加快 实施“中国制造 2025”和“互联网＋”盐城行动计划，推进产业创新“十大工程”，“两区两城”创新高地建设成效显著。新能源、节能环保、大数据等战略性新兴产业主营业务收入增长 20% 以上，产值突破 2600 亿元。全市新增高新技术企业 148 家，总数达 532 家，实现高新技术产业产值 3044.2 亿元，占全市规模以上工业产值的 33.1%；高新技术产业产值对全市规模以上工业增长贡献率达 48.3%，比上年提高 7.9%。科技创新能力不断增强，新认定省级以上企业研发机构 45 家，新获批国家、省级众创空间 14 家，发明专利数同比增长 47.2%，清华大学第一个校外国家级实验室落户盐城。累计创成 7 家省级高端装备制造业特色及示范产业基地，数量位居全省第一。现代服务业提速发展，服务业增加值增长 10.8%，比地区生产总值增速高近两个百分点，服务业投资增速比固定资产投资、工业投资分别高 2.4 个百分点、3.9 个百分点。发展旅游业，成功举办 2016 年中国盐城丹顶鹤国际湿地生态旅游节暨第九届海盐文化节活动，全年共接待海内外游客 2580 万人次，比上年增长 13.1%。大丰中华麋鹿园创成 AAAAA 级旅游景区，东台黄海国家森林公园、建湖九龙口国家湿地公园正式挂牌，盐都成为全国休闲农业和乡村旅游示范区。

重点改革任务有效落实 制定出台《关于推进供给侧结构性改革的意见》及去产能、去库存、去杠杆、降成本、补短板 5 个专项实施意见，推进“三去一降一补”政策措施落地见效。化解水泥、船舶等过剩产能，坚决打击非法产能，彻底整治“地条钢”。深化住房制度、户籍制度改革，有序推进农民工市民化，释放住房消费需求，全市商品住宅库存去化周期 9.1 个月，比上年缩短 10 个月。推进企业上市和发行企业债、公司债，提高直接融资比重，全年新增直接融资 381 亿元，企业杠杆率有所降低，政府投融资平台资产负债率保持在合理水平。切实降低制度性交易成本、人工成本、企业税费负担、企业财务成本、物流成本，全年降低企业成本 60 亿元。“放管服”改革扎实推进，开展企业投资并联审批、行政审批申报材料标准化等 26 项试点，“三书合一”“一照一码”等商事制度改革全面推行。加大财政金融改革创新力度，“营改增”全面实施，省、市共同设立中韩产业发展基金，政府和社会资本合作成效明显。加快市属重点企业改革，鼓励和引导民间资本参与混合所有制改造。全市新增各类市场主体 13.4 万户。

沿海开发开放深入推进 抢抓“一带一路”、长三角一体化和江苏沿海发展国家战略叠加机遇，推进省沿海开发“六大行动”，实施市沿海开发行动计划，沿海地区成为全市增长最快、活力最强的板块。构建沿海现代综合交通体系，推进“5＋1”高速铁路网建设，盐徐高铁、连盐快铁和盐宁高铁联络线建设进展顺利，市综合交通枢纽设计方案面向国际征集。盐城港“一港四区”建成 21 个万吨级以上码头泊位，大丰港区和滨海港区 10 万吨级深水航道建成通

航，货物吞吐量连续五年实现千万吨级增长。盐丰高速公路建成通车。南洋机场T2航站楼完成主体施工，年旅客吞吐量突破百万人次。临港产业加快集聚，全市沿海开发75个重点项目完成投资550亿元，5个港城完成投资48.2亿元，临海高等级公路沿线产业形态和空间布局持续优化，沿海产业带、城镇带、风光带加快形成。中韩盐城产业园建设扎实推进，带动沪苏（大丰）产业联动集聚区、苏盐合作园区等一批重大载体平台加快建设，项目集聚及产业发展的高地效应加速显现。以百家央企、百家上市公司、百家跨国公司为重点，全力招引外资重大项目，全年新批利用外资项目150个，其中3000万美元以上项目48个，注册外资实际到账7.1亿美元。实现进出口总额79.5亿美元，其中出口47.4亿美元。

农业发展水平不断提升　突出“绿色、外向、创新”导向，加快转变农业发展方式，农业现代化进程苏北第一位。推进农业结构调整，调减低产低效粮田4万公顷，新增高效设施农业面积10867公顷，建成各类现代农业园区170个，实现镇级农业园区全覆盖。开展百家农业产业化龙头企业提升行动，全市农业龙头企业达1661家，农产品加工产值2300亿元。开展“互联网+现代农业”行动，加快发展农村电子商务，9个镇、19个行政村被确定为省级电子商务示范镇、村，总量分别居全省第一位、第二位。实施化肥农药减量化行动，提高农产品质量，全市新增无公害农产品、绿色食品、有机农产品677个。开展耕地质量保护与提升行动，推进高标准农田和农村水利建设，提高农业物质装备和技术水平，全市农业机械化水平达81%，农业科技进步贡献率达65%。深化农业农村改革，推进农业适度规模经营，新发展农民专业合作社799个、家庭农场918家，新培训农村劳动力7.8万人。

城乡面貌发生显著变化　坚持精明增长、集约高效、内涵发展，中心城市能级进一步提升。市区内环高架快速路网全面建成通车，年度完成投资34.3亿元。新水源地及跨区域引水工程完成前期拆迁和先导段建设，盐龙湖水厂一期工程加快推进。市区新辟、优化、加密公交线路20条，新增公交车200辆。开通互联网国际通信专用通道，建成苏北第一条信息“高速公路”。实施市区棚户区（危旧房、城中村）改造5560户，改造总面积约110万平方米。开展城市环境综合整治行动，整治完成市区核心区河道54条，“百河之城”特色彰显。开展国家新型城镇化综合试点，加快30个重点镇、200个新型农村社区建设，实施一批污水处理、道路建设、供水管网、园林绿化项目，东台安丰镇被认定为第一批中国特色小镇，全市常住人口城镇化率提高到61.6%。推进美丽乡村建设，建成省级美丽乡村19个、康居村11个、传统保护村2个。加快实施农村康居工程，拆除危房1.92万户，开工建设4896户。打通农村“毛细血管”，建成农村公路1691千米、农村桥梁923座，新增22个乡镇开通镇村公交，所有行政村实现客运班车通达，在苏北率先实现“江苏公交一卡通”市县全覆盖。

生态环境得到明显改善　重点推进建设国家可持续发展实验区和生态文明先行示范区工作。突出城乡环境综合整治和大气、水、土壤突出环境问题治理，促进生态环境不断改善。全市空气优良天数达到285天，列全省第一位，创历史最好水平。实施绿色制造行动计划，严把“产业导向、项目准入、节能减排”三个关口，不再新上一个化工项目，有污染排放项目一律不引、未通过环评一律不建、影响和破坏生态项目一律不要、治理不达标一律不放，坚决守住生态底

美丽城南。

线。开展绿化造林行动，新增造林面积5700公顷，列全省第一位，全市林木覆盖率达26.3%。做好中央环保督察反馈问题整改工作，开展"两减六治三提升"专项行动，查处违法企业972家，关闭禁养区养殖场278个，一批环境突出问题得到整治。

人民生活水平不断提升　实施民生幸福工程，财政惠民投入力度不断加大，全市财政用于民生支出增长20.3%。20项为民办实事项目完成投资206.4亿元。全市城镇常住居民人均可支配收入3万元，农村常住居民人均可支配收入1.7万元。支持就业创业，新增城镇就业11.1万人，援助8000名就业困难人员实现再就业，城镇登记失业率1.85%，保持全省较低水平。健全社会保障体系，各类保险实现"应保尽保"，保障标准稳步提高。深入推进文化惠民工程，改造提升新四军纪念馆、市博物馆、水浒文化博物馆、市文化馆内部设施，现代淮剧《小镇》获国家文华大奖。加大教育资源整合力度，引进"名校名师"，17所名校与盐城合作办学，新建、改扩建中小学59所，实现义务教育发展基本均衡县（市、区）全覆盖。深化医药卫生体制改革，实施基层医疗卫生机构标准化建设项目671个，建成名院名医工作室44个，基本公共服务水平不断提高。成功举办沿海湿地国际公路自行车赛，建成健身步道、自行车休闲道、亲水步道201千米，在全省率先实现公共体育服务体系示范区全覆盖。大市区城乡社区居家养老信息化平台实现全覆盖，农村敬老院改造全部达到省定标准。加大精准扶贫力度，完成新一轮建档立卡工作，按年收入6000元新标准实现脱贫10.7万人，26个省定经济薄弱村年集体经营收入达18万元。

抗灾救灾取得全面胜利　6月23日下午，盐城市阜宁县、射阳县部分镇村突发龙卷风冰雹特别重大灾害，影响范围之大、风雹强度之高、灾情危害之重，为历史罕见，给灾区人民群众生命财产造成巨大损失。盐城市委、市政府迅速启动自然灾害救助应急Ⅰ级响应机制和抢险救灾预案，成立救灾应急指挥中心和现场指挥部，以最快速度抢救生命、安置群众、稳定秩序、恢复生产，抢险救援工作得到普遍赞誉。坚持把抢救生命作为首要任务，对灾区进行拉网式排查搜救、排除险情，最大限度地减少人员伤亡，875名伤员全部得到救治康复出院。组织各方专业力量抢修恢复基础设施，受灾区域内的5条国省道干线灾后当晚就恢复通行，所有受灾镇村48小时内恢复正常供水，所有台区、供电线路在5天内恢复正常供电。积极组织企业和群众生产自救，39家受损企业6个月内全部复产。细致安排好受灾群众生活，及时发放临时生活补助，做好遇难者善后处理工作。在10个安置点建设780套过渡性安置房，保证每位受灾群众都有相对稳定的住处。灾后重建工作有序推进，20个灾后重建集中安置点已有19个主体封顶。切实维护灾区社会稳定，抗灾过程中没有发生一起次生灾害、没有发生一起医疗事故、没有发生一起重大负面舆情。

政府自身建设持续加强　全面贯彻落实中央和省委、市委决策部署，切实增强政治意识、大局意识、核心意识、看齐意识，提振干事创业精气神，努力建设人民满意的服务型政府。巩固拓展党的群众路线教育实践活动、"三严三实"专题教育活动成果，开展"两学一做"学习教育，坚决纠正"四风"，完成公务用车制度改革，"三公"经费大幅下降。全面落实依法治市要求，坚持依法决策、科学决策、民主决策，自觉接受市人大及其常委会、市政协以及各民主党派、工商联、社会团体、人民群众的监督，全年办理市人大代表建议151件、市政协委员提案262件。深化政务公开，主动公开政府信息16.3万条，举办政府新闻发布会111场，对人民群众关注的热点问题通过"12345"市民热线等渠道及时给予回应。弘扬求真务实作风，进一步提高政府执行力和公信力。严格落实党风廉政建设责任制，把政府系统的廉政建设与政府工作同安排、同部署，形成一级抓一级、层层抓落实的廉政建设工作机制。严格执行中央"八项规定"和省、市委"十项规定"，加大行政监察和审计监督力度，坚决查处腐败行为。

第一节　重要会议

一、市政府常务会议

2016年，市政府召开常务会议16次。

2月3日，市政府召开第24次常务会议。会议研究部署进一步做好当前民生保障、安全生产和春运工作；审议并原则通过《关于加快全市棚户区（危旧房、城中村）改造工作的意见》《中国制造2025盐城行动计划》《关于进一步做好全市军人军属法律援助工作的意见》；分解落实《政府工作报告》目标任务。

2月29日，市政府召开第25次常务会议。会议传达贯彻中共中央、国务院关于安全生产工作的最新要求和省委、省政府主要领导的重要批示精神；研究部署市人大代表建议议案、政协委员提案办理工作；审议并原则通过《关于促进全市外贸稳定增长的意见》《盐城市通榆河管理与保护办法》盐城市电力专项规划》；听取2015年度市政府科技奖、专利奖和市长质量奖评审情况汇报；集中学习《法治政府建设实施纲要（2015—2020年）》。

3月28日，市政府召开第26次常务会议。会议讨论审议《关于降低实体经济企业成本的实施意见》《盐城市农作物秸秆综合利用条例（草案）》；审议并原则通过《盐城市资源综合利用发电规划（2015—2020）》《盐城市城市人防工程与地下空间开发利用专项规划（2014—2030）》。

4月13日，市政府召开第27次常务会议。会议研究分析一季度全市经济形势，安排部署下一阶段经济工作；深入贯彻全省推进供给侧结构性改革工作会议精神，审议并原则通过《关于推进供给侧结构性改革的意见》《关于供给侧结构性改革去库存的实施意见》。

5月9日，市政府召开第28次常务会议。会议听取2016年市政府为民办实事项目建设情况汇报；审议并原则通过《关于切实做好防范和处置非法集资工作的实施意见》和《关于加强禁毒工作的实施意见》。

5月23日，市政府召开第29次常务会议。会议审议并原则通过《全市农村公路提档升级三年行动实施方案》《关于促进镇村工业园区加快发展的意见》《盐城市产业发展经济顾问管理办法》《盐城市水污染防治工作方案》。

6月6日，市政府召开第30次常务会议。会议审议并原则通过《关于加快推进教育现代化建设努力办好人民满意教育的实施意见》《全市集中开展安全环保执法专项行动方案》《盐城市人民政府规章制定程序规定》《关于建立政府法律顾问制度的意见》；听取关于推进"清洁乡村"行动议案（市人大第1号议案）办理情况汇报。

6月29日，市政府召开第31次常务会议。会议传达贯彻中共中央、国务院和省委、省政府领导关于"6·23"特大龙卷风冰雹灾害抗灾救灾工作的重要指示批示精神，落实市委常委会议精神，研究部署下一阶段抗灾救灾工作；听取上半年经济运行情况汇报，部署当前经济工作；审议并原则通过《深化市管企业负责人薪酬制度改革实施意见》。

7月11日，市政府召开第32次常务会议。会议传达学习习近平总书记在全国科技创新大会上的重要讲话精神；传达省政府迎接中央环保督察专题会议精神；听取防汛防台风工作情况汇报；审议并原则通过《2016年全市深化"放管服"改革工作要点》《关于推进"先照后证"改革后加强事中事后监管的实施意见》《关于建立以信用为核心事中事后监管机制的实施意见》《市级涉企行政审批中介服务项目及收费项目目录清单》《盐城市国家新型城镇化综合试点具体工作方案》。

7月27日，市政府召开第33次常务会议。会议审议《盐城市扬尘污染防治管理条例（草案）》；研究其他有关事项。

7月28日，市政府召开第34次常务会议。会议学习贯彻省委十二届十二次全会、省政府全体会议和市委六届九次全会精神，研究部署下半年重点工作；审议并原则通过《盐城市生态文明建设环境保护重点任务行动方案（2016—2017）》《深化医改综合试点加快健康盐城建设实施意见》《盐城市流动人口居住证管理办法》《盐城市推行电梯责任保险实施方案》。

8月15日，市政府召开第35次常务会议。会议传达学习中央和省关于安全生产和环境保护最新指示精神，听取安全环保执法专项行动进展情况和安委会工作情况汇报；审议并原则通过《关于支持盐城国家高新区智能终端产业加快发展的政策措施》《盐城市政府投资重大工程项目管理办法》《盐城市市级政府投资基金暂行管理办法及实施细则》。

8月30日，市政府召开第36次常务会议。会议研究部署年底前招商引资和招才引智活动组织工作；审议并原则通过《盐城市市长质量奖管理办法》《盐城市贯彻实施质量发展纲要2016年行动计划任务分工》《盐城市教育事业发展"十三五"规划》《盐城市乡村教师支持计划实施方案（2016—2020年）》。

10月8日，市政府召开第37次常务会议。会议学习贯彻市第七次党代会精神，研究部署当前经济工作，确保全面完成2016年各项目标任务。

11月3日，市政府召开第38次常务会议。会议学习贯彻中共十八届六中全会精神；审议并原则通过《盐城市"十三五"服务业发展规划》《关于加快现代服务业发展的实施意见》《盐城市招商队伍建设三年行动计划》《盐城市机关事业单位工作人员养老保险制度改革实施意见》《关于在全市公民中开展法治宣传教育的第七个五年规划（2016—2020年）》《盐城市海洋生态文明建设行动方案》《关于深化供销合作社综合改革的实施意见》《盐城市道路交通安全设施建设管理办法》。

12月8日，市政府召开第39次常务会议。会议研究全市深化"放管服"相关文件；审议并原则通过《关于加快发展高新技术企业的意见》《盐城市"十三五"开放型经济发展规划》《盐城市"十三五"农业农村经济发展规划》《盐城市"十三五"国民经济和社会发展信息化规划》《盐城市全民科学素质行动计划纲要实施方案（2016—2020年）》《盐城市道路交通安全设施建设管理办法》。

二、其他会议

2月16日，市委、市政府召开全市农村工作会议。市委书记、市人大常委会主任朱克江出席会议并讲话，市委副书记、市长王荣平主持会议并作工作部署，市委副书记戴元湖参加会议。会议强调，要落实创新、协调、绿色、开放、共享"五大发展理念"，推进农业供给侧结构性改革，全面提高农业质量效益和综合竞争力，以"三农"工作新成效打牢全面小康坚实基础。会议表彰推进农业现代化工程建设先进单位、实施农业"接二连三"工程先进单位、先进新型农业经营主体和十佳新型职业农民、村级集体经济发展和农村新型社区建设先进单位。大丰区、射阳县、阜宁县作会议交流发言。

4月11日，市政府召开廉政工作会议。市委副书记、市长王荣平出席会议并讲话，市委常委、纪委书记刘德民应邀出席会议，市委常委、常务副市长庄兆林主持会议，副市长周绍泉、吴晓丹、李逸浩、邹毅实参加会议。会议全面总结2015年政府系统廉政建设和反腐败工作，部署落实2016年重点任务会议，要求坚决贯彻落实中央和省委、省政府决策部署，按照市委要求和市纪委六次全会精神，坚持改革发展和反腐倡廉两手抓、两促进，深入推进政府系统党风廉政建设和反腐败工作，全力打造清廉政府，为"建设新盐城、发展上台阶"提供有力保障。与会人员参观尚德昭廉教育馆，各位副市长向市长递交党风廉政建设责任书，市有关部门作交流发言。

4月22日，市委、市政府召开全市加快推进供给侧结构性改革工作会议。市委书记、市人大常委会主任朱克江，市委副书记、市长王荣平分别讲话。市委常委、副市长，市人大、市政协有关领导人，市人民法院院长、市人民检察院检察长参加会议。会议深入贯彻落实中共十八届五中全会、中央和全省经济工作会议及市委工作会议精神，以习近平总书记系列重要讲话特别是关于供给侧结构性改革的重要讲话精神为根本遵循，对全市加快推进供给侧结构性改革工作进行具体部署，促进全市经济持续平稳健康发展。响水县、滨海县、亭湖区和悦达集团作会议交流发言。

6月14日，市委、市政府召开全市加快园区经济发展工作会议。市委书记、市人大常委会主任朱克江出席会议并讲话，市委副书记、市长王荣平作工作部署。市领导戴元湖、潘道津、王荣、丁宇、周绍泉、吴晓丹、葛启发、李逸浩、邹毅实、孙长春参加会议，市委常委、常务副市长庄兆林主持会议。会议深入贯彻落实习近平总书记系列重要讲话特别是视察江苏重要讲话精神，认真践行新发展理念，按照中央精神和省委、省政府决策部署，以供给侧结构性改革为主线，对新一轮园区发展进行新的布局，集中打造盐城经济发展“十八罗汉”，加快培育长远发展的重大增长点，为全市“十三五”乃至更长时期经济社会持续健康发展筑牢基础、提供支撑、积蓄后劲。与会人员集中观看《十八罗汉靓盐城——18个重点园区板块发展展望》专题片。大丰区、国家级盐城经济技术开发区、阜宁县、东台市作会议交流发言。

12月27日，市委、市政府召开全市生态文明建设暨“两减六治三提升”专项行动动员会议。市委书记王荣平出席会议并讲话，市委副书记、代市长戴源作工作部署。市政协主席李驰以及市委常委、市人大负责人、市政府副市长、市人民法院院长、市人民检察院检察长等参加会议，市委副书记戴元湖主持会议。会议强调，要认真贯彻中央精神和省委、省政府部署要求，推进生态立市战略，开展“两减六治三提升”专项行动，着力补齐生态环境“短板”，推动生态文明建设迈上新台阶。市经信委、市环保局作会议交流发言。

12月28日，市委、市政府召开全市经济工作会议。市委书记王荣平，市委副书记、代市长戴源出席会议并讲话。市委副书记戴元湖主持会议。市委常委、市政府副市长，市人大、市政协党员领导人，市人民法院院长、市人民检察院检察长等参加会议。会议深刻分析2016年经济形势，明确2017年全市经济工作的总体要求、主要目标和基本思路，强调要全面贯彻习近平总书记系列重要讲话精神，统筹推进“五位一体”总体布局和协调推进“四个全面”战略布局，坚持稳中求进工作总基调，牢固树立和贯彻落实新发展理念，适应把握引领经济发展新常态，坚持以提高发展质量和效益为中心，以供给侧结构性改革为主线，围绕“两聚一高”主题和“产业强市、生态立市、富民兴市”发展导向，全面做好稳增长、促改革、调结构、惠民生、优生态、防风险各项工作，促进经济平稳健康发展和社会和谐稳定，在高水平推进全面小康社会建设中迈出坚实步伐，以优异成绩迎接中共十九大胜利召开。

第二节　重要活动

2016年，盐城市政府加强对外交流，组织招商活动，涉及政治、经济、文化、社会民生等方面。

2016年市政府举办的重大活动

表23－68

活动名称	活动时间	主　要　内　容
中国盐城丹顶鹤国际湿地生态旅游节暨第九届海盐文化节	5月17—19日	举办中韩盐城产业园投资说明会、盐城产业创新“十大工程”推介会、沿海开发央企专场推介会、现代服务业推介会、节能环保专场招商活动、总部经济专场推介会、海洋经济专场招商活动、智能终端招商推介会、“515”招才引智系列洽谈招聘会、名特优产品展销会、“畅游盐城，打开心扉”韩国驻华机构代表看盐城、中韩旅行商盐城生态旅游精品线路采风行等活动，涉及经贸、文化、旅游、人才等领域。
第15次泛黄海中日韩经济技术交流会议	7月12—14日	举行泛黄海会议全体会议，举办泛黄海官产学合作大学校长座谈会、泛黄海商务论坛、产业园区·特区合作论坛、商务洽谈会等活动。授予中国江苏省商务厅、日本公益财团法人西日本产业贸易会展协会等6家机构和个人“2016年泛黄海经济交流大奖”。分组进行产业考察。
第五届中国东部沿海（盐城）国际汽车博览会	9月14—18日	展出面积4万平方米，68家汽车厂商、近400款车型参加展销。举办新车发布、汽车音响节、儿童快乐绘画比赛、车展摄影比赛等系列主题活动。
盐城（北京）跨国公司投资合作说明会	10月20日	130多家知名跨国公司和机构代表参会。会前，王荣平、戴源分别拜访中粮集团、国家信息中心、中国信达资产管理公司、中国电子科技开发公司、国家电力投资集团等央企国企和LG电子、韩华等跨国公司驻京总部。
第五届中国盐城国际环保产业博览会	10月28—30日	设立市政环境治理展区、工业环境治理展区、农村环境治理展区共161个展位。举办院士论坛、重大项目战略合作签约、工业污染第三方治理暨高难度废水处理技术交流会、中国碳交易与国际化合作、畜禽废弃物处理技术论坛、环保高端人才对接会、环保技术成果发布会等活动。7家世界500强企业和46家国际知名企业以及国际采购团欧盟展团、行业协会等参会。

续表 23－68

活动名称	活动时间	主　要　内　容
中国盐城资本项目投资峰会	11 月 8 日	峰会以"推动资本注入，促进产业升级，实现创新、绿色、共享发展"为主题，民建中央经济委员会副主任马光远、毅达资本总裁董梁、财政部财政科学研究所原所长贾康作主题演讲，盐城 24 家企业优质项目进行路演。江苏中韩盐城产业园投资公司、江苏悦达金泰基金管理公司与浦发银行盐城分行、南京银行盐城分行等 9 家金融机构签订配资协议，城南新区开发建设投资公司与盐城清华浩博新兴产业并购基金、健康生活产业基金等签订基金。
中国盐城第六届沿海发展人才峰会	11 月 26 日	峰会以"产业强市、人才引领"为主题，集中推介盐城人才政策环境，聘任产业发展顾问，对 10 名"创新创业突出贡献人才"进行奖励，向市"515 领军人才"颁发资助证书，签约引进高精尖缺人才 242 名、"科技副总"92 名。举办 8 场人才、项目、资本集中对接活动和 11 场县市区重点产业发展人才对接活动。
第五届中韩跨国公司领袖圆桌会议	12 月 13—15 日	会议以"和平、发展、合作、共赢"为主题，举办中韩盐城产业园推介活动，中方和韩方企业家围绕新兴产业、新能源产业、产融结合、股权交易等方面合作创新，以及两国企业如何借助"一带一路"战略实现共赢等议题进行探讨。

第三节　实事工程

2016 年，市政府 20 项为民办实事项目完成投资 206.4 亿元，占年度投资计划的 113.8%。

1. 新水源地及跨区域引水工程完成投资 2 亿元，占年度投资计划的 100%。完成 PPP 单位资格预审，完成通航条件影响评价专家评审，第一次招标结束，组织开展施工临时用电施工招标，开展工程清障工作。

2. 市区供水设施完善工程完成投资 7 亿元，占年度投资计划的 86.4%。完成盐龙湖水厂的结构主体施工，进行厂外管道施工和设备安装；通榆河取水口西侧蓄水库预处理桩基完成 95%，蓄水池桩基完成 80%；完成市区部分小区二次供水设施改造。

3. 就业创业量质双升工程完成投资 1.2 亿元，完成年度投资计划的 120%。开展服务进城务工农民返乡创业"春风行动"和帮扶就业困难群体"情系民生、援助就业"活动，全市新增就业 11.1 万人；组织职业技能培训 6.39 万人、创业培训 2.1 万人；对全市困难群体、城镇零就业家庭、农村零转移家庭实施就业援助，帮助全市 8000 名就业困难人员实现再就业；全市兑现创业培训补贴、社保补贴、创业孵化基地建设补贴等就业再就业资金 1.2 亿元。

4. 扶贫工程完成投资 2 亿元，完成年度投资计划的 100%。启动实施到村到户帮扶项目 1.47 万个，辐射带动低收入农户 12.96 万户；建档立卡低收入人口实现脱贫 45807 户 10.43 万人，脱贫率 24.9%；26 个省定经济薄弱村集体经营性收入达 18 万元以上，高水平实现新"八有"目标；发放扶贫小额贷款 4.1 亿元，惠及低收入农户 13.13 万户；资助贫困生 2146 人 442 万元。

5. 市区内环高架快速路网完成投资 33.93 亿元，完成年度投资计划的 100%。总长 55 千米的"一环五射"内环高架快速路网全面建成通车。

6. 优化市区公共交通完成投资 2.6 亿元，完成年度投资计划的 109.3%。完成公交一卡通工程；新增 200 辆公交车，新辟 5 条公交线路、调整 5 条公交线路、加密 10 条公交线路；完成市区出租车调度中心桩基施工和公交调度中心二期项目；完成盐都汽车站收购和中心回车场场地施工。

7. 市区公共停车设施建设完成投资 1 亿元，占年度投资计划的 18.2%。盐都区万达商圈立体停车场完成方案征集，进行深化设计，办理土地出让手续。亭湖区同曦鸣城立体停车楼进场施工。城南新区华夏绿城智能停车楼完成方案设计；瓢城新街公共停车场建成使用。市开发区卡迪欢乐世界公共停车场落实方案设计。水街地块、欧洲风情街地块立体停车场完成方案设计。智能化停车管理系统进行系统集成施工。市公交中心回车场机械立体停车楼完成设计方案；范公路高架桥下公共停车场和西环路与青年路高架匝道下停车场，进行面层施工。

8. 农村公路改造升级完成投资 24.9 亿元，完成年度投资计划的 332.6%。农村公路道路完工 677 个项目 1691.18 千米，桥梁完工 923 座。实施撤渡建桥 7 座。

9. 整治城乡河道完成投资 14.87 亿元，完成年度投资计划的 118%。完成市区核心区 19 条（段）河道整治任务，疏浚整治农村大沟 92 条 489 千米、土方 816 万立方米；中沟 621 条 1716 千米，土方 2063 万立方米；小沟 13940 条，土方 3201 万立方米。

10. 新建改造农村水利设施完成投资 7.62 亿元，完成年度投资计划的 108.9%。中央财政小型农田水利重点县、大中型灌区、规模化节水、千亿斤粮食、中小河流治理重点县等项目全部完工，农桥项目完成总进度的 95%。

11. 改善中小学办学条件完成投资 16.94 亿元，完成年度投资计划的 169.4%。开工新建、改扩建中小学 59

所，幼儿园90所，建设面积48.51万平方米。全市50%以上的义务教育学校达省标准化办学水平。智慧教育云平台一期工程门户网站新版建成上线，20%的中小学校建成“智慧校园”。

12. 健康盐城建设完成投资9.2亿元，完成年度投资计划的102.6%。实施基层医疗卫生机构标准化建设项目671个。新农合市级信息平台、市级应急体系建设完成硬件安装调试、系统研发、软件上线联调。接诊结核病人5000多人次，收治各类传染病患者1000人次、艾滋病患者150人次。市中医院南扩工程进行资产交接、前期规划准备工作；市口腔医院改造工程完成盐都电大教学楼移交和设计招标。市区建成15个名医工作室和诊疗中心。

13. 整治老旧小区和改造棚户区完成投资48.35亿元，完成年度投资计划的105.1%。东台、建湖、阜宁、滨海、响水老旧小区整治工程基本完成；射阳县完成3个老旧小区整治项目。亭湖区小海新村三期整治项目完成年度目标任务，开元小区、洋东新村东区、梅苑新村、纺配组团及周边4个整治项目进入扫尾阶段，通榆新村四期整治项目完成总量的70%。盐都区第二煤炭公司宿舍楼外墙隐患专项整治项目、城南新区宏都花园雨水管网专项整治项目完成。启动实施市区棚户区（危旧房、城中村）改造5560户，改造总面积约110万平方米。

14. 托底救助困难群体完成投资4.39亿元，完成年度投资计划的109.4%。民生救助三项保险签署保险协议，投保出单。发放残疾人两项补贴8.6万人3.4亿元。其中，困难残疾人生活补贴发放金额2.7亿元，护理补贴发放金额6459万元。

15. 文化“五个一”项目建设完成投资3亿元，占年度投资计划的100%。给群众送戏（含惠民演出）1200场次，送图书17.5万册，送电影3万场。盐城市博物馆、水浒文化博物馆、盐都民俗博物馆建成开放；中共中央华中局旧址展览工程对公众开放；中国海盐博物馆内部展览陈列提升工程进入设计深化完善阶段；革命遗址第一、二批共15处项目建设已完工，布展工程有序推进。盐城历史丛书第二部（文韵盐城—民风民俗卷）主稿部分完成。获批省级文化产业引导资金项目12个、省艺术基金项目7个；申报2016年度国家动漫品牌建设和保护计划项目2个。

16. 休闲体育设施建设完成投资8000万元，占年度投资计划的100%。建成健身步道、自行车休闲道、亲水步道201千米。在部分城市公园嵌入体育元素、增加体育休闲功能。

17. 农产品安全体系建设完成投资8220万元，占年度投资计划的100%。农产品质量追溯信息平台上线运行，建成100个农产品质量安全可追溯示范基地。建成食用农产品检验检测平台，在盐城工学院设立快速检验检测实验室，建成57个农贸市场快检室。完成123家“放心粮油”店建设。市区5个农贸市场建成使用。

18. 提升空气质量完成投资4.88亿元，占年度投资计划的102%。淘汰低端低效造纸1.5万吨，布产能400万米、纱线3500吨，铅蓄电池产能120万千伏安时，化解船舶过剩产能150万载重吨，所有耗煤项目实施减量替代或等量替代。整治10蒸吨及以下燃煤小锅炉2100台。对77家企业开展清洁生产审核与技术改造。全市新建提升秸秆利用组织82家，完成秸秆利用量151万吨，秸秆综合利用率从94%提高到98%，全年实现秸秆禁烧零火点。亭湖区、盐都区空气自动监测站建成运行，城南新区自动站调试设备。淘汰黄标车10241辆、老旧车4913辆，推广新能源汽车3500辆。完成化工、喷涂等行业71家单位挥发性有机物治理。建筑工地全部推行绿色施工，市区道路机扫率达82.87%。全市PM2.5平均浓度为每立方米43微克，空气质量全省最好。

19. 智慧民生项目建设完成投资1.14亿元，占年度投资计划的100%。盐城民生云平台基础框架和支撑环境建设、市综合交通运行指挥中心、公共安全视频联网工程、卫生应急指挥系统、远程医疗系统二期工程、金保工程二期、智慧养老综合信息系统建设等有序推进，不动产登记系统已初步运行，市本级综合事务、数据中心正式上线运行，完成房产交易信息系统开发和数字化城市管理系统升级。

20. 平安法治盐城建设完成投资1.77亿元，完成年度投资计划的100.1%。推进社区网格化管理、便民化服务、信息化和法治化建设，开展进社区事务准入制度试点，建立进社区事务目录清单，完善党务、政务、财务、事务四项内容的村（居）务公开制度。新建治安高清监控11159个，新增1329个市政消火栓，全市10个市际治安卡口建成使用。办理法律援助案件7051件。

第四节　政务公开

2016年，全市实现政府部门行政权力“清单之外无审批”“目录之外无收费”。财政预决算、“三公”经费、就业创业、社会救助等热点信息均按要求及时对外公开。全年累计主动公开政府信息16.3万条，举办政府新闻发布会111场。市政府围绕“6·23”龙卷风冰雹特别重大灾害抢险救灾工作、环境保护、安全生产等社会热点举办一系列新闻发布会，方便公众获取权威信息。通过市长信箱、“12345”服务热线、网络发言人平台、市政府微博微信等渠道广泛收集民情民意，回应公众关注热点或重大舆情近5万次，政民互动更加顺畅高效。着力加强平台建设，对政府网站信息公开专栏进行整合，新建市政府新闻发布厅，规范市政府微博微信工作室运作，公开查阅点、政府公报、政府网站、新闻发布厅、微博、微信“六位一体”的全媒体互动式公开格局更加完善，有效提升群众公开体验。持续推进全市政务公开和新闻发言人队伍规范化建设，组织专题培训，夯实工作基础。将政务公开直接纳入年度综合绩效考核指标体系，年终考核的激励约束作用显著增强。

（夏　斌）

第五节　机构编制

2016年，市编办践行“依法依规治编”理念，就机构编制事项的核定和调整、编制使用、机构编制评估和责任审核、监督检查、法人登记管理等多个方面明确工作程序或提出规范要求，细化编办工作人员考核规则。组织全市机构编制系统干部赴复旦大学开展脱产培训，承办全省机构编制系统乒乓球比赛，信息工作被市委办、市政府办评为信息工作先进单位。市编办在全省机构编制工作会议中被评为优秀，被市委、市政府表彰为年度目标任务考核综合先进。

一、机构编制管理

2016年，市政府印发《2016年度全市深化“放管服”改革工作要点》，确定的15项重点任务及13个清单、8个实施方案、5个改革文件等任务清单逐一销号。通过提请市委常委会、市委深改组会议、市政府常务会议、市政府职能转变协调小组会议、市审改联席会议等推进行政审批制度改革的工作机制有效建立。大丰区相对集中行政许可权国家级试点取得实效，联合预审、集成审批的模式在全省复制推广。盐城市市场主体简易注销国家级改革试点率先推进，未开业企业、无债权债务企业和个体工商户简易注销的经验受到国家工商总局的肯定，探索市场主体“快出”的成功做法在全国范围内推广。建设项目联审联办多项政策落地生效后，盐城市单个市场准入类行政审批项目平均承诺时限为3.98天，实际平均办件时限为1.96天。调整后的市级行政审批服务事项目录清单，将432项行政许可、行政确认、转报事项、部分其他权力事项全部纳入大厅运行。对纳入政务服务大厅的9个部门(单位)的20项收费项目实行“统一标准、一窗受理、集中开票、一票缴费”的收费模式。市编办围绕市委、市政府中心工作，向上争取机构编制资源，为打造盐城滨海新区提供优质服务，为加快推进中韩盐城产业园发展调整优化管理机构、加强力量配备，理顺园区管理体制机制，根据园区的规模、发展现状相应明确管理机构。为盐城高新区、盐南高新区、建湖高新区争取机构设置。整合盐城高等师范学校和阜宁高等师范学校，成立盐城幼儿师范高等专科学校。整合市第一人民医院和城南医院内设机构。成立市城镇排水管理处，履行城镇排水和污水处理行业管理职责。理顺彩票发行体系，成立市福利彩票发行中心。为盐城经济技术开发区法院、检察院快速发展做好服务协调工作，并将市公安局开发区分局机构规格由正科级调整为副处级；强化全市综治、法治、维稳信息管理，在市政法委设立正科级盐城市政法维稳信息中心；调整加强快速路交通管理、食品药品和环境犯罪侦查等机构设置，为人民法院加强审判管理力量提供有力保障；成立市公职(公司)律师服务中心，强化公职律师服务，推动公职律师试点工作顺利开展。建立健全一批机构编制从严管理的标准、规范，执行县(市、区)科级机构和领导职数动态管理、控编减编和部门单位超编制进人问责、机关事业单位购买服务用工审批等一系列管理办法，推进“机构、编制、领导职数核审”，实行公务员招录、军转安置等工作机构编制事项前置管理、编制使用核准制度和辅助性岗位集中管理制度，形成与组织、财政、人社等部门互相配合并协调制约的长效管理与监督机制。在全省率先探索从县(市、区)调剂教职工编制到市区，促进全市教育资源优化配置，省编办在全省机构编制会议上予以肯定并推广；公立医院备案制管理改革取得好效果。核准市劳动监察支队、市住房公积金管理中心、市社会救助中心、市新四军纪念馆等单位使用政府购买服务用工指标共47名，提升编制使用效益。以事业单位分类改革为契机，视情况收回100名事业编制，在探索机构编制“有增有减”机制方面作有益尝试。

二、事业单位管理

2016年，市政府常务会议通过《盐城市人民政府加强和创新事业单位法人登记与监管服务的意见》，以策应行政体制改革和事业单位分类改革，提出“十三五”期间事业单位相关监管与服务工作的目标任务，具体部署事业单位法人登记、事中事后监管、信用等级评价、法人治理结构建设、绩效考核评估等工作。作为国家级承担行政职能事业单位改革试点，市直、东台和滨海的改革试点方案由省编办上报中编办待批，市本级共有42个机构涉及改革，其中先行推进的有17个，列入行政综合执法体制改革统筹推进的有25个。着眼基层卫计资源分布分散和企业检验检测重复叠加增加企业负担的情况，全面完成市县妇幼保健和计划生育技术服务资源和县(市、区)检验检测机构整合工作，方便企业和群众。事业单位法人治理结构建设取得进展，盐城市文峰中学被列为省级示范点，发挥辐射、示范、带动作用。事业单位法人登记的服务水平切实提高，初步实现网络化、信息化、法治化、精细化、人性化，社会知晓率和认可度不断提升。事业单位信用等级评价工作启动，市编办联合其他10个部门出台《盐城市事业单位信用等级评价办法(试行)》，相应的子平台初步建成，与“信用盐城”平台实现有效对接。

三、机关绩效考核

2016年，市编办牵头负责市直100个部门(单位)、省属驻盐单位绩效管理工作。绩效管理工作按照“目标管理、过程控制、结果导向、持续改进、公众满意”的要求，圆满完成全年机关绩效管理工作任务。对接目标管理抓绩效，建立新型的绩效管理体制和运行机制，围绕市委、市政府重点工作，会同市审改办、市综合治税办、市信用办等部门对市直各部门(单位)主要职能工作、行政审批制度改革、综合治税、信用体系建设4个方面进行细化考评。强化考评抓绩效，规范绩效管理程序、跟踪评价体系，采取季度考评、年终考评、随机抽查、部门互评相结合的方式，随时掌握市直各部门(单位)职能工作开展情况，全程监督绩效管理工作情况。

第六节 体制改革

2016年，全市围绕改革重点工作，坚持问题导向、聚焦精准发力，突出完善制度、强化督察落实，4次召开市委全面深化改革领导小组会议，审议通过行政体制、国企国资、生态文明、社会体制等15项改革文件，全市全面深化改革工作进展有序、成效明显。

行政审批制度改革。全力构建统一架构、多级联动的“一张网”数据平台，加快权力事项集中进驻、网上服务集中提供、数据资源集中共享、政务公开全面覆盖。出台2016版《市级涉企行政审批中介服务目录及收费项目清单》，将涉企行政审批中介服务事项从上一年度保留的47项压降到33项，并降低2项收费标准。大丰区相对集中行政许可权改革成效显现，审批时限从8.5天压缩至3.5天，效率提高58.9%，联合预审、集成审批的模式在全市乃至全省复制推广。在全省率先推出行政审批告知承诺，对首批26个行政审批试点项目实行告知承诺，变政府部门“重审批轻监管慢服务”为“简审批重监管优服务”。推动企业投资项目“三书合一”落地生效，在全省第一家将社会稳定风险分析报告与评估报告删减为一个环节，试行“以表代书”。统筹推进企业投资建设项目数字化“七图联审”，在全省首家出台“七图联审”实施方案，最大限度地方便服务对象。

商事登记制度改革。深入实施注册资本认缴登记制，除对28个行业实行实缴登记外，全面实行公司注册资本认缴登记。持续推进“先照后证”改革，切实履行“双告知”职责，出台《关于推进“先照后证”改革后加强事中事后监管的实施意见》。全面实施“三证合一”“一证一码”制度，在“三证合一”的基础上实现“五证合一”，企业办全“三证”时间由平均半个月缩减至3天~5天。实施个体工商户“两证整合”改革登记，极大简化个体工商户登记注册程序，进一步促进大众创业。推进简易注销改革国家级试点，个体工商户简易注销试点做法在全国推广。推进放宽住所登记条件，出台《关于进一步放宽企业住所(经营场所)登记条件的实施意见》。

市属国企改革。着力优化布局结构。推进悦达集团“8+2”产业布局改革，悦达进出口、润悦贸易、平凉汇元房地产等非主业企业实施国有股权退出。推动交通控股集团产业板块整合，初步形成“5+1”板块发展整合方案。推动转型升级，推动市属重点企业围绕主业定位和发展方向，发展新能源汽车、风光电清洁能源等战略新兴产业和跨境电商、“互联网+”等新业态项目。改进和完善国有资产监管方式。在市属国有企业监事会派驻全部到位基础上，组建市属企业第四监事会，出台《监事会工作暂行办法》等配套制度。健全“三重一大”决策机制，出台《“三重一大”决策制度实施办法》。完善监管制度体系，出台《关于完善市属企业国有资产监管体制的意见》《市属企业负责人履职待遇和业务支出意见》《市属企业经营投资失误和资产损失责任追究暂行办法》《深化市管企业负责人薪酬制度改革意见》等文件。

农业农村改革。全面开展农村承包土地确权登记颁证，基本完成省定确权登记颁证目标任务。培育新型农业经营主体，全市全市新增农民专业合作社447个，总数突破1万个，建立家庭农场3255家，创建市级示范家庭农场150个、省级示范家庭农场79个，新增新型职业农民2.9万人。稳步推进联耕联种等农业适度规模经营，鼓励农民土地承包经营权在公开市场流转，全市新增农业适度规模经营面积在4万公顷以上，推广联耕联种面积35万公顷，联耕联种改革创新举措写进2016年中央“一号文件”，在全国推广。加快农村产权流转交易市场建设，有7个县(区)建立县镇两级农村产权交易平台并正常运营。加快推进农村集体产权制度改革，全市新增农村社区股份合作社50个，总数达到250个。建立健全农业社会化服务体系，着力构建“联合社(综合社)+社会化服务组织+专业合作社+家庭农场+农户”的一体多元综合服务体系，全市农机、植保、种苗等社会化服务组织达3000多个。

外商投资审批改革。在市政务服务中心设立外资联办综合窗口，项目办理时限从原28个工作日缩减至3个工作日。启动外商投资“一表式”联审联批改革，显著减少外商办理审批手续的往返次数和时间，提升外企准入效率，降低行政管理成本。全面实施外资准入登记备案制，积极探索对外商投资企业实行准入前国民待遇加负面清单的管理模式。创新园区开发机制，出台《关于促进全市开发园区转型升级创新发展的实施意见》，推动16个市级部门将46项审批事项下放到国家级和部分省级开发区。推动外贸转型升级，出台《关于促进全市外贸稳定增长的意见》。参与全国通关一体化改革，部署推行“一步申报、分步处置”。深入推进区域通关一体化改革，实现“一地注册、全国报关”。推进海关加工贸易监管一体化改革，探索建立加工贸易“集中作业”模式，落实“双随机”作业机制，强化事中、事后监管。

生态文明体制改革。出台《关于加快推进生态文明建设的实施意见》，确立“十三五”期间盐城市生态文明体制改革的路线图和时间表。出台《盐城市党政领导干部生态环境损害责任追究实施细则》《关于开展地方党政主要领导干部自然资源资产离任审计工作的实施意见》，推动各级领导干部守法守纪、履职尽责。在全省率先颁布实施《盐城市农作物秸秆综合利用条例》，提升生态文明建设的法治化水平。开展排污权有偿使用和交易，制定《关于明确排污权有偿使用与交易收费问题的通知》《盐城市排污权交易操作规则》《盐城市排污权交易合同》等配套文件，建成盐城环保科技城排污权交易场所。建立健全流域污染联防联控机制，出台《盐城市水污染防治工作方案》，建立水污染防治联席会议制度，落实国考断面水质报告制度，加强饮用水源地执法巡查和监测预警，全年全市未发生突发性水质异常事件。

第七节　外事工作

一、外事接待

2016 年，盐城市共接待境外来宾 30 多批 500 多人次。邀请英国、韩国、德国、美国等国家驻沪使领馆要员，韩国多个城市市长、自由经济区厅长、瑞士大苏黎地区和西门子集团等中国代表处负责人到盐城考察，推动合作。收集整理各类有价值信息 20 多条，跟踪落地十多条，促成盐城市与大韩贸易振兴公社建立合作关系，盐城经济技术开发区与大邱庆北自由经济区、新万金自由经济区、釜山·镇海自由经济区签署战略协议，AHK 中德（盐城）培训中心、西门子集团与盐城工学院共建实验室成功揭牌等。承接国家、省外宾接待任务，接待坦桑尼亚革命党干部考察团、柬埔寨环境保护官员处级研修班等代表团。

二、出国出境

2016 年，审批因公临时出国（境）团组 400 批 1196 人次。其中盐城市自组 267 批 844 人，双跨团组 133 批 352 人次。办理邀请外国人签证通知函电 375 批 543 人次，申报 APEC 商务旅行卡 29 批 61 人次。

三、友好交流

2016 年，盐城借助全国友协、外国驻沪总领馆、中外友好机构等，与德国、英国、斯洛文尼亚等国城市建立联系，发展新朋友。因友城交流合作成绩突出，盐城市与江苏省被全国友协授予“国际友城交流合作奖”。与韩国产业通商资源部、韩国驻华使领馆、韩中友协、韩中文化交流协会等建立密切联系，邀请新万金自由经济区域厅、釜山·镇海自由经济区域厅、全罗北道厅新万金支援局负责人及韩国前国会议员、韩国驻沪总领事等到盐城考察，组织韩国驻华机构代表到盐城，多渠道、全方位搭建平台推动合作。邀请友好交流城市仁川市广域区桂阳区厅长、蔚山南区厅长、南原市市长、大邱国际协力官、仁川国际协力官等人率领的韩国地方政府代表团在盐城访问，组织旅游、文化、卫生、教育等部门派团赴韩开展专业交流，与多个城市达成互派公务员、学生定期访问、警务合作等多项协议。与南原市分别在两地结好 20 周年庆典仪式，签署《缔结友好城市 20 周年友好交流备忘录》，交流内容更加丰富、务实。各县（市、区）百花齐放，均与韩国 1～2 个市、郡建立友好交流关系，并开展实质性交流。承办涉韩活动，造浓工作氛围。承办由中国人民对外友好协会与中韩友协、韩中友协联合主办的“第十一届中国大学生韩国语演讲大赛全国总决赛”，参与承办第 15 次泛黄海中日韩经济技术交流会、第五届中韩跨国公司领袖圆桌会议、首届中韩（盐城）体育文化系列赛事等活动。年内，市委主要领导率团赴美国、日本开展产业招商暨招才引智活动，考察拜会惠普、苹果、东芝三菱、住友理工等 14 家世界知名企业，分别在美国洛杉矶和日本东京举办沿海发展人才创新创业环境说明会，累计邀请 300 多名嘉宾到场。8 月，副市长周绍泉率团赴俄罗斯、捷克、奥地利开展经贸友好交流，推进外经外贸等有关项目合作。12 月，副市长李逸浩率团赴韩国、马来西亚开展城市建设管理经验学习考察。（顾其军）

5 月 16 日，盐城市与韩国仁川广域市桂阳区在盐城签署友好交流意向书，双方正式缔结友好关系。

第八节　人才工作

2016 年，盐城市制定出台《盐城市“十三五”人才发展规划》，探索人才创新创业要素供给侧改革，描绘“十三五”人才工作发展路线图。联合《中国人才》杂志开展全国基层人才工作创新案例征集评选活动，召开新常态下人才工作研讨会，探讨新形势下人才发展体制机制改革创新举措，全国 30 余家省、市、县委组织部与会研讨，盐城市 2 篇案例获评“最佳案例”，5 篇案例获评优秀案例，位居全省第一。整合资源力量，突出名校优生，广泛开展政策推介、专场招聘、待遇兑现等各项工作。市相关部门先后赴北京、上海、哈尔滨、武汉、长沙等地，组织开展招才引智活动 420 余场次，在全国知名高校建立 515 引才工作站 140 余个。至年底，全市累计专门人才 1.5 万多人、领军人才 689 人，引进两院院士 52 人、国家“千人计划”专家 127 人，向 952 个领军人才项目发放资助资金 10.5 亿元。

一、人才引进

2016年，累计引进各类高校毕业生5.3万人，其中非盐城籍大学生16211人，占引进大学生的30.6%，客籍大学生人才明显增多；引进的毕业生中，本科生2.8万人、硕士研究生2773人，本科以上学历占53.2%，引才结构进一步优化。精心组织盐城、兰州、西安、重庆、昆明、长沙和南京等地100多场次招才引智系列活动；组织重点园区、规模企业参加全国高校毕业生网络招聘会；优选骨干企业和事业单位组团参加北京大学、清华大学招才引智洽谈会。与270多所高校新建合作关系，在北京、上海、哈尔滨、武汉等地区重点大学设立区域性引才工作站，与北京大学、清华大学共建“盐城人才服务团”；184所高校在盐城建立见习、实习基地。各县（市、区）在各地开展专场招聘和推介活动100多场。聚焦目标人群，加强515政策推介宣传。在省内外200多所高校、50多所高职院校网站、微信、校迅通等平台上开展推广宣传。完善515人才“一窗式”“一线式”“一网式”“一卡式”服务机制，规范窗口建设、升级申报系统、及时兑现待遇。

第六届沿海发展人才峰会 以“产业强市，人才引领”为主题，市县联动，部门协作，连续第六年举办沿海发展人才峰会，开展国家“千人计划”专家产业对接洽谈会、产业创新发展研讨会、市场化高端引才研讨暨知名人力资源机构供需对接会等8场“人才·项目·资本”集中对接活动和11场特色产业分会场活动。峰会共签约引进高层次人才242名，现场聘任6名产业发展经济顾问，授予10人“创新创业突出贡献人才”称号并奖励每人汽车1辆，同时向2016年度515领军人才颁发资助证书。峰会主题活动吸引全国30余家省、市、县委组织部人才工作分管负责人到会观摩，沿海发展人才峰会品牌效应日益显现。

第四届国际精英人才创业大赛 年内，盐城突出人才国际化主题，举办第四届国际精英人才创业大赛，吸引美国、加拿大、葡萄牙、新加坡、日本、韩国等13个国家和地区628名选手报名参赛，涉及节能环保、高端装备、大数据、智能经济、物联网、新材料等多个产业。60名国际精英人才进入决赛，评审出一等奖3个、二等奖5个、三等奖10个和优胜奖12个，获奖项目在相关县（市、区）对接落户。

助推省第九批科技镇长团组建 年内，盐城围绕新兴产业布局，加大“两校一院”（北京大学、清华大学和中国科学院）和省内外高校对接力度，助推省第九批科技镇长团组建。实施“引进一批产业人才、申报一批人才项目、组建一批校地合作平台、落户一批科研成果转化项目”“四个一”行动计划，吸纳一批科研成果到盐城转化、重大项目到盐城实施。年内，科技镇长团围绕新兴产业加速集聚、传统产业转型升级，邀请558名专家到盐城考察，与后方单位签订合作协议141个；走访企业1758家，为企业解决技术问题266个，帮助地方申报各类项目132个，争取资金8.36亿元，帮助企业新建研发平台68个，引进高层次人才157名。

二、高技能人才培养

全年新增高技能人才1.94万人。成功申报1个国家级高技能人才培训基地、1个国家级技能大师工作室，1名全国技术能手，1名境外引进的高技能人才入选省“双创”活动，2个大师工作室被评为省级技能大师工作室，7名高技能人才被评为省级首席技师，评选17名盐城市企业首席技师。选派12名高技能人才赴美国、德国、英国进行研修，组织33名高级技师参加省厅组织的技能提升培训班。组织近20家企业与大市区4所技工院校进行校企合作、人才招聘对接座谈。会同市总工会、广播电视台联合开展首届盐城十大工匠评选活动，并举办颁奖典礼。

三、专家和国际合作

年内，盐城3人入选享受政府特殊津贴人员、7人入选江苏省有突出贡献中青年专家。全年新增留学回国人员72人，新注册留学回国人员创办企业25家。城南新区留学回国人员创新创业园获得省级留创园资助40万元。盐城康达生物科技有限公司程德林、盐城登瀛科技有限公司高峰、盐城万代文化传媒有限公司李鹰鹤、江苏千纯生物科技有限公司夏海锋、英佛曼纳米科技有限公司魏耘、江苏昊美光电科技有限公司龚朴、江苏沃特特种材料制造有限公司高海燕、盐城登瀛科技有限公司徐起翔等8名留学回国人员获得省级留学回国人员创新创业项目资助，入选数量位居苏北第一位。新增3个博士后创新实践基地。3名博士后入选省“双创博士”计划，分别获15万元资助。

11月7日，盐城在日本东京举行江苏·盐城（东京）沿海发展人才创新创业环境说明会。

江苏中磊节能科技发展有限公司博士罗旭东的“ZrO_2(氧化锆)纤维增强高致密镁基陶瓷制备及热稳定机理研究”、江苏东强股份有限公司博士王辉的“轻质高强度铝合金温热渐形成性能研究”、江苏省大丰麋鹿国家级自然保护区博士原宝东的“麋鹿免疫应激和性激素水平的季节性变化”、江苏金色农业科技发展有限公司博士张祥的“基于机采的麦后直播棉高产群体熟相调控及其生理机制”4个项目成功入选“江苏省博士后科研资助计划”,分别获B类资助3.5万元、B类资助3万元、C类资助2万元、C类资助2万元。

四、海外才智引进

年内,全市新引进长期外国专家65人,短期专家13人。江苏中建材环保研究院有限公司Christoff Hagg(奥地利)、江苏裕丰旅游开发有限公司Kaaijk Nicolaas Anthonius Maria(荷兰)、江苏沃特特种材料制造有限公司Dongsik Kim(韩国)和盐城工学院Won - Chun OH(韩国)4名外国专家入选“江苏外专百人计划”,居全省第三位。组织实施国家级、省级引智项目27项,下拨引智项目经费63万元。发放国家“外专千人计划”专家长期项目工薪补助36万元,省“外专百人计划”专项经费20万元。荷兰专家宝贺森入选2016年度“江苏省政府友谊奖”。11月7日,在日本东京举行江苏·盐城(东京)沿海发展人才创新创业环境说明会。 (刘宇译)

第九节 人力资源管理

一、公务员人事管理

公务员录用和职位管理 2016年,全市公务员考录共设置623个职位,计划招录780名。首次全面放开户籍和生源地限制,有2万人网上报名、1.67万人在盐城参加笔试、2210人参加面试,经过体检、考察(政审)和公示等程序,最终录用公务员和参照公务员法管理事业单位工作人员776名(含省以下垂直管理系统48名)。组织市级机关公务员、参照公务员法管理事业单位工作人员公开遴选(公开选调),共遴选(选调)公务员、参照公务员法管理事业单位工作人员34名。继续开展参照公务员法管理事业单位人员登记工作,共登记1345人。完成公务用车制度改革司勤人员安置工作。全市共安置司勤人员4295人,其中编制内927人,编制外3368人(合同用工2528人,劳务派遣用工840人)。组织实施县以下机关建立公务员职务与职级并行制度工作,完成5844名符合职级晋升条件人员材料审核和工资待遇兑现工作,其中副处晋升正处级54人,正科晋升副处级492人,副科晋升正科级1551人,科员晋升副科级3449人,办事员晋升科员级298人。

公务员考核奖励 年内,与市委组织部联合印发《关于加强公务员平时考核的实施办法》,两次开展公务员平时考核工作专项督查,召开全市公务员平时考核工作推进会,继续推进公务员考核信息化。按期完成市直行政机关、事业单位工作人员2016年度考核结果的审核备案和奖励工作,共有3015人年度考核优秀被嘉奖,204人被记三等功。执行国家、省、市关于严格控制达标评比表彰的有关规定,严格按计划实施行政奖励。选树培养先进典型,全年累计推荐16名省级先进工作者(劳动模范)候选人,12个省级先进集体候选单位,5名国家级先进工作者(劳动模范)候选人,4个国家级先进集体候选单位。提请市委、市政府同意,对市区内环高架快速路网建设、获国家舞台艺术政府最高奖“文华大奖”淮剧《小镇》创作演出、市区水上集中居住区综合整治等工作做出贡献的有功人员分别给予记功奖励,9人被记二等功、14人被记三等功。

公务员培训和监督 年内,全市举办新录用公务员初任培训班五期,培训841人;举办市级机关科级公务员任职培训班,培训165人;举办苏南苏北对口培训班四期,调训60人;服务公车改革创新开展司勤人员转岗培训,完成市级机关150余人转岗基础培训考核;开展全市科级及以下公务员在职网络培训1.42万人,省人社厅、省公务员局年初下达盐城市的公务员在职培训3.16万人次,实际完成10.13万人次,完成年度目标的320.6%。

二、事业单位人事管理

2016年,市人社局事业单位公开招聘面试科学性专题调研,提升事业单位公开招聘科学化水平;以实施校园招聘为突破口,精选重点事业单位赴北京大学、清华大学、武汉大学、湖南大学等重点高校,现场洽谈、招聘高层次紧缺专业人才,精心组织校园招聘。全市事业单位公开招聘各类人才3228人。探索不同类型事业单位岗位结构比例调控办法,形成动态管理机制,不断优化岗位结构,发挥岗位激励功能,调动各类人才积极性。按照分类改革部署,分行业推进事业单位人事制度改革,实施乡村教师支持计划和农村订单定向免费医学生培养工程,加强农村教师和基层医卫人才队伍建设。

三、军转干部人事管理

2016年,市人社局对营职以下职级和技术干部实行“积分定单位性质、双向选工作岗位、考试拔特殊人才、指令性保底安置”的安置办法。合理编制军转干部安置计划,科学配置军转干部人才资源。在坚持指令性计划安置的同时,引入市场化人才资源配置手段,安置进度、安置质量均居全省前列。全市接收军转干部166名,其中计划安置149名,安置到党政群机关138名,事业单位11名;自主择业军转干部17名。随调家属17名。市直接收安置军转干部64名,安置到党政群机关60名,事业单位4名。安置随调家属10名。全市累计接收自主择业军转干部148名,全年接收17名自主择业军转干部,各项管理和服务工作有序推进。为当年的全市自主择业军转干部审核上报退役金、市直自主择业军转干部办理入户和医疗保险手续;为历年的全市自主择业军转干部调整退役金，市直自主择业军转干部缴纳医疗保险费并组织健康体检；指导、推荐、扶持全市自主择业军转干部就业和创业。盐城市国飞绿色置业有限公司被授予“省自主择业军转干部就业创业示范基地”称号并授牌。

四、工资福利和退休管理

2016 年，市人社局完成 2014 年 10 月机关事业单位养老保险制度改革后的首次调整养老金调整工作。7 月，完成调整市直机关事业单位工作人员基本工资标准工作和增加机关事业单位离休人员离休费工作。按照国家和省的统一部署，制定市直新的津贴补贴（绩效工资）标准，在省有关部门同意盐城市方案后，及时对市级机关、事业单位近 2 万人调整新的工资标准。为市直机关和省属驻盐城机关 6000 多名工作人员晋升级别工资和调整津贴补贴，为机关人员审批年终一次性奖金，为事业单位 1.2 万多人晋升薪级工资。及时为军转干部和机关事业单位新进人员审批工资。印发《关于下达 2016 年度市直行政机关、事业单位新增工作人员计划的通知》，为机关、事业单位新增加的 300 余名工作人员办理增人计划审批手续；布置新一年度增人计划管理工作。完成市级 44 个部门所属 244 个事业单位 2015 年度绩效工资总量审批工作。同时审批非驻宁省属国土、农科院等在盐城事业单位绩效工资总量。完成市级机关事业单位工作人员应休未休年休假报酬的审批工作。汇总并向省厅上报全市机关事业单位 2015 年度工资收入统计信息数据。审批市直机关事业单位 500 多名到龄人员退休手续，完成 300 多名遗属补助年审工作。组织市级机关优秀公务员健康休养活动，落实福利待遇。全年共为全市 3.19 万名企业参保人员办理退休手续，其中市直 3445 人。办理县（市、区）企业职工特殊工种和因病提前退休手续 1612 人。

五、人事考试

2016 年，全市共组织各类考试 40 余场次，应试考生 6.92 万人，累计 13.15 万科次；完成全国专业技术人员计算机应用能力考试 7032 个模块、江苏省职称外语考试 1647 人的任务；配合专技处加强对学历、证书的核验，全年省终审清退人数大幅下降；与公安、无线电监测站等部门通力合作，深化人事考试环境综合整治，多次开展专项行动，严厉打击各类考试中的高科技作弊，全年共查处各类违纪考生 76 人。3 月 12 日，组织全市考录公务员笔试，招考 780 人，2 万人报名，16739 人选择在盐城参加考试，安排 7 个考点、563 个考场；4 月 16 日，组织盐城市部分事业单位统一公开招聘人员笔试，招录 521 人，1.3 万人报名应试，盐城市共安排 5 个考点，420 个考场；4 月 28 日，盐城市推行的人事考试基地建设“1 + N 模式”，在全省人事考试工作座谈会上得到省厅领导肯定；4 月，省委组织部、省人社厅专门为盐城市举办为期两天的省公务员录用考试面试考官盐城培训班，市直及各县（市、区）共 198 人参加培训取得证书，充实盐城市考官队伍；5 月 7 日、8 日和 21 日，分别组织考录公务员面试和公安面试，共 2414 人参加面试，采取“一规范、双抽签、三隔离、四监督、五便民、六措施”，确保了面试工作更加规范有序和阳光透明；5 月 28 日、29 日，组织二级建造师考试，安排 4 个考点，567 个考场，7710 人报名参加考试，开考 1.67 万科人次；6 月 4 日，组织盐城市部分事业单位统一公开招聘人员面试，共 291 人参加面试，首次采用现场打印面试成绩，提升了面试工作效率；7 月 27—29 日，盐城市人事考试中心组团参加全省人事考试业务培训班；8 月，组织开展人事考试工作人员警示教育活动，组织考务人员、各考点学校学习贯彻部考试中心对 3 起专技考试安全案例的通报及加强考试安全工作的通知精神，强化警示教育，硬化考纪措施，以铁律保安全；9 月 24—25 日，组织一级建造师考试，安排 3 个考点，630 个考场，6685 人应考，计开考 1.85 万科人次；10 月 15—16 日，组织执业药师、造价工程师、审计和统计等 4 项考试，共 3496 人报考，其中仅执业药师就有 1948 人报考；11 月，选调青年干部赴清华大学培训学习；11 月 5 日，圆满完成经济专业技术资格考试首次机考任务；12 月，向市法制办提交申请，市法制办根据相关法律法规审核同意，对中心全体在编人员进行执法资格培训、考试，所有在编人员考试合格并取得江苏省行政执法证；在省中心网站、局网站、中心网站、《盐阜大众报》和《盐城晚报》等媒体网站发表各类信息稿件 30 余篇；在盐城人事考试门户网站宣传人事考试政策法规、考试工作信息，答复各类考试咨询解答 130 余条；维护盐城人事考试官方微信公众平台，全年发布考务安排、成绩、准考证打印、证书领取等各类考试信息 150 余条，关注人数突破 1 万人，方便考生及时了解人事考试准确信息；全年发放各类合格证书 6000 余份，积极开展证书邮寄服务，其中，用 EMS 专递方式送达全国职称计算机和省外语考试合格证书 1000 份；实现考试基地改造升级，盐城生物工程学校考点教学组团的 70 个标准化考场全部更新为高清摄像监控探头，实现主基地 110 个标准化考场无死角监控，基本实现人事考试都在标准化考场举行，打造人社部门服务考生、争创品牌的亮丽窗口。盐城市人事考试中心被市妇联表彰为盐城市“三八红旗集体”。盐城市工考办向省工考办推荐 36 人参加全省机关事业单位高级技师考评，29 人通过省工考办初评获得培训资格。全市 32 个专业 379 名机关事业单位工勤人员报名参加技师选拔考试。经过选拔考试，有 255 人获参加全省技师考评的资格。通过培训考核，当年 73 人获初级工资格，66 人获中级工资格，284 人获高级工资格。全年培训工勤人员 2830 人次，完成省工考办年初下达培训计划的 108%。（殷开丰）

第十节　政务服务管理

2016 年，市政务服务管理办公室开展“平台建设深化年”和“作风建设提升年”活动，做好行政审批、公共资源交易、“12345”平台服务管理工作，获全市目标任务绩效考核“综合先进奖”，投资建设项目“多评合一”工作被评为全市“十大创新服务举措”。年内，市政务服务中心及分中心累计办理审批服务事项200万件，其中市政务中心办理48万件，即办率96.4%；市公共资源交易中心完成各类进场交易项目1002项，累计交易成交额131.21亿元，资金节约率12.88%；市“12345”平台接处群众来电来信16万件，派发成员单位工单5.7万件，办结率99.86%。

一、行政审批服务

2016年，加强“线上线下”平台建设。拓展市政务服务大厅公共服务功能，新增不动产登记、汽车绿标申领、公证、电信等便民业务进驻大厅办理，提高“一站式”服务水平。6月22—24日，组织全市政务服务平台建设“家家到”现场观摩活动，推进各县(市、区)做好新建政务服务中心搬迁和改造提升大厅服务功能。加快市县镇村联网步伐，推动6个县(市、区)全部或部分联网到镇区(街道)。根据省统一部署，全市集中梳理编制“三级四同”行政审批和公共服务权力清单、办事指南，并录入上网。会同市发改、工商、经信等部门，抓好投资项目在线审批监管平台、市场监管平台等建设和运用，在全省首家创新开发行政许可项目信用信息“双公示”数据交换系统。牵头市工商、质监、国税、地税、商务、统计、人社等部门联动，完善提高“三证合一”“一照一码”登记工作，实行载有统一社会信用代码营业执照、外商批准证书网上“两证联办”，10月起将统计证、社会保险证纳入多证联办范畴。会同市城建、规划、民防、消防、气象、卫计、经信部门，在全省率先推行投资建设项目规划设计图、建筑、人防、消防、气象施工图、卫生与通信基础设施图“七图”联审，实现施工图联审由40多个工作日，压缩为7个工作日，规划设计图审查不超过5个工作日。

设立“多评合一”专区　年内，市政务服务管理办公室全省首创在市政务服务大厅设立“多评合一”专区，协同市发改、环保、安监等部门联动，将投资建设项目前期推进阶段涉及可研、环评、安评等7项评估的审批周期，从原来140个工作日缩减到50个工作日。

创建“办件材料共享信息库”　年内，市政务服务管理办公室在全省首家创建“办件材料共享信息库”，将各类电子证照、批文等需要企业群众重复提供的材料扫描入库，实行“一份材料管全程”。梳理入库21个部门、140个审批事项、238项材料，录入共享材料548件。

二、公共资源交易服务

2016年，市政务服务管理办公室研究拟订《盐城市整合建立统一的公共资源交易平台实施方案》，并报市政府审核。调研摸排各县(市、区)公共资源交易服务管理现状，指导设立县级公共资源交易管理办公室，与公共资源交易中心分设，实现“管办分离”。督促县级公共资源交易中心与市公共资源交易中心实现同平台、同规划运行。在2015年监管权限按时下放至“两区两城”基础上，指导督促“两区两城”整合资源，充实人员，完善综合监管职责，拓展监管领域，实现监管范围由建设工程向其他行业的延展。推动亭湖区成立公共资源交易管理办公室，实施建设工程项目招投标监管。市公共资源交易中心制定和完善公共资源交易服务相关工作标准200多项，在全省率先通过国家质监总局验收，成为标准化公共资源交易服务单位。完善公共资源电子化交易、过程监管、行政监察和OA办公为一体的综合监管及服务平台，实现各类进场交易项目交易信息和应公开其他相关信息一网发布。在建设工程房屋建筑和市政基础设施施工、监理、园林绿化、规划设计项目招投标全程100%电子化基础上，实现交通、水利工程招投标，货物与服务招标采购、产权和土地出让等项目交易部分流程电子化，建成政府采购电子交易系统并试运行。完成包括招标人、代理中介和施工、监理、勘察、设计、货物供应等投标人共7000多家交易主体的诚信信息收集、整理和录入工作。配合行业监管部门，及时受理各类投诉，打击违法违规行为。年内，共接收投诉68件。通报处理8家违规投标单位、1家代理机构和5名评委，即时锁定限制投标过程中发现的借用挂靠资质、涉嫌围标串标和弄虚作假等行为企业7家。

三、“12345”平台建设

2016年，盐城市“12345”督查中心成立，加强对市“12345”热线运行及群众诉求办理工作的督查督办。明确群众重要诉求和职能界定模糊、工单交办推诿的群众诉求，呈市政府领导签批交办；重大或涉及公众面广的诉求，以《专报》形式直接呈报市政府主要领导，按市领导批示要求，督促相关部门严格落实。年初，在市直部门派员驻点办公基础上，协调落实亭湖区、盐都区、市开发区和城南新区政务办分管“12345”平台负责人，每周到市“12345”平台值班1天。所有派驻人员负责解答涉及本地群众咨询事项，交办、催办、督办重点疑难工单。通过组织例会交流、专题研讨、反馈报告等形式，化解群众诉求。对责任主体不明、复杂疑难诉求等重大问题，坚持实行第一时间联合交办、联合会商、联合执法。对同一类型诉求问题，明确解决问题的责任主体、交办流程和解决办法。协调市相关部门，解决群众反映突出的因极寒天气导致自来水表冻裂、违法建设、垃圾清理、机动车乱停乱收费和阜宁县、射阳县“6·23”特大龙卷风冰雹灾害等一大批诉求问题。　（孙宏军）

第十一节　机关事务管理

2016年，市机关事务管理局严格执行服务标准，强化安全秩序管理，高标准完成市“两会”、市第七次党代会等活动的服务保障工作。贯彻《党政机关厉行节约反对浪费条例》《机关事务管理条例》等有关法规。研究出台《盐城市市级机关公务用车集中管理平台保障监管办法》等专项制度，起草《盐城市市级党政机关办公用房维修改造细则》，机关事务管理制度体系日趋完善。局领导班子牵头分组深入县(市、区)和市级机关，对办公用房、公务用车、公共机构节能等重点工作开展督查，对存在问题进行督促整改。主动融入智慧盐城建设，依托政务云计算中心，全面整合相关子系统，分步构建集服务保障、财务管理、公共机构节能管理、党政机关办公用房管理和公车管理为一体的信息化综合管理平台。市机关事务微服务平台正在开发设计，物业管理设备维修维护信息化系统已经启用。年内，市机关事务管理局被省政府表彰为“十二五”节能工作成绩突出的先进单位；被市委、市政府表彰为市直部门（单位）重点工作先进集体；“全面贯彻车改精神　创新公车保障服务”的成功做法被评为市级机关“十大创新服务举措”提名奖；在市纪委组织的第二届尚德昭廉公益广告作品征集评选活动中获二等奖；在中国烹饪协会主办的“2016 中国·淮安创新淮扬菜”竞赛上获金奖。市机关事务局机关第三党支部被市级机关工委表彰为“五好机关党组织”，市行政中心设备强电班被市委宣传部、文明办、总工会联合授予第八届盐城市“五一文明示范岗”称号。

一、机关服务保障

2016 年，市机关事务管理局共提供“一站式”标准化服务 9200 多次，完成办公大楼幕墙渗漏维修等一批工程项目。改进代账核算模式，构建双岗交叉立体式复核体系，为各单位提供政策宣传、业务指导、会计核算、财务分析等一条龙服务，及时准确完成机关 54 家代账单位、40 套账 4 亿多元资金的集中支付和财务核算工作，实现“零差错”。餐饮中心强化食品安全规范化、源头化管理，开展“明厨亮灶”“特色餐饮进机关”等活动，与中粮集团等优质供应商进行合作，在提供放心菜、健康菜、特色菜上取得实效，每天服务 1000 多人次，得到好评，被评为 2016 年度盐城市食堂管理规范化示范单位和盐城餐饮业十佳团膳管理单位。机关幼儿园坚持走内涵式发展之路，推进教师专业化、课程游戏化、教育素质化，家长满意率达 96% 以上。开展送教下乡等活动，创办市机关城西幼儿园，品牌辐射效应日益彰显。推动机关事务管理部门由“办后勤”向“管后勤”转变，建立以市场为导向、多元互补的后勤服务机制，机关后勤服务专业化、社会化水平不断提升。加强服务单位监管，强化综合评估，东恒物业、文印中心等各服务单位均履行服务合同，服务质量稳步提高。持续推进局属单位管理运营、目标考核等方面的改革，发展效益不断提升，服务实力得到增强。机关服务中心优化运行机制、强化项目管理，机关液化气站销量和利税均创历年新高，机关办公用品经营部降本增效，加油站项目步入正常运行态势，盛勤物业划转工作如期完成，全年实现收入 1177 万元，上缴税金 90 万元，实现全年目标任务。中一公司有序做好注销关闭工作，做好紫薇花园的服务完善工作，配合完成小区新物业服务企业的招标工作；增设 3 座排涝泵站，对所有雨污水管网进行疏通清理；督促配合物业公司对小区的消防系统、二次供水系统、智能化系统等公共设施设备进行全面维保，配齐各类消防器材近 600 件。

二、公务用车管理

2016 年，按时完成 91 个市直参改部门、11 个县（市、区）的车改方案批复工作。1 月起，市直单位公务交通补贴每月按规定发放到位。通过拍卖、报废、划拨等方式，完成了市级机关所有取消车辆的处置工作。通过统筹采用保留车辆加装北斗或 GPS 定位系统、安装监控系统、张贴统一标识、相对统一号段、公开监督电话等举措，全方位加强公车监管，有效巩固了车改成果。制度建设方面，研究出台《盐城市市级机关公务用车集中管理平台保障监管办法（试行）》和《盐城市党政机关执法执勤用车配备使用管理办法（试行）》等配套政策，各县（市、区）车改办相应出台保留车辆使用管理的相关制度。根据省有关部门的统一要求，扎实做好企事业单位车改相关工作，基础信息已统计上报。

三、公共机构节能减耗

2016 年，盐城采取集中打包方式，分批次对市内能耗水平较高的公共机构实施能源审计，查找节能工作突破点。全年完成 22 家公共机构能源审计项目，审计建筑面积达 26 万平方米。推进新能源应用，广泛实施单位能源站建设等项目，9 个县（市、区）租赁使用新能源汽车。开展节能系统工程试点，为市一院等试点单位提供行为引导、能耗数据分析、能源审计、节能应用咨询、节能改造项目协调等系统性节能服务，促进重点领域典型公共机构节能高效管理。在全市广泛开展公共机构节能示范单位创建活动，发挥先进典型的引领带动作用，全市公共机构节能整体水平不断提升。突出抓好创建指导，6 家单位通过江苏省公共机构节能示范单位创建初审。调整充实公共机构节能工作组织领导机构，“横向到边、纵向到底”的工作网络不断完善。与经信、财政、建设、环保、水利、商务、质监等部门加强沟通协调，与教育、卫生等系统加强协作配合，节能工作合力不断增强。在市领导和有关部门的关心支持下，公共机构节能工作纳入全市综合目标考核，节能督查考核力度不断加大。

四、机关办公用房管理

2016 年，市级机关事务管理局落实中央和省市关于党政机关办公用房的管理要求，有序推进全市党政机关办公用房“五个统一”管理，对市级机关 88 个单位 36.31 万平方米的办公用房产权情况进行了逐一摸底。督促市级机关和各县（市、区）对部分单位腾退封存的办公用房，按照功能需求和资源平衡的原则进行整合调剂，将市法院原办公楼（折算使用面积 5655 平方米）调剂给市公安局使用。会同市发改委审核推动资源整合利用，将市国土局 2 楼大厅腾退的 445 平方米办公用房改建为“慧眼守土”综合动态监管中心和档案库房等业务用房。　　（袁万龙）

第 24 章　政协盐城市委员会

责任编辑　王义云

综　　述

2016 年，市政协贯彻落实习近平总书记系列重要讲话精神，围绕市政协七届五次会议确定的目标任务，团结引领广大政协委员和社会各界人士，履行政治协商、民主监督、参政议政职能，为加快建设“强富美高”新盐城做出贡献。

建设“学习型”政协，坚定信念统一思想。通过组织学习中共中央治国理政新理念新思想新战略和习近平总书记关于人民政协工作的重要论述，把全体政协委员、社会各界人士的思想行动统一到中央和省市委部署要求上来。及时传达学习省市党代会、省市委全会、全省政协工作会议等重要会议精神，保证中央和省市委最新要求在政协工作中得到坚决落实。按照省市委统一部署，市政协党组和机关党委认真制定“两学一做”学习教育工作方案，通过上专题党课、组织学习必读书目、召开专题学习交流会、外出考察等方式开展一系列集体学习活动。坚持问题导向，把学习教育与解决工作中存在的问题相结合，与政协履职工作相结合，做到“两手抓、两不误、两促进”。坚持领导班子集体学习制度，党组会议、主席会议和机关集中学习 18 次。邀请中央党校、国家部委专家学者作“走向世界：‘一带一路’与中国跨越式发展”“精准扶贫问题研究”“大气污染综合防治”专题讲座。继续开展以“同品政协书香、共筑美好梦想”为主题的读书活动，市政协领导班子成员和机关人员联系思想和工作实际，撰写心得体会文章，汇编成《书香》第四辑。

建设“服务型”政协，助推发展助力民生。市政协七届五次全会上，委员们围绕加快供给侧改革、深入推进沿海开发、传统产业转型升级等问题进行集中议政。市委、市政府领导对市政协报送的 40 多份建言材料作出批示。常委会议专题协商“深化大气污染防治”课题，市委主要领导专门作出批示。主席会议先后就推进中韩盐城产业园建设、发展乡村旅游业、镇村经济发展等课题开展集中视察、专题协商。各专门委员会围绕推进农业现代化、“515”人才引进三年行动计划实施、智慧城市建设、海洋环境保护、历史遗址保护、台资企业发展、特殊人群管理、文化事业发展等课题，组织委员开展考察督查。为民生幸福尽心。参与市委市政府重要民生课题调研。面向全体委员征集 2017 年市政府为民办实事项目，经过整理综合，提出民生实事建议项目 112 件。常委会议专题协商“实施精准扶贫”课题，从提高思想认识、改进工作方法、推动机制创新、统筹加强力量等方面提出建议。结合常委会议议政调研，在全体市政协委员中开展“发一个好的倡议、提一条好的建议、联系帮扶一户贫困户、为群众办一件实事”的“四个一”活动。市政协领导挂钩经济薄弱村，与基层干群共商发展思路，帮助解决村级集体经济问题；组织医卫界委员开展送医下乡活动，为 200 多名群众提供免费医疗服务。主席会议、各专门委员会组织委员就社会养老体系建设、食品药品安全、妇幼保健事业发展、女性创业就业等 10 多个民生热点问题建言献策。对接阶段性重点工作，服务全市重点工程、重点企业、重大项目、重要事项。参与全国文明城市创建工作，组织省市政协委员考察督查，组织委员和机关人员在迎查期间到挂钩地驻点巡查。

建设“创新型”政协，参政议政有新作为。参照全国政协协商工作流程，市委、市政府、市政协共同制定年度协商计划，明确重点协商课题和重点协商活动，进一步推动政协协商工作科学化发展。增强提案实效。落实中央《关于进一步加强人民政协提案办理工作的意见》。坚持全会期间初审、全会闭会后复审、交办前会审“三审”制度，立案提案质量有新提高。市政府首次以政府常务会议名义交办政协提案 263 件。经主席会议研究，确定《缓解城市交通拥堵》《做大做强新能源汽车产业》《加快现代农业发展》等 8 类 24 件提案作为年度重点提案，由市委、市政府和市政协领导共同领办。与市政府督查部门一起督办面上提案办理工作；对提案承办大户进行民主评议，对不满意提案二次交办协商，促进有关工作开展和问题解决，提升提案工作效果和满意度。强化民主监督。委派 83 名委员担任有关单位特约监督员，组织他们对部门工作和责任落实情况开展评议监督。组织委员参加市政府“十三五”规划实施座谈会、省依法行政考核座谈会、市区公共租房租金标准听证会、“环保开放日”活动、普法考核验收等工作。

建设“和谐型”政协，协调关系凝心聚力。贯彻落实中央和省市委统战工作会议精神，密切与各民主党派、工商联和无党派人士联系，为各党派团体参政议政搭建平台，在调研考察、协商议政、提案督办等工作中，重视发挥他们的作用。各民主党派、工商联提交集体提案24件、建言材料28篇。畅通民意渠道。与市委统战部联合举办各界人士中秋座谈会，加强同无党派知识分子、新的社会阶层代表人士、民族宗教代表人士、港澳台同胞的沟通联谊，引导各界人士共同为改革发展出主意、谋实招。发挥政协联系广泛的优势，深入社区农村，听取各方意见，向社会公开征集提案线索和社情民意信息。编辑《委员意见》《社情民意信息》40多期、各类信息150多条。广泛联谊交流。开展联谊交往，扩大政协"朋友圈"。接待省政协和兄弟市政协到盐城调研考察，承办在盐城召开的全省政协工作调研座谈会、全省政协文史工作交流会，参加全国24城市政协工作横向联系会。组织驻盐省政协委员赴常州、淮安、徐州和无锡开展异地考察。加强对县(市、区)政协的指导和工作联动。重视文史和宣传工作。发挥文史资料"存史、资政、团结、育人"功能，征编文史资料60余万字。年内，《永宁寺志》《盐城海盐文化历史遗迹》《湖海诗词》编辑出版，文史期刊《文史盐城》发行。加强宣传工作。在《人民政协报》《中国政协》《江苏政协》等主流媒体大力宣传盐城改革发展成就，宣传报道全市政协组织和政协委员履职成绩和良好形象。在《盐阜大众报》上开辟政协工作专栏，深入宣传政协工作。改版政协网站，办好《盐城政协》杂志。

建设"务实型"政协，清风气正激发活力。加强与各级政协委员的联系，主席会议成员定期走访各界委员，了解他们的工作、生活情况，密切联系、增进感情。在市政协委员中开展"双岗双优""委员传递正能量"等主题活动，为委员发挥界别代表作用创造机会、畅通渠道；建立智慧政协APP和委员履职评价信息平台，强化委员履职情况统计考核。彰显界别特色。主席会议成员分别联系2~3个界别，每个专委会联系3~4个界别，以界别为纽带，开展形式多样的调研、考察和协商，实现界别委员组织化、界别活动制度化。每月举办一次"委员界别活动日"活动，界别作为民主渠道、团结渠道和咨询渠道的独特作用得到彰显。发挥专委会作用。各专委会配合各民主党派、工商联、各界别开展工作，定期与对口联系部门交流沟通、协商工作，形成良性互动的新格局。加强机关建设。市政协党组担当全面从严治党政治责任，落实中央"八项规定"和省市委"十项规定"精神。加大机关干部素质提升和培养锻炼力度，不断提高机关综合管理、协调服务和信息化水平，积极向上、勇于担当、和谐协作、风清气正的氛围更加浓厚。

第一节 重要会议

一、政协盐城市七届五次会议

1月12—15日，政协盐城市七届五次会议召开。在市七届政协508名委员中，496名出席会议。中共盐城市委、市人大常委会、市人民政府在盐城全体领导人，盐城军分区和市中级人民法院、市人民检察院主要负责人和曾担任过市政协领导职务的老干部等出席大会开幕式和闭幕式。市委各部委办、市各委办局、市各直属单位、省属驻盐部分单位主要负责人参加大会的开幕式和闭幕式。会议听取并讨论市委书记朱克江在会议开幕时所作的讲话。会议期间，委员们列席市七届人大六次会议，听取并讨论市长王荣平所作的政府工作报告；讨论《盐城市国民经济和社会发展第十三个五年规划纲要(草案)》。会议举行大会协商议政。在会前深入调研的基础上，广大政协委员、各党派团体、县(市、区)政协提交建言材料100多篇，印发40篇。3个民主党派、3个县(市、区)政协代表和4名委员作大会发言，就加快发展新产业经济、加大沿海开发力度、推进供给侧结构性改革、增进民生幸福、创新金融服务等建言献策。市委书记朱克江、市长王荣平到会听取发言。会议期间收到提案292件，立案261件。印发《委员意见》18期，反映社情民意300多条。委员们听取并审议市政协主席李驰代表市七届政协常务委员会所作的工作报告和提案工作报告。市政协主席李驰在闭幕大会上致闭幕词。会议补选马成志、沈洪清为市七届政协副主席，补选李大林、汪满健、徐晓明为市七届政协常务委员。会议表彰48名"双岗双优"委员、30件优秀提案、7个社情民意信息工作先进单位和10名社情民意信息工作先进委员，通过大会决议。

二、市七届政协常委会议

2016年，市政协召开常委会议4次。

第二十一次常委会议在市政协七届五次会议期间召开，研究全会有关事宜。

4月1日，市政协召开七届二十二次常委会议，传达学习全国"两会"精神，协商关于进一步深化"五型""五新"政协建设事宜，邀请中央党校国际战略研究所教授赵磊作"走向世界：'一带一路'与中国跨越发展"专题讲座。会议还审议通过有关人事事项，研究安排下阶段工作。

8月29日，市政协召开七届二十三次常委会议。会议听取全市经济社会发展情况的通报，邀请中央党校经济学部发展经济学教研室主任施红作"精准扶贫问题研究"专题讲座，就"实施精准扶贫"课题进行协商议政。会议对下一阶段工作作研究部署，审议通过有关人事事项。

11月29日，市政协召开七届二十四次常委会议。会议学习贯彻中共十八届六中全会和省第十三次党代会精神，围绕深化大气污染防治进行专题协商议政，邀请中国环境科学研究院原副院长柴发合作"我国大气污染综合防治"专题讲座。

三、市七届政协主席会议

2016年，市政协召开主席会议10次。

第四十二次、四十三次、四十四次主席会议在市政协七届五次会议期间召开，研究全会有关事宜。

2月23日，市政协召开七届四十五次主席会议。会议学习习近平总书记在中央纪委六次全会上的重要讲话精神，贯彻省市纪委全会要求；分解落实《政协盐城市委员会2016年度协商计划》；审议市政协七届五次会议提案审查立案情况，研究确定年度重点提案。

3月31日，市政协召开七届四十六次主席会议。会议传达学习全国“两会”精神，研究常委会议专题协商议政课题“实施精准扶贫”调研计划和市政协近期工作安排，研究确定市政协七届二十二次常委会议事宜，审议有关人事事项。

4月28日，市政协在射阳县召开七届四十七次主席会议，集中考察加快镇村经济发展工作，研究市政协近期工作。李驰主持会议并讲话，市政协主席会议成员和部分住盐城省政协委员出席，射阳县委、县政府、县政协主要负责人参加。

7月4日，市政协召开七届四十八次主席会议。会议认真学习习近平总书记在庆祝中国共产党成立95周年大会上的重要讲话精神；通报“6·23”阜宁、射阳特大龙卷风冰雹灾害抢险救灾和灾后重建工作情况；传达贯彻全省政协工作会议和全省市、县(市、区)政协主席座谈会精神；研究市政协下阶段工作。

8月22日，市政协召开七届四十九次主席会议，讨论市政协七届第二十三次常委会议议程和关于“实施精准扶贫”常委会议专题议政调研报告，协商有关人事事项，研究市政协近期工作安排。

9月29日，市政协召开七届五十次主席会议，传达学习市第七次党代会和市委七届一次全会精神，研究市政协近期工作安排。

11月15日，市政协召开七届五十一次主席会议，深入学习贯彻中国共产党十八届六中全会精神，讨论七届二十四次常委会议议程等事宜和议政调研报告，研究近期主要工作。李驰主持会议并讲话。

四、其他会议

1月21日，市政协党组召开“三严三实”专题民主生活会，深入学习贯彻习近平总书记在中央政治局专题民主生活会和十八届中央纪委六次全会上的重要讲话精神，围绕“六查六看六整治”，以“三严三实”为衡量标尺，严肃认真地开展批评和自我批评，努力推动形成积极向上、干事创业、风清气正的政治生态，以作风建设的新成效推动履职能力的不断提升。市政协党组书记、主席李驰主持。市政协党组成员、副主席王锦胜、尹金来，党组成员、秘书长张洪达参加。市政协副主席吕拔生、孙长春列席。为开好专题民主生活会，市政协党组作充分细致的准备，各位党组成员深入学习习近平总书记系列重要讲话精神、《中国共产党廉洁自律准则》《中国共产党纪律处分条例》等必读篇目，李驰为政协党组和机关上专题党课，党组成员认真开展学习研讨，广泛征求意见建议，深入进行谈心谈话，紧密结合自身思想和工作实际，从严剖析检查，撰写对照检查材料。

2月5日，市政协召开主席办公会议，学习贯彻省政协全会和市委常委会精神，安排春节前后有关工作。市政协主席李驰主持并讲话，市政协副主席马成志、吕拔生、蒋婉求、孙长春、王锦胜、尹金来、沈洪清，秘书长张洪达出席。会议传达中组部《一些领导干部不严不实问题的主要表现》的通知和市“两办”关于做好元旦、春节期间有关工作的通知精神，通报市政协主席会议成员和驻会副秘书长、办公室主任、副主任工作分工，安排2月主要工作。李驰要求，全市各级政协组织和广大政协委员要通过学习真正把思想行动统一到省政协十一届四次会议精神上来，围绕市委、市政府中心工作，履行政治协商、民主监督、参政议政的工作职能，为“五大盐城”建设献计出力。要按照省政协的工作思路，进一步细化完善市政协2016年工作要点。

5月24日，市政协机关召开“两学一做”学习教育动员会议暨专题党课，学习贯彻中央和省市委“两学一做”学习教育有关会议精神，按照市委常委会议研究精神，对市政协机关“两学一做”学习教育进行动员部署。市政协党组书记、主席李驰出席并上专题党课。市政协副主席马成志、吕拔生、蒋婉求、孙长春、王锦胜、尹金来出席。市政协秘书长张洪达主持。李驰就如何学好党章进行专题辅导。

7月27日，市政协召开党组扩大会议，深入学习习近平总书记在庆祝中国共产党成立95周年大会上的重要讲话精神，传达贯彻市委六届九次全会精神，深化“两学一做”学习教育。市政协党组书记、主席李驰主持并讲话，市政协副主席马成志、吕拔生、孙长春、王锦胜、尹金来、沈洪清，秘书长张洪达出席。会上，马成志、王锦胜等4人围绕“不忘初心、继续前进”“争做合格党员”等，结合个人思想和工作实际，畅谈学习“七一”讲话精神体会。

9月13日，市政协和市委统战部联合举行中秋座谈会，各界人士欢聚一堂，叙友情、话发展。市政协主席李驰出席并讲话，市委常委、统战部部长倪峰主持，市政协副主席马成志、蒋婉求、王锦胜、尹金来、沈洪清、秘书长张洪达参加。座谈会洋溢着民主团结的氛围，民主党派、台胞、宗教、侨联、新社会阶层5个界别代表结合个人思想和工作实际，畅谈对全市改革发展、和谐稳定的体会和建议，表达深深的爱国爱乡之情，对盐城未来发展远景寄予美好期待。李驰向社会各界人士致以节日祝福和诚挚问候，通报全市经济社会发展情况和市政协工作。

第二节 重要活动

韩启德在盐城调研 3月19—21日，全国政协副主席韩启德率全国政协调研组到盐城，专题调研深化医药卫生体制改革工作。韩启德一行先后到大丰区和建湖县基层医疗卫生机构考察调研，与医务工作者和居民群众深入交流，听取相关情况汇报，肯定盐城市扎实推进医药卫生体制改革取得的成效。在21日上午召开的调研座谈会上，韩启德听取盐城市医改工作情况汇报，并就深化医改中遇到的困难和问题与大家进行研讨。韩启德指出，盐城市委、市政府高度重视深化医改工作，注重把资源配置、财政投入、政策扶持等向基层倾斜，人民群众获得更高质量的医疗服务，切实减轻看病负担，在推进医药卫生体制改革上走出新路子，创造好经验。

全省政协工作调研座谈会在盐城召开 5月31日，全省政协工作调研座谈会在盐城召开。省政协副主席、党组副书记杨新力主持。省委组织部、宣传部、统战部，省编办，省政协办公厅、研究室有关负责人参加。杨新力在主持讲话中指出，近年来，盐城市委切实加强对政协工作的领导，不断规范政治协商程序、完善民主监督机制、提高参政议政实效，创造政协工作良好环境，充分发挥政协在全市经济社会发展中的重要作用，形成党委重视、政府支持、政协主动、各方配合的工作格局，促进人民政协事业的不断发展。盐城市政协牢牢把握团结民主两大主题，坚持把推动又好又快发展作为出发点，把增进民生幸福作为落脚点，把汇聚各方力量作为着力点，切实履行职能，为建设创业开放生态幸福厚德的美丽盐城做出重要贡献。

省政协调研农业供给侧结构性改革　6月16—17日，省政协副主席、农工民主党江苏省委会主委、中科院南京分院院长周健民，率领省政协农工民主党界部分委员及有关专家，围绕“农业供给侧结构性改革”主题在盐城市大丰区专题调研。在盐城期间，周健明一行考察大丰区九州田园家庭农场、荷兰花海和江苏久和生物科技有限公司，详细了解企业发展情况特别是带动农民增收致富的具体做法和实际成效。调研组专题听取大丰区经济社会发展情况特别是农业供给侧结构性改革工作进展情况，重点围绕农业基础设施建设、农业物质装备现代化水平、新型农业经营主体培育、农业龙头企业带动能力以及农村支农金融体系建设等重要课题与大丰区政府及有关部门负责人进行座谈交流，征求关于着力发展现代农业、有效增加农民收入、切实推进农村发展的意见建议。

省政协调研养老服务体系建设　5月18日，省政协副主席、党组副书记罗一民率省政协调研组到盐城，就养老服务体系建设工作进行调研。罗一民详细察看了解项目规划建设、入住老人生活起居及公寓管理服务等情况，对千鹤湾着力创新思路，将养老服务与医疗、旅游、健康等相结合，走综合性多元化发展道路的理念和实践给予肯定。在座谈交流中，罗一民认真听取盐城市情况汇报，认为盐城市在养老服务体系建设中，坚持政府主导、社会参与，市场运作、统筹发展，保障基本、适度普惠的思路，既符合中央和省部署要求，又切合盐城地方实际。养老服务政策配套完善，基本形成了“以居家为基础、社区为依托、机构为补充、医养融合发展”的养老服务体系，成效明显，经验丰富，值得推广；下一步，要突出居家养老基础地位，落实各项优惠政策，推进医养融合深度发展，提高农村养老服务水平，培育养老服务产业集群，加强人才培养和队伍建设，进一步攻克难点，形成亮点，切实提高广大老年群体的生活质量和幸福感。

第三节　提案工作

市政协七届五次会议以来，政协委员、政协各参加单位和专门委员会贯彻落实市委、市政府决策部署，把助推“十三五”规划实施作为履行职能的主线，共提交提案294件。经审查，立案263件，占收到提案总数的89.5%。在立案的提案中，集体提案共37件，占收到提案总数的14.1%；委员个人提案、联名提案共226件，占收到提案总数的85.9%。政协提案涉及领域涵盖盐城市经济、政治、文化、社会、生态文明各个领域。其中，围绕“十三五”规划实施和经济健康发展等方面，共立案提案103件，占立案提案总数的39.2%；围绕保障和改善民生等方面，共立案提案105件，占立案提案总数的39.9%；围绕促进社会和谐稳定等方面，共立案提案55件，占立案提案总数的20.9%。总体上看，提案反映情况真实，针对性、操作性强，由79个市直承办部门单位和7个县（市、区）人民政府办理。2月23日，市政协七届四十五次主席会议审议确定《缓解城市交通拥堵》等8类24件提案为重点提案，把多位委员关注的同类议题“打包”办理，邀请市委、市政府6位领导和市政协各位主席共同督办。督办领导深入承办单位了解办理进度，考察相关现场，与提案人当面交流，协调解决难点问题。提案办理协商的过程成为深入研究探讨、会诊“疑难杂症”的过程，成为各方面意见交流、交锋、交融的过程。市政协各专门委员会分别领办督办重点提案，对热点难点提案给予重点关注、跟踪督办。立案提案办复率100%，意见和建议采纳落实率95.8%。其中，采纳并已解决的占22.1%，列入计划逐步解决的占73.7%；委员满意和基本满意率98.9%。提案为汇集民意、凝聚智慧、增进共识，协助党委、政府科学决策、有效施策做出贡献。（夏斯馨）

第 25 章　纪检监察

责任编辑　王义云

综　　述

2016 年，全市各级纪检监察机关履行监督责任，坚定不移严惩腐败，持续深化作风建设，统筹推进源头治理，全市党风廉政建设和反腐败工作取得新的明显成效。协助市委出台深入推进全面从严治党意见、落实“两个责任”实施办法，召开县（市、区）委书记履行主体责任述职会议，深化市级机关单位主要负责人向市纪委全委会述责述廉评议工作，举办“严明纪律规矩、强化责任担当”网络在线访谈活动，牵头组织 2016 年度落实党风廉政建设责任制检查考核，推动形成党委纪委同发力、市县联动抓落实的良好局面。做好市管干部党风廉政情况征求意见回复工作，共对 27 批次 587 名人员党风廉政情况进行回复，发挥纪检监察机关的把关作用。坚持以问责倒逼责任落实，全市共对 42 名责任落实不力的党员干部实施问责追究。依纪依规对化解过剩产能问题开展追责问责，共处分 6 人。落实纪法分开、纪在法前、纪严于法的要求，贯彻惩前毖后、治病救人方针，切实用纪律管住大多数。坚持抓早抓小，全市纪检监察机关共处置问题线索 3865 件（次）。共立案 2369 件，总量列全省第三位，持续保持惩治腐败高压态势。加强纪法衔接，组织开展涉刑党员处理及处分执行情况专项检查，对中共十八大以来移送司法机关尚未给予党政纪处分的 91 名党员、504 名受到刑事行政处罚尚未给予纪律处分的党员，全部处分到位。全面推行案件审理建议制度，共发出审理建议书 21 份，提出建议 73 条，治本功能得到有效发挥。坚持巩固深化，党风政风持续向上向好。按照“抓常、抓细、抓长”的要求，始终紧盯违反中央“八项规定”和省市委“十项规定”精神问题，坚持动真碰硬，防止松懈反弹。推进“为官不为、为官乱为”“三公”经费违规使用以及“四风”隐身变异问题等专项整治。围绕服务保障精准扶贫，组织开展扶贫攻坚政策执行情况专项监督检查，督办问题线索 33 件，党政纪处分 13 人，一批反映强烈的突出问题得到有效解决。注重标本兼治，源头治理工作深入推进。落实中央《建立健全惩治和预防腐败体系 2013—2017 年工作规划》和《中国共产党党内监督条例》要求，加强权力制约监督，健全完善机制制度，着力铲除腐败滋生蔓延土壤。开展《中国共产党廉洁自律准则》《中国共产党纪律处分条例》等党规党纪学习宣传，深化领导干部“510”警示教育制度，开展“明高线、知底线、强监督、守责任”党规党纪知识竞赛，举办第三期县处级干部廉洁从政专题培训。探索巡视监督向基层延伸，出台市委巡察工作办法和五年工作规划，启动实施首轮巡察。发挥再监督职能，重点加强对创建国家文明城市、市区内环高架项目、新水源地建设、“6·23”灾后重建等重大决策部署落实情况的跟踪督查。制定出台市党代会、市县乡三级人大换届选举工作纪律的意见等规定并加强督查，营造风清气正的换届环境。落实纪委书记、副书记提名考察办法，完成市县乡三级纪委换届工作，35 名市纪委委员中专职从事纪检工作的 26 名，占总数的 74.3%。配强基层执纪监督力量，全市 96 个乡镇纪委专职干部全部配备到位。巩固深化内设机构调整、议事协调机构清理工作成果，调研摸底市级纪检监察机构情况，为推进派驻全覆盖奠定坚实基础。结合深化“两学一做”学习教育，在全系统开展“争当求真务实表率、争创一流工作业绩”主题教育活动。出台《关于进一步发挥市纪委委员作用的办法》，首次举办市纪委委员纪检监察业务培训班。从严加强监督管理，健全内部制约监督机制，完善全市 1674 名纪检监察干部基本情况信息库，着力打造过硬队伍，为落实监督责任提供坚强保障。

第一节　主要会议

市纪委六届六次全会　2 月 15—16 日，市纪委召开六届六次全会。会议共分 3 个阶段进行。2 月 15 日下午召开的第一次大会上，市委常委、市纪委书记刘德民主持会议。市委书记、市人大常委会主任朱克江出席会议并讲话。会上签订党风廉政建设责任书，对 2015 年度全市“十佳勤政标兵”和“十佳服务明星”进行表彰。在 2 月 15 日下午召开的第二次大会上，市纪委常委会主持会议，全会传达学习中省纪委全会精神，市委常委、市纪委书记刘德民代表市纪委常委会作题为《严明党纪党规，忠诚履职尽责，推动党风廉政建设和反腐败工作在全省走前列》的工作报告。2 月 16 日上午召开第三次大会，表决通过市纪委六届六次全会工作报告和全会决议（草案）。

市直单位主要负责人述廉述责和接受评议会议 4月28日，部分市直单位主要负责人向市纪委全委会述廉述责和接受评议会议召开。市人社局、商务局、环保局主要负责人进行述廉述责。会上，3个单位主要负责人分别向市纪委全委会汇报履行主体责任和执行廉洁自律规定情况，市纪委3个督查组组长结合前期督查情况，逐一进行点廉点责，并提出整改建议。参会的市纪委委员和部分市党代表、人大代表和政协委员，进行询廉询责，3个单位主要负责人针对提出的问题进行答询表态。随后，参会的各位委员、代表对3名述廉述责人员进行现场评议。

全市领导干部“510”警示教育大会 5月17日，市委围绕“明高线、知底线”主题，召开全市领导干部“510”警示教育大会。市委书记、市人大常委会主任朱克江出席并讲话，强调全市广大党员干部要深入学习贯彻习近平总书记系列重要讲话精神，严格对照中央颁布的《中国共产党廉洁自律准则》和《中国共产党纪律处分条例》要求，既追求理想道德“高线”，又严守党的纪律规矩“底线”，自觉筑牢拒腐蚀、永不沾的防线，以忠诚、干净、担当的实际行动，做一名让组织放心、让群众满意、让亲友为豪、让自己无悔的好党员好干部。市委副书记、市长王荣平主持，市政协主席李驰出席。会上，与会人员集中观看《逾规越纪的代价》警示教育专题片。市委常委、纪委书记刘德民通报剖析2015年全市查处的违纪案件情况。会议采取电视电话会议形式，市委常委，市人大、市政府、市政协领导班子其他成员出席会议。市法院院长、市检察院检察长，市各有关方面负责人等在市主会场参加。各县（市、区）、盐城经济技术开发区和城南新区设分会场收听收看。

市第七届纪律检查委员会第一次全体会议 9月28日，中国共产党盐城市第七次代表大会选举产生的中共盐城市第七届纪律检查委员会，举行第一次全体会议。到会委员应为35名，实到委员35名。王小红受中国共产党盐城市第七次代表大会主席团委托主持全会。全会选举产生中共盐城市第七届纪律检查委员会常务委员会，选举王小红为中共盐城市第七届纪律检查委员会书记，刘正秀、刘向阳、孙红亮为副书记，王小红、刘正秀、刘向阳、孙红亮、张鹏程、张炜东、方仕德、路竞竞、张国锋为常务委员会委员。

七届市委第一轮巡察工作动员部署会议 12月8日，七届市委第一轮巡察工作动员部署会议召开。市委书记王荣平出席会议并讲话。王荣平强调，要深入学习贯彻中共十八届六中全会和习近平总书记系列重要讲话精神，准确把握、坚决贯彻中央和省委对巡视巡察工作的最新要求，切实用好巡察监督利剑，努力营造风清气正的政治生态，为实现省、市党代会确定的各项目标任务、加快建设“强富美高”新盐城提供坚强政治保证。按照中央和省委部署，市委决定，用一个月时间开展七届市委第一轮巡察工作，对4个单位党组织开展常规巡察。市委常委、纪委书记、市委巡察工作领导小组组长王小红主持会议，并传达中央和省委关于巡视巡察工作的最新要求。会上宣布市委第一轮巡察组组长、副组长的授权任职及巡察任务分工。市委巡察工作领导小组全体成员及巡察办全体人员，市委巡察组成员，被巡察党组织主要负责人、纪委书记（纪检组组长），市委巡察对象党组织负责人，各县（市、区）纪委书记等参加会议。

第二节　主要活动

设立“两个责任”问责电视“曝光台” 2月29日，市广播电视台《盐城新闻》里播出第一期“落实两个责任，推进全面从严治党”专栏节目。3名因落实主体责任不力被追究责任的单位主要负责人走进市电视台演播厅，谈对被追究责任的认识，谈进一步落实好主体责任的打算。3月1日，市广播电视台播出第二期专栏节目，3名因分管范围内发生违纪问题被追责的单位负责人，谈被追责的教训，谈如何落实好“一岗双责”。建立“两个责任”问责电视“曝光台”，不定期地通过电视曝光问责，营造狠抓“两个责任”落实的舆论氛围，有效形成违纪必究的宣传声势。这一做法被《人民日报》等中央媒体专题推介。

部署落实中央巡视江苏反馈意见整改情况“回头看”工作 4月6日，市纪委部署落实中央巡视江苏反馈意见整改落实“回头看”工作。市纪委副书记肖力作部署讲话，市委副秘书长戴红光主持会议，市纪委常委孙红亮、方仕德等出席部署会。会议要求，要深刻认识整改落实“回头看”的重要意义，要强化督查问责，对省委督查组督查时仍然发现存在整改工作责任不落实、整改不彻底、效果不明显的，一律要严肃追究相关责任人责任。

举办“双十佳”先进事迹巡回演讲活动 7月29日，由市优化办牵头，市纪委、市委组织部、市委宣传部和市政务服务管理办公室联合组织的盐城市2015年度“十佳勤政标兵”和“十佳服务明星”代表先进事迹巡回报告活动结束。此次活动是纪念中国共产党建立95周年和推进“两学一做”学习教育的一项举措，也是全市“作风建设提升年”活动的一项内容。通过用身边的人引导和感染党员干部，进一步弘扬新风正气和社会主义核心价值观，营造学先进、赶先进、超先进的良好氛围，激发全体党员干部干事创业的激情，发扬苦干实干的作风，把广大党员干部的智慧凝聚起来，力量调动起来，凝聚起建设新盐城的强大合力。“双十佳”的13名代表在市纪委、市委宣传部和市优化办领导带领下，分2个组赴9个县（市、区）、市开发区、城南新区和市级机关，开展为期5天的巡回演讲。报告团成员从不同角度、不同侧面回顾他们多年工作的感受和体会。他们开拓创新、积极进取、精益求精、清正廉洁、无私奉献的精神，充分体现党的优良传统和为民宗旨，体现当代共产党员的价值追求和精神风貌，事迹感人至深，精神催人奋进，使与会人员受到一次生动的党性教育和深刻的思想洗礼。

举办纪委委员学习市第七次党代会精神专题培训班 为深入学习贯彻市第七次党代会精神，适应全面从严治党新形势需要，不断提升市纪委委员履职能力，10月18日，市纪委在市党风廉政教育中心举办市纪委委员学习市第七次党代会精神专题培训班。市委常委、纪委书记王小红出席并作开班动员讲话，市纪委副书记、监察局局长刘正秀主持培训活动。此次培训采取课程学习、互动讨论等形式，课程内容既注重政策理论，又注意工作实务，具有很强的针对性和实用性。省纪委案件监督管理室主任葛夕芳，省纪委案件审理室副主任杨光，市委副秘书长、研究室主任卫永标，市纪委常委、秘书长、办公室主任方仕德，分别作"实践运用'四种形态'深入推进纪律审查工作""对照'六大纪律'开展纪律审查工作""王荣平同志在市第七次党代会上的工作报告解读"和"王小红同志向市第七次党代会的工作报告解读"4个专题辅导。在开班式上，王小红指出，这次培训，既是贯彻落实市党代会精神的迫切需要，也是推进学习型纪检监察机关建设的有力举措，更是提升纪委委员履职能力的重要方面，参与学习的人员要端正学习态度，讲究学习方法，严守学习纪律，不断提高推进反腐倡廉建设的能力和水平。市纪委委员；大丰、盐都、亭湖三区纪委委员，盐城经济技术开发区、城南新区纪工委委员；县（市、区）纪委副书记、市纪委机关部（室）负责人和派驻纪检组组长共计130余人接受专题培训。

开展"严明纪律规矩、强化责任担当"网络在线访谈活动 10—12月，为深入贯彻落实市第七次党代会精神，严格遵守《中国共产党廉洁自律准则》和《中国共产党纪律处分条例》，确保《中国共产党问责条例》《中国共产党党内监督条例》全面落实到位，市纪委组织部分地方、单位党委（党组）、纪委（纪检组）共计16名主要负责人在市纪委镜鉴信息网开展"严明纪律规矩，强化责任担当"网络在线访谈活动。访谈内容重点围绕党委（党组）、纪委（纪检组）在抓党风廉政建设和作风建设方面如何把主体责任、领导责任和监督责任落到实处，谈本地（本单位）在严纪律、立规矩，明责任、强担当等方面的做法、成效及下一步工作打算等。每位访谈时间约20分钟。访谈前两天在市纪委镜鉴信息网、"盐城镜鉴"微信公众号、盐城网、"中国盐城"政府门户网站等发布在线访谈预告，访谈当天在上述网站、平台发布访谈视频、图片及文字，当晚在盐城电视台《盐城新闻》播出在线访谈新闻，访谈次日，在《盐阜大众报》第2版设立"严明纪律规矩，强化责任担当"专栏刊发在线访谈主要文字内容，着力营造风清气正的社会氛围。

开展"争做求真务实表率、争创一流工作业绩"主题教育活动 11月4日，市纪委在市党风廉政教育中心召开学习贯彻中共十八届六中全会精神暨开展"争做求真务实表率、争创一流工作业绩"（以下简称"双争"）主题教育活动动员会议。"双争"活动按照"打铁还需自身硬"要求，从当年11月上旬开始至2017年1月下旬结束，分动员部署、学习教育、查摆问题、整改提高4个阶段进行，坚持严格要求、严格监督、严格管理，着力转变执纪理念，切实解决纪检监察干部队伍在思想、能力和作风方面存在的突出问题，大力弘扬求真务实作风，说实话、办实事、求实效，努力建设忠诚干净担当的纪检监察干部队伍，为深入推进党风廉政建设和反腐败斗争提供坚强保证。

协助市委研究通过《中共盐城市委巡察工作办法（试行）》 11月11日，市委常委会召开会议，研究通过《中共盐城市委巡察工作办法（试行）》。市委书记王荣平主持会议。会议指出，建立巡察工作制度是贯彻落实中共十八届六中全会精神的具体要求，对于健全党内监督体系、强化各级党委管党治党的政治责任、推动全面从严治党向基层延伸具有十分重要的意义。全市各级党组织要充分认识建立党委巡察制度、开展巡察工作的重要性和紧迫性，坚决把思想和行动统一到中央和省委的部署要求上来，把开展党委巡察工作作为当前和今后一个时期推进全面从严治党的一项重大任务，用好巡察监督利剑，着力构建良好政治生态。会议要求，要坚持问题导向、突出重点，抓紧启动市委巡察工作，紧盯重点领域、关键部门，达到开展一次巡察、解决一批突出问题的效果，切实发挥巡察的警示震慑作用。加强党委巡察人员队伍建设，把政策理论水平高、熟悉基层情况的优秀干部充实到巡察队伍中来，为开展巡察工作提供组织保障；要强化巡察结果运用，把巡察结果和巡察整改情况作为干部考核评价、选拔任用的重要依据。

举办第三期县处级干部廉洁从政专题培训班 为深入贯彻落实中共十八届六中全会精神，加强县处级干部的廉洁从政教育，11月24—26日，盐城市组织包括2015年12月以来新提拔的副处级干部以及各县（市、区）、市级机关各部门、市各直属单位未参加过培训的部分县处级干部，共计264人，进行为期两天半的廉洁从政专题培训。此次培训班邀请省委巡视办、省纪委有关处室负责人以及重庆市委党校的学者进行授课，培训内容主要围绕中共十八届六中全会精神解读，党风廉政建设和反腐败斗争形势，《中国共产党纪律处分条例》《中国共产党问责条例》学习解读等有关内容。11月24日下午，第三期县处级干部廉洁从政专题培训班在市委党校正式开班。市委常委、纪委书记王小红出席开班仪式并作动员讲话，市纪委副书记、监察局局长刘正秀主持开班式，市纪委常委、宣传部部长张国锋，市委党校党委副书记、副校长郭云出席开班式。

第三节 党风廉政

出台党风廉政建设问题清单排查整改制度 8月，《市级机关党风廉政建设"问题清单"排查整改暂行办法》出台，重点排查"两个责任"落实、纪律规矩意识、落实中央八项规定精神、内部监督管理、服务质效5个方面的内容，明确党委（党组）、纪委（纪检组）排查党风廉政建设问题清单责任，建立党风廉政建设问题清单整改、报告、考评3项制度。《办法》出台后，每年市级机关单位都要交出问题清单，汇报上年清单解决情况，并向社会公布排查的问题和整改措施。出台问题清单排查整改制度是为聚焦问题从严监督执纪，从而实现市级机关党风政风持续好转。

部署违规吃请和公款吃喝问题专项整治工作 7月，市纪委下发通知，部署违规吃请和公款吃喝问题专项整治工作，巩固、坚持和深化落实中央八项规定精神，坚决防止"四风"反弹。为进一步深化落实中央八项规定精神、纠正"四风"工作，根据省纪委文件要求，结合盐城市开展"四风"隐身变异问题专项整治活动的实施方案部署，下半年在全市开展违规吃请和公款吃喝问题专项整治工作，坚决防反弹、防变异、防松懈。通知要求严肃查处突出问题，公开曝光典型案件。全市各级纪检监察机关把纪律和规矩挺在前面，坚持抓早抓小、动辄得咎，严肃查处顶风违纪行为，越往后执纪越严、处理越重。

出台意见严肃市县乡三级人大换届工作纪律 为贯彻落实中央和省、市委关于做好市县乡三级人民代表大会换届选举工作的部署要求，11月，市纪委会同市委组织部出台《关于严肃市县乡三级人大换届选举工作纪律的意见》（以下简称《意见》），确保人大换届选举工作顺利进行，营造风清气正换届环境。《意见》从5个方面明确严肃换届纪律工作的主要任务和工作措施。一是广泛宣传换届纪律。领导班子成员要带头学习换届纪律，普遍开展谈心谈话活动，要加强换届纪律宣传，建立严肃换届纪律承诺制度，加强换届政策和严肃纪律工作培训。二是严把代表候选人提名推荐程序关。要严格按规定提名推荐代表候选人，建立健全代表候选人审查机制，切实依法组织选举，建立代表人选公示制度，及时对代表进行教育培训。三是突出监督工作重点。在召开市县镇换届人选民主推荐会前，要发放有关严肃换届纪律的学习材料。考察组要了解考察对象遵守换届纪律情况，对考察人选进行严格把关。四是抓好人代会会风会纪。在向代表下发会议通知时，同步下发严肃换届纪律提醒卡。会议期间，任何代表不得违反规定发放和收受礼金、礼品。大会选举前，要在代表中开展换届风气民主测评。五是畅通信访举报渠道。市县镇都要设立换届专用举报电话，鼓励实名举报。要建立查核工作责任制，从严追究违反换届纪律人员责任。为加强严肃换届纪律工作，《意见》明确换届工作责任，强调各级党委书记是换届工作的第一责任人，各级党政领导班子成员都要确定严肃换届纪律联系点，加强具体指导和督促检查。

第四节　监督检查

监督检查作风建设规定执行情况 全市纪检监察机关紧盯违反中央八项规定和省市委十项规定精神问题，坚持动真碰硬，防止松懈反弹。推进"为官不为、为官乱为"、"三公"经费违规使用以及"四风"隐身变异问题等专项整治，49名党员干部因"为官不为、为官乱为"问题被党政纪处分，市级机关"三公"经费下降18.7%。组织开展公务用车改革执行情况专项督查，车改后全市公务用车减少2707辆，压减42%，节支率10.85%。加大明察暗访力度，全市共查处违反八项规定精神问题55起，责任追究79人，点名道姓通报曝光14次。严肃查处群众身边不正之风和腐败问题，全市共查处基层干部克扣群众财物、违规拖欠群众钱款、职务侵占、以权谋私等案件1702件，占立案总数的71.8%；市纪委重点督办4批次83件问题线索，党政纪处分110人，移送司法机关5人。围绕服务保障精准扶贫，组织开展扶贫攻坚政策执行情况专项监督检查，督办问题线索33件，党政纪处分13人，一批反映强烈的突出问题得到有效解决。

"6·23"特别重大灾害抢险救灾监督工作 6月23日，阜宁、射阳等部分地区发生龙卷风冰雹特大灾害，广大人民群众生命财产遭受严重损失。灾害发生后，市纪委高度重视，迅速召开书记办公会专题研究，参与抗灾救灾工作。市纪委及时下发《关于严明纪律切实做好抗灾救灾工作的紧急通知》，要求各级纪检监察机关将抗灾救灾作为当前的头等大事和首要政治任务抓紧抓好，主动加强与相关部门沟通配合，投入抗灾救灾工作。加强对抗灾救灾中履行职责情况的监督检查，始终把纪律挺在前面，强化监督执纪问责，对借抗灾救灾之机贪污、截留、挤占、挪用、私分资金物资等损害群众利益的违纪行为，发现一起、查处一起，决不姑息。除严明纪律，市纪委还组织力量深入灾区参与救灾，组织机关干部职工捐钱捐物献爱心。6月24日，由一名市纪委常委带队，各支部志愿者参与组成的市纪委抗灾救灾工作组，第一时间赶赴受灾最严重的板湖镇等地区，帮助做好抢救安置、慰问灾民等工作。各级纪检监察机关纷纷组织捐款捐物，并及时支援阜宁灾区，委局机关干部累计捐款5.35万元。市纪委参与"6·23"特别重大灾害抢险救灾的做法，得到中央纪委副书记刘金国批示肯定。

第五节　案件查处

年内，市纪委落实纪法分开、纪在法前、纪严于法的要求，贯彻惩前毖后、治病救人方针，切实用纪律管住大多数。坚持抓早抓小，全市纪检监察机关共处置问题线索3865件，32.5%运用第一种形态，40.4%运用第二种形态，26.4%运用第三种形态，0.7%运用第四种形态。共立案2369件，上升23.26%，总量列全省第三，其中涉及县处级干部案件14件、乡科级125件，党政纪处分2213人，涉嫌犯罪移送司法机关25人，持续保持惩治腐败高压态势。市纪委重点查处盐城经济技术开发区管委会原副主任李兴国、市规划局原副局长吴立新等一批县处级领导干部案件。加强纪法衔接，开展涉刑党员处理及处分执行情况专项检查，对十八大以来移送司法机关尚未给予党政纪处分的91名党员、504名受到刑事行政处罚尚未给予纪律处分的党员，全部处分到位。深化执纪审理建议工作，共发出审理建议书21份，提出建议73条，治本功能得到有效发挥。

第 26 章　民主党派　工商联

责任编辑　潘其锐

综　　述

盐城市有民盟、民建、民进、农工民主党、九三学社 5 个民主党派市委会，致公党总支 1 个，市工商联 1 个。2016 年，各民主党派新发展成员 60 名。至年底，各民主党派共有基层组织 83 个，成员 1532 名，遍及科技、教育、文化、卫生、农林、经济等领域。民主党派成员担任全国人大代表 3 人、省人大代表 1 人、省政协委员 5 人、市人大代表 13 人、市政协委员 121 人。市工商联有会员总数 1.6 万人，各类行业商会 100 个，异地商会 5 个。工商联成员担任全国人大代表 1 人，省人大代表 19 人，省政协委员 4 人，省工商联副会长 1 人，常、执委 7 人；市人大代表 59 人，市政协委员 81 人。年内，各民主党派继续开展坚持和发展中国特色社会主义学习实践活动，组织开展专题讲座、会员座谈会、参观学习等活动，深化学习效果。5 月 17 日，农工民主党市委会承办农工民主党中央“走进基层、贴近党员，培育和践行社会主义核心价值观”百场主题宣讲走进江苏盐城活动，200 多名基层党员参加报告会。九三学社组织部分社员参加“九三楷模”先进事迹报告会。各民主党派履行参政议政职能，向市人大、市政协等提交各类议案、提案 119 件；开展调研活动，完成各类调研课题 34 项，多项课题获得省、市表彰。各民主党派履行民主监督职能，28 名会员担任各级各类特邀督查员和行风监督员，发挥应有作用。开展各类社会服务活动。各民主党派在盐城经济开发区步凤镇的市党派团体社会服务基地开展送医疗、送科技、送文化、送教育等社会服务活动共 5 次。　　（沈　萍）

第一节　民盟盐城市委员会

2016 年，民盟盐城市委员会发展新盟员 17 名，至年底，有盟员 392 人，平均年龄 53 岁。其中，高等教育界盟员 143 人，普通教育界盟员 124 人，文艺界盟员 32 人，科技医卫界盟员 25 人，机关、团体中盟员 28 人；盟员中有高级职称 217 人，中级职称 154 人；有全国人大代表 1 名，省政协委员 2 名，市人大代表 4 名，市政协委员 20 名，区人大代表 3 名，区政协委员 13 名。民盟盐城市委下设总支 5 个：盐城师范学院总支、盐城工学院总支、亭湖区总支、盐都区总支、盐城中学总支；支部 9 个：机关一支部、机关二支部、盐阜中学支部、田家炳中学支部、农科院支部、文化支部、悦达支部、盐城高等师范学校支部、盐城卫生职业技术学院支部。

一、参政议政

在市政协七届五次会议期间，民盟盐城市委提交集体提案 3 份、个人提案 20 份；市人大七届六次会议期间，提交盟员个人建议案 3 份，其中《顺应时代发展　建设“云都盐城”》建议案参加大会发言，《加快转变农业发展方式的五点建议》被列为主席督办案。市“两会”期间，有 1 份集体提案、2 份个人提案被市政协表彰为优秀提案，王宁等 3 人被表彰为“双岗双优”委员。民盟盐城市委主委蒋婉求在参加全国人民代表大会期间，提交《关于加强未成年人心理教育的建议》等十多份涉及文化、教育和公共安全等方面的议案和建议，得到有关部门的重视和采纳。民盟盐城市委向民盟省委报送的《关于加强我省战略性新兴产业发展的建议》《江苏城市水污染现状及其防治对策》调研课题被民盟省委采用，并作为集体提案于省政协会议期间提交。组织专题调研，完成民盟中央布置的《高度重视新时期网络宗教生活研究》重点调研课题和民盟省委交办的《江苏大气污染现状及其防治对策》课题。组织盟员参与民盟省委组织的生态文明建设研讨会、教育论坛、城镇化发展论坛等，其中《省属地方院校视角下中法合作办学的动因及困境——以盐城师范学院为例》一文获选江苏省教育发展论坛一等奖；《沿海开发进程中的生态红线的研究及对策》一文参加民盟苏鲁豫皖部分城市联合调研工作第二十九次会议大会发言；《树立绿色发展理念　让“盐城蓝”成为新常态》一文参加市政协七届二十四次常委会议发言。

二、组织建设

推进队伍建设，召开中国民主同盟盐城市第八次代表大会，选举产生唐伯平等 13 名委员组成的民盟盐城市第八届委员会。年内，文化支部完成换届改选。各基层组织开展特色活动。农科院支部与盐城高等师范学校支部联合进行农业生态安全建设模式调研，机关一支部赴建湖开展社会主义新农村建设专题调研，盐城师范学院总支赴阜宁调研并举行“盐城师范学院实践教育基地”授牌仪式。年内，盟员陈澄参与主演的淮剧《小镇》获得全国文华大奖；盟员卞保武指导大学生创业团队获得全国大学生创业公益赛铜奖；盟员张苏榕创作的小说《盐狐》出版发行；盟员唐伯平被评为江苏省教学名师。

三、社会服务

2016 年，民盟盐城市委承担民盟省委的精准扶贫“同心助学”西部支教任务，组织宝福娃幼儿园园长陈晋等多名幼儿骨干教师，赴贵州省毕节市开展师资培训活动；组织盐城中学盟员教师赴开发区步凤镇中学开展送教下乡活动。盐都区总支组织医卫盟员举行进社区送健康活动；农科院支部赴亭湖区南洋镇，开展果园植保机械推广应用活动；民盟市委与市文联联合主办“铭心・刘灿铭书法艺术展”。

四、民盟盐城市第八次代表大会

12 月 18—19 日，民盟盐城市第八次代表大会在市行政中心召开。大会审议并通过市政协副主席、第七届民盟市委主委蒋婉求代表民盟盐城市第七届委员会向大会作的工作报告，经民主选举，产生 13 人组成的民盟盐城市第八届委员会，唐伯平当选为主任委员，姜菊萍、薛和平、郭列平当选为副主任委员，任命姜菊萍为秘书长。大会还选举产生出席民盟江苏省第十二次代表大会代表，审议通过民盟盐城市第八次代表大会决议。（孙　波）

第二节　民建盐城市委员会

2016 年，民建盐城市委新成立国投支部、综合二支部和悦达支部，发展新会员 15 人。至年底，全市共有民建会员 246 名，本科以上学历达到 94%，中级以上职称达到 58%。专职副主委兼秘书长孙秀丽被评为民建中央社会服务先进个人。全年民建盐城市委在中央级、省、市级各类媒体上共发表新闻宣传稿件总数 100 余篇。其中，人民政协网、《团结报》、人民网等中央级媒体采用稿件 17 篇。理论研究方面，会员王金海理论文章《精准把脉党派优势　提高政党协商水平》被民建中央表彰为重点理论研究课题优秀成果二等奖。全年报送市委统战部、市政协、民建江苏省委和民建中央的社情民意信息 170 多条，社情民意信息工作获民建江苏省委表彰。

一、参政议政

2016 年，民建盐城市委参加中共盐城市委、市政府召开的座谈会、情况通报会、征求意见会及相关考察活动和界别活动，参与全市重大决策协商，发表意见和建议，推进党委政府科学决策、民主决策。在市政协七届五次会议上，民建盐城市委提交《适应新常态　培育新业态　开创现代服务业发展新局面》的大会发言，提交集体提案 6 件，提交个人提案 18 件。在政协大会闭幕式上，民建盐城市委集体提案《促进科技金融深度融合，支持科技企业创新发展》被表彰为优秀提案。在市政协七届常委会上，民进盐城市委分别作《加快农业产业园发展，提升精准扶贫效果》和《关于加强我市大气污染防治工作的对策建议》的会议发言。开展专题调研，和民建江苏省委联合开展“我省养老护理员行业发展”的专题调研，并形成调研报告，作为省政协十一届三十五次主席会议发言材料。

二、组织建设

2016 年，民建盐城市委全面推进组织建设，制定《民建盐城市委关于做好 2016 年换届工作的意见》，成立民建盐城市委换届工作领导小组，做好换届筹备工作和召开代表大会的组织工作。12 月，民建盐城市委召开第五次代表大会，选举产生新一届市委会领导班子，完成换届任务。加强基层组织建设，结合市委会换届，制定《民建盐城市委关于基层组织 2016 年换届工作的意见》，对基层组织换届工作进行部署，完成 9 个基层组织换届任务。加强会员发展和管理工作，及时更新会员数据库，组织管理信息系统工作获民建江苏省委表彰。

三、社会服务

2016 年，民建盐城市委开展助学帮困等活动，组织赴云南边远地区开展“同心助学”活动，在云南磨憨中心小学内建立“同心书屋”，捐赠 5 台台式电脑和价值 2 万元的图书，并为在该校就读的 10 位家庭困难的少数民族学生每人送上 500 元资助款和书包等全套学习用品。在步凤镇开展“思源工程——生育关怀行动”，向 10 户计生困难家庭发放 1 万元慰问金和价值 3000 元的慰问品，并为其进行义诊。争取民建江苏省委和爱德基金会合作的爱民项目支持，资助 50 名阜宁县贫困高中生助学金 10 万元。服务会员和企业发展，与市经信委合作建立法律服务联盟，为全市中小企业常年提供法律服务。组织企业家会员参加民建中央的风险投资论坛和民建江苏省委举办的民建企业家会员培训班以及有关考察交流活动。

四、民建盐城市第五次代表大会

12 月 15—16 日，民建盐城市第五次代表大会在市行政中心召开。大会审议并通过市人大常委会副主任、第四届民建市委主委肖紫英代表民建盐城市第四届委员会向大会作的工作报告，经民主选举，产生 13 人组成的民建盐城市第五届委员会，穆向明当选为主任委员，陈军、孙秀丽、吴海燕当选为副主任委员，任命孙秀丽为秘书长。大会还选举产生出席民建江苏省第九次代表大会代表，审议通过民建盐城市第四次代表大会决议。（唐修祥）

第三节　民进盐城市委员会

2016 年，民进盐城市委新发展会员 17 名。至年底，全市有会员 260 人。其中，省政协委员 1 人，市人大代表 1

人；市政协委员14人，其中副秘书长1人，常委2人；亭湖、盐都区政协委员17人，其中常委3人。民进盐城市委下设支部13个：机关支部、经济支部、文化支部、教育支部、盐城中学支部、高级职业学校支部、明达中学支部、一小支部、盐城师范学院支部、盐城工学院支部、盐阜中学支部、田家炳支部、新阶层支部；总支2个：亭湖总支、盐都总支。年内，民进盐城市委副秘书长朱义刚被评为全国参政议政工作先进个人；民进盐城市委被民进江苏省委评为参政议政工作先进集体，会员左兵被评为参政议政工作先进个人。重视社情民意，年内上报至民进中央、民进江苏省委以及市委统战部各类信息80余条，被省、市各级部门采用60余条。

一、参政议政

在市政协七届五次会议上，民进盐城市委提交提案19件，其中提案《以"水十条"倒逼传统产业升级　实现经济和生态双赢》被选为政协大会发言材料。民进盐城市委联合民进江苏省委教育工作委员会申报"培养学前儿童教育师资，推动江苏省幼儿教育普及与提升"调研课题，完成调研报告。实行"一支部一课题"，完成《挖掘历史文化资源　恢复重现盐城八景》《关注我市留守儿童　促进儿童健康成长》等5个课题报告。

二、组织建设

2016年，民进盐城市委开展各项学习活动，通过专题报告会、会员座谈会、暑期培训班、市委扩大会等多种形式，组织会员学习中共十八届历次全会精神、习近平总书记系列重要讲话精神、民进十三届十五次中央常务委员会精神和民进全国参政议政工作会议精神等。民进盐城市委鼓励会员加强理论研究，在民进网站开辟《理论学习》栏目，组织会员参加省江海论坛的"我为十三五献一策"理论征文活动；组织骨干成员参加民进全省骨干会员理论研讨培训班。构建多方位的宣传平台，确保会刊《盐城民进》定期出刊，发挥民进网站、公用信箱、民进QQ群、民进微信群、民进消息快报等网络媒体的作用，强化宣传工作。召开民进盐城市第五次代表会议，完成民进盐城市委换届工作。做好各基层组织的换届工作，年内完成民进盐城师范学院支部等3个支部改选工作和民进亭湖总支等6个支部（总支）的换届工作。年内，重视新会员发展和后备干部培养，先后推举骨干会员、新会员等20余人次参加省、市各级组织的专项业务和骨干会员培训班。激励各基层组织开展支部评优。对民进亭湖总支等13个先进基层组织、47名先进会员进行表彰。

三、社会服务

2016年，民进盐城市委打造社会服务品牌，开展民进书画家送春联进社区活动；"百姓春晚"连续举办五届，2016年首次尝试现场直播形式，在线观看人数达27万人次；陈氏太极拳免费培训班连续开办七期，免费教授会员、市民300余人；推广校外教育品牌，邀请会员季贵林赴市第二小学教育集团、建湖实验小学等多地开展"做智慧父母，伴孩子成长——七彩公益大讲堂"活动，联合惠众学校校长张卫祝，走进盐城市文峰中学、明达中学、盐阜中学开展"感恩有你　珍爱生命"主题教育活动，学生及家长万余人受益。丰富文化公益活动形式，主办盐城八景之《杨楼翠霭》音画——中国笛子名家独奏音乐会，会员、笛子演奏家何山以盐城八景入画，完成18米长卷《杨楼翠霭》，并为该画谱就笛曲，向观众再现古盐城都市繁华景致；组织"七彩亭湖"传统国学系列艺术免费培训，招收70多名笛、箫、葫芦丝、排箫、埙等民乐乐器爱好者。

四、民进盐城市第五次代表大会

12月20—21日，民进盐城市第五次代表大会在市行政中心召开。大会审议并通过市政协副主席、民进第四届市委主委马成志代表民进盐城市第四届委员会向大会作的工作报告。经民主选举，产生由12人组成的民进盐城市第五届委员会，朱雪梅当选为主任委员，张永辉、张学军当选为副主任委员，任命张永辉为秘书长。大会还选举产生出席民进江苏省第十次代表大会代表，并审议通过民进盐城市第五次代表大会决议。（石　惠）

第四节　农工民主党盐城市委员会

2016年，农工民主党盐城市委共有党员人数313人。其中，担任全国人大代表2人，市人大代表1人，各级政协委员35人。农工民主党盐城市委下设工作委员会5个：参政议政委员会、经济与科技委员会、医卫与教育委员会、社会服务委员会和妇女委员会；法律援助中心1个；总支部委员会3个：市第一人民医院总支、亭湖区总支、盐都区总支；支部委员会8个：机关支委、盐城生物工程高等职业技术学校支委、盐城卫生职业技术学院支委、市疾控中心支委、市第二人民医院支委、市第四人民医院支委、市卫生监督所支委、市妇幼保健院支委；支部9个：市中医院支部、盐城工学院支部、盐城高等师范学校支部、阜宁高等师范学校支部、法律支部、农林支部、经济支部、综合支部、环保支部。做好社情民意信息工作，全年上报各类社情民意、统战信息和宣传报道50多篇。

一、参政议政

在市政协七届五次全会上，农工民主党盐城市委会提交集体提案3件，个人提案18件，并作《抓住"十三五"战略机遇期，推动我市环保产业再上新台阶》的大会发言。农工民主党盐城市委《关于扎实做好我市分级诊疗体系建设的建议》《关于加快我市智能农业发展的建议》2件集体提案被列为市政协重点督办提案。《关于推进盐城中韩产业园建设的几点建议》《关于对我省市级医疗卫生体制改革的建议》《关于农民创新创业的建议》被农工民主党省委提交为省政协集体提案。农工民主党盐城市委会及各基层组织先后组织广大党员开展调研、考察活动十多次，形成调研报告9篇。赴滨海、建湖等地就健康扶贫进行调研，形成《精准实施健康扶贫，大力推动我市因病致贫返贫群众脱贫奔小康》调研报告。

参加农工民主党江苏省委"医养供给侧结构性改革"联合调研征文活动,3 篇调研文章获省优秀调研报告三等奖。

二、组织建设

2016 年,农工民主党盐城市委推动基层组织工作。做好组织发展工作。规范发展程序,严格履行入党手续,注重发展高素质、有代表性、有发展潜质的中青年知识分子,在大丰发展 5 名医卫界别新党员,5 名党员平均年龄 48 岁,均为区人民医院、中医院骨干力量。加大基层党员培训工作,分批次对 8 个基层组织开展社情民意专题讲座,激发基层党员的参与意识。选派市四院支部参加市委统战部组织的各民主党派基层组织现场交流会。

三、社会服务

2016 年,农工民主党盐城市委持续开展农工民主党品牌系列活动。6 月,环境与健康宣传周期间,在步凤镇开展健康知识讲座和环保健康宣传咨询活动。11 月,组织开展"国际科学与和平周"活动,市一院总支 20 余名专家赴亭湖区伍佑镇进行义诊,200 余名群众受益。

四、农工民主党盐城市第七次代表大会

12 月 15 日,中国农工民主党盐城市第七次代表大会召开。大会审议并通过市政协副主席、农工民主党盐城市委主委孙长春代表农工民主党盐城市第六届委员会向大会作的工作报告。经民主选举,产生 13 人组成的农工民主党盐城市第七届委员会;选举产生出席农工民主党江苏省第十二次代表大会的代表;审议通过农工民主党盐城市第七次代表大会决议。 (戴舒婷)

第五节 致公党盐城市总支部委员会

中国致公党盐城市总支部委员会于 2015 年成立,下辖 2 个支部。至年底,有主委 1 人、副主委 2 人,共有党员 31 人,其中省政协委员 1 人、市政协委员 5 人。

一、参政议政

2016 年,致公党盐城总支有 6 项课题被致公党江苏省委立项,其中《中外工业机器人制造业对比》《关于建立老年人长期护理保险制》等 4 项课题被列入资助项目。参与国家、省致公党的专题调研。3 月,致公党连云港市委会、致公党徐州市委会围绕养老护理院建设管理及医养融合等热点、难点问题在盐城开展调研。4 月 17—19 日,在北京召开的致公党中央参政议政联系点工作会议上,盐城被确定为致公党中央首批参政议政工作联系点。10 月 17—18 日,致公党江苏省委副主委沈仁芳带队在盐城开展以江苏沿海湿地保护与综合治理为主题的联合调研活动。10 月 25—29 日,致公党中央副主席兼秘书长曹鸿鸣率致公党中央调研组赴盐城开展"加快供给侧结构性改革,促进实体经济健康发展"专题调研。

二、组织建设

2016 年,新发展 6 名党员,平均年龄 40 岁,其中本科学历 3 名,研究生学历 3 名。组织召开发展党员培训会,为新发展党员进行业务培训。3 月,参加盐城市委统战部召开的全市各党派团体联席会议和"两会"精神专题报告。会上,邀请市政协领导就如何提高民主党派参政议政水平作专题辅导。5 月 1 日,致公党总支组织党员开展"江苏省保护和促进华侨保护条例"宣传活动,共同营造依法护侨氛围。11 月 3 日,致公党总支开展廉政教育,组织党员观看《永远在路上》专题片。总支委员、一支部主委于胜博参加江苏省第八批科技镇长团,被省委组织部派任徐州铜山区科技局副局长挂职锻炼,年内被评为区优秀科技镇长团团员。

三、社会服务

6 月 15 日,致公党盐城总支承办 2016 年"引凤工程"第七届海外留学人员盐城市人才项目对接洽谈会,现场近 50 家用人代表与现场海外留学人员就落户意向进行深度对接洽谈。10 月 22 日,南京市政协副主席、致公党江苏省委副主委、南京市委主委胡勤刚带队,率领由省直、南京、徐州、泰州等地方组织的 9 名党员医务专家组成的送诊团走进大丰区人民医院开展江苏致公"致福送诊"活动,送诊团向当地群众赠送由南京市党员秦引林所属企业无偿提供的 100 余份非处方常用药品,9 名专家为近 200 名大丰病患进行免费诊治。 (沈 萍)

第六节 九三学社盐城市委员会

2016 年,九三学社盐城市委有社员 290 人。其中,市级以上人大代表 5 人、政协委员 25 人;高级职称 192 人,中级职称 87 人。下设专业委员会 8 个:提案委员会、科技委员会、教育委员会、环保委员会、农业委员会、医卫委员会、妇女委员会、老龄委员会;基层委员会 1 个:第一人民医院基层委员会;支社 16 个:机关支社、环保支社、农林支社、科技支社、经济支社、水文支社、农科院支社、盐城师范学院支社、盐城工学院支社、中医院支社、妇幼保健院支社、盐都支社、亭湖支社、东台支社、药监支社、燕舞支社;直属小组 1 个:生物工程高等学校直属小组。

一、参政议政

2016 年,九三学社盐城市委向市政协提交集体提案 3 件,其中,《关于加快我市农业生产经营加工体系建设的建议》《整合资源构建完善产业链,促进我市旅游产业提档升级》2 件提案被列为主席督办或界别督办重点提案,1 件提案被评为政协优秀提案,1 人受市政府、市政协表彰。在市政协七届五次全会上,《完善农村社会养老的建议》作为大会发言,得到市委、市政府主要领导批示。师范学院支社郝宏桂提出的《苏北加快产业集聚与创新发展的对策建议》

《江苏沿海开发与苏北振兴一体化发展研究与对策建议》获省委主要领导、省政府分管领导批示。完成《关于加强生态文明法制化建设的建议》《关于实施城市建设布局的街区制有关建议》2项九三学社省委中标调研课题，并通过专家组验收，转化为省政协提案。

二、组织建设

2016年，九三学社盐城市委贯彻落实《九三学社章程》和《九三学社中央关于加强组织建设的若干规定》精神，实施"人才强社"战略，推进组织建设。年内，在以往侧重发展科技、医卫、农林界别社员的基础上，主动顺应时代发展新形势和新要求，吸收培养民生、金融等领域中青年优秀人才加入九三学社，新发展社员12人，社员结构得到优化。社员平均年龄由55岁降低到52岁，活力增强。

三、社会服务

2016年，九三学社盐城市委组织开展"亮康行动"，组建医疗队深入乡村为群众进行白内障普查，免费普查群众眼疾9194人次，免费为5000名幼儿、中小学生进行视力健康筛查，直接投入资金12.59万元，群众直接受益100多万元。推进"百名专家进乡村"行动。先后组织工程建筑、农业技术、环保卫生等方面专家，为周边农民和大学生创业提供技术服务，共计举办知识讲座2场、现场咨询会1场，免费发放资料100余份，深入镇村开展送医下乡、送农技下乡活动1次，直接受益群众百余人次。经济支社和亭湖支社赴亭湖区盐东镇敬老院开展慰问活动，给每位老人赠送生活用品和食品，共计投入1.5万元。

四、九三学社盐城市第七次代表大会

12月19—20日，九三学社盐城市第七次代表大会在市行政中心召开。大会审议并通过市政协原副主席、九三学社第六届市委主委陈还堂代表九三学社盐城市第六届委员会向大会作的工作报告。经民主选举，产生由13人组成的九三学社盐城市第七届委员会，孙大明当选为主任委员，刘秋凤、王东升、陈苏宁当选为副主任委员，任命陈苏宁为秘书长。大会选举产生出席九三学社江苏省第八次代表大会代表，审议通过九三学社盐城市第七次代表大会决议。

（王　瑶）

第七节　盐城市工商业联合会

2016年，盐城市工商联有各类会员1.61万个，其中企业会员1.23万家、团体会员302个、个人会员3517人。全市共有各类商会组织411个，其中行业商会100个，乡镇商会96个、街道商会17个、园区商会164个、异地商会13个，其他类商会21个。全市100个行业商会中，省级行业商会1个（江苏省鞋机商会）、地市级行业商会24个、县级行业商会74个、乡镇级行业商会1个。市工商联直属商会29个，其中异地商会5个、产业商会13个、服务类商会4个、贸易类商会4个、文化类商会2个、科技类商会1个。

一、参政议政

2016年内，市工商联引导民营企业开展调查研究，履行参政议政职能。在政协盐城市七届五次会议上，盐城市工商联提交集体提案4件，工商联界别委员提交个人提案49件，其中《关于建立多层次融资体系缓解小微企业融资难的建议》被评为全市优秀提案。各县（市、区）工商联和政协委员利用"两会"和其他民主渠道，共提交个人提案、建议和意见达196件。

二、组织建设

2016年，市工商联加强基层组织建设，建湖县工商联率先成为省联县级工商联建设示范点，大丰、阜宁、盐都工商联完成"五好"（领导班子好、会员发展好、商会建设好、作用发挥好、工作保障好）县级工商联的申报评定，响水、亭湖工商联通过全省"五好"县级工商联考核命名，建湖、盐都、阜宁工商联被确认为全国"五好"县级工商联。落实行业商会组建和升级工作，先后成立市工商联食品商会、泰州商会、文化产业商会、泉州商会。市工商联鞋机商会正式升格为省直属商会，成为盐城首个省级行业商会。加强行业（异地）商会规范运作，多次召开全市行业（异地）商会秘书长座谈会、市直行业（异地）商会组织建设工作会议。组织人员赴泰州、扬州两市调研商会组织建设，开展工作交流。在调研基础上，形成《盐城市工商联直属商会组织建设现状调研与思考》《直属行业（异地）商会规范化建设的意见》。创刊发行《中国盐商》杂志，为全国范围内盐商企业的发展和交流合作搭建更大的服务平台；完成"盐城市总商会"商标在国家工商行政管理总局商标局的注册工作；中国盐商网运行顺利。

三、服务企业

2016年，市工商联引导民营企业响应国家"一带一路"倡议，配合省工商联开展民营企业"走出去"情况调研，组织民营企业参加座谈，对民营企业"走出去"存在的问题进行梳理并形成专题调研报告。完成省工商联关于全面支持小微企业发展政策措施落实情况第三方评估调查，调研企业80家。对全市118家企业履行社会责任进行调研。组织部分民营企业参加全省工资集体协商集中要约行动暨经验交流会。组织企业参加江苏省协调劳动关系三方委员会构建和谐劳动关系视频会议，并按要求做好培育履行社会责任达标企业和评估的相关工作。做好中小微企业监测点工作，召开中小微企业监测点工作会议，协助省工商联举办全省中小微企业监测点培训班，贯彻落实全国工商联中小微企业监测工作经验交流会精神，总结交流监测点工作的经验和做法，并组织业务培训。

（王　岚）

第 27 章　人民团体

责任编辑　潘其锐

第一节　盐城市总工会

2016 年，盐城新建行业工会 20 个，新增农民工会员 4.42 万人，农民工会员总数 49 万人，入会率为全省前列。年内，盐城市总工会开展建会入会集中行动，全市 25 人以上法人单位建会率保持在 95% 以上，25 人以下企业通过联合基层工会实现组织全覆盖，职工入会率达 98%。年内，盐城市总工会强化自身建设，指导推进大丰区总工会大部制改革。加强改革创新，聘用社会化工会工作者 122 人；推进工会主席直选，全市非公企业工会主席直选面达 80%。完善工会干部联系基层制度，市总工会机关干部分别挂钩联系 11 个县（市、区）、62 个市直单位工会，常态联系基层。盐城市总工会举办工会干部培训班 11 期，培训工会干部 1000 余人次。新创建市级“模范职工之家”120 个。安康杯竞赛、财务管理等 4 项工作受全国总工会表彰，民主管理工作等 9 项工作受省总工会表彰。为弘扬劳模精神、劳动精神和工匠精神，激发广大职工创造活力，盐城市总工会联合市委宣传部组成宣讲团，开展劳模“四走进”（劳模精神进企业、进社区、进校园、进机关）活动，历时 5 天，走进全市 9 个县（市、区），开展 10 场巡回宣讲，先后 4500 多人现场聆听。

一、宣传教育

2016 年，市总工会强化党建工作，组织引导职工学习中共十八届六中全会和省市党代会精神；利用共产党员网、红色盐阜网等平台组织党员学党章党规，组织观看政论微视频《习近平用典》、电视动漫片《尺度》等，深化对《中国共产党廉洁自律准则》《中国共产党纪律处分条例》的学习理解。建立 3 支党员志愿服务队，常态化组织志愿服务。参与书香盐城创建，开展“职工读书月”“重温历史、重读经典”等主题读书活动，创建省“书香企业”5 个，创建全国工会职工书屋 5 家、省工会职工书屋 6 家、市工会职工书屋示范点 31 个。开展“中国梦 · 劳动美 · 幸福路”微视频征集大赛、全市职工书画大赛等多项活动。挂钩服务社区，帮助社区开展文明创建，开展文明交通志愿服务、纪念红军长征 80 周年群众性主题教育实践等活动。协同开展“安全生产月”系列活动、“五一劳动法律宣传服务月”活动，散发宣传资料 3.6 万份，设置宣传展板 200 余块。

11 月 23 日，盐城市劳模精神“四走进”活动宣传团在建湖中学作报告。

二、劳动竞赛

2016 年，市总工会组织全市 10 万名职工参加“十三五”规划知识竞赛。组织 3052 个单位，近 55 万名职工、2.8 万个班组参加“安康杯”竞赛，8 个基层工会获得全国“安康杯”竞赛组委会办公室颁发的组织奖，17 人获表彰。围绕全市交通重大基础设施和铁路建设项目工程，开展市区内环高架快速路网、连盐铁路盐城段等重点工程劳动竞赛。联合开展全市职工科技创新立功竞赛，产生 10 个创业创新先进单位和职工十大科技创新成果、十大先进操作法、十佳合理化建议。联合15个行业、部门,开展40多个工种职工职业技能竞赛。开展职工技能素质提升竞赛,5人获全国总工会和省总工会表彰。开展班组创先争优竞赛,规模以上企业班组长培训率达80%。开展节能减排竞赛,80个重点企业、14个国家重点耗能企业、16个环保重点监控企业分别参加省创新升级示范性劳动竞赛和节能减排达标竞赛。

三、劳动保护

2016年,市总工会调整充实工会法律援助志愿者队伍,帮助指导职工维权。年内,开展拖欠农民工工资专项检查,涉及农民工9.65万人。聘用工资协商指导员460人,新命名39家"五星级职代会",培育履行社会责任达标企业16家。推进企业协商民主工作,创建"民主管理示范基地"20个,市总工会"叠加式评价增实效"做法被评为江苏省厂务公开民主管理创优项目,在全省推介。全市实行厂务公开民主管理企事业单位1.75万家,占全市建会企事业单位96%,开展工资集体协商企业1.65万家,覆盖职工103万人。开展"我身边的安全隐患随手拍"作品征集活动,组织3.5万名职工参加全国职工安全卫生及消防应急知识普及教育。开展全市工会就业创业援助月活动,举办大型公益性招聘会、专场招聘会15场,提供就业岗位4000多个。开展农民工学历提升圆梦行动,近600人受益。新建劳动保护监督检查员片区服务站36个,覆盖企业1940家。新建"安康驿站"34个、"爱心母婴室"45个。全市工会筹资879万元,组织开展夏季"安康三送"(送清凉、送安全、送法律)活动,共走访企业和工地973家,慰问农民工3.9万人次。精准帮扶困难职工,对全市建档的9022户困难职工,实施生活救助5400户,医疗救助2530人次,金秋助学1460人次。市总工会52名在职党员牵手致富阜宁县古河镇31户低收入农户,提供帮扶资金3.1万元。

女职工工作 年内,市总工会开展"美丽女工"活动,推进女职工创新创业、阳光幸福、依法治会、人力资源"四大工程",发挥半边天作用。成立盐城市"女职工关爱行动"四大服务团队,开展法律援助、美丽健康、阳光心灵、技能培训等服务。"两癌"(宫颈癌、乳腺癌)免费筛查惠及困难女职工、女农民工8600人;启动下岗转岗女职工育婴师培训,建立师资队伍,为县(市、区)输送育婴师带头人70名。举办全市女职工书画作品展,展示女职工风采,丰富女职工精神生活。

四、劳模工作

2016年,市总工会在全省率先开展工匠评选活动,评选出"盐城工匠"和"盐城工匠"提名奖各10人,活动受到社会广泛关注,《新华日报》《盐城晚报》《现代快报》等多家媒体予以报道。协同相关部门,推荐评选出省劳模和先进工作者77名、市劳模199名。表彰市十佳文明职工、"五一巾帼标兵""五一巾帼标兵岗"等一批先进集体和个人。新培育劳模工作室30个。

(罗发富)

第二节 共青团盐城市委员会

2016年,共青团盐城市委下辖县(市、区)团委9个、经济开发区团工委1个、城南新区团委1个、市级机关团(工)委1个,市直属机关企事业单位团(工)委45个、直属院校团委8个,各县(市、区)下设基层团委587个,基层团支部(总支)9639个,建立盐城驻外地团工委27个、产业团工委10个,2393家规模以上企业实现团建全覆盖。年内,盐城市14至35周岁青年191.62万人(农村户籍45.83万人),14至28周岁青年118.75万人,团员27.43万人。全市流动青年60.02万人,流动团员8.4万人。全年发展团员2.81万名。推动"青少年之家"综合服务平台建设,至年底,全市共建平台81个,建成省级示范平台12个,市级示范平台27个,实现县(市、区)平台全覆盖。年内,共青团盐城市委员会获第七届全国"母亲河奖"组织奖、第三届"创青春"中国青年创新创业大赛江苏地区赛组织奖、江苏省"挑战杯"大赛优秀组织奖、2016年全省少先队辅导员说课展示活动综合团体银奖等多项荣誉。市第十五届青少年科技创新大赛被评为全国中学生科技创新示范竞赛,"一转两联三报到 打通联系青年最后一公里"项目获2016年度全省共青团创新创优成果奖一等奖。

一、青年人才培养

2016年,共青团盐城市委重点实施"青春智汇盐城推进年"行动,推动全省大学生品牌活动与盐城市人才工作

5月3日,共青团盐城市委举行"十大杰出青年双创英才"颁奖仪式。

融合。承办江苏省青年联合会"青春新视野"委员思想分享会暨高层次青年人才创新创业盐城行活动，汇聚驻苏全国青联委员、省青联委员的人才智慧，为盐城发展建言献策。争取到中韩两国人文交流项目，邀请韩国百名青年代表团在盐城开展为期5天的"青春助力双创、相约水绿盐城"交流活动。中韩(盐城)产业园在韩国首尔举行的"中韩青年创新创业洽谈会"上进行专场推介，邀请韩国中小企业厅、韩国中小企业技术革新协会访问盐城市青联联合会，面向在盐韩国青年开展"融入盐城"系列活动。加强与盐城籍高校团干部、新盐城青年联系服务，构建覆盖各类青年人才的服务网络。培育青少年先进典型，举办好青年分享会、事迹宣讲会，寻找、推选出一大批身边"向上""向善"好青年，开展优秀少先队员、优秀少先队辅导员和优秀少先队集体评选工作，组织最美中学生、最美中职生、优秀中职毕业生寻访活动，推选35名盐城优秀青年税官。多方面培养青年人才，深化共青团与人大代表政协委员面对面活动，市县两级开展"面对面"集中活动共计10场次，邀请75名人大代表、政协委员政协委员，1000余名青少年代表直接参与活动，提出建议、提案共计15篇。

二、服务青年创业

2016年，共青团盐城市委实施"服务青年创业十项实事"工程，打造青年创业服务体系。组织青年企业家走进国税、电信、市政务服务中心交流学习，组织参加全市非公企业"五好出资人"(科学发展好、诚信守法好、劳资关系好、支持党建好、社会形象好)培训班。承办江苏青年电商群英会暨电商扶贫活动周活动，开展电商创业培训1800余人次，直接服务630多名青年进入电商创业新业态。举办第五届盐城市大中专生职业生涯规划大赛和2016盐城青年互联网创业大赛，开展盐城市"青年双创英才"评选活动，成立盐城新青年创新创业联盟，举办"盐城青年创新创业成果展"，开展青年创新创业游学活动16次。

纪念五四运动97周年主题分享会 5月3日，共青团盐城市委举行"创新创业·盐城青年在行动"纪念五四运动97周年主题分享会。会上，举行盐城新青年创新创业联盟成立仪式、"盐城青年创业社区"共建签约仪式以及"2016盐城青年互联网创业大赛"启动仪式；授予王维等10人"盐城市十大杰出青年双创英才"称号，授予高荣鹏等10人"盐城市十大优秀青年双创英才"称号。

2016年盐城青年互联网创业大赛 5—8月，共青团盐城市委联合市委组织部、市经信委等单位举办2016年青年互联网创业大赛。前期通过青年自荐、组织推荐、社会引荐等方式，全市共280余个项目报名参赛，项目涵盖电子商务、网络服务、网络媒体、网络游戏等领域。经过各地海选，共筛选出45个优秀青年创业项目进入复赛环节。8月10日，"民生银行杯"2016年盐城青年互联网创业大赛总决赛在盐城广播电视台一楼演播大厅举行。装监网项目获一等奖，智能机械手臂、图码溯源电商平台两个项目获二等奖，网络游戏"国王的勇士""蓝摄工坊""巴法罗城市服务综合体"3个项目获三等奖。

新生代企业家创新创业论坛 9月1日，全市新生代企业家创新创业论坛暨盐城青商建湖行活动在建湖举行，市青商会60多名企业家代表参加活动。青年企业家代表们分别参观航空展厅、艾雷奥特飞机工业有限公司、智慧产业园等建湖特色产业园区和企业。活动邀请江苏大峘集团董事长卢显忠围绕企业"家"文化与创业精神传承作主旨演讲。市青商会副会长、江苏克胜集团总经理吴成伟代表新生代企业家宣读"传承创业精神、激发创新活力"倡议书，活动现场揭牌成立新生代企业家党建沙龙，并为新生代企业家创业导师颁发聘书。论坛中，新生代企业家与创业导师及政府相关部门负责人针对企业文化建设、"互联网+"扶持政策、股权转让注意事项、企业技术创新的支持政策等方面进行对话交流。

三、青少年公益项目

2016年，共青团盐城市委加强青年公益品牌塑造，启动"消防自护村小行"关爱留守儿童公益行动，开展各类活动150余场次，覆盖青少年1.2万人；"希望盒子"——关爱留守儿童公益项目被评为首届江苏省志愿者展示交流会盐城展区金奖，项目累计制作希望盒子3500个，开展活动150余场次，覆盖青少年群体1.4万人。"青年之声·温心同行"心理援助计划获2016年江苏省青年公益项目大赛志愿服务类一等奖。注册登记七彩阳光市级青少年事务中心，定期组织讲座，吸引各类青年社会组织、志愿者团队共计35家，累计开展活动123场次，服务重点青少年群体5000余人。全市基层团组织、青年文明号、青少年维权岗、青商会会员企业全年开展走访慰问活动120场次，走访青少年1537名，发放慰问金79.29万元。创新微信众筹开展2016盐城市希望工程"圆梦行动"，举办助力孩子过暖冬大型公益跑活动，助力贫困学子圆梦大学。

青少年保护 年内，共青团盐城市委推进"青春护航工程"，将重点青少年群体的排查摸底纳入全市综治网格化、信息化服务平台中。加强青少年法制教育，在大市区12所中学累计开展7场模拟法庭巡演活动，受益青少年学生2万余名；动员全市各级组织开展各类普法活动142场次，惠及青少年5000万名。开展青少年自护教育，开展"青春自护·平安春节"活动151场次，"七彩青少年 希望微课堂"暑期夏令营活动55场，"打开心扉 轻松备考"心理减压活动和"'12355'青春同行"——高考志愿填报公益讲座21场；开展第四届盐城市中小学生自我保护情景剧大赛，全市各中小学共计报送24部参赛作品。

青少年事务公益讲座 10—11月，共青团盐城市委和盐城市七彩阳光青少年事务中心联合举办两期青少年事务公益讲座。首期讲座特邀南京师范大学心理学院副教授、博士王云强主讲，课题为《当代青少年心理特征与沟通技巧》。第2期培训特邀江苏师范大学法政学院副院长魏晨主讲，课题为《公益项目设计与公益机构发展》。2期培训共有全市各级团干部、青少年综合服务平台负责人及市青年社会公益组织专业人员160余人参加。

"绿色长征"公益健走活动 9—11月，共青团盐城市委举办2016年盐城市青少年"绿色长征"公益健走活动，结合"悦动圈"APP，计算参与者9—11月累计跑步的里程数。全市共建180多个圈子，近万名青少年参与该活动。共青团盐城市委对总里程数全市排名前10名的圈子以及总里程数全市排名前20名的个人给予奖励，授予盐城艾斯特体育器材有限公司和中南世纪城购物中心"盐城市助力青年公益爱心企业"称号。

四、共青团七届五次全体（扩大）会议

2月24日，共青团盐城市委召开七届五次全体（扩大）会议，市委常委、组织部部长尹卫东出席会议并讲话。尹卫东肯定盐城共青团2015年所取得的成绩，并对全市各级团组织和广大青年提出希望。团市委书记吴冈玉作题为《高擎改革旗帜·推进十项行动，在新起点上奋力开启盐城共青团工作新篇章》的工作报告。大会表彰2015年度全市共青团工作先进集体和先进个人，通过团市委委员、候补委员卸职替补确认案。（徐 静）

第三节 盐城市妇女联合会

2016年，全市有妇女400.72万人。全市有市级机关妇工委1个、市直机关单位妇委会42个，省及市属高校妇女组织9个，民办高校妇女组织1个，乡镇（街道）妇联112个、村（社区）妇联2387个、妇代会44个，"两新"妇女组织（新经济组织和新社会组织）和企业女工委、妇女小组468个。年内，大丰区妇联被评为全国妇联系统先进集体，盐城市妇联被评为江苏省平安家庭创建活动先进集体，市妇联实验幼儿园被评为江苏省"三八红旗集体"。

一、关爱妇女儿童

2016年，盐城市妇女联合会通过省"十二五"妇女儿童发展规划终期评估督导，全市妇女儿童发展170项主要指标达标率95.57%，妇女儿童健康保健等多项指标高于全省平均水平。市妇联编制"十三五"妇女儿童发展规划，实施贫困母亲"两癌"（宫颈癌、乳腺癌）救助、单亲特困母亲扶助等实事项目，发放"两癌"救助资金45万元，组织"紫薇益Ta"妇女儿童之家公益社工服务微项目创业投资，承接省、市妇儿公益社工服务项目23个。打造"紫薇携手，与爱同行"巾帼志愿服务品牌，注册巾帼志愿者占全市注册志愿者总数的60%以上。建立健全政策法规性别平等咨询评估等机制，实施家庭暴力告诫、信访调处等制度，首批106名律师志愿者与"妇女儿童之家"结对共建并开展"法律服务进万家"活动，举办反家庭暴力、男女平等与公共政策等专题培训，开展"三八"妇女维权周、禁毒宣传、社区矫正帮教等法治宣传活动近千场，受益妇女20多万人次。开展"'盐'续爱，享成长"关爱儿童系列活动，实施"春蕾计划"、慈善助孤等慈善公益项目。举办首个留守儿童关爱日慰问活动，开展"点亮微心愿，微力助成长"圆梦行动，帮助2617名留守儿童实现"微心愿"。年内，全市新募"爱心妈妈"5650名、"成长伙伴"2560个，新创"春蕾班"26个、"春蕾图书馆"5个。

公益乐捐活动 8月8日，"传好家风家训 爱心存储未来"公益乐捐活动正式启动。活动鼓励全市爱心家庭、单位和个人通过多种方式认领"爱心储钱罐"，筹集资金用于全市的儿童关爱工作。活动现场，全市12个妇联组织、爱心家庭、爱心个人代表认领"爱心储钱罐"2012个。

二、服务妇女创业

2016年，全市推进巾帼创业工程。市妇联举办全市第四届巾帼创业创新大赛，评选表彰全市"十大巾帼创业创新之星"，激发妇女创业热情。全年，市妇联利用巾帼创业指导服务中心、创业导师团、巾帼培训基地等平台，组织农村留守妇女网络基础技能培训、女大学生村官电子商务培训等各类培训241期，培训妇女近2万人次。开展"巾帼创业创新精准扶贫"行动，举办"巾帼创业乡村行"活动32场（次），创建省级巾帼专业合作组织、巾帼农家乐等示范基地27个，推动县级"巾帼创业街"实现全覆盖，引导妇女发展电商、来料加工、家政服务等项目，带动3.6万名城乡妇女创业就业。

市第四届巾帼创业创新大赛 7月15日，市妇联举行盐城市第四届巾帼创业创新大赛决赛。大赛围绕"创业创新创未来，巾帼梦圆新盐城"主题，选取电商、农业、工业、服务业、手工创意5个领域，挖掘和培植创新驱动力较大、市场竞争力较强、带动就业成效明显的巾帼创业创新典型和项目。吸引海归硕士、返乡大学生、大学生村官等各类创业女性参与，辐射影响全市城乡女性6万人次。经过预赛、复赛筛选，全市39名创业女选手进行角逐，陆宏娣等20位选手分获"十大巾帼创业之星""十大巾帼创业能手"称号。

三、培育特色家庭

2016年，市妇联正向引领妇女、培育和美家庭，在推进妇女和家庭素质提升中促进社会文明和谐。依托主流报刊以及盐阜女性网等媒介，开展"巾帼心向党"等主题活动，举办"巾帼美丽展风采"主题报告会，评选表彰"十佳女警""十佳绿色人物"，培树推荐全国道德模范、省道德模范以及获"中国好人""江苏好人""盐城好人"称号的巾帼典型，开辟《盐阜大众报》"巾帼美丽靓盐城"专栏，宣扬各类典型先进事迹和妇女事业的发展成就。在全市女党员女干部中开展"践行'两学一做'，传好家风家训"活动，组织开展微

讲堂进社区、家风家训评议会、“我眼中最美的家风家训”征文比赛,开展“晒家规家训·讲家风故事”征集展示活动。开设“空中家教课堂”,定期上传优秀家教指导视频,普及科学家教理念知识,近5万人次家长在线收看。开展“安全同行·悦享暑假”好家风、好家训、好家教百场公益巡讲活动,助力百万家庭提升家教能力。创建“书香家庭”“平安家庭”等特色家庭,寻找“最美家庭”。东台市崔卫香家庭获评首届“全国文明家庭”,阜宁县崔九宁、大丰区单德凤家庭等18户家庭获评全国、省“最美家庭”“书香之家”。

“巾帼美丽展风采”活动 3月7日,“巾帼美丽展风采”——纪念“三八”妇女节106周年报告会在市图书馆举行。国家一级编剧、中国戏剧家协会会员、市戏剧家协会副主席徐新华,“全国优秀农民工”、响水县双港镇盛远藏山羊养殖专业合作社负责人陈二霞,省妇联执委、市人大代表、女大学生村官、建湖县高新区乔庄村党总支书记彭翠,省书香家庭代表、盐城广播电视台广播传媒中心副主任王海莉4人作先进典型事迹发言。美丽顾问代表、盐城广播电视台主播张玮宣读市妇联向全市妇女姐妹发出的“巾帼美 美盐城”倡议书。会上表彰100名市“三八”红旗手、50个市“三八”红旗集体、100个市崇法尚德好家庭、100位崇法尚德好母亲,并为市首批巾帼美丽顾问颁发聘书。

“践行‘两学一做’ 传好家风家训”动员会 6月14日,市妇联召开全市女党员女干部“践行‘两学一做’ 传好家风家训”动员部署会。会议向获得全国“最美家庭”“五好文明家庭”以及全国、省“书香家庭”等荣誉称号的家庭颁发证书。市委组织部、市妇联向广大女党员、女干部发出“践行‘两学一做’传好家风家训”倡议书,400多名党员领导干部集体诵读《中国共产党章程》节选《党员的义务》,学唱《共产党员家风歌》。 (高旭芹)

第四节 盐城市科学技术协会

2016年,全市有市级学会(协会)46个、市直科协26个,乡镇(街道)科协126个,行政村(社区)科普协会2026个,企事业科协557个、农技协531个。盐城市科协创新创业,6个创新项目获淮海科技奖二、三等奖,盐城市科协被省科协评为“四服务一加强”(服务科技工作者、服务创新驱动发展战略、服务公民科学素质提高、服务党委政府科学决策、加强自身建设)目标考核优秀等次。10个集体和11名个人获国家和省《科学素质纲要》“十二五”工作表彰。强化科普工作,年内新增省级科普教育基地5个,科普示范社区7个,12个科普载体和4名农村科普带头人获得省级以上奖励,共获得“基层科普行动计划”奖补资金145万元。命名23个市级科普教育基地,25家市级科普示范社区,9个市级科普惠农服务站。11月28—30日,市科协第七次代表大会在盐城召开。全市科技、教育、文化、卫生等各条战线399名代表参加会议,大会审议通过市科协第六届委员会工作报告,研究确定五年发展目标任务,审议通过《盐城市科学技术协会实施〈中国科学技术协会章程〉细则》,选举产生市科协新一届领导机构,徐瀚文当选市科协第七届委员会主席。

一、科普工作

2016年,市科协在市行政中心、政务服务中心和全市556个城镇社区等人流密集地安装566台科普信息化多媒体显示终端(科普大屏),通过“互联网+科普”的形式传播科学知识,吸引社会各界学科学、用科学。引导市级学会(协会)以信息化手段开展科普工作,市医学会、气象学会、现代农业学会和市中心血站、第二人民医院、中医院科协先后开通微信公众号,定期发布健康医疗、极端天气等科学知识。持续在盐城电视台、全市BRT车载电视、楼宇广告屏、市区电子科普画廊播放各种科普宣传片。年内,争取上级财政资金320万元,建成开放盐城科技馆防震减灾专题馆。科普宣传周、科普日期间,全市科协系统举办“科普读书月”“科技新星”系列访谈等240多项活动,组织700多名科技专家,3000多名科普志愿者开展科普报告、科技讲座等活动,受益群众40多万人。组织流动科技馆在全市进行巡展,巡展期间每天有1000多名中小学生参与互动。推进“科技馆进校园”活动,走进40多所中小学,近20万名中小学生受益。组织开展“我和太空种子共成长”“七色花”家庭科普实验室等主题活动,近10万人(次)参加。抓好市科技馆展品展项维修更新,提高展陈水平。年内,市科协被省科协评为2016年全国科普日优秀组织单位。

二、科技人才

2016年,市级学会(协会)开展学术活动、教育培训近200场(次)。举办科技辅导员培训班,100多名科技老师参训。组织20多万名中小学生参加省“金钥匙”等科技竞赛活动。在江苏省第27届青少年科技创新大赛中,全市共获得个人及团体一等奖3项、二等奖23项、三等奖59项。承办省青少年科技模型竞赛、省青少年电子技师认定活动、省青少年普及机器人大赛(盐城市选拔赛),2000多名学生参赛,800多人分获不同奖项。组织70名学生参加青少年高校科学营、省青少年信息学奥林匹克夏令营活动,开展“走近创客、体验创新”——2016年青少年科学调查体验活动。市内3所学校被评为青少年科学调查体验活动全国推广示范单位,2所学校被评为省科学教育综合示范学校。发挥中国科协“海智”(盐城)工作基地和东台市、大丰区两个省级“海智”工作基地作用。征集企业、园区“海智”人才、项目需求42个,组织企业参加荷兰北布拉邦省生命科学与健康产业企业对接洽谈会、第二届中欧(南京)生命科学论坛和“海归创业中的知识产权风险识别和防控”“解析德国工业4.0和中国制造2025”国际科技视频连线等活动。推动芬兰Metener公司与江苏中科重工股份有限公司签订干发酵法制沼气项目意向合作协议。“左心耳封堵术预防房颤器械”等20多个项目进入实质性洽谈阶段。市第六届人才峰会期间，会同省“千人计划”（海智）专家分会、市人才办联合主办国家“千人计划”专家产业对接洽谈会，十多名国家“千人计划”电子信息领域专家与盐城相关园区达成合作意向。成功创建省级阜宁“海智”工作基地，东台“海智”工作基地被评为江苏省优秀“海智”工作基地。

市第五届自然科学活动月 8月，市科协组织开展盐城市第五届自然科学学术月活动，邀请中国工程院院士王学浩等为代表的38位教授级以上高层次人才参加活动。围绕全市纺织、汽车、化工等传统产业转型升级和大数据、新能源、生物医药等新产业快速发展，开展40多场学术研讨、交流活动。

三、科技服务

2016年，市科协启动盐城区域特色科技智库建设，组织开展软课题研究。《价值链重构背景下盐城市制造业协同创新体系建设》等10个课题，通过自行申报、专家评审、党组研究、网站公示等环节，得以立项。定期编印《科技工作者建议》，《关于搭建“全民创业、万众创新”技术市场的建言》《关于加快发展交通运输物流业的建言》《关于加快推进城乡公交一体化的建言》等建议获得市领导批示，被市交通局等相关部门采纳运用。面向全市企业推介“企业科技信息专利服务系统”，免费实训13场次，1400多人次参加。成立科技创新服务专家团，跟踪指导344家企业注册使用该系统，推动企业消化吸收、精准应用发达国家专利技术。承办全国科技信息培训工作会议，邀请中国科协企业创新服务中心有关领导和专家进行辅导。17个应用案例被中国科协评为优秀案列，数量位列全国第一。实施“客专铁路用融雪电缆的研发”等46个“企会协作”项目；推动校企合作，盐城汇津水务公司科协与盐城工学院签订战略合作协议，共享校企优势资源。服务大众创新创业。市科协会同市科技局、团市委组织开展盐城市科协青年会员首届创新创业大赛，有1000多人700多个项目参赛，市科协择优24个项目参加省比赛，有2个项目获奖，被省科协评为优秀组织奖。与省级学会协作建成省级协同创新服务示范基地、科技服务站、省级首席工程师工作室6家。组建首席农业专家服务队，牵头负责9个课题研究，开展专项技术培训20场（次），2300多人（次）参加。新建市汽车工程学会、农科院科协，服务全市产业创新工程。

“东方1号杯”工业设计大赛 7月22日至8月4日，2016年第五届全国青年创客工作营暨江苏省“东方1号杯”工业设计大赛在大丰区举办。大赛由省工业设计协会、市科协、市经信委、大丰区政府联合主办，30多所国内外著名设计院校、全国30多家知名设计机构，300多名优秀青年创客和设计师参加比赛，30家高端制造企业及相关产业进行实地对接。青年创客工作营共完成个人作品246件，集体作品29件。大赛评选产生金奖2名，银奖4名，优秀奖4名。其中，西北工业大学明德学院的《海制盐》和齐齐哈尔大学美术与艺术设计学院的《人工与自然》获得金奖。

（王海洋）

第五节 盐城市归侨侨眷联合会

2016年，市侨联完成“扶贫镇”“挂钩村”脱贫硬性任务，发放扶贫款近5万元，实现村民年均纯收入6300元，脱贫率20%。4月1日，市侨联召开五届十二次常委会及五届十一次全委会，学习传达中国侨联九届三次全委会和省侨联六届五次全委会精神，审议通过《开展侨联特色活动 发挥侨界独特作用 为建设创业开放生态幸福厚德新盐城贡献侨界智慧和力量》工作报告和报告决议，表彰全市侨联工作先进集体和先进个人，表决通过卸免和增补市侨联委员和常委名单，增补张中明为市侨联委员、常委、副主席。年内，市侨联专委副主任、德籍华人王荣虎当选首届德国江苏总会会长。全年发表侨务信息宣传稿件627篇，其中国家级媒体采用34篇、省级媒体采用306篇。全市有6人被中国侨联授予“从事侨联工作20年工作者”称号。市侨联获2016年度全省侨联工作绩效考评二等奖。

一、建言献策

2016年，市侨联组织全市侨界代表出席2016年市委、市政府春节团拜会及市政协、市委统战部全市各界人士中秋座谈会。组织市政协委员和市侨联委员开展《中华人民共和国归侨侨眷权益保护法》《江苏省保护和促进华侨投资条例》走访调研、监督座谈，形成《学法用法依法 知侨爱侨护侨——盐城市贯彻落实〈中华人民共和国归侨侨眷权益保护法〉〈江苏省保护和促进华侨投资条例〉情况调研和思考》的调研报告。全年参政议政，组织撰写《侨情专报》，上报党中央、国务院和省委、省政府，共有8篇稿件被中国侨联和省侨联采用，用稿累计得分120分，在全省侨联系统中排名第三。在市政协七届五次全会上，市侨联主席作《借鉴上海自贸区经验，推动盐城开放型经济更好更快发展思考对策》大会发言，该提案得到市委书记点评和大会肯定，获市政府表彰的2016年度盐城市第十一次哲学社会科学优秀成果奖。

康晓萍在盐城调研 4月28—29日，中国侨联副主席康晓萍在盐城调研文化宣传工作。调研期间，康晓萍在射阳县双语小学逐梦剧场，观看中国吴桥国际杂技艺术节最高奖“金狮奖”获奖单位射阳县杂技团汇报演出。在座谈会上，康晓萍听取有关情况汇报，对盐城射阳两级繁荣发展文化事业、促进文化对外交流给予肯定，其表示愿为盐城杂技走出去提供帮助，挖掘一批优秀节目与演职人才进入“亲情中华”海外演出节目和人才库，选择策划一批节目走进“一带一路”沿线国家开展文化交流，弘扬中华传统文化。

二、服务侨群

2016年，市侨联服务侨界群众，举办市县侨联同一天同主题《江苏省保护和促进华侨投资条例》五一广场宣传

6月30日，盐城市侨联、江苏省盐城中学举行2016年"陈中柱、王志芳奖学金"颁发仪式。

活动，帮助侨胞依法维权打赢经济纠纷官司数十件，总额近亿元。实施关爱侨界空巢老人"春风行动"，结对"一对一"助侨帮扶，开展猴年春节慰问、清明志愿服务、"八一"走访老兵活动。市侨联组织人员专程赴南京祝贺抗日将军陈中柱遗孀、盐城籍澳大利亚侨胞王志芳百岁寿辰；6月30日，联合江苏省盐城中学举行2016年"陈中柱、王志芳奖学金"颁发仪式。首次表彰首届县级侨联主席、侨联委员终身成就奖，逐户登门授奖祝贺。聘任首届市侨青委和市侨界书画联谊会成员近百人。组织参加全省"亲情中华·精彩故事"征文评比、"亲情中华·画展盐城——峰峦叠翠话青山旅美画家王余根中国画作品展""不忘初心·翰墨颂故乡——徐墨然书画艺术汇报展"。10月22日，市侨联举办"亲情中华·重温经典——纪念红军长征胜利80周年"纪实摄影讲座，弘扬长征精神。市侨界摄影联谊会3名成员在北京、上海获奖，其中杨国美在北京获2016年度全国摄影艺术最高奖项中国摄影金像奖（艺术类），陆军《共摄美景》、张光明《斗嘴》《走向海洋》3件作品分别获中国华侨摄影家协会、上海市侨联等举办的上海国际郎静山摄影艺术大赛金像奖、金牌奖、优秀奖。《中国侨联工作》、中国侨联网、光明网、江苏文明网、江苏省侨联网等进行宣传报道。

三、海外联谊

6月30日，市侨联联合抗日将军陈中柱之子、澳大利亚盐城籍侨胞陈志举办第二届"陈中柱王志芳奖学金"颁发仪式，盐城中学30名品学兼优的学生分获人民币5万元奖学金。10月26日，市侨联精选数家侨资企业参加中国侨联在南京举办的新侨创新创业成果展。11月17日，市侨联与德国江苏总会签订双方缔结友好关系协议书，服务"一带一路"，助推双方交流合作。同月21日，举办纪念孙中山先生诞辰150周年，组织海外侨胞专程赴南京晋谒默哀凭吊。年内，市侨联帮助射阳杂技团赴海外文化交流，创建2家中国侨联新侨创新创业联盟理事单位和1家江苏省侨联新侨创新创业基地。帮助侨资企业参加"21世纪海上丝绸之路"启航仪式和围绕"一带一路"承建非洲坦桑尼亚工程项目。推荐2名"千人计划"专家的海归新侨成为中国侨联新侨创新创业联盟理事成员。联合市商务局、地税局、国税局首次评选10家"盐城市首届优秀侨资企业"。邀请海外侨胞精英到盐城开展医疗美容和互联网大数据等侨资侨智对接活动，引进经济科技项目4个，利用资金近亿美元，引进海外高层次人才近百名，接收海外侨胞捐赠200多万元。 （乔 连）

第六节 盐城市台湾同胞联谊会

2016年，在盐台胞有10个家族23户共62人。其中，高山族15人、汉族47人，一代台胞1人、二代台胞22人、三代台胞31人、四代台胞8人，分别居住在盐城市区、盐都区、东台市、大丰区、阜宁县、滨海县。年内，盐城市台湾同胞联谊会安排在盐台胞参加省台联组织的青年台胞活动日活动、老台胞踏青活动、重阳节活动、省台联成立35周年征文和摄影比赛。以活动为纽带，引导在盐台胞增强两岸和平统一的意识，增进对祖国大陆的认同感，促进与江苏各地市及相关人员的沟通。11月，盐城市台湾同胞联谊会对全市台胞情况进行摸底登记，确保第十次台胞代表会议顺利换届。春节期间，市侨联逐户走访慰问20名在盐台胞以及2名台胞遗孀，发放困难补助金1.62万元，为2名重症台胞申请专项补助4000元。还为2名重症以及家庭低保台胞申请到全国2015年困难补助费8000元。

（祝春燕）

第 28 章　法治盐城

责任编辑　潘其锐

综　　述

2016 年，全市按照省、市党代会和法治建设会议部署要求，统筹推进法治盐城、平安盐城建设。全市围绕法治政府建设，贯彻落实全省法治政府建设实施纲要，组织推进建设法治政府三年行动计划。加强立法工作，加快推进城乡建设与管理、环境保护、历史文化保护等方面立法，发挥立法对改革发展的引领推动作用。年内，盐城被评为全省法治城市创建工作先进市，东台、大丰、盐都被评为全省法治建设示范县（市、区）。市委、市政府将法治建设列入“十三五”规划重要内容。市委常委会和市委全面深化改革领导小组分别确定 2016 年度社会治理法治化 7 个项目和法治社会建设 16 个项目。12 月 2 日，市委召开深入推进法治盐城建设会议，出台《深入推进法治盐城建设的意见》，明确提出要在新起点上争创全国法治建设先进市、争创全国“长安杯”（取“长治久安”之意，是全国社会治安综合治理优秀地市奖）。

推进科学民主立法。制定全省首部统筹城乡的绿化条例——《盐城市绿化条例》及全省首部对秸秆进行立法的地方性法规——《盐城市农作物秸秆综合利用条例》，出台《盐城市扬尘污染防治管理条例》《盐城市制定地方性法规条例》。健全完善立法工作机制，在全省率先制定《盐城市地方立法技术规范》，出台《盐城市人大法制委员会议事规则》《盐城市人大常委会法规审查审议工作规则》等 6 项立法工作制度。

加快法治政府建设。深化行政审批制度改革，推行企业投资项目“三书合一”，即投资项目立项前需要分别编制的可行性报告、节能评估报告、社会稳定风险评估报告合并为一份咨询报告；推进企业投资建设项目数字化“七图联审”，即市县两级规划设计图、建筑施工图、消防施工图、人防专项施工图、防雷装置施工图等 7 份图纸一窗受理、联合审图。年内，公布市县政府 6 张权力清单，政府职能从重审批轻监管慢服务向简审批重监管优服务转变，盐城成为全省简政放权、转变职能试点市和全国行政综合执法体制改革试点市。规范行政权力运行，出台《盐城市政府重大行政决策程序规定》，建立行政机关内部重大决策合法性审查机制。市政府成立法律顾问委员会，市、县、镇三级政府及其工作部门全部建立法律顾问制度。加强行政权力监督，制定流程控制和定期轮岗制度，完善行政执法过错责任追究联席会议制度，监察部门对行政复议纠错和行政败诉案件开展追责，先后 49 人受到问责。

深化司法体制改革。全市贯彻司法改革系列文件精神，推进以司法责任制为核心的各项改革，人民法院、人民检察院首批入额遴选工作基本完成，承担的公益诉讼、人民陪审员、人民监督员等改革试点工作顺利开展，跨域登记立案被最高人民法院作为江苏经验向全国推广，司法权力运行机制更加完善。市委、市政府制定出台《领导干部干预司法活动、插手具体案件处理的记录、通报和责任追究实施办法》，保障司法机关依法独立行使职权。加强司法规范化建设，制定《盐城市司法人员公正司法行为规范》，市政法部门结合各自实际出台细则，促进公正廉洁司法。加强政法队伍建设，在全省率先出台政法队伍建设重大事项报告、政治建设述职、政治督查 3 项制度。

开展法治宣传教育。年内，市委、市政府印发《关于在全市公民中开展法治宣传教育第七个五年规划》，开展法耀盐阜系列法治宣传教育活动，盐城被评为全省“六五”普法工作先进市，“百案说法村村行”、农村法律服务社等特色工作获全省普法创新奖。提高各级干部法治思维和法治能力，完善领导干部任前考法、年终述法等制度，在全市党政机关开展万人学法考试。推进法治文化建设，法治文化阵地覆盖面扩大，“律师进社区”等工作扎实推进，大市区 107 个社区全部配备法律顾问，新创成省级民主法治示范村 135 个。　　（祁　勇）

第一节　社会治安

2016 年，全市政法综治部门化解社会矛盾、防控社会风险、维护社会治安，盐城连续五年蝉联全省综治平安建设先进市。组织开展严打整治行动、反电信网络诈骗等专项治理。开展禁毒行动，整治工作取得阶段性成效。推进安全环保专项整治行动，排查整改各类安全隐患，年内未发生较大安全生产事故。针对县级没有邮政行政管理部门的情况，将县级寄递行业行政管理职能授权县级交通运输管理部门。

夯实基层社会治理服务体系，根据中央及省综治中心等级评定办法等有关文件规定，推进县镇村三级综治中心标准化建设。实行窗口服务、政法维稳指挥、综治信息系统运用三位一体推进模式，提供矛盾调解、法律援助、人口服务等为民服务项目。依托综治信息系统，在全省首创“四频合一”政法维稳视频指挥系统，该系统融视频接访、视频调解、社会面视频监控、综治信息视频研判为一体，实现横向连接相关综治成员单位、纵向贯通市县镇三级及部分村居。加强市、县、镇、村、网格五级综治信息网实战化运用，定期考核评估，在全省首届综治信息化实战应用技能比武中获第一名。

开展社会矛盾纠纷、公安安全隐患、治安突出问题、负面敏感舆情“四项排查”。在市直重点单位建立行业性调解组织，推进县镇两级调处中心实体化运行，交通事故一体化处理做法被公安部推广。推动依法行政，健全依法决策机制，凡重大决策事项一律进行听证论证、风险评估，防止因决策不当引发矛盾纠纷。加强执法司法规范化建设，从源头上减少信访矛盾发生。组织开展进京到省重复访专项治理、信访积案攻坚等活动，创新落实领导包案制，实行一案一策，促进案结事了，省以上交办的75件重点案件化解67件，化解率和结案率均居全省前列。

升级技防网络，在全省首批通过省级技防城验收。推进技防入户“村村通”工程，全市80%城乡社区覆盖高清探头。按县120人、镇30人以上标准加强专业巡防队伍建设，有针对性地组织实施街面巡逻防控，提高见警率和群众安全感。出台《关于加强平安法治志愿者队伍建设的指导意见》，建立纵向覆盖市县镇村四级，横向涵盖单位内保、公安巡防、城管环卫、校园保安、物管物业、法律援助、社区劝导7个行业体系平安志愿者队伍。（祁　勇）

第二节　依法行政

2016年，盐城出台《2016年全市推进依法行政建设法治政府工作要点》，将依法行政工作划分为8类主要任务、27项具体措施，并在40家党委机关、人大机关、政府机关和司法机关中落实推进责任。年底，组织对99个市级部门单位和9个县（市、区）政府、市开发区管委会、城南新区管委会进行依法行政、依法履职和法治政府建设年度考核。对重大决策部署督查工作引入第三方评估。制订年度市政府常务会议学法计划并付诸实施。在浙江大学光华法学院举办全市领导干部和法制工作人员法治专题培训班，培训120人次。对市直70名人大任命和32名非人大任命领导干部进行任职前法律知识考试。组织1700多名行政执法人员参加法律知识与业务技能学习培训和在线考试。年内，全市841名新录用公务员、165名市级机关晋升科级公务员、115名军转干部参加培训，1.4万多名科级及以下公务员参加网络学习，所有培训学习均将法治课程作为基础必修课目。

依法行政示范项目建设　年内，市法制办制定《2016年盐城市依法行政示范项目建设指南》。在省、市两级依法行政示范点单位中，开展示范品牌创建活动，组织专家对53家单位申报的60多项依法行政示范项目建设成果进行评审，评选出10个优秀示范项目和5个优秀提名项目。12月初，市依法行政领导小组办公室在大丰区举办全市优秀依法行政示范项目观摩交流会议。51个省市两级依法行政示范点分管负责人、法制机构负责人和各县（市、区）政府法制办负责人参加会议。（周　洋）

第三节　政府法制

2016年，全市深化镇级法治政府建设、“两法”衔接（行政执法与刑事司法衔接）、法制理论研究、行政复议应诉违法责任追究等多项工作，在全省政府法制工作会议上被重点推介。年内，完成2014—2015年盐城市政府法制研究课题结项评审工作，10项课题项目结项。3—4月，对外征集2016—2017年政府法制研究课题项目建议，最终确定14个项目。全年组织撰写各类法制理论研究文章，先后在国家级和省级刊物及重要活动上发表、交流。注重规范性文件制定，全年共审核市政府各类规范性文件143件。其中，涉及宏观经济调控类30件，公共产品服务类19件，市场监管类38件，科教文卫类27件，社会管理职能类29件。6月6日，市政府第30次常务会议审议通过《盐城市人民政府规章制定程序规定》，自2016年9月1日起施行，该规定是盐城首部政府规章。召开“两法”衔接工作推进会，起草《盐城市行政执法与刑事司法衔接工作实施办法》。在环境保护领域和食品药品安全领域开展“两法”衔接工作专项督查活动。加强执法监督，市政府法制办公室研究草拟《盐城市重大行政执法决定法制审核办法》，规定执法部门做出的重大行政执法决定需交执法部门法制机构先进行法制审核，实现执法监督关口前移。11月，对市级行政执法人员集中培训和考试考核。年内，市法制办完成45个市级部门1694份行政执法证件的注册工作，为14个市级部门和7个县（市、区）新办理行政执法证件509份。

行政复议应诉　年内，市法制办处理各种行政复议案件111件，其中新收98件，2015年结转13件。共办结行政复议案件90件，其中维持26件、终止28件、驳回7件、补正6件、不予受理20件、确认违法1件、责令履行职责2件，另外作出行政复议意见书2份。处理以市政府为被申请人的行政复议答复案件20件，处理以市政府为被告的行政应诉案件85件。

市政府法律顾问委员会成立　5月20日，市政府办公室印发《关于成立盐城市人民政府法律顾问委员会的通知》，成立市政府法律顾问委员会，聘任11位法律专家学者为市政府法律顾问，负责为市政府重大行政决策、推进依法行政提供法律咨询和服务。9月6日，市长王荣平出席市政府法律顾问见面会，向新聘任的市政府法律顾问颁发聘书并讲话。全年，市政府法律顾问共参加城市建设、金融管理等市委、市政府重要决策会议近40次，参与各类民商事纠纷、合同协议法律把关等活动34次。（蔡锦源）

第四节 公 安

2016年，全市公安机关深化改革，推进基层基础建设、改善社区警务质态、推动治安改革创新、提升服务实战效能，维护全市社会大局平安稳定，公安工作取得新进展。强化政治安全，开展维护政治安全专项行动，年内未发生有影响的政治事件、群体性事件和暴恐事件。提升公安机关打击破案能力，破获公安部挂牌督办案件7起、省公安厅挂牌督办案件10起。发挥警务大数据实战效能，完成“6·23”阜宁、射阳特大龙卷风冰雹灾害抢险救援及G20峰会、中共十八届六中全会、2016年中国盐城沿海湿地国际公路自行车赛等活动安保工作。加强网络安全能力建设，开展集中攻坚行动，严打网络违法犯罪，创新互联网管理，完善网络社会综合防控体系。加强交通安全管理，全市交警部门全年查处各类交通违法行为416.1万起，其中非现场处罚348.2万余起，现场处罚67.8万起。拓展涉外警务交流，打击跨国(境)刑事犯罪，国际刑警组织盐城联络办公室经公安部批准正式挂牌成立。年内，全市公安机关共有1个集体、4名民警获一等功，10个集体、21名民警获二等功，35个集体、171名民警获三等功，39个集体、256名民警受到嘉奖。

一、维护稳定

2016年，市公安机关做好系列重大活动和重要敏感节点安保工作，落实情报搜集、重点管控、专案侦察、技术反制等措施，严防发生重大敏感问题。强化反恐防范，宣传贯彻《中华人民共和国反恐怖主义法》，推动落实反恐怖工作责任制，落实重点行业反恐防范标准。加强反恐情报搜集、人员管控、基础防范，推行动态发现列管、网上跟踪监测、网下实体管控处置的“三维一体”模式。推进严打暴恐犯罪专项行动，建立反恐合成侦查打击模式，主动发现抓获一批涉恐嫌疑对象。强化风险预防，开展“防风险、补短板、抓规范、提能力”集中攻坚行动，对排查出涉稳风险，建项立目，实施重点攻坚，限期化解整改到位。完善社会稳定风险评估机制，对602个项目实施稳评，从源头上控减不稳定因素。强化网上管控，全年删除网上有害信息3200余条，落地查证120余人，教育训诫117人，行政拘留8人。组织开展党政机关、事业单位和国有企业互联网网站安全专项整治行动，对279家存在安全隐患的网站系统进行预警通报。强化应急处突，加快推进大数据指挥服务中心建设，优化智能指挥调度平台和高清视频指挥调度系统，固化常态和战时状态联合指挥、合成作战机制，完善突发事件处置预案库。

二、案件侦查

全市公安机关、严打违法犯罪，将大案、要案、恶性案件置于打击的首要位置，落实大案侦办工作机制，攻克命案积案1起，侦破滨海“1·30”杀人放火案、市区“6·1”持斧抢劫出租车案、亭湖“6·6”跨省持枪劫持抢劫案等一批有影响的大案、要案。严打盗抢骗等多发性侵财犯罪，打击“盗抢骗”犯罪专项行动和“双打会战”(严厉打击盗抢骗侵财犯罪和黑恶犯罪)，破获全部刑事案件、侵财案件。健全市县打击通讯网络诈骗专业队，推广应用资金查控平台，建立通信运营商双向互动、涉案银行账户快速封堵、宣传防范定向覆盖等制度规范，通讯网络诈骗案件发案同比下降20.6%。妥善处置涉众型经济案件，侦办非法集资案件131起，抓获经济犯罪逃犯54名，挽回经济损失5.7亿元。开展打击假币专项行动，破获全国首起伪造2015版新人民币“9·9”假币案件，缴获假币70余万元。开展外流涉羟犯罪专项整治，推进禁毒百日整治“雷霆行动”，破获多起公安部毒品目标案件，公安部目标案件破案数和缴毒量均居全省第一。围绕食品药品、环境污染等民生问题，组织开展打击食品药品环境犯罪“利剑”行动和“清水蓝天”行动，共立案侦办案件261起，抓获嫌疑人421名，成功侦破公安部挂牌督办“4·22”特大非法收购运输出售珍贵濒危野生动物案。

6月28日，国际刑警组织盐城联络办公室挂牌成立。

响水县公安局破获省公安厅挂牌盗窃电动二轮车案件 6月，响水县公安局破获省公安厅挂牌案件，抓获犯罪嫌疑人马某某(男，50岁，连云港市灌南县人)。

经审查，自2015年12月起，马某某窜至响水、灌南、灌云盗窃电动三轮车作案30起，案值10万元。

阜宁县公安局破获省公安厅挂牌入室盗窃案 6月16日，阜宁县公安局破获省公安厅挂牌入室盗窃案，抓获犯罪嫌疑人孙某某（男，29岁，新沟镇人）。经审查，自4月起，孙某某在阜宁县新沟、郭墅、吴滩、陈良、三灶、沟墩、陈集、板湖、羊寨、阜城等乡镇入室盗窃作案30余起，案值20余万元。

响水县公安局破获系列跨省电信诈骗案 12月12日，响水县公安局抓获案件犯罪嫌疑人陶某（男，22岁）、牛某（男，23岁）、牛某（男，22岁，均为山东省东明县人）。经审查，3人伙同周某（男，29岁）、孙某（男，31岁），周某、孙某诈骗受害人钱财作案10余起，案值200余万元。其中，周某、孙某均为河南口人，均被山东警方抓获。

三、治安管理

2016年，市公安机关加强基层基础建设，推进“810”强基工程（省公安厅针对全省基层派出所存在的危房、险房等，要求按照新标准进行规划建设的一项基础性工程）受补助项目建设。全市88家派出所获得省公安厅补助，年内建成76家，建成率86.4%。推进派出所人民调解室建设。年内，全市建成人民调解工作室175个，建成率72%。推进群防群治工作，全市平安法制志愿者4.3万名；布建社区治安防范宣传共建牌6.5万块，城市、县城地区覆盖率达100%。自主研发手机APP开锁业治安管理信息系统，全市108家开锁业经营单位全部安装。自主研发推广寄递业治安管理信息系统和手机APP采集终端，年内安装电脑版系统502家、手机APP采集终端2696人。年内，通过线索提供渠道共抓获违法犯罪嫌疑人400多名。通过旅馆系统抓获各类网上逃犯135名。

“上门入户”工程 年内，市公安局继续开展“上门入户”工程，三年内全市共走访常住家庭户240万户，走访群众730万人次，更新采集维护源头基础信息340万条，帮助群众解决困难和问题2.3万件，社区民警知晓率上升8个百分点。

四、道路交通安全管理

2016年，盐城实施防控体系升级工程，加强交通安全监管工作。全市道路交通事故死亡人数连续六年呈下降趋势。推进交通安全隐患综合治理，年内全市共排查道路交通安全隐患95处，其中国道隐患11处、省道隐患27处、县乡道路隐患57处，全部按要求制作标准台账。对全市事故多发、高发路段实施严管严治，有效遏制228国道事故多发势头。对违法高、事故多的重点企业定期约谈，年内约谈重点企业21家。强化数据实战应用，实现“互联网+”便民服务，采取微信网上办理、互联网综合服务平台、城市道路绿波带建设等多项措施。与高德地图服务商开展合作，将暴雨天气道路积水点、交通管制信息及时标注，年内向市民推送各类信息96条。整合互联网交通管理服务平台、邮政车管所、网上车管所、手机“12123”APP，建设互联网办理中心，增进线上、线下车管所协作。开发事故快处快赔APP，借助“盐城公安微警务”“盐城交警微发布”“事故处理直通车”微信平台，开通事故快处快赔入口，并与车辆、驾驶人及保险信息数据库相连，拓展事故快处快赔平台外延，实现车辆、驾驶人、承保信息一键关联，并联合市保险行业协会、市交通局将全市22个保险公司理赔点，35家定点汽修企业全部纳入快赔服务平台网络，扩大快处快赔服务覆盖面，方便群众进行事故处理。

交通治安大整治“百日行动” 6月中旬起，全市组织开展为期一百天交通治安大整治行动。行动期间，共查处各类违法55万起，其中查办酒后驾驶517起，无证驾驶、假牌假证等涉牌涉证案件1450起；查获网上逃犯31名、盗抢机动车12辆、涉毒人员6名，端掉盗抢汽车团伙1个；依法逮捕41人、刑事拘留50人。

“法治通城行动” 年内，市公安局组织开展市区交通管理“法治通城行动”，对各大队整治情况进行每日通报，按时段制定《工作情况讲评》。共查处各类违法行为21万起。其中，违法停车9.8万起，查扣电动三轮252辆，清拖违法停车3442辆，酒驾386起，查扣逾期未检汽车2137辆。

交通违法行为大整治 年内，重点整治5类杂车和12类不文明行为。发布《关于加强市区工程运输车辆管理的通告》，将渣土车、混凝土搅拌车等工程运输车辆的限行区域向外延伸至盐淮高速、盐靖高速、沈海高速合围圈，通过交管缉查布控系统、GPS定位系统24小时指挥派警，重点整治渣土车、混凝土搅拌车超载、车轮带泥行驶、沿途抛洒滴漏、不按规定线路时间行驶等违法行为。对城市拥堵路口、路段进行梳理排查，优化城市支路交通组织，完成标志牌正反面覆膜1326块、导向车道标志牌正反面覆膜1117块，安装慢性系统路名牌2362套，安装桥梁标志48块，拆除非法标志160块，安装组合禁令标志142块。

信息化应用深化工程 年内，市公安局推进科技项目建设，完成互联网交管综合服务平台及APP部署，实现预约考试、预选号牌、网上处违、办牌办证四大功能。完成严管街项目建设，在18个路口安装44套严管路口智能交通违法联动抓拍系统，对17个路口高清电子警察系统进行改造，全年街抓拍违法行为46万余起。在市区主干道路建成10处抓拍系统，对机动车未礼让行人过斑马线等行为进行抓拍。在全国首创开发移动式“行人闯红灯抓拍曝光系统”，对行人闯红灯行为进行抓拍曝光教育。完成交通文明诚信系统、228国道及盐徐高速“平安走廊”项目及高速公路应急车道抓拍系统、交通管控平台（图像二次识别子系统）等多个信息化建设项目。

五、网络安全管理

2016年，市公安局严密网上巡查和舆情处置。加强论坛、社区、博客、微博客、留言板以及新闻评论专区的巡查力度，做好重要敏感时期网上安保工作。严密监测网上舆情动态，及时通报属地公安机关和相关部门开展稳控工作。利用“盐城网警公开巡查执法账号”对部分微博进行警示，对网上谣言，及时依托盐城网警公开巡查执法微信公众号发布帖文辟谣。开展网上严打整治，开展“打击侵犯公民个人信息”“网络禁毒会战”“净网清源行动”等专项行动，先后侦破多起涉网犯罪案件。全年，共破获涉网案件615起，抓获犯罪嫌疑人448名；受理各类案件协查1673起，查询涉案线索7800余次；外省市协作案件70余起，协助抓获犯罪嫌疑人26人。加强互联网吧基础管理。配合工商部门加大对“黑网吧”的查处、整治力度，配合文化广电新闻出版局，督促网吧经营者在显著位置设置“未成年人不得进入”的标志。其间，共出动警力1500余人次，清查网吧1200余家次，查处未实名登记网吧102家次，查处黑网吧3家，通报文化部门查处容留未成年人上网网吧12家。

12月3日，大丰区检察院举行首批员额检察官颁证暨宪法宣誓仪式。

六、户籍管理

2016年，全市共新登记录入居住房屋信息6.61万条，登记录入流动人口信息17.48万条，登记录入人户分离人员信息20.47万条。共受理居住证制证信息4.42万条，制作发放居住证4.29万张。全市共办理居民身份证61.75万张，下发证件61.83万张。共审核审批户口登记项目变更更正材料4000余份，接待群众来电来访2400余起，答复局长信箱、“12345”政府热线、网上公安局群众来信1800余封。开通全国异地证受理点10个，开通全国居民身份证挂失申报和丢失招领受理点187个，累计受理全国异地证828人次，审核签发全国异地证1988人次，丢失招领6人次，挂失申报3216人次。

（程晓丽）

第五节　检　　察

2016年，全市检察机关参与社会治理，依法打击刑事犯罪，依法批捕各类刑事案件1651件2145人，提起公诉4861件6668人。依法严肃查办和预防职务犯罪，立案查办职务犯罪案件107件158人。建立市检察院领导联系基层、部门对口指导基层制度，开展基层检察院领导班子、市检察院中层干部季度“擂台”赛，增进两级院沟通交流，提升领导干部综合能力。开展规范司法行为专项整治工作，在自侦部门开展“三清三查”（清理积存线索，查明有无漏查线索；清理涉案材料，查明有关办案工作文书资料有无散失；清查案件质量，查明有无不规范日法行为）活动，清理案件线索91件；组织开展撤回起诉案件专项检查、民行案件质量评查等活动，评查各类案件3729件，对上级院检查或者自查发现的司法不规范问题，及时督促整改。依法保障律师执业权利，大丰、盐都、开发区等检察院探索信息推送服务，受到律师和当事人家属好评。加强办案工作区规范化建设，全市11个办案工作区通过省检察院复检。推行青年干警培养导师制，两级院201名中层干部结对培养218名青年干警。开展“最佳创新创优项目”“季度评选、季度双星”评选等活动。组织开展业务实训、案例研讨等活动，举办全市“十佳公诉人业务竞赛”“侦查监督业务竞赛”等，提升干警实战能力。全省侦监、公诉、民行等业务竞赛中，全市10名干警获“业务标兵”“业务能手”等称号。全市检察机关共有93个集体、169名个人受到市级以上表彰。落实检察官“员额制”改革工作，深化改革实施方案，全市员额检察官首批入额349人，其中检察员以上法律职务295人、助检员54人，实际员额比例32%。开展人员分类管理和检察官等级评定工作，调整干警岗位21人，评定、晋升检察官等级56人。市检察院党组通过与员额检察官集体谈话、举行员额检察官颁证宣誓仪式，明确检察官岗位职责，试行综合部门干警AB岗制度，提升干警综合能力。11月1日起，全市检察机关正式实施新的检察权运行机制。12月，全市检察机关陆续举行首批员额检察官颁证仪式。

一、刑事检察

2016年，全市检察机关加大对破坏市场经济秩序犯罪的打击力度，提起公诉该类犯罪296件634人。依法办理涉案金额118余亿元、涉及被害人7000余人的“富建集团”特大非法吸收公众存款案，涉税金额近亿元的商某某等12人走私普通货物案。依法办理东台马佐里欺诈发行私募债券案，亭湖、大丰等地“e租宝案”等案件。参加全市禁毒百日整治“雷霆行动”，提起公诉涉毒犯罪案件342件425人，依法办理司马某等10人贩卖、运输、窝藏、转移毒品等一批重大案件。强化未成年人刑事检察工作，推行失管未成年人关爱救助“滨海模式”、青少年思想道德教育“亭湖模式”，被最高检转发推介。

二、贪污贿赂检察

2016年，全市检察机关保持对腐败犯罪高压态势，立案查办贪污贿赂犯罪案件82件113人，依法查办涉案金额超过50万元的贪污贿赂案件30件40人。围绕权力集中、资金密集、监管薄弱的重点领域、重点行业开展专项查案行动，先后查办城乡一体化建设领域贪污贿赂案件20件22人，支农惠民资金管理领域贪污贿赂案件22件27人。

三、渎职侵权检察

2016年，全市检察机关共立案侦查渎职侵权犯罪案件35件45人，重特大渎职侵权案件21件27人。围绕权力集中、资金密集、监管薄弱的重点领域、重点行业开展专项查案行动，查办涉农惠农专项资金补贴领域渎职犯罪20件26人、“新网工程”领域渎职侵权案件3件4人。结合盐城实际，开展查办农业综合开发领域渎职犯罪专项行动，立案查办渎职犯罪11件14人。

四、职务犯罪预防

2016年，全市检察机关开展“专业预防工作质效年”活动，推进预防共建、专项预防活动，先后开展预防警示教育340次、预防调查28件，召开案例剖析会9次，发出检察建议52件，受理行贿犯罪档案查询2.15万次，提升预防工作的针对性和精准性。同时，结合办案加强分析研判，滨海县检察院“年度惩治和预防重点领域职务犯罪情况报告”被最高检评为全国“百优”年度报告。

五、民事行政检察

2016年，全市检察机关开展民事行政案件检察监督，依法对民事行政裁判案件提出抗诉31件，发出再审检察建议94件。打击民事虚假诉讼，监督虚假诉讼案件105件，追究刑事责任60人。参与制定《环境保护执法联动机制实施办法》，梳理出环境污染案件线索28条，向相关行政机关发出检察建议书20份，开展公益诉讼诉前程序16件。经最高检批准，对媒体高度关注、群众反映强烈的张某某等17人重大环境污染案，支持中国生物多样性保护与绿色发展基金会提起公益诉讼。

六、控告申诉检察

2016年，全市检察机关推进涉法涉诉信访改革，加强网上信访信息系统建设应用，建成省涉法涉诉信访信息系统、四级院联动的远程视频接访系统，全市审查结案数、决定给予赔偿案件数等均居全省前列。加强对法院生效刑事裁判法律监督，提出（请）抗诉3件，刑事申诉工作纠正法院裁判错误实现零突破。加强刑事被害人救助工作，向146名刑事被害人发放救助金33.7万元。6月，对张某某控告申诉案做出依法终结的书面决定，该案是全省首例依据《人民检察院控告申诉案件终结办法》，检察机关做出的控告申诉终结决定案件。

七、诉讼监督

2016年，全市检察机关监督公安机关立（撤）案20件、纠正漏捕漏诉44人、书面纠正侦查活动违法135件、审判活动违法17件。推进“刑事抗诉质效年”活动，提出刑事抗诉案件30件。开展集中清理判处实刑罪犯未执行刑罚专项检查活动，监督清理纠正29人。加强刑罚变更执行同步监督，提出不予提请减刑19人，严肃查办刑事执行领域职务犯罪案件，依法查办3件3人。开展财产刑执行监督试点，开展财产刑和没收违法所得执行监督66件272人，督促执行到位金额79.69万元，相关做法在最高检座谈会上作经验介绍。　（韦丽萍）

第六节　审　　判

2016年，全市法院受理案件13.42万件，审执结案件11.49万件。全市一线法官人均结案182件，75名法官全年个人结案超300件。全市法院结案率全省最高，长期未结案件数全省最低，审判质效位居全省前列。人民陪审员制度改革取得成效，人民陪审员切实经历庭前准备、开庭审理、合议庭评议等各个审理环节。对疑难复杂及社会关注度高的案件，采用由3名法官和2名人民评审员组成的“3+2”大合议庭审模式。供给侧结构性改革司法应对2项调研成果获得省委书记李强批示肯定。23篇案例被《最高人民法院公报》等权威载体发布。奥康公司行政诉讼案入选最高法院发布的77件指导性案例。全市法院44个集体、78名个人受到省级以上表彰。东台法院党总支被中共中央评为全国先进基层党组织；市中院被评为全省法院党建工作先进集体；滨海法院被省法院授予集体一等功，响水法院被评为全省优秀法院。

一、刑事审判

2016年，全市法院发挥刑罚惩防功能，推进平安盐城建设。一审审结各类刑事案件4872件，判处罪犯6421人。参与禁毒百日整治“雷霆行动”，宣判毒品犯罪案件314件381人，其中对贩卖冰毒达15千克的林某等8名被告人依法判处死刑。实施《中华人民共和国刑法修正案（九）》及

9月，盐城市中院启用“3+2”人民陪审员参审模式开庭审理案件。

其司法解释，控制职务犯罪非监禁刑适用。加大财产刑适用力度，罚金、没收财产刑适用率56.1%。审结泰州市原副市长贾某受贿案等一批影响较大的职务犯罪案件。严惩非法集资、网络电信诈骗、假冒伪劣等犯罪，惩处犯罪分子248人，追回损失5.4亿元。依法严惩环境资源犯罪，17名被告人受到刑事制裁。

二、民事审判

全市法院加强民生案件审判，审结消费、教育、医疗、就业等各类民事案件3.4万件。规范市场经济秩序，审结破坏市场经济秩序犯罪案件258件533人，审结各类商事合同案件3.5万件。防范化解房地产市场风险，保障房地产调控政策有效落实，审结各类房地产案件5775件。平衡保护企业和职工合法权益，审结劳动争议案件5008件。加强金融债权司法保护，审结金融借款案件4550件，标的额达71.54亿元。依法对37家企业进行破产重组，对8家企业裁定破产清算。扶持高效农业健康发展，审结各类农村土地纠纷1229件。注重生态环境修复，审结全市首例环境公益诉讼案件，判令邗江腾达化工厂等7名被告赔偿环境修复费用8900余万元。加强知识产权司法保护，审结各类知识产权案件222件，设立盐城市知识产权司法保护中心。

三、行政审判

2016年，全市法院落实新的《中华人民共和国行政诉讼法》，实行行政案件集中管辖，严格司法审查标准，审结各类行政案件1569件，协调化解409件，一审协调撤诉率达28.72%。推动行政机关负责人出庭应诉，行政机关负责人出庭应诉及参与协调率达86.2%。加强司法与行政良性互动，与行政机关共建联席会议、信息共享、案例发布等10项机制，向涉诉行政机关发出司法建议34件，先后为公安、海洋、国土等部门举办专题法治讲座29场，4000余人次参加讲座学习。

四、审判监督

2016年，市中院审结各类二审案件6632件，依法改判或发回重审608件，促进一审案件审判质量提升。强化再审纠错，全市法院受理申诉、申请再审案件1313件，依法启动再审程序241件，及时纠正生效裁判错误。强化审限管理，开展长期未结案件清理工作，全市法院12个月以上未结案件基本清结。通过审判监督、导访入诉、打击非访，成功化解88件重点信访积案。

五、案件执行

2016年，全市法院加大司法查控和资产处置力度，查获被执行人财产线索3.85万条，司法网拍3051次，成交金额10.16亿元，单笔成交最高金额达2.37亿元。加大惩戒力度，将1.59万名失信被执行人纳入黑名单，拘留被执行人和协助执行人1081人次，罚款287.6万元，追究刑事责任46人。建立常态化集中执行制度，“两节”（元旦、春节）期间执行“飓风”行动（市中院在全市范围内组织开展的针对超长期未结案件集中清理，对疑难复杂的案件集中攻坚，对重点涉执信访案件集中化解的集中执行活动，是全市法院推进“基本解决执行难”的重要举措），执结一大批积案、难案。全年执结案件2.86万件，到位金额104.43亿元。

六、便民诉讼

2016年，市中院推动诉讼服务提档升级，在全省率先出台《诉讼服务中心建设标准》，打造“五大区域”“七位一体”（诉讼服务中心内部设立导诉志愿服务、综合诉讼服务、立案登记服务、信访化解服务和调解速裁工作5个功能区域，具有诉讼服务、诉讼引导、立案登记、案件速裁、诉调对接、涉诉信访和司法辅助7个方面的服务职能）的盐城样板。年内，盐城市为民办实事20大重点工程之一的市中院诉讼服务中心全面建成并投入使用，射阳、大丰等8家基层法院诉讼服务中心完成升级改造。全市法院实行跨域登记立案，减轻当事人诉累。加强网上诉讼服务中心建设，优化“12368”司法服务热线，形成实体虚拟、网上网下、线上线下立体化诉讼服务格局。推动纠纷多元化解，参与“无讼村居”（综合各类社会力量，推动矛盾纠纷在基层村居实现多元化解，最大限度避免进入诉讼环节）创建，出台《关于深入推进多元化纠纷解决机制建设的实施意见》，在法院诉讼服务中心和人民法庭全面设立人民调解工作室和律师工作站，开展诉前调解。完善诉调对接工作机制，加强与行政机关和社会基层组织协调联动，诉讼外化解矛盾纠纷2300余起。加大诉讼调解力度，有效化解涉同曦鸣城业主维权、228国道特大交通事故赔偿等案件。发挥人民法庭化解矛盾纠纷的前沿阵地作用，全市40个人民法庭审结各类案件3.22万件，近60%的案件通过调解、撤诉结案。

（董　准）

第七节　司法行政

2016年，全市司法行政系统共有155个先进集体、217名先进个人获得市级以上表彰。建湖县司法局在全省97个县（市、区）司法局绩效考核中获第一名，市法律援助中心被国家老龄委、司法部等六部委授予“全国老年维权先进集体”称号，东台市司法局办理的“新生儿出生致脑瘫，三年维权终见分晓”法律援助案例被司法部《司法所工作》杂志采用，并入选全国百例法律援助精品案件，阜宁公证处为“6·23”阜宁、射阳特大龙卷风冰雹抢险救灾工作提供优质高效服务被江苏省司法厅评为“江苏省十大公证案例”。

启动实施“七五”普法。开展“万人学法”“模拟庭审校园巡演”“美好城市·法律相伴”“‘12·4’国家宪法日暨法制宣传日”等活动，对市直32名非人大常委会任命领导干部、449名党员干部、5000多名企业经管人员进行法律知识考试，开展法治宣传630场次。新创成省级民主法治示范村（社区）135个，创建率37.7%。盐城市被省政府表彰为全省“六五”普法工作先进城市，大丰区、建湖县被表彰为全国“六五”普法工作先进县（市、区）。

构建人民调解基础网络，形成以147个县镇两级调处中心（调委会）为核心，576个专业性、行业性人民调解组织为支柱，2430个村（居）调委会和司法站为基础，9.5万个矛盾纠纷排查调处五级网格单元为补充的全覆盖人民调解网络体系。全年共受理矛盾纠纷4.56万件，调解成功4.55万件。在省委省政府组织的年度考核中，盐城市人民调解2015年度工作继续列苏北第一位、全省第三位。

全年办理法律援助案件7507件，为受援人挽回经济损失8650万元，免除诉讼代理费3770万元，免费接待群众咨询1.8万人次，法律援助经费实际投入626.6万元，特定群体法律援助知晓率82.2%，受援群众满意率99.85%。

构建一体化技防体系，全市配备定位手机3191部，定位手环40部，矫务通覆盖率100%，定位覆盖率96%，定位成功率94.5%，定位覆盖率与成功率均居全省设区市首位。全年接收社区服刑人员2466人，解矫2864人，警告780人次，收监85人，重新犯罪率控制在1‰以下；在册刑释解教人员2.38万名，衔接管理率99%，帮教率100%，安置率98%。

全市司法系统组织开展“法润盐城·2016年公证农村行”“公证助残月”“公证敬老月”等活动，全年办理各类公证6.44万件，较上年增长69.3%，新办公证事项无错证、无假证、无有效投诉。射阳、阜宁完成公证机构改革工作。

全年出具司法鉴定意见书1.57万份，采信率99.5%，无错假司法鉴定文书，无有效投诉。化解因交通事故、劳动工伤、建筑工程、劣质农资等引起矛盾纠纷200余起，为困难群众减免司法鉴定费用90余万元。推进人民监督员制度改革，增挂“人民监督员选任管理办公室”牌子，完成首批116名人民监督员的聘任、培训工作。　（刘　菊）

一、盐城监狱

2016年，盐城监狱连续18年11个月实现“四无”（无服刑人员脱逃、无重大狱内案件、无重大疫情、无重大安全生产事故）目标。监狱企业保持平稳，全年实现粮食总产6.5万吨，种子对外销售1.5万吨，实现销售收入3.85亿元，实现考核利润4450万元。年内，监狱被江苏省监狱管理局评为现代监狱建设先进单位，并被授予“四大载体”（监区规范化建设、劳务加工提档升级3个三年行动计划、民警素质提升行动、信息智能管理大平台建设）建设综合表彰集体三等功，被省监狱管理局评为“十二五”期间先进单位、劳务加工提档升级示范单位；被江苏省精神文明建设指导委员会评为2013—2015年江苏省文明单位。

监狱安全　盐城监狱落实现代监狱建设各项措施和日常监测工作。11个监区全部通过省监狱管理局规范化建设达标验收，4个监区被评为监区规范化建设示范监区。强化安全责任，落实各级主要领导对监管安全工作的第一位责任，实行监区民警包干到组、分管到人的层级责任制。加强基础建设，投入100余万元改造监内值班备勤室，将督查人员、特警队员前置到监内备勤，提升应急响应能力。严密罪犯离监押解和看管措施，罪犯离监一律加戴电子脚镣，落实押解民警全程责任，全年安排外出就诊45人次，外出住院5人次，省内罪犯调动3人次，实现安全无事故。重视安全生产基础投入，投入300余万元新建独立总仓；铸件公司新建1座危化品库和液化气库；投入400余万元，对社区危旧房屋和小区进行整修出新。监狱完成全年安全生产工作目标，通过安全生产标准化二级验收。

监狱执法　监狱严格依法办案，建成远程科技法庭并投入使用，建立标准化讯问室、证据保全中心。全年开展减刑假释4个批次，办结800件减刑假释案件，其中假释案件17件，三类服刑人员（职务犯、破坏金融管理秩序和金融诈骗犯罪罪犯、组织黑社会性质组织犯罪罪犯）减刑假释案件43件。落实财产性判项与减刑假释挂钩机制，全年协助137名服刑人员主动履行157万元财产性判项。严格办理服刑人员暂予监外执行，年内根据服刑人员病情，为4名病情危重服刑人员适时快办保外就医。深化狱务公开工作，利用“三箱一栏”（监狱长信箱、检察官信箱、检举投诉信箱、狱务公开专栏）、便民服务卡、开放日日程表、《狱务公开手册》等传统手段，扩展升级创建信息查询系统、远程科技法庭等新媒体平台，提升狱务公开效能。常态化开展监狱长、监区长接待日活动，在候见室增设狱务咨询台，发放征询意见表，收集反馈意见。

教育改造　加大教育基础设施投入，建成演播室、文化长廊、信息化教室，改扩建监区活动大厅、图书阅览室、心理

矫治谈话室，教育改造保障能力有所提高。实施每周学习1天、休息1天、劳动5天的“5+1+1”模式；规范开展以扫盲、小学教育为主的文化教育，提高罪犯认知水平；注重罪犯回归和岗位技能需要，罪犯刑释前职业技能等级证书持证率90%以上。开展“以文化人、崇德向善”系列文化活动，开展第四届金秋文化月活动，举办教育改造成果展。开展“法润江苏 春风行动”，邀请地方政府及相关部门、团体开展主题帮教18次，4次对121名罪犯提供法律援助，相关艺术团体3次进监进行文艺演出，大丰新华书店4次举办监内书市，235名罪犯亲属进监开展亲情帮教。

（赵少杰）

二、江苏省方强强制隔离戒毒所

2016年，江苏省方强强制隔离戒毒所强化主责主业，矫治场所实现连续20年安全稳定。全年主营收入2.63亿元，利润5488万元，产值、利润均创历史新高。戒毒所深化民警岗位练兵活动，定期开展管教业务技能考核及各类突发事件应急演练，相关做法被《江苏法制报》刊登。每月开展警情廉情分析，实施所内驻点监察和执纪问责，提升廉洁、公正执法水平。深化家所港湾建设，推进“家庭、支部和单位”三位一体共建共享，相关经验获省司法厅队伍建设创新成果一等奖。

场所安全 戒毒所加强安防基础设施建设，在管教中心围墙内外安装隔离围栏、振动光纤报警器，生活楼过道加装门禁，戒毒人员宿舍加装高清监控探头，开发运行安防管控平台，实现人防与技防联动、预警与出警同步。强化戒治现场直接管理，坚持双警执勤、警务督查、岗亭24小时值守，坚持重点人员、重点活动、重点部位和施工现场挂屏监控，坚持外出就诊佩戴手铐、电子脚镣、实时视频监控，确保戒毒人员始终处于管控状态。健全生活卫生保障，主动纳入大丰区食品安全监管体系，戒毒所食堂获评餐饮服务优秀等级，规范戒毒人员疾病诊疗流程，组织疾病治疗和突发疾病应急演练，保障戒毒人员身心健康。

戒毒矫治 设立“脱毒、医疗、康复、回归”四大功能区，成立“戒毒医疗、教育矫正、心理矫治、康复训练、诊断评估”五大中心；探索特色戒治，开展意志训练团体辅导，实施内观治疗；加强所地共建，推动后续照管工作有序开展，盐城、南通、泰州、淮安四市照管对象一年内操守率（指吸毒者戒毒后不再复吸的比例）在90%以上。加强教育攻坚，成功转化24名重点难改人员。实施“书香戒毒所”建设，深化“互联网+教育”模式，开展盐阜红色文化教育，矫正戒毒人员认知结构，提升道德素质。（戴鼎霖）

第八节 仲　裁

2016年，盐城仲裁委员会受理各类仲裁案件627件，结案609件（当年结案534件，往年结存案件结案75件），案件争议标的额15.37亿元，调解、撤回申请结案376件，占结案数61.7%。案件所涉合同类型仍集中在商品房买卖合同、建设工程施工合同、国有土地使用权出让合同以及二手房交易合同等。案件裁决质量明显提升，全年无案件被盐城中级人民法院裁定不予执行或撤销仲裁裁决。年内，盐城市政府出台首部指导仲裁工作的规范性文件《关于进一步加强仲裁工作的意见》。

加强宣传，盐城仲裁委员会与《江苏法制报》《盐阜大众报》《盐城晚报》、盐城广播电视台等媒体合作，对仲裁法律制度的优势与特点、盐城仲裁事业发展现状以及工作动态进行宣传报道，发表各类宣传文图124篇（张），电视电台广播时间200多分钟。制作时长6分钟的盐城仲裁委员会宣传片，在各类活动以及科普室外LED显示屏播放。全年共安排37人次参加各类活动宣传，发放宣传资料5000余份（本）。4月，盐城仲裁委员会、市司法局、市政府法制办联合召开全市律师事务所主任仲裁推介会、全市公证处主任仲裁工作座谈会。9月，盐城仲裁委员会与盐城银监分局、市政府法制办联合召开全市银行业仲裁工作座谈会。

完善案件流程管理办案和案件管理责任制，加强仲裁业务部（室）横向沟通和对接，强调仲裁办案部（室）平面式管理机制。7月，邀请省政府法制办、盐城市中级法院、盐城师范学院等部门的6位专家对2015年案件卷宗及仲裁质量进行点评。组织召开仲裁管辖权问题、实现担保物权可仲裁性问题专题研讨会。全年共组织案件管理专题讲座7场，进行针对性培训与学习，案件管理水平得到提高，案件管理程序更为科学。

第四届建筑房地产业仲裁高端论坛 6月，盐城仲裁委员会举办第四届建筑房地产业仲裁高端论坛暨盐城仲裁委2016年度仲裁员培训班，邀请最高法院审判监督庭审判长孙祥壮、民一庭审判员博士李琪作为论坛主讲嘉宾，分别就《纠纷解决方案选择与策略》《最高法院建设工程司法解释的理解与分析》等专题作发言。省内部分仲裁机构、盐城中级法院、市经济行政法学研究会、市直部门、律师界、建设工程施工和房地产开发企业的代表以及全体仲裁员共600多人参加论坛。

（熊　玮）

第29章 军　事

责任编辑　潘其锐

第一节　人民武装

2016年,盐城军分区完成以军事斗争准备为重点的各项任务,部队和后备力量建设得到提升。军分区加强思想政治建设,学习贯彻习近平总书记系列重要讲话精神,开展纪念建党95周年和红军长征胜利80周年系列活动。完成G20峰会期间安全管理任务。组织"6·23"阜宁、射阳特大龙卷风冰雹抢险救灾行动,灾情发生后,军分区第一时间启动应急预案,军分区负责人带领机关精干人员深入阜宁县、射阳县灾区一线,组织海防营和民兵抢险救灾行动,将海防营和民兵混合编组,协助政府搜救人员、抢运物资、搭建帐篷、清理路障、清理垃圾,转移受灾群众。开展"双百双建"(百个人武部结对帮扶百个苏北经济薄弱村,共建党组织和共建学校)活动,军分区机关落实帮扶一个贫困村、一所学校工作,协调落实帮扶资金50万元,完成阜宁县新沟镇合力村、西沙胡村44户低收入农户结对帮扶任务,落实帮扶项目资金8万元。加强民兵组织建设,3月,首次分批组织2375名人武、专武和民兵干部应知应会理论考核。5月,完成基干民兵整组任务,接受省军区检查验收。推进新形势下双拥工作,盐城市获全国双拥模范城"五连冠"。

一、军事斗争准备

2016年,盐城军分区贯彻新形势下军事战略方针,融入战区作战值班体系,加强重大节日和敏感时段战备值班,组织人武部战备"四化"(战备工作规范化、信息化、常态化、实战化)建设普查,构建军分区战斗力标准体系。按纲落实"三实"(实弹、实投、实爆)训练,集中组织全市基层专职人民武装干部集训,分批组织民兵专业分队骨干"跨区联训"。

专武干部集训　4月14—21日,采取理论授课与操作训练、辅导讲座与观看录像、个人作业与考核竞赛相结合的方法,组织全市61名专武干部集训,加强理论知识、日常业务、军事技能和体能4个方面学习训练,增强专武干部务军兴武意识,提高专武干部队伍履职尽责能力。

民兵干部集训　5月15—31日,采取"小专业大集中"的组训方式,指导滨海县、响水县、阜宁县和盐都区人武部对全市通信保障、防化救援、抗洪抢险、反恐维稳4类民兵专业分队297名干部骨干"跨区联训"。

二、安全稳定工作

2016年,盐城军分区开展"学法规、训队列、整纪律""安全问题整治月""暑期安全竞赛""安全稳定集中教育整顿""百日安全"等活动,高标准迎接省军区安全大检查。防范重大安全问题,修订完善防暴恐袭击处置预案,强化政治敏感期和"三实"训练、防卫演习、抢险救灾、武器封存调运期间的安全管理工作。加强检查督导,定期召开常委会专题研究分析安全形势,采取每周不打招呼检查、每月通报情况等方式,查纠解决安全隐患苗头,保持部队安全稳定。年内,盐城军分区被军委国防动员部表彰为安全稳定工作先进单位。

G20峰会安全管理　盐城军分区组织专题传达教育,将军委国防动员部和省军区关于加强G20峰会期间安全管理工作的通知精神传达至全体官兵职工及家属子女。加强部队内部管理,落实人员、车辆、枪弹、信息保密"四个从严"管控要求。开展"四个摸排"(对有问题不托底的重点人员进行摸排,对宾馆、招待所、出租房屋的管理使用情况进行摸排,对重点要害部位警戒防卫进行摸排,对各类危险源管控情况进行摸排),修订完善防暴恐方案,组织针对性演练。8月11日,参加省反恐工作暨G20峰会安保工作推进部署电视电话会议;同月15日,参加市反恐办G20峰会情报研判会议,推动军地共同做好G20峰会安保工作。

三、后勤装备保障

2016年,盐城军分区加强练兵备战及基层建设,投入418万元实施营连训练大棚建设、宿舍水电线路改造和干休所营院综合整治。强化预算管理,规范财经秩序,严控接待费和行政消耗性开支。严格物资集中采购统管,节约经费30余万元。推进政策性保障住房改革,协调24套中低价商品房指标解决干部职工住房困难。推进干部职工经济适用房建设,使军队住房优惠政策落到实处。实行现役干部医疗保障纳入地方医保体系。落实武器弹药动态管理，完成民兵轻武器调运封存任务。启动运行人武部兵器室，升级改造全区兵器室视频监控系统，组织全区装备管理场所视频监控联网建设，实现全区民兵武器装备规范化、精细化、可视化管理。

非公有制经济组织清理整顿 7月，围绕非公有制经济组织党管武装制度落实，人武部和民兵组织编设，民兵编组训练、教育管理、动员使用，专武干部选拔配备，民兵政治考核以及民兵服装、标识和装备器材管理使用等问题，组织专项清理整顿活动。原编设人武部的非公有制经济组织，全部按规定程序撤销。各县（市、区）人武部党委向军分区党委作出书面清理承诺，军分区党委向省军区党委作出书面清理承诺。（陈广春）

第二节 武警部队

2016年，中国人民武装警察部队盐城市支队加强作风建设，抓好执纪监督，推动作风转改，部队建设稳步发展。年内，盐城支队组织官兵到盐城市委党校、新建新四军干部学院参观见学，聆听"中国好人"郑巧玲事迹报告并互动交流，开展读红色书籍、唱红色歌曲、看红色电影、讲红色故事、做红色传人等活动，支队"继承铁军传统、传承红色基因"做法在《武警报》头版刊发。年内，盐城支队配合盐城市委出台《关于支持市武警支队落实强军目标，推进全面建设的意见》，为提高基层单位政治待遇、解决装备经费等提供依据，做法被武警江苏总队党委转发。参与"6·23"阜宁、射阳特大龙卷风冰雹抢险救灾行动，转移疏散、巡诊访慰群众5300余人，疏通道路60余千米，转运粮食、清除垃圾1700余吨，清理修缮危房6513间，向灾区人民群众捐款6.65万元。盐城支队在参加"6·23"阜宁、射阳特大龙卷风冰雹灾害救援中表现突出，被武警总部表彰为抗洪抢险先进单位。

一、军事管理

2016年，民警盐城支队加大勤务管控力度，研究完善《战备值班实施细则》，坚持刚性运行查勤、通报、分析、问责"四项机制"，开展"抓规范、打基础、治隐患、保安全"执勤安全专项整治活动，集中整治执勤隐患40余处。抓实战训练，组织教练员、狙击手、特战队员集训，预提指挥士官培训，特勤排应急班"魔鬼周"强训，采取上导下演和自导自演的方式组织"卫士－16"演习，全程落实实战化要求，使官兵在近似实战中得到锤炼。

二、后勤保障

2016年，武警盐城支队完善后勤保障体系，提升服务基层质量。按照"一组五队"（即后勤指挥组、综合物资保障分队、给养保障分队、卫勤保障分队、运输油料保障分队和维修技术保障分队）要求，配齐后勤应急人员力量，完善6类保障预案，组织实兵实装训练演练，锤炼应急保障能力，变被动服务为主动保障。拓展警民融合保障模式，优化战备物资储备，先后与驻地银行、连锁超市、医院、运输公司、餐饮企业等9家单位签订应急保障协议。坚持依法决策，强化预算管理，落实党委理财、双主官联批、逐级审签，修订财经管理规定，把控经费立项、预算执行、资金支付等关口。开展"伙食精细管理年"活动，规范伙食管理流程，防止跑冒滴漏。严格各类物资管理，做到定人、定位、定责。落实直达配送和定点采购要求，聘请地方等级厨师到基层指导主副食品制作，利用司务长集中办公交流伙食管理经验，提升伙食调剂水平。（宋扣勤 储云伟）

第三节 公安边防

2016年，盐城市公安边防支队强化重大案件经营侦办，破获"9·2"特大组织偷越国（边）境案，抓获蛇头2人、偷渡人员15人；参与G20峰会边防安保工作，中央电视台《今日说法》栏目以"永不懈怠的哨卡"为题给予专门报道。年内，盐城市公安边防支队共接处警8705起，查破各类案件1116起，其中查处边防行政案件269起，打击处理违法犯罪分子560人，抓获网上逃犯14人。"6·23"阜宁、射阳特大龙卷风冰雹灾害抢险中，运送伤员56人、疏散被困群众400余人、排除险情75处、拆除危房45间、转移物资160余吨，挽回群众财产损失300余万元，捐款6万余元、献血3.6万毫升，公安部边防管理局主页边防要闻以《党旗在抢险救灾一线飘扬》为题，进行专题报道。开展扶贫攻坚行动，与阜宁县三灶村、边防辖区群众结成帮扶对子29个，向辖区群众和10名困难儿童发放慰问金22万元，解决困难169件，开展种养殖等技能业务培训28场次，帮助43个低收入家庭建立稳定增收渠道，收到群众锦旗15面、感谢信2封。年内，盐城市公安边防支队培树江苏省十佳边防女警、盐城最美警察、盐城十佳警嫂、护鹤小分队等先进个人和集体18个。

一、边防维稳

2016年，盐城市公安边防支队加强与公检法和涉海部门执法交流合作，建立诉警对接、军检共建、案件联办、联合执法等工作机制；与海关缉私局建立反走私工作情报线索和案件经营会办制度；与渔政监督支队签订联勤协作协议；与灌河海事局联合开展灌河沿线治安和海上交通专项整治；与丹顶鹤保护区开展生态环境联合整治和"护鹤"行动；与消防、安监等部门对化工园区涉危涉爆企业开展联合安全专项检查，提升沿海管控整体水平。开展打击"盗抢骗"、禁毒百日整治"雷霆行动"等专项行动，结合辖区治安形势和热点问题，部署开展打击成品油违法犯罪、集中查港查船、打击非法狩猎"黄雀"等专项行动。在禁毒百日整治"雷霆行动"中，查破涉毒案件18起，抓获涉毒人员29人。破获走私冻品案件1起，抓获涉案人员40人，查获走私冻品50余吨，涉案价值180余万元。查处成品油案件6起、查获成品油610.7吨。

二、四项建设

2016年，盐城边防支队推动基础信息化建设、警务实战化建设、执法规范化建设、队伍正规化建设，自主研发港船监控管理系统，实现对船舶和渔船民全天候、全方位动态管理，提高科技管边控边水平。推进视频监控“村村通”和技术安全防范入户工程，加强沿海技防基础设施建设，强化数据运用和分析比对，相关工作做法被省公安厅刊载介绍。强化应急实战指挥体系建设，建立支队、大队、派出所三级应急响应，修订完善预案库，探索建立红蓝对抗实战训练模式，通过演练及时修订完善处置预案。推进边防派出所勤务指挥室建设，打造集指挥调度、信息研判、视频巡查、勤务监督等多功能为一体的作战单元。建立动态用警机制，盘活警力，提升警务工作效能。推进岗位技能练兵，采取集中培训、轮岗轮训、送教上门等多种方式，强化练兵效果，开办7期警务实战轮训班，对全警分批培训考核，组织官兵到交警、特巡警支队跟班训练。加强正规化建设，支队在全市首创边防条线案件管理中心（室），落实执法规范化建设强制达标项目检查验收标准，软硬件建设达到全市一流水平。部署“正风肃纪”教育整顿活动，坚持机关以上率下、基层样板先行工作思路，提升部队正规化建设水平。

三、后勤保障

2016年，盐城市公安边防支队推进支队公寓房建设，完成支队机关厨房、食堂、档案室改造及警营文化长廊建设。完成大丰、射阳、滨海大队部营房改造和射阳河闸所绿化工程。完成亭湖大队部新建营房项目土地证办理和机动中队建设项目的选址意见书、地方立项审批。与6家医院开展共建，定期为官兵和52名干部家属免费体检，投入105万元用于重大病号医疗、卫生室基础设施建设和药品购置。与军分区和双拥办沟通，协调7名子女入学、1名警嫂异地调动、6名随军家属进社区工作、16名随军家属分别领取未就业补助10万元。 （吴　昊）

第四节　人民防空

2016年，全市民防系统开展人防工程大普查，普查覆盖率和数据录入完整率两项指标均列全省之首，市民防局工程管理处被省民防局表彰为全省人防工程普查先进单位。全市民防系统加强服务民生工作，完成小学民防体验馆扩建，发放中小学民防知识教材2万本、民防知识宣传手册3万册、手袋6000余个，接受群众政策咨询4800余人。订购并发放家用应急器材1万套，驻城每个社区5000元工作经费全部发放到位。大丰区人防办开展“三个一”（每个村建设1个人防应急医疗救护点、1个人防应急抢险救灾器材室、1个人防宣传阵地）惠民工程。盐城市民防局被国家人民防空办公室表彰为全国人民防空先进单位，盐城市被省国防动员委员会表彰为全省人民防空先进城市。

年内，市民防局规范市县两级行政审批和质量监管操作流程，制定出台《盐城市人防工程施工注意事项》《盐城市人防工程监理企业信用评价实施办法》《盐城市大市区人防工程（防护部分）质量监督管理和竣工验收备案暂行规定》等配套制度，区分各级各类人员从事人防工程建设管理职责与权限，落实人防工程防护设备第三方检测制度。强化县级人防工程行政审批、质量监管力量，先后4次组织行政审批、质量监管业务集中培训和现场教学。

年内，市民防局在建成基本指挥所、应急指挥中心、机动指挥所的基础上，建成地面预备指挥中心；射阳县建成地面指挥中心；部分重点镇地面指挥中心建设实现新突破；滨海县、建湖县人防基本指挥所建设项目完成立项报批。市级机动指挥通信系统4G升级改造、非涉密计算机专网升级改造、多源情报接收应用及空情模拟训练系统建设全面完成。大市区新增10台多媒体、多功能新型预警报知系统，城市警报音响覆盖率达100%，全市防空警报统一试鸣取得成功。市县两级内控机制平台全部建成并常态运行。县级机动指挥通信系统建设扫尾工作推进顺利，亭湖区中型机动指挥通信系统建设、阜宁县“小改中”建设进入招投标程序。大丰区承担全省人防基层信息化试点建设任务完成，通过省局专家组验收。

加大行政执法力度，多次组织结建人防工程和兼顾设防工程违规审批、易地建设费违规使用、结建人防工程停车位违规出售等问题检查，累计受理投诉70余件，查处中舍花园等违规建设防空地下室案件2起。组织市县两级参加全省民防行政执法案卷评查活动，盐城民防系统案卷评审工作获全省第三名。 （嵇　港）

文化强市

第30章 科学技术

责任编辑 赵 丽

综 述

2016年，全市科技工作实施创新驱动发展和知识产权强市两大战略，加快推进国家创新型试点城市、国家可持续发展实验区建设，着力推动高新技术产业发展，各项工作继续保持良好的发展势头。科技创新工程综合发展指标列全省第八位。盐城市与清华大学、北京大学、中科院北京分院和南京分院、中国农业大学签订全面合作协议，2016年高新技术产业产值达3044.15亿元，占全市规模以上工业总产值33.07%。年内，全市新增省工程技术研究中心13家，省企业院士工作站2家，省企业研究生工作站33家。清华大学第一个校外国家工程实验室——烟气多污染物控制技术与装备国家工程实验室落户环科城。

第一节 自然科学

一、科技计划项目

2016年，盐城市7个项目获省重点研发计划（产业前瞻和共性关键技术）立项。31个项目获省自然科学基金立项，优秀青年基金项目1个，获50万元无偿资金，青年基金项目16个，每个项目分别获20万元无偿资金；面上项目14个，每个项目分别获10万元无偿资金。2016年，盐城市政策落实减免税额5.47亿元，其中高新技术企业所得税优惠额3.86亿元，加计扣除税收减免额1.61亿元，政策惠及企业400家。市、县（市、区）两级财政兑现科技型中小企业奖励资金7721.91万元，其中市本级财政兑付资金3679.16万元，县（市、区）财政兑付资金4042.75万元。组织企业申报各类省级以上科技计划项目1000多项，争取资金1.28亿元，向720家企业、孵化器和众创空间发放科技创新券资金1847万元。年内，响水、阜宁获批第六批省创新型县（市、区）。大丰丰泰流体机械科技有限公司冯健美团队、江苏金风科技有限公司李晔团队获批省科技创新团队，分别获300万元无偿资金，立项数居全省第三位。

2016年全市获国家、省科技拨款情况

表30－69　　单位：万元

地　区	合计	国家级	省级
全　市	12712.18	1360	11352.18
市　直	3445	1280	2165
开发区	650	－	650
城南新区	24.62	－	24.62
亭湖区	1781.10	80	1701.10
盐都区	772.47	－	772.47
响水县	261.90	－	261.90
滨海县	2220.30	－	2220.30
阜宁县	442.07	－	442.07
射阳县	333.28	－	333.28
建湖县	515	－	515
东台市	545	－	545
大丰区	1721.44	－	1721.44

二、高新技术产业

2016年，盐都涂装设备基地、盐都齿轮制造基地、大丰海上风电装备基地获批国家火炬特色产业基地。盐南高新区获批国家制造业大数据高新技术产业化基地、滨海县获批国家特种高分子材料高新技术产业化基地。盐城环保高新区获批筹建省级高新区，东台高新区获批市级高新区。启动射阳、阜宁、响水高新区培育工作。完成盐城高新区、盐南高新区、建湖高新区、盐城环保高新区等7家高新区省级开发区目录修订申报材料上报工作。

年内，218家企业获得国家高新技术企业认定公示，全市高新技术企业总数达到532家。413家企业被认定为市高新技术企业，462家企业被认定为省民营科技企业。572只产品被认定为省高新技术产品。东台城东科技创业园、大丰大中科技创业中心、盐城环保科技产业园五星科技创业服务中心获批国家科技企业孵化器，射阳胜利桥科技创业园、复旦环保科技创业园、盐渎慧谷科技创业园、盐龙科技创业园、东台海滨科技创业园、东台市东台镇科技创业园6家科技创业园申报省级科技企业孵化器。新认定射阳港科技创业园、博通科技创业园、盐城九十九度科技创业园3家市级科技企业孵化器。

众创空间 年内，全市市级以上众创空间共备案59家、众创集聚区9家，其中国家级众创空间7家、省级众创空间24家、省级众创集聚区3家。成立盐城市众创空间联盟，注册运营"盐城众创"微信公众号，关注人数3万人。常态化开展创新创业辅导培训，年内举办各类科技创新创业活动300多场，新增各类创新创业团队180个，新增创客700多人，新增入孵企业400多家。

科技金融 年内，全市科技风险补偿资金池新增400万元，规模达到9071.3万元；新增南京银行、中国银行为合作银行，审批时间由原来的1个月缩短为2个星期，与省生产力促进中心合作，引进南京广电文化产业投资有限责任公司和上海淘腾金融为苏科贷企业提供资金过桥服务。为382家企业提供"苏科贷"10.98亿元，首次突破10亿元。开展科技保险工作，申请省科技保险合作地区，设大市区试点，为科技型企业提供产品质量险等科技保险服务。

2016年全市新增高新技术企业情况

表30－70 单位：家

地　区	2016年（国家级）	累计	2016年（市级）	累计
全　市	148	532	270	653
开发区	9	37	11	34
城南新区	3	6	16	41
亭湖区	20	53	6	20
盐都区	34	108	42	184
响水县	8	19	22	25
滨海县	9	51	7	24
阜宁县	7	39	0	31
射阳县	10	31	32	68
建湖县	16	59	47	65
东台市	19	67	37	91
大丰区	13	62	50	70

2016年全市省级以上科技企业孵化器情况

表30－71 单位：平方米、个

孵化器名称	孵化场地面积	在孵企业数
盐城高新技术创业园	144700	85
盐城工学院大学科技园	10000	12
亭湖高新技术创业园	68000	20
盐都高新技术创业	44000	90
响水灌江科技创业园	30000	16
滨海县科技创业园	23000	13
滨海县宏智生物医药科技创业园管理有限公司	17891	51
阜宁县科技创业园	24900	82
射阳县高新科技创业园	53600	90
建湖县科技创业园	45000	81
东台市高新技术创业园	25909	81
大丰区高新技术创业园	79500	92
滨海沿海工业园新材料科技创业园	23676	23
大丰区高鑫投资有限责任公司	46800	85
响水县科技创业园	78090	21
盐城环保科技产业园五星科技创业服务中心	44959	53
射阳闽豪科技创业园	12324	28
大丰常丰科技创业中心	31034	23
大丰区大中科技服务中心	51387	80
东方兴宇软件产业有限公司	28880	56
东台城东科技创业园	16930	83
建湖县高新技术创业园	34000	23
盐城师范学院大学科技园(筹)	12481	33
盐城大冈科技创业园	30998	20
大丰东方1号科技创业园	11652	20
江苏大丰留学生创业园	21225	22
射阳县胜利桥项目开发服务有限公司	10272	24
盐城复旦环保科技创业园	9285	20
盐城盐渎慧谷科技创业园	29129	48
盐城盐龙科技创业园	19286	46
东台海滨科技创业园	12800	25
东台市东台镇科技创业园	14000	21

三、知识产权

2016年，全市共申请专利2.85万件，其中发明专利申请5624件，占申请总量的19.73%；企业专利申请1.62万件，占申请总量的56.84%；专利授权8076件，其中发明专利授权842件，占授权量的10.43%；企业专利授权5632件，占授权量的69.74%。组织第二届市政府专利奖评选，评选盐城市政府专利金奖10项、专利银奖20项。结合“苏科贷”项目申报抓专利权质押，371家企业完成专利质押贷款10.98亿元。大丰区、盐都区和响水县知识产权局分别被省科技厅和省知识产权局表彰为省知识产权工作先进集体；罗利民、陈镖、范金柱和唐亚军被省科技厅和省知识产权局评为省知识产权工作先进个人；亭湖区、阜宁县、建湖县知识产权局被省知识产权局表彰为省知识产权宣传培训工作先进单位；射阳县、滨海县知识产权局表彰为省专利行政执法工作先进单位；徐思翔、徐信国被省知识产权局评为省专利行政执法先进个人。

企业知识产权建设 年内，江苏日月照明电器有限公司、江江苏金秆农业装备有限公司和盐城捷康三氯蔗糖制造有限公司获批国家知识产权优势企业。通过《江苏省企业知识产权管理规范》解析、企业实施知识产权管理规范实务辅导、企业知识产权管理标准化示范创建绩效评价体系解读的培训，加深企业对贯标工作意义和重要性的认识和理解，提高企业知识产权管理工作从业人员的业务水平，23家企业开展国标认证，12家企业通过认证；86家企业完成江苏省企业知识产权管理标准化管理备案，8家企业通过了江苏省企业知识产权管理标准化管理绩效评价。江苏中车电机有限公司，江苏自强环保科技有限公司，盐城市金意光电科技有限公司，上海新闵（东台）重型锻造有限公司，盐城理研精密锻造有限公司，江苏富丝米新材料科技有限公司，东台市赐百年生物工程有限公司7家企业被评为2016年度江苏省企业知识产权管理标准化示范创建工作先进单位。推动企业实施知识产权战略，江苏辉丰农化股份有限公司、江苏神龙药业有限公司、江苏正大丰海制药有限公司3家企业获省知识产权战略推进计划项目立项，其中江苏辉丰农化股份有限公司获批省知识产权战略推进计划重点项目立项。

知识产权培训 年内，市知识产权局组织规模以上企业负责人开展知识产权培训，对3009家规上工业企业负责人进行轮训，集中培训2777人，上门培训232人；举办全市行政执法人员培训班、众创空间创客培训班；举办企业知识产权工程师、总监和“贯标”（企业知识产权管理标准化）内审员培训班，培训企业知识产权工程师100人、总监60人，“贯标”内审员86人。盐城工学院获批“江苏省知识产权培训（盐城）基地”。

区域知识产权试点示范创建 年内，大丰区获批国家知识产权强县工程示范县（区），响水县获批国家知识产权强县工程试点县。盐城高新区获批国家知识产权试点园区。大丰经济技术开发区获批省级知识产权示范园区，射阳港经济技术开发区获批省级知识产权试点园区。大丰区通过国家试点验收，获批强省建设区域示范。

知识产权执法维权 年内，市知识产权局增设专利行政执法处，增加行政编制2名、处长职数1名。成立射阳、滨海、响水3个知识产权维权援助分中心，知识产权维权援助分中心增加到6个。全市开展知识产权执法维权“护航”专项行动，重点查处群体性专利侵权行为、反复侵权行为、假冒专利行为及专利诈骗行为。立案处理涉嫌假冒专利202件，鉴于其违法行为轻微并已及时纠正，且未造成危害后果，市科技局决定不予行政处罚；处理专利侵权纠纷8件，其中接收厦门市知识产权局移交侵权案件5件，处理结案4件。建湖五洲国际五金机电商贸城认定为省“正版正货”示范街区，摩度空间卯酉创客邦众创空间获批江苏省众创空间知识产权保护项目，盐渎商场获批省电子商务平台知识产权保护项目。

四、国际交流与合作

2016年，盐城市5个国际合作项目获省科技厅360万元无偿资金支持。分别是：盐城工学院与英国格林威治大学、乌克兰国立造船大学合作的省国际技术转移服务机构建设项目“盐城工学院国际技术转移中心建设”；盐城市华鸥实业有限公司与西班牙VIDRIO INDUSTRIAL POBEL, S. A合作的“海水淡化玻璃换热装置的合作研发”；江苏华盛电气股份有限公司与德国SGB强电设备制造有限公司合作的“新型海上风电变压器的技术引进”；江苏江佳机械有限公司与加拿大新不伦瑞克大学木材科学与技术中心合作的“全自动智能梳齿指接生产线的合作研究”；江苏新化化工有限公司与瑞士Givaudan SA合作的“檀香型高档功能化学品香料技术的联合研发”。5个项目实施进展顺利，均通过中期检查。组织全市部分企业参加以色列生物医药展，赴俄罗斯、白俄罗斯开展项目对接交流活动，参加在上海举办的“2016中国国际医疗器械博览会”、在南京举办的首届中国—中东欧国家创新合作大会和江苏第五届跨国技术转移大会。邀请乌克兰国立造船大学副校长布林佐夫·弗拉基米尔一行4人在盐城考察交流。组织市开发区参加由科技部、韩国未来创造科学部共同举办的第六届中韩科技创新论坛。

五、科技活动

2016年，市科技局帮助企业拓展产学研合作渠道，有效地带动区域可持续发展。举办2016盐城（北京）产学研合作洽谈会，邀请30多家高校院所代表、近百位专家学者参加，市政府与清华大学、北京大学、中科院北京分院和南京分院、中国农业大学签订全面合作协议，签约35项平台和产学研合作项目。举办第六届沿海发展人才峰会科技合作洽谈会，签约50名科技副总、20家研究生工作站和30项产学研合作项目。邀请8位中国工程院院士参加第五届盐城环博会，举办院士论坛，设立中国工程院环境与轻纺工程学部盐城院士工作站。做好赴宁招才引智前期对接工作，按照市委、市政府部署要求，组织各地企业对接37所南京高校院所，洽谈科技合作项目422项。

六、科技成果转化

2016年，全市成果转化工作成效明显，4个项目获省重大成果转化专项资金项目立项，争取省科技经费3800万元；全市在省以上科学技术奖评奖中再创佳绩，盐城环保科技城科学家李爱民带领团队完成的“难降解有机工业废水治理与毒性减排关键技术研究与应用”项目获2016年度国家科技进步二等奖；7个项目获省科学技术奖，其中一等奖2项、二等奖2项、三等奖3项，为盐城历年最好成绩。2016年度市科学技术奖共申报项目201项，最终获奖项目96项。其中，由江苏中车电机有限公司实施的“2.0MW超低风速直驱永磁发电机”等15个项目获市科学技术一等奖；由阜宁澳洋科技有限责任公司实施的“高硅高阻燃粘胶短纤维关键技术研发及产业化”等30个项目获市科学技术二等奖；由江苏辉丰农化股份有限公司实施的“高效低毒广谱性除草剂吡氟酰草胺的研制开发及产业化”项目等51个项目获市科学技术三等奖。

2016年全市获省科技成果转化专项资金项目

表30－72　　单位：万元

序号	项目名称	承担单位	省科技经费
1	柔性涂装智能化车间研发及产业化	江苏长虹智能装备集团有限公司	1000
2	注射用重组人组织型纤溶酶原激活剂改构体的研发及产业化	世贸天阶制药(江苏)有限责任公司	1000
3	双基因工程菌酶法生产非天然氨基酸产品的研发及产业化	滨海瀚鸿生化有限公司	1000
4	高纯盐酸万古霉素绿色生产技术的研发及产业化	江苏海阔生物医药有限公司	800

七、农村科技

2016年，悦达集团“园艺拖拉机智能化关键技术研究与整机开发”获批国家重点研发计划项目立项，实现国家农业重点研发计划项目立项零的突破，获中央财政无偿资金1200万元。年内，全市获省农业重点研发计划立项5项450万元。获苏北科技专项（富民强县/科技帮扶）项目立项57项2070万元，立项数、争取资金数在苏北5市均列第一位。共有9家超市分店、22家便利店获省农业科技社会化服务奖补资金147万元，资金数、获奖补超市数列苏北第一位。组织市级农业科技创新引导专项资金项目，共获资金400万元，其中56项获得无偿资金300万元，1项获有偿支持100万元。2016年，全市新增省农村科技服务超市分店1家、便利店6家；8家分店、1家便利店获评优秀。“建湖特禽星创天地”等5家星创天地获批科技部首批星创天地、东台市获省科技厅首批江苏农村科技服务超市示范县称号，亭湖和东台两家设施蔬菜产业分店获省科技厅确认为首批省级示范店。推动中国农业大学与盐城合作共建江苏生物基经济产业园区。10月，中国农业大学、盐城市政府在北京签署合作协议。

八、科技管理

2016年，全市建立科技创新主要指标通报制度，制定《盐城市科技创新主要指标通报工作方案》，月度通报6项指标，年度通报19项指标，促进各地扬长补短、进位争先。发挥科技政策引导激励撬动效应，市、县、乡三级建立203人科技政策辅导员队伍，宣讲国家、省科技创新大会精神和省政府《关于加快推进产业科技创新中心和创新型省份建设的若干政策措施》等有关文件精神，实现大中型工业企业和高新技术企业、高校和科研院所、国家和省级高新区以及众创空间“四个全覆盖”。建立盐城工学院技术转移中心高新区分中心，与省专利信息中心合作共建盐城国家高新区科技创新公共服务平台。

2016年全市政产学研合作情况

表30－73　　单位：次

地　区	政府与高校合作关系	企业与高校合作关系	成果引进情况			
			中科院	农科院	国外成果	清华大学
全　市	66	668	39	24	20	19
开发区	1	12	2	–	–	2
城南新区	10	22	1	–	–	1
亭湖区	2	39	4	1	–	–
盐都区	8	49	4	–	–	3
响水县	8	34	1	–	–	–

续表 30－73

地　区	政府与高校合作关系	企业与高校合作关系	成果引进情况			
			中科院	农科院	国外成果	清华大学
滨海县	6	78	5	4	3	3
阜宁县	5	16	–	–	–	–
射阳县	10	80	6	5	2	2
建湖县	8	120	3	–	1	1
东台市	7	162	10	10	12	4
大丰区	1	56	3	4	2	3

科技创业大赛　年内，全市报名参加省科技创业大赛总数列全省第一位；51 个项目晋级省科技创业大赛决赛，全省列第一位；中纳科技团队、江苏金麦穗新能源科技股份有限公司、盐城苏工高科机械有限公司、江苏蓝科减震科技有限公司、江苏丰信不锈钢制造有限公司 5 个项目获省科技创业大赛二等奖，守护梦想团队、江苏脉动医疗器械科技有限公司、江苏华生基因数据科技股份有限公司、盐城市新永佳石油机械制造有限公司、江苏坤泰机械有限公司 5 个项目获三等奖。21 个项目入围第五届中国创新创业大赛行业总决赛，江苏丰信航空设备制造有限公司获第一名，江苏哈德机电科技有限公司获第三名，全市获优秀企业和优秀团队奖 13 个。　（薛文星）

第二节　社会科学

2016 年，市社科联推进县级社科联组织建设，1 月阜宁县社科联获批成立。进一步改进盐城社科网页面设计，加快内容更新频率，增强吸引力和可看性；编辑出版《黄海学坛》期刊 4 期，增加服务市委、市政府中心工作内容，突出地方特色，增强可读性。组织专家对盐城“6・23”特大龙卷风冰雹灾害抗灾救灾的做法和经验进行总结，撰写了《盐城抗灾精神的时代反思》《众志成城奋力抗灾　聚力同心重建家园》《盐城抗灾救灾决策指挥经验研究》《抗灾救灾管理的盐城经验与启示》《发挥部门集成作用　创新科学救灾模式》、《由“6・23 风灾”引发的保险扶贫思考》6 篇典型研究材料。

社科应用研究　年内，市社科联开展 2016 年度课题评审立项工作。课题重点突出建设“强富美高”新盐城中具有全局性、战略性、前瞻性的重大问题，共收到申报课题 283 项。经专家评审，领导审定，共评出市政府社科奖励基金项目 47 项，其中重点项目 7 项、一般项目 40 项；评出市社科应用研究课题 80 项。对 2015 年度社科应用研究课题进行评审结项、表彰和成果推广。

社科普及　年内，市社科联在市社科学堂、社科讲坛、社科普及基地举办各类社科知识讲座 300 多场次，内容涉及法律法规、卫生保健、廉政教育、心理咨询、传统文化等方面，深受市民欢迎。在“4・23”世界读书日期间，联合市图书馆等单位，组织开展论坛、讲座、图书展、朗诵会等近百项系列读书活动，推动“书香盐城”建设。市县联合，举办市第 13 次社科普及宣传周活动。全市有 4 项社科普及项目获省资助，调动社科普及基地开展社科普及工作积极性。

学会管理　年内，市社科联加强对学会工作的业务指导。市税务学会、图书馆学会、金融学会等 30 多个学会、研究会召开学术年会，形成成果汇编，推动学会学术研究进展。推动成立新的社科类学会，全年新成立老年产业学会、市丝路国学研究院，壮大社科研究队伍。集中开展学会年检工作，通过现场查看相关资料，听取各学会工作汇报，对各学会的工作提出新要求，加强学会建设。加大对外交流，组织社科工作者参加全省社会科学学术大会和苏北片分会，全市共有 30 篇论文入选，其中有 5 篇论文在会上交流。

市第十一届哲学社会科学优秀成果评奖　年内，市社科联开展第十一届哲学社会科学优秀成果评奖。为做好此次评奖工作，3 月市社科联就开始进行评奖工作调研，听取各方意见，完善评奖工作方案；4 月下旬向市政府报送评奖工作报告并得到批准；5 月上旬下发评奖成果申报通知和评奖工作实施意见。评奖工作分申报、筛选、初评、终评四个阶段，11 月底完成全部成果评奖工作，12 月上旬对全部获奖成果在媒体上进行公示。按照公开、公平、公正的原则，经市评奖委员会评审，此次参评的 415 项成果中共评出优秀成果 150 项，其中一等奖 10 项、决策咨询一等奖 5 项、二等奖 30 项、决策咨询二等奖 10 项、三等奖 75 项、决策咨询三等奖 20 项，获奖成果代表了 2014—2015 年全市社会科学研究的新水平。　（陈法金）

第31章　教育事业

责任编辑　赵　丽

综　　述

2016年，全市各类教育保持协调发展，学前三年入园率达99.1%，义务教育阶段学龄儿童少年入学率100%，巩固率99.63%，高中阶段毛入学率99.75%。普通高中招生规模和班额得到有效控制，普职比继续保持大体相当。全市18周岁高等教育入学率达65.57%，终身学习网络覆盖率达90.38%，从业人员继续教育年参与率达49.12%，城市和农村居民社区教育活动年参与率分别达60.07%和40.91%，新增劳动力人均受教育年限12.8年。全市2016年教育经费总投入160亿元，其中预算内教育经费投入159.23亿元；共发放学前教育、义务教育、普通高中和中职学校家庭困难学生生活费补助和助学金1.13亿元，免费发放义务教育教科书、作业本2564.46万本，约7190万元；全市5122名大学生申请生源地助学贷款4000万元。

义务教育优质均衡发展　年内，全市各地普遍实行适龄儿童少年按施教区免费就近入学，4670名义务教育学校校长教师在区域内合理流动，中心城区外来务工人员随迁子女全部安排公办学校，实现与户籍学生享受同等待遇，95.8%以上残疾儿童享受15年免费教育。义务教育学校校际差异系数全面缩小，办学条件得到全面提升。

校舍安全工程　年内，全市开工新建、改扩建幼儿园90所，义务教育学校52所，校园校舍开工面积39.4万平方米，竣工面积21万平方米，其中大市区8.54万平方米；投入资金26亿元，其中大市区10.2亿元。

教育对外开放　年内，全市组织近180名校长教师赴国外参加省教师出国培训，其中农村校长教师比例接近50%。盐城中学、盐城市第一小学等市内优质资源学校与境外友好学校、姊妹学校合作交流进一步深入。教育国际合作交流工作实现新的突破，对外开展合作交流的渠道和范围进一步扩大，盐城职业教育考察团代表团赴德国、奥地利开展职业教育"双元"制（双元制是源于德国的一种职业培训模式，"双元"是指职业培训要求参加培训的人员必须经过两个场所的培训，一元是指职业学校，其主要职能是传授与职业有关的专业知识；另一元是企业或公共事业单位等校外实训场所，其主要职能是让学生在企业里接受职业技能方面的专业培训。）培养模式学习交流活动，盐城市基础教育代表团赴香港就扩大基础教育合作交流开展学习。全市中小学生赴国（境）外开展修学旅行活动人数进一步增加，全年共计有近350名中小学生赴美国、英国、新加坡等国家和地区开展社会实践活动。

关爱留守儿童　年内，市教育局指导县（市、区）教育部门成立领导小组，城南新区和市直学校形成"校长室、职能部门、班主任、教师"四级关爱服务体系。各地开展关爱留守儿童系列活动，对家庭经济困难学生（含留守儿童）提供应急资助，在全市义务教育学校创建"关爱留守儿童示范校"26所。在全市教育系统开展"一对一"结对帮扶活动，牵头组织全市庆"六一"暨首个"留守儿童关爱日"慰问活动，评选关爱工作先进集体30个、先进个人60名、留守儿童"希望之星"300名。

2016年全市各级各类学校基本情况

表31－74

类　别	学校数(所)	毕业生数(人)	招生数(人)	在校生(人)	教职工(人)	专任教师(人)
普通高校	6	17103	18334	69637	4399	3543
普通中专	5	8584	6756	20840	913	794
成人中专	4	1262	510	2373	156	101

续表 31－74

类　别	学校数(所)	毕业生数(人)	招生数(人)	在校生(人)	教职工(人)	专任教师(人)
职业高中	10	9122	7940	25415	2427	2157
高　中	51	34832	29892	92437	10373	9087
初　中	226	59533	65586	177547	20269	17547
小　学	329	69492	73548	450232	27934	26548
幼儿园	648	78322	79436	227606	20109	12534
特殊教育学校	10	296	458	2575	414	330

第一节　幼儿教育　特殊教育

一、幼儿教育

2016年，全市新改扩建幼儿园86所，招录在编幼儿教师424人，创建市优质幼儿园50所，创建省优质幼儿园61所。年内，江苏省教育基金会、江苏教育报刊总社联合举办“感动江苏教育人物——2016美德学生”和“感动江苏教育人物——2016最美幼儿教师”评选表彰活动。大丰区苗苗幼儿园朱娟等10名教师被评为2016最美幼儿教师，阜宁县突发龙卷风灾害时英勇抗灾救童的幼儿教师群体获授组委会增设的特别奖。建湖县幼儿园《以“学习故事”理念和实践促进幼儿心智倾向发展的行动研究》成功申报江苏省基础教育前瞻性教学改革实验项目。

市幼儿园　2016年，市幼儿园共有在编在岗人员81人，聘用人员137人，在园幼儿1300名。有省特级教师2人，市名教师2人，市学科带头人17人，市教学能手3人，市教坛新秀5人。年内，全园共有10个课题申报教科院“十三五”规划课题，多位教师撰写论文和案例等参加省学前教育学会、“省师陶杯”“五四杯”、市教育学会等各级各类论文评选，有62篇论文、案例在省级比赛中获奖，其中一等奖11名，二等奖10名，三等奖41篇。11月，市幼儿园格林分园为江苏省学前教育年在盐城的召开提供现场，接待近200名全省幼教专家在园的观摩活动。名师工作室领衔名师、园长祁晓霞带领优秀教师到阜宁送教，应邀远赴宁夏送教，将精彩的活动、讲座送到县区，送到外地，受到多方好评，发挥名师引领和省级示范园的辐射带动作用。

二、特殊教育

年内，市教育局组织8所特教学校申报省特教发展工程项目，其中特教办学条件改善项目3个、资源教室建设项目3个、医教结合项目1个、送教上门项目1个。在省市主流媒体宣传江苏最美教师郭红艳先进事迹，盐城特教知名度进一步提升。注重特教教学研究，提升特殊教育教学质量。会同教科院开展校际合作教研、微型讲座等教研活动。组织全市听障儿童筛查。接受市政协对特殊教育事业发展的检查。开展青年教师优质课比赛、“校际合作教研”、微型讲座等教研活动。

市聋哑学校　2016年，市聋哑学校有12个教学班，在校生118名，教职工40名。教师学历达标率100%，拥有市、区学科带头人、教学能手、教坛新秀15人，30多人受到国家、省、市、区表彰，多人参加省市教学基本功竞赛获一、二等奖，上百篇论文在各类刊物发表或在各级比赛中获奖。年内，学校加大对教职工的培训力度，许爱柏被评为盐城市优秀教师，王国林被评为盐都区优秀教师。6月，学校举行“同课异构”教学研究活动。围绕市级课题“聋校数学课堂有效互动的策略研究”，实施课堂教学改革。先后开设剪纸等具有地方特色的校本课程，针对学生特点开设电脑、缝纫、烹饪等职业技术项目。2016年，学校有2名九年级毕业生考取扬州聋人高级中学等高一级学校，4名毕业生被企业择

2月，市幼儿园组织幼儿自制花灯并举办灯展。

优录用;学校排练的舞蹈节目《启航》《阳光下的孩子》参加市残疾人艺术会演分获一、二等奖,并代表盐城市参加全省残疾人文娱会演,获优秀创作奖,并入选市 2017 年少儿春晚;师生书法、剪纸作品参加全省特殊教育师生艺术作品赛分获二、三等奖。

第二节　义务教育　高中教育

2016 年,全市按时做好市直学校学生中考报名学籍审核、市区定向指标生资格审查、全市享受中招优待政策的考生信息公示等工作,平稳有序做好初高中招生工作。年内,市区初中招生 1 万余人,高中招生 5822 人。开展高中、初中课程基地的创建,成功创建普通高中课程基地 4 个和初中课程建设项目 5 个。至此,盐城共创建初中省级课程建设项目 25 个、普通高中课程基地 23 个,四星级高中实现省级课程基地全覆盖。亭湖高级中学、东台市唐洋中学通过省级现场评估验收并经省厅发文明确创建成为三星级普通高中,全市三星普通高中学校增至 25 所。指导阜宁县东沟中学、东台市第一中学、大丰区新丰中学、大丰区南阳中学等学校进一步做好创建四星级高中相关工作。

市第一小学　2015 年 12 月,市第一小学教育集团正式启动串场河校区建设。最终,形成"5 + 4"的办学联合体。至 2016 年底,集团实小校区、盐渎校区、聚亨路校区、六一幼儿园和串场河校区(在建)五个直办成员单位总占地近 23.33 公顷,建筑面积 18 万多平方米,共有 261 个班级,1.4 万名学生,700 余名教职员工。在岗全国万人计划教学名师 1 名、省人民教育家培养工程培养对象 4 名、正高级教师 4 名、省特级教师 19 名、省教学名师 2 名、市名教师 9 名、市级学科带头人 68 名、市级教学能手 95 名。2016 年,1 名教师当选教育部万人名师,3 名教师被评为省特级教师、省教学名师,10 名教师被遴选为省级名师培养对象,38 名教师被评为市学科带头人、教学能手、教坛新秀,1 名后勤员工被评为盐城市劳动模范。另有 20 多名教师在市级以上教学比赛或基本功比赛中获一等奖,30 多名教师应邀执教市级以上观摩课,学校队伍建设再上新台阶。有 28 名学生被评为江苏好少年,3 名学生被评为盐城市优秀少先队员。2 名足球队员赴西班牙免费留学;1 名学生获全国首届校园创客作品展一等奖,10 多名学生在全国中小学信息技术创新与实践活动、央视"希望之星"英语风采大赛、省青少年发明家评选、省中小学"校园心理剧"优秀剧目征集评选、市首届青少年科技创新奖等活动中获奖。继四度获全国文明单位后,学校被省文明委复评为江苏省文明校园;先后获得全国"中小学舞蹈教育传统校"、全省先进基层组织、省科学教育综合示范学校、省班队集体建设示范校、省中小学优秀校园网站等 10 多项省级以上荣誉表彰。

盐城中学　2016 年,盐城中学教育集团有教职工 993 人,专任教师 856 人,其中高中 335 人,初中 521 人,江苏省"人民教育家培养对象"3 人,正高级教师 12 人,省特级教师 23 人,盐城市名校长、名教师 28 人,盐城市学科带头人 107 人,盐城市教学能手 232 人,中学高级教师 334 人。学校有初高中在校学生 1.4 万人。2016 年高考,学校高三(13)班段敏萱以 425 分获全市理科第一名。420 分 3 人,占 60%;400 分以上 31 人,占 50%。盐城中学参考数 706 人,本一上线 500 人,占 71%;本二上线 672 人,占 95%。2016 年中考成绩再创辉煌。初三(1)班何哲以 727 分名列盐城市第一。2016 年,继清华大学、北京大学后,学校被南京大学授予最佳生源基地,是盐城市唯一获此荣誉的学校。至年底,学校成为全国 36 所著名高校的优质生源基地。国际交流处安排 108 名师生赴美国、澳大利亚、新加坡开展修学旅行活动,安排潘迅等 4 位老师赴国外参加名教师和校园文化建设专题培训活动。首届中美班在英语托福考试和美国高考 SAT 中取得优异成绩,20 名学生全部成功申报海外大学。校园安全不断加强,实现集团四个校区安全管理"零事故"的目标。集团被表彰为全国校园足球特色学校,江苏省文明单位,全市民生幸福和社会事业工作先进单位,获得市直学校目标管理绩效考核一等奖;初级中学获"十三五"首批江苏省科学教育综合示范学校。

教育内涵发展　年内,市教育局召开第四次全市小学教育内涵建设现场推进会,滨海县五汛实验小学、蔡桥镇中心小学、永宁路实验学校分别展示学校精致管理、课程改革、特色文化建设等方面的成果,为全市小学内涵建设提供榜样示范。5 所小学被确认为省 2016 年省小学特色文化建设工程项目。组织全市小学教育教学视导,评选 10 所市小学内涵建设先进学校。研究拟制《盐城市推进新初中教育发展五年行动计划(2016—2020)》,召开 2016 年盐城市初中教育内涵建设现场推进会。

中小学德育　年内,全市各地各学校加强德育课程建设,在省教育厅组织的全省教育系统培育和践行社会主义核心价值观创新案例评选中,全省共评出中小学创新案例 72 项,盐城有 6 项案例获评,分别是:盐城市建湖县实验小学《生命践旅》、盐城市第二小学《淬炼"六字"文化,丰盈德育内涵》、盐城市盐都区实验学校《培养具有世界眼光的知书达礼的中国人》、东台市第一小学教育集团《践行四好一仪,提升文明素养》、东台市创新学校《道德模范进校园注入育人正能量》、东台市三仓镇中学《比三做,创十星,争当美德少年》。公布首批市级"生态环保型学校"的评估结果,部署生态文明教育"双'六个一'"活动,加强生态校园建设和特色文化塑造,实现生态文明与校园文化的良性互动和有机融合。贯彻《盐城市中小学(幼儿园)德育工作指导意见》,组织开展德育"三十佳"之特色项目的申报评选工作。评审并公布盐城市第六批德育学科带头人 30 名;组织开展盐城市中小学"十二五"德育科研课题结题工作,经过专家评审,116 个德育课题有 99 个顺利结题。年内,在省教育厅举行的"感动江苏教育人物——2016 美德学生"评选中,滨海县永宁路实验学校徐晶晶获提名奖。

学校体育艺术 年内,市教育局组织实施全市初中毕业升学体育考试工作,完善普通高中高水平运动队和艺术社团招生办法。组织开展阳光体育竞赛,举办第五届"市长杯"青少年校园足球联赛,举办全市首届中小学生运动会,具体承办第六届省辖市教育局长乒乓球邀请赛。制定《盐城市青少年校园足球振兴行动计划(2016—2020年)》,与大丰权健足球俱乐部联合举办全市中小学足球教练员培训班。开展全市中小学艺术素质测评工作,举办全市中小学生独唱、独奏、独舞和合唱比赛,组织全市中小学体艺特色活动评选。

第三节　职业教育　社会教育

2016年,全市中等职业教育实际招生2.91万人。其中,五年制高职招生3151人,普通中专招生1354人,职业中专招生2652人,职业高中招生6576人,成人中专招生8677人,技工学校招生6659人。全市职业教育对口单招本、专科上线人数3581人,达线率为99.53%,其中本科达线277人,达线率为7.7%;专科达线3304人。1月7日,省政府批复同意在盐城高等师范学校和阜宁高等师范学校基础上建立盐城幼儿师范高等专科学校,并正常运转。年内,组织一期全市中等职业教育特级教师后备专题研修班;举办全市职业学校班主任基本功大赛,遴选6名选手赴省参赛获得二等奖2人次、三等奖5人次。至年底,全市共建成江苏省教育服务"三农"高水平示范基地1个,省级社区教育中心18个,省级居民学校345所,市级社区教育示范乡镇1个,市级社区教育中心6个。年内,对直管的33个民办教育机构分类分批进行年度检查,评选出优秀办学机构8个,合格办学机构20个,限期整改办学机构4个,注销办学机构1个。在由省教育厅、省文明办、团省委共同举办的第七届江苏省中等职业学校"文明风采"大赛中,盐城共获得283个奖项,其中一等奖32个、二等奖57个、三等奖80个、优秀奖114个,生物工程高职校、建湖中专同时获全国、全省文明风采大赛"学校优秀组织奖"。

职业技能竞赛 11月,盐城举办全市职业学校师生技能大赛,1235名师生参加比赛。在2016年全省职业院校师生技能大赛中,盐城选手夺得8金41银94铜共143枚奖牌。在技能大赛国家级比赛中,盐城选手勇夺4金1铜,创历史最好成绩。盐城机电高职校、盐城生物工程高职校分获省教育厅等16部门授予的2016年江苏省职业院校技能大赛团体优胜奖、2016年江苏省职业院校技能大赛专业优胜奖。盐城生物工程高职校计算机高技1301班学生翟浩哲在第44届世界大赛平面设计项目江苏省选拔赛中晋级八强,进入国赛集训队。在2016年江苏省职业教育创新大赛中,盐城职业学校共有28件作品推荐参评展出,并获一等奖3个、二等奖5个、三等奖8个。

中德(盐城)"双元制"实验班 年内,AHK德国双元制职业教育联盟单位在盐城机电高职校揭牌。中德(盐城)"双元制"实验班工业机械、汽车机电一体化维修2个专业48名学生率先开展"双元制"教育模式本土化实践。举行AHK中德(盐城)培训中心挂牌仪式暨AHK德国双元制职业教育联盟2016年年会;邀请奥地利职业教育考察团在盐城访问。全市职业学校共拓展中外职业教育合作办学项目6个,8个专业20门课程与10个国际通用职业资格证书衔接,省教育现代化体系指标中职业院校专业与国际通用职业资格证书对接比例已由7.51%提升至10.83%。

第四节　高等教育

2016年,全市有普通高校6所,在校生6.96万人,教职工24399人,其中专职教师3543人。

盐城工学院 2016年,盐城工学院有64个本科专业,面向全国31个省、市、自治区招生,全日制本科在校生2.15万人,年底普通本科毕业生就业率98.47%,559名应届毕业生考取国内外高校硕士研究生。学校有专任教师1269人,其中高级职称582人,具有博士、硕士学位教师1107人,占专任教师总数的87.23%;国务院和省政府特殊津贴获得者、省"333工程"、省"青蓝工程"培养人选等140余人,省级教学名师、省市有突出贡献中青年专家等13人;134名教师被东南大学、江苏大学等高校聘为博士或硕士研究生导师。聘任中国工程院院士麦康森等特聘教授12人。学校拥有国家级特色专业建设点3个,省特色专业4个,省重点专业(类)7个,省品牌专业建设点3个,教育部"卓越计划"试点专业4个,省"卓越计划"试点专业4个,教育部专业综合改革试点项目2个,教育部产学合作综合改革项目5个,国家级工程实践教育中心(基地)2个,省级工程实验教学中心11个。学校有国家级技术转移转化中心1个,国家级大学生校外实践教育基地1个,全国高校学生科技创业实习基地1个,省大学生创业示范基地1个,教育部科技查新工作站1个,省高校协同创新中心1个,省级重点实验室13个,省级大学科技园1个。年内,学校获国家自然科学基金、国家社会科学基金项目32项,三大检索工具收录论文561篇,获授权专利404件,其中授权发明专利178件。2016年,学校获中国技术市场金桥奖"先进集体",全国高校后勤文化建设先进院校,江苏省文明校园等荣誉。获"创青春"全国大学生创业大赛江苏省选拔赛决赛金奖2项,全国总决赛银奖、铜奖各1项;中国"互联网+"大学生创新创业大赛江苏省选拔赛一等奖1项、二等奖1项、三等奖3项,全国总决赛银奖1项;学生作品获世界工业设计最高奖"红点设计概念佳作奖"。

科学研究　全年,学校组织申报各类科研项目558项(理工类367项、社科类191项);获批国家自然科学基金项目29项、国家社会科学基金项目3项,列全国高校第252位、全国非硕士点高校第1位、全省高校第25位;获批省自然科学基金项目13项、省社会科学基金项目7项、教育部和文化部人文社科研究项目3项、省科技厅项目75项;获批省产学研前瞻性项目61项，列全省高校第1位。年内，申请各类专利855件，其中发明专利524件，列全国高校第70位、全省高校第15位；获授权专利404件，其中发明专利178件，列全国高校第89位、全省高校第17位。

学科建设　年内，学校建有材料科学与工程、机械工程、化学工程与技术、生物工程、管理科学与工程和环境科学与工程6个江苏省"十三五"重点建设一级学科，其中管理科学与工程、环境科学与工程2个一级学科首次进入省重点建设学科。研究生培养合作高校38所，全程培养或联合培养研究生专业方向包括材料、化工、机械、土木、电信、管理等学科，具有博导、硕导资格的教师总数134人（当年新增26人）；新入校研究生81人，毕业研究生72人，在校研究生188人。大学生参加省级以上学科竞赛92项，获奖286项。

专业建设　年内，学校新增机械工程专业，共开设本科专业64个。给排水科学与工程专业通过住建部专业评估；材料科学与工程、环境科学与工程2个专业通过中国工程教育专业认证；材料等7个专业（类）通过省级重点建设专业验收；电子科学与技术、建筑环境与能源应用工程2个专业通过省学士学位授予权评审。

教材建设　年内，《机械设计与运动仿真实践教程》《电气系统设计院与实践》《消费者行为学》和《形态构成》4部教材获省重点教材立项建设；《机械设计基础（第3版）》《化学工程与工艺实验》2部教材通过省重点教材第四批审定并出版；《会计学基础》等7部教师主编教材公开出版，《工业工程实验与实训指导教程》等32部教材获学校自编教材出版基金资助。

师资队伍　年内，学校引聘长江学者2人、国家"千人计划"特聘专家1人、省"外专百人计划"专家1人，引进教授、博士研究生55人。教师入选省级以上各类人才工程24人；13人晋升教授等正高级专业技术职务，52人晋升副教授等副高级专业技术职务，9名教师取得博士学位，14名教师考取博士研究生。

学生管理　年内，全校获省表彰三好学生13名、优秀学生干部11名、先进班集体10个。学校表彰2015—2016学年度三好学生1269名、优秀学生干部668名、优秀毕业生436名、先进班级96个。全年，共向1.65万名学生颁发奖学金。学生获国家奖学金38.40万元，国家励志奖学金378万元，国家助学金1377.90万元；为1635名学生办理助学贷款1163.85万元；设置勤工助学岗位438个，发放勤工助学酬金62.79万元。

招生就业　年内，学校在全国31个省份招生，共录取学生6074人，其中普通本科4699人，专科转本科687人，对口单招本科653人，扬州工业职业技术学院全程培养本科35人。毕业生总数5298人，其中普通本科毕业生4758人，民办本科540人，初次就业率90.02%，年底就业率98.47%。38名毕业生考取公务员、选调生，559名毕业生考取同济大学、英国曼彻斯特大学等国内外知名高校硕士研究生，普通本科毕业生考研录取率14.05%。

国际合作　年内，学校新增国（境）外友好高校2所，年底国（境）外友好学校36所；3个专业与格林威治大学、底特律大学合作办学，中外合作办学在籍学生635人。全年，接待国外高校、研究机构来访89人（次），组团4个共19人（次）出访国外高校。学校聘请外籍教师、外国专家11人，招收外国留学生45人，申请出国读硕或参加校际交流学生108人。

继续教育　年内，学校成人教育设置21个专升本、16个高起本、38个高起专函授专业。录取成人高考新生4716人，其中专升本2145人，高起本352人，高起专2219人，各类成教在籍生1.07万人；联合培养硕士专业学位研究生规模226人。年内，完成江苏省人社厅工考办高级技师、技师2个班121人的培训、考核工作；完成全国计算机等级考试春秋2次1.27万名考生考试工作；为市公安系统青年民警英语培训512人；与市知识产权局共同承办知识产权标准培训、工程师培训，培训学员1054人。全年，盐城开放大学招收开放教育学生2391人，其中开放本科1253人、开放专科1086人、"一村一名大学生计划"专科52人，开放教育在籍生8091人，其中开放本科教育3429人、开放专科教育4662人。（智通海）

盐城师范学院　2016年，盐城师范学院通过教育部本科教学工作审核评估。学校建有国家级特色专业建设点3个、国家级综合改革试点专业2个、国家级大学生校外实践教育基地1个，省品牌专业4个、省级特色专业5个、省重点专业（类）7个，省级实验教学示范中心12个，是国家级语言文字规范化示范校、国家级教师培训基地、省级卓越工程师（软件类）教育培养计划试点校和省级卓越教师培养计划试点校、省级人才培养模式创新实验基地、省级国际服务外包人才培训基地，是省教育厅指定的驻盐城市高校教学联合体牵头单位。学校拥有经济学、法学、教育学、文学、历史学、理学、工学、管理学、艺术学九大学科门类，建有省一级重点建设学科6个、省级重点实验室3个、省级哲社研究基地1个、省级决策咨询研究基地2个、省高校哲学社会科学重点研究基地1个、省级工程实验室1个、省级协同创新中心培育点1个、省级大学科技园1个。学校开展国际交流与合作，与英国、俄罗斯、澳大利亚等13个国家和地区的59所高校建立友好合作关系，开办中外合作办学专业。学生在全国、全省各类大学生技能竞赛中屡获佳绩，代表江苏高校参加全国高校体育教育专业学生基本功大赛获一等奖第一名。毕业生就业率稳定在97%以上，考研录取率保持在10%以上，连续六次被表彰为江苏省高校毕业生就业工作先进集体。年内，英语、思想政治教育、应用化学、数学与应用数学4个省级品牌专业通过年度检查。新增人力资源管理、商务英语、测绘工程、电子商务、生物医学工程5个专业。学生参加各级各类技能竞赛获国家级奖项50项，其中一等奖10项；获省级奖项151项，其中特等奖1项，一等奖31项。学校连续四次蝉联"创青春"全国大学生创业计划大赛金奖。组织120名学生和3名教师赴新疆实习支教，组织开展"与1000名支教者同行"宣传活动。2016年，学校获2013—2015年度江苏省文明校园、2011—2015年全省普法工作先进单位、第四届全国高校廉政文化作品大赛优秀组织奖、江苏省高校学生教育管理创新奖一等奖、省属高校国有资产管理考核优秀等级等荣誉，获批江苏省书香校园建设示范点、江苏省首批重点培育智库，成功入选数据中国“百校工程”试点院校。

科研创新　年内，学校6个学科获批“十三五”省重点建设学科。获市厅级以上项目106项，其中国家级项目18项，省部级项目40项，纵向科研项目经费首次突破千万元；获批省社科基金项目15项，创历史新高。获江苏省哲学社会科学优秀成果奖5项，其中二等奖4项；获江苏省高校哲社、自科及教育研究优秀成果奖10项；获盐城市哲学社会科学优秀成果奖57项，其中一等奖5项。注册成立盐城师院大学科技园有限责任公司，15家科技和文化型企业入园孵化，实现收入1000多万元。深化政产学研合作，获批省产学研前瞻性项目8项。全年签订横向合作协议150多份，横向到账经费3158万元，其中30万元以上的技术开发项目41项。江苏省滩涂生物资源与环境保护实验室成功升格为省重点实验室；成功申报江苏省心理与认知科学大数据重点建设实验室。推进现代智库建设，学校江苏沿海开发研究院获批江苏省首批重点培育智库，并入选“中国智库索引”(CTTI)首批来源智库。

师资队伍　年内，召开学校人才工作会议，出台高端人才支持计划、海外研修支持计划，全年引进学科带头人(含柔性引进)7人、博士45人，考取博士24人，4人进入博士后流动站。获江苏省“青蓝工程”创新团队1个，1人享受国务院政府特殊津贴，1人获评江苏省教学名师、1人获评江苏省有突出贡献中青年专家，1人被评为江苏省优秀教育工作者，8人入选江苏省“333工程”培养对象，8人入选江苏省“青蓝工程”中青年学术带头人和优秀青年骨干教师培养对象，1人入选江苏省“六大人才高峰”项目。新晋升正高职称20人、副高职称50人。加强双师双能型教师培养，79名教师分别到39个企事业单位锻炼。

国际交流　年内，学校新增韩国、法国、俄罗斯等国家友好学校7所。接受留学生90人次；派出196名学生赴海外留学，其中14名学生分别获中俄政府奖学金、澳大利亚新南威尔士大学中国人才奖学金等资助。全年聘用外籍专家21人次。派出52名干部教师出国培训、研修、访问、参加学术会议，英国、美国等国大学校长、专家和政府机构官员130多人次在校访问交流。承办中韩高校对口交流会，起草通过《盐城宣言》。7月13日，学校承办第十届泛黄海中日韩产学官大学校长论坛，省教育厅副厅长洪流出席活动并讲话。中国、日本、韩国3国22所大学的校长、专家、学者以及学校教师代表共300余人参加论坛。论坛的主题是“产学官合作与创新创业”，上午的论坛分开幕式、大会论坛、分组论坛3个阶段进行，下午进行论坛总结。作为第15次中日韩经济技术交流会的重要组成部分，泛黄海产学官大学校长论坛是三国教育文化交流的生动体现，论坛的成功举办进一步加强中日韩大学之间的联系，密切三国间产、学、官协作关系，对泛黄海区域经济技术合作有着重要的促进意义。　　（章春杰）

7月13日，第10届泛黄海中日韩产学官大学校长论坛在盐城召开。

盐城工业职业技术学院　盐城工业职业技术学院是盐城第一所省属公办高职学院，是示范性综合型高职学院。学校建筑面积20多万平方米，资产总值近6亿元，仪器设备总值1亿多元，教职工400多人，在校生8000多人，建有国家及省财政资助的实训基地7个、省级技术研发中心2个、省级技术转移中心1个、省级创业示范基地1个、专业实验实训室200多个，创建国家和省级特色专业、精品课程、精品教材、优秀教学团队30余项。学校加强数字化图书馆建设，推进书香校园建设，在省高职高专院校图书馆第二届阅读活动大赛中获二等奖1个，在省高校新生入馆教育优秀案例评比中获一等奖1个，是全省唯一获该奖项的高职高专院校。学校是江苏省首批高等教育人才培养模式创新实验基地，获省级以上优秀教学成果奖20多项。师生参加各类技能大赛成绩显著，获国家和省级一、二等奖100多项。学校实施国际化合作办学工程，招收乌克兰留学生12名，组织19名在校生赴乌克兰开展学术与文化交流。年内，学校获批7个江苏省现代职教体系建设试点项目。其中，与盐城工学院、盐城师范学院开展“3+2”联合培养试点项目2项，与中职校开展“3+3”分段培养试点项目5项。毕业生就业率一直保持在98%以上。6月15—16日，省级示范性高职院校建设项目验收组对学校示范校建设情况进行验收，学校最终以优秀成绩通过验收。年内，学校集中审定2016级人才培养方案37个，启动现代学徒制试点工作。申请增设新专业3个，开设网络平台课程10门。获中国纺织工业联合会教学成果奖一等奖 3 项，省重点教材 3 部，省优秀毕业设计团队 1 个，省毕业设计（论文）抽检全部合格。10 月 22—23 日，第五届全国职业院校纺织面料检测学生技能大赛暨首届全国职业院校纺织专业教学设计大赛在学校成功举办，学校获团体一等奖，第五次获此项荣誉。全年师生获奖 138 个，其中省技能大赛团体一等奖 2 项、团体二等奖 9 项，行业技能大赛特等奖 2 个、一等奖 16 个，教师获奖 91 人次。学校以优秀等级通过江苏省示范性高职院校建设项目验收，先后获全国纺织行业人才培养示范单位、江苏省文明单位、江苏省职业教育先进单位等省级以上荣誉 30 多项。年内，学校被省教育厅、财政厅评选为江苏省学生资助工作绩效评价优秀单位，自 2011 年以来连续五年获此荣誉。

学生管理　年内，学校深化学生思想教育，开展学风建设月系列活动，举办法治教育报告会和学生成才典型事迹报告会。开展军训和国防教育。学校在全省高校首届“军训之星”大赛中获“优秀组织奖”。暑期志愿服务“青春博爱行·爱心传真情”获省级立项资助，2 名大学生获省“校园青春榜样”称号。学校团委获“江苏省五四红旗团委创建单位”称号。实施生命教育实践计划，学校成为省大学生心理健康教育先进集体。

师资队伍　年内，学校实施人才强校战略，支持 8 位教师攻读博士学位，选派 50 人参加国培、省培和境外研修，24 名骨干教师赴德国学习。有 6 人晋升正高级专业技术职务、13 人晋升副高级专业技术职务。确认 3 名教师为“优秀双师型”教师，27 名教师为“双师型”教师。新增“青蓝工程”培养对象 3 人，“333 工程”培养对象 2 人。

科研工作　年内，学校获市厅级以上课题 37 项，其中省部级 9 项。授权发明专利 17 件、软件著作权 12 件。获盐城市科学技术奖一等奖 1 项，省农机工业科学技术成果转化二等奖 1 项。全年科研经费到账 460 万元。学校技术转移中心通过江苏省科技厅中期考评（全省高职院校唯一），获专项建设经费 50 万元，被评为省技术转移联盟先进集体，5 个项目获省产学研前瞻性项目立项，在全省高职院校中名列前茅。年内，为推动产教融合，促进国际合作，培养具有国际视野的应用型技术技能人才，学校启动建设中韩产业园学院调研论证工作。与韩国 VISION 大学签署 2 个专业“3 + 2”本科教育合作协议，与盐城经济技术开发区沟通，初步达成创办中韩产业园学院合作意向。

社会服务　至年底，学校建成校企合作二级学院 6 个，签订企业冠名班 7 个，订单培养数达 301 人。接收广联达软件股份有限公司等企业捐赠（软件）372 万元，共建建筑工程技术信息化实训基地，成为全国 BIM 应用技能报名考试点、互联立方 BIM 大数据基地。与甲骨文 OAEC 上海集团合作，共建移动互联专业，接收企业捐赠（课程建设资源）200 万元。接收东风悦达起亚汽车有限公司捐赠汽车 5 辆，价值 84 万元。

创新创业　年内，学校重点打造一批创业实践场所，形成“‘专创融合、四层递进’助推创客成长”的创新创业工作特色。全年举办 SYB 创业培训班 6 期、盐城市大学生网络创业培训班 4 期。获全国大学生机器人大赛一等奖 1 项，省“挑战杯”创新创业大赛一等奖 1 项，市科技创业大赛大学生创业组总决赛一等奖 1 项。学校被团中央授予全国大学生 KAB“双创基地”。9 月 28 日，学校与江苏乔家棉依生态纺织科技有限公司共同组建“盐城工坊”，为国内外原创服装设计师提供面辅料开发，服装制版，服装打样到批量生产等一条龙服务。“盐城工坊”也是“乔家棉依”的服装设计打样中心。“乔家棉依”品牌创建于 2006 年；2011 年，被评为"盐城市优质旅游”商品；2012 年，被评为江苏省著名品牌、盐城市十大绿色畅销产品；2014 年，获得由 CCTV 与国务院新闻办联合颁发的中国服装行业最具发展潜力品牌；同年，被评为盐城市十大知名品牌。

招生就业　年内，学校扩大生源来源形式，录取新生 2580 人，其中录取少数民族新生 42 人。2016 届毕业生年终就业率达 98.86%。举办 2017 届毕业生大型招聘会 2 场，有 320 多家企业走进校园，提供就业岗位 1 万多个。向上级申请毕业生求职创业补助 24.15 万元。

（吉　鸿　闫　超）

盐城卫生职业技术学院　盐城卫生职业技术学院是一所全日制专科层次的普通高等学校。至年底，学校有护理学院等 7 个二级教学单位，开设临床医学等 18 个专业（方向）；有普通教育和继续教育学生近万名，专兼职教师 655 人，教授 34 人，硕博士学位教师 201 人。在第二届中国“互联网 + ”大学生创新创业大赛暨江苏省第五届大学生创新创业大赛中，学校创意类项目“指尖上的御菊工坊”入围省级决赛；在 2016 年“挑战杯——彩虹人生”全国职业学校创新创效创业大赛决赛中，学校获得全国一等奖和二等奖。开展 75 周年学术文化系列活动，举办“金秋论坛”讲座 14 场，开展第三届“师德标兵”和优秀校友评选活动，表彰“十大杰出校友”，建设优秀校友事迹长廊和“好人榜”，完成铁军园和校史馆改建工作，建设大学生事务服务中心和学生休闲中心。年内，召开省级示范性高职院校建设启动会暨省级品牌专业建设推进会，规范项目建设和相关资金使用，共召开校级层面“双建”工作例会 8 次、省级品牌和示范专业建设推进会 5 次，现场观摩会 3 次，赴兄弟院校考察近 10 次，邀请省内外专家来校作专题报告近 20 次，推动了项目落实。年内，学校在 2016 年全国职业院校技能大赛中共获一、二、三等奖 19 项，其中在 2016 年全国职业院校技能大赛高职组“康缘杯”中药传统技能大赛中获一金一银，在 2016 年全国职业院校技能大赛护理技能赛项中获团体银奖；成功举办 2016 年江苏省高等职业院校护理技能大赛并获一等奖。2016 年护理专业学生全国护士执业资格考试通过率为 99.69%，毕业生通过率为 99.90%。

专业建设　年内，学校省级品牌专业——药学专业国家教学资源库获教育部立项，重点建设专业——护理专业入选首批全国职业院校健康服务类示范专业点。

构建医药为主的专业建设格局，完善“两级四类”品牌专业建设体系，遴选确定7个校级专业特色项目，完成6个专业的建设质量诊断与评估工作，形成专业评估整改三年建设规划方案，完成3个“十二五”省重点专业（群）评审验收工作。完成临床医学专业全科医学中心建设方案的论证工作和实训室设置、实训设备采购工作，改造升级相关实验室5个。遴选第二批临床学院、社区实习基地，启动预防医学专业课程模块建设，推进预防医学实验室和核心课程的精品课程建设。

5月12日，盐城卫生职业技术学院举行护士授帽仪式。

教学改革　年内，学校与兄弟院校联合开展国家级药学、康复治疗技术专业教学资源库建设，完成校内精品开放课程验收及培育项目中期质量检查。完成10门省级精品开放课程申报、2门MOOC项目信息化资源制作和13门课程数字化教材主编工作，推进校SPOC建设，有27门课程上线建设。2本教材入选2016年省高等学校重点教材立项建设项目、2门课程入选中国医学教育慕课联盟优秀在线课程项目、2项案例入选省教育厅“线上线下混合教学优秀典型案例”和省“十二五”教育改革优秀典型案例、2个实训平台入选江苏省高等职业教育产教深度融合实训平台建设项目。在全省高等职业院校微课教学比赛中获二等奖2项、三等奖2项。

人才建设　年内，聘任学术委员会顾问、兼职专业带头人和客座教授6名。7名教师博士在读，3名教师获博士学位，24名教师获硕士学位。选送教师参加国培、省培44人次，选派教师赴境内外研修19名。通过分层分类培训提升专兼职教师教学能力，开展学习培训班4期，组织103位兼职教师开展岗前培训。学校教师在省高等职业院校信息化教学大赛中获二等奖2个、三等奖4个，在首届全国卫生职业院校“艾迪康杯”教师检验技能竞赛中获三等奖1个。

科研立项　年内，学校获省级以上科研立项32项，其中省科技厅自然科学基金面上项目1项；获各级科研成果奖12项；发表SCI论文16篇，中文核心以上期刊论文46篇；设立校内科研立项48项。获批江苏省博士后创新实践基地，与南京医科大学联合招收博士后2名，建立合作专利事务所，全年授权专利51项。

社会服务　年内，学校获批江苏省科普教育基地。承担省卫计委基层卫生人员培训达2163人次，合格通过率达98%。承担连云港、盐城临床医学和全省预防医学专科308人的培养工作。与盐都区政府合作共建“社区健康学院”，专题培训村卫生室工作人员1000多名。承办盐城市卫计委组织的各类考试8490人次，承担盐城市劳动技能鉴定中心职业技能鉴定考试1205人次。

招生就业　年内，学校招生计划2800名，实际录取2790人，录取率达99.64%，新生报到率达96.06%；普通类文科投档分268分，录取最高分323分，平均分281.9分；在江苏省生源中，超过本三分数线的考生1137人，占江苏考生的56%；2016年，学校毕业生人数为2196人，初次就业率达到90.44%。至11月30日，2016届毕业生就业率达95.67%。

合作共建　年内，省教育厅、省卫生计生委、盐城市政府三方共建盐城卫院第二次工作会议召开，根据共建会议精神，盐城市政府把学校升格发展纳入盐城市“十三五”教育事业发展规划。学校召开与南京医科大学结对共建第三次工作会议，明确4个项目的深化合作。高职本科“3+2”、中高职“3+3”分段培养项目达到3个专业。与美国、韩国等境外高校合作开展海本直通车项目。在省内卫生类高职院校中率先开展留学生教育，首批招收东南亚留学生37名。39名学生赴台湾长庚科技大学学习交流。

（夏燕萍）

江苏省盐城技师学院　2016年，江苏省盐城技师学院设有计算机、机械、汽车、数控、电气、环境、经贸与服装7个教学系，拥有技师、高职、高技、中技办学层次，全日制在籍生1.35万人。年内，承担第44届世界技能大赛中国集训基地，江苏省人社厅授予电气装置、数控车、数控铣、电子技术、空调制冷、时装技术等10多项省级世赛集训基地，列全省技工院校之首。在世界技能大赛全国选拔赛中，有8个项目10名选手入围国家集训队，第一阶段“十进五”选拔，有5个项目7人胜出，分别是电气装置3人，时装技术、数控车、数控铣、管道与制暖各1人。第三届江苏省技能状元大赛取得1金2银12铜、20名参赛选手进前十名，创三届以来最好成绩，省政府再次授予“高技能人才摇篮奖”。2016年全国数控大赛获加工中心五轴师生组、数控装调维修工教师组省级2个第一名，国赛2个第三名。第12届青年职业技能大赛获省级第三名。学校先后被表彰为全国职业教育先进单位、全国教育系统先进集体、全国德育工作先进集体、省级文明单位，获国家高技能人才培育突出贡献奖、省政府高技能人才摇篮奖；被评为国家综合职业培训基地、全国首批中等职业教育改革发展示范学校优秀建设单位、全国全省高技能人才培养示范基地，全国全省技工院校师资培训基地。

专业建设　承担人社部数控加工、数控装调与维修 2 个专业《国家技能人才培养标准》及一体化课程规范编制工作。完成部省一体化课改的人才培养方案改革，实施 7 个专业一体化课改教学试点。新增现代分析测试技术省级示范专业、信息网络布线等 3 门省级精品课程。获 2016 年中职协优秀教科研成果一等奖 14 个、二等奖 30 个、三等奖 48 人，连续七年被授予优秀科研单位。“机床电气检修一体化课程开发与教学资源建设研究”等 4 项课题获准中职协 2016 年立项课题。“五年制高职模具设计与制造专业一体化人才培养模式的探索”等 2 项课题江苏联院结题，学院当选为人社部教材委员会成员单位、中国职协第六届理事会常务理事单位、人社厅教材委员会副主任单位。

师资建设　学校专职教师队伍中，教授级讲师 19 人，高级讲师、高级实习指导教师、高级技师 200 多人，讲师、一级实习指导教师、技师 321 人，专业教师中一体化教师占 87%；学科带头人省级 59 人、市级 39 人、院级 59 人，占教师总数的 30%；拥有世界技能大赛专家组成员 3 人、教练 10 人，全国全省技能大赛的裁判长、裁判员及教练 100 多人。2016 年新增高职职称教师 7 人、中级 28 人，新增省级教学名师 1 名、省级专业带头人 3 名，组织教师出国研修 5 人、部省培训 39 人、下企业 32 人、其他培训 18 人。人社部授予陈德领“全国技术能手”称号，作为全国技工院校唯一代表参加 2016 年全国高技能人才表彰大会并登台领奖。

招生就业　坚持“高级工 + 成人大专、技师 + 成人本科”的双高技能人才培养模式，高技能人才培养 96% 以上，成人大专、本科学生 85% 以上，办学规模连续五年保持 2 万人。就业率多年保持 100%，企业满意率 98% 以上，40% 以上的毕业生就业于地方企业。有 5 人就业于四川绵阳工程物理研究院，200 多人被中国电子科技集团南京第 14 研究所、中国印钞造币行业企业以事业编制录用，300 多人被省内外职业院校聘用执教。

校企合作　立足服务地方经济发展，服务企业、市场、家长三方面需求，组织实施校企合作共同培养高技能人才。召开盐城市工业自动化职教联盟 2016 年度年会暨专业建设委员会，新增五家联盟企业成员单位并签订合作协议。组织参加盐城大市区技能人才校企交流对接座谈会，与 11 家重点企业签订合作协议。加强与东风悦达起亚的合作，企业赠送 16 台教学用发动机与 8 部新车。弹性学制校企合作万恒班结业，新招科行班 60 人、布雷维尼班 34 人。冠名办班校企合作共同培养高技能人才，新增冠名班 9 个，全院共有 34 个冠名班，学生 1500 多人。

社会服务　2016 年，学校开展各类职业培训鉴定 1.35 万人次，其中高技能人才 8689 人。面向社会培训技师及高级技师 653 人，创历史新高；承担省厅模具钳工、数控加工高级技师研修 67 人，电气维修、数控专业高新技术培训 62 人，青海、新疆、河北、西藏等省外职业院校师生培训 400 多人，中国印钞造币总公司等企业职工技能培训 650 多人。退役士兵学制培训 1900 多人，专门制定其学制教育人才培养方案。实施在校大学生技能与创业培训 1100 多人。承担人社部首批 10 个职业培训包的“家政服务包”开发工作。与扶贫办合作，招收贫困生免费入学且为其开发 4 个教材。

国际合作　与英国北沃里克与欣克利学院联合办学，深入开展教学研究、师资队伍培养、互派留学生、技能大赛等领域的合作。与英国诺丁汉中央学院合作共建 IMI 认证中心，与德国工商联合会（IHK）合作冠名办班，开展国际级汽车专业人才培养。（葛富有）

盐城幼儿师范高等专科学校　盐城幼儿师范高等专科学校是由盐城高等师范学校（盐城鲁迅艺术学校）和阜宁高等师范学校（盐城建筑工程学校）整合升格而成的一所高职院校。2016 年 1 月，省政府发文，同意在盐城、阜宁两所师范基础上建立盐城幼儿师范高等专科学校；4 月，教育部正式备案公布；9 月，高中起点的首批新生入学就读。学校图书馆拥有纸质图书 38.26 万册，管理信息系统设有教务教学管理系统、行政人员管理系统、汇文图书馆管理系统、德育量化管理系统、宿舍管理系统、财务管理系统和信息技术中心。学校设有管理类机构 11 个，教师 581 人，其中专任教师 444 人，“双师型”教师 115 人，教授、副教授 154 人，博士、硕士 126 人。市名校长 1 人，市级以上学科带头人 39 人，省音乐家协会副主席 1 人，省名教师 1 人，省“333”工程培养对象 5 人，省青蓝工程培养对象 2 人，国家级、省级普通话测试员 28 人，全国公共英语等级口语测试考官 15 人，外籍教师 7 人。2016 年师范类专转本、高职专升本考试再创佳绩，首批达线 311 人，高于全省平均达线率。全学年组织学生参加全国英语等级考试累计 3466 人次，参加普通话培训与测试 2770 人次，参加全国计算机等级考试 2596 人次，参加书法等级考试 1556 人次；舞蹈培训 200 人次；美术培训 250 人次；建筑 CAD 培训 450 人次；建筑测量培训 300 人次；课件制作培训 50 人次；育婴师培训 280 人次；网页制作培训 60 人次。在全国师范院校首届数学、信息技术类教师、学生微课大赛中，教师组二等奖获得者 1 人，学生组二等奖获得者 3 人；省职业学校教学技能大赛中，三等奖获得者 1 人；省师范生教学基本功大赛中，一等奖获得者 1 人、二等奖获得者 4 人，三等奖获得者 5 人；省第 27 届青少年科技创新大赛中，科技创新成果一等奖获得者 1 人，三等奖获得者 2 人，优秀指导奖获得者 4 人；全国师范院校师生书法大赛中，参赛师生 153 人，获奖 139 人，学校获优秀组织奖和团体一等奖，教师组一等奖获得者 7 人；学生组特等奖获得者 1 人，一等奖获得者 46 人，二等奖获得者 35 人，三等奖获得者 38 人，优秀奖获得者 12 人。

学校被评为江苏省平安校园、江苏省省红旗团委。

专业建设　学校初步形成以学前教育专业为主体，以小学音乐、美术、体育教育等专业为特色，以建筑类、艺术类、外语类等专业为优势的办学格局。有学前教育、小学音乐、小学美术、小学体育、建筑工程技术等13个初中起点的五年一贯制专科专业；学前教育、音乐教育、美术教育、艺术设计、建筑装饰工程技术、旅游管理等6个高中起点的专科专业；成人教育专业自考本科2个，专科2个；成人函授本科4个，专科5个。学校是省教育厅小学新课改教师培训基地，教育部、住建部确定的建筑行业技能型紧缺人才培养培训基地，盐城市国家级非物质文化遗产（淮剧、杂技）人才的培养基地。3—6月，对旅游管理、建筑装饰工程技术等三年制大专6个专业的人才培养方案进行论证与完善。年内，教师撰写《学前儿童数学教育》《高职院校非专业就业能力的培养》《学前儿童玩具开发与利用》等多种校本教材。

学生工作　年内，学校召开学生表彰大会，为获奖学生颁发国家奖学金、国家励志奖学金、学校综合奖学金、学校单项奖学金证书及奖学金。发放国家助学金，加强对贫困生的自立自强及感恩教育，为帮助美术系1位同学战胜病魔，重返校园，募得善款近9万元，为阜宁龙卷风灾区捐款近13万元。投入资金建设心理健康教育云平台。学校建有铁军艺苑，清明节举行缅怀烈士活动；组织志愿者开展公益活动；开展文明礼仪伴我行、安全文明教育等系列主题活动；开展“一平方米”德育特色活动，注重培养工匠精神，加强理想信念和创新教育，培植情意素养和非专业能力。

科研立项　全年，学校获省市级课题申报立项57项，其中，省级课题17项，市级课题40项；校级课题立项80项。教师在省级以上刊物发表论文300多篇，出版著作11部。省市级课题已结题14项，校级课题已结题41项。在中国建设教育协会中等职业教育委员会华东分会2015—2016年度优秀论文和课件评选中，获优秀论文2篇，其中二等奖、三等奖各1篇；优秀课件2项，其中二等奖、三等奖各1项。

招生就业　至年底，学校有全日制学生8894人，2016年招收2073名新生，完成学校的招生计划。做好毕业生就业指导工作，组织学生网上注册毕业生双向推荐表和毕业生就业协议书。举办2016年夏季和冬季校园双向招聘会，及多场小型专场招聘会，组织学生到苏南等用工企业面试等。12月初的招聘会共有40多家企事业单位参加，达成就业意向的毕业生200多人，当场签约的近100人。2016年盐城市各县（市、区）学前教育公开招聘中，盐幼专有200多人考取公办幼儿教师。2016年学校毕业生就业率达到95%。

对外合作　年内，学校继续与江苏省广播电视大学、市歌舞剧院、市淮剧团、上海睿泰信息科技（集团）、市县区各幼儿园等80多家企事业签订校企合作协议，与50多家企业共建大学生实习、就业基地，共同培养经贸英语、动漫设计、音乐表演、戏剧表演、酒店管理等专业人才。年内，又与驻盐韩资企业艾特马克信息技术有限公司、江苏日兴汽车配件有限公司等企业合作。4月与苏州大学签署教育实习合作协议，盐城幼专正式成为苏州大学实习基地。城市管理学院旅游管理专业二年级学生到镇江味雅大酒店现场授课；城市管理学院与盐城市大数据产业园甲骨文公司签订合作协议，将港口物流专业的学生部分职业技能训练由企业承担，真正实现校企深度融合。

社会服务　面向社会开展形式多样的教育培训工作。年内，完成了10个省培、10个市培项目，培训学员1500多人次；承担盐城市建设系统职工培训中心的职能，面向社区、建筑企业开展各种技能提升、转岗培训等工作，举办建设类各种培训240场次，培训班级180个，安排考场560多个，培训学员2.13万人。承担盐城市社会各界人员的普通话测试考前培训，培训学员500人次；成人高考函授教育专科学员1500人、本科学员212人；依托北京师范大学、中央电视大学开展现代远程教育，在籍学员1427人。申办盐城工学院、盐城师范学院盐城幼专函授站，与淮阴师范学院、盐城师范学院联办“专接本”自学助考班。建筑工程管理专业依托省内建筑业市场，与近50家咨询、招投标、设计、建筑、监理和审计公司（事务所）签订校企合作协议，基本实行订单式培养。

第五节　招生考试

2016年，全市普通高校招生报名人数为3.09万人，本二以上文化上线人数1.14万人。本二以上文化达线率38.50%，创历史最好水平。全市共有1.53万人报名参加的高等教育自学考试。有3.12万人参加高中学业水平测试，3.47万人参加中学生信息技术等级考试；5.54万人参加初三毕业生综合Ⅲ考试。报考硕士研究生总人数7405人，参加大学英语四、六级考试5.57万人，全国计算机等级考试3.88万人，全国英语等级考试4396人，书法水平等级证书考试10.92万人。教师资格证书考试6760人。

第六节　教师队伍

2016年，全市继续加强义务教育校长教师交流，共交流校长教师4670人，市直学校交流教师150人，推动全市教师资源均衡配置，促进教育事业优质均衡发展。加强农村教师队伍建设，为3.15万名教师发放乡村教师从教30年荣誉证书，同时在表彰奖励、职称岗位设置、职称申报评审等方面放宽条件，向乡村教师倾斜，稳定和吸引优秀人才在乡村任教。年内，全市有28人被评为江苏省特级教师，列全省第四位。评选180名初教职教学科带头人、360名教学能手、500名教坛新秀。认定高级中学、中等职业学校教师资格计1157人。年内，全市有5.44万人申请注册，其中市直单位有2747人申请注册，注册合格5.39万人，暂缓注册264人，注册不合格93人。全年有42个单位被省教育厅、省教工委表彰为省教育工作先进集体、2个基层党组织被表彰为省优秀基层党组织、30名教师被表彰省优秀教育工作者、16名教师被表彰为省教学名师、6名教师被表彰省优秀共产党员、2名基层党务工作者被表彰为省优秀党务工作者。

年内，为加大高层次人才激励力度，市教育局联合市人才办、市人社局、市财政局等部门出台《关于加强市区教育人才引进和对外合作办学的意见（暂行）》和《盐城市高层次教育人才考核奖励暂行办法》，对全市各级公办学校以及其他教育机构在职在岗的江苏人民教育家培养对象、省特级教师、省教学名师给予10万元~20万元的考核奖励，对全职引进的省人民教育家培养对象、省特级教师、省教学名师、正高级教师、市级名校长、名教师、学科带头人和紧缺学科（专业）专门人才给予5万元~30万元的生活补贴，确保优秀人才引得进、留得住、教得好。2016年，市区对外合作办学签约项目总数达到17个，引进市外优秀教育领军人才12名，11月26日，市委、市政府成功举行合作办学签约和名师工作室授牌仪式，广大群众对优质基础教育公共服务的可选择性进一步提高。

年内，全市在省基础教育科学研究成果奖评比中，获得二等奖1项，三等奖4项。在省"师陶杯"论文评比中，获得特等奖2人，一等奖22人，二等奖39人。对"十二五"期间的150项课题进行中期评估，通过现场评审或会议评审对189项课题进行结题鉴定。同时，根据市教育学会"十三五"工作计划，立项178项年度研究课题。

第七节　教育信息技术装备

2016年，全市投入教育装备经费8亿元，各级各类学校教学设备持续改善，教育信息化"三通两平台"建设全面提速，启动实施"盐城智慧教育云平台"一期工程建设，盐城教育网成功改版升级，市、县教育城域网入口带宽分别提高至3000兆、1000兆，建成创客空间（数字化实验室）101个，"宽带网络校校通"达100%，"优质资源班班通"覆盖率达到82.38%，"网络学习空间人人通"覆盖率达到53.3%，省级教育资源服务平台覆盖率达到80%。全市20%的中小学创建成市级"智慧校园"，大市区学校和部分县城中小学实现课堂异地同步共享。年内，全市确定首批39所盐城市书香校园装备示范校并予以授牌。6月，全市教育装备展示会在市明达中学举行。主要展示的产品有校园立体安防系统，智慧校园及教室、创客空间（数字实验室）、云课堂、云办公、教室大尺寸需求音视频解决方案、超短焦激光投影机、大屏互动一体机等软硬件设备及应用。

第八节　教育管理

2016年，全市深化教师人事管理改革，改革教师编制调配方式，探索实施市级统筹、动态调整的教师编制使用新办法，调剂800名县（区）教职工编制到市区使用，有效缓解市区教师不足的矛盾。深化行政运行方式改革，将中级职称评审权下放至县区，"三名工程"评选权下放至学校，进一步提高行政效率、扩大办学自主权。

一、督导与评估

2016年，全市各地提升校园文化和内涵建设水平，阜宁县、射阳县、建湖县、大丰区4县区获评全国中小学校责任督学挂牌督导创新县（市、区），新增12所国家级校园足球特色学校，4所江苏省首批足球特色幼儿园，3所学校被命名为江苏省艺术教育特色学校，7所学校获评全国学校体育工作示范校，新创建一批"书香校园"示范校、"省标教育技术装备先进校"、平安校园、省市级心理健康教育特色学校和市级生态环保型学校。新获批4个省级学前教育游戏化课程项目、5个省级小学特色文化项目、9个初高中课程基地（四星级高中实现省级课程基地全覆盖）、8个省级特教发展工程建设项目，10所学校被确认为省语言文字规范化示范学校。推进盐城市普通高中教育教学质量提升三年行动计划，成功创建4所四星级高中、2所三星级高中，新增省级高水平现代化职业学校4所，省级高水平示范性实训基地和省职业教育实训基地17个，申报创建市级内涵建设先进校28所，新创建省级示范性教师发展中心2所。

二、师资培训

2016年，全市推荐100多名优秀教师参加"国培计划"集中示范项目培训。向省申报4个省市合作培训项目、7个省"名师团送培到县"项目，合计培训教师数1200多人。组建26个市、县两级乡村骨干教师培育站，近700名农村骨干教师从中受益。配合省电教馆组织开展教师信息技术能力提升工程专项网络培训，至年底，共有近2万名教师参加培训。组织1000多名校长教师参加省集中培训。组织近180名校长教师赴国外参加省教师出国培训，其中农村校长教师比例接近50%。市级校长教师培训共设立4个大类、13个小类、60个市级培训项目，累计培训校长教师3000多人。组建46个盐城市第二轮名师工作室，推进校长教师培训"五大工程"，不断推进校长教师培训模式转变，提高培训实效。　（陈富裕）

第 32 章　文化事业

责任编辑　赵　丽

综　述

2016 年，盐城市文广新系统实施重点项目建设，推进文化改革创新。全年组织各类岗位培训班 15 次，参培人员 1000 余人次。承办全省群文学会理论研讨会、全省群文音乐干部培训班，举办全市公共数字文化培训班、小戏小品创作培训班、数字图书馆业务技能竞赛等。各有 1 人次分别入选省“333”第二层次和第三层次人才培养计划项目；4 人入选市“515”领军人才资助项目；2 人入选省“双创计划”文化创新类资助人才项目；1 人获市特殊人才贡献奖；在省双创人才大赛上，盐城市选手是文化类苏北唯一获奖者。年内，盐城市文广新局被省人社厅、省文化厅表彰为全省文化系统先进集体，立集体二等功，被市委、市政府表彰为双拥工作先进集体、“六五”普法先进集体、扶贫开发工作先进集体、五好机关党组织，在盐城市 2016 年度目标任务综合考核中获特殊贡献奖。

公共文化服务体系逐步完善。中共中央华中局旧址等 24 处重要革命遗址修缮，淮剧博物馆、市少儿图书馆等提升改造工程陆续竣工并对外开放。完成首批 501 个行政村（社区）综合性文化服务中心建设。东台市、建湖县通过省第三批公共文化服务体系示范区创建验收。9 个文化馆在第四次全国文化馆评估定级中被评为国家一级馆，射阳县文化馆总分馆建设纳入省试点单位（全省共 3 个）。开展“三送”工程，全年完成送戏下乡 1200 余场，送书 17 万多册，送电影 2. 3 万多场。万人拥有公共文化设施面积达 1260 平方米，公共文化服务设施网络覆盖率达 92%。文化惠民活动品牌化。2016 年音乐舞蹈曲艺展演、公共文化服务展示季、“十馆联动下基层”党代会主题专题巡演、全市小戏小品调演等惠民活动开展，品牌影响力不断加深。“盐渎大舞台”被评为省首批群众文化“百千万”工程优秀文化品牌项目。阜宁“牛歌艺术节”、盐都“百姓大舞台”、东台“哈哈周末”、大丰“百姓星光大舞台”、建湖“淮剧杂技周末剧场”、滨海“文化预约”、响水“四市六县灌河情”文化艺术周、射阳“丹顶鹤文化艺术节”、亭湖“七彩亭湖”等系列品牌文化惠民活动举办近千场，受到当地群众欢迎。书香城市创建成效显著。盐城市率先在全省实现各县（市、区）全民阅读促进会全覆盖。入围首批全省书香城市候选城市，在接受省实地检查考核中，总成绩排苏中、苏北第一。举办第四届盐城市“盐渎风”读书节活动，建成“书香盐城”在线网站，开通微信公众号、工作微信群。“黄海讲坛”“周一大讲堂”“铁军文化大讲堂”“三贤讲堂”等读书活动全年共举办 150 多期。

12 月，盐城新民乐《湿地情韵》获省“五星工程奖”音乐类银奖。

大型现代淮剧《小镇》获第 15 届中国文化艺术政府奖“文华大奖”，亮相 2017 年新年戏曲晚会。淮剧艺术实现历史性的突破。省政府给《小镇》剧组记集体一等功。由袁连成、丁晓东创作的大型现代淮剧《赶鸭子下架》和徐新华、陶然创作的大型现代扬剧《红船》入选文化部"戏曲剧本孵化计划"。陈明创作的现代戏曲《遍地月光》和杨蓉创作的现代京剧《青衣》在"2015 年江苏省戏剧文学剧本评选"中获得二等奖，分别名列第一和第二。盐城市在第 12 届江苏省"五星工程奖"舞台节目类评奖中心获 1 金 2 银。舞剧《烽烟桃花飞》、淮剧《菜籽花开》分别获得第 3 届江苏文化艺术节优秀剧目奖和特别奖。杂技《扇舞丹青 · 头顶技巧》继"金狮奖"之后，又在西班牙、俄罗斯国际马戏节上拿下"金象奖"和"最佳节目编导奖"。大丰摄影家杨国美摘得第 11 届中国摄影金像奖，填补盐城摄影艺术门类取得国家最高奖项的空白。淮剧《半车老师》走进上海兰心大剧院，诗词歌赋杂技剧场《小桥　流水　人家》闪耀上海国际艺术节，杂技音乐剧《新鹊桥会》在北京世纪剧院成功首演。

开展全市第一次全国可移动文物普查工作，如期完成 2.36 万件(套)国有单位文物收藏情况调查汇总和上报工作。配合指导云梯关旅游经济区、桃花源生态经济区、川东港大型水利工程盐城段、亨威集团南侧地块、江苏英奇热电联产等项目的规划、考古发掘工作。"九龙口传说"、牛歌、射阳农民画等 11 个非遗项目入选第四批省级非物质文化遗产名录，实现省级非遗名录项目县区全覆盖。开展非物质文化遗产数字化保护试点工作，分别对国家级传承人"张云良艺术技艺"、省级"施耐庵与《水浒》传说"等非遗项目进行重点抢救、建档和数字化保存。举办"全市优秀非遗节目展演"、首届东台鱼汤面技艺大赛、非遗保护成果展、淮剧票友演唱会、江苏"蛟龙杯"狮舞邀请赛、"三省八地"全国农民画邀请展等活动。组织参加第四届中国非物质文化遗产博览会、首届长三角非遗博览会、苏皖地区莲湘舞邀请赛，及江苏省非遗传统美术、传统技艺等相关活动，宣传推介盐城市优秀非遗项目。新四军重建军部 75 周年、新四军纪念馆建馆 30 周年之际，开展"六个一"系列纪念活动。《铁的新四军》专题文献片被推荐给中组部在全国范围内宣传。与市海盐文化研究会、市水浒学会、市收藏家协会和驻盐高校等加强学术交流和合作，在学刊上开辟海盐文化研究专栏，编印出版《文韵盐城 · 民风民俗卷》，举办中国水浒文化高层论坛。全国水浒学术研究基地在盐城成立。

完成盐城市"十三五"文化改革发展规划。成立盐城市文化产业协会。获批省级文化产业引导资金项目 12 个，资助金额超 1000 万元；获批省艺术基金项目 7 个，资助金额近 200 万元。东方 1 号文化创意产业园成为省首批文化产业重点示范园区。组织市内文化企业参加无锡文博会、深圳文博会、省版权文创展(扬州)、参加第十三届常州国际动漫艺术周活动等展览展销活动，宣传推介盐城文化企业和产品，不断开拓展销市场。基本建成全市重点文化产业园区(项目)服务平台，实现各类文化资源联动共享。配合完成盐城市首届文化创意设计大赛工艺美术类作品评选，18 部作品被推荐入选。

完成行政权力标准化清单、责任清单、"双随机一公开"清单等编制工作，开展法制监督和行政执法指导。完成 2016 年度文化部制定的执法卷宗考核任务(全省仅 3 家)。在中西部地区文化市场综合执法能力提升对口交流工作中，市文化行政综合执法支队被文化部通报表扬，被省文化厅表彰为全省文化行政综合执法先进集体。严格执行一窗受理、网上运行、限时办结工作，全面公开行政审批事项、流程、办理情况，受到群众广泛好评。

第一节　文艺创作

2016 年，市文联开展"文学艺术创作年"活动，通过举办展览展演、文艺采风、创作研讨等形式，提升创作水平，打造文艺精品。重抓年度国家级和省级重点赛事，拟订创作规划，开设专题参赛辅导讲座，着力提升会员创作水平，推进文艺精品创作。戏剧领域：淮剧《小镇》获第十五届"文华大奖"。摄影领域：市摄影家协会名誉主席杨国美获第十一届中国摄影金像奖。杂技领域：《扇舞丹青 · 头顶技巧》获俄罗斯年度国际马戏艺术节最佳编导奖、第五届西班牙菲格拉斯国际杂技艺术节"金象奖"和评委特别奖。曲艺领域：盐都区创评苏北首家"中国曲艺之乡"，举办首届江苏省快板大赛，快板书《大爱无疆》获江苏省首届快板大赛一等奖。书法领域：范国仁获海上兰亭全国书法展一等奖，陈建新获第二届中韩议员书法展佳作奖，徐于群获全国企业书法美术摄影系列展优秀奖，范明旭获国缘杯国学精粹书法篆刻展篆刻三等奖。美术领域：组织美术家代表参与"江苏省美术家协会情系盐城灾区"创作义卖活动。举办走进西双版纳 · 孟怀良中国画展览，曹万峰、戴国禾书画作品展。舞蹈领域：创作编排新四军题材的大型原创舞剧《烽烟桃花飞》。文学领域：《潮涌灌江》获江苏省作家协会重点扶持项目。《槐花新娘》获"冰心儿童文学奖"新作奖。《十八团》入围省作协"重点扶持文学创作与评论工程"项目。《烟火流年》获首届蒲松龄散文奖二等奖。文艺评论领域：召开盐都文学现象研讨会，邀请省内作家、评论家、文艺家深入交流研讨盐都文学现象。举办吴万群长篇小说《潮涌灌江》研讨会、残障诗人王忆《爱，不能等》研讨会。电视艺术领域：联合陕西延安台成功举办"延河恋 · 黄海情"第三季"致敬经典"2016 新年电视文艺晚会。民间文艺领域：羽毛画《秋桦随诗》、盐雕《吉祥三宝》、瓷刻《如歌》、发绣《一百零八将》、农民画《丰收旋律》获江苏省民间文艺"迎春花奖"。篆刻领域：出版《宋曹千字文》《虞受言书法集》《虞受言诗词集》等专业书籍。音乐领域：举办 2016 年度中韩演唱会(盐城站)活动。举办"歌声传奇 · 打开心扉"盐城印象专场音乐会、"弓弦情"二胡音乐会、"杨楼翠霭"音画作品专场展演活动。雕塑领域：邀请中国美术馆馆长吴为山等知名雕塑大师为盐城好人塑像。

举办庆祝中国共产党成立 95 周年书画精品展，向建党 95 周年献礼。举办弘扬铁军文化书法展，展出一百余件书法作品，歌颂铁军精神。举办"意 · 境——盐城市首届中国画提名展""纪念红军长征胜利 80 周年 · 为老红军留影"

活动。弘扬优秀传统文化,在元宵节、中秋节、重阳节等中国传统节日期间举办各类诗词吟诵会,在市文峰中学和滨海中学设立盐城市民间艺术传播基地。围绕市委、市政府中心工作,展示盐城社会事业新成就、经济建设新发展和城市面貌新形象。举办"圆梦高架　幸福盐城"主题摄影大赛、"美丽盐城人"主题摄影大赛、"圆梦高架　幸福盐城"——盐城新韵征文大赛、"文史盐城"征文大赛、"书香盐城"诗文诵读大赛,为建设美丽盐城营造良好的文化氛围。举办"中国梦——盐城篇章大型采风创作活动",组织摄影家、作家赴高架和高铁建设工地进行采风创作。

推动盐城文艺"请进来"和"走出去"。通过与省内外文联组织、文艺团体联合举办各类文艺活动,激发创作活力,提升创作水平。协办"我们的中国梦"——中国文联、中国曲协文艺志愿服务团在盐城专场演出,承办2016年中国戏曲表演学会年会,举办"光影传情30年"盐城市艺术摄影获奖入选作品展和学术报告会。举办"铭心·刘灿铭书法艺术展、"不忘初心·翰墨颂故乡"——徐墨然书画艺术汇报展。举办"丹青华章"——盐城阳泉中国画作品联展、盐城扬州"盐文化"书画作品联展。开展品牌创树,推动文艺事业健康发展。授予"宋曹故里·纵湖秋月"书法展及书法雅集活动、端午诗会、"盐城新韵"文学征文系列活动、摄影艺术双年展、"延河恋　黄海情"系列新年电视文艺晚会、"周五喜相逢·淮剧大家乐"活动、"灌河情"四市六县(区)文化联谊活动、哈哈周末、"多彩湿地　画里大丰"系列文艺活动、"文化四进、传承文脉"主题实践活动10项成果为2015年度全市文艺工作"十大文艺品牌项目"。拓展全市文艺志愿服务平台,丰富文艺志愿服务内容。开展各类文艺志愿服务活动,通过指导排练百姓健身舞蹈、开展美术摄影书画展览、扶助建设一批文艺项目等方式,推进文艺志愿服务和惠民基地建设。在水街开展"百姓大舞台、淮剧大家唱"和"哈哈笑曲艺专场"等多场文艺惠民演出。参与全市文化卫生科技"三下乡"服务活动,赴滨海、阜宁等地开展"文艺进万家""书写社会主义核心价值观,送书法进万家""迎新春·送春联"等文艺志愿服务活动。　(郑乾坤)

一、戏　曲

盐城2部剧本入选文化部"戏曲剧本孵化计划"　2月,文化部办公厅公布"戏曲剧本孵化计划"第二次专家评审结果,全国共有20部作品入选,江苏省有2部入选,均为盐城市作者创作,分别是袁连成、丁晓东创作的大型现代淮剧《赶鸭子下架》,徐新华、陶然创作的大型现代扬剧《红船》。

射阳杂技《扇舞丹青》连获国际大奖　3月,射阳杂技团在第五届西班牙拉格菲斯国际杂技节,凭借杂技节目《扇舞丹青》问鼎此届杂技节最高奖项"金象奖"。菲格拉斯国际杂技节是西班牙第一、欧洲第二大的国际马戏盛会,以强调创新的杂技节目而著称。7月,《扇舞丹青》在第二届俄罗斯年度国际马戏艺术节获年度最佳节目编导奖。中国仅射阳杂技团、武汉杂技团和广州杂技团入围,射阳杂技团是此届艺术节中唯一入围的县级杂技团。俄罗斯年度国际马戏艺术节是与蒙特卡洛国际马戏节、中国吴桥国际杂技艺术节同级别的国际马戏界的重要赛事。

全国第一部诗词歌赋杂技剧场《小桥　流水　人家》　年内,江苏省杂技团打造出国内第一部诗词歌赋杂技剧场《小桥　流水　人家》,以明朝郑和下西洋为时代背景,是一台策应"一带一路"倡议的作品,由中国杂技团艺术总监兼总导演何晓彬担纲总导演,中国杂技家协会主席边发吉担任艺术顾问,上海戏剧学院教授曹路生为编剧。该剧融入诗词歌赋的文学性、讲述故事塑造人物的戏剧性、舞美各元素及音乐舞蹈的综合性,赋予单纯靠技巧的杂技以性格、情感及风韵,创造出一种既引人入胜又令人惊叹的新型杂技舞台表演样式。7月,该剧被列为江苏省艺术基金重点支持项目。

《小镇》获国家"文华大奖"　10月31日晚,盐城市大型现代淮剧《小镇》在第11届中国艺术节上获第15届中国文化艺术政府奖"文华大奖",成为华东地区此次唯一获得全国专业舞台艺术政府最高奖的剧目。这是淮剧剧种首次获得该项国家级最高奖。江苏省委书记李强、省长石泰峰对淮剧《小镇》获第15届"文华大奖"专门作出批示。省人民政府给《小镇》剧组记集体一等功,省文化厅给盐城市文广新局记集体二等功。

2部作品在第三届江苏文化艺术节中获奖　11月23日,由盐城市演艺集团出品、盐城市歌舞剧院演出的大型原创舞剧《烽烟桃花飞》摘得第三届江苏文化艺术节舞台展演类最高奖——优秀剧目奖;由盐城市淮剧团主创的大型现代淮剧《菜籽花开》获"特别奖",《菜籽花开》主演王雷获得"优秀表演奖"。

二、书　画

郭列平书法艺术公益惠民展在北戴河举行　8月18日起,中国诗书画公益行首场书画名家邀请展"心随天籁　得意忘言——郭列平书法艺术公益惠民展"在北戴河举行,为期半个月。本次展览共展出盐城市书画院副院长郭列平近年来创作的作品近50件,其中篆、隶、楷、行、草诸体俱全,且书法形式、章法丰富,既有碑学的厚重开阔,又有帖学的隽永空灵。郭列平个人限量版邮册的首发和郭列平书法作品捐赠仪式在开幕式上同时举行。

吴洪春获第八届"观音山杯"全国书法艺术大展"佳作奖"　8月31日,盐城市文化馆副馆长吴洪春获第八届"观音山杯"全国书法艺术大展"佳作奖"。此次展览共评出入展和获奖作品386件,其中"观音山杯"大奖1名、佳作奖20名、优秀奖100名,入展作者265名。

"走进西双版纳·孟怀良中国画展览"在建湖开展　9月25日,由盐城市文广新局、建湖县人民政府主办的

“走进西双版纳·孟怀良中国画展览”在建湖开幕。盐城市书画院院长孟怀良扎根西双版纳写生两年多时间，艰苦作画，潜心探索，形成独具特色、独辟蹊径的绘画风格，创作一批生动反映西双版纳自然风光的国画名品。这是他首次集中展示在西双版纳写生创作成果，充分展现西双版纳热带雨林的无限魅力。

10月，射阳农民画《丰收旋律》亮相第11届中国艺术节。

射阳农民画亮相第11届中国艺术节　10月14日，第11届中国艺术节“在希望的田野上——中国农民画精品展”在陕西省开幕。盐城市射阳县农民画院推荐的《丰收旋律》《幸福莲莲》《赶集去》3幅农民画作品通过层层筛选，亮相中国农民画精品展。此次精品展是对近年来全国农民画创作成果的一次集中展示和检阅，经专家评审委员会评选出的442件参展作品，代表中国农民画艺术的最新创作成果和最高水平。

三、其　他

曹文轩获“国际安徒生奖”　4月4日，在第53届博洛尼亚儿童书展开幕日上，国际儿童读物联盟（IBBY）公布2016年度“国际安徒生奖”获奖者名单，中国儿童文学作家曹文轩（盐城籍）摘得这一世界儿童文学领域的最高荣誉，实现华人在该奖上零的突破。1956年，国际安徒生奖由国际少年儿童读物联盟（IBBY）设立，每两年评选一次，被誉为“儿童文学的诺贝尔文学奖”。国际安徒生奖为作家奖，一生只能获得一次，表彰的是该作家一生的文学造诣和建树。曹文轩出生于盐城市，著有长篇小说《草房子》《根鸟》《细米》《青铜葵花》《火印》等。

杨国美获中国摄影艺术最高奖　11月4日，72岁的大丰摄影家杨国美凭借《吉祥神兽》《雾冬鹿苑》等30幅作品，摘得第11届中国摄影金像奖，填补盐城文学艺术界摄影艺术门类取得国家最高奖项的空白。此届金像奖全国共产生20位获奖者，其中江苏有两人。杨国美系盐城市摄影家协会名誉主席、大丰区摄影家协会主席。

市艺术团赴古巴、苏里南开展文化交流　5月底，盐城市派艺术团赴古巴、苏里南开展对外文化交流。这次活动是受文化部委派，应中国驻苏里南使馆和古巴文化部邀请，由省文化厅指派出访。盐城市精心编排一台既有民族特色又有盐城地域风情的节目，其中歌舞5个、杂技魔术4个、声乐3个、管乐1个，全面展示盐城市艺术水准。

第二节　社会文化

举办首届京剧票友展演　1月6日，盐城市首届京剧票友展演在盐城市文化馆群星剧场开幕。此次展演共分为2场，1月6日为大市区专场，1月7日为各县（市、区）专场。在两个专场活动中，《我是中国人》《诗文会》《打龙袍》《红娘》等28个节目逐个展现，让一众票友过足戏瘾。此次展演还从46名票友中评出“十佳票友”和“十优票友”。获奖选手在颁奖晚会与特邀国家级京剧表演艺术家同台演出。

全省群众文化理论研讨会在盐城举行　9月29日，2016江苏省群众文化理论研讨会暨江苏省群众文化理论研究基地授牌仪式在盐城举行。盐城市在2016年群众文化理论研究活动中取得一定成绩，在由省群文学会和省文化馆共同主办的2016年“文化馆总分馆制建设”征文活动中，获得2个二等奖和2个三等奖；在由中国群文学会主办的2016年“群众文艺创作大家谈”征文活动中，获得1个一等奖。省群文学会确定镇江市文化馆、盐城市文化馆、昆山市群众文化学会、张家港市群众文化学会为首批江苏省群众文化理论研究基地。

苏北五市文艺联盟在盐城成立　9月29日晚，由江苏省群文学会指导，盐城市文广新局发起，徐州、连云港、淮安、宿迁四市文广新局共同参与的苏北文艺联盟成立仪式在盐城市举行。这种通过五市文广新局共同参与、轮流主办五市文化联盟活动的办法，对于推动和加强区域文化联动，促进苏北五市文化发展有着积极的意义。

2 部作品获“中华颂”第七届全国小戏小品金奖 11 月 7 日，由中国民间文艺家协会民间戏曲艺术委员会和中华颂全国小戏小品曲艺大展组委会共同主办的“中华颂”第七届全国小戏小品曲艺大展在北京举行，全国有 67 个参展节目参加决赛。射阳县淮剧团小淮剧《世界名犬》获得小戏类金奖。建湖县淮剧团小戏《善伪之间》获作品创作金奖、展演银奖、团队组织奖 3 个团队奖项，以及优秀演员奖、优秀编剧奖、优秀导演奖、优秀音效设计奖、优秀舞美设计奖、优秀演奏奖等 9 项个人奖项。

“中国·盐都首届小剧场艺术荟萃”展演 11 月 25 日，由中国田汉研究会、盐都区人民政府主办，盐都区文广新局、中国田汉研究会小剧场艺术基地承办的“中国·盐都首届小剧场艺术荟萃”，在盐都文化馆百姓剧场开幕。该活动是一项全国性小剧场戏剧展演活动，在中央推进文艺评奖改革，精简压缩奖项的大背景下，由中国田汉研究会改变思路，主动与地方政府联手，通过评价与交流的方式，引领和推介优秀小剧场艺术。

盐城市获省“五星工程奖”一金两银 12 月，盐城市在第 12 届江苏省“五星工程奖”舞台节目类评奖中获 1 个金奖，2 个银奖。其中，阜宁县小淮剧《理财组长》获戏剧类金奖、亭湖区小淮剧《水为媒》获银奖，市文化馆创作演出的新民乐《湿地情缘》获音乐类银奖。省“五星工程奖”是全省群众文艺政府最高奖，每 2 年举办 1 次。

水浒文化研究 2016 年，盐城市水浒学会与水浒文化博物馆、大丰市施耐庵研究会、施耐庵纪念馆（“两会两馆”）一起交流全国水浒研究信息和动态，成绩显著。年内，盐城被中国水浒学会授予“全国水浒学术研究基地”称号。11 月 11—13 日，2016 年盐城与水浒学术研讨会暨中国水浒高层论坛在盐城召开，大会交流浦玉生著《草泽英雄梦——施耐庵传》《湖海散人——罗贯中传》、吴玉平著《新视角读水浒传：侠义悲歌》等 5 部专著、3 部学刊（《水浒争鸣》第 16 辑、《水浒杂志》第 5 辑、《耐庵学刊》第 23 辑）、1 部影集（《吉光片羽——施耐庵研究影集》）、80 余篇论文，是全国水浒研究成果的一次集中展示。11 月 25—27 日，施耐庵故里江苏学派专家出席在浙江诸暨召开的浙江水浒研究会学术活动，对大丰施耐庵与钱塘施耐庵合一论进行说明；盐城学者、教授对两部长篇人物传记《施耐庵传》《罗贯中传》进行文学批评，在一定范围内推动形成全国的施耐庵、罗贯中研究热；学会专家在《东方生活报》发表 7 个专版进一步回答水浒与盐城的关系；施耐庵写作《水浒传》是以张士诚为文学原型的，学会专家出版长篇人物传记《元末盐民起义领袖——张士诚》一书，对形成大丰的张士诚研究热起到推动作用。《施耐庵和〈水浒传〉》一文，编入 2016 年北京市中考、高考复习中外文学经典阅读系列丛书之一；《水泊梁山的英雄世界》一文，编入按照中宣部领导指示编辑的《尼山的月光》一书，由人民出版社出版，向海内外传播中华文化。年内，学会专家在盐城市大丰区政协、水浒文化博物馆、盐城市伍佑中学、盐南中等职业学校、贵州省金沙县一中分别举办《四大名著与中华文化》、水浒与盐城、施耐庵与《水浒传》等专题讲座，《我写〈罗贯中传〉》讲座视频入藏国家图书馆。年内，水浒文化博物馆通过江苏省首批 32 家中华文化海外交流基地之一的初审，大丰施耐庵纪念馆被评为 AAA 级景区，这对弘扬水浒文化，打响施耐庵故里的历史文化品牌起到重要作用。

（望　海）

第三节　文化设施

一、新四军纪念馆

2016 年，新四军纪念馆聚焦重建军部 75 周年和建馆 30 周年系列活动，协调推进，全馆各项事业保持良好态势。全年征集文物 200 余件套，其中 168 件侵华日军罪证相关文物填补馆藏空白。编制《新四军纪念馆可移动文物预防性保护方案》并通过国家文物局审批；组织课题研究，承担由中国中共文献研究会刘少奇思想生平研究分会主编的《追寻刘少奇足迹》丛书中《刘少奇与华中局》编撰工作；组织引展送展 4 场，引进东江纵队纪念馆的东江纵队历史展、铁军印记——新四军在江苏专题展，泰州博物馆制作的江苏省文物巡展项目陈毅与泰州专题展等；制作新四军与老百姓专题展送广东东江纵队纪念馆等地展出。第一次参加

6 月 28 日，坦桑尼亚革命党干部考察团参观新四军纪念馆。

国际二战博物馆协会年会，完成由二战博物馆协会牵头，与中国人民抗日战争纪念馆联合在俄罗斯卫国战争纪念馆举办的“二战抗日战争”中“东方主战场”的临展工作。实施以主馆区和军部旧址基础设施完善为重点的系列配套工程。全年共完成投资300多万元，竣工项目8个。先后完成泰山庙西耳房翻新、主馆序厅采光顶翻新等项目建设。2016年，全馆共接待海内外游客156万人次，提供讲解服务2800多场次。完成专题党性教育、“两学一做”现场教学540场次，完成上海浦东干部学院、盐城新四军干部学院的现场教学任务及其他专题教育的现场教学工作。

开馆30周年系列纪念活动 2016年是新四军在盐城重建军部75周年，新四军纪念馆开馆30周年。为传承发扬红色文化和铁军精神，展示纪念馆30年建设发展成就，提升纪念馆的行业影响力，新四军纪念馆实施“六个一”系列主题活动：一是制作中共中央华中局历史陈列展。二是出版发行《中共中央华中局影像记忆》。影像记忆以影像定格历史，再现华中局的辉煌历程，为研究华中局历史提供了宝贵的第一手资料。三是拍摄《红色丰碑　辉煌永铸》专题宣传片。专题片着力反映纪念馆30年来的建设发展成就，展示纪念馆在开展革命爱国主义传统教育，党性教育，廉政教育和“铁军精神”传承弘扬方面的成绩。四是召开30周年纪念会议。会议旨在牢记历史，缅怀先烈，珍爱和平，开创未来，传承发扬红色文化和铁军精神，展示新四军纪念馆30年建设发展成就。五是举办一场“铁军精神”大讲堂。9月，纪念馆邀请省党史学会副会长张衡，为市委党校青年干部学员、驻盐官兵、高校学生近200人开设题为“创新发展——新四军崛起的力量源泉，铁军精神的鲜明特质”的专题讲座。让大家更好地了解新四军，学习新四军的创新精神。六是召开一场学术研讨会。10月，纪念馆举办纪念新四军重建军部75周年暨革命纪念馆（地）建设学术研讨会。全国知名党史军史专家和20多家博物馆、纪念馆的代表等参加会议。通过研讨，对于培育、弘扬和践行社会主义核心价值观，深入挖掘红色资源的时代价值，充分发挥党史、军史的资政育人作用，有促进意义。

中共中央华中局历史陈列展 7月28日，新四军纪念馆在泰山庙恢复中共中央华中局旧址陈列，推出中共中央华中局历史陈列展。该展是国内第一个以中共中央华中局历史为主题的展览，分为历史担当，中原局东进盐城；中流砥柱，华中局力挽狂澜；继往开来，第一次扩大会议；烽火淬砺，从反攻走向胜利4个部分，系统地再现中共中央华中局的光辉历程，展现了中国共产党在领导华中敌后抗战的重要作用和伟大贡献。展览展出照片500多张，文物200余件（套），其中近半数图片和大部分文物是首次展出，同时恢复华中局会议旧址，增设观众互动展厅。至年底，该展览共接待团体观众100多批次，并被省文物局作为精品展陈向国家文物局推荐，入选国家文物局“纪念建党95周年和红军长征胜利80周年”展览项目。

新四军纪念馆入选全国首批党性教育基地网上展馆 1月，全国首批76个党性教育基地网上展馆正式上载共产党员网。新四军纪念馆是全国唯一入选的新四军题材纪念馆。江苏省共有三个纪念馆入选。首批76个网上展馆，是从全国各地推荐上报的134个网上展馆中精心挑选出来的。其中，包含中国人民抗日战争纪念馆、西柏坡纪念馆、新四军纪念馆等57个现场教育基地，以及中共海淀区委党校等19个党校基地。（张树忠）

二、中国海盐博物馆

盐城中国海盐博物馆下辖三个馆区：中国海盐博物馆主馆区、盐渎明城馆区（含盐城博物馆展馆、水浒文化博物馆展馆）以及省级文保单位陆秀夫祠堂管理处。盐城中国海盐博物馆是全国唯一一座反映中国海盐历史文明的专题博物馆。博物馆基本陈列“海华盐晶——中国海盐历史文明陈列”由“生命之侣”“史海盐踪”“煮海之歌”“盐与盐城”4个部分组成。盐渎明城馆区有盐城博物馆和水浒文化博物馆2个展区，展览面积约4000平方米。陆公祠是盐城籍民族英雄南宋丞相陆秀夫的纪念馆。全年海盐馆主馆区闭馆，继续推进内部展陈、外部环境和基础设施三大提升工程。2月5日，盐渎明城馆区（盐城市博物馆、水浒文化博物馆）对外开放。至年底，盐渎明城馆区接待观众35万人次，陆公祠接待观众约10万人次；两馆区讲解1000余场，免费讲解约300场。

盐城博物馆、水浒文化博物馆和盐都民俗博物馆开馆 2月5日，盐城博物馆、水浒文化博物馆和盐都民俗博物馆开馆。三馆位于盐渎明城。水浒文化博物馆突出“一本书（《水浒传》）、三个人（施耐庵、罗贯中、张士诚）、一座城（盐城）”，由仰望经典《水浒传》、文坛巨匠施耐庵、宋江原型张士诚和湖海散人罗贯中4个部分组成，揭示盐城与《水浒传》的渊源关系；盐城博物馆主题为“黄海明珠——盐城”，由淮东沉浮、日出之地、盐阜兴替、江淮遗韵4个部分组成，全面反映盐城的悠久历史、丰厚的文化底蕴；盐都民俗博物馆侧重水乡民俗文化展览陈列，与盐城博物馆融为一体，通过大量实物、场景再现，彰显盐城丰富多彩的特色文化。

文物普查修复 年内，中国海盐博物馆完成全市2万余条14个指标项的“一普”（全国第一次可移动文物普查）数据审核工作，并上报盐城市“一普”五年新发现藏品相关资料，其中有5件藏品入选江苏省可移动文物普查成果展，同时指导淮剧博物馆、盐都博物馆等相关单位完成3000余件“一普”数据采集工作，盐城报送的“一普”数据得到省局专家的肯定。唐卡修复工作完成验收工作，获得中国藏学研究中心宗教研究所专家的一致肯定。纸质文物保护修复方案网上申报工作和相关后续工作方案获得国家文物局专项经费100万元。

文物考古定级 年内，中国海盐博物馆完成省考古所主持的江苏沿海明清海防遗址调查、川东港水利工程考古工地大丰丁溪村遗址、川东港水利工程考古工地以及城南新区二墩村墓地、响水云梯关遗址的考古调查和勘探工作，特别是二墩村墓地挖掘多件重要文物。文物定级工作取得进展，至年底，全馆有珍贵文物225件，其中一级文物6件，二级文物71件，三级文物148件。此外，全年征集海盐实物、资料35套。

大丰区小海镇出土的国家一级文物——司盐石权。

青少年社科普及 年内，中国海盐博物馆在中小学开展"神秘的大海，奇妙的盐晶"科学制盐活动，体现知识性、直观性、科学性与趣味性，得到江苏省文物局的充分肯定。社会教育与社科普及的品牌活动项目被江苏省文物局、江苏省博物馆学会作为《江苏省博物馆青少年教育优秀项目案例》向全省推广。推出海华盐晶——中国海盐文明陈列图片展和千古忠烈陆秀夫——陆秀夫史料图片展两大巡展活动，制作板面29块，将陈列展览送至校园，让学生和市民了解盐城独具地方特色的海盐文化，体会陆秀夫忠君报国的爱国精神。累计送展10余场，讲解300余场，数十万观众参观图片展。推出"指尖的艺术"系列活动，主要有陶艺制作活动，邀请青少年学生到博物馆制作陶器，了解历史，将陶艺制作与社会教育结合起来，让更多学生了解中华优秀文明、盐城历史文化特色，领略陶瓷文化，感受陶艺魅力。在中秋节当日推出传统月饼亲自制作体验主题活动，让小朋友们了解中秋节的历史知识、民风民俗、传统礼仪。 （黄兴港）

三、盐城市图书馆

2016年，盐城市图书馆新增24小时自助借还设备；与江苏有线合作，联合研制开发电视图书馆，主要承担政府信息公开和网事典藏2个项目的数据库建设；新成立潘黄街道办事处宝才居委会、24小时阅读空间、伍佑街道珠溪社区3家分馆，市科普服务中心、市颐养关爱之家等5个送书点。1月18日，首届盐城市图书馆理事会成立，标志盐城市图书馆法人治理结构建设正式实施。该馆先后被江苏省精神文明建设指导委员会表彰为江苏省文明单位；被江苏省古籍保护中心表彰为江苏省古籍保护工作先进单位。举办的"金猴迎春·网络书香过大年"新春活动、江苏省少儿数字图书馆"E路畅游 悦读暑假"系列活动，分别被江苏省公共数字文化建设中心授予优秀组织奖和组织奖。"天天悦读1+X：开创全民阅读新空间"获江苏省第七届公共图书馆优秀服务成果奖一等奖，"图书馆公益联盟"和《国学经典诵读》获二等奖。

在全省率先实现全民阅读促进会全覆盖 年内，盐城市及9个县（市、区）全民阅读促进会相继成立，率先在全省实现全民阅读促进会在各县（市、区）全覆盖，建起一个完整的阅读推广组织、个人和政府紧密联系的全民阅读促进体系。2015年度盐城市综合阅读率为87.5%，较上年度上升1.9个百分点，位列全省第七；居民阅读指数为77.80点，较上年度高4.36点，位列全省第四，两项指标连续三年位列苏北第一。另外，盐城市入围全省书香城市建设先进市，大丰区入围全省书香建设示范县市区。

四、新华书店

2016年，全市新华书店实现销售4.6亿元，实现利税2453万元。开展系列营销活动，组织"求是书店"市委党校图书展销、第七届"红盾书市"、"沐浴书香情"市质监局图书展销、"书香房产盛世阅读"市房产局图书展销、盐城卫生职业技术学院现场售书等营销活动20多次。为开拓线上销售开通淘宝网上店、公司微信公众号。公司还增添人手，调配货源做好《习近平总书记系列重要讲话读本》《胡锦涛文选》等理论读物的发行工作。全市共销售《习近平总书记系列重要讲话读本》8.77万册，《胡锦涛文选》1.39万套。东台公司与宣传部等部门联合推出"你读书，我买单"活动，共销售图书近40万元。射阳公司通过对中心门店进行转型升级改造，增加近500平方米营业面积，改善购书环境。

五、盐城市科技馆

2016年，盐城市科技馆共计修复展区各类展品50多件，做到展区展品完好率90%以上。在场馆修整的前提下，通过宣传以及各类主题科普活动的开展，盐城市科技馆实现馆内受众11.5万人次、馆外受众20万人次。5月12日，市科技馆一楼西侧新增的防震减灾专题馆正式对外开放。年内，市科技馆开通官方微信，将盐城市科技馆的场馆概况、科普新闻、线下活动宣传等展现给外界，使广大网民能全方位了解盐城科技馆；在新浪开通市科技馆官方微博，及时将馆内的实时新闻动态、节庆活动信息等内容发布到官方微博;与其他兄弟场馆、媒体微博、和网民联系互动,增加听众粉丝,扩大科技馆微博的传播影响力。市科技馆开展相关主题的科普活动。如:感恩有你——“七色花·果蔬总动员”教师节专场活动、地球小卫士——科技馆大寻宝、手工小达人——自制吸管排箫、我是小小设计师系列活动、让梦想飞出纸张·画出内心世界——3D打印笔画眼镜等一系列集趣味性与科普性于一身的科普亲子活动。3000多组家庭参与科普亲子活动。推进“科技馆活动进校园”工作。年内,盐城市科技馆组织特色主题科普实验走进近40多所中小学,为广大青少年学生送去丰富、有趣的科普知识,让学生近距离感受科普带来的无穷乐趣,深受学校和广大青少年学生的欢迎。（王　旭）

第四节　文化产业

2016年,由市文化产业商会联办的2016“千手观音”全国巡演盐城站举行。此次活动宣传残疾人自强不息的精神,让更多的人关注残疾人、支持残疾人。市文化产业商会还与盐阜大众报报业集团联合主办中国首部魔幻喜剧《崂山道士》全国巡演盐城站活动,该剧由中国报业文化产业联盟运营,张艺谋担纲艺术指导,央视春晚魔术师、傅氏幻术传人傅琰东领衔主演。11月25日,盐城市杨春、何晓彬作为文化创新类人才入选2016年江苏省“双创计划”拟资助人选名单。全省共遴选出拟资助文化创新类人才10位。盐城在入选人数上与无锡共居全省第一。12月27日,盐城市文化产业协会正式成立,共发展协会会员单位60多家。2016年底,文化部通报表扬实施中西部地区文化市场综合执法能力提升三年行动计划中做出贡献的单位,盐城市文化行政综合执法支队受到表扬。盐城市文化行政综合执法支队承担与四川自贡市、阿坝州等地的文化市场综合执法对口帮扶交流协作活动,共接受对口帮扶市(州)、县四批共60余人次在盐驻队学习,派遣优秀师资前往结对市、州三批25人次,组织开展文化市场综合执法理论培训三期共30多个学时。

东方1号创意产业园获国家认定　年内,东方1号创意产业园成功入选工信部公布2015年国家级工业设计中心名单,为其中新认定的全国10家工业设计企业之一,也是盐城市唯一一家获得国家认定的工业设计中心。11月,盐城市东方1号创意产业园被江苏省文化厅命名认定为2016年度江苏省重点文化产业示范园区,全省共8家。此次是省文化厅首次命名认定省级重点文化产业示范园区。

第五节　文化遗产保护

11个项目入选第四批省级非遗名录　1月,省政府公布第四批省级非物质文化遗产代表性项目名录和省级非物质文化遗产代表性项目名录扩展项目名录。盐城市共有11个项目入选,不仅数量为历年来最多,还填补省级非遗传统医药类别的空白。分别是民间文学类的“九龙口传说”,传统音乐类的“牛歌”,传统美术类的“射阳农民画”“阜宁面塑”“大丰瓷刻”,传统技艺类的“射阳草编技艺”“盐都柳编”“阜宁大糕制作技艺”“东台鱼汤面制作技艺”“何首乌古法制作技艺”,以及传统医药类的“吴氏膏药”。此次是省级非遗名录项目的最后一次集中公布。

959件(套)国有馆藏文物接受评审定级　12月21—24日,省文物局对盐城市申报定级国有馆藏959件(套)文物进行鉴定评审。此次评审工作分陶瓷器、玉石(含青铜器),书画,杂项组(含近现代文献、竹木漆器牙角类)三组进行。通过评审,盐城市拟新增一级文物11件(套)、二级37件(套)、三级485件(套)。

东台市文物执法案卷获省二等奖　12月,在2014—2016年度江苏省文物行政执法案卷评查中,东台市文化行政综合执法大队办理制作的《江苏创迎建设有限公司未经批准擅自在省保护单位鲍氏大楼建设控制地带内进行其他建设工程》《苏州蒯祥古建有限公司未经批准擅自在省级文物单位鲍氏大楼保护范围内进行其他建设工程》两份行政处罚案卷分获二等奖、三等奖。此次评查活动共评出特等奖3名、一等奖5名、二等奖10名、三等奖20名。东台市文化行政综合执法大队是盐城市唯一获奖单位。

（陆　颖　王　伟）

2016年全市省级以上非物质文化遗产名录

表32－75

序号	项目名称	级　别	项目类别	申报单位	批次
1	董永传说	国家级	民间文学	东台市董永传说研究会	一
2	淮剧	国家级	传统戏剧	江苏省淮研会	一
3	建湖“十八团”杂技	国家级	杂技与竞技	江苏省杂技团	一
4	盐城老虎鞋	省　级	传统美术	盐都区文化馆	一

续表 32－75

序号	项目名称	级　别	项目类别	申报单位	批次
5	东台发绣	省　级	传统美术	东台市发绣协会	一补
6	沈拱山传说	省　级	民间文学	盐都区郭猛镇文化站	二
7	大丰麦秆剪贴	省　级	传统美术	大丰区南阳镇文化站	二
8	海盐晒制技艺	省　级	传统技艺	中国海盐博物馆 江苏盐宝盐业有限公司	二
9	八桅立式大风车制作技艺	省　级	传统技艺	盐都区龙冈镇文化站	二
10	东台陈皮酒酿造技艺	省　级	传统技艺	东台市天成酒业有限公司	二
11	施耐庵与《水浒》传说	省　级	民间文学	大丰施耐庵纪念馆	二
12	张士诚传说	省　级	民间文学	大丰区草堰镇文化站	三
13	建湖花炮制作技艺	省　级	传统技艺	建湖县文化馆	三
14	合成昌醉螺制作技艺	省　级	传统技艺	盐城合成昌食品有限公司	三
15	弶港渔民号子	省　级	传统音乐	东台市弶港镇文化站	三
16	响水五大宫调	省　级	传统音乐	响水县文化馆	三
17	溱湖刻纸	省　级	传统美术	东台市溱东镇文化站	三
18	工鼓锣	省　级	曲　艺	响水县文化馆	三
19	九龙口传说	省　级	民间文学	建湖县九龙口镇文化广电服务中心	四
20	民歌(牛歌)	省　级	传统音乐	阜宁县文化馆	四
21	农民画(射阳农民画)	省　级	传统美术	射阳县文化馆	四
22	面塑(阜宁面塑)	省　级	传统美术	阜宁县文化馆	四
23	瓷刻(大丰瓷刻)	省　级	传统美术	大丰区瓷刻世家工艺厂	四
24	草编(射阳草编技艺)	省　级	传统技艺	江苏桃园家饰有限公司	四
25	柳编(盐都柳编)	省　级	传统技艺	盐都区龙冈镇文化站	四
26	何首乌粉制作技艺	省　级	传统技艺	盐城陈氏食品有限公司	四
27	汤面制作技艺(东台鱼汤面制作技艺)	省　级	传统技艺	东台磊达宾馆有限公司	四
28	糕点制作技艺(阜宁大糕制作技艺)	省　级	传统技艺	阜宁县文化馆	四
29	膏药制作技艺(吴氏膏药)	省　级	传统医药	亭湖区吴登清中医诊所	四

第 33 章　新闻出版

责任编辑　赵　丽

第一节　报　　刊

一、《盐阜大众报》

2016 年，盐阜大众报报业集团创新新闻宣传，提升报道质量，为建设“强富美高”新盐城营造舆论氛围，受到省委、市委主要领导肯定。强化盐城新闻网和日报、晚报官方微信、微博、客户端的建设，加大三报记者向新媒体发稿考核力度，出台《盐阜大众报新媒体发稿流程》《盐阜大众报报业集团网络好新闻评选办法》，加强报纸与新兴媒体融合传播，“全媒体呈现”逐步成为常态。

新闻宣传　年内，《盐阜大众报》报道市委、市政府中心工作，做到采编及时、报道精准；报道重大民生，对内环高架、高铁高速、新水源地等建设工程的宣传浓墨重彩；报道抗击“6·23”特大龙卷风冰雹自然灾害和灾后重建，及时引导舆论，回应社会关切；报道市第七次党代会精神，推出代表审议、专家访谈、系列评论。融合传播，创新方式。围绕宣传阐释市第七次党代会报告精神，《盐阜大众报》创新呈现方式，陆续推出代表审议、社会热议、领导专访、专家访谈、系列评论等，把宣传报道不断引向深入。对外报道，宣传盐城。在《人民日报》《新华日报》《科技日报》等省级以上媒体采用稿件 17 篇，被外网转载 2000 多篇。制作的淮剧《小镇》和《盐城阔步迈向高铁时代》等新闻专题被凤凰网、中江网等主流门户网站首页推荐。

新媒体建设　围绕宣传阐释市第七次党代会报告精神，《盐阜大众报》刊发内容摘要和系列解读，《盐城晚报》制作发表“一图读懂党代会报告”，新媒体推出“H5”（用第五代超文本标记语言制作的数字产品）系列作品，形成各展所长、融合传播的立体态势。在迎接全国文明城市创评的过程中，新媒体中心制作推出的《路路丹丹话文明》“H5”系列作品，产生了很好的社会反响。新媒体中心新闻产品的制作能力不断提升，在国家网信办举办的全国首届“梦想·互联”微党课创作评选中，盐城新闻网推送的《新四军廉政文化》“H5”作品获奖，与新华网等国内知名网站一起受到表彰。由国家网信办指导、中国文化网络传播研究会主办的“2016网络中国节·优秀网络文化内容推选展示活动”成果发布会上，盐城新闻网与今日头条等一起，摘得端午节网络优秀专题页面奖。新媒体中心拓展服务领域，为市委宣传部维护运营文明盐城网，运营微信公众号“黄海微课堂”和市文化产业网，多次为市铁路办制作盐城高铁建设规划示意图，为市政府办制作高架线路示意图，为市委办设计省领导考察路线图，为市委组织部维护新四军党性教育基地网站。

作品获奖　年内，《盐阜大众报》获省各类报纸优秀作品奖 35 个，其中一等奖 5 个，分别是消息《滨海徐振理为 36 位抗战英烈修墓立碑》（作者：周湛军、卞小燕），该作品同获编辑奖（编辑：陈云），通讯《村医签约服务　签出村民幸福生活》（作者：孙风志、王谷雨），副刊《赤土丹心》（作者：周俊、龙青云），该作品同获编辑奖（编辑：杭为民）；全国报纸副刊优秀作品奖 6 个，其中一等奖 2 个，分别是副刊《徐振理：只为告慰那些逝去的抗战英灵》（作者：周湛军、卞小燕），该作品同获编辑奖（编辑：吴中祥）。另获得全国地市报新闻摄影作品奖 17 个。在国家网信办举办的全国首届“梦想·互联”微党课创作评选中，盐城新闻网推送的《新四军廉政文化》“H5”作品获奖，与新华网、新浪网、腾讯网等国内知名网站一起受到表彰。

报业经济　年内，报业集团将创新经营管理，实现转型发展作为促进报业经济发展的重要抓手，全年广告经营到账收入同口径增长 6.45%。在着力稳定报纸广告经营存量的同时，开发户外广告平台、新媒体平台，新上牡丹酒销售项目、电商项目等。加强策划，活动引领。组织召开战略合作推介会，签约电影《东北往事》东北三省首映影唱会，签约韩国 MIKO 女团全国巡演，策划中国好声音盐城海选等活动。编印出版的《剑指云天——报业转型风口之战》一书，被列为中国报业发展大会指定用书和国家新闻出版广电总局社长总编培训班教材。《盐阜大众报》《盐城晚报》征订数量稳中有升，《东方生活报·老爸老妈》开始公开征订发行，初步搭建“盐报优品”微信公众平台运行电商项目。印务公司保持良好发展势头，全年实现印务销售收入 2740 万元，主要经济指标好于预期。

二、《盐城晚报》

2016 年，《盐城晚报》修订编辑大纲，组织实施新一轮改版，集中力量做足做透本土新闻，通过撤销时事、文体等

9个版面，增加5个地方新闻版面，使地方新闻每个工作日达到13个版面，让晚报“最盐城，最贴心”。在全省晚报都市报原创新闻稿件排行榜上，《盐城晚报》名列第一。在年度揭晓的全国和省级等各类好新闻评选中，《盐城晚报》共有近20件作品获奖，作品等级和数量均名列同行前茅。构建全媒体采编流程，加快媒体深度融合进程。新浪微博“2016盐城高考”话题，阅读量508.3万次，最高位列全国教育类话题第45位；新浪微博“2016盐城中考”话题，阅读量220.9万次，最高位列全国教育类话题第19位。年内晚报官方微博用户突破20万户，微信用户的数量也有明显增长。

新闻宣传　年内，《盐城晚报》以重大主题策划引领新闻宣传，做足晚报特色，先后推出“盐城家书”“此间曾著星星火——寻访盐城早期基层党组织”“寻访盐城‘红军坟’”“言犹在耳励来者”等大型系列报道，提升传播质量和办报水平。为服务好市委、市政府中心工作，先后推出“一图读懂”市两会、市党代会等专题版面，受到市委和宣传部领导的好评。推出“盐城工匠”系列报道，走近正在盐城各行各业勤劳奋战的工匠，倾听他们的匠心筑梦，聚焦他们的延承与创新；推出“大美湿地　生态盐城”系列报道，从战略、规划、现状和发展等视角，聚焦全市旅游产业转型升级路上的探索与思考。

作品获奖　年内，在年度揭晓的全国和省级等各类好新闻评选中，《盐城晚报》共有近20件作品获奖，作品等级和数量均名列同行前茅。其中，通讯《老人带21万现金火化是假新闻》（作者：曹恒锋、李倩）、《广西女孩邀盐城交警参加婚礼》（作者：徐群群）等新闻作品，在赵超构新闻奖评选中获一等奖。

公益活动　年内，《盐城晚报》热心倡导并组织开展社会公益活动，服务广大市民，特别是帮扶弱势群体成绩突出，“帮办进社区”“爱心点亮微心愿”“开办微信社区辅导班”“助学，在路上”等系列公益活动及报道，受到市有关部门和社会各界的好评。在市首届学雷锋志愿服务“四个10”先进典型评选表彰活动中，“盐城晚报帮办进社区”公益行动获市“最佳志愿服务项目”。《盐城晚报》小记者社会实践活动丰富多彩，晚报品牌效应和社会美誉度彰显。

三、《东方生活报》

2016年，《东方生活报》根据盐阜大众报报业集团三大发展规划，并报主管部门批准，由日报转为老爸老妈周报，每周16个版。秉承“周到服务　温馨陪伴”的办报宗旨，成为盐城市第一份也是唯一一份专业型的老年报，以专业、贴心、温情的内容追求，为盐城市广大中老年读者服务，赢得广大老爸老妈们的喜爱。《东方生活报·老爸老妈》发挥老年报的特长，策划一系列主题报道。在《特别关注》版面每期都会选择一个新闻类主题，围绕老年人的生活以及所思所想，进行深度报道。年内，围绕医疗体验、健康保健、老年才艺、养老市场等方面策划一系列选题，注意提醒老年朋友在生活中值得关心的事项，如管好自己的养老钱，远离保健品骗局、财产继承探究等。《养生、医疗》版面围绕老年人常见疾病，邀请专家开设健康课堂提供专业服务。《你问我答》等栏目帮助老年人解决多种困难，给他们提供政策、法律等方面的咨询服务。《金婚风采》大型系列报道，邀请老年人讲述自己的爱情婚姻故事。《串场河》版面专门刊登老年读者的文艺作品，成为全市老年文学爱好者精神家园。年内，尝试推出“老爸老妈艺术团”“读者旅行团”进社区、入市场，迈出探索的第一步。

四、《今周刊》

2016年，《今周刊》编辑出版报纸53期，自采、摘编稿件4000多篇。5月底，《今周刊》开设《成长日记》专版，与市区多家学校、教育机构、培训机构开展合作；继续以“都市文化生活”为核心定位，进一步调整和优化版面。《今周刊》在2015年度省级政府奖好稿评比中有6件作品获奖，其中一等奖1件，二等奖2件；在全国城市广电报专业评比中共有14件作品获奖，其中一等奖3件；在中国广播电影电视报刊协会评比中，获二等奖2件。获奖等级、数量均在全省前列。年内，《今周刊》承办的未来之星少儿才艺大赛，历时半年之久共计50多场，取得成功。3月，《今周刊》与荷兰花海合作举办“地球一小时”大型公益活动，受到社会各界广泛关注。“三贤讲堂”是本报的文化品牌，8月，《今周刊》邀请著名学者郦波主讲“国学中的人生智慧——儒释道哲学精华”，吸引众多文学爱好者参加。

（王建怀　王春明）

第二节　广播电视

2016年，市广播电视台推出“学习贯彻市第七次党代会精神”等新闻行动和主题性报道39个，始终与全市中心工作同频共振，舆论氛围浓厚热烈。电视《盐城新闻》栏目连续五年被评为全省新闻抽查先进集体；《今日民声》栏目、民生服务频道同时获得全国2016民生影响力十佳品牌栏目、十强媒体称号，均为省内唯一；历史文献纪录片《新四军1941》被国家新闻出版广电总局评为2015年优秀国产纪录片，《永恒旋律》在“人文中国第五季——红色记忆”全国电视纪录片、专题片推选活动中获得一等奖；7件作品获得2015年度江苏省优秀广播电视节目奖一等奖，创造电视台广播电视作品近年来在省级评比中的最好成绩。全年在央视《新闻联播》用稿39条，创历史最好水平，在省台《江苏新时空》用稿367条，名列全省地市级台首位，为讲述好盐城故事、传播好盐城声音、塑造好盐城形象付出应有努力。为庆祝中国共产党成立95周年和纪念红军长征胜利80周年，首次移师延安举办“延河恋·黄海情”第四季“阳光路上”新年电视文艺晚会；打造第三届“中国因你而精彩——盐城杰出人士评选”活动，参与者137万多人次，投票总数2700多万票，赢得社会各界的聚焦关注。年内，市广播电视台充分发挥广播、电视、报纸、网站、手机APP、移动电视、户外大屏等全媒体优势，整合资源推进聚合式宣传，线上线下密集推送，强化互动集聚人气。创作推出《新

五年　我的期盼》《“强富美高”新盐城》《盐城党代会让你“燃到爆”》《最炫新盐城》等一批融媒体内容产品，连续创下“10 万 +”级别的点击阅读量。至年底，“智慧盐城”APP 用户安装量 65 万次，日均点击量突破 15 万次，取得突破性进展，全台融媒体传播架构初步形成。

安全播出　年内，市广播电视台加强技术维护管理，强化值班管理和技术骨干带班要求，开展雨季、高温等专项排查整治，安全播出防范措施落实有力。各技术部门按照新系统技术要求，将各技术系统的技术规范、管理规范、应急预案、应急流程等进行重新梳理，规范化制定完成《全台技术规范汇编》。落实节目制作、播出、发射和供电等各环节的安全播出自查整改工作，6 月，在台内各机房开展安播专项自查工作，逐一对照省局 113 项检查内容，深入排查，发现问题立即整改，杜绝安全隐患的存在。提高重点栏目新闻节目生产系统保障水平，并全面提升台自办节目生产能力。联络并协助市防雷检测中心对城南电视发射台、张庄中波发射台和广电中心的制作机房、播出机房等基础设施和专业技术设备进行全面的防雷接地检测工作，消除安全隐患。为配合全市重点民生工程内环高架的建设，经省广电局和国家广电总局批准，张庄中波台停播 14 天，强化停播前、停播中及停播后等各项安全保障措施，制定详细保障方案，确保停播期间的安全播出。

（王建怀　王春明）

第三节　新闻出版（版权）

2016 年，盐城市有出版物发行点数 530 个，其中市直 23 个；印刷企业数 320 家，其中市直 6 家。全市有公开发行报刊 11 种，与上年无变化；新增 1 种内部资料性出版物，为市文化馆的《盐渎文化》。

一、全民阅读

2016 年，盐城在全省率先实现全民阅读促进会全覆盖工作，入围首批全省书香城市候选城市并顺利完成创建各项工作，2016 年公布的全民阅读各项指数继续处于苏北领先位置。全民阅读队伍进一步壮大，7 月 7 日，盐城市全民阅读促进会成立；8 月 15 日，在全省率先实现县（市、区）全民阅读促进会全覆盖。全市社会阅读组织 60 多个，全民阅读推广人、文化使者、志愿者总数达 1200 多人。利用智慧盐城 APP、手机图书馆、微信图书馆、电视图书馆及相关网站，开通使用“即时阅读”平台；创建“书香盐城在线”网站、微博、微信阵地平台；建成“书香盐城”自媒体宣传平台；建立全民阅读工作微信群、“盐城市全民阅读促进会会员微信群”交流平台，及时发布工作安排和活动信息。《新华日报》8 月 27 日头版，以《全民阅读促进会覆盖所有县（市、区）——盐城，让书香浸润每个人的心田》为题，对盐城全民阅读重点活动和工作情况进行报道。“天天悦读 1 + X”阅读模式获省推广交流。全民阅读活动社会认知程度明显提高。全民阅读阵地进一步完善。500 多家农家书屋与图书馆实现通借通还，图书馆自动借还系统投入使用，市区 20 个“盐渎书吧”、盐渎国学 · 童学馆、2 个 24 小时自助图书馆、3 个 24 小时实体书店建成开放。与市交投集团、科协、电视台、机关工委、机关事务管理局等单位合作，联合打造高速服务区书香书吧、行政中心图书馆分馆，在行政中心和各大小区 LED，城市公交和公共场所移动屏幕投放数字阅读资源。全市阅读阵地更加多样化、立体化。全民阅读活动内容进一步拓展。以“盐渎风”为统领，举办 100 多项 500 多场全民阅读活动。以新四军文化、海盐文化、廉政文化、国学经典等内容为特色的“黄海讲坛”“周一大讲堂”“铁军文化大讲堂”“三贤讲堂”等全民阅读活动品牌效应进一步凸显。职工读书月、十佳书香女性评比、“铁军颂”大型阅读朗诵会、“阳光阅读”关爱外来工子女和农村留守儿童、《逐梦高架　展望未来》征文比赛等特色活动推动各项全民阅读扎根盐阜大地，全市书香创建热情高涨。

“盐渎风”盐城市第四届读书节　4 月 21 日，市全民阅读活动领导小组在市图书馆启动“盐渎风”盐城市第四届读书节。市领导和有关部门负责人现场为阜宁、滨海、盐都 3 个全民阅读先进县（市、区）及十佳全民阅读示范项目、十大优秀藏书家等先进典型代表颁奖。2016 年“盐渎风”盐城市第四届读书节以“倡导全民阅读　共建书香盐城”为主题，打造阅读品牌，加强阅读宣传推广，主要从机关阅读、校园阅读、企业阅读、乡村阅读、社区阅读、军营阅读、青少年阅读、社会阅读、媒体阅读和数字阅读十个方面开展。通过抓好分级阅读、分众阅读、网络阅读、手机阅读、电视阅读“五大阅读”，重点打造、精心培树黄海讲坛、周一大讲堂、铁军精神大讲堂、三贤讲堂、农业科技大讲堂、鹿鸣大讲堂、“彩虹姐姐”周周故事会等读书特色品牌。大市区重点安排阅读讲座、阅读影视、阅读展览、阅读比赛、阅读推广、阅读延伸、阅读惠民 7 个大类 70 项 700 场（次）活动。

首届社区“书报刊悦读节”　11 月 5 日，“书香盐城”首届书报刊悦读节启动仪式举行。书报刊悦读节由盐城市文广新局、中国邮政集团盐城分公司共同举办，自 11 月 1 日开始至 12 月 31 日结束。其间通过送书送报进社区、“邮票上的长征”红色集邮展、红色图书展、文艺表演等形式，在全市各大社区开展书报刊悦读嘉年华活动，为发扬新时期长征精神，推进书香盐城建设、创建文明城市营造氛围。启动仪式现场举行向社区儿童代表赠书、儿童诗歌朗诵、社区舞龙和腰鼓表演等活动、红色集邮展等活动。

《全民阅读》特种邮票发行　4 月 23 日，为纪念“世界读书日”，《全民阅读》特种邮票暨《倡导全民阅读　建设书香盐城——盐城市图书馆》个性化邮票首发式在市图书馆举行。《全民阅读》特种邮票画面中印有“全民阅读”四字盲文，展现“阅读无障碍，一个不能少”的理念；紫外灯光下可以看到敞开的窗户中透出夜读的灯光；邮票版式二上印有“掌上国图 · 国家数字图书馆”的二维码，通过手机扫

4 月，手绘《盐城市书香地图》发布。

码，可以体验数字化阅读带来的乐趣与便捷。《倡导全民阅读　建设书香盐城——盐城市图书馆》个性化邮票展示盐城市图书馆的一些阅读场景。

手绘《盐城书香地图》发布　4 月 21 日，手绘《盐城书香地图》在《盐城晚报》通版刊登，在当天的读书节启动仪式上发放 1000 余份，随后在图书馆、新华书店等地图所标记的阅读场所内大量免费发放，广大市民根据地图指引，可以随意地找一家走进去，体验盐城的阅读空间。《盐城书香地图》以形象的构图，配上卡通人物，为市民注明大市区 40 个阅读场所的具体方位，涵盖分布在大市区各处的图书馆、图书馆分馆、书店、书吧、阅读组织等，为居民提供便捷读书指南，也鼓励市民利用好这些阅读空间。

二、扫黄打非

2016 年，全市“扫黄打非”战线出动执法人员 4000 余人（次），检查经营单位及网点近 5000 家（次），收缴非法出版物 12 万张（册、件）办理省以上督办大要案件 3 起，全市新闻出版和文化娱乐市场得到有效净化，得到上级肯定。1 月 15 日，盐城组织收看收听第 29 次全国“扫黄打非”工作电视电话会议和 2016 年全省“扫黄打非”工作电视电话会议。3 月 10 日开始，在全市范围内集中开展“扫黄打非·护苗 2016”“扫黄打非·净网 2016”“扫黄打非·清源 2016”“扫黄打非·秋风 2016”等专项行动，相关情况被全国“扫黄打非”网刊载。年内，盐都区、盐城市社会治安综合治理办公室、大丰区新丰镇、卢云岭、顾援、贺春风等分别被表彰为 2016 年全省“扫黄打非”先进地区、先进单位和先进个人。

省“扫黄打非”督查组在盐城检查工作　9 月 6—8 日，由省“扫黄”办、工商局、检察院、公安厅等部门联合组成的省“扫黄打非”督查组，在盐城检查 4 个专项行动、“扫黄打非”进基层等相关工作开展情况。督查组一行先后在盐城机场、网站、书城、快递公司、印刷厂、学校等单位，对出版物流通各环节“扫黄打非”管控情况逐一进行督查，并到盐都大冈等乡镇和社区走访了解基层“扫黄打非”工作开展情况。督查组对盐城市“扫黄打非”工作给予肯定。

三、版　权

2016 年 4 月 21 日，全市侵权盗版及非法出版物集中销毁活动在市图书馆门前广场举行。共集中销毁 8 万张光盘、1 万册图书和 2000 张电子出版物等非法物品。现场还举行社会各界代表为“拒绝盗版　保护知识产权”签名活动。4 月 26 日，市文化广电新闻出版局（版权局）、市工商局、市中级人民法院等多家单位，在市迎宾公园法制广场举行“4·26”世界知识产权日宣传咨询活动。活动现场摆放各类宣传展板、悬挂宣传横幅，工作人员向市民发放宣传画、宣传册、法律文件汇编等宣传资料 1000 余份，并向广大市民提供咨询服务，宣传知识产权知识，让社会各界更多了解知识产权相关工作。11 月 10 日下午，盐城召开市软件正版化培训班暨工作推进会。

四、行业管理

2016 年，为 1 家企业申办出版物二级批发资质，为 313 家印刷企业、500 多家发行单位及时完成换证工作。提供许可、登记、调解等各类服务 186 次。举办 2016 年度印刷企业培训班及新设立印刷企业负责人法规培训班，对新进行业人员开展岗位培训，推动依法健康经营。

建湖县开展农家书屋运行情况专项调研　3 月 8 日起，建湖县文广新局在全县各乡镇农家书屋开展专项督查调研，了解、全面掌握当前全县农家书屋运行情况，进一步加强农家书屋综合管理，促进农家书屋作用更好发挥。此次调研督查，先后到 13 个镇（街道）的农家书屋，重点督查书屋布局是否合理、现场物品摆放是否有序、上架书籍是否分类贴标、借阅管理是否到位、管理制度是否健全、阅读活动是否开展。在此次调研中发现的问题及征求的意见、建议，建湖县文广新局整理汇总，采取针对措施推动对农家书屋的常态化督导和管理。对不符合标准的农家书屋将要求限期整改到位。

新闻出版广电领域法定计量单位使用情况专项检查　3 月 1 日至 4 月 15 日，市文广新局联合市质监局对盐城广播电视台、盐阜大众报报业集团等单位使用法定计量单位情况展开督查。在各单位自查基础上，检查人员重点对电视、报纸、网络、手机 APP 等媒体在新闻报道中使用法定计量单位情况开展督查，对错用大小写、口语化、不标注中文等不规范使用法定计量单位现象现场提出整改意见，并逐一落实各被查单位后续宣传教育等整改工作。活动对新闻报道规范化建设起到推动作用。　　（卢云岭）

第 34 章　档案史志

责任编辑　赵　丽

第一节　档案管理

2016 年，全市档案系统为利用者提供优质、便捷、高效的服务，涌现出一批有影响、有内涵的档案服务品牌，市档案局的“快捷通”、大丰区档案局的“三二一”等服务品牌，受到服务对象的好评。全年，市馆接待查档 1865 人次，提供档案 2.57 万卷次，复印档案 3.85 万页。各县(市、区)综合档案馆查档利用人次屡创历史新高：东台市档案馆接待查档 6000 多人次，调阅档案近 2 万卷，免费复制有效档案 1 万多页；大丰区档案馆接待查档 3768 人次，查阅档案 1.19 万卷；建湖县档案馆接待查档 2000 人次，调阅卷宗 4000 余卷；阜宁县档案馆接待查档、咨询 1458 人次，调阅档案 5735 卷次、415 件，提供复印证明材料 1032 份；滨海县档案馆接待查档 2400 人次，调阅档案 4000 卷、1.75 万件；响水县档案馆接待查档人员 2200 多人次；亭湖区档案馆接待查档 2700 多人次；盐都区档案馆接待查阅者 3000 多人次，为经济建设、编史修志、司法取证、群众维权等发挥应有的作用。年内，建湖县、大丰区档案馆新馆正式投入使用，射阳县档案馆新馆进入内部装修阶段，阜宁县、响水县档案馆新馆进入规划建设阶段。

一、馆藏档案

2016 年，全市各级各类档案馆馆藏总量达到 86.9 万卷、91.8 万件，结构进一步优化，质量进一步提升。市馆馆藏档案有 233 个全宗，15.3 万卷、16.8 万件。按照“存量数字化、增量电子化”的思路，加大资金投入，至年底，全市各级党委政府直属档案馆累计完成馆藏数字化 2794 万页，约占馆藏应数字化档案的 36%。其中，大丰区档案馆达 100%，并且实现纸质和数字双套进馆制；盐都区档案馆达 70%。东台市、盐都区、滨海县档案局加大投入，建立馆室一体化平台。年内，大丰区档案馆成为苏北首家 AAAA 级数字档案馆，大丰区地税局和东台 4 家国土所通过省级 AAAA 级数字档案室评估。

二、征集编研

2016 年，全市各级档案馆强化征集档案的精品意识，开展反映盐城老城区面貌的图片征集工作，继续进行盐城籍院士和名人档案资料的征集工作。全面完成收集档案范围细则的修订工作，馆藏档案资源总量进一步增加、质量进一步提升。全年，市馆共接收市直 49 个单位 2001—2006 年形成的近 7.6 万件文书档案进馆。各县(市、区)档案局在开展正常接收工作的同时，亭湖区、盐都区突出加强婚姻档案，滨海县突出加强扶贫、宗教档案的征集接收工作。市局编纂完成《中共盐城市历次党代会资料汇编》，东台市档案局编写的《西溪镇志》《东台街巷风情》《东台年度纪事》相继由江苏人民出版社出版发行。

三、指导服务

2016 年，市档案局开展承包地确权登记档案工作，与市委农工办联合举办全市承包地确权档案培训班，到镇、村检查指导，编印《盐城市承包地确权档案管理工作 45 问》并下发至各村。加强重大项目工程档案的监督指导，全程跟踪重大建设项目档案工作的指导服务，市城市防洪马中河闸站、步凤河南站、伍龙河闸站等 4 个重点工程项目通过档案专项验收。制定出台档案“七五”普法规划。组织开展档案年检工作，对各级立档单位年度文书档案归档情况进行过堂检查，并及时反馈检查结果。大丰区把档案工作纳入年度目标考核内容，东台市把检查结果通过市政府《政务督查》简报进行专题通报，增强执法的刚性。推进档案规范化建设。宣传贯彻《江苏省机关团体企业事业单位档案工作规范》，指导各有关单位开展档案工作的规范化建设，全市 9 个单位档案工作达省五星级，5 个单位达省四星级，41 个单位达省三星级或二星级，13 个单位通过档案工作省级复查。　　(王　磊)

第二节　史志工作

一、地方党史

2016 年，市委党史办抓好党史二卷本“扫尾”工作，继续加强对县级二卷本编写出版工作的跟踪和指导，《中共盐城县历史》和《中共建湖县历史》相继面世和交付出版。《新四军在盐城》系列丛书，在全国党史部门党史优秀成果评比中，获全国党史著作类二等奖，这也是全省最高奖项；徐城生被表彰为全国党史部门先进个人，是全省唯一获此殊荣的史志工作者。在全省党史部门党史优秀成果评比中，市委党史办及东台、响水、建湖、大丰党史办分获优秀论文、著作、资政成果和优秀影视音像作品奖。与市纪委、盐城师范学院合作，续编《新四军在盐城》系列丛书之《中流砥柱——党的建设》《激浊扬清——廉政实践》两卷专题研究，年内已交付出版，即将面世。搭建专门班子，启动编纂《中国共产党盐城执政实录》；在陈丕显同志诞辰100周年之际，为市委领导参加在北京举行的纪念座谈会，执笔起草专题发言稿。

二、地方志书

7月，盐城印发《关于调整盐城市地方志编纂委员会组成人员的通知》，进一步加强对全市地方志工作的组织领导。按照《盐城市志（1983—2005）总纂工作实施方案》，先后召开总纂动员部署会议及三次业务推进座谈会，20余次小型专题会办会，落实志稿的流转修改及排版校对工作。重点对《工业卷》《农业卷》《经济体制改革卷》《文化卷》《新闻出版卷》《乡镇企业　民营经济卷》，以及《建置区划卷》《辖区概况卷》《自然环境卷》《人口卷》《民俗方言卷》《人物卷》等10多卷志稿进行补缺。11月底，有40卷志稿提交总纂，另有6卷完成分纂，至年底完成整部市志的分纂总纂工作，即将进入终审。跟踪指导并赴响水、阜宁、射阳现场交流县级志书编修及审验工作，年内完成《响水县志》终审，《射阳县志》《阜宁县志》完成初审复审，即将提交终审，县级志书编纂任务基本完成。指导市直部门及街道编修部门志及社区志，指导审验《盐城市水文志》《新丰社区志》，组织审定《永宁寺志》，指导编纂乡土读物《逝物拾遗》；推动并指导县（市、区）乡镇志编纂工作。市志办组织力量赴苏锡常通四市调研，形成《关于立项并启动建设盐城方志馆的建议》上报市政府并及时跟进，待市政府立项后启动实施。参与市政府牵头的串场河水上文化长廊和大洋湾风景区文化建设工程，做好地方历史文化资源挖掘与整理。组织召集地名专家开展大市区道路地名方案论证咨询把关工作。审定市开发区、城南新区、市高新区、环保科技城新增新扩200余条道路地名，调整部分市区争议道路地名。参与市政协《史海盐踪》纲目设置及审稿工作。发挥政协委员平台作用，提交《关于加快历史地名保护强化地名文化建设的建议》《关于科学谋划“十三五”地方志事业发展进一步加强我市地方志工作的思考》提案，引起市委、市政府、市政协领导重视，市政府与市政协分管领导分别专题调研市地方志工作。参与中国海盐博物馆展陈方案提升研讨、海盐历史文化遗存保护工作等。

三、综合年鉴

2016年，改版后的2016卷《盐城年鉴》，对年鉴的图版内容、篇章结构等方面进行全面提升。彩版部分设置铭记历史、走进盐城、文化交流、创业盐城、开放盐城、生态盐城、幸福盐城、美丽盐城、厚德盐城九大板块，26个版面58幅彩图直观展示盐城的城市风貌、城市特色、城市品位及年度重大活动、重点工程和热点人物。特载部分以四大专题，综合展示盐城开展纪念抗战70周年活动、“十二五”期间经济社会发展、“厚德盐城”建设及十年援疆成就。主体部分以编章节3个部分，全面反映2015年全市各行各业所取得的新成就、新经验以及需要解决的新矛盾和新问题，结构层次合理，记述科学完整，行文简介规范，彰显地域特色和年度特色。在编纂《盐城年鉴（2016）》的基础上，继续创新版式和内容，形成查询快捷、便于阅读的袖珍型“口袋书”。年初，市志办还组织相关人员与省地方志办公室、南京师范大学外国语学院、江苏科技出版社对接，调研韩文版年鉴的出版方式、经费投入、文稿翻译等方面情况，起草并向市政府呈报《关于立项韩文版年鉴划拨项目经费的请示》，同时形成编纂方案。加强年鉴理论研究，茆贵鸣撰写的《〈盐城年鉴〉全面创新的探索与实践》一文在《江苏地方志》2016年第3期发表后，中国社科网头条全文予以转载，《盐城年鉴》的创新做法不仅在全省得到推广，业内也引起反响。赵丽撰写的《年鉴应在践行核心价值观上发挥正能量》、高兰会撰写的《互联网时代的年鉴模式的读者连接》在《江苏地方志》上发表。组织并承办全省综合年鉴框架设计和条目质量评比总结点评培训会议。组织各县（市、区）年鉴参加江苏省第三届年鉴奖评选活动，对参评年鉴的框架设计、内容资料、条目编写、视觉设计进行积分评选，分别审读9部县级年鉴文化部分近20万字稿件，抽查差错率，形成初评意见上报省志办。与省内12个兄弟市以及省外11个市县互换交流年鉴，取长补短。

四、宣传研究

2016年，围绕纪念中国共产党建党95周年，市委党史办与盐阜大众报社共同策划《追寻红色记忆　传承铁军精神》专栏；在中国盐城政府网和盐城史志网开辟《光辉征程——盐城市庆祝中国共产党成立95周年》网站专题；与市委宣传部、市委党校、市社科联联合举办纪念建党95周年理论研讨会，组织全市党史系统16篇论文参会，并形成专题论文集。围绕纪念红军长征胜利80周年，在盐城史志网开设《纪念长征胜利80周年》专栏；组织2篇论文参加中央文献研究室、中国中共文献研究会纪念红军长征胜利80周年学术研讨会征文活动。协助新四军纪念馆为中共中央华中局烈士陈列室撰写并审定展陈脚本，指导旧址修缮、展陈布置。党史专家受聘市委党校专职教授，为外地干部在盐城学习讲课10余场次，解读“铁军精神”，宣讲盐城红色历史。完成市委主要领导布置的“铁军精神与抗灾精神”专题调研《红色气质：铁军精神是夺取抗灾胜利的力量之源》，发表于《铁军·纵横》《江苏地方志》等刊物。完成省委党史工办布置的《江苏改革开放实录》盐城专题的供稿任务，组织并完成《江苏悦达集团的发展历程、重要成就、宝贵经验》专题。“6·23”阜宁、射阳龙卷风冰雹特别重大灾害发生后，通过提建议、出文件、征资料、做项目，全面系统地做好抢险救灾和灾后重建资料征集整理及后期的开发利用，充分发挥史志部门资政存史、鉴往知来的职能作用。

（盐志鉴）

社会民生

□ 医疗卫生

□ 体育事业

□ 社会保障

□ 社会事务

□ 人民生活

第 35 章　医疗卫生

责任编辑　王义云

综　述

2016 年，全市有卫生机构 3233 个，其中医院 311 个，乡镇（中心）卫生院 135 个，社区卫生服务中心 23 个，门诊部、所 436 个，卫生防疫监督机构 20 个，妇幼保健机构 11 个，村卫生室 2132 个，社区卫生服务站 165 个。全市有病床 3.87 万张，每千人拥有病床 5.25 张。全市卫生行业在职职工 4.97 万人，其中卫生技术人员 3.95 万人，占职工总数的 79.48%。至年底，全市政府办卫生计生机构固定资产总值 83.79 亿元，业务总收入 95.11 亿元，业务总支出 115.25 亿元。年内，加强市直医疗机构建设，市政府将市中医院南扩工程、市妇保院东区项目、市口腔医院改造工程列入为民办实事项目，满足市区医疗服务需求；加快提升县级医疗服务能力，建湖县人民医院（南院）投入使用，大丰区人民医院高新区分院、东台市妇保院等一批重点实事工程年内实施，优化医疗卫生资源。强化基层医疗卫生体系建设，继续实施基层医疗卫生机构基础设施标准化建设三年行动计划，全年全市投入资金 5.05 亿元，完成乡镇卫生院（社区卫生服务中心）64 个、村卫生室（社区卫生服务站）基础设施标准化建设项目 607 个，分别占年度任务的 152% 和 135%，全市所有村卫生室已提前完成三年行动计划任务。

市第一人民医院　至年底，医院实际开放床位 2100 张，职工 2369 人，其中高级职称 367 人，中级职称 611 人，博士 37 名，硕士 438 名。医院有博士培养点 1 个，硕士培养点 18 个，博士生导师 1 名，硕士生导师 34 名，被确定为省“333”工程人才 12 名、省“科教强卫”工程人才 8 名。医院建成一批特色鲜明的重点专科，呼吸内科等 8 个科室被评为江苏省临床重点专科；业务科室全部列为市级临床重点专科；肾脏内科等 18 个科室被评为市级临床重点学科。医院建立国家住院医师规范化培训基地，组建国家药物临床试验基地。医院拥有万元以上医疗设备 3495 台件，设备固定资产 7.32 亿元，医疗设备达到国内先进水平；有集成度较高的覆盖全院的信息系统。全年诊治门诊、急诊病人 104.4 万人次，收治住院病人 9 万人次；获省新技术引进奖 4 项，在研省级以上课题达 15 项，获市科技进步奖 5 项，市新技术引进奖 19 项。发表学术论文 261 篇，其中 SCI（美国《科学引文索引》）收录 42 篇。

市中医院　至年底，市中医院设病区 20 个，实际开放病床 800 张；有职工 782 人，其中高级职称专业技术人员 135 人，省级名中医 6 名，市级名中医 21 名，享受政府特殊津贴 6 人，博士研究生导师 1 人，硕士研究生导师 8 人。医院拥有国家级重点专科 2 个，省级重点专科 4 个，省级重点学科建设单位 2 个，市级重点专科 7 个。其中，肿瘤科拥有中医中药、手术、放疗、化疗、生物治疗等多种综合治疗手段，是全市首家国家级重点临床专科；儿科是国家级重点专科，市首家省级重点专科、盐城市医学重点学科，特色疗法、特色制剂治疗儿科疾病效果显著，在全市处于领先地位。全年实现总收入 3.5 亿元，其中医疗业务收入 3.34 亿元，门急诊 53.49 万人次，出院病人 2.05 万人次，中药占比为 47.21%，西成药占比 34.89%；中药饮片、制剂占业务收入的比例 12.32%，住院中药饮片使用率 94.45%，三四级手术占比 35.80%。11 月 20 日，市中医院成立中国中医科学院针灸医院主任医师、中央保健会诊专家吴中朝工作室，武警部队脊柱外科研究所所长彭宝淦工作室，北京大学国际医院妇产科副主任李智工作室。医院在 2016 年全省 139 所三级医疗机构患者满意度第三方调查评比中列全省第 33 名、全省地市级中医院第 4 名、盐城市第 1 名。

市第二人民医院　至年底，市第二人民医院实际开放床位 390 张，有职工 435 人，其中卫技人员 375 人，卫技人员中高级职称 91 人，中级职称 119 人。肿瘤内科、感染科和结核病科是市级临床重点专科，感染科同时为市级医学重点学科。5 月 17 日，与上海市公共卫生临床中心合作，成立“卢洪洲工作室”，建成上海公共卫生临床中心盐城分中心，并首批加入江苏省肿瘤医院联盟。全年医院诊疗 6.87 万人次，出院 7210 人次；床位使用率达 87%。平均住院日 17.2 天。实现业务收入 1.19 亿元。与盐城市红十字会和盐阜扶贫济困基金会联合开展关爱肿瘤病人慈善公益年活动，对全市城乡贫困肿瘤患者进行医疗救助，共有 7 批 75 人领取慈善救助款，共计 12.35 万元。

市第四人民医院　至年底,医院共设有1个门诊、8个病区,核定床位500张,实际开放床位350张,有职工303人,其中卫技人员总数249人,具有高级职称62人,12月被省卫计委确定为三级甲等精神病防治医院。医院挂牌成立盐城市精神卫生技术指导中心、盐城市红十字老年康复医院、盐城市心理咨询中心、盐城市四院法医司法鉴定所、盐城市惠民医院、盐城市民政救助优抚医院。全年医院门诊诊疗7.82万人次,住院2467人次,出院2449人次,门诊人均费用477.61元,全年实现业务收入6779.93万元,总收入8222.3万元。6月成立姚志剑博士团队工作室。

市妇幼保健院　市妇幼保健院是三级甲等妇幼保健院,是江苏省人民医院战略协作医院,江苏省乳腺疾病诊疗中心盐城分中心,江苏省首批“爱婴医院”,扬州大学医学院、江苏医药职业学院附属医院,苏州大学医学部、安徽医科大学教学医院。至年底,医院有职工776人,其中高级职称123名,中级职称209名,有博士、硕士68名。全年总收入2.28亿元,门诊35.34万人次,出院1.66万人次。新生儿科是省妇幼保健重点学科,市级重点学科、专科7个。1月29日,江苏省人民医院在市妇保院挂牌成立江苏省人民医院王水工作室。

市口腔医院　市口腔医院(江苏省口腔医院盐城分院)是市区唯一的三级口腔专科医院,有在职职工160人,其中卫技人员146人,高级职称人员30余人。设有口腔内科、牙周黏膜科、牙体牙髓科、儿童口腔科、口腔颌面外科、修复科、正畸科、口腔种植科、口腔预防科等12个业务科室,设口腔医学影像中心、显微超声治疗中心、检验科、药剂科、麻醉科等10个临床医技科室。口腔内科、口腔种植科为市级临床重点专科。2月,与上海九院合作成立上海九院口腔颌面—头颈肿瘤博士团队工作室。医院年门诊量10.5万人次,年收入3074.77万元。

2016年全市卫生基本情况

表35－76

	数量	与上年同比	与上年同比(%)		数量	与上年同比	与上年同比(%)
卫生机构(个)	3233	－9	－0.28	卫生人员(人)	49655	41	0.08
医院(卫生院、社区卫生服务中心)(个)	311	4	1.30	卫生技术人员(人)	39472	－22	－0.06
床位(张)	38663	1494	4.02	乡村医生(人)	3359	－308	－8.40
医院(卫生院、社区卫生服务中心)床位(张)	37982	1536	4.21	个体诊所开业人员(人)	349	16	4.80
平均每千人口医院(卫生院、社区卫生服务中心)床位(张)	5.25	0.21	4.17	平均每千人口卫生技术人员(人)	5.46	－	－

常住人口	总数(万人)	723.50
	出生率(‰)	11.02
	死亡率(‰)	6.03
	自然增长率(‰)	4.40
医疗服务	诊疗总人次(万)	4186.70
	门诊人次(万)	3878.85
	急诊人次(万)	211.42
	住院总人次(万)	107.26

卫生费用	医疗卫生经费(万元)	260623
	卫生系统固定资产(万元)	837900
	卫生系统基建投资(万元)	70141
	平均每一门诊人次医疗费用(元)	140.44
	平均每一出院病人医疗费用(元)	6854.22

第一节　卫生保健

2016年,市卫生计生委编写《健康与保健》读本1期,向市级机关和市区居民发放9000本。完成253家市直机关事业单位1.63万人年度健康体检工作。做好重大活动医疗卫生保障工作,派医护人员和卫生监督员542人次,出动医疗急救车54辆次,完成37次重大活动期间医疗卫生保障任务。做好妇幼保健工作。在全省率先出台《盐城市优化整合妇幼保健与计划生育技术服务资源实施意见》,全面完成市、县、乡三级资源整合工作。推进体系建设,东台市、滨海县、射阳县完成县级妇幼保健院的正式立项;制定《盐城市基层医疗卫生机构妇幼健康规范化门诊评审标准(试行)》,全市妇幼健康规范化门诊建成率达50%;推进妇幼健康优质服务示范工程建设,滨海县、响水县建成省级妇幼健康优质服务示范县,其中滨海县创成国家级妇幼健康优质服务示范县。印发《关于加强全市高危孕产妇新生儿管理服务和临床救治的意见》,建成1个省新生儿危急重症救治中心(市妇幼保健院)、1个省孕产妇危急重症救治中心建设单位(市一院)。全市共完成农村孕产妇住院分娩补助3.83万人,农村妇女叶酸补服4.08万人,“两癌”(乳腺癌、宫颈癌)筛查18.81万人,项目完成率分别为155.29%、127.93%、107.5%,艾滋病、梅毒和乙肝母婴传播阻断项目检测率为100%。全市孕产妇死亡率4.86/10万,婴儿死亡率2.88‰,出生缺陷发生率2.9‰,均控制在较低水平。实行孕前优生健康检查项目城乡全覆盖,全年免费检查7.83万人,任务完成率106.6%。全市免费婚检率91.49%,产前筛查率91.71%,血筛率99.47%,听筛率99.46%。加强托幼机构卫生保健管理工作,注册托幼机构卫生保健合格率96.72%。

第二节　疾病控制

2016年,全市加强疾病预防控制体系和能力建设,强化重大传染病防治,落实预防接种规范管理,推进慢性病综合防控,全市甲、乙类传染病报告发病率为98.8/10万,适龄儿童免疫规划疫苗接种率全部达到95%以上,重性精神病人管理率为96.6%,规范管理率为89.3%。6月23日,阜宁、射阳特大龙卷风冰雹灾害发生后,全市上下联动,实行灾区饮用水监测、环境消杀、卫生宣教、疾病监测4个全覆盖,累计出动卫生防疫人员6672人次、使用药物3070千克、消杀环境面积344万平方米,未发生聚集性病例,也无其他不明原因疾病病例发生,实现灾后无大疫的目标。

一、重点传染病防治

2016年,市卫生计生委制定出台《关于加强医疗机构疾病预防控制工作的意见》,进一步加强医疗机构疾病预防控制工作规范化,建立顺畅的协作机制;推进医疗机构传染病信息模块建设,做好传染病疫情网络直报工作;开展手足口病、流感、严重临床异常病例和麻疹等计免针对性疾病监测;建立学校传染病防控会商机制,与市教育局等部门联合开展春、秋学期学校安全检查;及时处置水痘、结核病、外籍货轮船员感染性腹泻等疫情,有效避免疫情的扩散。加强结核病管理,开展全市结核病临床技能选拔赛,通过国家涂阴肺结核免疫干预治疗项目组评估,年内共发现活动性肺结核患者2572例、耐多药患者40例,疾控追踪医疗机构网报病人的总体到位率为95.5%,涂阳患者治愈率为90.9%。推进全市艾滋病抗病毒治疗工作,艾滋病抗病毒治疗、结核病麻风病诊治纳入定点医院管理率达到100%;开展实验室质控督查和检测专业人员业务培训,启动14个国家级艾滋病监测哨点项目,全市检测HIV抗体79.51万人次,人群检测率达11%,新增艾滋病治疗271人;强化艾滋病宣传教育活动,在驻盐高校、职校大学生中开展“预艾予爱,你我同行”征文活动,提高学生的防护意识。

疾病预防控制体系建设　年内,城南新区挂牌成立市疾控中心城南分中心,争取200多万元财政专项资金为市疾控中心城南分中心配备相关检测设备;盐都区启动疾控机构(公共卫生服务中心)建设项目。市疾控中心举办南京医科大学盐城市疾控中心教学基地揭牌仪式暨专题学术讲座,举办现场流行病学培训项目,实施疾病预防控制机构对口支援工作。市卫生计生委以问题为导向,每季度对基层疾控工作组织一次督查指导,召开会议,通报存在问题,明确下一阶段工作要求,不断促进疾控工作整体水平的提高。

二、计划免疫实施

2016年,全市已建成数字化接种门诊151个,数字化门诊比例达67.3%。全年共接种160余万针次,全市适龄儿童免疫规划疫苗接种率全部达到95%以上。组织实施预防接种规范管理专项活动,在预防接种服务中推广使用APP软件,实施脊灰疫苗免疫策略调整,重新确认预防接种机构资质、预防接种人员资质。加强疫苗冷链管理,推进乡镇安装疫苗冷链温度监测报警系统,实行疫苗冷链全程实时监控。率先在全省开展一类疫苗预防接种异常反应补充保险试点工作,累计投保率71.13%。市卫生计生委与盐都新区社区卫生服务中心在全国预防接种异常反应补偿保险工作推进会上分别作交流,《新华日报》等媒体进行报道。开展最美接种医生评选活动,盐城市射阳县徐彦梅被评为全国最美接种医生,盐都区刘玉敏被评为省优秀接种医生,并举行最美接种医生颁奖活动。

三、慢性病防治

2016年,市卫生计生委探索高血压、糖尿病人规范管理方式,制定下发《盐城市慢性病综合防控门诊建设方案》,各地开展试点建设,全年共建成31家慢性病综合防控门诊。推行慢性病监测信息系统建设,市区主要医疗机构肿瘤网络报告和慢性病报告系统建设取得进展。启动全民健康生活方式第二阶段行动,举行“百人千米健步走”活动。加强严重精神障碍管理治疗工作,调整市严重精神障碍项目领导小组和专家技术指导组,完善大市区严重精神障碍防治网络,全市重性精神疾病患者检出率达到4‰,在册患者管理率保持在85%以上。高质量实施儿童口腔疾病干预项目,亭湖区完成第四次全国口腔健康流行病学调查任务。

四、血吸虫病、地方病防治

2016年,市卫生计生委组织开展春夏季查灭螺工作,共查螺面积8193.6万平方米,发现有螺环境4处并立即进行处理;全市共上报疟疾病人13例,所有病例均进行规范治疗和管理,继续保持无本地疟疾病例发生;大丰区通过省考核实现消除血吸虫病目标，响水县实现有效控制肠道线虫病目标。

第三节　中医中药

2016 年，全市持续改进中医医院建设管理，开展大型中医医院巡查，对 120 所机构中药饮片管理进行专项督查，提升中医药服务能力。盐城市中医院肿瘤科、儿科建成国家级中医药临床重点专科，响水县中医院肿瘤科、大丰区中医院肛肠科等 4 个专科建成省级基层中医特色专科建设项目，东台市中医院眼科等 7 个专科被命名确认为江苏省中医重点专科。新增 1 个国家名老中医传承工作室、1 个国家基层名老中医传承工作室、2 个名中医传承工作室。

加强基层中医机构建设。年内，根据国家和省市“基层医疗机构中医诊疗区（中医馆）服务能力建设项目”标准内容和建设指南，市卫生计生委确定基层医疗区（中医馆）建设三年工作计划，并列为年度考核综合目标任务。组织召开专项部署会和现场推进会，先后 4 次邀请专家检查督导项目建设，现场检查 110 个基层中医诊疗区（中医馆）建设进展；组织完成 27 个项目的绩效考核，其中 22 个基层单位中医馆（国医堂）调置面积近 150 平方米。144 个基层医疗机构都启动中医诊疗区（中医馆）设置建设，97 家基本建成达标；东台市结合实际，全面启动村卫生室中医阁建设。

开展中药技能培训竞赛。年内，市卫生计生委与市总工会联合组织开展中药知识技能全员培训竞赛活动。县（市、区）和市直医疗卫生机构组建 15 支代表队、推荐抽选 61 名中药临床药事服务人员，按照国赛标准进行中药知识理论、性状辨识、真伪鉴别、饮片调剂等技能培训和集中测试，盐城市中医院、市一院等 8 支代表队分获团队竞赛金、银、铜奖。20 位参赛选手获个人竞赛综合奖，6 名优秀选手由市卫生计生委授予“盐城市药事服务岗位能手”称号，6 名竞赛优胜选手由市总工会授予“盐城市五一创新能手”称号。

8 月，市卫生计生委组织中医药进乡镇社区等惠民服务活动。

组织中医药文化科普巡讲。年内，市卫生计生委组织第六届“中医药就在你身边”中医药文化科普惠民服务活动，市县联合开展 94 项进乡镇社区、进院校媒体、进机关企业的惠民服务活动，发放中医药文化科普丛书 3.5 万余册。省中医药文化巡讲专家在盐城、亭湖举办“中医特色优势与养生保健”“用中医药养生的方法保护好自己”健康讲座；全国科技活动暨科普宣传周、文化遗产日、中医药文化科普宣传周期间，开展中医义诊宣传科普巡讲 20 余场次，走近群众身边开展上门服务 6000 余人次，普及推广中医药健康知识理念。组织“健康江苏服务百姓”大型义诊活动，市县中医医院义诊咨询 4200 余人次，提供红军老战士签约诊疗服务 28 人次。

吴氏膏药入选第四批省级非遗名录　1 月 26 日，省政府公布了第四批省级非物质文化遗产代表性项目名录和省级非物质文化遗产代表性项目名录扩展项目名录，传统医药——亭湖区吴氏膏药名列其中，填补盐城市传统医药空白。吴氏膏药是第五代传人吴登清在祖传秘方的基础上，结合现代医学理论反复试验，传承与发展的。吴氏膏药对治疗颈肩腰腿痛等有疗效，同时避免内服药物对人体的毒副作用，克服了传统膏药脏衣、粘皮肤的缺点。随着中医药科技的发展，吴氏膏药发展成“登清痛敌膏”。2007 年，吴氏膏药“登清痛敌膏”获中国民间中医中药研究开发协会中医疗法发明奖及江苏省科协、知识产权局等颁发的中国民间中医药创新发明优秀奖。2009 年 9 月获江苏省科协、知识产权局等颁发的江苏省首届民间发明创新优秀奖，同年获国家商标。

第四节　院前急救

2016 年，市急救医疗中心制定出台《盐城市急救医疗中心急救网络分站管理规定》《盐城市急救医疗中心驾驶员缴费规定》等文件，并组织实施，提升网络分站的医疗服务和综合管理水平。为确保预警信息互联互通、及时传达，加强上下联动，5 月 17—19 日，市急救中心组织专门对 7 个县（市、区）急救站派诊电话记录、车载设备、调度系统运行及使用情况等方面，进行全面督查，分析存在问题，提出整改建议，以确保各急救站调度设备完好、系统运行正常、信息报送及时，提高全市调度指挥系统整体效率。

开展救援应急演练。1 月 16 日，组织 9 人参加上海市院前急救系统第七届院前急救技能大赛，获团体优胜奖，并在防护服穿脱、外伤固定、搬运等单项比赛中获三等奖；6 月 13 日，市急救医疗中心开展突发事件应急救援演练活动，达到预期效果。9月，派出由调度、医生、护士、驾驶员4人组成的急救参赛小组，参加江苏省第一届卫生应急院前急救技能大赛，取得团体优胜奖。

组织急救技能培训。年内，实施“全民自救互救素养提升工程”，购置高级生命支持模拟人、婴儿海姆立克模型等一批急救培训器材，用于对社会人员及全市各级医疗卫生机构工作人员的培训。按照市卫生计生委《关于开展全市医疗卫生单位工作人员应急救护知识培训工作的通知》要求，加强卫生应急救护知识培训，对市直、各县（市、区）医疗卫生单位共计2800多名专业技术人员开展应急救护知识培训，提高全民防灾避险意识和自救互救技能。

“6·23”重大灾害应急救援。6月23日下午，阜宁县、射阳县发生特大龙卷风冰雹灾害，经市急救医疗中心统一调派，全市7个县（市、区）参与救援救护车63辆、调派309车次、转运救治伤者433人，完成此次灾害救援转运等各项工作。

第五节　农村卫生

2016年，全市组织开展的乡村医生签约服务试点工作入选“全国医改十大创新举措”。155个乡镇卫生院（社区卫生服务中心）、1204个村卫生室（社区卫生服务站）开展家庭医生签约服务，分别占乡镇卫生院、村卫生室总数的95.1%和53.3%，个性化签约服务41.39万人。年内，国家卫生计生委在大丰区召开基层卫生工作现场会，盐城市政府在会上作经验介绍；基本公共卫生服务项目高分通过省绩效考核，代表盐城市接受现场考核的大丰区、建湖县均为优秀，优秀数占全省优秀地区总数的五分之一，为苏北、苏中唯一均获优秀的地级市。盐都郭猛等12个乡镇卫生院被确认为全国群众满意的乡镇卫生院，东台富安等12个乡镇卫生院、响水小尖镇沙庄村等71个村卫生室分别建成江苏省示范乡镇卫生院和示范村卫生室，占全省总数的19.7%和18.9%，数量均列全省辖区市第一位。新建成滨海五汛中心卫生院中医脾胃病专科等9个省特色科室建设单位；明确响水运河卫生院中医针刀专科等22个科室为市特色科室建设单位。开展基层岗位练兵和技能竞赛活动，组织基层医疗机构管理人员参加技能培训计794人次，东台市在全省基层卫生岗位技能竞赛中获“社区护理”项目第一名、“农村全科医疗”项目第三名，均被授予一等奖。推进基层医疗卫生机构运行机制综合改革，大丰区基层机构绩效工资实际发放平均总量超过当地事业单位基准线20%，全科医生签约服务按协议在绩效工资外获报酬，院长绩效工资不计入单位绩效工资总额。创新编制管理，阜宁县、建湖县、大丰区、射阳县、亭湖区探索实施“乡编村用”，共有67名乡村医生纳入乡镇卫生院编制管理。提高乡村医生收入待遇，盐都区、开发区乡村医生基本药物补助标准提高到人均1.7万元，大丰区、建湖县等地对取得国家执业医师和国家执业助理医师的乡村医生给予补助。全面建成基层医疗卫生机构综合业务信息系统，电子健康档案入库率达80%，市、县远程会诊系统已联网运行，东台市建成远程会诊、影像诊断、心电诊断、消毒供应、临床检验（病理）“五大中心”，远程会诊系统联网到所有乡镇卫生院、村卫生室。

第六节　社区卫生服务

2016年，全市实施社区卫生服务提升工程，出台《社区卫生服务提升工程实施意见》，全面组织推进，加强培训宣传，调动社区卫生服务机构参与服务提升工程的积极性。亭湖区大洋街道社区卫生服务中心被确认为全省首批优秀社区卫生服务中心。大丰区的城西和大中、盐都区的潘黄和盐龙、亭湖区的五星和新城、东台市的金海7个社区卫生服务中心被省确定为家庭医生服务模式创新建设单位。

第七节　医教科研

2016年，市卫生计生委研究制定《盐城市卫生科研项目管理办法》，对科研项目实施追溯管理，督促课题所在单位切实加强课题指导和结题管理。加强学科人才队伍建设，市县联动培育打造重点学科和创新团队品牌、培养重点人才和青年人才队伍，对市医学学科人才进行跟踪管理，组织实施对市医学重点学科、创新团队、重点人才、青年人才的过程管理和周期考核。

加强医学科技管理。年内，市卫生计生委组织申报市科技进步奖，获一等奖3项、二等奖7项、三等奖15项。组织2016年全市医学科研项目和新技术引进奖的申报、评审工作，共评选出科研项目118项、新技术引进奖80项。全市共发表SCI文章103篇，核心期刊、中华系列期刊发表150篇；获国家自然基金项目3项，省自然基金项目3项，省科技进步奖1项、省科研立项1项，省新技术引进奖项目6项。申报省科教强卫项目，18人入选省青年医学重点人才。

组织住院医师规范化培训。年内，市卫生计生委加强国家级住院医师规范化培训基地建设，组织2个国家级住院医师规范化培训基地严格按照国家、省要求，进行自我评估并接受省医师协会的现场评估。组织33名临床带教老师参加省住院（全科）医师规范化培训考官师资培训。组织住院（全科）医师规范化培训学员345人参加4门公共课考试，623人参加省住院（全科）医师规范化培训理论统考，626人参加临床技能考核。527名住院（全科）医师规培学员通过省统一考试考核获结业证书。全市共新招录239名临床类别、65名中医类别住院医师规范化培训学员（其中社会化招生5人）。市一院、市中医院临床模拟训练中心建成投入使用。

实施人员培养培训。年内，市卫生计生委组织各地申报2016年农村订单定向免费医学生招录工作，招录360名医学生进入南京、徐州、盐城等医学院校进行学习，占全省总数的四分之一。组织828名乡村医生开展安全用药知识培训，1181名乡村医生开展急诊急救知识培训，120名基层医疗卫生机构人员参加全科转岗人员培训，开展23项市级基层适宜技术的项目推广培训活动，参学人数3165人次。落实省下达的基层人员培训任务。组织乡镇卫生院院长26人、社区卫生服务中心主任6人、管理人员10人参加省基层人员岗位培训。

第八节　爱国卫生

2016年,三仓镇、溱东镇、梁垛镇、大桥镇、小海镇、刘庄镇、白驹镇、草堰镇、恒济镇、陈家港镇10个镇被命名为省卫生镇。建湖县通过省卫生县城复审。开展健康城市试点和健康村(社区)和健康单位创建活动。盐城市、东台市被列为省健康城市建设试点市,建成健康主题公园14个、健康小屋20个、健康一条街11条、健康步道50条,通过省验收健康村(社区)19个、健康单位20个,亭湖区被命名为省级健康促进示范区。完成省下达8万户改厕任务,受到省通报表扬,东台市、阜宁县被评为农村改厕项目示范县(市)。

第九节　卫生监督

2016年,市卫生计生委开展监督抽检工作,检测公共用品用具53份,集中空调通风系统2家,对120家349个监测点进行室内空气质量监测。对245家存在卫生安全隐患的单位下达整改意见书,对13家违法单位进行行政处罚。新建成公共场所示范单位30家。制定《行政执法全过程记录制度》,市及射阳、建湖、盐都监督所开展卫生计生监督执法全过程记录制度试点工作。执行行政执法责任制,全市共查处卫生计生违法案件459件,罚没款117.87万元,未发生行政复议和行政诉讼案件。参加国家、省卫生计生行政处罚案卷评查,滨海1件案例入选国家卫生计生监督执法优秀典型案例、东台1件案卷获省一等奖、盐都1件案卷获省二等奖。在100家单位开展信用等级评定试点工作,将信用等级评为C、D级的行政相对人,列为日常监督检查或抽检的重点对象。

开展学校卫生督查。年内,以传染病与常见病防控为重点,组织实施春、秋学期学校卫生综合监督检查,检查覆盖全市所有中小学。对全市101所托幼机构供幼儿使用的玩具、桌面等公共用品消毒效果进行监督抽检,采样1723份,合格率91.24%。对154所中小学开展教学环境卫生监督抽检,对发现的问题,及时落实整改措施。组织开展学校饮水卫生专项督查,对48所学校进行水质采样监测,共采集水样48份,合格率87.5%,对7所学校自备水井无证供水违法行为进行立案查处。

检查生活饮用水卫生安全。年内,开展市政水厂和二次供水设施的监督检查,监督覆盖率、建档率100%,定期在报纸网站公示水质结果。开展生活饮用水及涉水产品卫生监督抽检,检查集中式供水单位110个、二次供水设施68个;抽检5家管材生产企业生产的7种管材产品和市场销售的5个品牌的家用净水器,合格11个,合格率91.7%。对1起无证生产销售涉水产品的违法行为进行立案查处,依法给予3万元的行政处罚。

做好传染病防治监督。年内,开展传染病防治监督分类试点,对57家医疗卫生机构进行分类监督综合评价,合格单位52家。做好消毒产品生产企业产品质量监督,对6个批发、经销单位销售的卫生用品进行索证检查和样品采集,共检查6个类型30份样品,合格率100%。对大市区餐饮具集中消毒单位进行监督检查,共抽检样品90份,82份合格,合格率为91.1%,对1家不合格单位进行网上公示。加大医疗机构消毒隔离、医疗废物、医院污水检查力度,对10家医疗机构的违法行为进行卫生行政处罚。

组织医疗卫生检查。年内,组织开展打击非法行医专项行动,全市立案查处非法行医269起,移送司法机关8起。开展"放心就医工程"专项行动,规范合法医疗机构医疗行为,共检查各级各类医疗机构2186家次,对存在严重违法行为的39家医疗机构进行立案查处。推进医疗机构依法执业监督检查,完成阶段性目标任务,加强行业的自律行为。

加强职业放射卫生监督。年内,组织《中华人民共和国职业病防治法》等法律法规落实情况专项监督检查,全市有职业健康检查机构10家,放射卫生技术服务机构7家,职业病诊断机构和鉴定办事机构各1家,放射诊疗机构307家,放射诊疗场所放射防护监测率、合格率均100%。

保障食品安全。年内,组织开展食品安全风险监测工作,市及东台、大丰、阜宁、盐都疾控中心完成330份食品中微生物致病因子、365份食品样品化学污染物和有毒因素的采样检测任务。组织开展医疗机构食源性疾病监测,全市食源性疾病主动监测报告哨点医院由11家增到30家,覆盖全市所有二级以上综合医院。完成3784个病例信息登记和538份样本的采集检测工作,检出1株沙门氏菌、2株致泻大肠埃希氏菌、5例诺如病毒。开展食品安全标准跟踪评价,组织食品安全标准"五进"(进企业、进社区、进学校、进工地、进农村)系列宣传活动,制作展板82块、宣传横幅78条,发放宣传资料1万余份,在新闻媒体及网站宣传食品安全标准知识50篇。承担《谷物及其制品食品安全标准》跟踪评价工作,开展问卷调查79份,现场调查11家,采集检测31份样品的重金属污染物、真菌毒素、食品添加剂和营养强化剂等指标进行验证,跟踪工作通过专家评审。

第十节　卫生管理

一、医政管理

2016年,全市强化依法行政、规范执业,提升医疗服务能力。市三院被确认为三级甲等综合医院,市四院被确认为三级甲等专科医院。新建成4个省级临床重点专科,2个重点专科建设单位。年内,出台《市区医疗机构设置规划(2016—2030)》,对市区医疗机构进行科学规划、合理布局,实现基本医疗卫生资源的均衡布局和有效利用。制定分级诊疗"三张清单",做好分级诊疗、双向转诊、医联体建设等工作调研和试点工作。全市二级以上综合医院全面开展临床路径管理和双向转诊服务,上转病例4.14万人,下转病例7515人,开展日间手术320例。综合医院药品比呈逐月下降趋势。

医疗质量安全　年内,市卫生计生委组织专家对全市41所二级以上医院病历、处方检查,高值医用耗材专项检查。开展大型医院巡查和二级综合医院复评工作,组织医疗服务明察暗访。组织人员对全市23所二级以上公立医院门诊、急诊及住院服务进行明察暗访,对存在的问题进行通报。组织市区依法执业检查清理,对市区89家医疗机构依法执业、医疗技术准入、医疗广告等进行检查,现场下发整改意见书12份,清理违规变相承包科室4个。严格基层医疗机构抗生素使用管理。按照《抗菌药物临床应用管理办法》,重点加强基层医疗机构抗菌药使用管理,暂停卫生室、社区卫生服务站等基层医疗机构抗菌药使用。协调市卫生行业协会组织对市区厂矿医务所室抗生素专项检查,专题培训300名医护人员。完成市区基层医疗机构抗菌药物使用核定。加强血液安全与院感管理,全年共无偿献血10.24万单位。通过省卫生计生委血液净化技术专项检查和对市中心血站第七周期评审。盐城市连续五年获"全国无偿献血先进城市"称号。

医院基础管理　年内,市卫生计生委组织全国医师资格实践技能临床、中医类盐城2个考点1520人考试报名、审核、实践操作和综合笔试。完成办理医师首次注册、变更、备案等5873人,护士首次注册、变更、延续3815人。组织实施征兵体检工作,共抽检422人,合格399人,合格率94.5%。完成市区近万名高考学生的体检工作。严格技术准入管理,审核备案28所医院共485例二、三类医疗技术备案管理。全市共新设置医疗机构4所,新增社会办医床位470张。严格医疗机构执业管理。组织市9所医疗机构及时完成新接收执业登记医疗机构及医护人员的信息审核、更新、录入工作。对市区70家医务所室进行年度检查,对存在问题的9家机构进行约谈,对2家问题比较严重的暂缓执业。

"平安医院"创建　年内,市卫生计生委联合公安部门每季度召开市区医疗安全工作会议。推动全市一级以上医院全部参加医疗责任险。新成立医患纠纷人民调解委员会,共接待医疗纠纷来访群众613人次,接受调解65例,调解履行标的413万元,有效缓解医患纠纷。市二院、建湖县人民医院被评为省级平安医院。

对口支援　年内,落实援青、援陕、援疆工作人员,东台人民医院王利华对口支援青海省德阳县妇保院。调配16支医疗队55名专家,援助新疆伊犁察布查尔县,累计协助体检当地群众6万人,捐赠设备折合67.1万元。组织第九批援疆4名专业技术人才开展支援工作。

二、卫生改革

2016年,市委、市政府出台《深化医改综合试点加快健康盐城建设的实施意见》,召开全市综合医改试点工作推进会,层层落实责任,细化工作措施,推进先行先试,医改各项工作取得成效。全国政协副主席韩启德等领导在盐城调研视察,予以肯定。全国基层卫生工作现场会在盐城召开。

公立医院综合改革　年内,探索"政府主导、市场运作"投融资机制,市财政设立健康产业发展基金,为医疗卫生事业发展提供资金保障。落实公立医院债务化解工作,出台《盐城市公立医院债务化解实施方案》,市直每年安排3200万元化债资金,将市二院和市四院债务列入省转贷置换债券偿还范围,偿还两所医院本金1000万元。公立医院医药价格综合改革平稳运行,呈现出"两升、两降、两持平"的总体态势:即技术劳务性医疗服务收入和医疗服务效率上升、药品和检查收入下降、医疗服务量和患者次均费用基本持平,市区公立医院药占比由上年的46.3%下降到37%。探索人事薪酬制度改革,出台《市直医疗卫生计生单位绩效考核实施办法(试行)》,实行绩效考核结果与单位绩效和班子成员薪酬挂钩。

新型农村合作医疗　年内,全市参合人口568.83万人,参合率100%,人均筹资556元,其中各级财政补助430元,政策范围内住院费用补偿比达75.52%。按人均25元~30元标准筹集大病医疗保险资金1.27亿元,2.83万名参合群众获大病保险补偿9264万元,报销比例60.75%,实际补偿比在新农合基本补偿基础上再提高11.36个百分点。

基本药物制度　年内,建立全市药品(耗材)集中采购价格谈判领导小组和采购联合体,按期完成网上企业遴选及市级价格谈判。规范实施急(抢)救、妇儿专科非专利药品价格谈判和带量采购,全市入围589个产品,其中496个产品价格有不同程度的下降,占比84.21%,平均降幅27.85%。全市二级以上公立医院药品采购金额为21.64亿元,14家二级以上公立医院通过省网平台网上采购第一批高值医用耗材7390.16万元。定期对采供双方开展考核评价和积分管理,报省公示考核结果,督促医疗机构和供货企业规范采供行为。

合作办医　年内,加强与北京、上海、南京等地盐城籍知名专家沟通联系,在北京、上海、南京等地召开盐城籍名医座谈会,发挥专家纽带作用。各地注重与全国知名医院的合作,相继成立29个名医工作室,让盐阜百姓在家门口就能享受到大城市医学专家的优质服务。市直7所公立医院建成14个名医工作室,与北京、上海、南京等地17家大医院建立技术协作关系,专家及其团队在盐城开设门诊1379次,开展各类手术203台,组织专题讲座36次。加快社会办医步伐,全市非公立医疗机构床位数占比达18.7%,首家中韩合作医疗美容机构——盐城新爱美容医院获省卫生计生委批准建设。

三、行风建设

2016年,全市组织2次行风检查,对市直医院开展医疗服务明察暗访。开展创建国家文明城市系列工作,13家医疗卫生计生单位被表彰为省文明单位,市中医院、市城南医院被评为全省医院文化建设示范点。选树优秀行业典型,7名医务人员入选省百名"医德之星",1名医务人员入选省"十大医德标兵"。表彰30名优秀护士长、100名优秀护士。对全市23所二级以上公立医院门诊、急诊及住院服务进行暗访和明察,现场查看医院就诊环境、医疗废物处理、处方病历书写等情况,并对问题进行通报。推出交通事故定点直赔服务。市卫生计生委联合市公安局、保险协会为交通事故受害人开辟绿色通道,提供定点医疗救治直赔服务,提高受害人救治和赔付的及时率,切实化解矛盾纠纷。

(刘海峰)

第 36 章　体育事业

责任编辑　王义云

综　述

2016 年,全市围绕“健康盐城”建设目标,不断巩固公共体育服务体系示范区创建成果。4 月 6—9 日,全国公共体育服务体系建设推进会在常州市召开,会议期间国家体育总局组织部分省(自治区、直辖市)体育部门主要负责人等近百人专程到盐城观摩,肯定盐城市在公共体育服务体系建设中的探索创新和取得的成果。全民健身设施取得新发展。全市建成 211 千米健身步道,其中大市区新建成 141.2 千米;在迎宾公园、鹤翔公园等 5 个公园内嵌入门球场、篮球场、足球场等体育元素,在大市区建成 4 个笼式篮球、足球合一的多功能灯光球场。体育组织不断健全。指导新成立市航空、马拉松、弹弓竞技 3 个市级单项体育协会和户外自驾等 4 个民办非企业单位。按照《盐城市市属社会组织服务全民健身实施办法》,向马拉松等 8 个协会购买公共服务,对乒乓球等 11 个协会、社团实施奖励性补助。全年新增二级社会体育指导员 1359 人,新增三级社会体育指导员 1778 人。1 人被评为江苏省十佳最美社会体育指导员,23 人获“江苏省 100 个优秀社会体育指导员、健身家庭、健身达人”称号,1 个家庭被评为江苏省十佳健身家庭。业余训练实现新突破。韦奕获第八届全国国际象棋锦标赛冠军,实现两连冠。受中国保龄球协会委托,盐城市组队代表中国分别参加东亚保龄球锦标赛和亚洲城市保龄球邀请赛并均获佳绩。市保龄球队还夺得全国青少年锦标赛全部 16 个项目中的 13 项冠军、6 项亚军、7 项季军。2005—2006 年龄组青少年足球队夺得江苏苏宁足球俱乐部首届青少年足球邀请赛冠军,并一举包揽最佳射手、最佳球员和最佳门将。2 位小球员入选 2016 年度“中国足球希望之星”,赴西班牙马德里竞技俱乐部留学 3 年。体育产业再上新台阶。举办中韩(盐城)体育文化系列赛事、第八届全球华人羽毛球团体锦标赛、2016 年中国盐城沿海湿地国际公路自行车赛、2016 年中国(盐城)国际象棋大师巅峰赛、全国沿海城市羽毛球精英赛和第 27 届迎新年万人长跑暨半程马拉松活动等体育赛事。体彩销售继续保持良好态势,销量居苏中、苏北前列,市场份额全省领先。整合已建成各类体育场馆,发展健身休闲、技能培训等体育服务业,引导体育消费,实现社会效益和经济效益的双丰收。

千人共跳一支舞。　　李思远摄

第一节　全民健身

2016 年,市体育局以“全民健身促健康,同心共筑中国梦”为主题,组织全民健身日、迎新长跑、老年人体育节、绿色骑行等大型活动和系列假日全民健身赛事,在全市常态化开展乒乓球、保龄球、太极拳、羽毛球、门球等群体活动。市体育实业发展有限公司、射阳县、建湖县成功创建省级体质测定与运动健身指导站。

举办市第27届迎新年万人长跑暨半程马拉松活动 12月30日上午，盐城市举行第27届迎新年万人长跑暨半程马拉松活动，1.2万名健身爱好者共同参与活动。活动分为全民健身组和半程马拉松组，全民健身组路线为：起点解放南路南环高架入口处，终点在西环路高架海洋路出口处；半程马拉松组路线为：起点南环高架与解放南路入口处，终点南环高架上，全程21.1千米。

举行第八个"全民健身日"活动 8月8日上午，庆祝第八个"全民健身日"活动在盐城师范学院新长校区体育场举行。开幕仪式上，市老年体协、亭湖区老年体协和亭湖区、盐都区的街道、社区健身爱好者展演健身腰鼓、太极拳、健身气功、广场舞、健身球等项目。

市广场舞代表队在全国和省级广场舞大赛中获奖 11月15—18日，在中国梦·舞九州——"领舞杯"2016年全国广场舞大赛决赛（海南陵水站）中，盐城市广场舞代表队获一等奖。10月，在全国广场舞大赛预赛（连云港东海站）中，市广场舞代表队获特等奖。年内，市广场舞代表队还在中国广场舞公开赛中获一等奖和优秀编排奖，在"舞动江苏"总决赛上获第四名，在首届江苏省广场舞精英赛上获广场舞的团体总分第四名、自编套路第二名、规定动作第四名和体育道德风尚奖。

第二节　群众体育

2016年，全市新增二级社会体育指导员1359人，三级体育指导员1778人，培养一级社会体育指导员94人，国家级社会体育指导员63名。按常住人口计算，万人拥有社会体育指导员36名。承办省一线社会体育指导员广场舞、排舞、手拍鼓、健身气功、拔河等项目再培训活动，700多人参加。

参加江苏省第七届全民健身运动会 年内，盐城通过购买公共体育服务形式，组队参加江苏省第七届全民健身运动会。盐城代表队参加30个大项200多个分项比赛，获组委会评选的"最佳参与奖"和体育道德风尚奖，并获乒乓球、三人篮球、跳绳、龙舟、健身腰鼓、广场舞、啦啦操、排舞、门球等项目的体育道德风尚奖，乒乓球、广场舞、健身腰鼓等近20个项目的优胜奖。

参加江苏省第八届农民运动会 年内，盐城市组队参加江苏省第八届农民运动会。市农民体育代表团90人参加17个项目的比赛，获12金、7银、5铜，居团体总分第二名，并获优秀组织奖、开幕式入场表演银奖和体育道德风尚奖。

第三节　竞技竞赛

一、体育竞赛

2016年，盐城承办江苏省少年儿童羽毛球冠军赛（第一站）、江苏省青少年击剑冠军赛（第一站）、江苏省青少年田径锦标赛（县组第二赛区）、江苏省青少年田径跳远项群赛暨训练营、江苏省少年儿童乒乓球传统校和俱乐部比赛、江苏省青少年举重冠军赛、江苏省青少年象棋锦标赛、江苏省第二届青少年足球精英赛（女子U11组）8项省级青少年赛事。举办市中小学生阳光体育运动联赛，设田径、羽毛球、篮球、游泳等17项比赛，全市的近4500名中小学生参加各项比赛。全年组织田径、游泳等20个项目参加各类省级比赛。

二、体育训练

2016年，盐城承办全省乒乓球、网球项目业余教练员培训班和省青少年户外营地网球训练营。大丰区少年体育学校（田径）、盐都体育学校（举重）、东台市少年儿童体育学校（田径）3所学校被省体育局命名为2016—2017年度高水平体育后备人才单项训练基地。年内，全市共向省优秀运动队输送5名优秀体育人才。具体人员为：沈珊荣（自行车），王艺睿、张艺潇（花样游泳），柏洁（排球），仇媛媛（乒乓球）。向省体校输送16名优秀体育苗子。具体人员为：李奕锋、仇智（篮球），孙明轩（田径），刘雨欣、成昊（射击），谢雨彤（乒乓球），刘宇轩、奚小雅、管熙（羽毛球），王昊、邱一峰（赛艇），孙袁乾（击剑），陈烨（网球），周沫（艺术体操），潘瑞辰（手球），耿安晨（散打）。

9人被授予"国家一级运动员"称号 年内，全市共有9人被省体育局授予"国家一级运动员"称号。具体人员为：费诗洋、祁正宇（田径），王译敏、王译婕（羽毛球），陆剑波、朱文昊、杨健、徐凯（乒乓球），刘雨欣（射击）。

40人晋升为国家一级裁判员 年内，全市有40人晋升为国家一级裁判员。具体人员为：许聪、汪东海、王国宝（乒乓球），陈俊廷（跆拳道），陆闯、孙远（田径），颜曹成、路兆亮、李广红（网球），张晓燕、孙丹、瞿树荣、颜艳、蔡亚（羽毛球），周兆峰（击剑），李红强（武术），杨明（信鸽），李新黎、陈少华、曹征梅、刘舒、许红、许芳、姚兰、田大铜（门球），徐忠、许越（国际象棋），吴雪、戴加权、唐明镜、童锐、蔡春旭、朱晓青、唐建宇（围棋），陆春光、孔春梅、徐建亚、陈洪书（象棋），智日存、钟慧莉（健美健身）。

第四节　体育设施

2016年，滨海县体育中心体育馆、阜宁县体育馆、射阳县体育馆、建湖县体育中心体育馆、建湖县体育中心体育场、东台市体育中心体育馆、大丰区奥体中心体育馆7个场馆被国家体育总局认定为丙类场馆，共获国家、省公共体育场馆免费低收费开放补助资金总金额365万元。盐城市全民健身中心游泳馆、盐城市温泉游泳馆、大丰区体育场、大丰区游泳馆、盐都区体育馆、盐都区游泳馆6个场馆被省体育局认定为丁类场馆，获江苏省公共体育场馆免费低收费开放补助资金总金额290万元。

第五节　体育产业

2016年，全市体育产业的质量、效益和增加值稳步提高，赛事运作、场馆多元化经营和彩票销售等居全省前列。先后承办2016年中国盐城沿海湿地国际公路自行车赛、2016年中国·射阳国际高尔夫球业余公开赛、国际男子篮球明星挑战赛（突尼斯—墨西哥）3项国际赛事，2016年第八届全球华人羽毛球团体锦标赛、2016年全国男子保龄球锦标赛（北方赛区）2项全国赛事。盐城市体育实业发展有限公司申报的2016年首届中韩（盐城）体育系列赛事项目、盐城市交通投资有限公司申报的“一蕊五片花”新型体育旅游综合服务区建设等6个项目获340万元省体育产业引导资金资助。全市体彩销售保持良好态势，销量依然保持苏中、苏北前列。年内，市体育局组织开展游泳救生员、游泳指导员、跆拳道指导员、健身教练项目国家职业技能培训鉴定工作，共有386人通过考核鉴定，获人社部统一印制、国家体育总局颁发的国家职业资格证书。

举办2016年中国盐城沿海湿地国际公路自行车赛　11月2日上午，2016年中国盐城沿海湿地国际公路自行车赛在盐城举行，“一带一路”沿线及相关国家和地区的19支UCI洲际职业队177名职业自行车运动员参赛。赛事由国家体育总局自行车击剑运动管理中心、江苏省体育局、盐城市政府联合主办，赛事起点为盐城东方集团，终点为盐城大纵湖旅游度假区，赛程全长151千米。比赛共设置个人成绩、团体成绩、个人积分、青年个人成绩、“大中华”个人成绩、“大中华”团体成绩和敢斗奖7个奖项，总奖金5万美元。经过3个多小时的追逐，意大利东南威廉洲际职业队Mareczko Jakub（马里斯科·杰卡普）以3小时20分28秒的成绩和19分的个人积分，获个人成绩第一、青年个人成绩第一、个人总成绩最佳和个人冲刺积分第一；中国捷安特卓比奥斯洲际队的薛朝辉以3小时20分30秒的成绩获大中华个人成绩最佳；拉脱维亚的瑞图—海豚洲际队获团体成绩最佳；中国香港洲际队获大中华团体成绩最佳；澳大利亚圣乔治梅里达洲际队的Harvey Benjamin（哈维·本杰明）获得敢斗奖。

举办中韩（盐城）体育文化交流赛　年内，盐城市全新打造中韩（盐城）体育文化系列赛事，力争以国际品牌赛事为载体，进一步扩大盐城的知名度和美誉度，借助体育赛事邀请世界走进盐城，同时推动盐城走向世界，打造盐城市全面融入“一带一路”国家倡议、全面策应健康中国建设和全方位加强对外交流合作的新平台。赛事由国家体育总局、中国象棋协会、中国大学生体育协会、中国围棋协会、江苏省体育局、盐城市政府联合主办，由中韩象棋 & 将棋大师双人赛、中韩大学生足球挑战赛和中韩围棋团体名人锦标赛组成。6月18—21日，“中韩象棋 & 将棋大师双人赛”在盐城经济技术开发区国际会展中心A馆举行，由中国象棋选手郑惟桐、赵鑫鑫、申鹏、陈幸琳，韩国象棋选手成愚济、金东学、朴瑛浣、郑元稙组成“中韩混合”队伍展开比赛。经过4天的角逐，冠军被韩国棋手朴瑛浣与中国棋手郑惟桐夺得，亚军为郑元稙、申鹏，季军为成愚济、赵鑫鑫二人，金东学、陈幸琳组合位列第四。8月8—11日，“中韩大学生足球挑战赛”在盐城举行，比赛邀请曾获得中韩两国大学生足球联赛前三名的中国南京大学代表队、延边大学代表队和韩国的湖南大学代表队、世京大学代表队参加比赛。最终，湖南大学两轮全胜积6分获得冠军，世京大学和南京大学均一胜一负同积4分，按净胜球计算世京大学获得亚军，南京大学和延边大学并列季军。9月19—21日，“中韩围棋团体名人锦标赛”在国际会展中心举行，由聂卫平、马晓春、常昊组成的中国队和徐奉洙、刘昌赫、李昌镐组成的韩国队，为广大围棋爱好者奉献3轮共9局的精彩对弈，最终中国队以4∶5惜败韩国队。

举办国际象棋大师巅峰赛　12月20—23日，2016年中国（盐城）国际象棋大师巅峰赛在盐城航空假日酒店举行，经过4天的角逐，盐城籍国际特级大师韦奕惜败匈牙利的国际特级大师拉波特。赛事由国家体育总局棋牌运动管理中心、中国国际象棋协会主办，省棋牌运动管理中心、盐城市体育局等合承办。该赛事系国际棋联等级分积分赛，同时也是为盐城培养的国际象棋特级大师韦奕量身定做的具有独立知识产权的国际单项赛事和盐城地方特色品牌赛事。

（潘允和）

第37章 社会保障

责任编辑 王义云

综 述

2016年，全市新增城镇就业超11万人，城镇登记失业率始终处于2%以内的较低水平。开展全民创业工作，成立盐城市创业联盟，建立在外有成人士信息库，实名返乡创业人数均居全省前列，4个青年项目获“中国创翼”青年创业创新大赛“金翼奖”。优化就业服务，为全市2500多家企业发放稳岗补贴、社保补贴、培训补贴等援企稳岗资金5000万元，入选省级高校毕业生就业见习基地数量列全省第一位，蝉联省家庭服务业职业技能大赛冠军，恒北村人社平台被表彰为全国行政村唯一的优质服务窗口。助推供给侧结构性改革，先后下调工伤、失业、职工养老保险费率，为全市企业减负5.5亿元。各项社会保险运行总体平稳，社保基金收、支、余均突破200亿元。推进机关事业单位养老保险制度、医保付费方式改革，“五险合一”社保服务大厅建成运行。推进全市城镇居民增收工作，及时调增退休人员养老待遇、被征地农民社会保障资金、居民医保财政补助标准，及时提高最低工资标准、工资增长指导线，帮助农民工追讨工资，及时帮助困难群体接续社保关系、托底就业，城镇居民收入同比增长8%。劳动人事争议调解服务平台专家受理案件占比居全省首位，劳动人事争议案件网上运行率保持全省三连冠。

第一节 劳动就业

一、就业和再就业

2016年，全市以高校毕业生、城镇登记失业人员、农村转移劳动力为重点，将服务企业引才用工和促进就业有机结合，实施创业带动就业，促进返乡创业就业。组织2.14万人参加创业培训，扶持2.45万人实现自主创业，通过扶持创业带动8.46万人就业。定期组织召开创业担保贷款联席会议，推进创业担保贷款发放工作，扩大发放范围，提高发放额度。全年全市共向2981名城乡创业人员发放小额担保贷款2.52亿元。建立创业引导专项基金和创业孵化基地，充分利用各类创业园区、各类市场等平台，结合城乡创业者的需求，建设一批市场型、门面型、楼宇型等多元化的创业载体，为城乡创业人员提供场地和资金支持，进行孵化培养，提高创业成功率。组织有创业愿望的城乡各类人员参加创业培训和专业技能培训，为符合条件创业者发放创业担保贷款，面向全市征集切合实际和需求的小本创业项目，充实和完善小本创业项目库，举办盐城市小本创业项目推介暨创业成果展示会。组织6个创业项目参加由人社部和中国宋庆龄基金会联合举办的第二届“中国创翼”青年创业创新大赛，获4个“金翼奖”和2个“银翼奖”。在全市组织开展以促进双失业人员、零就业家庭人员就业为重点，以社区为依托，以街道保障平台为载体，以落实再就业优惠政策为内容的“充分就业示范社区”创建工作，实施组织交流、现场观摩、评估验收等创建活动。亭湖区五星街道印汽社区申报创建国家级充分就业示范社区。全面推进“零就业家庭”就业援助工作，围绕确保“零就业家庭”至少1人实现稳定就业、动态消除“零就业家庭”的目标，动态消除“零就业家庭”37户。全年举办各种类型的下岗失业人员招聘洽谈会434场次，共为下岗失业人员提供有效岗位信息17.55万个，进行职业指导31.56万人次，职业介绍成功9.29万人次，帮助9300名就业困难的再就业援助对象实现再就业。

二、职业技能培训

2016年，市人社局以就业前培训、岗位技能提升培训和创业培训为重点，加快政策落实，密切校企合作，着力提升城乡劳动者就业创业能力。全年全市共组织城乡劳动者技能培训6.79万人，企业职工岗位技能提升培训3.33万人，创业培训2.14万人。全市技工学校共招生9610人，应届毕业生7035人，就业率99.6%；新增省级示范专业1个、精品课程3个、教学名师1名、重点专业2个、专业带头人6名。全市共有民办职业培训机构92个，全年培训3.53万人，结业3.13万人，结业率88.62%。

职业技能鉴定 年内，全市有10.8万人参加职业技能鉴定，8.53万人取得相应职业资格证书。组织全国、全省职业资格统考8185人。结合企业生产经营和职工岗位实际、开展企业技能人才评价26家，参评职工5252人，取得相应职业资格证书4274人，其中取得高级工以上职业资格证书2270人。

职业技能竞赛 年内，盐城组队参加第三届江苏技能状元大赛总决赛，获1枚金牌、5枚银牌、15枚铜牌，盐城市被授予大赛优秀组织奖；开展第44届世界技能大赛盐城选拔赛，组队参加全省、全国选拔赛，在全国选拔赛中获得1个第一名、1个第二名、2个第三名，入选国家集训队选手列全省首位，盐城技师学院成功创建第44届世界技能大赛电气装置项目中国集训基地；组队参加第七届全国数控大赛江苏选拔赛，获得2个第一名，有3名选手代表江苏省参加11月中旬在北京举办的全国决赛，获得2个第三名。

实施农村劳动力职业技能培训鉴定获证奖补 年内，市人社局做好农村劳动力职业技能培训鉴定获证奖补工作，规范职业技能培训鉴定获证奖补申领流程，增加奖补资金，扩大奖补工种，提高奖补标准，重点向技术技能型工种和市场紧缺工种倾斜，在技能培训的基础上，鼓励农村劳动者主动参加职业技能鉴定，取得职业资格证书，以技能鉴定促技能培训，以技能培训促技能就业。全年共有1.99万人享受省级财政安排的农村劳动力职业技能培训鉴定获证奖补资金1829.91万元。

三、基层平台建设

2016年，市人社局持续推进基层人社平台标准化建设和服务前移、职能下移工作，全面完成全市100%的镇（街道、园区）、100%的村（社区）人社平台达到“六项标准”要求的目标任务。至年底，大市区共建立镇（街道、园区）人力资源社会保障所54个，其中亭湖13个、盐都19个、开发区2个、城南新区4个、大丰区16个；共建立村（社区）人力资源社会保障站746个，其中亭湖178个、盐都256个、开发区33个、城南新区40个、大丰区239个；共为镇（街道、园区）人力资源社会保障所配备工作人员282名；共为村（社区）人力资源社会保障站聘用专（兼）职工作人员815名。

四、劳动工资水平

2016年，盐城进一步提高城乡居民收入水平，实现居民收入与经济增长同步、劳动报酬与劳动生产率提高同步；根据国务院《关于激发重点群体活力带动城乡居民增收的实施意见》要求，结合盐城市2015年经济和社会发展状况及2016年经济和社会发展目标，明确2016年全市企业工资增长指导线为12%。

第二节 社会保险

一、职工养老保险

2016年，全市参加企业职工养老保险人数114.5万人，实际缴费人数111.01万人，企业职工养老保险基金总收入91.44亿元，全市企业离退休人数42.7万人，全市全年支付企业离退休人员养老金90.24亿元，社会化发放率达100%。其中，市区参加企业职工养老保险人数28.97万人，实际缴费人数28.1万人，企业职工养老保险基金总收入23.71亿元，市区企业离退休人员7.91万人，市区全年支付企业离退休人员养老金20.52亿元。3月，盐城市建立社会保险全民参保登记工作督查机制和定期通报制度，对各地全民参保登记的组织推动、入户调查、信息采集录入等工作细化考核。5月，盐城市被人社部确定为全民参保登记计划扩大试点地区。6月底，全市累计调查入库239.74万人，提前半年完成省下达的全民参保登记任务。9月，制定出台全民参保登记计划长效管理机制，加强人社部门与公安、卫计、税务、教育、工商、民政、机构编制等部门的衔接，实现部门间工作力量合成、信息资源共享，巩固全民参保登记成果。在省内率先推行社会保险“交叉稽核”模式，从县区社会保险经办机构抽调人员成立4个稽核工作小组，每组负责两个县区，并统一工作标准和稽核流程。此次交叉稽核共选择16户参保企业，查阅职工花名册、工资发放表、财务统计报表、企业年报等资料。检查中发现有4户企业存在少报社会保险缴费基数现象，共少报基数833.9万元，少报社会保险费364.4万元。经督促整改，存在问题的企业在9月底前将少缴的社会保险费全部补缴到位。4—6月，市本级和亭湖区、市经济技术开发区、城南新区的社保经办机构组织业务骨干开展“社会保险宣传季”活动，到基层宣传全民参保登记计划、工伤保险“同舟计划”以及各项社会保险的政策知识、业务经办流程，共在市区范围内的13个街道、78个社区开展集中宣传咨询服务活动6轮，累计接待群众1万余人次，现场发放宣传手册8000余份。贯彻执行省人社厅、财政厅《关于阶段性降低企业职工基本养老保险费率的通知》精神，从2016年5月1日起至2018年4月30日止，全市阶段性地将企业职工基本养老保险单位缴费比例从原来的20%降至19%，个人缴费比例仍为8%，个体工商户及其雇工、灵活就业人员的缴费比例仍维持20%不变。调整对象为参加企业职工基本养老保险并在2015年12月31日前办理退休、退职或领取定期生活费手续的人员，调整时间从2016年1月1日起执行。调整办法由固定额、与缴费年限挂钩和与本人基本养老金挂钩三部分组成。其中，固定额部分为每人每月增加45元，与缴费年限挂钩部分为每满1年每月增加2.4元，与养老金挂钩部分按照退休人员本人调整前月基本养老金的2.3%挂钩。此外，继续对高龄企业退休人员适当增发养老金，年满70周岁、75周岁和80周岁的退休人员每人每月分别增发20元、30元和40元。该次调整共设计全市企业退休人员41.27万人，人均每月增加养老金148.3元。5月起，市区正式启用养老金领取资格认证“人脸识别”系统。相对于以往的资格认证方式，“人脸识别”认证模式仿冒领功能强大，识别率达99%以上，最大限度防止冒领和骗取养老保险金现象发生；可实现远距离认证，身处异地的企业退休人员通过手机、电脑等终端即可完成资格认证。

二、机关事业养老保险

2016年，机关事业养老保险当期应收保费15.8亿元，实收15.5亿元，收缴率98.3%；市直应收养老保险费21368万元，实收21363万元，收缴率99.98%。全市离退休人员养老金社会化发放率继续保持100%。推进机关事业养老保险工作，11月，市政府印发《盐城市人民政府关于机关事业单位工作人员养老保险制度改革的实施意见》。按市人社局组织开展机关事业单位工作人员视同缴费指数测算和过渡期内退休人员养老金新老办法对比验算工作，重新确定中人缴费指数调节系数，修改完善指数测算分析报告，并代表苏北五市向省人社厅专题汇报指数测算工作情况和验算结果，得到省人社厅养老处的肯定；会同市财政局下发《盐城市级机关事业单位工作人员养老保险视同缴费指数表的通知》；按照省人社厅全业务上线的要求，拟定并下发《市级机关事业单位养老保险制度改革人员核定工作的通知》和《开展机关事业单位养老保险参保登记申报工作的通知》，协调组织、编制、财政等部门共同参与初次参保单位申报登记和人员核定工作，及时启动市直机关事业单位人员核对和参保登记等经办工作。

三、城乡居民养老保险

2016年，全市城乡居民基本养老保险累计参保188.29万人，参保率99%，续保率95%，征收保费11.49亿元，人均每年缴费540元；60周岁以上城乡居民领取基础养老金131.06万人，领取率100%，被征地农民社会保障覆盖率100%；全市"四个不出村"标准化建设覆盖率达13%。调增城乡居保基础养老金最低标准，由2015年每人每月105元调增为每人每月115元，其中，大丰区在该基础上，提高到每人每月125元；射阳县对失独家庭的基础养老金加发10元；建湖县增设缴费年限养老金，按照标准档500元及以上缴满15年的，月基础养老金标准增发30元，达到苏北最高水平。探索建立"互联网+城乡居保"网上服务平台，开发网上服务核心平台、微信公众号和掌上城乡居保APP，以省城乡居保信息系统为依托，构建"网上服务核心平台"和"掌上城居保"为核心的虚拟业务经办平台，自助办理参保登记、转账缴费、待遇支付、生存认证、权益查询等业务，实现"能自助办理业务随时办，能不出门的业务在家办"，让广大城乡居民一站式、全天候、零距离的自助服务。

四、医疗保险

2016年，全市职工基本医疗保险参保人数129.69万人，征收基金40亿元。全市城镇居民基本医疗保险参保人数129.07万人。帮扶低保、特困、重残等困难群体缴纳城镇居民医疗保险费，托底保障受益人群总计5.20万人。强化医保协议管理，扩大与医疗机构协商范围，全面实施总量控制，对医疗机构的总控实施率达到63%，基金控制总量达到可供总量的96%；扩大复合式结算实施范围，制定130个病种和20种日间手术按病种、按术种付费标准，出台按病种付费管理办法；实行医疗费用支出情况通报制度和控费措施共商机制，使医保费用上升把握在可控范围内；结合分级诊疗，完善基层签约首诊管理和门诊统筹按人头付费办法，政策待遇上继续向基层倾斜。全面启用定点零售药店远程视频监控系统，通过制定工作细则、明确人员分工，实行划片监管，采用重点监控与一般监控相结合、实时监控与视频回放相结合的方式，实施市区定点零售药店全覆盖，推进医疗监管从事中、事后监管向事前预防转型升级。扩大省内异地就医联网结算范围，完成县（市、区）40家乡镇卫生院医保信息系统改造，全市共有92家定点医疗机构纳入省异地就医平台；作为国家跨省异地就医的试点地区、首发城市，完成联网结算系统平台改造，全市16家定点医疗机构纳入跨省异地就医联网结算系统。建设医保智能服务新平台，推出"盐城医保通"手机APP，为参保人员提供医疗账户余额、参保缴费明细、就诊报销记录等查询功能，公布医保政策动态、医保药品目录、定点医药机构资料等信息，实现医疗保险业务自助经办服务；持续拓展服务范围，开通网络互动渠道，构建参保人员"随身携带的医保线上服务大厅"。

五、生育保险

2016年，全市参加生育保险人数71.26万人，其中市区参加生育保险人数18.82万人；全市生育保险基金总收入1.56亿元，其中市区生育保险基金总收入0.54亿元；全市生育保险待遇支付1.78亿元，其中市区生育保险待遇支付0.65亿元。

六、失业保险

2016年，全市失业保险参保人数74.37万人，市直参保人数12.23万人，失业保险参保率90%，征收基金4.09亿元，由于2016年失业保险费率政策性下调25%，基金征收额实际比上年下降8.3%。全年共为2.21万名失业人员发放失业金1.26亿元，市直共为4716名失业人员发放失业金2757.9万元。清收改制破产企业陈欠的失业保险费，加强失业保险的审核和稽核工作，规范参保单位的缴费行为，全年追收陈欠失业保险基金1951.87万元，其中市直清收260.78万元。全年全市共为830家企业发放失业保险稳岗补贴4635.79万元，受惠职工13.84万人。

七、工伤保险

2016年，全市参加工伤保险人数85.57万人，其中市区参加工伤保险人数19.19万人；全市工伤保险基金总收入2.95亿元，其中市区工伤保险基金总收入0.77亿元；全市工伤保险待遇支付1.97亿元，其中市区工伤保险待遇支付0.46亿元；全市工伤事故备案累计4474起，通过工伤快速认定程序认定工伤195件，通过工伤医疗绿色通道快速救治228人。3月28日，《关于调整工伤保险基准费率的通知》发布。通知规定从2015年10月起将全市行政区域内用人单位的工伤保险基准费率由原来的0.8%、1.6%、2.4%3个类别调整为0.6%、0.8%、0.85%、1.2%、1.4%、1.6%、1.7%、1.9%8个类别，平均费率由1.35%降至

0.89%，其中从2015年10月1日至2018年12月31日，市直、亭湖区、开发区和城南新区在全市基准费率的基础上再下浮25%，平均费率降至0.73%。调整对象为2016年6月30日前领取伤残津贴的工伤人员、领取生活护理费的工伤人员以及领取供养亲属抚恤金的人员。伤残津贴方面，一级至四级工伤人员，每人每月分别增加163.9元、155.6元、148.1元、140.2元；与原用人单位保留劳动关系的五级、六级工伤人员，每人每月增加7.5%；生活护理费方面，按照生活完全不能自理、大部分不能自理和部分不能自理3个等级，月标准调整为2182.9元、1746.3元和1309.7元；工亡人员供养直系亲属抚恤金方面，每人每月增加7.5%。按照人社部、省人社厅关于开展工伤保险"同舟计划"——建筑业参加工伤保险专项扩面行动计划的部署要求，盐城市重点开展建筑施工企业摸底和工伤保险政策宣传活动，利用电视、报刊、网络以及街头悬挂横幅、设立宣传咨询点等方式，以建筑工人特别是农民工为主要对象，集中宣传建筑业参加工伤保险尤其是按项目参保的政策措施。至年底，全市建筑业按项目参加工伤保险共有895个，参保人数共计5.78万人。

八、规划财务和基金监督

2016年，全市新增城镇就业11.09万人、下岗失业人员再就业6.88万人、援助就业8100人，转移农村劳动力3.91万人，城镇登记失业率1.85%，保持在全省较好水平；企业职工养老保险、城镇职工医疗保险、失业保险、工伤保险、生育保险参保人数分别达114.5万人、129.69万人、74.37万人、85.35万人、71.26万人，城乡居民养老保险参保率和基础养老金发放率均达99.85%以上，社保基金总收入208.91亿元，年末滚存结余182.04亿元。宣传落实《江苏省社会保险基金监督条例》，维护社会保险基金的安全与完整，开展社会保险基金监督管理情况专项检查、企业职工退休审核审批专项检查，继续组织射阳县开展社会保险基金安全评估试点工作，并对市级社保基金进行内部审计。

第三节　住房保障

一、保障性住房

2016年，全市新开工建设各类保障性住房1.53万套，基本建成1.71万套。其中，市区（含盐都区、亭湖区、市开发区、城南新区）新开工建设各类保障性住房3680套，基本建成4260套。全年全市新增保障家庭3.41万户，其中市区新增6976户。全市累计保障家庭32.57万户，其中市区8.74万户。全年全市争取中央、省财政补助资金3.87亿元，其中市区9799万元。全市棚户区改造项目争取到国开行50亿元政策性优惠贷款，市区争取中央、省财政补助资金4098.13万元，其中中央财政城镇棚户区改造专项资金1157.7万元、省级保障性安居工程建设引导资金250.43万元。

公共租赁住房　年内，市区公租房准入条件中家庭人均收入标准由原来的每月1480元，调整为每月1540元。全年全市因住房和收入条件改善而退出公共租赁住房和经济适用住房保障的家庭近90户，其中市区42户。

经济适用住房　年内，市区经济适用住房准入条件中家庭人均收入标准由原来的每月1670元，调整为每月1800元。市区开展经济适用房拓展保障范围试点工作，将新就业人员和外来务工人员纳入市区经济适用住房的保障范围。全年完成276户经济适用房轮候家庭选房。通过住房保障动态管理"季审"工作，核查取消市本级173户收入或住房条件改善不符合经济适用房保障轮候资格，取消市本级2次未购经济适用房215户住房保障轮候资格。核查发放港湾明珠等小区经济适用房准购证619户。

限价商品房（安置房）　全年市区基本建成（竣工）限价商品房（安置房）1711套。全年为市区10个城建重点项目提供686套房源计划，安置1026户873套。

棚户区（危旧房）改造　年内，市政府出台《关于加快全市棚户区（危旧房、城中村）改造工作的意见》《市区2017—2018年度棚户区（危旧房、城中村）改造计划》《市区内环高架沿线棚户区（危旧房、城中村）改造计划》《盐城市区棚户区（危旧房、村中村）改造货币化安置实施办法》，加强棚户区（危旧房）改造工作。全年市区棚户区（危旧房）完成改造5560户，其中货币化安置3948户，货币化安置比例71%。至年底，市区棚户区改造累计获国开行授信78.8亿元，实际到账52.32亿元；农行授信15亿元（盐都区高新区），农发行授信10.17亿元（亭湖区大洋街道、盐东镇）。

公房管理　年内，市房管局推动住房保障家庭收入、房产等联动审核机制，实现规范化、动态化管理。规范有序组织市本级经济适用房、公租房轮候对象选房、安置工作，年底全面完成市本级住房保障轮候家庭的安置工作。完善公（廉）租房产权产籍、经租资产台账，保证国有资产产权明晰。保障房分配安置工作实行"一站式"办理、"一条龙"服务，定期开展"优质服务进保障房小区"活动。做好市区房屋租赁管理工作，年内办理备案登记866户，建筑面积9.4万平方米。至年底，市房管局管理的直管公房231户，建筑面积8689.2平方米；营业用房36户，4628.9平方米；公（廉）租房1859户，建筑面积9.71万平方米。（王　莉　姜　敏）

二、公积金管理

2016年，全市新纳入住房公积金保障8.07万人，归集住房公积金53.12亿元。全年全市提取住房公积金41.31亿元，发放住房公积金贷款59.45亿元，个贷逾期率为0.049‰，个贷比133%，实现增值收益1.55亿元。

归集拓面　年内，市住房公积金管理中心继续开展住房公积金扩面三年行动计划，通过宣传引导、政府推动、部门联动、依法行政等措施，推进全市住房公积金扩面工作。全年开展媒体宣传200多次，寄发催建催缴信函3000多封，深入企业实地走访1万多人次。建立健全行政执法工作领导机制、后勤服务与行政执法同步保障机制，推动基层住房公积金行政执法工作，全年立案71件，发放处罚听证通知22份，发放处罚决定书4份，组织重大案件审议小组会议2次，终止执法流程28件，行政执法成为全市规范住房公积金缴存行为的重要推手。强化受托银行业务考核，完善《存量资金管理办法》，激发受托银行扩面积极性。扩大住房公积金覆盖人群，维护和保障职工权益。

使用管理　年内，市住房公积金管理中心统一上调住房公积金活期和定期账户存款利率，2016年度计息1.56亿元，人均256.75元。出台《关于减轻企业负担降低住房公积金缴存比例或缓缴住房公积金的意见》，细化降低缴存比例的内容和要求，加大对生产经营困难企业的扶持力度。至年底，累计降低缴存比例企业62个，减轻企业负担142.18万元。出台《关于调整住房公积金相关政策的通知》，取消办理委托提取住房公积金逐月归还住房公积金贷款必须满足账户内有6个月还款额的限制性条件；对夫妻双方办理住房公积金贷款后离异并申请变更借款人信息的情况进行明确规定。探索出台《阜宁农民工以及外来务工人员等“新市民”住房公积金建制补贴政策》，至年底，累计办理“新市民”缴存登记10人，归集住房公积金6.55万元；申请住房公积金贷款3笔、金额75万元，其中发放到位2笔45万元；政府补贴资金划拨并分解到“新市民”个人账户。继续开展“公转商贷款”业务，累计发放公转商贴息贷款7839笔23.68亿元。支持“6·23”特大龙卷风冰雹灾害受灾职工重建家园工作，受灾职工只要提供相关的受灾证明就可以提取公积金账户余额用于灾后重建。全年市住房公积金管理中心通过银行授信融资23亿元（其中已使用14.5亿元），与建设银行办理存单质押贷款1.25亿元，避免“断贷”“轮候”的现象。为确保住房公积金使用公平合理，根据“稳房价”的新要求，先后2次调整住房公积金使用政策，对累计贷款额度已达最高贷款额度的缴存职工家庭暂停发放住房公积金贷款。　（宋得蓉）

第四节　社会救助

2016年，全市共有城乡低保对象12.5万户21.9万人，其中城市低保对象2万户3.7万人，农村低保对象10.5万户18.2万人；城乡低保标准分别达到每人每月530元和430元。特困人员供养能力明显提高，并逐渐与城乡居民基本养老保险、基本医疗保障、最低生活保障、孤儿基本生活保障等制度相衔接。全市共有农村“五保”（保吃、保穿、保住、保医、保葬）供养对象2.9万人，其中集中供养对象近9000人，分散供养对象2万人。集中供养率达30%。全市农村“五保”集中供养平均标准为每年8936元，分散供养平均标准为每年7574元，市区城市“三无”（无劳动能力、无生活来源、无赡养人和抚养人）老人供养标准为每人每月1350元，全年累计发放特困人员救助供养金2.2亿元。全市建有农村敬老院147所，县级以上社会福利院9所，有床位1.5万张，护理型床位达到20%。

临时救助　年内，市人社局对临时救助制度的对象范围、标准制定、申请审批程序、资金渠道等进行细化、实化。全市累计实施临时救助6万次，支出临时生活救助金4000多万元，发挥临时救助制度在保障急难型贫困家庭、支出型贫困家庭和贫困新居民家庭基本生活中的重要作用。

第五节　社会福利

2016年，根据《盐城市人民政府办公室关于加强孤儿保障工作的意见》要求，全面建立孤儿养育标准自然增长机制，机构养育孤儿基本生活保障标准达到每月1950元，社会散居孤儿达到每月1200元。根据民政部开展的全国第二批适度普惠型儿童福利制度试点和省政府部署的困境儿童分类保障政策，市政府出台《关于推进适度普惠型儿童福利制度建设的实施意见》，成立市未成年人社会保护和适度普惠型儿童福利制度工作领导小组，加快适度普惠型儿童福利制度试点工作步伐，构建以家庭养育为基础、机构收养为骨干、社会服务为依托、资金保障为后盾的适度普惠的孤困儿童福利体系，年内，盐城困境儿童基本生活补助达到每月600元，监护人监护缺失儿童基本生活补助达到每月950元。

落实残疾人2项补贴　（参见第352页相关内容）

第六节　执法维权

一、监察执法

2016年，全市联动举报投诉平台共受理咨询、投诉、举报等2.13万条，开辟劳动者维权绿色通道。优化网格设置，全市共设置一级网格137个、二级网格477个，兼职监察员192人，网络联通率100%。结合工作要求，提升网格运行效能，网上办理案件1253条，录入书面审查用人单位信息2万条，完成目标任务的107.9%，采集入库用人单位2.39万户，录入日常巡查用人单位信息4788条，录入专项检查信息1807条，接待来访咨询人员3.73万人。开展劳动保障监察两网化示范县（市、区）创建活动，大丰区、阜宁县被评为省级示范创建县（市、区）。全年接待来访咨询人员3.73万人，受理举投诉报案件1253件，书面审查用人单位2万户，巡查用人单位6595户；开展农民工工资支付情况、清理整顿人力资源市场秩序、用人单位遵守劳动用工和社会保险法律法规情况、夏季高温津贴发放情况等一系列专项行动；启动劳动保障监察应急预案，加强休息日、法定假日应急待警工作。通过专项检查，共责令用人单位累计为4626名劳动者补签劳动合同；责令68户用人单位为1440名职工办理社会保险登记手续；督促283户用人单位为1051名劳动者补缴社会保险费628万元。建立住建、工会、工商、国资、公安等部门解决农民工工资支付问题长效机制，实行24小时值班待警制度，投诉举报电话“12333”畅通，建立农民工工资支付绿色通道，并在全市范围内开展农民工工资支付专项检查活动。全市共抽调185人成立36个检查组，对1624个用人单位进行检查，涉及劳动者11.63万人，督促责令支付7970名农民工工资5761万元。全市37起拖欠工资案件移送公安部门处理，维护农民工的合法权益。在全市劳动保障监察中开展"劳动监察效能提升年"活动，加强劳动保障监察队伍及作风建设。坚持每周例会、每月案件过堂制度。通过案件过堂，交流案件办理情况，讨论重大疑难案件，组织全市劳动监察典型案例研讨，开展结构化说案竞赛活动，组织劳动监察案件卷宗评比。开展"树形象、强服务、全面提升劳动监察效能"活动，将日常理论、业务学习形成制度化正常化。全市共配备81名专职劳动保障监察员、192名兼职劳动保障监察员和488名劳动保障协理员。

二、劳动人事争议调解

2016年，全市各级劳动人事争议仲裁机构和调解组织共接处案件5415件。其中，立案受理案件1526件，涉及职工1690人，涉案金额达到6544万元，当期结案1536件，累计结案率为100%。全市各级仲裁机构全面运行江苏省劳动人事争议仲裁信息系统，立案受理案件实现网上运行率100%。仲裁结案率、信息系统网上运行率2项指标位列全省第一位。江苏省劳动人事争议调解服务平台受理案件数3165件，调解成功率97.73%，调解专家工作满意度达100%。省调解平台受理案件数占仲裁机构立案受理案件数的比例高达207.4%，位列全省第一。仲裁机构当期结案的1536件案件中，仲裁裁决416件，其余1120件均是通过仲裁调解或其他方式结案，仲裁调解等方式结案率72.9%，仲裁重点指标全面超额完成。做好省级调解服务平台的推广运用。明确专人负责调解服务平台数据监测，定期通报各地平台案件运行情况。定期召开调解平台运行情况分析会议，研究当前平台案件中劳动争议的特点、规律、成因和预防措施。印制《盐城市劳动人事争议调解仲裁服务指南》，在多家媒体以及省、市人社网站刊登宣传调解平台工作成效、申请调解流程以及调解专家情况。举办要素式庭审和仲裁裁决书制作专题讲座，对仲裁要素式庭审和仲裁裁决书制作作专题讲解，全市60多名仲裁办案人员参加培训。举办仲裁员业务能力提升班，组织全市41名仲裁员赴北京高级公务员培训中心集中培训一周。举办岗位业务技能竞赛，举办盐城市劳动人事争议仲裁书制作竞赛，全市38名仲裁员参赛，竞赛前十名选手受到表彰奖励，提升仲裁队伍的业务素质。指导县(市、区)严格对照条件把好新聘人员入口关，组织全市18人参加省厅仲裁员聘前培训班，考试成绩全部合格。推进东台市三仓、大丰区南阳巡回仲裁庭建设，2个巡回仲裁庭通过省人社厅验收，初步发挥巡回仲裁庭辐射周边、及时解决劳动争议的作用。盐城市专门出台《关于印发2016年创建基层调解仲裁示范单位工作方案的通知》，明确省级巡回仲裁庭示范单位建设的具体目标任务、步骤要求、工作责任、督查考核等内容。成立工作领导小组，强化组织领导，负责项目督查推进和工作衔接。市人社部门会同司法、综治、工会等部门合力加强基层调解组织建设，出台《关于加快全市专业性劳动人事争议调解组织规范化建设的通知》，对基层调解组织规范化建设进行全面部署，提出具体目标要求和步骤措施。各县(市、区)落实省市文件精神，推进调解组织建设。至年底，全市共建立企业劳动争议仲裁委员会1100多家，乡镇街道劳动人事争议调解中心140个。市本级通过调查摸底、电话联系、宣传发动，指导市直130多家企业建立企业劳动争议调解委员会。

三、为农民工服务

2016年，市人社局会同市人才办、市电视台举办首届"最美新盐城人"颁奖活动，表彰奖励尼古拉斯·安东尼·玛丽亚、黄荣三、沈小全、林旭、董立静、夏志杰、赵志刚、王文文、董为民、郭军华10名"最美新盐城人"并颁发证书和奖金。开展农民工推先评优工作，刘秀丽、宋海兵、吴玉建、董高静、郭友强、郭禄6名农民工被评为全省优秀农民工，陈二霞被省总工会授予"江苏省劳动模范"称号，滨海县人社局和市交通局工委被评为全省农民工工作先进集体。开展家庭服务职业培训示范基地建设工作，全年评定3家盐城市家庭服务职业培训示范基地，江苏盐城技师学院被省人社厅评为全省首批省级家庭服务职业培训示范基地。组队参加2016年全省家庭服务业职业技能大赛，盐城市获团体第一名和家政服务员、养老护理员两个单项第一名。盐城市家庭服务业协会被评定为AAA级社会组织。1—3月，市人社局制定春风行动实施方案，做好春运期间农民工有序流动工作，组织开展以"求职就业有门路，岗位信息送到家"为主题的春风送岗位活动周，通过开展摸底调查、集中发放"春风卡"、送岗下乡、多渠道发布就业信息、开展劳务对接、结合基础设施建设项目吸纳就业、鼓励职业中介开展诚信服务、组织技能培训等，为进城务工的农村劳动者提供有针对性的就业服务。活动期间发放"春风卡"2万份、岗位信息2万份、农民工维权手册15.8万本，提供免费服务16.9万人次，提供劳动维权服务和法律援助6378人。深化外省劳务协作，组织到湖北、湖南等劳务协作基地，开展跨省招聘活动19场次，参加企业61家，提供招聘岗位2496个，协议录用人数712人，协议培训人数152人。服务于农村劳动力创业就业工作，推进农村劳动力转移就业持续增长。全市累计转移农村劳动力205.23万人，其中劳务输出127.37万人。全年新增转移就业3.91万人，完成年度目标的139.64%。

（殷开丰）

第 38 章　社会事务

责任编辑　王义云

第一节　双拥优抚

一、双　拥

2016 年，盐城市制定下发《关于落实 2016 年度军地互办实事项目的通知》《2016 年度军地互办实事计划》，继续在全市开展“军地互动、互办实事，我为双拥争贡献”活动。全市地方基层单位和个人与驻盐部队结对子数 403 个，办实事数 411 个，重点实事数 22 个，重点实事投入资金 4678 万元，合计总投入资金 5225.2 万元。部队主动与地方基层单位及个人结对子数 144 个，实事数 92 个，投入资金 70.05 万元。年内，符合学前教育及义务教育条件的军人子女共 63 名（幼儿园 21 名、小学 33 名、初中 9 名）。经市双拥办和军分区与市教育局协调，当年入学入托的军人子女全部进入学校就读。按照国家和省双拥办相关通知要求，根据市委、市政府和军分区军民融合深度发展需求，市双拥办与市人社局、司法局、卫生局、文广新局、体育局、教育局、农委 7 家单位进行沟通协调，并与军分区政治部共同下发《关于成立驻盐部队科技拥军“专家人才库”的通知》，建成由 39 名专家组成的盐城市科技拥军“专家人才库”。

二、优　抚

2016 年，全市为 6 万多名抚恤优待对象支付各类抚恤、补助资金 3.9 亿元，较上年同期增加 5700 多万元。各县（市、区）全部按不低于上年度城镇居民人均可支配收入 45% 标准发放的要求，兑现 2015 年度城乡义务兵家庭优待金，共为 6600 多名义务兵家庭发放优待金 7600 多万元。优抚对象的抚恤补助标准大幅提高，10 月，一级因战残疾军人抚恤补助标准增加到每年 66230 元，烈属抚恤补助标准增加到每年 23953 元，抗战复员军人补助标准增加到每年 16883 元。

三、安　置

2016 年，盐城市出台《关于印发〈盐城市市直符合政府安排工作条件退役士兵积分选岗办法（试行）〉的通知》，按照国家最新积分选岗规定，加强组织领导，制定科学方案，健全考核体系，完善监督机制，推进安置工作健康持续发展。出台《盐城市实施军队离休退休干部服务管理办法》，推进军休工作科学化、规范化、标准化建设。年内，全市接收上一年冬季退役士兵 3738 人，参加教育培训 3417 人，参训率 91.41%，参加中高级职业技能培训通过 2928 人，通过率 95.53%，参加初级职业技能培训通过技能鉴定 295 人，合计通过技能鉴定 3223 人，通过率 94.32%。

（全　鑫）

第二节　慈善事业

一、盐城市红十字会

2016 年，全市各级红十字会开展红十字会核心业务和“6·23”龙卷风冰雹特别重大灾害救灾救助工作，发挥党和政府人道领域助手和联系群众桥梁纽带作用。市红十字会总结评估“十二五”规划执行情况，围绕全市中心工作和省红十字会“十三五”规划相关目标任务，征求各县（市、区）红十字会、市红十字会理事、常务理事意见，修改后与市发改委联合印发《盐城市红十字事业“十三五”时期发展规划》。市红十字会医院 1 万平方米业务楼建设项目土建工程结束，进入装修阶段。市红十字会备灾救灾中心二期 3000 平方米仓储楼基本完成开工前项目报批工作。市红十字会获得全国红十字会系统报刊宣传工作先进集体特等奖、全国红十字防灾避险知识竞赛一等奖、2016 年高校“博爱青春”志愿服务活动组织奖、全省应急救护技能竞赛三等奖；被市委宣传部表彰为“三下乡”工作先进集体。至年底，全市共有基层组织 1213 个，会员 6.25 万人，志愿者 1.86 万人。

灾害救援　“6·23”阜宁、射阳特大龙卷风冰雹灾害发生后，市红十字会立即召开会议部署救灾工作，开展救灾募捐工作，市红十字会干部和市红十字会应急救援志愿服务队志愿者第一时间赶往灾区开展救援工作。6 月 23 日夜，向江苏省红十字会紧急汇报灾区初步灾情，请求调拨灾民急需的应急避难、生活物资、药品等救援物资。6 月 24

日，1500 顶帐篷、3000 只家庭包及时运达灾区。在紧急救援阶段，市、县红十字会先后共组织 1560 人次红十字志愿者赴灾区参与救灾，出动自驾汽车 46 台次，将 90 多名受伤灾民送到医疗点，共搭建帐篷 1200 顶，搬运发放救灾物资 110 吨；共筹集 3521.56 万元各类救灾款物用于救助灾民和灾后重建。救援阶段工作结束后，市和阜宁、射阳县红十字会迅速将工作重点转入灾民安置点的援建，做好红十字会援建项目对接工作，市红十字会领导多次到阜宁县板湖镇戚桥、邵湛和射阳县经济开发区陈洋灾民安置点现场指导援建项目工作，落实省红十字会对援建工作的要求，把援建项目建成“红十字博爱家园”。

防灾减灾　开展防灾减灾日宣传活动，组织全市 7 万名红十字青少年、会员、志愿者参加全国红十字防灾避险知识竞赛活动。市红十字会获全国最佳组织一等奖。在盐城市建军路小学开展红十字青少年地震逃生演练暨“应急救护安全大篷车”校园行活动，该校六年级 225 名师生参加演练和应急救护培训。

博爱助困　2016 年元旦、春节期间，全市红十字会系统开展第 20 个“红十字博爱送万家”活动，累计发放 370.21 万元救助款物。其中，市红十字会组织筹划送温暖系列活动，参加全市 2016 年文化科技卫生“三下乡”活动，慰问社区困难群众、失能老人、麻风休养员、贫困中小学生、结对帮扶、牵手致富困难家庭等，救助社会困难群众。

博爱助学　推进“红十字博爱助学”项目，加大对孤儿和贫困学生的救助力度。市红十字会、市教育局联合实施“红十字助学圆梦”项目，向市直 350 名家庭困难学生发放助学款 10.5 万元；市红十字会在盐城工学院实施“红十字助学圆梦”项目，救助 50 名家庭困难大学生，每人发放助学款 1000 元。市红十字会实施“圆梦起航——博爱助学”项目，经过筛选、审核、公示，向全市 55 名家庭困难的大学新生每人发放助学款 4000 元。市红十字会与爱心企业、爱心人士联合开展定向助学、助孤活动，共救助 196 名家庭困难学生和孤残儿童，发放助学和慰问款物 11.2 万元。全年全市红十字会系统共救助孤儿和困难学生 2560 人次，发放救助款物 172.74 万元。

博爱助医　实施“红十字博爱助医”项目，帮助家庭困难患者缓解看病困难。市红十字会与市卫计委联合开展红十字助医惠民活动，救助市中医院家庭困难患者 52 人，发放助医款 5.2 万元。与爱心企业联合开展“博爱助医”活动，共募集项目捐款 5 万元，定向救助市二院家庭困难肿瘤患者 32 人，发放助医款 4 万元。市红十字会参与市社会救助中心对困难群众服务工作，将中国红十字会总会“小天使”“天使阳光”救助项目纳入该中心集中办理内容。全年全市共办理“小天使”基金申请 31 人，有 28 名白血病儿童每人获 3 万元的资助；共办理“天使阳光”基金申请 3 人，其中 2 名先天性心脏病患儿每人获 2 万元的资助。全市红十字会系统博爱助医共救助困难患者 2504 人次，发放助医款 209.49 万元。

博爱助老　实施“红十字博爱助老”项目，春节前夕市红十字会向亭湖区五星、文峰 2 个街道的 50 名社区孤寡和失能困难老人每位发放 500 元救助款；慰问东台市麻风残老康复村 31 名休养员，向每位休养员发放 500 元慰问金和一份博爱大礼包。重阳节前夕，慰问市社会福利院老人，发放 2.5 万元慰问款物。市红十字会发挥红十字志愿服务基地作用，由市红十字会“仁爱之子”志愿服务队有计划排班，每周安排志愿者为市社会福利院老人开展保健足疗、理发、读书、表演节目、陪老人聊天、逛公园等服务。全年全市红十字会共慰问失能困难老人 1785 人次，发放救助款物 89.87 万元。

博爱家园　市红十字会在盐都区盐渎街道福才社区开展“博爱家园”试点工作，在盐渎街道福才社区开元路服务站建立 700 平方米的“博爱家园”基地和红十字服务站，在社区直接联系的 4 个小区分设红十字服务点。盐城市“博爱家园”试点工作得到省红十字会肯定，盐都区红十字会在省红十字会九届四次理事会议上“博爱家园”建设经验交流。

仁爱妈妈志愿者。　　刘钟越摄

志愿服务　市红十字会志愿服务工作信息每月在《盐阜大众报》公布。组织开展应急救援、无偿献血 2 支志愿服务队队长、副队长公开竞聘活动，选好志愿服务组织“领头羊”。市红十字会出台《关于加强志愿服务队管理的意见》，明确志愿服务工作各环节的管理要求，提升市红十字会志愿服务队的管理水平。市红十字会和阜宁县、射阳县红十字会应急救援志愿者参与“6·23”阜宁、射阳特大龙卷风冰雹灾害救援工作，彰显红十字志愿者风采，得到灾区人民的肯定。盐城市红十字会应急救援、无偿献血志愿服务队被表彰为江苏省优秀红十字志愿服务组织。盐城市红十字会“救在身边”应急救护培训志愿服务项目和无偿献血志愿服务队参加江苏省首届志愿服务展示交流会，并获表彰。组织高校红十字志愿者开展的“博爱青春”暑期志愿服务项目，盐城师范学院的“大手牵小手，温情满世界”项目获省优秀项目奖和最具网络人气奖，成为全省唯一获双项奖表彰的项目。市红十字会志愿服务队有3名志愿者获“盐城好人”称号，全市累计有4名志愿者获“中国好人”、9名志愿者获“江苏好人”、14名志愿者获“盐城好人”称号。射阳县红十字会应急救援队队长吴刚获射阳县特别感动人物奖。

群众性应急救护培训　年内，市红十字会实施省“公益性百万救护培训项目”，组织开展“应急救护培训大篷车”进校园、进社区、进企业、进乡村活动和“救在身边”救护培训活动，普及应急救护知识。全年全市共完成公益性救护员培训1.34万人、普及性培训9.7万人，分别完成省下达任务的133.8%和107.6%。市红十字会在全省率先推进救护培训标准化建设，出台《关于加强应急救护培训标准化建设工作的通知》，从培训基地建设、培训办班规模、培训课件等方面，推进救护培训软硬件标准化建设。在盐都区、射阳县建设2个省级标准化救护培训基地。8月，市红十字会联合市人社局、市总工会、市级机关工委共同举办盐城市应急救护技能竞赛。

造血干细胞捐献　年内，市红十字会加强捐献造血干细胞工作的督促指导工作，对采样拟入库志愿者逐一进行二次回访，提高入库志愿者质量。全市共完成志愿者入库血样904人份，初配再动员202人，高分辨检测46人，体检17人，成功捐献7例，位居全省前列。市委宣传部、市文明办、市红十字会授予第四批11名造血干细胞捐献者“爱心大使”称号。开展器官、遗体捐献服务，培训捐献协调员，做好登记、协调捐献、善后服务、困难救助等工作。全市累计有13人捐献器官33个、眼角膜3对，5人捐献遗体。

无偿献血　年内，市红十字会无偿献血志愿服务队每周有计划地安排志愿者到采血点宣传服务。市级机关红十字会连续十年开展“崇德向善、奉献爱心”党员干部无偿献血活动。“6·23”阜宁、射阳特大龙卷风冰雹灾害期间，市、县红十字会组织会员、志愿者参加无偿献血，为抢救灾民生命奉献爱心。（王　惠）

二、盐城市慈善总会

2016年，全市慈善系统募集资金5.97亿元（“6·23”阜宁、射阳特大龙卷风冰雹灾害募集资金4.5亿元），支出资金4.8亿元，救助困难群众17.74万人次；募集物资8000多万元，支出8000多万元。市慈善总会本级募集资金1.61亿元（“6·23”阜宁、射阳特大龙卷风冰雹灾害募集资金1.57亿元），支出资金1.18亿元，救助各类困难群众5.2万人次。

项目合作　年内，市慈善总会通过新闻发布、媒体宣传、上门推介、电话沟通等形式，面向市内外、海内外争取慈

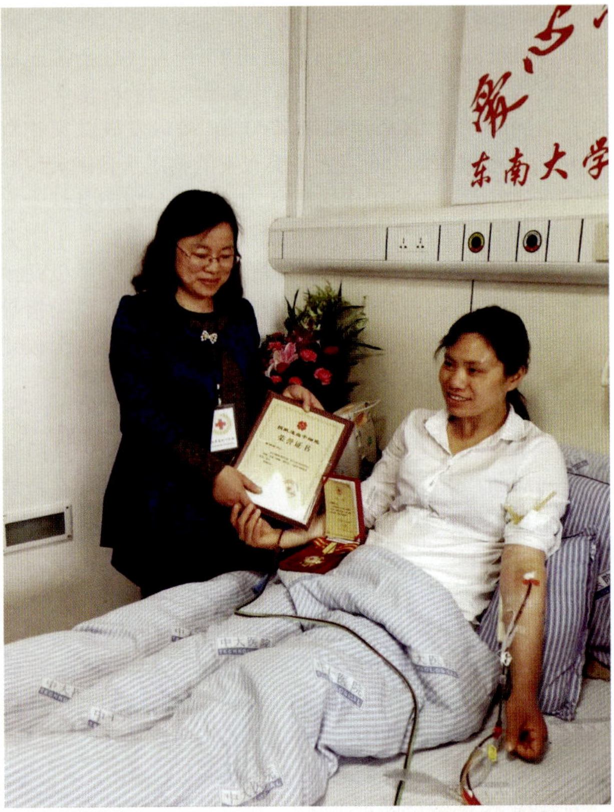

4月25—26日，大丰区张娟娟在东南大学附属中大医院捐献造血干细胞。

善资源，与爱心企业和各类机构联手、联合、联动，建立慈善项目长效合作机制。“6·23”阜宁、射阳特大龙卷风冰雹灾害发生后，各地慈善总会立即公布资金捐赠账号和物资捐赠地址，开展慈善捐赠活动。6月23日，市慈善总会举办慈善项目签约仪式，中华慈善总会、省慈善总会、上海百深药业公司、协和医院、第三人民医院等20多家集团公司、机关单位、公益组织参与慈善特药援助、儿童大病救助、暖心助学行动、资助困境儿童六大类20多个为期五年的签约项目，签约项目资金4.38亿元。

大病救助　年内，市慈善总会向省慈善总会申报儿童大病救助132名患者，资金结算265人次，结算省补资金198.6万元，市配套资金43.7万元。春节前，省慈善总会拨付60万元成人大病救助资金，对全市患有白血病、尿毒症、肝重症、肿瘤等各类癌症患者实施1000元~3000元标准的临时救助。年内，“慈善特药发放点”为全市近450名格列卫、达希纳、易瑞沙、特罗凯特药、多吉美患者提供赠药发放服务，发放4087人次，发放5316盒价值8698.4万元的援助药品；启动“百因止血友病患者援助项目”，建立血友病项目专项资金，组织3次血友病医患交流会，并为患者开展免费凝血因子检测。全年共对全市49名血友病患者发放项目救助资金15万元；救助尿毒症患者90名，支出资金17万元。9月5日“中华慈善日”，市总会启动多吉美援药项目，药品援助53名不能手术的晚期肾细胞癌患者和无法手术或远处转移的肝细胞癌患者。

特困救助　年内，市慈善总会支出65万元，采购大米、

食用油等物资，对全市城乡近3300户特困家庭、下岗失业困难人员、低保对象等进行慰问。在助残日期间，市慈善总会支出4万元对市儿童福利院、残疾儿童康复中心的孤残儿童进行慰问。联合盐城四季服装城和盐城书城募集价值6万元的童装、图书、书包、雨伞等用品，分别资助市儿童福利院、市康复中心及盐都区部分困境儿童。开展“春雷计划”，市慈善总会联合中国银行分会对3名特别困难的大学生进行资助，每人每年1.2万元。联合文化教育慈善分会赴阜宁县羊寨中心小学开展“爱心助学·结对帮扶”公益行活动，为贫困、留守儿童，残疾儿童，孤儿送去财物；春节前，联合市文化教育慈善分会、“111”爱心助学工程的志愿者，为盐都区16个乡镇60名困难儿童送去新年礼物。

（市慈善总会）

12月，建湖县近湖街道西苑社区居民委员会换届选举。

第三节　民政管理

一、基层政权

2016年，全市2433个村居（村1821个、居612个），有2401个村居（村1795个、居606个）完成换届选举任务。有26个村委会、6个居委会因征地拆迁、渔业村等原因，申请并经县（市、区）政府同意延期选举。市委、市政府制定出台《关于加强城乡社区协商的实施意见》。各地将民主议事作为城乡基层民主协商活动的有效途径，推行完善民主议事制度，总结推广村民道德评议会、党群民主议事日、村情发布会、开门议事制等经验和做法。

二、社区建设

2016年，全市所有的镇和街道都初步建立“政社互动”工作机制。各镇（街）按照“两份清单、一份协议、双向评估”的要求，与所辖村居签订协助管理协议书，明确村居协助管理事项所需经费，按照社区减负的要求，制定出台长效管理制度。市财政专门安排940万元用于社区为民服务项目的补助，各县（市、区）按照每个城市社区20万元的标准落实购买服务经费。

三、区划地名

2016年，盐城市下辖东台1个县级市和建湖、射阳、阜宁、滨海、响水5个县，以及盐都、亭湖、大丰3个区，26个街道、96个镇、2433个村居。年内，对全市216条道路命名及7条道路更名，对全市71个小区进行命名及2个小区更名。

2016年全市行政区划情况

表38－77

县（市、区）	区划情况	
亭湖区	10个街道 5个镇	五星街道　黄海街道　文峰街道　新洋街道　先锋街道　大洋街道　毓龙街道　新城街道 伍佑街道　新河街道　新兴镇　南洋镇　便仓镇　黄尖镇　盐东镇
盐都区	6个街道 8个镇	新都街道　科城街道　盐渎街道　张庄街道　潘黄街道　盐龙街道　大纵湖镇　楼王镇 学富镇　尚庄镇　秦南镇　龙冈镇　郭猛镇　大冈镇
大丰区	12个镇	大中镇　草堰镇　白驹镇　刘庄镇　小海镇　西团镇　新丰镇　大桥镇　草庙镇　万盈镇 南阳镇　三龙镇
响水县	8个镇	响水镇　陈家港镇小尖镇　大有镇　南河镇　黄圩镇　双港镇　运河镇
滨海县	3个街道 11个镇	东坎街道　坎南街道　坎北街道　八滩镇　五汛镇　蔡桥镇　正红镇　通榆镇　八巨镇 滨淮镇　界牌镇　陈涛镇　天场镇　滨海港镇

续表 38－77

县(市、区)	区划情况	
阜宁县	4 个街道 13 个镇	阜城街道　吴滩街道　花园街道金沙湖街道　沟墩镇　陈良镇　三灶镇　郭墅镇　新沟镇 陈集镇　羊寨镇　芦蒲镇　板湖镇　东沟镇　益林镇　古河镇　罗桥镇
建湖县	3 个街道 11 个镇	近湖街道　钟庄街道　塘河街道　建阳镇　九龙口镇　恒济镇　颜单镇　沿河镇　芦沟镇 庆丰镇　冈西镇　宝塔镇　高作镇　上冈镇
射阳县	13 个镇	合德镇　临海镇　千秋镇　四明镇　海河镇　海通镇　兴桥镇　新坍镇　长荡镇　盘湾镇 特庸镇　洋马镇　黄沙港镇
东台市	14 个镇	东台镇　溱东镇　时堰镇　五烈镇　梁垛镇　安丰镇　南沈灶镇　富安镇　唐洋镇　许河镇 三仓镇　头灶镇　弶港镇　新街镇

注：市经济技术开发区 1 个镇、1 个街道，城南新区 5 个街道不在统计之内。

四、社会组织

2016 年，全市登记社会组织 8858 个，其中社团 4459 个，民间 4393 个，基金会 6 个，全市万人拥有社会组织 12.24 个，信用等级评估数 3307 个。市民政局出台《盐城市社会组织监督管理办法（试行）》，建立健全社会组织综合监管体系，完善社会组织执法监察制度，增强执法力量，建立联合执法机制，依法查处社会组织违法违规行为。落实政府向社会组织购买服务的各项政策，各级民政部门带头做好购买服务工作，组织开展公益创投。市级投入公益创投资金 300 万元，促进社会组织发挥积极作用。

五、婚姻登记

2016 年，全市推行免费婚姻登记制度，加强婚姻登记规范化建设，并与全国婚姻登记系统联网，大丰区、盐都区、阜宁县 3 个婚姻登记机关获“国家 AAA 级婚姻登记机关”称号。全年全市共办理结婚登记 7.08 万对，离婚登记 1.89 万对。

六、收养登记

2016 年，根据《盐城市收养子女家庭收养能力评估实施办法》，全面实施收养评估工作，规范收养行为，全年共评估 136 例，保障被收养儿童的生存权、发展权。

七、殡葬管理

2016 年，根据市委办、市政府办《关于党员干部带头推动殡葬改革的实施意见》，市民政局实施全面普惠殡葬服务政策，加大生态节地殡葬奖补力度，推广引导树葬、花葬、草坪葬及骨灰撒散、深埋、寄存等绿色生态节地安葬方式，倡导文明新风。根据市政府散坟整治要求，各地按照“属地管理、包干负责”的原则，成立专门班子，摸清辖区内现有散坟分布情况，制定具体扫尾整治方案，全年共迁移散坟 12.7 万座，建成公益性公墓 294 个，散坟整治和公益性公墓建设工作取得明显成效。市民政局出台《经营性公墓服务流程》《经营性公墓礼仪规范》文件，进一步规范全市殡仪活动。

第四节　人口与计划生育

2016 年，全面两孩政策平稳实施，出生人口性别比逐步下降趋向于正常，计划生育家庭发展工作扎实推进，计生奖励优惠政策全面兑现，流动人口卫生计生管理服务得到加强。全市出生政策符合率 99%，人口自然增长率 4.99‰。市本级通过省“十二五”人口计生终期评估验收，射阳、建湖、东台、盐都、大丰等县（市、区）被省政府命名为江苏省人口协调发展先进县（市、区），获奖比例苏北第一。推进幸福家庭创建活动，命名 2 个幸福家庭建设示范县（市、区）、20 个示范镇（街道）、200 个示范村（居）、500 个示范户。大丰区曹满进家庭被评为全国幸福家庭，阜宁县被省卫生计生委命名为全省第三批幸福家庭项目县。

全面实施全面两孩政策。年内，市卫生计生委出台《关于实施全面两孩政策改革完善计划生育服务管理的意见》，强化生育、奖励、服务等有关配套措施落实，推行生育登记服务制度，抓实首接责任制和承诺制，实行一次性告知，一站式办理，全市共受理登记 6.98 万对，办理再生育审批 1303 对。

加强计划生育管理。年内，市卫生计生委出台《全市“十三五”人口计生考核评估意见》，落实“十三五”目标管理责任制。健全镇村两级服务管理规范，完善计划生育长效工作机制，大丰区、射阳县被表彰为 2014—2016 年全国计划生育优质服务先进单位。坚持计生工作“一票否决”制度，审核把关各类表彰 16 批次、505 个先进集体、940 名先进个人。年内，全面落实计划生育奖励扶助和特别扶助政策，全市奖扶对象累计 15.8 万人；特扶对象 8558 人，计划生育手术并发症对象 1.16 万人。全年共发放奖扶资金 1.52 亿元，特扶资金 0.65 亿元，合计 2.17 亿元。全市共兑现持证退休企业职工一次性奖励 1.69 万人，发放奖励金 4063.44 万元。

提供流动人口计生服务。年内，市卫生计生委深化流动人口“一盘棋”工作机制，依托盐城市人口和计划生育工作领导小组，将公安、民政、人社、教育等 14 个部门纳入联席会议成员单位，建立流动人口计划生育服务管理工作联席会议制度。加强流入地流出地网上核查和信息共享，建立省流动人口卫生计生服务管理信息系统协作机制，流动人口协查信息反馈率98%以上。全面推行流动人口基本公共卫生计生服务均等化工作，流动人口健康档案建档率达81.73%，0岁~6岁儿童预防接种率99.38%，传染病报告管理，报告率、报告及时率均100%。（刘海峰）

第五节　关心下一代工作

2016年，全市各级关工委在全市开展“学党史，颂党恩，跟党走”主题教育活动，组织和培训“五老”（老干部、老党员、老劳模、老工人、老教师）宣讲员4437人，作宣讲报告2150场，受教育青少年达122.89万人次；举办“童心向党，心随梦飞”征文活动，收到征文39.7万篇；举办“学党史，颂党恩”演讲比赛1493场，参讲青少年5890人次，听讲青少年58.78万人。市关工委和大丰区关工委的“学党史，颂党恩”主题教育活动的做法和经验，在7月召开的全省关工委宣传工作暨党史、国史教育经验交流会上作专题发言。

一、结对帮教青少年

2016年，市关工委开展“学法崇德，引领人生”教育活动，共组织法治教育报告团（队）519个，成员2655人，进村（社区）、入校宣讲2329场，受教育青少年125.25万人次。继续开展结对关爱“五失”（失足、失管、失学、失业、失亲）青少年活动。全市共建立帮教小组1902个，参加“五老”宣讲员6154人，共帮教“五失”青少年1680人，已转化1526人，转化率达89%。各级关工委共动员组织“五老”宣讲员3425人配合社区矫正专管人员，依法依规参与对社区矫正青少年帮教工作。各级关工委配合文化市场管理部门义务监督网吧，防止未成年人进入网吧，净化校园周边环境。

二、关爱留守儿童

2016年，全市各级关工委发动“五老”宣讲员，协助做好留守儿童和困境儿童的关爱服务工作。年初，全市重新普查登记的义务教育阶段留守儿共7.2万人。全市各级关工委创办的3309个校外教育辅导站、点，其中与学校联办的1082个辅导站，利用双休日、暑寒假，吸收留守儿童、外来人员子女参加主题教育、课业辅导、才艺传授、文体健身等有益健康的活动。7月，市关工委与市文明办、市教育局联合召开全市城乡校外教育辅导站工作表彰会，表彰先进集体22个、优秀辅导站29个、示范辅导站12个、先进个人63名。10月，省关工委在淮安市洪泽区召开的“全省校外辅导站推进创新发展、提升办站水平工作培训班”（北片）上，市关工委和射阳县千秋镇关工委介绍办好辅导站、点的经验。年内，建湖县宝塔镇、上冈镇冈东社区和射阳县合德镇城南社区辅导站获全省辅导站优秀特色活动推广项目（文字类）二等奖，射阳县合德镇城南社区辅导站获优秀特色活动推广项目（视频类）一等奖；市关工委和亭湖区关工委获省关工委阳光少年网主题教育活动组织奖。

三、扶困助学

2016年，市关工委在大市区资助中小学生62名；向省《关心下一代周报》申报“冰凌花”助学金，全市145名中小学生每人获助学金500元~1000元；向南京“爱德基金会”推荐贫困学生60名，每人1340元~2680元；各县（市、区）关工委向《扬子晚报》申报“利群阳光助学行动”大学生助学金122名，每人5000元，以上4项共争取助学金73.79万元。各县（市、区）、镇（街道）和市直各单位关工委资助贫困大中小学生达1.4万名，共发放助学金109.75万元。滨海县关工委发动沿海工业园区大企业和银行系统筹资扶困助学，共筹集70余万元，扶持500多名大中小学贫困生。市民营经济关工委所管理的省关心下一代基金会盐城分会募集资金37.74万元，资助贫困学生303人。阜宁县、射阳县部分镇、村（社区）遭受“6·23”特大龙卷风冰雹灾害后，省关工委下拨80万元支援阜宁灾区、市关工委自筹10万元、市民营经济关工委资助5万元支援射阳灾区，资金主要用于中小学损毁校舍建设，因灾负伤的“五老”治病和慰问死亡“五老”亲属，解决受灾户子女的上学和生活费用。9月12日，中国关工委主任顾秀莲批示：“盐城、阜宁关工委的同志在抗灾中，充分发扬‘五老’精神，尽心尽力，关爱孩子们，帮助受灾家庭解决实际问题，取得很好效果，我非常感谢尊敬的老同志们，为你们点赞。”杂志《中国火炬》第10期刊载盐城市关工委、阜宁县关工委“助学圆梦，心系灾区下一代”的新闻特稿。

四、帮助青年就业创业

2016年，各级关工委组织老科技工作者重点帮扶需要脱贫的青年就业创业。至年底，县（市、区）关工委动员组织老年科技工作者1456人，创建青年农民创业示范基地333个，帮扶青年农民创办专业合作社等新型经济组织404个。组织老年科技工作者与下岗返乡青年207人、毕业回乡大中生134人，结成一对一、几帮一对子。10月，省关工委在徐州召开全省关工委推进“讲政治、学科技、达小康、奔现代化”活动暨培训会，射阳县关工委交流发动老科技帮扶青年农民就业创业致富经验和做法。全年全市民营企业关工委帮助城乡无业青年2300多人就业创业。1月25日，中国关工委主任顾秀莲对阜宁县民营经济关工委的工作汇报作出批示予以肯定，省关工委在全省宣传推广。

（陆　舰）

第六节　老龄事业

2016年，全市推进“安康关爱行动”，低保、“三无”“五保”及80周岁以上老年人群的基本保险费用由县（市、区）财政承担。鼓励老年人参保，在限额内多购老年人意外伤害综合保险的，地方财政可予适当补贴，全市参保率达到43%以上。各县（市、区）均落实尊老金发放制度，全市22.08万名老人按照80周岁~89周岁每月50元，90周岁~99周岁每月100元,100周岁以上每月300元的标准享受到尊老金政策。全市已有公办养老机构156家(其中城镇福利院9家、镇敬老院147家)、民办养老机构113家,城市社区居家养老服务中心(站)覆盖率100%,农村社区居家养老服务中心(站)覆盖率85%。全年建成280个城乡标准化社区居家养老服务中心,其中城市95个、农村185个,标准化社区居家养老服务中心建成率分别达到40%、15%。全年新建4个街道老年人日间照料中心、老年人助餐点151个。全市共有各类养老床位5.9万张,每千名老人拥有养老床位数37.5张(按常住人口算),社会养老服务体系建设和养老服务业发展取得初步成效。培训初级养老护理员2700余名,全市养老护理员持证上岗率达85%以上,"医养融合"模式全面探索推行。大部分县(市、区)均建成1所床位300张以上的综合性福利机构。

2016年全市百岁老人分布情况

表38-78

地　区	人　数
响水县	36
滨海县	80
阜宁县	45
射阳县	51
建湖县	18
东台市	174
大丰区	57
亭湖区	11
盐都区	14
开发区	1
城南新区	1

(金　鑫)

第七节　残疾人事业

一、残疾人康复

2016年,全市残联机构继续开展0岁~6岁基本康复和7岁~14岁(脑瘫)、孤独症巩固性康复工作,共收训2059名残疾儿童。残疾儿童按照就近就便和儿童家长自愿的原则,在各定点康复机构接受免费治疗训练,康复有效率93.2%,残疾儿童家长满意率100%。加强对康复机构管理,会同市卫生计生委开展定点康复机构认证工作,新认证6家一级康复机构,另有3家一级康复机构经省考评组认证升级为二级康复机构。至年底,全市有各类儿童康复机构31家,辅助器具适配机构6家。开展残疾人辅助器具适配补贴工作,共完成残疾人辅具适配补贴和家庭无障碍改造8451例。完成2655例白内障免费复明手术,9622名贫困精神残疾人免费服药或住院治疗,帮助10名听障儿童免费安装人工电子耳蜗,验配650台儿童及成人助听器,在全省首家承接中国残疾人福利基金会"爱要让你听见——聋人婚育"指导项目。开展援疆工作,将2名在察布查尔县不具备康复治疗条件的重度残疾人,接到盐城康复机构免费治疗训练,康复效果明显。

二、残疾人就业扶贫

2016年,全市继续开展各种残疾人职业技能培训工作,在每个县(市、区)联合举办1期培训班,面向全市招收学员,费用由市、县各承担一半,取得较好效果。在人社部门的指导下,开展残疾人就业援助活动,举办残疾人就业专场招聘会1次。市残疾人就业服务中心根据用人单位的需求,不定期举办小型定向招聘会,帮助近100名残疾人实现就业。依法做好残疾人就业保障金征缴工作,全市共年审单位1.01万家,就业残疾人4078人,征收入库保障金9137万元(市区2825万元)。市政府残工委发布《盐城市区2015年度按比例安排残疾人就业情况公示》,向221个安置残疾人达比例、超比例的单位,发放补贴和奖励114万元。建档立卡精准帮扶贫困残疾人。全市完成对11.4万名农村残疾人核查,共有3.28万名低收入残疾人农户被列入低收入农户建档立卡对象。

"残疾人之家"建设　年内,"残疾人之家"建设为2016年省政府为民办实事项目,市残联指导各县(市、区)残联结合当地实际,调剂整合资源,加快建设进度。各地采取规划整合敬老院空余房屋,调剂闲置校舍、卫生室以及租用民房等多种方式解决建设场地问题,并按规定配备康复、文体活动等器材,落实辅助性就业项目。全市共建成"残疾人之家"37个,超额完成省下达的建设任务。结合"残疾人之家"建设,全面开展残疾人托养服务,推进残疾人辅助性就业。县级残疾人托养中心运行逐步进入正轨,响水、大丰等6个县(市、区)托养中心正式运营,盐都区托养中心被列入政府PPP项目完成运营商招标,建湖县托养中心在做运营前的准备。全年共有653名残疾人接受托养服务,516名轻度智力、精神和重度肢体残疾人从事辅助性就业。

三、残疾人生活保障

2016年,市政府将"困难残疾人生活补贴"和"重度残疾人护理补贴"纳入市政府20项为民办实事项目。7月,市政府办公室印发《关于完善困难残疾人生活补贴和重度残疾人护理补贴制度的实施意见》。困难残疾人生活补贴的发现范围和标准为:低保家庭内的重度残疾人生活补贴按照当地低保标准35%发放,低保家庭内的非重度残疾人生活补贴按照当地低保标准25%发放;低保家庭外的无固定收入智力、肢体、精神、盲视力重度残疾人生活补贴按照低保标准100%发放;家庭人均收入在当地低保标准2倍以内一户多残、依老养残特殊困难残疾人生活补贴按照不低于低保标准60%发放。重度残疾人护理补贴的发放范围和标准为：向持有第二代残疾证，残疾等级为一、二级且需要长期照护持续6个月以上时间的重度残疾人，城镇、农村分别按每人每月120元、每人每月80元的标准发放重度残疾人护理补贴，并逐步提高，实现城乡统一标准。文件要求，有条件的地区可以将三、四级智力、精神残疾人纳入“两项补贴”发放范围，并逐步扩大到其他非重度残疾人。全年全市共向8.62万名残疾人发放“两项补贴”3.38亿元，其中困难残疾人生活补贴2.73亿元，重度护理补贴6460万元。

四、残疾人权益保障

2016年，根据专项调查数据，市残联与教育部门联合对未入学的1445名残疾儿童进行“一人一案”调查，凡是可以入学的，全部落实救助措施；对无法入校就读的重度残疾儿童，全部实行送教上门，确保残疾儿童接受教育的权利。全市有19名残疾考生被普通高校录取，有493名高中以上残疾学生领取教育补贴57.05万元。市特殊教育中等专业学校代表江苏省参加全国残联系统职业院校职业技能竞赛，取得陶艺个人第二名，网页个人第六名，团体总分第五名的成绩。经市编委会批准，市特殊教育中等专业学校由差额拨款性质转为全额拨款性质。市特殊教育中等专业学校开设服装制作与生产管理、计算机应用、工艺美术、中医康复保健、康复技术、会计电算化6个专业。市残疾儿童教育康复中心(仁爱小学)坚持医教结合、幼小一体、残健合一的教学模式，共有残疾学生187名，其中学龄前设6个班有86名学生，小学阶段设9个班有101名学生。

五、残疾人服务管理

2016年，各县(市、区)残联加强对镇(街道)残疾人专职委员的培训和管理，争取提高残疾人专职委员的待遇，配备工作专用手机，每人每月补贴通信费80元。实施专项调查动态更新。进村入户采集录入信息，按时完成14.34万名持证残疾人服务状况和需求信息的动态更新任务。重视残疾人宣传文体工作。围绕“关注孤残儿童，让爱洒满人间”的主题，组织“全国助残日”活动，市残联领导走访市残疾儿童教育康复中心、市儿童福利院，看望慰问残疾学生和孤残儿童，分别送去慰问金1万元。举办全市第三届残疾人艺术会演，选拔《黄梅戏变奏曲》等5个节目参加省第九届残疾人艺术汇演，获团体总分第三名。选拔田径、游泳、乒乓球、棋类等项目残疾人青少年运动员40余人，进行重点培训，组队参加2016年全省全民健身运动会，获12金10银8铜。残疾人运动员汤红霞在里约残奥会夺得1枚银牌。

残疾人证管理 年内，市残联成立盐城市残疾评定仲裁委员会，提高评残发证工作的质量。全年市残联共新评定发放1.23万本残疾人证，补办审核394人，换领审核112人，转移审核67人。开展“假、错、空”残疾人证专项集中清理工作，因死亡注销残疾人证1.1万本，注销错发残疾人证4本，协助鉴定并提请公安部门没收假残疾人证1本。

(夏景涛)

第八节 民族宗教事务

2016年，全市民宗系统开展民族团结进步和星级宗教活动场所创建活动，依法管理民族宗教事务。推进民族宗教工作三级网络建设，形成覆盖广泛、反应快捷的民族宗教事务服务网络。在全市民宗领域开展安全隐患和不稳定因素排查，做好宗教领域反邪教防渗透工作。妥善治理基督教私设聚会点，依法治理乱建庙宇、露天宗教造像和各种借教敛财行为。依法稳妥做好信访稳定工作，出台分类处理信访投诉请求法定途径19项清单。“6·23”阜宁、射阳龙卷风冰雹特大灾害发生后，市宗教界向灾区捐资捐物500余万元。

年内，做好各方协调工作，推动盐城清真寺修缮改造项目。推动《中国公民民族成分登记管理办法》的贯彻落实，服务好少数民族群众。为保护和发展民族传统文化，组织盐城师范学院开展民族传统体育项目——珍珠球的推广，加强民族体育文化建设，培养高校学生的民族意识和爱国情怀；向上争取少数民族发展项目资金200万元，用于民族村基础设施建设、民族特色村寨打造和带动少数民族就业；与新疆维吾尔自治区察布查尔县民宗局对接，为下一步做好对口援疆工作打好基础。

9月，《盐城佛教通志》合作签约暨市佛教研究所成立揭牌仪式在盐城师范学院举行，推动全市佛教文化的研究与发展；《永宁寺志》完成审稿，即将出版；11月，射阳息心寺召开主题为“弘扬佛教文化，展示息心形象，服务经济社会，宣传全新射阳”的第九届万佛文化艺术节，打造盐城市佛教文化品牌。开展以“规范”为主题的和谐寺观教堂建设，出台《盐城市星级宗教活动场所认定三年规划》，推进星级场所评定工作。通过发动，以点带面，全市宗教活动场所的组织、制度、教风建设得到全面提升。年初，盐城护国永宁禅寺被江苏省宗教局认定为省五星级宗教活动场所，市基督教灵恩堂被认定为江苏省四星级宗教活动场所。

(周立菲)

第九节 公共安全

一、气象测报

2016年，市气象局开展气象行政审批制度改革，加强气象依法行政和社会管理，推进气象台站基础设施建设和气象探测环境保护工程。盐城气象监测能力有新提升。至年底，建成射阳L波段高空测风雷达、滨海地波雷达、海洋浮标站和移动气象台，建成和升级自动气象站、闪电定位仪和酸雨观测站等各类气象观测站223个，平均观测间距乡村10千米、城市7千米。

气象预报 年内，气象预报准确率不断提升，2016年晴雨预报准确率87.39%，位列全省中上游。天气预报精细化到乡镇，专项预报范围不断拓展，除常规的风、雨、温、湿要素预报和雷电、台风等灾害预报，拓展到雾霾、紫外线、酸雨等生态气象预报，路面结冰、能见度等交通气象预报，太阳辐射指数、风力指数等能源气象预报，粮食晾晒、大棚加固等农业气象保险指数预报，以及发布晨练指数、洗车指数等气象条件影响下的生活类指数36项，发布年度气候、灰霾和酸雨公报，为政府防灾减灾和应对气候变化提供科学决策依据。

气象应急 年内，盐城建立政府主导、部门联动、社会参与的气象灾害应急响应机制，启动全国龙卷风预警业务试点。不断完善气象预警信息发布平台和快速发布机制，组建农业、海洋渔业、教育、交通等短信预警群组31个，建成气象预警短信发布平台9个、气象信息站128个、高音喇叭直播系统3488套、预警显示屏245块，全市有气象信息员3771人，覆盖到全市每个镇、村。与三大运营商签订协议，实现全市范围内重大气象灾害预警短信全网发布。气象灾害预警信息通过电视、广播、手机短信、影视天气预报、“96121”自动答询系统、微信、微博等多种发布手段对外辐射，在18分钟内第一时间到达市、县、镇、村四级防汛减灾责任人手中，为全市有效组织防灾减灾发挥重要作用。

气象为农服务 年内，全市建成涵盖民政、农业、保险、气象等部门的农业气象防灾减灾专家联盟，加强关键农时、重要农事的联合会商调查，深化农业高影响天气分析和预报服务。建成盐都台创园等20个高效农业气象科技示范园，开发16类特色农业气象服务产品，为5644个新型农业经营主体提供“直通式”服务。市气象局与保险、农业部门制定大麦保险条款，开发高温、暴雨农险产品，有效减轻农户损失。与环保局联合开展环境气象业务，发布空气质量日报、预报和预警。海洋、交通、滩涂种养殖等行业气象服务持续推进，服务针对性和专业性进一步增强。

重大天气、灾害 2016年，受强厄尔尼诺影响，盐城地区气候异常，极端天气气候事件多，强对流灾害严重。灾害性天气造成的经济损失大，气候年景较差。盐城市年平均气温15.8℃，较常年偏高1.3℃，为1961年以来的第一高。年内逐月平均气温均高于常年同期，其中4月为历史第一高；3月、9月和11月为历史第三高。

寒潮 1月下旬前半段，一场强冷空气卷全国大部地区，盐城地区最低气温下降8℃～12℃，出现－11℃（东台）～－14.2℃（响水）的极端最低气温，除滨海和建湖外，其余各站均创造近30年最低气温极值。强冷空气来袭前的三天内，出现两场降雪，随之而来的酷寒天气造成了严重的道路结冰和冰冻。水务公司史上首次一天内接到5000多个水表冻裂和200多个管道冻坏报修电话。

“6·23”特大龙卷风冰雹 6月23日下午14时20分至15时20分，阜宁发生历史罕见的龙卷极端天气。阜宁县西南部长25千米、宽10千米范围内的7个镇22个村出现12级以上大风，新沟镇测得每秒34.6米的强风。是自阜宁建站57年来观测到的最大风速。此次龙卷风灾害造成惨重的人员伤亡和财产损失，其影响程度之大、影响强度之强、持续时间之长，是阜宁自1959年建立气象观测站以来最为严重的一次。

夏季气温 7月20—31日，盐城出现大范围持续性高温天气，全市高温日数达8天～12天，7月24日大丰最高气温38.5℃，中南部的大部分地区连续12天在35℃以上的高温中“煎熬”。2016年夏季高温创下1990年以来7月高温日数最多、7月最高气温极值、1961年以来夏季高温持续日数最长的“三最”。10月连阴雨为秋季同期历史最长，10月全市雨日15天～22天，总降水量是常年的4倍～7倍，创造秋季同期历史之最。东台和大丰在10月出现4场暴雨，中南部地区几乎整个10月中下旬都泡在雨水中，连续有雨的日数创造自1961年以来的同期历史最长。罕见的连阴雨天气对秋收秋种工作产生严重影响。9—10月，4个台风密集影响，2016年全市的台风都为“秋台风”。9月15日至10月23日，有4个台风影响全市，分别是14号“莫兰蒂”、16号“马勒卡”、17号“鲶鱼”以及22号“海马”。4个“秋台风”密集影响仅在1959年和2010年出现过。

二、防震减灾

2016年，全市发生2.0级以上地震14次，其中4级以上地震1次。实施完成防震减灾重点项目4个。面积600平方米、设29个展项的盐城市防震减灾专题馆建成开馆，接待参观考察的省内外地震工作者20多批次，受益中小学生和社会公众近2万人次。涉及地震危险性分析与设定地震、震害预测与损失评估等9个子项目的市区震害预测系统，通过技术审查和验收。研发开通具有震情服务、地震科普和信息定制3个板块的“盐城地震公众服务”微信平台。研发地震应急桌面演练系统。2016年市地震局获全国防震减灾工作综合考核先进单位、全省市县防震减灾工作综合考核先进单位第一名。

监测预报 年内，全市各种监测台网运行正常，资料连续可靠、准确有效，市级测震台网和纳入省级前兆台网所有测项，全年资料连续率95%以上。在全省地震观测资料和强震动观测资料评比中多次获奖，编制的2017年度地震趋势研究报告获全省第一名。组织地震趋势会商4次，及时核实处理地震异常现象3起。全市共有测震台8个、强震台12个，前兆观测手段有地磁、电磁波、水化学、GPS观测形变等，初步形成集前兆、测震、强震等监测手段为一体的地震监测网络。

震害防御 年内，做好抗震设防，要求事中事后监管，及时提供地震动参数技术服务。建湖县近湖街道城南社区、东台市东坝社区、盐城市盐都区张庄街道东徐居委会获批国家级地震安全示范社区；盐都区盐渎街道福才社区、开发区新城街道阳光社区、大丰区大中镇大华社区、东台市东

市防震减灾专题馆。

台镇北海社区获批省级地震安全示范社区；盐都区潘黄实验学校、盐城市盐南中等专业学校、大丰区实验初级中学、东台市实验中学获批省级防震减灾科普示范学校。开展“5·12”防灾减灾日、“7·28”唐山大地震纪念日和科普宣传周防震减灾宣传活动。开展防震减灾知识进农村、进校园、进社区、进企业、进机关、进家庭“六进活动”。邀请国家地震局专家作“中国地震动参数区划图编制与工程抗震设防使用”的专题讲座，取得较好效果。

应急准备　年内，完善地震应急与联动协同技术支撑系统，保持与省地震局应急指挥中心、各县(市、区)地震局音频视频互联互通。完善并正常演练覆盖全市地震部门的无线电应急通信网络系统。参加省地震局组织的各种地震应急演练。指导和督促中小学校、社区等开展地震应急演练。加强地震应急避难场所建设，至年底，全市建成地震应急避难场所40处，总面积286万平方米，可临时安置130万人。指导编制地震应急避难场所应急疏散预案和演练。10月20日4时51分，射阳县(北纬33.70度，东经120.30度)发生4.4级地震，震源深度25千米，震中烈度5度，影响全市60多个镇，造成2户居民房屋墙体轻微裂缝，无人员伤亡。　(陈玉龙)

三、应急救援

2016年，全市共发生火灾2214起，死6人，伤12人，受灾226户，烧毁建筑3.52万平方米，直接财产损失2464.9万元。年内没有发生较大以上火灾事故。全市消防部队共接警出动7221次，出动人员6.36万人次，出动各种消防车辆1.19万车次，抢救766人，疏散1984人，抢救财产价值2.05亿元。从发生火灾的原因上看，电气火灾和用火不慎引发火灾较多。全年因违规用电引发的火灾1061起，占火灾总起数47.92%；生活用火不慎引发火灾402起，占火灾总起数18.16%；另外吸烟引发的火灾21起，自燃引发的火灾70起，生产作业不慎引发的火灾68起，各类放火引发的火灾27起。从起火场所上看，住宅、宿舍类火灾起数居高不下。全年发生住宅、宿舍类火灾1061起，占火灾总起数47.92%；交通工具火灾272起，占火灾总起数12.29%；厂房火灾48起，占火灾总起数2.19%；物资仓储场所火灾47起，占火灾总起数2.12%。另外，厂房、物资仓储场所类火灾起数较少，但造成的经济损失较大。2016年，全市共发生厂房、物资仓储场所火灾95起，造成直接经济损失达1187.33万元，占总经济损失的48.17%。从行业类别上看，第一产业引起火灾249起，第三产业引起火灾115起，第二产业引起火灾88起。从火灾发生的时间看，10:00—12:00时和12:00—14:00为全天火灾高发时段，共发生火灾541起，占火灾总起数24.44%。凌晨0:00—6:00时火灾相对集中，该时段火灾共造成3人死亡，11人受伤，死亡人数、受伤人数分别占火灾总起数的50%、91.67%。年内，消防支队年度综合考评位列全省第二，被省消防总队表彰为先进支队。公安部、省政府、省公安厅分别为支队记集体二等功，公安部为阜宁县消防大队记集体二等功，省公安厅为射阳县消防大队射阳中队、特勤中队分别记集体二等功、集体三等功，1人立一等功，3人立二等功，39人立三等功。支队团委被团中央表彰为全国五四红旗团委。

2016年全市火灾情况

表38－79

地　区	起数	死人	伤人	直接经济损失(万元)	直接财产损失(万元)
亭湖区	258	1	1	1032.52	1024.59
盐都区	86	2	–	94.99	93.95
城南新区	95	–	–	49.67	49.48
响水县	226	1	–	24.27	23.72

续表 38－79

地　区	起数	死人	伤人	直接经济损失(万元)	直接财产损失(万元)
滨海县	273	2	－	258.53	251.03
阜宁县	156	－	－	234.67	234.42
射阳县	294	－	－	160.74	160.74
建湖县	249	－	5	125.93	125.93
开发区	16	－	－	16.25	16.14
东台市	398	－	－	331.15	326.49
大丰区	163	－	6	158.43	158.42

消防设施建设　年内,全市累计投入1.81亿元用于新建消防队站,新增建设用地3.73公顷,在建营房总面积为1.81万平方米,新建消防站建设项目5个。推动消防大数据系统建设,结合滨海化工集中区资源,重点开展化工集中区安全监管平台建设。持续推进消防设施联网监测系统建设,接入277家重点单位,完成率为86.5%。在小场所、孤寡老人居所等场所推广安装简易喷淋189套、独立式感烟火灾探测报警器1.25万个。因地制宜推进微型消防站和区域联防组织建设,建成社区微型消防站177个,建成重点单位微型消防站2370个,建成区域联防组织25个,涵盖消防安全重点单位2986家。新建市政消火栓1329只、消防取水码头14处,超额完成建设任务。全市116家一、二、三级政府专职消防队全部配备POC手机,实现统一调度指挥。推动政府专职队建设,完成54名政府专职消防队员征召任务。

处置"6·23"龙卷风冰雹特大灾害　6月23日14时20分至14时50分,盐城市阜宁、射阳两县遭遇特大龙卷风冰雹灾害袭击。市消防支队接报后,立即出动全勤指挥部,调集13个中队、42辆消防车、250名官兵赶赴灾区开展救援,同时向省消防总队指挥中心报告情况请求增援。省消防总队接报后,迅速启动一级应急响应,共调集138辆消防车、1300余名官兵驰援灾区,组成100余个搜救小组对阜宁、射阳两县101个村庄开展"拉网式"的排查搜救。经过全体参战官兵96个小时的工作,共营救遇险被困人员94人,发现遇难者遗体68具,疏散受伤群众2000余人。

处置"8·16"悦达纺织车间火灾　8月16日22时19分,市消防支队"119"指挥中心接到报警,位于盐城市盐都区悦达纺织园南纬纺织一厂房发生火灾。接警后,支队政委陈武斌带领全勤指挥部第一时间赶赴现场,先后调动盐都、特勤、毓龙路、城南、开发区、北闸6个中队16辆车75名官兵到场处置,并通知公安、医疗、环保等联动单位到场协同处置。第一力量到场后,火势正处于猛烈燃烧状态,指挥员立即组织疏散人员,按照"先控制,后消灭"的作战原则,组织力量控制火势蔓延扩大。增援力量到场后,先后在厂房南面、北面分别设置4门水炮、8支水枪堵截打击火势,在全体官兵的努力下,大火于17日0时30分被成功扑灭。辖区中队留守至17日8时返回。

处置"11·15"恒大帝景在建工地火灾　11月15日11时26分,盐城市消防支队"119"指挥中心接到报警,位于开放大道路西恒大帝景在建工地发生火灾。支队立即调集戴庄路、盐都、特勤、北闸4个中队16辆车到场处置。到达现场后,在建的12号楼26楼以上处于猛烈燃烧阶段,指挥员命令采用蜿蜒铺设水带和垂直铺设水带的方式,在26层、28层、29层分别设置2支水枪堵截打击火势。大火于13时得到控制,14时30分被彻底扑灭。中队留守至17时左右返回。

消防监督执法　年内,全市消防部门开展冬春火灾防控、夏季消防检查等专项行动,完成G20杭州峰会、省市党代会、第三届世界互联网大会等系列重大安全保卫工作。落实消防安全形势分析研判、每日一查、每周督导等常态化火灾隐患排查整治机制,联合部门警种,加强执法检查,强化隐患治理,共检查单位1.94万家,督改隐患2.58万处,临时查封399家,责令"三停"(停产停业、停止施工、停止使用)309家,拘留29人。紧盯人员密集场所、石油化工企业、重大火灾隐患等防控重点,开展重点单位消防安全百日会战行动,督促3578家重点单位全部落实"六加一"(开展一次消防安全评估,签订一份消防安全承诺书,维护保养一次消防设施,组织检查一次电气和燃气线路设施,全面清洗一次油烟道,集中培训一次全体员工)措施;深化重大火灾隐患整治年活动,滚动挂牌重大火灾隐患30家,督促29家重大火灾隐患单位整改销案,整改3处区域性火灾隐患;开展化工消防安全"回头看"行动,对全市化工企业消防安全进行复查检查,强制关停32家重大消防安全隐患化工企业;编制危化企业消防安全手册,做到底数清、情况明;编写《全市化工企业消防安全状况调研分析报告》,提请政府解决存在的突出问题。进一步提升执法服务效能,出台《盐城市消防支队深化改革服务经济社会发展六项措施》。全年接处群众消防咨询4100余次,受理、办结业务1600件,现场办结率、按时办结率和群众满意率100%。

(徐开伟)

第 39 章　人民生活

责任编辑　王义云

综　　述

2016 年，盐城市委、市政府坚持民生优先发展导向，富民兴市，提高城乡居民收入水平，推动城乡居民收入稳步增长。盐城全体居民人均可支配收入 24463 元，同比增长 9.1%。增幅与南通市、扬州市并列全省第五位，总量居苏北第一位，全省第九位。其中，城镇常住居民人均可支配收入 30496 元，同比增长 8.1%，增幅与南通市、镇江市并列全省第六位；农村常住居民人均可支配收入 17172 元，同比增长 9%，增幅与连云港市并列全省第四位。随着收入水平稳步提高，生活条件不断改善，盐城居民的消费结构从生存型消费向享受型、发展型消费升级。2016 年，盐城居民人均生活消费支出 15503 元，比上年增加 1155 元，同比增长 8%。其中，城镇常住居民人均生活消费支出 17546 元，同比增长 6.1%；农村常住居民人均生活消费支出 13145 元，同比增长 11.2%。

第一节　城镇居民生活

一、城镇居民收入

2016 年，盐城城镇常住居民人均可支配收入为 30496 元，同比增长 8.1%。从增幅看，盐城在全省 13 个市中排名第六，增速比全省高 0.1 个百分点；从绝对水平看，盐城位居苏北第一位，全省第九位，比第八位的扬州低 5163 元。盐城市区常住居民人均可支配收入 34005 元，同比增长 8%。各县(市、区)城镇居民人均可支配收入水平依次为：亭湖 36031 元，盐都 32796 元，东台 32686 元，大丰 31104 元，建湖 29637 元，滨海 26543 元，射阳 26509 元，响水 25564 元，阜宁 25543 元。各县(市、区)城镇居民人均可支配收入增幅依次为：滨海和阜宁 8.6%、射阳 8.4%、盐都、大丰和建湖 8.2%、响水 8.1%、亭湖和东台 7.8%。

城镇居民收入增长情况：

1. 经济发展和政策支撑助推工资性收入平稳增长。2016 年，盐城城镇常住居民人均工资性收入为 16921 元，比上年同期增加 1248 元，同比增长 8%，占城镇居民人均可支配收入总量的 55.5%，拉动可支配收入增长 4.4 个百分点，对可支配收入增长的贡献份额为 54.4%。工资性收入增长的主要因素为多项增资政策的支撑：最低工资标准提高。1 月 1 日起，盐城大市区和东台市最低工资标准提高到每月 1600 元，同比增长 9.6%；建湖等县提高到每月 1400 元，同比增长 10.2%。机关公务员车改补贴从 1 月起发放到位，科及科以下人均月补贴标准分别为 650 元和 500 元。机关事业单位人员上调住房补贴，目标考核奖、年休假补贴、事业单位奖励性绩效工资年内发放到位。

2. 自主创业、自主经营拉动经营净收入增长。2016 年，盐城城镇常住居民人均经营净收入为 5932 元，比上年同期增加 434 元，同比增长 7.9%，占城镇居民人均可支配收入总量的 19.5%，拉动城镇居民人均可支配收入增长 1.5 个百分点，贡献份额为 18.9%。2016 年盐城继续推进全民创业，全市有私营企业 14.2 万户、个体工商户 40.6 万户。

3. 出租房屋收入提高等因素带动财产净收入持续增长。2016 年，盐城城镇常住居民人均财产净收入为 2451 元，比上年同期增加 243 元，同比增长 11%，占城镇居民人均可支配收入总量的 8%，拉动城镇居民人均可支配收入增长 0.9 个百分点，贡献份额为 10.6%。财产净收入的增长因素有：利息收入持续增长。人均利息收入 245 元，同比增长 12.8%。出租房屋收入快速增长。人均出租房屋净收入 452 元，同比增长 13.3%。楼市和学区房的火热，推动盐城市区房屋租赁市场的升温。

4. 财政转移支付助推转移净收入增速加快。2016 年，盐城城镇常住居民人均转移净收入为 5192 元，比上年同期增加 370 元，同比增长 7.7%，占城镇居民人均可支配收入总量的 17.0%，拉动城镇居民人均可支配收入增长 1.3 个百分点，贡献份额为 16.1%。2016 年盐城财政转移支付力度继续加大。9 月，盐城上调企退人员养老金并补发全年，上调幅度为 6.5%。年内，城市低保标准从每人每月 490 元到每人每月 530 元，同比增长 8.2%，城乡居民基本养老金标准由每月 105 元提高到 115 元；盐城新农合政府补助标准从 380 元提高到 425 元，盐都、建湖提高到 440 元，全年新农合各级财政补助达24.4亿,比上年增加10%,惠及全市567万名参合农民。

二、城镇居民消费

随着收入水平稳步提高,生活条件不断改善,盐城城镇居民的消费能力和消费需求逐步升级,生活质量进一步提升,在满足基础消费的同时也不乏精神消费。全年城镇居民人均消费支出17546元,比上年增加1007元,同比增长6.1%。

城镇居民消费特点:

1. 恩格尔系数下降,饮食结构优化。2016年,食品烟酒消费依然是城镇居民生活消费支出的大头,盐城城镇居民人均食品烟酒支出5532元,同比增长6%。食品支出占消费支出的比重,即恩格尔系数为31.5%,比上年下降0.1个百分点。居民在吃饱的基础上,更加注重饮食健康,更加注重食品的营养性、科学性、均衡性及多样化,绿色食品、黑色食品、益智食品成为居民追求的时尚。

2. 衣着消费平稳增长。随着城镇居民对生活品质要求的提高,衣着消费更加追求舒适、个性和时尚。全年盐城城镇居民人均衣着消费1526元,同比增长4.6%,占消费支出的比重为8.7%。其中,人均衣类支出1262元,同比增长6.4%;人均鞋类支出264元,同比下降3.3%。

3. 住房条件持续改善,居住支出快速增长。2016年盐城城镇居民人均居住支出3021元,同比增长8.8%。城镇居民住房条件进一步改善,人均住房面积达到43.1平方米,比上年增加0.7平方米,居住空间更为宽敞。从住房主要建筑材料看,2016年末盐城城镇居民家庭以钢筋混凝土为主要建筑材料的住房比例为30.7%,同比提高2个百分点;从饮用水状况来看,主要饮用水为经过净化处理的自来水的家庭比例为95%,同比提高3.7个百分点;从卫浴设备来看,住宅内为水冲式卫生厕所的家庭比例为65.5%,同比提高1个百分点。

4. 生活用品及服务平稳增长,家庭耐用品升级换代。2016年盐城城镇居民人均生活用品及服务支出1028元,同比增长3.9%。随着经济社会的快速发展,盐城城镇居民生活水平和生活质量明显提高。作为衡量居民家庭生活质量和现代化程度重要标志之一的耐用消费品快速升级换代,消费需求由原来的满足基本需要向智能化、信息化、网络化和现代化转变。常用家电普及程度进一步提高。至年底,盐城城镇居民每百户电冰箱、洗衣机、热水器和空调拥有量分别为104.1台、98台、97.6台和152.6台,分别同比增长3.1%、1.5%、1.3%和4.1%。家庭信息化步伐加快,家用电脑和移动电话成为居民的必备生活用品。盐城城镇居民家庭每百户拥有接入互联网的计算机70.2台,同比增长3.5%;每百户居民家庭拥有移动电话240.1部,同比增长2.2%,其中接入互联网的移动电话145.6部,同比增长3.5%。

5. 汽车拥有量增加,交通和通信支出火热。2016年,盐城每百户城镇居民家庭家用汽车拥有量达24.2辆,比上年增加2辆,同比增长9.2%。家用汽车的普及,扩大居民日常生活的半径,增加居民假期出行的舒适度和便利性。与此同时,随着信息化设备的逐户普及以及智能手机、电脑的高频率更新换代,居民家庭信息化消费发展迅速,共同推动城乡居民交通和通信消费支出快速增长。2016年,盐城城镇居民人均交通通信支出2294元,同比增长10.7%,其中人均交通支出1402元,同比增长15.4%;人均通信支出892元,同比增长3.9%。

6. 教育文化娱乐消费热度不减。随着消费观念的转变,消费由过去的温饱消费转变为享受型消费,由过去的物质需求转向精神需求,盐城居民家庭重视加大教育投入,同时各种旅游休闲娱乐消费也持续升温。2016年,盐城城镇居民人均教育文化娱乐消费2776元,同比增长3.9%,占生活消费的比重为15.8%,位列第三。

7. 医疗保健支出小幅增长。随着生活条件改善,城镇居民对养生保健的认识进一步提高,更注重追求身体健康、延年益寿,各种保健品和医疗器具已经成为家庭日常消费品。全年盐城城镇居民用于医疗保健的人均支出为828元,同比增长1.8%。

8. 其他用品和服务小幅增长。全年盐城城镇居民用于首饰珠宝、美容美发等的人均其他用品和服务消费支出541元,同比增长0.7%。

第二节　农村居民生活

一、农村居民收入

2016年,盐城农村常住居民实现人均可支配收入17172元,同比增长9%,扣除价格因素实际增长6.8%。从增幅看,盐城位居全省第四位,比全省平均水平高0.7个百分点;从绝对水平看,盐城位居苏北第一位,全省第九位,比第八位的泰州低689元。各县(市、区)农民人均可支配收入水平依次为:东台19727元,大丰19480元,亭湖19420元,盐都18827元,建湖17083元,射阳16536元,阜宁15439元,滨海14931元,响水14299元。各县(市、区)农民纯收入增幅依次为:响水和射阳9.3%、阜宁9.2%、滨海9.1%、盐都和东台9%、建湖8.9%、亭湖和大丰8.7%。

农民人均可支配收入增长情况:

1. 工资性收入是收入增长的主要动力。2016年盐城农村常住居民人均工资性收入为7701元,比上年增加684元,同比增长9.7%,占农村居民人均可支配收入总量的44.8%,拉动农村居民人均可支配收入增长4.3个百分点,贡献份额为48%。工资性收入已经成为农民收入中最重要的收入来源,最低工资标准的提高为工资性收入的稳步增长提供保障;部分县(市、区)村干部调资并补发上年增加部分;农村居民务工情况尚可,工资性收入稳步提高。

2. 经营净收入增长较慢。2016年,盐城农村常住居民人均经营净收入为6135元,比上年增加356元,同比增长6.2%,占农村居民人均可支配收入总量的35.7%,拉动农村居民人均可支配收入增长2.3个百分点,贡献份额为25%。经营净收入是盐城农民收入结构中增长最慢的分项，一方面全年蔬菜园艺产品价格、生猪价格持续高位运行，相关农户种植、养殖收益提高；另一方面农业灾害频发，粮食总产全面下滑，2016 年全市粮食总产 687.3 万吨，比上年减少 20.8 万吨，同比下降 2.9%。粮食价格走势长期偏弱，粮食种植户的经营收益受到较大影响。

3. 财产净收入增长最快。全年盐城农村常住居民人均财产净收入为 582 元，比上年增加 79 元，同比增长 15.8%，是 4 项收入中增长最快的分项。占农村居民人均可支配收入总量的 3.4%，拉动农村居民人均可支配收入增长 0.5 个百分点，贡献份额为 5.6%。农村居民家庭财富的不断积累，理财观念的逐步提升以及风险防范意识的不断增强带动财产净收入的增长，随着土地流转规范程度不断提高，大多数土地转出户都签订正式的转让合同，获得稳定的转让承包土地经营权租金收入。

4. 转移净收入持续增长。全年盐城农村常住居民人均转移净收入为 2754 元，比上年增加 305 元，同比增长 12.5%，占农村居民人均可支配收入总量的 16%，拉动农村居民人均可支配收入增长 1.9 个百分点，贡献份额为 21.4%。转移净收入快速增长的因素：低保标准提高，农村低保标准从每人每月 380 元到每人每月 430 元，同比增长 13.2%；城乡居民基本养老金标准由每月 105 元提高到 115 元；盐城在全省率先实现市区被征地农民养老待遇“新老同标”“同城同标”，20 多万名被征地农民刚性纳入社会保障体系；政府各项支农惠农政策的实施，粮食、良种、养殖等各项补贴及时兑现，农村社会保障体系逐步完善，医疗报销收入递增，都对转移净收入增速贡献较大。

二、农村居民消费

2016 年，随着收入持续增长，盐城农村居民消费意愿较强，消费水平和观念发生较大变化，从传统的满足吃、穿等基本实物消费向居住环境、医疗保健等现代消费转变。住户调查资料显示，2016 年盐城农村常住居民人均生活消费支出 13145 元，同比增长 11.2%，增速比上年提高 1.6 个百分点。

农民生活消费支出的主要特点：

1. 饮食选择讲求营养，饮食消费观念城镇化。随着生活水平的不断提高，农村居民的消费观念趋向城镇化，绿色、健康、安全已成为食品消费的主要观念。年内，盐城农村居民食品烟酒支出 4159 元，同比增长 13.2%，恩格尔系数为 31.6%，较上年上升 0.5 个百分点。

2. 衣着消费注重时尚个性品牌化。生活水平的不断提高和消费环境的改变，促使农村居民对于衣着的选择逐步向时尚化、个性化、品牌化过渡。随着农村市场的日益繁荣，农村居民在衣着的款式、规格、面料等方面有了更大的选择空间，衣着消费支出不断增加。全年农民人均衣着支出 1346 元，较上年增长 10.1%。

3. 住房焕然一新，环境今非昔比。农民更加注重居住环境的优美舒适，住房面积更加宽敞，档次进一步提高。全年农民人均居住类支出 2342 元，比上年同期增加 295 元，同比增长 14.4%。农村居民家庭人均住房面积达 50.9 平方米，比上年增加 0.5 平方米，同比增长 1%。

4. 用品更新换代，家电二次升级。随着农村居民居住条件的改善，农村居民用于购买家庭设备用品的支出快速增长，全年农民人均生活用品及服务支出 564 元，同比增长 13.1%。彩电、冰箱、洗衣机等曾经的奢侈品已成为农村家庭生活中的必需品。至年底，每百户农村居民家庭分别拥有电冰箱 96.6 台、洗衣机 90 台、热水器 77.7 台、空调 86 台、彩电 133.8 台，分别同比增长 4.4%、3.3%、5.1%、19% 和 2.3%。

5. 交通通信成为消费热点。随着消费理念的转变和收入水平的不断提高，农村居民的日常交通工具逐步由传统型向便捷型转变，交通工具消费支出快速增长，电动车和私家车成为消费新热点。信息产业的快速发展，使现代通信方式更加快捷多样，通信工具、信息产品更新换代日趋频繁，通信设备消费支出增长快速。全年农民人均交通通信消费支出 1682 元，同比增长 16.2%，其中人均交通支出 930 元，同比增长 12%，人均通信支出 752 元，同比增长 21.9%。

6. 文教蓬勃发展。社会的进步必然带来知识的更新，加大教育投资成为社会普遍接受的一种观念，物质生活水平的稳步提高也使得农村居民更加注重发展精神文化生活，带动农民教育文化娱乐消费的持续增长。全年农村居民人均文教娱乐消费支出 2134 元，同比增长 4.3%。

7. 医疗保健支出平稳增长。农村居民保健意识不断增强、更加重视身体健康，带动相关医疗保健支出的增长。全年盐城农村居民人均医疗保健类消费支出 672 元，同比增长 4.5%。

8. 其他用品和服务小幅增长。全年盐城农村居民用于首饰珠宝、美容美发等的人均其他用品和服务支出 246 元，同比增长 4.6%。（陈光亚　赵同庆　李　鑫）

第三节　居民消费价格水平

2016 年，盐城市场物价总水平整体继续保持温和上涨态势。国家统计局盐城调查队价格调查监测资料显示：2016 年盐城 CPI 同比上涨 2.1%，比全年调控目标低 0.9 个百分点，顺利完成全年价格调控任务。其中，消费品价格上涨 2.2%，服务项目价格同比上涨 2.1%。

2016 年盐城 CPI 运行特点：

1. 八大类商品价格涨跌互现。与上年相比，2016 年计算居民消费价格指数的八大类商品和服务消费价格“四升一降三平”。其中，食品烟酒类同比上涨 4.5%，居住类同比上涨 1.5%，医疗保健类同比上涨 6.1%，其他用品和服务类同比上涨 2.8%，生活用品及服务类同比下降 0.4%，衣着类、交通和通信类、教育文化和娱乐类与上年持平。

2. 食品烟酒类上涨幅度较大。2016 年食品烟酒类价格与上年相比有较大幅度增长，同比上涨 4.5%。在构成食品类价格的 14 类种类中，有 8 类呈上涨趋势。上涨幅度较大的有：菜类同比上涨 7.9%、畜肉类同比上涨 12.7%、薯类同比上涨14.6%。粮食价格总体下跌。受国际国内农产品价格倒挂的影响,盐城大米、面粉、其他粮食价格均出现下降。2016年粮食价格同比下降1.2%,其中大米同比下降3.9%、面粉同比下降2.2%、其他粮食同比下降3%。鲜菜价格高于上年,菜价波动较大。受极端天气影响,2016年度菜价波动较大,同比上涨8.8%。猪肉价格高位震荡。2016度猪肉价格同比上涨12.7%。高价抑制需求,不少农贸市场猪肉经营户和猪肉销售量比往日减少。鸡蛋价格低位运行。

3. 医疗保健类受政策性影响上涨幅度较大。2015年10月31日医改后,为体现医务人员的劳动价值,在上调挂号费和手术费用医疗服务收费的同时,下调部分药品和检查费价格,使得该大类2016年度总体价格水平同比上涨6.1%。

4. 居民消费价格持续走高。2016年盐城市场消费价格水平处于高位运行,其中1月环比上涨0.6%,2月环比上涨0.9%,3月环比下降0.2%,4月环比下降0.1%,5月环比下降0.1%,6月环比下降0.2%,7月环比上涨0.2%,7月环比上涨0.1%,9月环比上涨0.5%,10月环比上涨0.3%,11月环比上涨0.5%,12月环比上涨0.2%。以2010年1月为基期,2016年1—12月各月消费价格平均水平在118.8元以上,即在盐城地区消费:2016年12月的121.4元只相当于2010年1月的100元使用。

5. CPI涨幅低于全省、高于全国。2016年盐城CPI涨幅为2.1%,比全省低0.2个百分点,比全国高0.2个百分点。在全省13个省辖市中仅高于宿迁市,列倒数第二位。

2016年全市居民消费和商品零售价格指数

表39－80

项目名称	上年同期＝100
居民消费价格总指数	102.10
一、食品烟酒	104.50
1. 食品	104.30
(1)粮食	98.80
(2)薯类	114.60
(3)豆类	98.10
(4)食用油	100.30
(5)菜	107.90
(6)畜肉类	112.70
(7)禽肉类	101.50
(8)水产品	106
(9)蛋类	97.50

续表39－80

项目名称	上年同期＝100
(10)奶类	99
(11)干鲜瓜果类	95.40
(12)糖果糕点类	103.70
(13)调味品	103.80
(14)其他食品类	95.80
2. 茶及饮料	100.80
3. 烟酒	101.50
4. 在外餐饮	107.70
二、衣着	100
三、居住	101.50
四、生活用品及服务	99.60
五、交通和通信	100
六、教育文化和娱乐	100
七、医疗保健	106.10
八、其他用品和服务	102.80
商品零售价格总指数	100.90
一、食品	105.10
二、饮料、烟酒	101.10
三、服装、鞋帽	99.90
四、纺织品	102.20
五、家用电器及音像器材	97
六、文化办公用品	98.40
七、日用品	99.30
八、体育娱乐用品	99.60
九、交通、通信用品	101.60
十、家具	101.70
十一、化妆品	101.50
十二、金银饰品	105.20
十三、中西药品及医疗保健用品	98.70
十四、书报杂志及电子出版物	100.10
十五、燃料	97.40
十六、建筑材料及五金电料	100.50

(程　鑫　许　欣)

区域发展

- □ 东台市
- □ 建湖县
- □ 射阳县
- □ 阜宁县
- □ 滨海县
- □ 响水县
- □ 大丰区
- □ 盐都区
- □ 亭湖区

第40章　东台市

责任编辑　冯　刚

综　　述

东台市地处江苏沿海中部、长江三角洲北翼，位于南通、泰州、盐城三市交汇处。市域总面积3176平方公里，辖14个镇及经济开发区、城东新区、西溪景区。2016年，年末总人口112.46万人。全年实现地区生产总值727亿元，一般公共预算收入60.26亿元；完成固定资产投资581.03亿元，外贸进出口总额7.5亿美元；城乡居民人均可支配收入分别为3.27万元、1.97万元，居民人均储蓄超5万元。6月1日，国家发改委、住建部联合发布《长江三角洲城市群发展规划》，东台成为苏北唯一一家被纳入长江三角洲城市群的县级市。连续十六年入选全国县域经济基本竞争力百强，列第32位。

2016年东台市各镇基本情况

表40－81

镇(区)	土地面积(平方公里)	耕地面积(公顷)	年末人口(万人)	行政村(居)(个)	地区生产总值(亿元)				财政收入(万元)	固定资产投资(亿元)	工业用电量(万千瓦时)	一般公共预算收入(万元)	农村居民人均可支配收入(元)	规模以上工业投入(亿元)	规模以上工业总产值(亿元)
					合计	一产	二产	三产							
开发区	73.83	-	4.62	11	68.99	1.68	51.89	15.42	143198	72.90	57975	102552	-	63.82	267.61
沿海区(弶港镇)	435.60	15297	4.61	29	34.20	8.39	11.68	14.13	54991	66	2869	44987	25410	42.93	57.19
城东新区	38.46	-	2.43	8	19.94	1.22	6.26	12.46	62688	78.50	4828	48000	-	41.29	79.19
西溪景区	4.75	-	1.54	5	5.38	0.55	1.59	3.24	14416	16.34	-	10708	-	-	-
东台镇	296.72	16416	22.06	41	136.91	6.69	37.87	92.35	144013	38.09	16937	109969	24420	22.13	145.46
溱东镇	75.74	4421	4.19	14	46.08	2.25	27.12	16.71	34157	23.24	28933	22783	28990	16.87	76.96
时堰镇	102.26	6012	6.78	33	44.81	3.34	26.19	15.28	29166	27.81	68569	21353	24740	19.77	96.13
五烈镇	134.28	8128	8.62	33	41.25	5.84	18.36	17.05	20928	25.48	9160	11561	21240	16.88	52.78
梁垛镇	132.17	7904	8.02	34	52.45	4.34	31.11	17	37392	33.92	40631	31838	23730	22.62	114.09
安丰镇	71.28	4030	4.89	21	39.73	4.41	15.72	19.60	22960	27.13	5863	15056	23290	19.82	63.06
南沈灶镇	103.22	6548	5.18	18	20.80	5.21	6.36	9.23	9150	13.66	5875	4673	21120	8.86	21.21
富安镇	170.01	10035	9.48	37	52.13	8.24	24.31	19.58	25943	30.67	10137	18778	23610	19.64	81.36
唐洋镇	107.44	6410	4.86	21	23.70	4.46	8.81	10.43	8811	16.19	5222	4546	21990	10.62	19.85
新街镇	102.89	5825	4.04	18	21.55	7.05	5.34	9.16	6610	10.96	1332	3771	21520	6.10	9.46
许河镇	106.91	6851	4.71	20	23.09	5.91	7.95	9.23	6942	10.31	1257	3908	23860	5.59	9.58
三仓镇	157.26	10029	6.83	33	40.09	8.60	9.14	22.35	11829	16.65	5066	8338	23470	11.03	14.62
头灶镇	206.75	14015	7.38	29	42.93	7.28	20.66	14.99	16681	25.16	8592	11143	23110	18.64	76.42

注：开发区、城东新区、西溪景区耕地面积单独统计。

第一节 经济发展

一、工业经济

2016年，东台市实现规上工业增加值279.62亿元，全口径工业开票销售688亿元，规模以上企业533家，全国工业百强县（市）排名前移三位。围绕构建以电子信息、装备制造、新材料、新能源、海洋生物及智慧产业为主导的“3+2+1”产业体系，实施中欧科技产业园、互联网众创园等新经济十大工程，新特产业开票销售占规上工业比重达65%。新开工、新竣工5000万元以上项目分别为70个、65个。实施300万元以上技改项目113个，合作重组项目35个。全市开票销售超亿元企业90家，纳税超千万元企业19家，其中中粮肉食江苏公司开票销售首超30亿元。拥有国家高新技术企业70家、省级工程（技术）研究中心11家，新创省互联网与工业融合创新试点企业2家，新增中国驰名商标2件。盐城宏景机械科技股份有限公司等6家企业获得省首台（套）重大装备及关键部件认定，江苏生辉光电科技有限公司封装车间建成省优秀示范智能车间。建立东南大学、江南大学等4个产业转移分中心，城东新区创成国家级科技企业孵化器、省高端装备制造业特色产业基地，沿海经济区获批省两化融合示范区。全市新建标准厂房36.1万平方米，新入园企业超100家，镇级公共服务平台实现全覆盖。

再次跻身全国工业百强县（市） 8月29日，工信部直属研究机构中国信息通信研究院发布《2016年中国工业百强县（市）发展报告》，东台市再次入选，列第92位，排名比上年前移三位。

鲁能东台海上风电首批机组并网发电 12月20日，鲁能东台200兆瓦海上风电项目成功并网发电。项目位于东台市东沙沙洲东南部，是国内第一批海上风电场特许权项目，共布置50台4兆瓦风机、1座220千伏海上升压站和1座陆上集控中心。项目建成后，年上网电量将达5.28亿千瓦时，年可节约标煤16.8万吨。

二、农业经济

2016年，东台市获评国家级农业综合标准化示范市、省发展高效农业成效显著市。高效、设施农业面积分别增至10万公顷、4.47万公顷，规模和比重位列全省第一；新增农业“三品”品牌68个，建成全国休闲农业与乡村旅游精品线路2条，拥有省级现代农业园区2家、盐城市级10家；新开工1000万元以上农产品加工项目10个，农业龙头企业总数突破300家，富安茧丝绸被列为“中央农村一二三产融合发展试点项目”。创新农业投资机制，组建市农业投资公司；推进土地确权，8.47万公顷、25万户农村土地确权登记颁证工作，发放农村土地承包经营权抵押贷款1.2亿元。实施脱贫致富工程，3600户低收入农户实现脱贫；开展农田水利会战，疏浚整治大中沟渠118条、完成土方860.2万立方米，建成机耕路730千米、生产桥455座；强化面源污染治理，建成畜禽粪便处理中心8个、有机肥加工厂16个，40家不合格生猪屠宰企业全部依法整治到位。

创成国家级农业综合标准化示范市 5月26日，东台市创建国家级农业综合标准化示范市工作通过国家标准化管理委员会验收，成为江苏省第二家，也是苏中、苏北唯一一家国家级农业综合标准化示范市。

三、第三产业

2016年，东台市实现服务业增加值343.5亿元、社会消费品零售总额253.5亿元、服务业投资233亿元，分别同比增长10.8%、11.1%、20.1%，服务业增加值占地区生产总值比重提高到47.3%。产业质态加速提升，电子商务交易总额突破200亿元，被评为省农村电子商务十强县（市），东台镇、新街镇建成省级电子商务示范镇。入选国家全域旅游示范区创建名录，江苏黄海海滨国家森林公园创成国家AAAA级景区，西溪景区创成省影视基地，安丰古街入选“江苏十大新景区”。重大项目推进顺利，新引进亿元以上服务业项目12个，列入省服务业重点培育计划项目2个。新增服务业规上（限上）企业65家，培植销售超亿元物流企业11家。城东新区省级服务业集聚区新引进宏景KHS机器视觉研发、港湾信息科技、新基点智能系统等一批智慧互联网项目，西溪景区开工建设影视创客、影视基地等一批文化产业项目，两大集聚区累计完成投入53.6亿元，发展各类经营主体320家，实现营业收入73.8亿元。

列入“国家全域旅游示范区”创建名录 10月21日，全国第二批“国家全域旅游示范区”创建名录公布，东台市名列其中。2016年，东台市围绕建设华东地区知名的生态休闲旅游基地，打造“一林一城一街一村”四大核心景区。江苏黄海海滨国家森林公园为华东地区最大的平原生态林场，是人与自然融合的天然氧吧；西溪景区集孝贤文化、海盐文化、佛教文化于一体，为江苏十大新景区、省影视基地；安丰镇是千年历史文化名镇，为首批中国特色小镇、省特色景观旅游名镇；甘港村围绕乡村旅游特点，挖掘农耕文化，是中国乡村旅游模范村、国家生态村和江苏最美乡村。

第二节 社会事业

一、城乡建设

2016年，东台市城市规划区达到128平方公里，市区建成区扩大到35.6平方公里。实施79项城建及基础设施工程和101项城镇化重点项目，城镇化率59.6%。启动实施公路路网建设三年行动计划，344国道、610省道二期、老

204 国道、海陵路南延、229 省道 5 条国、省干线开工建设，新建改造农村等级公路 408 千米、桥梁 105 座。新增城市绿地面积 45 公顷，通过江苏人居环境奖调研评估，创成省节水型城市。改造新东亭一村等 15 个老旧小区，新开通陶园新村等 19 个老旧小区管道天然气，东园社区等一批智慧社区建成开放，城市公共自行车租赁系统投入运行。新型镇村加快建设，安丰镇入选全国第一批特色小镇、第三批全国美丽宜居小镇，新街镇获评中国最美生态休闲旅游名镇，时堰镇获评中国最美乡村建设示范镇；五烈镇甘港村建成全国“美丽宜居村庄”，新增省美丽乡村 3 个。

安丰镇入选全国第一批特色小镇　10 月 11 日，住建部公布第一批中国特色小镇名单，东台市安丰镇成功入选。安丰镇地处东台南端，镇区总面积 71.2 平方公里，人口 4.89 万人，是苏北首家中国历史文化名镇和全国美丽宜居小镇。2016 年，全镇实现地区生产总值 39.7 亿元，一般公共预算收入 1.5 亿元。有规上工业企业 28 家，大型专业市场 6 个，规模以上连锁超市 6 家。安丰古街区有省、市级文保单位 7 处，保存较为完好的古街长 500 余米，是国家 AAA 级旅游景区。

二、社会民生

2016 年，东台市完成 20 件民生实事工程。启动实施实小惠阳路分校、市幼惠阳路分园、开发区分园等重点工程，创成盐城市“装备先进校”20 所、“智慧校园”12 所、“书香校园”6 所。改扩建 57 所村卫生室和 11 所社区卫生服务站，省级标准化卫生室实现全覆盖。加快提升便民公共设施，新建 29 处健身步道和 75 处便民休闲服务设施，11 个镇开通镇村公交。实施文化惠民工程，成功举办中国二胡名家演奏会，新建社区文化服务中心和村级幸福小广场 135 个，创成省公共文化服务体系示范区。全面强化住房保障，建成保障房 1500 套，改造棚户区 962 户，农村康居工程完成 D 级危房改造 1025 户。

举办中国二胡名家演奏会　10 月 4—5 日，全国著名二胡演奏家宋飞、许讲德、周维、朱昌耀、余惠生、陈军等，在东台市大剧院举办中国二胡名家演奏会，为全市人民奉献了一场文化大餐。东台市二胡艺术历史悠久，有着广泛的群众基础，是中国少儿二胡艺术之乡。多年来，近百名学生在国家、省、市各级比赛中获大奖。

三、人民生活

2016 年，东台市推进产业富民，“一根丝带动 5 万蚕农增收、一只瓜致富 10 万百姓”的富民特色做法得到省委、省政府肯定。新发展私营企业 4826 户，新增工业一般纳税人 325 户，新增就业 2.5 万人。推动创新创业，东台镇、安丰镇等一批创业园区、创客空间蓬勃发展，梦想 BRT 获批国家级众创空间，翠之源获批国家首批星创天地，获批省级大学生优秀创业项目 3 个。推进全民参保，城乡基本养老、基本医疗和失业保险综合覆盖率稳定在 98% 以上，2.73 万名困难群众全部由政府兜底参保。提高城镇居民参保财政补助标准，年内发放各类社会救助资金 1.56 亿元。“救急难”互助会获评全国社会救助领域最佳创新实践成果，东台市在中国公益慈善城市排名列全国县级第五位。

崔卫香家庭获首届“全国文明家庭”称号　12 月 12 日，第一届全国文明家庭表彰大会在北京举行，东台市梁垛镇崔卫香家庭获首届“全国文明家庭”称号，并受到习近平总书记的接见。1985 年，刚出生的崔卫香就被养父母收养。养父生活不能自理，15 岁那年，养母又突发意外、高位瘫痪，正在上初三的崔卫香毅然辍学回家支撑家庭。崔卫香 17 年如一日地悉心照顾养父母，得到邻里乡亲的赞誉。她和她的家庭先后被表彰为全国最美家庭、全国五好文明家庭标兵、省最美家庭。崔卫香本人先后被评为中国好人、江苏省最美青年，省“优秀青年”，获得省道德模范提名奖。

东台市廉贻镇甘港村。　　孙海鹏摄

第41章 建湖县

责任编辑 冯 刚

综 述

建湖县位于盐城市中西部,面积1157平方公里,人口80.5万人,下辖11个镇、3个街道和省级经济技术开发区、省级高新技术经济区、省级九龙口旅游度假区3个区。2016年,建湖县实现地区生产总值464.2亿元,城镇居民人均可支配收入29637元、农民人均可支配收入17083元,公共财政预算收入35亿元,名列全国县域经济基本竞争力百强县第72位,在苏北率先通过省定全面小康县验收。

2016年建湖县各镇基本情况

表41－82

镇(区、街道)	土地面积(平方公里)	耕地面积(公顷)	年末人口(万人)	行政村(居)(个)	地区生产总值(亿元)				财政收入(万元)	固定资产投资(亿元)	工业用电量(万千瓦时)	一般公共预算收入(万元)	农村居民人均可支配收入(元)	城镇居民人均可支配收入(元)	规模以上工业投入(亿元)	规模以上工业总产值(亿元)
					合计	一产	二产	三产								
近湖街道	45.48	2106	18.06	24	116.96	2.72	58.12	56.12	110457	41.90	14402	60901	19041	29637	28.61	246.31
上冈镇	231	11620	15.06	44	57.35	96.56	19.21	28.48	28676	34	－	22536	15383	25185	28	87
建阳镇	96.30	5580	5.39	22	32.27	3.55	20	8.72	26400	25	7561	19600	17083	－	23.12	97.18
颜单镇	49.60	1810	2.68	8	16.60	3.40	8.90	4.30	16100	8.40	－	5750	16400	20110	3.20	17.70
恒济镇	80	3692	3.20	12	19.22	3.08	9.56	6.58	14626	14	6207	10767	15382	－	12.20	35.37
庆丰镇	103	5399	6	21	29.63	3.05	18.75	7.83	18124	14.86	6709	9716	17489	28764	13.56	54.61
九龙口镇	68	3675	3.25	11	19.33	1.81	9.55	7.97	11000	9.95	－	7336	15760	－	7.20	11.30
高作镇	70.10	4729	3.66	16	15.11	3.02	6.20	5.89	8347	13	4515	5096	15384	－	9.60	36.80
芦沟镇	85.86	40107	4.30	16	1.59	0.37	0.54	0.68	11261	10.99	4321	7459	15019	－	－	32.03
沿河镇	81.81	3873	3.80	15	15.29	2.93	5.65	6.71	9235	10.50	2136	6233	14972	－	1.21	11.79
冈西镇	68.11	4103	3.37	15	11.75	2.67	3.21	5.87	6651	9.14	2387	4758	14385	－	1.12	12.74
宝塔镇	50.80	3133	2.77	12	7.89	2.06	4.52	1.31	5240	3.36	4312	4275	13176	19486	1.25	4.21
开发区	92	4100	6.30	21	45.30	0.58	43.69	1.03	186750	51.60	30504	18874	18841	－	44.52	177.78
高新区	43	800	2.26	8	114.21	5.72	85.65	22.84	68748	46.20	3854	35702	16000	29200	29.20	245.14

第一节 经济发展

一、工业经济

2016年,建湖县实现工业投资245亿元,全口径开票销售264.6亿元。规上工业企业459家,开票销售254.3亿元,工业增加值213亿元,规上应税销售203.2亿元。年内,建湖县加快转型升级,石油装备、节能电光源等传统特色产业加快向中高端发展,石油装备产业实施厚锐海洋油气设备、海特海工船舶制造等一批项目,实现向海工装备、精密机械、军工等领域拓展。节能电光源产业实施昊美LED照明、康宝电子白板及触控一体机等一批项目,全行业LED份额超过80%。规上企业中智能装备和自动化生产线占比达40%,建成省级智能示范车间2家、省"两化"融合示范试点企业18家，实施豪迈数字车间、铭星全智能云台控制系统等一批智能项目；新能源汽车及零部件、通用航空等战略新兴产业快速发展，新能源汽车实现量产，登达公司12种车型列入工信部推荐车型目录，韩国东西发动机、天津圣金特等一批汽车零部件项目落地建设；艾雷奥特双座固定翼小型飞机整机下线，通用机场启动建设，建湖县被认定为全省小飞机制造基地。全县拥有私营企业1.4万户、个体工商户4.5万户。

二、农业经济

2016年，建湖县设施农（渔）业面积超1.13万公顷，获评国家现代农业示范区、国家农产品质量安全县、国家农业产业化示范基地。恒济镇建成全国最大的工业化池塘循环水养殖基地，蜻蜓农服入选全国"互联网+农业"百家实践案例单位，军曼公司入选全国"互联网+"新农民创新创业百佳成果单位。实施上冈万顷良田和钟庄同一村庄整治工程，投入资金10.3亿元，动迁农户4763户，新增耕地面积286.67公顷。培育新型农业经营主体，累计注册农民专业合作社1070家，发展家庭农场650家，拥有省级农业龙头企业7家，创建省级以上农产品品牌9个，"建湖大米"获评中国驰名商标，九龙口大闸蟹公司等6家单位被农业部认定为健康养殖示范场。

三、第三产业

2016年，建湖县新增服务业定报企业160家，"无线建湖"建成投用，苏北规模最大的云计算中心一期工程投入运行，阿里淘宝、浙江大华、邻里中国等一批智慧产业、平台经济项目相继落户。电子商务加速发展，全年实现交易额100亿元，建成全国电子商务百佳县、省级农村电子商务示范县，智慧产业园被评为省级电子商务示范基地。九龙口旅游度假区建成省级旅游度假区、国家湿地公园（试点）。剑牌公司上交所主板上市进入申报审核阶段，45家企业在场外交易市场挂牌，国兴产业投资基金成功组建，诚赢与北京疆亘和刚果国际木业、永超与浩弘和北京华拓、博克斯和北京首创等30个项目通过资本运作实现并购重组。全年银行信贷投放20亿元，帮助企业过桥20亿元，新增银行机构、信用担保公司、小贷公司等各类金融机构31家，建湖县是苏北县（市）中唯一一家连续三年获评"省金融生态优秀县"。

第二节　社会事业

一、城乡建设

2016年，建湖县完成新一轮总体规划修编，编制60个村庄建设规划。上冈镇、九龙口镇被命名为新一轮全国重点镇。县城建成区面积27平方公里，常住人口23.3万人，全县城镇化率58.1%，城市主干道实现黑色化全覆盖，林木覆盖率22.6%，获评全国绿化模范县、江苏省卫生县城、江苏省园林城市，获得全省人居环境范例奖，国家级"智慧城市"试点县创建通过省级验收。开展城乡环境综合整治，全面完成县城三年环境整治任务，秸秆禁烧工作连续三年实现着火点"零通报"，空气质量优良天数稳中有升，饮用水源水质达标率100%，获评全国农村环境连片整治示范县，国家级生态县创建通过环保部验收；庆丰镇董徐村、恒济镇建河村打造省级美丽乡村。实施农村康居工程建设、村级债务化解行动计划，拆除农村D级危房2274户，化解村级债务5620万元。在全市率先实现城乡供水、城乡公交、污水处理、垃圾处理等一体化，新建改造等级公路585千米、村组道路500多千米，阜建高速建成通车，盐徐高速东互通、阜建高速西互通开通运营，连盐铁路、徐宿淮盐高铁建湖段开工建设；县城和建制镇污水处理率分别达86.5%、69%。水利设施建设累计投入22.8亿元，疏浚河道2587千米，拆改建闸站1206座。成功争取全省高标准农田整县推进试点县，获得项目资金6亿元。完善电力、燃气、路灯、环卫等配套设施，新建变电站4座，铺设中低压燃气管网150千米，完成286千米路灯架设，建成垃圾压缩处理中心、填埋场和环卫停车场。

二、社会民生

2016年，建湖县累计投入11.9亿元，新建11所中小学校和12所幼儿园，改建13所学校校舍。美术馆、新博物馆和江淮戏苑等一批公共文化设施建成开放，诗词歌赋杂技剧场《小桥　流水　人家》、淮剧《北秦庄之恋》等一批优秀作品在国家、省、市获奖；蝉联全国文化先进县、中国民间艺术之乡，创成省公共文化服务示范区。农村应急广播"村村响"工程实现全覆盖。年内，建湖县累计投入15亿元，实施县人民医院城南分院、县二院、村卫生室标准化建设等一批重点工程，庆丰、建阳卫生院获评全国群众满意的乡镇卫生院；被认定为全国医改试点县、省人口协调发展先进县，冈西镇创成国家卫生镇。在全市率先推行医保支付方式和机关事业单位养老保险制度改革，企业"五险"覆盖面98%以上，大病医疗救助结报比例提高到70%。建立80周岁以上老人尊老金制度，全县17.3万60周岁以上老人免费乘坐县城公交，13所农村敬老院全部达到省定星级标准，城乡社区居家养老服务中心实现全覆盖。城镇常住人口保障性住房覆盖率23.3%，低收入家庭实现应保尽保，住房公积金新增扩面2.1万人、发放公积金12.5亿元。全面完成上一轮脱贫攻坚任务，城乡低保标准分别提高到每人每月530元、430元。

第42章　射　阳　县

责任编辑　冯　刚

综　　述

射阳县地处江苏沿海中部，是中国大陆南北地理分界线的东部起点。全县土地总面积2606平方公里，其中陆地面积1948.23平方公里、水域面积482.09平方公里。海岸线总长100.4千米，海域面积5130.67平方公里。辖镇13个、经济区3个（江苏射阳经济开发区、江苏射阳港经济开发区、盐城市现代高端纺织产业区），有省属农场3家、市属盐场1家。拥有国家二类开放口岸射阳港和国家中心渔港黄沙港，射阳港3.5万吨级航道通航，5万吨、10万吨级航道处于规划论证阶段，沈海高速、临海高等级公路、陈李线3条交通干道贯穿南北。盐城市首家通用机场建设之中。2016年，年末总人口96.2万人，性别比为105.21∶100，人口自然增长率2.59‰。全年实现地区生产总值441.6亿元，实现一般公共预算收入21.58亿元，固定资产投资300亿元，注册外资实际到账4452万美元，外贸进出口总额2.84亿美元，社会消费品零售总额168亿元。城镇居民人均可支配收入、农村居民人均可支配收入分别为26509元、16536元。

2016年射阳县各镇基本情况

表42－83

镇（街道）	土地面积（平方公里）	耕地面积（公顷）	年末人口（万人）	行政村（居）（个）	地区生产总值（亿元）				财政收入（万元）	固定资产投资（亿元）	工业用电量（万千瓦时）	一般公共预算收入（万元）	农村居民人均纯收入（元）	规模以上工业投入（亿元）	规模以上工业总产值（亿元）
					合计	一产	二产	三产							
合德镇	207	8212	19.74	34	75.93	3.22	26.51	46.20	19552	41.51	13574	19552	20120	20.55	106.04
临海镇	186	7493	7.52	20	32.57	5.98	10.59	16	9116	31.22	7520	9116	20340	26.16	60.74
千秋镇	157.54	10355	6.14	18	23.51	6.43	7.68	9.40	1965	6.56	1201	1965	16915	4.33	6.13
四明镇	173.40	9120	8.25	23	24.59	7.27	7.72	9.60	2234	5.73	4001	2234	14100	3.88	21.38
海河镇	242	12103	10.53	28	27.78	6.89	9.89	11	3797	12.57	2969	3797	17886	7.59	31.17
海通镇	88.59	4150	3.39	10	27.84	4.78	11.96	11.10	4712	18.91	2510	4712	21967	15.34	71.35
兴桥镇	129.14	5291	5.54	15	22.49	4.83	7.46	10.20	2784	8.81	2463	2784	19748	5.93	33.25
新坍镇	97.97	4779	5.03	14	18.54	4.38	4.96	9.20	2410	4.61	1010	2410	17293	3.24	5.20
长荡镇	95.91	4347	4.56	14	20.84	3.41	8.43	9	2432	5.57	1313	2432	18375	3.59	5.60
盘湾镇	95.04	4421	3.97	12	30.42	4.82	15.70	9.90	5373	20.29	3119	5373	22870	16.86	155.78
特庸镇	102.48	4250	4.10	9	20.29	3.96	6.73	9.60	2320	8.17	2715	2320	19633	5.04	20.74
洋马镇	96	4100	3.18	8	20.13	3.97	6.26	9.90	2217	8.20	1080	2217	20784	4.86	34.15
黄沙港镇	61.08	1450	1.90	8	30.64	10.25	6.49	13.90	6256	19.82	11221	6256	21250	13.64	51.24

第一节 经济发展

一、工业经济

2016年,射阳县完成全口径开票销售305亿元,规上企业开票销售完成187亿元;规上企业入库税收完成8.5亿元;规上企业增长面实现52%;工业用电量12.2亿千瓦时。开工建设总投资60亿元的题桥纺织产业园等亿元以上项目62个,建成投产辉山全产业链乳制品加工等亿元以上项目26个,制定骨干企业和成长性企业"一企一策"三年培植方案。健康食品、高端纺织、机械电子3个传统产业转型升级,航空装备、新能源及其装备、新型建材3个新兴产业加快发展;易电通智慧能源、金戈炜业环保科技2家企业在"新三板"挂牌,成功引进南京大学国家级双创示范基地;全年新增工业定报企业35家,新增国家高新技术企业11家、高新技术产业产值增长22.4%;全县规上企业实施技改项目100个,重点实施智能制造技改项目10个,江苏华稼食品科技有限公司获批省级智能制造示范企业,辉山乳业发展(江苏)有限公司乳业项目获批省级智能制造重点项目。

题桥纺织项目 题桥纺织项目计划总投资60亿元,规划用地120公顷。首期投资22亿元,用地40公顷,建设厂房30万平方米。新上年产2万吨高档功能性面料、3000吨医用纱布、6000吨散纤维(染色)及1.8万吨筒纱染色等项目。题桥纺织项目自我配套程度化高,投产后形成纺纱、织造、染整、面料、服饰、家纺完整产业链条。项目自备的太阳能发电,每年可节省煤炭4000吨,凝结水回收每年可节水11万吨;自主研发的工业锅炉高效NOx煤粉燃烧技术,获国家质检总局颁发的专利证书17项,在射阳同步新上节能燃烧器的研发与生产,将填补国内空白。项目80%以上设备都是从德国、意大利、日本、法国等地进口,其中从德国引进的全自动拉幅定型机和提花大圆机、意大利引进的烧毛机和全自动滴料配色仪等设备处于世界领先水平。"题桥色纱"连续12年获"上海市著名商标",连续11年通过欧盟国际生态纺织品环保体系认证。拥有专利722件,完成国家和上海重点新产品、高新成果转化、科技研发项目29项。

二、农业经济

2016年,射阳县实现粮食总产量111万吨,蔬菜种植面积3.09万公顷,实现总产值31.06亿元;大蒜种植面积1.12万公顷,总产值10.31亿元;药用菊花种植面积3466.67公顷,总产值1.82亿元;饲养春蚕7.2万张,茧产量6.33万担,产值1.33亿元。建成高标准农田8万公顷,占耕地面积比重为60%,农业机械化率90%,大中型畜禽养殖设施配套建设沼气工程率80%以上。渔业科技入户率100%,无公害产地、产品复查换证率100%,新获批农业部健康养殖示范场2家,新发展农民专业合作社80家,总数820家;新发展家庭农场120家,总数700家,新创省级示范家庭农场4家。联耕联种面积突破6.67万公顷,海峡两岸渔业合作示范区被纳入省"十三五"沿海经济发展规划。"射阳大米"获中国国际农产品交易会金奖,建成与"射阳大米"品牌标准一致的优质稻麦产区。成功举办"2016中国(射阳)蟹苗产业发展论坛",射阳被评为中国蟹苗之乡。新培育"海河西葫芦""千秋白蒜"2个农产品地理标志。稻麦秸秆还田及高产综合配套技术集成推广项目获江苏省农业技术推广奖。

三、第三产业

2016年,射阳县实现服务业增加值204.86亿元,完成服务业投资84.34亿元,实现服务业税收16.14亿元,重点推进15个重大服务业项目建设,全年实际完成投资35.56亿元。新增规模以上服务业企业共计46家,其中限上企业新增23家,规上服务业企业新增23家。服务业入库税收100万元以上企业190家,总税收12.9亿元,其中入库税收超1000万元、500万元企业分别有16家、74家。建成开放"十里菊香"景区,编制射阳日月岛生态旅游区、辉山风情小镇等特色旅游景区规划,全年游客量突破130万人;提升射阳日月岛旅游区概念性规划,启动房屋征收工作,国家农业公园实施核心区土方工程,优化改造万亩林场景观,黄沙港渔文化旅游区建成三面观音像,千秋阳河湾建成钓鱼台、游客服务中心,建成玫瑰花基地。辉山乳业全产业链项目创成省工业旅游区。

第二节 社会事业

一、城乡建设

2016年,射阳县实现建筑业总产值87.66亿元,共上市商品房50.36万平方米,实际销售91.04万平方米,成交额33.28亿元,实现税收5.99亿元。城镇绿化率35.3%、亮化率98%以上。完成县城总体规划、县城控制性详细规划和县城抗震防灾规划等专业规划修改、编制工作以及镇村布局规划,实施建设大道西延等道路工程,新拓县城12平方公里,启动实施韩风国际城等12个城市组团,完成幸福大道、解放东路等7条城市主干道维修工作。启动兴阳路北延、建设大道西延、双山路南延的路灯亮化工程,小洋河截污等污水管网工程和官网普查工作;实施绿化项目19个,水绿特色日益彰显;开展"大干一百天、全面提升城市环境"行动,建立"垃圾不落地"收运模式,建成1000辆公共自行车系统。改造县城重点路段桥灯,实施永胜小区等8个棚户区、城中村改造工程,实现棚户区改造1649户,100%货币化补偿,在全市率先实施农村危旧房改造,高标准规划建设533个集中居住点和30个美丽乡村示范点、新型社区,完成3996户D级危旧房和638户托底特困户改造任务。围绕"一镇一特色",打造以菊花为全产业链的菊海小镇、以蚕茧为全产业链的茧丝绸小镇、以辉山乳业为全产业链的风情小镇等一批"农业 + 旅游"特色小镇，彰显具有射阳特色的"天蓝、地绿、水清"风光秀丽的苏北田园水乡风貌。

二、社会民生

2016 年，射阳县推进社会民生事业发展，港城实验小学、幼儿园、双拥路幼儿园以及四明、临海、长荡 3 所镇办幼儿园建成开学；完成黄沙港、特庸、盘湾等镇民办幼儿园回购工作；实施校车安全工程，开展校车规划及路点设置工作。射阳中等专业学校建成省首批现代化专业群，高水平现代化学校创建通过省评估验收。推进"全国中小学校责任督学挂牌督导创新县"创建工作，建立学前教育综合督导评估体系。2016 年高考实现达线人数位居全市前列。制定出台《加快推进教育现代化建设努力办好人民满意教育的意见和实施方案》，实施县城小学集团化办学。扩大困境儿童和学生生活学习费用托底、患重特大疾病弱势群体医疗费用托底、困难群众节日慰问托底覆盖面的基础上，对困难危房户实行住房保障财政全额托底。国家卫生县城创建通过评估验收，新一轮全国计划生育优质服务先进单位创建通过省级考评，全县 230 家村卫生室实现乡村医生签约服务全覆盖，全县共有 79.76 万人参合，参合率为 100%；建成国家一级文化馆、图书馆各 1 个，剧院（电影院）2 家，在全市率先建成开放 2 个文化分馆，文化馆总分馆制建设获列苏北唯一省试点县。数字书屋和一卡通工程均在全省领先实现全覆盖，被省文化厅评为农家书屋提升工程先进县。杂技《扇舞丹青》获西班牙国际杂技艺术节金象奖、市政府文艺奖一等奖第一名；全市首创淮杂文化"村村到"，推动周周文化惠民新常态；全市率先设立首批 10 个公共阅读新空间；农民画和草编获列省政府非物质文化遗产名录；桃园家饰获评国家文化出口免税企业；成功创建中华诗词之乡。承办市级以上重大比赛项目 6 个，新增健身步道 10.9 千米。全县法律援助实现全覆盖，被省政府表彰为"六五"普法先进县。

三、人民生活

2016 年，射阳县城镇新增就业人数 4.85 万人，4.88 万低收入农户纳入建档立卡对象，累计发放 7312 万元，3529 户低收入农户获得资金扶持，1.29 万农村低收入人口实现脱贫、2 个省定经济薄弱村达标。城镇基本养老、基本医疗、失业保险覆盖率继续保持在 96% 以上，城乡居民全部实行养老补贴制度，建成省级法治文化示范点 2 个，建成市级法制文化示范点 5 个，234 个行政村（社区）全部建成市级民主法治示范村。

射阳县城。

第43章 阜宁县

责任编辑 冯 刚

综 述

阜宁县地处江苏沿海中部，南北长52.5千米，东西宽48千米，面积1439平方公里；辖镇（社区）14个、街道4个、辖村居341个和江苏阜宁经济开发区、江苏阜宁高新技术产业开发区、金沙湖旅游度假区、阜宁县现代服务业园区。年末全县总人口112.95万人，男女性别比为109.9∶100。2016年，实现地区生产总值394亿元，二、三产业比重提高到87.3%，实现公共财政预算收入36.24亿元；完成社会固定资产投资321亿元，注册外资实际到账1244万美元，外贸进出口总额2.8亿美元，社会消费品零售总额130.29亿元；城乡居民人均可支配收入分别达25543元和15439元。2016年，获全市目标任务考核综合先进奖。

2016年阜宁县各镇基本情况

表43－84

镇(区、街道)	土地面积(平方公里)	耕地面积(公顷)	年末人口(万人)	行政村(居)(个)	国内生产总值(亿元)				财政收入(万元)	农村居民人均可支配收入(元)	规模工业总产值(亿元)	规模工业增加值(亿元)
					合计	一产	二产	三产				
阜城街道	64.67	2070	19.66	26	64.23	1.53	40.22	22.48	67653	21989	160.13	35.78
吴滩街道	87.96	6126	5.43	21	10.81	4.06	1.18	5.57	5050	15171	3.56	0.40
沟墩镇	112.09	7255	6.48	22	29.63	6.97	12.43	10.23	11898	19424	18.43	7.48
陈良镇	67.55	4441	4.33	16	13.93	4.12	5.50	5.31	5661	15999	15.15	2.72
三灶镇	88.70	6105	5.72	18	8.57	2.25	2.50	3.82	5718	13445	0.61	0.28
新沟镇	77.39	5212	5.20	15	17.05	3.84	8.36	4.85	10060	18249	50.18	9.53
陈集镇	85.82	5541	5.26	19	9.73	2.91	1.42	5.40	5519	13876	8.42	0.91
羊寨镇	94.25	5948	5.86	19	8.96	2.40	2.14	4.42	6103	13003	5.73	0.99
芦蒲镇	86.65	5012	5.11	19	8.58	2.35	2.14	4.09	4659	12974	3.28	0.30
板湖镇	69.27	4694	4.88	18	10.33	2.16	3.14	5.03	6336	14902	5.67	0.91
东沟镇	66.28	4106	5.18	19	30.71	2.48	18.42	9.81	12117	16505	44.90	11.07
益林镇	108.74	6695	9.53	24	48.35	4.22	30.22	13.91	25067	17642	106.06	25.60
古河镇	87.14	5925	5.84	20	9.56	2.81	2.62	4.13	3679	14135	21.66	0.69
罗桥镇	88.71	6072	5.99	20	12.52	3.84	3.45	5.23	4700	14687	4.74	1.53
硕集社区	47.32	3128	3.21	8	5.33	2.14	0.95	2.24	1582	15866	3.29	0.49
公兴社区	57.72	3605	3.16	13	5.66	2.45	1.43	1.78	1900	15716	3.54	0.53
江苏阜宁经济开发区(花园街道)	36.50	1552	4.18	17	33.94	1.97	27.43	4.54	92363	17349	185.73	45.30

续表 43－84

镇(区、街道)	土地面积(平方公里)	耕地面积(公顷)	年末人口(万人)	行政村(居)(个)	国内生产总值(亿元)				财政收入(万元)	农村居民人均可支配收入(元)	规模工业总产值(亿元)	规模工业增加值(亿元)
					合计	一产	二产	三产				
阜宁高新技术产业开发区(郭墅镇)	76.05	5054	5	17	28.23	1.78	22.95	5.50	39837	14969	155.76	40.85
金沙湖旅游度假区	22.63	1168	2.19	7	3.68	1.18	0.17	2.33	24542	16161	–	–
现代服务业园区	13.24	235	0.75	3	1.83	0.06	0.30	1.47	15109	–	–	–

第一节 经济发展

一、工业经济

2016年，阜宁县实现规模以上工业增加值180亿元，拥有规模企业267家，其中开票销售超亿元企业42家；实施规模企业技改项目110个，新增规模以上工业企业32家；新能源、新材料、节能环保"3＋2"产业集聚发展，新能源、新材料产业分别增长25%、26%，新兴产业产值占比超40%；20家企业在"新三板"或地方股交中心挂牌；镇级工业园实现全覆盖。

中国阜宁第16届"5·18"经贸洽谈会暨重大项目集中签约仪式 5月18日，阜宁县举行中国阜宁第16届"5·18"经贸洽谈会暨重大项目集中签约仪式。活动期间，共签约项目58个，计划投资147.6亿元，会上集中签约项目34个，计划投资124.8亿元。

二、农业经济

2016年，阜宁县实现粮食生产实现十三年增产，获评全国超级产粮大县；新增高效农业8666.67公顷，其中设施农业1533.33公顷，连续8年获省高效设施农业先进县；"七彩阜宁"农业公园通过全国休闲农业与乡村旅游三星级园区验收，获批国家农业公园创建单位；生猪、羽禽规模养殖比重分别达72%、88%，发展水产健康养殖5333.33公顷，新申报无公害产品400公顷，无公害占比100%，创建省级畜牧业生态健康养殖示范场4个；建成农业特色产业镇3个、市级现代农业园区10个、特色示范村48个；农产品加工年产值110亿元，县农产品电子商务中心挂牌运营，加快阿里巴巴农村淘宝布点，启动桃花源生态经济区建设，"阜宁大米"在第十四届中国国际粮油产品及设备技术展示交易会上获金奖，"阜宁黑猪"获中国地理标志商标，5月，阜宁县被中国园艺学会评为"中国西瓜之乡"。

"阜宁大米"获奖 11月6日，阜宁县粮食行业协会选送的"阜宁大米"获第14届中国国际粮油产品及设备技术展示交易会金奖（江苏展团排名第一）。中国国际粮油产品及设备技术展示交易会是中国粮食行业规模大、档次高、参展企业及产品门类最全的综合展览会。全国26个省、区、市及计划单列市的159个参展产品获评2016第14届中国国际粮油产品及设备技术展示交易会金奖。

三、第三产业

2016年，阜宁县推进凤凰阜宁文化广场、万和购物中心建设，宝丰国际商博城投入运营，南京银行在县城成功设点，建成城北、胜利花苑、北沙、海鑫花园等农贸市场；阜宁港物流园区列入省级示范物流园区培育计划，电商产业园引进各类企业23家，获批市电子商务示范企业3家、示范村1家，东沟镇获评省级农村电子商务示范镇；金沙湖PPP项目列入全省示范项目库，加快温泉度假村、大糕博物馆等重点项目建设，县城市公交开通以金沙湖、喻口古镇和七彩农业公园为景点的假日旅游专线，新四军三师师部旧址、华中局扩大会旧址等红色遗存项目建成开放。

第二节 社会事业

一、城乡建设

2016年，阜宁县国家卫生县城报国家验收，国家园林县城通过省检查，省文明城市通过测评；推进城建五类40项重点工程建设，老城三年改造任务完成；完成澳门路、香港路等主干道路黑色化改造，以及阜城大街、射河北路、上海路等沿街立面改造，加快射河南路、阜城大街等亮化工程实施；新盛街、射河北路和中心社区、新盛社区分别通过省示范路、示范社区现场验收，全市首家取缔马路市场，道路机械化清扫率70%，城市公共自行车一期工程建成运营，城市公交新投入80辆纯电动车；实施九大类379个集镇建设整治提升项目，益林镇跻身全国千强镇；建成省美丽乡村2个，创建省康居乡村3个。

二、社会民生

2016年，阜宁县实现新增城镇就业1.29万人，转移农村劳动力4.92万人，城镇失业率低于4%；基本养老保险实现全覆盖，城镇居民医疗保险、新农合参合率100%；建立困境儿童救助制度，完善社会托底救助机制，各项救助申请办结率99%；发放低保金7523万元，惠及1.81万户3.18万人；提升改造敬老院9所，新建居家养老服务中心23家，建成全省首家失能五保老人养护院；完成28万平方米房屋征收任务，新建、回购各类保障性安居工程3559套；拆除危旧房屋1.15万户，其中6517户D级危房全部拆除；深化“牵手致富”行动，直接发放到户扶贫资金9760万元，争取省发展村级集体经济专项资金1520万元，完成年度脱贫任务；办好10项政府为民办实事工程，推动教育资源优质均衡发展，实验小学长春路校区、县职教中心教学楼完成主体工程，东沟中学接受省四星级高中评估验收；县中医院脑病科创成省重点专科，东沟卫生院、羊寨卫生院创成全国群众满意的乡镇卫生院；创成国家等级文化站7个，建成农村文化大院10个，村级综合性文化服务中心实现全覆盖；成立全市首家县级全民阅读促进会，开展“你读书、我买单”活动；镇村公交实现行政村全覆盖，开通率位于全市前列；深化“平安阜宁”建设，技防城建设通过省级验收，在全省率先建成校园监管平台，连续10年获评省社会治安安全县；开展安全环保执法专项行动，获“全国平安农机示范县”称号。民生幸福和社会事业工作连续五年获市委、市政府表彰。

完成华中局扩大会议旧址修缮工程 年内，完成华中局扩大会议旧址修缮工程。中共中央华中局第一次扩大会议旧址位于阜宁县羊寨镇单家港村，市级文物保护单位，占地面积1.87公顷。该旧址按照革命历史主题公园进行重新设计建设，项目包括修缮提升会议旧址和新建华中局纪念馆、华中党校、人物碑廊等。

郭夕祥等当选“中国好人” 7月29日，阜宁县替子还债的“信义老人”郭夕祥（新沟镇新东村七组农民）获评7月“中国好人榜·诚实守信”好人。8月31日，县“6·23”抢险救灾先进典型陈红明、高成奎和李玉红获评8月份“中国好人榜·见义勇为”好人。

三、生态建设

2016年，阜宁县组织第13次县城绿化会战，栽植乔木226.5万株，县城绿化覆盖率达42.5%，全县林木覆盖率25.5%；完善农村环境长效管护机制，开展农村环境整治行动，累计完成河道整治土方1730万立方米，提前一年完成市下达农村河道整治三年任务；小麦秸秆还田率92.4%，被省评为秸秆综合利用试点示范县；启动绿色智慧建筑产业园规划建设，新建二星以上绿色建筑示范项目12.6万平方米；开展化工企业整治、“十小”企业关停取缔等专项行动，关停并转基础类化工企业（项目）11个，中央环保督察组交办问题全部整改到位。

农村河道整治 年内，阜宁县组建2355人的保洁队伍，投入4679万元，完成河道整治总土方866万立方米，疏浚县乡河道108条，整治村庄河塘178条处，改善排涝面积1.87万公顷，改善灌溉面积1.07万公顷，增加旱涝保收田1333.33公顷，增加土地复垦面积7公顷。

阜宁城南全景。

第44章 滨海县

责任编辑 冯 刚

综 述

滨海县位于盐城市东北部，东临黄海，南依射阳河、苏北灌溉总渠与射阳县交界，西与涟水县毗邻，西南与阜宁县相连，北隔废黄河、中山河与响水县相望。县域面积1949.6平方公里，其中耕地面积9.99万公顷，滩涂面积1.07万公顷，海岸线44.6千米，辖镇12个、村(居、社区)296个，省级经济开发区1个、滨海港经济开发区1个。境内驻有省属国营滨淮农场、淮海农场(部分)以及市属新滩盐场。年末总户数34.13万户，总人口122.35万人。2016年，全县实现地区生产总值391.61亿元，服务业增加值176.9亿元，一般公共预算收入完成34.07亿元，固定资产投资377.87亿元，注册外资实际到账6000万美元，进出口总额4亿美元，社会消费品零售总额110.46亿元，城镇和农村人均可支配收入分别为26543元、14931元。固定资产投资、城镇居民人均可支配收入2项指标增幅列全市第一位。年内，滨海县创成国家级妇幼健康优质服务示范县，获评全国扶贫系统先进集体。

2016年滨海县各镇基本情况

表44－85

镇(区)	土地面积(平方公里)	耕地面积(公顷)	年末人口(万人)	行政村(居)(个)	地区生产总值(亿元)				财政收入(万元)	固定资产投资(亿元)	一般公共预算收入(万元)	农村居民人均可支配收入(元)	规模以上工业增加值(亿元)
					合计	一产	二产	三产					
五汛镇	152.54	9548	8.80	31	32.63	6.29	15.37	10.97	14361	30.45	11751	20844	10.00
蔡桥镇	92.07	5531	6.23	17	14.59	2.49	6.75	5.35	11762	18.35	9426	17103	8.45
正红镇	145.29	8109	10.91	31	34.31	7.35	12.61	14.35	10359	7.47	8516	18962	3.43
通榆镇	55.80	3219	4.06	11	10.97	1.64	5.90	3.43	11335	12.14	9931	17260	6.61
天场镇	81.93	4294	5.14	14	12.85	1.33	8.82	2.70	13980	15.20	10707	12897	10.80
东坎镇	133.59	2053	22.75	35	63.02	5.79	31.76	25.47	83487	54.25	65297	18931	25.93
界牌镇	122.69	7573	8.04	21	21.73	4.54	10.40	6.79	15549	22.02	11488	13180	12.22
陈涛镇	110.89	6735	7.07	19	15.26	3.32	5.77	6.17	9666	11.34	7955	13481	4.02
八巨镇	69.02	4206	5.30	12	15.70	2.42	7.99	5.29	13362	15.31	8647	13984	9.11
八滩镇	111.14	6196	9.07	22	28.32	3.77	15.21	9.34	13704	35.88	11223	17823	16.24
滨海港镇	139.62	5629	6.00	15	19.69	4.65	9.61	5.43	10396	17.59	7815	17468	11.57
滨淮镇	198.76	12169	10.87	27	28.82	4.61	18.05	6.16	24052	41.82	18942	17018	27.65
农业园区	63.17	3448	4.73	13	9.92	1.80	4.26	3.86	9287	12.50	8298	13771	2.32
滨海港经济区	195.06	8325	9.19	21	20.99	4.71	8.48	7.80	11477	9.42	9080	14656	9.56
开发区工业园	37.29	1474	2.97	6	–	–	–	–	29051	60.10	23524	–	–
沿海工业园	28.62	26	0.63	1	–	–	–	–	95385	86.74	60546	–	–

注：开发区工业园、沿海工业园部分指标不统计。

第一节 经济发展

一、工业经济

2016年,滨海县实现全口径工业开票销售308亿元,规上工业增加值173.67亿元,入库税收12.5亿元。年内,新开工舒马克等亿元以上重大项目60个,新竣工超威新能源等亿元以上项目45个;20个列入市"三重""八大类"重点工程项目完成投入113.4亿元,投入50亿元完成重点技改项目45个。围绕218家规上企业实行"一企一策",9家列入市100户大企业(集团)实现开票销售55亿元,8个市级新增长点开票销售36亿元。培植新能源、新医药、新材料、高端海工装备等"三新一高"产业,实现开票销售105亿元。加强银企对接,新增贷款增幅列全市第一位。日明消防、托球农化、清泉化学3家企业在"新三板"成功挂牌。国家火炬高分子材料、新医药特色产业基地通过科技部复审;国家级阀门检测中心启动建设,南山智汇园获批国家级科技企业孵化器和省级创业示范基地;电商产业园获评省电子商务示范园。

二、农业经济

2016年,滨海县粮食总产量95.6万吨,新扩建通榆万岗、八巨巨峰等规模设施基地37个,全县新增高效设施农业1350.67公顷,整体农业机械化水平达85.2%,新增家庭农场172家,新增省、市级示范家庭农场6家、15家,新发展合作组织32家,农户入社率达94%。新上投资2000万元以上农产品加工项目8个,完成投资3.6亿元,投资5亿元的中国供销·滨海农产品综合批发市场开工建设,全县规模农业龙头企业达186家,农产品加工业产值近190亿元。新增设施农业面积1333.33公顷,新发展特经作物9066.67公顷;新增规模农产品加工企业8个,规模龙头企业达186家,规模农产品加工产值占农业总产值比重为1.7∶1。

三、第三产业

2016年,滨海县在建服务业项目15个,新竣工服务业项目11个,新签约服务业项目6个,全年服务业投资140亿元,服务业增加值占地区生产总值45.2%。传统服务业提质增效,限上企业159家,规上企业108家,销售超亿元企业2家;文化旅游加快推进,累计建成AA级旅游景区2个,旅游从业人数2500人。健全完善创业公共服务平台12个,发放创业担保贷款6500万元、扶持创业3306人。新兴业态增速增效,电商企业突破100家,个人网店突破500家,电商平台达到10家,电商直接从业人员近万人,带动5万多人间接就业,年内网上年销售达15亿元;引入大型快递企业5家,全县农村淘宝服务站105家。创建省级电商示范村2个,市级电商示范村3个,市级电子商务示范企业3个。电子商务产业园入驻电商及电商服务企业42家,创成省级众创空间和市级电子商务示范园区。

第二节 社会事业

一、城乡建设

2016年,滨海县完成新建南路、中市南路、城西初中等23个重点项目建设;师苑路西延、向阳支路西延、西湖路改造、阜东南路、阜东北路等46个重点项目加快推进;改造提升雨水管道10千米,铺设污水管网15千米;完成房屋征收10万平方米,锦绣园安置房交付使用,1500套保障房建设全面启动;公共自行车租赁系统投入使用。完成1197户康居工程危房改造、10个镇区9个污水处理厂和60千米镇区主干管网建设;八滩镇列入国家特色镇试点,实施2个省级美丽乡村建设。基础设施建设投入15.13亿元,实施10个重大项目,完成疏港航道、海港大道一期,改造农村公路270千米、危桥59座;完成135家企业废水、35家企业废气、116家固废处理规范化整治;全县PM2.5平均浓度同比下降20%,空气质量达标天数261天,达标率同期比上升1.24%;新增垃圾中转站16座、垃圾收集池1.97万座,配备垃圾运输车584辆,生活垃圾收集转运处理体系基本形成;投入1630.64万元,疏浚镇村河道580条、545.76千米、329.29万立方米;创成省级生态县,7个镇创成国家级生态镇,3个镇获得省级生态镇命名。

二、社会民生

2016年,滨海县投入16.1亿元,实施教育现代化建设基建工程项目50个,新建中小学幼儿园9所、塑胶运动场地6片;创市"省标教育技术装备先进校"8所、市"智慧校园"8所,省优质幼儿园5所,市优质幼儿园2所,滨海县人民政府被市政府表彰为"十二五"学前教育先进集体;新建县城10千米绿色健身步道,实现14个镇区农民体育健身工程全覆盖。新农合农村人口参合率持续保持100%;政策范围内住院补偿比和住院费用实际补偿比分别达75.35%、61.22%,完成新改建村卫生室60个、改造提升镇区卫生院2个;在全市率先创成国家级妇幼健康优质服务示范县,同时创成全国群众满意卫生院2个。

三、人民生活

2016年,滨海县城乡居民人均可支配收入分别为26543元、14931元,城乡居民生活消费总支出分别为15922元、11225元,全年投入各类救助资金128.4亿元,3.28万名低收入人口实现脱贫,5个省定经济薄弱村、10个县级重点帮扶村实现新"八有"。新增农村劳动力转移4067人,组织开展各类劳动技能培训11529人;发放创业担保贷款6500万元,扶持创业3306人,带动就业12930人。投入961万元提升通榆等镇敬老院基础设施条件,确定新一轮建档立卡低收入户4.1万户10.7万人,新增低保对象1078户2257人。城乡社会保险覆盖率97%,城镇新增就业11345人,再就业8919人,实施再就业援助742人,城镇登记失业率控制在1.9%以内。

第45章 响水县

责任编辑 冯 刚

综 述

响水县位于盐城、连云港、淮安三市交汇处，沈海高速、临海高等级公路、204国道、326省道、通榆运河贯穿境内，拥有43千米的黄海岸线和46.5千米的灌河岸线。县域面积1461平方公里，辖镇8个、中心社区4个、省级经济开发区1个和工业经济区1个，年末总人口62.49万人。2016年，全县实现地区生产总值270.64亿元，一般公共预算收入29.6亿元，外贸进出口总额4.86亿美元，固定资产投资287.25亿元，城镇居民人均可支配收入25564元，农村居民人均可支配收入14299元。年内，响水县获评全国义务教育发展基本均衡县、国家知识产权强县工程试点县。

2016年响水县各镇基本情况

表45－86

乡、镇（区）	土地面积（平方公里）	耕地面积（公顷）	年末人口（万人）	行政村（居）（个）	国内生产总值（亿元）				财政收入（万元）	工业用电量（万千瓦时）	一般预算性收入（万元）	农民人均纯收入（元）	定报工业增加值（亿元）
					合计	一产	二产	三产					
响水镇	68.6	2790	12.21	21	50.26	3.13	31.27	15.86	63540	55013	51300	19232	45.18
陈家港镇	83.9	3629	7.20	19	118.16	6.01	93.86	18.29	93403	257236	71845	18203	131.42
小尖镇	188.3	12618	10.39	30	21.62	8.03	3.09	10.50	15574	19394	13217	15994	9.64
黄圩镇	68.8	4385	3.54	10	7.46	2.21	1.73	3.52	10209	7850	8579	14611	5.92
大有镇	112.5	7491	6.09	14	13.78	4.71	3.01	6.06	9292	8134	8456	13343	4.93
双港镇	126.1	8210	6.33	17	15.38	4.88	4.01	6.49	6210	4437	4502	13713	7.21
南河镇	116.7	8259	6.27	19	10.36	4.72	1.31	4.33	9414	3958	8159	14142	0.65
运河镇	131.3	8632	7.61	22	14.05	4	3.98	6.07	5805	4821	4319	12489	2.75

第一节 经济发展

一、工业经济

2016年，响水县实现全口径工业开票销售收入426.32亿元，总量继续位居全市第三，实现规模以上工业增加值207.95亿元，工业用电量36.08亿千瓦时。新增国家高新技术企业10家，高新技术产业产值490亿元。全年引进实施亿元以上项目57个、新竣工亿元以上项目51个。国内单体容量最大的海上风电场项目全面投产，总投资20亿元的荣鑫伟业竣工试生产，创客城启动实施。供给侧结构性改革取得阶段性成果，化解船舶产能187万载重吨，兼并重组企业6家，与中船重工、上海电气等央企国企和上市公司实现战略合作。实施降低实体经济企业成本行动，通过减税降费降低企业负担4.5亿元。全年新建标准厂房45万平方米，新增入园企业60家。编制全域性响水港发展规划，回收宏铭、圣达等企业岸线，争取到国家发改委1.3亿元重点项目资本金补贴，与中交集团合作建设的响水港中心港区项目，成为盐城市率先启动的PPP项目，2万吨级公共码头建成运营，2个5万吨级码头以及相应的堆场和仓储物流园区开工建设，姚湾作业区码头、大桥作业区码头、国家渔港项目快速推进。工业经济区进入盐城市重点园区前三强，经济开发区工业污水处理厂、英奇热电灯功能性项目竣工运营，生态化工园区与央企、上市公司合作取得新突破。

海上风电场项目并网发电 三峡集团投资建设的200兆瓦近海风电场项目，总投资约35亿元，安装单机容量4兆瓦风电机组37台，3兆瓦风电机组18台，并配套建设一座220千伏海上升压站、约85千米35千伏场内集电线路、12.9千米220千伏海底电缆和一座陆上集控中心。该项目是国家近海风电示范项目、国内单体容量最大的海上风电场项目，也是江苏省第一个近海风电项目。至2016年底，53台风机并网发电，全年累计发电近2亿千瓦时。

二、农业经济

2016年，响水县新增高效农业4133.35公顷，其中新增设施农业2066.68公顷，建成全省规模最大的西兰花、浅水藕、大葱种植基地。全年粮食总产量53.2万吨，首次实现稻麦亩产达吨粮目标。全县新引进农业龙头企业5家，新增农产品自营出口企业2家、省"富民强县"项目6个，总投资2.6亿元的农产品批发市场基本竣工。推进"互联网+现代农业"，建成县级农业物联网综合服务平台，新增农产品网上营销点20个，线上销售5.1亿元。

三、第三产业

2016年，响水县实现服务业增加值102.3亿元，实现社会消费品零售总额66.5亿元，城市商贸、城乡电商、金融服务等一批新业态蓬勃发展，浙江商贸城、港城迎宾馆二期、美食城等服务业重点项目进展顺利，新增规上服务业企业17家、限上服务业企业15家。以港口物流为代表的现代物流业迅猛发展，荣鑫伟业仓储物流园基本建成，响水港区全年货物吞吐量达2300万吨，总量继续保持全市第二位。启动云梯关旅游景区建设，建成菊花试种基地，张集韩荡浅水藕基地成为乡村旅游新亮点。

投融资改革 年内，响水县组建灌江控股集团，筹建城投和港发控股集团，县属国有企业资产达到130亿元。推出82亿元PPP项目，累计向上争取债券30.82亿元，全县高息短期债务转换为低息长期债务，年均节省利息支出6000万元以上；抓住发债成本、政策性贷款利息、原材料成本均较低的机遇，发行企业债券和私募公司债28亿元，争取棚改政策性贷款18.6亿元、农发行政策性贷款17亿元、农发重点建设基金1.3亿元，保障全县重大基础设施和民生项目建设。

第二节 社会事业

一、城乡建设

2016年，响水县投入43亿元，实施城建重点项目30个。在县城建设上，同步推进城东新区建设和老城改造，城东新区双语学校、实验学校投入使用，开工建设市民服务中心、东鸣湖、公共管廊、开源明都温泉酒店、文化艺术中心等项目；黄海路、双园路等骨干道路完成提档升级。在港城建设上，实施一批功能性项目，港城学校投入使用，港城迎宾馆、港城医院等项目推进有力，开工建设灌江绿洲安置小区等项目。全年完成房屋征收30.2万平方米，新建保障性住房1100套。注重集镇和新型社区建设，陈家港镇成为国家级重点镇。启动农村公路提档升级工程，年内，改造提升农村公路165千米、农桥118座，响水火车站连接线开工建设。开通城市公交线路5条，投放新能源公交车79辆，城乡居民出行更加舒适便捷。推进城乡河道综合整治三年行动计划，在全市率先出台畜禽养殖禁养区、限养区划定，全县河道水环境质量持续改善，通榆河水质达标率100%。启动省级园林城市、森林小镇和森林村庄规划建设，推进沿海万亩生态防护林工程，全县完成成片造林537.34公顷，林木覆盖率达27%。

二、社会民生

2016年，响水县用于民生领域的支出达33.6亿元，占一般公共预算支出67%。实施教育基础设施建设项目，新建双港中心小学等3所学校、11所镇中心幼儿园全部竣工。14所镇区卫生院和86所村卫生室标准化建设改造到位，基本公共卫生水平稳步提升，妇幼重大公共卫生项目考核全省第一。新农合人均筹资财政补助提高到425元。推进康居工程，完成926户D级危房改造任务。完成专利申请量1120件，授权专利410件、发明专利授权33件。实施文化惠民工程，淮海小戏《磕磕碰碰》《绝对保密》获全国大奖。年内，出台《响水县党政领导干部生态环境损害责任追究实施细则》等文件，走绿色发展之路。开展工业企业污染、畜禽养殖污染专项整治行动，投入4.5亿元，推进生态化工园区卫生防护距离内居民搬迁，公共管廊项目投入使用。完成城乡联网供水一体化工程实现区域全覆盖，铺设镇区二、三级管网2930千米，入户管网3220千米，"一户一表"安装11.2万户，运河水厂投入运营、沿海水厂扩能工程竣工制水，全县60万人吃上放心水。对口援建阜宁县板湖镇，完成道路、排水、绿化等基础设施建设，60幢安置房屋全部交付使用。

三、人民生活

2016年，响水县城乡居民人均可支配收入分别为25564元、14299元。新增城镇就业17853人，下岗失业人员再就业6483人，城镇登记失业率控制在4%。城乡基本社会保险覆盖率达97%以上，城乡居民基础养老金提高到每月115元，企业退休人员基本养老金月均提高到1993元，城乡低保标准提高到每月530元和430元，新农合政策范围内住院报销比例达78%，特困人员供养、精神病人收治、残疾人生活护理、孤困儿童生活得到有效保障，大病保险和困难群众托底救助实现全覆盖。全县11所敬老院全部达到省星级创建标准，社会福利中心、残疾人托养中心投入使用。

第46章　大　丰　区

责任编辑　冯　刚

综　　述

大丰区位于江苏沿海中部，是盐城临海新城区，也是江苏省面积最大的城市区。2016年年末总人口71.65万人，总面积3059平方公里，下辖12个镇、省级开发区2个，境内有江苏省属农场3家、上海市属农场1家。全年全区实现地区生产总值579.07亿元，一般公共预算收入59.26亿元、达目标任务的107.7%，全口径工业开票销售739.9亿元，固定资产投资453.8亿元，注册外资实际到账1.45亿美元，进出口总额16.21亿美元。全口径工业开票销售、工业用电量、新增存贷款、注册外资实际到账、进出口总额等指标列盐城第一位，主要经济指标增幅居全市前列。

2016年大丰区各镇基本情况

表46－87

镇	土地面积（平方公里）	耕地面积（公顷）	年末人口（万人）	行政村（居）（个）	地区生产总值（亿元）				财政收入（万元）	固定资产投资（亿元）	工业用电量（万千瓦时）	一般公共预算收入（万元）	农村居民人均可支配收入（元）	规模以上工业总产值（亿元）
					合计	一产	二产	三产						
草堰镇	95.86	6083	3.82	13	15.61	3.82	5.07	6.72	9895	8.19	3679	6208	19398	23.30
白驹镇	113.27	7006	3.88	17	20.10	4.21	7.18	8.71	14564	10.20	4976	9208	20047	21.86
刘庄镇	96.39	5523	4.21	15	24.20	4.20	10.61	9.39	12554	6.65	5366	7759	20013	39.62
西团镇	86.38	5495	2.88	13	32.59	2.97	17.26	12.36	22970	12.26	8286	14453	20050	76.08
小海镇	123.81	8190	3.87	15	15.57	4.47	4.23	6.87	7226	8.66	16346	4575	19368	12.83
大桥镇	98.74	6416	3.20	13	12.57	3.89	2.93	5.75	10595	4.02	4261	6415	19510	7.48
草庙镇	124.14	8072	2.73	16	20.60	3.81	9.07	7.72	11330	11.40	2470	7158	19922	46.44
万盈镇	142.04	9371	4.68	18	18.34	4.92	5.50	7.92	14770	13.64	7128	8795	19594	15.05
南阳镇	94.29	5165	3.57	13	22.06	4.07	9.74	8.25	13949	14.11	9089	9672	21262	26.93
三龙镇	152.79	10076	5.40	22	21.95	8.45	4.43	9.07	8095	8.14	2645	5538	19738	5.61
新丰镇	276.21	16144	10.37	38	53.71	11.09	19.06	23.56	23138	19.69	14298	15100	21238	49.95
大中镇	199.28	10153	18.62	54	101.52	9.18	28.45	63.89	174409	72.89	357985	136753	22671	68.13

注：大中镇的用电量包括开发区、港区在内。

第一节　经济发展

一、工业经济

2016年，大丰区在韩国，中国香港、台湾地区，上海、深圳、佛山等境内外举办招商活动10次，累计签约亿元以上产业项目206个，其中5亿元以上产业项目36个，协议引资744.7亿元，协议利用外资16.8亿美元。组织项目集中开竣工活动6次，抢工会战观摩活动5次。20亿元启航未来智能终端产业园、2亿美元英茂糖业、12.3亿元诚康医药、10亿元杋健水果酵素及食品等60个亿元以上产业项目开工建设，12.3亿元博敏电子、10亿元达伯埃纸业等43个产业项目竣工投产。百项重点工程累计完成投资200.4亿元。全年共实施千万元以上技改项目61个，其中亿元以上项目20个。

列入盐城的17家重点工业大企业(集团)开票销售411.4亿元。开票销售超亿元企业80家,比上年新增8家。入库税收超千万元工业企业27家,中车电机、正大丰海、金风科技入库税收超亿元。新能源、海洋生物、智慧等战略性新兴产业开票销售217.1亿元。江阴辉丰石化股份有限公司建成国家级企业技术中心,江苏丰东热技术股份有限公司建成盐城首个国家"两化"融合管理体系评定企业,江苏大丰经济开发区成功创建江苏省高端装备制造业特色产业基地。

港口建设 年内,大丰港滚装码头正式启用,深水航道一期工程竣工,15万吨级散货码头主体结构完工。开通大丰港至上海港集装箱直达航线、至大连港内贸滚装航班,完成货物吞吐量8533.7万吨、集装箱30.2万标箱。进口木材检疫处理区投入运营,B型保税物流中心通过国家预验收,大丰港成为全国沿海第二个进口粮食海进江减载口岸。大丰港经济开发区新开工英茂糖业、星泉发电等亿元以上项目20个,达伯埃纸业、广发木业等10个亿元以上项目竣工。产城融合步伐加快,中韩盐城产业园大丰港主体区启动建设,大丰港公共租赁房一期工程、大丰港实验小学主体工程竣工,港城配套功能不断完善。日月湖旅游度假区总体规划通过专家评审,中汽盐城试验场的汽车工业旅游项目启动,海洋世界三期、动物园三期建成开放,蓝色旅游吸引境内外游客突破200万人次。

二、农业经济

2016年,大丰区实现农业总产值171.02亿元、农林牧渔业增加值81.27亿元,建成大中、南阳万亩永久性蔬菜保供基地和斗龙现代渔业园区物联网基地,丰收大地获评全国五星级休闲农业与乡村旅游示范园区。农村居民人均可支配收入达到19480元,农村低收入人口实现脱贫4923人,省定经济薄弱村新丰镇金西村实现脱贫目标。农村改革持续深化,农村承包地确权登记颁证实现行政村全覆盖,农业经营机制创新步伐加快,农村集体产权制度改革继续深化,农业"三项补贴"(农作物良种补贴、种粮农民直接补贴和农资综合补贴),改革全面推开,国有林场改革扎实推进。农业装备水平持续提升,全区高标准农田比重达到50.53%,农业机械化水平达到85%。实施小农水重点县、江界河灌区节水配套改造等水利项目,疏浚大中沟221条、整治小沟584条,新增高效节水灌溉面积800公顷。完成新水源地及跨区域引水工程搬迁工作,通榆河取水口提升及强化预处理工程竣工试运行。

三、第三产业

2016年,大丰区新培植规上服务业企业46家,实现服务业增加值277.61亿元。服务业项目加快推进,红星美凯龙成功签约落户;大丰港进口木材检验检疫除害处理中心建成运营,是全国第五家国家级进口木材检验检疫除害处理机构,是国内首个示范性全封闭式木材熏蒸除害处理项目;大丰港口物流服务业标准化试点项目通过国家验收,成为全省首个国家级港口物流服务业标准化试点项目。全年接待游客1099.3万人次,实现旅游综合收入80.4亿元,成功创建全国旅游标准化示范城市,梅花湾通过国家AAAA级景区景观质量评审;荷兰花海获评江苏乡村旅游四季赏花地;环球旅行社、华夏旅行社获评江苏三星级旅行社,电子商务发展迅猛,获评江苏省农村电子商务示范县,年内创建省级电子商务十强镇1家、电子商务示范镇1家、电商村1家、示范基地1家、示范企业1家。农村电商村级服务站实现全覆盖。辉丰农化农一网在大丰区三龙镇龙东村设立全国首家村级服务站。

第二节 社会事业

一、城乡建设

2016年,大丰区编制完成《新型城镇化与城乡发展一体化规划(2016—2020)》,开展城市地形图测绘及地下管线普查,普查探测工程获评2016年中国地理信息产业优秀工程银奖,地下管线信息管理平台建成运行。组织实施城建重点工程42项,完成投资98.67亿元,改造修复城市道路面积65万平方米,完成7条道路河道、5个居民片区截污控源改造,城市防洪排涝提升工程投入运行,老城区基础设施配套、道路景观亮化提升、人民医院和育红广场机械式停车场等工程竣工,建成棚户区改造安置房10.1万平方米。提升城市综合管理服务水平,加强智慧城管建设,数字化城管信息系统通过省级验收。实施农村康居工程建设,改造D级危房1123户。开展"清洁乡村"行动和村庄环境整治"五年提升行动",通过盐城市人居环境评星定级考核。启动美丽乡村重点村建设,创成省级美丽乡村6个、三星级康居乡村11个、全国四星级以上休闲农业与乡村旅游示范点3个。实施生态保护与修复,加快实施亚行贷款湿地修复项目,对麋鹿野放区及周边地区1万公顷土地进行原生态保护,开展生物多样性调查,编制《生物多样性保护规划》。加快"绿色大丰"建设,启动森林城市、森林小镇、森林村庄规划建设,新增城镇绿地面积80万平方米,城区绿化覆盖率达38.2%;实施农村绿化重点工程,新增成片造林1100公顷,新建和完善绿色通道140千米、高标准农田林网6853.37公顷,林木覆盖率27.5%。深化大气、水、土壤污染防治,开展工业企业污染专项整治行动,集中整治城乡河道24.6千米,推进畜禽养殖污染治理,划定畜禽养殖适养、限养、禁养区域,关闭禁养区内养殖户85家,全区8个畜禽粪便集中处置点全部启动建设。

二、社会民生

2016年,大丰区新增城镇就业1.87万人,城镇登记失业率2.08%。组织交通重点工程大会战,351省道大丰先导段建成通车,新建水泥道路680千米,提档升级农路273千米、新改建桥梁430座。均衡发展教育事业,城东实验初中投入使用,新丰中学、南阳中学通过省四星级高中验收。完成镇村文化设施提升工程,省级"书香城市"建设通过验收。推行基层医疗卫生机构标准化建设,家庭医生签约服务续约率91.4%,建成江苏省人口协调发展先进县(市、区)。新增国家布点足球学校3所,成立鼎立足球俱乐部。开通盐丰医保"一卡通",开展大病救助1.4万人次,发放资金2300万元。

第47章 盐都区

责任编辑 冯 刚

综 述

盐都区位于江苏省沿海中部，地处江淮之间，为盐城市主城区之一，盐淮高速、宁靖盐高速、204国道贯通全境。区域总面积1015平方公里，辖镇8个、街道办事处4个、国家级高新区1个，行政村（居委会）250个，年末总人口71.5万人。2016年，实现地区生产总值443.6亿元，一般公共预算收入33.79亿元，全社会固定资产投资354.8亿元，注册外资实际到账1亿美元，外贸进出口6.3亿美元，城镇居民人均可支配收入32796元、农村居民人均可支配收入18827元。

2016年盐都区各镇基本情况

表47－88

镇（街道）	土地面积（平方公里）	耕地面积（公顷）	年末人口（万人）	行政村（居）（个）	地区生产总值（亿元）				财政收入（万元）	固定资产投资（亿元）	工业用电量（万千瓦时）	一般公共预算收入（万元）	农村居民人均可支配收入（元）	规模以上工业投入（亿元）	规模以上工业总产值（亿元）
					合计	一产	二产	三产							
盐渎街道	32.47	1245	3.41	9	39.29	0.20	14.89	24.20	143863	50.83	–	92150	20083	7.77	102.77
张庄街道	22.85	1130	3.03	9	23.74	0.71	16.86	6.17	17355	18.20	3481	12590	20262	11.22	65.48
盐龙街道	52.63	2653	4.98	15	72.72	0.35	64.64	7.73	81798	77.85	6800	60008	20668	53.29	324.98
潘黄街道	25.54	1075	4.61	13	55.95	0.35	25.60	30	53197	46.83	4655	40004	21849	23.57	102.77
大纵湖镇	131.42	5942	6.76	26	33.39	4.55	9.52	19.32	11611	28.78	387	7675	20413	14.20	51.13
楼王镇	153.21	6727	7.03	28	30.77	4.78	15.20	10.79	4924	14.68	3182	3612	18212	9.17	38.08
学富镇	83.48	5266	5.09	20	14.06	2.09	5.03	6.94	5427	12.09	1819	3567	18759	6.94	16.16
尚庄镇	103.37	6376	6.77	26	24.69	2.55	8.02	14.12	5020	12.02	912	3499	18437	7.82	28.61
秦南镇	127.51	7897	8.61	32	45.24	3.87	23.54	17.83	10298	19.68	3626	6488	19759	12.82	51.21
龙冈镇	93.95	5637	7.63	31	54.59	3.80	28.29	22.50	18807	38.31	5924	13369	21887	21.22	110.80
郭猛镇	62.16	3999	4.97	14	29.96	2.40	16.21	11.35	11122	17.19	4155	7762	20548	10.68	42.99
大冈镇	130.82	7985	8.60	27	33.32	2.20	16.52	14.60	11822	16.52	3388	7759	19516	10.40	77.88

第一节 经济发展

一、工业经济

2016年，盐都区完成规模以上工业增加值227.09亿元，实现规模以上工业总产值992.9亿元。其中，大型企业总产值为62.01亿元，中型企业总产值452.95亿元，私营总产值496.8亿元；汽车制造业产值54.19亿元，医药制造业产值2.33亿元，专用设备制造业产值67.58亿元，电气机械及器材制造业产值69.61亿元，通用设备制造业产值299.35亿元，计算机、通信和其他电子设备制造业产值23.18亿元。实现全口径开票销售277.7亿元，全口径入库税金10.5亿元。50强重点工业企业完成开票销售106.3亿元，入库税金4.8亿元，全年新签约项目42个、新开工项目41个、新竣工亿元以上工业项目33个。实施列市技改工程49项，东风李尔汽车座椅、瑞源科技化纤机械等一批重大技改项目竣工投产，华东砂轮、艾斯特器材、亚特电缆创成中国驰名商标。中恒宠物进入主板上市辅导期，东九重工、苏力机械、剑桥涂装、闵业机械、康杰机械、昶桦户外用品6家企业在"新三板"挂牌，数量居全市首位。高新区获批省知识产权保护示范园区，智能终端产业研究院、惠普智慧盐都云服务中心建成使用。新增国家高新技术企业36家，省高新技术产品143只，授权发明专利145件，申请PCT国际专利80件，新认定省企业技术中心8家、省首台（套）重大装备8个，创成省科技小巨人企业2家，在国家、省市科技创业大赛中，参赛企业数和获奖数均居省、市前列。全年引进高层次人才56人，新增科技贷款2亿元，"苏科贷"规模连续三年稳居全省第一位。规模工业企业应用电子商务比例达70%，高新区创成省"两化"融合示范园区，柚尊家居、东九重工成为全省100家服务型制造示范企业。全民双创园新建标准厂房43万平方米。

举办2016盐都（深圳）智能终端招商推介会 5月27日，盐都区在深圳举办2016盐都（深圳）智能终端招商推介会，珠三角地区的300多名智能终端领域客商应邀参加。此次招商推介会共签约项目30个、协议投资37.8亿元，其中智能终端产业项目23个、协议投资31.7亿元。盐都区抢抓珠三角智能终端产业转移的机遇，以盐城高新技术产业开发区为平台，主动与深圳手机行业协会开展深层次战略合作，打造华东地区最具规模的智能终端产业基地，智能终端产业初步形成从核心部件到品牌整机、从硬件生产到软件研发的全产业链条。新建标准厂房66万平方米，累计集聚项目55个，实现开票销售30亿元。

举办智能终端产业人才项目对接会暨中国智造与创新教育主题"长风论坛" 11月27日，盐都区举办盐城智能终端产业人才项目对接会暨中国智造与创新教育主题"长风论坛"，省内外产学研合作高校、科研院所负责人，国家千人计划专家，3D打印及智能制造、智能终端领域国内外知名专家，约300人参加活动，共同探讨"中国制造2025"与创新发展的新机遇。会上，盐城工学院国家技术转移中心盐城高新技术产业开发分中心、中国3D打印教育联盟进行揭牌仪式，高新区被工信部认定为3D打印创新（创业）基地，高新技术产业开发区与盐城技师学院、德国工商大会上海代表处签约共建中德盐城技师培训学院，江苏数字鹰公司、江苏晶鸿电子公司、盐城华星光电公司等12家单位与意向引进人才进行人才项目落户签约，工信部原党组成员、总工程师朱宏任在会上作《中国制造2025与创新发展新机遇》的主题演讲。

获批国家火炬特色产业基地 5月和12月，科技部火炬中心先后发布2016年第一批和第二批国家火炬特色产业基地认定名单，盐都区大纵湖涂装设备产业园和张庄齿轮产业园分别获批国家火炬盐都涂装设备特色产业基地、国家火炬盐都齿轮制造特色产业基地。至年底，大纵湖涂装设备产业园和张庄齿轮产业园分别实现年开票销售20亿元、25亿元以上，税收8000万元、9000万元以上，拥有高新技术企业11家、15家。

大型中空吹塑成型机项目获全国青年创业创新大赛三等奖 10月17日，在人社部主办的第二届"中国创翼"青年创业创新大赛农民工专项赛企业组全国总决赛中，盐都区推荐的大型中空吹塑成型机项目以企业组第四名的成绩获三等奖。此次"中国创翼"青年创业创新大赛，目的是为广大青年搭建项目与政策、资金、市场对接的桥梁，提供梦想展示的舞台，调动创业热情，激发创新潜能，汇聚成大众创业、万众创新的强大正能量，为就业拓展更大的空间。

二、农业经济

2016年，盐都区实现农林牧渔业总产值91.29亿元，农作物总播种面积10.24万公顷，其中粮食播种面积8.15万公顷，粮食总产量60.36万吨，油料产量1.47万吨，蔬菜产量43.4万吨，生猪饲养量51.7万头，家禽饲养量1290万只，肉类总产量3.9万吨，水产品总量12.65万吨。现代农业发展水平达到85.4%，综合排名稳居全省第二板块。新增设施农业533.34公顷，获批农产品"三品"认证（无公害食品、绿色食品、有机食品）23个，创成部省级园艺作物标准园3个、部省级稻麦绿色高产高效万亩示范片12个，健康养殖示范场5个，连续五年获评全省现代高效农业成效显著县。启动新农产品加工集中区建设，新发展农业龙头企业6家，淘宝村级服务站覆盖率全市第一，实现网上农产品销售1.2亿元，创成全国休闲农业和乡村旅游示范县。推广应用各类农业机械350台（套），主要农作物综合机械化水平达81%。被省确定为新一轮农村改革试验区。农村土地承包确权登记颁证基本完成，80%村（居）完成颁证工作，楼王镇成功颁发全市第一张农村土地承包经营权证书。家庭农场和农民专业合作社分别发展到561家、824家，适度规模经营比重达42.8%，创成省级示范家庭农场10家、示范合作社5家，加兵农机合作社获评全国示范社。区、镇两级产权交易服务平台实现交易223宗、交易额1.2亿元，农业弱抵质押担保贷款额达6130万元，盐粮集团完成改革重组。

大纵湖大闸蟹亮相南京名特优农展会 9月30日，盐都区在江苏国际农业展览中心举行大纵湖大闸蟹推介会，共有16个企业、80多种产品到现场展示展销，活动吸引南京市场上百家水产经销户。推介会上，盐都区陈长荣大闸蟹、渔淇大闸蟹与江苏省餐饮行业协会签订供货协议，拓展大闸蟹在南京的市场，以大纵湖大闸蟹为代表的盐城特色农产品，开始成为南京生鲜市场的又一张生态名片。盐都区在推进大闸蟹产业发展过程中，坚持生态优先和市场导向原则，加大产业支持力度，推广标准化养殖技术，先后通过国家"三品"认证，并以大纵湖大闸蟹为依托，建立全市唯一的省级现代渔业产业园。

获评全国休闲农业和乡村旅游示范县 11月15日,农业部公布2016年"全国休闲农业与乡村旅游示范县"名单,盐都区获评全国休闲农业和乡村旅游示范县,全市仅1家入选。盐都区拓展农业功能,延伸产业链条,丰富产品形态,打造一批以赏花、采摘、垂钓、体验为主要形式的休闲农业与乡村旅游融合发展基地和景区,探索一条以农业为基础、休闲唱主角、人文显特色、乡村做精品的休闲农业发展新路,培植仰徐、杨侍、三官、三湾、泾口5个特色休闲农庄以及惠盈生态园、华都森林公园等100多个休闲农业与乡村旅游园区景点。

三、第三产业

2016年,盐都区实现服务业增加值185.8亿元、社会消费品零售总额208.8亿元。其中,批发和零售业实现零售额189.4亿元,住宿餐饮业实现零售额19.4亿元。现代服务业提速发展,城西南现代物流园区获评江苏省示范物流园区、全国优秀物流园区,累计落户亿元项目28个,总投资65亿元,全年实现主营业务收入60亿元、税收2.5亿元。东方汽车广场集聚品牌4S店34家、2S店29家,全年销售整车3.6万辆,实现销售55亿元、税收4.8亿元。盐城电商快递产业园集聚电商快递企业66家,入驻宠物银行、第六通道等垂直电商交易平台,京东、苏宁、阿里巴巴等第三方电子商务服务平台在园区内建设地方特色馆,园区快递日处理量占大市区的70%。全区商品房销售突破190万平方米,销售金额近100亿元,全年接待游客455万人次,实现旅游收入51亿元。盐都区被中国旅游报社授予全国休闲旅游创新发展观察基地、中国休闲30人活动基地,被中国互联网新闻中心和中国环境科学学会评为中国最美乡村旅游目的地,仰徐乡村乐园被国家旅游局评为中国乡村旅游创客示范基地。

举办首届休闲中国高峰论坛 10月18日,首届休闲中国高峰论坛暨"中国休闲30人"盐都金秋行活动在盐都区开幕。论坛以"全域旅游与国民休闲"为主题,吸引200多人参与。论坛期间,举行全国休闲旅游创新发展观察基地、中国休闲30人活动基地的揭牌仪式,并发布"首届休闲中国高峰论坛盐都共识"。盐都推进乡村休闲旅游,三官、仰徐、杨侍、泾口等一批集水乡风情、农业观光、果蔬采摘、民俗活动为一体的特色景点兴起,构建以大纵湖旅游度假区为龙头,双新大道乡村旅游产业带、蟒蛇河水上游览风光带为主线的旅游发展新格局。

第二节 社会事业

一、城乡建设

2016年,盐都区投入155亿元,实施城建交通重点工程124项,东进路、开创路北延等骨干道路建成通车,提档升级农村公路62千米、新改建桥梁150座,创成省"四好农村路"示范区,"先路后车"校车运行模式全省推广。城市功能加快完善,高新区科技广场、高级中学、健身步道等功能项目快速推进,万达城市广场主体封顶。镇村建设彰显成效,全年收集处理城乡生活垃圾12.7万吨,楼王、尚庄、郭猛创成国家卫生镇,杨侍村获得"2016中国最美村镇"特色奖,三官村、佳富村、倪杨村获批省"美丽乡村"。推进"绿色盐都"建设,新造成片林733.34公顷,四旁植树67.7万株,新增植草354公顷,创成省级绿化示范村6个。整治城市河道6条,疏浚农村河道985千米,蟒蛇河综合整治工程进展迅速。新建秦南、龙冈城镇污水处理厂,铺设污水收集管网145千米,集镇污水收集处理率达到85%。开展工业和畜禽污染专项整治,停产工业企业8家,关闭养殖场213个、生猪屠宰场21个,中央环保督查组交办问题整改到位,秸秆禁烧工作继续保持卫星监测"零火点"、省市巡查"零通报"。土地节约集约"双提升"行动成效显著,被评为全省国土资源节约集约利用模范区。

创成国家产城融合示范区 9月22日,国家发改委印发《关于支持各地开展产城融合示范区建设的通知》,明确全国58个产城融合示范区,盐都产城融合示范区名列其中,全省仅有2家入围。示范区下辖盐龙、盐渎、潘黄、新都4个街道,以冈沟河、盐靖高速、西环路为界,划分为4个片区,用地面积分别约为14平方公里、37平方公里、56平方公里、31平方公里,承载不同的城市职能。除生态片区以外,东片以三产服务、居住功能为主,中片以仓储物流、居住功能为主,西片以盐城市高新技术产业开发区为依托,以高新技术制造为主。

签订产城融合项目 12月22日,盐都区与北大方正集团(北大资源集团)签订盐城北大资源产城融合项目战略合作框架协议。北大资源集团是北京大学的校办企业,也是方正集团旗下专业从事房地产开发、教育投资、商业地产运营、物业经营管理等业务的综合性房地产控股集团。该集团锁定"资源整合型城市运营商"这一定位,通过有效配置和整合教育、IT、医疗、金融等领域的内外部优质资源,提升自建项目的社区生活品质和城市价值。

二、社会民生

2016年,盐都区实施十大类36件为民办实事工程,完成投资15.8亿元。年内,盐都区获评省促进义务教育均衡发展先进区,新增省优质幼儿园5所,引进枫叶国际、南京师范大学知名教育品牌合作办学。市三院创成苏中苏北唯一县级三甲医院,乡村医生签约服务镇村覆盖率扩大,村级卫生室标准化建设三年任务两年完成,共新建改建村级卫生室95个。创成省现代民政建设示范区,城乡低保标准分别提高到530元和430元,实施医疗救助、托底救助13.5万人次、发放救助金近2000万元,居家养老日均服务量突破1000人次。常态化开展文化"四送工程",全年送戏入村84场、电影4100多场、图书2万册,淮剧《菜籽花开》摘取省文化艺术节特别奖。推进就业创业,组织创业培训1611人次,全年新增城镇就业1.3万人、个体工商户6925户、私营企业2463家。强化社保扩面提标，城乡联动社保卡持卡人数达41万人，社会保险覆盖率98.7%，住房公积金扩面增量增幅列全市第一位。实施农村康居工程，“四类人群”和D级危房改造基本完成。新农合人均筹资标准提高到580元，免费为3.7万名企业退休人员体检。推进精准扶贫，开展“结一门穷亲、找一份事做”主题活动，支持30个经济薄弱村选好增收项目，30%的低收入人口、50%的省定经济薄弱村实现脱贫。开展“七五”普法教育，建成12个镇级社会服务中心，村级“一站三室”规范化建设达标率达90%，农村技防“村村通”工程快速推进，外流涉羟犯罪得到有效管控，公众安全感不断提升，获评省法治建设示范区。开展全国文明城市创建，三官村、成庄村、佳富村获评省文明村，涌现出中国好人乐绍琪、江苏好人丁德勤等一批先进典型。

石泰峰调研创新富民工作　12月1日，省长石泰峰在盐都调研，先后考察高新区智能终端产业园、郭猛镇杨侍村和郭猛镇国胜家庭农场。石泰峰指出，国家级高新区要定位“高”和“新”，在科技创新上有所作为，突出招引高新技术企业和各类高层次人才，加快集聚创新资源，让创新成为园区发展的第一动力。石泰峰还鼓励，华星光电公司要发挥创新主体作用，加大研发投入，招引更多人才，不断提升自主创新能力，依靠技术创新增强核心竞争力；国胜家庭农场要继续扩大种植规模，提高种植效益，带动更多的村民致富奔小康。

曹文轩获“国际安徒生奖”　（参见第317页同名条目）

《菜籽花开》登全省展演获奖剧目榜首　12月26日，第七届江苏省淮剧艺术展演月在盐城落下帷幕。在参演的13个剧目中，有11个剧目参加评比，盐城市淮剧团创作演出的大型现代淮剧《菜籽花开》获得优秀剧目奖（第一名）。该剧由著名剧作家、国家一级编剧陈明与盐城著名编剧袁福荣联袂打造，国家一级导演蒋宏贵执导，国家一级演员王雷、程红主演。该剧是2015年度江苏省舞台艺术精品工程重点资助的4个剧目之一，参加全国优秀地方戏南北片调演和江苏省优秀现代戏市场推广（北京站）演出。11月23日，该剧获第三届江苏省文化艺术节“特别奖”，主演王雷获“优秀表演奖”。

乐绍琪当选“中国好人”　4月29日，盐都区尚庄镇姚伙村村民乐绍琪当选2016年4月“中国好人”。这是盐都区在中央文明办主办的“我推荐、我评议身边好人”活动中，继“向生命打一张欠条”——徐兆学、“拾金不昧的一中学生”——吴涵、“北京‘7·21’盐都籍农民工救人团队”“用科技扬起农民致富风帆”——程来品、“我永远是你的另一条腿”——武红梅之后，又一个入选“中国好人”的道德模范。乐绍琪是尚庄镇姚伙村村民，30多年来倾心为民服务，建成全国有影响的“绍琪农家书屋”，筑梦“农民梦想大舞台”，丰富群众的精神文化生活，入选“中国好人榜”，当选为“助人为乐”好人。

盐都区大纵湖镇三官村。

第48章　亭湖区

责任编辑　冯　刚

综　　述

亭湖区地处中国江苏东北部、黄海之滨，是盐城市的中心城区，南与大丰区接壤，西与盐都区毗邻，北与建湖县、射阳县交界，区域面积800平方公里，辖镇5个、街道5个、经济区3个。年末总人口70.66万人。全年全区实现地区生产总值392.71亿元，一般公共预算收入38.3亿元，实现规模以上工业增加值170.65亿元、服务业增加值218.1亿元，社会消费品零售总额251亿元，固定资产投资392.45亿元，进出口总额5.6亿美元。城镇居民人均可支配收入36031元、农村居民人均可支配收入19420元。全面小康建设指标达标率超过80%，综合得分96.39分，列苏北第一位。

2016年亭湖区各镇基本情况

表48－89

镇(区、街道)	土地面积(平方公里)	耕地面积(公顷)	年末人口(万人)	行政村(居)(个)	国内生产总值(亿元)				财政收入(万元)	工业用电量(万千瓦时)	一般预算性收入(万元)	农村常住居民人均可支配收入(元)	工业投资(亿元)	规上工业增加值(亿元)
					合计	一产	二产	三产						
南洋镇	130	5260	8.20	25	34.91	8.20	17.50	9.21	22462	16763	17084	24519	33.69	16.76
盐东镇	122.18	5669	5.21	14	25.40	4.04	17.59	3.77	11317	1350	9635	22307	24.80	20.61
黄尖镇	261.76	8523	4.92	10	13.37	5.90	4.40	3.07	7481	2500	5566	19294	10.75	3.64
新兴镇	92.57	4276	6.44	24	31.67	7.30	16.08	8.29	29679	6501	15078	22129	10.80	6.50
便仓镇	72	3650	3.80	13	11.32	1.51	5.86	3.95	6766	5924	5357	18560	7.45	5.46
亭湖新区	30	485	2.63	9	49.58	-	33.85	15.73	118969	19950	86431	29965	41.17	42.70
大洋街道	8.04	24.88	6.3	8	28.98	-	10.14	18.84	29890	-	22500	38171	5.69	0.33
五星街道	6	-	4.92	11	30.35	-	2.67	27.68	29732	-	21869	36952	3.20	3.93
文峰街道	10	-	8.89	15	42.83	-	5.26	37.57	43507	-	33022	36976	5.47	3.51
先锋街道	10.59	40	5.25	14	24.89	0.01	0.05	24.83	27398	-	21344	36906	5.50	2.74
毓龙街道	7.27	-	10.25	14	38.39	-	7.61	30.73	36838	-	26902	36829	0.50	3.65
新洋经济区	31	646	10	12	19.08	-	-	19.08	72337	-	57821	31428	10.91	19.48

第一节　经济发展

一、工业经济

2016年，亭湖区规模以上工业增加值169亿元。环保、光电、现代物流等新兴产业引领全区经济加快转型，新兴产业产值占比达29.8%。全区新增纳税超百万元企业89家，新增开票销售超亿元工业企业2家。全年完成工业投资154亿元。全年新引进投资超亿元项目126个，其中超10亿元项目22个。青洋智能装备产业园一期、清华创业园等产业项目建成运营。全年新开工亿元以上项目66个，新竣工亿元以上项目48个。实施技改项目48个。完成固定资产投资390亿元。全年新增省级重点新产品鉴定5个，新增国家高新技术企业19家。江苏长虹智能装备集团有限公司获批2016年国家级“两化”融合管理体系贯标试点企业，并成为全市唯一获评省互联网与工业融合创新示范工程示范企业。江苏伯乐达集团、圣泰阀门获江苏省“两化”融合管理体系贯标试点企业认定。江苏中科重工股份有限公司获2016年江苏省企业技术中心认定。江苏安必信环保设备有限公司等5家企业产品获省首台（套）重大装备及关键部件认定。盐城环保科技城主营业务收入增长11.6%。推进供给侧结构性改革去产能工作，淘汰水泥产能40万吨、低端纺织产能9万锭，化解过剩商品混凝土100万立方米，整治关停、拆除盐城市华宏金属有限公司、盐城市鑫丰金属制品有限公司2家涉钢企业。

二、农业经济

2016年，亭湖区新增设施农业面积1100公顷，新引建新兴永西银杏基地、南洋金春冬桃基地、黄尖兴农村农家乐、便仓民权果品基地等项目，新增千亩连片设施农业基地5个。大洋湾现代农业示范园区通过市级认定。建成高标准农田面积1633.33公顷。93个农产品通过“三品”认证。实施湖羊养殖加工等龙头项目，新增规模农业龙头企业8家，其中市级龙头企业2家。农产品公共服务平台建设进展顺利。东方湿地生态园、翠园农家乐被评为盐城市最具魅力休闲农业景点。先后举办南洋桃花节、黄尖菊花节、便仓牡丹节以及“亭蜜杯”精品西瓜争霸赛等系列活动。黄尖镇黄尖居委会被农业部评为中国美丽休闲乡村。盐城林场被中国林产业联合会命名为中国慢生活休闲体验区。黄尖牡丹园通过全国休闲农业与乡村旅游星级示范企业三星级评定。南洋镇头灶村被认定为省级电子商务示范村。全区集体经营性收入超百万元村24个。新增家庭农场46家、国家级示范社1家、省级示范社4家，新型农业适度规模经营面积1.39万公顷。

应用农业科技服务云平台 11月，亭湖区启动江苏农业科技服务云平台建设和应用，宣传、推广江苏农业科技服务云平台手机客户端“农技耘”APP。“农技耘”APP整合全省农业科技推广基础资源，是实现农业系统内管理人员和技术干部、农业科研人员、基层农技推广人员、新型职业农民及普通农户等不同群体间信息实时交换和及时精准服务。“农技耘”APP开设有“应时农事”“农业科技”“农业视频”“创业致富”等栏目，同时有“提问”“交流”等实用功能，用户可方便快捷的浏览最新农业资讯、市场行情，农户可以与专家进行一对一咨询和交流，旨在为用户提供“全天候、顾问式”的线上技术服务。至年底，全区注册、安装“农技耘”APP用户4950人。

三、第三产业

2016年，亭湖区实现服务业增加值218.1亿元。新招引中北智能物流园、金联大数据中心、米粒实景拍摄基地、分众积木森林岛等产业项目86个。亭湖经济开发区创成省实施知识产权战略示范区、省“两化”融合示范区，在省级以上开发区综合排名比上年上升1位；新洋经济区创成省级物流示范园区、省级生产性服务业集聚示范区。各街道依托城市中心商圈和服务业集聚区加大文化创意、电子商务、金融等现代服务业项目招商力度，发展注册经济、楼宇经济、总部经济，至年底，全区楼宇经济注册企业973家，纳税单位有829家，实现税收2.8亿元。

第二节 社会事业

一、城乡建设

2016年，亭湖区实施城建重点工程149项，完成投资256.6亿元。完成22个棚户区、6个老旧小区、5条城市河道等整治项目。完成房屋征收和协商搬迁3425户，保障新水源地、高铁亭湖段、南洋机场改扩建、大洋湾生态旅游景区等市、区重点项目推进。新增城镇绿化面积127公顷。新开工保障性住房2677套、竣工3039套，改造农村危房140户。建成城镇污水管网36千米。试点城市无物业管理小区托底管理。完成城市环境综合整治重点项目39个，建成智慧城管调度中心。开工建设城乡道路39条，提档升级农村公路135.2千米，改造桥梁106座，建成青洋产业园纬一路、永丰至234省道连接线、234省道至东环路接线等重要线路，城乡道路客运一体化达全省AAAAA级水平。推进“清洁乡村”行动，5个镇区、2个经济区通过市级考核验收，农村生活垃圾无害化处理体系覆盖率100%。新增成片造林680公顷，全区林木覆盖率达23.8%。

二、社会民生

2016年，亭湖区建成新洋实验学校、亭湖初级中学、亭湖区实验小学及解放路实验学校第三附属幼儿园并招生办学。创建盐城市智慧校园19所，创成江苏省中小学校责任督学挂牌督导创新区。获评全国第五届中小学生艺术展演活动优秀组织奖和节目二等奖。建成灯光篮球场5片、门球场4片、健身步道6条和盐城林场自行车道。组建全区健康管理联合体、康复服务联合体和专科医疗联合体，并与相关社会机构结成服务共同体。创成江苏省健康促进区、江苏省中医药工作先进单位；区人民医院通过“二甲”医院复评审，盐东卫生院创成全国群众满意乡镇卫生院，大洋社区卫生服务中心，中心创成省首批优秀社区卫生服务中心。在全市率先打造“出户5分钟健康示范圈”，新建标准化村卫生室15个，新增省示范村卫生室8个。实施文化惠民工程，全年送戏36场、送电影1500场、送图书1万册；新建标准化分馆17家，其中农家书屋15家，建成33个村（社区）综合性公共文化服务中心。举办“七彩亭湖”“书香亭湖”主题文化活动150场次。全年新增就业、再就业2.6万人，新转移农村劳动力0.52万人，帮助企业引才用工4500人。提升社会保障水平，养老保险待遇增长6.5%，被征地农民参保人数3.5万人。全区职工养老、医疗、失业、工伤、生育保险参保人数分别达6.85万人、6.22万人、3.99万人、4.4万人、4.42万人，城乡居民养老保险累计参保人数8.71万人。

人　　　物

□ 人物简介

□ 人物名录

第49章　人物简介

责任编辑　潘其锐

第一节　市级领导

一、新任市领导

戴　源　男，汉族，安徽天长人，1962年1月出生，1982年8月参加工作，1985年10月入党，大学学历，工学学士学位。1982年8月常州洪庄机械厂工艺科工艺员、助理工程师；1983年7月常州市机械冶金公司团委负责人；1984年3月任常州市机械冶金公司团委副书记；1987年7月任常州市低压电器厂党总支书记；1988年8月任常州市低压电器厂党总支书记、副厂长；1989年11月任共青团常州市委副书记；1992年7月任共青团常州市委书记、党组书记；1997年1月任常州市委组织部副部长（正处级）；2000年10月任常州市委组织部副部长、市委企业工委书记；2001年8月任镇江市委常委、组织部部长；2005年7月任常州市委常委、秘书长；2008年2月任常州市委常委、秘书长、新北区委书记；2008年3月任常州市委常委、新北区委书记；2008年4月任常州市委常委、新北区委书记，常州高新技术产业开发区党工委书记（2009年1月至2011年1月兼任新北区人大常委会主任）；2012年5月任常州市委副书记；2013年6月任常州市委副书记、市委政法委书记；2016年9月任盐城市委副书记、代市长、市政府党组书记。1978年9月至1982年8月北京航空学院制造工程系机械制造专业学习并毕业；1988年11月至1991年7月江苏省委党校干部函授学院对外经济专业在职大学学习。

王小红　女，汉族，江苏南通人，1967年7月出生，1989年8月参加工作，1995年6月入党，在职研究生学历，硕士学位。1989年8月通州市人民检察院见习书记员、书记员；1992年7月南通市人民检察院书记员、助理检察员、检察员（副科级）；1998年9月任南通市人民检察院法纪处副处长；2001年1月任南通市人民检察院政治部副主任、检察员（正科级）；2002年5月任南通市港闸区科技副区长（副处级）；2002年11月任南通市崇川区科技副区长（副处级）；2004年12月任南通市人民检察院检察长助理（副处级）、检察委员会委员；2005年9月任南通市人民检察院党组成员、检察长助理（副处级）、检察委员会委员；2006年6月任南通市港闸区委常委、宣传部部长；2011年7月任南通市纪委常委；2011年9月任南通市纪委副书记；2016年9月任盐城市委常委、纪委书记。1985年9月至1989年7月华东政法学院法律系法律专业学习并毕业；1997年7月至2000年7月华东政法学院法律硕士专业在职研究生学习并毕业，获法律硕士学位。

蒋　巍　男，汉族，江苏泰兴人，1970年12月出生，1992年8月参加工作，农工民主党党员，大学学历，理学学士学位。1992年8月省环境保护局辐射站技术员；1993年8月省环境保护局办公室科员；1995年1月任省环境保护局办公室副主任科员；1996年5月任省环境保护局办公室主任科员；1998年6月任省环境保护局办公室主任助理；2001年6月任省环境保护厅开发建设环境管理处副处长；2001年9月任省环境保护厅政策法规处副处长；2008年7月任省环境保护厅太湖水污染防治处副处长；2009年1月任省环境保护厅太湖水污染防治处处长；2010年1月任省环境保护厅自然生态保护处（农村环境保护处）处长；2010年10月任省环境保护厅副厅长；2016年12月任盐城市政府副市长。1988年9月至1992年8月南京大学环境科学系生态学与环境生物学专业学习并毕业；2003年3月至4月参加江苏省省级机关第三十四期处级干部培训班；2011年12月至2012年4月参加江苏省委组织部第一期公共行政与管理高级研修班，赴美国斯坦福大学学习。

王巧全　男，汉族，江苏苏州人，1969年7月出生，1991年8月参加工作，1991年6月入党，大学学历，法律硕士学位。1991年8月江苏省公安厅法制办公室见习；1992年8月江苏省公安厅法制办公室科员；1996年12月任江苏省公安厅法制处劳教科副科长；1998年5月任江苏省公安厅法制处案件审核科副科长；2001年4月任江苏省公安厅法制处执法监督指导科科长（2003年6月至12月扬州市公安局维扬分局梅岭派出所锻炼）；2004年4月任江苏省公安厅经济犯罪侦查处副处长、经济犯罪侦查总队副总队长（2008年10月至2009年10月挂任徐州市公安局副局长）；2011年8月任江苏省公安厅国内安全保卫总队副总队长、国内安全保卫局副局长；2014年11月任江苏省公安厅法制总队（直属公安局）政委；2015年6月任江苏省公安厅法制总队（直属公安局、行政审批服务处）总队长；2016年5月任盐城市政府副市长、党组成员，市公安局局长、党委书记，市维稳办主任；2016年12月兼任市公安局督察长。1987年9月至1991年8月华东政法学院法学专业学习并毕业；2003年2月至2005年12月华东政法学院诉讼法学专业学习，获法律硕士学位。

孙光永 男，汉族，江苏邳州人，1965年12月出生，1987年7月参加工作，1990年9月入党，大学学历，法学学士学位。1987年7月邳州市司法局办事员；1987年12月邳州市人民检察院书记员、助理检察员、检察员、副科长、科长；1995年12月任邳州市人民检察院党组成员、反贪局局长；1997年10月任邳州市人民检察院副检察长、党组副书记，反贪局局长；2001年4月任徐州市人民检察院反贪局副局长（副处级）；2005年1月任徐州市人民检察院党组成员、反贪局局长；2010年1月任徐州市人民检察院副检察长、党组成员、反贪局局长；2012年1月任徐州市人民检察院副检察长、党组成员（正处级）；2013年7月任徐州市人民检察院副检察长、党组副书记；2016年12月提名为盐城市人民检察院检察长候选人。1983年9月至1987年7月华东政法学院法律系法律专业学习并毕业。

二、市领导变动

王荣平 2016年9月，任市委书记。（简历详见《盐城年鉴2015》）

倪　峰 2016年9月，任市人大党组副书记，不再提名为市委常委。（简历详见《盐城年鉴2012》）

潘道津 2016年12月，援疆。（简历详见《盐城年鉴2013》）

崔　浩 2016年12月，援疆期满。（简历详见《盐城年鉴2014》）

陈卫国 2016年9月，退休。

曹友琥 2016年12月，退休。

蒋婉求 2016年12月，退休。

宋修明 2016年5月，退休。

张京麒 2016年5月，挂职期满。

夏存喜 2016年5月，调离。

朱克江 2016年9月，调离。

刘德民 2016年9月，调离。

戴　飞 2016年12月，调离。

李纯涛 2016年11月，免职。　（市委组织部）

第二节　模范先进

一、全国先进工作者

丁志凤 女，1979年3月出生，江苏东台人，高中学历，江苏富安茧丝绸股份有限公司自动缫车间班长。丁志凤勤奋好学，刻苦钻研，总结出传统打结方法的不足，研究出一种既可增加打结张力，又不增加挡车工操作难度的新打结法，有效解决白厂丝断头率高的难题，缫丝劳动生产率提高10%。她带领全厂员工增强操作本领，促进质量提升，“FUAN”牌白厂丝平均等级高于全省平均水平，使所在厂成为国内唯一常年批量生产AAAAAA级高等级生丝的生产出口企业。“FUAN”牌生丝也被评为中国名牌产品。她先后获得“江苏省丝绸工业技术能手”称号和东台市缫丝操作技能大赛第一名，当选为全国纺织工业劳动模范。2016年，被中华全国总工会授予“全国五一劳动奖章”。

孙建中 男，1958年4月出生，江苏亭湖人，大专学历，亭湖区毓龙街道环城社区党委书记。孙建中充分发挥带头作用，坚持群众路线和群众观点，推动社区经济又好又快发展，2015年，环城社区实现财政总收入1.44亿元，一般预算收入1.28亿元，居民人均纯收入3万元。在致力发展经济的同时，尽其所能为居民群众造福谋利。环城社区先后被评为全国文明村（社区）、全国民主法治示范村（社区）、全国人口和计划生育基层群众自治示范村（社区）、全国职工书屋示范点。2015年4月，获“江苏省五一劳动奖章”。2016年，被中华全国总工会授予“全国五一劳动奖章”。

郭大干 男，1977年2月出生，江苏亭湖人，本科学历，中国移动通信集团江苏有限公司盐城分公司工维部经理。郭大干从事移动通信工程维护工作14年，带领工程技术人员钻研掌握移动网络建设CMA系统工具，创新采用独

管塔和小站技术覆盖信号,累计为公司节约建设成本8000余万元;带头开展劳模创新结对活动,为公司培养工程技术骨干30多人,其工作室先后获十多项集团及省公司表彰,获工信部信息港论坛金奖2项,国家适用新型专利3项,累计为企业创造效益超亿元。2015年,在全省移动工程建设质量评比中,盐城分公司获三连冠。郭大干参加中国移动集团技能竞赛获一等奖,被聘任为高级无线专家。2015年4月,获"江苏省五一劳动奖章"。2016年,被中华全国总工会授予"全国五一劳动奖章"。

徐城生 男,1957年11月出生,大普学历,江苏建湖人,2001—2015任盐城市委党史办主任。徐城生先后主持编写出版《中共盐城地方史(第二卷)》《红色印记——盐城市革命遗址纵览》《永存的英名——盐城革命烈士传选编》等多部地方党史著作;与省党史办等部门单位合作编出《刘少奇在盐城》《江苏解放战争史》等党史书籍;自选课题撰写或与他人合作的《论沿海开发中的生态文化建设》《胡乔木马克思主义文化水平论与当代传媒的历史担当》分获2009年、2012年全国党史系统优秀成果评比论文类二等奖,后者入选中央党史研究室举办的"全国党史文化论坛"。2011年,盐城市委党史办被省党史办和省人社厅联合表彰为全省党史工作先进集体。2016年2月,被中共中央党史研究室表彰为先进个人。

秦光蔚 2016年2月,被中华全国妇女联合会表彰为全国三八红旗手。简历详见《盐城年鉴(2015)》。

李冬阳 男,1965年10月出生,江苏常州人,本科学历,滨海县法制宣传领导小组办公室主任、滨海县司法局局长。李冬阳始终坚持落实法制宣传工作,加强法制宣传教育领导及其办事机构建设,在滨海县各镇(区)、各部门组织成立普法机构,配齐人员,不留普法死角。滨海县公民学法用法守法和民主意识较强,公民依法维护自身合法权益,未发生重大影响的群体性事件。2016年5月,被中共中央宣传部、司法部表彰为2011—2015年全国法治宣传教育先进个人。

尤国勋 男,1965年10月生,江苏射阳人,中共党员,硕士研究生学历,射阳县发改委主任、党组书记、沿海办主任。尤国勋首倡"四网融合"(即巩固阵地网、整合传媒网、做优文化网、建设队伍网)普法经验在国家、省级报刊发表。在射阳县建成法治宣传中心和108个法治宣传阵地,牵头评选全县十佳法治宣传民间艺术家,带头创作法治文艺作品《我本清廉》《陌生来电》等,法治小戏《良心》获全国大奖。射阳县司法局工作在全省综合考核中前移41位,获得全县最高奖项综合奖。2016年5月,被中共中央宣传部、司法部表彰为2011—2015年全国法治宣传教育先进个人。

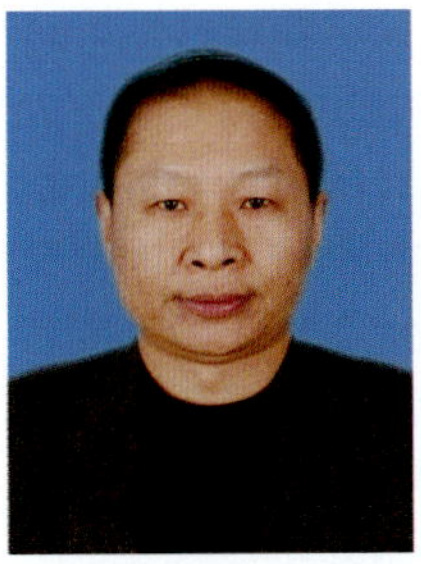

韦凯昌 男,1962年4月出生,江苏滨海人,本科学历,盐城市地震局副局长、党组成员。韦凯昌组织实施盐城市防震减灾中心、盐城市防震减灾专题馆、城市地震活断层探测、市区震害预测系统、盐城地震公众服务微信平台、地震应急桌面演练系统、地震应急灾情速报与预评估系统等防震减灾重点项目。2016年,盐城市成功创建国家级地震安全示范社区3个,省级地震安全示范社区4个、防震减灾科普示范学校4个。盐城市地震局连续五年被评为全国防震减灾工作先进单位。他先后受嘉奖3次,曾获"盐城市招商引资先进工作者""盐城市三服务工作先进个人"等称号。2016年12月,被中国地震局表彰为2016年度全国防震减灾先进工作者。

杨　华 男,1963年1月生,江苏盐都人,大专学历,盐都区残联副理事长。杨华在全市率先建立一支残疾人专职委员队伍;在全市率先建立残疾人基础信息数据库管理系统;在全市率先实行所在区精神病人免费治疗;建设残疾人康复托养中心;在全市率先试行残疾人居家托养新模式;在全市率先实现贫困重度残疾人参加城乡基本养老保险、城镇居民医疗保险、新型农村合作医疗个人缴费部分由政府代缴的惠残政策;实施适度普惠救助政策,对低保户中的重度残疾人、城乡低保中的一般残疾人、无固定收入重度残疾人,以及低保边缘残疾人进行集中普惠式慰问。2012年,盐都区残联被国务院扶贫办和中国残联联合表彰为农村残疾人扶贫工作先进单位;全国残疾人基本服务状况和需求专项调查工作受到江苏省残联表彰。2016 年 9 月，被国务院残疾人工作委员会表彰为全国残疾人工作先进个人。

崔卫香 女，1985 年 4 月出生，江苏东台人，初中学历，东台市梁垛镇安洋村 2 组村民，东台市梁垛镇民政办工作人员。崔卫香出生后不久，被弶港镇沿堤村的养父母收养。1999 年 11 月，养母从桥上摔下，造成终生瘫痪。时年 15 岁的崔卫香面对灾难，毅然放弃学业，回家照顾双亲。2008 年初，带着瘫痪养母和傻父一起出嫁。婚后，精心照料养父母，侍奉公婆，经营家庭生计，走上发家致富道路。先后获评中国好人、全国五好文明家庭标兵，获得江苏省道德模范提名奖、江苏最美青年等荣誉。2014 年，其家庭入选江苏最美家庭，获全国最美家庭提名奖。2016 年 12 月，其家庭被全国文明委评为第一届全国文明家庭。

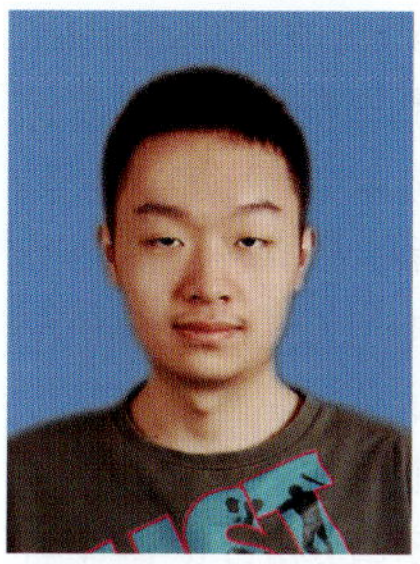

韦　奕 男，1999 年 6 月出生，江苏盐城人，中国国际象棋棋手，国际象棋特级大师。韦奕曾获第十六届全国“棋童杯”国际象棋大赛男子 10 岁组冠军、第四届世界学校国际象棋团体锦标赛 10 岁组冠军、亚洲青年赛 12 岁组冠军、全国少年精英赛（12、14、16）岁组冠军、世界青少年锦标赛 12 岁组冠军、2011 年全国智力运动会国际象棋全国甲级联赛个人快棋赛青少年组冠军。2013 年，创造中国棋手晋升国际象棋特级大师的最小年龄纪录。2014 年 8 月 14 日，韦奕所在的中国男队夺得奥赛男团冠军。2016 年 2 月，韦奕被国家体育总局授予中华人民共和国体育运动荣誉奖章。2016 年 4 月，获全国国际象棋锦标赛个人冠军。2016 年 8 月，获全国国际象棋锦标赛团体冠军。

二、省部级荣誉获得者

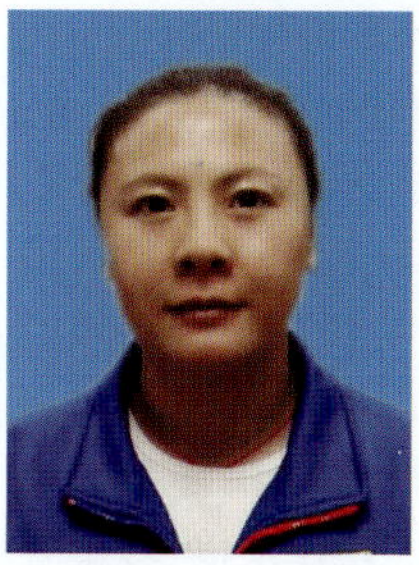

汤红霞 2016 年 9 月，在里约残奥会上获得女子 F11 铁饼决赛亚军。2016 年 11 月，被江苏省人民政府记一等功。简历详见《盐城年鉴（2016）》。

陆小玲 女，1973 年 6 月出生，江苏东台人，大专学历，东台国贸国际大酒店餐饮部服务主管。陆小玲无论在服务员岗位，还是主管岗位，从未休息过完整的节假日。她注重个人素质培养，加强学习，提高自身服务水平，训练出一大批优秀的餐饮服务员。其带领的团队先后多次被所在公司评为先进典型示范岗。2004 年，被评为盐城市劳动模范。2016 年，被江苏省委、省政府表彰为江苏省劳动模范。

谷绍宁 男，1975 年 3 月出生，江苏东台人，大专学历，东台中玻特种玻璃有限公司车间主任。谷绍宁作为公司生产核心部门带头人，每逢节假日，主动放弃休息，在班中值守，连续五年春节未回家过年。他带领车间员工钻研技术，在温度控制、参数调整等方面上形成独特操作技术，每年为公司降本增效 250 万元以上。2013 年，被评为盐城市劳动模范。2016 年，被江苏省委、省政府表彰为江苏省劳动模范。

徐玉蓉 女，1972 年 3 月出生，江苏建湖人，本科学历，中国邮政储蓄银行建湖县支行综合管理员。徐玉蓉先后担任邮政储蓄营业员、储蓄班班长、审计员、综合管理员，累计实现储蓄创收 8000 余万元，各类贷款 1000 余万元。她获得过盐城市系统首届业务技能比赛第二名。所带班组先后获省级“青年文明号”“十佳文明服务示范窗口”等称号。2007 年，被评为盐城市劳动模范。2016 年，被江苏省委、省政府表彰为江苏省劳动模范。

周诗展 男，1989 年 4 月出生，江苏建湖人，本科学历，江苏莲源机械制造有限公司车间主任。周诗展敬业奉献，提出创新工艺 12 项，每年为公司降低成本 200 余万元；热心公益事业，带领周围青年职工组成帮扶小组，累计捐助社会困难群众 4 万余元；在铸造车间熔炼班工作期间，提升产品质量，为公司增收 300 万元；累计加班工时达 1000 多小时，将公司所发奖金捐给技术创新小组，用于创新项目研发。2013 年，被评为盐城市劳动模范。2016 年，被江苏省委、省政府表彰为江苏省劳动模范。

朱红梅 女，1973 年 11 月出生，江苏建湖人，大专学历，江苏昊美光电科技有限公司检测员。朱红梅先后撰写

《节能灯长寿命跟踪实验规范》《成品检验标准和检验规程》《检验员作业指导书》及《检测员的岗位职责》等质量检验工作规范；在工作中结合实践，对公司质检管理制度提出修订意见，形成《质量手册》《程序文件》《作业文件》3个文件，成为实验室检验工作规范运作的依据。2013年，被评为盐城市劳动模范。2016年，被江苏省委、省政府表彰为江苏省劳动模范。

薛献峰 男，1976年7月出生，江苏射阳人，大专学历，射阳县远洋船舶辅机有限公司班长。薛献峰在公司研制大型液压克令吊机、高速艇快速收放装置等产品过程中，对遇到的难题进行技术攻关，经反复测试，产品达到国际先进水平并填补国内空白并成功申报国家专利，通过国家有关部门认证得到批量生产。2013年，在盐城市技能状元大赛中取得钳工组第一名，获“盐城市技能状元”称号，享受市劳模待遇；2010年，在盐城市技能大赛中获第一名。2016年，被江苏省委、省政府表彰为江苏省劳动模范。

颜学云 女，1966年3月出生，江苏射阳人，高中学历，江苏双山集团股份有限公司新三纺厂厂长。颜学云生活中对员工关心爱护，排忧解难；工作中，参与研发新产品，开发出紧密纺、赛络纺、竹节纱等40多个新品种，并采用涤纶、粘胶、锦纶等纺纱原料，生产出一大批适销对路的产品，为企业发展做出贡献。2013年，获得“江苏省五一劳动奖章”。2016年，被江苏省委、省政府表彰为江苏省劳动模范。

赵云峰 男，1964年8月出生，江苏阜宁人，本科学历，江苏省电力公司阜宁县供电公司安全员。赵云峰长期从事生产一线工作，利用业余时间钻研技术，累计获得10项国家发明专利，科研成果得到省电力系统认可和广泛运用，智能型电缆沟排水控制柜，被全国电力系统900多家无人值班变电所应用，YDS抽屉式开关柜专利产品被北京新客站和三峡工程等国家重点建设项目选用。2003年，获“江苏省五一劳动奖章”；2004年，被评为全国职工创新能手。2013年，获“江苏省五一劳动奖章”。2016年，被江苏省委、省政府表彰为江苏省劳动模范。

吴红梅 女，1984年3月出生，江苏阜宁人，初中学历，江苏荣威娱乐用品有限公司工人。自工作以来，吴红梅认真学习业务知识和业务技能，在高频车间担任线长期间，所负责的流水线产品中无一质量问题。因其所在公司是劳动密集型企业，她经常带领员工加班加点。在爱岗敬业，团结同事的同时，主动帮助别人，是生产线、车间的楷模。2013年，被评为盐城市劳动模范。2016年，被江苏省委、省政府表彰为江苏省劳动模范。

陶会玲 女，1967年12月出生，江苏滨海人，高中学历，江苏省华宝纺织有限公司细纱车间主任。陶会玲工作中，坚守岗位，每天第一个上班，最后一个下班；不仅自身工作出色，还带领车间班组人员，夯实操作中的薄弱环节，提出合理化建议30余条，制定相关操作制度，使得所在公司的产品质量一等品率始终保持在99%以上，帮助企业降本增效达500余万元。所在车间班组各项指标名列前茅，多次获得“县青年文明号”“县三八红旗班组”称号。2016年，被江苏省委、省政府表彰为江苏省劳动模范。

张玉银 男，1965年1月出生，江苏滨海人，高中学历，江苏万恒铸业有限公司车间主任。作为企业技术带头人，张玉银主动了解行业技术发展方向，研发阀门铸造新工艺，减轻铸件重量，提高铸件出品率和一次合格率，平均每天加班2小时，平均每月工艺设计25份，多次被公司评为先进工作者。2011年，与另2人一起获得3项实用新型专利。2013年，被评为盐城市劳动模范。2016年，被江苏省委、省政府表彰为江苏省劳动模范。

刘进波 男，1969年12月出生，江苏响水人，大专学历，响水县苏合农产品销售专业合作联社销售门市部销售经理。刘进波自担任门市部销售经理后，组织响水县内农产品进行对接销售，先后引导兴旺小杂粮等合作社开发灌河四鳃鲈鱼、五谷杂粮、珍禽等系列产品；参与县内10个农产品标准化基地建设，带动全县1万多名农户开展特色农产品种养，大米、浅水藕、杂粮、鲈鱼等农产品通过联社销售平台和全国30多家单位建立长期合作关系，并通过网上销售实现线

上线下互动，年销售额突破1.5亿元。2011年，被评为江苏省供销系统劳动模范。2016年，被江苏省委、省政府表彰为江苏省劳动模范。

陶　莹　男，1962年4月出生，江苏大丰人，本科学历，大丰海港港口物流有限公司销售经理。陶莹在工作中不断改革创新，拓展大丰港港口业务，港口吞吐量从开港之初的27万吨发展到2015年的7093万吨，集装箱国际班轮航线从最初的1条发展到16条，红土镍矿的日装卸量达到2万吨，港口码头生产性泊位从最初的2个发展到17个，营收达到5亿元。大丰港成为交通部全国首批绿色低碳示范港口之一。2013年，被评为盐城市劳动模范。2016年，被江苏省委、省政府表彰为江苏省劳动模范。

徐俊杰　男，1983年2月出生，江苏大丰人，本科学历，江苏金风科技有限公司技术中心助理。徐俊杰一直从事企业科技创新工作，在其努力下，所在公司分别获批国家“863”计划、国家能源自主创新和能源装备、江苏省科技成果转化等10余项国家、省部级科研项目，公司海上风电研发中心被认定为江苏省海上风电装备工程技术研究中心、江苏省6兆瓦级及以上直驱永磁风电机组工程中心、江苏省企业技术中心、江苏省博士后创新实践基地，累计获得国家、省部级科研资金5400多万元。个人拥有授权发明专利9件，实用新型专利40件。2013年，被评为盐城市劳动模范。2016年，被江苏省委、省政府表彰为江苏省劳动模范。

徐　浩　男，1973年7月出生，江苏亭湖人，本科学历，盐城供电公司大客户经理班班长。徐浩工作中爱岗敬业，开辟的供电“BRT”(快速公交)服务以最快速度满足客户用电需求；组建的客服(快速公交)团队连续五年获得国网、省公司优秀QC(品质控制)成果奖；主创的《供电服务“BRT”的探索与实践》课题，采用标准化作业，提高精益化管理水平，获江苏省电力公司创新成果三等奖；所在班组连续六年获得“五星级班组”称号。2016年，被江苏省委、省政府表彰为江苏省劳动模范。

宋红浩　男，1976年10月出生，江苏盐都人，本科学历，盐城供电公司盐都供电营业部中兴供电所所长。宋红浩拥有发明创新成果11项，其中4项获得国家专利，5项成

果在省、市评选中获奖。2008年，代表江苏省参加国家电网公司举办的“农电工岗位知识和技能竞赛”，获得配电运检专业个人全能第一名，被国家电网公司授予“农网配电运检岗位能手”称号；他多次受邀为省、市公司高级工和新进大学生进行培训授课，培训学员达600多人，其中9人获得技师职称、13人提拔为副所长、1人被评为盐城市技术能手。2013年，被评为盐城市劳动模范。2016年，被江苏省委、省政府表彰为江苏省劳动模范。

丁德勤　男，1959年10月出生，江苏盐都人，大专学历，盐都区畜牧兽医站工人。丁德勤潜心钻研业务，将生产生活中的问题作为技术攻关的课题，有3项创新成果获得国家实用新型发明专利。他研发的三相电机缺断相保护器，可保证畜禽疫苗的安全贮藏；其改进的蚕种催青室温度自控台，实现对温、湿度的精确控制，有效提高蚕种催青收蚁率。2013年，被评为盐城市劳动模范。2016年，被江苏省委、省政府表彰为江苏省劳动模范。

周克明　男，1974年10月出生，江苏亭湖人，高中学历，江苏长虹智能装备集团有限公司服务部部长。周克明在公司一直从事电气安装、调试、设计及售后服务等基层一线领导工作。公司为长沙比亚迪汽车有限公司制造的CHRFL－50型加热炉，作为涂装生产线的配套设备，由于故障频繁，客户要求重新更换。周克明对整套设备进行整改，为公司节约近300万元的设备更换费用。2012年，在江苏省第一届职工技能竞赛中获得电气安装组第一名，被授予“江苏省五一劳动奖章”。2013年，被评为盐城市劳动模范。2016年，被江苏省委、省政府表彰为江苏省劳动模范。

陈　勇　男，1977年12月出生，江苏亭湖人，大专学历，江苏三菱磨料磨具有限公司工艺班班长。陈勇自工作以来，一直在三菱公司车间一线从事磨料磨具的研发生产工作。通过10多年的努力，由一名基层工人成长为工艺班班长。2010年，三菱公司引进德国先进工艺设备，研发15个系列高档涂附磨具产品，由工艺班研发生产的6个新产品均通过省级鉴定，产品达国内领先水平，有1个产品列入国家重点

新产品计划。为了与国外先进设备匹配，他主张研制设备，前后道工序均在国外设备基础上进行消化吸收再创新，其性能与国外设备不相上下，为公司节约成本，创造利润。2013 年，被评为盐城市劳动模范。2016 年，被江苏省委、省政府表彰为江苏省劳动模范。

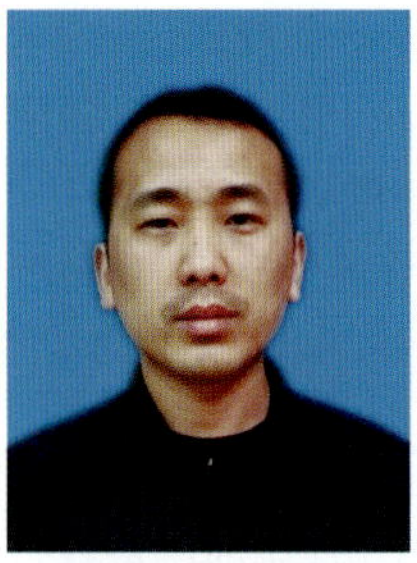

郭荣华 男，1980 年 11 月出生，江苏亭湖人，高中学历，江苏摩比斯汽车零部件有限公司组长。2005 年，郭荣华被摩比斯公司录用，经过公司的技能培训，迅速掌握整条流水线的操作流程，善于学习，坚持每天提前到岗，其在短时间内，技能迅速提升，2007 年被提拔为组长。2013 年，被评为盐城市劳动模范。2016 年，被江苏省委、省政府表彰为江苏省劳动模范。

陈　钧 男，1967 年 10 月出生，江苏亭湖人，硕士研究生学历，盐城市城南新区开发建设投资有限公司投融资工作负责人。陈钧自从事投融资工作以来，先后帮助企业融资 200 多亿元；成功申报发行 3 期企业债券、私募债等直接融资产品，与在盐城金融机构建立合作关系，并从江苏省进出口银行等政策性银行获得授信近 50 亿元。盐城市城南新区开发建设投资有限公司连续五年被盐城市委、市政府表彰为融资工作先进集体。2013 年，被评为盐城市劳动模范。2016 年，被江苏省委、省政府表彰为江苏省劳动模范。

邱艾亚 男，1962 年 7 月出生，江苏阜宁人，本科学历，中国电信股份有限公司盐城分公司工会副主席。邱艾亚在东台电信公司任职总经理期间，企业年度经营业绩突破 2 亿元；天翼用户超 14 万户，宽带用户数超 9 万户；完成 62 家数字企业等信息化项目建设，其中蚕信通、“12368”司法热线作为样板在全省推广；设立的员工大病困难帮扶基金，爱心母婴室、员工子女课外教室等工作得到电信集团、省工会肯定。2010 年，被评为盐城市劳动模范。2016 年，被江苏省委、省政府表彰为江苏省劳动模范。

马　翔 男，1971 年 3 月出生，江苏东台人，本科学历，中国电信股份有限公司东台分公司副总经理。马翔先后分管经营发展和工程建设等工作，为加快东台信息化进程和地方经济的发展做出贡献。2011—2016 年期间，公司累计完成经营收入 10.29 亿元，天翼手机用户净增 8.2 万户，市场份额由 17% 提升至 21.4%，宽带用户净增 3.3 万户，实现城市和农村光纤全覆盖，完成公安技防城、卫生信息化、智慧东台等信息化项目建设。2007 年，被评为盐城市劳动模范。2016 年，被江苏省委、省政府表彰为江苏省劳动模范。

丁良鑫 男，1980 年 12 月出生，江苏盐都人，本科学历，江苏亚龙航务打捞有限公司技术总工程师。丁良鑫牵头负责公司亚龙 36、518 等 20 艘大型工程船舶的技术改造和升级工作，其中有 3 项技术填补国内空白；组织参与长江打捞搜救工作，成功打捞 300 多艘沉船，救起 400 多人，2009—2014 年均被江苏海事部门表彰为水上搜救工作先进个人。2015 年 1 月，带队参与靖江“皖神舟 67”打捞搜救工作，成功将拖轮吊出水面，中央电视台专门作报道。2015 年 6 月，东方之星客轮翻沉事件发生后，带领公司 3 名潜水员赶赴现场参与救援。2010 年，被评为盐城市劳动模范。2016 年，被江苏省委、省政府表彰为江苏省劳动模范。

徐　伟 男，1981 年 4 月出生，江苏东台人，高中学历，东台磊达钢帘线有限公司副经理。2007 年，公司投建钢帘线生产线，他参与基建安装，认真学习生产工艺，练习实践操作，多次被评为集团优秀技术标兵。2013 年，获“东台市五四青年奖章”。2013—2015 年连续三年获集团公司优秀管理标兵。2013 年，被评为盐城市劳动模范。2016 年，被江苏省委、省政府表彰为江苏省劳动模范。

倪文中 男，1963 年 12 月出生，江苏射阳人，本科学历，江苏河海运输股份有限公司工会主席。倪文中工作认真严谨，先后取得注册安全工程师、高级经济师等资格证书。负责开发的远程视频监控系统，因其高效的性能使公司获得“江苏服务业名牌”称号；论证并筹建的射阳县首家混凝土搅拌站，成为公司重要经济板块；主持的服务业标准化试点工作让公司成为全省首家内河航运服务业标准化示范单位。2014 年 4 月，获“江苏省五一劳动奖章”。2016 年，被江苏省委、省政府表彰为江苏省劳动模范。

南从德 男，1976 年 10 月出生，江苏响水人，本科学历，江苏联化科技有限公司副总经理。南从德工作中，不断

完善装置原有的生产操作控制系统，根据项目适时采用顺序控制、联锁系统、紧急切断系统等，尽可能减少人为操作失误。他研究的核苷类医药中间体 10t/a－脱氧－D－核糖中试技项目获得黄岩区科技进步奖项目一等奖、2003 年台州市科技进步奖，核苷类医药中间体 β－脱氧胸苷项目获浙江省化学工业技术一等奖。2010 年，被评为盐城市劳动模范。2016 年，被江苏省委、省政府表彰为江苏省劳动模范。

殷　平　女，1970 年 12 月出生，江苏大丰人，大专学历，江苏丰山集团股份有限公司工会主席。殷平自担任工会主席以来，积极维护公司和员工双方的合法权益，促进和谐劳动关系的建立，集团公司“集体合同”“女员工专项集体合同”履约率均达 100%，多年内未发生一起职工上访事件；推行集团公司劳模评比制度，每年评选出十佳劳动模范并给予奖励，调动全体职工工作积极性。公司先后被评为大丰市和谐劳动关系先进企业、大丰市女职工特殊保护专项集体合同工作先进集体。2010 年，被评为盐城市劳动模范。2016 年，被江苏省委、省政府表彰为江苏省劳动模范。

杨书琴　女，1977 年 1 月出生，江苏盐都人，本科学历，江苏盐城农村商业银行股份有限公司盐都区支行行长。杨书琴调任盐都区支行任行长 3 年间，支行存款总额增至 3 倍；3 年累计投放小企业贷款近 10 亿元；协调全行员工面向全区农户上门服务发放“农务通”贷款卡 3 万张；创新产品支持下岗再就业、妇女、青年等创业贷款等近千户；首创全面代理辖区近 40 万名农户新农保、各类社会补助资金和社保资金的发放。连续九年资助成绩优异的寒门学子上大学；连续三年向盐城市红十字会博爱救助金捐款。2014 年 4 月，获“江苏省五一劳动奖章”。2016 年，被江苏省委、省政府表彰为江苏省劳动模范。

吴启春　男，1970 年 2 月出生，江苏建湖人，本科学历，建湖县鸿达阀门管件有限公司董事长。该公司是国家高新技术企业，是中石油、中石化、中海油物资装备总公司一级供应网络成员单位。2015 年，公司实现销售 4.5 亿元，入库税收 5800 万元，连续多年列建湖县同行业之首。2011 年，公司在建湖县高新产业区投入 5.1 亿元新上海洋油气控制项目，该项目引进德国、日本等地的国际一流的数控机床等高端设备。在企业发展壮大的同时，他热心慈善事业，成立雨尧爱心基金会，每年向县红十字会等机构捐款 200 万元以上，累计捐款 2000 多万元。2007 年，被评为盐城市劳动模范。2016 年，被江苏省委、省政府表彰为江苏省劳动模范。

张如剑　男，1966 年 10 月出生，江苏盐都人，硕士研究生学历，江苏剑桥涂装工程有限公司董事长。1997 年，张如剑创办乡镇企业江苏剑桥涂装工程有限公司，先后投资近 2 亿元，建成剑桥工业园一、二、三期项目。在企业经营发展过程中，致力于引进国际先进技术，向国际一流标准看齐，企业先后荣获国家专利授权 36 项，其中发明专利 5 项；获得省高新技术产品 8 项；国家驰名商标 1 个。企业被认定为国家火炬计划重点高新技术企业，连续四年产值超 1 亿元，税收超过 1000 万元。2010 年，被评为盐城市劳动模范。2016 年，被江苏省委、省政府表彰为江苏省劳动模范。

陈小勇　男，1965 年 1 月出生，浙江萧山人，本科学历，江苏吉华化工有限公司董事长。陈小勇在工作中，推进企业转型升级，强化企业管理，推进技术改造，引进专门人才，用不到三年的时间，将一个管理混乱、效益低下、事故频发的中小企业建成年销售收入和入库税收连年居滨海县第一位的国家中型企业，员工收入年均增长 10% 以上，“五险一金”缴费率达 100%。他先后主持省级以上技术改造项目 32 项，累计为企业增加利润十余亿元，税收 2 亿余元，节能 10 余万吨标准煤，新增就业岗位 500 多个。2014 年、2015 年企业入库税收连续两年超过 2.5 亿元，进入盐城市前五位。他热心慈善事业，累计为各类慈善机构、社会团体、贫困职工、帮扶乡镇贫困家庭、大学生及老党员捐赠款物 200 万元以上。2016 年，被江苏省委、省政府表彰为江苏省劳动模范。

孙从华　男，1968 年 5 月出生，江苏响水人，硕士研究生学历，江苏科力普汽车部件有限公司董事长。孙从华先后在扬州兴化、山东高塘等地积累创业经验。2004 年，为乡创办江苏科力普汽车部件有限公司，吸纳原汇中集团 200 多名下岗职工，经过艰苦创业，企业规模逐步变大，每年新增 30 名就业岗位。2015 年，公司实现销售收入 1.13 亿元，利税

1500万元。他投身社会公益事业，近几年累计捐款捐物近50万元。2010年，被评为盐城市劳动模范。2016年，被江苏省委、省政府表彰为江苏省劳动模范。

朱文明 男，1967年10月出生，江苏大丰人，本科学历，江苏丰东热技术股份有限公司董事长。2010年12月31日，江苏丰东热技术股份有限公司成为中国热处理行业第一家上市公司，公司拥有16家控股子公司和联营公司，成为国内和国际一流的热处理产业集团，公司拥有国家级技术中心和工程实验室，建有省级企业院士工作站和国家级博士后工作站等一流创新平台，公司因“无人化智能热处理工厂”项目被工信部授予“智能制造试点示范企业”称号。他参与捐资办学、扶持贫困等社会公益活动，累计捐款100多万元。2001年，被评为盐城市劳动模范。2016年，被江苏省委、省政府表彰为江苏省劳动模范。

梁泽泉 男，1969年2月出生，江苏亭湖人，本科学历，江苏仁禾中衡咨询集团董事长。在梁泽泉的带领下，江苏仁禾中衡咨询集团由5名员工、20多万元资产的小所发展到有206名员工、6000多万元资产、15种执业资质的行业标杆企业，业务收入、上缴税收连续八年位居盐城同行业之首，跻身全省工程造价行业20强、全国中型会计师事务所70强，先后获得国家和省市表彰50余次。集团主动履行社会责任，在赈灾救助、扶贫解困、捐资助学等社会公益活动中，累计捐赠110余万元。2013年，被评为盐城市劳动模范。2016年，被江苏省委、省政府表彰为江苏省劳动模范。

沈　峰 男，1970年2月出生，江苏大丰人，硕士研究生学历，森丰集团有限公司董事长。1993年，沈峰创办森风汽摩有限公司，2003年升格为森风集团有限公司。截至2016年底，有员工1100余人，年销售总额40亿元，利税9000万元。公司是盐城汽车服务业的标杆企业，也是苏北地区个人投资规模最大的汽车城。沈峰在发展企业的同时，完善企业内部福利体系，2015年企业人均工资达到4100元；履行社会责任。2012年初，成立企业人武部，组建120名青年员工民兵应急连，对社会维稳和抗洪救灾等突发性事件做出贡献。2013年4月，获“江苏省五一劳动奖章”，被评为盐城市劳动模范。2016年，被江苏省委、省政府表彰为江苏省劳动模范。

陈　林 男，1951年7月出生，江苏射阳人，高中学历，射阳碧林大蒜专业合作社理事长。陆林在30多年的大蒜生产、营销活动中，从引进蒜种到培植射阳县十万多亩大蒜基地，始终奋战在农业产业化最前沿，创建了射阳县“合作社+农户”农业产业化示范基地，引导、带领村民改良大蒜品种、提升生产工艺、培植大蒜市场、提高综合效益，使射阳县大蒜面积一直稳定在6666公顷，并协助当地企业提高产品管理质量，仅改良农民采收蒜薹包装方式一项，每年节约当地企业管理成本1000多万元。他先后被选为江苏省大蒜协会会长、全国大蒜委员会副会长，被评为盐城市首届三农十大新闻人物。1998年，被评为盐城市劳动模范。2016年，被江苏省委、省政府表彰为江苏省劳动模范。

杨　进 男，1956年2月出生，江苏阜宁人，大专学历，阜宁沟墩禽蛋专业合作社负责人。2003年6月，杨进牵头成立阜宁县沟墩禽蛋专业合作社，合作社有成员636人，饲养蛋鸡1.2万羽，产品销往沃尔玛、家乐福、易买得、世纪联华、富士康等超市和单位。2012年，牵头成立江苏大瑭禽蛋专业合作联合社，在深圳、上海、北京等地建立配送中心，整合推进省内外禽蛋市场发展。2015年，牵头成立江苏绿通电子商务有限公司；同年，与柳集村共同创办电子商务村，63家农产品加工企业、农民合作社、家庭农场的产品入驻公司平台，2015年网上销售5199万元，合作社总销售额达1.8亿元。2007年，被评为盐城市劳动模范。2016年，被江苏省委、省政府表彰为江苏省劳动模范。

刘必禹 男，1957年4月出生，江苏阜宁人，高中学历，阜宁县大禹草制品专业合作社负责人。刘必禹依靠供销合作社平台，深入调研协调工作，争取到政府出台多项扶持秸秆产业发展的优惠政策，利用秸秆产品市场销售价位提升的行业发展空间、带动2100多名农民就业，年助农增收5100万元；协助政府搞好秸秆禁烧工作，捐款20万元用于新农村建设修路修桥。曾获“2011年省供销合作社系统先进个人”称号。2016年，被江苏省委、省政府表彰为江苏省劳动模范。

谭　燕 女，1974年6月出生，江苏滨海人，大专学历，滨海县谭燕草鸡专业合作社理事长。谭燕曾在上海大型养鸡场工作，熟练掌握养殖技术。2006年，回乡成立滨海县绿河草鸡养殖场，联合界牌镇及周边乡镇其他草鸡养

殖户，成立谭燕草鸡专业合作社，在做大做强自身的同时，利用资金及技术优势，带动其他农户养殖草鸡，走上创业致富路，成为致富带头人。她先后被评为十佳创业之星、市巾帼创业明星。2013 年，被评为盐城市劳动模范。2016 年，被江苏省委、省政府表彰为江苏省劳动模范。

钱钦富 男，1968 年 9 月出生，江苏滨海人，大专文化，滨海县陈涛镇新滩村农民资金互助社社长。钱钦富实施以企兴村战略，先后创办烟道厂、养鸡场，解决 37 名低收入农户就业问题。2014 年，引进皮草加工厂，帮助新滩村 35 名农民每人每年增收 8000 元以上；将原村小学和村部 29 间房屋，租赁给客商创办中达电子厂；盘活堆堤、水面等资源；争取资金 1190 万元，修建防渗渠道 3600 米，改造电排灌站 15 座，铺设水泥路 5.2 千米；筹划创办新滩村农民资金互助社，为农户解决资金难问题，2015 年，该社向农民发放小额贷款 312 万元；争取、筹资 60 余万元，新建 480 多平方米的党群服务中心，整治村党群服务中心的环境；在盐城创立第一家村级总工会，为职工提供各种服务。2013 年，被评为盐城市劳动模范。2016 年，被江苏省委、省政府表彰为江苏省劳动模范。

李书虎 男，1967 年 8 月出生，江苏建湖人，大专学历，建湖县九龙口镇梅苏村党委书记。李书虎团结带领村干部，将一个闭塞落后的薄弱村建设成为全市城乡统筹发展先进村；推进康居示范村建设，投入 130 多万元建设农民休闲广场，投入 80 多万元安装路灯 80 盏；在建湖县率先建立地埋式垃圾中转站；落实修桥铺路、建泵造闸、污水处理、环境整治等民心实事工程。九龙口村重大事项和决策均召开群众代表会议和党员大会讨论决定，充分给予群众对村级事务的知情权。2013 年，被评为盐城市劳动模范。2016 年，被江苏省委、省政府表彰为江苏省劳动模范。

孙维亚 男，1966 年 6 月出生，江苏亭湖人，本科学历，亭湖区五星街道五星村书记。孙维亚在全市率先建设村级规模五星工业园，先后建成五星创业园、五星科技园，五星村被评为省级示范工业小区。从 2006 年开始，每年投入 400 多万元，对五星村民因城市发展需要而被征地的村民实施“土地换保障”工程，1953 名“失地村民”全部享受省规定的保障待遇，五星村成为亭湖区第一家整村实行失地农民保障的村，村民（员工）享受福利达 20 多项。五星村也先后被评为江苏省文明村、省民主法制示范村，省廉政文化示范村。2013 年，被评为盐城市劳动模范。2016 年，被江苏省委、省政府表彰为江苏省劳动模范。

杨应忠 男，1968 年 9 月出生，江苏大丰人，本科学历，大丰区草庙镇川东居民委员会党委书记。杨应忠任书记 11 年，在平凡的工作岗位上奉献青春。他组织招商引资，推进基础设施建设，投资 1400 多万元建成党群服务中心、村民小区、创业产业园；兴办社会公益事业，带头捐资，设立农民福利基金，每年为在校大学生提供 600 元～1000 元的助学金和为弱势群体提供 3 万元～5 万元救助。川东居委会自 2015 年始，每年为全体村民提供免费体检服务；2016 年初投入 40 多万元为村民承担农村合作医疗和给予 70 岁以上老人每人每年 300 元养老金。2004 年，被评为盐城市劳动模范。2016 年，被江苏省委、省政府表彰为江苏省劳动模范。

傅士祥 男，1953 年 2 月出生，江苏射阳人，高中学历，射阳县志翔针织制衣厂长。1998 年初，傅士祥创办射阳县志翔针织制衣厂，制衣厂从一个家庭式的作坊发展成为年销售可达 1.5 亿元，利税 1500 万元的企业。关爱职工，连续三年为职工年满 60 周岁的父母发放尊老金共 300 多万元，先后办起职工公寓、亲子园、职工超市等福利事业，解决职工实际困难，并对连续工作十年以上的职工发放。2004 年，被市委、市政府评为优秀“双强”型干部。2005—2006 年连续两次被射阳县政府评为 50 强纳税厂长。2007 年，被评为盐城市劳动模范。2016 年，被江苏省委、省政府表彰为江苏省劳动模范。

周业刚 男，1967 年 1 月出生，江苏盐都人，本科学历，江苏驰翔精密齿轮有限公司董事长。周业刚长期奔波于市场第一线，致力于引进国际先进技术，瞄准智能制造，向国际一流标准看齐，推动企业发展壮大，使驰翔齿轮运销海外。他关爱职工，努力解决职工生产、生活中的实际难题，支持家乡慈善事业发展，经常捐钱捐物。2007，被评为盐城市劳动模范。2016 年，被江苏省委、省政府表彰为江苏省劳动模范。

唐成杰　男，1967年4月出生，江苏东台人，高中学历，江苏捷士通科技股份有限公司董事长。唐成杰率领团队深入市场开拓、研发产品、技术创新，使公司发展成为同行业中唯一制造全产业链企业。2014—2016年，公司取得授权专利54项，发明专利3项，多款产品被认定为省级新产品、高新技术产品。2015—2016年，公司投资2亿多元，实施智能化改造，拥有机器人、加工中心等智能化设备200多台（套），建成生产动态配置、产品定制服务的智能化工厂。2010年，被评为盐城市劳动模范。2016年，被江苏省委、省政府表彰为江苏省劳动模范。

吴荣美　男，1966年1月出生，江苏东台人，大学本科学历，江苏东强股份有限公司技术组长。吴荣美带领技术人员先后研发出高性能铁路信号电缆、高速轨道交通铁路数字信电缆，分别获国家科技进步二等奖、省科技进步二等奖和盐城市科技进步特等奖。他热心公益事业，关心失学儿童和孤寡老人。2013年，被评为盐城市劳动模范。2014年，被评为江苏省"六大人才高峰"人才培养对象。2016年，被江苏省委、省政府表彰为江苏省劳动模范。

陈二霞　女，1982年11月出生，江苏响水人，本科学历，响水县盛远藏山羊养殖专业合作社理事长。2012年，陈二霞回乡创业，在江苏省委驻响水扶贫工作队支持下，在响水县双港镇成立养羊合作社，黑山羊从200只发展到1万余只，养殖基地从老舍中心社区扩展到周边乡镇，带动120多名农户致富，并在县城投资特色羊产品餐馆，并建立冷库，精包装后在互联网上销售。他先后获盐城市"返乡创业之星""全国优秀农民工"称号。2016年，被江苏省委、省政府表彰为江苏省劳动模范。

陈志根　男，1960年7月出生，江苏大丰人，高中学历，盐城市大丰区环境卫生管理处操作工。陈志根在环卫处从事化粪池疏通工作16年，工作中抽吸化粪池，常常弄得一身粪，从未有怨言，被评为创建江苏省文明城市先进个人。2013年，被评为盐城市劳动模范。2016年，被江苏省委、省政府表彰为江苏省劳动模范。

王池明　男，1970年10月出生，江苏东台人，大专学历，盐城市柴油机制造有限公司技术员。王池明在生产技术岗位上不断创新生产模式和生产工艺，主持设计、改进50余台工装夹具和专用设备，攻克30多项技术难关，策划并实施以试车故障台数下降50%和整机零缺陷入库为要素的质量控制手段，每年减少重复试车1万台以上，减少消耗10万元，每台柴油机装配费用下降9.13元，累计为企业实现降本493万元。2015年，获"江苏省五一劳动奖章"。2016年，被江苏省委、省政府表彰为江苏省劳动模范。

陈竹祥　男，1968年7月出生，江苏亭湖人，高中学历，江苏盐阜公路运输集团有限公司"金扳手维修班"班长。陈竹祥从事营运客车修理工作30余年，刻苦钻研客车维修技术，推行"保姆式"服务，定期为车辆检修，减少车辆故障发生率，为江苏快鹿盐城公司60多台高级豪华大客的安全正点运行做出突出贡献。2014—2016年，累计维护车辆720台次，大修发动机及总成件32台次，车辆小修1368台次，上路救援车辆12台次，创造经济效益100余万元。2012年，他发明的"汽车漆膜修补操作法"被省交通运输厅评为交通运输职工先进操作（工作）法。2010年，被评为盐城市劳动模范。2016年，被江苏省委、省政府表彰为江苏省劳动模范。

李　军　男，1972年1月出生，江苏东台人，本科学历，东台市人民检察院民事行政检察科科长。2013年，在办理一起农村土地承包案件中，就存在的共性矛盾隐患及时向有关机关发出检察建议，该建议得到省检察院批示，李军获记二等功。2014年，被评为江苏省民行检察条线专门人才。2015年3月，牵头成立盐城检察系统首家生态环境保护检察室，实现刑事、民事、行政三检合一的工作模式，促进东台市生态文明建设。2015年，被江苏省委、省政府表彰为省人民满意政法干警，并记一等功。2015年，被江苏省检察院表彰为全省民行检察先进个人。2016年，被江苏省委、省政府表彰为江苏省先进工作者。

朱敬东　男，1970年4月出生，江苏东台人，本科学历，东台市公安局副局长。朱敬东坚守一线工作岗位，有力维护社会政治稳定，直接指挥处置集访事件40余起，成功处置东台民生公司溱东线、许河线罢运等群体性事件，入驻

处置江苏久兴重工、东飞马佐里有限公司等由重点企业资金链断裂引发的社会矛盾，有效维护全市政治大局稳定。东台市万人犯罪率保持在全省最低水平，公众安全感和满意度在盐城各县（市、区）中保持最高。2016 年，被江苏省委、省政府表彰为江苏省先进工作者。

郑爱东　男，1969 年 10 月出生，江苏建湖人，本科学历，建湖县人民医院副院长。郑爱东担任急诊科和重症监护病房主任期间，手机从不关机，只要病人需要，随叫随到。每年救治重症患者近千例，成功率达 88%；负责全院业务管理工作，协助班子成员，加速推进公立医院改革，所在医院被省卫计委确认为三级综合医院，被市卫生局评为“群众满意医院”。2010 年，被评为盐城市劳动模范。2016 年，被江苏省委、省政府表彰为江苏省先进工作者。

刘艾鸣　女，1963 年 4 月出生，江苏建湖人，本科学历，建湖县抗旱排涝队党总支书记。刘艾鸣先后从事水利管理服务、水费征收管理、应急抗旱排涝等基层水利一线工作，在做好本职工作的同时，全力争取水利重点项目，成功为建湖争取到投资 6.5 亿元的国家江河支流治理项目、射阳河整治工程、总投资 3 亿多元的中央财政小型农田水利重点县项目、总投资近 3 亿元的全国首批中小河流治理重点县项目，为根除建湖地方水患、服务地方经济发展做出重要贡献。2013 年，被评为盐城市劳动模范。2016 年，被江苏省委、省政府表彰为江苏省先进工作者。

王克亮　男，1970 年 9 月出生，江苏射阳人，本科学历，射阳县教育局教研室副主任。王克亮先后主持 4 个省级课题，撰写活动纪要 10 万多字，2 个结题报告刊登在核心期刊；开设省、市公开课与讲座 40 多次，参与省、市命题 30 多次，参与苏教版高中数学教材的修订工作，发表省级以上论文 161 篇，9 篇论文被人大复印期刊《中学数学教与学》全文转载，有 4 项优秀教研成果获省一等奖。2010 年，被评为盐城市劳动模范。2016 年，被江苏省委、省政府表彰为江苏省先进工作者。

唐兆明　男，1963 年 11 月出生，江苏射阳人，本科学历，射阳县交通局局长、党委书记。唐兆明积极推进射阳县交通基础设施建设，累计完成投入近 50 亿元。其中，投入 17 亿元的临海高等级公路射阳段，纵贯射阳县东部沿海南北；总投资 21 亿元的连盐铁路射阳段于 2014 年开工建设；通用航空机场实现从无到有的突破，列入全省第一批机场建设项目，并启动建设。2012 年，被省交通运输厅表彰为党员模范标兵，被市政府表彰为交通工程建设先进个人；2013 年，被表彰为全市支持国防建设十佳领导、被省总工会授予“江苏省五一劳动奖章”。2016 年，被江苏省委、省政府表彰为江苏省先进工作者。

郑海娥　女，1974 年 4 月出生，江苏阜宁人，本科学历，阜宁县中医院妇产科主任。郑海娥一直从事妇产科临床一线工作，热爱妇产事业，对病人热情，对技术精益求精，医德高尚，多次被卫生系统评为先进个人。2013 年，被评为盐城市劳动模范。2016 年，被江苏省委、省政府表彰为江苏省先进工作者。

张贵明　男，1965 年 9 月出生，江苏阜宁人，本科学历，阜宁县地方税务局纪检组长。张贵明推广“点、线、面、体”重点税源管理新办法，5 年累计征收地方税费 170 亿元，年均增幅 21%。阜宁县地税局在全市率先出台《风险应对管理考核办法》，税收风险应对绩效全市第一；“银税互动铸诚信”被列为全省创新项目，“点对点、心连心”服务直通车品牌和“优质服务一卡通”活动被共青团江苏省委授予最具创新奖；“倡、签、看、讲、思”廉政文化进家庭活动项目，在全国税务系统宣传推广。2013，被评为盐城市劳动模范。2016 年，被江苏省委、省政府表彰为江苏省先进工作者。

陈建银　女，1969 年 11 月出生，江苏滨海人，本科学历，滨海县永宁路实验学校校长。陈建银担任永宁路实验学校校长期间，大胆改革，勇于创新，学校先后获得“江苏省平安校园”“江苏省校园文化建设特色学校”“江苏省廉政文化建设示范点”“江苏省绿色学校”“江苏省健康促进学校”“盐城市基础教育课程改革先进校”“盐城市内涵建设先进学校”“盐城市小学教育教学管理示范校”“滨海县文明礼仪

教育示范学校”等221项集体荣誉。2014年，获“江苏省五一劳动奖章”。2016年，被江苏省委、省政府表彰为江苏省先进工作者。

张　蕾　女，1984年6月出生，江苏滨海人，本科学历，滨海县人民医院手术室护士长。张蕾先后在普外科、手术室从事护理工作，参加医院举办的各种培训和护理查房，先后在盐城市第一人民医院、无锡市第二人民医院和南京中大医院3家“三甲”医院进修学习手术室的护理管理知识，并于南通大学医学院在职研究生培训班结业。2013年，获得“江苏省五一劳动奖章”。她在业务上，专科知识扎实，一直保持“零事故、零差错、零投诉、零纠纷”；在修身上，认真履行护士长职责，团结同事、带好队伍，所在科室先后获得“院科室先进集体”“市模范职工小家”等称号。2016年，被江苏省委、省政府表彰为江苏省先进工作者。

魏佳兵　男，1972年4月出生，江苏响水人，硕士研究生学历，江苏省响水中学校长。魏佳兵带领全体教职员工，创新教育理念，实施一系列改革举措，先后在省级以上刊物发表教学教研论文20多篇，出版专著1部，先后负责或主持《中学生物理学习心理障碍成因及对策研究》等研究课题5个，其中《高中物理课程中背景知识教学的研究》课题获省教育厅2013年度教学成果奖二等奖。2004年，获评“全国优秀教师”。2010年，被列为江苏省“333”高层次人才培养工程培养对象。2016年，被江苏省委、省政府表彰为江苏省先进工作者。

李晓霞　女，1977年10月出生，江苏大丰人，大专学历，大丰区大中镇恒北村党委书记。李晓霞大力开展环境整治、村庄建设、生态保护、民生保障等系列工程，在她的带领下，恒北村98%的农户以果树种植为主，2015年农民人均纯收入达到2.5万元，在全区处于领先地位，恒北村年经营收入突破5000万元。恒北村先后获得“国家级生态村”“全国文明村”“全国休闲农业与乡村旅游示范点”“江苏省四星级乡村旅游景点”“江苏最美乡村”等称号。2013年，被评为盐城市劳动模范。2016年，被江苏省委、省政府表彰为江苏省先进工作者。

吴丽芳　女，1968年10月出生，江苏大丰人，本科学历，大丰区人民医院大急救中心主任兼重症医学科主任。

吴丽芳从事临床医疗一线工作26年，带领大急救中心全体同仁，为急危重症患者开通一条生命绿色通道，多次参与高速公路大型车祸、爆炸事故、气体中毒、火灾等大型公共突发事件中的抢救工作。在省级核心期刊发表论文6篇，其中经皮穿刺气管切开术获市卫生局医学新技术引进二等奖。2015年，获“江苏省五一劳动奖章”。2016年，被江苏省委、省政府表彰为江苏省先进工作者。

杨　森　男，1960年11月出生，江苏盐都人，大专学历，盐都区民政局局长。在杨森的组织领导下，盐都区民政工作多次受到省、市乃至民政部的表彰。2012年，盐都区被民政部表彰为全国养老服务示范活动示范单位；2012年，盐都区民政局被省民政厅评为全省民政系统先进单位；2015年，盐都区创建成为省级现代民政建设示范区。2007年，被评为盐城市劳动模范。2010年，被省民政厅表彰为民政工作先进个人。2016年，被江苏省委、省政府表彰为江苏省先进工作者。

李建国　男，1969年9月出生，江苏盐都人，本科学历，盐城市第二小学校长，江苏省特级教师，省“333”高层次人才工程培养对象，市七届人大代表，盐城市有突出贡献中青年专家。李建国出版过专著《追寻理想的语文课堂》，在《人民教育》等刊物发表论文百余篇，主持省市课题10余个，其成果获市首届基础教育科研一等奖；创新校本研修活动“相约星期六”，指导30多人在省市比赛中获一等奖，培养多名教师成为市级以上业务骨干。2016年，被江苏省委、省政府表彰为江苏省先进工作者。

刘　玲　女，1969年6月出生，江苏亭湖人，本科学历，亭湖区毓龙街道洋西社区主任。刘玲在工作中推行网格化服务模式，创办社区服务站，开通服务热线；协调2000多平方米服务阵地，新建社区居民之家；搭建社区“就业桥”，帮助89人实现再就业；建立“乐龄居家养老服务中心”，为老年人提供休闲娱乐场所；帮助200多户困难家庭，解决帮扶资金20多万元。洋西社区先后获“省级和谐示范社区”“省级充分就业示范社区”等称号。2010年，被评为盐城市劳动模范。2016年，被江苏省委、省政府表彰为江苏省先进工作者。

冯晓红　女，1968年7月出生，江苏亭湖人，本科学历，江苏省盐城市亭湖高级中学工会主席。2004届中考，冯晓红任教班级有3人进入盐城市前10名；2005年中考，任教班级有4人进入市前10名，1人夺得市中考状元；2009年高考，任教班级本科率100%；2011年高考，任教班级有5人达清华北大分数线，1人夺得盐城市文科状元，3人进入全省前100名；2013年高考，任教班级有3人跻身全省前100名，1人被北京大学光华学院录取；2014年高考，任教班级本科率97.4%，1人被北京大学录取；2015年高考，任教班级本科率100%。2014年，被评为盐城市劳动模范，并获“全国优秀教师”称号。2016年，被江苏省委、省政府表彰为江苏省先进工作者。

严汝青　男，1966年3月出生，江苏滨海人，本科学历，盐城市地方税务局总经济师。严汝青担任滨海县地税局长期间，培植地方税源，连年完成税收目标任务，税收增幅位居全市前列；在市地税局总经济师岗位上，坚持在一线督促税收政策落地，主动帮助苏盐集团、重庆啤酒等企业解决发展难题。他推行的办税厅午间不间断服务等举措被评为全市文明优质服务品牌；主导的车船税市级联网征收被全省推广；主持研发的廉政风险360防控系统引起中纪委关注。2016年，被江苏省委、省政府表彰为江苏省先进工作者。

王　伟　男，1970年10月出生，江苏亭湖人，博士研究生学历，盐城工学院化学化工学院院长。王伟一直从事教学科研工作，主持研究项目包括国家自然科学基金2项、省科技厅项目2项、省“333”人才工程项目1项，发表过SCI论文（SCI论文，即被SCI索引收录的期刊所刊登的论文，SCI期刊由美国科学信息研究所编辑出版）60多篇，获得授权发明专利12项，获省科技进步三等奖1项。为国际高水平期刊每年审稿近200篇。先后获批省“333”人才工程中青年科学技术带头人，省高校科技创新团队负责人。2010年，被评为盐城市劳动模范。2013年，获“江苏省五一劳动奖章”。2016年，被江苏省委、省政府表彰为江苏省先进工作者。

肖兆玉　2016年，肖兆玉被中国现代艺术研究会聘为名誉会长，被江苏省委宣传部等六部门授予“江苏省首批文化骨干艺术家”称号，被北京人民画院授予“人民艺术家金鸡奖”称号。其13篇民间文艺作品被艺术人物杂志社编入《先驱颂——诗书画作品集》出版。2016年，被江苏省委、省政府表彰为江苏省先进工作者。简历详见《盐城年鉴（2015）》。

孙明法　男，1966年2月出生，江苏兴化人，本科学历，江苏沿海地区农业科学研究所副所长。孙明法先后主持省部级研究课题30余项，主持育成水稻新品种29个，其中育成的“559”系列杂交稻组合，填补江苏省杂交籼稻育种空白，育成的高抗条纹叶枯病粳稻品种盐稻8号，对阻止条纹叶枯病在江苏的流行爆发发挥重要作用；先后获成果奖23项，其中获国家一等奖1项、省一等奖1项、省二等奖1项、省三等奖4项，市特等奖2项、一等奖6项；先后获发明专利授权5项、品种权授权11项，发表论文100余篇，出版学术专著2部；自主研发的水稻新品种推广面积达4亿公顷，创造社会经济效益100多亿元。2007年，被评为盐城市劳动模范。2012年，被评为国务院特殊津贴专家。2016年，被江苏省委、省政府表彰为江苏省先进工作者。

秦以培　男，1975年9月出生，江苏亭湖人，本科学历，盐城市市区防洪工程管理处工程运行一科科长。秦以培长期扎根基层，多次出色完成急难险重任务；潜心研究业务，探索出“秦以培钢丝绳快速检查法”“秦以培制动器123调整法”等多项革新成果。2013年，以其名字命名的“秦以培劳模工作室”创建，成为全市水利系统职工技能培训和技术难题攻关的基地，三年间完成攻关课题11项，节约维护保养费30余万元，带出一支24人的技术创新团队。2013年，被评为盐城市劳动模范。2015年，获“江苏省五一劳动奖章”。2016年，被江苏省委、省政府表彰为江苏省先进工作者。

李智慧　女，1982年10月出生，江苏阜宁人，本科学历，盐城市市政设施管理处副主任、下水道班班长。李智慧带领下水道班每年清掏污泥杂物总量7万多立方米，平均每人每天清掏量达1000千克；创建社区义务结对服务制度，利用节假日为8个社区疏通排水管网4万多米。2013年，被市政府表彰为全市十佳服务明星，享受市劳模待遇。2015年，当选为全国青联第十二届委员会常务委员。2014年，获“中国青年五四奖章”。2016年，被江苏省委、省政府表彰为江苏省先进工作者。

穆向明　男，1963年4月出生，江苏阜宁人，本科学历，盐城市第一人民医院大外科主任、普通外科主任。穆向明从事外科临床工作20余年，从未发生过医疗事故及差错；注重引进新技术、新项目，挑战高、难、新手术，多项手术的开展在省内处于领先位置；作为省学科带头人，带动全科医护人员，投入重点专科创建工作，2010年，盐城市第一人民医院普通外科步入江苏省省级临床重点专科行列；先后有《保留幽门的胰十二指肠切除术》等10多篇论文在省级刊物上发表。2013年，被评为盐城市劳动模范。2016年，被江苏省委、省政府表彰为江苏省先进工作者。

周向东　男，1969年1月出生，江苏盐城人，本科学历，盐城市公安局交通警察支队六大队大队长。周向东从警30多年，始终战斗在基层一线道路交通管理岗位上，每年加班1300多个小时，多年的路面执勤工作落下多种职业病，从未请过病假。他关注弱势群体疾苦，周向东帮扶11名困难人员，大队民警结对帮扶87名贫困三轮车主和残疾人。曾获“盐城市劳动模范”“江苏省十大模范交警”等荣誉称号。2016年，被江苏省委、省政府表彰为江苏省先进工作者。

刘艳梅　2016年5月，被江苏省总工会授予“江苏省五一劳动奖章”。简历详见《盐城年鉴(2015)》。

许国新　男，1966年11月出生，江苏大丰人，大专学历，盐城市神鹿生态旅游发展有限公司(中华麋鹿园)职员。许国新认真工作，提出对景区智慧旅游全面升级换代，开辟线上、线下两大营销渠道，2016年游客数量是2015年的3倍。中华麋鹿园先后获得“盐城市旅游发展贡献奖”“江苏省生态旅游示范区”等称号，是盐城首个国家AAAAA级旅游景区。他曾获得“盐城市优秀共产党员”“全省旅游创新发展优秀个人”等称号。2016年，被省人力资源社会保障厅、省旅游局联合表彰为江苏省旅游系统劳动模范。

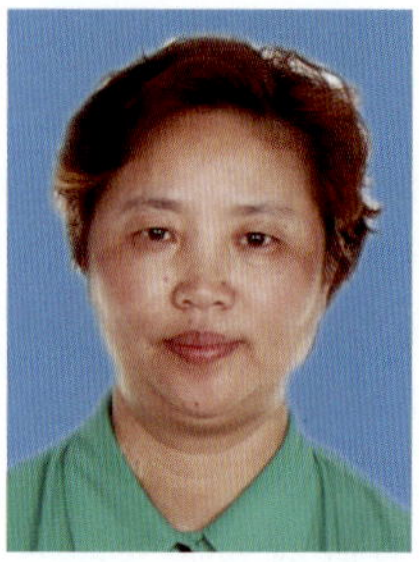

徐国媛　女，1961年2月16日出生，江苏响水人，本科学历，盐城职工国际旅行社有限公司中级导游。徐国媛长期坚持奋战在旅游带团服务工作的第一线，完成多个带团任务，从未发生过违法违纪事件，多年始终保持无违纪、零投诉记录；拥有国际旅行社总经理资格证、国家初级、中级导游证、出国领队证。2002年，获“江苏省最佳导游”称号。2015年，被国家旅游局授予“中国好导游员”称号。2016年，被省人力资源社会保障厅、省旅游局联合表彰为江苏省旅游系统劳动模范。

姚明明　女，1987年6月23日出生，江苏盐都人，本科学历，盐城大纵湖旅游发展有限公司初级导游。姚明明在执导期间注重观察和学习，看到或者听到有用的知识就立刻熟记，添加到自己的实际带团中，为游客提供细致的讲演和周到的服务，工作业绩突出，2015年获“盐城市首届金牌导游员”“盐城市青年岗位能手”“盐城市巾帼建功标兵”称号。2016年，被省人力资源社会保障厅、省旅游局联合表彰为江苏省旅游系统劳动模范。

张加成　男，1973年10月出生，江苏阜宁人，硕士研究生学历，江苏省盐城市烟草专卖局(公司)局长、经理、党组书记。张加成坚持将普法工作作为一项重要工作，主动邀请专家开设“法治大讲堂”，带领干部职工学法，盐城烟草专卖局先后被国家烟草专卖局表彰为烟草行业“五五”法制宣传教育组织工作先进集体，被省法治宣传教育领导小组表彰为“六五”普法中期先进单位，被省依法行政工作领导小组确认为“2012—2013年省级依法行政示范点”。2016年8月，被省委宣传部、省法制宣传教育工作领导小组办公室、省司法厅表彰为2011—2015年全省普法工作先进个人。

唐　军　男，1969年1月出生，江苏阜宁人，中共党员，本科学历，江苏省烟草公司盐城市公司卷烟营销中心客

户服务部副主任。唐军从事客户服务工作18年，走访服务客户3万户次以上，从未出现客户不满意的投诉；参与现场处理和突发事件50次以上，有效化解各类矛盾。2016年1月，被省质量管理协会、省总工会、省妇女联合会表彰为江苏省用户满意服务之星。

陈丽丽　女，汉族，1983年3月出生，江苏响水人，本科学历，响水县烟草专卖局（分公司）办公室计算机与资产管理员。陈丽丽在担任法规员岗位期间，落实好党组中心组集体学法、领导干部法制讲座等制度，开展“法治烟草大讲堂”活动，组织普法宣传活动，充分利用主题宣传日，广泛开展普法宣传活动，全面推进法治烟草建设进程。2016年8月，被省委宣传部、省法制宣传教育工作领导小组办公室、省司法厅评为2011—2015年全省普法工作先进个人。

第三节　享受国务院政府特殊津贴人员

向建华　男，1966年2月出生，江苏盐城人，博士研究生学历，江苏丰东热技术股份有限公司董事长、高级工程师。向建华主持完成科技部中小企业技术创新基金项目“预抽真空系列热处理设备的研发”、财政部国债项目“智能热处理设备产业化”、工信部二化深度融合项目“智能热处理生产线远程监控平台体系建设”、省重大成果转化项目“智能真空热处理设备的研发及产业化”等项目；主持中国工程院重点咨询研究项目“中国热处理及表面改性技术路线图”中的“中国热处理装备产业技术发展路线图”和“中国热处理加工产业技术发展路线图”2课题的调研及起草工作；主持实施工信部2015年首批智能重大专项“智能化无人热处理工厂”项目、省科技厅重点成果转化项目“全新一代等离子渗氮设备的研发及产业化”和省经信委“热处理工艺网络远程服务系统建设”等项目；主持起草9项热处理行业国家标准、4项行业标准；获得3项发明专利、2项实用新型专利；发表各类论文40余篇。先后获得“国家科技部火炬计划先进个人”“全国标准化工作先进个人”“振兴苏北发展先进个人”等称号及国家科技进步二等奖、江苏省科学技术二等奖等表彰。2016年2月，获国务院政府特殊津贴。

秦光蔚　2016年2月，获国务院政府特殊津贴。（参见第388页同名条目）

李建军　男，1982年8月出生，江苏盐城人，本科学历，江苏盐城技师学院高级技师、一级实习指导教师。李建军曾获“盐城市突出贡献高级技师”“省学科带头人”“江苏省青年岗位能手”“江苏省技术能手”“全国青年岗位能手”“全国技术能手”“全国优秀共青团员”等称号。他多次指导学生在省、国家级技能大赛中获奖，多次担任省级、国家级技能竞赛裁判工作，编写出版多本教材，多篇科研论文获奖。2013年、2015年作为第42、43届世界技能大赛电气装置项目中国集训队教练，被人社部通报表扬。2016年2月，获国务院政府特殊津贴。

第四节　逝世人物

陆　逵　男，1924年3月出生，江苏建湖人，1944年4月加入中国共产党。1944年3月参加工作。1944年3月任建阳县三区丁渡乡副乡长；1945年1月起任建阳县三区丁渡乡党支部书记、区委干事、冈西区区委委员、区农联会主任，县农会组织部部长、副县长；1949年3月任建湖（阳）县县长；1953年1月任射阳县委书记；1955年11月起先后任盐城地委委员、盐城地委农业生产互助合作部副部长，射阳县委书记，地委常委、地区科委主任，地委常委、地委农工部部长；1968年3月任盐城地区革委会副主任；1977年6月任地委副书记、行署副专员；1982年8月当选中共十二大代表；1983年3月任盐城市委常委、市人大常委会主任、党组书记；1988年1月离职；1990年12月离休。2009年9月，经中组部批准享受副省长级医疗待遇。早年加入村农民抗日救国会、青年救国会，投身革命事业；新中国成立前，担任县乡领导干部，带领干部群众推动土改工作，做好支前工作，参与对敌军事斗争；新中国成立后，带领广大人民群众投身社会主义革命和建设事业，为振兴地方经济，改善人民生活，付出心血。一生担任过多个重要岗位领导职务，在不同岗位上完成党交给的工作任务，为党的事业做出贡献。离休后，一直关心全市经济社会发展，特别是关心下一代工作，担任市关工委主任，发挥余热。

2016年8月11日6时35分，因病医治无效在盐城逝世，享年92周岁。

第50章 人物名录

责任编辑 潘其锐

第一节 新闻人物

2016年,盐城市大力培育和践行社会主义核心价值观,注重实践养成,汇聚精神力量,全市上下持续涌现出一大批身边好人和先进典型。有慷慨解囊、圆老农旅游梦的企业家孙环江,守信如玉、替子还债的郭夕祥,不顾年迈体弱、毅然跳入水塘救人的孙志秀等13名好人代表入选“中国好人榜”。另有21名好人代表入选“江苏好人榜”,63名好人代表入选“盐城好人榜”。好人事迹诠释丰富了新四军“铁军精神”、老区精神的时代内涵,“厚德盐城”成为盐城道德品牌。截至2016年底,盐城好人馆累计接待参观人次超过6万人。好人馆成为凝聚道德力量,传播社会正能量的新阵地。

一、中国好人

敬业奉献 周守伟

助人为乐 王 剑 韩正海 乐绍琪

诚实守信 蔡必沛 郭夕祥

见义勇为 陈红明 高成奎 李玉红 孙志秀

孝老爱亲 孙环江 崔卫香 陈清花

二、江苏好人

敬业奉献 李 飞 乐绍琪 刘 婵

助人为乐 王 剑 吉 旺 丁德勤

诚实守信 郭夕祥 韩正海 王高云 邓 敏

见义勇为 陈红明 高成奎 李玉红 孙志秀 李进勇 王永忠

孝老爱亲 董少成 周守伟 崔卫香 申道山 陈清花

三、盐城好人

敬业奉献 陈 业 李 飞 何 杭 周 俊 高成奎 陈红明 李玉红 李进勇 吉 峰 王立新 仇爱民 季发农 徐罗康 游其祥 梁加琪 冯普晴 金年华 单保荣 唐生国 王体苏

助人为乐 刘必云 陶福岗 叶为孝 钱凤选 施玉华 范美英 付 强 董 兵 陈铁达 卢秀英 孙宏武 何颜军 王宗茂 丁国魁 张同祥

诚实守信 郭夕祥 朱达英 焦必章 李万顺 徐银霞 朱巧兄 中国邮政集团公司东台市廉贻支局员工

见义勇为 张 辉 顾明皓 孙志秀 王 丹 殷昌立 张 翔 单思源 张明仁 刘卫丰 杨志荣 殷子辉

孝老爱亲 韩步标 乐宜军 高昌凤 冯晓晴 李春梅 王海琴 唐生凤 徐晶晶 张爱芳 孙开秀

第二节 年度先进

2016年,全市上下深入贯彻中共十八大和十八届三中、四中、五中、六中全会精神,围绕“五位一体”总体布局和“四个全面”战略布局,在省委、省政府正确领导下,坚持稳中求进工作总基调,大力推进产业强市、生态立市、富民兴市,全面展开建设“强富美高”新盐城生动实践,奋力推动全面小康社会建设取得新成效,实现“十三五”发展的良好开局。全市多个部门、单位和个人被评为年度先进。(详见附录第431页考评内容)

附　录

□ 文献选编

□ 文件目录

□ 综合考评

□ 荣 誉 榜

□ 出版书目

□ 媒体报道

附　　录

责任编辑　潘其锐

文献选编

产业强市　生态立市　富民兴市
为全面建成小康社会而努力奋斗

（2016年9月26日）

王荣平

过去五年主要成绩和基本经验

市第六次党代会以来，我们以习近平总书记系列重要讲话精神为根本遵循，坚决落实省委决策部署，团结带领全市广大党员和干部群众，全面展开“建设新盐城、发展上台阶”生动实践，顺利完成第六次党代会确定的主要目标任务，创业开放生态幸福厚德的美丽盐城建设深入推进，全面建设小康社会迈出坚实步伐。

过去的五年，是盐城积能蓄势、发展加快、实力增强的五年，是社会和谐、民生改善、形象提升的五年，也是各级党组织团结带领人民群众励精图治、锐意进取、奋发有为的五年。

经济综合实力明显增强。全市地区生产总值去年突破4200亿元，一般公共预算收入突破470亿元。工业开票销售收入增幅保持全省前列，战略性新兴产业年均增速超过20%，服务业增加值占比年均提高1个百分点，粮食生产实现“十二连增”，农业现代化进程综合得分苏北第一。

改革开放取得重大进展。国家可持续发展实验区综合配套改革方案启动实施，国资国企改革有序推进，联耕联种新模式向全国推广。盐城港建成万吨级码头19个，“一港四区”跻身全国沿海亿吨大港行列，高铁项目加快推进。重点园区布局全面展开，中韩盐城产业园作为两国层面的产业合作平台成功获批，建成综合保税区，盐城高新区创成国家高新区，合作共建园区加快建设，沿海地区成为活力最强、增长最快的重要经济板块。

城乡面貌发生显著变化。中心城市空间不断拓展，大丰撤市建区融入大市区，县（市）城、重点中心镇和新型农村社区基础设施建设力度加大，城市品质大幅提升。常住人口城镇化率提高7.6个百分点。城乡“六个一体化”扎实推进，建成一批各具特色的新镇区、新社区、新村庄。新增绿化造林面积100万亩，生态效益指数全省第一，空气质量保持全省最好、全国前列，创成国家园林城市、国家卫生城市、全国绿化模范城市。

民生福祉实现持续提升。市级公共财政支出80%以上用于民生保障，百件民生实事顺利推进，各项社会事业全面进步。就业、社保、教育、医疗、住房、扶贫、饮水等一批突出问题加快解决，城乡居民人均可支配收入年均分别增长10.7%、12.5%，居民收入超全国平均水平。经济薄弱村全部实现新“八有”目标，52万低收入人口如期脱贫，精准扶贫做法得到中央肯定。社会治理持续加强，被表彰为全国社会管理综合治理优秀市。成功抗击“6·23”特大龙卷风冰雹灾害，灾后重建工作有序展开。

党的建设得到全面加强。扎实开展党的群众路线教育实践活动、“三严三实”专题教育和“两学一做”学习教育，干部队伍建设取得新成效。重抓固本强基，实施“强村富民行动计划”，党的基层基础得到巩固和加强。大力培育和践行社会主义核心价值观，社会文明建设取得丰硕成果。深入推进反腐倡廉建设和作风建设，严格执行中央和省委关于作风建设各项规定，党风政风焕发新气象。积极推进民主政治建设，人大、政协工作显著加强，法治盐城建设稳步推进，荣获江苏省法治城市创建工作先进单位。国防动员和后备力量建设进一步加强，荣获全国双拥模范城市“五连冠”。群团组织的作用得到更好发挥，爱国统一战线日益壮大。

回顾过去的工作，我们深刻体会到：

——只有始终坚持贯彻落实中央精神和省委部署，才能顺时应势把握方向，找准科学发展之路。五年来，我们按照习近平总书记对江苏工作指示要求，主动适应新常态，科学统筹谋划，提出“三先”追求、“五大盐城”和“六大发展”，探索走出一条增长与转型、经济与生态、建设与民生良性互动的发展路径。实践证明，观大势才能识大局，识大局才能谋大事。我们要坚决落实中央大政方针和省委决策部署，把新发展理念作为引领未来发展的理论指南和实践向导，紧密结合市情实际，调整完善思路举措，创造性开展工作。

——*只有始终坚持以人民为中心的发展思想，才能凝聚民心民智，形成发展合力。*五年来，我们以改善民生为第一取向，努力实现好、维护好、发展好广大人民群众的根本利益，真心实意为人民群众办实事、办好事，城乡居民生活水平年年都有新提升。实践证明，民生连着民心，民心凝聚民力。我们必须始终牢固树立以人民为中心的发展思想，切实保障和改善民生，凝万众之心，聚全民之力，把我们的事业不断推向前进。

——*只有始终坚持改革开放，才能抢占发展先机，拓展发展空间。*五年来，我们坚持以改革开放促发展、持之以恒抓创新，深入推进重点领域和关键环节改革，着力构建有利于发展的体制机制，营造有利于发展的投资环境，全方位、多层次、宽领域的对外开放格局基本形成。实践证明，唯有改革，才有活力；唯有开放，才有出路。我们必须始终坚持改革开放不懈怠，深化改革增强活力，深度开放汇聚外力，为发展注入蓬勃生机和强劲动力。

——*只有始终坚持党要管党从严治党，才能锻造坚强领导核心，提供坚强组织保障。*五年来，我们坚持不懈强化党的观念、党性观念和政治意识，重抓党风廉政建设和反腐败工作，加强干部队伍建设，全市党员干部焕发出干事创业激情，呈现出饱满精神状态。实践证明，事业兴旺，核心在党。我们必须始终坚持党的领导不动摇，以改革创新的精神加强和改进党的建设，全面推进从严治党，团结带领全市人民不断开创各项工作新局面。

奋斗充满艰辛，成绩来之不易。这是坚决贯彻落实中央大政方针和省委决策部署的结果，是历届市委、各级党组织接续奋斗的结果，是全市人民团结拼搏的结果。在此，我代表中共盐城市委，向全市广大党员和干部群众，向离退休老同志，向各民主党派、各人民团体、各界人士和海内外朋友，向驻盐部队、武警官兵，向所有为盐城改革发展稳定做出贡献的同志们、朋友们，致以崇高的敬意和衷心的感谢！

今后五年工作的指导思想和奋斗目标

今后五年，是盐城全面建成小康社会的决胜期，是新型工业化城镇化的加速期，是沿海开放开发的战略机遇期。这一时期，外部宏观环境显著变化，盐城内在发展条件深刻改变，由此必然带来发展思路和战略布局的调整优化。要清醒认识到复杂宏观形势下面临的诸多挑战。世界经济深度调整，中国经济步入新常态，区域竞争日趋激烈，发展面临更多挑战和更高要求。全面建成小康社会任务艰巨，人均地区生产总值低，补齐经济短板要求我们必须加快发展；三次产业结构不合理，补齐结构短板要求我们必须加快转型；城乡居民收入低，补齐民生短板要求我们必须坚持民生导向。要积极抢抓新一轮科技革命和产业变革带来的发展机遇。世界多极化、经济全球化、社会信息化深入发展，新技术、新业态、新模式、新产业层出不穷，与我市转变经济发展方式、推动产业升级交汇融合，为同步参与新一轮全球科技创新和结构调整，建设产业强市提供了重要契机。要深度挖掘国家战略叠加蕴藏的巨大潜力。“一带一路”、长江经济带、长三角城市群和沿海发展等国家战略与我市土地、海洋、滩涂、人文、生态等五大资源相叠加，更加有利于发挥平台、产业、交通、人力、环境等五大优势。加快打基础强筋骨，要求我们“慢不得”；更加注重发展的环境和质量，要求我们“急不得”。我们要始终保持务实理性的头脑，深刻认识并准确把握未来发展的变化，有效应对各类风险挑战，不断开拓盐城发展新境界。

今后五年工作的指导思想是：高举中国特色社会主义伟大旗帜，以邓小平理论、“三个代表”重要思想、科学发展观为指导，深入贯彻习近平总书记系列重要讲话精神，全面落实省委决策部署，紧紧围绕“四个全面”战略布局，始终坚持以经济建设为中心，大力践行创新、协调、绿色、开放、共享的新发展理念，积极适应和引领经济发展新常态，聚焦产业强市，坚持生态立市，着力富民兴市，统筹推进经济、政治、文化、社会、生态文明和党的建设，确保如期全面建成小康社会，努力建设经济强、百姓富、环境美、社会文明程度高的新盐城。

今后五年盐城经济社会发展的主要目标是：

*经济发展更加强劲。*经济保持中高速增长，地区生产总值年均增长10%左右，一般公共预算收入与地区生产总值同步增长。产业迈向中高端，现代产业体系基本形成，产业结构实现从“二三一”到“三二一”的历史性跨越，先进制造业和战略性新兴产业规模扩张，传统产业提质增效，服务业贡献率不断提高，农业现代化迈出坚实步伐。工业化和信息化深度融合，创新驱动发展成效显著，全要素生产率明显提高。

*人民生活更加幸福。*就业比较充分，居民收入较快增长，中等收入人口比重上升，确保到2020年，全市城乡居民收入在2010年基础上实现翻一番，年收入低于省定脱贫标准的低收入人口全部脱贫。覆盖城乡的社会保障体系全面建成，就业、教育、体育、医疗、住房等公共服务体系更加健全。精神文化生活更加丰富多彩，人民群众幸福感获得感显著增强。

*生态环境更加优美。*生态文明建设水平显著提升，资源利用效率不断提高，资源节约型、环境友好型社会建设成效明显。人居环境明显改善，人民群众对生态环境满意度持续提升，盐阜大地天更蓝、地更绿、水更清。

*城乡区域更加协调。*城市功能、配套水平、特色风貌、形象品位大幅提升，加快建成现代化、国际化、绿色化的沿海中心城市。新型城镇化和城乡发展一体化扎实推进，户籍人口城镇化率加快提高，城乡基础设施、公共服务差距不断缩小。

*社会文明更加进步。*公民思想道德素质、科学文化素质、健康素质明显提高，公共文化服务体系更加完善，文化事业文化产业繁荣发展。法治建设扎实推进，社会治理水平和公共安全感明显提升。党风、政风、社会风气进一步好转。

积极适应和引领经济发展新常态，就是要把新发展理念作为一个整体贯穿于发展全过程，与时俱进，开拓创新，使新发展理念真正起到“指挥棒”的作用。适应和引领经济发展新常态，最直接、最具体、最重要的体现就是全面建成小康社会。

全面小康的根基在于产业，产业强则盐城强。盐城发展不充分，实质上是产业发展不充分，突出表现在投资强度低、工业化程度低、创新发展水平低。我们用全省16%的土地面积和10.7%的人口，仅创造出全省6%的地区生产总值，工业投资强度仅为全省平均水平的一半，规模以上工业企业数仅占全省6.6%，高新技术产业产值仅占全省4%，万人有效发明专利拥有量远低于全省平均水平。全面建成小康社会，不走工业化道路不行，走传统工业化道路也不行。必须把产业发展作为重中之重，把创新作为引领发展的第一动力，摆在发展全局的核心位置，坚定不移走新型工业化道路。

全面小康的关键在于生态，生态优则盐城美。生态是盐城发展最重要的资源、最深厚的底蕴。盐城是国家可持续发展实验区，以湿地之都著称，但湿地生态环境脆弱，流域性污染和水质性缺水比较严重，尚未脱离传统增长依赖，资源环境约束依然趋紧。全面建成小康，生态要有担当。必须深入贯彻绿色发展理念，把良好生态作为立市之本、发展之道、惠民之要，加快建设富有盐城特色、彰显生态绿色的全面小康。

全面小康的核心在于富民，百姓富则盐城兴。居民收入问题是盐城全面建成小康社会的最大短板。全市城乡居民收入低于全省平均水平，省定脱贫标准下还有40多万低收入人口和因病、因灾致贫返贫的“支出型”贫困群体。这种状况不改变，全面小康就没有说服力，也得不到群众认可。必须坚持把人民对美好生活的向往作为我们的工作追求，政府有形之手、市场无形之手、群众勤劳之手同向发力，千方百计加快富民步伐，创造幸福美好生活。

产业强市，筑牢全面小康根基，是当务之急；生态立市，彰显全面小康特色，是时代召唤；富民兴市，建设更加实惠的全面小康，是民心所盼。聚焦产业，立足生态，着力富民，是今后五年的发展取向、工作导向、奋斗指向。全市上下要集中力量、集中资源，在这方面求大突破、见大成效，让全面小康的根基更加扎实，成果更加丰硕，群众更加认可。

决战致胜全面建成小康社会

到2020年全面建成小康社会，是我们向全市人民作出的庄严承诺，是盐阜人民的共同期盼。我们要始终坚持把发展作为第一要务，突出项目为要、产业为基，树立鲜明的发展导向、创新导向、民生导向，扎实推进全面小康社会建设。

1. 坚持创新和创业双创并重，培植产业发展新优势。产业兴，则百业旺。盐城未来发展的希望在于制造业升级壮大、在于实体经济繁荣发展、在于拥有一支富有活力和创造力的企业家队伍。要聚焦创新创业，大力推进大众创业、万众创新，加快培育和催生发展新动能，坚定不移走富有盐城特色的新型工业化道路。

增强科技创新驱动力。创新是新一轮发展的主引擎。要聚力创新、服务创新，加快建成国家创新型城市和知识产权示范城市。强化企业创新主体地位，大力推进工业化和信息化融合发展，对接省“一中心、一基地”建设，落实中国制造2025盐城行动计划，全面提升企业数字化、智能化水平。加快培育以高新技术企业为主体的创新型企业集群，实现高新技术企业发明专利申请全覆盖，形成一批拥有自主知识产权、市场竞争力强的高端产品和品牌。大力加强创新平台建设，实施创新载体培育工程，在重点企业、产业基地、产业园区集中建设一批产业研究院、重点实验室、企业研发中心，加快打造科技企业孵化器、大学科技园、众创集聚区等创新创业载体，完善南北共建、对口协作、产学研合作等机制，加快集聚优质创新要素。

增强园区载体吸引力。园区是产业发展、转型升级、扩大开放的主战场。要按照打造创新园区、开放园区、生态园区的目标，优化规划布局，提升综合承载力，实现资源集聚、项目集聚、产业集聚。提升园区功能配套，坚持产城融合，完善园区生活服务、生产配套等各类功能，建立健全研发设计、信息咨询、电子商务、资本运作等公共服务平台，使园区成为集聚优质要素的高地。推动园区提档升级，大力实施国家特色产业基地（园区）培育行动计划，集中力量打造一批产业高端、特色鲜明、集聚度高的龙头型园区。加快中韩盐城产业园、国家级经济技术开发区、国家高新区、综合保税区等省级以上重点载体建设，推动各类园区争创特色。创新园区发展机制，积极借鉴复制上海自贸区成功经验，更大力度推进简政放权，探索土地开发、投融资、招商引资、社区管理等方面的新机制新办法，形成制度集成优势。

增强实体经济支撑力。实体经济是强市之基、富民之源，是一个地区最持久的竞争力。要强化政策扶持，繁荣市场主体，以实体经济的发展，巩固壮大全市经济发展基础。充分激发市场主体活力，全面落实国家和省、市稳增长各项政策措施，扎实开展降本增效“暖企行动”，加大金融支持实体经济力度，切实增强企业盈利能力和发展活力。持续优化发展环境，当好服务企业的“店小二”，加快培育一批主业突出、竞争力强、成长性高的“专精特新”企业和“小巨人”企业，形成各类主体竞相发展的生动局面。培育壮大创业经济，大力实施“创业盐城”行动计划，着力营造经营成本最低、审批流程最短、服务环境最优的创业环境。发挥“互联网+”聚众智、汇众力的乘数效应，推动创业向不同所有制延伸、向各行各业拓展，创建一批全民创业示范镇、示范村、示范户，加快形成百姓创家业、能人创企业的良好氛围。加强企业家队伍建设，践行“亲”“清”政商关系，切实关心、爱护和培养企业家队伍，大力实施企业家能力提升工程，引导广大企业家树立全球视野，科学制定企业发展目标和中长期发展规划，培育核心竞争力，提高战略应变能力，为企业长远发展奠定坚实基础。

增强支柱产业影响力。产业是经济繁荣发展的核心。要坚定不移地把新型工业化作为第一推动力，加快建设现代产业体系，推动产业向中高端攀升，打造有影响力和竞争力的产业标杆。推动新兴产业发展壮大，围绕打造产业链、创新链、价值链“三个链条”，强化要素、政策、服务“三个保障”，重点发展新能源汽车、节能环保、智能终端、高端装备与新材料等具有比较优势的新兴产业，尽快形成一批新的支柱产业和龙头企业。推进“智慧盐城”建设，依托大数据产业园加快云计算数据中心和各类大数据应用平台建设，建成国家级大数据产业基地和国家电子商务示范城市。加快传统产业改造升级，以调高调优调强为取向，运用高新技术、先进适用技术和现代信息技术，改造提升汽车、机械、纺织、化工和农产品加工等传统支柱产业，积极实施大企业大集团和品牌创建战略，促进传统产业高端化、品牌化、集群化发展。打造百万辆汽车整车、零部件和服务业全产业链，建设沿海汽车名城和国家新能源汽车产业基地。提高服务业发展质效，以产业转型升级需求为导向，以现代服务业集聚区为抓手，推动服务业发展提速、比重提高、质态提升。大力发展金融、科技、现代物流等生产性服务业，提升商贸、医疗教育、养老休闲等生活性服务业，加快建设全省重要的服务外包基地、东部沿海商贸物流中心城市。积极推动旅游文化产业发展，以生态旅游为重点、全域旅游为方向，打造特色鲜明的生态休闲旅游目的地城市。

增强现代农业竞争力。农业是全面建成小康社会的重要基础。要持续强农、惠农、富农，深入实施农业现代化和“接二连三”工程，推动农村一二三产融合发展，全力打造国家现代农业示范区，加快实现农业大市向农业强市跨越。积极转变农业发展方式，实施农业“大产业”战略布局，把产业链、价值链等发展理念和组织方式引入农业，大力发展高效设施农业。开展粮食绿色增产转型调整行动、高效设施农业提质增效行动和现代渔业转型升级行动，加快建设现代农业（渔业）示范带，不断提升现代农业园区建设水平，加快推进休闲观光农业、生态循环农业发展，全面提高农业附加值。着力培育新型经营主体，积极发展家庭农场、专业合作社、农业龙头企业等新型经营主体，扎实推进农业适度规模经营。积极实施“互联网+”现代农业行动，推广“一村一品一店”模式，引领农业转型升级特色发展。强化农业发展保障支撑，积极推进高标准农田建设，加快农业机械化步伐，加强农田水利等农业基础设施建设，健全农业社会化服务体系、现代农业科技创新推广体系，建成长三角优质安全农产品基地。

2. 坚持对内与对外双向开放，打造沿海崛起新引擎。盐城未来发展最大的潜力和空间在开放。要紧紧抓住国家战略叠加机遇，坚持“引进来”与“走出去”并重、引资与引智并举，敞开大门搞建设，全方位推进沿海开放开发，发展更高层次的开放型经济，争创盐城开放的优势和特色。

构建全方位开放格局。主动融入“一带一路”国家战略布局，扩大与欧美和新兴经济体国家合作，不断拓展对外开放空间。深化对韩合作，努力打造中韩产业合作示范区和长三角地区对韩开放的重要国际门户。深化与港澳台经济合作，打造台资新高地。加大与上海、苏南、深圳等发达地区合作力度，加快打造长三角区域产业合作示范区。加强与央企合作，争取国家重大产业布局，吸引更多国际国内领军企业投资落户。

完善现代综合交通体系。对外交通不畅，仍然是盐城对内对外开放最大的瓶颈制约。要积极构建以高铁、海港、空港为标志的立体化综合运输大通道，打造海陆空全要素现代化综合交通体系，以交通现代化支撑全面小康社会建设。加快构筑纵贯南北、横贯东西、内联外通的“5+1”高速铁路网，建成通往上海方向的盐通高铁，通往北京、西安方向的盐徐高铁，通往南京方向的盐淮扬镇高铁，通往杭州方向的盐泰锡常宜高铁、盐通苏嘉高铁，通往青岛方向的盐连快铁，确保建设高铁客运专线200千米以上，客货共线100千米以上，加快迈入“高铁时代”。按照零距离换乘、无缝化衔接要求，集高铁、公路、民航、城市交通于一体，打造现代化综合客运枢纽。开工建设盐宁高速公路、阜建高速公路南接北延工程，通港高速公路建成通车，推进大丰港铁路支线建设。加快南洋机场新航站楼建设，积极发展通用航空。加快大丰港主港区建设，统筹“一港四区”发展，提升港口综合能级，打造以10万吨级以上泊位为龙头、5万吨级以上泊位为主体的东部沿海重要枢纽港。

提升开放型经济水平。瞄准世界500强和国内一流企业，充分运用港口岸线、盐田建设用地、合作共建园区等独特资源，加快招引重大项目，优化临海高等级公路沿线产业形态和空间布局，加快建设国家海洋经济创新发展示范区，推动形成沿海产业带、城镇带、风光带，打造黄金海岸经济带。加强专业化招商队伍建设，提高招商效率与效益，突出产业项目招商，坚持一二三产并重，着力提升利用外资水平。优化出口结构，创新贸易方式，扩大高新技术企业、农产品加工企业出口份额，加快装备制造、纺织等行业“走出去”，推进跨境电子商务试点，培植对外贸易新增长点。抓住长江经济带先进制造业产业转移和创新发展的契机，充分利用深水大港、空间资源等优势，创造承接条件，吸引更多战略投资者参与沿海开发，打造江苏滨海新区。

3. 坚持城市与农村统筹发展，构建城乡融合新格局。以提高城市影响力和辐射力为方向，以宜居宜业为目标，推动新型城镇化和新农村建设双轮驱动、互动并进，打造长三角世界级城市群北翼门户和淮河生态经济带出海门户。

着力优化城镇空间布局。谋划城市发展，要用开阔的视野，强化与沿海经济带、长江经济带、淮海经济区建设的紧密联系，顺应城市发展规律，统筹中心城市、县城和重点镇规划建设，推动大中小城市互动发展，构建大中小城市和各类城镇协调发展的城镇体系。按照“精明增长”“紧凑城市”理念，划定城市边界，优化城市结构，加快推进盐丰一体化发展。积极推进“多规合一”，提升城市设计水平，为城市发展提供科学引领。

加快提升中心城市内涵。围绕生态人文、宜居宜业要求，进一步丰富发展内涵，拓展发展空间，着力打造现代化、国际化、绿色化沿海中心城市。坚持组团式发展，着力建设大洋湾生态组团、先锋生态组团、斗龙港生态组团、范公堤高铁综合枢纽组团、小新河以南新型复合功能组团等“五大组团”，统筹布局完善教育、医疗、文化、体育等公共服务设施建设，全面提升中心城市首位度、集聚度。推动房地产市场健康持续发展，大力推进棚户区、城中村改造，改善老城区人居环境。完善城市快速路网和支线路网,加快推进城市道路、停车场、滨水步道、公共交通和安全保障等配套设施建设。改善城市水环境,建设水上游览线。加快市政管网等地下基础设施改造与建设,推动海绵城市建设。提升城市综合管理水平,加大城市绿化建设力度,争创国家森林城市、国际花园城市和"联合国人居奖"。

全力提高城乡一体化水平。以国家新型城镇化综合试点为抓手,加强城乡基础设施建设,推动水电路气等各类基础设施城乡联网、共建共享,努力提高"六个一体化"水平。有序推进农业转移人口市民化,加快提高户籍人口城镇化率。实施特色小镇培育计划,高起点规划、高水平建设,打造一批产业发展"特而强"、功能叠加"聚而合"、建设形态"精而美"、制度供给"活而新"的特色小镇。繁荣壮大镇村经济,因地制宜、分类施策,将13个全国重点镇和30个重点中心镇培育成工业强镇、商贸重镇或旅游名镇。加强农村基础设施和公共服务能力建设,全面完成农村公路提档升级5600千米以上,改造农村危桥3600座以上。深化农村环境综合整治,推动新型农村社区建设,有序引导农民集中居住,培育一批规模适度、设施配套、环境优美的新型农村社区。

4. 坚持发展与生态互动双赢,彰显绿色宜居新形象。生态环境没有替代品,用之不觉,失之难存。盐城是江苏生态资源大市,也是沿海发展洼地,生态保护的任务比周边地区更加艰巨,加快发展的要求也比以往更加迫切。要秉持绿色发展理念,尊重自然、顺应自然、保护自然,打造让人民群众满意的绿色家园。

大力推动低碳循环发展。实施绿色制造行动计划,开发利用绿色能源,加快构建绿色产业体系。提高项目准入门槛,凡排放不达标一律不引、环评未通过一律不建、影响和破坏生态一律不要,对有毒有害高污染企业坚决关停取缔。扎实开展工业企业污染、畜禽养殖污染等专项整治行动,着力解决群众反映突出的环境问题。实施能源和水资源消耗、建设用地等总量和强度双控行动,建立健全资源高效利用制度,大力推进国家循环经济试点示范城市建设。

积极打造生态安全屏障。着力保护和治理好生态环境,努力建设江苏沿海乃至长三角重要的生态安全屏障。落实主体功能区规划,严守城市开发边界、耕地保护和生态保护三条红线,优化布局生产、生活、生态三类空间,推动形成人口、资源和环境相协调的国土空间格局。科学划定海洋生态红线,实施海洋生态文明建设行动方案。推进沿海百万亩生态防护林工程,积极创建国家湿地公园、森林公园。依托珍禽和麋鹿两大保护区核心区,积极申报世界自然遗产,打响盐城生态品牌。

着力建设绿色美丽家园。实施蓝天行动计划,保持空气质量江苏最好、全国前列。实施碧水行动计划,开展城乡河道集中整治行动,实现城镇生活污水、垃圾处理设施全覆盖和稳定运行。实施绿地行动计划,加大铁路、公路、河道沿线绿色景观廊道建设,打造森林城市、森林小镇和森林村庄,建成国家生态市。

5. 坚持经济与社会互促并进,共享和谐幸福新生活。百姓真实感受比数字指标更重要,要善于从百姓感受中发现问题、从百姓关切中找准工作着力点,切实做到补短板、保基本、兜底线,用百姓获得感、幸福感来检验、衡量各项工作成效。

促进民富,确保实现居民收入倍增。深入实施居民收入倍增计划,建立健全工资性收入正常增长机制,拓宽城乡居民收入增长渠道,实现居民收入与经济增长同步、劳动报酬与劳动生产率提高同步,逐步缩小收入差距。实施更加积极的就业政策,着力做好高校毕业生、下岗失业人员、被征地农民等群体就业工作。落实社会救助和保障标准与物价上涨挂钩机制,切实保障低收入群体基本生活。

纾解民困,全力推进精准扶贫脱贫。组织实施脱贫致富奔小康工程,健全精准扶贫机制,通过扶持产业就业、增加资产收益、兜住贫困底线,全力促进建档立卡低收入人口长效脱贫;盘活资产资源、化解村级债务、控减基层负担,着力推动经济薄弱村持续增收;加快渠北片区和阜宁渠南片区、射阳河南片区连片开发进程,推动特色产业发展、提升公共服务水平,不断改善经济薄弱地区生产生活条件。深入开展"牵手致富"、"三位一体"、工作队驻点等帮扶活动,动员全社会力量积极参与扶贫开发,努力构建党政主导、社会参与的大扶贫格局,确保到2020年实现贫困人口人均可支配收入增幅高于全市平均水平、贫困地区基本公共服务主要领域指标接近全市平均水平,"一人不少,一户不落"地如期实现脱贫目标。

改善民生,大力提升社会事业水平。坚持普惠性、保基本、均等化、可持续方向,增加公共服务供给,提高共建能力和共享水平。坚持教育优先发展,完善教育体系,促进教育公平,提高基础教育均衡发展水平,推动职业教育产教融合,全面实现省定教育现代化目标。整合资源,创办特色鲜明的应用型综合大学。加强对外合作,积极引进更多优质教育资源和医疗卫生资源。健全全民医疗保障体系,加强基层医疗卫生机构和乡村医生队伍建设,广泛开展全民健身运动,保障食品药品安全,推动"健康盐城"建设。建成新水源地及跨区域引水工程,让老百姓喝上优质水、放心水。完善住房保障制度,提高公积金覆盖率,实现城镇常住人口住房保障应保尽保,实施农村康居工程建设行动计划,大力推进农村危房改造。加快建设多层次社会保障体系,逐步提高保障标准。完善社会保险和救助体系,支持社会福利和慈善事业发展,积极应对人口老龄化,健全养老服务体系,全面实施残疾人小康工程,保障妇女和未成年人基本权益,让城乡居民人人享有更高水平的基本生活保障。全面完成灾后重建,确保受灾群众安居乐业。

汇聚民智,加快推进文化繁荣发展。积极培育和践行社会主义核心价值观,大力传承铁军精神,持续开展"美丽盐城人"活动,以身边好人凝聚强大正能量。全面推进文明城市、文明村镇、文明单位、文明社区、文明校园创建,不断提升市民文明素质和社会文明程度。坚持社会主义先进文化前进方向,加强主流媒体建设,推动传统媒体与新兴媒体深度融合。推进文明办网、文明上网,净化网络环境,构建网络舆情应急响应机制。大力发展文化产业,培育更多的文化市场主体。加快构建现代化公共文化服务体系，建设"书香盐城"。繁荣发展淮剧、杂技艺术，积极打造串场河文化集聚区，加强文化遗产保护，建设一批国家级省级"非遗"生产性保护示范基地，打造崇文厚德、开放包容的人文盐城。

推进全面深化改革和全面依法治市

认真落实中央和省委关于全面深化改革和法治建设的各项部署，坚持改革与法治双轮驱动、相互促进、协调发展，不断增强群众满意度和幸福感。

打好全面深化改革攻坚战。紧紧围绕发展不充分、工业化水平低这一市情实际，通过体制机制创新，把盐城的资源潜力释放出来、市场活力激发出来、发展优势创造出来。围绕发展，挖掘改革深度。坚持改革与发展深度融合，一体部署、一体推进、一体落实。落实好供给侧结构性改革"三去一降一补"五大任务，以改革推进结构性调整，推动产业转型升级。加快投融资体制改革，激发各方面扩大有效投资的活力和动力。深化科技体制改革，依靠市场激励调动科技人才创新创业的积极性，推动科技创新更好地为产业发展服务。发挥和利用好盐城国家可持续发展实验区综合改革平台作用，大力推进生态文明体制改革。坚持为民，体现改革温度。紧紧围绕增进民生福祉推进改革，完善促进社会公平正义的制度安排，切实做到改革富民、改革惠民。深化医药卫生综合改革，加大公立医院改革力度，鼓励社会资本办医，切实解决群众"看病难、看病贵"问题。深化教育体制改革，进一步优化教育布局。深化户籍制度改革，推动基本公共服务常住人口全覆盖。紧扣重点难点，突出改革精度。紧盯改革重要领域和关键环节，找准着力点，选好突破口。深化行政体制改革，继续深化"放管服"改革，最大限度减少政府对企业经营的干预，最大限度缩减政府审批范围，用行政权力减法换取市场活力加法。深化商事制度改革，推广"互联网＋"政务服务，营造活而有序的市场环境。创新监管机制和监管方式，推进综合执法和大数据监管，加强社会信用体系建设，运用市场、信用、法治等手段协同监管。分类推进国企改革，建立国有企业职业经理人制度，完善差异化薪酬和创新激励制度，以管资本为主，加强国有资产监管，提高国有资本配置和运营效率。支持非公有制经济发展，更好地激发非公有制经济活力和创造力。尊重基层群众首创精神，积极在农业农村、投融资等领域改革上先行先试，打造一批区域性改革品牌。重抓落实，加大改革力度。落实改革主体责任，重点抓好"一把手"责任落实，促使各级主要领导切实负起抓改革的责任。加强改革督察，做到"改革推进到哪里、督察就跟进到哪里"，确保改有所进、改有所成。

全面推进依法治市。深入推进科学立法、严格执法、公正司法、全民守法，深化法治盐城建设，全面提高法治化水平，争创全国法治建设先进市。加强民主政治建设。坚持党的领导、人民当家作主和依法治市有机统一，坚持人民代表大会制度和政治协商制度，支持人大行使依法监督、民主决策职权和政协履行政治协商、民主监督、参政议政职能。大力发展基层民主，建立健全民主议事、村务公开等各项民主管理制度，更好发挥社会组织作用。进一步完善党委领导、人大主导的地方立法机制，提高立法质量，不断加快民主政治建设法治化进程。打造法治政府。围绕2020年基本建成法治政府目标，突出法定、规范、高效、公开，健全依法决策机制，落实政府法律顾问制度，深入推进依法行政。推行综合执法，健全行政执法与刑事司法衔接机制，坚持严格、规范、公正、文明执法，最大限度规范自由裁量权。全面推进政务公开，努力实现行政权力公开透明运行。推动公正司法。积极稳妥推进司法体制改革，全面推进司法公开，加强人权司法保障。强化司法规范化建设，健全办案质量终身负责制和错案责任追究制。完善重大事项报告、政治建设述职、政治工作督查"三项制度"。创新社会治理。大力实施"七五"普法教育，着力培育全民法治信仰，坚持依法办事，提高社会治理法治化水平。落实信访工作责任制，完善矛盾纠纷多元化解机制，做到合理诉求解决到位、无理诉求思想教育到位、生活困难帮扶救助到位、违法行为依法处理。完善和落实安全生产责任考核机制和管理制度，实行党政同责、一岗双责、失职追责，严格落实企业主体责任，确保不发生重特大安全事故。深入推进平安盐城建设，创新升级立体化现代化社会治安防控体系，加强基层服务平台规范化建设，夯实法治盐城根基，办好法治为民实事，不断提升人民群众安全感。

坚持党要管党和全面从严治党

紧紧围绕协调推进"四个全面"战略布局，突出全面从严主基调，释放改革创新主动力，坚持党的思想、组织、作风、反腐倡廉和制度建设"五位一体"、协同推进，不断提升党的建设整体水平，讲政治，顺民意，抓大事，办实事，正风气，推动党员干部更好承担起全面建成小康社会的历史重任，不断把党的建设新的伟大工程推向前进。

1. 充分发挥党委（党组）领导核心作用，激发全面小康源动力。认真贯彻《中国共产党地方委员会工作条例》和《党组工作条例（试行）》，积极履行党章赋予的职责，突出把方向、管大局、作决策，有效实施党对各个领域的政治、思想和组织领导。进一步健全党委总揽全局、协调各方的领导体制和工作机制，完善党委全会、常委会、党组会议工作机制，严格执行民主集中制。加强对同级人大、政府、政协的领导，健全沟通协调机制；加强对法院和检察院的领导，支持"法、检"两院依法独立行使职权；注重发挥工会、共青团、妇联等群团组织的作用，巩固发展最广泛的爱国统一战线，全面落实党的知识分子、民族、宗教、侨务等政策，充分发挥民主党派、工商联和无党派人士、新阶层人士作用。坚持党管武装，加强国防动员、民兵预备役和双拥工作，积极推进军民融合发展，形成共建全面小康的强大合力。

2. 持续深化思想作风建设，提振干事创业精气神。针对少数干部信念不坚定、能力不适应、作风不扎实、干劲不充足等问题，突出思想理论建设，持续深入开展"两学一做"学习教育，打牢"学"的基础，补足精神之"钙"，切实增强政治意识、大局意识、核心意识、看齐意识，真正做到对党忠诚、为党分忧、为党担责、为党尽责。突出党性教育，丰富铁军精神时代内涵，更加注重对干部政治品质和道德品行的教育熏陶。加强和改进党委中心组学习，统筹发挥各类学习平台作用。坚持请进来与走出去相结合，切实加强产业发展、园区经济、生态环保、精准扶贫等方面的常态化培训，提升各级干部创新思维、专业素养和综合能力。突出作风建设，锲而不舍落实中央八项规定精神，大兴艰苦奋斗、求真务实之风，着力整治查处不作为、慢作为、乱作为和公款送礼、公款旅游、违规公款吃喝，领导干部借婚丧嫁娶、工作调动、升学乔迁之机敛财等不正之风。坚持一切从实际出发，树立正确政绩观，坚决反对浮夸，反对弄虚作假，不提不切实际的口号，不做花花哨哨的事、不做急功近利的事、不做劳民伤财的事，以实干树形象、聚民心，确保中央和省委的决策部署落地生根、开花结果。

3. 大力建设高素质干部人才队伍，建强改革发展主心骨。牢牢把握选人用人风向标，坚持德才兼备、以德为先，五湖四海、任人唯贤，事业为上、公道正派，让忠诚、干净、担当的人真正有机会，让想干事、会干事、干成事的人真正有地位，不让老实人吃亏，不让投机钻营者得利，提高选人用人公信度，坚决防止选人用人上的不正之风。优化领导班子配备和干部队伍结构，注重从基层一线培养选拔干部，拓宽社会优秀人才进入党政干部队伍渠道；更大力度培养选拔优秀年轻干部，同时选好用好各年龄段干部，统筹做好女干部、党外干部选配工作，认真做好离退休干部工作。完善政绩考核评价体系和奖惩机制，建立容错纠错机制，充分调动各级干部干事创业积极性、主动性和创造性。健全党管人才工作机制，构建科学化、市场化、社会化人才评价发现和激励保障机制。深入推进“515”人才引进行动计划，统筹推进各类人才队伍建设，发现、培养、集聚科技领军人才、企业家人才、社科人才和高技能人才队伍，实施更积极更开放更有效的人才引进政策，保障人才以知识、技能、管理等创新要素参与利益分配，强化对人才的物质和精神激励，以市场价值回报人才价值。

4. 切实推动基层组织全面进步全面过硬，配优服务群众领头人。强化基层党组织整体功能，充分发挥战斗堡垒作用和党员先锋模范作用。大力实施“双基双强行动”，抓好基层、夯实基础，强化政治引领、强化服务功能。落实党建工作责任制，统筹推进农村、社区、机关、国有企事业单位、“两新”组织等各领域党建，巩固扩大党的组织覆盖和工作覆盖。积极推进“党建＋脱贫攻坚”工程，循环整顿软弱后进基层党组织，持续深化服务型党组织创建，探索推进创业型党组织建设。强化村级后备干部培养，选优配强基层党组织带头人。巩固党代表任期制，深化党代会常任制试点，发挥闭会期间党代表经常性作用。

5. 深入推进反腐倡廉建设，构建风清气正好生态。当前，党风廉政建设和反腐败斗争形势依然严峻复杂，任务依然艰巨繁重，少数党员干部仍然我行我素、不收敛、不收手，腐败现象在一些领域还时有发生。要坚持无禁区、全覆盖、零容忍，严肃查处上有政策、下有对策，有令不行、有禁不止行为，严肃查处工程建设、征地拆迁、资金管理、选人用人等领域案件，严肃查处党员干部滥用职权、贪污受贿、失职渎职等案件，以铁的意志、铁的手腕，坚定不移反对腐败。坚持把纪律挺在前面，深入落实党风廉政建设“两个责任”，层层传导压力、以严肃问责推动责任落实。深入践行“四种形态”，贯彻惩前毖后、治病救人方针，对党员干部存在的苗头性、倾向性问题，早发现早提醒早纠正，努力实现惩处极少数、教育大多数的综合效果。切实强化权力制约监督，不断深化领导干部“510”警示教育工作，推动党员干部正确规范行使权力。深入开展巡察监督，加强对县（市、区）巡察工作的指导，推进专项巡察向基层延伸，实现巡察全覆盖。坚持严管厚爱，支持纪检监察机关深化“三转”，聚焦主业主责，着力打造一支忠诚于党、让人民放心的过硬队伍。

各位代表、同志们，成就伟业，唯有同心合力；全面小康，更需众志成城。全市各级党员干部要用坚强的党性保证团结，用共同的事业促进团结，最广泛、最充分地调动方方面面的积极性，团结带领全市人民上下拧成一股绳，内外汇成一股劲，干群结成一条心，凝聚起勇往直前、无往不胜的强大力量。

各位代表、同志们，伟大的事业激励我们奋力向前，美好的未来需要我们共同创造。让我们紧密团结在以习近平同志为总书记的党中央周围，在省委的坚强领导下，不忘初心、砥砺奋进，攻坚克难、开拓创新，奋力夺取全面建成小康社会的决定性胜利，以过硬的业绩谱写好“中国梦”的盐城篇章！

政府工作报告

（2017 年 2 月 16 日）

戴　源

工作回顾

本届政府履职期间，面对复杂的经济环境，我们在省委、省政府和市委的正确领导下，认真贯彻落实党的十八大和十八届三中四中五中六中全会精神，坚持稳中求进工作总基调，适应发展新常态，全面推进“建设新盐城、发展上台阶”，全力以赴稳增长、促改革、调结构、惠民生、防风险，较好完成了“十二五”规划确定的目标任务，实现“十三五”发展良好开局。

经济综合实力明显增强。全市地区生产总值跨越两个千亿元台阶，从 2011 年的 2771 亿元增加到 2016 年的 4576 亿元，年均增长 11.1%；人均地区生产总值跨越三个万元台阶，从 38222 元增加到 63277 元，年均增长 11.4%；一般公共预算收入年均增长 8.3%；固定资产投资年均增长 21%；社会消费品零售总额从 895 亿元增加到 1631 亿元，年均增长 12.8%，消费对经济增长的贡献份额达 48.6%。

转型升级取得积极进展。在经济总量持续增长的同时，三次产业结构由15∶47.1∶37.9调整为11.7∶44.8∶43.5。高效设施农业面积增量连续五年全省第一，农业现代化进程苏北第一。汽车、机械、农产品加工等传统产业开票销售达3766亿元。东风悦达起亚公司建成汽车第三工厂，2016年产销汽车突破65万辆。中汽中心盐城汽车试验场建成运营。新能源、节能环保等新兴产业产值年均增长20%以上，成为国家战略性新兴产业区域集聚发展试点城市、国家新能源示范城市、国家新型工业化基地。服务业增加值年均增长12.3%，建成8家省级现代服务业集聚区。高新技术产业产值年均增长27.4%，占工业总产值的比重提高到33.1%，获批国家创新型试点城市、国家知识产权试点城市。

沿海开发开放深入推进。港口建设取得新成效，盐城港"一港四区"建成21个万吨级以上码头泊位，大丰港区和滨海港区10万吨级深水航道建成通航，货物吞吐量连续五年实现千万吨级增长。临港产业加快集聚，新能源淡化海水、国电投协鑫煤电、中粮肉制品深加工、辉山乳业等重大项目相继落户，新能源发电全省领先，海上风电开发建设项目数和规模总量全国第一。港城建设展现新形象，建成一批商住、医院、学校、旅游等功能性配套设施，沿海地区正成为活力最强、增长最快的重要经济板块。平台载体建设取得新突破，中韩盐城产业园成为两国层面的产业合作平台，建成综合保税区，市开发区获批国家生态工业示范园区，盐城高新区获批国家高新区，新增3个省级高新区，与苏南、上海、深圳合作共建的17个园区健康发展，沪苏产业联动集聚区启动建设。五年累计新批外资项目1016个，外贸进出口总额年均增长8.7%。

城乡面貌发生显著变化。中心城市能级提升，以大城市定位纳入长三角城市群规划。大丰撤市建区，形成大市区一主一副、一体化发展新格局。主城区五年实施城建重点项目600多个，完成投资1400亿元，基本建成聚龙湖组团、科教城组团、高教组团，建成内环高架快速路网一期、二期工程，金融城、金鹰天地广场等一批城市功能项目投入使用。推进露水增绿工程，打通串场河两侧滨河道路，建成串场河景观带，市区绿化覆盖率达41.5%，创成国家园林城市、国家卫生城市、全国绿化模范城市。新型城镇化加快推进，启动5700千米农村公路提档升级三年行动计划，行政村全部通达客运班车，城乡区域供水基本实现全覆盖，全市常住人口城镇化率从54%提高到61.6%。东台市安丰镇被列为首批全国特色小镇。城乡环境综合整治和生态建设成效显著，市区完成54条骨干河道整治，建制镇污水处理设施覆盖率达95%，成为首批国家生态文明先行示范区。

改革创新激发动力活力。开展国家新型城镇化综合试点。农村土地承包经营权确权登记颁证工作有序推进，联耕联种新模式向全国推广。全市不动产统一登记交易实现市、县两级全覆盖。"放管服"和商事制度改革扎实推进，实行审批项目清单式管理和大厅集中办理、网上办理。大丰区成为全国相对集中行政许可权改革试点单位。"营改增"全面实施，加大财政金融改革创新力度，省市共同设立中韩产业发展基金，政府和社会资本合作成效明显。公立医院改革、机关事业单位养老保险制度改革有序展开。实施"515"人才引进计划，累计引进各类领军人才689名，县县创成省级创业型城市，市区创成省级创业型示范城市。

基础设施建设实现突破。完成交通基础设施建设投入493亿元。"5+1"高速铁路加快推进，盐徐高铁、盐连快铁和盐宁高铁联络线开工建设，盐通、盐泰锡常宜等高铁项目前期工作加快推进，市综合交通枢纽设计方案面向国际征集。阜建高速、盐丰高速建成通车，实现县县通高速目标。南洋机场T2航站楼完成主体施工，年旅客吞吐量突破百万人次。临海高等级公路全线贯通，大丰港疏港航道等一批"通江达海接运河"项目建成通航。完成川东港拓浚和港闸下迁工程，区域排涝减灾和防洪安全保障能力得到新提升。开通互联网国际通信专用通道，建成苏北第一条信息"高速公路"。完成电网建设投资232亿元，新能源消纳和电网可靠供应能力明显增强。

群众生活得到不断改善。实施民生幸福工程，每年兴办20件民生实事。坚持把就业作为民生之本，年均新增城镇就业8万人以上，城镇居民人均可支配收入达到30496元，年均增长9.8%，农村居民人均可支配收入达到17172元，年均增长11%。52万年收入4000元以下的低收入人口如期脱贫，精准扶贫举措得到中央肯定。社会保障水平不断提高，在全国率先建立医保关系异地转移接续机制，推行"四个不出村"服务模式，城乡居民养老保险工作受到国务院表彰。新建中小学、幼儿园170所，新建、改建校舍525万平方米，义务教育发展基本均衡县创建全部通过国家督导评估，义务教育集团化办学工作荣获"全国教育改革创新特别奖"。基本医疗保险、基本公共卫生服务、基本药物制度实现全覆盖，家庭医生签约服务试点工作入选"全国医改十大创新举措"。市三院建成"三甲"医院。实施镇村医疗卫生机构基础设施标准化建设三年行动计划，完成123个基层卫生院、1606个村卫生室基础设施标准化项目。建成了一批文化场馆，创作了一批群众喜闻乐见的文艺精品，淮剧《小镇》荣获国家文华大奖。全市城市社区建成"10分钟体育健身圈"，建成健身步道（自行车道）总长度674千米，完成1802个行政村"村村有体育健身工程"提档升级。完善社会救助体系，率先成立市级社会救助中心，成为全国"救急难"综合试点城市，连续五次获得全国无偿献血先进城市称号。农村敬老院改造全部达到省定"三有三能六达标"标准。获得地方立法权，法治盐城、平安盐城建设深入推进，被表彰为全国社会管理综合治理优秀市。

政府自身建设持续加强。扎实开展群众路线教育实践活动、"三严三实"专题教育和"两学一做"学习教育，严格执行中央"八项规定"和省、市委"十项规定"，"四风"问题得到遏制，"三公"经费大幅下降。推进法治政府、廉洁政府和服务型政府建设，坚持依法决策、科学决策、民主决策，自觉接受市人大及其常委会、市政协以及各民主党派、工商联、社会团体、人民群众的监督，五年办理市人大代表建议915件、市政协委员提案1215件，对人民群众关注的热点问题通过"12345"市民热线等渠道及时给予回应。监察、审计、统计工作得到加强，民族宗教、档案、地方

志工作取得新进展，妇女、儿童、青少年、老龄、残疾人、红十字、慈善事业、外事、台侨工作取得新进步。国防动员、人民防空和兵员征集工作不断加强，实现全国双拥模范城“五连冠”。

各位代表，刚刚过去的2016年是“十三五”开局之年。我们按照市委的决策部署，围绕市七届人大六次会议确定的目标任务，统筹推进改革发展稳定各项工作，全市经济社会发展稳中有进、稳中向好，较好完成了年度目标任务。一是经济运行总体平稳。全年地区生产总值同比增长8.9%，规模以上工业增加值增长9.7%，一般公共预算收入完成市人大常委会批准调整方案确定的目标，9项主要经济指标增速高于全省平均水平，固定资产投资、服务业增加值、全口径工业开票销售收入等指标增幅位居全省前列。二是改革任务有效落实。扎实推进供给侧结构性改革，积极化解水泥、船舶等过剩产能，坚决打击非法产能。全市商品住宅库存去化周期9.1个月，比上年缩短10个月。新增直接融资381亿元，企业杠杆率有所降低，政府投融资平台资产负债率保持在合理水平。实施减税降费，降低企业成本60亿元。民生保障、公共服务等领域一批补短板项目加快推进。三是转型升级步伐加快。实施产业创新“十大工程”，“两区两城”创新高地建设成效显著，全市新增高新技术企业148家，累计达532家，新认定省级以上企业研发机构45家，清华大学第一个校外国家级实验室落户盐城。累计创成7家省级高端装备制造业特色及示范产业基地，数量位居全省第一。农业发展水平提升，调减低产低效粮田60.4万亩，新增高效设施农业面积16.3万亩，建成各类现代农业园区170个，实现镇级农业园区全覆盖。推进“接二连三”工程，全市农业龙头企业达1661家，农产品出口增长20.9%，9个镇、19个行政村被确定为省级电子商务示范镇、村，总量分别居全省第一位、第二位。四是生态建设力度加大。新增绿化造林面积8.8万亩，全省第一。空气优良天数285天，继续保持全省第一。大丰中华麋鹿园创成AAAAA级旅游景区，江苏黄海海滨国家森林公园、建湖九龙口国家湿地公园正式挂牌，盐都成为全国休闲农业和乡村旅游示范区。开展“两减六治三提升”专项行动，查处违法企业972家，关闭禁养区养殖场278个，一批环境突出问题得到整治。五是民生实事全面完成。20件为民办实事项目完成投资206.4亿元，比上年增长82.2%。新水源地及跨区域引水工程完成前期拆迁和先导段建设，盐龙湖水厂一期工程加快推进。棚户区改造超额完成年度任务，农村康居工程启动实施。大力引进“名校名师”“名院名医”，17所名校与我市合作办学，建成名院名医工作室44个。完成新一轮精准扶贫建档立卡工作，按年收入6000元新标准实现脱贫10.7万人，26个省定经济薄弱村年集体经营性收入达18万元以上。六是抗灾救灾取得全胜。全力抗击“6·23”特大龙卷风冰雹灾害，以最快速度抢救生命、安置群众、稳定秩序、恢复生产。875名伤员全部得到救治康复出院，39家受损企业6个月内全部复产，抗灾过程中没有发生一起次生灾害、没有发生一起医疗事故、没有发生一起重大负面舆情。灾后重建工作有序推进，20个灾后重建集中安置点已有19个主体封顶，受灾群众生产生活得到切实保障。

来之不易的成绩是全市上下开拓进取、共同奋斗的结果。在此，我谨代表市人民政府，向全市人民、驻盐部队指战员、武警官兵和公安民警，向各位人大代表、政协委员和离退休老同志、社会各界人士，向长期关心、支持盐城发展的海内外朋友，致以崇高的敬意和衷心的感谢！

在总结成绩的同时我们也清醒地看到，当前我市经济社会发展中还存在一些突出问题：产业基础不够厚实，企业创新能力不强，居民收入、企业利润、财政收入“三个口袋”不够充实；资源环境约束趋紧，流域性污染、农业面源污染以及水质性缺水比较严重；民生保障薄弱环节较多，基础设施亟待改善，公共服务资源配置仍不够均衡，扶贫攻坚任务艰巨；政府职能转变还不到位，工作效率不高，不作为、慢作为、庸懒散现象依然存在，干事担当的激励机制有待完善。对这些问题，我们将高度重视，在今后工作中认真加以解决。

今后五年主要目标和2017年工作安排

市第七次党代会确定了如期全面建成小康社会的奋斗目标，描绘了未来五年盐城发展的美好蓝图。书写中国梦盐城篇章，在盐阜大地实现第一个百年目标、开启第二个百年目标新征程的历史使命落在我们身上。全面建成小康社会，是今后五年工作的主旋律。聚焦产业、立足生态、着力富民，是今后五年的发展取向、工作导向和奋斗指向。我们必须清醒认识和准确把握外部环境、内在条件和阶段性要求的新变化，坚持发展第一要务，以强烈的使命感和责任感，不断开辟盐城发展新境界。

做好今后五年政府工作，要全面贯彻以习近平同志为核心的党中央治国理政新理念新思想新战略，认真落实省、市党代会精神和省委省政府以及市委的决策部署，以提高发展质量和效益为中心，以供给侧结构性改革为主线，坚持稳中求进工作总基调，聚力创新、聚焦富民，推进产业强市、生态立市、富民兴市，全面做好稳增长、促改革、调结构、惠民生、优生态、防风险各项工作，确保如期全面建成小康社会，努力建设经济强、百姓富、环境美、社会文明程度高的新盐城。

围绕市第七次党代会确定的奋斗目标，努力实现“三个新提升”：

——聚焦产业强市，经济发展质量实现新提升。经济保持中高速增长，产业迈向中高端，新型工业化、信息化、城镇化、农业现代化和绿色化协同推进，经济发展更多依靠创新驱动。先进制造业和战略性新兴产业规模扩张，传统产业提档升级，现代服务业加快发展，农业现代化水平稳步提升。地区生产总值突破7000亿元，综合经济实力再上新台阶，居民收入、企业利润、财政收入“三个口袋”更加充实。

——坚持生态立市，生态环境质量实现新提升。以改善环境质量为核心的生态文明建设融入全市经济、政治、文化、社会建设各方面和全过程。国家可持续发展实验区建设取得新成效，环境突出问题得到有效治理，源头管控能力不断增强，单位地区生产总值能耗、水耗持续下降，主要污染物排放总量持续削减，重要湿地、河湖水生态系统逐步恢复，数百万亩森林覆盖城乡，人居环境明显改善，盐阜大地天更蓝、地更绿、水更清、空气更清新。

——着力富民兴市，群众生活质量实现新提升。城乡居民收入增长与经济增长保持同步，劳动报酬增长和劳动生产率提高保持同步，居民收入在地区生产总值中的比重逐步提高，"十三五"期间城乡居民人均可支配收入分别达45000元、25000元。保持农村居民收入增幅高于城镇居民收入增幅，人均年收入6000元以下农村低收入人口全部脱贫。覆盖城乡的社会保障体系更加完善，保障水平不断提高，就业、教育、医疗、文化、体育、住房等公共服务体系更加健全，交通出行进入"高铁时代"，饮用水安全得到切实保障，人民群众获得感明显增强，全面小康的成效得到普遍认可。

各位代表，2017年是党的十九大召开之年，也是全面落实省、市党代会部署的开局之年。今年全市经济社会发展的主要预期目标是：地区生产总值增长8.5%，一般公共预算收入同口径增长达到5%的全省平均水平，固定资产投资增长11%，规模以上工业增加值增长9%，全社会研发投入占GDP比重达2.1%，城镇登记失业率控制在4%以内，完成节能减排和大气、水环境质量等各类约束性指标省定年度目标。

重点做好以下八个方面工作：

（一）大力推进转型升级，加快产业强市步伐

*推动新兴产业规模化。*培育壮大新能源、节能环保、大数据、智能终端、高端装备与新材料等战略性新兴产业，确保全年主营业务收入增长20%以上。推进100个新兴产业重点项目建设，着力构建"新能源+"全产业链，打造新能源及新能源装备制造产业基地，培育千亿级环保产业集群，加快建设国家级大数据产业基地，智能手机产销量突破1000万部。主攻高档数控机床、自动化生产线、智能农机装备，再创一批省级高端装备特色产业基地。

*改造提升传统产业。*全面落实中国制造2025盐城行动计划，推动汽车、机械、纺织、化工、农产品加工等行业制造装备升级和互联网化提升。组织开展大规模技术改造，推进500项投资超千万元技改项目，实施100项示范推广智能制造项目，工业技改投资增长9%。做强"一部车"，坚持百万辆整车目标不动摇，促进东风悦达起亚公司今年整车销售突破70万辆，加快发展新能源汽车，打造汽车整车、零部件、服务业"三个千亿"产业集群。以创建全国质量强市示范城市为抓手，评定政府质量奖，激励企业弘扬"工匠精神"，开发更多拳头产品。

*积极发展现代服务业。*实施服务业发展三年行动计划，推动31个市级以上服务业集聚区提档升级，推进50个服务业重点项目加快建设，促进金融服务、现代物流、汽车服务、科技服务等生产性服务业提档加速，生产性服务业增加值占服务业的比重达到41.5%。适应消费升级新趋势，大力发展电子商务、文化创意、旅游休闲、健康养老等新兴服务业，推动实体零售等传统商贸流通业创新转型。

*着力培育高新技术企业。*把培育高新技术企业作为聚力创新、产业强市的重要抓手，遴选300家科技型企业重点培养，全年新增高新技术企业130家以上。以增强企业自主创新能力、拥有自主知识产权和自主品牌为目标，主动对接大院大所和省"一中心一基地"建设，深入实施知识产权强企行动，新增授权专利8000件以上，新创国家级研发机构1—2家、省级研发机构30家以上。

（二）全力振兴实体经济，促进经济稳定增长

*扶持骨干企业加快发展。*实施大企业（集团）培育行动，推动100户大企业（集团）通过战略重组、股改上市等方式创新发展，新增15家企业完成股改、20家企业新三板挂牌。健全制度化的政企互动机制和市场化的银企对接机制，继续开展企业"争星创优"活动，对星级企业及企业家给予表彰奖励，优先给予财政扶持。鼓励银行、保险等金融机构加大对实体经济的支持力度，降低制造业企业融资成本，保持制造业信贷合理稳定增长。推进诚信盐城建设，积极营造企业良好发展环境。

*培植更多经济增长点。*持续扩大有效投资，扎实抓好"两重一实"项目建设，优化投资结构，提高投资效益。开展"产业项目推进年"活动，强化招商引资、招才引智，提高专业化招商水平，围绕建链、补链、强链，着力引进一批龙头型、基地型项目，加快培育一批具有爆发力和引领力的创新型增长点。发挥消费的基础作用，积极培育新型消费业态。增强出口拉动力，促进出口总量扩张、质量提升。

*全面落实供给侧结构性改革政策措施。*更大力度推动"三去一降一补"，坚决淘汰落后产能，严禁违法违规产能。盘活城市闲置和低效用地，促进产城融合和房地产市场平稳健康发展。加大股权融资力度，提高直接融资比例，推动地方融资平台转型发展，严防政府性债务风险。组织开展"降本增效"暖企行动，进一步降低企业税费负担、制度性交易成本、用能成本、物流成本，确保企业降本60亿元以上。围绕公共服务、基础设施、民生保障、生态建设等薄弱环节和重点领域，继续实施补短板专项工程，确保投资达650亿元以上。

（三）提升农业发展质效，促进农民持续增收

*加快调整农业结构。*深入推进农业供给侧结构性改革，调减低产低效粮田40万亩，新增立体复合经营30万亩、蔬菜园艺经济作物70万亩、设施农业15万亩；扎实推进沿海百万亩现代渔业产业带建设，着力打造3个10万亩规模渔业产业基地和5个现代渔业园区。大力发展"互联网+"现代农业，培育一批网络化、智能化、精细化的现代农业示范基地。大力实施农业"接二连三"工程，开展百家农业产业化龙头企业提升行动，培植一批规模龙头企业，积极发展外向农业，新增农产品"三品"品牌200个，力争农产品电商交易额突破100亿元。严防严管严控农产品安全风险，加强农业标准化生产，实现农药化肥用量减量化，建设10个农产品质量安全应急快速检测室。

*积极发展休闲农业和乡村旅游。*组织休闲观光农业"百点创建"行动，争创全国休闲农业与乡村旅游示范县1个，新创省级休闲观光农业示范村3个，新认定市级以上休

闲农业示范点20个。鼓励农民通过盘活农村闲置房屋、集体建设用地、林地、湿地等资源,建设精品民宿、自驾游营地等旅游设施。依托珍禽保护区、麋鹿保护区、大洋湾、大纵湖、金沙湖、九龙口、黄河故道等生态旅游资源,加快重点景区建设,高起点规划、高水平建设荷兰花海等一批富有盐城特色的旅游风情小镇,不断完善精品旅游线路,打造中国生态湿地特色旅游目的地。

深化农村各项改革。落实农村土地"三权分置",全面完成农村土地承包经营权确权登记颁证工作。大力培育家庭农场、农民合作社、农业龙头企业等新型农业经营主体和社会化服务组织,新发展市级以上示范家庭农场50家、培育市级以上农民合作社示范社300家,促进多种形式的适度规模经营。推进农村集体资产产权制度改革,建立"村强带民富"机制,切实保障农民集体收益分配权。全面深化供销社综合改革,发挥好供销社为农服务综合平台作用。

(四)推进沿海开发开放,不断拓展发展空间

构建现代化综合交通网络。加快构建包括高铁、高速、高架等多种运输方式无缝衔接的"一张网",强力推进"5+1"高速铁路建设,开工建设盐通高铁、市区综合交通枢纽,做好盐泰锡常宜高铁前期工作,完成盐城境内盐宁、盐徐高铁架梁铺轨50%以上,基本建成盐连快铁盐城段主体工程,积极争取纳入京沪高铁新干线规划。推进大丰港区15万吨级深水航道、滨海港区7个5—10万吨级码头泊位、射阳港区5万吨级航道和响水灌河口5万吨级航道整治等工程建设。积极推动淮河入海水道航道工程前期工作。南洋机场T2航站楼建成投运。全力争取规划建设盐宁高速,推动阜建高速南连北延,完成一批国省道干线公路建设年度任务。

加快建设临港新型产业基地。对接长江经济带产业转移和长三角城市群分工协作,推进黄金海岸经济带综合开发和港产城融合发展,争创国家海洋经济发展示范区。组织编制产业发展指导目录,明确各板块产业发展重点,优先发展清洁能源、新能源装备等特色产业,打造沿海先进制造业基地。推进港口物流、海洋生态旅游等产业加快发展,打造一批省级服务业集聚区。

扩大对内对外双向开放。主动融入"一带一路"布局,深化对韩务实合作,加强与欧美和新兴经济体国家经济交往,积极引进利用外资,力争新引进总投资3000万美元以上外资项目50个。与苏南、上海、深圳等发达地区加强区域协作,创建长三角区域产业合作示范区。

着力打造优势载体平台。坚持市本级重抓"两区两城"和中韩盐城产业园、滨海新区,县级重抓省级开发区,镇级重抓专业园区,推进园区特色化、差异化发展,增强要素集聚能力。积极争取上级支持,加快推进中韩盐城产业园一批重点项目建设。充分利用盐田资源,以"急不得"的定力和"慢不得"的进取心,加快建设淮河生态经济带重要门户,市县合力打造滨海新区,创造更好条件,吸引更多战略投资者。实施国家特色产业基地(园区)培育行动计划,争创一批高新技术产业基地、火炬计划产业基地。

(五)加强生态文明建设,塑造独特竞争优势

实施绿色制造行动计划。大力发展"生态+"经济,推动生产方式绿色化转型。严守生态保护、耕地保护、城市开发边界"三条红线",严把"产业导向、项目准入、节能减排"三个关口,提高准入门槛,强化源头管控,实行最严格的环境保护、水资源管理、节约用地和耕地保护制度,确保万元GDP能耗下降到0.49吨标煤、水资源消耗下降到108立方米,亿元GDP占用建设用地面积下降到833亩,自然湿地保护率提高到44%。

全面整治环境突出问题。认真抓好中央环保督察问题整改落实,全面推进"263"专项行动,坚决打赢治气、治水、治土三大攻坚战。实施新一轮化工行业专项整治,关停重组淘汰小化工企业30家以上。齐抓共管、合力推进空气质量提升工程,确保空气质量全省第一、全国前列。扎实抓好水环境整治、城乡垃圾整治,控制畜禽养殖、农业面源污染,全市地表水水质达到国家、省考核要求。开展城乡污水治理攻坚,推进市区和县城建成区黑臭水体治理,实施市区核心区64条(段)、84千米河道整治。

深入开展生态创建活动。推进大规模国土绿化,实施沿海百万亩生态防护林建设工程,为子孙后代再添"一片林",今年新增成片造林10万亩,改造提升成片林15.3万亩。新建完善城镇绿地2600公顷,推进铁路、公路、河道沿线绿色景观廊道建设,打造一批森林小镇和森林村庄。依托两个国家级自然保护区打造生态特区,加大国家湿地公园、国家森林公园创建力度,积极申报世界自然遗产,争创更具影响力的生态品牌。

创新生态文明体制机制。深入推进国家可持续发展实验区综合配套改革,加快建设国家生态文明建设示范市。认真落实河长制,完善市县镇村四级河长体系,健全工作机制,强化考核问责。实施环保机构监测监察执法垂直管理改革,全面推行排污权有偿使用和交易制度,开展自然资源统一登记试点,推进领导干部自然资源资产离任审计,加大环境违法行为查处力度,不断完善环境保护长效机制。

(六)坚持城乡一体建设,扎实推进新型城镇化

推进中心城市建设。按照"精明增长""紧凑城市"理念,坚持组团式发展,以人为本建设"一座城",重点推进小新河以南新型复合功能组团、范公堤高铁综合交通枢纽组团、大洋湾生态组团、先锋岛生态组团、斗龙港生态组团规划建设,打造一座智慧、人文、生态、宜居的江苏沿海现代化中心城市。充分挖掘"河、堤、湾、岛、港"的历史底蕴和生态资源,聘请一流规划单位,做优城市设计,推进"多规合一",以高水平规划引领各组团建设,年内启动实施一批基础设施、公共配套项目,完成投资63亿元。根据城市总体规划确定的重点向南向东发展方针,统筹推进通榆河西城中、城南、城西、城北四个片区开发,向小新河以南拓展新区,同时进一步完善通榆河东城市功能配套,促进产城融合、职住平衡。以改造提升建军路核心商圈为重点,有序推进棚户区、城中村成片改造,主城区完成棚户区改造3500户和9个老旧小区整治,不断改善老城区人居环境。

提升城市发展品质。优化产业、居住、休闲等功能和空间布局,完善教育、医疗、文化、体育等公共服务设施。实施

331省道东延等道路工程，开通S226省道东线公交，加快盐丰一体化。建设市区内环高架三期工程，推进人民路等主干道快速化改造，打通腾飞路，实施东进路东延、黄海路东延等项目，进一步完善市区道路系统。实施内环高架沿线绿化及景观带建设、串场河景观带二期工程，加强城市环境综合整治，加快静脉产业园建设，尽快启动垃圾发电厂搬迁。推进城市管理体制改革，开展生态园林城市、森林城市、海绵城市、智慧城市建设，积极发展绿色建筑，加强城市地下综合管廊、防洪工程、污水管网完善和雨污分流改造等基础设施建设，争创全国文明城市、国家森林城市、国际花园城市和联合国人居环境奖。

促进城乡区域协调发展。进一步优化城镇布局，完善“中心城市—县(市)城—重点中心镇—新型农村社区”四级城镇体系，促进联动发展，放大中心城市辐射带动效应。强化县城县域中心功能，加快产业发展，促进人口集聚。推进特色小镇建设，繁荣壮大镇村经济，将13个全国重点镇、3个省级重点镇和30个重点中心镇培育成工业强镇、商业重镇或旅游名镇。深入推进“美丽乡村”建设，新培育省、市级“美丽乡村”40个、“康居村庄”160个，创建新型农村示范社区30个。深入实施国家新型城镇化试点，创新户籍、土地、财政、住房等政策举措，落实农业转移人口市民化、投融资机制多元化、产城融合发展等重点任务。

（七）推动社会事业发展，优化公共服务供给

办好人民满意教育。围绕促进教育公平和提高办学质量，进一步优化教育布局，新建中小学、幼儿园60所以上，逐步解决部分学校班额规模过大问题，促进更多义务教育学校达到省定标准化办学要求。积极支持和规范民办教育发展，推进与名校合作办学，引进更多优质教育资源，提高办学质量。深化职业教育产教融合，支持职教联盟集团化办学和现代职业教育体系建设，支持在盐高校硕士学位授予点和重点学科建设，加快建设一流应用型大学。

打造“健康盐城”。推进医药卫生体制改革，加强分级诊疗制度和医联体建设，加快建立现代医院管理制度。推进市一院、城南医院一体化管理，实施市中医院、市妇幼保健院改扩建工程，完成34个基层卫生院标准化建设任务。加大医疗专家的培养与引进力度，深化对外合作办医，新增10个名医工作室，鼓励和支持基层医疗机构灵活运用多种方式招聘、留用重点岗位急需人才。加强计划生育服务管理，提高妇幼健康服务水平。广泛开展全民健身运动，主城区新建健身步道55千米，对50个社区75处体育设施提档升级。做好老龄、老干部和关心下一代工作，建立健全多层次社会化养老服务体系，关爱农村留守老人、留守妇女、留守儿童，切实保障妇女和未成年人权益。继续支持残疾人和慈善公益事业发展。

促进文化繁荣。积极培育和践行社会主义核心价值观，宣传“盐城好人”事迹，不断提升市民文明素质和社会文明程度。推进建设和改造提升一批文化重点项目，新建500个基层综合性文化服务中心，推动基本公共文化服务标准化、均等化。实施文化惠民工程，推进“书香盐城”建设。实施文艺精品创作工程，加强淮剧、杂技等专业院团建设，做好文化遗产传承保护工作。

（八）切实保障改善民生，着力推进富民兴市

多措并举促进居民增收。完善持续提高城乡居民收入水平的政策措施，推动富民增收与经济增长互促共进。大力推进创业富民，落实创业财税优惠政策，加大金融支持力度，鼓励返乡下乡人员创业。实施积极的就业政策，着力拓展就业空间，强化职业技能培训，新增城镇就业9万人。实施技能人才、新型职业农民、科研人员、高校毕业生等八类重点群体收入激励政策，激发重点群体活力，带动城乡居民增收。完善收入分配制度，健全职工工资正常增长机制，逐步提高最低工资标准。推进精准扶贫脱贫，完成14万建档立卡低收入人口脱贫任务，促进省定35个经济薄弱村年集体经营性收入达到18万元以上，更高水平实现新“八有”目标。

提高社会保障水平。整合城乡基本医疗保险制度，实施全民参保登记计划，推进基本医疗保险跨省异地就医联网结算，逐步提高离退休人员基本养老金水平、城乡居民基本养老保险基础养老金标准和基本医疗保险财政补贴标准。实施民生救助“三项保险”，推进各项救助制度衔接。逐步提升城乡低保、特困人员供养、孤儿养育标准，切实保障低收入群体基本生活。推进廉租住房和公共租赁住房统筹建设、并轨运行，大力实施货币化住房保障，解决困难群众基本住房需求。

继续办好民生实事。聚焦就业服务、社会保障、终身教育、医疗健康、生态环境、公众出行等公共服务体系建设，实施创业富民“四送”工程、市民“一卡通”工程等20件实事，完成投资93亿元，确保当年见效。市县联动抓好引水、治水、修路、建房，基本建成新水源地及跨区域引水工程，让惠及近500万人口的“一桶水”早日流向千家万户，确保完成农村公路提档升级工程、城乡河道综合整治工程和农村康居工程年度目标任务。加快推进“6·23”灾后重建工作，确保今年6月底前全部完成。

维护社会和谐稳定。深入开展“七五”普法，提高全民法治意识。创新社会治理，推进平安盐城、法治盐城建设。持续推进社区“减负增效”，实现镇及街道“政社互动”全覆盖。坚守生产安全和公共安全底线，完善社会矛盾排查预警和调处化解机制、突发事件应急处置联动机制，突出抓好危险化学品等重点领域安全生产专项整治，坚决防范重特大事故发生。加强食品药品专项整治和综合治理，升级立体化信息化社会治安防控体系，严厉打击各类违法犯罪行为。支持、服务国防和军队改革，推进军民融合深度发展，开展双拥共建活动，巩固和发展军政军民团结。

建设人民满意政府

如期实现全面建成小康社会目标，对政府自身建设提出了更高要求。新一届政府将牢固树立以人民为中心的发展思想，切实增强政治意识、大局意识、核心意识、看齐意识，严守政治纪律和政治规矩，提振干事创业精气神，努力建设人民满意的服务型政府。

致力改革创新，做好社会期待政府做的事。进一步转变政府职能，厘清政府与市场边界，充分发挥市场在资源配置中的决定性作用，激发市场主体活力。坚持“亲”的服务，坚守“清”的规则，构建健康政商关系和优良营商环境。加快建立以权责清单为核心的阳光高效审批体制，深入推进“放管服”改革，依法编制政府权力清单、部门责任清单、行政审批目录清单和事中事后监管清单，推进清单管理动态化、标准化、透明化。按照“一站式服务、一次性办成”的要求，推动全市“互联网＋政务服务”建设，促进实体大厅与网上平台线上线下融合，完善政务服务平台，让企业和群众少跑腿、不跑腿就能办成事。推进企业投资审批市县同权、扁平化管理，进一步优化审批流程。深化商事制度改革，推行工商注册便利化。着力营造创新环境，积极推进以科技创新为核心的全面创新，把政策、资金、人才、技术叠加在一起，为创新创业者提供更好的工作空间、网络空间和资源共享空间。

提升行政效能，做好政府自身应当做的事。谋定后动、分级负责，提高政府工作组织化程度，做到“党委有决策，政府就行动，落实见成效”。集中精力重抓“一张网、一桶水、一部车、一片林、一座城”，办好这些打基础利长远的大事。全力推进重大项目、重点工程和民生实事，明确各级各部门领导成员和各个板块、条线工作责任，建立“单月会办、分级会办，双月督查、分级督查”推进机制，确保项目建设进度。大力弘扬求真务实作风，说实话办实事求实效，进一步提高政府的执行力和公信力。建立五星级企业市长“服务直通车”、四星级企业县长“服务直通车”制度，确保向企业承诺的事马上就办、办好办成。开展“学先进、找差距，补短板、促发展”活动，引导各地各部门提高工作标准，提升专业水平，创造特色，打造亮点，争当全国全省典型示范。建立容错纠错机制，强化正向激励，激发担当精神，营造想干事、敢干事、干成事的浓厚氛围。

坚持依法行政，做好法律规定必须做的事。恪守法无授权不可为和法定职责必须为的原则，建设法治政府。推进政府工作人员尊法学法守法用法，增强运用法治思维和法治方式处理政府事务的能力，健全依法决策机制，落实重大行政决策法定程序和第三方评估制度，实现政府法律顾问制度全覆盖。积极推动城乡建设与管理、环境保护、历史文化保护等领域的地方立法，规范立法程序，提高立法质量。抓好政务公开和政府信息公开，推动各县（市、区）政府全面开展行政复议委员会试点工作。自觉接受人大及其常委会的法律监督和人民政协的民主监督，虚心接受社会和舆论的监督。执行问责条例，加大问责力度，坚决纠正乱作为、不作为、慢作为，切实规范行政行为。

加强廉政建设，坚决不做违反纪律规矩的事。严格执行中央“八项规定”、国务院“约法三章”和省、市委“十项规定”，紧盯老问题，关注新动向，坚决防止“四风”反弹回潮。严格落实厉行节约反对浪费制度规定，政府带头过“紧日子”，严控“三公”经费支出。落实政府系统党风廉政建设责任制，强化“一岗双责”，加快形成不敢腐、不能腐、不想腐的体制机制。加大行政监察和审计监督力度，加强对公共资金、公共资源交易、国有资产资本的监管，坚决查处腐败行为。坚定理想信念，弘扬铁军精神，着力打造一支政治坚定、业务精良、作风过硬、清正廉洁的高素质公务员队伍。

各位代表！做好今后五年以及今年的工作，任务艰巨，使命光荣。让我们紧密团结在以习近平同志为核心的党中央周围，在省委省政府和市委的坚强领导下，攻坚克难，砥砺前行，以推进全面小康社会建设的优异成绩，迎接党的十九大胜利召开。

2016 年绿色盐城建设工作意见

盐政发〔2016〕11 号　2016 年 1 月 25 日

2016 年是实施“十三五”规划的开局之年。为巩固创建全国绿化模范城市成果，全力打造“美丽盐城、生态家园”，现就 2016 年绿色盐城建设工作提出如下意见。

一、指导思想

深入贯彻落实党的十八届五中全会精神，牢固树立并切实贯彻创新、协调、绿色、开放、共享的发展理念，按照市委六届八次全会和市委工作会议部署要求，以增绿量、增景观、增效益为中心，以转方式、调结构、创品牌为重点，统筹推进城乡绿化美化，努力建设创业开放生态幸福厚德的美丽盐城。

二、目标任务

全市新增成片林 5 万亩，四旁植树 470 万株，林木覆盖率提升 0.2 个百分点以上；实施森林抚育面积 10 万亩；新建和完善公路景观通道 775 千米；新增和完善城镇绿地 1251 公顷；新建绿色村庄 90 个，新建和完善经济林果专业村 18 个。

三、重点工程

2016 年，全市以实施“双十”绿化重点工程（全市十大重点绿化工程，大市区十大城市绿化重点工程）为抓手，共 64 个项目，全面推进造林绿化项目化管理、工程化施工，不断提升全市城乡绿化建设水平。

（一）实施六大农村重点绿化工程

1. 绿美乡村建设工程。结合全市村庄环境综合整治、统筹城乡示范村和美丽乡村建设，按照省级绿化示范村建设标准，坚持因地制宜规划，一村一设计，一村一特色，大力推广乡土树种、珍贵树种在村庄绿化中的应用，建设和完善高标准农田林网，鼓励农户选择多品种、不同季相的林果花卉，开展家前屋后和庭院绿化，积极推进工程化施工，全面提高建设质量，着力培育一批绿化精品，彰显盐城地域特色。全市年内新建绿色村庄 90 个，全面打造农民宜居宜业新家园。

2. 沿海防护林建设工程。以构建沿海生态防护体系、提高生态防护能力为目标，大力推进沿海生态防护林建设工程。2016 年，全市各地要按照沿海防护林工程建设的标准要求，认真组织规划设计，按标准组织实施，年内建成沿海防护林 2.1 万亩。

3. 沿海万亩新林场建设工程。以构建沿海生态防护体系、提高防护能力为目标，加快推进沿海万亩新林场建设。2016 年，东台、大丰、射阳、滨海、响水五个沿海万亩新林场，新增造林面积 8500 亩以上。

4. 高效林业建设工程。继续推进高效林业专业村建设。各县（市、区）要按照因地制宜，科学规划，分年实施的原则，新建 1 个高效花卉苗木或经济林果专业村，对 2015 年建成的专业村继续培大做强，确保建设成效。着力打造废黄河故道地区经济林果产业带。阜宁、滨海、响水三县在黄河故道地区新增和更新经济林果面积 1 万亩。

5. 国家级森林公园创建工程。全面启动东台黄海国家级森林公园挂牌建设工作，力争 1 - 2 年按照规划全面建设到位。省级林海森林公园（大丰林场）2016 年要按照国家级森林公园建设标准，做好全面规划，加强配套基础设施建设，争取 2017 年组织申报。省级海滨森林公园（盐城林场）按照国家级森林公园建设标准完成规划设计，2016 年全面启动重建工作，力争 2019 年组织申报。同时，对华都森林公园进行完善提升，争取 2016 年申报国家专类公园；大洋湾生态运动公园重抓盐碱地治理和湿地近自然恢复，采用自然群落的方式梳理现有林木，丰富树木品种，争取 2016 年申报国家生态公园。

6. 国家级湿地公园创建工程。全面启动建湖县九龙口国家级湿地公园（试点）挂牌建设工作，力争通过 3—5 年的建设，正式建成国家级湿地公园。盐都大纵湖湿地在 2015 年建成省级湿地公园的基础上，2016 年提升规划，组织申报国家湿地公园，力争通过国家评审试点，挂牌建设。阜宁县金沙湖湿地按照国家湿地公园标准进行规划设计，力争 2017 年通过国家评审试点，挂牌建设。

（二）实施三大城镇重点绿化工程

1. 大市区“十大”绿化重点工程。以推进内环高架景观带建设等市区“十大工程”建设为重点，继续对市区骨干道路、重要节点、公园绿地进行全面增绿增景，塑造精品，推进城市花园、特色园林建设。

2. 城镇园林绿化工程。城镇园林绿化围绕“县城—重点中心镇—新型农村社区”城乡体系基本框架，县城以创建园林县城为抓手，结合园林城市建设指标，从县城园林绿化薄弱环节入手，均衡园林绿地布局，完善城市绿地配套功能，彰显地方特色；各镇区严格执行小城镇绿地系统规划，继续以“五个一”为载体，按照绿化覆盖率不低于 38% 的全面小康指标要求分类推进，国家重点镇 2 年内、省市重点镇 3 年内、其他集镇 4 年内达标。具体任务分解：国家重点镇 2016 年绿化覆盖率必须达到 35%，2017 年全面达标；省、市重点镇 2016 年绿化覆盖率必须达到 33%，2017 年达到 35%，2018 年全面达标；其他集镇 2016 年必须达到 31%，2017 年达到 33%，2018 年达到 35%，2019 年全面达标。各地要对照指标任务编排建设项目，全力组织推进，确保小康指标分年度完成。要因地制宜，科学利用水乡特色鲜明、田园风光优美等自然资源优势，打造特色，加快提升全市建制镇园林绿化水平。

3. 生态园区建设工程。沿海港区、各类开发区、园区的绿化，要着力强化环区生态防护景观林带、居住区周边公园绿地、重要道路、重要节点的绿化美化，全面提升生态防护和景观效果。

（三）实施绿色景观通道建设工程

按照四季见绿、季季有景的总体要求，对新建的全部重要道路要一步绿化到位，对已经建成的部分重要道路进行绿化提升。一是高速公路、铁路绿色通道建设工程。对新建的盐丰高速、阜建高速按照两侧各 2 排常绿树 + 高大乔木背景林的标准建设，及时组织实施，迅速增绿、增景。规划制定境内三条高铁生态廊道绿化方案。二是干线公路绿色通道建设工程。新建 S331 盐城西段盐都段、建湖段，233 省道 S231 至 G204 段，宁靖盐高速盐城西出口改造，共计 55 千米绿色通道。三是景观通道提升工程。重点对沈海、盐徐、盐靖高速两侧生态景观防护林进行绿化提升，更换、补植枯死苗木；对 S331 盐城东段、临海高等级公路等绿色通道进行查漏补缺，完善相对应树种，提高道路绿化景观效果。四是清水走廊绿化提升工程。结合水资源清洁和保护，对全市大中型河流二侧的绿化进行完善提升，丰富树木品种，年度完成新植和更新改造面积 2000 亩以上。

四、推进措施

（一）进一步加大宣传发动力度。造林绿化是生态文明建设的重要内容。各地、各有关部门要充分发挥电视、报纸、网站、视频等媒体的主渠道作用，加强对绿色盐城建设的宣传，不断增强全民绿化意识、生态文明意识。要继续在全市组织开展“绿化宣传月”活动，全力营造建设绿色盐城的浓烈氛围，使加快绿色盐城建设成为广大干群的内在要求和自觉行动。

（二）进一步加大责任落实力度。继续坚持各级政府主要负责人亲自抓，分管负责人具体抓的绿色盐城建设推进机制；继续坚持林业、建设（园林）、交通等部门条块负责的责任机制；继续坚持绿色盐城建设目标考核责任制。

（三）进一步加大造林绿化结构调整的力度。按照适应性强、生态景观效果好、经济价值高的要求，不断优化调整全市农村造林绿化的品种结构和林种结构，实现生态效益、景观效益、经济效益同步提升。不断调整造林的树木品种结构，全面推广不产生飞絮的杨树品种来逐步更新原有的杨树品种；大力推广耐盐碱、耐瘠薄、抗逆性强的良种刺槐、中山杉、白榆、杂交柳等高大乔木树种，加快推进沿海防护林建设，加快形成森林结构稳定、生态防护效果优良的沿海地区生态防护林体系。按照因地制宜、群众乐于接受的原则，逐步推广隙地少、经济价值较高的榉树、中山杉、池杉、薄壳山核桃等优良用材或果材两用乔木树种，加快推进全市农田防护林建设，逐步形成生态防护周期长、结构合理稳定、经济效益好的农田防护林体系。在城镇绿化中，要多栽本地乡土树种、适生树种、市树市花，坚持乔灌花草有机结合，常绿落叶合理搭配，营造具有盐城特色的四季景观。

（四）进一步加大机制体制创新力度。各地要根据本地的实际，积极探索和创新造林土地的流转机制，进一步规范造林土地流转程序，确保绿色盐城建设和高效林业建设的土地需求。要大力推行合作制、股份制、股份合作制造林，进一步完善投资者、经营者、管理者多元化、责权利相统一的新机制。要通过招商引资等多种形式，积极引导各类社会资本投入高效林业建设，增加全社会对绿色盐城建设的资金投入。

（五）进一步加大督查考核力度。将绿色盐城建设纳入各级政府绩效考核内容，建立健全督查考核体系，加强督查推进，一级抓一级，层层抓落实。由市绿色盐城建设领导小组办公室牵头组织，定期在全市开展综合性督查和林业、建设（园林）、交通等部门分线督查，年底对绿色盐城建设年度目标任务完成情况进行专项考核，并将考核结果在全市进行通报。

盐城市水污染防治工作方案

盐政发〔2016〕63号　2016年6月22日

为深入贯彻落实《国务院关于印发水污染防治工作方案的通知》（国发〔2015〕17号）和《省政府关于印发江苏省水污染防治工作方案的通知》（苏政发〔2015〕175号）精神，切实加大水污染防治力度，努力修复水生态环境，不断改善水环境质量，保障全市水环境安全，特制定本工作方案。

一、总体要求

（一）指导思想

深入贯彻党的十八大和十八届三中、四中、五中全会精神，全面落实习近平总书记系列重要讲话精神，牢固树立创新、协调、绿色、开放、共享的发展理念，始终坚持安全、清洁、健康的防治方针和节水优先、空间均衡、系统治理、两手发力的施治原则，以推进生态文明建设为统领，以改善水环境质量为核心，政府市场协同，全面依法推进，严格落实责任，鼓励全民参与，不断强化源头控制、过程监管、末端治理，统筹推进水污染防治、水生态保护、水资源管理，努力实现环境、经济和社会效益多赢，为建设“创业、开放、生态、幸福、厚德”的美丽盐城提供良好的水环境保障。

（二）工作目标

到2020年，全市水环境质量持续改善，水生态环境状况有所好转，污染严重水体大幅度减少，饮用水安全保障水平不断提升，地下水采用得到严格管理，地下水污染得到有效控制，近岸海域环境质量保持稳定。到2030年，全市水环境质量总体改善，水生态系统功能基本恢复。到本世纪中叶，生态环境质量全面改善，生态系统实现良性循环。

按照水环境质量“只能更好、不能变坏”的原则，2016年，我市地表水省考以上断面水质优良（达到或优于Ⅲ类）比例达到73.5%。到2020年达到79.4%，消除丧失使用功能（劣于Ⅴ类）的水体，县级以上城市建成区黑臭水体基本消除，县级以上集中式饮用水水源水质全部达到或优于Ⅲ类，地下水、近岸海域水质保持稳定。入海河流基本消除劣于Ⅴ类的水体。到2030年，我市地表水水质优良比例达到80%以上。

二、工作任务

（一）深化工业污染防治

1. 淘汰落后产能

各县（市、区）要严格执行国家部分工业行业淘汰落后生产工艺装备和产品指导目录、产业结构调整指导目录，省工业和信息产业结构调整限制、淘汰目录和能耗限额，围绕水质改善目标，结合转型升级要求，制定并实施分年度的落后产能淘汰方案。全面落实《盐城市人民政府关于供给侧结构性改革去产能的实施意见》，经过3—5年时间努力，化解过剩产能和淘汰落后产能工作取得重要进展。到2020年，新产业、新业态发展取得显著成效，中高端产能比重持续上升，产能层次和质量达到全省先进水平。对未完成淘汰任务的地区，暂停审批和核准除减排治污、生态保护类新建、扩建项目。（市经信委牵头，市发改委、环保局参与，县（市、区）人民政府，市开发区、城南新区管委会负责落实。以下均需县（市、区）人民政府，市开发区、城南新区管委会落实，不再列出）

全面排查装备水平低、环保设施差的小型工业企业，重点开展小型化工、制革、印染、造纸、电镀等“十小”行业取缔整治工作，制定取缔项目清单。2016年底前全面取缔到位。（市环保局牵头，市经信委、发改委等参与）

2. 严格环境准入

根据流域水质目标、主体功能区划、生态红线区域保护规划要求，实施差别化环境准入政策，建设项目主要污染物排放总量实行严格的等量或减量置换。提高高耗水、高污染行业准入门槛。限制发展高耗水产业，严格控制新建医药、农药和染料中间体项目。（市环保局牵头，市发改委、经信委、城建局、水利局、海洋渔业局等参与）

加快建立水资源承载能力监测评价体系（市水利局牵头，市环保局、海洋渔业局参与）、水环境承载能力监测评价体系（市环保局牵头，市水利局、海洋渔业局参与）。到2020年，完成各县（市、区）水资源、水环境承载能力现状评价。超过承载能力的地区要制定并实施水污染物削减方案，加快调整发展规划和产业结构。（市水利局、环保局牵头，市发改委、城建局、海洋渔业局等参与）

3. 优化产业布局

严格保护生态空间。严格饮用水水源保护区、清水通道维护区、重要水源涵养区、盐城国家级珍禽自然保护区、麋鹿国家级自然保护区等重要湿地、海洋特别保护区等涉水红线区域保护。加快推进通榆河、蟒蛇河、射阳河、中山河水生态廊道建设（市环保局牵头，市发改委、城建局、水利局、林业局、海洋渔业局等参与）。严格城市规划蓝线管理，确保在城市规划区内保留足够的水域面积（市规划局负责）。严格控制建设项目占用水域，实行占用水域等效替代制度，确保水域面积不减少（市水利局负责）。开展海岸线利用现状调查，严格海域岸线用途管制，建立顺岸式围填海岸线占用补偿机制，确保顺岸式围填海形成的新增岸线长度不少于占用长度（市海洋渔业局负责）。土地开发利用应按照有关法律法规和技术标准要求，留足河道、湖泊和滨海地带的管理和保护范围，非法挤占的应限期退出，保证生物栖息地、鱼类洄游通道、重要湿地等生态空间。（市国土

局牵头，市林业局、海洋渔业局等参与）

合理确定发展布局、结构、规模。把主体功能区、生态红线、城市规划蓝线作为产业布局的前置条件，重点行业建设项目严格依据水资源、水环境承载力评估结果布局。沿海5个县（市、区）重点发展港口物流、船舶及海洋工程装备、新能源、海洋生物等产业。加强产业集群、产业基地的空间和产业关联配置，采用绿色低碳循环技术，建立区域产业关联循环体系。（市发改委、经信委牵头，市国土局、环保局、城建局、水利局、海洋渔业局等参与）

加快城区污染企业搬迁改造。2016年，全面排查城市建成区现有化工、印染、钢铁、有色金属、造纸、原料药等污染较重企业，制定企业改造退出方案和清单。到2020年，全面完成城市建成区污染较重企业改造退出任务。（市经信委牵头，市发改委、环保局、城建局等参与）

4. 开展重点行业专项整治

巩固化工、电镀等行业多轮整治成果，按照"调高调优调轻调绿"思路，以企业循环化、清洁化改造为抓手，深入推进传统重点行业转型升级。2016年，制定化工、原料药加工、印染、电镀、造纸、焦化等"十大"重点行业专项整治方案，建立清洁生产企业清单和清洁化工艺改造项目清单，全面推进清洁化改造。2017年年底前，清洁化改造项目全部完成，造纸行业力争完成纸浆无元素氯漂白改造或采取其他低污染制浆技术，钢铁企业焦炉完成干熄焦技术改造，印染行业实施低排水染整工艺改造，制药（抗生素、维生素）行业实施绿色酶法生产技术改造。（市经信委、环保局牵头，市发改委等参与）

5. 强化工业集聚区水污染治理

开展经济开发区、高新技术产业开发区、出口加工区等工业集聚区水污染治理设施排查，全面推行工业集聚区企业废水和水污染物纳管总量双控制度，重点行业企业工业废水实行"分类收集、分质处理、一企一管"，集聚区内工业废水必须经预处理达到集中处理要求，方可进入污水集中处理设施。完善工业集聚区污水收集配套管网，开展工业集聚区污水处理厂升级改造。全面整治化工园区，化工企业未达接管要求的一律限期治理，所有园区及企业均建成自动监测预警系统。全面开展电镀集中区摸底调查，明确淘汰企业、项目、工艺（设备）清单和限期治理计划。

2016年年底前，尚未安装废水自动在线监控装置的工业集聚区全部完成安装工作。加强工业污泥集中处理设施建设，确保工业污泥得到安全处置。对工业集聚区污水处理厂、重点行业废水处理设施产生污泥危险废物属性不明的，开展危险特性鉴别工作。（市环保局牵头，市科技局、经信委、商务局等参与）

6. 加强船舶港口污染控制

依法强制报废超过使用年限的船舶，按照有关规定，确定商用船舶、渔业船舶等超年限年度淘汰清单，并按期完成淘汰工作。2018年投入使用的沿海船舶、2021年投入使用的内河船舶执行新标准，其他船舶于2020年底前全面完成改造，经改造仍不能达到要求的，限期予以淘汰。航行于我市水域的国际航线船舶，要实施压载水交接或安装压载水灭活处理系统。规范船舶修造和拆解行为，严格船舶修造和拆解行业准入，建立船舶修造和拆解行业准入标准和退出机制，船舶修造和拆解单位按要求配备防污染设施设备，禁止冲滩拆解。（市交通运输局、盐城海事局牵头，市经信委、环保局、海洋渔业局、质监局等参与）

增强港口码头污染防治能力。开展沿海、内河港口、码头、装卸站、船舶修造厂废水治理与废弃物处理设施基本情况调查，编制实施港口码头装卸站污染防治方案。港口、码头建设配套的污水存储、垃圾接收暂存设施，完善区域污水管网、垃圾转运服务体系，提高含油污水、化学品洗舱水等接收处置能力及污染事故应急能力。港口、码头接收的含油污水、化学品洗舱水要进行无害化处理，避免造成二次污染。全市71家船舶修造厂污染防治设施于2017年年底前达到建设要求。沿海、内河港口于2017年年底前完成污染防治设施改造。港口、码头、装卸站的经营人应配置事故应急设备和器材，制定防治船舶及其有关活动污染水环境的应急计划。（市交通运输局、港口管理局牵头，盐城海事局、市经信委、城建局、环保局、海洋渔业局参与）

（二）提高城镇生活污水治理水平

1. 加快生活污水处理设施建设与改造

全面推进城镇污水处理设施建设，加快推进建制镇污水处理设施建设全覆盖。到2019年，城市、县城污水处理率分别达到95%、85%。到2020年，建制镇污水处理设施建设全覆盖，全市新增污水处理能力达9.2万立方米/日以上。加快推进城市污水处理厂提标改造，县以上城市污水处理厂于2016年年底前达到一级A排放标准。建立统一规划布局、统一实施建设、统一组织运营、统一政府监管的"四统一"的建制镇污水处理工作模式，加快建制镇污水处理设施的整合进程。有条件的地区可在污水处理厂末端增加人工湿地，进一步提高污水处理效果。强化污水处理设施运行监管，加快推进全市城镇污水处理监管信息平台建设，构建覆盖全市的基础信息体系、考核评估体系和监督管理体系，2017年年底前完成市级监管平台建设。（市城建局牵头，市发改委、水利局、环保局等参与）

2. 完成排水达标区建设

坚持厂网并举、管网先行原则，新建污水处理设施的配套管网应同步设计、同步建设、同步投运。加快现有合流制排水系统改造，全面开展城镇建成区污水收集和处理现状排查，制定管网改造计划，优先推动城中村、老旧城区和城乡结合部的污水截流、纳管，难以进行改造的，应采取截流、调蓄和治理等措施。城镇新区必须全部规划、建设雨污分流管网，盐城市区和有条件的县（市）要推进初期雨水的收集、处理和资源化利用。加强城镇排水与污水收集管网的日常养护工作，提高养护技术装备水平，强化城镇污水排入排水管网许可管理，规范排水行为。县级以上城市建成区于2020年前基本实现污水全收集、全处理。到2020年，全市新增污水管网长度899千米。（市城建局牵头，市发改委、环保局等参与）

3. 安全处理处置生活污泥

遵循区域统筹、合理布局原则，按照"减量化、稳定化、无害化、资源化”要求，强化源头减量，加快建设区域性城镇污水处理厂污泥综合利用或永久性处理处置设施。全面开展城镇污水处理设施污泥的产量、泥质、运输和处理处置现状排查，取缔非法污泥堆放点，编制污泥综合利用或处理处置设施建设与改造计划。2017年年底前，全面完成现有污泥处理处置设施达标改造，盐城市区建成污泥综合利用或永久性处理处置设施。2020年年底前，县(市)实现永久性污泥处理处置设施全覆盖，无害化处理处置率达到100%。严格执行污泥转运“联单制”，污泥运输车船安装GPS，强化污泥处理处置全过程监管。(市城建局牵头，市环保局、发改委、经信委、农委等参与)

4. 推进海绵城市建设

按照系统治理、源头减排、过程控制、统筹建设原则，系统推进海绵城市建设，综合采用渗、滞、蓄、净、用、排等措施，实现城市排水防涝能力综合提升、径流污染有效削减、雨水资源高效利用，构建健康的城市水生态系统。新建城区硬化地面可渗透面积要达到40%以上。既有建成区要结合棚户区(危旧房)改造、易淹易涝片区整治和城市环境综合整治等项目逐步实施。组织开展海绵城市试点示范工作，推进海绵城市示范区、海绵型公园和绿地、建筑与小区、道路与广场、小城镇、村庄等示范建设。(市城建局牵头，市房产局、发改委、财政局、水利局等参与)

(三)推进农业农村污染防治

1. 强化畜禽养殖污染治理

优化养殖业布局。按照“种养结合、以地定畜”的要求，科学规划布局畜禽养殖，合理确定养殖区域、总量、畜种和规模，以充足的消纳土地将处理后的畜禽废弃物就近还田利用。强化畜禽养殖分区管理，各县(市、区)人民政府根据畜禽养殖发展规划、生态红线区域保护规划等相关规划要求划定禁养限养区，报上一级相关部门备案，并对社会公开。全面开展养殖业调查，摸清家底，明确规模化养殖场清单，列出禁养区需关闭搬迁的养殖场(小区)、养殖专业户清单，2016年年底前全部完成禁养区关闭搬迁工作。(市农委、环保局牵头，市发改委参与)

加强畜禽粪污综合利用。非禁养区内现有规模化畜禽养殖场(小区)要根据养殖规模和污染防治需要，配套建设粪便污水贮存、处理设施。探索建立分散养殖粪污收集、贮存、处理与利用体系，提升工厂化堆肥处理规模，推广高效液态有机肥生产技术，鼓励开展屠宰废水等农产品加工业废水无害化处理和循环利用。新建养殖场应采取生物、工程、农业等措施利用畜禽粪污，自2016年起，新建、改建、扩建规模化畜禽养殖场(小区)要实施雨污分流、粪便污水资源化利用。到2017年、2020年规模化养殖场(小区)治理率分别达到60%、90%。(市农委牵头，市发改委、环保局等参与)

2. 加强生态渔业建设

调整渔业产业结构。深入实施水域滩涂养殖规划，对禁养区和限养区严格依法依规管理，在宜养殖区科学确定养殖地点、品种和模式，大力推广生态渔业、增殖渔业、循环渔业等。发展海洋牧场，鼓励有条件的渔业企业拓展离岸养殖、浅海养殖和深水网箱养殖。有序推进大纵湖等重点湖泊退圩还湖、退圩还湿工程，控制主要湖泊网围养殖面积。(市海洋渔业局牵头，市水利局、林业局等参与)

强化水产养殖业污染管控。积极推广人工配合饲料，逐步减少冰鲜杂鱼饲料使用。鼓励采用生态养殖技术和水产养殖病害防治技术，推广低毒、低残留药物的使用，严格养殖投入品管理，依法规范、限制使用抗生素等化学药品，开展专项整治。2016年年底前，各县(市、区)制定本地区百亩连片标准化池塘改造方案，开展池塘标准化改造，规模养殖区域逐步建设尾水净化区，推广养殖尾水达标排放技术，有效控制水产养殖业污染。(市海洋渔业局牵头，市环保局、农委等参与)

加强渔业资源和水生生态养护。严格控制捕捞船网及马力总量，逐步控减渔船数量，降低捕捞强度，严厉打击“绝户网”。严格执行海洋伏休制度，健全禁渔期渔民生活保障制度。深入实施人工增殖放流和海洋人工鱼礁投放工程，加大湖泊水生生物抑藻放流力度。到2020年，我市主要海洋禁渔期达到3.5个月以上，放流海洋经济苗种2亿尾(只、颗)/年以上，增殖渔业资源。(市海洋渔业局牵头，市水利局参与)

3. 控制种植业污染

调整种植业结构。地下水易受污染地区要大力推广种植需肥需药量低、环境效益突出的农作物。地表水过度开发和地下水超采问题较严重、农业用水比重较大的地区，要积极调整种植结构，适当调减用水量较大的农作物的种植面积。推广农艺节水保墒技术，实施保护性耕作。加强种植技术培训，鼓励依据气象条件合理选择时机施肥。在制定高标准基本农田建设、土地开发整理等总体规划时，应进一步明确农田环境保护要求，并在实施建设中加以落实。(市农委、农开局牵头，市国土局、水利局、林业局等参与)

控制种植业面源污染。2016年年底前，制定实施盐城市农业面源污染防治方案。全面推广农业清洁生产，建立连片绿色农业示范区，推动无公害农产品、绿色食品、有机食品规模化发展，从源头控制种植业污染。开展化肥使用量零增长行动，实行测土配方施肥，推广精准施肥技术和机具，推进化肥使用减量化。加大有机肥产业发展支持力度，鼓励使用农家肥、商品有机肥，逐步增加农田有机肥使用量。开展农药使用量零增长行动，推广低毒、低残留农药使用补助试点，开展农作物病虫害绿色防控和统防统治，实施农药减量工程，推广精准施药及减量控害技术，减少农药施用量。加快制定地方农膜使用标准，制定农膜使用和回收的优惠政策，推广使用高标准农膜，开展残留农膜回收试点。敏感区域和大中型灌区要利用现有沟、渠、塘等，配置水生植物群落、格栅和透水坝，建设生态沟渠、污水净化塘、地表径流集蓄池等设施，净化农田排水及地表径流。到2020年，我市主要农作物测土配方施肥技术推广覆盖率达到95%以上，氮肥利用率提高到40%以上，农作物病虫害统防统治覆盖率达到60%以上。(市农委牵头，市发改委、经信委、环保局、水利局、质监局等参与)

4. 推进农村环境综合整治

按照统筹规划、集散结合、自主实施、政府帮扶、以奖促治原则,以县级行政区域为单元,实施农村清洁、水系沟通、河塘清淤、岸坡整治、生态修复等工程,协同推进村庄环境整治提升工程和覆盖拉网式农村环境综合整治试点工作。各地制定农村环境综合整治规划及分年度计划。统筹城乡、区域生活污水治理,编制县级村庄生活污水治理专项规划,合理选择就近接入城镇污水处理厂统一处理、就地建设小型设施相对集中处理以及分散处理等治理模式。优先推进通榆河等清水廊道、盐龙湖上游等重点区域农村污水处理。按照河畅、水清、岸绿、景美的目标,大力开展水美乡村建设。到2020年,完成环境综合整治的建制村2030个,村镇生活垃圾集中收运率达到85%以上,农村无害化卫生户厕普及率95%,规模较大的规划发展村庄生活污水治理覆盖率达到90%以上。(村庄整治由市城建局牵头,市环保局、农委、水利局、卫计委等参与;覆盖拉网式农村环境整治试点由市环保局、财政局负责)

(四)着力节约保护水资源

1. 控制用水总量

实施最严格的水资源管理制度,建立市、县、镇(园区)三级取用水总量控制指标体系。加强相关规划和项目布局水资源论证工作,经济社会发展规划以及城市总体规划编制、重大建设项目布局,应当充分考虑当地水资源条件和防洪要求。对取用水总量已达到或超过控制指标的地区,暂停审批建设项目新增取水许可。对纳入取水许可管理的单位和其他用水大户实行计划用水管理,建立用水单位重点监控名录。新建、改建、扩建项目用水指标要达到行业先进水平,节水设施应与主体工程同步设计、同步施工、同时投运。到2020年,全市用水总量力争控制在57.24亿立方米以内。(市水利局牵头,市发改委、经信委、城建局、房产局、农委等参与)

2. 提高用水效率

建立健全万元地区生产总值水耗指标等用水效率评估体系,把节水目标任务分解至县(市、区)及各领域、行业,将完成情况纳入地方政府政绩考核。将再生水、雨水和微咸水等非常规水源纳入水资源统一配置。到2020年,全市万元地区生产总值用水量、万元工业增加值用水量达到省最严格水资源管理考核要求,70%以上县(市、区)建成节水型社会示范区。(市水利局牵头,市发改委、经信委、城建局参与)

抓好工业节水。执行国家鼓励和淘汰的用水技术、工艺、设备、产品目录及高耗水行业取用水定额标准,开展节水诊断、水平衡测试、用水效率评估,严格用水定额管理。鼓励电力、钢铁、纺织印染、造纸、石油石化、化工、制革、食品发酵等高耗水企业废水深度处理回用。在沿海5个县(市、区)电力、化工、石化等行业,推行直接利用海水作为循环冷却等工业用水。到2020年,高耗水行业达到先进定额标准,工业水循环利用率达到省要求。(市经信委、水利局牵头,市发改委、城建局、海洋渔业局、质监局等参与)

加强城镇节水。实施差别化水价、超计划加价收费,加大重点户监督。禁止生产、销售不符合节水标准的产品、设备。公共建筑必须采用节水器具,限期淘汰公共建筑中不符合节水标准的水嘴、便器水箱等生活用水器具。鼓励居民家庭选用节水器具。对使用超过50年和材质落后的供水管网进行更新改造。到2017年,公共供水管网漏损率控制在12%以内;到2020年,控制在10%以内。规划用地面积2万平方米以上的新建建筑,同步建设雨水收集利用系统。到2019年,盐城市区达到国家节水型城市标准要求。(市城建局牵头,市发改委、经信委、房产局、规划局、水利局、质监局等参与)

发展农业节水。推广渠道防渗、管道输水、喷灌、微灌等节水灌溉技术,示范推广通滴灌机械设备,完善灌溉用水计量设施。推进规模化高效节水灌溉,推广农作物节水抗旱技术。到2020年,大型灌区、重点中型灌区续建配套和节水改造任务基本完成,全市节水灌溉工程面积占耕地面积比例达到65%以上,农田灌溉水有效利用系数达到0.65。(市水利局牵头,市发改委、农委、农开局等参与)

3. 促进再生水利用

完善再生水利用设施,工业生产、城市绿化、道路清扫、车辆冲洗、建筑施工以及生态景观等用水,优先使用再生水。开展建筑中水应用示范工程建设,扶持中水技术设备研发生产企业,探索建立建筑中水应用管理制度。到2020年,全市城镇污水处理厂尾水再生利用率达到15%(市城建局牵头,市发改委、水利局、环保局等参与)。

具备使用再生水条件但未充分利用的钢铁、火电、化工、制浆造纸、印染等项目,不得批准其新增取水许可。(市水利局牵头,市发改委、经信委、环保局等参与)

4. 科学保护水资源

完善水资源保护考核评价体系。加强水功能区监督管理,从严核定的河湖水域限制纳污能力。(市水利局牵头,市发改委、环保局等参与)

加强水量调度管理。制定基于生态流量保障的水量调度方案,采取区域联合调度、引排结合、生态补水等措施,发挥水利工程在改善水质中的作用,维持河湖基本生态用水需求,重点保障枯水期生态基流。(市水利局牵头,市环保局参与)

科学确定生态流量(水位)。2017年前制定生态流量(水位)控制试点方案,分期分批确定河湖生态流量(水位),作为流域水量调度的重要参考。(市水利局牵头,市环保局参与)

(五)保障水生态环境安全

1. 切实保障饮用水水源安全

强化饮用水源保护。开展饮用水水源规范化建设,定期开展县级以上集中式饮用水源地环境状况调查评估,深入实施饮用水源地专项整治,全面清理保护区内的违法设施和排污口,加强有毒有害污染物管控(市环保局负责,市公安局参与)。按照"水量保证、水质达标、应急保障"的要求,加强饮用水水源地达标建设,加强农村饮用水水源保护和水质检测,推进城乡统筹区域供水和农村饮水安全工程同步实施,限期取消、归并小水厂,保障农村饮水安全。加强县以上城市应急备用水源建设和管理(市水利局牵头,市城建局、环保局、卫计委等参与)。全面实施现有水厂自来水深度处理工艺改造,新建水厂一律达到深度处理要求(市城建局负责)。2016年年底前,完成盐城市区通榆河取水口原水预处理净化、通榆河至城东水厂互通等工程建设。2017年年底前,完成新水源地、盐龙湖水厂一期等饮用水安全保障工程建设(市城建局牵头,市发改委、水利局、规划局、国土局、交通运输局、财政局、环保局等参与)。到2020年,各县(市、区)基本实现“双源供水”和自来水厂深度处理两个“全覆盖”。(市城建局、水利局牵头,市发改委、财政局、环保局、卫计委等参与)

全过程监管饮用水安全。开展从水源水到龙头水全过程监管,构建“水源达标、应急备用、深度处理、预警检测”的城市供水安全保障体系并加强考核,确保饮用水安全。各县(市、区)人民政府及供水单位定期监测、检测和评估本行政区内饮用水水源、供水厂出水、用户水龙头水质等饮水安全状况,2016年起每季度向社会公开。(市环保局牵头,市发改委、城建局、水利局、卫计委参与)

加强清水廊道建设。重点加强通榆河、蟒蛇河、射阳河、中山河清水廊道建设,继续推进主要供水河道断面长制责任的落实,每月监测并通报重点考核断面水质状况。到2020年,通榆河、蟒蛇河、射阳河、中山河等主要供水河道水质稳定达到III类。(市环保局牵头,市水利局、城建局、海洋渔业局等参与)。

加强良好湖泊保护。2016年,对大纵湖开展生态环境安全和健康评估,制定生态环境保护方案,实施水源涵养、生态清淤、湿地建设、湖岸带生态阻隔、入湖河流整治等综合措施,保护水生态系统完整性,确保良好水体水质和生态服务功能不降低。(市环保局牵头,市发改委、水利局、财政局等参与)

2. 加强地下水保护

严格控制地下水开采。落实《江苏省地下水超采区划分方案》,在全市3387.8平方公里区域范围内实施限采。坚持分级分区管理、用水总量与水位双控原则,凡地下水超采区涉及的乡镇,整个乡镇按超采区进行管理。严格控制深层承压水开采,地热水、矿泉水开发应严格实行取水许可和采矿许可。依法规范机井建设管理,全面推进未经批准或公共供水管网覆盖范围内的自备机井的整治工作。到2020年,全市永久填埋水井907眼,封存备用水井331眼,改建专用监测井160眼,地下水用水总量和水位力争全面达到控制要求。(市水利局、国土局牵头,市发改委、城建局等参与)

防治地下水污染。制定实施地下水污染防治方案。石化生产贮存销售企业和工业园区、垃圾填埋场等区域应进行规范的防渗处理。加快加油站地下油罐污染防治设施改造,2016年年底前,完成80个加油站油罐防渗池建设或双层罐更新改造,2017年年底前,完成323个加油站改造任务。报废钻井、取水井应实施封井。在限采区开展地下水污染修复试点。(市环保局牵头,市商务局、水利局、国土局、城建局等参与)

3. 整治城市黑臭水体

在全面完成水体排查,建立黑臭水体档案的基础上,制定整治计划和年度实施方案,完善城市水环境综合治理工作体系,向社会公布黑臭水体名称、责任人及达标期限。采取截污、清淤、活水、保洁、生态修复等措施,系统治理黑臭水体,实现无违法排口、水面无漂浮物、河岸无垃圾、水体无异味。盐城市区、各县(市)城市建成区分别于2018年、2020年前基本消除黑臭水体。定期通报各地黑臭水体治理进展,各地每半年向社会公布治理情况。(市城建局牵头,市环保局、水利局、农委等参与)。

4. 推进海洋生态环境保护

严格涉海工程管理。认真执行围填海管制计划,严格围填海管理和监督。海洋自然保护区的核心区及缓冲区、海洋特别保护区的重点保护区及预留区、重点河口区域、重要滨海湿地区域、特殊保护海岛及重要渔业海域禁止实施围填海,生态脆弱敏感区、自净能力差的海域严格控制围填海。严肃查处违法围填海行为,追究相关人员责任。加强海岸线调查,撤出非法挤占海岸线的产业,恢复自然岸线。将自然海岸线保护纳入沿海5县(市、区)地方政府政绩考核。到2020年,全市自然岸线保有率不低于35%(不包括海岛岸线)。(市海洋渔业局牵头,市环保局、发改委、经信委、城建局、交通运输局、农委、林业局等参与)

加强近岸海域污染防治。编制实施近岸海域污染防治方案,坚持陆海统筹,以控制陆源污染物为重点,强化源头防控,协同治理近岸海域污染。加强沿海化工园区、河口海湾等水环境综合治理。严格执行重点海域排污总量控制制度,建立入海河流的河海断面责任交接制度。规范入海排污口设置,扎实开展入海排污口调查,制定入海排污口整治方案,2017年年底前,全面完成非法或设置不合理入海排污口的清理。到2020年,入海河流基本消除劣V类水体。(市环保局、海洋渔业局牵头,市发改委、经信委、城建局、交通运输局等参与)

强化海洋生态保护。编制实施海洋生态红线区保护规划,开展特殊生态系统与生物多样性的保护与修复。加大滨海湿地、河口和海湾等生态系统,以及鱼类产卵场、索饵场、越冬场、洄游通道等重要渔业水域的保护力度。加强重点海域生态修复,开展海洋生态补偿及损害赔偿等研究。(市海洋渔业局、环保局牵头,市林业局参与)

5. 开展水生态修复工程

加强湿地保护与修复。加强湿地自然保护区、湿地公园、湿地保护小区建设,抢救性保护滨海潮间带、里下河沼泽等生态区位特别重要或受严重破坏的自然湿地,逐步构建全市自然湿地保护网络体系。对河湖等退化湿地以及丹顶鹤、麋鹿等国家重点保护或珍稀濒危动物栖息湿地,开展生态修复治理,提升湿地生态质量。逐步扩大退耕还湿、退渔还湿范围,扩大湿地面积,提高湿地自身生态调节和环境承载力。到2016年全市增加修复或恢复湿地5000亩,自然湿地保护率达到42.5%。加强沿海滩涂湿地保护,沿海滩涂围垦生态用地比例不少于20%。加大湿地资源保护和生态修复力度,强化湿地公园的保护和管理。(市林业局牵头,市环保局、发改委、海洋渔业局、水利局、农委、城建局等参与)

加大水生野生动植物类自然保护区和水产种质资源保护区保护力度。开展珍稀濒危水生生物和重要水产种质资源的就地和迁地保护，提高水生生物多样性。2017 年年底前，制定实施盐城市重要水体水生生物多样性保护方案。（市环保局牵头，市海洋渔业局、林业局、水利局等参与）

6. 实施控制单元精细化管理

排查国家及省考核断面、控制单元的基本情况，划分优先控制单元、一般控制单元，细化目标设置，实施精细化管理。对饮用水水源地、水质现状达到或优于 III 类等水质良好的控制单元，采取水生态保护及风险防范措施，确保水质不退化；对水质为劣Ⅴ类、Ⅴ类或其他水质需要改善提高的控制单元，采取综合措施大幅削减控制单元内污染物排放总量。（市环保局牵头，市发改委、经信委、城建局、水利局、海洋渔业局等参与）

7. 强化环境质量目标管理

水质劣于Ⅴ类、Ⅴ类或其他水质需要改善的国家、省和市考核断面，各县（市、区）人民政府应根据《水体达标方案编制技术指南》，2016 年 8 月底前，编制完成断面达标方案，并上报市人民政府备案。自 2016 年起，各县（市、区）人民政府每年向社会公布断面达标治理进展和水质改善情况。市相关部门要加强对跨县（市、区）交界断面达标方案执行情况的监督检查。环保部门对水质不达标的区域实施挂牌督办，必要时采取区域限批等措施。到 2020 年，各县（市、区）水质优于Ⅲ类断面比例逐年提高，劣于Ⅴ类断面逐年减少直至消除。（市环保局牵头，市水利局、发改委等参与）

三、保障措施

（一）健全环境管理制度

1. 深化污染物排放总量控制制度

健全总量管理体系。按照国家、省相关要求，完善全市污染物统计监测体系，将工业、城镇生活、农业、移动源等各类污染源纳入调查统计范围。各地按照区域、流域总量控制目标，结合水环境质量改善和产业结构调整要求，兼顾技术经济水平，统筹确定控制单元内排污单位的总量控制额度。（市环保局牵头，市发改委、经信委、城建局、水利局、农委等参与）

依法核发排污许可证。在我市完成国控重点污染源及排污权有偿使用和交易试点地区污染源排污许可证核发工作的基础上，于 2017 年年底前完成其他污染源相关工作。加强许可证管理，制定市排污许可证管理办法，确定排污许可证台帐管理体系，对排污单位排放种类、浓度、总量、排放去向等排污许可证载明事项进行汇总，并向社会公开。禁止无证排污或不按许可证规定排污，强化海上排污监管。在满足周边水域总量控制目标要求的前提下，实施排污交易。对水质超标的控制单元，排污单位不允许作为受让方与本辖区范围以外的排污单位进行交易。加快市级排污权交易中心建设，以及全市排污许可证管理信息平台建设。（市环保局牵头，市海洋渔业局参与）

2. 严格环境风险控制

强化环境风险源头管理。制定全市石油加工、化学原料和化学品制造、医药制造、化学纤维制造、有色金属冶炼、纺织印染等行业的环境风险评估和布局指导意见。全面调查通榆河、蟒蛇河、射阳河以及中山河等主要供水河道沿线工业企业、工业集聚区等基本状况，以排放重金属、危险废物、持久性有机污染物和生产使用重点环境管理危险化学品的污染源为重点，建立重点风险源清单，逐步开展重点风险源环境和健康风险评估。2016 年年底前，编制完成对水源地、环保敏感目标构成威胁的风险源转移、搬迁年度计划方案。2020 年年底前，完成全部高风险企业或仓储设施的转移、搬迁任务。（市环保局牵头，市经信委、安监局、卫计委等参与）

防范危险化学品环境风险。根据国家、省优先控制化学品名录，对高风险化学品生产、使用进行严格限制，并逐步淘汰替代。加强化学品生产、储运过程风险监管，落实重点环境管理类的化工有毒污染物排放、转移登记制度。建立水陆危险废物运输联合监管机制，严厉打击向水体倾倒、抛洒危险废物的违法行为。（市环保局牵头，市经信委、交通运输局、安监局、公安局和盐城海事局等参与）

严格控制环境激素类化学品污染。2017 年年底前，完成环境激素类化学品生产使用情况调查，监控评估水源地、农产品种植区及水产品集中养殖区风险，实施环境激素类化学品淘汰、限制、替代等措施。（市环保局牵头，市经信委、农委、海洋渔业局、卫计委等参与）

重视处置突发水环境污染事件。各县（市、区）人民政府要制定完善水污染事故处置应急预案，落实责任主体，明确预警预报与响应程序、应急处置及保障措施等内容，依法及时公布预警信息。（市环保局牵头，市城建局、水利局、交通运输局、农委、卫计委、公安局等参与）

3. 健全环境损害责任追究制度

建立全面和严格的环境污染责任追究制度，造成环境污染危害的单位和个人，须排除危害，对直接受到损害的单位或者个人赔偿损失，并对环境造成的污染损害给予赔偿，为环境修复提供资金保障，涉嫌刑事犯罪的交公安部门立案查处。建立船舶污染事故损害赔偿机制。（市环保局牵头，市公安局、交通运输局、海洋渔业局和盐城海事局等参与）

4. 推行水生态功能分区管理

依托国家水体污染控制与治理科技重大专项等研究成果，在我市开展水生态环境功能分区研究，逐步建立全市水生态环境功能分区的管理体系，实现水生态监控、水生态健康评估、水质基准标准转化等三大技术支撑的新型水环境管理模式。（市环保局牵头，市发改委、水利局、林业局等参与）

（二）加强环保执法监督

1. 加大行政执法与刑事司法链接

所有排污单位必须依法全面实现达标排放。逐一排查工业企业排污状况，达标企业应采取措施确保稳定达标；对超标、超总量企业予以“黄牌”警示，一律限制生产或停产整治；对整治仍不能达到要求且情节严重的企业予以“红牌”处罚，一律停业、关闭。自 2016 年起，定期公布环保“黄

牌、红牌”企业名单，实施动态管理。每年组织开展排污单位达标排放情况抽查，结果向社会发布。（市环保局负责）

完善环境监督执法机制。各级环境保护部门和公安机关、检察院、法院要建立行政执法与刑事司法联动机制，健全重大案件会商督办、信息共享、常设联络员等制度，完善案件移送、受理、立案、通报等规定，积极支持、配合法院环境案件审判工作。对环境法律法规执行、问题整改情况进行后监督，挂牌督办严重污染环境或造成重大社会影响的环境违法案件。不断完善环保督政体系，加强对县（市、区）人民政府和有关部门环保工作的监督。（市环保局牵头，市公安局、检察院、法院等参与）

严惩环境违法行为。综合运用挂牌督办、区域限批、按日计罚、限产停产、查封扣押、行政拘留、司法介入等手段，严厉打击环境违法行为。严肃查处建设项目环境影响评价领域越权审批、未批先建、边批边建等违法行为。各县（市、区）人民政府应于2016年年底前完成违法违规建设项目的排查和清理整改工作。重点打击私设暗管或利用渗井、渗坑倾倒含有毒有害污染物废水、含病原体污水，不正常使用水污染物处理设施，或者未经批准拆除、闲置水污染物处理设施，水上倾倒危险废物，监测数据弄虚作假等环境违法行为。对造成生态损害的责任者严格落实赔偿制度。对构成犯罪的，依法追究刑事责任；对负有连带责任的环境服务第三方机构，应予以追责。（市环保局牵头，市公安局、城建局、交通运输局、海洋渔业局等参与）

2. 加强水环境监测预警

制定实施行政单元全类型水环境监测点位体系及评估考核办法，优化全市地表水、地下水、近岸海域、饮用水源地、城市水体等监测网络，增补跨界河流、入海河流和近岸海域水环境监测点位，提升水环境监测网络的整体功能。健全自动监测系统，在重点监控断面新建自动监测站，实现全覆盖。加强水环境中有毒有害物质、持久性污染物、水生生物等的监测预警能力建设，加大应急监测和快速监测能力投入，支持部分县（市、区）环境监测机构的水环境监测基础能力建设。（市环保局牵头，市水利局、海洋渔业局、国土局等参与）

3. 强化废水污染源监测监控

完善全市污染源自动监控网络，国控、省控、市控废水污染源全部纳入监控平台，实现省、市、县监控中心数据双向传输及交换。积极推进特征污染物自动监控技术研究，重点园区、重点行业、重点企业逐步安装含特征污染物的自动监测监控系统，达到实时监控、及时预警要求。城镇污水处理厂自动监控进、出水主要污染物浓度及水量，并联网至城乡建设、环保监控平台。（市环保局牵头，市城建局、海洋渔业局等参与）

4. 提升监管能力

加强环境监察、环境应急、海监执法、渔政执法等专业技术培训，加强乡镇（街道）环保监管能力建设，配备与职责任务相适应的人员，推行环境监管网格化管理，各县（市、区）人民政府要将本行政区域划分为若干环境监管网格。2016年年底前，完成全市所有环境监察人员参照公务员管理工作，所有环境监察机构要配备使用便携式手持移动执法终端。推进环境监察机构标准化建设，县级及以上的监察机构装备达标率应根据环保部确定的比例要求逐年提高。加快海监执法、渔政执法能力建设。（市环保局牵头，市编办、人社局、海洋渔业局等参与）

（三）强化技术研发与科技支撑

1. 加强水环境管理应用研究

强化科技对水环境管理支撑作用，重点支持水生态环境功能分区管理及监测、跨区域水环境生态补偿、水环境损害评估、水资源水环境承载力预警机制、危险化学品事故和水上溢油应急处置技术、排污许可证管理及信息平台建设等研究。探索开展特征污染物自动监测技术、新型污染物风险评价、水污染对人体健康影响等应用基础研究。完善水环境科技领域的国内外交流合作机制，鼓励我市科研机构与国内外高水平科研机构建立稳定的合作伙伴关系，引进急需的环境管理及污染治理关键技术，联合开展相关技术研发。（市科技局牵头，市发改委、经信委、环保局、城建局、水利局、农委、卫计委等参与）

2. 推进水处理关键技术研发应用

跟踪国内外水处理技术发展动态，围绕水处理关键技术需求，组织实施各类科技计划项目，重点支持研发饮用水净化、节水、水污染治理及循环利用、城市雨水收集利用、畜禽养殖污染防治、水生态修复、工业高盐废水脱盐及盐泥处置、海水淡化、地下水污染修复、重点行业废水深度处理、生活污水低成本高标准处理等关键应用技术。加强水处理技术创新共享平台建设，推动技术成果共享与转化。发挥企业的技术创新主体作用，推动水处理重点企业与科研院所、高等学校组建产学研技术创新战略联盟，示范推广控源减排和清洁生产先进技术。（市科技局牵头，市发改委、经信委、环保局、城建局、水利局、农委、交通运输局等参与）

3. 加快发展环保产业

严格落实国家关于环保市场准入、经营行为的规定，规范环保产业市场。完善环保工程设计、建设、运营等领域招投标管理办法和技术标准。大力推进盐城环保科技城建设，全力加快招大引外，项目建设和功能升级步伐，培育水处理技术装备产业化龙头企业，推进先进适用的节水、治污、修复技术和装备产业化发展。（市发改委、经信委牵头，市科技局、财政局、环保局、城建局、水利局等参与）

加快发展环保服务业。明确监管部门、排污企业和环保服务公司的责任和义务，完善风险分担、履约保障等机制。鼓励发展包括系统设计、设备成套、工程施工、调试运行、维护管理的环保服务总承包模式。制定环境治理第三方服务的管理办法，明确资格准入条件、服务内容、服务方式，理顺各方职责，以污水、垃圾处理和工业园区为重点，强化融资及服务功能，建立健全第三方治理服务新机制。支持鼓励互联网技术与环保服务业融合发展，积极培育环保电商等新业态。（市发改委牵头，市科技局、财政局、经信委、环保局、城建局等参与）

（四）充分发挥市场机制作用

1. 积极推进水价改革

积极推行差别水价。2016年年底前，县级以上城市应全面实施居民阶梯水价制度，具备条件的建制镇也要积极推进。2020年年底前，全面实行非居民用水超定额、超计划累进加价收费制度，引导全社会合理用水、节约用水。（市物价局牵头，市发改委、财政局、城建局、水利局等参与）

开展农业水价综合改革试点。按照国家、省要求，合理制定农业用水价格，探索实行分类水价、超定额累进加价制度和两部制水价，建立健全农业水价形成机制。适时推进水利工程供水价格结构性调整工作，调整水利工程供水分类，研究制定新增用水分类的定价原则，逐步提高非农业用水价格。（市物价局牵头，市发改委、财政局、水利局、农委等参与）

严格执行差别化水资源费征收标准。充分发挥价格政策的引导作用，建立健全水资源费差别化征收体系，对地表水水资源费、地下水超采地区和非超采地区水资源费实施差别化征收政策。对易于造成水资源浪费的行业执行较高的征收标准，形成倒逼高耗水产能退出的机制。（市物价局牵头，市发改委、财政局、水利局、城建局等参与）

完善城镇污水处理费政策。进一步完善城镇污水处理费收费体系，合理调整污水处理费标准，收费标准要满足支付污水收集、处理和污泥处理处置运行成本及合理收益的需要。鼓励有条件的地区对不同环保信用等级的企业实行差别化污水处理收费政策。全面开征建制镇污水处理费和自备水源用户污水处理费。（市物价局、财政局牵头，市发改委、城建局、环保局、水利局等参与）

完善排污收费政策。出台排污费征收管理具体规定，分阶段合理提高征收标准，实行差别化征收政策。2016—2017年和2018年分别将污水中化学需氧量、氨氮和五项主要重金属（铅、汞、铬、镉、类金属砷）污染物排污费征收标准调整至省定标准，即不低于每污染当量4.2元和5.6元。支持污染防治重点区域以高于省定标准征收，并对企业污染物排放浓度和排放量根据考核标准实行差别化征收。国家重点监控的钢铁、造纸、印染、化工等主要污染企业，应严格按自动监测数据核定征收排污费。2016年，所有国家重点监控企业均按自动监测数据核定排污费。（市物价局牵头，市财政局、环保局、经信委等参与）

依法落实环境保护、节能节水、资源综合利用等方面税收优惠政策，对国内企业为生产国家支持发展的大型环保设备，必需进口的关键零部件及原材料，免征关税。（市财政局，盐城国税局、地税局牵头，市发改委、经信委、质监局、环保局、海关等参与）

2. 建立多元投入机制

引导社会资本投入。积极推动设立融资担保基金，推进环保设备融资租赁业务发展。推广股权、项目收益权、特许经营权、排污权等质押融资担保，推广运用政府和社会资本合作（PPP）模式。采取环境绩效合同服务、授予开发经营权益等方式，鼓励社会资本加大水环境保护投入。（中国人民银行盐城市中心支行、市发改委、财政局牵头，市环保局、城建局、盐城银监局、市保险行业协会等参与）

增加政府资金投入。研究采取专项转移支付等方式，实施“以奖代补”、“以奖促治”。各级人民政府应逐步加大对水污染防治项目的财政投入力度，统筹有关资金，重点支持污水处理、污泥处理处置、畜禽养殖污染防治、饮用水安全保障、河道整治、水生态修复、应急清污、黑臭水体治理、海绵城市建设、近岸海域生态修复等项目和工作。对环境监管能力建设与运行经费、环境执法工作经费分级予以保障。（市财政局牵头，市发改委、环保局、城建局、农委、海洋渔业局等参与）

3. 完善激励机制

建立健全节水环保“领跑者”制度。鼓励节能减排先进企业、工业集聚区用水效率、排污强度等达到更高标准，支持开展清洁生产、节约用水和污染治理等示范。（市发改委牵头，市经信委、财政局、环保局、城建局、水利局等参与）

完善绿色金融体系。积极发挥金融机构在水环境保护中的作用，重点加大对循环经济、污水处理、水资源节约、水生态环境保护、清洁及可再生能源利用等领域的金融支持，畅通融资渠道。加强各级环保部门与银行、证券、保险等部门的联动，进一步完善企业环境信用评价体系，根据企业环境信用等级予以相应的鼓励、警示或惩戒，对节水环保产品和环境友好产品生产企业给予信贷倾斜，严格限制环境违法企业贷款；对节能减排显著地区的企业和项目，可优先给予信贷支持；对列入黑名单和限批区域的企业，从严控制授信。（中国人民银行盐城市中心支行牵头，市发改委、经信委、环保局、水利局和盐城银监局等参与）

健全环境污染责任保险制度。推进涉及重金属、石油化工、危险化学品生产、贮存、运输等企业开展环境污染强制责任保险试点，鼓励其他排污企业参加环境污染责任保险，建立健全环境风险防范和污染事故理赔机制。发挥保险机制的风险防范和社会保障功能，对参保企业贷款授信、申报污染防治资金等方面可以给予政策支持，逐步扩大环境污染责任保险覆盖面。（市保险行业协会、环保局牵头，市经信委、盐城银监局等参与）

4. 开展水环境补偿工作

完善水环境区域补偿办法，在蟒蛇河、通榆河、射阳河实施的基础上，逐步建立覆盖全市主要河流的水环境补偿制度。根据流域治理及国家、省、市级考核断面水质目标要求，优化补偿断面设置，及时修订补偿实施细则和监测管理办法。鼓励县（市、区）结合实际，制定实施本行政区域内的水环境区域补偿办法。（市财政局、环保局牵头，市发改委、水利局等参与）

（五）广泛动员公众参与

1. 依法公开环境信息

依法公开水环境状况信息。定期发布环境质量公报、海洋环境质量公报，定期公布各地方水环境质量排名。各县（市、区）在主要媒体及时发布水环境质量状况。建立重点排污企业环境信息强制公开制度，切实保障公众环境知情权。国控重点排污单位应在市级环保部门网站依法公开排放的主要污染物名称、排放方式、排放浓度和总量、超标排放情况，以及污染防治设施建设和运行情况，环保部门要定期公布对重点排污单位监督性监测结果。（市环保局牵

头,市水利局、国土局、海洋渔业局等参与)

研究发布工业集聚区环境友好指数、重点行业污染物排放强度、城市环境友好指数等信息。(市环保局牵头,市发改委、经信委等参与)

2. 鼓励社会监督

加强社会监督。支持环保社会组织、志愿者开展水环境保护公益活动,邀请其参与重要环保执法行动和重大水污染事件调查。健全举报制度,充分发挥"12369"环保举报热线和网络平台作用。限期办理群众举报投诉的环境问题,一经查实,可给予举报人奖励。通过公开听证、网络征集等形式,充分听取公众对重大决策和建设项目的意见。公开曝光环境违法典型案件,积极推行环境公益诉讼。(市环保局牵头,市民政局、法院等参与)

3. 构建全民行动格局

广泛开展宣传教育。制定水环境保护宣传方案,细化工作措施,分年度组织实施。经常性开展宣传,详细解读水污染防治措施,跟踪报道工作成效。把水资源节约、水环境保护和水情知识纳入国民教育体系,提高公众对经济社会发展和环境保护客观规律的认识。依托中小学节水教育、水土保持教育、环境教育、健康教育等社会实践基地,开展环保社会实践活动。为排污单位提供水污染防治法律法规、政策培训和咨询,引导自觉履行社会环保责任。(市环保局牵头,市委宣传部、教育局、水利局、城建局、卫计委等参与)

推广绿色生活方式。倡导文明、节约、绿色、健康的消费方式和生活习惯,开展环保社区、学校、家庭等群众性创建活动,推动节约用水,鼓励购买使用节水产品和环境标志产品。在全社会牢固树立"节水洁水,人人有责"的行为准则,共同改善水环境质量。(市环保局牵头,市委宣传部、教育局、城建局、水利局等参与)

四、组织实施

(一)强化领导责任

各县(市、区)要严格执行党政同责、一岗双责的要求,全力推进水污染防治各项工作。各县(市、区)人民政府应于2016年7月底前制定并公布水污染防治工作方案,报市人民政府备案。工作方案应明确污染治理目标、重点任务、资金政策保障和监管措施。2016至2020年,逐年制定年度实施计划,确定年度目标、治理项目及责任分工。(市环保局牵头,市发改委、财政局、城建局、水利局等参与)

(二)明确部门管理责任

市政府建立水污染防治联席会议制度,明确市各有关部门职责分工,定期召开会议,研究解决重大问题,协调推进联合监测、联合执法、应急联动、信息共享等工作。市环保局要加强统一指导、协调和监督,及时向市人民政府报告工作情况。(市环保局牵头,市发改委、科技局、经信委、财政局、城建局、交通运输局、水利局、农委、国土局、海洋渔业局、林业局和海事局等参与)

(三)落实排污单位主体责任

各类排污单位要严格执行环保法律法规和制度,加强污染治理设施建设和运行管理,按照排污许可要求实现稳定达标排放,开展自行监测或者委托第三方监测,落实治污减排、环境风险防范等责任。重点园区和重点企业要带头落实,向社会公开环境承诺,工业集聚区内的企业建立环保自律机制。(市环保局牵头,市国资委、经信委等参与)

(四)严格目标任务考核

构建以环境质量改善为核心的目标责任考核体系,市政府与各县(市、区)人民政府(管委会)、市各有关部门签订水污染防治目标责任书,分解落实目标任务。每年对方案的实施情况进行考核,考核结果向社会公布,并移送干部主管部门,按照《关于建立促进科学发展的党政领导班子和领导干部考核评价机制的意见》、《江苏省市县党政主要领导干部环保工作实绩考核暂行办法》等规定,将考核和评估结果作为领导班子、领导干部综合考核评价的重要依据(市环保局牵头,市委组织部参与)。考核结果作为水污染防治相关资金分配的参考依据。(市财政局、发改委牵头,市环保局参与)

对未通过年度考核的,约谈县(市、区)人民政府及其相关部门负责人,督促整改。对有关地区和企业实施建设项目环评限批,取消市级环境保护荣誉称号。对因工作不力、履职缺位等导致未能有效应对水环境污染事件的,以及干预、伪造数据和没有完成年度目标任务的,要依法依纪追究有关单位和人员责任。对忽视生态环境盲目决策,导致水环境质量恶化,造成严重后果的领导干部,要记录在案,视情节轻重,给予组织处理或党纪政纪处分,已经离任的或退休的要实行终身追究责任。

文件目录

一、盐发文件

关于落实发展新理念,加快农业现代化,实现全面小康目标的意见　盐发〔2016〕1号　(2016年2月15日)

关于认真组织开展2015—2016年度全市基层党员干部冬训工作的意见　盐发〔2016〕2号　(2016年1月6日)

关于开展"作风建设提升年"活动的实施意见　盐发〔2016〕3号　(2016年2月6日)

关于市委常委会"三严三实"专题民主生活会情况的通报　盐发〔2016〕4号　(2016年2月18日)

中共盐城市委印发《关于开展中央巡视组巡视江苏反馈意见整改落实情况"回头看"工作的实施方案》的通知　盐发〔2016〕7号　(2016年4月5日)

关于推进供给侧结构性改革的意见　盐发〔2016〕9号　(2016年4月20日)

关于2015年度党风廉政建设责任制检查考核工作的情况通报　盐发〔2016〕10号　(2016年4月21日)

关于加强禁毒工作的实施意见　盐发〔2016〕11号　(2016年5月19日)

关于加快发展园区经济,大力培植新增长点的意见　盐发〔2016〕12号　(2016年6月13日)

关于加快推进生态文明建设的实施意见　盐发

〔2016〕13 号 （2016 年 6 月 13 日）

关于在抢险救灾中充分发挥各级党组织战斗堡垒和广大党员先锋模范作用的通知 盐发〔2016〕14 号 （2016 年 6 月 25 日）

关于印发《盐城市 6 · 23 龙卷风冰雹特别重大灾害灾后重建工作方案》的通知 盐发〔2016〕15 号 （2016 年 7 月 7 日）

关于在“两学一做”学习教育中大力弘扬抗灾救灾精神的通知 盐发〔2016〕16 号 （2016 年 7 月 15 日）

关于开展地方党政主要领导干部自然资源资产高级审计工作的实施意见 盐发〔2016〕17 号 （2016 年 8 月 4 日）

关于进一步加强城市工作和新型城镇化建设的意见 盐发〔2016〕18 号 （2016 年 8 月 12 日）

关于加快推进教育现代化建设，努力办好人民满意教育的意见 盐发〔2016〕19 号 （2016 年 8 月 12 日）

关于选举产生中国共产党盐城市第七次代表大会代表的通知 盐发〔2016〕20 号 （2016 年 8 月 21 日）

关于印发《深化市管企业负责人薪酬制度改革实施意见》的通知 盐发〔2016〕22 号 （2016 年 9 月 28 日）

中共盐城市委常委会议的决策规则 盐发〔2016〕23 号 （2016 年 10 月 11 日）

中共盐城市委关于印发《中共盐城市委中心组学习制度》的通知 盐发〔2016〕24 号 （2016 年 10 月 28 日）

关于印发《盐城市创建全国文明城市工作问责办法》的通知 盐发〔2016〕25 号 （2016 年 11 月 17 日）

关于全市年度目标任务综合考核的意见 盐发〔2016〕26 号 （2016 年 11 月 22 日）

关于深入推进法治盐城建设的意见 盐发〔2016〕28 号 （2016 年 11 月 29 日）

关于印发《关于在全市公民中开展法治宣传教育的第七个五年规划（2016—2020 年）》的通知 盐发〔2016〕29 号 （2016 年 11 月 30 日）

中共盐城市委印发《关于加强巡察工作的办法（试行）》的通知 盐发〔2016〕30 号 （2016 年 11 月 30 日）

关于加强和改进新形势下党校工作的实施意见 盐发〔2016〕31 号 （2016 年 11 月 30 日）

关于推进沿海百万亩生态防护林建设工程的实施意见 盐发〔2016〕32 号 （2016 年 12 月 26 日）

关于印发《盐城市“两减六治三提升”专项行动实施方案》的通知 盐发〔2016〕33 号 （2016 年 12 月 26 日）

关于印发《盐城市生态环境保护工作责任规定（试行）》的通知 盐发〔2016〕34 号 （2016 年 12 月 26 日）

关于深化供销合作社综合改革的实施意见 盐发〔2016〕36 号 （2016 年 12 月 29 日）

二、盐委文件

关于命名 2014 年度市级“民主法治村（社区）”的决定 盐委发〔2016〕1 号 （2016 年 2 月 4 日）

关于表彰 2015 年度全市“十佳勤政标兵”和“十佳服务明星”的决定 盐委发〔2016〕2 号 （2016 年 2 月 6 日）

关于表彰 2015 年度推进农业现代化工程建设等先进单位和十佳新型职业农民的决定 盐委发〔2016〕3 号 （2016 年 2 月 15 日）

关于表彰 2015 年度盐城创业之星的决定 盐委发〔2016〕4 号 （2016 年 2 月 2 日）

关于调整市委政法委员会组成人员的通知 盐委发〔2016〕5 号 （2016 年 2 月 15 日）

关于调整市社会治安综合治理委员会组成人员的通知 盐委发〔2016〕6 号 （2016 年 2 月 15 日）

关于调整市依法治市领导小组组成人员的通知 盐委发〔2016〕7 号 （2016 年 2 月 15 日）

关于印发 2015 年度全市综合考核结果的通知 盐委发〔2016〕8 号 （2016 年 3 月 2 日）

关于商务部高燕副部长调研中韩盐城产业园区相关情况的报告（报省委） 盐委发〔2016〕9 号 （2016 年 2 月 29 日）

关于商务部高燕部长调研中韩盐城产业园区相关情况的报告（报省政府） 盐委发〔2016〕10 号 （2016 年 3 月 1 日）

关于表彰 2015 年度镇村经济发展工作先进的工作 盐委发〔2016〕11 号 （2016 年 3 月 2 日）

关于表彰盐城市劳动模范的决定 盐委发〔2016〕12 号 （2016 年 4 月 28 日）

关于表彰 2015 年度扶贫开发工作先进集体、活动人员和先进个人的决定 盐委发〔2016〕13 号 （2016 年 5 月 3 日）

关于建立中国共产党盐城幼儿师范高等专科学校委员会的通知 盐委发〔2016〕14 号 （2016 年 5 月 12 日）

关于同意召开中国共产党东台市第十四次代表大会的通知 盐委发〔2016〕15 号 （2016 年 5 月 23 日）

关于同意召开中国共产党建湖县第十四次代表大会的通知 盐委发〔2016〕16 号 （2016 年 5 月 23 日）

关于同意召开中国共产党射阳县第十五次代表大会的通知 盐委发〔2016〕17 号 （2016 年 5 月 23 日）

关于同意召开中国共产党阜宁县第十四次代表大会的通知 盐委发〔2016〕18 号 （2016 年 5 月 23 日）

关于同意召开中国共产党滨海县第十二次代表大会的通知 盐委发〔2016〕19 号 （2016 年 5 月 23 日）

关于同意召开中国共产党响水县第十次代表大会的通知 盐委发〔2016〕20 号 （2016 年 5 月 23 日）

关于同意召开中国共产党大丰区代表大会的通知 盐委发〔2016〕21 号 （2016 年 5 月 23 日）

关于同意召开中国共产党盐都区第十四次代表大会的通知 盐委发〔2016〕22 号 （2016 年 5 月 23 日）

关于同意召开中国共产党亭湖区第八次代表大会的通知 盐委发〔2016〕23 号 （2016 年 5 月 23 日）

关于授予王继军同志第七届“盐城市青年五四奖章”的决定 盐委发〔2016〕24 号 （2016 年 5 月 23 日）

关于成立盐城市“阜宁 6 · 23 龙卷风灾害”救灾应急指挥中心和现场指挥部的通知 盐委发〔2016〕25 号 （2016 年 6 月 23 日）

关于我市抢险救灾工作情况汇报 盐委发〔2016〕26 号 （2016 年 6 月 24 日）

关于盐城"6·23"特大龙卷风灾害抢险救灾工作情况报告　盐委发〔2016〕27号　（2016年6月26日）

关于表彰优秀共产党员、优秀党务工作者、先进基层党组织的决定　盐委发〔2016〕28号　（2016年6月30日）

关于贯彻落实省委李强书记在盐城调研慰问重要指示精神的报告　盐委发〔2016〕29号　（2016年7月4日）

关于成立盐城市"6·23"龙卷风冰雹特别重大灾害灾后重建工作指挥部的通知　盐委发〔2016〕31号　（2016年7月4日）

关于财新网"风灾孤女"视频相关情况的核查汇报　盐委发〔2016〕30号　（2016年7月5日）

关于成立盐城市事业单位登记管理局的通知　盐委发〔2016〕32号　（2016年7月15日）

关于调整盐城市地方志编纂委员会组成人员的通知　盐委发〔2016〕33号　（2016年7月18日）

关于在抗灾救灾中发挥党组织战斗堡垒和党员先锋模范作用的情况报告　盐委发〔2016〕34号　（2016年7月21日）

关于召开中国共产党盐城市第七代表大会的请示　盐委发〔2016〕35号　（2016年7月26日）

关于表彰关心支持国防建设"十佳领导"、"十佳专武干部""十佳公民"和"十佳营连"的决定　盐委发〔2016〕36号　（2016年8月12日）

关于确定盐城市出席中国共产党江苏省第十三次代表大会代表候选人预备人选的情况报告　盐委发〔2016〕37号　（2016年9月26日）

关于2011—2015年全市普法工作考核情况的通报　盐委发〔2016〕38号　（2016年9月9日）

关于选举产生盐城市出席中国共产党江苏省第十三次代表大会代表的情况汇报　盐委发〔2016〕39号　（2016年9月30日）

关于市委常委工作分工的通知　盐委发〔2016〕40号　（2016年10月7日）

关于成立市委巡察工作领导小组的通知　盐委发〔2016〕41号　（2016年10月14日）

关于成立创建全国文明城市领导小组和指挥部的通知　盐委发〔2016〕42号　（2016年10月24日）

关于调整盐城市机构编制委员会组成人员的通知　盐委发〔2016〕43号　（2016年11月16日）

关于调整市委全面深化改革领导小组的通知　盐委发〔2016〕44号　（2016年11月16日）

关于盐城"6·23"龙卷风冰雹特别重大灾害抢险救灾记功奖励的请示　盐委发〔2016〕45号　（2016年11月16日）

关于资助2016年度"515"领军人才的决定　盐委发〔2016〕46号　（2016年11月17日）

关于表扬2013—2015年法治盐城建设先进单位、先进个人的决定　盐委发〔2016〕47号　（2016年11月29日）

关于对江苏德龙镍业有限公司违规建设钢铁项目处置情况的汇报　盐委发〔2016〕48号　（2016年12月6日）

关于调整完善全市重大项目建设工作组织领导体制的通知　盐委发〔2016〕49号　（2016年12月5日）

三、盐政发文件

盐城市人民政府关于下达2016年市政府为民办实事项目任务的通知　盐政发〔2016〕1号　（2016年2月2日）

盐城市人民政府关于推进大数据产业发展的实施意见　盐政发〔2016〕9号　（2016年1月5日）

盐城市人民政府关于印发2016年绿色盐城建设工作意见的通知　盐政发〔2016〕11号　（2016年1月25日）

盐城市人民政府关于印发2016年度规范性文件制定计划的通知　盐政发〔2016〕12号　（2016年1月21日）

盐城市人民政府关于加强重点工程建设资金筹集与管理的意见　盐政发〔2016〕14号　（2016年2月6日）

盐城市人民政府关于加快全市棚户区(危旧房、城中村)改造工作的意见　盐政发〔2016〕15号　（2016年2月16日）

盐城市人民政府关于盐城市公共交通总公司实施公司制改建的通知　盐政发〔2016〕16号　（2016年3月2日）

盐城市人民政府关于下达市区2016年度城市建设任务的通知　盐政发〔2016〕17号　（2016年3月2日）

盐城市人民政府盐城军分区关于进一步做好全市军人军属法律援助工作的意见　盐政发〔2016〕19号　（2016年3月16日）

盐城市人民政府关于印发中国制造2025盐城行动计划的通知　盐政发〔2016〕22号　（2016年3月18日）

盐城市人民政府关于王永忠等同志职务任免的通知　盐政发〔2016〕24号　（2016年1月21日）

盐城市人民政府关于成立盐城市大数据产业管理办公室的通知　盐政发〔2016〕31号　（2016年4月18日）

盐城市人民政府关于成立盐城幼儿师范高等专科学校的通知　盐政发〔2016〕32号　（2016年4月19日）

盐城市人民政府关于降低实体经济企业成本的实施意见　盐政发〔2016〕33号　（2016年4月21日）

盐城市人民政府关于供给侧结构性改革补短板的实施意见　盐政发〔2016〕34号　（2016年4月20日）

盐城市人民政府关于供给侧结构性改革去杠杆的实施意见　盐政发〔2016〕35号　（2016年4月20日）

盐城市人民政府关于供给侧结构性改革去产能的实施意见　盐政发〔2016〕36号　（2016年4月20日）

盐城市人民政府关于供给侧结构性改革去库存的实施意见　盐政发〔2016〕37号　（2016年4月20日）

盐城市人民政府关于印发2016年盐城市八大类重点工程项目任务的通知　盐政发〔2016〕38号　（2016年4月19日）

盐城市人民政府关于公布2015年度盐城市科学技术奖获奖名单的通知　盐政发〔2016〕43号　（2016年4月28日）

盐城市人民政府关于印发盐城市国民经济和社会发展第十三个五年规划纲要的通知　盐政发〔2016〕44号　（2016年5月3日）

盐城市人民政府关于印发2016年全市推进依法行政建设法治政府工作要点的通知　盐政发〔2016〕45号（2016年5月3日）

盐城市人民政府关于祁广亚等同志职务任免的通知　盐政发〔2016〕48号　（2016年5月9日）

盐城市人民政府关于印发盐城市“十三五”科技创新发展规划的通知　盐政发〔2016〕52号　（2016年5月15日）

盐城市人民政府关于相关副市长工作分工的通知　盐政发〔2016〕56号　（2016年6月3日）

盐城市人民政府关于进一步放宽企业住所（经营场所）登记条件的实施意见　盐政发〔2016〕61号（2016年6月14日）

盐城市人民政府关于印发盐城市水污染防治工作方案的通知　盐政发〔2016〕63号　（2016年6月22日）

盐城市人民政府关于李志军等同志职务任免的通知　盐政发〔2016〕65号　（2016年7月11日）

盐城市人民政府关于建立政府法律顾问制度的意见　盐政发〔2016〕66号　（2016年7月7日）

盐城市人民政府关于盐城体育运动学校升格的通知　盐政发〔2016〕68号　（2016年7月25日）

盐城市人民政府关于明确盐城幼儿师范高等专科学校隶属关系的通知　盐政发〔2016〕71号　（2016年8月5日）

盐城市人民政府关于推进“先照后证”改革后加强事中事后监管的实施意见　盐政发〔2016〕73号（2016年8月15日）

盐城市人民政府关于印发2016年全市深化简政放权放管结合优化服务改革工作要点的通知　盐政发〔2016〕75号　（2016年8月22日）

盐城市人民政府关于建立以信用为核心事中事后监管机制的实施意见　盐政发〔2016〕76号　（2016年8月29日）

盐城市人民政府关于印发盐城市市长质量奖管理办法的通知　盐政发〔2016〕81号　（2016年9月26日）

盐城市人民政府关于聘任张进华等为市政府产业发展经济顾问的通知　盐政发〔2016〕87号　（2016年11月15日）

盐城市人民政府关于给予创成全国绿化模范城市有突出贡献人员记功奖励的通知　盐政发〔2016〕89号（2016年11月15日）

盐城市人民政府关于印发开展企业“争星创优”活动意见的通知　盐政发〔2016〕93号　（2016年12月11日）

盐城市人民政府关于印发2017年绿色盐城建设工作意见的通知　盐政发〔2016〕97号　（2017年1月13日）

盐城市人民政府关于印发2017年绿色盐城建设工作意见的通知　盐政发〔2016〕97号　（2016年12月30日）

盐城市人民政府关于组建盐城市体育产业集团有限公司的通知　盐政发〔2016〕100号　（2016年12月30日）

盐城市人民政府关于在市场体系建设中建立公平竞争审查制度的实施意见　盐政发〔2016〕103号（2017年1月16日）

盐城市人民政府关于公布盐城市第十一次哲学社会科学优秀成果奖的通知　盐政发〔2016〕104号（2017年1月8日）

盐城市人民政府关于顾亚军等同志职务任免的通知　盐政发〔2016〕105号　（2017年1月10日）

盐城市人民政府关于汤中文等同志正式任职的通知　盐政发〔2016〕106号　（2017年1月10日）

盐城市人民政府关于朱金明等同志职务任免的通知　盐政发〔2016〕107号　（2017年1月10日）

盐城市人民政府关于高曙红等同志职务任免的通知　盐政发〔2016〕108号　（2017年1月10日）

盐城市人民政府关于划定连云港至盐城铁路盐城段线路安全保护区的通告　盐政发〔2016〕109号（2017年1月10日）

盐城市人民政府关于划定徐州至淮安至盐城铁路盐城段线路安全保护区的通告　盐政发〔2016〕110号（2017年1月10日）

四、盐办发文件

关于印发《县（市、区）纪委书记、副书记提名考察办法（试行）》《市纪委派驻纪检组组长、副组长提名考察办法（试行）》《市属事业单位纪委书记、副书记提名考察办法（试行）》《市属企业纪委书记、副书记提名考察办法（试行）》的通知　盐办发〔2016〕1号　（2016年1月14日）

关于细化分解市委工作会议重点工作任务的通知　盐办发〔2016〕2号　（2016年1月29日）

关于印发《政协盐城市委员会2016年度协商计划》的通知　盐办发〔2016〕3号　（2016年2月5日）

印发《关于在全市开展“项目载体提升年”活动的实施方案》的通知　盐办发〔2016〕4号　（2016年2月5日）

关于深入实施农业“接二连三”工程的通知　盐办发〔2016〕5号　（2016年2月15日）

关于大力推进生态循环农业发展的意见　盐办发〔2016〕6号　（2016年2月15日）

印发《关于推进全市开放型农业发展三年行动计划》的通知　盐办发〔2016〕7号　（2016年2月15日）

关于印发2016年市委重点工作督查计划安排的通知　盐办发〔2016〕8号　（2016年2月15日）

关于印发《盐城市2016年省、市劳动模范和先进工作者推荐评选工作方案》的通知　盐办发〔2016〕9号（2016年2月22日）

关于分解落实2016年全市农村工作会议重点任务、农业农村重点工作目标、重点项目（工程）的通知　盐办发〔2016〕10号　（2016年3月2日）

关于切实做好2016年产业创新“十大工程”重点项目修改完善情况的汇报　盐办发〔2016〕11号（2016年2月29日）

关于下达2016年城市提升“十大工程”项目任务的通知　盐办发〔2016〕12号　（2016年3月18日）

关于印发《2016年党风廉政建设和反腐败工作责任分解意见》的通知　盐办发〔2016〕13号　（2016年3月22日）

关于转发《2016年全市宣传思想文化工作要点》的通

知　盐办发〔2016〕14 号　(2016 年 3 月 22 日)

关于印发《2016 年全市法治宣传教育工作要点》的通知　盐办发〔2016〕15 号　(2016 年 3 月 22 日)

关于印发《全面推进盐城法治社会建设 2016 年工作要点》的通知　盐办发〔2016〕16 号　(2016 年 3 月 22 日)

关于印发《2016 年 4 月份全市领导干部下访"金桥行动"实施方案》的通知　盐办发〔2016〕17 号　(2016 年 3 月 30 日)

关于印发《2016 年全市扶贫开发工作要点》的通知　盐办发〔2016〕18 号　(2016 年 3 月 31 日)

关于印发《2016 年全市央企招商工作方案》的通知　盐办发〔2016〕19 号　(2016 年 4 月 8 日)

关于印发《2016 年全市沿海发展工作要点》的通知　盐办发〔2016〕20 号　(2016 年 4 月 8 日)

关于市处理信访突出问题及群体性事件联席会议更名为市信访工作联席会议的通知　盐办发〔2016〕21 号　(2016 年 4 月 15 日)

关于下达 2016 年全市国民经济和社会发展预期目标的通知　盐办发〔2016〕22 号　(2016 年 4 月 19 日)

关于印发《中国盐城丹顶鹤国际湿地生态旅游节暨第九届海盐文化节总体工作方案》的通知　盐办发〔2016〕23 号　(2016 年 4 月 21 日)

关于切实做好 2016 年全市"三重"工作的通知　盐办发〔2016〕24 号　(2016 年 4 月 20 日)

关于印发《中共盐城市委全面深化改革领导小组 2016 年工作要点》的通知　盐办发〔2016〕25 号　(2016 年 4 月 29 日)

关于印发《盐城市关心下一代工作委员会 2015 年主要工作情况和 2016 年工作要点》的通知　盐办发〔2016〕26 号　(2016 年 4 月 29 日)

关于印发《脱贫致富奔小康工程考核办法》的通知　盐办发〔2016〕27 号　(2016 年 5 月 3 日)

印发《关于进一步加强全市农村基层党建工作的实施意见》的通知　盐办发〔2016〕28 号　(2016 年 5 月 5 日)

印发《关于在全市共产党中开展"学党章党规、学系列讲话，做合格党员"学习教育的实施方案》的通知　盐办发〔2016〕29 号　(2016 年 5 月 3 日)

关于切实做好 2016 年度市领导挂钩帮扶经济薄弱村发展集体经济项目的通知　盐办发〔2016〕30 号　(2016 年 5 月 15 日)

关于印发《市委常委会开展"两学一做"学习教育工作方案》的通知　盐办发〔2016〕32 号　(2016 年 5 月 23 日)

关于印发《盐城市政府投资重大工程项目廉政建设问责办法(试行)》的通知　盐办发〔2016〕34 号　(2016 年 5 月 25 日)

关于中国共产党成立 95 周年纪念活动的通知　盐办发〔2016〕35 号　(2016 年 6 月 20 日)

关于印发《盐城市党政领导干部生态环境损害责任追究实施细则》的通知　盐办发〔2016〕36 号　(2016 年 7 月 11 日)

关于全面征集整理"6・23"龙卷风冰雹特别重大灾害有关资料的通知　盐办发〔2016〕37 号　(2016 年 7 月 18 日)

印发《关于加强城乡社区协商的实施意见》的通知　盐办发〔2016〕38 号　(2016 年 7 月 26 日)

印发《关于深入推进农村社区建设工作的实施意见》的通知　盐办发〔2016〕39 号　(2016 年 7 月 26 日)

关于印发《全市农村康居工程建设三年行动方案》的通知　盐办发〔2016〕41 号　(2016 年 8 月 3 日)

关于印发《盐城市国家新型城镇化综合试点具体工作方案》的通知　盐办发〔2016〕42 号　(2016 年 8 月 9 日)

关于印发《盐城市生态文明建设环境保护重点任务行动方案(2016—2017 年)》的通知　盐办发〔2016〕43 号　(2016 年 8 月 11 日)

关于印发《全市镇区环境整治提升三年行动方案》的通知　盐办发〔2016〕44 号　(2016 年 8 月 12 日)

关于在全市组织开展抗灾救灾精神巡回宣讲活动的通知　盐办发〔2016〕45 号　(2016 年 8 月 21 日)

关于印发《盐城市工业企业污染专项整治行动实施方案》的通知　盐办发〔2016〕46 号　(2016 年 8 月 21 日)

关于印发《盐城市"十三五"期间人口和计划生育工作考核评估意见》的通知　盐办发〔2016〕47 号　(2016 年 8 月 22 日)

关于印发《盐城市畜禽养殖污染专项整治行动实施方案》的通知　盐办发〔2016〕48 号　(2016 年 8 月 27 日)

印发《关于完善法律援助制度的实施办法》的通知　盐办发〔2016〕50 号　(2016 年 9 月 7 日)

关于印发深化医改综合试点加快健康盐城建设实施意见的通知　盐办发〔2016〕51 号　(2016 年 9 月 7 日)

关于细化分解市第七次党代会报告重点工作任务的通知　盐办发〔2016〕52 号　(2016 年 10 月 10 日)

转发《市纪委机关、市委组织部、市公安局关于进一步加强国家工作人员因私出国(境)管理工作的通知》的通知　盐办发〔2016〕53 号　(2016 年 10 月 10 日)

关于继续实行市领导联系街道、市各有关部门(单位)挂钩社区(村)开展创建全国文明城市工作的通知　盐办发〔2016〕54 号　(2016 年 10 月 24 日)

关于做好全市第十一届村民委员会和第六届社区居委会换届选举工作的通知　盐办发〔2016〕55 号　(2016 年 10 月 26 日)

关于建立盐城市商用密码行政执法联席会议制度的通知　盐办发〔2016〕56 号　(2016 年 10 月 20 日)

关于做好全市 2017 年度党报党刊征订发行工作的通知　盐办发〔2016〕59 号　(2016 年 11 月 26 日)

关于印发《中共盐城市第七届委员会巡察工作规划》的通知　盐办发〔2016〕60 号　(2016 年 11 月 30 日)

关于印发《盐城市全市性行业协会商会与行政机关脱钩试点方案》的通知　盐办发〔2016〕61 号　(2016 年 11 月 30 日)

关于支持人民法院落实"用两到三年时间基本解决执行难问题"的意见　盐办发〔2016〕63 号　(2016 年 12 月 5 日)

关于组织万名党员干部进村入户助贫“三清三实三帮”大走访活动的通知　盐办发〔2016〕64 号（2016 年 12 月 27 日）

印发《〈中共盐城市委、盐城市人民政府关于加快推进教育现代化建设努力办好人民满意教育的实施意见〉重点任务分工方案》的通知　盐办发〔2016〕65 号（2016 年 12 月 26 日）

关于印发《全市农村环境改善提升行动计划》的通知　盐办发〔2016〕66 号　（2016 年 12 月 27 日）

关于印发盐城市专业招商队伍建设三年行动计划的通知　盐办发〔2016〕67 号　（2016 年 12 月 29 日）

五、盐办文件

关于成立市港澳工作协调小组的通知　盐办发〔2016〕1 号　（2016 年 1 月 14 日）

关于印发《2015 年度全市机要工作考评结果》的通知　盐办发〔2016〕2 号　（2016 年 1 月 18 日）

关于调整市法治宣传教育领导小组组成人员的通知　盐办发〔2016〕3 号　（2016 年 2 月 2 日）

关于印发《2015 年度全市党委信息工作考核结果》的通知　盐办发〔2016〕4 号　（2016 年 2 月 6 日）

关于公布全市“十二五”学前教育先进集体和先进个人名单的通知　盐办发〔2016〕5 号　（2016 年 3 月 2 日）

关于成立市区老城区（旧城）改造工作指挥部的通知　盐办发〔2016〕6 号　（2016 年 3 月 2 日）

关于调整市委建设学习型党组织工作协调小组成员的通知　盐办发〔2016〕7 号　（2016 年 3 月 21 日）

关于成立市医患纠纷人民调解工作指导委员会的通知　盐办发〔2016〕8 号　（2016 年 4 月 15 日）

关于邱俊、周彩荣同志任职的请示　盐办发〔2016〕9 号　（2016 年 4 月 15 日）

关于调整市委党的建设工作领导小组组成人员的通知　盐办发〔2016〕10 号　（2016 年 4 月 19 日）

关于调整盐城市旅游委员会组成人员的通知　盐办发〔2016〕11 号　（2016 年 5 月 23 日）

关于调整市委老干部工作领导小组组成人员的通知　盐办发〔2016〕12 号　（2016 年 5 月 24 日）

关于落实省委巡视办《整改通知书》反馈意见的情况报告　盐办发〔2016〕13 号　（2016 年 7 月 5 日）

关于调整市禁毒委员会成员的通知　盐办发〔2016〕14 号　（2016 年 7 月 5 日）

关于调整市社会文化管理委员会（“扫黄打非”工作领导小组）委员（组成人员）的通知　盐办发〔2016〕15 号（2016 年 7 月 6 日）

关于成立盐城市环境保护专项整治领导小组的通知　盐办发〔2016〕16 号　（2016 年 7 月 30 日）

关于成立盐城市畜禽养殖污染专项整治行动领导小组的通知　盐办发〔2016〕17 号　（2016 年 8 月 5 日）

关于成立全市农村康居工程建设推进工作领导小组的通知　盐办发〔2016〕18 号　（2016 年 8 月 12 日）

关于成立市推进新型城镇化工作领导小组的通知　盐办发〔2016〕19 号　（2016 年 8 月 21 日）

关于设立盐城市人大常委会选举工作办公室的通知　盐办发〔2016〕20 号　（2016 年 10 月 11 日）

关于调整市社会治安综合治理委员会组成人员的通知　盐办发〔2016〕21 号　（2016 年 10 月 11 日）

关于调整盐城市目标任务综合考核领导小组组成人员的通知　盐办发〔2016〕22 号　（2016 年 10 月 12 日）

关于王飞同志任职的请示　盐办发〔2016〕23 号（2016 年 10 月 12 日）

关于成立市第十一届村民委员会和第六届社区居委会换届选举工作指导小组的通知　盐办发〔2016〕24 号（2016 年 10 月 26 日）

关于市委有关副秘书长工作分工的通知　盐办发〔2016〕25 号　（2016 年 11 月 16 日）

关于调整市委党的建设工作领导小组组成人员的通知　盐办发〔2016〕26 号　（2016 年 11 月 16 日）

关于成立中央环保督察反馈问题整改工作领导小组的通知　盐办发〔2016〕27 号　（2016 年 11 月 18 日）

关于王荣平、戴源、朱克江同志有关议事协调机构职务调整的通知　盐办发〔2016〕28 号　（2016 年 11 月 15 日）

关于王永兵等同志职务任免的请示　盐办发〔2016〕29 号　（2016 年 11 月 25 日）

关于成立盐城市国家森林城市森林小镇森林村庄创建工作指挥部的通知　盐办发〔2016〕30 号（2016 年 12 月 26 日）

关于成立盐城市沿海百万亩生态防护林工程建设领导小组的通知　盐办发〔2016〕31 号　（2016 年 12 月 26 日）

六、盐政办发文件

关于印发盐城市贯彻实施质量发展纲要 2016 年行动计划任务分工的通知　盐政办发〔2016〕72 号（2016 年 10 月 9 日）

七、盐政规发文件

关于进一步加强仲裁工作的意见　盐政规发〔2016〕1 号　（2016 年 1 月 16 日）

关于印发盐城市通榆河管理与保护办法的通知　盐政规发〔2016〕2 号　（2016 年 4 月 30 日）

综合考评

一、综合先进

（一）县（市、区）

一等奖：大丰区　东台市　盐都区

二等奖：射阳县　阜宁县　城南新区

三等奖：亭湖区　滨海县

（二）市直部门、省属驻盐单位

市财政局　市发改委　市经信委　市城建局

市农委　市交通运输局(铁路办)　市工商局
市商务局(贸促会)　市水利局　市环保局
市统计局　市公安局(市委610办)　市人社局
市政务服务办　市司法局　市城管局　市外办
市民政局　市检察院　市中级法院　市编办
市级机关工委　市委农办(扶贫办)　市信访局
盐城广播电视台　团市委　市总工会　市国土局
市国税局　市审计局　盐城地税局　盐城银监局
人民银行盐城市中心支行　盐城海关　盐城供电公司
国家统计局盐城调查队　中国银行盐城分行
兴业银行盐城分行　邮政储蓄银行盐城市分行
南京银行盐城分行　农发行盐城市分行
国投集团　银宝公司(农水集团)　城投集团
南洋机场公司

二、特殊贡献奖

市文广新局　文化精品淮剧《小镇》荣获国家舞台艺术政府最高奖“文华大奖”

三、单项工作先进

(一)招商引资和项目推进工作

东台市　大丰区　盐都区　亭湖区　射阳县　阜宁县
盐城经济技术开发区　盐城高新技术产业开发区
大丰港经济开发区　东台经济开发区
盐城大数据产业园　盐城经济技术开发区新城街道
阜宁县阜城街道　建湖县上冈镇　射阳县合德镇
盐都区张庄街道

(二)工业经济和转型升级工作

盐都区　盐城经济技术开发区　大丰区　东台市
射阳县　盐城高新技术产业开发区　阜宁经济开发区
盐城大数据产业园　盐城环保科技城
建湖经济开发区　响水县小尖镇　滨海县东坎镇
阜宁县阜城街道　大丰区大中镇　东台市梁垛镇

(三)生态文明建设工作

大丰区　盐都区　东台市　建湖县
盐城经济技术开发区　亭湖区　东台市安丰镇
大丰区刘庄镇　射阳县海河镇　建湖县九龙口镇
阜宁县芦蒲镇　滨海县东坎镇　响水县运河镇
盐城环保科技城　盐城大数据产业园

(四)民生幸福和社会事业工作

盐都区　阜宁县　大丰区　建湖县　射阳县　东台市
响水县运河镇　滨海县滨淮镇　亭湖区五星街道
盐城经济技术开发区新城街道　城南新区新都街道
盐城技师学院　盐城中学教育集团　市中医院
市救助管理站　市演艺集团

(五)科技创新和人才工作

大丰区　盐都区　东台市　滨海县　射阳县　亭湖区
盐城经济技术开发区　城南新区
盐城高新技术产业开发区　盐城环保科技城
大丰经济开发区　滨海沿海工业园
江苏省沿海人才市场　市中医院
市第一小学教育集团　市演艺集团

(六)沿海开发和基础设施建设工作

大丰区　滨海县　射阳县　东台市　响水县　盐都区
建湖经济开发区　亭湖区便仓镇
盐城经济技术开发区步凤镇　城南新区新都街道
阜宁县益林镇　常州高新区大丰工业园
响水工业经济区　射阳港经济开发区
东台沿海经济区

(七)园区发展和开放型经济工作

大丰区　盐都区　东台市　射阳县　滨海县
盐城经济技术开发区　盐城高新技术产业开发区
大丰经济开发区　东台经济开发区　建湖经济开发区
滨海经济开发区　盐城环保科技城

(八)农业现代化和统筹城乡发展工作

东台市　盐都区　大丰区　亭湖区　建湖县
滨海县　响水县　大丰区新丰镇　射阳县海通镇
阜宁县东沟镇　盐城经济技术开发区步凤镇
响水县南河现代农业示范园
“七彩阜宁”农业公园(阜宁县现代农业产业园区)
江苏省鹤乡菊海现代农业产业园(射阳县)
城南新区现代农业产业园区

(九)全民创业和镇村经济发展工作

东台市　盐都区　建湖县　阜宁县　射阳县　滨海县
大丰区大中镇　响水县响水镇　亭湖区文峰街道
盐城经济技术开发区步凤镇　城南新区新都街道
大丰区新丰镇裕北村　响水县黄圩镇泾口村
亭湖区新洋街道北闸村
盐城经济技术开发区步凤镇伍新村
城南新区黄海街道宝龙社区

(十)新型城镇化和城市建设管理工作

大丰区　东台市　盐都区　阜宁县　射阳县
大丰区新丰镇　东台市富安镇　射阳县盘湾镇
盐都区大纵湖镇　亭湖区黄尖镇

(十一)现代服务业发展工作

大丰区　东台市　盐都区　亭湖区　城南新区
建湖县　射阳县　盐城现代物流集聚区
盐城城西南现代物流集聚区
东台市科技服务业集聚区
国药控股盐城有限公司
江苏大丰海港控股集团有限公司

(十二)旅游业发展工作

大丰区　盐都区　东台市　阜宁县　射阳县
滨海县　大丰麋鹿自然保护区
江苏黄海海滨国家森林公园景区　阜宁金沙湖旅游度假区
亭湖黄尖牡丹园　驿都金陵大酒店　悦达国际旅行社

(十三)政法综治和信访稳定工作

大丰区　城南新区　盐都区　射阳县　东台市
盐城经济技术开发区　大丰区大中镇
城南新区黄海街道　盐都区楼王镇
射阳县海河镇　滨海县天场镇　阜宁县罗桥镇
亭湖区新洋街道　建湖县恒济镇　响水县黄圩镇

（十四）党建创新工作

建湖县　滨海县　东台市　大丰区　射阳县

盐都区　阜宁县　亭湖区黄尖镇　亭湖区五星街道

盐城总部经济基地　城南新区新都街道

响水县南河镇　响水县双港镇

盐城经济技术开发区新城街道

盐城经济技术开发区光电产业园区管理办公室

（十五）反腐倡廉和作风建设工作

响水县　滨海县　阜宁县　射阳县　大丰区　亭湖区

市商务局　市财政局　市公安局　市国税局

建湖经济开发区　东台市梁垛镇　盐都区楼王镇

盐城经济技术开发区步凤镇　城南新区科教城管委会

（十六）脱贫致富奔小康工程实施工作

响水县　滨海县　阜宁县　射阳县　盐都区

盐城经济技术开发区　市公安局　市水利局

市财政局　市国土局　市教育局　市人社局

市城投集团

市委驻射阳县四明镇帮扶工作队（队长单位：盐城地税局）

市委驻阜宁县古河镇帮扶工作队（队长单位：市发改委）

市委驻射阳县洋马镇帮扶工作队（队长单位：市规划局）

（十七）宣传思想和文化发展工作

东台市　建湖县　阜宁县　大丰区　盐都区　射阳县

滨海港经济区　亭湖区新兴镇　响水县六套中心社区

盐城经济技术开发区新城街道

城南新区社会事务管理局　市文化馆

（十八）市直部门（单位）重点工作、深化改革和创新创优工作

1. 重点工作先进集体

市纪委　市卫计委　市质监局　市科技局　市安监局

市规划局　市机关事务管理局　市房管局　市林业局

市粮食局　市旅游局　市住房公积金管理中心

市委台办　市农开局　市交通控股集团

2. 深化改革先进集体

市委组织部　市委政法委　市国资委　市体育局

市教育局　悦达集团　市法制办　市供销社

市物价局　市金融办

3. 创新创优先进集体

市委宣传部　市委统战部　市委老干部局

市食药监局　市妇联　江苏有线盐城分公司

盐阜大众报报业集团　市地震局　市海洋渔业局

市委党校　市残联　盐城海事局　工商银行盐城分行

盐城检验检疫局　盐城电信公司

四、先进个人

（一）招商引资功臣

徐　红　东台沿海经济区党工委副书记、管委会副主任、弶港镇党委书记

黄　坚　建湖县高新技术经济区党工委副书记

邵士奎　盐城市纺织染整产业园副主任

徐静平　阜宁经济开发区管委会主任

密　云　大丰区妇联副主席、大丰高新技术区副主任

程廷亚　盐城高新技术产业开发区副主任、智能制造招商局局长

梁士荣　盐城环保科技城招商局副局长、招商二局局长

李春晖　盐城经济技术开发区高新技术产业招商局局长

张锦冬　城南新区经济发展局副局长

金钟宏　大丰经济开发区韩资招商局副局长

（二）创业之星

熊万军　利用稻麦秸秆制造石墨烯刹车片项目创办人

郑晓勇　新型心血管防滑球囊项目创办人

邹海丰　双路径立式复合机床项目创办人

彭光堂　轻钢结构绿色房屋开发与推广项目创办人

吴　宪　精密电子元器件用材料项目创办人

刘　勇　光学精密专用设备项目创办人

陆　杨　盐雕工艺品项目创办人

王洪民　球形高分子非金属阻隔防爆材料项目创办人

罗睿轶　新型氯磺化橡胶树脂生产项目创办人

陆军章　《我是邦女郎》创业网红系列微电影及产业链延伸项目创办人

荣誉榜

2016年，全市各层级以习近平总书记系列重要讲话精神为根本遵循，聚力创新、聚焦富民，推进产业强市、生态立市、富民兴市，全面展开“建设新盐城、发展上台阶”生动实践。年内，全市经济综合实力明显增强，转型升级取得积极进展，沿海开发开放深入推进，城乡面貌发生显著变化，改革创新激发活力动力，基础设施建设实现突破，群众生活得到不断改善，政府自身建设持续加强。全市多个单位集体获得国家、省级多项荣誉。（严志鉴）

2016年全市部分集体荣誉名单

表 附－90

序号	单位名称	荣誉名称	授奖单位	授奖时间
1	江苏省盐城市烟草专卖局（江苏省烟草公司盐城市公司）	2015年度江苏省用户满意服务之星班组	江苏省质量管理协会、江苏省总工会、江苏省妇联	2016年1月
2	盐城工业职业技术学院	第二届江苏省“互联网＋”大学生创新创业大赛优秀组织奖	江苏省教育厅	2016年1月

续表 附－90

序号	单位名称	荣誉名称	授奖单位	授奖时间
3	盐城市妇女联合会	江苏省平安家庭、创建活动先进集体	江苏省妇联、江苏省维护妇女儿童合法权益联系会议暨平安家庭创建活动领导小组	2016年1月
4	盐城工业职业技术学院	江苏省五四红旗团委创建单位	共青团江苏省委	2016年1月
5	盐城市人民检察院	2013－2015年度全省基层检察院建设组织奖	江苏省人民检察院	2016年2月
6	滨海县人民检察院	2015年度全省先进基层检察院	江苏省人民检察院	2016年2月
7	东台市人民检察院	2015年度全省先进基层检察院	江苏省人民检察院	2016年2月
8	盐城市公安局交通警察支队事故处理大队人民调解委员会	江苏省人民调解委员会规范化建设示范点	江苏省司法厅	2016年2月
9	中国银行股份有限公司盐城分行建湖支行	2015年度全国级模范职工小家	中华全国总工会	2016年2月
10	中国银行股份有限公司盐城分行东台三仓支行	2015年度江苏省模范职工小家	江苏省总工会	2016年2月
11	盐城市国家税务局	江苏制造突出贡献奖先进单位	江苏省人民政府	2016年3月
12	中国银行股份有限公司盐城分行大丰支行	江苏省“三八”红旗集体	江苏省妇联	2016年3月
13	盐城市妇联实验幼儿园	江苏省“三八”红旗集体	江苏省妇联	2016年3月
14	江苏省盐城市烟草专卖局（江苏省烟草公司盐城市公司）	全省卷烟打假工作特殊贡献奖	江苏省公安厅、江苏省烟草专卖局	2016年3月
15	盐城市公安局交通警察支队事故处理大队	集体一等功	公安部	2016年3月
16	江苏悦达集团有限公司	江苏省优秀企业	江苏省委江苏省人民政府	2016年4月
17	中国移动通信集团江苏有限公司盐城分公司盐都营销中心开发大道移动营业厅	全国工人先锋号	中华全国总工会	2016年4月
18	江苏滨海农村商业银行股份有限公司营业部	全国工人先锋号	中华全国总工会	2016年4月
19	滨海县人民检察院	2015年全国先进基层检察院	最高人民检察院	2016年5月
20	江苏省盐城市烟草专卖局（江苏省烟草公司盐城市公司）	2011－2015年全国法治宣传教育先进单位	宣传部、司法部	2016年5月
21	江苏省盐城市烟草专卖局（江苏省烟草公司盐城市公司）	全国安康杯竞赛优胜单位	中华全国总工会、国家安全生产监督管理总局	2016年6月
22	盐城市公安局交警支队车辆管理所	车辆管理所等级评定优秀车辆管理所	公安部	2016年6月
23	东台县供销社	百强县级社	全国供销合作总社	2016年6月
24	射阳县供销社	百强县级社	全国供销合作总社	2016年6月
25	阜宁县供销社	百强县级社	全国供销合作总社	2016年6月

续表 附－90

序号	单位名称	荣誉名称	授奖单位	授奖时间
26	滨海县蔡桥供销合作有限公司	基层社标杆社	全国供销合作总社	2016年6月
27	阜宁县沟墩供销有限公司	基层社标杆社	全国供销合作总社	2016年6月
28	盐都区北蒋供销合作社	基层社标杆社	全国供销合作总社	2016年6月
29	滨海县河东秸秆合作社	农民合作社示范社	全国供销合作总社	2016年6月
30	阜宁县翔羽畜禽生态饲养合作社	农民合作社示范社	全国供销合作总社	2016年6月
31	射阳县特庸仁军禽蛋合作社	农民合作社示范社	全国供销合作总社	2016年6月
32	响水县兴旺小杂粮农民合作社	农民合作社示范社	全国供销合作总社	2016年6月
33	滨海县人民检察院	全国先进基层党组织	中共中央	2016年7月
34	盐城监狱	江苏省文明单位	江苏省精神文明建设指导委员会	2016年9月
35	大丰区安监局	全国安全生产监管监察系统先进集体	人社部、国家安全监管总局	2016年9月
36	《小镇》剧组	第十五届中国文化艺术政府奖“文华大奖”	文化部	2016年10月
37	盐城市个体私营(民营)企业协会	全国个私协会系统先进单位	国家工商总局	2016年11月
38	《小镇》剧组	集体一等功	江苏省人民政府	2016年12月
39	滨海县扶贫办	全国扶贫系统先进集体	人社部、国家扶贫办	2016年12月
40	盐城市公安局交通警察支队事故处理大队	全国公安机关改革创新大赛优秀奖	公安部	2016年12月
41	盐城市旅游局	江苏省旅游系统先进集体	江苏省人社厅、江苏省旅游局	2016年12月
42	大丰区旅游局	江苏省旅游系统先进集体	江苏省人社厅、江苏省旅游局	2016年12月
43	江苏黄海海滨国家森林公园	江苏省旅游系统先进集体	江苏省人社厅、江苏省旅游局	2016年12月
44	江苏省盐城市烟草专卖局(江苏省烟草公司盐城市公司)	全国质量信得过班组	中国质量协会、中华全国总工会、全国妇联、中国科学技术协会	2016年12月
45	盐城市地震局	全国地市级防震减灾工作综合考核先进单位	中国地震局	2016年12月
46	大丰区妇联	全国妇联系统先进集体	人社部、全国妇联	2016年12月
47	阜宁县粮食局	全国粮食流通监督检查示范单位	国家粮食局	2016年12月

出版书目

2016年全市部分出版书目

表 附－91

书　　名	编著者	出版单位	出版年月
《花未央，人未老》	丁立梅	作家出版社	2016.1
《李敦甫研究》	臧必飞	中国书籍出版社	2016.1

续表 附-91

书　　名	编著者	出版单位	出版年月
《淮剧发展简史》	高虹	河海大学出版社	2016.2
《阜宁年鉴(2015)》	阜宁县地方志办公室	江苏人民出版社	2016.2
《水浒争鸣》第16辑	张虹、浦玉生、窦应元	中州古籍出版社	2016.3
《丁香岛之恋》	陶林	北京日报出版社	2016.3
《盐狐》	张苏榕	中国文联出版社	2016.3
《烽火流年》	赵峰旻	线装书局	2016.4
《阿禹》	丁年庆	中国文联出版社	2016.4
《莹雪寒香》	姜超	台海出版社	2016.6
《建湖年鉴(2016)》	建湖县地方志办公室	中国文史出版社	2016.6
《倾我一生世:纳兰容若的情与词》	吕远洋	煤炭工业出版社	2016.6
《碧血雨花飞》	张晓惠	江苏文艺出版社	2016.6
《岁月画痕里的断章》	易湄	中国文联出版社	2016.7
《那些闪闪发光的事和让人心疼的爱》	刘莹莹	青岛出版社	2016.7
《遐迩布拉格》	张大勇	文汇出版社	2016.8
《亭湖年鉴(2015)》	亭湖区地方志办公室	江苏人民出版社	2016.8
《盐城统计年鉴(2016)》	盐城市统计局 国家统计局盐城调查队	中国统计出版社	2016.8
《射阳河水静静流》	邱俊荣	上海文汇出版社	2016.8
《流浪途中的玫瑰》	宗崇茂	金城出版社	2016.8
《清荷幽香》	韦江荷	北京团结出版社	2016.9
《响水年鉴(2016)》	响水县地方志办公室	中国文史出版社	2016.9
《盐城年鉴(2016)》	盐城市地方志办公室	方志出版社	2016.10
《射阳年鉴(2016)》	射阳县地方志办公室	江苏人民出版社	2016.10
《白方礼,一个人的爱心长征》	徐向林	百花文艺出版社	2016.11
《三秒字典》	夏东明	北京华语教学出版社	2016.11
《滨海年鉴(2016)》	滨海县地方志办公室	中国文史出版社	2016.11
《盐都年鉴(2016)》	盐都区地方志办公室	方志出版社	2016.11
《大丰年鉴(2016)》	大丰区地方志办公室	方志出版社	2016.11
《东台年鉴(2016)》	东台市地方志办公室	江苏人民出版社	2016.11
《愿有岁月可回首》	潘振群	江苏人民出版社	2016.12
《潮涌灌江》	吴万群	江苏凤凰文艺出版社	2016.12
《淮剧艺术通论》	孙晓东	光明日报出版社	2016.12
《阜宁年鉴(2016)》	阜宁县地方志办公室	江苏人民出版社	2016.12

媒体报道

2016年，盐城在市外用稿实现新的突破，其中《人民日报》用稿31篇，中央电视台《新闻联播》栏目用稿40条，《新华日报》头版用稿52篇，江苏卫视《江苏新时空》用稿325条。

2016年主流媒体报道盐城·报纸宣传

表 附－92

媒体名称	新闻标题
《人民日报》	盐城扶贫力道足
《人民日报》	防寒措施好　鹤鹿饿不着
《人民日报》	不牵“牛鼻子”就要“挨板子”
《人民日报》	曹文轩：我的背景就是中国
《人民日报》	读书，让从政生涯气象万千
《人民日报》	江苏盐城市全力打造大数据产业
《人民日报》	盐城坚持湿地保护　让麋鹿回家鹤长鸣
《人民日报》	蟹苗也住“托儿所”
《人民日报》	从解决群众实际问题做起
《人民日报》	中韩象棋将棋大师双人赛落幕
《人民日报》	习近平对江苏盐城龙卷风冰雹特别重大灾害作出重要指示
《人民日报》	盐城救援　争分夺秒
《人民日报》	齐心协力重建家园
《人民日报》	救援正在有序推进
《人民日报》	抢修
《人民日报》	气象专家确认“6·23”龙卷风风力超17级
《人民日报》	防灾，别因罕见而无备
《人民日报》	风灾里，忘我救援的村支书
《人民日报》	“渔光一体”潜力巨大
《人民日报》	群众不出门，就能办成事
《人民日报》	盐城沿海湿地自行车赛落幕
《人民日报》	城乡环境展现新面貌
《人民日报》	鸟瞰大地郁金香
《人民日报》	盐城聚力打造国家级大数据产业基地
《新华每日电讯》	“百年一遇”的风雹巨灾
《新华每日电讯》	一位“找不到”的村党总支副书记
《新华每日电讯》	人民子弟兵盐城救灾记盐城：村里有发言人，月月开发布会
《光明日报》	培育“工匠精神”是应用性高校的使命
《光明日报》	走在废墟上
《光明日报》	灾难中的三个共产党员
《光明日报》	燃起希望的“三色”
《光明日报》	平凡人带来的感动

续表 附－92

媒体名称	新闻标题
《光明日报》	帮百姓抢粮卖粮是更好的救援
《经济日报》	政策托底守民生底线
《农民日报》	亭湖农业有“三变”
《农民日报》	从“盆景”到“大田”的转型之路
《农民日报》	“盐城好大米”叫响生态品牌
《农民日报》	东台:“美丽蝶变”的百姓共享
《农民日报》	脱贫攻坚　支部当先
《农民日报》	“大手机”上的称心店
《新华日报》	盐城供给侧医改提升小康质量
《新华日报》	盐都:补物流短板促供给侧改革
《新华日报》	小康路上春意浓
《新华日报》	盐城:创新供给产业高地勃兴
《新华日报》	盐都:集成创新驱动经济转型
《新华日报》	响水:河海联动拓展开放新空间
《新华日报》	大丰荷兰花海绽放多重惊喜
《新华日报》	亭湖:简政放权推动供给侧改革
《新华日报》	她,带着患病养父母一起出嫁
《新华日报》	建湖:奔小康路上文化不缺位
《新华日报》	射阳:沿海开发再创新辉煌
《新华日报》	唤醒文化自觉　点亮乡间明灯
《新华日报》	亭湖:发力供给侧　打造新引擎
《新华日报》	阜宁:城乡共饮,甘泉长流淌
《新华日报》	响水:自加压力创新转型再出发
《新华日报》	滨海:聚焦富民吹响扶贫集结号
《新华日报》	狂风中屹立不倒的强大力量
《新华日报》	创新路径,绿色发展写进“盐城答卷”
《新华日报》	盐城龙卷风冰雹特大灾害医疗卫生救援纪实
《新华日报》	建设服务房产民生房产　大力改善市民居住条件
《检察日报》	“检察蓝”“橄榄绿”共建法治边防
《检察日报》	检察官常上门,扶贫政策更透明
《中国组织人事报》	江苏盐城市构筑大学生“双创”优质生态
《中国组织人事报》	挺起不屈的脊梁
《中国组织人事报》	书记带头示范　层层传递责任
《中国纪检监察报》	响水:巡察聚焦农村突出问题
《中国县域经济报》	钱袋鼓了　脑袋“富”了
《中国县域经济报》	互联网撬动的“农业革命”
《中国县域经济报》	崇德向善　润泽民心
《中国县域经济报》	江苏盐城打造中韩经贸合作典范
《中国青年报》	盐城一大学生冲进火海救人
《中国环境报》	坚持生态立市,力塑城市绿色品质

媒体名称	新 闻 标 题
《中国环境报》	盐城迅速成立整改领导小组
《中国妇女报》	天灾无情,我们一起度过难关
《中国妇女报》	冲锋在暴风灾害救援一线的女共产党员
《中国妇女报》	面对突发灾害　妇联组织积极行动
《中国文化报》	江苏建湖构建公共文化服务体系进入快车道
《中国文化报》	“建湖杂技”多了诗情画意
《中国教育报》	中国大学频现首位“女校长”
《中国教育报》	六大职教联盟支撑地方产业升级
《中国教育报》	给留守儿童的成长“涂”上爱
《中国水运报》	严阵以待　打响防台防汛攻坚战
《中国水运报》	巧用“加减法”盐城海事助力地方发展
《中国体育报》	第八届全球华人羽毛球团体赛将启
《中国体育报》	中韩围棋团体名人锦标赛　中国队首战惜败韩国
《中国体育报》	盐城公路自行车赛举行　意大利小将夺四项第一
《中国体育报》	国际象棋大师巅峰赛盐城收兵　中国少年收获成长未来可期
《中国税务报》	流动的红袖章
《中国建设报》	以“两学一做”推动法治房产建设
《中国建设报》	法律服务到社区　化解矛盾于基层
《中国海洋报》	创新:产业发展的突围之道
《中国海洋报》	新能源成为盐城海洋绿色发展新引擎
《中国海洋报》	东台有个渔业微信群
《中国海洋报》	江苏盐城强化海洋生态文明建设
《中国教师报》	盐城启动精英教师培养计划
《人民法院报》	盐城:司法护航经济发展新常态
《人民法院报》	布下天罗地网　查控围堵老赖
《人民法院报》	盐城法院干警紧急投入抢险救灾
《人民公安报》	东台“追逃三人组”两年多抓获在逃人员 39 名
《人民公安报》	盐城:创新制度推进执法规范化建设
《粮油市场报》	盐城:联接“前中后”打造粮油加工“三链”
《企业家日报》	江苏建湖:“质量组合拳”助力“供给侧”
《健康报》	大丰:探索签约服务的“小岗村”
《现代快报》	盐城树起大美农业“新范式”
《现代快报》	“看到孩子们进步最开心”盐城退休教师办免费辅导站
《现代快报》	建湖老镇长义务宣讲揭露被遗忘的日军暴行
《现代快报》	阜宁灾后重建最快年底前达选房条件
《扬子晚报》	铺就“高铁时代”圆梦富民腾飞之路
《扬子晚报》	从“兵哥哥”到老板,我一直不服输
《扬子晚报》	看看盐城人都收了哪些民生“年获”
《扬子晚报》	盐城何以跻身长三角城市群
《江苏法制报》	围绕司法行政职能　全国人大代表刘玲提出三议案

续表 附－92

媒体名称	新闻标题
《江苏法制报》	盐城微警务搭建"指尖"民情终端
《江苏法制报》	盐城警方"　零容忍"打击治理毒品犯罪
《江苏法制报》	盐城法院司法利剑护卫诗画美景
《江苏工人报》	流动的红袖章
《组织人事报》	网上心连心　网下面对面
《组织人事报》	拧紧刚性约束　保证风清气正

2016 年主流媒体报道盐城·广电宣传

表 附－93

媒体名称	新闻标题
中央电视台《新闻联播》	依法治国按下"快进键"
中央电视台《新闻联播》	紧贴需求　服务业领跑中国经济
中央电视台《新闻联播》	夏粮收获过半紧急抢收颗粒归仓
中央电视台《新闻联播》	江苏盐城救灾安置工作有序推进
中央电视台《新闻联播》	陈红明:顾了大家　舍了小家
中央电视台《新闻联播》	夏粮收购全面启动　各地解决卖粮难
中央电视台《新闻联播》	高温街头　温暖一幕
中央电视台《新闻联播》	全面从严治党　赢得党心民心
中央电视台《焦点访谈》	家庭医生来了
中央电视台《朝闻天下》	新型经营主体助农民增收 30% 以上
中央电视台《朝闻天下》	记者探访射阳开发区安置点
中央电视台《新闻直播间》	边防官兵帮助受灾村民清理废墟
中央电视台《新闻直播间》	记者探访射阳县小洋河受灾地区
中央电视台《新闻直播间》	夏粮刚收即被压埋　官兵徒手扒出
中央电视台《新闻直播间》	江苏射阳遭龙卷风袭击　村民自发参与救援
中央电视台《新闻直播间》	老人被压车底,众人抬车救人
中央电视台《第一时间》	江苏射阳:渔民受伤　海事边防联手救援
中央电视台《第一时间》	2016 年中国大数据企业大会在江苏举办
中央电视台《走遍中国》	家庭医生进乡村
中央电视台《美丽中国乡村行》	鲜味海通
中央电视台《美丽中国乡村行》	菊韵鹤乡
中央电视台《科技苑》	上面发电　下面养鱼
中央电视台《科技苑》	麦田上的无人机
中央电视台《致富经》	帮它脱衣好赚钱
中央人民广播电台	2015 年盐城大纵湖大闸蟹"网"上爬得欢
中央人民广播电台	房产政策"组合拳"来袭,盐城楼市开往春天
中央人民广播电台	盐城成苏北唯一城市入选长三角城市群规划
江苏卫视《江苏新时空》	厚德盐城:构筑道德风尚建设高地

续表 附－93

媒体名称	新　闻　标　题
江苏卫视《江苏新时空》	盐城：从“打工经济”迈向“创业经济”
江苏卫视《江苏新时空》	中韩合作推进盐城产业园共建
江苏卫视《江苏新时空》	盐城：努力建设“强富美高”新农村
江苏卫视《江苏新时空》	盐城捷士通：用智能生产打响制造品牌
江苏卫视《江苏新时空》	千亿级环保产业带动盐城绿色转型
江苏卫视《江苏新时空》	盐城：打造沿海崛起新引擎　确保全面建成小康社会
江苏卫视《江苏新时空》	盐城：创新发展　为“产业强市”添动能
江苏卫视《江苏新时空》	盐城：开辟创新路径　书写绿色篇章
江苏新闻广播	盐城市各有关部门采取有效措施抵御严寒，确保安全温暖过冬
江苏新闻广播	中国首位！盐城籍作家曹文轩喜获“国际安徒生奖”
江苏新闻广播	首届休闲中国高峰论坛暨“中国休闲30人”盐都金秋行在盐都区举行
江苏新闻广播	年末新人扎堆结婚　婚庆市场回温

2016年主流媒体报道盐城·网络宣传

表 附－94

媒体名称	新　闻　标　题
人民网	沿海优势孕育转型动能　盐城集中签约58个项目
人民网	盐城获“特色乡村旅游目的地品牌”
人民网	大丰恒北村　梨花节为媒　把乡村游做得细水长流
人民网	2016盐城国际车展实际成交金额突破10亿元
新华网	盐城第九届海盐文化节开幕　58个项目集中签约
新华网	盐城：滩涂大地盘活的生态与经济
新华网	尽情“海淘”　进口商品直营中心落户盐城
新华网	盐城“不走的队伍”田园传科技
光明网	盐城打造国家级大数据产业基地
中国新闻网	盐城市委书记王荣平：谋求发展与生态“互动双赢”
中国新闻网	盐城“半马”跑上高架　市委书记陪万名市民跑步迎新年
中国新闻网	《鹤舞盐城》获全球旅游视频大赛“最美旅游视频”奖
中国新闻网	盐城开发区一企业与马来西亚CNNS签57亿绿色能源大单
中国青年网	江苏女大学生村官撑起“半边天”
中国青年网	江苏射阳：大学生村官田野上绽放别样青春
中国科技网	盐城经开区成功创建国家生态工业示范园区
中国江苏网	盐城首创六方会商机制　合力推进铁路建设
中国江苏网	全国知名中青年雕塑家来盐为“好人”塑像
中国江苏网	盐城获得“中国最美休闲度假旅游城市”称号
中国江苏网	一盐城籍企业家当选2016中国能源年度人物
凤凰网	盐城：海上吹来转型的风
凤凰网	清华大学首个校外国家级工程实验室落户盐城
凤凰网	第五届中韩跨国公司领袖圆桌会议在江苏盐城举办

续表 附－94

媒体名称	新 闻 标 题
新浪网	2016 中国盐城沿海湿地国际公路自行车赛收官
新浪网	首届中韩(盐城)体育文化系列赛事圆满闭幕
腾讯网	盐城首部地方性法规正式出台
腾讯网	"盐城蓝"成常态　盐城上半年空气质量全省最优
腾讯网	盐城港跻身全国亿吨大港行列　建成 19 个万吨级泊位
搜狐网	盐城生态湿地入选国务院《"十三五"旅游业发展规划》
搜狐网	盐城荣膺 2016 中国十佳绿色生态旅游城市
人民政协网	布好"协"之局　"商"出新境界
人民政协网	扶贫开发　贵在"精准"
国务院法制办公室	江苏省盐城市出台规范性文件合法性审查办法
中国科学技术协会网	江苏省盐城市科协迅速投入阜宁县灾后救援工作
中共江苏省委新闻网	"青春新视野"思想分享会在盐举行

2016 年主流媒体报道盐城・对外宣传

表 附－95

媒体名称	新 闻 标 题
《欧洲时报》	盐城湿地　麋鹿回家鹤长鸣
《欧洲时报》	江苏蓝天航空航天产业园
《加中时报》	盐都:古邑新城　跨越崛起
《荷兰日报》	大丰荷兰村
《韩国中央日报》	中韩盐城产业园
《蔚山广域每日》	想去盐城,那个让人打开心扉的地方
《全北道民日报・中国江苏》	建湖再次并购波兰飞机厂
《婆罗洲公报》	Chinese community delight at meeting Sultan International
《婆罗洲公报》	Celebrating 25 years of friendship
《婆罗洲公报》	Convention Centre Berakas
《联合日报・星岛日报》	江苏杂技团表演活动　玛丝娜公主受邀出席
《诗华日报》	新春团拜杂技演出获好评
《文莱时报》	HRH graces Brunei – China friendship group event
《星洲日报》	中国江苏省杂技团演出《丫丫戏鼓》
《星洲日报》	表演精彩　掌声如雷
《中国妇女(英文版)》	城市地下管道的"美容师"
《上海日报(英文版)》	大丰与上海的一段历史
《香港商报》	江苏大丰赴深引资 48 亿
韩国《今日亚洲》	中韩友好协会,韩国语决选大会在中国盐城举行
韩国旅游新闻网	大丰赴首尔推介旅游
香港商报网	洋眼看大丰　邂逅美丽江苏新农村
中央网路报	航拍江苏大丰荷兰花海　色彩缤纷如"调色板"
中评社	江苏软功要得！惊艳佛光山

索　引

责任编辑　赵　丽

编辑说明

1. 本索引采用主题分析法编制，按标引词第一字汉语拼音字母顺序排列，同音字按声调排列，音调相同按下一字的音序排列。

2. 年度大事要事、文献选编，以及图说盐城、特载专题等，未编入索引。

3. 章、节标题用小 5 号黑体字标示，正文所作款目，全部用小 5 号宋体字标示，表格均注明“（表）”字样。

4. 标引词后的数字，表示内容所在页码，数字后的字母 a、b 分别表示左、右两栏。

5. 本索引编有附见系统和参见系统。附见款目放在主款目下行缩一字排；部分款目在索引中重复出现。

6. 本索引标引词，采用中心词和简称。

A

B

C

D

E

F

G

H

J

K

L

M

N

Q

R

S

T

W

Y